憲法實務硏究

제 9 권
(2008)

憲法實務硏究會 編

博 英 社

발 간 사

헌법실무연구회 제79회 정기발표회부터 제88회 정기발표회까지의 1년간 발표문과 지정토론문, 토론요지를 정리하여 「憲法實務硏究 제 9 권」을 발간하게 됨을 기쁘게 생각합니다.

헌법실무연구회는 학계와 실무계의 상호협조에 의해 운영되는 학회로서 헌법재판소 판례에 대한 평석과 헌법이론에 대한 연구를 통하여 헌법학과 헌법재판실무의 발전을 함께 도모한다는 데 그 뜻을 두고 있습니다. 서로 같은 곳을 지향하면서도 방법론상의 차이 때문에 터놓고 이야기할 수 있는 자리가 그리 많지 않았던 것이 우리 학계와 실무계의 현실임을 감안하면, 우리 헌법실무연구회가 2008년 12월로 90차례의 발표회를 개최하였다는 사실 하나만으로도 이미 소기의 성과를 거두지 않았나 자평해 봅니다.

특히 제90회 정기발표회에서는 헌법재판소 창설 20주년을 맞아 한국공법학회 등 공법관련 15개 학회를 초청하여 지난 20년간의 헌법재판소 활동의 공과를 되짚어 보는 유익한 시간을 가졌습니다. 헌법·행정법 관련 학회는 물론이거니와 평소 이야기를 듣기 어려웠던 세법, 노동법, 교육법 등 관련 학회의 날카로운 지적들은 향후 헌법재판제도의 운용에 많은 지침이 될 것으로 생각합니다.

주로 2008년도의 연구성과를 담은 이 책은 헌법재판소에 계류중인 사건의 이론적·절차적 쟁점에 관한 것과 올해의 역점주제인 헌법재판의 심사기준에 그 초점이 맞추어져 있습니다. 이러한 성과물이 우리 학계와 실무계의 훌륭한 지적 자산으로 활용될 것임을 믿어 의심치 않습니다.

발표와 토론에 성실히 참여해 주신 회원님들께 감사드리고, 앞으로도 헌법실무연구회가 훌륭하게 제 역할을 할 수 있도록 회원님들의 적극적인 참여를 부탁드리는 바입니다.

2008. 12.

헌법실무연구회 회장 조 대 현

일러두기

(1) 이 책은 2007. 10 제79회 월례발표회부터 2008. 10 제88회 월례발표회까지 대체로 매월 첫째 주 금요일 저녁 헌법재판소(2층 회의실)에서 이루어진 주제발표, 지정토론 및 자유토론을 수록한 것입니다.

(2) 각 발표문의 체제와 판결인용방법 등은 대체로 원문 그대로이고, 별도로 통일시키지 않았습니다.

(3) 토론요지는 녹음된 자유토론의 내용을 수록한 것입니다. 현장감을 주기 위하여, 또 다양한 접근방법을 그대로 알려 주기 위하여 구어체와 원래의 발언내용을 가급적 그대로 유지하였습니다. 다만 녹음상태나 발언의 내용에 따라 그 의미를 충분히 알기 어려운 경우가 있었음을 양해바랍니다. 토론요지 처음에 수록된 참여자명단은 발언순서에 따른 것입니다.

(4) 발표자, 토론자의 직함은 원칙적으로 발표일을 기준으로 하였습니다.

차 례

제 79 회(2007. 10. 5) 발표문

고등학교 학생선발 및 배정방법과 학교선택권의 보장 문제

—초 · 중등교육법시행령 제84조 위헌확인 사건(2005헌마514) 검토를 중심으로—

허 종 렬*

Ⅰ. 들어가면서

필자가 고교입시제도의 헌법문제를 다룬 것은 이번이 두 번째인데, 모두 헌법재판소에서 관련 사건이 접수된 상태 혹은 심리 중인 상태에서 한 것이다.

첫 번째는 2002년도의 일이다. 경기 일부지역 중학교졸업생의 학부모 백모씨 등 10명이 그해부터 고교평준화제도 도입으로 특정고교에 추첨 · 배정된 후 등록을 거부하고 있던 중, 같은 해 3월 19일 '고교평준화제도는 헌법상 보장된 교육을 받을 권리와 행복추구권을 침해하고 있다'며 헌법재판소에 헌법소원을 냈다. 백씨 등은 소장에서 "고교평준화제도의 근거법령인 '초 · 중등 교육법시행령'은 학생 개개인의 지능과 개성, 적성의 차이를 무시하고 근거리 통학이라는 명목 하에 고교를 강제 배정함으로써 헌법이 보장하는 교육기본권, 행복추구권, 평등권을 침해하고 있다"고 주장했다.1)

그러나 이 사건은 심판청구 후 얼마 되지 않아 청구인들이 심판청구를 취하하여 헌재에서 다루어지지는 않았다.

그때 필자는 서울대 인권법센터에서 "고등학교 무시험 입학전형 관계법령의 헌법적합성 검토"라고 하는 제목 하에 고교평준화의 문제를 인권법차원에서 다룬 바 있다.

그리고 이번 2005헌마514 사건이 두 번째이다. 이번 사건은 청구인측이 이를 취하하지 않고 있고, 따라서 헌법재판소도 이를 심판할 기회를 가지게 되었다는 점과 청구인측 주장의 초점이 교육기본권보다는 일반 인권쪽의 침해에 경사되어

* 법학박사, 서울교육대학교 교수.

1) "'고교 평준화'헌법소원 제기," 한국일보 2002. 3. 20. 기사 참조.

있다는 점에서 2002년도의 사건과 다르다.[2)]

그런데 이 사건 헌법심판청구이유서 등 관련 서류를 검토해보니 주장의 핵심은 학교선택권의 부정으로 행복추구권 등이 침해되었다고 하는 논리이다. 즉, 중점을 두어 다투고자 한 것은 학교선택권 자체가 아니라 행복추구권과 종교의 자유 침해 부분이다. 그러나 필자가 판단컨대 이 사건의 핵심법리는 일차적으로 학교선택권 자체의 침해 여하와 이로 인하여 관련 규정이 위헌인가 하는 점이라고 본다.

그러나 필자는 본고에서 이 사건을 다룸에 있어서 위의 위헌 여부 문제에 관해 필자의 의견을 개진하는 것까지를 목적으로 하지 않는다.

아직 소원을 제기한 초기상태이고, 청구인측이나 정부측의 의견이 충분히 개진된 상태가 아니기 때문에 이 정도의 자료만으로 위헌 여부 판단을 하기에는 적절하지 않다고 생각한다.

오히려 그것보다는 헌법재판소가 이 문제를 판단하는데 참고가 되도록 양 사건의 주장의 쟁점을 비교 정리해주고, 양측의 주장에서 빠진 쟁점을 챙겨주는 데 초점을 맞추고자 한다.

그런 점에서 본고에서는 우선 사건개요를 간단히 정리하고 정부측 자료와 필자가 준비한 자료, 관련 법령을 토대로 고등학교 학생선발 및 배정방법 자체의 내용을 소개한 다음, 이 사건에 관한 청구인측의 주장과 교육부측의 의견을 하나의 표로써 대비하여 그 쟁점을 부각시키는 것에 일차적인 노력을 기울이고자 한다.

아울러 필자의 판단에 의하건대 이 사건에서 다루어야 할 본질적인 쟁점이 학교선택권의 침해여부임에도 불구하고 청구인측이 이 점을 간과하고 있다고 보고, 이것에 관한 학계와 국내외 판례를 소개한 다음, 학교선택권이라고 하는 것이 평준화된 일반 고등학교간에도 의미가 있는 것인지, 있다면 구체적으로 어떤 의미에서의 학교선택권의 문제가 될 것인지에 관한 필자의 의견을 개진하는데 이차적인 노력을 기울이고자 한다.

다만 이러한 내용은 이미 2002년도에 다른 자리에서 구체적으로 한번 다룬 내용이므로 본고에서는 그때 다룬 내용을 2005헌마514 사건을 판단하는 데에 필요한 범위 내에서 발췌 요약하고 보충하는 정도로만 언급하기로 한다.[3)]

---

2) 참고로 같은 고교입시 문제로 헌재에서 다루어진 것으로는 이 사건들 외에 2004헌마91 고등학교 평준화시책 위헌확인 각하 사건(헌재결 2004. 8. 24)이 있다.

3) 이에 관해서는 허종렬, "고등학교 무시험 입학전형 관계 법령의 헌법적합성 검토—초중등교육법 제47조 및 시행령 제81조 등을 중심으로—, 최대권 · 한인섭 편, "고교평준화," 사람생각, 2002, pp. 1-73 참조.

Ⅱ. 사건의 개요

2005헌마514 사건의 사실관계는 청구인측의 자료가 부족하여 이를 정확하게 파악하기 곤란하다.

교육부의 답변에 의하건대 청구인은 사건 당시 고등학교에 재학중인 자녀와 장차 고등학교에 입학하게 될 중학생 자녀를 두고 있는 경기도 안산 비평준화지역의 학부모로서[4], 이 사건 조항이 자녀들의 고등학교 선택권을 보장하지 않아 결과적으로 행복추구권과 종교의 자유를 침해하였다고 주장한 것이 전부이다.

이 사건에서의 청구인측의 주장 요지는 교육부측의 답변서에 아래와 같이 요약되어 있다.[5]

> 이 사건에서 청구인은 초·중등교육법시행령 제80조 제1항은 실업계 고등학교, 예·체능계고등학교, 특수목적고등학교, 특성화고등학교를 제외한 일반 고등학교를 후기학교라고 규정하고, 동시행령 제84조 제2항은 후기학교 주간부 신입생은 고등학교 학교군별로 추첨에 의하여 교육감이 각 고등학교에 배정하도록 규정하고 있는데, 이는 청구인의 자녀가 원하는 학교를 지원할 기회를 봉쇄하는 것이며, 원하지 않는 종교교육을 실시하는 학교에 배정하거나 그렇게 할 수 있어서 청구인의 행복권과 종교의 자유를 침해하고 있다고 주장하였다.

Ⅲ. 2005헌마514 사건에서의 청구인과 정부의 주장 비교

위에서 2005헌마514 사건의 심판청구이유의 요지를 확인하였지만, 이하에서는 청구인과 정부 양측의 주장과 의견을 구체적으로 심판청구의 적법성, 행복추구권 침해여부, 종교의 자유 침해여부, 평준화제도의 실패여부 등으로 구분하여 쟁점을 정리하고 여기에 필자의 간단한 의견을 곁들이고자 한다.

1. 심판청구의 적법성 여부

심판청구인은 자기관련성과 관련하여 고등학교재학 자녀는 자신의 의사와 무

---

4) 헌법신판청구 문건에 소재지가 분명히 나타나 있지 않다.

5) 이 사건에 대한, 교육인적자원부의 답변서(2005. 9) 참고.

관하게 임의배정을 받았고, 중학생 자녀는 장차 임의배정이 이루어질 것이기에 그 부모는 침해의 자기관련성이 있다고 주장하고 있다. 이에 반해서 교육인적자원부는 헌법소원은 자기의 기본권 침해를 받은 자가 제기하여야 하는데, 청구인의 고등학생 자녀는 이미 배정을 받은 것이어서 더 이상 이 사건 조항이 적용되지 않으며, 설사 이 조항이 위헌 선언되더라도 그에게 법률적 효력이 발생하는 것이 아니므로 기본권 침해의 현재성, 자기 관련성이 인정되지 않는다고 할 것이며, 중학생 자녀는 비평준화지역(안산시)에 거주하여 평준화지역에서의 고교입시제도에 관한 이 사건 조항이 적용되지 아니한다고 주장한다.

또한 권리침해의 현재성, 직접성, 보충성과 관련하여서는 청구인측의 주장은 있으나 교육인적자원부측의 대응은 없다. 크게 쟁점이 되지 않은 것으로 보인다.

양측의 주장을 표로 제시하면 다음과 같다.

《표 1》 심판청구의 적법성에 관한 양측의 주장 비교

	심판청구인의 주장	교육인적자원부 의견
자기 관련성	고등학교재학 자녀는 자신의 의사와 무관하게 임의배정을 받았고, 중학생자녀는 장차 임의배정이 이루어질 것이기에 그 부모는 침해의 자기관련성이 있음.	청구인의 고등학생 자녀는 이미 배정을 받은 것이어서 더 이상 이 사건 조항이 적용되지 않으며, 설사 이 조항이 위헌 선언되더라도 그에게 법률적 효력이 발생하는 것이 아니므로 기본권 침해의 현재성, 자기관련성이 인정되지 않으며, 중학생 자녀는 비평준화지역(안산시)에 거주하여 평준화지역에서의 고교입시제도에 관한 이 사건 조항이 적용되지 아니함
현재성	중학생 자녀는 앞으로 기본권침해가 발생할 것을 현 시점에서 충분히 예측할 수 있음.	
직접성	이 사건 조항은 별도의 집행행위를 요하지 않고 직접 기본권을 침해함.	언급 없음
보충성	학교 배정 후 다른 구제절차가 없음.	언급 없음
청구 기간	청구기간을 준수함.	언급 없음

필자는 이 점과 관련하여서는 '고등학교평준화시책 위헌확인'을 위한 2004헌마91 사건이 이것과 비슷한 사실관계를 다룬 것으로 각하결정이 난 것에 주목하고자 한다. 헌법재판소의 판단에 의하면 이 사건의 사실관계는 아래와 같다.[6)]

> 청구인은 1988년 서울에 거주할 당시 자신의 자녀가 고등학교평준화시책으로 인해 원하는 고등학교에 진학하지 못한 사실이 있고, 이와 같이 중학생에게 강제로 고등학교를 배정하는 고등학교평준화시책으로 인하여 헌법상 보장된 행복추구권 등이 침해되었다고 주장하며 그 위헌확인을 구하기 위하여 2004. 1. 30. 이 사건 헌법소원심판을 청구하였다.

6) 이하의 헌법재판소의 판단내용에 관해서는 헌법재판소 홈페이지에서의 2004. 2. 24, 2004헌마91, 사건 자료 참조.

헌법재판소는 이 심판 청구를 각하하면서 청구기간을 넘긴 점을 지적하는 외에 다음과 같이 청구인이 그 적격을 상실한 점도 같이 지적하였다.

> 이 사건에서 청구인의 자녀는 1988.경 고등학교에 진학하여 이미 졸업까지 하였으므로 이 사건 초·중등교육법시행령 조항 등에 의해 현재 청구인의 기본권이 구체적·현실적으로 침해당하였다고 보기 어려울 뿐만 아니라 침해가 또다시 확실히 예상된다고 볼 아무런 사정도 없다.

한편, 청구인은 이 사건 초·중등교육법시행령 조항 등이 정하는 고교평준화 시책은 인간으로서의 기본권을 침해하는 것이므로 폐지되어야 한다고 주장하면서 이 사건 헌법소원을 청구하고 있으나, 일반국민을 수범자로 하는 법령에 대하여 모든 국민 개개인에게 어느 시점에서나 헌법소원심판을 청구할 수 있게 하는 것은 민중소송을 인정하는 것에 다름 아니어서 우리의 헌법재판제도상 허용될 수 없는 것이다. 따라서 이 사건 심판청구는 자기관련성과 현재성을 갖추지 못하여 부적법하다.

그러나 본고가 다루고자 하는 2005헌마514 사건에서는 중학생의 경우는 위의 2004 사건과 달리 아직 고교진학을 앞두고 있기 때문에 사정이 다른 점이 인정된다고 하겠다.[7)]

2. 행복추구권의 침해 여부

이 사건에서 심판청구인은 청구인의 자녀는 시행령 제80조 1항상의 실업계 고교 등을 지원하지 않는 한 이 사건 조항이 적용되어 학교를 선택하지 못하고 추첨 배정되어, 학풍과 장점을 파악하여 자신이 원하는 학교를 지원할 기회조차 봉쇄되어 행복추구권이 침해된다고 주장하고 있다. 또한 성폭행 등의 방지를 위해 자매가 같이 학교에 다니게 하고 싶어도 이것을 어렵게 하는 제도가 이 제도라고 주장하고 있다. 이에 대해서 교육인적자원부는 행복추구권도 헌법 37조 2항에 의해 국가안보, 질서유지 또는 공공복리를 위해 본질내용을 침해하지 않는 범위에서 보장되는 것이지만, 이 사건 조항은 청구인 주장과 달리 지원 기회를 부여하고 있는 만큼, 그것이 학교교육 정상화를 위한 목적 하에 이루어진 것이고, 보완책이 수반되고 있다는 점에서 행복추구권이 과도하게 침해되었다고 볼 수 없다고 주장하고 있다.

양측의 이러한 주장을 표로 제시하면 다음과 같다.

---

7) 실제로 이 사건은 그 후 각하되지 않고 본안심판에 회부되어 지금 심리 중에 있으며, 위헌 여부에 대한 판단을 앞두고 있다.

《표 2》 양측의 행복 추구권 침해 주장 비교

심판청구인의 주장	교육인적자원부 의견
청구인의 자녀는 실업계 고교 등을 지원하지 않는 한 학교를 선택하지 못하고 추첨 배정되어, 학풍과 장점을 파악하여 자신이 원하는 학교를 지원할 기회가 봉쇄되어 행복추구권이 침해됨. 성폭행 방지를 위해 자매가 같이 학교에 다니게 하고 싶어도 이것이 어려움.	행복추구권도 헌법 37조 2항에 의해 국가안보, 질서유지 또는 공공복리를 위해 본질내용을 침해하지 않는 범위에서 보장되는 것인만큼 이 사건 조항은 청구인 주장과 달리 지원기회를 부여하고 있는 만큼 그것이 학교교육 정상화를 위한 목적 하에 이루어진 것이고, 보완책이 수반되고 있다는 점에서 행복추구권이 침해되었다고 볼 수 없음.

양측의 주장에 대해서 역시 면밀히 검토하여야 하겠으나 적어도 형제나 자매 등이 같은 학교에 다닐 수 있도록 하자는 내용은 설득력이 있으므로 이를 반영하는 쪽의 제도 개선이 필요하다고도 볼 수 있다.

3. 종교의 자유 침해여부

청구인측은 두 가지 측면에서 종교의 자유 침해를 주장하고 있다.

우선 학생의 측면에서 특정 종립 사립학교는 광범위한 종교교육을 실시하는데, 학생이 추첨이라는 지극히 우연하고도 비의지적 요소에 의해 이러한 종립학교에 임의 배정되는 경우 채플수업 등 일방적 종교교육을 받을 수밖에 없게 되는바, 이처럼 특정신앙을 강조하는 것은 이것은 신에 대한 내적 확신을 필요로 하는 또 다른 종교의 자유인 학생과 학부모의 신앙의 자유, 신앙침묵의 자유, 소극적 신앙생활의 자유를 침해하는 것이라고 주장하고 있다.

또한 학교의 입장에서 교육법은 국공립학교와 사립학교를 구분하여 전자에만 종교교육을 못하도록 하고 사립학교에는 이를 허용하고 있음에도 불구하고, 초중등 교육법시행에는 이를 구분하지 않은 채 추첨에 의해 학생들을 무차별적으로 배정함으로서 사립학교의 종교자유를 침해하고 있다고 주장하고 있다.

끝으로 청구인측은 이 사건 조항은 종교의 자유 보장에 대한 아무런 사전적·합리적 수단도 마련하지 않고 있고 사후적으로도 최소침해 수단 등을 강구하지 않고 있어 종교의 자유를 과도하게 침해하고 있으며, 복수교과를 둔다고 하지만 현실은 그렇지 않으며 종교수업에 참여를 안 할 경우 학교에서 왕따를 당한다고 주장한다.

이 점에 관한 교육인적자원부의 반론은 학생측의 종교의 자유보장 부분에 국한하고 있다.

《표 3》 종교의 자유 침해에 관한 양측의 주장 비교

<table>
<tr><th>심판청구인의 주장</th><th>교육인적자원부 의견</th></tr>
<tr><td>특정 종립 사립학교는 광범위한 종교교육을 실시하는데, 학생이 추첨이라는 지극히 우연하고도 비의지적 요소에 의해 이러한 종립학교에 임의 배정되는 경우 채플수업 등 일방적 종교교육을 받을 수밖에 없게 되는바 이처럼 특정 신앙을 강조하는 것은 신에 대한 내적 확신을 필요로 하는 또다른 종교의 자유인 학생과 학부모의 신앙의 자유, 신앙침묵의 자유, 소극적 신앙생활의 자유를 침해함.</td><td rowspan="2">현재 사립중·고교에서 종교교육이 강제적으로 이루어지고 있지 않음. 교육부고시 제2004-85호(2004. 11. 16)에 의해 정규과목의 종교교육의 경우 종교과목 외에 복수과목을 두고 이를 선택하는 제도를 시행하고 있음.</td></tr>
<tr><td>복수교과를 둔다고 하지만 현실은 그렇지 않으며 종교수업에 참여를 안 할 경우 학교에서 왕따를 당함.</td></tr>
<tr><td>교육법은 국공립학교와 사립학교를 구분하여 전자에만 종교교육을 못하도록 하고 사립학교에는 이를 허용하고 있음에도 불구하고 초중등 교육법시행에는 이를 구분하지 않은 채 추첨에 의해 학생들을 무차별적으로 배정함으로써 종교자유를 침해하고 있음.</td><td rowspan="2">언급 없음</td></tr>
<tr><td>이 사건 조항은 종교자유보장에 대한 아무런 사전적·합리적 수단도 마련하지 않고 있고 사후적으로도 최소침해 수단 등을 강구하지 않고 있어 종교자유를 과도하게 침해하고 있음.</td></tr>
</table>

우선 학생측의 입장에서 현재 사립중·고교에서 종교교육이 강제적으로 이루어지고 있지 않다고 주장한다. 교육부고시 제2004-85호(2004. 11. 16)에 의해 정규과목의 종교교육의 경우, 종교과목 외에 복수과목을 두고 이를 선택하는 제도를 시행하고 있으며, 이에 따라 정규교과외 종교활동은 사학의 종교 교육자유에서 비롯된 것으로 자율참가가 원칙이며 이 활동에 불참하는 것이 학생의 법적 권리에 영양을 미치지 아니한다는 것이다. 양측의 주장을 표로 제시하면 《표 3》과 같다.

양측의 주장을 좀더 검토해 보아야 하겠으나 현실적으로는 종립학교가 학생의 종교의 자유를 침해하는 점이 있지만 표면상 법령이 강제성을 띠지 않는 한 현재에서 위헌선언을 하기는 곤란하지 않겠는가 생각한다. 다만 현행 관련법령이 교육기본법 제 6 조(교육이 중립성)와 위의 교육부 고시가 전부인데 학생의 종교의 자유를 보장하는 법제로는 미흡하다 할 것이다.

4. 평준화 제도의 실패 여부

청구인측은 자녀의 학교선택권을 보장하지 않는 고교입시제도는 평준화를 표방하고 있지만 차제에 이것이 실패하였다고 하는 점을 몇 가지로 구분하여 설명하고 있다.

우선 정부측은 특목고를 둔 것을 학교선택권 보장의 예로 들지만, 이것은 특수한 경우이고 일반적인 사항이 아니며, 특목고는 그 자체가 고교평준화제도가 실패하였다는 것을 반증하는 것이라고 주장한다. 아울러 선택원의 다양화를 위해서는 문과계의 특목고 지정도 필요하다고 주장한다.

또한 현재의 평준화제도는 돈이 있고 공부하기 싫은 사람들을 위한 입시 방식으로 부의 재분배도 기대하지 못하게 하는 제도로써, 한번 서민은 영원한 서민이 되게 하는 제도라고 주장한다.

또한 현재 고교학생의 배정방법은 수월성 교육을 해치고 있으며, 만주땅의 회복 등 민족적 과제, 성폭행, 학교폭력, 학교비리 등이 모두 평준화제도와 관련이 있다는 주장도 펴고 있다.

그러나 교육인적자원부측은 특목고의 설립 허용은 평준화제도 시행여부와 무관하게 학교를 다양화함으로써 학교선택의 폭을 넓혀주고 특수분야 전문인력 양성을 하기 위한 것이라고 주장한다. 아울러 문과계열을 특목고로 지정하는 것은 당초 특목고 지정 취지인 일부 전문분야 전문인력 양성을 위한 특수교육 추진 의도에 맞지 않은 본말이 전도된 논증이라고 주장한다.

또한 학생들의 실력이 전보다 떨어졌다는 주장은 근거 없는 추측에 불과하며 그 반대의 성과를 낳았다는 연구결과가 많고, OECD등 국제기구도 우리나라가 평준화정책으로 교육의 형평성과 수월성을 동시에 달성하고 있다고 평가하고 있다고 주장한다.

한편 중・고교 입시제도는 제도마다 장・단점이 있어 입법권자에게 광범위한 재량권이 요구되는 분야로(헌재결 1995. 2. 23, 91헌마204, 교육법시행령 제71조 등에 대한 헌법소원), 수학능력에 따라 교육을 받을 권리, 학부모와 학생의 학교선택권뿐만 아니라 학교교육정상화 학생의 건전한 육체적, 신체적 성장 등 여러 가지를 고려하여 결정할 사항으로, 평준화제도로 인한 학교선택권 제한은 과열된 입시경쟁과 학교교육정상화를 위한 정당한 목적을 위한 최소한의 제한이라고 결론짓고 있다. 양측의 주장을 비교하면 아래 표와 같다.

《표 4》 평준화제도 실패 여부에 대한 양측의 주장 비교

심판청구인의 주장	교육인적자원부 의견
특목고를 둔 것을 학교선택권 보장의 예로 들지만, 이것은 특수한 경우이고 일반적인 사항이 아님.	문과계열을 특목고로 지정하는 것은 당초 특목고 지정 취지인 일부 전문분야 전문인력 양성을 위한 특수교육 추진 의도에 맞지 않은 본말이 전도된 논증임.

또한 특목고는 그 자체가 고교평준화제도가 실패하였다는 것의 반증임.	평준화제도 시행여부와 무관하게 학교를 다양화함으로써 학교선택의 폭을 넓혀주고 특수분야 전문인력 양성을 하기 위한 것으로 일반인문계는 지정대상이 되지 않음.
	학생들의 실력이 전보다 떨어졌다는 주장은 근거 없는 추측에 불과하며 그 반대의 성과를 낳았다는 연구결과가 많고, OECD등 국제기구도 우리나라가 평준화정책으로 교육의 형평성과 수월성을 동시에 달성하고 있다고 평가함.
현재 방식은 돈이 있고 공부하기 싫은 사람들의 입시 방식으로 부의 재분배도 못 이루어지게 하는 제도, 한번 서민은 영원한 서민이 되게 하는 제도임.	중・고교 입시제도는 제도마다 장・단점이 있어 입법권자에게 광범위한 재량권이 요구되는 분야로(헌재결 1995. 2. 23, 91헌마204, 교육법시행령 제71조 등에 대한 헌법소원), 수학능력에 따라 교육을 받을 권리, 학부모와 학생의 학교선택권뿐만 아니라 학교교육정상화 학생의 건전한 육체적, 신체적 성장 등 여러 가지를 고려하여 결정할 사항으로, 평준화제도로 인한 학교선택권제한은 과열된 입시경쟁과 학교교육정상화를 위한 정당한 목적을 위한 최소한의 제한임.
현재 고교학생배치방법은 수월성 교육을 해치고 있음.	언급 없음

필자는 이 부분들은 교육정책 평가의 문제이면서도 기본권 침해여부와 깊은 연관을 맺고 있는 부분이라고 생각한다. 헌법재판소가 이 점을 어떻게 평가할 것인가 하는 점이 최종 판단의 방향에 많은 영향을 미칠 것이라고 생각한다.

5. 양측 주장에 대한 종합적 소견

사건 관련 청구인측 헌법소원 심판청구 보충이유서와 교육부측의 답변자료들을 검토해본 결과, 결론부터 말하면 교육부측의 답변서보다 청구인측의 주장에 대해서 실망을 하게 된다.

청구인측의 주장은 필자가 처음 예상했던 쟁점과 초점을 달리하고 있을 뿐만 아니라 그 쟁점조차도 논리전개가 매우 허술하다.[8)]

우선 청구인측은 현행의 고교 신입생 추첨배정으로 침해를 당한 권리가 학생과 학부모의 행복추구권과 종교의 자유라고 하는데, 필자는 그것보다 학교선택권 자체의 헌법적 기본권성과 그것의 침해가능성을 주장할 줄로 알았다. 청구인측의 관련 법리에 대한 검토가 부족하였다고 본다.

또한 행복추구권도 그것이 침해되었다고 하려면 우선 행복구추권이라는 것이 무엇인지를 논하고 그것이 침해되었다고 보는 이유를 그 행복추구권의 관점에서

8) 이러한 평가는 이 사건 헌법소원 심판청구가 처음 제기된 때의 청구이유서를 가지고 한 것이다. 그 이후 청구인측에서 제출한 추가자료에 관해서는 본고 외에 또 다른 기회에 다시 검토하고 평가할 것이다.

주장하여야 할 것인데, 실제로는 그 권리 자체에 관해서는 설명이 없고 다만 이 제도로 인하여 그 권리가 침해되었다고 하는 결과 자체만 강조하고 있어서 설득력이 많이 떨어진다.

또한 종교의 자유 침해부분도 교육부의 답변처럼 실정법상으로는 종립학교에서 복수교과를 개설해놓고 학생들로 하여금 그 교과들 가운데 선택할 여지를 갖도록 하는 형식을 취하여 그 침해주장을 피해가고 있다고 하는 정도는 간파를 하고서 접근을 했어야 할 것이다.

반면에 교육부의 답변은 쟁점 하나하나에 대해서 꼼꼼하고도 논리정연하게 관련 자료를 충분히 활용하여 준비를 하고 있어서 대조적이다.

위의 사정 때문만은 아니고 필자는 청구인측이 주장한 행복추구권과 종교의 자유보다 이 사건에서 더 중요한 쟁점이 되어야 하는 것은 학생들과 학부모의 학교선택권 자체라고 보며, 이것이 과연 헌법상의 권리이며, 또 이 사건에서 보듯이 고교입시제도에 의해서 침해되었다고 볼 것인가 하는 점이 집중적으로 다루어져야 한다고 본다.

Ⅳ. 현행 고등학교 입학제도의 학교선택권 침해여부

1. 학교선택권 법리의 검토

고교평준화가 헌법상 가장 직접적으로 문제되는 것은 학교선택권의 보장여부와 관련하여서라고 본다. 학생의 학습권과 부모의 교육권 및 이들 양자의 권리로부터 파생하는 학교선택권이 위 입학제도에 의해 본질적으로 침해당하고 있는가 하는 점이 핵심쟁점이라고 본다. 현재 이 문제에 대해서는 논의는 있었으나[9] 구체적인 연구가 없어 아쉬움을 남기고 있다. 생각건대, 교육법상 학교선택권이란 일차적으로는 개성의 존중과 인격의 완성을 목표로 하는 교육의 본질상 학부모와 학생이 자신의 적성과 개성, 능력, 미래의 진로설정에 부합하는 학교를 선택하는 권리라고 할 수 있을 것이다.[10] 이 학교선택권에 학교에 취학시키지 아니하고 홈스쿨링을 시킬 권리가 포함되는가 하는 점이 쟁점이 될 수 있을 것으로 본다. 외

9) 강인수, 교육법연구, 문음사, 1989, 49-115면 ; 신현직, "교육기본권에 관한 연구," 서울대학교 대학원 법학박사학위논문, 1990, pp. 176-177.

10) 강인수, 전게서, p. 59; 신현직, 전게서, 같은 면 참조.

국의 판례 동향을 검토해볼 때에 조건을 달되, 전향적으로 생각할 필요가 있을 것으로 본다.

헌법재판소는 학교선택권에 관하여 이것이 헌법상의 권리라고 선언하는 결정적인 몇 가지 판례를 남기고 있다.

1995년 헌법재판소는 부모의 중등학교선택권을 제한한 것과 관련하여 다음과 같이 판시하고 있다.11)

> 부모는 아직 성숙하지 못하고 인격을 닦고 있는 초·중·고등학생인 자녀를 교육시킬 교육권을 가지고 있으며, 그 교육권의 내용 중 하나로서 자녀를 교육시킬 학교선택권이 인정된다.

2000년에는 헌법재판소가 학교선택권과 관련하여 위의 1995년의 판례를 인용하면서 그것이 헌법상의 권리인 점을 재확인함은 물론, 학부모의 교육권을 구체적으로 설명하고 있는데, 그 논리가 학부모의 교육권에는 당연히 학교선택권이 포함된다고 생각하도록 전개되고 있다.12)

> 자녀의 양육과 교육은 일차적으로 부모의 천부적인 권리인 동시에 부모에게 부과된 의무이기도 하다(중략).
>
> 부모는 자녀의 교육에 관하여 전반적인 계획을 세우고 자신의 인생관·사회관·교육관에 따라 자녀의 교육을 자유롭게 형성할 권리를 가지며, 부모의 교육권은 다른 교육의 주체와의 관계에서 원칙적인 우위를 가진다. 한편, 자녀의 교육에 관한 부모의 '권리와 의무'는 서로 불가분의 관계에 있고 자녀교육권의 본질을 결정하는 구성요소이기 때문에, 부모의 자녀교육권은 '자녀교육에 대한 부모의 책임'으로도 표현될 수 있다. 따라서 자녀교육권은 부모가 자녀교육에 대한 책임을 어떠한 방법으로 이행할 것인가에 관하여 자유롭게 결정할 수 있는 권리로서 교육의 목표와 수단에 관한 결정권을 가진다(중략).13)
>
> 즉, 부모는 어떠한 방향으로 자녀의 인격이 형성되어야 하는가에 관한 목표를 정하고, 자녀의 개인적 성향·능력·정신적, 신체적 발달상황 등을 고려하여 교육목적을 달성하기에 적합한 교육수단을 선택할 권리를 가진다. 부모의 이러한 일차적인 결정권은,

---

11) 헌재 1995. 2. 23, 91헌마204, 판례집 7-1, 267, 274 참조. 거주지를 기준으로 중·고등학교 입학을 제한하는 법령으로서 심사대상이 된 것은 1994. 10. 15. 개정 교육법시행령 제71조(중학교 배정원서의 제출) "중학교에 입학하고자 하는 자는 그가 속하는 출신국민학교가 속하는 위원회에 배정원서를 제출하여야 한다"는 내용과 같은 영 제112조의 6(입학전형의 지원) "고등학교에 입학하고자 하는 자는 전·후기 관계없이 그가 속하는 중학교가 소재하는 교육감에 지원하여야 한다"는 내용이다.

12) 헌법재판소 전원재판부 2000. 4. 27, 98헌가16, 98헌마429(병합) [위헌] 【학원의설립·운영에관한법률 제22조 제1항 제1호 등 위헌제청, 학원의설립·운영에관한법률 제3조 등 위헌 확인】, 헌판집 12-1, pp. 427-494 참조.

13) 여기에 개념내재적으로 학교선택권이 포함되어 있다.

누구보다도 부모가 자녀의 이익을 가장 잘 보호할 수 있다는 사고에 기인하는 것이다. 학교교육을 통한 국가의 교육권한은 부모의 교육권 및 학생의 인격의 자유로운 발현권, 자기결정권에 의하여 헌법적인 한계가 설정된다(중략).[14)]

학교선택권에 관한 보다 구체적인 판례는 미국에 많다. 미국 연방대법원은 1925년 Pierce v. Society of Sisters 사건에서 사립학교 취학이 州의 의무취학법에 위반되는가 하는 문제에 대해서 그렇지 아니하다고 하면서, 연방최고법원은 8세와 16세 사이의 학생들에게 공립학교 취학을 요구한 Oregon주 법령이 부당하다고 판시하였다.

또 1972년 Wisconsin v. Yoder 사건에서는 종교적 신념을 이유로 하여 주의 의무취학법에 반대하여 별도 교육을 하는 것이 연방수정헌법 제1조에 부합하는지의 문제에 대해 이를 긍정하고 있으며 또 Roemhild v. State 사건에서는 종교적 신념에 따라 가정에서 정규교육에 준하는 교육을 하였을 경우 의무취학법상 부모의 교육의무이행이라고 볼 수 있는가 하는 점에 대해 이를 인정하고 있다.

독일의 경우에는 독일 연방헌법재판소가 학교선택권을 부모의 교육진로결정권의 하나로 간주하여 학생의 교육진로를 결정하는 것은 부모의 소관사항이라고 보면서,[15)] 부모가 자녀를 자신의 신념에 따라 교육하고자 하는 것을 전적으로 부정할 수는 없으며 그 범위에서 부모가 국가에 우선하는 권리를 가진다고 판단한 바 있다.[16)]

또 같은 독일의 Hessen州 國事裁判所는 학교취학의무규정이 다양한 형태의 진학과정에 대한 부모의 선택권을 배제하는 것이라면 위헌이라고 판시한 바 있다.[17)] 또 Saarland州 헌법재판소도 Saarland주 학교규칙법 제5조가 서로 다른 학교유형의 학교를 모두 전일제학교[18)]로 개편할 수 있도록 한 것을 위헌이라 하였다.[19)]

요컨대, 국내 학설 및 판례는 물론 외국의 판례도 학부모와 자녀의 학교선택권은 헌법상의 기본적 인권이라고 하는 점을 명백히 선언하고 있다. 그렇다면 현행의 고등학교 입학제도는 이러한 학교선택권을 보장하고 있는가? 이를 위하여

---

14) 이 점에서 학교선택권에 의한 고교무시험 추첨입학제 도입의 한계가 인정된다.

15) H. J. Faller, Bestand und Bedeutung der Grundrechte in Bildungsbereich in der Bundesrepublik Deutschland, EuGRZ 1981, S. 616; Kohl, Juergen, "Schule und Eltern in der Rechtsprechung des Bundesverfaassungsgerichts," W. Zeidler, T. Maunz, G. Roellecke(hrsg.), Festschrift für H. J. Faller, C.H.Beck'sche Verlagshandlung, München, 1984, SS. 204 ff.

16) BverfG, Beschluss 3 vom 5. 9. 1986, 1 BvR 794/86m SPE 734, S. 2.

17) Hess StGH, 11. 2. 1987, P, St, 1936: SPE 260, S, 23.

18) 전일제학교에 반대되는 개념은 반일제학교, 야간제학교, 주간제학교 등이 될 것이다.

19) VerfGH Saarland, 14. 7. 1987, Lo 4/86, SPE 280, S. 4.

본 사건에서 문제가 된 현행 초중등교육법 제84조 등에서의 고교입학제도의 개요와 특징을 검토해본다.

2. 初·중등교육법시행령 제84조 등의 고교 입학제도의 개요와 특징

가. 학교선택권의 지역적 제한과 추첨제에 의한 제한

현재 우리나라 고등학교 입학제도 개요는 이러하다.[20]

고등학교의 입학은 입학시기에 따라서 전기학교와 후기학교로 나누어 이루어지는데, 여기에서 전기학교란 실업계·예체능계·특수목적고등학교·특성화고등학교를 말하며, 후기고등학교란 그 외의 학교를 말한다.

후기학교는 다시 서울특별시 등 평준화지역의 학교, 충청남도 등 비평준화지역의 학교, 경기도 등 평준화와 비평준화가 병존하는 지역의 학교로 구분될 수 있으며 고등학교 배정의 문제는 고등학교 중 평준화지역의 학교와 관련되어 있다.[21]

이러한 입학제도를 뒷받침하고 있는 법령은 초·중등교육법과 동법시행령상의 입학방법과 절차에 관한 규정들이다. 즉, 초중등교육법 제47조가 "고등학교의 입학방법 및 절차"에 관하여 이를 법률에 직접 규정하지 아니하고 필요한 사항을 대통령령에 위임한 것에 근거하여 같은 법 시행령 제77조 등이 이를 구체적으로 규정하고 있는 것이다. 이것을 일목요연하게 정리하면《표 5》와 같다.[22] 이 표를 보면 법령의 전체적인 태도는 학교가 비평준화된 것을 전제로 하여 학교선택권을 인정하지만 여기에 일차적인 지역제한을 가하고 있으며, 한편 일정지역은 학교 상호간의 평준화를 지향하여 무시험과 추첨제에 의한 제한을 가하고 있음을 알 수 있다.

3. 고등학교 입학제도의 학교선택권 침해여부

이미 앞에서 언급한 바와 같이 초·중등교육법 제47조와 같은 법 시행령 제77조 등의 고등학교 입학전형 관계법령의 헌법적합성에 관해서는 2002년도의 필자 발표자료에서 구체적으로 검토한 바 있다.[23] 본고에서는 본고의 전체 내용의 전개에 필요한 범위에서 그 내용을 간단히 요약해서 소개하고자 한다.

---

20) 이하 고등학교 입학제도에 관한 설명중 일부분은 교육부의 이 사건 답변서에 의존하였다.

21) 현재 전체학생들의 70% 정도가 평준화지역에 거주하고 있다.

22) 이것은 필자가 2002년도 논문에서 작성한 표를 다소 수정하고 보완한 것이다. 허종렬, 전게서, p. 15 참조.

23) 이하의 내용에 관해서는 허종렬, 전게서, pp. 18-40의 내용 참고.

《표 5》 고등학교 입학방법과 절차

<table>
<tr><td>입학
방법과
절차</td><td>원 칙</td><td colspan="5">예 외</td></tr>
<tr><td>시기</td><td>후 기</td><td>후 기</td><td>전기(특성화고교중 일부 자율80②2호)</td><td>전 기</td><td></td><td></td></tr>
<tr><td rowspan="2">고등
학교
유형</td><td rowspan="2">비평준화지역 일반계 고등학교</td><td rowspan="2">평준화지역 일반계고등학교</td><td>자율학교(105③)</td><td rowspan="2">전문계 및 예·체능계 고등학교</td><td colspan="2">기 타</td></tr>
<tr><td>특수목적고, 특성화고등학교(대안학교), 수준별 교육학교, 열린교육학교, 학습부진아교육학교, 자립형사립고등 학교</td><td>주야간병행수업학교</td><td>거리교통불편한경우</td></tr>
<tr><td>전형
방법</td><td colspan="2">학생부 성적 혹은 선발고사에 의하거나, 학생부 성적 및 선발고사를 동시 적용(82②)</td><td colspan="2">학교장이 따로 정하는 방법 혹은 후기학교입학전형방법+실기고사, 적성검사, 실험 및 면접(82①). 필기고사 이외의 방법 적용 가능(105⑤)</td><td></td><td></td></tr>
<tr><td>학교
선택
방법</td><td>지원자가 재학한 중학교가 소재한 지역(교육청 단위)의 1개 학교 선택, 지원(81①)</td><td>교육감이 정하는 방법과 절차에 따라 지원을 받지 아니하거나 2 이상 학교 선택, 지원 가능((81⑤), 2001. 1. 29)</td><td>해당 학교 지원(81③)</td><td>해당 학교 지원(81③)</td><td>주야간동시지원가능</td><td>인접고등선택지원</td></tr>
<tr><td>지원
기관</td><td>학교장(81①)</td><td>교육감(81⑤)</td><td>학교장(81③)</td><td>학교장(81③)</td><td>81④</td><td>학교장(81②)</td></tr>
<tr><td>전형
실시
권자</td><td>교육감 승인 하의 학교장(77①)</td><td>교육감(77②)(고등학교입학전형관리위원회 심의)</td><td>교육감 승인 하의 학교장(77①)</td><td>교육감 승인 하의 학교장(77①)</td><td></td><td></td></tr>
<tr><td>학생선발 및 배정 방법</td><td>학교장이 정하는 방법에 의함(77①)</td><td>2 이상 학교를 지원하게 하는 경우 추첨에 의하여 배정함(84②)</td><td>학교장이 정하는 방법에 의함(77①)</td><td></td><td></td><td></td></tr>
</table>

* 위의 괄호안의 숫자는 초·중등교육법 시행령의 조항을 가리킨다.
* 소정의 외국학교과정 이수자, 군사분계선이북 지역 학교과정 이수자 : 별도 전형방법 적용이 가능(고등학교특례입학자격심사위원회의 심사)(82②).

가. 헌법적 평가의 준거와 관점

우리나라 고등학교 입학방법과 절차에 대해서 헌법적 평가를 함에는 그 법령이 기본권을 제한함에 있어서 헌법 제10조와 제37조 등을 준거로 무엇을 원칙으로 삼고 있으며, 무엇을 예외로 하고 있는가 하는 점을 우선 검토하여야 한다.

생각건대, 어떤 제도를 규정한 법령이 기본권을 침해하여 위헌이 되는가의 여부는 두 가지 기준을 가지고 접근할 수 있다.

한 가지는 우선 우리 헌법은 기본권을 최대한 보장하는 것을 원칙으로 하며, 그것을 침해하는 것은 예외로 규정하고 있다는 기준이다.

다른 한 가지는 그 제도나 그것을 규정한 법령이 위의 헌법상의 기본권 보장의 취지에 따라서 보장을 원칙으로 하고 제한을 예외로 하더라도, 그 제한이 헌법 제37조상의 기본권 제한의 정당한 사유에 해당되지 않거나, 해당되더라도 기본권 제한에서의 비례의 원칙을 위반하거나 기본권의 본질적 내용을 침해하는 경우에는 위헌이 된다고 하는 원칙이다.

필자는 이러한 관점에서 앞의 《표 5》에 정리된 初·중등교육법과 그 시행령상의 고등학교입학방법과 절차에 관한 규정들을 검토해 보았다. 그 결과 확인한 것은 그 관련 조문들이 학생들과 학부모의 학교선택권을 처음부터 제한적인 범위, 그렇다고 하여 이것을 구 학원법처럼 기본권 제한을 원칙으로 하고, 그 보장을 예외로 함으로써 헌법 제37조 제 2 항이 천명한 기본권 보장의 일차적인 대원칙을 위반하였다고 평가할 수도 없는 것으로 보인다. 분명히 학원법과는 달리 기본적으로 학교선택권이 보장되어야 한다고 하는 점을 전제하고 있기 때문이다. 이하에서 고등학교 입학전형 방법 및 절차규정에 관한 검토를 해보기로 한다.

나. 고등학교 입학전형 방법 및 절차규정에 관한 구체적 검토

(1) 초·중등교육법 제47조의 위임의 헌법적합성 문제

학교 입학의 방법과 절차는 그 내용에 따라서 헌법상 학교선택권 등의 보장에 직결된다. 따라서 그 기본적인 사항은 이것이 다소 번거롭더라도 법률로 규정하는 것이 옳다. 입시제도에 문제가 있으면 그것은 탄력적으로 대처하여야 하겠지만, 그러나 그 기본적인 것에 대해서 바꾸고자 할 때는 민의의 수렴기관인 국회의 동의를 얻어서 법률 개정의 절차를 밟는 것이 바람직하다 할 것이다.[24)]

그런 점에서 이미 앞에서 본 바와 같이 초·중등교육법 제47조가 고등학교

24) 김철수, "고교평준화는 위헌이다," 동아일보, 2002. 2. 18, p. 6.

입학방법과 절차에 관한 일체의 사항을 대통령령에 위임한 것이나 그 영에 해당하는 초중등교육법시행령 제77조가 '교육부령이 정하는 지역 안에 소재하는 고등학교의 입학전형은 당해 교육감이 실시한다'고 규정한 것은 헌법 제31조 제6항의 교육제도 법정주의 원칙을 약화시킨 것이다. 실제로 정부는 이 영을 근거로 '교육감이 고등학교의 입학전형을 실시하는 지역에 관한 규칙'을 제정하였으며, 이 규칙 제2조를 통하여 서울, 부산, 대구를 비롯, 전국의 평준화지역을 지정하고 있다. 즉, 고교평준화제도의 직접적인 법적 근거는 초중등교육법이 아니라 그 시행령 제77조 제2항과 위의 규칙이다.[25]

또한 초중등교육법 제47조가 고등학교의 입학방법 및 절차에 관하여 필요한 사항을 대통령령에 위임한 것은 헌법 제75조[26]가 선언한 포괄적 위임입법금지의 원칙을 위반한 것이다. 위의 위임사항 가운데 예컨대, 초중등교육법시행령 제77조(고등학교 입학전형의 실시권자), 제78조(입학전형 실시의 공고), 제79조(고등학교입학전형위원회), 제80조(선발시기의 구분), 제81조(입학전형의 지원), 제82조(고등학교 입학전형방법)이나 제83조(선발고사방법), 제84조(후기학교의 신입생 선발 및 배정방법), 제85조 (전기학교 지원자의 후기학교 지원), 제86조(추가선발 및 배정), 제89조(고등학교의 전학 등), 제90조(특수목적고등학교), 제91조(특성화고등학교) 규정들은 내용에 따라서 바로 학교의 학생선발권과 학생 및 학부모의 학교선택권에 대한 제한을 하는 것이 되므로 이것을 법률에 규정하는 것이 필요하다고 본다.

(2) 초·중등교육법시행령상의 입학전형 방법과 절차의 헌법적합성 문제

학설과 판례를 종합해볼 때, 고교평준화를 전제로 하는 고등학교 입학전형방법 및 절차가 학교선택권[27]을 침해하는 측면이 있다는 것은 부정할 수 없다 하겠다. 그러나 헌법 제37조 제2항에 비추어볼 때 이러한 침해가 위헌에 이르는 정도인가 하는 점은 보다 본격적으로 검토를 해보아야 할 사안이다.

이 점에 관해서 크게 두 가지로 구분해서 보는데, 우선 과연 현재 고등학교에 입학하려고 하는 자는 실제로 그 권리를 제한당하고 있는가 하는 점을 검토한다. 다음에 그러한 제한이 인정된다면 그 제한은 정당한가, 헌법상의 비례의 원칙에 부합하는가 하는 점을 본다.

우선 과연 현재 고등학교에 입학하려고 하는 자가 실제로 학교선택권을 제한당하고 있는가?

---

25) 이석연, "현 고교평준화 제도의 위헌성," 2002. 4. 11(자유기업원 발표자료) 참조.

26) 헌법 제75조 "대통령은 법률에서 구체적으로 범위를 정하여 위임받은 사항과 법률을 집행하기 위하여 필요한 사항에 관하여 대통령령을 발할 수 있다."

27) 학교선택권에 관한 구체적인 검토내용에 관해서는 허종렬, 전게서, pp. 30–35 참조.

현행의 고교입학제도가 계열간 학교선택권을 제한하고 있지는 않다고 본다. 일반계 대 실업계, 예체능계, 외국어와 과학 등 특수목적계, 대안학교 등 특성화학교 등을 선택할 수 있도록 하고 있다.

그러나 이 제도가 같은 일반계학교 상호간의 선택을 제한하고 있는 것은 부정할 수 없다. 구체적으로 제한의 대상이 되는 것은 성적에 따른 학교선택권이라고 할 수 있다. 즉, 이 제한으로 인하여 현실적으로 학생들은 자기 성적에 따라서 학교를 선택하여 진학할 수 없다.

물론 이러한 성적에 의한 학교선택권이 일반계고등학교 내에서의 학교선택을 의미 있게 하는 것은 아니다. 현재로서는 추첨제에 의한 만큼 평준화지역에서는 크게 차이가 나지 않는다.[28)]학교간 차이가 없으므로 학교선택권도 의미가 없다고도 할 수 있다.[29)]

그러나 이 시점에서 일반계고등학교의 경우 학교간 차이가 없으므로 학교선택권을 주장하는 것은 의미가 없는 것인가 하면 전혀 그렇지 않다. 우선 추첨제라고는 하지만, 서울의 경우 아무래도 강남과 강북의 학교간 성적의 차이가 많이 난다고 한다. 또한 경제력이 약한 어떤 학생이 과외교습은 못 받으나 수학능력은 인정되는 경우, 이 학생은 과외교습을 못 받으니 학교에서나마 자기 수준에 맞는 공부를 할 수 있어야 한다. 그러나 추첨제에 의한 학교는 교육이 수준별 교육이 곤란하여 이 학생의 요구를 들어주기에 충분한 교육을 할 수 없다. 따라서 현재 경제적 자력이 없어서 별도 과외교습을 받지 못하는 학생은 국가가 공교육을 통하여 과외를 받지 않고도 개인별, 수준별 교육을 받을 수 있도록 교육여건을 조성해 줄 의무가 있다고 볼 것이다.

따라서 무시험추첨입학제도는 일반계고등학교 학생들의 학교선택권도 제한하는 의미를 가진 것이 사실이라고 본다.

그렇다면 사정이 이러함에도 현행의 고등학교 입학방법 및 절차가 학교선택권을 제한하는 것은 정당하며, 비례의 원칙에 부합하는가?

본래 이 제도를 도입한 목적이 입시지옥으로부터 학생을 해방시키고, 과열과

---

28) 그러나 이로 인하여 학교교육이 부실하여 제 기능을 상실하고 있으며, 개인차에 의한 교육이나 수준별 교육이 불가능하도록 되어 있다. 학교는 졸업장을 따고 동창을 만드는 정도의 의미밖에 없으며, 공부는 학원에서 해서 대학에 진학한다. 대치동 집값이 비싼 이유가 학교가 좋아서가 아니라 학원이 좋아서라고 하는 것은 주지의 사실이다. 이것은 결국 과외를 할 수 있는 자와 없는 자를 극명하게 분리시키는 것이며, 경제력이 없는 자는 과외도 할 수 없어서 대학진학 등 진로결정에 결정적인 영향을 미치고 있다.

29) 그러나 가령 시험에 의한 입학제도가 도입된다면 일반계고등학교에도 학교간 차이가 많이 나며, 어느 학교를 선택하는가 하는 것은 교육진로 결정에 결정적인 차이를 가질 것이다.

외를 해소하여 사교육비를 줄이자는 데에 있다. 일단 이 제도 도입의 목적의 정당성은 인정된다고 본다.

또한 전체적으로 볼 때에 이 제도는 학교선택권 보장을 원칙으로 하고, 그 제한을 예외적으로 규정한 것이라고 할 수 있으며, 따라서 형식적으로는 헌법 제10조와 제37조의 취지에 반하지 아니한다고 할 수 있다. 그러나 실제로는 평준화지역이 비평준화지역보다 압도적으로 많기 때문에 헌법 제37조 등의 기본권 제한의 취지에 반한다는 평가를 할 수도 있다고 본다.

그러나 입시과열해소 부분을 보면 이 제도의 도입으로 입시과열 해소와 사교육비 경감, 완화라고 하는 목적들이 어느 정도 이루어진 부분이 있다고 본다. 학교 급별간 입시열기를 분석해보면 고교에서 대학간, 중학교에서 고등학교간 입시과열은 여전하다고 본다. 그러나 초등학교에서 중학교간에는 전보다 훨씬 해소되었다고도 볼 수 있다. 이 점에서 위의 수단은 적합하다고 평가할 수도 있다.

헌법재판소는 교육법시행령 제71조 등에 대한 헌법소원 심판에서 과열된 입시경쟁으로 말미암아 발생하는 부작용을 방지하기 위한 방안으로 다음과 같은 여러 가지를 상정하고 있다.30)

첫째, 거주지를 기준으로 하여 일정한 학군 내에서 추첨에 의하여 학교를 선정하는 방안,

둘째, 거주지 제한 없이 추첨에 의하여 학교를 선정하는 방안,

셋째, 거주지를 기준으로 하여 일정한 학군 내에서 내신성적 또는 선발고사에 의하거나 내신성적과 선발고사를 병합한 방법에 의하여 학교를 선정하는 방안,

넷째, 거주지 제한 없이 내신성적 또는 내신성적과 선발고사를 병합한 방법에 의하여 학교를 선정하는 방안,

다섯째, 특정지역 또는 특정학교에 한하여 거주지 제한 없이 내신성적 또는 선발고사에 의하거나 내신성적과 선발고사를 병합한 방법에 의하여 학교를 선정하는 방안 등.

이것과 관련하여 헌법재판소는 선례에서 정부가 중학교의 경우에는 첫째 방안을 채택하고 있고, 고등학교의 경우에는 첫째, 셋째, 다섯째 방안을 혼용하고 있는 것으로 파악하고 있다.

아울러 헌법재판소는 이러한 방안들에 대한 헌법적 평가를 다음과 같이 하고 있다.

---

30) 헌재 1995. 2. 23, 91헌마204(전원재판부)에서의 교육법시행령 제71조 등에 대한 헌법소원 사건 참조(판례집 제7권 1집, p. 267).

과열된 입시경쟁으로 말미암아 발생하는 부작용을 방지하기 위한 입법수단으로는, 위에서 살펴본 방안 외에도 여러 가지 방안을 선택할 수 있을 것이고, 그 방안의 선택은 수학능력에 따른 교육을 받을 권리, 학부모와 학생의 학교선택권 보장을 중시하느냐 아니면 학교교육의 정상화, 입시경쟁의 과열화 방지, 학생의 건전한 육체적·정신적 성장을 중시하느냐에 따라 여러 가지로 결정될 수 있을 것이다.

그런데 중·고등학교의 입시제도는 그 동안 여러 번 변천을 거듭하였고, 현재도 고등학교 입시제도 등에 관하여 많은 개선책이 논란되고 있지만, 각 제도에 장·단점이 있으므로 그 개선책이 용이하게 확정되지 못하고 있는 실정에서도 알 수 있듯이, 중·고등학교의 입시제도는 입법권자에게 광범위한 재량권이 요구되는 분야라고 할 수 있다.

그러나 필자의 판단에 의하건대 이러한 헌법재판소의 판단은 두 가지 점에서 아쉬운 점이 있다고 생각한다.

첫째, 헌법재판소는 수학능력에 따른 교육을 받을 권리, 학부모와 학생의 학교선택권 보장을 중시하느냐 아니면 학교교육의 정상화, 입시경쟁의 과열화 방지, 학생의 건전한 육체적·정신적 성장을 중시하느냐 하는 점을 위헌문제 판단의 두 가지 대척점으로 놓고 접근을 하고 있는데, 그렇게 접근 할 것이 아니라 전자의 학교선택권을 보장하면서도 입시경쟁의 과열화를 막고자 하는 공적 목적을 어떻게 조화시킬 것인가 하는 관점에서 양자의 절충점을 찾기 위한 검토를 더 했어야 한다.

둘째, 만약 그러한 시각에서 접근을 하였다면 위의 판례에서 헌법재판소가 당초 수단의 적합성까지만 판단하였을 뿐 최소침해의 원칙에 대해서는 판단하지 않은 심리미진의 문제점을 불식시켰을 것이다. 위에 제시된 다섯 가지 방안들 중 그래도 학교선택권을 최소한으로 침해하는 것이 무엇인지 찾으려고 노력했어야 한다.

적어도 이번의 2005헌마514 사건에서는 계열간의 학교선택권 문제뿐만 아니라 일반계고등학교간의 학교선택권 문제도 포함하여 각 입시정책 수단들의 최소침해 원칙, 적합성과 협의의 비례원칙까지도 분명한 심리와 판단을 해주기를 기대해본다.

V. 나가면서

최근 정부나 시도교육감들이 고등학교 입학전형 및 배정방법의 학교선택권 침해 가능성 주장에 귀를 기울여 제도 개선을 위해 노력하고 있다.

예컨대 이번 헌법소원심판사건에서의 교육부측 답변서에 의하면, 서울특별시의 경우 「2005학년도 서울특별시 후기 일반계고 신입생 배정안」은 고등학교를 선복수 지원 학교와 일반추첨학교로 구분하여 학생을 배정하되 선복수지원 · 후추첨 배정학교는 총 29개교로 서울시청중심 반경 4km 범위와 용산구 전역을 대상으로 하며, 서울시 전역에서 학생 희망에 따라 3~5개교를 지원토록 하여 학생의 학교선택권을 보장하고 있다. 그 결과 모집인원 총 11,609명에 13,882명이 총지원하여 1순위 배정인원은 9,188명으로 66%의 배정율을 보였고, 2순위 배정인원은 962명으로 7%의 배정율을 나타낸 바 있다고 한다. 이것은 학교선택권을 행사한 학생들의 70% 이상이 제한적이지만 원하는 학교에 들어갔다는 것을 의미한다는 것이다.

즉, 서울특별시는 선복수지원 · 후추첨배정학교의 배정원칙을 적용하여, 첫째, 여학생수 부족으로 원거리 지역 거주 학생의 강제배정에 따른 문제점을 해소하기 위하여 학생 · 학부모의 희망에 따라 배정하되, 이로 인하여 선복수지원학교 소재 지역이 아닌 서울시 전 지역의 학생 배정에서 원거리 학교배정이 심화되는 등의 일반 학생 배정상 불이익이 발생하지 않도록 하고, 둘째, 선복수지원학교 소재지역 거주자에게는 가급적 배정에서 우선권을 부여하되, 선복수지원학교 소재 지역 내 학교 지원자가 추첨배정에서 완전 탈락할 경우 도심에서 원거리 학교 배정이 최소화될 수 있도록 하였다고 한다.

서울특별시는 일반추첨배정학교는 ① 가급적 교통편의를 고려하여 배정함을 원칙으로 하며, ② 학교군내 학교에서 합격자를 모두 수용하지 못하는 경우 타학교군의 학교에 배정하고, ③ 중학교 성적 석차백분율을 3급간으로 나누어 가급적 학교별 학급수 비율로 배정하여 학교군 내에서는 학교간 성적평준화가 되도록 고려하되, ④ 성적우수자의 원거리 학교로의 배정을 배제하기 위하여 학교군내에서도 지역별로 성적 평준화는 탄력적으로 적용하며, ⑤ 일정 지역 내의 배정대상자가 모집인원을 초과하는 경우 교통편의를 고려하여 릴레이식으로 이동 배정하고, ⑥ 종교계 학교는 당해 학교의 배정 대상지역 범위 내에서 가급적 종교를 참작하여 배정하고 있다.

신입생 선발 및 후기일반계고 배정에 관한 주요 사항은 초 · 중등교육법시행령 제79조에 의거 고등학교입학전형위원회와 고등학교입학추첨관리위원회에서 심의하고, 교육감이 학교군별 수용인원만큼 서울시교육청 전산실에서 무작위 추첨 배정하고 있다.

교육부 답변서에 의하면 각 시·도는 학생의 학교선택 수요와 배정현실의 불일치를 시정하기 위해 학교 신설 및 학급수 조정, 남·여 공학 고등학교에서는 남·여 학급수 구분을 폐지하고 남·여 학급수를 적절히 조절하여 배정여건을 지속적으로 개선하고 있으며, 내신성적 급간을 4등급에서 3등급으로 조정·반영함으로써 학생의 희망종교학교 배정 비율을 확대하고 있다. 성적과 거주지 등의 조건이 동일한 경우, 학생의 희망종교를 반영하여 가급적 동일 종교제 학교에 배정하고 있다.

여기에서 나아가 서울시는 2010학년도 후기 일반계고등학교 신입생부터 당해 학생들이 1단계에서 서울시 전 지역 학교군은 단일 학교군으로 하여 학생들이 학교를 선택할 수 있도록 학교선택권을 확대하는 안을 마련하고 시행하는 방안을 추진 중에 있다.

차제에 헌법재판소가 이러한 정부와 각 시도의 노력이 방향을 올바르게 잡을 수 있도록 이 2005헌마514 사건을 통하여 고등학교 입학제도에 관한 헌법적 잣대를 조속히 제시해주기를 희망한다.

참 고 문 헌

강인수, 교육법연구, 문음사, 1989

김철수, "고교평준화는 위헌이다," 동아일보, 2002. 2. 18

신현직, "교육기본권에 관한 연구," 서울대학교대학원 법학박사학위논문, 1990

이석연, "현 고교평준화 제도의 위헌성," 2002. 4. 11(자유기업원 발표자료)

허종렬, "고등학교 무시험 입학전형 관계 법령의 헌법적합성 검토—초중등교육법 제47조 및 시행령 제81조 등을 중심으로—, 최대권·한인섭 편, "고교평준화," 사람생각, 2002, pp. 1-73

한국일보, "'고교평준화' 헌법소원 제기," 2002. 3. 20

헌재 2005헌마514에 관한 청구인측 심판청구이유서와 교육인적자원부의 답변서(2005. 9)

헌재 2004. 2. 24, 2004헌마91

헌재 2000. 4. 27, 98헌가16, 98헌마429(병합)[위헌]

헌재 1995. 2. 23, 91헌마204

H. J. Faller, Bestand und Bedeutung der Grundrechte in Bildungsbereich in der Bundesrepublik Deutschland, EuGRZ 1981

Kohl, Juergen, “Schule und Eltern in der Rechtsprechung des Bundesverfaassungsgerichts,” W. Zeidler, T. Maunz, G. Roellecke(hrsg.), Festschrift für H. J. Faller, C.H.Beck’sche Verlagshandlung, München, 1984, SS. 204 ff.

BverfG, Beschluss 3 vom 5. 9. 1986, 1 BvR 794/86m SPE 734

Hess StGH, 11. 2. 1987, P, St, 1936: SPE 260

VerfGH Saarland, 14. 7. 1987, Lo 4/86, SPE 280

제79회(2007. 10. 5) 발표문

고등학교 평준화제도에 대한 헌법적 검토

이 기 우*

Ⅰ. 서 론

고등학교 평준화제도는 주로 공교육의 정상화, 사교육비 경감, 학벌사회의 폐단극복, 교육의 기회확대 등을 이유로 도입되었다. 이러한 평준화제도가 학력저하와 사교육비지출을 오히려 증대시키고 교육 불평등을 심화시킨다는 비판론도 제기되고 있다. 각종 선거가 있을 때마다 평준화제도의 존폐를 두고 치열한 정책공방이 벌어지고 있다. 특히 대통령선거에서 평준화제도는 교육공약 중에서 중요한 비중을 차지한다. 교육정책은 여러 가지 사회적 요구를 충족시켜야 한다. 한편으로는 교육의 수월성 요구에 부합하여야 하며 한편으로 교육의 형평성 내지 비용의 절감, 효율성에 이바지 하여야 한다. 현재 한국에는 입시제도에 관하여 평준화지역과 비평준화지역으로 구분되어 있다. 그 효과를 비교하여 실증적으로 연구하려는 시도가 없지 않으나 전자는 주로 대도시지역이고 후자는 중소도시나 농촌지역이 중심이어서 그 효과를 단순비교하는 것은 쉽지 않다.

1990년대 들어서는 평준화에 대한 직접적인 소송은 없었으나 유사한 문제로 중학교무시험배정방식에 대한 헌법재판소의 결정이 있다. 2000년대에 와서는 고등학교평준화제도에 대한 합헌성여부에 대한 논쟁이 일어나고 있다. 2002년 서울대학교 BK21법학연구단 공익인권법센터에서는 고교평준화의 합헌성여부에 대한 토론을 개최하였고 이를 계기로 평준화제도는 단순한 정책적 문제로서 뿐만 아니라 법리적인 문제로도 다루어지게 되었다. 2005년에는 고교평준화제도가 위헌이라고 주장하는 소송이 제기되어 헌법재판소에 계속되어 있다.

최근 한편에서는 교육의 수월성과 학생 및 학부모의 학교선택권, 종교의 자유를 보장하기 위하여 고등학교 평준화제도를 폐지하여야 한다고 하고, 다른 한편

* 인하대 교수.

에서는 입시과열과 학교간 격차로 인하여 생겨나는 사회적, 경제적, 문화적인 폐단을 극복하기 위하여 평준화정책을 유지 또는 실시지역을 확대하여야 한다는 주장이 대립되고 있다. 또한 오늘날 공교육의 붕괴 내지 교육문제의 원인을 학교평준화에서 찾기도 한다.

어느 경우이든 정책적인 합목적성과 그 정책의 합법성 내지 합헌성의 문제는 구분되어야 한다. 물론 합목적성에 대한 위반이 묵과할 수 없는 수준에 이르는 수준이라면 정책결정권자나 입법자의 재량의 남용으로서 위법 내지 위헌의 문제로 전환될 수도 있겠으나 그에 이르지 않는 한 양자의 구분은 유지되어야 한다. 우선 고등학교 평준화제도의 도입경위와 그 배경 및 고교평준화의 법적인 근거와 그 내용을 개관한다. 다음으로 교육평준화정책에 관한 정책적인 타당성 내지 합목적성에 관한 논의를 살펴본다. 평준화제도의 폐지를 주장하는 입장과 유지를 주장하는 측의 논거를 살펴보고 비판적으로 평가해 본다. 이어서 고등학교 평준화정책의 합헌성문제를 논의 한다. 합헌성여부에 관한 논의는 먼저 형식적인 측면을 검토해 보고 다음으로 실질적인 측면을 논의하는 것이 순서이겠으나 여기서는 편의상 평준화제도의 실질적인 측면을 먼저 살펴보고 이어서 형식적인 측면인 위임입법의 요건구비 여부를 검토한다. 실질적인 측면에서는 위헌론이 근거로 들고 있는 학교선택권, 행복추구권과 평등권, 학교선택권 기타 헌법이념적인 측면에서 평준화제도의 허용여부를 검토한다.

Ⅱ. 고등학교 평준화제도의 의의와 연혁

1. 고등학교 평준화제도의 의의

고등학교 평준화제도는 여러 가지 의미로 사용된다. 한편으로는 고등학교 교육조건 내지 교육여건의 평준화라는 의미로 사용된다. 예컨대 학교간 학교시설, 교사, 학생 등의 질적 수준의 대등성을 확보하려는 정책방향을 의미한다.[1] 이러한 평준화 개념은 헌법이 보장하는 균등한 교육을 받을 권리[2]를 구체화한 것으로 볼 수 있으며 모든 지역의 고등학교에 공통적으로 적용되어야 할 규범적인 명제라고

1) 김종철, "평준화의 이념과 현실," 교육진흥 16권, 1991. 10., 5쪽.

2) 이에 대해서는 손희권, "'능력에 따라 균등하게 교육을 받을 권리'에 관한 헌법재판소 판례분석," 교육행정학 연구, 제17권 제2호(1999), 185-207쪽 참조.

할 수 있다.

다른 한편으로 '평준화제도의 도입', '평준화제도의 폐지', '평준화지역', '비평준화지역' 등과 같이 통상적으로 사용하는 평준화는 앞에서 말한 평준화와는 다른 의미로 사용하고 있다. 후자의 의미에서 평준화는 고등학교입시제도의 일종으로 학생을 시험이나 기타 전형에 의하여 학교별로 선발하는 것이 아니라 교육행정청에 의하여 강제로 배정하는 방식을 의미한다. 즉 학생의 학교간 균등배정을 목적으로 하는 고등학교 입시정책을 지칭한다.[3] 연혁적으로 보면 고등학교 입시제도의 개혁방안으로 평준화정책이 도입되고 전자의 의미에서 고등학교 평준화는 그에 대한 보완책으로 도입된 것이다.

초·중등교육법 시행령 제77조는 고등학교 입학전형의 실시권자에 대하여 두 가지로 규정하고 있다. 동조 제1항에서는 "고등학교의 입학전형은 당해 학교의 장이 실시한다. 이 경우 입학전형방법 등 입학전형에 관하여 필요한 사항은 교육감의 승인을 얻어 당해 학교의 장이 정한다"라고 규정하고 있다. 이 경우를 통상 비평준화된 입학전형이라고 부른다. 동조 제2항에서는 "제1항의 규정에 불구하고 교육인적자원부령이 정하는 지역안에 소재하는 고등학교의 입학전형은 당해 교육감이 실시한다"라고 규정하고 있다. 이 경우 교육부장관령이 지정하는 지역을 통상 평준화지역이라고 부르고 그 입시전형방법을 평준화제도라고 한다. 법령상 평준화라는 용어를 사용하는 용례는 없다.

초·중등교육법 시행령 제77조에 의하면 고등학교 입시정책에 있어서 평준화와 비평준화를 구분하는 기준은 구체적인 입시방법에 있는 것이 아니라 입학전형의 실시권자에 중점이 두어져 있다. 학교의 장이 입학전형을 실시하면 비평준화제도이고, 입학전형을 교육감이 실시하면 평준화제도라고 보고 있다.

이 글에서 평준화의 개념은 초·중등교육법 시행령의 취지에 따라 개별학교의 장이 아니라 교육감이 법령에 따라 실시하는 입학전형방법을 가리키는 것으로 본다.

2. 평준화제도의 도입경위

고등학교 평준화정책은 고등학교 입시제도를 개선하기 위해 1972년에 문교부(현재의 교육과학기술부)의 위촉을 받은 학계, 언론계, 교육계 인사 15명의 전문위원으로 구성된 '입시제도 연구협의회'에 의하여 제출된 보고서를 기초로 정책안이

3) 피재성, "고등학교 평준화 교육 평가," 단국대학교 박사학위논문, 2000, 17쪽.

구체화되어 1973년 6월 28일에 확정 발표되었다. 1974학년도부터 서울과 부산에 적용되기 시작하여 적용지역을 확대하여 실시하고 있다.

정부는 고등학교 평준화정책을 실시하기에 앞서 중학교 수준에서 1969년 서울특별시에서 중학교 무시험제도를 도입함으로써 시작되었다. 1970년도에 부산, 대구, 광주, 대전 등의 도시로 확산되었고, 1971년부터는 전국적으로 확대되었다. 입시과열을 해소하기 위한 방안으로 도입되었다. 이러한 중학교 평준화정책이 초등학생의 입시과열에는 상당한 효과가 있었으나 중학교 진학률을 급속하게 증가시켜 고등학교 입시의 과열현상과 사교육비 증가를 불러왔다. 이에 대한 대책으로 고등학교 평준화정책이 등장하였다.4)

고등학교 평준화정책은 1974년 서울과 부산에 도입된 이래 확대, 보류 사이에 난항을 겪기도 하고 해제와 재도입 등의 변천을 거치면서 오늘에 이르고 있다. 1975년에는 인천, 대구, 광주가 추가되어 평준화실시지역은 5개 지역으로 확대되었다. 그 후 평준화에 대한 비판여론과 부작용에 대한 문제제기가 끊이지 않았다. 이에 평준화지역의 확대계획은 일시 보류되었으나 1979년에 대전, 전주, 마산, 청주, 수원, 춘천, 제주지역으로 확대되었고, 1980년에는 창원, 1981년에는 성남, 원주, 천안, 군산, 이리, 목포, 안동, 진주지역으로 평준화지역이 확대되어 21개 지역에서 실시되었다.

평준화정책에 대한 지속적인 문제제기와 부작용이 나타나게 됨에 따라 정부는 1982년 평준화정책의 전국적인 확대를 보류하기로 결정하였다. 그 후 평준화 개선방안이 꾸준히 논의되고 1989년에 관계법령의 개정이 있었다. 이에 따라 1990년에 시 · 도 교육감이 해제요청을 한 군산, 목포, 안동지역의 평준화가 해제되고 이듬해 춘천, 원주, 이리 등이 제외되고 1995년에는 천안이 평준화지역에서 제외되었다. 그런데 2000년에 들어와서는 평준화정책이 해제되었던 군산과 이리에서 주민의 여론에 따라 평준화정책이 재도입되었으며, 또한 울산에서도 이를 도입하게 되었다. 이어서 경기도의 과천시, 안양시, 의왕시, 군포시, 고양시, 부천시, 성남시 분당구 등에서 평준화정책의 도입을 선언하였으며 그밖에 평준화가 해제된 춘천이나 비평준화지역인 포항시, 의정부시, 안산시 등에서도 평준화정책 도입여부에 대한 찬반의 논의가 전개되었다.

2007년 2월 9일에 개정된 "교육감이 고등학교의 입학전형을 실시하는 지역에

---

4) 이주호/홍성창, "학교교육의 질적 향상을 위한 평준화재정립방안," 이주호/강인수/신종익/홍성창, "교육경쟁력강화를 위한 여건조성방안," 한국경제연구원, 2005, 97-100쪽 참조; 김흥주, "1969년 중학교 무시험제 … 1974년 고교평준화 시작," 새교육 563호, 2001. 9, 36쪽.

관한 규칙" 제 2 조에 의하면 서울특별시, 부산광역시, 대구광역시, 인천광역시, 광주광역시, 대전광역시, 울산광역시, 경기도 수원시 · 성남시 · 안양시 · 부천시 · 고양시 · 군포시 · 과천시 및 의왕시, 충청북도 청주시, 전라북도 전주시 · 익산시 및 군산시, 전라남도 목포시 · 여수시 및 순천시, 경상북도 포항시, 경상남도 창원시 · 마산시 · 진주시 및 김해시, 제주특별자치도(종전의 제주시 일원에 한한다)가 이에 속한다.

Ⅲ. 고등학교 평준화정책의 법적인 근거

고등학교 입학시험에 대한 법률의 규정으로는 다음과 같은 규정을 들 수 있다.

우선 초 · 중등교육법 제47조 제 2 항은 "고등학교의 입학방법 및 절차에 관하여 필요한 사항은 대통령령으로 정한다"라고 규정하고 있다. 고등학교 입학방법과 절차에 대해서는 법률에서 직접 규정하지 않고 대통령령에 위임하고 있다.

이에 따라 제정된 대통령령인 초 · 중등교육법 시행령 제77조는 고등학교의 입학전형은 원칙적으로 당해 학교의 장이 실시하도록 하고 입학전형방법 등 입학전형에 관하여 필요한 사항은 교육감의 승인을 얻어 당해 학교의 장이 정하도록 하고 있다. 다만, 교육인적자원부령이 정하는 지역안에 소재하는 고등학교의 입학전형은 당해 교육감이 실시하도록 규정하고 있다(제 2 항). 이에 따라 제정된 교육인적자원부령으로는 '교육감이 고등학교의 입학전형을 실시하는 지역에 관한 규칙'이 있다.

또한 초 · 중등교육법 시행령 제80조는 고등학교 선발학교를 시기에 따라 전기학교와 후기학교로 나누고 있다. 전기학교에는 실업계고등학교, 예 · 체능계 고등학교, 특수목적 고등학교, 특성화 고등학교가 포함되고 나머지는 후기학교가 된다.

초 · 중등교육법 시행령 제81조에 의하면 고등학교 입학전형에 응시하고자 하는 자는 그가 재학한 중학교가 소재하는 지역의 1개 학교를 선택하여 당해 학교의 입학전형 실시권자에게 지원하여야 한다. 다만, 동조 제 5 항은 제77조 제 2 항의 규정에 의하여 교육인적자원부령이 정하는 지역의 후기학교 주간부에 입학하고자 하는 자는 교육감이 정하는 방법 및 절차에 따라 2이상의 학교를 선택하여 지원할 수 있도록 하고 있다.

입학전형방법에 대해서는 초 · 중등교육법 시행령 제82조에 규정하고 있다. 즉, 전기학교의 입학전형은 그 실시권자가 따로 정하는 방법에 의하거나 제 2 항의 규정에 의한 입학전형방법에 실기고사, 적성검사, 실험 · 실습 및 면접 등을 반영하는 방법으로 실시할 수 있다. 후기학교의 입학전형은 중학교의 학교생활기록부(학교생활기록부가 없는 경우에는 이에 갈음하여 활용하는 자료를 말한다)의 기록 또는 선발고사에 의하거나 이를 병합한 방법에 의한다.

또한 동법 시행령 제84조 제2항은 제77조 제2항의 규정에 의한 교육인적자원부령이 정하는 지역의 후기학교 주간부 신입생은 고등학교 학교군별로 추첨에 의하여 교육감이 각 고등학교에 배정하되, 제81조 제5항의 규정에 의하여 2이상의 학교를 선택하여 지원한 경우에는 그 입학지원자중에서 추첨에 의하여 당해 학교정원의 전부 또는 일부를 배정할 수 있도록 하고 있다. 다만, 주간부 후기학교중 거리·교통이 통학상 극히 불편한 지역에 소재하거나 특별한 사유가 있어 추첨배정이 곤란한 학교로서 교육감이 지정한 학교에 대하여는 추첨에 의하지 아니하고 당해 학교의 장이 학생을 입학하게 할 수 있다. 후기학교 야간부 신입생은 교육감이 각 학교에 통보한 입학전형에 관한 자료에 따라 당해 학교의 장이 선발한다. 학교군은 시·도별로 학교분포와 지역적 여건을 참작하여 교육감이 교육위원회의 의결을 거쳐 정하며 이를 고시하여야 한다.

이상의 규정을 종합하여 검토하면 입학전형방법으로 고교 평준화에 대한 법적인 근거는 초·중등교육법 제47조 제2항 및 그 위임에 의하여 제정된 동법 시행령 제84조 제2항이라고 할 수 있다. 평준화제도의 실시지역에 대한 것은 동법 초·중등교육법 제47조 제2항과 그 위임에 의해 제정된 동법 시행령 제77조 제2항, 이에 의하여 재위임된 '교육감이 고등학교의 입학전형을 실시하는 지역에 관한 규칙' 등이다.

Ⅳ. 고등학교 평준화제도의 정책논쟁

1. 고등학교 평준화제도 폐지론

고등학교 평준화정책을 폐지해야 한다는 주장은 교육의 수월성추구, 학생의 학교선택권, 학교의 학생선발권, 사학의 자율성 확대 등에 근거를 두고 있다.[5]

고교평준화논리를 폐지해야 한다는 입장은 교육의 수월성을 추구하여 교육의 질적인 수준을 높여야 한다는 주장이다.[6] 평준화정책은 학급내 학습집단을 이질

5) 강태중, "고등학교 평준화정책의 향방에 대한 논란," 교육비평 제5호(2001, 가을), 107쪽.

6) 이주호/강인수/신종익/홍성창, "교육경쟁력강화를 위한 여건조성방안," 한국경제연구원, 2005,

화하여 학습지도를 어렵게 만들며 학습능률을 저하시켜 하향평준화를 초래한다는 것이다.[7)]

또한 교육의 다양성과 학교선택권을 보장하기 위해 고교평준화는 폐지되어야 한다고 주장한다.[8)] 학교선택권이 제약됨으로 인하여 자유로운 교육선택의 기회가 박탈되고 학교간의 선의의 경쟁도 제한된다는 것이다.

고등학교 평준화 폐지론은 평준화정책은 사립학교의 자율성을 크게 제한하고 사학의 건학이념이나 사학 나름대로 특색있는 교육을 어렵게 만든다고 주장한다. 사립학교의 학생선발권, 교육여건, 교육과정의 운영 등에 있어서 공립학교에 준하는 통제를 받게 되어 자유로운 사학운영이 어렵게 된다는 것이다.[9)]

또한 평준화정책이 평준화지역과 비평준화지역간의 교육여건의 불평등을 초래하고 또한 동일한 평준화지역간에도 학군에 따른 지역간의 불평등현상을 심화시킬 수 있다는 주장도 제기된다.[10)]

2. 평준화제도 유지론

평준화제도를 유지하고 비평준화지역에도 평준화제도를 확대하여 도입하여야 한다는 입장은 다음과 같은 주장을 근거로 한다. 국민의 평등한 교육받을 권리를 실현하고, 공교육체제로서 학교교육의 공정한 운영, 과열입시경쟁의 해소, 학교교육의 정상화, 시험에 구속된 삶을 극복하고 학생의 전인적 성장기회 제공하여 고등학교교육의 목적을 실현 등을 이유로 하고 있다.[11)]

군산시와 익산시는 1980년에 평준화정책을 도입하여 실시하였다. 1990년 및 1992년에 각각 평준화정책을 해제하였다가 2000년도부터는 다시 고등학교 평준화정책을 재도입하였다. 이 과정에서 평준화제도로 환원해야 한다는 주장에는 한편으

97면 이하 참조.

7) 조재호, "지니계수로 추정한 대학입학 수학능력시험성적의 하향평준화분석—이해찬 1세대를 중심으로," 경제연구, 제25권 제 2 호, 2007. 6, 1-19쪽: 반대 견해로는 성기선, "고등학교평준화정책과 학력하향화 현상과의 관련성 분석연구," 교육사회학연구, 제12권 제 3 호, 121-135쪽; 남기곤, "교육부분에의 경쟁의 도입, 성과가 있는가?," 전망과 동향, 통권65호, 2005. 10., 147-169쪽.

8) 이에 대해서는 이병환, "학교선택권의 입장에서 고교평준화정책의 개선방안," 교육행정학연구, 제20권 제 4 호, 275-295쪽 참조: 학교선택권제고를 위한 고교평준화제도 보완방안에 대해서는 김영철, "고교평준화정책과 학교선택권," 한국교육법연구, 제 6-7집, 2003. 3, 265-284쪽 참조.

9) 강인수, 앞의 글, 46쪽.

10) 신동로/권인탁, "고교평준화정책의 찬반논쟁과 향후과제 분석," 교육학연구, 제38권 제 2 호, 2000, 25쪽. 비판적인 견해로는 김천기, "평준화제도의 불평등성논쟁에 대한 비판적 고찰," 교육사회학연구, 제15권 제 1 호, 2005, 65-88쪽 참조.

11) 김동석, "고교평준화에 관한 정책주장의 논리구조 분석," 교육행정학연구, 제20권 제 3 호, 33-41쪽.

로는 비평준화가 고등학교간의 우수학생유치를 위한 과당경쟁으로 교육력이 소모되고 비교육적이라는 점 외에도[12] 2002년 대입안이 무시험전형제를 원칙으로 함에 따라 비평준화제도가 정책적인 의미가 감소하게 되었다는 점 등이 작용하였다.[13]

3. 평준화논쟁의 정책적 함의

평준화제도를 폐지하자는 주장이나 이를 유지하고 확대해야한다는 주장이나 그 주장의 논거에 대해 신뢰할만한 수준의 실증적인 평가가 나왔다고 보기는 어렵다. 평가의 결과는 지역의 여건에 따라 달라질 수 있으며 선호하는 가치의 비중에 따라 달라질 수밖에 없다. 전국적인 견지에서 평준화의 공과를 논의하는 것이 과연 유의미한 것인지에 대해서도 의문의 여지가 많다. 예컨대 학교선택권의 경우에도 학교별 선발을 하는 경우에도 지원자가 특정학교에 집중되는 경우에 원하는 학교에 입학할 수 있는 학생의 비중은 학생의 선지원 후배정 방식에 의하는 추첨의 경우보다 크게 높다고 보기 어렵다.

이에 지역 주민의 의사와 무관하게 일방적으로 평준화를 전면적으로 폐지 혹은 유지하자는 것이 절대적으로 타당성을 갖기 어렵다고 본다. 평준화정책은 결국 지역주민의 선택으로 돌려주어야 할 문제라고 본다. 학교의 자율성과 선택권을 강조하고 선호하는 지역에서는 평준화를 해제할 수 있어야 하고, 입시제도의 과열을 염려하는 지역에서는 다른 선택을 할 수 있어야 한다. 지역에 따라 다양한 선택가능성을 배제한 채 평준화지역을 교육인적자원부장관령으로 일방적으로 정하도록 한 것은 지역특성과 다양성을 살리고 경쟁을 통해 발전을 추구하는 지방자치의 이념과 합치된다고 보기 어렵다. 또한 평준화지역의 입시전형을 광역교육행정기관인 교육감이 실시하는 것이 타당한지에 대해서도 근본적인 문제제기가 필요하다. 오히려 기초지방자치단체를 단위로 입학전형을 실시할 수 있도록 권한을 하향이동할 필요성이 제기된다.

또한 평준화지역과 비평준화의 일도양단식의 입학전형제도를 대신하여 평준화지역에서 일부학교에 대해서는 자체의 입학전형을 할 수 있도록 하는 절충적인 방안도 검토될 수 있을 것이다. 개별학교의 자율성을 존중하여 다양한 예외를 인정한다고 하더라도 평준화의 제도가 크게 훼손된다고 볼 수는 없다.

---

12) 신동로/권인택, 앞의 글, 30쪽.

13) 앞의 글, 26쪽.

V. 고등학교 평준화제도의 헌법적인 검토

1. 합헌성여부 판단의 의미

어떤 제도가 합헌이냐 위헌이냐의 판단은 그 제도가 헌법상 허용되는지 여부에 관한 것이다. 헌법상 허용되는 범위 안에서 입법자는 여러 가지 정책을 선택할 수 있다. 이를 정책재량 혹은 입법재량이라고 한다. 입법권자가 그의 입법재량 범위안에서 선택하는 모든 정책수단은 헌법적으로 허용되지만 그것이 바람직한 것인지 여부에 대해서는 별도의 판단을 필요로 한다. 헌법적으로 허용되는 정책수단이 바람직한 결과를 가져올 수도 있지만 경우에 따라서는 심각한 정책실패를 초래할 수 있다. 고등학교 평준화제도의 합헌성여부를 심사함에 있어서도 평준화제도의 합헌성 문제와 그 합목적성 문제는 구분되어야 한다. 고등학교 평준화가 아무리 바람직한 제도라고 할지라도 헌법적으로 허용되지 않는다면 채택될 수 없다. 반대로 고등학교 평준화가 바람직하지 않다고 하더라도 헌법적으로 허용된다면 법률적인 효력에는 지장이 없다. 문제는 평준화제도가 합헌이라고 하는 것이 반드시 바람직하다는 것을 의미하는 것이 아니라는 점이다. 그럼에도 불구하고 어떤 제도를 합헌이라고 하는 것이 마치 그 제도가 하자가 없는 제도로 더 이상 논란의 여지가 없다는 의미로 인식될 수 있음을 경계하여야 한다. 또한 정책실패를 헌법위반으로 연결시키는 것도 법률적으로 타당하지 않다.

2. 평준화제도와 교육기본권(학교선택권, 학생선발권 등)

(1) 위 헌 론

위헌론의 첫 번째 논거로 고교평준화제도가 학부모와 학생의 학교선택권, 학교의 학생선발권 등과 같은 교육기본권을 침해하고 있다는 것을 들고 있다. 특히 학교선택권의 침해로 위헌이라는 주장이 강력하게 주장되고 있다.[14)]

"헌법의 구체화법인 교육기본법은 학습자의 능력이 최대한으로 발휘될 수 있도록 학습자의 인격을 존중하고, 개성을 중시하여 교육내용, 교육방법 등을 강구

14) 허종렬, "고등학교 무시험 입학전형관계법령의 헌법적 적합성 검토," 최대권/정인섭, "고교평준화," 30면 이하; 강인수, "고등학교 평준화제도의 헌법적합성 검토," 교육행정학연구, 제20권 제4호, 2002, 37면 이하.

하도록 규정하고 있다(제12조 제2항). 즉 헌법은 능력과 개성, 적성에 따른 학생, 학부모의 학교선택권과 학교의 학생선발권을 교육기본권으로 보장하고 있는 것이다.

따라서 학생 개개인의 지적능력과 개성, 적성의 차이 그리고 생활관계의 다양성을 무시하고 교육감이 근거리 통학이라는 명목하에 고등학교를 강제 배정하고 있는 현 고교평준화제도는 학생, 학부모의 학교선택권과 학교의 학생선발권을 박탈함으로써 헌법이 보장하고 있는 교육기본권의 본질적 내용을 침해하고 있다고 본다.[15)]

> "학생이나 학부모의 학교선택권은 무시한 채 근거리 통학이라는 명목으로 학교를 강제 배정하고 있는 것은 기본권침해도 이만저만한 침해가 아닌 것이다."[16)]
> "우리나라에서의 현행 고등학교에서의 무시험추첨입학제도의 위헌성여부에 관해서는 헌법재판소에서 다투어질 필요가 있다고 본다. 이 제도의 근본에 있어서 학생의 학습권과 부모의 교육권의 일환을 이루고 있는 학교의 자유로운 선택권을 심각하게 제한하고 있어서 위헌의 소지가 많다 하겠다."[17)]

(2) 위헌론에 대한 비판적 검토

1) 학교선택권과 교육선택권

먼저 교육기본권, 특히 학교선택권이 무엇을 의미하는지를 살펴볼 필요가 있다. 교육기본권에 대해서는 아직 학계에서 충분히 논의되지는 못하였으나 교육에 관한 개별기본권을 포괄하는 포괄적인 기본권으로 이해할 수 있을 것으로 보인다.[18)] 학생, 학부모의 학교선택권은 이러한 교육기본권의 한 내용을 이루는 것으로 이해되고 있다.

학부모의 학교선택권에 대해서 헌법재판소는 부모의 자녀에 대한 교육권의 내용의 하나로서 보장된다고 보고 있으며 부모의 자녀에 대한 교육권은 헌법에

15) 이석연, "현 고교평준화제도의 위헌성," 2002년 4월 11일 '자유기업포럼'(주최 : 자유기업원)에서 발표한 글; 신현직 교수도 자세한 설명 없이 유사한 견해를 피력하였다. 즉, "현재의 우리나라의 학군제는 사실상 학교선택의 자유를 침해하고 있다고 할 수 있으며, 추첨에 의한 학교의 강제배정은 명백한 교육기본권의 침해가 된다(신현직, 1990, 175).

16) 김철수, "고교평준화는 위헌이다," 헌법의 눈, 동아일보 2002. 2. 18일자.

17) 허종렬, 앞의 글, 42쪽.

18) 교육기본권에 관하여 헌법학자들간에 논의가 활성화되어 있지는 못하나 신현직 교수는 "교육의 권리는 더 이상 단순한 「교육을 받을 권리」로서가 아니라 교육에 관한 기본적 인권으로서의 「교육기본권」으로 재정립되어야 한다"라고 하면서 교육기본권을 "모든 인간의 인간적인 성장발전을 위해 필요한 교육에 관한 헌법상의 포괄적인 기본적 인권"라고 정의하였다(신현직, 1990. 76). 신 교수는 교육기본권의 내용으로서 학습의 자유와 권리, 국민의 교육의 자유, 교육의 평등, 생존권으로서의 교육을 받을 권리를 포괄하는 기본권으로 설명하였다.

명문으로 규정되어 있지 않지만 혼인과 가족생활을 보장하는 헌법 제36조 제1항, 행복추구권을 보장하는 헌법 제10조 및 "국민의 자유와 권리는 헌법에 열거하지 아니한 이유로 경시되지 아니 한다"고 규정하고 있는 헌법 제37조 제1항으로부터 나오는 중요한 기본권으로 보고 있다(헌법재판소 2000. 4. 27. 98헌가16, 98헌마429(병합), 447).

헌법재판소는 부모의 학교선택권에 대해서 "모든 국민은 능력에 따라 균등하게 교육을 받을 권리를 가진다"고 규정하고 있는 헌법 제31조 제1항에서 근거를 찾기도 한다.

> "친권자에 미성년자인 자녀를 보호하고 교육할 의무가 있는 데서도 알 수 있듯이(민법 제913조 참조), 부모는 아직 성숙하지 못하고 인격을 닦고 있는 초·중·고등학생인 자녀를 교육시킬 교육권을 가지고 있으며, 그 교육권의 내용 중 하나로서 자녀를 교육시킬 학교선택권이 인정된다. 이러한 부모의 학교선택권은 미성년인 자녀의 교육을 받을 권리를 실효성 있게 보장하기 위한 것이므로, 미성년인 자녀의 교육을 받을 권리의 근거규정인 헌법 제31조 제1항에서 헌법적 근거를 찾을 수 있을 것이다."(헌법재판소 1995. 2. 23, 91헌마204, 275)

헌법재판소에서 인정하고 있는 학교선택권은 원하는 교육을 받을 수 있는 교육선택권의 하위개념인 것으로 이해된다. 즉 학교선택권은 교육선택권을 실현하기 위한 하나의 방법이며 전부는 아니다. 학교교육 이외의 방법으로 교육선택권이 보장될 수 있다면 학교선택권의 제한이 곧 헌법위반이라고 보는 것에는 무리가 있다고 볼 수 있다.

학생이나 학부모의 교육기본권으로서 학교선택권은 절대적으로 보장되는 것은 아니며 헌법 제37조 제2항에 의한 제한이 허용된다. 문제는 고등학교 평준화에 의한 학교선택권에 대한 제한이 헌법적인 제한의 한계를 벗어난 것인지 여부이다. 비평준화지역에서도 학교선택권은 완전히 보장되는 것이 아니다. 특정학교에 학생들이 집중되는 경우에 여러 가지 방법에 의한 학교선택의 제한은 불가피하게 된다. 또한 비평준화지역에서도 학생들의 선지원방식에 의해 학교선택권을 상당한 수준으로 만족시킬 수 있다.

일반 공공시설의 경우에도 공공시설에 대한 수요와 공급이 불일치하는 경우에 다양한 방법에 의한 제한이 인정되고 있으며 선착순, 추첨, 일정한 요건의 충족 등 입법자에게 폭넓은 선택가능성이 열려있다고 본다.

헌법 제37조는 기본권 제한이 헌법적으로 정당화되기 위해서는 기본권 제한의 목적이 정당할 것을 요구하고 제한의 정도가 과잉적이지 않으며 또한 기본권의 본질적인 내용을 침해하는 것이어서는 안 된다는 것이다.

먼저 학생이나 학부모의 학교선택권을 제한하는 목적은 중학교 교육의 정상화, 학교간 격차해소, 지역간 교육격차해소, 사교육비부담완화, 대도시 인구집중 억제 등이다. 이들 목적은 정당하며 공공의 이익을 위하여 필요한 것이라고 볼 수 있다. 또한 일반계 고등학교의 입시제도 개선은 이러한 목적을 완전히 달성하지는 못한다고 하더라도 상당부분 기여하고 도움이 되므로 적합한 수단이라고 본다. 또한 앞의 목적을 달성하기 위하여 평준화제도만큼 효과적인 제도도 찾기 힘들다는 점에서 최소침해의 원칙도 만족한다고 본다.[19]

또한 특수목적고나 자율학교 등 예외를 인정하고 있고, 학교교육 대신에 사교육을 선택할 수 있으며 검정고시제도를 활용할 수 있는 길을 열어 놓고, 학교에 대한 배정을 하고 있다는 점에서 지나친 학교선택권의 제한이라고 보기는 어렵다. 교육이 학교에만 독점된 것이 아니라면 학교선택권의 제한으로 인하여 희생되는 기본권의 제한이 달성하고자 하는 목적에 비하여 현저히 균형을 잃은 것이라 보기도 어렵다.

또한 학교선택권의 본질을 교육선택권으로 본다면 개별적인 학교의 선택보다는 각 학교에서 교육프로그램 선택이 더욱 중요한 문제라고 볼 수 있게 된다.[20] 교육선택권의 행사는 각자가 자기 수월성을 계발하고 신장시킬 수 있는 학습의 장을 선택하는 일이다. 이러한 학습의 장은 평준화의 해제를 통해서 보다는 다양한 교육프로그램의 운영을 통하여 보장되는 것이라 볼 수 있다.[21] 학교선택권이 그 자체로서 하나의 독립된 기본권이라기보다는 헌법 제31조 제1항의 교육의 교육받을 권리, 원하는 교육을 받을 권리의 한 내용을 이루는 것이라면 그러한 권리는 학교선택권의 행사 이외에도 교육프로그램의 선택을 통해서도 이루어 질 수 있다. 학교선택권보다는 상위개념으로서 교육선택권은 학교선택 외에도 사교육이나 대안학교, 홈스쿨링, 평생교육 등 다양한 방법에 의해 보장될 수 있다. 학교선택권이 다소 제한을 받는다고 하더라도 다른 방법에 의한 보완의 가능성이 충분히 열려있다면 교육선택권은 보장된다고 볼 수 있다. 따라서 학교선택권을 제한한다고 하여 교육받을 권리의 본질적인 내용을 제한한다고는 볼 수 없으며 다른 공익적인 목적을 달성하기 위해 필요한 범위 내에서는 허용될 수 있는 것이다.

중·고등학교 입시제도로 어떠한 제도를 채택하더라도 장점과 단점이 나타날

19) 이에 대해 허종렬 교수는 최소침해의 원칙에 대한 위반가능성을 제기하고 있다(앞의 글, 40쪽).
20) 김천기, "고등학교평준화정책 수정의 논리와 문제점," 교육학 연구, 제33권, 제3호, 1995, 311쪽.
21) 이돈희, "고등학교평준화정책 개선방안 토론 III," 한국교육개발원, 1995, 59쪽.

수 있으며, 현행 고등학교 평준화 입시제도가 많은 문제점을 가지고 있다고 하더라도 이는 입법자의 입법재량의 범위 내에 속한다고 할 수 있다. 따라서 학교선택권에 대한 제한을 이유로 현행 고등학교 입시제도를 위헌이라고 보는 것에는 무리가 있다고 본다.

헌법재판소의 입장도 과열된 입시경쟁으로 말미암아 발생하는 부작용을 방지하기 위한 입법수단으로서는 여러 가지 방안을 선택할 수 있을 것이고, 그 방안의 선택은 수학능력에 따른 교육을 받을 권리, 학부모와 학생의 학교선택권 보장을 중시하느냐 아니면 학교교육의 정상화, 입시경쟁의 과열화 방지, 학생의 건전한 육체적·정신적 성장을 중시하느냐에 따라 여러 가지로 결정될 수 있을 것이라고 하면서, 각 제도에 장·단점이 있으므로 그 개선책이 용이하게 확정되지 못하고 있는 실정에서도 알 수 있듯이, 중·고등학교의 입시제도는 입법권자에게 광범위한 재량권이 요구되는 분야라고 보고 있다(헌법재판소 전원재판부 1995. 2. 23, 91헌마204).

2) 학생선발권

학교의 학생선발권이 교육기본권의 한 내용을 이룬다고 볼 수 있는지에 대해서는 국·공립학교와 사립학교를 구분하여 논의할 필요가 있다. 국·공립학교의 경우에 기본권의 주체성을 인정할 수 있는지 여부에 대하여 대체로 부정적이다. 따라서 이 경우 학생선발권을 제한하는 것이 교육기본권을 침해했다고 보기는 어렵다.[22] 또한 사립학교의 경우에는 학교의 학생선발권이 교육에 대한 기본권의 한 내용을 이룬다고 볼 수는 있으나 절대적인 보장을 받는 것은 아니며 헌법 제37조 제2항이 정한 요건에 따라 제한이 허용된다고 본다. 과열과외와 중학교 교육의 정상적인 수행 등의 제한 목적은 헌법에 의하여 정당화될 수 있으며, 그 목적을 위해서는 사립학교의 교육기본권을 일부 제한하는 것이 불가피한 측면이 있으므로 과잉적이라 볼 수는 없다. 사립학교의 일차적인 목적은 학생을 선발하는데 있는 것이 아니고 학생을 교육하는데 있다는 점을 감안하면 사립학교의 학생선발권에 대한 헌법상 보장의 강도는 그리 강하다고 보기 어렵기 때문이다. 사립학교는 학생의 입학과 졸업 등에서 공무수탁사인으로서 성격을 가지므로 공익적인 견지에서 상당한 범위내의 권리제한이 허용될 수 있다. 다만 학교의 목적을 실현하기 위해서는 학생선발권이 반드시 필요한 특별한 학교를 설립하는 경우에는 평준화의 예외를 통하여 특례를 인정해야 함에도 불구하고 이를 인정하지 않는 경우

22) 이 경우 각 학교가 가진 학생선발권은 헌법 제31조 제4항이 규정한 교육의 자주성의 표현이라고 볼 수는 있을 것이다. 이러한 학교의 자율권도 무제한 보장되는 것은 아니고 공익을 위한 제한이 허용된다.

에 위헌문제가 발생할 수 있으나 그것은 평준화의 문제가 아니라 사인의 학교설립권에 대한 제한이 되므로 별도의 검토를 필요로 한다.

3. 평준화제도와 행복추구권 및 평등권

위헌론의 두 번째 논거는 행복추구권과 평등권을 침해한다는 것이다.

> "모든 국민이 배우고, 가르치고, 교육시킬 권리는 교육기본권이기에 앞서 헌법 제10조의 행복추구권의 한 내용이기도 하다. … 따라서 생활관계의 다양성 그리고 능력과 적성 및 개성을 중시하여 교육정책을 입안, 시행하라는 헌법의 정신을 무시하고 획일적 평등주의, 하향식 일원화로 나가고 있는 고교평준화제도는 청구인들의 헌법상 보장된 평등권과 행복추구권도 침해하고 있는 것이다."[23]

먼저 고등학교 평준화제도가 행복추구권을 침해하는지 여부에 대해서는 행복추구권과 교육기본권의 관계를 살펴볼 필요가 있다. 행복추구권은 포괄적인 기본권으로서 다른 개별적인 기본권을 포함하는 넓은 보호영역을 갖는다. 여기서 행복추구권과 다른 기본권과의 관계는 일반법과 특별법의 관계에 있다고 볼 수 있다. 따라서 교육기본권에 의해서 보장되는 생활범위 내에서는 우선 교육기본권이 우선적으로 적용된다고 볼 수 있다. 교육기본권에 의하여 보호되는 생활영역에 대해서는 구태여 행복추구권의 침해 여부를 검토할 필요는 없을 것이다.[24] 다만 행복추구권으로부터 파생되는 일반인격권이나 자유로운 인격실현권을 의미하는 범위 내에서는 행복추구권의 독자적인 의미가 있다고 할 수 있으나 이러한 의미에서 행복추구권도 무제한하게 보장되는 것이 아니라 헌법 제37조 제 2 항에 의한 제한이 가능하다고 할 수 있다. 이 경우에도 입법목적을 실현하기 위해서는 광범한 입법재량이 허용된다고 할 것이고 과잉적인 제한이라고 보기 어렵다. 따라서 행복추구권을 침해하여 위헌이라는 주장도 설득력이 없다.

다음으로 평등권의 침해가 있기 위해서는 먼저 차별이 존재하여야 하고 다음으로 그 차별을 헌법적으로 정당화할 사유가 존재하지 않아야 한다. 고등학교 평준화로 인하여 동일한 학군 내에서 일반계 고등학교를 진학하는 학생 상호간에 어떠한 차별적인 대우가 있다고 볼 수는 없다. 오히려 균등한 교육을 받을 권리를 실현하기 위한 방안의 하나로 평준화제도를 도입한 것이라는 점에서 평등권에 위배된다는 주장도 설득력이 약하다.

---

23) 이석연, 앞의 글.

24) 홍성방, 헌법학, 현암사, 2002, 388쪽.

다만 고등학교 평준화가 헌법 제31조 제 1 항의 능력에 따라 교육을 받을 권리를 침해한다는 견해에 대해서는 검토를 요한다. 즉 "능력을 기준으로 하지 않고 공권력의 힘으로 강제되는 입학전형의 방법 또한 정당한 것으로 보지 않는다는 의미로 해석될 수 있다. 이를테면 오늘날 고등학교를 대상으로 전개되는 고교 평준화정책은 이 조문을 위반한 것이라고 볼 수 있다"[25]는 것이다.

헌법상의 능력에 따라 균등한 교육을 받을 기회의 보장이 갖는 헌법적인 의미는 능력 이외의 요건에 의하여 교육기회의 차등이 있어서는 안 된다는 자유국가적인 이념과 능력에 상응한 교육을 적극적으로 청구할 수 있다는 사회국가적인 이념을 모두 포함하는 것이라고 보아야 한다. 자유국가적인 의미에서 교육받을 기회의 보장은 능력 이외의 요소 즉, 종교, 인종, 사회적 신분 등을 이유로 교육의 기회를 차단하여서는 안 된다는 것을 의미한다. 이점에서 고등학교 평준화는 모순되는 점이 없다고 할 수 있다. 오히려 평준화정책이 교육평등정신에 근접하고 있다.[26]

사회국가적인 측면에서 평등권은 사회적인 약자에게 학생의 수학능력이 닿는 대로 기본적인 교육의 기회를 부여할 것을 보장해줄 것을 청구할 수 있는 권리라고 볼 수 있다. 즉, 장학제도를 활성화하거나 의무교육의 실시를 통하여 실질적으로 교육의 기회를 만들어 줄 것을 청구할 수 있는 권리를 부여한 것이다. 이 점에서 고등학교 평준화는 이러한 사회국가적인 요구와는 직접적인 관계는 없으나 이를 침해한다고도 볼 수 없다. 평준화된 학교를 어떻게 운용할 것이지는 학교나 교사의 재량에 의하여 좌우되는 바가 크므로 이것이 반드시 우수한 학생 혹은 열등한 학생의 교육기회를 박탈하는 것이라고 볼 수는 없다. 열등생 교육을 별도로 실시하지 않는다고 하여, 또는 우수학생들을 별도로 분리하여 교육하지 않는 것이 평등권을 위배한다는 것은 타당하지 않다. 왜냐하면 사회적인 기본권은 최소한의 보장을 청구할 수 있는 것이지 최대한을 요구하는 권리가 아니기 때문이다. 더구나 고등학교 평준화를 실시한다고 하여 학생들의 능력에 따른 교육이 반드시 불가능한 것도 아니다. 이점에서 균등한 교육을 받을 권리를 해한다는 주장은 설득력이 없다.

25) 안기성, "평등에 관한 교육법 해석학," 교육법연구 제 6 호, 1994, 10쪽.

26) 김천기, "고등학교평준화정책 수정의 논리와 문제점," 교육학 연구, 제33권, 제 3 호, 1995, 312쪽.

4. 평준화제도와 학생의 종교의 자유 내지 부모의 종교교육의 자유

(1) 위 헌 론

평준화제도 하에서 학생들은 원하지 않는 종교재단이 설립한 학교에 배정받을 수 있고, 배정받은 학교에서 특정종교에 대한 교육을 강요받는 경우에 학생의 종교의 자유가 침해받을 수 있으며 부모의 자녀 종교교육의 자유도 침해된다는 문제가 제기될 수 있다.[27] 자유선택이 아닌 추첨에 의해서 학교가 강제적으로 배정되는 평준화제도 아래에서는 자신의 신앙과 일치된 종립학교에 입학하여 종교교육을 받을 수 있는 기회가 제한되고, 자신의 신앙과 일치되지 않는 학생 또는 무신앙의 학생은 타종파의 특정종교교육을 강요당하게 되어 사실상 소극적인 신앙의 자유조차도 보장받지 못하는 심각한 상황이 펼쳐지는 것이다.[28] 한국에서 학생의 종교의 자유가 표면적으로 문제된 것은 2004년 강의석 군이 종교교육의 강요에 대한 문제를 제기한 사건을 계기로 한다. 특히 평준화지역에서 강제배정이 종교의 자유를 침해하여 위헌이라는 주장은 다음과 같다.

첫째, 학생과 학부모의 선택권이 제한된다는 점을 들고 있다. 학생과 학부모는 종교를 고려할 여지없이 교육당국이 배정하는 학교에 입학할 수밖에 없으며, 자신이 원하지 않는다 하여 전학을 요구하고 받아들여질 가능성은 거의 없다. 최근에 일부 선지원 후배정제도가 실시되어 일정하게 학교선택권이 인정될 가능성도 있으나 그렇다 하여 종교학교에 배정받은 학생들이 자발적인 동의로 입학하였다고 보기에 어려움이 있다는 것이다.[29] 종교교육을 목적으로 설립된 종교학교에서도 학생의 학교선택권이 보장되지 않은 채 종교학교에 배정된 학생의 의사

---

27) 정인섭, 국제인권조약과 현행 중등학교 진학제도, 고교 평준화를 위한 무시험진학제의 인권법적 검토, 2002년 6월 11일 서울대학교 BK21 법학연구단 공익인권법센터가 주최한 학술세미나 자료집, 70쪽 이하: 송기춘, "종교학교에서의 종교교육과 학생의 종교의 자유," 공법연구 제33집 제 1 호, 2004. 11, 229-247쪽; 염철현, "평준화제도 아래에서 학교의 종교교육에 대한 일고찰," 교육행정학연구, 제23권 제 2 호, 2005, 221-242쪽.

28) 표시열, 교육정책과 법, 박영사, 2002, 111-113쪽.

29) 송기춘, 앞의 글, 333면 2004년. 2004년 4월 1일을 기준으로 사립 중학교 662개교 가운데 기독교계 학교 123개교(71.50%), 천주교계 학교 27개교(15.70%), 불교계 학교 11개교(6.40%), 원불교계 학교 11개교(6.40%) 등 총 172개교로 나타났다. 사립 고등학교의 경우 939개교가 전국에 설립되었는데, 기독교계 학교 162개교(68.64%), 천주교계 학교 38개교(16.10%), 불교계 학교 12개교(5.09%), 통일교계 학교 3개교(1.27%), 제칠일안식일예수재림교계 학교 8개교(3.39%), 민족종교 등 기타계 학교 13개교(5.51%) 등 총 236개교로 집계되었다. 우리나라 전체 사립 중학교와 사립 고등학교 숫자를 대비하여 종교계 학교의 점유비율을 살펴보면, 중학교는 26%, 고등학교는 25%를 차지하였다(염철현, 앞의 글, 224면).

에 반하여 종교교육을 강제적으로 실시할 수는 없다는 것이다. 이러한 학교에서 학생은 강제적인 종교교육을 거부할 수 있으며, 종교교육을 거부한 학생에 대하여 제적 등 제재를 가하는 것은 비교육적이며 종교적 진리에도 부합하지 않을 뿐 아니라 위법한 것이라고 본다. 또한 학생의 학교선택권과 학교의 학생선발권이 보장된다 하더라도 종교학교에서의 종교교육의 자유는 일정한 한계가 있다는 것이다.30)

다음으로 종교학교라도 모든 학생은 신앙의 자유를 가지며, 자신이 하고 싶지 않은 고백을 강요하거나 의례에 참석하도록 강제하는 것은 신앙의 자유에 대한 침해이다. 아무리 같은 신앙을 가지고 있다 해도 강제적으로 신앙을 고백하고 요구할 수도 없다는 것이다.31)

셋째로, 입학하기 전에 학생이 입학하고자 하는 학교에서 어떤 방식과 내용의 교육을 실시하는지는 잘 알지 못한다는 점이다. 설사 대다수가 그것을 잘 알고 있다 하여도 잘 알지 못하는 학생에게까지 그런 교육에 대한 동의를 한 것으로 의제하는 근거로 삼아서는 안 되며, 또한 한창 정신적으로 성장하는 학생들이 신앙을 가지고 입학하였다 해도 신앙에 회의를 갖기도 하며 종교에 부정적인 생각을 가지게 될 수도 있는 것이기 때문에 입학 당시의 동의만 가지고 지속적인 종교교육 강제의 근거로 삼기는 어렵다는 것이다.32)

(2) 위헌론에 대한 비판적 검토

배정받은 고등학교가 종교계통의 학교이고 종교교육이 강요되는 경우에 이를 감수해야 하는 학생의 종교의 자유는 현저히 침해받고 있다. 이에 고등학교에서 특정종교에 대한 종교교육은 국공립학교에서는 허용되지 아니하며 종교단체에서 설립한 사립학교에서도 이를 강제하는 것은 허용되지 아니한다. 즉 종교과목을 필수과목으로 지정하는 것은 허용되지 아니하며 선택과목으로 하고 이를 원하지 않는 경우에 대체과목을 설치해 주어야 한다. 그럼에도 불구하고 현장학교에서는 대체과목을 설치하지 않거나 설치하더라도 대체과목의 수강을 현저하게 어렵게 만들고 있다.33) 이는 종교의 자유에 대한 사실상의 침해가 된다.

그럼에도 불구하고 이를 이유로 고등학교 평준화제도가 종교의 자유를 침해한다고 보는데 법리상 무리가 있다. 왜냐하면 이 경우에 종교의 자유를 침해하는

30) 송기춘, 앞의 글, 331쪽.
31) 송기춘, 앞의 글, 335쪽.
32) 송기춘, 앞의 글, 334쪽.
33) 염철현, 앞의 글, 225쪽.

것은 개별 학교이지 평준화제도가 아니기 때문이다. 따라서 시정되어야 할 것은 평준화제도가 아니라 특정종교의 수강을 사실상 강요하는 개별학교의 교육과정이다. 즉, 평준화제도 자체가 종교의 자유를 침해하는 것이 아니라 개별학교의 교과과정운영이 종교의 자유에 대한 침해가 될 수 있다. 이러한 경우에 평준화제도 자체를 문제 삼는 것은 법리적으로 맞지 않다. 개별학교의 교육과정결정을 문제 삼아야 한다.

물론 종교의 자유는 교과과정만의 문제는 아니다. 어떤 학생에게는 교육과정에는 종교교육이 들어 있지 않거나, 종교교육을 다른 과목으로 대체할 수 있는 가능성이 부여되어 있다고 하더라도 학교의 종교적 분위기, 학교행사에 종교적 영향 등 숨은 교과과정(hidden curriculum)이 종교적으로 이루어 질 수 있다. 이러한 것이 종교의 자유를 심하게 제한한다고 느끼는 학생에 대해서는 학교배정과정단계에서나 배정 후 재학 중에도 다른 학교로 교체(전학)가능성을 부여하여야 한다. 만약 이러한 가능성을 전혀 인정하지 않는 강제 배정은 위헌의 소지가 있다. 이러한 경우에 개개의 경우 평준화제도의 운영에 관해 문제제기를 하는 것은 별론으로 하고 평준화제도 자체의 위헌성을 주장하는 데는 무리가 있다고 본다. 개별학교에서 선발하지 않고 교육청에서 입학전형을 치르는 경우에도 종교에 큰 비중을 두는 학생에게는 종교적인 선택권을 부여하는 방법도 선택될 수 있기 때문이다.

5. 평준화제도와 기타 헌법의 이념

위헌론의 네 번째 논거는 고등학교 평준화가 획일적인 평등주의를 강조함으로써 헌법이념에 일치하지 않는다는 것이다.

> "모든 국민의 생활수준을 「평준화」하고 생활관계의 변화에 따른 위험부담을 「일원화」하려는 현금 우리 사회에 일고 있는 「평준화」, 「일원화」의 과열현상은 국민 각자의 자유로운 생활설계를 통하여 생활형태의 다양성을 실현하려는 헌법의 기본권 보장정신 내지 기본이념과 조화를 이룰 수 없다는 점을 지적하고자 한다. 획일적 평등주의를 강조함으로써 생활수준의 하향식조정을 가져오고 있는 현 교육평준화정책은 생활형태의 다양성의 바탕위에서 능력을 최고도로 발휘함으로써 생활수준의 상향식 조정을 목표로 하고 있는 헌법의 이념과 일치하지 않는다 하겠다."[34]

---

34) 이석연, 앞의 글. 법리적인 검토는 아니지만 교육정의론에 입각하여 "재능있는 자들의 탁월성을 인정하지 않고 교육의 과정과 결과를 '평균쪽으로 집합시키는' 고등학교 평준화 정책은 교육정의 원칙에 부합하지 못한 것으로 판정할 수 있다"는 주장이 있다(허병기, 1989, 119). 그러나 평준화 정책이 우수학생의 탁월성을 부인하는 것은 아니며 이들에 대한 특별한 교육을 금지하고 있는 것도 아니다. 따라서 이러한 주장은 사실적인 현상과 규범적인 요구를 구별하지 않고 같이

평준화지역의 학교에도 상당한 자율성을 부여하여 다양한 교육이 가능하도록 할 수 있고 비평준화지역에 대해서도 교육인적자원부나 시・도의 교육감이 교육활동에 대해 법령이나 지침으로 일일이 간섭하는 경우에 교육의 획일화는 심화될 수도 있다. 또한 교육은 학교에서만 이루어지는 것이 아니라 다양한 과외활동이나 학교 밖의 교육시설에서도 이루어질 수 있고 이를 통한 다양성의 요구가 충족될 수도 있다. 따라서 평준화제도가 교육의 다양성보장에 일부 제한이 될 수 있다고 하더라도 이를 곧 헌법정신에 위반하여 위헌이라고 보는 것에는 무리가 있다.

6. 평준화제도와 입법형식

고등학교 평준화제도의 실체적인 내용에 대한 합헌성 여부에 대한 검토에 앞서서 고등학교 평준화입시제도를 규정하고 있는 초・중등교육법 제47조 제2항 및 그 위임에 의하여 제정된 동법 시행령 제84조 제2항이 위임입법이 갖추어야 할 요건을 만족시키고 있는지 여부에 대한 것을 살펴볼 필요가 있다.[35] 초・중등교육법 제47조 제2항은 "고등학교의 입학방법 및 절차에 관하여 필요한 사항은 대통령령으로 정한다"라고 규정하여 입학방법이나 절차에 관해서는 법률에 아무런 내용을 규정하지 않고 이를 대통령령인 시행령에 위임하고 있다.

위임입법에 관하여 헌법 제75조는 "대통령은 법률에서 구체적으로 범위를 정하여 위임받은 사항과 법률을 집행하기 위하여 필요한 사항에 관하여 대통령령을 발할 수 있다"고 규정하고 있다. 이는 백지위임 내지 포괄적 위임입법을 금지한 규정으로서 국민의 예측가능성을 보장하여 법적인 안정성을 보장하기 위한 제도적인 장치라고 볼 수 있다. 여기에 구체성의 정도와 관계하여 헌법재판소는 다음과 같이 판결한 적이 있다.

> "'구체적으로 범위를 정하여…'라 함은 법률에 대통령령 등 하위법규에 규정될 내용 및 범위의 기본사항이 가능한 한 구체적이고도 명확하게 규정되어 있어서 누구라도 당해 법률 그 자체로부터 대통령령 등에 규정될 내용의 대강을 예측할 수 있어야 함을 의미한다고 할 것이고, 그 예측가능성의 유무는 당해 특정조항 하나만을 가지고 판단할 것은 아니고 관련 법조항 전체를 유기적・체계적으로 종합판단하여야 하며,

---

취급하는데서 오는 결과라고 본다.

35) 동 조항이 포괄적 위임조항으로서 위헌이라는 입장으로는 허종렬, 앞의 글, 28쪽; 강인수, 교육행정학연구, 제20권 제4호, 2002, 47쪽. 필자는 2002년 발표한 글에서 동조항이 포괄적 위임입법을 금지하는 헌법 제75조에 위반된다는 입장을 취하였으나(이기우, "고등학교 평준화제도에 대한 헌법적 검토와 입법정책적 제언," 고교평준화, 최대권/정인섭 편, 고교평준화, 사람생각, 2002, 54쪽), 국공립학교와 사립학교의 법적 지위를 고려하여 입장을 바꾼다.

각 대상법률의 성질에 따라 구체적·개별적으로 검토하여야 한다”(헌재 2001. 11. 29, 2000헌바95).

위임받은 대통령령은 한편으로는 단위학교의 학생선발권에 대한 제한이 되며 다른 한편으로는 학생들의 교육에 관한 권리에 대한 제한을 의미한다. 전자의 경우에 국립고등학교나 공립고등학교는 공법상의 법인인 국가나 지방자치단체의 기관으로서 기본권의 향유주체가 아니라고 본다면 이들 학교의 학생선발권을 제한함에 있어서 법적인 근거를 필요로 하지 아니한다는 주장이 타당할 수 있다. 다만 학교를 자치권의 주체로 보게 된다면 그 자치권을 제한하는 범위 내에서 법적인 근거를 요한다고 볼 수 있다.

공립학교의 경우에 공공시설 또는 영조물로서 위상을 가지며 입학방법 내지 절차에 대한 것은 영조물 이용방법을 정하는 것이라고 볼 수 있다. 통상의 공공영조물의 경우에는 그 시설관리주체가 정하는 영조물이용규칙에 그 방법이 위임되어 있는 것이 보통이고 이를 헌법적인 문제가 있는 것으로 보기는 어렵다. 왜냐하면 이는 공공시설의 이용방식에 대한 것이고 그것을 개별학교가 정하든지 관리주체인 교육감이 정하도록 하는지 하는 것이 통상 예측하기 어려운 특별한 방식을 규정한 것이라 볼 수 없고 예측가능한 범위내의 제한이라고 할 수 있다.

학교의 학생선발권에 대한 제한에 있어서도 사립학교의 경우는 국·공립학교에 대하여 다른 법적인 위상을 가질 수 있다. 이 경우에 사립학교의 설립주체인 학교재단은 단순한 사인은 아니고 공무수탁사인으로서 위상을 가진다. 이 경우에 개별학교에 학생선발권을 주어 학교의 특성과 교육이념을 살릴 수 있는 방안이 사립학교제도의 취지에 보다 부합하고 바람직하다고 하더라도 공립학교에 준하여 교육청에 의한 입학전형의 실시를 예측가능한 범위를 넘어선다고 보기 어려울 것이다. 이와 같이 입학전형방법이나 절차가 통상의 예측범위를 넘어서지 않는다면 위임법률에서 구체적인 범위를 정하지 않더라도 포괄적인 위임이라고 볼 수 없다. 왜냐하면 통상 공공시설의 경우 이용관계의 설정을 추첨에 의하는 경우가 흔히 있기 때문이다.

Ⅵ. 결 론

고등학교의 입학전형을 학교별로 실시하지 아니하고 교육청에서 실시하는 것이 반드시 바람직한 제도라고 볼 수는 없다. 학교의 자율성을 보장하여 다양한 교육을 가능하도록 하기 위해서는 개별학교에 학생선발권을 부여하고 학생이나 학부모에게도 학교선택권을 부여하여 학교간의 경쟁과 차별화가 이루어지도록 하는 것이 바람직한 측면이 있다. 다른 한편으로 입시과열이나 학교교육의 왜곡 등을 방지하기 위한 평준화제도의 취지도 무가치한 것이라 볼 수 없다. 여기에 평준화제도 존폐의 논의는 매우 가치 있는 논쟁이라고 볼 수 있으며 계속되어야 한다고 본다. 어떤 지역에서는 평준화제도가 긍정적인 효과를 거두고 주민들의 교육만족도를 증대시키기도 하지만 일부지역에서는 반대의 효과를 가져올 수도 있다. 이에 평준화문제를 전국적·획일적으로 논의하고 결정하는 제도는 적지 않은 문제점을 갖고 있다. 일부지역에서 평준화제도가 성공했다고 해서, 혹은 실패했다고 하여 평준화제도가 합헌이라고 하거나 곧바로 위헌이라고 판단하는 것은 타당하지 않다.

위헌성의 문제는 정책의 허용여부에만 관계할 뿐 그 정책의 성패에 대해서는 상관하지 않으며 상관할 수도 없기 때문이다. 평준화제도가 학교선택권을 위반한다는 주장, 종교의 자유를 침해한다는 주장, 행복추구권이나 평등권을 침해한다는 주장을 검토해본 결과 충분한 설득력을 갖지 못하며 정책적인 문제를 헌법적인 문제로 생각하는 경향이 적지 않음을 밝혔다.

종교의 자유에 대해서는 평준화제도를 유지하더라도 다른 방법에 의해 보완할 수 있으며 개별학교의 교과과정운용에 대해서 위헌문제를 제기할 수는 있으나 평준화제도 자체의 문제로 논의하는 것은 무리가 따른다.

학교선택권의 문제는 보다 시야를 넓혀 교육선택권의 테두리 안에서 살펴보아야 하며 학교교육뿐만 아니라 학교 외 교육과도 연관 속에서 살펴보아야 한다. 학교의 학생선발권은 충분히 보장하는 것이 바람직하지만 그것이 제한된다고 곧 위헌이라고 볼 것은 아니라고 본다.

필자는 개인적으로 학생의 학교선택권, 학교의 학생선발권을 충분히 보장하는 정책적인 신념을 가지고 있지만 이는 어디까지나 학교차원, 지방차원에서 결정하여 다양한 선택이 이루어지도록 하는 것이 바람직하다고 본다. 평준화제도의 위헌성여부와는 상관없이 특정지역에서, 특정학교에서 평준화제도를 폐지할 것인지, 개별학교에서 입학전형을 실시할 것인지에 관한 정책적인 논쟁은 매우 의미가 크다고 본다. 평준화제도를 유지한다고 하더라도 학교선택권이나 종교의 자유, 학교간의 경쟁, 학교다양화를 실현할 수 있는 방향으로 제도의 개선이 필요하다고 보며 그 방법이 있을 것으로 본다.

참 고 문 헌

강인수, 고등학교 평준화제도의 헌법적합성 검토, 교육행정학연구, 제20권 제 4 호, 2002, 37면 이하

강태중, 고등학교 평준화정책의 향방에 대한 논란, 교육비평 제 5 호(2001. 가을), pp. 102-119

교육인적자원부, 자립형사립고 시범운영방안 안내, http://www.moe.go.kr

김동석, 고교평준화에 관한 정책주장의 논리구조 분석, 교육행정학연구, 제20권 제 3 호, 33-41

김신일, 고등학교 평준화정책의 공과와 개선방향, 새교육, 제360호(1984. 10), pp. 32-38

김영철/공정택/곽영우/노종희/주학중, 고등학교 평준화정책의 개선방안, 교육개혁심의회, 1986

김영철, 고교평준화정책과 학교선택권, 한국교육법연구, 제6-7집, 2003. 3. pp. 265-284

김종철, 평준화의 이념과 현실, 교육진흥 16권, 1991.10., pp. 4-15

김천기, 평준화제도의 불평등성논쟁에 대한 비판적 고찰, 교육사회학연구, 제15권 제 1 호, 2005, pp. 65-88

______, 고등학교 평준화 정책 수정의 논리와 문제점, 교육학연구, 제33권, 제 3 호, 1995, pp. 309-324

김철수, 고교평준화는 위헌이다, 헌법의 눈, 동아일보 2002. 2. 18일자

김홍주, 1969년 중학교 무시험제 … 1974년 고교평준화시작, 새교육 563호, 2001. 9, pp. 36-41

남기곤, 교육부분에의 경쟁의 도입, 성과가 있는가?, 전망과 동향, 통권65호, 2005. 10., pp. 147-169

손희권, "능력에 따라 균등하게 교육을 받을 권리"에 관한 헌법재판소 판례분석, 교육행정학 연구, 제17권 제 2 호(1999), pp. 185-207

성기선, 고등학교평준화정책과 학력하향화 현상과의 관련성 분석연구, 교육사회학연구, 제12권 제 3 호, pp. 121-135

송기춘, 종교학교에서의 종교교육과 학생의 종교의 자유, 공법연구 제33집 제 1 호, 2004. 11, pp. 229-247

신동로/권인탁, 고교평준화정책의 찬반논쟁과 향후과제 분석, 교육학연구, 제38권 제 2 호, 2000, pp. 21-39

신현직, 교육기본권에 관한 연구, 서울대학교 박사학위논문, 1990

안기성, 평등에 관한 교육법 해석학, 교육법연구 제 6 호, 1994, pp. 1-52

양을근, 고등학교 평준화정책의 평가, 계명대학교 박사학위논문, 2000

염철현, 평준화제도아래에서 학교의 종교교육에 대한 일고찰, 교육행정학연구, 제23권 제 2 호, 2005, pp. 221-242

이기우, 고등학교 평준화제도에 대한 헌법적 검토와 입법정책적 제언, 고교평준화, 최대권/정인섭 편, 고교평준화, 사람생각, 2002, 45면 이하

이기우/허종렬, 학교의 자율화 · 다양화를 위한 교육관련법령의 개편방안, 한국교육개발원, 2002

이돈희, 고등학교 평준화 정책 개선방안 토론 III, 한국교육개발원, 1995

이병환, 학교선택권의 입장에서 고교평준화정책의 개선방안, 교육행정학연구, 제20권 제 4 호, pp. 275-295

이석연, 현 고교평준화제도의 違憲性, http://www.cubs.or.kr, 2002년 4월 11일 '자유기업포럼'(주최 : 자유기업원)에서 발표된 글

이주호/홍성창, 학교교육의 질적향상을 위한 평준화재정립방안; 이주호 / 강인수 / 신종익/홍성창, 교육경쟁력강화를 위한 여건조성방안, 한국경제연구원, 2005, pp. 97-156

정인섭, 국제인권조약과 현행 중등학교 진학제도, 고교평준화를 위한 무시험진학제의 인권법적 검토, 2002년 6월 11일 서울대학교 BK21 법학연구단 공익인권법센터가 주최한 학술세미나 자료집, pp. 69-76

조동섭, 고교 평준화 정책 분석 : 춘천시 사례연구, 인문사회교육연구, 제 3 호, pp. 71-91

조재호, 지니계수로 추정한 대학입학수학능력시험성적의 하향평준화분석—이해찬 1세대를 중심으로, 경제연구, 제25권 제 2 호, 2007. 6, pp. 1-19

입시제도 연구협의회, 고등학교, 대학(교) 입시제도 개선에 관한 연구보고서, 1973

표시열, 교육정책과 법, 박영사, 2002

피재성, 고등학교 평준화 교육 평가, 단국대학교 박사학위논문, 2000

허병기, 고교평준화정책과 교육의 평등, 교육진흥 제 4 권, 1989. 8, pp. 112-126

허종렬, 고등학교 무시험 입학전형관계법령의 헌법적 적합성 검토, 최대권 / 정인섭, 소교평준화, 30면 이하

홍성방, 헌법학, 현암사, 2002

제 79 회 발표회 지정토론문

장 영 철*

우선 이기우 교수님, 허종렬 교수님 두 분 모두 교육행정 및 교육법전문가로서 고교평준화제도의 위헌여부에 대하여 사실적, 규범적 측면에서 심도 있는 발표를 해주신데 대해 깊이 감사드립니다. 개인적으로 제 자신은 교육행정과 교육법에 대한 지극히 소박한 지식의 소유자라 두 분의 발표문에 대한 지정토론을 부탁받았을 때 사양하였습니다. 하지만 2002년 고교평준화제도에 대한 헌법소원사건의 청구취하 후에 관련논문을 발표한 적이 있는 것을 조사한 전종익 실무연구회 간사님의 지적으로 토론을 응낙하지 않을 수 없었습니다.

각설하고 두 분의 발제문에 대한 소감부터 간단히 정리하는 것으로 토론을 시작하도록 하겠습니다.

1. 두 분 발제문에 대한 분석

양 발제문을 형식적으로 보면 합헌과 위헌의견으로 상반된 결론에 이르렀다. 궁극적으로 대립하는 관점의 차이는 다음과 같다. 이기우 교수님은 평준화제도를 헌법의 해석범위 내에서 허용되는 입법정책의 문제로 보는 기본전제하에 지방자치단체의 주민투표에 의하여 결정될 수 있는 자치사항으로 위헌문제는 생길 수 없는 것으로 보고 있다. 반면에 허종렬 교수님은 평준화제도의 운용방식에 있어서 초·중등교육법시행령 및 동시행규칙상의 무시험추첨제 원칙(초·중등교육법상의 예외가 원칙이 되었으므로)에 대한 학교선택권침해를 강조하여 학생과 학부모의 학교선택권을 보다 실질적으로 보장할 수 있는 방향으로 초·중등교육법의 개정입법을 촉구하는 점에서 차이가 있다.

다음, 합헌과 위헌으로 결론은 상반되지만 실질적 내용을 보면 다음과 같은 평준화제도의 문제점을 공유하는 점에서 일치하고 있다. 이기우 교수님의 경우 합헌이라 결론을 내렸지만 i) 제도자체에는 장단점이 나타날 수 있고, 현행 고교평준화제도는 많은 문제점을 가지고 있더라도 입법자의 재량범위 내에 속한다(p. 35).

* 서울시립대 법학부 교수.

ii) 종교학교에서의 종교교육의 강제는 교과과정의 개편 등으로 해결할 수 있다든가(p. 40) iii) 평준화지역에서의 일부학교에서는 자체의 입학전형을 실시하는 절충형을 제시(p. 30)하고 있다.

허종렬 교수님의 경우 위헌이라 결론을 내렸지만 i) 교육법 제47조의 위임입법의 한계일탈을 강조하거나 평준화제도의 대안 내지 보완책으로 ii) 자율학교의 확대와 iii) 학교선택권을 광의로 해석하여 교과과정(교육내용)선택권을 보장하는 방향으로 보완가능하다고 주장하고 있다.

2. 개인적 의견 및 질문

(1) 위임입법의 예측가능성이론의 적용법률(이 교수님에 대한 질문)

헌재가 위임입법에서의 입법권위임의 범위를 예측가능성이론으로 제시한 것은 궁극적으로 처벌법규, 조세법규 등 기본권제한입법의 경우에는 확장하여서는 안 된다. 왜냐하면 헌법에서는 국회입법권의 위임은 개별·구체적으로 범위를 정하여 특정위임(제75조)만을 인정하고 있기 때문이다. 따라서 위임내용의 예측가능성이론은 (수익적인) 기본권형성입법의 경우로 한정하는 해석을 하여야 하며 기본권을 침해할 위험성 있는 법률의 경우 절대로 본질사항을 법률(의회유보)에 규정하여야 한다. 헌재판시와 허 교수님의 견해와 같이 학생과 학부모의 학교선택권은 헌법 제31조 제2항, 제36조, 제10조 등에 근거한 기본권으로서 본질내용의 과소보호를 금지하는 법률제정의무를 국가는 이행하여야 한다. 이러한 점에서 공립학교의 경우 입학방법과 절차를 영조물이용규칙으로 규정하고, 사립학교의 경우도 공무수탁사인으로 보아 공립학교와 마찬가지로 판단하는 것은 기본권제한입법의 형식적 한계를 일탈한 것이라 판단된다. 최근 헌재결정(2006. 11. 30, 2005헌마855)에 나타난 바에 의하면 군미필자를 제한하는 KBS 채용공고에 대한 직업선택의 자유의 과잉제한을 이유로 청구된 헌법소원사건에서(방송법 제52조에 근거한) 정관에 규정하는 바에 의한 채용공고는 공법인의 사법작용(私法作用)으로 보아 청구각하하고 있다. 즉 적극적으로 공법인의 정관 내지 규칙에 대한 통제를 하고 있지 않다. 이로 미루어 영조물규칙에 근거한 공·사립학교 입학절차는 모두 사법작용으로 볼 수 있게 된다. 이는 기본권보호의 사각지대를 제공할 수 있는 위험한 해석론이라 생각한다.

(2) 공립과 사립의 차이(두 분 모두에 대한 질문)

사립과 공립이 근본적으로 동일한 것인지 여부를 살펴보기로 한다. 먼저 양자는 '공공성'을 갖는 점에서는 공통적이다.[1] 하지만 공립은 공법상의 영조물로 그 구성원은 특수신분관계로서 행정법상의 공무원이고, 학교지원자와의 분쟁관계는 행정소송의 관할인 반면, 사학은 사법상의 재단법인으로 그 구성원의 근무관계는 사법상의 법률관계이며 학교지원자와의 분쟁도 민사소송에 의하는 점에 차이가 있다. 따라서 공립과 사립은 교육기관이란 점에서 공공성을 추구하지만 상기 여러 가지 점에서 본질적인 차이점을 갖는다. 사립학교법(제1조)도 국·공립학교와 구별되는 사립학교의 특수성에 비추어 사학의 자주성을 확보하는 것을 목적의 하나로 규정하고 있다. 사립에 일종의 국고보조금을 대어주면서 준공립(準公立) 교육기관으로 운영하는 현행 교육체제는 국가와 사학설립자간의 현실적인 이해관계의 일치에 의한 하나의 파행적 운영상황이다. 사학에 대한 국가의 감독과 통제를 자제하여 교육감의 획일적인 학생배정방식을 고집하는 소위 고교평준화제도의 틀에서 사학을 분리하는 내용의 보호입법을 제정해야 할 것이다.[2]

또한 확립된 헌재결정[3]에 의하면 "사법인은 기본권의 주체이나 공법인은 기본권의 '수범자'이지 기본권의 주체로서 그 '소지자'가 아니고 국민의 기본권을 보호 내지 실현해야 할 '책임'과 '의무'를 지니고 있는 지위에 있을 뿐이어서 기본권의 주체가 될 수 없다"고 판시하고 있다. 이러한 점에서 이 교수님께서 공립과 사립을 구분하는 견해는 타당하다. 하지만 기본권주체의 측면에서 공립과 사립의 구분을 무색하게 사립학교 전체를 공무수탁사인으로 폄하하게 되면 공립과 마찬가지로 기본권주체성을 부인하게 된다. 결국 비례의 원칙은 적용될 수 없지만 이 교수님의 분석대로 비례의 원칙을 적용한다 하더라도 당연히 합헌으로 결론이 나게 된다.

---

1) 그밖에도 다음과 같은 공통점도 있다. 사립학교법은 사립학교도 공교육을 담당하게 하고 공립학교와 동등한 학력을 인정하면서 국가나 지방자치단체가 지원할 수 있도록 규정하고, 사립학교 교원의 신분을 공립학교 교원과 마찬가지로 국가공무원에 준하여 보장하면서 복무에 관하여 공립학교 교원에 관한 규정을 준용하고 있다. 하지만 소수재판관의 의견에서 제시한 바와 같이 이는 본질적으로 사립학교학생을 위한 것으로 해석하여야 한다. 헌법재판소 2006. 12. 28, 2004헌바67, 판례집 제18권 2집, 565-580, 579-580면.

2) 교육기본법 제25조에서도 "국가 및 지방자치단체는 사립학교를 지원·육성하여야 하며, 사립학교의 다양하고 특성 있는 설립목적이 존중되도록 하여야 한다"고 규정하고 있다. 최근 보도에 의하면 사학육성특별법제정을 주장하고 있다고 한다. 이는 대한민국의 교육현실에 있어 사학 본연의 역할은 없다는 것을 방증하는 것이다.

3) 헌재 1994. 12. 29, 93헌마120, 판례집 제6권 2집, 477, 480-481면; 1998. 3. 26, 96헌마345, 판례집 제10권 1집, 295, 300-301면.

사립학교에서의 교육의 공공성을 이유로 또한 사학법(제42, 55조 등)상 사립학교 교사의 신분을 국가공무원에 준하여 보장하고 복무에 관하여 공립학교교원에 준하는 규정을 근거로 공무수탁사인으로 볼 수는 있다. 하지만 사립학교 법인은 물론 교원의 경우에도 모든 조건에서 공립학교 교원과 동일한 것은 아니다. 사립학교는 교육을 행하는 기관이라는 점에서 공공성을 갖지만 공립과 달리 사립은 그 설립목적과 이념에 있어서 자주성을 갖는다. 따라서 헌법상 재산권의 주체가 되고, 사적인 영역에서의 기본권의 주체가 됨은 물론이다. 사립학교는 교장 및 교원임면권(사립학교법 제53, 54조)에서의 독자성이 인정되고, 합병(사립학교법 제42조), 권리능력, 불법행위능력 등(사립학교법 제9, 13조)에 있어서의 민법규정을 준용하는 차별성이 있다. 따라서 교육의 공공성만을 이유로 공무수탁사인으로 볼 수는 없고, 다만 국가보조가 없이는 사학의 운영이 불가능한 소위 국가관리의존형 사학의 경우에는 이에 속한다고 할 수 있다. 하지만 그 밖에 약간의 국가의 재정보조를 받거나 전적으로 학교운영에서의 독립성을 추구해 갈 수 있는 사학의 경우 일반사인과 마찬가지로 원칙적으로 기본권주체성을 갖는 사법인이라 보아야 한다. 구체적 양상에 따라 문제되는 기본권침해여부에 대하여는 원칙적으로 사학의 기본권을 보장하고 예외적으로 제한하는 방향으로 해석해야 할 것이다.

(3) 학교선택권과 교육(내용)선택권의 분리의 문제(이 교수님에 대한 질문)

광의의 학교선택권은 의무교육취학권, 사립학교선택권, 통학권(적정하게 배치된 학교에 다닐 권리), 취학학교지정 및 변경처분에 대한 학생의 권리, 의무취학과 종교의 자유, 그리고 그 입학에서 차별을 받지 않을 권리 등을 포함하는 것,[4] 최광의로는 위 광의의 학교선택권외에 학교에 취학하지 않고 가정에서 교육을 받을 권리, 수강할 과목을 자유롭게 선택할 권리, 진급 및 졸업에서 차별을 받지 않을 권리도 포함될 수 있다.[5] 따라서 교육내용선택권을 학교선택권과 관계없는 것으로 추첨에 의한 강제배정제의 합헌논거로 사용할 수 있는지 의문이다.

(4) 평준화의 현실과 목표수정필요(두 분 모두에 대한 질문)

1) 고교평준화실시의 목표달성여부

평준화지역내에서 10%는 기피학교라는 통계(이중 사립 44개, 공립 11, 국립 2개, 조선일보 2007. 9. 27), 미국 유학생수 1위(조기유학 붐으로 미국 명문 사립고등학교 진학

---

4) 강인수, 교육법, 문음사, 1986, 26, 27면.

5) 박재윤, "학교선택권 및 학교참여문제와 헌법판례," 한국교육법학회 제 8 회 학술발표회발표논문집, 2000. 11. 25, 49(51면).

생수 증가, 대원외고, 민족사관고, 서울과학고, 한국과학영재고 등 4개 고교에서 미국아이비리그 대학 진학 80명 등), 신흥명문학교를 중심으로 한 교육특구의 아파트가격 급등현상 그리고 사교육의 문제를 지적한 최근 TV드라마 “강남아줌마 따라 잡기” 등 이루 열거할 수 없을 정도의 추첨에 의한 강제입학을 내용으로 하는 평준화제도의 운영방법의 폐해는 곳곳에서 나타나고 있다.

2) 평준화목표의 수정필요 ─'전체'고등학교의 평준화가 아닌 '공립'고등학교의 평준화 내지 교육의 '선진화'로

살펴본 바와 같이 교육영역에서의 헌법상 평등의 규범적 의미는 추상적이고 통계상의 조작이 가능한 ‘공교육의 정상화, 입시과열해소, 사교육비 경감, 학벌사회폐단 극복’을 목적으로 하는 것이 아니라 민주시민의 기본적 자질을 함양하는 ‘공민교육의 평준화’를 목표로 하는 수단의 적합성을 찾는 것이다. 이는 국가와 개인의 상하수직의 관계를 형량하는 비례의 원칙이 아닌 사회의 구성원인 시민들 간의 평균적인 자질함양을 형량하는 자의금지 내지 평등의 원칙을 기준으로 하여야 한다. 이때 비교의 기준은 국가와 사회의 구별을 전제로 하여 국가 내지 지방자치단체가 직접 운영하는 국·공립과 사회의 사인(개인 내지 사법인)이 운영하는 사립을 비교하여 사립에 대한 차별 내지 강제적인 동등대우의 헌법적 정당성을 판단해야 한다. 공민교육을 담당하는 것은 의무교육을 하는 공사립을 포괄한 초·중학교(교육기본법 제8조 제1항)와 국가 및 지방자치단체운영의 고등학교 및 그 밖의 학교에 국한하여야 한다. 따라서 교육의 공공성을 이유로 의무교육기관이 아닌 사학에의 국가의 지나친 간섭은 헌법상의 사유재산권에 대한 과잉제한으로 본질적 내용을 침해할 수도 있고, 궁극적으로 후진국의 전형인 국가주도의 일방적 교육의 결과를 낳게 할 뿐이다. 우리의 경우 사교육시장의 이상팽창, 조기유학의 물결과 함께 기러기 아빠의 사회적 문제화는 이를 반증하는 것이다. 사교육시장의 학교교육으로 유도가 필요한 것이다.

사립에 대한 규제와 간섭을 전면 해제하여 미국과 일본과 같이 수준 높은 교육을 하는 사립고교들을 많이 만들어 유학인구의 국내로의 유인책을 마련하지 않으면 안 될 것이다. 동시에 국가의 사립학교에 대한 재정적 지원을 공립학교로 돌려 공립학교의 수준향상을 도모하는 일거양득의 효과를 외면할 이유를 이해할 수 없다.

하지만 현재 국가입법체계와 그 하나의 입법례인 ‘교원의노동조합설립및운영등에관한법률’에 대한 헌법소원사건[6]에서 사립학교 및 그 교원에 대한 임금 등

6) 헌재 2006. 12. 28, 2004헌바67, 판례집 제18권 2집 , 565-580면.

근로조건에 대한 통제를 정당화하는 헌재의 결정태도(1인의 반대의견은 있음)를 미루어 볼 때 사립학교 전체에 대한 획기적인 자율을 부여할 수 있는 결정을 기대하기는 어렵다. 그렇다면 사립학교도 다양한 유형의 재정자립도를 갖고 있으므로 이를 감안하여 국가관리가 필요한 사립학교를 제외한 사립학교들에 대한 사전적인 통제를 사후적인 통제로 전환하는 입법과 함께 학교장의 재량에 의한 학생선발권을 부여하는 입법을 촉구하면서 현행 교육법 및 동시행령 등에 대한 헌법불합치결정을 고려해 봄직하다.

제 79 회 발표회 지정토론문

고 영 남*

1. 고교평준화제도 담론의 지평

고교평준화제도의 합헌 여부는 그 제도가 일반적으로 확실성(또는 합목적성)을 갖느냐의 문제와 다르고, 이 후자의 문제 또한 평준화제도가 지역의 교육현장에서 구체적 타당성을 지니는지의 문제와도 그 차원을 달리한다. 각 차원의 문제는 나름대로 독자적인 교육적 의미를 지니고 있다.

2. 허종렬 교수의 발제문에 대한 토론

2.1. 포괄적 위임입법금지와 관련하여

初·중등교육법 제47조 제 2 항의 '고등학교 입학방법 및 절차에 관한 사항'을 「법규명령」이라고 하더라도, 포괄적 위임입법금지 여부의 요건이 되는 헌법 제75조상 '구체적 범위를 정하여'의 개념과 관련하여 「어느 특정조항 하나가 아니라 법조항 전체를 유기적·체계적으로 판단하여 구체적·개별적으로 검토하여야 한다」고 지적한 헌재(2000헌바95 : 이기우 교수 발제문, 42쪽)의 의견을 존중하면 위 제47조 제 2 항이 위헌이라는 결론은 매우 성급하다.

2.2. 학교선택권 침해와 관련하여

「경제적 자력이 없어서 별도의 과외교습을 받지 못하는 학생은 국가가 공교육을 통하여 과외를 받지 않고도 개인별 수준별 교육을 받을 수 있도록 교육여건을 조성해줄 것을 청구할 수 있는 권리가 있는데, 이러한 권리를 부정하는 현행 평준화제도는 일반계고등학교 학생들의 학교선택권을 제한하고 있다.」

가. 평준화제도에 의한 학생선발은 初·중등교육에 대한 관리책임자인 국가의 재량사항이다. 발제자가 인용한 98헌가16·98헌마429를 다시 본다.

> …헌법 제31조 제 6 항은 「학교교육 및 평생교육을 포함한 교육제도와 그 운영, 교육재정 및 교원의 지위에 관한 기본적인 사항은 법률로 정한다」고 함으로써 학교교육에

* 인제대학교 법학과 교수.

관한 국가의 권한과 책임을 규정하고 있다. 위 조항은 국가에게 학교제도를 통한 교육을 시행하도록 위임하였고, 이로써 국가는 학교제도에 관한 포괄적인 규율권한과 자녀에 대한 학교교육의 책임을 부여받았다. 따라서 국가는 헌법 제31조 제6항에 의하여 모든 학교제도의 조직, 계획, 운영, 감독에 관한 포괄적인 권한, 즉, 학교제도에 관한 전반적인 형성권과 규율권을 가지고 있다. (물론) 학교교육의 영역에서도 부모의 교육권이 국가의 교육권한에 의하여 완전히 배제되는 것은 아니다. 학교교육을 통한 국가의 교육권한은 부모의 교육권 및 학생의 인격의 자유로운 발현권, 자기결정권에 의하여 헌법적인 한계가 설정된다. 그러나 학교교육에 관한 한, 국가는 헌법 제31조에 의하여 부모의 교육권으로부터 원칙적으로 독립된 독자적인 교육권한을 부여받았고, 따라서 학교교육에 관한 광범위한 형성권을 가지고 있다(밑줄 친 부분은 발제자가 인용하지 않은 부분. 이하는 별도의 각주에서 언급하고 있는 부분). … 학교제도에 관한 국가의 규율권한과 부모의 교육권이 서로 충돌하는 경우, 어떠한 법익이 우선하는가의 문제는 구체적인 경우마다 법익형량을 통하여 판단해야 하는데, 자녀가 의무교육을 받아야 할지의 여부와 그의 취학연령을 부모가 자유롭게 결정할 수 없다는 것은 부모의 교육권에 대한 과도한 제한이 아니다. 마찬가지로 국가는 교육목표, 학습계획, 학습방법, 학교제도의 조직 등을 통하여 학교교육의 내용과 목표를 정할 수 있는 포괄적인 규율권한을 가지고 있다.

나. 발제자가 인용한 외국의 판례는 학교선택권보다는 학교교육의 정당성과 규범성을 둘러싼 '교육'선택권에 관한 논의라고 생각된다.

다. 학교선택권의 제한 기준으로 「성적」 또는 「수학능력」이라는 임의적 요소를 제시하고 있는데 이는 헌법재판소의 아래 판례에서 보듯이 그러한 견해를 제시한 적이 없다.

헌법은 제31조 제1항에서 '교육을 받을 권리'를 보장함으로써 국가로부터 교육에 필요한 시설의 제공을 요구할 수 있는 권리 및 각자의 능력에 따라 교육시설에 입학하여 배울 수 있는 권리를 국민의 기본권으로서 보장하면서, 한편, 국민 누구나 능력에 따라 균등한 교육을 받을 수 있게끔 노력해야 할 의무와 과제를 국가에게 부과하고 있는 것이다(헌재 1991. 2. 11, 90헌가27, 판례집 3, 11, 18-19; 헌재 1992. 11. 12, 89헌마88, 판례집 4, 739, 750-752 참조). '교육을 받을 권리'란, 국민이 위 헌법규정을 근거로 하여 직접 특정한 교육제도나 학교시설을 요구할 수 있는 권리라기보다는 모든 국민이 능력에 따라 균등하게 교육을 받을 수 있는 교육제도를 제공해야 할 국가의 의무를 규정한 것이다. 즉, '교육을 받을 권리'란, 모든 국민에게 저마다의 능력에 따른 교육이 가능하도록 그에 필요한 설비와 제도를 마련해야 할 국가의 과제와 아울러 이를 넘어 사회적·경제적 약자도 능력에 따른 실질적 평등교육을 받을 수 있도록 적극적인 정책을 실현해야 할 국가의 의무를 뜻한다. 이에 따라 국가는 다른 중요한 국가과제 및 국가재정이 허용하는 범위내에서 민주시민이 갖추어야 할 최소한의 필수적인 교육과정을 의무교육으로서 국민 누구나가 혜택을 받을 수 있도록 제공해야 한다. 헌법 제31조 제2항 및 제3항은 이에 상응하여 국가가 제공하는 의무교육을 받게 해야 할 '부모의 의무' 및 '의무교육은 무상임'을 규정하고 있다(98헌가16 · 98헌마429).

라. 「수학능력에 따라 우수한 학생은 우수한대로 맞춤형 교육을 받을 권리를 가진다고 보는 것이 타당하다」고 주장하면서 이를 '학교선택권'의 내용으로 의제하고 있는데, 이는 과외교습 등 사교육의 필연성을 전제로 그 정당성까지 옹호하는 논리의 비약이 있다.

마. 「헌법 제31조 제1항의 '균등한' 개념과 관련하여 경제력에 의한 교육기회의 차별은 위헌적」이라고 하는데, 이러한 논리는 전적으로 사교육의 필요와 그 정당성을 전제하지 않고서는 가능하지 않다. 이미 국가는 무상교육을 전제로 의무교육을 일부 학제에서 실시하고 있다. 이것을 문제시하려면 의무교육단계를 비판하여야 할 것이다. 무엇보다도 헌법 제31조 제1항은 능력 이외의 조건에 의해 교육기회의 균등원칙이 깨져서는 안 된다는 자유권으로서의 의미와 사회적 약자에게 기본적인 교육의 기회를 부여할 것을 국가에 청구할 수 있는 사회권으로서의 의미를 갖는데, 전자는 오히려 평준화제도를 정당화할 것이며 후자는 평준화제도와 사실 무관하다(자세한 것은 이기우 발제문 37쪽 참고).

2.3. 헌법 제37조 제2항의 기본권제한과 관련하여

가. 「평준화지역이 비평준화지역보다 압도적으로 많기 때문에 기본권제한 취지에 반한다는 평가를 할 수 있다」는 주장은 평준화제도의 헌법적 규범성을 검토하는 데 도움이 되지 않는다고 본다. 더욱이 포괄적 위임입법금지원칙에 반한다고 주장하는 현행 초·중등교육법 제47조 제2항만을 검토할 때, 무엇이 원칙이고 무엇이 그 제한인지를 알 수는 없다. 발제자는 현행 초·중등교육법 시행령 제77조 제1항 및 제2항을 고려하여 학교선택권보장을 원칙으로 보고 그 제한을 예외로 '당연히 의제하고 있을 뿐'이다.

나. 발제자가 인용한 헌재 전원재판부 1995. 2. 23, 91헌마204는 입법목적을 위한 수단의 정당성을 논증하고 있지만, 이는 거주지를 기준으로 중·고등학교의 입학을 제한하는 구 교육법시행령 제71조 및 제112조의6 등에 대한 헌법소원심판사건으로서 논제와의 관련성이 없다고 본다.

2.4. 고교평준화의 대안 제시와 관련하여

가. 「특목고, 자립형 사립학교 등 '자율학교'를 통한 학교다양화의 확대」(초고 25쪽)는 오히려 발제자가 주장하는 학교정책의 「원칙과 예외 구도」를 혼란에 빠트리게 한다. 이는 이른바 '고교평준화제도의 보완책'이라는 입장보다도 후퇴한 논리이다. 더욱이 외고 및 과학고 등을 통한 이른바 학교선택권의 보장노력이 대학서열화에 의한 대학입시교육체제 아래에서 얼마나 허무하게 좌초되었으며, 교육부 스스로 외고 등의 학교다양화정책에 대하여 회의하고 있는 현실을 외면한 대안제시라고 생각한다.

나. 「평준화제도 자체의 해제를 주장하면서 이는 여론의 향배에 의해 결정되는데 주민의 여론은 항상 평준화 편」: 평준화제도 도입 여부는 현재 실질적으로 시도 교육감에게 그 권한이 있으며 여기에는 늘 교육위원회의 견제가 포함되는 규범의 힘과 절차가 있는데, 발제자는 이를 외면하는 논리를 제시하고 있다. 아울러 1990년에 군산, 목포, 안동지역이, 그리고 1991년에는 춘천, 원주, 이리지역의 평준화가 해제되었던 '역사'에 대해서는 어떻게 설명할 것인가? 또한 현실적으로 각 지역의 여론조사를 보면 평준화 도입을 찬성하는 여론이 결코 압도적이지 않다. 그럼에도 불구하고 2000년에 군산과 이리지역에 다시 평준화가 도입되고, 경기도 일부 지역, 울산광역시, 전남 여수・순천・목포, 그리고 경남 김해(2006년) 및 경북 포항지역(2009년)이 연이어 평준화를 도입하게 된 현상에 대해서는 어떻게 설명할 것인가?

다. 「학생과 학부모의 교육내용선택권」을 대안으로 제시하는데, 현재 '학교운영위원회'제도와 '교육과정' 아래에서 이미 가능한 논의라고 생각한다.

3. 이기우 교수의 발제문에 대한 토론

3.1. 평준화제도를 지역 주민의 선택에 맡기자는 주장에 대하여 (30쪽 및 43쪽)

법률 내지 제도는 정치적 작용(갈등 내지 대립) 또는 정책결정의 반영결과이다. 여기에는 지역 민주주의의 역량 내지 수준이 반영되어 있고 현행법상 시도교육감의 교육철학이 반영된다. 또한 평준화제도 실시지역을 교육인적자원부령(시행규칙)으로 정한다고 해서 지방자치의 이념과 모순된다고 볼 수는 없다.

자율성 관점에서 구상되는 평준화제도에 대한 보완책은 평준화제도의 근원적 성질을 훼손하지 않은 선, 즉 학교서열화가 발생하지 않는 범위에서 마련되어야지 이를 훼손할 수 있는 이른바 '학교다양화'정책(43쪽) 등은 위험하다.

3.2. 합헌성 여부 판단의 의미와 관련하여(30쪽)

'합헌'의 문제와 '바람직하다'의 문제는 전혀 별개이므로 「평준화제도가 합헌이라고 해서 반드시 바람직하다는 것을 의미하지 않는다」는 명제는 당연하다. 그러나 이 명제는 「정책실패를 헌법위반으로 연결시키는 것도 법률적으로 타당하지 않다」는 식으로 연결될 수밖에 없으므로, 오히려 이 명제 속에는 평준화제도 담론의 지평을 합헌 여부로 좁히는 의도가 담길 수 있다.

3.3. 학교선택권 침해와 관련하여(31쪽 이하)

「교육기본권의 하나로서, 그리고 자녀에 대한 학부모의 교육권 가운데 하나로서 학교선택권은 교육을 받을 수 있는 교육선택권의 하위개념이며 이를 실현하기 위한 하나의 방법이지 전부는 아니다. 따라서 교육선택권이 보장되는 한, 학교선택권 제한이 곧 헌법위반은 아니다. 결국 헌법 제37조 제2항의 제한에 해당하는지의 문제가 남으며, 제한의 정도가 과하지 않으며 본질적 내용을 침해하지 않는 한 허용된다.」

가. 보편교육에 관한 공교육이 학교를 중심으로 하나의 제도로서 확립된 체제에서 학교를 '선택할 수 있다'는 권리는 헌법적 차원에서 보장할 기본권이 아니다(헌재의 법리이해에 반대함). 초·중등교육에 대한 관리책임자인 국가의 재량사항이다(헌법 제31조 제6항; 98헌가16·98헌마429 참고). 물론 '학교 밖' 다른 교육의 공간 내지 기회를 '선택'하는 것은 별개의 문제이다(이것은 '교육선택권'의 문제이다). 따라서 평준화제도가 학교선택권을 침해하였다고 주장하는 위헌론을 비판하기 위한 논거로서 제시하는 헌법 제37조 제2항의 원용은 적절하지 않다. 결국, 「학교선택권이 다소 제한을 받더라도 다른 방법에 의한 보완가능성이 충분히 열려 있다면 교육선택권은 보장된다」(특히 35쪽)는 식의 논리는 합헌 여부의 문제를 규범적으로 판단할 여지를 없애고 오히려 이를 기본권제한에 대한 주관적 가치에 의해서 판단할 수밖에 없도록 한다. 그리고 이미 발제문에서도 고교입시제도는 입법자의 입법재량의 범위에 속한다고 지적하고 있다(35쪽).

나. 중학교 교육정상화 등의 목적으로 위하여 학교선택권을 제한할 수 있다는 논리(35쪽)는 합헌 여부의 차원과 합목적성 여부의 차원을 별개로 이해하고자 하는 고교평준화제도 담론의 지평을 혼란스럽게 할 수 있다고 본다.

다. 최소침해의 원칙(35쪽)에 위배되지 않는다는 주장을 하기 위해 특목고 내지 자율학교 등 보편교육에서 학교다양화정책을 수용하게 되는 자승자박의 논리로 변질되고 있다.

3.4. 사립학교의 학생선발권 침해와 관련하여(35쪽)

사립학교의 학생선발권에 관한 헌법상 보장의 강약 문제가 아니다. 즉, 학생선발권은 보편교육을 지향하는 공교육기관(즉, 학교)의 기본권이 아니라 국가의 재량사항에 속한다. 어느 주체가 향유할 특정 권리에 해당하지 아니하므로 국공립학교와 사립학교를 구별하여 논할 여지가 없다. 다시 말해서 학생선발권 논의는 '권리'의 문제가 아니기 때문이다. 더욱이 법인의 법리를 기계적으로 전개한다면, 학교법인이 특정 권리의 주체가 되며 사립학교는 그 주체가 될 수 없다.

3.5. 행복추구권 침해와 관련하여(36쪽)

(보충의견으로서) 행복추구권이 무엇이며, 구체적으로 고교입시와 관련하여 헌법상 추구해야 할 '행복'이 무엇인가? 그리고 평준화제도에 의하여 침해된 행복은 무엇인가? 개인의 자유로운 선택이 침해되었다는 것인가?

3.6. 평등권 침해와 관련하여(36쪽)

(보충의견으로서) 평준화제도의 적용지역과 그렇지 않은 지역 사이에 사실상 차별이 존재한다. 하지만 이것은 제도의 합헌 여부의 문제가 아니라 지역의 교육현장에서 구체적 타당성을 갖느냐의 문제이다.

3.7. 능력에 따라 교육을 받을 권리의 침해와 관련하여(37쪽)

능력의 의미는 다양하며, 또한 상대적 개념에 지나지 않는다. 학업성적에 관한 수월성의 가치만으로 헌법 제31조 제1항의 '능력'을 재단할 수 없다. 따라서 다양한 창의성이 존중되고 계발될 수 있는 학교정책은 필요할 뿐이다(예: 예체능 또는 전문화고등학교 등).

3.8. 종교의 자유 및 종교교육의 자유 침해와 관련하여(38쪽 이하)

(보충의견으로서) 종교적 영향을 받을 수 있는 「숨은 교육과정」의 문제 역시 이것은 평준화제도의 문제가 아니라 종교의 자유 그 자체에 해당한다. 부모와 자식 사이에 이질적인 종교 때문에 생긴 갈등은 가족 때문에 발생한 문제이므로 그

가족을 해체하면 된다고 할 수는 없는 이치와 같다. 다양한 종교를 상호 인정할 수밖에 없고 동시에 서로에게 강요할 수 없다.

3.9. 획일적 평등주의를 강요한다는 주장과 관련하여(40쪽)

(보충의견으로서) 평준화제도의 낮은 단계는 학생선발에서 사회경제적 동기에 따른 기준(단순추첨 또는 근거리배정)에 의거하여 배정을 한다는 의미이고, 높은 단계는 학교별 교육여건의 수준을 골고루 상향시키는 것을 의미한다. 따라서 고교 '평준화'제도라고 해서 개인의 생활과 문화를 평준화하지는 않는다.

3.10. 포괄적 위임입법금지와 관련하여(41쪽)

포괄적 위임입법을 금지하는 헌법 제75조에 위반한 법령은 초·중등교육법 시행령 제77조 제2항 및 제84조 제2항 등이 아니라 초·중등교육법 제47조 제2항이므로, 이를 이유로써 위헌 내지 헌법불합치결정을 내린다면 고등학교입시에서의 학생선발제도 전체가 그 효력을 상실하게 된다.

第 79 회 발표회 토론요지

사 회 자 : 방승주(교수)

토론참여자 : 장영철(교수), 고영남(교수), 황치연(헌법연구관), 여운국(헌법연구관), 손희권(교수), 김진한(헌법연구관), 배보윤(헌법연구관), 이준상(헌법연구관)

간 사 : 안녕하십니까? 헌법실무연구회 간사를 맡고 있는 전종익입니다.

회원님들을 모시고 이렇게 실무연구회를 개최하게 되어서 대단히 기쁘게 생각합니다. 아직 자리가 조금 비었는데 차차 회원님들이 오시리라 생각을 하고 시간관계상 바로 시작을 하도록 하겠습니다.

여러분 다들 아시다시피 제가 이번 실무연구회발표회까지 간사를 맡아서 하고 다음 간사로 헌법재판소 손인혁 연구관님께서 간사를 맡아서 해 주시겠습니다.

간단히 차기 간사인 손 연구관님께서 각오랄까, 말씀을 해 주시겠습니다.

손인혁 연구관 : 반갑습니다.

전임자인 전종익 연구관님의 갑작스런 이동으로 저 역시 갑작스럽게 이 간사직을 맡게 되었습니다.

갑작스럽게 맡아서 구체적으로 어떻게 제가 일을 할까라는 데 대해서 생각은 못해봤는데, 간사가 하는 일은 결국 회원들이 좋은 장소에서 좋은 환경 속에서 발제하고 토론할 수 있는 분위기를 만드는 일이라고 생각을 합니다.

모자라는 능력이지만 열심히 노력하도록 하겠습니다.

간 사 : 저도 물러나는 입장에서 지금까지 능력이 모자라는 간사를 여러모로 도와주셔서 성공적으로 월례발표회를 계속해 올 수 있도록 해 주신 여러 회원님들께 감사의 말씀을 드립니다.

오늘 사회는 한양대학교의 방승주 교수님께서 해 주시겠습니다.

그러면 지금부터 진행은 방 교수님께서 해 주시겠습니다.

사 회 자 : 방금 소개받은 한양대학교 방승주라고 합니다.

제가 지난 2월달쯤에 와서 종부세문제 때문에 발표하고, 올해 두 번째 실무연구회에서 여러분들 많이 뵙게 된 것 같습니다.

오늘 우리 하철용 사무처장님을 비롯해서 연구관님들 또 로스쿨준비 때문에 여러 가지로 많이 바쁘신 데도 불구하고 발표와 토론에 참여해 주신 교수님들께 진심으로 감사하다는 말씀을 먼저 드리고 싶습니다.

오늘 주제는 고교평준화제도에 대해서 지금 헌법소원이 계류중인데 이 사건과 관련해서 이 고교평준화가 과연 학생들의 학교선택권이라든가 부모의 교육권 등을 침해해서 위헌인지 여부에 관해서 우리가 오늘 토론해 보는 시간이 될 것 같습니다.

여기에 관해서는 교육법과 관련해서 두 분의 전문가 교수님을 모셨습니다.

첫 번째 발표해 주실 허종렬 교수님을 먼저 소개를 해 드리고, 오늘 진행순서는 이렇습니다. 같은 주제이기 때문에 허 교수님 발표 끝나고 토론하고 이런 식으로 하지 않고 두 교수님, 이기우 교수님까지 발표를 하고 그런 다음에 지정토론자로 오신 교수님들 두 분 10분씩, 발표자는 20분, 토론자는 10분씩 이렇게 하는 것으로 하도록 하겠습니다.

먼저 허종렬 교수님은 현재 서울교대 사회교육과 교수님으로 계십니다.

허종렬 교수님의 약력을 간단하게 말씀을 드린다면, 성균관대학교 법과대학을 졸업하시고 서울대학교 대학원 법학석사 또 성균관대학교 대학원 법학박사학위를 취득하신 후 서울교대 사회교육과 교수로 재직중이십니다.

그러면 바로 발표자께 마이크를 넘기도록 하겠습니다.

< 주제발표자(허종렬) 발표 >

사 회 자 : 우리 허종렬 교수님 아주 좋은 발표 감사드립니다.

계속해서 이기우 교수님께서 발표를 해 주시겠는데, 발표 들어가기에 앞서서 이기우 교수님의 간단한 약력을 말씀드리도록 하겠습니다.

이기우 교수님께서는 현재 인하대학교 법과대학 교수님이시고 동국대학교를 졸업하셨으며, 독일 뮌스터대학교 법학박사학위를 취득하시고 국내에 들어오셔서 교수로 활약하고 계십니다.

발표를 해 주시면 감사하겠습니다.

< 주제발표자(이기우) 발표 >

사 회 자 : 우리 이기우 교수님, 시간 아주 정확하게 지켜주셔서 감사합니다.

전체적으로 조금 시간이 오버가 되고 있습니다만 시간관계상 제가 두 분 교수님의 발표내용에 대해서 따로 요약은 드리지 않도록 하겠습니다.

바로 이어서 지정토론하시는 교수님들께 마이크를 넘기겠는데요.

먼저 장영철 교수님을 소개해 드리도록 하겠습니다.

장영철 교수님께서는 연세대학교 법과대학을 졸업하시고 연세대학교 대학원 법학석사, 독일 쾰른대학교 법학박사학위를 취득을 하시고 현재 서울시립대학교 법학부 교수님으로 재직중이십니다.

먼저 지정토론을 장영철 교수님께서 먼저 시작을 해 주시되 10분 안으로 줄여주시면 감사하겠습니다.

< 지정토론자(장영철) 발표 >

사 회 자: 감사합니다. 장 교수님 아주 중요한 지적들을 많이 해 주셨고 제가 생각할 때는 쟁점부각을 분명하게 해 주셨다고 생각이 됩니다. 짧은 시간 내에 좋은 토론해 주셔서 감사합니다.

이어서 고영남 교수님 소개해 드리도록 하겠습니다.

고영남 교수님은 고려대학교 법과대학을 졸업하시고 대학원에서 법학석사, 법학박사 학위를 취득하신 후 인제대학교 법학과 교수님으로 재직중이십니다.

좋은 토론 부탁드리겠습니다.

< 지정토론자(고영남) 발표 >

사 회 자: 감사합니다. 도중에 제지를 드리고 싶었었지만 시간적 이유 때문에, 우리 장영철 교수님 시간하고 아주 균형을 이루어서 절묘하게 끝내주셔서 감사합니다.

지금 시간관계상 제가 생각할 때는 우리 발표자들의 답변을 먼저 들어봤으면 좋겠지만 그 답변을 듣고 나면 플로어에서의 토론이 사실상 할 수 있는 시간이 거의 없어지게 될 것 같습니다. 그래서 좀 효율적으로 시간운용을 하기 위해서 회원 여러분들께서 먼저 좀, 지금 지정토론을 하신 우리 교수님들의 논점 또는 쟁점과 다른 논점의 질문이 있으신 분들은 그 질문을 먼저 들어보고 발제자들의 답변과 토론을 한번 들어보도록 하겠습니다.

그거를 말씀드리기 전에 우리 고영남 교수님께서 아까 말씀하신 것 중에 평준화제도에 대한 세 가지 지평이 있다라고 하는 말씀을 하셨거든요.

그거를 좀 간략하게 말씀을 해 주시면 좋을 것 같아요.

고 영 남: 오늘 토론의 대상이 되고 있는 관련조항 등에 대한 헌법소원심판청구사건에서 위헌인지 아닌지 여부의 쟁점, 그 다음에는 이것이 하나의 국내에 우리 중등교육에 있어서 교육제도로서 하나의 일반적인 어떤 확실성, 합목적성을

갖는지 여부, 이 부분에 관해서는 지금 매우 많은 연구결과들이 나오고 있다고 생각됩니다.

예컨대 평준화로 인해서 전체적으로 성적이 하향평준화되고 있다라든가 이런 논쟁들이 있었는데 과거 OECD국가들이 중학생, 고등학생들의 성적을 서로 비교하는 것도 있고 거기서도 한국학생들이 굉장히 점진적으로 좋은 등수를 차지하고 있고, 최근에 교육개발원에서 평준화에 대한 중대한 연구를 많이 하고 있는데 여기서도 긍정적인 결과들이 나오는 거 보면서, 물론 개인적인 학자적 연구는 다를 수 있다고 생각합니다마는 그런 차원의 일반제도로서 문제가 있고, 이게 예컨대 서울에서 유의미한 제도라 하더라도 그거는 서울의 어떤 다른 수없이 많은 정치적, 경제적 수준과 관련해서 혹은 인구분포와 관련해서 역사와 관련해서 구체적 타당성을 갖는 문제가 또 별개 있고 이게 구상과 예컨대 ….

사 회 자: 잠시만요. 제가 자꾸 제재를 드려서 죄송합니다마는 그 두 가지까지는 우리 이기우 교수님께서 말씀하셨지요? 그러니까 세 번째 거는 뭡니까? 간략하게.

고 영 남: 세 번째거는 아까 말씀드린 것처럼 그런 일반제도로서 존재하지만 그것이 합목적적으로 지지한다고 하더라도 이기우 교수님처럼 반대할 수도 있고요. 지지한다 하더라도 이게 제가 거주하고 있는 예컨대 김해지역에 그게 적절한 제도 인지, 안동지역의 ….

사 회 자: 지역적 특성, 지역적 적합성.

고 영 남: 예, 안동지역도 평준화를 하고 있다가 해제를 했거든요. 그 다음에 군산, 이리지역도 평준화를 하다가 해제되었다가 다시 평준화로 온 지역, 대표적인 경우인데 이럴 때마다 동일한 지역이라 하더라도 그 지역의 사회, 경제적 조건들이 매우 변화되고 있는데 그때마다 이것도 좀 다를 수 있다라는 생각을 한다는 거지요.

사 회 자: 예, 감사합니다.

정리를 잘 해 주셔서 논점이 더 분명해졌다라고 생각이 듭니다마는 우선 크게 보면 이것도 두 가지라고 볼 수 있을 것 같아요. 하나는 위헌여부에 관한 문제 그 다음에 두 번째는 정책적 합목적성인데 하나는 전국적 문제냐 하나는 지역적 문제냐, 그렇지요. 우리가 이렇게 정리를 하고, 이 두 번째 정책적인 합목적성의 문제를 우리가 여기서 논의의 대상에서 제외를 하는 것이 바람직할 것 같습니다.

그러니까 앞쪽에 좀더 헌법재판소에 계류중인 사건과 동시에 평준화제도 그 자체가 가지는 헌법적인 적합성문제 여기에 좀더 국한을 해서 집중을 해가지고 토론을 진행했으면 좋겠습니다. 거기서도 몇 가지 쟁점들이 나올 수 있을 것 같으니까요.

회원들 플로어에서 질문을 좀더 많이 해 주시기 바랍니다.

예, 황치연 연구관님.

황 치 연 : 두 분 발제자께서 너무 발표를 잘해주셔서 여러 가지 많은 도움이 된 것 같습니다. 제가 교육법에 대해서 잘 모르는데 교육법의 대가이신 두 분의 발표를 읽고 많이 배웠습니다.

저는 이기우 교수님 발제에 대해서 약간 의문을 가지고 있습니다.

첫 번째로 위임입법의 여부에 대해서 절차와 방법에 대해서 '예측가능성에 입각해서 보면 문제가 없다' 이렇게 생각을 하는데, 절차와 방법을 대통령령에 위임하는데 이것을 평준화하는 방법으로 위임했다는 것을 예상할 수 있습니까? 절차와 방법을 포괄적으로 위임했는데? 그리고 이것을 적절하게 무마하기 위해서 평준화를 보는 시각을 실시권자에 의한 방법으로 구별을 하는데 그게 학교장에 의한 전형방법이거나 교육감에 의한 전형방법이거나 이거는 실시 주체에 의한 위임…상의 구별일 뿐이지 실질적인 내용은 성적 등 수학능력에 의해서 입시전형을 하느냐 아니면 무작위추첨으로 강제적으로 하느냐 이 내용이 아니겠습니까? 그러니까 절차와 방법을 위임하고 있는데 이게 바로 평준화방법을 예측가능하게 하고 있다 이렇게 보기에는 좀 무리가 있지 않겠는가 이렇게 생각을 하고요.

그리고 실체적인 내용으로 봤을 때 학교교육을 선택하는 문제가 핵심적인 쟁점인데, 여러 가지 보충적인 방법이 있다는 것 때문에 합헌이다 이렇게 말씀하시는데, 예컨대 '검정고시제도가 있다' 검정고시제도는 학교교육을 선택하는 거는 아니지 않습니까? 그러니까 학교선택권은 학교교육을 전제로 해서 학교선택권이지 학교교육이 아닌 다른 방법이 있다고 해서 그거를 정당화하는 방법은 좀 무리지 않느냐. 그리고 '학교선택권'하고 '교육선택권'에서 교육선택권이 상위의 개념에 있으니까 교육선택권을 충실하게 하는 제도에 있으면 학교선택권에 대해서는 좀 무마가 된다 이렇게 하는데, 지금 홈스쿨링도 아니고 검정고시도 아니고 정상적으로 학교교육을 받고자 하는 사람들의 학교선택권문제와 또 사립학교의 경우에 학생의 자율적인 선발권 이러한 포커스에 좀 맞추어서 그것을 정당화할 수 있는 여러 가지 피해의 최소성이나 법익의 균형성 이런 관점에서 하는게 더 낫지 않을까 이렇게 생각이 됩니다.

그리고 제도와 운영현실에 대해서 '평준화제도 말고도 운영현실에 의해서 여러 가지 그런 수월성교육을 할 수 있다' 이렇게 말하시는데, 지금 제도 자체에 대한 어떠한 헌법적 평가와 현실적인 어떠한 운영의 묘 이거는 또 별도로 봐야하지 않을까? 현실적인 운영의 묘는 그 지역에서 평준화를 선택하느냐 아니냐에 대한 구체적인 타당성문제 어떤 정책적 판단의 문제이지 헌법적 정당화의 문제는 아니지 않겠는가 이렇게 생각을 합니다.

여러 가지 질문이 있지만 다른 사람들을 위해서 일단은 여기까지 하도록 하겠습니다.

사 회 자: 감사합니다.

그 옆에 연구관님, 자기소개 좀 해 주시고 질문해 주시면 감사하겠습니다.

여 운 국: 여운국 연구관입니다.

이 사건을 담당하고 계신 연구관님께서 저보고 잘 배우고 오라고 신신당부를 하셔가지고 나왔습니다.

두 분 발표 잘 들었고요, 제가 질문사항 두 가지 정도만 여쭤보고 싶습니다.

첫 째로는 이 사건에 관해서 우리가 적용해야 될 심사기준이 어떤 것이냐? 가령 '완화된 심사냐 엄격한 심사냐' 그것부터 일단 정하고 논의를 진행을 해야 될 것 같은데, 제가 보기에는 두 분 다 엄격한 심사를 택하신 것 같습니다.

그런데 한편으로 보면 여기에서 나오는 부모의 학교선택권이라는 기본권은 우리 헌법상으로 사실은 근거를 찾기가 굉장히 어렵고, 제일 가까운 것으로 찾은 게 제36조 제1항 '혼인과 가족생활은 개인의 존엄과 양성의 평등을 기초로'이건데 그것도 좀 납득하기가 어려운 측면이 있습니다. 그래서 일단 기본권으로서의 헌법상 근거도 좀 불분명하고 그 다음에 우리 헌법 제31조 제6항에 의하면 학교교육을 포함한 교육제도에 관해서 법률로 정한다고 되어 있고 그 다음에 허 교수님께서 발표하신 발표문 마지막 31쪽 말미에 보면 "중고등학교입시제도는 입법권자에게 광범위한 재량권이 요구되는 분야다" 이렇게 하고 계시고, 또 아마 여기 있는 것으로 봐서는 제가 정확히 조사해 보지는 않았지만 과거 우리 헌법재판소는 완화된 심사기준을 적용하셨던 것 같습니다. 그런데 두 분 발제자님께서 이 경우에도 엄격한 심사기준을 적용해야 된다, 그렇게 결론을 내리신 어떤 근거랄까 뭐 이런 것에 관해서 견해를 듣고 싶고요.

두 번째로는 포괄위임금지 얘기가 나오는데 이 사건 심판의 대상은 시행령이거든요. 이 사건 심판의 대상이 법률이라면 그 법률이 포괄위임금지원칙에 위반되었는가? 뭐 이런게 저는 논의의 대상이 아니라고 보는데, 왜냐하면 제68조 제1항에 의한 헌법소원에서 문제되는 것은 기본권침해가 있느냐 없느냐이지 무슨 헌법원칙에 위반되었느냐 이게 논의의 대상이 아니기 때문에, 만약에 이게 법률이 심판대상이라도 그런 원칙위반 같은 거는 정면으로 이렇게 다룰게 아니라고 생각하는데, 지금 여기서는 시행령이 심판대상인데도 여기서 포괄위임금지원칙 얘기가 왜 꼭 다루어져야 되는지 그 점에 대해서 질문을 드리고 싶습니다.

마치겠습니다.

사 회 자 : 좋은 질문 감사합니다. 또 질문해 주시기 바랍니다.

손희권 교수님 이라고 하셨나요?

손 희 권 : 명지대학교 교육대학원의 손희권 교수입니다.

저는 오늘 이기우 선생님한테 질문드리고 싶은데요.

일단 고등학교평준화제도라는 것 자체는 기본전제가 교육조건이 평준화된다는 전제하에서 그 시행수단으로서 학생배정방식을 근거리배정이 되었건 추첨에 의해서 하건 하는 것이었는데, 기본적으로 이기우 교수님께서는 이 평준화제도가 교육의 기회균등실현에 기여한다고 말씀을 하셨지만 우리가 학력격차라든지, 그러니까 학교간·지역간 학력격차가 존재한단 말이지요, 교육여건이라든지 교육결과에서 차이가 존재하기 때문에 이러한 여건의 차이가 존재하는 현실에서 학생을 추첨 또는 근거리원칙에 따라 강제로 배정하는 것 자체가 과연 교육의 기회균등을 실질적으로 실현할 수 있는가 하는 것은 분명히 문제가 된다고 생각을 합니다.

또한 사립학교 같은 경우에는 비리사학과 건전사학으로 나누어볼 수도 있는데 좀 오래된 얘기지만 서울에서 어떤 학교에서 비리가 많고 분규가 많은 사립학교에서 옛날에는 참 서울대학교도 많이 넣고 그래서 명문사학이라 그러면서 학생과 학부모들이 선호했지만 비리와 분규가 많아서 배정되고 나니까 학생과 학부모들이 들고 일어나가지고 다시 재배정하는 사태도 있었단 말이에요.

그런데 이런 상황에서 학생들의 학교선택권을 갖다가 이렇게 제한하고 침해하는 것 자체가 이렇게 엄격하게 제한하고 하는 것 자체가 과연 교육의 기회균등을 실현할 수 있는가? 즉 여건의 차이라든지 학교를 통해서 어떤 교육결과의 차이를 갖다가 외면한 채 그냥 강제로 배정하는 것이 교육의 기회균등을 실현할 수 있는가? 이거는 분명히 문제가 된다고 생각을 합니다.

또한 오늘 고영남 교수님 발표를 하신 것 같은데, 왜 고교평준화제도로 자꾸 돌아가려고 할까? 이 문제는 조금 논의가 필요한데 저는 그렇게 생각합니다. 우리나라에서 제일 중요한 문제 중에 교육문제는 대학입시문제고요, 대학입시에서 하나의 평가기준 중에 하나는 내신이라고 봐야 될 겁니다.

특히 2008학년도 대학입시제도에서는 형식적인 반영비율은 최소한 50%이상 되어야 되고요, 실질적인 반영비율은 좀더 낮겠습니다마는 그렇게 되면 내신이 중요한 부분이 되는데 내신에서 학교간에 격차를 인정해 주느냐 안해 주느냐, 즉 비교내신제도를 하느냐 안하느냐가 관건이 될 거란 말입니다. 즉 비평준화지역에서 비교내신제도를 도입하지 않기 때문에 내신에서의 불이익 이런 문제들이 있기 때문에 비평준화지역에서 평준화지역으로 돌아가자는 여론이 나올 수밖에 없는 것은 아닌가 하는 말씀을 드리고 싶습니다.

사 회 자 : 감사합니다. 또 질문해 주시기 바랍니다.

질문이 안 나오게 되면 발표자님들의 답변을 들어보고 논점을 정리해서 거기에 관해서 집중토론을 하는 시간을 갖도록 하겠습니다.

김진한 연구관님.

김 진 한 : 김진한 헌법연구관입니다.

허종렬 교수님께 여쭤보고 싶습니다.

학교선택권의 내용에 관해서 여쭤보고 싶은데요. 그러니까 공립학교, 사립학교 선택하는 것 또는 무슨 종교학교 아닌 학교 선택하는 것은 이해하겠는데, 성적이 우수한 학생들이 다니는 학교를 선택하는 것도 기본권으로서 인정할 수 있다고 말씀하시는 것인지? 만약 그렇다면 전국에 있는 대학을 평준화해가지고 독일과 같이 어떤 우수한 대학 우수하지 않은 대학 구분 없이 하는 정책을 취하고 있다면 그것도 역시 무슨 교육의 자유라든지 학문의 자유의 침해라고 볼 수 있는 것인지? 그래서 성적에 따른 학교구분 그것에 따른 교육받을 권리 그것이 이제 학교선택권으로서 한 내용이 된다고 말씀하시는 것인지 질문하고 싶습니다.

사 회 자 : 다른 연구관님, 황치연 연구관님은 나중에.

황 치 연 : 추가적으로 첨부할 사항이 있어서요.

사 회 자 : 거기에 대해서요? 지금 이점에 대해서?

황 치 연 : 아니 이점이 아니라 아까.

사 회 자 : 그러면 나중에 좀 해 주시면 감사하겠습니다.

다른 연구관님들 질문이 많이 계실 것 같습니다.

오늘 특별히 참석해 주신 교수님들 계시는데 교수님들도 질문해 주시면 감사하겠습니다.

없으시면 우리 황치연 연구관님 추가해 주시기 바랍니다.

황 치 연 : 비평준화지역에서 학교선택권이 '자기가 가고 싶어도 성적이 모자라서 못가는 경우에 학교선택권이 충족되지 않는 경우도 있다' 이렇게 논증을 하시는데, 그거 자발적인 선택을 하고 나중에 주관적으로 그거를 충족시키지 못한 경우와 처음부터 추첨에 의해서 배제되는 경우는 평균화지역에서, 그거는 달리 평

가해야지, 비평준화지역에서도 학교선택권을 충족 못하는 경우가 있기 때문에 평준화지역에서 학교선택권이 충족되지 못한다고 해도 그거는 정당하다. 이거,

사 회 자 : 허종렬 교수님께 대한 질문인가요?

황 치 연 : 아니요, 이기우 교수님이요.

사 회 자 : 좋습니다. 벌써 토론이 붙어지는 것 같은데 좋습니다.

또 다른 질문은 없으신가요?

예, 배보윤 연구관님.

배 보 윤 : 저는 두 가지 관점에서 말씀드리겠습니다.

말씀하신 것 중에서 주로 논의 안 된 부분이 있는게 아닌가 싶어서 말씀드리는데, 하나는 '학교선택권' 이거 아까 두 분이 약간 용어선택은 다르신데 교육선택권, 학교선택권 말씀하셨는데, 학교선택권을 만일에 허종렬 교수님 논증하신 것처럼 우리 헌법상의 권리, 헌법상의 기본권으로 도출할 수 있다고 하면, 그러면 고교평준화 현재 제도는 바로 위헌으로 어떤 것으로도 정당화 될 수 없지 않는가 싶습니다.

왜냐하면 학교선택권을 기본권이라고 하면 이 평준화제도 자체는 학교선택권 자체를 배제하는 것이기 때문에 그런 것은 어떤가? 그냥 저는 단순히 생각을 해봤습니다마는 논증을 깊이 생각해 보지는 않았습니다마는 그런 포인트가 하나있을 수 있을 것 같고.

두 번째로는 과연 우리가 지금 평준화, 아까 고영남 교수님께서도 지적을 잠깐 하셨던데, 평준화제도라는 것은 사실은 교육의 기회균등에 기반을 두고 있으면서 한편으로는 대부분의 경우에 평균적으로 교육수준을 기회균등을 높이기 위해서라는 제도에서 출발한 것으로 알고 있습니다.

그런데 우리가 헌법을 해석하든지 또는 우리가 구체적 정책을 실현한다고 할 때에 현실과 유리된 이론적인 방법론으로서는 설득력이라든지 이런 것이 구체적으로 좀, 법리의 논쟁이라든지 또는 헌법재판을 하는데 있어서 구체적으로 효력이라든지 이런 부분에서 문제가 생길 수 있지 않겠는가? 그렇다면 누구나 다 그 부분을 수긍하실 것인데, 과연 그러면 우리나라 지금 저도 마찬가지지만 모든 여기에 자녀들 교육을 하는데 있어서 현재 학교교육을 신뢰하고 있는지? 학교교육 자체가 우리가 이거를 대상으로 평준화제도라는 거는 학교교육자체 제도에 대한 셋팅인데 대부분의 가정은 누구나 그거를 인정하지 않을 수가 없을 텐데, 학교교육밖에서 전부 대부분의 교육을 받고 있단 말입니다. 평가물도 OECD평가 자체도 사실은 학생들 결과에 나오는 합쳐진 그것에 대한 평가지 평준화제도 자체에 대

한 평가라고 보기에는 더구나 어렵지 않겠는가? 그럴 때 현재 이런 제도 자체에 우리 현실적인 교육제도 자체를 놓고 과연 이 평준화제도의 위헌, 합헌론을 고려할 때 이와 같은 부분을 어떻게 접목시킬 것인가? 이것은 우리의 고민사항일 뿐만 아니라 학계에서 논의하신 분들도 이점을 사실은 하나의 중요한 요소로 연구의 테마로 잡아야 되지 않겠는가? 그냥 제도 자체만을 놓고 한다면 현실과 유리된, 이론은 이론대로 판단하고 현실은 현실대로 판단이 되고 그런 문제는 생길 수 없는지? 그래서 그 점을 한번 포인트 측면에서 지적해 봅니다.

사 회 자 : 아주 좋은 지적이라고 생각이 듭니다.

다른 질문 없으신지요? 없으신 것 같고.

우리 처장님 혹시 질문하실 것 없으신가요?

얼추 시간이 많이 되었기 때문에 일단은 발제자분들의 여러분들께서 질문하신 질문에 대한 답변을 들어보는 것이 중요할 것 같습니다.

조금만 정리를 했으면 좋겠는데, 오늘 사실상 네 분 발제자라고 한번 생각을 해본다면 발제자 네 분 교수님의 공통된 견해가 하나 있었습니다.

'포괄위임입법금지원칙 위반이다.' 거기에 동의하셨던 겁니까? 이기우 교수님도 좀 그런 부분이 있다, 이런 말씀을 아까 하시지 않으셨나요?

그거는 아니시고요?

사 회 자 : 아, 견해를 바꾸셨다고요. 예.

그래서 그 쟁점별로 그러한, 우리가 결국 위헌여부의 문제를 다루는 것이니까 아까 연구관님께서 질문하셨던 것도 포괄위임입법금지원칙이 여기서 왜 문제가 되느냐? 이 질문도 있으셨거든요. 중요한 쟁점이 우선될 수 있을 것 같고.

그 다음에 두 번째로 실체적인 문제로 들어갔을 때 제일 많이 논의가 된 것은 학교선택권입니다. 아까 이기우 교수님께서 말씀하셨을 때는 그것과 또 배치되는 것으로서 학교의 학생선발권을 대비를 해 주셨거든요.

사회자 생각하기에는 그건 상당히 동전의 양면과 같기도 한데 '과연 지금 쟁점이 되는 것은 학생선발권이라고 하는 것이 헌법상의 기본권이 되겠는가?' 이게 지금 우리 고영남 교수님이 던져주신 중요한 문제 제기고, 배보윤 연구관님도 '과연 그냥 학생선발권이 인정이 된다라고 할 것 같으면 바로 그거는 위헌 아니냐, 이거를 제한하는 거니까' 이런 말씀도 해 주셨는데, 이 부분을 우선 두 번째 중요한 쟁점으로 삼았으면 좋겠습니다.

그 다음에 세 번째 쟁점으로 삼았으면 좋은 것은, 결국 획일화거든요 이게, 평준화니까. 그러면 실질적으로 다른 사람들을 갖다가 다르게 대우하지 않고 결국 획일적으로 대우하는 것이니까 이게 교육의 기회균등, 평등권침해 아니냐? 이 문제가 지금 쟁점으로 등장을 하거든요.

그 외에 것도 있지만 우선 그 세 가지 문제를 좀 집중적으로 말씀을 해 주시되, 그밖에 연구관님들이나 교수님들께서 질문해 주셨던 사항들에 관해서 발제자 교수님들의 답변을 듣고 남는 시간에 대해서는 그러한 한 세 가지 쟁점에 관해서 집중토론을 나머지 하는 그런 시간을 가졌으면 좋겠습니다.

우선 발표순서에 따라서 허종렬 교수님 먼저 답변을 해 주시면 감사하겠습니다.

허 종 렬 : 오늘 발제와 토론진이 잘 구성이 된 것 같습니다.

위헌, 합헌의견의 발제에 대해서 또 토론자도 그렇게 양쪽 의견을 각각 개진해 주신 것 같고요. 그 다음에 두 분 토론자께서 아주 면밀하게 깊이 있게 토론을 해 주셔가지고 제가 미처 짚지 못한 그런 관점들을 제시를 해 주셔가지고 아주 공부가 많이 되었습니다. 감사하게 생각하고요.

또 여러 선생님들께서 질의해 주신 것에 의해서도 많이 배웠습니다.

우선 이기우 교수님께서 말씀하신 것 중에 헌법 31조에 '능력에 따라서 균등하게 교육을 받을 권리' 이게 교육을 받을 권리니까 이게 교육선택권이라고 할 수 있는 것이고, 궁극적으로 그렇다고 하면 평준화 속에서도 학교에서 자율성을 전제로 해서 다양한 프로그램을 제공을 하면 교육선택권이 충족되는 것 아니냐, 이런 말씀하셨어요. 그런데 이기우 교수님의 이러한 해석에 저도 상당한 유혹을 늘 받아왔습니다.

그거는 무슨 얘기냐 하면 평준화가 지금 엄청난 문제점을 가지고 있다고 하지만 저는 평준화의 틀을 가급적 안깨면서도 헌법적인 충족을 하는 방안이 없겠는가? 이런 고민을 사실은 많이 합니다. 그런 점에서 이런 유혹을 많이 받는데도 불구하고 가령 그래서 이 교수님의 이러한 전개에 대해서 공감을 하면서도 그러면서 이제 학교선택권이 교육선택권보다 하위의 개념이라고 하더라도 이 교육선택권 속에 학교선택권이라고 하는 것이 한 내용으로 들어가도 된다고 보기는 봐야 될 거 아닌가 말이지요. 이런 생각을 하는 궁극적으로 어떤 학생이나 학부모가 끝까지 학교선택권 주장을 하는 경우에 그거를 당할 재주가 있겠는가? 이런 생각을 해보면서 그런 관점에서 보면 현재 평준화제도가 학교선택권을 아주 심각하게 제약하고 있는 거는 맞지 않는가 그런 생각을 해봤고요.

장영철 교수님께서 제가 미처 놓친 관점인데, 사학에서 공사립의 구분과 사학의 학생선발권 부분 말씀을 해 주셨습니다.

그래서 사학의 학생선발권 부분과 관련해서 역시 본질적으로는 이게 보장이 되어야 된다 이렇게 생각을 합니다. 하고, 현재 사실은 중요한 고교평준화와 관련해서 공사립을 구분해서 논의하는 이 논점을 빼놓고 오늘 저도 발표를 했는데 엄청 치명적인 결함을 제 발제문이 가지고 있었다고 인정을 합니다.

그래서 그런 부분지적을 해 주신 것을 고맙게 생각을 하면서 현실적으로 보더라도 지금 고등학교의 경우에는 65% 이상이 사립입니다. 공립이 35%. 그렇기는 한데 현재의 우리나라의 사립학교의 위상을 우리가 생각을 해보면 독일 같은 경우에는 사립학교 많이 인정을 안 합니다만 그런데 사립학교유형을 분류할 때 유형중에 공립대용 사립학교라는게 있어요. 그래서 그런 경우는 교육과정도 공립학교랑 똑같이 하고 많은 제약을 받고 있는데, 우리나라의 경우에 대부분의 학교가 사실은 정부의 예산적인 지원 하에 있고요. 이렇게 하기 때문에 지금 독일식으로 하면 공립대용사립이니까 공립학교와 같은 그런 역할을 해왔습니다. 그런데 이제, 물론 이 부분도 지금 문제가 있기 때문에 드디어 나온 것이 자립형사립학교입니다. 그래서 자립형사립학교의 경우는 학생선택권을 인정을 지금 하고 있거든요. 그래서 이런 부분은 앞으로 요건을 갖추는 그런 사립학교의 경우에 이런 것을 인정하는 쪽으로 가야 되지 않겠는가? 전면적으로 모든 사립학교는 다 학생선발권을 가져야 되고 그렇지 않으면 위헌이다라고 얘기할 것인가 하는 것은 조금 생각해 볼 여지가 있다는 생각이 들고.

그 다음에 고영남 교수님은 전문적인 토론을 해 주셨기 때문에 맨 마지막에 하겠습니다.

여운국 연구관님께서 완화된 심사냐 엄격한 심사냐를 말씀하셨는데, 내 솔직하게 고백합니다. 여기에서 그런 관념 없이 그냥 논의를 했습니다.

두 번째로 학교선택권과 관련해서 우리 헌법재판소에서 학교선택권의 헌법적 근거를 36조의 가족제도에서 찾고 있어요. 그런데 이 유례는 어디에서 된 거냐 하면 학원의설립운영에관한법률 위헌결정 내릴 때에 학부모의 교육권의 헌법적 근거를 도출하면서 헌법 36조에 보니까 가족이라는 말이 나오지 않습니까? 가족이면 거기에는 자녀가 있을 것이고 가족제도를 보호한다는 것은 부모가 자녀에 대해서 교육하는 그런 권리도 보호하는 것 아니냐 해서 여기에서 도출한 것인데요. 저는 그 부분은 그런 입장보다는 헌법 31조 2항에 보면 모든 국민은 그 보호하는 자녀에게 초등교육과 법률이 정하는 교육을 받게 할 의무를 진다고 되어 있는데, 거기 보면 부모라는 표현이 나오는 거지요. 보호하는 자녀를 둔 국민이면 부모인데, 거기 보면 의무를 진다고 되어 있으니까 그러면 권리가 아닌거냐? 그런데 저는 그 조항에서 학부모의 교육권의 헌법적 근거가 도출된다. 의무를 규정을 한 것은 개념내재적으로 권리를 전제로 한 것이라고 보기 때문에 그렇습니다.

그래서 그렇게 명시적으로 규정을 한 것이 독일기본법 6조 4항인가 그게 나옵니다. 그래서 저는 거기에서 그거를 보고 있고요.

그 다음에 시행령과 관련해서, 이번에 뭡니까? 2005헌마514 사건과는 별 관계가 이게 왜 논의가 되었느냐? 그거는 뭐 이 사건과 관련해서 논의한게 아니고 근본적으로 학교선택권과 관련된 전반적인 법제 논의할 때 하는 관점에서 보면 이제 그런 점도 짚어야 된다는 의미에서 한 것이고, 본 사건과는 별개입니다.

그 다음에 김진한 연구관님께서 국공립 그 다음에 종교, 비종교 이렇게 하시면서 성적에 따른 학교선택권을 말씀하셨는데, 사실은 제 페이퍼 28쪽에 이 부분이 오늘 학교선택권 관련해 가지고 우리가 같이 한번 간단하게 시간을 1, 2분만 쓰도록 노력하겠습니다마는, 거기 보시면 이거는 아까 우리 배보윤 연구관님께서 학교선택권이라는게 인정이 된다고 하면 바로 이거는 현재 평준화는 곤란하다고 봐야될 거 아니냐, 위헌 아니냐, 이런거 하고 관련이 되는데, 거기 보시면 정리를 제가 해놓았습니다. 28쪽에. '과연 학교선택권이라고 하는 것은 인정되고 현재 고등학교 입학하려고 하는 자는 실제로 그 권리를 제한당하고 있는가'하는 것인데, 지금 학교선택권이라고 하는 것이 헌법상의 권리라고 하는 점은 학계의 주장이나 헌재의 판례에서 확실하게 인정이 되고 있습니다.

그 다음에 두 번째로 학교선택권을 인정한다고 하면서도 지금 제한을 하고 있지 않습니까? 그런데 이 제한의 실체를 파악을 해야 되겠지요?

그래서 첫 번째로 보니까 현행 고교입학제도가 계열간 학교선택권을 제한하고 있는가? 그렇지는 않습니다. 일반계, … 이런 거를 다 허용을 하고 있습니다.

그 다음 두 번째는 그렇다면 같은 일반계 학교 상호간에 선택을 제한한다고 할 수 있느냐? 저희가 오늘 이 자리에서 학교선택권 얘기하는 것의 문제는요, 사실은 일반계 고등학교에서의 결국 본질은 성적에 따른 학교선택권을 인정할 것인가의 문제이지 다른 문제는 아닙니다. 그러니까 그 점과 관련해서 우리가 검토를 해봐야 되는 것인데, 일반계 학교 상호간에는 계열간에 차이 등이 아니고 성적에 의한 차이만 나는데 이것이 학생의 교육진로 결정에 결정적 영향을 줄만큼 의미있는 차이라고 볼 것이냐? 뭐 이런 점을 짚어야 된다고 보면서 29쪽 맨 끝에 보시면요, "헌법 제31조 제1항 상의 능력에 따른 교육을 받을 권리라고 하는 부분" 아까 이 부분에 대해서 어느 선생님께서 이거는, 아, 이거는 우리 고 교수님이 짚어 주신거군요. 그러니까 능력 있는 경우에 차별하지 말자고 하는 것이지 무슨 수학능력에 따라서 교육을 받을 권리라고 보는 것은 좀 그렇지 않느냐 그랬는데, 저는 그거를 능력에 따른 교육을 받을 권리라고 하는 것이 이제 그런 기회를 줬을 때 능력이 있을 때 기회균등을 하자고 하는 의미를 가지고 있으면서 그러나 또 수학능력에 따른 교육을 받을 권리가 그러면 부정된다고 하는 거는 아니다 이렇게 보면서, 지금 보면 수학능력이나 사회생활능력 뭐 이런 거에 따른 차별은 우리가 합리적인 거를 인정하는데 경제적인 거에 의해서는 차별을 우리가 허용할 수 없잖아요.

그런데 현재 경제적 자력이 없어서 별도 과외교습을 받지 못하는 학생의 경우에는 공교육을 통해서 과외를 받지 않고도 개인별, 수준별 교육을 받을 수 있도록 교육여건을 조성해 줄 것을 청구할 권리가 있어야 되는 것 아니냐, 이거는 일종의 맞춤형 교육인데, 이제 맺겠습니다.

지금 교수님거를 제가 답변을 못하고 그냥 맺는 것 같은데, 이렇습니다. 결국에는 교육은 사교육에서 출발을 했지 않습니까? 그렇죠? 사교육에서 출발을 해서 하고 있는 것인데, 국가가 나서서 우리가 교육을 해 줄 테니까 맡기라고 한 것이거든요. 맡겼으면 그러면 그 맡긴 사람들이 원하는 교육을 해 주도록 노력을 하는 것이 국가의 책무라고 생각합니다.

그 가운데는 내가 공부하는 거와 관련해서 능력을 발휘할 그런 준비가 되어 있는 학생들에게는 거기에 맞는 교육을 해 줄 것을 요청할 수 있고, 국가가 그것을 해 주지 않을 때는 따질 수 있는 점은 이거는 있어야 되는 것 아니냐 말이지요. 그런 점에서 봤을 때 현재 일반계 고등학교에서 성적에 따른 학교선택권 이거를 인정 안하는 부분과 관련해서도 이제는 짚어볼 때가 되었다, 이렇게 생각을 하고.

사 회 자 : 전반적으로 위헌쪽으로 이렇게 보신다, 그렇다는 말씀인가요?

허 종 렬 : 예.

사 회 자 : 좋습니다.

지금 시간이 많이 흘렀기 때문에 바로 이기우 교수님의 답변, 한 5분정도로 줄여주시면 감사하겠습니다.

이 기 우 : 답변시간이 별로 없는데 저도 원래 시간을 잘 지키는 데, 조금 말이 빨라지더라도 양해해 주십시오.

우선 제일 큰 쟁점이 된 것이 포괄위임금지가 왜 문제되느냐부터 먼저 말씀드리면, 시행령 84조 2항에 기본권을 침해하느냐 여부에 대해서 헌법 37조 2항이 '법률로써 제한한다' 이렇게 되어 있기 때문에 일단 형식적인 요건을 갖추었느냐?

이것부터 먼저 심사를 해야 되기 때문에 당연히 심의를 거쳐야 되는 것이라고 이렇게 보고요.

그 다음에 두 번째 오늘 제일 쟁점이 된 것이 이게 포괄적인 위임금지에 위반되는 거 아니냐? 저도 그렇게 생각했는데, 제가 길게 설명을 드릴시간이 없기 때문에, 이번에 제가 한 10년 동안 계속 고민을 하면서 글을 못 썼던 분야가 있습니다. 그게 이제 제가 지방자치법쪽을 주로 하기 때문에 조례와 법률유보의 관계에 대한 건데, 고민고민하다가 이번 호 헌법학연구인가요? 거기에 자세하게 했는데, 사실은 이게 법률유보를 너무 강조하고 의회유보설, 본질사항유보, 저도 독일에서 공부를 했습니다마는 이거를 너무 지나치게 강조하는 것이 국회의 권력독점을 보장하기 위한 그런 제도다. 그런데 지금 보면 대통령도 예를 들어서 국민으로부터 직접민주적인 정당성을 부여받고 국회의원도 직접민주성을 부여받았다는 민주적인 어떤 정당성의 면에서는 차이가 크게 없는 뭐 이런 측면에서, 그 다음에 국회가 또 그렇게 신뢰받지도 못하는 이런 상황 속에서 의회유보설, 중요사항유보설, 본질사항유보설 이런 거를 우리가 금과옥조처럼 이렇게 받아들여야 될 거냐? 거기에 대해서 근본적인 의문을 제기를 했었는데요. 그런데 이 경우의 경우에는 공공시설입니다, 학교라는게. 그런데 예를 들어서 극장 어떻게 이용할거냐? '국립극장이용규칙' 이런 거를 헌법에 어떻게 예측할 가능성, 법률에 그거 언급도 하지 않지 않습니까? 그래서 그거 대개 보면 지방자치단체 조례로 바로 정하든지 아니면 규칙으로, 영조물 규칙으로 이렇게 정해도 아무도 위헌성문제를 제기하지 않지 않습니까? 그런데 지금 학교의 이용방식, 이거는 대개 이런 식으로 선발을 할 것이다, 선발이라는 거는 이용자를 어떻게 할 거냐, 이 문제 아닙니까? 그래서 여기에 대해서는 우리가 일반공공시설에 아, 이렇게 배정을 하니까 학교도 대충 이러 이러한 범위 내에서는 배정을 할 것이다, 이거 예측가능한 거 아니냐, 이래서 저는 75조 포괄적 위임을 금지하는게 예측가능성 뭐 이점에 포커스가 있지 않느냐, 이렇게 보는 거고요.

그 다음에 그때 헌법 37조 2항의 '법률'로써 하는 것이 반드시 형식적 의미의 법률을 의미하느냐? 거기에 대해서도 근본적인 의문을 제기할 때가 되지 않았느냐, 이런 생각을 좀 해 보고 있고요.

그 다음에 두 번째 '학교선택권'이 문제인데요. 우리 헌법에서는 학교선택권을 보장하고 있지 않다는게 제 생각입니다. 그래서 거기에 대한 논쟁이 너무 길어지기 때문에 제가 그냥 헌법재판소 판결 그냥 인용하고만 말았는데 그래서 직접 제가 비판을 안했습니다. 왜냐하면 우리 헌법 어디에도 학교의 교육독점을 규정해

놓은 규정이 없습니다. 아까 헌법 31조에 나오는 교육의무 이것도 초중등교육을 받을… 우리나라에 불과 4, 50년전의 학교가… 실제로는 그게 아니거든요. 우리나라는 학교만 교육하는게 아니라 실제로는 학교 밖 교육이 아까 어떤 분이 말씀하셨습니다마는 더 중요한 비중을 차지하고 있는 그런 측면에서 초등교육의무라든지 이런 거를 학교교육의무 뭐 이런 걸로 생각한다는 거는 저는 찬동하기 어려운 그런 측면이 있다 이렇게 봐지고요. 그렇기 때문에 학교선택권을 헌법에서 직접 보장하고 있는 권리가 있어요. 그게 뭐냐 하면 교육받을 권리입니다.

그 교육받을 권리에는 원하는 교육을 받을 권리 이런 거를 본다는 거지요. 그러면 헌법이 직접 보장하고 있는 것은 교육선택권을 보장하는 것이지 학교선택권을 보장한다고 보기는 어렵지 않느냐? 만약에 우리가 교육을 학교가 독점한다 이랬을 때는 상당히 어려운 이런 문제를 야기한다, 이렇게 보여지고요.

그 다음에 제가 이거를 쓰면서 굉장히 경계를 했던 부분이 있습니다.

실질적으로는 저는 학교선택권을 법률적인 수준에서 보장할 수 있다는 것입니다. 헌법상의 권리가 아니라 법률수준에서 학교를 설치하면서 보장할 수 있다는 것이고 또 이 학교의 자율성을 높이기 위해서 바람직하다는 입장입니다.

그러나 저의 정책적인 입장이 법률해석에 너무, 헌법해석에 너무 깊이 관여하지 않도록 굉장히 자제를 했습니다.

저도 편리한게 헌법에 위반되니까 평준화 폐지해야 된다, 이렇게 하면 굉장히 편리한데, 그러나 이 헌법해석을 지나치게 정책적으로 끌고 가면 법률해석이 정치화될 그런 우려가 있기 때문에 그런 면에서 상당히 경계하고 이글을 썼다는 그런 말씀을 좀 드리고 싶고요.

그 다음에 장영철 교수님 쓰신 것 중에 사립학교의 준공립화 여기에 대해서 굉장히 반대를 했고 사립학교의 자율성을 강조해야 된다는 말씀을 하셨는데, 정책적으로 저는 전적으로 동감입니다. 그래야 된다고 봅니다.

그런데 이것이 실제로 공교육의, 그러니까 사립학교의 전면적인 제한을 하는 것이 아니고 지금 다른 부분의 제한은 다른 데서 문제 삼고 이 부분에서는 학생선택권의 그 문제, 그 문제만 봐지는데 우리가 학생의 선택이라든가 졸업에서는 국가의 의무를 대신하는 겁니다. 인가를 받는다는 거는 그 역할을 하는 거니까 이거는 공무수탁사인으로 봐야 되고 거기에서는 공립학교에서 제한하면 여기에 준하는 적용을 할 수도 있다는 거예요. 해야 된다는게 아니고요. 그런 뜻이라는 것을 좀 이해해 주시면 좋겠습니다.

그 다음에 아까 황치연 연구관님 말씀하신 것 중에 학교선택권인데 비평준화지역의 선택권과 평준화지역의 선택권이 다르지 않느냐 이런 것인데, 차이는 두 가지 밖에 없습니다. 하나는 단위학교에서 선발하느냐 아니냐 교육감이 선발하느냐 그거고, 그 다음에 단위학교에서 선발하는 경우에도 시험에 의해서 하느냐 아니면 추첨에 의해서 하는거냐는 선발방법의 차이에 불과합니다. 하나는 운에 맡기느냐 아니면 시험성적에 맡기느냐, 선택의 방식밖에 아니라고 저는 이렇게 봐지고요.

그래서 평준화지역에서도 지금 예를 들어서 1지망, 2지망, 3지망 이런 식으로 쭉 순위를 해서 확대해나간다면 이게 실력이 없어서 떨어지는 경우나 운이 없어서 떨어지는 경우나 어느 것이 우월하다 이렇게 보기가 좀 어렵지 않느냐, 이렇게 봐지고요. 그러면 뭐 예를 들어서 선착순으로 한다, 뭐 이런 방법도 생각할 수 있는 것이고 다양한 선택이 가능할 수 있지 않느냐 뭐 이렇게 봐지고요. 그러니까 노력의 문제라면 그러니까 황치연 연구관님 한거는 노력이 들어가고 노력이 안들어 가고 이런 자신의 노력으로 변경시킬 수 있는 것 아니냐, 이런 측면에서 본다면 예를 들어서 옛날에 교… 인스티튜트나 이런 데 새벽부터 가서 줄을 서고 뭐 이런 것, 줄서라 이거야 그러면 선착순으로 자르겠다, 이런 방식도 가능하지 않느냐, 그래서 꼭 시험에 의한 것만이 노력의 표현은 아니지 않느냐, 이런 생각도 한번 해 볼 수 있는 것 같습니다.

그 다음에 능력에 따른 교육인데, 이게 실정되지 않은 것 같습니다.

예를 들어 가지고 비평준화된 경우에 반드시 성적이 우위 그러니까 성적이 우수한 사람이 반드시 성적이 우수한 그룹에 들어가야 그 성적의 우수성이 지적되느냐? 그거는 아니라고, 오히려 교육학이론에 따라서는 동료교육, 즉 잘 하는 사람이 못하는 사람을 가르치고 못하는 사람이 잘하는 사람한테 묻고 이렇게 해가지고 서로 실력이 상승한다. 이것도 교육학적으로 많이 주장되고 있는 것이거든요. 그렇기 때문에 능력에 따른 교육받을 권리를 침해한다. 이것도 좀 어렵지 않은가 이렇게 생각해 봅니다.

시간이 되었기 때문에 이정도로 마치겠습니다.

사 회 자 : 감사합니다. 지금 사실은 오늘 예정된 시간은 9시까지 였습니다. 현재 9시 5분인데요. 제가 사회자 직권으로 한 5분정도 더 토론시간을 연장해도 되겠습니까?

괜찮겠습니까?

그러면 여러분들이 다 동의를 해 주시는 것으로 생각을 하고 한 5분정도를 더 토론을 연장하도록 하겠는데요. 토론의 효율성을 위해서 우리 지정토론 교수님들께서 질문하신 것에 대해서 발제자 교수님들이 답변한 것, 거기에 대해서 아마 반론이 있으실 수 있을 것 같으니까 일단은 한번 지정토론을 맡으신 교수님들께 각각 1분씩 기회를 드리고 그 다음에 플로어에서 또 보충질문을 1분정도씩 하실 분들 한두 분정도만 듣는 시간을 갖고 최종적으로 발제자의 최종마무리 답변말씀 듣고, 그리고 오늘 사정상 이공현 회장님께서 참석을 못하셨는데 하철용 처장님 특별히 참석을 해 주셨으니까 마지막 의견을 한번 듣는 시간으로 이렇게 마무리를 하도록 하겠습니다.

먼저 장영철 교수님 보충질문해 주시기 바랍니다.

장 영 철 : 저는 저에 대한 반론을 답변을 하신 것 같지는 않고요, 그래서 아까 연구관님 중에서 질문을 하신 것이 있는데 거기에 대한 답변을 좀 하고 싶은 게 있어 가지고 말씀드리면, 포괄위임입법금지원칙을 왜 논했느냐? 여기에 대해서 68조 1항의 헌법소원은 기본권침해여부만 판가름해 주면 되지 포괄위임입법금지원칙에 75조까지 왜 논하느냐? 그렇게 말씀을 해 주셨는데요. 제 개인적인 생각은 68조 1항이 권리구제형 헌법소원이기는 하지만 지금 명령·규칙에 대한 어떤 법령소원으로서 제기된 것이고 또 그 법령소원의 경우에 근거법률이 위헌일 경우에는 일괄적으로 위헌의 판단을 해 주는 것이 헌법재판소의 최후의 기본권보장자의 입장으로서 당연하다고 생각을 한 것이고, 그렇지 않다고 한다면 단순히 명령·규칙에 대한 어떤 위법여부 또는 위헌여부 이것만 판단하는 것은 그것은 대법원도 할 수 있는 것이지요, 107조 2항에 따라서. 그렇기 때문에 그거를 이제 포괄적으로 법률과 관련해서 할 수 있으면 해 주는 것이 타당하고 그 근거 이유로 우리 헌법재판소법 75조 5항에 보면 "68조 1항에 의해서 위헌결정을 할 경우에 처분의 근거법률에 대해서도 위헌임을 선고할 수 있다" 이런 것이 준용될 수 있다고 생각을 합니다.

두 번째로 학생선발권이 도대체 기본권이냐? 학교선택권이 기본권이라고 하는 것은 헌법재판소나 학자들이 얘기하는데, 사학의 학생선발권이 기본권이냐? 그것은 이제 사학의 경우에는 직업행사의 자유의 일환으로 기본권으로 볼 수가 있지요.

획일적인 기회균등의 문제는 세 번째로 지적을 해 주셨는데, 평준화의 의미라는 거, 이것을 이제 '능력에 따라 균등하게 교육을 받을 권리' 여기에서 균등하게 교육을 받을 권리를 획일적인 평준화의 의미로 보기는 어렵다. 그것은 이제 획일적인 것은 평균적인 어떤 국민교육에 있어서 국가가 담당해야 될 부분이고 나머지 어떤 능력에 따라서 교육을 받을 수 있는 권리 이것은 국가가 최소한도 사학의 자율성을 보장해 줌으로써 달성할 수 있다, 이렇게 생각을 합니다.

아까 또 하나 엄격심사를 적용해야 되느냐 완화된 심사를 적용해야 되느냐?

우리 과외금지위헌결정에서 봤을 때 한명의 합헌의견을 낸 이영모 재판관의 의견에 의하면 '완화된 심사를 적용해서 평준화제도는 합헌이다' 이렇게 전제를 하셨는데, 저는 개인적으로 생각했을 때 비례의 원칙을 두 분 발제자께서 적용을 하셨고 그래서 이제 엄격심사를 했었던 것이고, 저는 사립에 대한 어떤 보호 이것이 부족하기 때문에 공립과 사립간에 어떤 비교에 있어서 평등의 원칙 내지는 자의금지원칙을 적용한다고 했는데 결국에는 자의금지원칙을 완화된 심사기준으로서 일방적으로 이때까지는 생각해 왔지만 저는 차별로서 어떤 사법인인 사립학교법인의 기본권이 중대하게 제한되었다고 봤을 때 결국에는 평등권이 주된 심사기준이라고 하더라도 평등권에 대한 어떤 자의금지원칙을 강화하는 쪽으로 해석한다고 본다면 역시나 엄격심사기준이 적용되어야 되는 것이고 그렇다면 우리 헌법 31조 1항이 여기에서는 적용되어야 되는 것이지 31조 6항에 의해서 완화된 심사기준을 적용하는 것은 타당하지 않다, 이렇게 생각합니다.

사 회 자 : 고영남 교수님.

고 영 남 : 별도로 추가 언급은 하지 않겠고요. 아까 손 교수님 잠깐 지적하셨던 것 가운데 평준화를 얘기하는 것 가운데 하나가 단지 대학입시의 유분리성이 아니고 저는 중학교 교육의 혹은 학생들의 인권문제라고 생각이 듭니다. 그래서 그 차원에서도 우리가 생각을 해 보면 이해가 되지 않을까 이렇게 봅니다.

이상입니다.

사 회 자 : 우리 연구관님 성함이 어떻게 되시지요?

이 준 상 : 이준상 연구관입니다.

딱 한 가지만, 두 분 중에 아무분이라도 말씀해 주시면 좋을 것 같은데요. 허종렬 교수님이 이 사건의 문제가 뭐냐를 정리를 잘해 주신 것 같아요. 기본적으로 귀결되는게 무시험추첨입학제가 일반계 고등학생들의 학교선택권을 제한하고 있다. 일반계 고등학교의 학생선택권이라고 아주 좁게 설정을 해 주셨습니다. 그러면 평준화를 규정하고 있는 시행령조항의 입법목적이 뭐냐부터 저는 좀 헷갈리는 것 같아요. 두 분 다 굉장히 목적을 포괄적으로 써주셨거든요. 그러니까 뭐 '중학교교육의 정상화' 좋은 말은 다 써주셨는데 '학교에서 벌어질 수 있는 여러 가지 문제점' 이렇게 해가지고는 우리가 논증하기는 쉽지는 않을 것 같거든요, 기본적으로. 왜냐 하면 이런 문제는 일반계 고등학교와 아까 전문계 고등학교 여러 가지 특수목적고들이 존재함으로써 교육문제가 비틀리는, 거기에서 발생하는 많은 문제점을 끌어들이시는 것 같아요 기본적으로 다시. 처음에는 문제는 일반계 고등학교간에 선택의 문제라고 좁게 보셨는데 입법목적을 설정하실 때는 다시 넓은 범위로 나가 버린 것 같아요. 물론 그게 아주 연관이 안 된다고 볼 수는 없겠지만 아주 핵심적인 목적이 뭐냐? 그리고 그거를 달성하기 위한 평준화제도가 타당한 것이냐에 대한 구체적인 얘기가 뭔지가 좀 헷갈리더라고요. 그래서 목적을 좀 좁히신다면 아까 문제되는 상황이 그거고 도대체 뭐로 더 좁힐 수 있는 것인지 그게 좀 궁금합니다, 일단은.

사 회 자: 김하열 연구관님 질문하실 것 있으신가요? 없으시고요.

황치연 연구관님 정말로 30초만 해 주십시오.

황 치 연: 예, 딱 30초에 합당한 질문을 예상하고 있었습니다.

허종렬 교수님께 말씀드리고 싶은 거는 학교선택권을 성적에 따른 학교선택권이라고 주안점을 두시는 것 같은데, 어떤 학교의 프리스티지 어떤 전통 있는 학교에 가고 싶다. 성적이 아니더라도, 예의교육을 잘 시키는 학교에 가고 싶다, 그 학교 학생들이 대부분이 아주 행실이 나쁘더라 해서 예의가 바른 학교에 가고 싶다. 또는 내가 불교신자인데 기독교학교를 하는 곳에 간다. 그런 경우에도 학교선택권의 중요요소가 될 수 있지 않겠는가? 성적에 따른 … 문제가 있지 않나?

사 회 자: 감사합니다. 지금 시간관계상 더 많이 좀 드렸으면 좋겠지만 플로어 질문은 이 정도로 받겠고요. 사실은 사회자가 서울역에서 9시 40분에 KTX가 예정이 되어 있습니다. 사회자도 좀 살려주시고요.

또 우리 고영남 교수님도 마찬가지입니다. 시간을 좀 양해해 주시면 감사하겠고, 우리 발표자 교수님의 마무리 발언 일분씩만 듣고 우리 처장님 인사말씀 듣고 전체적으로 마치는 방향으로 하도록 하겠습니다.

허 종 렬: 학교선택권 관련해서 위헌의 소지가 있지만 저는 30년 전처럼 그렇게 완전 입시위주로 평준화가 해체되는 것에 대해서는 반대거든요. 앞으로의 학교제도의 개편의 방향은 대개 교육학계에서는 다양화, 특성화를 전제로 한 학교선택권쪽으로 가고 있습니다. 그리고 지금 두 분 말씀해 주신 거는 제가 더 좀 생각해 보겠습니다. 오늘 여러 가지로 부족했습니다마는 많이 배우고 갑니다.

이 기 우: 지정토론 해 주신 장영철 교수님하고 고영남 교수님 제가 일일이 답변을 못 드렸는데 대단히 죄송스럽다는 말씀을 드리고요. 제가 생각을 심화하는데 많이 도움이 되었습니다.

꼭 한 가지 말씀드리고 싶은 거는 고영남 교수님 말씀하신 것 중에 평준화문제가 지역마다 다르다, 그렇기 때문에 제가 지역의 선택에 맡기자는 … 그런 주장을 했다는 말씀드리고. 또 이 문제를 너무 사실적인 문제하고 규범적인 문제를 너무 섞어버리면 좀 어렵게 되지 않느냐. 그래서 규범적인 문제는 규범적인 문제 차원에만 논의하고 그렇게 좀 구별했으면 좋겠다하는 그런 말씀드리겠습니다.

사 회 자 : 감사합니다.

사실은 사회자도 이기우 교수님께 하나 질문거리가 있기는 있었거든요. 짤막하게 질문만 던지고 우리 처장님께 마지막 인사말씀 기회를 드리도록 하겠습니다.

사실은 저는 의문이 들었던 것이 학생의 학교선택권이 교육권에 의해서 보호될 수 없는 영역이다라고 한다면 최소한 일반적 기본권이라고 볼 수 있는 헌법 제10조의 행복추구권, 일반적 행동의 자유에 의해서 보충적으로 보호될 수 있다라고 볼 수 있는 가능성은 없는가? 그 부분에 관해서는 왜 언급을 안 하시는가? 이 질문을 좀 던져드리고 싶습니다. 짧게 말씀하실 것 있으시면.

이 기 우 : 충분히 제가 검토를 못했습니다. 그렇게 말씀드리겠습니다.

사 회 자 : 감사합니다.

그러면 오늘 아주 전체적으로 굉장히 화두가 되어 있는 교육의 문제입니다.

이부분에 관해서 전체적으로 기본권침해여부 또 입법형식상의 위헌여부에 이르기 까지 여러 가지 많은 중요한 쟁점들에 대해서 토론이 되었다라고 생각을 합니다.

충분하지는 못했지만 앞으로 이런 것들이 하나의 문제제기와 앞으로의 계속적인 연구의 계기가 될 수 있으리라고 생각합니다.

이로써 오늘 학술토론은 마치도록 하겠습니다.

제 80 회(2007. 11. 2) 발표문

헌법재판소 재산권 판례의 경제학적 분석

정　기　화*

1. 머 리 말

최근 들어 헌법재판소에 심판청구되는 사건이 증가하고 있다. 이와 함께 정부의 법률이나 정책에 의하여 재산상의 피해를 입었다고 주장하는 사건도 늘어나고 있다.

정부의 정책이나 법률에 의하여 재산상의 피해가 발생하였을 때 공용수용이나 공용사용 같은 물리적 피해일 경우에 헌법재판소는 정당한 보상이 이루어지지 않으면 이를 재산권의 침해로 여기고 있다. 이러한 물리적 피해로 인한 재산상의 손실이 비록 미미하더라도 그렇다. 이에 비하여 법률에 의한 재산권의 제한은 막대한 재산상의 손실이 발생하더라도 과잉침해에 해당하지 않는 이상 이를 재산권의 침해로 여기지 않고 있다.

그동안 헌법재판소는 재산권 침해 여부를 다루는 일부 사건에서 청구인이 주장하는 권리가 헌법이 보장하는 재산권에 해당하지 않는다는 이유로 이를 받아들이지 않고 있다. 이 때 재판소가 인용하는 법리는 단순한 기대이익이나 경제적 기회는 재산권에 포함되지 않는다는 것이다. 그러나 경제적으로 보면 재산권이란 그러한 재산을 소유함으로써 장래에 발생할 이익을 전유하고자 하는 것이다. 그래서 미래의 기대이익이 변하면 재산권의 가치는 하락하게 된다. 경제적으로 보면 미래이익에 영향을 주는 법률로 초래되는 경제적 손실은 물리적 피해와 동일한 경제적 효과를 초래한다. 따라서 헌법재판소가 인용하는 단순한 기대이익이나 경제적 기회의 의미를 살펴보고 그러한 개념이 재산권 침해를 다루는데 도움이 될 수 있는지 살펴보고자 한다.

이를 위해 먼저 재산권에 대한 경제적 의의를 살펴본 다음 기대이익이나 경제적 기회와 관련된 재산권 판례를 살펴보고자 한다.

---

* 전남대 경제학부 교수.

2. 재산권의 경제적 의의

(1) 재산권의 경제적 기능

경제적으로 보면 재산권이란 유형무형의 자원을 효율적으로 사용하도록 하는 인센티브를 부여하고자 법적으로 보호되는 권리를 의미한다. 이러한 재산권은 다양한 재산에 대하여 다양한 권리의 형태로 존재한다. 재산권이란 무형유형의 재산에 대한 다양한 권리의 묶음이라고 할 수 있다. 이러한 권리의 묶음에는 사용권이나 처분권 또는 용익권까지 포함할 수 있다. 처분권이나 용익권이 없고 단순한 사용권만이 주어지더라도 이는 재산권이라고 할 수 있다.

이러한 재산권은 동태적으로 보면 투자를 보호하고 정태적으로는 외부효과를 내부화하기 위한 것이다.

1) 투자의 보호

재산권의 보호는 기본적으로 동태적으로 효율적인 자원배분을 위하여 필요하다. 경제주체들은 자신의 소득을 현재 소비하지 않고 미래에 더 많은 이익을 얻고자 재산의 형태로 투자한다. 기본적으로 경제주체들이 유형무형의 재산을 보유하는 이유는 그러한 재산으로부터 미래에 편리함이나 경제적 이득을 얻기 위한 것이다. 주택과 같은 실물자산은 사생활이 보장되는 안락한 주거공간에서 얻을 수 있는 편리함과 혹 주택가격의 상승으로 있을 수 있는 경제적 이득 때문에 소유한다. 지적 재산권 같은 무형의 자산도 이를 소유함으로써 얻게 되는 미래수익의 현재가치가 지적재산권을 얻기 위하여 들었던 비용보다 크기 때문에 이를 소유하고자 투자하는 것이다.

이를 보다 명확히 살펴보자. 현재 t시점에 I만큼을 투자하여 t+1시점부터 t+n시점까지 $R_1, R_2, \cdots, R_n$만큼의 이익(또는 편리함의 경제적 가치)을 얻는다고 하자. r을 이자율이라고 할 때 미래 수익의 현재가치는

$$\mathrm{PV} = \frac{R_1}{1+r} + \frac{R_2}{(1+r)^2} + \cdots + \frac{R_n}{(1+r)^n} \text{ 이다.}$$

이 때 PV-I ≧ 0 이면 이러한 투자는 사회적으로 바람직하다. 그러나 미래에 실현되는 수익이 보호되지 않으면 경제주체들은 사전적 투자가 별로 필요하지 않은 경제활동을 중심으로 생산 활동에 종사하게 된다.[1]

1) 원시시대처럼 수렵과 채취에 의존하던 시기에는 자원사용의 효율성을 증대시키는데 소유권의

각 개인들에게 자유로운 투자의 기회가 주어지면 결국 투자는 PV-I = 0인 점에서 균형을 이룰 것이다. 개인적으로 보면 미래수익의 현재가치가 투자비용과 같은 점까지 투자를 하겠지만, 사회적으로는 개인의 미래가치에 대한 예상은 다를 수 있다. 그런 이유로 개인 간에 자산의 거래가 발생한다. 자신이 보유하는 자산의 시장가격이 미래에 얻을 것이라고 예상되는 미래수익의 현재가치보다 높다면 이를 매각할 것이다. 그리고 시장가격이 미래수익의 현재가치보다 낮다고 여기는 경제주체들은 이를 구입할 것이다. 따라서 다수의 경제주체들이 자유롭게 거래를 하고 있다면 자산의 시장가격이 미래수익을 가장 잘 표현한다고 할 수 있다.

정부의 법률은 이러한 자산의 미래가치에 영향을 준다. 그래서 자산의 가격에 영향을 주고, 경제주체들의 투자에 영향을 준다. 정부가 공공의 목적을 위해 자산을 수용하거나 사용한다고 하자. 그러면 그러한 자산의 시장가격은 0이 된다. 또는 정부가 자산의 사용방법이나 용도를 제한한다고 하자. 그래서 보다 큰 수익을 얻을 수 있는 방법으로 이를 사용하지 못하고 차선의 투자기회에 사용한다고 하자. 그러면 자산의 가격은 이를 반영하여 미래수익의 가치하락의 현재가치만큼 가격이 하락하게 된다. 본질적인 면에서 정부의 법률로 인해 발생하는 재산상의 손실이나 물리적 침해는 동일하다.

하지만 미래수익에 영향을 주는 정책이 모든 재산권의 가치를 하락시킨다고 할 수 없다. 어떤 투자는 이익을 얻을 기회가 증가할 수 있고, 또 다른 투자는 손해를 볼 수 있기 때문이다. 따라서 정부의 정책 변경으로 개별 경제주체들의 기대가치의 총 변화분이 사회적으로 0이면 이는 중립적인 정책으로 이로 인해 경제 전체적으로 손실이 발생하였다고 할 수는 없는 것이다.

정부의 법률로 재산상의 손실이 발생할 때 이러한 법률이 경제적으로 효율적이려면 이러한 법률로 얻는 이익이 손실보다 커야한다. 그렇더라도 정부의 법률로 발생한 손실 위험을 누가 부담할 것인가의 문제는 여전히 남아있다. 이러한 위험은 이를 잘 예측할 수 있는 경제주체가 부담하는 것이 바람직하다. 그것은 법률로 재산상의 이해가 달라지는 재산권의 소유자일 것이다. 따라서 정부의 정책이 특정의 산업이나 특정의 집단에 해당하지 않고 모든 투자자에게 보편적으로 적용되는 정책을 시행하였다면 재산권의 소유자가 이러한 위험을 감당하는 것이 바람직하다. 하지만 특정집단이나 특정산업의 미래수익에 영향을 주는 것이라면 다른 집단이나 산업에 비하여 과중한 재산상의 손실을 초래하였는가를 살펴보아야 하는 것

보호가 별로 필요하지 않았다고 할 수 있다. 하지만 생산에 시간이 걸릴 경우 재산권이 보호되어야 개인은 자유롭게 생산활동에 종사할 수 있고, 이를 기초로 사회적 분업이 가능하다.

이다. 특정 집단이나 산업이 예기치 못한 과중한 재산상 손실을 볼 수 있다고 여기면 투자가 위축될 것이기 때문이다.

2) 외부효과의 내부화(internalization of externality)

재산권은 정태적으로 보면 외부효과를 내부화함으로써 자원을 효율적으로 사용하도록 하는 인센티브를 부여한다. 내가 어떤 재화를 소비하면 다른 사람은 이를 소비할 수 없다. 이는 다른 사람이 소비함으로써 얻을 수 있는 이익을 빼앗는 것이다. 그래서 자원사용에 재산권이 없으면 다른 사람에게 얼마만큼의 가치가 있는지 고려하지 않고 자원을 소비하게 된다. 비록 그 자원이 타인에게 큰 가치가 있더라도 이러한 자원에 낮은 가치를 부여한 사람이 소비할 가능성이 크다.

이를 살펴보자. 특정 자원이 A라는 사람에게 Va만큼의 가치를 갖는다고 하자. 그리고 B에게 Vb만큼의 가치를 갖고 있으며 Va > Vb 라고 하자. 또한 자원에 대한 재산권이 없어서 이를 먼저 발견한 사람이 이를 사용할 수 있다고 하자. 이때 A가 이러한 자원을 사용하면 B가 사용하였을 때의 이익이 희생된다. 재산권이 없다면 A는 자원을 사용할 때 B가 사용하였을 때 얻게 될 이익을 전혀 고려하지 않는다. 이를 외부효과라 한다. 만일 B가 이러한 자원을 사용하면 A가 얻었을 이익 Va가 희생되고 Va가 외부효과의 크기이다. 사회적으로 보면 A가 이러한 자원을 사용하는 것이 바람직하지만 재산권이 없다면 B가 사용할 가능성이 있고 그때 경제적으로 비효율성이 발생한다.

자원에 대해 재산권이 주어지고 자유로운 거래가 가능하면, 이러한 비효율성은 사라진다. 누구나 외부효과, 즉 자신의 자원사용이 타인에게 미치는 효과를 고려하기 때문이다. 그래서 자원에 대한 재산권이 누구에게 있는 것과 무관하게 자원을 가장 잘 이용할 수 있는 경제주체가 이를 사용하게 된다. 재산권이 A에게 있다면 자신이 이러한 자원을 사용하게 될 것이다. B에게 Vb만큼의 가치밖에 없기 때문에 B는 자신이 그러한 자원을 사용하는데 Vb 이상의 대가를 지불하지 않을 것을 A가 알기 때문이다. B가 자원에 대한 재산권을 가지고 있더라도 B는 이러한 자원을 사용하지 않는다. A에게 자원을 판다면 Vb 이상의 가치를 얻을 수 있다는 것을 알기 때문이다. 그래서 자유로운 거래가 가능하다면, A는 B에게 $Va \geq P \geq Vb$인 P의 대가를 지불하고 자원의 권리를 얻을 것이다. 이러한 거래는 A, B 모두에게 이익이다.

하지만 문제가 되는 것은 거래비용 등으로 A, B 사이에 자유로운 거래가 이루어질 수 없을 때이다. 이 때 재산권을 누구에게 부여하느냐에 따라 자산의 사용자를 결정하게 된다. 즉 재산권이 누구에게 귀속되느냐에 따라 자원사용의 효율성이 달라진다. 이 때 문제가 되는 것은 자원사용을 보다 효율적으로 할 수 있는 경제주체를 파악하기 어렵다는 것이다. 그래서 시장거래가 이루어진다면 누가 이를 사용할 것인가를 추론하는 것이 나을 것이다.

(2) 재산권 보호의 기준

헌법재판소에 따르면 법률이 비록 재산권의 본질적 내용을 침해하지 않더라도 과잉금지의 원칙에 어긋나면 위헌으로 여기고 있다.[2] 과잉금지의 원칙이란 목적의 정당성, 방법의 적합성, 피해의 최소성 그리고 법익의 균형성이라는 4가지 기준으로 구성되어 있다.[3]

공공필요의 해당성이라는 목적의 정당성은 경제적으로 보면 실질적인 기준으로 작용하기보다 형식적 기준으로 작용되기 쉽다. 정부의 기능이 공공복리를 위하는 것이라고 하면 정부의 재산권 침해가 공공필요의 해당성에 어긋나는 경우가 없을 것이기 때문이다. 사실 공공의 필요는 정부에 의해서만 충족되는 것이 아니다. 생활에 많이 사용되는 생활필수품의 경우도 공공의 필요를 충족시킨다. 그리고 이러한 상품은 대부분 시장을 통하여 공급이 된다. 그리고 이러한 상품의 거래를 제한하는 것은 대부분 비효율적인 자원배분을 초래한다. 따라서 공공필요의 해당성이라는 법리가 구체적 내용을 가지려면 정부의 법률을 통해서만 공공의 필요가 충족될 수 있는 경우에 한정되어야 한다. 그렇지 않고 정부의 재산권 침해가 공공필요를 충족시키는가만을 따지면 공공필요의 해당성이라는 법리는 의미 있는 기준이 되기 힘들다.[4]

공공의 필요가 시장에 의하여 충족될 수 있는가를 따지는 것은 경제적으로 유용하다. 재산권의 양도나 사용은 대부분 시장거래를 통하여 이루어진다. 시장거래가 이루어지고 있는 권리에 대해서는 비록 그 재산권의 가치가 낮더라도 보상을 하지 않고 이를 수용 또는 사용하는 것은 재산권을 침해하는 것으로 볼 수 있는 것이다.

시장거래 여부를 고려하면 헌법재판소가 왜 재산권 침해에 대하여 상대적으

2) '기본권의 본질적인 내용의 침해가 설사 없다고 하더라도 과잉금지의 원칙에 위반되면 역시 위헌임을 면하지 못한다고 할 것이다.' 헌재 1989. 12. 22, 88헌가13.

3) 권영성, p. 323.

4) 미국의 경우 전통적으로 공공의 필요성이란 도로, 철도나 운하와 같은 교통수단에 한정된 것이었다. 하지만 Poletown Neighborhood Council v. City of Detroit, 304 N. W. 2d 455, 410 Mich. 616(1981)의 소송을 통하여 비록 정부가 민간기업이 사용할 목적으로 토지를 수용하더라도 수용의 결과 고용이 증가하거나 시 재정의 압박이 완화된다면 공공의 목적에 부합한 것으로 여겨지게 되었다.

로 관대한지를 설명할 수 있다. 헌법재판소는 경제적 기본권과 비경제적 기본권에 대한 침해를 구분하고 있다. 그리고 정신적 자유권은 경제적 기본권보다 가치가 우월한 것으로 여긴다. 정신적 자유권은 원칙적으로 제한되지 아니하며, 예외적으로 제한되는 경우에도 제한의 합헌성 여부에 대한 판단이 경제적 기본권보다 엄격하지 않으면 아니 된다는 것이다.[5] 경제적으로 보면 비경제적 기본권의 경우 권리침해의 시장거래가 이루어질 수 없거나 이루어지는 것이 불법인 권리이다.[6] 따라서 비경제적 기본권의 경우 침해에 따른 이익과 손실을 정확하게 계산하는 것이 힘들다. 이러한 기본권 침해를 정부의 재량에 맡기면 과도한 침해가 발생할 가능성이 크다. 그래서 정부의 비경제적 기본권 침해는 엄격해야 하는 것이다. 이에 비하여 재산권이란 경제적 가치를 가진 권리이며, 시장거래가 가능하다. 따라서 재산권 침해에 대하여 정당한 보상의 길이 열려있는 한, 비효율적인 재산권 침해가 발생할 가능성은 적다.[7]

헌법재판소가 재산권 행사의 방법에 대한 제한과 재산권 행사 자체에 대한 제한을 구분하는 것도 이와 관련되어 있다. 헌법재판소에 따르면 재산권 행사 자체에 대한 제한은 가능한 모든 방법을 사용하고 소진한 후에 비로소 고려될 수 있는 최종적 수단이다.[8] 재산권의 행사 자체를 제한하면 재산권의 시장거래 자체가 일어날 수 없기 때문이다. 따라서 재산권 행사를 제한하는 침해에 대해서는 정부의 입법 재량의 범위를 엄격하게 하여야 정부의 과다한 비효율적 침해를 막을 수 있게 된다.

방법의 적정성이란 공공의 목적을 달성하더라도 다른 방법이 없는가를 따지는 것이다. 다른 방법을 통하여 공공의 목적을 달성할 수 있다면 다른 수단을 선택하였을 때와 비교하여야 한다. 그런 점에서 과잉금지의 원칙에서 가장 중요한 기준은 법익의 균형성과 피해의 최소성이라는 법리라고 할 수 있다. 이는 경제적으로 보면 효율성과 직접 관련되어 있다. 법익의 균형성이란 직접적으로 재산권 침해로 인한 사회적 이익이 손실보다 커야 한다는 것을 말한다. 그리고 피해의 최소성이라는 법리는 재산권 침해로 인한 손실이 적으며 효과가 큰 침해수단을 택하여야 한다는 것이다. 따라서 이러한 법리가 적용되면 경제적 효율성이 증가하는

5) 이것이 재산권 침해에 대하여 다른 기본권보다 국가의 재량범위를 넓게 인정해야 한다는 이중기준의 원칙이다(권영성, 324쪽).

6) 이를 보통 양도 불가능한(inalienable) 권리라고 한다.

7) 그럼 점에서 헌법은 다른 기본권 침해와 달리 재산권 침해에 대하여 정당한 보상을 따로 규정하고 있다.

8) 헌재 1999. 4. 29, 94헌바37 외 66건(병합).

경우에만 정부의 재산권 침해가 허용될 수 있을 것이다.

하지만 문제가 되는 것은 사회적 손실과 이익을 평가하기 어렵다는 것이다. 이를 평가할 수 있는 구체적인 방법이 존재하지 않으면 법리적으로는 효율성의 달성이 가능할지 모르지만 현실적으로는 달성되기 어렵다. 효율성을 증대시킬 수 있는 법률이 허용되지 않거나 효율성을 떨어뜨리는 법률을 허용할 수 있기 때문이다. 경제적으로 보면 이익은 수혜자가 지불하고자 의도하는 액수로 평가할 수 있다. 그리고 손실은 피해자가 재산권 침해를 막기 위하여 얼마나 지불하고자 의도하는 액수로 평가할 수 있다. 시장거래가 가능하다면 이것은 쉽게 근사치를 얻을 수 있다. 하지만 대부분의 경우 정부의 재산권 침해는 거래비용 때문에 시장거래가 거의 이루어질 수 없을 때 발생한다. 그렇다면 현실적으로 가능한 것은 시장거래가 가능하였다면 재산권 손실을 초래하는 법률로 이익을 얻게 되는 수혜자가 지불하였을 액수와 피해자가 이를 막기 위해 지불하였을 액수를 비교하여 추론할 수밖에 없다. 그래서 시장거래가 이루진다면 어떤 결과가 초래될지 추론할 수밖에 없을 것이다.

헌법재판소에 따르면 법률로 재산상의 손실이 발생하더라도 이러한 손실이 재산권의 소유자가 사회적으로 감수해야 할 정도이면 이를 재산권의 침해로 보지 않는다. 경제적으로 보더라도 모든 재산상의 손실에 대해 보상을 하는 것이 바람직한 것은 아니다. 보상여부에 따라 달라지는 것은 재산권 침해로 인한 손실을 개인이 부담하느냐, 또는 세금부담의 증가로 국민 전체가 부담하느냐의 차이가 있을 뿐이다. 재산권 침해에 대해 보상을 한다는 것은 납세자가 이를 부담한다는 것이다. 이에 비하여 보상을 하지 않는 것은 재산권의 침해를 당한 개인이 이를 감수한다는 것이다. 재산권 침해에 대하여 납세자가 부담하느냐 또는 침해를 당한 개인이 부담하느냐는 납세자나 개인의 동태적인 투자에 미치는 영향을 제외하면 단순히 부의 이전에 불과하다.9) 단순한 부의 이전은 경제적 효율성과 무관하다.

그럼에도 재산권 침해에 보상하도록 한 것은 정부의 비효율적인 정책을 막기 위한 것이다. 보상여부에 따라 정부의 비효율적 재산권 제한 행위가 나타날 수 있기 때문이다. 정부는 다양한 이익집단의 지대추구행위로부터 자유롭지 못하다. 따라서 정당한 보상을 하지 않으면 정부의 공공사업이나 정책의 시행으로 이익을

9) 이것은 절도의 경우 그 자체가 자원배분에 영향을 주지 않는 것과 동일하다. 절도는 자원의 재분배일 뿐이다. 하지만 이를 허용하면 절도를 시도하거나 예방하기 위한 사회적 지출이 늘어난다. 이것은 비생산적 지출로 자원의 낭비를 가져다준다. 그래서 절도를 법적으로 금지하게 된다. 하지만 절도를 금지하는데도 비용이 든다. 절도범을 체포하고, 처벌하는데 비용이 든다. 결국 절도를 처벌하는 것은 허용에 따른 비용이 금지하였을 때의 비용보다 크기 때문이다.

보려는 집단의 로비를 통하여 불필요한 공공사업이 시행될 수 있다. 그래서 이러한 정책을 시행하는 과정에서 과다한 재산권 침해가 나타날 수 있다.[10] 공공사업이나 정책의 비용이 과소평가될 수 있기 때문이다.

재산권 침해로 다수가 이익을 보고 소수가 손해를 보면 보상을 하지 않더라도 효율적인 공공사업이나 정책이 정치적으로 쉽게 채택될 수 있을 것처럼 여겨질지 모른다. 하지만 정치적 영향력은 수의 다소에 의하여 결정되는 것이 아니다. 이익을 보는 개인이 분산되어 있고, 개인이 얻는 이익이 적다면 이들은 공공사업이나 정책의 지지자가 되지 못한다. 반면에 재산권 침해로 피해를 보는 소수는 비교적 잘 단결할 수 있고, 개인들의 피해도 크기 때문에 공공사업이나 정책에 강력하게 반대할 것이다. 특히 재산권 침해로 인한 피해에 대해 보험을 들 수 없었다면 이들의 저항은 클 것이다. 그래서 보상이 이루어지지 않은 이상 어떠한 정책이나 공공사업에도 반대할 것이다. 보험을 통하여 재산권 침해에 따른 개인의 피해를 줄일 수 있는 경우에도 정책에 대한 반대는 줄어들지 않는다. 보험회사가 정치적 영향력을 통하여 재산권 침해를 가져다 줄 수 있는 공공사업이나 정책에 대하여 반대를 할 것이기 때문이다. 이러한 이유로 재산권 침해에 대해 보상을 하지 않는 것은 비생산적인 로비활동을 초래하는 결과를 가져다 줄 수 있다.[11]

물론 재산상의 손실에 대해 정당한 보상을 하더라도 공공사업이나 정책이 항상 효율적 수준에서 이루어지는 것은 아니다. 보상을 하게 되면 재산권 침해를 받은 개인의 저항이 적고, 납세자의 저항이 발생한다. 납세자는 공공사업이나 정책으로 얻는 이익이 조세부담액보다 크다면 기꺼이 조세부담을 받아들일 것이다.[12] 그리고 이익이 조세부담액보다 적다면 납세자는 정당한 보상을 하여야 하는 공공정책의 시행에 대하여 반대할 것이다. 그러한 경우 정당한 보상을 하면 정부의 공공정책에 따른 재산권 침해는 효율적인 수준에서 시행될 것이다. 하지만 납세자가

10) Epstein(1986)은 바로 이 점을 정당한 보상이 필요한 가장 중요한 이유로 여기고 있다. 공공필요에 의한 특정 사업을 시행으로 이익을 보는 집단이 있다. 예를 들어 고속철도의 건설은 토목사업자나 고속철도 차량공급업자에게 이익을 가져다 줄 것이다. 재산권 침해에 대하여 보상을 하지 않으면, 정부의 공공사업은 크게 증가할 것이다.

11) 모든 경우에 보상을 금지해도 반대자를 침묵시키기 위하여 각종 우회적인 방법으로 보상이 이루어질 것이다. 재산권 침해를 입은 개인이 정치적으로 무기력한 예외적인 경우를 제외하면 보상을 하지 않는 것은 실제 보상을 하는 것과 동일한 결과를 가져다주며, 정치적 협상비용이라는 추가적인 비용을 발생시킨다. 따라서 보상을 하지 않는 것은 효율적인 대안이 될 수 없다.

12) 보상을 하기 위해서는 피해자를 인식하고 이들에게 정당한 보상을 정하기 위한 협의절차나 수용절차를 밟아야 하고 이에 따른 비용이 존재한다. 따라서 공공사업이나 정책의 이익이 재산권 침해로 인한 손실보다 큰 경우라 하더라도, 보상에 따른 협상비용까지 고려하면 재산권 침해가 비효율적일 수 있다. 여기에서는 협상비용까지 고려하여 공공사업이나 정책의 이익이 큰 경우를 고려한다.

이익집단으로서 정치적 영향력이 크지 않다. 따라서 정당한 보상을 하더라도 비효율적인 공공사업이나 정책이 시행될 가능성이 크다. 결국 재산권 침해에 대한 정당한 보상 여부는 정부나 납세자, 그리고 개인의 유인에 어떤 영향을 주며 이들의 지대추구 행위가 어떤 결과를 초래할 것인가를 고려하여 결정되어야 할 것이다.

형평성의 원칙이란 경제적으로 보면 이익집단의 지대추구 행위를 줄이고자 하는 것이다. 형평성의 원칙에 의하여 재산권의 침해에 대하여 동일한 기준으로 보상이 이루어지면 이익집단들의 비생산 로비가 줄어들게 된다. 즉 이익집단의 지대추구 행위에 따른 비효율성이 줄어들게 된다. 특히 이러한 기준은 공공의 필요에 의하여 재산권 침해에 대한 보상여부가 법률에 의하여 정해질 때 중요한 의미를 갖는다. 입법을 통하여 보상여부가 정해지면, 이익집단의 정치적 영향력에 따라 보상여부가 결정될 가능성이 크다. 이에 비하여 헌법재판소는 의회에 비하여 정치적 영향력으로부터 비교적 자유롭다. 이러한 이유로 형평성의 원칙은 중요한 경제적인 의미를 지니게 된다.

또한 재산권 침해에 대한 보상여부가 중요한 것은 투자에 영향을 주기 때문이다.[13] Farber(1992)에 따르면 미국의 수정헌법에 정당한 보상의 규정이 등장한 것은 외국 투자자를 보호하기 위한 것이었다.[14] 외국 투자자의 재산권을 보상 없이 침해하면 단기적으로 국내 거주자의 이익이 증가한다. 그래서 외국인 투자자의 재산권을 침해할 가능성이 크다. 하지만 그러한 위험이 존재하면 외국인 투자자는 투자를 꺼리게 된다. 이것은 국내 재산권 소유자를 대상으로 한 재산권 침해에 대해서도 마찬가지로 적용된다. 보상이 이루어지지 않으면, 국내의 재산권 소유자는 투자를 줄일 것이다.[15]

---

13) 정부가 보상을 하지 않고 재산권을 침해하는 것은 사실상 재산권에 대한 공유를 뜻한다. 재산권의 공유는 잘 알려져 있듯이 자원사용의 비효율성을 증대시킨다.

14) 미국의 헌법 제정자가 공공의 필요에 의한 재산권 수용에 대하여 정당한 보상을 규정한 것은 외국투자자의 보호를 염두에 둔 것으로 여겨진다. 미국의 경우 5차 수정헌법에 정당한 보상을 규정하고 있다. 그러나 그 이전에 미국 북서부 조령(Northwest Ordinance)에 이미 공용수용에 대한 보상을 규정하는 규정이 포함되어 있었다. 그것은 그 지역의 입법자들이 외부 거주자들이 소유하는 토지를 압류할지 모른다는 두려움 때문이었다고 한다. 물론 미국 초기 건국자들, 특히 메디슨(Madison)은 공적 부담의 불공정한 배분을 우려하였다는 점도 있었다고 한다. Farber(1992), 126쪽.

15) Michelman(1976)도 보상을 하지 않았을 때 투자의 감소로 인한 비용을 중요한 것으로 지적하고 있다. 그에 따르면 보상을 하지 않을 때 반도덕 비용(demoralizing cost)이 발생한다. 이 비용은 보상이 없다는 것을 알았을 때 당사자나 동조자의 비효용(disutility)을 상쇄하기 위하여 필요한 비용을 포함한다. 또한 그는 보상을 하지 않았을 때 개인의 인센티브 왜곡이나 사회불안에 따른 투자감소를 반도덕적 행위라고 여기고, 이로 인한 장래 생산 손실분의 현재가치를 보상하지 않았을 때의 비용에 포함시키고 있다. 전자는 재산권 침해가 시장거래 된다면 정부가 재산권 침해에 대하여 지불하여야 할 비용으로 재산권 침해를 입은 개인이 평가하는 재산권 침해로 인한 주관적인 손실분이다. 그리고 후자는 반도덕적 행위로 인하여 장래에 발행할 생산의 감소분이다.

법률이 미래수익에 영향을 주었을 때 이를 보상을 하지 않더라도 투자에 거의 영향을 주지 않을 수 있다. 정부의 정책으로 발생하는 재산상의 손실이 누구에게나 동일한 확률로 일어날 수 있을 때이다. 이 때 재산권 소유자가 예상하는 손실 예상액은 보상이 존재할 때 지불해야 하는 예상 조세부담액과 동일하다. 즉, 보상여부와 무관하게 정부의 재산권 침해로 인한 개인이 부담하는 예상 손실액은 동일하다. 따라서 투자는 보상 여부와 무관하게 효율적으로 이루어질 수 있는 것이다. 그리고 보험시장이 잘 발달되어 있다면, 재산권 침해가 개인의 재산권 투자에 미치는 영향이 크지 않을 수 있다.[16] 보험시장이 경쟁적이면, 개인은 재산권 침해에 따른 재산권의 예상 손실분만큼 보험료를 지불할 것이다. 정부가 재산상의 손실에 대해 보상하는 것은 보험시장의 역할을 대신하는 것이라고 할 수 있다. 개인들은 재산권 침해에 대한 손실을 피하기 위하여 보험료로 세금을 지불하고, 정부의 재산권 침해가 발생하면 보상이라는 보험금을 지급받는 셈이다.

비록 특정 집단이나 산업에 재산상의 손실이 발생하더라도 법률에 따른 재산상의 손실이라는 위험을 재산권의 소유자가 잘 예측할 수 있고, 이러한 위험을 미리 고려하여 경제활동을 영위하고 있다면 투자를 비롯하여 경제에 큰 영향을 주지 않을 것이다. 개인이 이러한 예상을 하고 있고, 이러한 예상이 100% 실현될 것이라고 여기고 있다면 그것은 이미 자산가치에 반영될 것이므로 손해를 보는 개인은 없다. 그러나 대부분 확률적으로 예상하여 이러한 위험이 실현되면 실제 자산의 가치는 어느 정도 하락하게 된다. 그렇더라도 이미 예상하고 있는 일이기 때문에 투자는 변하지 않을 것이다.

헌법재판소가 보상여부를 정하는 기준은 정부의 정책으로 재산권 소유자에게 사회적 수인의 범위를 넘어선 재산상의 손실이 발생하였는가를 판단하는 것이다. 경제적으로 보면 사회적 수인의 의미는 재산권 침해로 인한 가치의 하락이 재산권 소유자가 부담할 수 있을 정도로 합리적 수준을 넘어서지 않는 것이라 할 수 있다.[17] 재산권의 본질적 내용은 경제적 가치이기 때문에 합리적 수준은 재산권

16) 재산권의 분배상태에 따라 재산권 투자에 미치는 영향은 다를 것이다. 하지만 재산권 침해로 개인에게 발생하는 손실이 재산에 비례하고, 보상에 따른 조세부담이 재산에 비례한다면 분배상태가 미치는 영향은 거의 없을 것이다. 따라서 재산권 침해가 재산권의 가치를 증대시키는 투자에 미치는 영향은 재산권 침해의 허용 여부에 달려 있는 것이지, 재산권 침해에 따른 보상 여부와 관련이 적다. 정부의 재산권 침해가 허용되면 개인은 예상하지 못한 손실이 발생한다. 이러한 손실로 인하여 개인은 상대적으로 재산 가치를 증대시키는 투자를 줄이게 된다.

17) 미국의 Holmes 판사는 재산권의 제한이 일정한 범위에서 가능하지만 재산권의 제한이 지나쳐 재산권의 가치가 크게 하락하면 공용 수용으로 여겨 정당한 보상을 하여야 한다고 판결한 적이 있다. Pennsylvania Coal Co. v. Mahon, 260 U.S. 393, 43 S. Ct. 158, 67 L. Ed. 322(1922). 하지만 이 판결은 어느 정도가 지나친 재산권 제한인지 알 수 없다는 점에서 실제적 기준으로 적용

의 가치하락이 과도한 범위를 넘어서지 않아야 한다는 것을 뜻한다.

이 때 문제가 되는 것은 과도한 가치의 하락이라는 기준을 구체적으로 정하기 어렵다는 점이다. 특히 재산권 용도를 제한하는 형태로 재산권 침해가 이루어지면 재산권 침해로 인한 가치하락을 측정하기 힘들다. 그래서 이를 추정할 수 있는 합리적인 대안이 필요하다. 이러한 방법의 하나가 재산권 제한으로 다른 용도의 사용이 가능한가를 따져 보는 것이다. 재산권의 제한으로 인해 다른 경제적 용도로 재산을 사용할 수 없다면 가치 하락이 클 것이기 때문이다. 헌법재판소도 판결을 통하여 다른 경제적 용도로 사용할 수 있는 방법이 남아 있지 않는 경우가 이에 해당한다고 여기고 있다.[18]

이점은 음의 외부성에 대한 재산권 제한에 대해서는 보상을 하지 않고 양의 외부성에 대하여 보상을 하여야 한다는 주장과 유사하다.[19] 음의 외부성이란 자산의 사용으로 타인에게 손실을 가져다주는 것을 뜻한다. 이러한 음의 외부성은 재산을 특정한 용도로 사용할 때 발생한다. 이 때 자산의 다양한 용도 중에서 특정한 용도를 제한하더라도 다른 경제적 용도로 쓰일 수 있다. 따라서 재산권의 경제적 가치하락은 서로 다른 용도간의 경제적 차이에 국한 될 것이다. 이에 비하여 양의 외부성이란 특정용도로 자산을 사용함으로써 다른 사람이 얻는 이익을 말한다. 이러한 양의 외부성을 강제하기 위하여 재산의 용도를 특정한 용도로 사용하게 하면 다른 용도로 사용할 수 없게 된다. 따라서 재산권의 가치하락이 클 수밖에 없다.[20] 일반적으로 건강, 안전상의 이유로 재산권을 제한하는데 대하여 보상을 하지 않고 있는데 이것은 특정 용도로 재산을 사용하는 것을 제한하는 것으로 외부성의 기준에 비추어보면 타당한 것이다.[21] 이에 비하여 특정 용도로만 사용하게 하면 자원의 경제적 가치는 크게 하락한다. 따라서 이 때에는 자산의 보유자에게 큰 피해가 발생할 것이다.

하지만 재산상의 손실에 비하여 이를 보상하는데 큰 비용이 들 때는 어찌할

하기 힘들다는 지적이 많았다.

18) 헌재 89헌가214.

19) Fischel(1985)에 따르면 토지소유자가 사회에 외부비용을 발생시키는 것을 막기 위한 재산권 제한에 대해서는 보상이 필요하지 않으며 토지소유자가 사회에 외부 이익을 주도록 강제하기 위한 재산권 제한에 대해서는 보상을 하여야 한다.

20) 이러한 분석에 따르면 개발제한구역에서의 토지를 기존의 용도 외에 다른 용도로 사용하지 못하게 한 법 규정은 과다한 가치 하락을 가져다주는 것으로 정당한 보상을 하지 않는 것은 위헌이라고 할 수 있다.

21) 재산권 중에서 토지재산권은 민법에 의해 외부성에 대한 제한을 하고 있다. 민법 제217조 1항에서 토지소유자는 매연, 열기체, 액체, 음향, 진동 기타 이와 유사한 것으로 이웃 토지의 사용을 방해하거나 이웃 거주자의 생활에 고통을 주지 아니하도록 적당한 조치를 할 의무가 있다.

것인가? 경제적으로 보면 보상에 관리비용도 실제적 비용이다. 따라서 재산권 침해를 가져다줄 수 있는 공공정책의 시행 여부를 결정할 때 보상 방법에 따른 관리비용도 고려하여야 한다. 즉 손실보상의 내용을 확정할 수 없다면 관리비용이 커질 수 있다. 이 때 손실을 보상하지 않는 방법과 정책이 이익에 비하여 비용이 커서 법익의 균형에 어긋난다고 판단하는 방법이 있을 수 있다. 이때 보상하지 않으면 이러한 비용은 개인이 내부화하게 된다. 그래서 자원에 대한 투자를 줄이게 된다. 이러한 투자 감소에 따른 비용이 관리비용보다 크다면 손실을 보상하는 것이 바람직하다.

3. 재산권 판례의 검토

헌법재판소의 판례[22]에 따르면 재산권이란 경제적 가치가 있는 모든 공법상·사법상의 권리를 말하며, 이러한 재산권의 범위에는 동산·부동산에 대한 모든 종류의 물권은 물론, 재산가치 있는 모든 사법상의 채권과 특별법상의 권리 및 재산가치 있는 공법상의 권리 등이 포함되나, 단순한 기대이익·반사적 이익 또는 경제적인 기회 등은 재산권에 속하지 않는다.

헌법재판소는 경제적 가치가 있는 모든 권리를 재산권으로 여기고 있어서 재산권을 폭넓게 인정하고 있는 것처럼 보인다. 따라서 동산·부동산에 대한 모든 종류의 물권은 물론, 재산가치 있는 모든 사법상의 채권과 특별법상의 권리 및 재산가치 있는 공법상의 권리 등을 재산권에 포함시킨 것은 당연하다. 하지만 단순한 기대이익·반사적 이익 또는 경제적 기회 등은 재산권의 범위에서 제외되고 있다. 여기에서 기대이익·반사적 이익 또는 경제적 기회라는 의미가 무엇을 의미하는지 불분명하다. 이익이란 재산권을 통하여 얻을 수 있는 가치의 크기를 나타내는 것으로 그 자체가 권리일 수 없다. 그럼에도 이를 굳이 표현한 것은 그러한 이익을 얻을 수 있는 권리를 뜻하는 것으로 여겨진다. 경제적 기회도 경제적 기회를 이용하여 이익을 얻을 수 있는 권리를 뜻하는 것으로 여겨진다. 하지만 그렇게 해석할 경우 현실 경제의 흐름과 일치하지 않는 측면이 존재하게 된다. 재산권의 경제적 가치는 미래수익의 현재가치에 의하여 영향을 받는다. 따라서 기대이익을 얻을 수 있는 권리가 제한되면 재산권의 경제적 가치가 하락하고 따라서 재산권이 제한되는 것과 동일한 효과를 발생시킨다. 또한 금융시장에서는 option이나 신주인수권부채권처럼 자신에게 유리한 경제적 기회를 이용할 수 있는 권리가 거래

22) 헌재 1998. 7. 16, 96헌마246, 판례집 10-2, 283, 309-310.

되고 있다. 그런 점에서 단순한 기대이익·반사적 이익 또는 경제적인 기회 등의 개념을 분명히 할 필요가 있다. 이러한 개념에 따라 이루어진 판례를 몇 가지 검토해보자.

헌법재판소는 대학교원 기간임용제 탈락자 구제를 위한 특별법 위헌확인소송에서 해당 법률이 신청인의 재정적 부담을 초래하더라도 이는 반사적인 경제적 불이익에 불과한 것으로 재산권을 침해하지 않은 것으로 판결하였다.23) 청구인들은 해당법률이 재정적 손실을 초래하게 하였으므로 재산권의 침해를 받았다고 주장하고 있다. 청구인들은 자신이 부담하는 재정적 손실이 부당하기 때문에 재산권 침해라는 것이다. 이에 대하여 헌법재판소는 해당법률이 청구인들에게 재산상 손실을 초래하더라도 이는 반사적 불이익으로 재산권을 침해하지 않는다는 것이다. 여기에서 반사적인 경제적 불이익이란 어떤 권리를 말하는 것이 아니라 재산상 손실의 성격을 나타낸다. 즉 해당법률이 직접 재산상 손실을 초래하는 것이 아니라 해당법률이 특정 행위를 초래하는데, 그러한 행위가 과거 청구인의 부당함을 제거하기 위한 것이라면 이로 인해 발생한 재산상 손실은 재산권을 침해한 것이 아니라는 것이다. 여기에서 특정 행위란 재임용에서 탈락한 교원의 구제를 말한다.

따라서 헌법재판소는 반사적 손실을 재산권 보호의 범위에서 제외한 것이 아니라 반사적 손실을 사유로 재산권 보호를 요청할 수 없다는 것을 밝힌 것으로 보인다. 그런 점에서 해당법률이 정하고 있는 재임용 탈락교원의 구제의 타당성 여부가 중요하게 된다. 이 점을 경제적으로 분석하여 보자.

해당법률로 재임용탈락교원이 구제되어 학교법인에 재산상 손실이 있더라도 이는 해당 법률로 구제되는 교원이 얻게 될 이익과 일치한다. 즉 학교법인에서 구제되는 교원으로 소득재분배가 발생한다. 이러한 소득재분배는 학교법인에게는 기대하지 않은 손실 그리고 구제되는 교원에게는 기대하지 않은 이익을 가져다준다. 과거 사립학교법에 의하여 임용된 교원들은 이러한 이익을 기대하지 않았을 것이기 때문이다. 그들은 계약이 만료되었을 때 재임용되지 않을 가능성이 있음을 예상하였을 것이기 때문이다. 이처럼 기대하지 않은 이익이나 손실을 초래하는 법률은 이를 통하여 얻고자 하는 가치가 상당히 크지 않는 이상 이를 허용하지 않는 것이 바람직하다. 이를 허용하면 이익집단 간에 자신에 유리한 소득 재분배 정책을 얻고자 비생산적인 지대추구 행위를 할 수 있고 이로 인해 발생하는 사회적 손실이 크기 때문이다.

동태적으로 보면 해당 법률은 학교법인과 교원들의 투자유인을 변경시켜 경

23) 헌재 2006. 4. 27, 2005헌마1119, 판례집 제18권 1집 상, 631-651.

제적 이익이 발생할 수 있다. 학교교원들은 자신의 미래수익을 고려하여 연구나 교육방법의 개선 등에 시간을 투자한다. 재계약의 가능성이 전혀 없다고 하면, 교원들은 계약기간 동안 단기적인 투자수익을 얻을 수 있는 것만 투자할 것이다.[24] 그래서 교육방법의 개선이나 계약기간을 넘어서는 연구 등은 회피할 것이다. 그렇다고 모든 교원을 정년까지 계약을 보장할 경우 교원들은 자신의 노력과 무관하게 미래수익을 얻을 수 있기 때문에 비용이 드는 투자를 회피할 것이다. 따라서 이러한 문제를 회피하는 효율적인 방법은 기간을 정해 임용하되, 임용기간동안 교원들의 실적을 고려하여 재계약할 수 있는 가능성을 열어놓는 것이다. 그러면 재계약의 가능성을 보고, 계약기간동안 장기적인 투자도 행한다는 것이다. 이것이 해당법률이 얻을 수 있는 동태적인 이익이다.

그런 점에서 헌법재판소가 적절한 구제조치를 두지 않는 것이 헌법에 일치하지 않는다고 판결한 것은 일면 타당한 측면이 있다. 즉 기간제로 임용된 대학교원의 재임용 거부시 구제절차와 관련하여 재임용 거부사유 및 사전구제절차, 부당한 재임용 거부에 대하여 다툴 수 있는 사후구제절차를 두지 아니한 것은 헌법에 합치하지 아니한다는 것이다.[25] 하지만 사후구제절차를 두지 않는 것이 반드시 사회적 손실을 초래하는 것은 아니다. 그런 절차를 법에 명기하지 않더라도 사립학교는 자발적으로 그러한 절차를 두려고 하는 유인이 있다. 사립학교는 우수한 교원을 확보하고, 이들이 연구와 교수방법의 개선에 노력하도록 하는 것이 학교의 명성을 올리는데 도움이 된다면 법률에 명문규정이 없더라도 그렇게 할 것이라는 것이다.[26] 또한 교원들의 학교간의 이동이 자유롭게 이루어진다면 비록 현재 고용된 학교에서 투자에 따른 이익을 얻지 못하더라도 다른 학교에 고용될 수 있다면 투자 유인이 줄지 않는다. 물론 대학간 경쟁이 부족하고, 교원들의 자유로운 이동이 제약되어 현재의 교육 현실에서 사립학교 교원들에게 적절한 구제절차를 두지 않으면 교원들의 투자가 비효율적인 수준에서 나타날 수 있다. 즉, 교원들이 연구와 학습방법의 개선에 노력하기보다 임명권자의 이익에 부합하는 노력을 하게 될 수 있다. 다수의견이 기간 임용제가 본연의 입법목적에서 벗어나, 사학재단에 비판적인 교원을 배제하거나 기타 임면권자 개인의 주관적 목적을 위하여 악

---

24) 이를 흔히 last period problem이라고 한다. 계약이 다시 이루어지지 않을 것을 알면 계약을 성실히 이행하지 않는다는 것이다.

25) 헌재 2003. 2. 27, 2000헌바26, 판례집 15-1, 176, 192-193.

26) 국공립학교는 그런 유인이 상대적으로 적다. 학교의 명성이 떨어져 우수한 교수를 확보하지 못해 경제적 손실이 발생하더라도 정부의 재정에 의하여 유지가 가능하기 때문이다. 따라서 국공립학교는 합리적 구제절차에 대한 규정이 없다면 비효율적인 결과가 초래될 가능성이 크다. 이점이 입법자가 고려한 사항이라고 할 수 있다.

용될 위험성이 다분히 존재한다는 교육 현실을 지적한 것도 이를 고려한 것이라고 볼 수 있다.

하지만 현실적으로 사립학교가 처한 현실은 다양하고, 사립학교의 설립목적에 따라 사립학교가 지향하는 가치가 다르고 이에 따라 재계약의 기준도 다양할 수 있다. 때에 따라서는 명문화할 수 없는 기준도 존재할 수 있다. 이를 일률적으로 제한하는 것은 교육의 다양성을 해칠 수 있다. 법을 악용할 수 있다는 우려도 존재하지만, 교육의 다양성을 해칠 수 있다는 우려도 마찬가지로 존재하는 것이다. 반대의견에서 제시되고 있듯이 사립학교들이 다양한 임용방식 중 가장 적합하다고 판단되는 방식을 자유로이 선택할 수 있는데 이를 일률적으로 규제하는 것은 사립학교의 자율성을 침해하게 된다는 것이다. 결국 해당법률은 동태적으로 경제적 이익을 크게 가져다주지 못하면서 지대추구 행위를 초래할 수 있어서 경제적으로 바람직한 결과를 초래할지 의심스럽다. 사립학교의 경우 비록 법을 악용할 우려가 있더라도, 이를 학교 간 경쟁이나 교원들의 자유로운 이동을 제고시키는 정책으로 억제하는 것이 사회적 비용을 줄이는 방법이라고 할 수 있다.

헌법재판소는 산업재해보상법의 단서조항에 대한 위헌소송에서 판결을 통하여 단순한 기대이익은 헌법이 보장하는 재산권의 범위에 포함되는 것이 아니라고 판시하였다.[27] 청구인에 따르면 해당 법률조항이 근로자들을 산재보험법의 적용대상에서 제외되어 결과적으로 청구인 등과 같은 보험회사가 그 부담을 떠맡게 됨으로써 헌법상 보장되는 재산권이 침해되었다는 것이다.

이에 대하여 헌법재판소는 해당 법률조항이 청구인의 영업활동에 간접적·사실적 영향을 미칠 수는 있으나 이는 헌법이 보호하는 재산권과는 관련이 없다고 판시하였다. 영리획득의 단순한 기회나 기업활동의 사실적·법적 여건은 그것이 청구인과 같은 기업에게는 중요한 의미를 갖는다고 하더라도 재산권보장의 대상이 아니기 때문이라는 것이다. 그런데 청구인들은 기업 활동의 법적 여건을 재산권으로 여기고 있는 것이 아니다. 기업활동의 여건에 영향을 주는 해당 법률이 부당하게 재산상의 손실을 초래하였고 이것이 재산권의 침해라는 것이다.

물론 헌법재판소는 해당법률조항이 재산상의 손실을 초래하였더라도 이를 재산권을 침해하였다고는 볼 수 없다는 점을 밝히고 있다. 즉, 자동차종합보험에서 규정하는 면책약관은, 위 두 가지 보험이 동일한 사고에 대하여 중첩되는 경우에 동일한 피해자에게 보험급여가 이중으로 지급되는 것을 방지하기 위한 조정규정에 불과하므로, 그 조정의 결과 청구인과 같은 자동차종합보험회사가 그 배상을

27) 헌재 1996. 8. 29, 95헌바36, 판례집 제8권 2집, 90-106.

하게 되었다고 하더라도 헌법상 보장되는 재산권이 침해된다고는 볼 수 없다는 것이다.

위 사건에서 해당법률조항으로 인해 법률이 보호하고자 하는 근로자의 경제적 처지에는 변화가 없다. 단지 국가나 지방자치단체가 운영하는 사업장에서 종사하는 근로자에게 산업재해보상법이 적용되지 않고 자동차보험법이 적용되는 결과를 초래하게 된다. 이에 따라 국민이 세금으로 부담해야 할 국가나 지방자치단체의 보험료 부담이 줄어든다. 그리고 재해가 발생하였을 때 보험업계가 그로 인한 부담을 지게 된다. 이로 인한 정태적 효과를 보면 해당 법률조항으로 인한 자동차보험업계의 부담은 보험료 조정을 통하여 보험가입자가 부담하게 된다. 결국 해당 법률조항에 따라 보험가입자가 부담할 것인가 또는 국민이 부담할 것인가의 차이라고 할 수 있다. 어느 것이 바람직한가의 여부를 떠나 보험업계의 이익과 손실과는 무관한 것이다. 그래서 이들 보험업계의 부담을 덜어주는 것은 보험업계에 기대하지 않은 이익을 주게 된다. 이러한 기대하지 않은 이익은 경제적으로 바람직한 것이 아니다. 또한 해당 법률이 동태적으로 미치는 경제적 효과도 거의 없다. 동태적으로 보더라도 근로자나 보험업계의 투자유인에는 변화가 없다. 결국 해당 법률조항은 경제적으로 큰 효과를 초래하지 않으며 이로 인해 보험업계가 손실을 본 것도 아니기 때문에 재산권 침해로 여길 수 없는 것이다.

한편 약사법 일부조항의 위헌소송[28]에서 영업이익 내지 영업권은 헌법이 보호되는 재산권의 범위에 속하지 아니한다고 판결하였다. 청구인들의 주장에 따르면 의료기관에 개설된 청구인의 약국을 다른 장소에서 개설하도록 하는 조치가 재산권의 행사에 대한 불필요한 제한으로 자본을 투자하여 개설한 약국에 대하여 아무런 보상도 없이 폐쇄 또는 이전을 하게 함으로써 개인의 재산권을 폐기하는 것으로 재산권의 본질적인 내용을 침해한다는 것이다.

이에 대하여 헌법재판소는 약사법의 해당조항이 청구인들이 약국 경영을 위하여 보유하는 약국 내부의 시설 등에 대한 구체적인 권리를 침해하는 것이 아니며 그리고 청구인들의 약국 경영활동은 국가에 의하여 강제된 것이 아니고, 자신의 자유로운 결정과 계획, 그에 따른 사적 위험부담과 책임 하에 행위하면서 법질서가 반사적으로 부여하는 기회를 활용한 것에 지나지 않는다는 것이다.

헌법재판소가 영업권을 재산권의 범위에 해당하지 않는다고 한 것은 논리적으로 지나친 것이다. 현실적으로 개인 간에 영업권이 거래되는 경우도 있으며 정부가 때로는 영업권을 보상하는 경우도 있다. 그런 점에서 단순히 영업권이 재산

28) 헌재 2003. 10. 30, 2001헌마700, 판례집 제15권 2집 하, 137-174.

권이 아니라고 하기보다 영업권의 제한으로 인한 재산상의 손실을 재산권의 침해로 보는 것이 타당한지 여부를 판단하여야 한다.

경제적으로 보면 영업권은 가치 있는 자산이다. 영업권은 허가나 등록 등에 지출된 투자비용을 회수하게 한다. 그리고 고객과의 관계개선을 위하여 영업방법 등에 투자하게 된다. 영업권이 법률에 의하여 제한되면 영업권에 투자된 비용을 회수하지 못하게 되고 비효율적인 투자로 인해 사회적 손실이 발생한다. 따라서 이러한 영업권의 제한으로 인한 재산상의 손실보다 이를 통해 얻고자 하는 사회적 이익이 큰 것인지 그리고 이에 대해 보상하는 것이 바람직한가를 따져볼 필요가 있다.

그래서 헌법재판소도 청구인의 영업이익 내지 영업권이 재산권에 해당된다고 인정하더라도 영업권 같은 직업행사의 자유는 직업결정의 자유에 비하여 상대적으로 그 침해의 정도가 작다고 할 것이어서, 이에 대하여는 공공복리 등 공익상의 이유로 비교적 넓은 법률상의 규제가 가능하지만, 직업수행의 자유를 제한할 때에도 비례의 원칙에 위배되어서는 안 된다고 판시하였다.

경제적으로 보면 약사법에 의한 영업권의 제한으로 사회적 손실이 발생하지 않는다. 해당 약국이 피해를 보더라도 해당 약국이 입는 피해는 주변에 새롭게 개설되는 약국이 얻는 이익과 같을 것이기 때문이다. 이에 비하여 투약자는 약을 구입하는데 드는 시간비용을 더 지불할 것이다. 그런데 의료기관에 위치한 약국보다 주변 약국에서 약을 구입하는 것이 투약자에게 이익이 될지는 불분명하다. 의료기관에 위치한 약국은 지역적으로 독점적인 지위에 있다고 볼 수도 있다. 그렇다고 해서 이들이 주변 약국보다 높은 가격을 부과할 가능성은 낮다. 주변 약국보다 높은 가격을 부과하더라도 그것은 투약자가 주변 약국에서 구입하는데 드는 시간비용의 절약에 따른 이익보다 크지 않을 것이다. 헌법재판소는 의료기관과 약국 개설자의 담합으로 상호견제를 통한 처방과 조제라는 의약분업 본래의 취지를 달성하기가 어렵다는 점을 지적하고 있다. 그래서 의료기관과 약국이 소유 및 경영상 독립되어 있더라도 의료기관과 약국이 상호간에 담합하게 되면 의사와 약사간의 상호견제가 제대로 이루어지지 않고 의사가 발행한 처방전에 대한 약사의 적극적인 검토가 행해지지 않을 가능성이 매우 높다고 보고 있다. 의료기관과 약국이 담합하게 되면 의약분업의 핵심적인 내용이 훼손되고 의약분업의 목적이 효율적으로 실현되지 않게 되어 의약분업의 실질적인 정착에 큰 장애가 발생한다는 것이다.

헌법재판소는 특정 약국이 특정 의료기관의 처방을 독점하게 됨으로써 발생하는 경제적인 이득이 크기 때문에, 약국과 의료기관이 담합할 가능성이 매우 크다고 여기고 있다. 헌법재판소의 판단대로 특정 약국이 처방의 독점에 따라 처방전에 대한 검토가 이루어지지 않는다면 해당 법률로 투약자가 얻는 이익은 적지 않을 것이다. 그리고 이러한 이익이 투약자가 지불하는 시간비용보다 크다면 경제적으로 이익이라고 할 수 있다.

그러나 의료기관과 약국이 담합을 하더라도 그것이 실현될 가능성은 낮다. 담합은 의료기관이 특정 의약품을 처방하고, 그러한 의약품이 의료기관 내에 위치한 약국에서만 공급될 때 가능하다. 그러나 약국 간의 경쟁이 존재한다면 특정 약국이 특정 약품만을 독점적으로 공급할 가능성은 적다. 조만간 특정 약품에 대한 정보가 알려지고, 경쟁약국도 동일한 약품을 공급할 것이기 때문이다. 또한 의료기관을 벗어나 주변에 약국이 위치한다 하더라도 담합의 가능성은 여전히 존재한다. 그래서 어느 정도 의료기관에서 떨어져 있어야 담함의 가능성이 줄어들지 알 수 없다. 그리고 의료기관 내에 위치한 약국이라고 하더라도 처방전을 검토할 인센티브가 크게 줄어든다고 볼 수도 없다. 의료기관 내에 위치한 약국은 투약자의 시간비용을 절약할 수 있기 때문에 투약자가 상대적으로 많을 것이다. 이러한 약국이 잘못된 처방을 검토하지 않고 약을 팔 경우 이들은 상대적으로 큰 경제적 손실을 보게 된다. 따라서 처방전을 검토하는 유인도 줄지 않는다. 오히려 처방전에 대한 정보교환이 보다 활발해져서 보다 잘못된 처방전을 고칠 수 있는 기회도 증가할 수 있다.

이렇게 보면 해당 조항이 가져다 줄 경제적 이익은 크지 않다. 그리고 해당 조항이 동태적으로도 손실을 초래하지는 않는다. 투약과 관련된 기술수준이나 영업방법의 개선에 대한 투자는 약국의 위치와 무관하게 이루어질 것이기 때문이다. 문제는 의료기관에 위치한 약국이 재산상의 손실을 보고, 주변의 약국이 이익을 보는 소득재분배가 바람직한가이다. 물론 의료기관에 약국을 개설할 수 없게 된 피해가 크지는 않다. 다른 장소에서 약국을 개설할 수 있기 때문에 현재 병원에 개설된 약국의 시설의 가치가 0이 되는 것이 아니기 때문이다. 현재 누리고 있는 이익은 입지의 편리성에서 초래되는 이익에 불과한 것이다. 그렇다 하더라도 해당 조항으로 약국 간에 발생하는 이익과 손해는 약국 개설 당시 예상할 수 없었던 이익과 손실이다. 따라서 경제적 실익이 적으면서 우발적인 이익과 손실을 초래하는 법률은 경제주체들의 지대추구 행위를 낳을 수 있다는 점에서 바람직한 것은 아니라고 할 수 있다.

헌법재판소는 음반·비디오물및게임물에관한법률의 단서조항에 대한 위헌 소송[29]에서 영업을 포기해야 하기 때문에 발생하는 재산상의 손실은 헌법에 의하여

29) 헌재 2002. 7. 18, 99헌마574, 판례집 제14권 2집, 29-45.

보호되는 재산권에 포함되지 아니한다고 판시하였다. 청구인들은 이 사건 법령조항으로 인하여 법에 의한 등록과 등급분류가 사실상 불가능하여 지난 30여년간 적법하게 운영해온 아케이드이큅프멘트 영업장을 폐쇄해야 하므로, 이는 소급입법에 의한 재산권의 박탈을 금지한 헌법규정에 위반될 뿐만 아니라 신뢰보호의 원칙에 위반되는 재산권의 침해라고 주장하였다.

이에 대하여 헌법재판소는 청구인들의 영업활동은 국가에 의하여 강제된 것이 아님은 물론이고, 일정한 경제적 목표를 달성하기 위하여 취한 국가의 경제정책적 조치에 의하여 유발된 사경제의 행위가 아니라, 원칙적으로 자신의 자유로운 결정과 계획, 그에 따른 사적 위험부담과 책임 하에 행위하면서 법질서가 반사적으로 부여하는 기회를 활용한 것에 지나지 않는다고 할 것이므로, 청구인들이 주장하는 폐업으로 인한 재산적 손실은 헌법 제23조의 재산권의 범위에 속하지 아니한다고 하였다.

또한 약사법 부칙에 대한 위헌 소송[30]에서도 헌법재판소는 구 약사법상 약사에게 인정된 한약조제권은 헌법조항들이 말하는 재산권의 범위에 속하지 아니한다고 판시하였다. 헌법재판소에 따르면 약사면허 그 자체는 양도·양수할 수 없고 상속의 대상도 되지 아니하며, 또한 약사의 한약조제권이란 그것이 타인에 의하여 침해되었을 때 방해를 배제하거나 원상회복 내지 손해배상을 청구할 수 있는 권리가 아니라 법률에 의하여 약사의 지위에서 인정되는 하나의 권능에 불과하고, 더욱이 의약품을 판매하여 얻게 되는 이익 역시 장래의 불확실한 기대 이익에 불과하다는 것이다.

이처럼 헌법재판소에서 단순한 기대이익·반사적 이익 또는 경제적인 기회 등을 재산권에 속하지 않는다고 보는 것은 법률이 청구인의 재산상의 손실을 초래하였을 때 이를 재산권의 침해로 보지 않을 때 흔히 인용하는 법리라고 할 수 있다. 그렇다면 기대이익 또는 경제적 기회라는 개념자체는 재산권이라기보다 재산권에 손실이 발생하였을 때 어떤 유형의 손실에 대하여 재산권의 침해로 보지 않는가라는 기준이라고 할 수 있다.

이러한 기준으로 적합하려면 기대이익이나 경제적 기회를 좀 더 분석하여 예를 들어 경제주체들이 정부의 법률제정이나 변경 가능성을 예견할 수 있었거나 경제주체들이 이를 예견하여 행동하는 것이 바람직할 경우 그러한 가능성이 실현되어 기대이익이나 경제적 기회가 소멸되어 재산상의 손실이 발생하였다면 이를 재산권의 침해로 보지 않는다는 보다 구체적인 기준을 정하는 것이 바람직할 것이다.

30) 헌재 1997. 11. 27, 97헌바10, 판례집 제9권 2집, 651-674.

앞의 논의와 다르지만 재산권과 관련하여 흥미 있는 헌법재판소의 판결이 있다. 그것은 위법부작위에 대한 위헌소송[31]으로 청구인은 재산권에는 물권, 채권 등 모든 권리뿐만 아니라 그러한 권리의 실효성을 보장하기 위한 강제집행권도 포함된다고 주장하였다. 이를 근거로 대한민국이 협약에 가입함으로써 외국 대사관 등에 대한 강제집행을 제한하는 것은 재산권의 제한에 해당되며, 이로 인하여 청구인이 입은 재산상의 손실에 대해 보상을 하여야 하는데 입법자가 손실보상에 관하여 아무런 입법조치를 취하지 않고 있는 것은 재산권의 본질적 내용을 침해하여 입법재량의 한계를 넘는 입법의무불이행으로서 청구인들의 재산권을 침해하였다는 것이다.

이 사건에서 헌법재판소는 강제집행권은 헌법이 보장하는 재산권에 해당하지 않으며, 외국 대사관에 임대차계약이 자발적으로 이루어졌고 청구인들이 임대차계약을 체결할 때 혹은 그 후에라도 판결의 집행으로부터의 면제를 포기 받을 수 있었을 터인데도 이에 이르지 아니하여 강제집행이 불가능하게 된 것이니 이를 수인할 수밖에 없다고 판시하였다.

경제적으로 보면 강제집행권은 재산권이라고 할 수 없다. 그렇지만 강제집행권은 재산권을 보호하기 위한 필수적인 요소라고 할 수 있다. 따라서 사건의 쟁점은 강제집행권을 면제한 조약의 가입으로 인해 강제집행권을 행사할 수 없음으로써 청구인이 입은 재산상 손실을 누가 부담하는 것이 바람직할 것인가를 정하는 것이다. 즉, 외국 대사관에 대하여 임대차 계약을 한 청구인이 부담할 것인가 또는 국민의 세금으로 할 것인가의 문제라고 할 수 있다.

헌법재판소가 판결에서 지적하고 있듯이 임대차 계약을 한 당사자가 강제집행권을 행사할 수 없음을 알고서 계약을 하였기 때문에 그러한 위험을 청구인이 부담하는 것이 타당할 수 있다. 구체적으로는 청구인이 대사관에 임대한 임대료가 주변의 정상적인 시세보다 비싼 것이라고 하면 청구인이 이러한 위험을 감수한 것이라고 할 수 있다. 그렇다 하더라도 청구인이 이러한 위험을 부담하는 것이 경제적으로 효율적일지 의문이다.

청구인이 이러한 위험을 감수할 경우 외국 대사관과의 임대계약이 위축될 것이다. 비싼 임대료로 위험을 보상한다 하더라도 청구인이 이를 다른 거래를 통하여 위험을 분산시키거나 보험으로 이러한 위험을 회피하는 것이 불가능하기 때문이다. 그리고 청구인은 외국 대사관이 집을 구함으로써 얻을 수 있는 외부효과를 고려하지 않는다. 이로 인하여 외국 대사관이 집을 구하기 어렵게 된다면 외교적

31) 헌재 1998. 5. 28, 96헌마44, 판례집 제10권 1집 , 687-694.

인 손실이 발생할 수 있다. 청구인들이 이러한 이익이나 손실을 고려하지 않을 것이기 때문에 임대계약은 사회적으로 바람직한 수준에 미치지 않을 것이다.

이에 비하여 청구인들의 손실을 보상하여 국민이 부담한다면 외국 대사관의 임대계약은 그렇지 않은 경우에 비해 늘어날 것이다. 이로 인한 이익을 국민들이 얻을 것이기 때문에 국민들이 부담하는 것이 바람직하다고 할 수 있다. 양의 외부효과를 초래하는 외국대사관에 대한 임대계약이 이루질 수 있도록 할 경우 이에 대해 보상하는 것은 경제적으로 효율적인 것이다. 물론 국민들이 부담할 경우 외국 대사관에 임대하는 주택소유자가 임차료를 받을 가능성을 고려하지 않고 임대하는 도덕적 해이가 나타날 수도 있다. 그래서 임대계약이 과다한 수준에서 발생할 수 있다. 하지만 이러한 손실에 대한 보상이 시장가격에서 이루어진다면 임대를 주는 주택 소유자의 도덕적 해이는 크지 않을 것이다.

결국 외국 대사관에 대한 강제집행권이 면제되었을 때 발생하는 위험을 청구인이 미리 알 수 있었다 하더라도 이러한 위험을 국민들이 부담하는 것이 보다 효율적인 결과를 초래할 것이다.

4. 맺 는 말

경제적 효율성이라는 측면에서 보면 재산권에 대한 제한이 불가피한 측면이 있다. 하지만 문제가 되는 것은 어떠한 조건에서 재산상의 손실을 허용하며 그리고 어떤 기준으로 이러한 손실을 보상하느냐는 것이다. 이러한 기준이 불분명하면 과도한 재산권의 손실이 발생하여 비효율성이 발생한다.

경제적으로 보면 재산권에 대한 손실의 허용과 이에 따른 보상 여부는 사회적 비용과 사회적 이익을 비교하여 결정하는 것이다. 우리나라의 법리는 큰 틀에서 보면 이러한 방향에서 벗어난다고 할 수 없다. 재산권 침해의 허용 여부를 판단하는 기준으로 법익의 균형성이나 방법의 적정성과 피해의 최소성 등의 법리는 경제적 효율성과 직접 관련되어 있다. 또한 재산권 침해에 대한 보상 여부를 정하는 기준으로 형평성의 법리도 재산권 침해로 인한 이해집단의 유인에 영향을 주어 효율성에 미치는 효과가 크다. 따라서 이러한 법리는 경제적 합리성을 가지고 있다. 하지만 문제는 이러한 합리성에도 불구하고 구체적인 사건에서 이를 구체적으로 적용하는 사례를 찾아보기 힘들다. 재판소가 사실상 재산권 제한에 따른 이익과 손실을 추론할 수 있는 처지에 있지 못하기 때문이다. 따라서 재산권 침해 여부를 정할 때 이해당사자들이 사회적 이익과 손실을 추론하여 제출하도록 하고,

상대적으로 타당한 이해당사자의 견해를 받아들이는 것이 보다 현실적일 것이다. 그래야 정부가 재산권 침해로 인한 이익을 과대평가하고 피해를 과소평가하는 것을 줄일 수 있다. 특히 심리과정에서 경제학자들의 의견이 제시될 수 있도록 검토하는 것이 필요하다

구체적인 사례에서 헌법재판소는 헌법이 보호하는 재산권의 범위에 속하지 않는다는 이유로 재산권의 제한을 허용하는 경우가 많다. 이 때 헌법재판소가 인용하는 법리인 기대이익 또는 경제적 기회라는 개념자체는 재산권이라기보다 재산권에 손실이 발생하였을 때 어떤 유형의 손실에 대하여 재산권의 침해로 보지 않는가라는 기준이라고 할 수 있다.

이러한 기준으로 적합하려면 기대이익이나 경제적 기회를 좀 더 분석하여 예를 들어 경제주체들이 정부의 법률제정이나 변경 가능성을 예견할 수 있었거나 경제주체들이 이를 예견하여 행동하는 것이 바람직할 경우 그러한 가능성이 실현되어 기대이익이나 경제적 기회가 소멸되어 재산상의 손실이 발생하였다면 이를 재산권의 침해로 보지 않는다는 보다 구체적인 기준을 정하는 것이 바람직할 것이다.

참 고 문 헌

강현호, “개발제한구역에 대한 손실보상,” 토지공법연구 제9집, 한국토지공법학회, 147-164, 2002. 2.

권영성, 「신판 헌법학 개론」, 법문사, 1995.

김동희, “행정상 손실보상의 근거,” 법학 31권 1·2호, 서울대학교 법학연구소, 1990. 8.

김종보, “계획제한과 손실 보상론의 재검토,” 부동산 법학, 23-60, 1999. 2.

박세일, 「법경제학」, 박영사, 1994.

박평준, “현행법상 공용제한에 대한 보상제도의 문제점,” 토지공법연구 제3집, 한국토지공법학회, 167-204, 1996. 9.

송동수, “공용수용과 손실보상에 관한 비교법적 연구,” 토지공법연구 제9집, 한국토지공법학회, 107-132, 2000. 2.

헌법재판소 홈페이지, http://www.ccourt.go.kr

미국대법원 홈페이지, http://www.supremecourtus.gov

Blume, L. and Rubinfield, D., “Compensation for Taking : An Economic Analysis,” 72 *Califonia Law Review* 569, 590-594, 1984.

Coase, R. H. "The Problems of Social Cost," 3 *Journal of Law and Economics*, 1-44, 1960.

Cooter, R. Ullen, T., *Law and Economics*, HarperCollins Publishers, 1988.

Demsetz, H., "Toward a Theory of Property Rights," 57 *American Economic Review*, 347-359, 1967.

Epstein, A. Richard, "Takings of Property Common and Private," 64 *University of Chicago Law Review*, 21, 1997.

______, "A Last Word on Eminent Domain," 41 *University of Miami Law Review*, 1986.

Farber, Daniel A., "Economic Analysis and Just Compensation," *International Review of Law and Economics*, Vol. 12, No. 2, 125-138, 1992.

Fischel, Wiilam, *The Economics of Zoning Laws*, Baltimore, Johns Hopkins Unversity Press, 1985.

Haar, Charles M., and Lieberman Lance, *Property and Law*, Boston, Little, Brown and Company, 2nd ed., 1985.

Kaplow, L., "An Economic Anaysis of Legal Transitions," 99 *Harvard Law Review*, 1984.

Knight, Frank H., "Some Fallacies in the Interpretation of Social Cost," 38 *Quarterly Journal of Economics*, 1924.

Miceli Thomas J., and Segerson Kathleen, "Takings," in Bouckaert Boudewijin and Geest Gerrit De(ed.), *The Economics of Public and Tax Law*, Northhamton, Edward Elgar Publishing, Inc., 328-357, 2000.

__________, Compensation for Regulatory Takings : An Economic Analysis with Applications, Greenwich, CT, JAI Press, 1996.

Michelman, Frank I., "Property, Utility and Fairness : Comments on the Ethical Foundations of 'Just Compensation' Law," 80 *Harvard Law Review*, 1165-1258, 1967. Reprinted in Ackerman, Bruce A.(ed.), *Economic Foundations of Property Law*, Boston, Little, Brown, 100 ff.

Posner, R. A., *Economic Anaysis of Law*, Little, Brown and Company, 5th ed., 1998.

第 80 회 발표회 지정토론문

허 성 욱*

1. 먼저 경제학자로서 헌법재판소 판례 및 우리 재산권 제도에 대해 관심을 가져주시고 그에 대한 경제적 분석을 해주신 정기화 교수님과 정 교수님의 소중한 발표에 토론자로 참여할 수 있는 기회를 주신 헌법재판소 헌법실무연구회에 깊은 감사의 말씀을 드립니다.

2. 정 교수님께서는 우선 법률가나 법학자들이 규범적인 당위론에 따라 이해하는 데 그칠 수 있는 재산권 제도의 의의에 대한 경제적 분석을 해주셨습니다. 재산권 제도가 동태적으로는 투자를 보호하는 기능을 하고 정태적으로는 외부 효과를 내부화하기 위한 것이라는 점은 법률가들이 직관적으로만 그러해야 할 것이라는 느낌을 가지고 있던 내용을 논리적으로 잘 설명해 주신 것으로 보입니다. 이러한 설명은 법률가들의 재산권제도에 대한 이해의 폭을 깊고 넓게 만드는 데 큰 기여를 할 것으로 생각됩니다.

3. 정 교수님의 발표와 관련하여 몇 가지 질문을 드리고자 합니다.

우선 정 교수님께서는 발표문 제85면에서 경제적 기본권과 비경제적 기본권에 대한 침해법률에 대한 합헌성 심사에 관한 이른바 이중기준의 원칙에 관해 검토하고 계십니다. 그 중 "비경제적 기본권의 경우 침해에 따른 이익과 손실을 정확하게 계산하는 것이 힘들므로 이러한 기본권의 침해를 정부의 재량에 맡기면 과도한 침해가 발생할 가능성이 크다. 그래서 정부의 비경제적 기본권 침해(에 대한 합헌성 심사에 있어서는) 엄격해야 하는 것이다"라는 설명과 관련하여 비경제적 기본권 침해에 따른 이익과 손실에 대한 정부의 정확한 평가 역량 부족이 엄격한 사법심사의 근거가 되려면 그러한 이익과 손실의 평가에 관해 정부에 비해 사법부가 더 잘할 수 있는 능력이 있다는 점이 뒷받침되어야 할 것 같은데, 과연 정부와 달리 사법부에게 그와 같은 평가를 할 수 있는 능력이 있다고 믿을 만한 정당한 근거가 있는 것인지에 관한 의견을 듣고 싶습니다.

또한 이어지는 "재산권이란 경제적 가치를 가진 권리이며, 시장거래가 가능하다. 따라서 재산권침해에 대하여 정당한 보상의 길이 열려있는 한, 비효율적인

---

* 서울대학교 법과대학 교수.

재산권 침해가 발생할 가능성은 적다. (따라서 사법부는 경제적 권리의 침해가 문제되는 법률에 대한 사법심사에 있어서는 비교적 덜 엄격한 기준에 따른 심사를 하는 것이 허용된다)"는 설명과 관련하여 질문 드리고 싶은 내용은, 정 교수님께서 그 뒷부분에서 설명하고 계시는 이른바 이익집단이론, 지대추구행위이론에 바탕을 둔 공공선택이론 분석에 따르면 경제적 권리에 관한 입법의 과정에서 이익집단의 영향력이 비경제적 권리에 관한 입법의 과정보다 더 적게 작용한다는 보장이 없고, 오히려 일반적으로는 이익집단의 영향력이 더 크게 작용하여 입법의 왜곡이 일어날 수 있다고 보아야 할 것 같은데, 사정이 그러하다면 경제적 권리에 관한 법률의 사법심사 과정에서 사법부는 그러한 입법의 실패를 교정하기 위해 더 엄격한(적어도 비경제적 권리침해 법률에 관한 사법심사기준과 동일한 정도의) 기준에 따른 사법심사를 하여야 하는 것이라는 생각을 할 수 있는 것은 아닌지에 관한 의견을 듣고 싶습니다.

그에 덧붙여서 "재산권 침해에 대하여 정당한 보상의 길이 열려있는 한, 비효율적인 재산권 침해가 발생할 가능성은 적다. 그런 점에서 헌법은 다른 기본권 침해와 달리 재산권 침해에 대하여 정당한 보상을 따로 규정하고 있다"는 설명과 관련하여 헌법이 재산권침해에 대하여 정당한 보상규정을 두고 있는 것이 다른 기본권 침해에 대해서는 정당한 보상을 보장하지 않겠다는 취지는 아니라고 할 것이고 다른 기본권 침해에 대해서는 오히려 더 엄격한 보호 및 보상제도를 마련해두고 있다고 볼 것이므로 '정당한 보상' 규정이 비효율적인 재산권 침해 발생을 방지하기 위한 특유의 규정으로 이해하는 것은 약간 무리가 있는 것이 아닌가 생각됩니다. 그 점에 관한 의견을 듣고 싶습니다.

4. 다시 한 번 귀중한 발표해주신 정 교수님께 감사의 말씀을 드리면서 이만 토론을 마치도록 하겠습니다. 감사합니다.

제 80 회 발표회 지정토론문

최 갑 선*

1. 서 론

발제자는 재산권에 관한 경제학적 의의를 설명한 후에 재산권에 관련된 헌법재판소 판례들에 대하여 경제학적인 관점에서 훌륭한 분석을 하여 주었다. 국가에 의한 재산권의 제한이 헌법상 재산권보장규정에 위배되어 위헌인지 여부를 지금까지는 헌법적 측면에서 심사하여 왔다. 그런데 이러한 재산권침해 여부에 대한 심사가 경제학적 측면에서는 어떠한 의미와 배경을 가지는지에 대해서는 아직까지 충분히 연구되지 못하였다고 생각된다. 오늘 발제자는 이러한 문제에 대한 훌륭한 논문을 발표해 주었다. 본 지정토론자는 경제학적인 내용에 관한 것 보다는 헌법적인 측면에서 발생하는 사항들에 대하여 간략한 의견을 제시하고자 한다.

2. 재산권 침해 여부 심사의 기준(재산권 보호의 기준 : 발제논문 84쪽 이하)

(1) 재산권 제한에 대한 과잉금지원칙 심사

헌법재판소는 법률에 의한 재산권의 제한이 비록 재산권의 본질적 내용을 침해하지 않더라도 과잉금지의 원칙에 어긋나면 재산권침해가 성립하므로 위헌이 된다.

헌법재판소는 법률로 인한 재산권의 제한(손실)이 재산권자가 사회적으로 수인해야 하는 사회적 제약의 범위내에 머무르면 이를 재산권의 침해로 보지 않는데, 이 경우 사회적 제약의 범주를 넘는 것인지 여부는 다음과 같은 과잉금지원칙에 의하여 심사한다.

(가) 목적 정당성 심사

법률의 입법목적이 헌법 제37조 제2항에서 규정하고 있는 “국가안전보장,” “질서유지”, “공공복리”에 기여한다면 헌법상 정당성을 가진다. 그런데 입법목적을 평가함에 있어서 먼저 특정한 사회경제적 문제점을 해결하고자 설정한 입법목적이 어느 정도의 긴급성과 공익적 비중을 차지하고 있는지를 평가한 후에, 입법

---

* 헌법재판소 헌법연구관.

목적이 어느 정도의 입법효과를 가져오는지를 측정하여 입법목적의 달성을 통하여 얻게 되는 공익을 확인하게 된다. 여기서는 주 입법효과와 부수적인 입법효과, 그리고 기대되는 긍정적 효과뿐만 아니라 부정적 효과도 함께 고찰하여 객관적이고 정확한 입법효과를 산출해내야 하는데, 이 경우 경제학적인 분석이 필요하게 된다.

(나) 방법의 적정성

방법의 적정성 원칙에서는 "공공의 목적을 달성하더라도 다른 방법이 없는가를 따지는 것"이 아니라, 입법자가 선택한 방법이 공익을 추구하는 입법목적 달성에 적합한지 여부만을 심사한다.

그런데 입법수단의 결정시점에서 하나의 입법수단이 목적달성에 적합한지 여부는 사전에 판단할 수밖에 없으므로, 선정된 수단이 원인이 되어 추구하는 목적달성이라는 결과가 발생하는지 여부를 판단하기 위해서는 미래예측이 필요하다. 이 경우 입법자에게는 미래예측에 관한 재량권이 부여되지만, 헌법재판소는 입법자가 미래를 예측하여 결정한 것이 타당하지 여부를 심사하여 방법의 적정성 여부를 결정하게 된다. 이 경우에도 입법자의 미래예측결정에 대한 경제학적 분석이 요청된다.

(다) 최소침해성

최소침해성 심사에서는 입법목적을 달성하는데 적합한 다른 방법들이 존재하는지를 살펴서 입법자가 재산권자에게 최소한의 침해를 가져오는 입법수단을 채택하였는지 여부를 판단하게 된다. 이 경우 입법자에게 수단 선택에 대한 일정한 재량권이 부여된다.

(라) 법익균형성 심사

법익균형성 심사에서는 제한된 재산권의 비중 및 재산권자의 사적 불이익의 정도를 측정한 후에, 입법목적의 달성을 통하여 얻게 되는 공익의 크기, 비중 및 긴급성을 비교형량하여 입법목적과 입법수단이 균형적인 관계에 놓여 있는지를 판단한다.

이 경우 재산권자의 사적인 불이익이 발제자가 말하고 있는 사회적 손실도 포함시켜야 하는지는 검토해 볼 가치가 있을 것이다.

(2) 발제자는 재산권 침해에 대하여 정당한 보상을 하느냐 여부는 "정부나 납세자, 그리고 개인의 유인에 어떤 영향을 주며 이들의 지대추구 행위가 어떤 결과를 초래할 것인가를 고려하여 결정되어야 할 것"이라고 말하고 있다.

그런데 법률에 의한 재산권 제한이 과잉금지원칙에 위배되어 재산권침해가 된다면, 법률이 합헌적이기 위해서는 이러한 재산권침해에 대하여 정당한 보상을 하여야 한다. 이 경우 위헌적인 재산권 침해를 제거하기 위해서는 금전보상을 하는 대신에, 과도한 재산권 제한을 완화시킨다거나 재산권자의 재산을 정부가 매수하는 등의 방법이 있을 수 있다. 물론 입법자는 재산권침해에 대한 구제방안을 고려함에 있어서 발제자가 제안하는 정당한 보상 여부에 대한 여러 가지 결정사항들을 고려할 수 있을 것이다.

(3) 법률에 의한 재산권 제한은 대부분 미래 수익을 감소시키고 현존 재산권의 가치하락을 초래할 수 있다. 이 경우 재산권 제한이 어느 정도로 재산권의 가치를 하락시키는지 여부를 판단하는 것은 쉬운 일이 아니다. 이를 위해서 발제자는 재산권 제한으로 다른 용도의 사용이 가능한지를 따져 보는 방법을 제안하면서, 재산권의 제한으로 인해 다른 경제적 용도로 재산을 사용할 수 없다면 가치하락이 클 것이며, 헌법재판소도 판결(89헌가214)을 통하여 다른 경제적 용도로 사용할 수 있는 방법이 남아 있지 않는 경우가 이에 해당한다고 여기고 있다고 설명하고 있다.

그런데 헌법재판소는 위 '그린벨트' 결정[1])에서, 재산권자가 자신의 토지재산권을 종래의 용도나 목적대로 사용할 수 있다면 법률에 의한 재산권 제한이 합헌이지만, 그렇지 않은 경우에는 위헌이 된다고 판시하였다. 그리고 헌법재판소는 재산권자가 자신의 재산권을 더 많은 미래수익을 가져다주는, 다른 경제적 용도로 사용할 수 없다고 하더라도, 이로 인한 토지재산권의 가치하락은 토지소유자가 수인해야 하는 사회적 제약에 속한다고 판시하였다.

---

1) 헌법재판소는 1998. 12. 24, 89헌마214 결정('그린벨트'), 판례집 10-2, 927에서 "도시계획법 제21조에 의한 재산권의 제한은 개발제한구역으로 지정된 토지를 원칙적으로 지정 당시의 지목과 토지현황에 의한 이용방법에 따라 사용할 수 있는 한, 재산권에 내재하는 사회적 제약을 비례의 원칙에 합치하게 합헌적으로 구체화한 것이라고 할 것이나, 종래의 지목과 토지현황에 의한 이용방법에 따른 토지의 사용도 할 수 없거나 실질적으로 사용·수익을 전혀 할 수 없는 예외적인 경우에도 아무런 보상없이 이를 감수하도록 하고 있는 한, 비례의 원칙에 위반되어 당해 토지소유자의 재산권을 과도하게 침해하는 것으로서 헌법에 위반된다"고 판시하였다. 그러나 헌법재판소는 "개발제한구역의 지정으로 인한 개발가능성의 소멸과 그에 따른 지가의 하락이나 지가상승률의 상대적 감소는 토지소유자가 감수해야 하는 사회적 제약의 범주에 속하는 것으로 보아야 한다. 자신의 토지를 장래에 건축이나 개발목적으로 사용할 수 있으리라는 기대가능성이나 신뢰 및 이에 따른 지가상승의 기회는 원칙적으로 재산권의 보호범위에 속하지 않는다"라고 판시하였다.

3. 미래수익 등과 재산권의 보호영역(발제논문 91쪽)

(1) 헌법상으로 보장된 재산권은 기본적으로 사법상 및 공법상 재산적 가치 있는 모든 권리를 포함한다. 여기에는 민법상의 물권뿐만 아니라 채권과 기타 특별법상의 권리 그리고 자기노동의 대가나 특별한 희생에 의해 얻은 공법상의 권리도 포함된다. 민법상의 물권적 재산권을 훨씬 넘어서는 이러한 헌법상의 재산권 개념은 헌법 전체 구조하에서 주어지는 재산권의 목적과 기능을 기초로 해서 정의된다. 즉, 재산권보장은 재산법영역에서 자기책임하의 생활형성을 위해서 필요한 경제적 조건들을 개별 사인에게 보장해주는 자유보증적 기능을 지닌다.

(2) 그런데 헌법 제23조 제1항은 재산권주체에게 이미 현존하고 있는 재산적 가치가 있는 재화의 존속을 보호하는 것을 내용으로 하고 있다. 따라서 헌법 제23조 제1항에 의하여 보호되는 재산권은 현존하고 있는 재산적 가치가 있는 구체적인 권리를 말한다. 헌법 제23조 제1항은 이미 획득한 재산만을 보호하고 미래에 발생할 수 있는 이익 가능성은 보호하지 않는다.

그러므로 단순한 이윤기회, 미래에서 기대되는 이익, 반사적 이익, 또는 유리한 법적 상태의 존속으로부터 생기는 미래의 수입가능성 등은 현존하는 재산적 가치가 있는 구체적인 권리가 아니므로 헌법상 재산권보장의 대상이 될 수 없다(헌재 1998. 7. 16, 96헌마246, 판례집 10-2, 283, 309-310; 2000. 6. 1, 98헌바34, 판례집 12-1, 607, 616 등 참조).[2)]

(3) 발제자는 "헌법재판소에서 단순한 기대이익·반사적 이익 또는 경제적인 기회 등을 재산권에 속하지 않는다고 보는 것은 법률이 청구인의 재산상의 손실을 초래하였을 때 이를 재산권의 침해로 보지 않을 때 흔히 인용하는 법리라고 할 수 있다. 그렇다면 기대이익 또는 경제적 기회라는 개념자체는 재산권이라기보다 재산권에 손실이 발생하였을 때 어떤 유형의 손실에 대하여 재산권의 침해로 보지 않는가라는 기준이라고 할 수 있다"라고 기술하고 있다(발제문 98쪽).

그런데 위에서 살핀 바와 같이, 단순한 기대이익·반사적 이익 또는 경제적인 기회 등은 현존하는 재산적 가치가 있는 구체적인 권리가 아니므로 헌법상 재산권보장의 대상이 될 수 없다. 기대이익 등은 재산권보장의 대상이 아니므로 이에 대한 제한 내지 감소가 있어서 재산상 손실이 발생하더라도, 이것이 재산권 침

2) 이는 독일에서도 확립된 판례이며 통설이다. 독일연방헌법재판소 판례집 BVerfGE 28, 119(142); 45, 142(173); 51, 193(221 f.); 68, 193(222); 74, 129(148) 참조; 그리고 Kimminich, Art. 14 (Bearb. Aug. 1992), in: Kommentar zum Bonner Grundgesetz, Rdnr. 85; Jarass/Pieroth, Grundgesetz, Kommentar, 2. Aufl., 1992, Art. 14, Rdnr. 14 참조.

해가 되는지 여부를 심사할 필요가 없게 된다. 그러나 만약 기대이익 등이 재산권 보장의 대상이 된다면, 이에 대한 제한 내지 감소가 과잉금지원칙에 위배되는지 여부를 심사하여 재산권침해 여부를 판단하게 된다.

법률에 의한 특정 재산권의 제한은 특정 재산권을 이용하여 얻게 될 미래이익을 감소시키는 경우에, 미래이익 자체는 재산권보장의 대상이 되지 않으므로 미래이익에 대한 침해 여부는 헌법상 심사되지 아니한다. 그렇지만 특정 법률이 미래이익을 감소시키는 효과를 가져 오도록 현존하는 특정 재산권을 제한하는 경우에 감소된 미래이익은 이러한 재산권제한이 헌법상 허용되는지 여부를 심사하는 과정에서 고려될 수 있다.

4. 맺 는 말

재산권의 침해여부를 판단하기 위하여 과잉금지원칙을 적용하여 목적정당성, 방법의 적정성, 침해의 최소성 및 법익균형성 여부를 심사함에 있어서 경제적인 사실들에 대한 평가가 이루어지므로 실증적인 자료들이 필요하다. 따라서 재산권, 직업의 자유 등이 관련된 경제적 사건에서 경제학자들의 실증적인 연구는 헌법재판소가 적절한 결정을 내리는데 매우 유익할 것이다. 앞으로 보다 더 많은 경제학자들이 헌법재판소에 제기되어 계류중인 사건들이나 종결된 사건의 결정들을 경제학적으로 분석하여 훌륭한 의견을 제공할 수 있게 되기를 기대한다.

제 80 회 발표회 토론요지

사 회 자 : 홍완식(교수)

토론참여자 : 허성욱(교수), 최갑선(헌법연구관), 김도균(교수), 노희범(헌법연구관), 황도수(교수), 황치연(헌법연구관)

간 사 : 실무연구회 간사 손인혁 연구관입니다.

지금부터 80회 헌법실무연구회 정기발표회를 시작하겠습니다.

날씨가 추워서 참석이 저조하리라고 생각을 했는데, 역시 참석이 저조합니다.

그리고 우리 재판소에도 크고 작은 행사가 있어서 오늘 연구관들 참석이 좀 부진합니다. 양해해 주시기 바랍니다.

오늘은 건국대 법대 홍완식 교수님의 진행으로 전남대 경제학부의 정기화 교수님이 발제해 주시겠고, 토론은 서울대 법대 허성욱 교수님과 최갑선 연구관님이 맡아주시겠습니다.

잠시 안내말씀 드리면, 다음 달 우리 정기발표회는 연말모임을 겸하고 있습니다.

특히 올해는 대법원의 헌법연구회와 대검찰청의 공법연구회와 같이 공동으로 진행하기로 했습니다.

많은 참석 바라겠습니다.

그러면 지금부터 홍완식 교수님이 진행하시겠습니다.

사 회 자 : 반갑습니다.

우선 이렇게 80회까지 발표회가 진행이 되었는데, 이렇게 전통 있는 연구회에 불러주셔서 감사합니다.

저는 소개를 해 주신 바와 같이 건국대학교 법학과에 재학을 하고 있고요.

오늘은 주제가 아시는 바와 같이 헌법재판소 재산권 판례의 경제학적 분석에 관해서 한 분이 발제를 하시고 두 분이 토론을 해 주시겠습니다.

우리 손 연구관님께서 잠깐 말씀을 해 주셨지만 그래도 약력을 적어 주셔가지고 간단히 약력소개를 먼저 드리겠습니다.

우선 발제를 하실 정기화 교수님께서는 전남대학교 경영대학 경제학부에 재직하고 계시고요, 서울대학교 경제학과 졸업하시고 동대학원에서 석사, 박사를 받으셨습니다.

그리고 토론자이신 허성욱 교수님께서는 서울대 법대 교수로 재직을 하고 계시고요, 서울대학교 경제학과 졸업을 하시고 서울대 대학원에서 박사과정수료를 하시고 사법시험 39회 합격을 하시고 서울중앙지법 판사를 역임하셨습니다.

또 한분, 다 아실텐데요, 헌법재판소 최갑선 연구관님께서는 건국대학교 법대를 졸업하시고 독일 프랑크프루트대학 법학박사를 취득하시고, 미국 윌리엄앤메리로스쿨에서 LLM을 받으셨습니다.

오늘 아까 말씀드린 바와 같이 헌법재판소의 재산권 판례의 경제학적 분석입니다.

우선 서두로 제가 어제 국회의 입법학연구소가 창립기념세미나를 한다 그래가지고 거기 좀 갔었습니다.

그래서 토론도 하고 그랬었는데, 제목이 '입법산업'과 '입법부 현황과 전망' 그리고 '입법학' 이런 커다란 주제 하에 발제를 세분이 하셨는데, '선진한국진입을 위한 입법부의 역할과 책무' 공법학회 회장께서 해 주시고, 또 한분은 한국기업법학회 회장께서 '기업활동 및 민생경제 활성화를 위한 입법정책 혁신방안' 뭐 이런 거를 하셨어요. 그리고 다른 한 분이 입법정책학회 회장 맡고 계시는 분이 '입법문화와 입법학의 현황과 발전과제' 뭐 이런 거를 해 주셨습니다.

그래서 이런 거를 보면 앞 두 주제는 선진한국진입, 기업활동의 활성화 이런 측면에서 보면 뭔가 좀 우리가 목표로 하는, 법이 목표로 하는 것 중에 어떤 효율성 이런 것이 강조되는 이런 부분이라고 할 수 있겠지요. 그래서 과연 입법이 지향하는 목표가 뭐냐? 이런 얘기도 나오고 그랬었는데, 아무튼 오늘 주제와 관련해가지고 오늘도 재산권 판례의 경제학적 분석입니다.

그러니까 어제 이러한 어떤 경제학, 입법을 갖다가 경제학적으로 분석을 하고 뭐 이런 시도들, 그리고 그 내용들이 법을 제정하는 단계에서, 제정·개정·폐지 다 마찬가지겠지요, 이런 과정에서 어떻게 하면 좀 효율적으로 만드느냐? 그리고 또 어떻게 하면 과학적으로 만드느냐? 이 과학적이라는 말이 이제 어느 정도의 사회적인 비용이 투입이 되고 어느 정도의 효용이 발생하고, 이런 것을 주로 입법평가 해 가지고 따져보자, 뭐 이런 관점에서 얘기가 많이 됐었거든요.

그래서 어저께 그거를 보고 오늘, 며칠 전에 발제문을 봤습니다마는, 이러한 경제학적 분석이라고 하는 것이 커다란 트렌드를 이루고 있는 것이다, 이렇게 이제 판단할 수도 있고요.

그래서 오늘, 저도 이제 이 분야에 대해서는 잘 모릅니다. 그래서 우리 정기화 교수님께서는 법학자 중에 법경제학적인 분석의 어떤 최고 권위자라고 할 수 있는 포스너 교수의 책을 2003년이지요? 2003년에 번역을 두꺼운 거를 상하권으로 번역을 하셔 가지고 저도 이제 사놓고 먼지만 쌓이고 있는데, 아무튼 이렇게 볼 때 굉장히 규범학만을 다룬 어떤 법학만을 다룬 입장에서는 굉장히 새로운 접근이고 굉장히 도움이 된다, 이런 생각을 하게 되더라고요.

그래서 아마 오늘 그런 취지로 이 자리를 마련을 하고 이러한 주제를 선택을 한 것 같은데요. 아무튼 머릿속에 있는 어떤 거미줄을 좀 걷어내는 이러한 성격도 좀 가지고 있는 것 같고요, 이 경제학적 분석이라는 측면에서.

제 서두가 너무 길면 안 되겠고요.

그러면 정 교수님 모시고 발제문을 한번 들어보겠습니다.

< 주제발표자(정기화) 발표 >

사 회 자 : 좋은 발제 감사합니다.

일단 우리 헌법재판소에서 재산권관련 판례 해가지고 독일의 헌법재판소도 그렇습니다마는 재산권보호범위와 관련해가지고 단순한 기대이익이나 경제적 기회를 재산권의 보호범위에 포함시킬 것이냐 말 것이냐 이런 것에 대한 어떤 문제제기, 그러니까 우리는, 독일도 그렇고 한국도 그렇고 법학자들은 보호범위의 단순한 기대이익, 경제적 기회를 배제하자, 이렇게 전제를 놓고 시작을 한다고 이렇게 평가할 수도 있지만, 경제학적 시각에서 어떤 미래가치가 이미 현재에 반영되어 가지고 가치를 따지는데 경제적인 가치를 따지는데 이거는 좀 아니지 않느냐? 이런 어떤 문제제기를 처음에 시작을 하셨어요. 그러면서 우리나라 몇 개의 재산권 판례를 검토하면서도 서두에 이런 문제제기를 하셨고, 그리고 맨 끝에 결론을 역시 내리시면서도 이러한 것에 대해서 세부적인 기준이나 구체적인 기준이 좀 있어야 되지 않겠냐? 뭐 이런 어떤 문제의식으로 좀 일관되시는 것 같아요.

그래서 서론에 그런 문제제기를 해 놓으시고, 그리고 재산권의 경제적인 의의에 관해서 법학적인 관점하고 좀 다른 관점으로, 그래서 투자의 보호나 동태적이고 그리고 외부효과의 내부화라는 정태적인 이런 설명을 해 주시고, 그리고 과잉금지원칙의 네 가지 기준을 설명을 하시면서 경제학적인 차이라 그럴까요? 이런 것을 부가를 해 주셨어요. 그래서 재산권침해로 인해 가지고 다수가 이익을 보고 소수가 손해를 보더라도 역시 소수가 이익을 보는 계산은, 개인은 다수지만 분산되고 피해를 보는 소수는 잘 단결할 수 있기 때문에 이러한 어떤 대처방법 이런 것이 로비 같은 것으로도 표현이 되겠지요? 그래서 이런 설명을 쭉 해 주셨는데, 시간이 조금 지났는데, 저도 역시 생소한 어떤 경제학적 개념 그리고 설명이, 명쾌하게 잘해 주신 것 같지만, 잘 이해가 안갈 수도 있기 때문에 자세히 설명을 좀 해 주십사하고 중간에 끊지를 않았습니다.

그리고 끝으로 두 가지의 대표적인 판례를 제시해 주시면서 대학교원 재임용 구제를 위한 특별법하고 약사법 해가지고 의약분업 관련되는 그러한 사례를 제시를 해 주시면서 우리 헌법재판소가 보는 어떤 관점하고 좀 다른, 좀 더 경제학적으로 분석이라 그럴까요? 이렇게 들어가셔 가지고 설명을 해 주신 것 같습니다.

그러면 토론자 두 분이 계신 데, 여기 있는 순서대로 진행을 하겠습니다.

우선 허성욱 교수님은 발제문을 충실하게 인용을 하시면서 토론문을 작성을 해 주셨는데 한 10분 정도 해 주시지요.

< 지정토론자(허성욱) 발표 >

사 회 자 : 지금 굳이 정리할 필요 없이요, 토론문에 나와 있는 대로, 우선 여기 토론문에 없는 것들도 몇 가지 질문을 해 주셨는데요, 헌재가 이중기준의 원칙을 택하고 있는 것이 맞냐? 그리고 어떤 것에 근거를 두고 있느냐? 이것은 좀 이외의 것으로 이렇게 하시고.

그리고 이중기준의 원칙에 관련되어 가지고 정부에서 이런 거를 하면 재량이 너무 과도해질 가능성이 크다라고 했는데, 과연 사법심사과정에서 이런 것을 능가할 수 있는 어떤 판단을 할 수 있느냐? 이런 질문을 해 주셨고요.

그리고 이런 비경제적 기본권침해에 따른 이익과 손실을 정확하게 계산할 수 있는 능력이 있느냐? 이렇게 질문해 주셨고.

그리고 이중기준 두 가지 중에서 경제적 기본권하고 정치적 기본권하고 비교해 봤을 때 오히려 아까도 내용이 나왔습니다마는, 저도 정리를 했습니다마는, 소수자가 오히려 단결해 가지고 자기들의 이해관철을 하는 경우가 많기 때문에 이 경제적 기본권 관련해 가지고 오히려 엄격하게, 정치적 기본권보다 엄격하게 심사를 해야 되는 것이 아니냐? 이런 질문을 해 주셨고.

역시 이 토론문에 없는 미국의 경우에 있어서도 이 이중기준이라고 하는 어떤 일정한 기준이 아니라 시장상황에 따라서 좀 탄력적으로 판단을, 경제입법 같은 거를 말씀하시겠지요. 주로, 그래서 그렇게 한 것이 아니냐? 이렇게 질문을 해 주셨고요.

그리고 다른 기본권 관련해 가지고 정당한 보상 관련, 경제적 기본권에 이렇게 넣었다고 해 가지고 오히려 다른 기본권에 대해서는, 기본권과의 관계 이런 거를 말씀해 주시고.

그리고 끝으로 내용에 관해서, 외부효과의 크기에 관한 설명에 관해서 좀더 보충설명을 요청을 하셨습니다.

발 표 자: 지적하신 말씀이 대부분 맞으신 말씀인데요. 몇 가지 제가 말씀을 드리도록 하겠습니다.

제가 경제적 기본권하고 비경제적 기본권에 대해서 시장거래의 가능성을 말씀드렸던 것은, 실제 그런 비경제적 기본권이 경제적 기본권에 비해서 침해에 대해서 엄격하다라고 하는 것은 헌법규정에 보면 글쎄요, 우리가 재산권에 대해서 어떻게 디파인할 것이냐, 혹은 어떻게 보호할 것이냐의 문제에 있어서도 말씀드리겠지만, 다른 것에 관해서는 예를 들어서 그런, 테이킹이라든지 이런 부분에 대해서는 따로 안 되어 있지만, 그러니까 비록 그게 공공의 목적이라 하더라도, 예를 들어서 그런 침해가 이루어져서는 안 된다라고 되어 있지만, 재산권에 대해서는 퍼브릭유스로 그러니까 예를 들어서 공공의 목적을 위해서 정당한 보상을 하면 예를 들어서 그게 재산권침해가 가능한 것으로 이렇게 되어 있지요. 그런 의미에서 헌법 자체도, 미국헌법도 마찬가지입니다마는 그런 의미에서 경제적 재산권과 다른 기본권을 달리 취급하고 있는게 아닌가라는 생각이 들었고요.

그런 달리 취급한다라고 한다면 왜 그럴까? 라고 하는 문제에서 우리 허 교수님이 지적하셨던, 다른 문제도 여러 가지 있을 수 있겠습니다마는 제가 봤던 것은 기본적으로 경제적 거래의 가능성, 왜냐하면 경제적 거래가 이루어진다 한다면 최소한 시장에서 거래되는 가격을 보고서 비용을 우리가 고려할 수 있다는 이야기지요. 물론 정부도 고려할 수 있기 때문에 굳이 꼭 그런, 심사에 있어서 굳이 다른 권리에 비해서 더 엄격할 필요가 있겠느냐? 덜 엄격할 필요가 있겠느냐? 말씀하실 수 있을지 모르겠지만, 정부는 지적하고 계시듯이 여러 가지 이익집단으로부터 자유롭지 못하고, 사법부가 어떤 면에서는 정치적으로 자유로울 수 있기 때문에 그런 경제적 침해에 대한 그런 것을 좀 나름대로 잘할 수 있지 않을까? 좀 더 공정한 입장에서 할 수 있지 않을까라는 의미에서 그렇게 되어 있지 않나 생각이 됩니다.

그리고 나머지 부분에 대해서는 두 번째 지적했던, 적어도 공공선택이론에서 말하고 있는 바와 같이 그런 경제적 이익과 관련된 부분에서는 훨씬 더 입법과정에서 그런 렌시킹이 심하지 않겠느냐 라고 하는 것에 대해서 저도 전적으로 동의를 합니다. 그런 의미에서, 물론 덜 엄격하다 그래서 재산권보호를 소홀히 하고 있다는 얘기는 아니고요, 적어도 헌법이라든지 여러 그런 판결에서 비경제적 기본권을 경제적 기본권보다는 훨씬 위에 놓고 있는 것 같고, 경제적 기본권에 대해서는 말씀하시던 대로 그런 이익집단들 혹은 렌시킹행위 때문에 그런 경제적 권리에 대한 입법과정에서의 침해가 많기 때문에 그 부분에 대해서도 분명히 우리가 훨씬 더 침해가 이루어지지 않도록 자세히 봐야겠지만, 적어도 비경제적 기본권보다는, 기본권은 그러니까 경제적 기본권보다는 그래도 좀 전반적으로 우위에 있지 않는가라고 하는 점은 좀, 그동안 여러 가지 판결이라든지 하는 것을 보면 그랬던 것 같습니다.

그리고 외부성에 관해서는 말씀하셨던 대로 외부성이라고 하는 것은 시장, 우리가 어떤 개인이 행위를 할 때 예를 들어 외부에 미치는, 시장을 통해서, 시장에서 거래된다는 이야기는 자기가 그 비용을 고려한다는 이야기지요, 왜냐하면 자기가 대가를 지불해야 되니까요, 그래서 시장거래를 통하지 않는 그런 이익이라든지 비용을 지불했을 때 자기가 법적으로 지불할 필요가 없기 때문에 자기가 의사결정할 때는 고려하지 않는다는 이야기입니다. 그런 의미에서 적어도 우리가 재산권이 주어지고 그 권리를 침해했을 때, 혹은 그 권리에 대해서 대가를 팔 수 있을 때, 시장에서 거래가 가능할 때는 그로 인해서 자기가 얻게 되는 이익이라든지 손실을 의사결정 할 때 고려한다는 이야기입니다. 그런 의미에서 만일 재산권이 없다한다면 시장거래가 안 된다는 이야기지요. 그래서 자기가 그 자원을 사용해 버리면, 자원을 사용할 것인가 말 것인가라고 하는 의사결정을 할 때 그 자원의 사용이 다른 사람에게 미치는 영향은 전혀 고려하지 않는다, 만일에 재산권이 존재한다고 한다면 내가 자원을 사용함으로 해서 B에게 판매했을 때 얻을 수 있는 이익이라고 하는 것을 자기가 희생해서 얻는 것이기 때문에, 예컨대 자기 나름대로 의사결정 할 때 고려한다는 이야기지요.

그런 의미에서 외부효과의 크기라고 하는게 그렇게 틀리지는 않는 것 같습니다.

질문에 대한 답이 제대로 되는지 모르겠습니다만, 여기서 마치겠습니다.

사 회 자 : 아까 이중기준 관련해 가지고는 이따 자유토론 시간 때 말씀을 하시지요.

그러면 최갑선 연구관님, 해 주시지요.

< 지정토론자(최갑선) 발표 >

사 회 자 : 감사합니다.

맺음말에서 잘 정리를 하셨듯이 아까 우리 발제하신 정 교수님 과잉금지원칙에 대해서 조목조목 이렇게 검토를 해 주셨는데, 그것에 대해서 질문이라기보다는 이러한 경제적인 분석들이 그냥 추상적으로 공익과 사익과의 어떤 법익형량 이런 것을 판단을 하는데 평가를 하는데 측정을 하는데 유용한 도구로 이용될 수가 있다라고 하는 점에서 고무적인 말씀을 해 주셨고요. 가령 입법효과를 측정을 한다든가 공익이 어느 정도 늘어났는지를 어떻게 좀 개량화 시킨다든가 사익은 어떻게 침해되었는가를 좀 개량화 시킨다든가, 그리고 최소침해성 이런 부분에서는 역시 어느 정도의 침해가 있었느냐를 따져야지, 이것이 최소침해인지 이거를 판단할 수 있기 때문에 이러한 것이 유용한 측정수단이 될 수 있다, 이렇게 해 주셨고.

다음으로 그린벨트에 관해서 의견을 물으셨고.

그리고 또 아까 제가 정리하는 과정에 정 교수님 쭉 흐르는 어떤 문제의 제기, 규범적인 측면에서 단순한 어떤 기대이익이라든가 반사적 이익 이러한 것에 대해서 경제적인 입장에서는 달리 볼 수 있는데, 우리 헌법재판소의 판례들을 쭉 인용을 하시면서 이것은 재산권의 보장대상에 포함이 되지 않는다라고 하는 그러한 확고한 판례들을 쭉 말씀을 해 주셨어요. 그래서 여기서 뭐 너무 법적인 부분에 대해서는 답변을 유보하셔도 되고요.

발 표 자: 좋은 지적 감사드립니다.

글쎄요, 지적하신 내용들은 경제학자들은 좀 잊기 쉬운 그런 여러 가지 부분들을 지적해 주신 것 같고요.

제가 두 가지 부분만 잠깐 말씀을 드리겠습니다.

첫 번째 107페이지에 나와 있는 그린벨트문제가 있는데요. 제가 잘못 오해했는지 모르겠습니다마는 제가 그때 판결을 쭉 검토할 때 그때 제가 봤던 것은 여기 말씀드렸던 대로 현재의 용도로 지목을 사용할 수 있게 된다면 합헌이지만, 예를 들어서 그 당시에 그린벨트가 지정될 당시에 공지로 있었다라든지 그래서 다른 용도로 사용할 목적으로 놓아두었는데 그 당시에 그런 아무 용도로 사용하고 있지 않았던 그런 토지조차도 다른 경제적 방도로 사용할 수 있는 방법을 제한하는 것은 과도한 재산권제한이라고 봤던 것 같습니다. 그래서 말씀하셨던 대로 거기 나와 있는 현재의 용도 혹은 목적대로 사용할 수 있다 한다면 재산권제한이 합헌이지만, 그렇지 않은 경우라고 하는 게 이미 다른 경제적 용도로 사용할 수 없는 그런 거라고 저는 이해를 했고 말씀을 드렸는데요.

저 개인적인 말씀을 드린다면 그러니까 이런 경우, 예를 들어서 특정한 어떤 용도, 어떤 지역에서는 뭡니까? 매연의 배출을 제한한다라든지 라고 하는 것은 기본적으로 의무외부성이기 때문에 그거를 행위를 다른 것으로 변경할 수 있는 가능성이 많다는 거지요. 그래서 그로 인해서 발생할 수 있는 경제적 손실이 상대적으로 적지만, 이와 같은 그린벨트제한처럼 '현재의 용도로만 사용해라' 그것은 기본적으로 양의 외부성이지요. 현재의 용도로 사용함으로 해서 사회가 특정의 이익을 얻고자 하는 겁니다. 그런 경우에는 생각보다는 훨씬 많은 사회적 손실을 초래하기 때문에 이런 부분에 대해서는 제한을 좀 신중하게 생각을 해볼 필요가 있다라고 말씀을 드렸고요.

미래수익과 관련된 부분인데요, 제가 처음 문제를 제기했던 것은 미래수익 자체는 아무 권리도 아니잖아요, 하나의 켄셉이잖아요 컨셉, 하나의 개념이라서 왜 굳이 그거를 권리의 내용에다가 병렬적으로 나열했을까라고 하는 문제부터 시작했던 겁니다.

왜냐하면 어떠어떠한 권리, 어떠어떠한 것을 얻을 수 있는 권리, 채권·물권도 다 포함해서 하나의 권리인데, 기대이익이라고 하는 것은 하나의 권리라기보다는 어떤 미래에 발생하는 수익이라고 하는 하나의 개념인데, 왜 이거를 굳이 이렇게 나열했을까 라고 생각했을 경우에, 분명히 그러면서도 하는 게 이거는 권리가 아니다라고 이렇게 해놨거든요. 그래서 원래 권리가 될 수 없는 건데 권리라고 해놓고서 기각한다라고 해서, 이게 처음에는 좀 뭐가 좀 이상하다라고 생각이 되었고요. 그런 점에서 제가 말씀드렸던 것은 기본적으로 경제학에서는 현재 자산의 가치, 현재 자산이라고 하는 것은 미래수익을 얻을 수 없다한다면 재산가치는 제로가 되어 버립니다. 아무 가치가 없는 것입니다. 현재, 토론자께서 말씀하셨던 대로 뒤에 108페이지에 나와 있는게, 헌법재판소에서 헌법에서 보장하고 있는 재산권은 현존하고 있는 재산적 가치가 있는 구체적 권리다라고 말씀하셨는데, 그 구체적 권리의 제한이라고 하는 것은 기본적으로 미래의 수익을 병행하겠다는 것이거든요, 기본적으로. 미래수익을 제한한다는 이야기입니다. 그러니까 현재 재산에 대해서 어떤 용도로 제한함으로 해서 현재 재산가치가 떨어진다, 그거는 기본적으로 미래에 뭔가 얻을 수 있는 이익이 감소했기 때문에 현재가치가 떨어지는 것이거든요. 그래서 그런 면에서 본다면 여기서 말하는 현재 있는 어떤 재산권에 대해서 제한을 가한다는 것은 심사의 대상이 되지만, 현재 있는 재산에 대해서는 아무 제한을 가하지 않고 미래수익에 영향을 줌으로 해서 현재 재산에 영향을 주는 그런 행위에 대해서는… 않는다라고 하는 것은 글쎄요, 우리가 한번 재고의 여지가 있지 않을까 해서 제기했던 문제입니다.

일단 그렇게 답변을 드리겠습니다.

사 회 자: 그러면 이정도로 지정토론은 마치고 자유토론시간으로 하겠습니다.

질문하실 때 다 아시겠지만 그래도 얼굴 낯선 분들을 위해서 자기 성함하고 말씀을 해 주시기 바랍니다.

김 도 균 : 서울대학교에서 법철학을 강의하고 있는 김도균이라고 합니다.

헌법적인 지식이 좀 부족하지만, 일단 이것은 논쟁이라기보다는 선생님이 사용하신 명제 중에 중요한 명제가 있는데 뜻을 이해를 못해서 그렇습니다.

85페이지에 보면 선생님이 법익의 균형성하고 피해의 최소성을 설명하시고 나서 세 번째 문단인가요? "따라서 이러한 법리가 적용되면 경제적 효율성이 증가하는 경우에만 정부의 재산권제한이 허용될 수 있다"라고 말씀을 하십니다.

그런데 첫 번째는 경제적 효율성이 도대체 무엇을 의미하는 것인지?

선생님께서 생각하실 때, 82페이지에 보면 선생님은 그냥 사회적 이익 또는 이익이 비용보다 크면 경제적 효율성이 있다라고 쓰신 것 같아요. 그러니까 82페이지 두 번째 문단 "정부의 법률로 발생할 때 경제적으로 효율적이려면 법률로 얻는 이익이 손실보다 커야 된다." 그래서 이익이 비용보다 크기만 하면 경제적 효율성인지? 아마 다른 개념을 사용하실 것 같고요.

그 다음에 그렇다면 증가하는 경우에만 정부의 재산권, 굉장히 너무 강한 요건이 아닌가 이것은, 그래서 그 명제를 좀 설명해 주셨으면 합니다.

발 표 자 : 글쎄요, 본래 경제학에서 효율성을 디파인하는 방법은 물론 여러 가지가 있습니다마는, 기본적으로 경제주체들이 얻는 이익의 합을 가지고 대개 효율성으로 디파인을 합니다. 디파인을 하는데, 여기 나와 있듯이 어떤 특정 법률로 해서 누군가가 손실을 보고 이익을 보는 경우가 있다 한다면 적어도 우리가 특정 법률로 인해서 최소한 정당한 손실에 대한 보상이 이루어진다 한다면, 예를 들어서 정부가 정책을 집행할 때 얻는 이익이 클 때, 손실을 보상하고도 이익이 클 때만 재산권침해가 이루어지지 않을까? 그게 최소한 정부로 하여금 어떤 비효율적인 그런 재산권침해를 제한하는 최소한의 장치다라고 하는 의미에서 그렇게 썼던 겁니다.

김 도 균 : 칼도힉스적 관점에서 효율성이라는 건가요?

발 표 자 : 그렇지요. 그게 이제 보상, 프린스플까지 포함해서 하는 이야기지요.

김 도 균 : 그렇다면 '증가하는 경우에만'이라고 하면 굉장히 강하게, 그러니까 증가하지 않으면, 경제적 효율성이 증가하지 않는다면 그러면.

발 표 자 : 그런 경우에는 대부분 뒤에 말했지만 렌시킹한, 예를 들어서 이익집단들의 그런 입법활동에 의해서 주어지는 경우는 그렇게 되겠지요. 그랬을 경우에 중요한게 이제 사법부에서의 판단이 중요하다는 거지요. 그것은 예를 들어서 형평성의 원칙에 어긋난다든지 하는 그런 기준이 정해진다는 이야기지요.

그러니까 최소한 보상원칙이 있으면 정부가 손실을 초래하는 그런 법을 제정하지 않겠지만, 어떤 경우에는 입법활동에 의해서 로비에 의해서 그런 경우도 제한될 수가 있다라고 뒤에서 말씀드렸지요, 보상이 이루어진다하더라도.

그런 경우에는 역시 사법부의 그런 형평성이라든지 그 기준에 의해서 제한하는 것도 중요하다라고 말씀드릴 수 있습니다.

사 회 자 : 그러면 아까 우리 허 교수님 질문하신 것부터 시작해서 물꼬를 한번 터볼까요? 이중기준원칙에 근거해 가지고 어떤 판결을 하는 것이냐, 그러면? 어디에 근거를 두고 하는 것이냐? 여기서 한번 물꼬를 터보지요.

노 희 범 : 헌법재판소의 노희범 연구관입니다.

오늘 경제학적인 그런 접근을 들었는데요. 상당히 저희들이 어프로치하지 않는 그런 방법이라서 상당히 좀, 제 개인적으로는 혼란스럽기도 하고, 과연 우리가 법률에 대한 위헌심사를 할 때 이런 경제학적 접근을 과연 하는가? 저는 굉장히 회의적입니다.

지금까지 우리가 이런 관점에서 위헌심사를 했던 것 같지도 않고요.

비근한 예로 지금 이중기준의 원칙을 말씀하셨는데, 과연 교수님이 말씀하신 대로 비경제적 기본권의 침해에 따른 이익과 손실을 정확하게 계산할 수 없기 때문에 엄격하게 심사를 하고, 경제적 기본권의 경우에 완화된 심사를 하고, 결국 그런 거는 아니다라는 거지요.

원래 잘 아시겠지만 우리가 경제적 기본권이냐 비경제적 기본권이냐라는 그런 구분보다는 이중기준의 원칙은 소위 기본권의 카테고리를 정신적 자유하고 경제적 자유로 이렇게 나누어서 볼 때, 정신적 자유에 대한 제한의 경우와 경제적 자유에 대한 제한의 경우에 있어서 정신적 자유에 대한 제한은 보다 엄격하게 심사를 해야 되고 경제적 자유에 대한 제한은 좀 완화되게 심사를 해야 된다, 그 이유가 뭐냐? 이런 경제적인 관점에서 접근했던 것 같지 않거든요.

결국 정신적 자유라는 것은 정신활동, 뭐 표현활동이라든가 이런 것들은 개인의 인격의 형성, 인격의 실현 내지 발현이라는 그런 헌법적인 가치, 그 다음에 민주정치과정에서 필수불가결한 요소들이다라고 하기 때문에 정신적인 자유를 함부로 제한할 수 없다라는 그런 헌법적 가치에서 출발했던 것이고, 경제적 자유는 정신적 자유에 비해서 그 정도의 어떤 고도의 헌법적 가치가 있다고 보기는 어렵다라고 하기 때문에 거기에 대해서는 완화된 심사를 했고요. 연혁적으로 보더라도 자유방임적인 자본주의사회에서 수정자본주의로 전이되는 과정에서 사법심사의 한 기준으로서 들어 왔던 것인데요, 물론 이거는 법학적인 그런 접근이기는 합니다.

그런데 과연 이런 것을 우리가, 정부가 판단하기가 제한하는데 있어서 비용 대 편익의 어떤 거를 잘 재량할 수 있느냐? 판단할 수 있느냐? 아니면 뭐가 큰지 아닌지 이런 거를 과연 헌법재판소가 위헌심사에서 그것을 고려하느냐? 저는 그런 고려를 사실은 그렇게 많이 하는 것 같지는 않다. 다만 경제적 효용이라는 측면은 저희들로서 이해할 수 있다면 바로 이제 공익, 공익이라는 측면이지요. 다수가 좀더 경제적 혜택을 볼 수 있는가라는 관점에서 공익이라는 측면으로 이해될 수는 있는데, 그래서 저는 이게 근본적인, 잘 몰라서 여쭙는 건데요, 이 법경제학이라는 경제학적 분석, 법학에 대한 경제학적 분석이 과연 법률에 대한 위헌심사를 하는 헌법재판에 있어서 무슨 의미가 있는가? 그러면 지금 법경제학의 관점에서도 사법심사, 위헌심사에서도 이런 경제학적 관점을 고려해서 심사를 해야 된다는 것인지? 저는 좀 그런 의도가, 목적이 있는지를 듣고 싶습니다.

단순히 '경제학적으로 분석해 보니까 이렇더라'라는 거고 '아, 그것이 경제학적으로 보니까 이런 것이 맞고 이런 것이 틀리다'라고 한다면 우리가 헌법재판에서 실체는 경제학적으로 분석해서 판단을 내리는 것이 아닌데, 그렇다면 실무를 하는 사람 입장에서는 경제학적인 관점이 어떤 헌법적 가치로서 승화되어서 나올 수 있는가? 이런 의문이 들고요. 만약에 그렇다면 이 법경제학이라는 거는 저는 오히려 사법심사라는 그런 단계에서 필요한 것이 아니고 입법정책단계에서 굉장히 중요한 도구 내지 가치로서 기능할 수 있는 것이 아닌가? 이런 생각이 들어서 한번 여쭤보겠습니다.

하여튼 이 경제학적 분석이라는 것이 사법심사에 있어서 고려가 되어야 되는가? 경제학적 가치를? 굳이 제가 이해한다면 그거는 우리가 말하는 국가안전보장, 질서유지, 공공복리라는 공익의 한 요소로서 불과한 것이지, 이 경제학이 전적으로 모든 헌법적 가치를 대변할 수는 없기 때문에 그런 차원에서 어떤 경제학적 분석이 헌법의 어떤 위헌심사, 규범심사에 있어서 어떤 의미를 갖는지? 외람된 질문일지 모르겠는데요.

발 표 자 : 경제학자들이 여러 분야에 말하는 것 보고 경제학제국주의라고 그런답니다. 이게 법뿐만 아니고 정치니 뭐 해서 그렇다는데요. 제가 생각하기에는 그렇습니다. 실제 민주주의 하에서 의회에서 이루어지는 입법활동이라는게 많이 밝혀졌습니다마는, 여러 이익집단들의 로비활동에 상당히 많이 영향을 받고 있는게 사실이거든요. 그랬을 때 마지막으로 법이 과연 국민들의 생활이라든지 이거를 지키는데 필요한 어떤 보편적 가치를 갖고 있는 것이냐, 과연 그게 실제 그 사회가 추구하는 목적을 좀 더 적은 비용을 통해 달성할 수 있다 한다면 적어도 그 남는 재원

을 가지고서 다른 데 쓸 수 있는 것이거든요, 그런 의미에서 경제학적 가치를 헌법이 지향해야 된다는 이야기는 아니고요, 적어도 법이 혹은 헌법재판소가 추구하는 혹은 그 사회의 헌법이 추구하는 어떤 가치가 있다 한다면 그와 같은 가치를 좀 더 적은 비용을 들여서 추구할 수 있다 한다면 그게 더 바람직한게 아니냐.

물론 어떤 경우에는 경제적 가치를 희생하고서 추구하는 그런 가치도 있습니다.

그런데 우리는 경제학적 분석이 제공하고 있는 바는 그와 같은 목적을 경제학적 가치를 희생하는 경우에도 좀 덜 희생하면 좋지 않겠느냐, 만일 어떤 추구하는 가치가 있다 한다면 그 가치를 똑같은 비용을 들였다 한다면 좀더 그 가치를 더 높일 수 있지 않겠느냐라고 하는 의미에서 말씀을 드렸고요.

그래서 어떤 면에서는 좀더 헌법에 관한, 법률심사에 있어서도 정말 좀, 첫 번째는 그런 이익집단의 문제도 있고, 또 하나는 법률에 대해서도 입법과정에서 충분히 반영될 수 있으면 그러겠지만 이익집단에 의해서 많이 영향을 받고 있기 때문에 적어도 헌법에 의한, 법률심사의 경우에도 적어도 경제전문가들의 의견을 들을 필요는 있지 않을까라고 하는 그런 이야기이지 이게 꼭 반영해야 된다라고 하는 이야기는 아닙니다.

일부 법경제학자 중에서도 좀더 나가가지고 그렇게 말하는 사람도 있습니다.

실제 법률에 대한 그런 심사를 할 경우에 가치를 잘 모르지 않냐, 이때 혹 잘못된 어떤 경제적인 판단을 가지고 심사할 경우에는 이게 잘못될 경우도 있을 수 있지 않냐, 정확하게 계산할 수 없으니까. 차라리 과거에 주어져 있는 전통적인 그런 방법에 의해서 보수적으로 법률 해석에 관한, 과거로부터 쭉 이어진 그런 방법대로 해온다 한다면 경제주체들은 최소한 경제적 이해에 관해서는 피해가는 방법들, 비용을 줄이는 방법들을 스스로 적용해 간다는 이야기입니다, 개인들이.

그런 의미에서 차라리 법이 안정성을 잃고, 혹은 심사도 마찬가지 안정성을 잃고 하는 것보다는 일관되게 하나의 방향으로 하나의 원칙을 가지고 일관되게 진행하는게 장기적인 면에서는 비용을 더 줄이는 방법이다라고 말하는 사람도 있습니다.

사 회 자: 어떤 목표가 아니라 보조적인 어떤 수단으로서의 경제학적 분석, 이렇게 정리를 해 주셨는데, 또 질문 계시면.

황 도 수: 질문 좀 드려보겠습니다.

경제학적 분석의 관점에서 이런 거를 어떻게 생각하시는지, 사실 개념도 잘 이해도 안 되고요. 보니까 기대이익이라든지 또 재산권이라든지 개념정의 자체부터도 경제학자가 보는 관점하고 법률가가 보는 관점이 좀 다르고, 같은 용어를 가지고도 이해하는 면이 좀 다르기 때문에 커뮤니케이션이 어떨는지 모르겠습니다.

지금도 보니까 그런 느낌이 있어서 그런 거는 차치하고요.

예를 들면 저도 좀 가물가물한데, 그린벨트에 관해서 헌법재판소에서 위헌을 내릴 때, 그린벨트 전 지역에 대해서 다 보상을 해 주라는 뜻이 아니고 일정한 어떤 대지부분인가요? 이렇게 쓰는 부분에 대해서만, 나대지, 그 부분에 대해서는 보상을 해 주고, 나머지 임야로 쓰던 사람들이 그린벨트로 묶여가지고 더 이상 못 쓰는 거는 보상 안 해줘도 좋다, 이렇게 해서 지금 보면 재산권에 관해서 보상이 되는 어떤 제한이 있고 보상이 안 되도 제한이 있다고요.

보면 여기에 보상이라고 하는 경제적 분석에서 볼 때, 보상을 해주어야 될 필요성은 정부의 비효율적인 정책을 막기 위한 것이다, 어떤 경제적인 판단할 수 있는 그럴 때 비로소 보상에 필요한 재산권보상을 해 줄 어떤 그런 제도에 들어가고, 그런 어떤 비효율성 판단이 필요 없는 부분에 관해서는 그런 어떤 보상 없이도 제한할 수 있다라는 어떤, 여기서 발표문에 의하면 그런 어떤 경제적 분석이 좀 깔려있는 것 같은데, 그 부분에 관해서 지금처럼 그린벨트가 그와 같이 되어 있을 때 지금 둘로 나누어지지 않습니까? 거기에 대한 설명이 가능한지? 어떻게 이해할 수 있는 것인지 설명을 들어보면 우리가 이런 어떤 경제적 분석의 효율성, 중요성 같은 것을 좀더 인식할 수 있을 것 같아 가지고 설명을 좀 듣고 싶습니다.

발 표 자 : 글쎄요, 너무 많은 질문을 하셨는데요.

경제적으로 그린벨트에 관한 분석을 하자면, 실제 그린벨트에 관해서 재산권의 침해를 받았다고 했을 경우에 여기 나와 있듯이 이미 그린벨트가 시행될 당시에 재산권 소유자가 그와 같은 손실을 감당했던 것이냐라고 하는 문제가 있지요.

그러니까 실제 경제 전체적으로 보면 과연 그린벨트제도가 필요할 것인가에 대한 경제적 분석이 있습니다. 과연 그린벨트제도가 원래 그 법이 수용하고 있는 바와 같이 예를 들어서 도시의 맑은 공기라든지 도시주변의 난개발을 막을 수 있는 것이냐에 대한 경제학적 분석에 따르면 '썩 그럴 것 같지가 않다'라고 하는 이야기를 하고 있고요. 차라리 그거를 통해서 도시주변은 개발이 안 되지만 도시내에 있는 녹지대가 다 사라져가고 있지요, 사실은. 왜냐하면 주변의 개발이 안 되니까 도시내에 있는 녹지공간이 가치가 올라가서 다 개발되어 버리고 있거든요.

그래서 실제 그게 지향하는 목적을 제대로 달성할 수 있는 것이냐에 대한 의문이 좀 있고요. 그랬을 경우에 실제 그러면 현재 재산권소유자가 이와 같은 법률에 의해서 피해가 발생했다라고 했을 때 그거를 보상해야 되는 것이냐?라는 것은 또 다른 문제라는 거지요.

우리가 경제적으로는 법률 자체가 원래 법이 추구하는 목적을 달성 못했다 하지만 지금 현재 그 상태 하에서 재산권을 보유하고 있는 사람에게 보상을 해야 되는 것이냐라고 하는 문제는 좀 다른 문제라는 거지요.

제가 보기에는 원래 그 법 자체가 처음 입법되었을 때 그때 이미 그럴 경우에 말씀드렸던 대로 예상하지 못한 손실이지요, 그거는.

정부의 법률에 의해서, 또 법자체가 원래 추구하던 목적을 주로 달성할 수 없었던 그런 법률에 대해서 그 당시에 재산권보유자에게 예상하지 못했던 손실이 발생했다 한다면 그 당시에 그런 판단을 했다 한다면 큰 문제는 없을 텐데, 이미 이게 상당히 오래된 기간이어 버리잖아요. 이랬을 경우에 과연 이거를 보상해야 되는 것이냐라고 하는 문제는 글쎄요, 경제학자들이, 물론 법률에서야 옳고 그름이 가려지니까 경제적 부담과는 무관하게 '이거 뭐 옳으면 옳은 거고 그르면 그른 것 아니냐'라고 말할지 모르겠지만 글쎄요, 지금 현재 그린벨트가 이게 완화되어 버리면 그 반대로 현재 재산권을 보유하고 있는 사람에게 윈프라프라빗을 안길 가능성이 많습니다. 그러니까 예상하지 못한 이익을 안겨줄 가능성이 많지요. 그런 의미에서 경제학자들도 이거 어떻게 풀어야 되는 것이냐의 문제, 심각하게 고민하고 있는 문제들입니다.

그래서 이거를 말씀드렸던 대로 정확한 답이 될 수 있을지 모르겠습니다마는 저는 초기에 이게 빨리, 예를 들어서 예상하지 못한 손실이 발생해 가지고 초기에 헌법재판소에서 빨리 해결되었으면 좋았을 텐데, 그게 그렇지 못하고 이미 시간이 많이 흘러간 상태에서 이루어졌기 때문에 헌법재판소가 그렇게 판결할 수밖에 없지 않았었나 하는 생각이 듭니다.

황 치 연 : 황치연 연구관입니다.

저는 기본적으로 헌법적 가치판단과 경제학적 효율성, 효용성 판단이 호환적인 것은 아니다, 그러니까 어느 정도 헌법적 가치판단의 이코노믹 어널러시스 어프로치의 기초는 될 수 있어도 이것을 대체할 수 있는 그런 판단 틀은 아니다, 이런 생각을 가지고 있는데요.

일단 제가 잘 모르기 때문에 발표문에 대해서 의문이 나는 것을 두 가지만 여쭤보겠습니다.

88페이지를 보면, 입법을 통하여 보상여부가 정해지면 이익집단의 정치적 영향에 따라 보상여부가 결정될 가능성이 크다고 하고 있습니다.

이거는 경제학적 분석이라고 보기보다는 오히려 뭐라 그럴까 그냥 판단적인 요소가 아니겠는가? 이렇게 생각을 합니다.

왜냐하면 미국에서는 이 재산권수용에 대해서 입법수용이 원칙입니다. 입법부가 판단하는게 원칙이고, 행정수용이 예외적입니다. 또 독일에서는 행정수용 그러니까 법률에 근거해서 하지만 보상을 할 것인가 말 것인가 구체적인 상황에 따른 판단은 행정부가 하는 것이 원칙이고 입법수용은 아주 예외적으로 합니다, 독일의 경우는.

그런데 이와 같이 미국 같은 경우는 모든 보상을 법률로 하라는 그런 주의에 입각한다면 오히려 이거는 미국적인 상황과는 배치된다, 이렇게 생각이 됩니다.

그리고 89페이지에 보면 이거는 너무나 극단적인 경제학적인 분석이 아닌가?

예컨대 정부가 재산상의 손실에 대해서 보상하는 것은 보험시장의 역할을 대신하는 것이라고 보는데, 그래서 개인들은 재산권침해에 대한 손실을 피하기 위하여 보험료로 세금을 지불하고 정부의 재산권침해가 발생하면 보상이라는 보험금을 받는다고 하는데, 이거는 아주 최고로 극단적으로 나간 경제학적인 분석이 아니겠는가. 우리가 보상을 할 때 기준이 단순히 보험금 받는 것으로 귀결될 것만은 아닐 텐데 여러 가지 경우에, 예컨대 미국식 개념으로 얘기하면 취득적 수용과 규제적 수용이 있는데, 아예 재산권을 박탈해 오는 경우 이 경우도 있고, 어떠한 재산권의 사용을 규제하는 경우 이 경우에도 보상이 필요하냐의 여부 이런 거를 따지는 건데, 만약에 규제적 수용의 경우에도 보험금을 수령하는 것으로 판단할 수 있을까? 한번 여쭤봅니다. 잘 몰라서.

발 표 자 : 잘 들었습니다.

글쎄요, 그런데 이익집단의 정치적 영향력에 대한 보상여부라고 하는 것은 글쎄요, 경제학자들이 민주주의 하에서 정부가 입법을 하는데 그 입법이 어떤 때보면 생각한 것과 달리 대단히 사회적으로 바람직하지 못한 법률도 만들어지더라, 혹은 비효율적인 법률도 만들어지더라, 왜 그럴까라고 하는 문제를 분석하다보니까 이게 정부의 그런 법률 자체가, 정부가 입법해서 만들어지는 법률 자체가 대단히 이익집단들의 정치적 영향에 따라 이루어지더라, 보상여부도 그런 경우가 좀 있더라라고 하는 그런 경험적 사실에서 나온 것이고요. 이유를 한번 살펴봐야겠지요.

그런데 두 번째는 글쎄요, 실제 이런 경우입니다. 그러니까 정부가 어떤 경우, 예를 들어서 정부가 수용을 하는 경우에도 보상이 안 이루어진다라고 한다하더라도 그게 문제 되겠느냐라고 물어보는 겁니다.

경제학자들은 좀 엉뚱한 질문을 많이 합니다마는, 경제학자들이 질문하는 것은 정부가 보상 안하면 어떡하냐? 보상 안하면 또 어때? 라고 물어보는 겁니다. 보상을 안 하면 어떡하겠느냐? 나도 개인이 생각해 본다는 거지요. "야, 정부가 보상 안 해준다는데 혹시 정부가 내 집을 그냥 가져가면 어떡하냐?" 혹시 거기에 대해서 개인이 피해가 많기 때문에, 예를 들어서 정부가 나름대로, 개인이 보험을 들겠지요, 보험시장이 발달되어 있으면 보험을 들어가지고 정부가 어떤 이유로 집을 다 가져가 버리면 보험으로 좀 어떻게 커버해 보자, 그 위험을 커버해야 되니까요. 그런 거하고.

정부가 만일에, 보험시장이 발달되지 않아가지고 예를 들어서 정부가 차라리 그러면 마찬가지지요, 개인들한테 세금을 받아가지고 보상해 준다라고 하는 것 하고 실제로는 원리적으로 보면, 개인이 내는 조세부담이라고 하는 것과 보험료 부담이 똑같이 일어난다한다면 개인이 내는 그런 조세부담액이나 보험료나 똑같지 않겠느냐라고 보는 겁니다.

개인이 보험료를 내가지고 보험회사가 커버해 주는 것이나 정부가 세금을 걷어가지고 보험료 대신 받아가지고 보험회사 대신에 정부가 재산상 침해를 했을 때 주는 것이나 원리는 똑같다는 이야기지요.

경제학자들이 좀 엉뚱한 데가 있습니다마는, 실제 거기서 경제학자들이 인플리케이션을 주는 것은 예를 들어서 다수의 국민들, 그 정부의 재산권제한이 보편적일수록 별로, 침해가 이루어진다 하더라도 혹은 레귤레이션이 이루어진다 하더라도 그거를 뭐 보상할 필요는 없다, 어차피 보상이 이루어졌을 경우에는 세금으로 보상해 줄 테니까 자기 세금 내가지고 자기가 가져오는 것과 마찬가지 아니냐라고 보고 있다는 겁니다.

황 치 연 : 그러면 한 가지 더 여쭤보겠습니다.

100페이지 마지막에 보면 "외국대사관에 대한 강제집행권이 면제되었을 때 발생하는 위험을 청구인이 미리 알 수 있었다 하더라도 이러한 위험을 국민들이 부담하는 것이 효율적인 결과를 초래한다." 이렇게, 청구인이 미리 알 수 있었다 하는 경우, 그러니까 외국대사관하고 임대계약을 맺을 때 강제집행을 할 수가 없다, 이거를 알고 있는 경우에도 더 효율적이라고 생각하는 거는 어떤 법적인 판단과 경제학적인 판단이 상치되는 부분인데 거기에 대해서 어떻게 생각하시는지?

발 표 자 : 그러니까 알고 있었다 하더라도 이때 이 부분이 보험으로 다 커버한다라든지라고 한다면 괜찮지만 실제로는 개인이 부담하는 비용이 커버리지요. 실제로 개인이 그 사실을 이미 법률이 다 알려져 있기 때문에 다 개인이 알 수 있는 상황이지요. 따라서 개인이 수인해야 할 사항이다라고 해버린다면 실제 외국대사관에서 임대를 할 수 있는 그런 대사관이 상대적으로 위축이 된다는 이야기입니다.

그랬을 경우에 얻을 수 있는 사회적인 비용들, 왜냐하면 외국대사관이 국내에서 쉽게 임대주택을 구해가지고 외교활동을 통해서 얻을 수 있는 이익은 국민들 다수가 이익을 본다는 이야기입니다.

따라서 그런 외부에 미치는 외부효과 부분들을 집주인은 전혀 고려하지 않고 있기 때문에 실제 그런 활동이 사회적으로 필요하다고 한다면 우리가 말씀드렸듯이 양의 외부성과 비슷하다는 이야기입니다. 예를 들어서 외국대사관이 국내에 와서 활동하는데 도움을 줄 수 있는 그런 부분이 있다 한다면 그런 부분들에 대해서는 좀 재산상의 피해를 보면, 왜냐 하면 그런 부분으로 양의 외부성을 줄 수 있는 그런 부분으로 자원이 많이 사용되도록 사회적으로 조장하는 행위들이지요. 그런 행위들에 대해서는 글쎄요, 좀 국가에서 부담을 한다하더라도 … 나타나지 않는 문제이기 때문에 그렇게 했을 경우에 적어도 국민들에게 미치는 그런 외교적인 이익들에 비해서 국민들이 얻는 조세부담이라고 하는게 더 클 것이냐? 크지는 않을 것이다, 이익이 더 클 것이다라고 생각하고 있는 겁니다.

사 회 자 : 9시까지 해 달라고 주문을 받았는데요, 짧은 질문들 좀 해 주시지요.

허 성 욱 : 지정토론자인데 또 토론해도 되는지 모르겠습니다만 기회를 주신다면 제가 짧게, 우리 최갑선 연구관님의 토론문과 관련해서 108페이지에 보시면 위에서 아홉째 줄에 "재산권은 현존하고 있는 재산적 가치가 있는 구체적인 권리를 말한다." 그리고 109페이지 위에서 두 번째 줄 보면 "미래이익 자체는 재산권 보장의 대상이 되지 않는다." 이렇게 설명을 하셨는데, 이거 좀 생각해 볼 필요가 있는 것 같거든요.

현존하는 재산적 가치의 크기에는 그 재산이 미래에 가져다줄 수 있는 수익이 다 계산되어 있는 것이거든요. 빌딩의 가치다, 그거는 내가 이거를 몇 년 동안 임대해서 임대료 받을 수 있는 수입까지 다 기대수입을 고려해서 그 빌딩의 가치가 결정되는 것이거든요. 그러므로 미래의 이익은 전혀 재산권보상의 대상이 되지 않고 현존하는 가치만이 보상의 대상이라는 것은 맞지 않고요. 그런 것이지요. 이게 재산적 이익이라는 사실은 변하지가 않지요, 그런 이익이 있는지 없는지 여부는, 중요한 거는 어느 범위의 이익까지를 법적으로, 이른바 권리라는 이름을 부여해서 보호를 해 줄 것인가의 문제인데, 그거는 정답이 있는게 아니지요.

그러니까 그거의 일응의 기준은 거래비용인 것 같습니다. 어느 정도까지 구체적인 범위를 정해서 가액을 산정할 수 있느냐에 따라서 그게 충분히 가능한 범위까지는 법이 이른바 권리라는 이름으로 재산권을 설정해 주어서 규율하는 것이 바람직하고요. 그게 아니라 분명한 어떤 이익이기는 하지만 잠재적이고 그게 실현되었을 때 얼마가 될지 알 수 없는 그 이익을 이른바 재산권이라는 이름으로 권리화시켜서 보호해 주기에는 비용이 너무 많이 들기 때문이라는 것이지요.

법원이 그거를 정확히 계산해내기도 어렵고 당사자들도 마찬가지고요.

그런 의미에서 어느 범위까지 권리설정의 문제로 이해를 하면 될 것 같고요.

그것과 관련해서 이른바 법의 경제적 분석에 관한 제일 큰 오해 중에 하나가 이른바 경제적 분석은 이른바 경제적 가치가 있는 권리를 통계적으로 계산해서 얼마, 금전적 가치로 환산해서, 그리고 다른 가치도 역시 금전적 가치로 환산해서 그 두개를 비교를 해서 어느게 더 크다 적다라는 분석을 하는 것만을 이른바 법의 경제적 분석이라고 이해를 하는 것 같거든요. 그게 가장 큰 오해인 것 같고, 그게 이른바 법의 경제적 분석에 대한 법률가들의 반감 내지 거부감의 가장 큰 원인인 것 같습니다.

그런데 경제적 분석에서 방금 말씀드린 실증적인 계량분석 그 다음에 비용편익분석은 중요하기는 하지만 아주 작은 부분이거든요.

진정한 경제적 분석은 이른바 희소성, 원하는 거는 너무 많은 데 그거를 충족시켜 줄 수 있는 재화가 부족하니까 어떤 선택을 하는 것이 가장 합리적인가를 놓고 고민을 하는 그런 인간의 선택방식 그리고 유인책에, 그리고 어떠한 제도하에서 어떤 선택방식을 보이는지가 제가 생각할 때는 경제학의 가장 큰 분야인 것 같거든요. 그런 관점에서 보면 법학도 전혀 다르지 않지요. 법과 규칙이 필요한 이유는 우리가 원하는 거를 다 가질 수 없기 때문인 거지요. 사람도 너무 많고 각자가 가지고 있는 욕심들도 너무 많기 때문에 그거를 적절한 원칙을 나누어서 세우지 않으면… 비극이나 다 힘들어지는 상황이 발생하니까 그 원칙을 만들 필요가 있고, 그렇게 만들어진 원칙에 대한 해석을 하는 것이 법학이 되는 것이지요.

즉 그런 관점에서 보면 아까 말씀드린 희소성하에서 경제주체들이 어떤 유인에 따라서 행동하는지에 관한 고민은 법학에 있어서 법제도를 어떻게 설계하고 주어진 법을 어떻게 해석하고, 이 법률을 위헌이라고 보는 경우와 그렇지 않은 경우로 보는 것에 따라서 어떻게 달라지는지에 관한 고민과 전혀 다르지가 않지요.

아까 전형적인 법적인 가치판단의 문제이고 전혀 경제적 고려가 아니라고 말씀하시는 것도 조금만 분석을 해 보면 결국은 양립불가능한 두 개의 가치 있는 이익을 법이 제도적으로 둘 다 취할 수 없으니까 어떤 기준에 따라서 선택할 것인가를 고민하는 문제이고, 또 하나의 선택을 했을 때 그것이 제도의 영향을 받는 정치주체와 경제주체들에게 어떤 유인책에 영향을 미치는지 어떻게 행동의 변화를 가져오는지를 고민을 하는 것이거든요.

그런 관점에서 보면 아까 말씀하신 전형적인 법적인 판단, 가치판단이라고 생각하신 거 바로 그게 경제적 판단과 전혀 다르지 않는 것인 것 같거든요.

그렇게 이해를 하시면, 아까 너무 역력하게 이른바 법의 경제적 분석에 대한 반감이 노골적으로 표출이 되셨는데 전혀 그러실 필요가 없고, 방금 말씀드린 그런 고려를 빼고 이른바 법학방법론, 도그마틱, 무슨 원리에 따라서 가고, 적정성 원칙, 비례의 원칙, 최소침해의 원칙, 자 이것 갖고 하드케이스에서 답을 찾을 수 있냐하면 전혀 그렇지 않거든요. 결국 마지막에 가면 선택의 문제가 남고 대립하는 가치 사이에서 가치판단의 문제가 남게 되는 것이거든요.

그거 법학자들이 고유의 권한으로 잘할 수 있다고 생각하지만 가슴에 손을 얹고, 저도 사실 판사를 했지만, 고백을 하면 더 잘한다는 보장이 없지요. 법철학적인 가치판단 방법론의 도움을 받든지 경제학적인 분석론의 도움을 받든지 분명히 필요한 것이지요.

그 경제적 가치분석의 대상을 단순히 금전적인 가치 있는 것 또는 돈이 되는 것 안 되는 것이라고 이해를 하면 아주 멀어지지만, 경제학자들이 그렇게 바보는 아니잖아요. 다 돈 되는 것만 가지고 이야기를 하지 않고 돈 안 되는 것 가지고 이야기한지가 50년이 넘었거든요. 경제학자들은, 게리버커부터 시작해 가지고, 지금은 그 이야기만 하고 있고, 그리고 다 바보들이 아닌 이상 말도 안 되는 이야기하는 서로 노벨상 주고받고 이러고 있지는 않을 것 아니겠습니까?

그러니까 똑같은 사람이 모여서 살면서 우리가 법적으로 고민하는 문제를 똑같은 문제를 다만 다른 면에서 다른 언어로 사용하고 있을 뿐이지 같은 고민을 하고 있고 이미 그 분야에 많은 연구결과가 쌓여 있는데, 방금 말씀드린 거부감 그리고 사용하는 언어가 다른 데서 오는 진입장벽으로 인해서 너무나 많은 도움 받을 수 있는 가치 있는 것들을 외면하고 있는게 아닌가라는 생각이 든다는 것이지요.

그래서 저는 오히려 이거를 보면서 이 자리가 법의 경제적 분석에 대한 오해와 반감만 더 키우는 자리가 되는게 아닌가 싶어서 제가 분을 참지 못하고 끼어들었습니다.

죄송합니다.

사 회 자 : 저한테 쪽지가 날라왔거든요.

조금 있다가 뒤풀이 장소가 있답니다. 그래서 이따 말씀하셔도 참을 수 있으시면 양해를 해 주시고요.

(이하 녹음 안 됨)

제 81회(2007. 12. 7) 발표문

변호인의 조력을 받을 권리에 관한 헌법재판소 해석방법론 검토

이 완 규*

I. 서

1. 형사소송과 변호인의 조력을 받을 권리의 의의

피의자·피고인을 소송의 객체로 취급하던 규문시대나 형사소송절차에서의 인권의식이 아직 미흡하던 제2차 대전 이전과 달리 현대의 형사소송절차에서는 피의자·피고인을 소송의 객체가 아니라 주체로 인정하고 형사절차의 진행과정에서 자신을 방어하고 소송절차에 영향력을 미칠 수 있는 각종의 권리들을 인정하고 있다.[1)]

이러한 피의자·피고인의 방어권은 소추 측과 피소추 측이 대등한 당사자적 지위에서 공방을 하는 소송체계를 발전시켜온 영미법계의 당사자주의 형사사법체계에서는 당사자로서의 대등성의 관점에서 발전되어 왔다. 반면에 규문시대를 거친 대륙법계의 직권주의 형사사법체계에서는 피의자·피고인의 소송주체성의 인정과 법치국가원리의 실현이라는 관점에서 발전되어 왔다.[2)] 예컨대 독일 연방헌법재판소는 법치국가원리에 내포되어 있는 적정절차에 관한 권리는 피의자·피고인의 소송법적 무기대등(Waffengleichheit)의 요청을 통해 특징 지워진다고 한다.[3)]

그런데 피의자·피고인이 이와 같은 방어권을 제대로 행사하려면 법률적 전문가의 도움이 필요한데 바로 그 도움을 주는 사람이 변호인이다. 즉, 변호인은 법률적 전문지식을 가지고 피고인·피의자의 방어를 돕는 보조자이다.[4)]

---

* 대검찰청 검찰연구관.

1) Kleinecht/Meyer-Goßner, StPO 47. Auf., C.H.Beck, 2004, Einleitung Rn. 80; BVerfGE 57, 25, 275=NJW 81, 1719, 1722; BVerfGE 63, 380, 390=NJW 83, 1599.

2) Pfeiffer, StPO-Karlsruher Kommentar 5 Aufl., C.H.Beck, 2003, Einleitung Rn. 64.

3) BVerfGE 38, 105.

4) 신현주, 「형사소송법」(신정 2판), 박영사, 2002, 140쪽; 이재상, 「형사소송법」(제6판), 박영사,

이러한 변호인의 조력을 받을 권리는 인권의 차원으로 인식되게 되어 제2차 세계대전 이후에 1948년 유엔에서 채택한 세계인권선언은 제11조 제1항에 피고인의 방어를 위하여 필요한 모든 보장 장치가 보장된 법정에서 재판받을 권리를 인권의 하나로 선언하고 있고,[5] 유럽인권협약은 적정절차에 대한 권리를 규율하는 조문에서 변호인의 조력을 받을 권리를 규정하고 있다.[6] 우리 헌법도 제12조 제1항에 적법절차를, 제12조 제6항에 변호인의 조력을 받을 권리를 규정하고 있다.

2. 변호인의 조력을 받을 권리의 내용과 헌법적 형사소송론

변호인의 조력을 받을 권리가 헌법상으로 보장되어 있다고 하여도 구체적으로 그 권리의 내용이 무엇인가가 문제된다. 이에 관하여 현재 미국, 독일 등 선진국의 입법례 상으로 살펴보면 ① 변호인 선임권, ② 변호인의 대리권, ③ 변호인 접견교통권, ④ 공판절차에서의 변호인의 변론권, ⑤ 변호인의 증거 및 기록 열람·등사권(증거개시에 관한 권리), ⑥ 수사 및 공판외 각종 절차에의 변호인 참여권 등을 들 수 있다.

이러한 각종의 권리 중에서 ① 변호인 선임권, ② 변호인의 대리권, ③ 변호인 접견교통권, ④ 공판절차에서의 변호인의 변론권, ⑤ 수사 및 공판외 각종 절차에의 변호인 참여권(피의자신문에서의 변호인 참여권은 제외) 등은 일찍부터 인정되어졌다. 다만, 변호인의 증거 및 기록 열람·등사권의 범위문제나 변호인의 피의자신문 참여권의 문제는 비교적 최근에 논의가 되고 있다고 할 수 있다.

먼저, 변호인의 증거 및 기록 열람·등사권 문제는 대륙의 직권주의 체제에서는 검사가 공소제기시 법원에 기록을 송부하고 변호인이 법원에서 소송계속 중의 기록으로서 열람·등사하는 구조로서 비교적 오래전부터 인정되어 왔다. 이에 반하여 미국의 경우는 당사자주의에 입각하여 상대방의 증거를 미리 보여주게 하는 제도가 1940년대부터 비교적 늦게 도입되고 그 범위도 점진적으로 확대되어 왔다.[7]

2002, 118쪽; Pfeiffer, 앞의 책, Einleitung Rn. 64.

5) Everyone charged with a penal offence has the right to be presumed innocent until proved guilty according to law in a public trial at which he has had all the guarantees necessary for his defence.

6) 유럽인권협약 제6조(적정절차에 관한 권리) 제3항 제c호 "스스로 방어하고, 자신이 선정한 변호인을 통하여 방어하거나 지불능력이 없는 경우에 형사사법의 이익에 필요한 때에는 무상으로 변호인의 조력을 받을 권리."

7) 미국 연방법에 증거개시 규정이 도입된 것이 1946년이고 그 후에 여러 번 개정을 거친다.

반면에 피의자신문에의 변호인 참여제도는 수사기관이 피의자를 조사할 목적으로 구인할 수 있고 이에 따라 구금 중의 피의자조사를 중심으로 하는 피의자신문제도가 있는 프랑스나 독일 등의 국가에서는 비교적 뒤늦게 도입되었다.[8)]

한편 일본은 이와 같은 변호인의 조력을 받을 권리의 내용적 범위의 확대에 관한 각국의 발전 추세를 면밀히 검토하여 2003년 형사소송법을 개정하여 공판준비절차에서의 증거개시제도를 도입하여 변호인의 기록 열람·등사권을 확대하였다. 그러나 아직 피의자취조[9)]에의 변호인 참여권은 인정하지 않고 있다. 즉, 변호인의 조력을 받을 권리의 내용적 범위에 있어서는 각국의 소송구조나 사회적, 문화적 상황에 따라 차이가 있다.

우리나라의 현행 형사소송법은 헌법상의 변호인의 조력을 받을 권리를 구체화하여 ① 변호인 선임권, ② 변호인의 대리권, ③ 변호인 접견교통권, ④ 공판절차에서의 변호인의 변론권, ⑤ 변호인의 기록 열람·등사권, ⑥ 수사 및 공판외 각종 절차에의 변호인 참여권 등을 인정하고 있다. 다만, 검사가 법원에 제출하지 않은 기록 등에 대한 열람·등사권이나 피의자신문에의 변호인 참여권은 법에 규정을 두고 있지 않고 있었다.

그런데 미국 연방대법원이 헌법해석권한을 이용하여 헌법상의 변호인의 조력을 받을 권리나 적정절차 원리 또는 압수·수색 관련 조문 등의 해석론을 통해 헌법을 구체적 사건에 직접 적용하는 사례 등으로부터의 영향 또는 독일 헌법재판소가 마찬가지로 헌법해석권한을 통하여 구체적 사건에 헌법을 적용하는 사례 등의 영향을 받아 헌법 규정의 해석을 통하여 외국의 입법례상으로 인정되는 일정한 권리 등을 구체적 법률이 없는 때에도 인정하려는 시도가 발생하게 된다. 이러한 시도를 소위 헌법적 형사소송론이라고 하는데 특히 변호인의 조력을 받을 권리에 관하여 실정법상 선진국의 입법례에 비추어 미흡한 점이 많은 일본에서 변호인의 조력을 받을 권리의 확대를 위한 해석론으로 많이 전개되었다.[10)]

이러한 헌법적 형사소송론의 영향으로 우리나라의 대법원과 헌법재판소도 검

8) 독일은 1976년 개정에서 검사에게 피의자신문을 위한 구인권이 인정되고 이에 따라 검사의 피의자신문에도 변호인참여가 인정되게 되었다. 경찰은 구인권이 없으며 따라서 경찰의 피의자신문에는 변호인참여가 피의자나 변호인의 권리로 규정되지 않고 있다. 물론 경찰이 변호인을 참여하게 할 수는 있다.

9) 일본은 전후에 피의자신문제도를 폐지하고 피의자취조로 전환하였는데 피의자취조는 원칙적으로 임의수사이나 체포·구금 중에는 출석의무와 체류의무가 인정되어 강제성이 있는 신문의 성질이 유지되고 있다.

10) 村岡啓一, "憲法的刑事訴訟論," 「刑事司法改革と刑事訴訟法(上)」, 日本評論社, 2007, 32쪽; 일본에서의 헌법적 형사소송론에 대한 개관으로는 憲法的刑事手續研究會, 「憲法的刑事手續」, 日本評論社, 1997 참조.

사가 보관하는 수사기록의 열람·등사권[11] 및 피의자신문에의 변호인참여권[12]과 관련하여 형사소송법에 구체적 규정이 없음에도 불구하고 헌법상의 변호인의 조력을 받을 권리나 적정절차의 원리 등에 근거하여 직접 도출하여 인정된다고 하는 등으로 이러한 흐름을 주도하여 왔다. 그리고 이러한 헌법재판소의 결정에 따라 이들 제도에 대한 입법논의가 이어져 개정 형사소송법에 관련 조항들이 도입되게 되었다.

3. 변호인의 조력을 받을 권리에 대한 헌법적 형사소송론의 문제점

그런데 헌법재판소나 대법원의 이러한 일련의 판례를 보면서 필자가 가졌던 의문이 있다. 이들 판례와 같이 아무런 구체적 입법이 없음에도 불구하고 일반 규정인 헌법조항에 따라 열람·등사권이나 변호인 신문참여권과 같은 개별적 권리를 도출한다면 그것은 헌법조문상의 변호인의 조력을 받을 권리에 이미 이러한 권리들이 내포되어 있음을 의미한다. 이와 같이 이해하면 구체적 입법이 없는 것은 입법의 태만에 불과할 뿐이다.

이러한 해석론은 인식론적으로 보면 권리의 실체가 일정한 모습으로 존재하는 것이 전제되고 우리에게 남은 것은 단지 그 실체를 인식하는 과정만 있다는 식의 접근방식을 기초로 한다. 그렇기 때문에 입법자는 이렇게 헌법상의 권리의 범위로서 존재하는 권리를 입법으로 구체화하여야 할 뿐이다. 그런데 그와 같이 입법으로 구체화하기 이전에 헌법규범 안에 이미 존재하는 권리는 구체적으로 어떠한 범위와 모습을 가지고 존재하는 것일까. 만약 헌법해석론으로 이러한 권리의 구체적 범위까지 해석해 낼 수 있다면 이러한 해석의 작업과 입법은 어떤 차이가 있을까 하는 의문이 생긴다. 즉, 헌법 조항에 따라 권리실현을 위한 구체적 범위와 한계 등을 정하는 것이 입법인데 이미 헌법해석으로 그 구체적 범위와 한계를 도출할 수 있다면 결국 입법 자체가 해석론의 결과를 조문화하는 것 이상이어서는 안 되기 때문이다. 이러한 관점에서는 헌법해석으로 도출되는 구체적 범위와 한계를 벗어나는 입법은 위헌이라는 논리로도 이어질 것이다. 그렇다면 결국 법해석과 입법이 중복되는 것이 되고 상호관계의 문제가 발생할 수 있다. 즉, 헌법해석의 명목하에 입법의 권한을 행사하는 것이 될 수 있다는 것이다. 이러한 문제의식 하에서 헌법적 형사소송의 관점에서 헌법상의 변호인의 조력을 받을 권리를 직접 적용한 헌법재판소의 판례의 해석방법론을 검토하여 보고자 한다.

---

11) 헌법재판소 1997. 11. 27. 선고, 94헌마60 결정.

12) 헌법재판소 2004. 9. 23. 선고, 2000헌마138 결정.

Ⅱ. 헌법 해석과 입법의 관계

1. 법해석의 방법론과 헌법재판

가. 자연법론, 법실증주의, 해석학적 접근방법

법이란 무엇인가에 대하여 법철학사에서는 자연법론과 법실증주의가 대립하여 왔다. 자연법론은 마치 물리적 자연에 법칙들이 존재하는 것처럼 형이상학적인 자연의 법칙도 존재할 것이라는 전제하에서 법에서도 처분될 수 없는 실체가 존재한다는 생각이다.13) 자연법론이 전제하는 객관주의 인식개념과 실체존재론적 법개념은 역사적인 것과 비합리적인 것의 의미에 대해 눈이 뜨이기 시작하면서 비판을 받게 되었다. 특히 칸트의 인식 비판에서 오성에 대하여는 단지 감각적 직관의 대상을 사고할 수 있는 능력만 인정되고 따라서 선험적(a priori)으로 주어지는 것은 오로지 직관의 형식들과 사고의 형식들일 뿐으로 된다. 이에 따라 자연법과 관련하여서는 개별적 내용에 있어 절대적으로 옳은 것으로 확정된 법문은 불가능하다는 것이 된다.14)

이에 반해 법실증주의는 어떠한 것도 미리 주어지지 않으며 설령 미리 주어지는 법의 내용이 있다고 하더라도 그것은 인식 불가능하다는 입장이다. 그리하여 법의 내용이란 임의적인 것이다.15) 즉, 법은 존재하는 자연질서에 기속되지 않는 변화가능한 “입법자의 의지”이며16) 법관은 단지 법률을 사례에 포섭시키는 역할만을 한다.

그러나 법실증주의는 법질서의 무흠결성이 전제되어야 타당한 의미를 갖는데 입법자들이 강한 도덕의식에 의해 이끌어질 때는 문제가 없을 것이나 독재의 시대 또는 법률의 형식을 빈 불법의 시대에는 한계를 보인다. 나치시대에 악법의 출현으로 순수 형식적 법률개념은 실패하게 되고 다시 법률규범을 배제하고 초실정적인 본질적인 법, 즉 자연법을 원용하여 이 문제를 해결하고자 하는 노력이 발생한다. 라드부르흐의 법률적 불법무효론이 그 예이다.17)

독재의 경험과 법실증주의의 실패, 법률을 초월하는 원리 내지 초월적 법에

13) A. Kaufmann, 김영환 역, 「법철학」, 나남, 2006, 77쪽.

14) 위의 책, 86쪽.

15) 위의 책, 116쪽.

16) 위의 책, 97쪽.

17) 위의 책, 120-121쪽.

의한 입법의 통제 논의는 일반적인 법원리나 자연권 등을 포함하는 헌법이라는 기본법을 통하여 구체적 법률의 내용을 통제하고자 하는 시도로 나타나고 이러한 사고가 헌법재판의 출발점이 되었다고 할 수 있다. 즉, 실정헌법에 자연권과 자연법이 내재하는 것으로 이해하게 되고 따라서 실정헌법은 구체적 자연법으로 이해된다.[18]

한편, 자연법론과 법실증주의를 극복하고자 하는 제3의 시도로서 해석학적(hermeneutik) 접근방법은 일단 객관주의적, 즉 실체론적인 인식방법은 반대하며 이해 현상에 대하여 주관—객관—도식을 지양하고자 한다. 오히려 이해는 객관적인 동시에 주관적인 것이며 이해자는 함께 이해의 지평에 들어가 이해되어야 하는 것을 단순히 수동적 의식에서 모사하는 것이 아니라 그것을 형성한다. 법발견은 단순히 포섭의 수동적 행위가 아니라 법발견자가 함께 관여하는 형성적 행위이다. 즉, 법은 실체적인 것은 아니며 오히려 인간 상호간의 관계들 속에 그리고 사물과의 관계 속에 존재하는 관계적인 것으로 이해된다.[19]

나. 법 해석의 기준

일반적으로 법해석의 기준으로는 ① 법문의 의미로부터 시작하는 문리해석, ② 다른 규범과의 맥락을 고려하는 체계적 해석, ③ 입법자의 의사를 고려하는 역사적 해석, ④ 규범의 목적을 고려하는 목적론적 해석, ⑤ 외국법을 모방한 것일 때 그 원래의 법과 비교하는 비교법적 해석, ⑥ 동태적인 현실을 파악하고 이에 관련된 사회적 사실을 검토하여 고려하는 정치적·사회학적 해석 등이 언급된다.[20] 여기서 목적론적 해석에서 고려하여야 할 목적은 구체적으로 법률이 가지고 있는 특정한 규율목적을 의미하는 구체적 법률목적과 모든 법률에 공통적인 규범목적인 추상적인 법률목적으로 나누어진다. 추상적인 법률목적으로는 사안에 적절한 결정을 내리려는 목적, 즉 사안적 정의와 '같은 것은 같게'라는 평등원리에 의하여 개별적인 경우에 있어 차별을 두지 않도록 하여 통일적인 법적용을 가능하게 하는 것, 입법자의 의도를 이상적으로 실현시키는 효율성과 실용성 등이 들어진다.[21]

---

18) 김철수, 「헌법학개론」, 박영사, 2003, 29쪽.

19) 위의 책, 125-126쪽.

20) 김영환, 「법철학의 제문제」, 홍문사, 2007, 244-257쪽; 김철수, 앞의 책, 31-33쪽.

21) 김영환, 앞의 책, 257-258쪽.

2. 헌법해석과 입법

가. 헌법의 개방성

헌법은 정치적 통제의 규범으로서 역사적 조건과 지배상황에 따라서 제약된 역사적 가치이며 이데올로기적 성격을 가진다. 또한 헌법은 국가의 통일성을 유지하고 권력의 견제·균형을 이루어야 하며 개인의 자율성과 자유를 보장할 의무를 부과한다. 그러나 헌법은 모든 사항을 다 규정할 수 없으므로 자연히 입법자나 헌법개정권자에 의한 보완을 요구하게 되고 헌법재판에 의하여 구체화된다.[22)]

나. 헌법해석과 입법권과의 관계

이러한 헌법의 개방성으로 인하여 헌법은 그 이념과 가치의 구체적 실현을 위하여 입법을 필요로 한다. 그리고 국민주권주의의 원리가 지배하는 국가에서 국가의 입법행위는 민주적 정당성을 확보한 국회에 의하여 행해진다.[23)] 그런데 만약 입법에 의한 구체화 없이 헌법의 해석으로 곧 바로 구체적인 내용을 도출해낸다면 이는 입법행위와 等價의 행위를 하는 것이다. 그러므로 헌법재판소나 대법원 등 재판기관이 헌법의 해석으로 이와 같이 입법행위와 등가의 행위를 하는 경우 국민주권주의하의 민주적 정당성과의 충돌이 문제된다.

물론 고전적 의미의 법치국가 즉, 법률국가를 넘어 실정헌법에서 자연권적 성질을 가진 자유와 권리들을 포함한 가치들이 기본권으로 보장되어 헌법 속에서 자연권과 실정권 사이의 전통적인 대립이 소멸된 현대의 헌법국가에서는 의회주권이 입헌주의 원리 아래에 놓이게 되었다. 그리고 헌법을 해석하는 헌법재판소가 입법자가 제정한 법률의 위헌여부 재판을 통하여 실질적으로 입법자의 역할을 수행하게 되었다.[24)]

그러나 그럼에도 불구하고 헌법재판소가 국회를 대신할 수는 없다. 왜냐하면 앞에서 본 바와 같은 헌법규범의 이념성과 개방성으로 인하여 헌법은 어디까지나 입법의 한계를 그어주는 윤곽규범으로 존재하면서 공동체로 하여금 변화하는 상황에 적응하게 하는 것이고 그 구체적인 법질서를 형성하는 것은 민주적 정당성

22) 김철수, 앞의 책, 20-21쪽.
23) 정종섭, 「헌법소송론」, 박영사, 2006, 11쪽.
24) 정종섭, 앞의 책, 13쪽.

을 가진 입법자인 국회의 주된 임무이기 때문이다.[25]

만약 헌법재판소가 헌법이 가지는 윤곽규범으로서의 특성을 간과하고 모든 것을 해석론으로 해결하려 한다면 입법자인 국회가 입법 형성의 자유를 상실하고 헌법재판소에 종속되게 될 것이며 헌법재판소가 입법자의 자리를 찬탈하게 되는 결과를 초래한다. 따라서 법률의 위헌여부의 입법작용으로서의 성질을 가지더라도 국회의 입법형성의 자유는 보장되어야 한다.[26]

다. 헌법해석의 한계

이와 같이 헌법이 가지는 윤곽규범으로서의 성질, 입헌주의와 민주적 정당성에 의한 의회주권의 충돌 등을 고려하면 헌법의 해석에 있어서도 한계가 있다고 할 것이다. 헌법재판이 입법권을 대체하는 데까지 나아가서는 안 된다는 것이다. 그러면 그 한계는 무엇일까? 그것은 어디까지가 "헌법적"인 것이냐 하는 물음에서 찾아야 할 것이다. 예컨대 추상적인 기본권 조문 하나를 해석함으로써 그 기본권의 범위와 한계, 행사방법 등 구체적인 사항을 연역적으로 모두 도출해내면서 이것이 모두 "헌법적"이라고 할 수는 없을 것이다. 그러한 구체적인 내용을 기본권 조문 자체로부터 모두 도출해낸다면 그것은 해석을 넘어 적극적 입법작용이라고 할 것이다.

Ⅲ. 변호인의 조력을 받을 권리의 내용과 성질

1. 신체의 자유권을 보장하기 위한 절차적 기본권

헌법은 자유권의 하나로서 제12조에 신체의 자유를 규정하고 있다. 먼저 제1항 전문에서 신체의 자유를 선언하고 후문에서 죄형법정주의와 적법절차를 규정한다. 그리고 나서 신체의 자유권을 보장하기 위한 절차적 보장으로서 고문금지와 진술거부권(제2항), 영장주의와 적법절차(제3항), 변호인의 조력을 받을 권리(제4항), 체포 또는 구속의 이유 등을 고지 받을 권리(제5항), 구속적부심청구권(제6항), 자백의 보강법칙(제7항) 등을 규정하고 있다.[27]

---

25) 위의 책, 같은 쪽.

26) 위의 책, 같은 쪽.

27) 김철수, 앞의 책, 505-523쪽.

즉, 변호인의 조력을 받을 권리는 자유권적 기본권인 신체의 자유권을 보장하기 위한 절차적 기본권이다.

특히 변호인의 조력을 받을 권리가 형사절차 내에서 실현되는 것이기 때문에 그 절차 내에서 행사되는 기본권이라는 특징이 있다. 변호인의 조력을 받을 권리를 그 자체로 자유권적 기본권으로 파악하며 피고인이 변호인을 만나 조력을 받을 것을 국가로부터 방해받지 않을 자유권이라고 이해하는 견해도 있을 수 있다. 그러나 그러한 개념파악은 형사절차 이외에서라면 가능할 것이나 여기서 문제되는 것은 형사절차 내에서 어떠한 권리를 가지는가 이고, 형사절차 내라는 제한된 영역의 특성상 형사절차의 구조나 기본목적수행을 위한 각종 제도적 장치와 본질적으로 충돌되는 면이 있고, 이에 따라서 그 범위나 내용을 정할 때에 있어 비교형량과 충돌하는 법익간의 한계문제 등이 내재되어 있다.

따라서 변호인의 조력을 받을 권리를 시체의 자유나 거주이전의 자유 등과 같이 그 자체를 자유권적 기본권으로 보는 것은 타당하지 않다.

2. 변호인의 조력을 받을 권리의 내용과 입법의 성격

가. 제한적 법률유보와 형성적 법률유보

헌법이 기본권으로 정하고 있어서 그 내용과 범위를 특정하고 구체화하기 위하여는 구체적 입법이 필요하다. 기본권 규정을 구체화하는 입법과 관련하여 기본권 제한적 입법인지, 기본권 형성적 입법인지가 문제된다. 이는 기본권 제한의 관점에서 기본권 형성적 법률유보, 기본권 제한적 법률유보로 논하기도 한다.[28]

흔히 기본권 형성적 법률유보와 기본권 제한적 법률유보의 구분에 있어 헌법에 "법률이 정하는 바에 따라"라는 문구가 있는 경우는 대부분 형성적 법률유보이고 이 이외에 "법률로 제한할 수 있다"고 되어 있는 경우는 제한적 법률유보라고 하나[29] 이러한 문구가 없는 경우에도 성질상으로 구분할 수 있다고 본다.

나. 변호인의 조력을 받을 권리에 대한 입법의 성격

변호인의 조력을 받을 권리를 구체화하는 입법의 성격은 어떻게 파악하여야 할까. 사견으로는 기본권 형성적 성격을 갖는다고 본다.

먼저, 헌법 제12조 제4항의 변호인의 조력을 받을 권리조문에 "법률에 정하

28) 김철수, 앞의 책, 314쪽 각주 1.
29) 위의 책, 314, 317쪽.

는 바에 따라"라는 문구는 없지만 변호인의 조력을 받을 권리는 신체적 자유권을 보장하기 위한 절차적 장치중 하나로써 그 절차적 보장은 법률에 의한 절차에 의해 구체화되는 것이기 때문이다.[30] 예컨대 헌법 제12조 제1항은 법률과 적법한 절차에 의하지 아니하고는 처벌, 보안처분 또는 강제노역을 받지 아니한다고 규정하고 있는데 여기서 규정하는 "적법한 절차"는 법률에 의하여 형성될 수 밖에 없고 형사절차에서 이 적법한 절차를 보장하기 위한 장치 중의 하나가 바로 변호인의 조력을 받을 권리이기 때문이다.[31] 즉, 변호인의 조력을 받을 권리를 규정한 제12조 제4항은 적법한 절차에 관한 일반조항인 제1항을 구체화한 규정으로서 결국 변호인의 조력을 받을 권리도 법률에 의한 구체화가 필요한 권리라고 보아야 할 것이다.

이러한 해석은 또한 앞에서 논한 바와 같은 변호인의 조력을 받을 권리의 성질에 대한 이해로 부터도 도출 할 수 있다. 즉 변호인의 조력을 받을 권리는 국민이 모든 생활영역에서 변호인을 만나고 조력을 받을 권리의 문제가 아니고 형사절차라는 특정한 영역에서의 문제이다. 형사절차 그 자체가 이미 일정한 목적과 이념을 가지고 여러 소송주체들이 일정한 권한과 의무를 가지고 관여하는 절차이므로 이러한 절차에서 피고인과 변호인이 어떠한 내용의 권한과 의무를 가지고 절차에 관여하는 지는 절차내의 각종의 충돌하는 법익간의 비교형량을 통한 입법에 의해 구체화 될 것이다. 이와 같은 절차 내에서의 피고인의 권리에 대해 일단 무제한으로 국가로부터 방해받지 않을 권리라는 식으로 개념화한 후에, 일정한 법률상 제한사유에 의해 제한될 수 있으나 제한법률이 없으면 제한 없이 인정되어야 한다는 식으로 논리를 전개하는 것은 타당하다고 보기 어렵다. 또한 이러한 해석은 변호인의 조력을 받을 권리라는 개념의 불명확성으로부터도 근거를 찾을 수 있다. 기본권 제한적 법률에 의하여 권리범위를 형성하는 신체의 자유, 거주이전의 자유 등 자유권에 있어서 각 자유권의 개념은 비교적 명확하므로 그 내용을 정하는데 구체적 입법이 필요하다기 보다는 오히려 그 제한 사유를 정하기 위한 입법이 주가 된다. 그러나 변호인의 조력을 받을 권리에서 그 조력을 위하여 어떤 행위가 허용되는지 자체가 명확하지 않으며 이에 따라 허용되는 행위 자체에 대하여 형성적인 입법이 필요한 것이다.

만약 변호인의 조력을 받을 권리를 구체화하는 법률을 기본권 제한적 법률유

30) 헌법재판소 2004. 9. 23. 선고, 2000헌마138 결정의 재판관 김영일, 송인준, 주선회의 반대의견도 같은 취지.

31) 유럽인권협약이 제6조에서 적정절차에 관한 권리의 하나로서 변호인의 조력을 받을 권리를 규정하는 것도 이러한 취지라고 할 것이다.

보에 의한 것이라고 보게 된다면 변호인의 조력을 받을 권리에 포섭될 수 있는 것, 즉 변호인의 조력을 받을 권리를 실현하기 위한 방법으로 생각될 수 있는 것은 모두 헌법적으로 보장되어야 하고, 제한사유를 법률로 규정하지 않는 한 절대적으로 보장되어야 한다고 해석하여야 할 것이다. 이렇게 되면 사회의 발전에 따라 변호인의 조력을 받을 권리의 해석이 풍부하여 새로운 사항이 포섭될 때마다 입법으로 제한하는 법률을 규정하지 않는 한 무조건 보장하여 주어야 하는 혼란을 겪게 될 것인바 이는 합리적이라 할 수 없을 것이다.

다. 형성적 입법의 입법재량과 그 한계

변호인의 조력을 받을 권리의 구체화를 위한 입법을 형성적 입법으로 본다면 그 권리의 내용과 범위를 구체화함에 있어 입법자는 비교적 넓은 범위의 재량을 가진다고 할 것이다. 다만, 형성적 입법재량이라고 할지라도 기본권으로 규정된 이상 그 기본권의 본질적인 내용을 침해할 수는 없으므로(헌법 제37조 제2항) 변호인의 조력을 받을 권리의 본질적 내용을 침해하는 것은 입법재량을 일탈하는 것이라고 할 것이다.

또한 그 본질적 내용은 입법자의 구체화 이전에 헌법규정에 의하여 부여된 것이므로 헌법해석으로서 도출할 수 있을 것이며 따라서 구체화를 위한 입법이 없는 경우에도 헌법에서 바로 인정할 수 있을 것이다. 그러므로 결국 변호인의 조력을받을 권리와 관련하여 헌법해석으로 갈 수 있는 길의 한계는 어떤 범위와 내용이 '헌법적' 차원의 것이라고 할 수 있는 것인지, 즉 입법으로라도 침해할 수 없는 본질적 영역이 어디까지 인지라는 기준이라고 할 것이다.

3. 변호인의 조력을 받을 권리의 구체적 내용

이와 같이 헌법에 규정된 변호인의 조력을 받을 권리를 구체적 실현을 위하여 형사소송법에는 각종의 장치를 마련하고 있다.

가. 구법상의 권리

(1) 변호인 선임권과 변호인의 대리를 받을 권리

변호인의 조력을 받기 위하여 변호인을 선임할 수 있는 권리이다(제30조). 변호인의 조력을 받기 위하여 당연히 전제되는 권리이며 핵심적인 권리라고 하겠다.

한편, 피의자·피고인이 변호인의 조력을 받는 방법으로서 변호인이 피의자·

피고인이 행사할 수 있는 권리를 대리하여 행사하게 할 수 있는 권리를 들 수 있다. 이에 따르는 변호인의 대리권은 ① 변호인이 본인의 의사에 종속하여 행위하여야 하는 종속대리권[32]과 ② 변호인이 본인의 의사에 반하여도 행사할 수 있는 독립대리권[33]이 있다. 독립대리권은 본인의 권리가 상실되면 변호인의 대리권도 상실된다는 점에서 본인의 권리와 상관없이 인정되는 고유권과 구별된다.

(2) 변호인 접견 교통권

이는 변호인을 만나서 상담할 수 있는 권리이다. 피의자, 피고인의 입장에서도 변호인을 만나 상담할 수 있어야 그 조력을 요청할 수 있고 이에 따라 변호인도 피고인의 이익을 보호하고 방어활동을 협의할 수 있으므로 이 권리는 변호인의 조력을 받을 권리의 실현을 위하여 가장 핵심적이고 기본적인 권리라고 하겠다. 형사소송법 제89조는 구속된 피고인이 타인과 접견교통 할 수 있는 권리를 규정하고 있고, 형사소송법 제34조는 변호인의 권리로서 변호인이 신체구속을 당한 피고인이나 피의자와 접견교통 할 권리를 규정하고 있다. 신체구속을 당하지 않은 사람에 대하여는 이를 규정할 필요가 없이 당연한 것이라 하겠다.

(3) 변호인의 기록 열람 · 등사권

형사소송법 제35조는 변호인의 소송기록 열람 · 등사권을 규정하고 있다. 이는 피고인에 대한 혐의내용과 수사결과 및 증거를 파악하여 효율적인 변론활동을 준비하고 피고인을 조력할 수 있게 하는 권리이다. 현행법은 변호인만 열람 · 등사권자로 규정하고 있으나 개정 형사소송법은 피고인도 열람 · 등사권자로 규정하고 있다. 한편, 개정법은 공소제기후 검사가 보관하고 있는 서류 등의 열람 · 등사권도 규정하고 있다(개정법 제266조의3 제1항).

(4) 각종 절차에의 참여권

변호인은 피의자 · 피고인을 조력할 수 있도록 각종 절차에 참여할 권리를 가진다. 법원이 행하는 압수수색영장 집행에의 참여(제121조), 검증절차에의 참여(제145조), 증인신문에의 참여(제161조 제3항), 감정절차에의 참여(제176조) 등과 수사기관이 행하는 압수수색, 검증, 감정 등의 절차에의 참여권 등이 있다(제219조).

또한 변호인은 공판정에 출석하여 변론함으로써 피고인을 조력하게 된다. 이

---

32) 관할이전의 신청(제15조), 관할위반의 신청(제320조), 증거동의(제318조), 상소취하(제349조), 정식재판의 청구(제453조) 등.

33) 명시의 의사에 반하여 행사할 수 있는 것으로 구속취소청구(제93조), 보석청구(제94조), 증거보전청구(제184조), 공판기일변경신청(제270조 제1항) 증거조사에 대한 이의신청(제296조 제1항) 등이 있고, 묵시의 의사에 반하여 행사할 수 있는 것으로 기피신청(제18조 제2항), 상소제기(제341조) 등이 있다.

에 따라 공판기일전 증거신청권(제274조), 공판기일변경신청권(제270조), 증거신청권(제294조), 피고인신문권(제287조 제1항), 최후진술권(제303조) 기타 각종 신청권을 행사한다.

나. 현행 형사소송법상의 권리와 헌법재판소 판례

현행 형사소송법은 현행법상의 권리에 더하여 수사절차상 피의자신문에의 변호인참여권(개정법 제243조의2), 공소제기후 검사가 보관하고 있는 서류 등의 열람·등사권(개정법 제266조의3)을 규정하였다.

피의자신문에의 변호인 참여에 대하여는 법 개정전에 이미 헌법재판소에서 헌법규정을 근거로 이를 인정한 판례가 있었고,[34] 공소제기 후 검사가 보관하고 있는 서류의 열람·등사와 관련하여도 헌법재판소의 판례가 있었다.[35] 사견으로는 변호인의 조력을 받을 권리의 절차적 권리로서의 성격, 변호인의 조력을 받을 권리를 구체화하는 법률의 형성적 법률로서의 성격과 입법자의 입법재량의 범위 등을 감안할 때 현행법 하에서 형사소송법에 법적 근거가 없음에도 이러한 권리들을 헌법상의 변호인의 조력을 받을 권리에서 곧바로 도출하였던 것은 타당하지 않았다고 생각한다.[36]

그 이유는 이들의 권리는 헌법해석으로 바로 도출할 수 있는 본질적인 영역은 아니라고 보기 때문이다. 물론 이러한 권리들은 인정하지 말아야 한다는 뜻은 아니다. 그리고 이러한 권리들을 인정하도록 하는 논의와 이를 지어하기로 한 법 개정의 방향에 대해서도 옳은 방향이었다고 생각한다. 그러나 방향이나 취지가 옳다는 것과 그것이 헌법해석으로 가능한가는 별개의 문제로 보아야 한다. 헌법해석의 한계 밖에 있음에도 불구하고 입법으로 해결해야 할 일을 헌법해석으로 해결하려 하는 것은 헌법재판소가 헌법해석의 이름으로 입법을 하는 것이기 때문이다. 물론 법이 개정되어 입법적으로 해결됨으로써 결과적으로 이러한 판례들의 그 내용적 타당성에 대하여는 더 이상 논의의 실익이 없어졌다고도 할 수 있다. 그러나 헌법해석의 방법론으로써 타당하였는지는 향후에 헌법해석의 방향을 위하여 검토해볼 필요가 있을 것이다.

---

34) 헌법재판소 2004. 9. 23. 선고, 2000헌마138 결정.

35) 헌법재판소 1997. 11. 27. 선고, 94헌마60 결정.

36) 변호인의 피의자신문참여권에 대한 헌법재판소 판례에 대한 비판적 논의로는 졸고, "변호인의 피의자신문참여권의 법적 성질," 형사법의 신동향, 2006. 12, 32쪽 이하 참조.

Ⅳ. 변호인의 조력을 받을 권리에 대한 헌법재판소의 해석방법론

1. 해석의 논리

가. 검사 보관 수사기록의 열람·등사권의 경우

(1) 학 설

먼저, 변호인이 검사가 보관하고 있는 수사기록의 열람·등사할 권리가 있는지에 대한 헌법재판소 결정을 살펴보자. 현행 형사소송법 제35조는 변호인이 소송계속 중의 기록을 열람·등사할 수 있는 권리를 인정하고 있다. 그런데 검사가 공소제기 후에 법원에 증거로 기록을 제출하기 전에 보관하고 있는 기록에 대하여 열람·등사를 할 수 있는지에 대하여는 규정이 없다.

이에 대한 학계의 논의를 보면, 허용설은 검사가 공소를 제기함으로써 이미 소송계속이 있으므로 검사가 법원에 제출하지 않은 수사기록도 소송계속 중의 기록이라고 해석하여 열람·등사가 허용되어야 한다고 하였다.[37] 한편, 불허설은 제35조의 소송계속 중인 서류는 공소제기 후 법원이 보관하는 서류만을 의미하며, 검사가 증거제출 여부에 대해 미정인 기록을 변호인에게 열람시킨다는 것은 불합리하고 검사가 보관하는 서류나 증거물은 증거조사단계에서 제출되므로 그 이후에 소송계속 중인 서류로 열람·등사하면 족하다는 점 등에서 허용되지 않는다고 해석하였다.[38]

(2) 비교법적 검토

검사가 보관하는 서류의 열람·등사는 미국에서는 공판기일 전 증거개시(pre-trial discovery) 제도로 인정되고 있는데 미국 연방대법원은 증거개시 일반에 대하여는 헌법상의 요구가 아니라는 입장을 취하고 있다. 즉, 검사가 피고인의 공판전 진술을 공판정에서 증거로 사용하면서도 사전 증거개시를 하지 않은 사건에 대하여 헌법위반은 아니라고 하고 있다.[39] 다만, 검사가 피고인의 무죄 입증에 유리한 증거(exculpatory evidence)를 보유하고 있는 때에는 이를 개시하여야만 하며 이는 적

37) 배종대/이상돈, 「형사소송법」, 홍문사, 2007, 390쪽; 신동운, 「형사소송법」, 법문사, 2005, 349쪽; 신양균, 「형사소송법」, 법문사, 2004, 416쪽; 이재상, 「형사소송법」, 박영사, 2002, 353쪽; 임동규, 「형사소송법」, 법문사, 2006, 88쪽; 정웅석, 「형사소송법」, 대명출판사, 2007, 597쪽.

38) 석동현, "검사가 증거로 제출하지 아니한 수사기록 등에 대한 열람·등사의 가부," 형사판례연구(8), 2000, 319쪽.

39) Weatheland v. Bursey, 429 U.S. 545(1977).

정절차를 위한 헌법상의 의무라고 한다.[40]

반면에 독일 연방헌법재판소는 법치국가적 절차의 본질적인 원칙들에 적정절차의 원칙이 포함되며 형사절차의 법치국가성에 있어 포기할 수 없는 요소는 사건에 대한 필요한 지식을 스스로 인식하고 법치국가적으로 제한되어져야 할 국가기관이나 그 외 소송관계자들이 그 권한을 행사함에 있어 부당한 침해요소를 적절하게 방지할 수 있도록 하는 절차적 권리와 가능성을 보장하는 것이라고 한다. 이에 따라 적정절차 요청의 특징 중 하나로 검사와 피고인간의 소송절차적 무기대등원칙을 들면서 이를 위한 중요한 권한으로서 변호인의 조력을 받을 권리를 든다.[41] 또한 연방대법원은 적정한 변호는 피의자·피고인이 자신에게 부과된 혐의의 기초가 무엇인지를 알고 그가 이에 대해 어떻게 대응할 것인지를 변호인에게 알려줄 수 있을 것을 전제로 한다고 하면서 이에 따라 변호인은 기록을 열람할 권리가 있고 나아가 그가 기록으로부터 알게 된 사항을 피의자·피고인에게 알려줄 권리와 의무가 있다고 하고 있다.[42]

우리나라의 법구성하의 실무에서는 검찰이 일반적으로는 1회 공판기일 이전에 수사기록을 법원에 제출하고 이에 따라 1회 공판기일 이전에 변호인이 기록을 열람·등사할 수 있었으나 예외적인 경우에는 기록을 미리 송부하지 않고 공판기일에 증거로 제출하기 때문에 1회 공판기일 이전에 변호인이 방어준비를 위하여 미리 기록을 열람·등사할 수 없는 경우가 발생하였다.

(3) 헌법재판소의 논리

그런데 구법하에서 어느 국가보안법위반사건에서 이러한 예외적 상황이 발생하여 검사가 공소제기 후에 기록을 법원에 송부하지 않고 공판기일에 제출하기 위해 보관하고 있던 기록에 대해 변호인이 1회 공판기일 전에 기록을 열람·등사해줄 것을 신청하였으나 검사가 이를 거부하자 헌법소원이 청구되었다.

헌법재판소는 검사가 보관하는 수사기록에 대한 변호인의 열람·등사는 실질적 당사자대등을 확보하고, 신속·공정한 재판을 실현하기 위하여 필요 불가결한 것이며 그에 대한 지나친 제한은 피고인의 신속·공정한 재판을 받을 권리를 침해하는 것이라고 하였다. 나아가 변호인의 조력을 받을 권리는 변호인과의 자유로운 접견교통권에 그치지 아니하고 더 나아가 변호인을 통하여 수사서류를 포함한 소송관계 서류를 열람·등사하고 이에 대한 검토결과를 토대로 공격과 방어의

40) Brady v. Maryland, 373 U.S. 83(1963).

41) BVerfGE 38, 105.

42) BGHSt, 29, 99.

준비를 할 수 있는 권리도 포함된다고 보아야 할 것이므로 변호인의 수사기록 열람·등사에 대한 지나친 제한은 결국 피고인에게 보장된 변호인의 조력을 받을 권리를 침해하는 것이라고 하였다.

헌법재판소가 변호인의 수사기록 열람·등사권을 변호인의 조력을 받을 권리로부터 도출하는 논리전개는 미국법의 영향보다는 독일 헌법재판소의 논리에 가깝다. 그러나 독일은 이미 형사소송법에 수사기록을 포함한 기록의 열람·등사에 관한 세부규정이 있었으나 우리나라는 이런 규정이 없기 때문에 헌법재판소가 이러한 독일법적 논리에 의하여 헌법규정으로부터 열람·등사권을 인정할 때 그 구체적 범위나 한계를 헌법의 해석론에 의하여 정해주어야 할 부담이 생기는 것이다.

이에 대해 헌법재판소는 수사기록에 대한 열람·등사권이 헌법상 보호되는 권리라고 하여도 무제한적인 것은 아니며 또한 헌법상 보장된 다른 기본권과의 사이에 조화를 이루어야한다고 한다. 즉, ① 변호인의 수사기록에 대한 열람·등사권도 기본권제한의 일반적 법률유보조항인 국가안전보장, 질서유지 또는 공공복리를 위하여 제한되는 경우가 있을 수 있으며, ② 검사가 보관 중인 수사기록에 대한 열람·등사는 사건의 성질과 상황, 열람·등사를 구하는 증거의 종류 및 내용 등 제반 사정을 감안하여 그 열람·등사가 피고인의 방어를 위하여 특히 중요하고 그로 인하여 국가기밀의 누설이나 증거인멸, 증인협박, 사생활침해, 관련사건 수사의 현저한 지장 등과 같은 폐해나 우려가 없는 경우에 한하여 허용된다고 한다.

여기서 일반적 법률유보조항에 의한 제한가능성은 구체적 법률에 의하여 실현될 것이나 일단 법률이 없으므로 적용하기 어렵다. 그러나 다음 논거인 증거의 종류나 제반 정황을 고려한 제한은 해석상의 제한사유라 할 것이다. 헌법재판소는 검사가 이러한 정당한 제한사유를 밝히지 않은 채 전부 거부한 것이 헌법위반이라고 하고 있으므로 제한사유가 있다면 열람·등사를 허용하지 않아도 헌법위반이 아니라는 논리이기 때문이다.

나. 변호인의 피의자신문 참여권의 경우

(1) 입 법 례

미국 연방대법원은 미국 수정헌법 제5조와 제6조에 대한 해석을 통하여 피의자가 체포되어 수사기관에서 조사받을 때에 변호인이 참여할 권리가 있음을 인정한다. 즉 미국 수정헌법 제6조의 형사절차에서의 변호인의 조력을 받을 권리와 제5조의 자기부죄거부특권의 보장을 위하여 구금상태하에 놓인 자의 변호인에 대한 권리의 해석에서 구금상태하에서 조사를 받게 되는 피의자는 변호인을 요청하여 상담하고 조사 중에 변호인을 참여하게 할 권리가 있다고 하고 있다.43)

영국은 1970년대 이후에 경찰의 불법수사에 대한 사회적 문제 발생으로 경찰수사에 관한 대대적인 개혁작업이 이루어져 1984년에 경찰의 수사에 대한 규제를 위하여 Police and Criminal Evicence Act 1984(이하 PACE로 약칭)를 제정하였다. PACE는 제65조 규정에 따라 Secretary of State가 구체적인 실행규칙(Code of Practice)을 제정할 수 있도록 하였는데 이에 따라 제정된 실행규칙 C의 제 6 장에 변호인의 조력을 받을 권리가 규정되어 있다.

이 규칙 6. 1.은 구금중인 자의 변호인 접견교통권에 대한 고지를, 6. 5.는 접견교통권 행사시에 이에 응할 의무를, 6. 6.은 변호인을 요청하는 때에 변호인의 조력을 받을 때까지 피의자조사를 중단할 것을 규정하고 있고, 6. 8.은 구금중인 자가 변호인을 조사에 참여하게 할 것을 요구할 권리를 규정하고 있다. 다만, 중범죄 등 부록(Annex) B에 해당하는 사유가 있는 때에는 이러한 권리들이 일정하게 제한된다.44)

일본은 헌법 제32조에 법률에 의한 절차에 따른 처벌 등을 규정하여 형사절차에서의 적정절차원칙을 선언하고, 제34조에는 체포, 구금되는 자에 대하여 변호인을 의뢰할 권리를 규정하고 있는바 한국 헌법 제12조 제 1 항 및 제12조 제 4 항에 상응하는 헌법조문을 가지고 있다. 그런데 일본 형사소송법은 변호인접견교통권만을 규정할 뿐 변호인의 참여권45)을 규정하고 있지 않고 있고, 이러한 일본의 현행법상 피의자 취조46)에 대하여 변호인의 참여권은 인정되지 않는다는 것이 통설이고 실무이다.47)

다만, 국가공안위원회에서 경찰의 수사와 관련하여 제정한 규칙인 범죄수사

43) Lafave/Israel/King, *Criminal Procedure* 4. Ed, 2004, 314쪽, "the right to consult with a lawyer and to have the lawyer with him during the interrogation"; Miranda v. Arizona, 384 U.S. 436(1966); Edwards v. Arizona, 451 U.S. 477(1981); Michigan v. Jackson, 475 U.S. 625(1986).

44) Zander QC, *The Police and Criminal Evidence Act 1984* 4. Ed., 2003, 631-633, 664-666쪽.

45) 일본에서는 立會權이라고 한다.

46) 일본은 일본 구 형사소송법상 출석의무와 체류의무를 내용으로 하는 수인의무를 인정하는 강제처분성 있는 조사방법으로서의 피의자신문제도를 폐지하고 현행법에서는 임의수사로서의 피의자취조만을 규정하고 있다. 다만 체포, 구류된 피의자의 경우는 출석하여야 하고 퇴거할 수 없다는 단서규정을 두고 있는바, 이 단서규정에 따라 체포, 구류된 피의자는 취조수인의무가 있다는 것이 다수설, 실무이며 이 단서규정에도 불구하고 수인의무를 부정하는 것이 소수설이다. 이러한 일본학설상의 논의에 대하여는 後藤 昭, 「捜査法の論理」, 岩波書店, 2001, 151-172쪽 참조. 따라서 일본법상의 취조는 피의자신문제도를 유지하고 있는 우리나라의 피의자신문과는 성격이 다르므로 여기서는 일본 용어인 취조라는 말을 그대로 사용하였다.

47) 부정론을 취하는 문헌들에 대하여 渡辺修, 「被疑者取調べの法的規制」, 三省堂, 1994, 214-215쪽 참조.

규범 제180조 제2항은 "취조(조사)를 행함에 있어 변호인 기타 적당하다고 인정되는 자를 입회하게 한 때에는 그 공술조서에 입회한 자가 서명날인하게 하여야 한다"라고 하고 있어 실무 운용상 변호인의 입회를 허용할 수는 있다. 그러나 이 규정이 변호인의 참여를 권리로 인정한 것은 아니다.[48)]

독일 형사소송법은 제137조 제1항에서 "피의자·피고인[49)]은 절차의 모든 단계에서 변호인의 조력을 받을 수 있다"고 규정하여 변호인의 조력을 받을 권리의 일반 규정을 두고 있다. 그리고 제148조에서는 구금 중의 피의자·피고인이 변호인 접견교통권이 규정되어 있다. 그런데 피의자신문에의 변호인 참여권에 대하여는 법관의 피의자신문에의 변호인 참여는 제168조의c 제1항, 검사의 피의자신문에의 변호인 참여는 제163조의a 제3항에 규정하고 있으나 경찰의 피의자신문에의 변호인 참여는 규정하고 있지 않다.

이에 따라 참여권 규정이 없는 경찰의 피의자신문에 있어서는 변호인참여권이 인정되지 않는다는 것이 통설, 판례이다.[50)] 그러나 경찰이 필요하다고 인정하여 변호인 참여를 허용하는 것이 가능함은 물론이다.[51)]

(2) 헌법재판소의 논리

2004. 9. 23. 헌법재판소는 불구속 피의자에 대한 피의자신문에 대하여 변호인의 신문참여를 인정하는 결정을 하였는데 그 논리는 신문참여권은 접견교통권의 내용이라는 것이었다. 먼저, 헌법 제12조 제4항은 체포, 구속된 피의자·피고인이 변호인의 조력을 받을 권리를 규정하고 있으나 불구속 피의자·피고인의 경우에도 변호인의 조력을 받을 권리는 우리 헌법에 나타난 법치국가원리, 적법절차원칙에서 인정되는 당연한 내용이고 헌법 제12조 제4항은 특히 신체구속을 당한 사람에 대하여 변호인의 조력을 받을 권리의 중요성을 강조하기 위하여 별도로 명시하고 있을 뿐이라고 하여 불구속 피의자·피고인에게도 변호인의 조력을 받을 권리가 있다고 전제한다.

한편, 피의자·피고인의 구속여부를 불문하고 조언과 상담을 통하여 이루어지는 변호인의 조력자로서의 역할은 변호인선임권과 마찬가지로 변호인의 조력을 받을 권리의 내용 중 가장 핵심적인 것이고, 변호인과 상담하고 조언을 구할 권리

48) 田口守一, 「刑事訴訟法(第4補正版)」, 弘文堂, 2006, 144쪽.

49) 이 조문의 주어는 Beschuldigte로서 이 용어는 "피의자"로 사용되는 것이 일반적이나 좁은 의미의 피의자뿐만 아니라 피고인까지 포함하는 광의로 사용되는 경우가 있으며 이 조문에서 그러하다.

50) Kleinecht/Meyer-Goßner, StPO 47 Aufl., 2004, § 163 Rn. 16; Wache, *StPO-Karlsruher* Kommentar 5. Aufl, 2003, § 163a Rn. 28.

51) Kleinecht/Meyer-Goßner, StPO 47 Aufl., 2004, § 163 Rn. 16.

는 변호인의 조력을 받을 권리의 내용 중 구체적인 입법형성이 필요한 다른 절차적 권리의 필수적인 전제조건으로서 변호인의 조력을 받을 권리 그 자체에서 막바로 도출된다고 하면서 “변호인과 상담하고 조언을 구할 권리”라는 용어를 사용한다.

그리고 나서 변호인과의 자유로운 접견은 신체구속을 당한 사람에게 보장된 변호인의 조력을 받을 권리의 가장 중요한 내용이어서 국가안전보장, 질서유지, 공공복리 등 어떠한 명분으로도 제한될 수 있는 성질의 것이 아니라고 한 헌법재판소의 종전 판례[52]를 인용하면서 이는 구속 피의자에 대한 변호인의 조력을 받을 권리에 관한 것이기는 하나 불구속 피의자 · 피고인의 경우도 마찬가지라고 한다. 왜냐하면 불구속 피의자 · 피고인의 경우 수사 및 재판과정에서 언제든지 퇴거하여 변호인의 조언과 상담을 얻을 수 있으므로 이를 별도로 허용하는 규정을 둘 필요가 없는 반면에 구속 피의자 · 피고인의 경우는 임의퇴거가 불가능하므로 형사소송법이 변호인과의 자유로운 접견교통권을 인정하는 규정을 명문화함으로써 이를 보장하고 있는 점에서 차이가 있을 뿐 우리 헌법이 변호인의 조력을 받을 권리의 핵심 내용으로서 변호인과 상담하고 조언을 구할 권리는 구속 여부를 불문하고 보장하고 있기 때문이라고 한다.

다시 말하면 불구속 피의자나 피고인의 경우 형사소송법상 특별한 명문의 규정이 없더라도 스스로 선임한 변호인의 조력을 받기 위하여 변호인을 옆에 두고 조언과 상담을 구하는 것은 수사절차의 개시에서부터 재판절차의 종료에 이르기까지 언제나 가능하다고 한다. 그렇기 때문에 불구속 피의자가 피의자신문시 변호인을 대동하여 신문과정에서 조언과 상담을 구하는 것은 신문과정에서 필요할 때마다 퇴거하여 변호인으로부터 조언과 상담을 구하는 번거로움을 피하기 위한 것으로서 불구속 피의자가 피의자신문장소를 이탈하여(예컨대 변호인의 사무실에 찾아가) 변호인의 조언과 상담을 구하는 것과 본질적으로 아무런 차이가 없다는 것이다. 따라서 불구속 피의자가 피의자신문시 조언과 상담을 구하기 위하여 자신의 변호인을 대동하기를 원한다면 수사기관은 특별한 사정이 없는 한 이를 거부할 수 없다는 것이다.

헌법재판소의 이러한 논리는 피의자신문시의 변호인참여를 접견교통권의 내용으로 보는 것이다. 즉 조언과 상담을 구하기 위하여 변호인과 접견교통하는 권리는 신문장소를 이탈하여 접견교통하는 것과 신문장소에 변호인을 두고 접견교통하는 것을 모두 포함한다는 것이다.

52) 헌법재판소 1992. 1. 28. 선고, 91헌마111 결정.

그런데 헌법재판소는 피의자신문시의 변호인참여를 이와 같이 접견교통권의 내용으로 보면서도 그 권리의 한계를 인정한다. 즉, 피의자가 피의자신문시 변호인을 대동하여 조언과 상담을 받을 수 있는 권리가 변호인의 조력을 받을 권리의 핵심적 내용으로 형사절차에 직접 적용된다고 하더라도 조언과 상담과정이 피의자신문을 방해하거나 수사기밀을 누설하는 경우 등에까지 허용되는 것은 아니라고 한다. 왜냐하면 조언과 상담을 통한 변호인의 조력을 받을 권리는 변호인의 적법한 조력을 받을 권리를 의미하는 것이지 위법한 조력을 받을 권리까지지도 보장하는 것은 아니기 때문이라는 것이다. 그리하여 헌법재판소는 변호인의 조언과 상담을 받을 권리의 내재적 제한사유로서 ① 피의자신문 방해, ② 수사기밀 누설, ③ 위법한 조력 등을 열거한다.

2. 존재론적 접근방법과 내재적 한계론

헌법재판소의 이러한 논리는 변호인의 조력을 받을 권리에 대한 접근방법에 있어 자연법론적 접근방법 또는 존재론적 접근방법이라고 할 것이다. 즉 권리의 실체가 존재하고 해석론으로 이를 인식하여 간다는 방식이라 할 수 있다. 그리하여 권리의 존재뿐만 아니라 아예 그 권리의 범위와 한계까지 해석론으로 도출해내며 이에 따라 한계에 대한 구체적 입법이 없음에도 해석론으로 인식해내는 소위 "내재적 한계"를 제시하고 있다.

이러한 내재적 한계론은 변호인의 조력을 받을 권리도 헌법상 보장된 다른 기본권과의 조화나 헌법이 인정하고 있는 제도의 목적 실현과의 균형을 위하여 필요하다는 점에서 타당한 해석이라고 할 것이다. 그러나 그러한 내재적 한계로는 그 헌법상의 권리를 구체화하는 입법이 있을 때 그 입법의 한계를 설정해주는 방식으로 사용된다면 헌법해석 방법으로 문제가 없다고 할 것이다. 그러나 구체적 입법이 없는 상태에서 추상적인 헌법규범으로 구체적 권리를 끌어내는 경우는 문제가 있다고 할 것이다. 즉, 재판기관이 헌법의 포괄적 권리를 구체화하는 입법을 기다리지 않고 헌법으로부터 곧바로 그 내용인 개별적 권리를 인정하는 법해석을 하게 되면 이와 같이 입법적으로 구체화하여야 한계에 대하여도 말하지 않을 수 없을 것이다.

그러나 재판기관이 법이 없는 상황에서 법으로 규정하여야 할 쟁점사항들에 대하여 말을 하는 순간 이는 입법을 하는 것이 된다. 즉, 헌법해석이라는 이름하에 실질적으로 입법을 하는 것이다. 그리고 이러한 기준이 헌법해석의 권위를 가지고 있으므로 이에 반하는 입법은 위헌이 된다는 데까지 논리가 전개되게 된다. 그러면 입법권은 헌법재판기관이 해석한 가이드라인 안에서만 입법재량을 가지게 된다. 이러한 현상이 어디까지 타당할 것인가.

예컨대 헌법재판소는 피의자신문참여권에서 "변호인을 옆에 두고 조언과 상담을 구하는 것"이라고 그 권리의 내용까지 설시하고 있다. 그러면 입법자는 이제 변호인의 신문참여를 법으로 정함에 있어 변호인을 옆에 두어야 하며 참여한 변호인의 권리는 조언과 상담으로 정해진다. 그리고 이 권리를 제한할 수 있는 사유로서 내재적으로 존재하는 사유들을 법으로 명문화한 다음 변호인이 참여를 신청하는 절차 등의 규정을 하면 족하게 되는 것이 될 수 있는 것이다. 그러면 입법자는 옆에 두지 않는 입법을 할 수는 없는 것일까. 이러한 해석의 구체화는 사실상 헌법재판소가 국회를 대체하는 것은 아닐까하는 의문이 든다.

3. 존재론적 접근방법에 의한 해석의 한계와 입법재량

그런데 입법자가 수사기록의 열람·등사나 변호인의 신문참여권, 나아가 헌법재판소가 법률로도 제한할 수 없는 절대적 권리라고 하는 변호인의 접견교통권 등을 구체적으로 입법하고자 한다면 헌법재판소가 설시하는 그런 내용이 아닌 다른 모습으로 입법할 수 있는 큰 폭이 있을 수 있다.

예컨대 변호인의 접견교통권의 경우에도 영국의 입법례와 같이 중대한 범죄의 경우는 변호인과의 접견교통으로 증거인멸의 우려나 관련사건 수사에의 장애 또는 피해재산의 회복 등에의 장애 우려가 있는 때에는 체포후 36시간 동안(테러사건의 경우는 48시간) 접견교통을 제한하도록 입법할 수도 있고,[53] 일본의 입법례와 같이 수사기관이 접견의 시간과 장소를 지정할 수 있는 규정을 둘 수도 있다.[54] 나아가 수사든 공판이든 절차의 어느 단계에서든 변호인이 접견을 신청하면 접견교통을 허용하여야 하는 입법례를 따르면서도 예컨대 긴급체포후 48시간의 구속영장 청구시한 동안의 조사나 수사의 진행을 위하여 일단 변호인이 접견신청을 하면 접견을 하게 하여주되 접견 후 재 접견시까지 일정한 시간적 제한을 둔다든가 변호인이 여러 명인 경우는 그 중 대표자가 접견하게 하는 등으로 제한하는 입법도 가능할 것이다. 그런데 헌법재판소는 이러한 입법은 불가능하다고 한다. 타당한 해석일까.

또한 예컨대 미국은 증거개시에 대하여 구체적으로 증거의 종류나 절차의 각

---

53) Police and Criminal Evidence Act 1984, 제58조.

54) 일본 형사소송법 제39조 제 3 항.

단계에 따라 예컨대 피의자의 진술이나 감정서 등 객관적 증거는 필요적으로 개시하고, 증인의 진술기록에 대하여는 주신문 직후 반대신문 전 등으로 일정한 차등을 두는 식으로 입법화하였다. 그렇다면 헌법재판소는 검사가 일정한 수사기록을 구체적으로 증거인멸이나 증인협박 등의 사유를 들어, 예컨대 주신문 직후 반대신문 전에 공개하겠다고 하는 경우 이를 어떻게 판단할 것인가. 이러한 구체화된 사건에서도 헌법으로부터의 직접적 해결이 가능할까. 만약 그러한 구체적 입법사항과 관련된 사건조차 헌법조항 하나의 해석론으로 가능하다면 도대체 입법은 무엇일까.

나아가 예컨대 입법자가 변호인의 신문참여와 관련하여 피의자신문실의 한 면을 유리 등으로 투명하게 한 후에 변호인은 신문실 밖에서 신문장면을 지켜보고 피의자가 신문 도중에 변호인을 보고 수시로 필요한 때에는 접견을 하면서 조언과 상담을 할 수 있도록 입법한다면 이는 위헌일까. 즉, 변호인의 조력을 받을 권리가 헌법재판소가 설시한 것처럼 반드시 변호인을 옆에 두고 조언과 상담을 하여야만 헌법적 요청을 충족하는 것일까.

그렇다면 또 예컨대 피의자를 신문함에 있어 변호인을 피의자의 좌석과 좀 떨어진 곳에 좌석하게 하고(예컨대 피의자의 좌석 뒤) 신문 중에 피의자가 필요한 때에 변호인에게 가서 조언과 상담을 하게 하면 이것도 위헌일까. 만약 이런 정도로 보장하더라도 위헌이라면 개정 형사소송법에서 공판정에서 피고인의 좌석을 정함에 있어 피고인이 변호인의 좌석 옆에 앉으나 피고인신문시에는 변호인으로부터 떨어져 나와 법대의 정면에 있는 증인석으로 나와 답변하게 하였는데 이것도 위헌일까. 입법자는 피고인신문은 피고인 스스로의 경험사실을 피고인 스스로 답변하게 함으로써 진술증거를 취득하는 준증거조사방법으로 규정하고 이에 따라 변호인이 대리하여 대답하는 것에 가까워 피고인신문이 아니라 변호인신문이 되는 것을 방지하기 위하여 이러한 입법을 하였는데 이것은 입법재량을 넘은 것일까.

나아가 수사기록 열람·등사라고 하여 그 권리의 내용이 간단히 행할 수 있는 명료한 것이 아니다. 열람·등사라 하면 보여주거나 복사해주면 되는 것이니 명료하다고 생각할 수도 있으나 이에는 수사기록 중에서 어떤 범위의 기록을 열람의 대상으로 할 것인지, 열람·등사의 시기, 방법 등 쟁점 사항이 많이 있다.

또한 변호인의 신문참여도 헌법재판소에서 설시하는 것처럼 옆에 두고 조언과 상담을 하는 것이라고 간단히 말할 수는 없는 것이다. 변호인에게 의견을 진술하게 할 권리를 부여할 것인지, 독일의 예와 같이 질문권도 부여할 것인지 등과 같이 그 내용과 관련된 쟁점도 다수 있다. 예컨대 현행법에서 구속영장이 청구된 피의자에 대한 심문에서 변호인은 의견을 진술할 권리(제201조의2 제4항)가 있는데 질문권을 부여하지 않은 것은 위헌인지는 구속전 심문에서 피의자가 변호인의 조력을 받을 권리의 내용 중 어떤 범위까지를 '헌법적' 차원의 권리내용이라고 할 것인지와 관련된다. 이러한 쟁점사항들에 대하여 모든 사항을 헌법 해석으로 도출할 수는 없는 것이다.

4. 방법론상의 일관성 결여

한편, 변호인의 조력을 받을 권리에 관한 헌법재판소의 판례에 있어 방법론상의 일관성이 결여되고 있는 점도 문제라 하겠다.

헌법재판소는 수사기록의 열람·등사나 변호인의 신문참여권에 있어서는 법률에 의한 제한이 가능할 뿐만 아니라 제한하는 법률이 없는 경우에도 내재적 한계가 있다고 하여 그 한계사유까지 해석론을 전개한다.

그런데 반면에 접견교통권에 대하여는 변호인의 조력을 받을 권리의 가장 중요한 내용이어서 국가안전보장, 질서유지, 공공복리 등 어떠한 명분으로도 제한될 수 있는 성질의 것이 아니라고 한다.[55] 이러한 논리는 우선 헌법재판소가 변호인의 피의자신문 참여권을 접견교통권의 내용으로 보는 논리와도 모순되는 것이다. 또한 접견교통권을 과연 그렇게 법률로도 제한할 수 없는 절대적인 권리로 보는 것도 타당하지 않다고 할 것이다. 앞에서 본 바와 같이 영국, 일본 등 일정한 경우 접견교통권을 제한하는 입법례도 있고, 예컨대 접견교통을 하게 하여 수십분간 충분히 조언과 상담을 한 후에 수사를 진행 중에 수분도 안 되어 다시 접견교통하겠다고 하는 식의 접견교통권 행사는 제한할 수 있다고 하는 것이 타당할 것이며 그렇게 제한하여도 피의자가 변호인의 조력을 받는데 헌법적 요청에 반할 정도로 지장을 받지는 않을 것이다. 오히려 헌법재판소가 변호인의 신문참여권의 해석에서 논하였던 내재적 한계의 논리는 접견교통권에도 적용되어야 할 것이다. 그러므로 변호인의 신문참여권의 내재적 한계로 설시되었던 수사기밀의 누설의 경우 접견교통권의 내재적 제한사유로 가능하다고 본다. 그리하여 예컨대, 공범인 피의자들을 긴급체포하여 서로 말을 맞추는 것을 방지하기 위하여 분리하여 조사하는 경우 조사 전에 각 공범들이 변호인을 접견할 기회를 부여하였다면 그 후 급박하게 진행되는 조사과정에서는 변호인을 통하여 공범들 간에 서로 상대방이 말한 내용을 알게 되고 이에 따라 말을 맞추는 상황을 막기 위하여 일정시간 접

55) 헌법재판소 1992. 1. 18. 선고, 91헌마111 결정. 반면에 대법원 1990. 2. 13. 선고, 89모37 결정은 법령에 의한 제한은 가능하다고 한다.

견교통을 제한할 수도 있다고 하여야 할 것이다. 변호인이 접견교통을 통하여 알게 된 사항에 대하여 다른 공범자의 변호인에게 말을 하는 것이 금지되고 이를 위반하면 일정한 제재를 받는 등의 제도가 있거나 변호사의 윤리가 확립되어 그런 행위를 하지 않는다는 점에 대한 신뢰가 없는 상황 하에서 공범들이 변호인들을 통하여 서로 말을 맞추는 것을 뻔히 알면서도 무조건 언제든지 원하기만 하면 몇 번이고 접견교통을 허용하여야 한다고 하는 것은 현실적 타당성이 없다고 본다.

V. 결　　어

헌법이 규정하는 피의자의 변호인의 조력을 받을 권리의 보장, 그리고 적정절차의 원칙 등을 고려할 때 일정한 경우 수사기록의 열람·등사를 허용하여 방어준비를 하게하고, 수사기관의 피의자신문에 변호인참여를 인정하여 신문이라는 절차에서도 법적 조력을 받도록 하는 것은 타당한 방향으로 본다. 그러나 타당한 방향이라고 하는 입법정책적 문제와 성문법의 해석으로 이를 인정할 수 있는가는 별개의 문제이다. 법률해석은 어디까지나 법률 안에서 행해져야 하기 때문이다. 사견으로는 그것은 형사소송법상 규정이 없는 상황에서는 입법으로 해결하여야할 입법정책적 문제일 뿐이고 그것이 타당한 방향이라고 하여 무리하게 현행법을 해석하여서는 안 된다고 생각한다.

특히 우리나라에서의 피의자신문제도는 미국에서 경찰관이 피의자를 체포한 후에 치안판사 앞에 인치하기 전에 짧은 기간 묻는 제도와는 성질이 다른 절차로서 대륙법적 제도이다. 이 제도의 존재와 그 기능을 감안하여 입법자는 피의자에게 접견교통권만을 인정하고 절차적 참여권으로서 피의자신문절차에의 변호인 참여는 인정하지 않는 선택을 하였고 이는 헌법의 범위안의 입법재량에 속한다고 할 것이다. 그리고 이는 변호인의 조력을 받을 권리가 형사절차 내에서 어떤 범위에서 조력을 받게 할 것인가라는 절차내적 권리라는 성격과 이를 구체화하는 법률이 있어야 그 구체적 내용과 범위를 정할 수 있게 된다는 성격으로부터도 근거를 찾을 수 있다. 즉, 신체의 자유권과 같이 자유권의 내용이 먼저 존재론적으로 명확히 존재하고, 이를 제한하는 입법으로 제한범위가 정해지는 것이 아니라 형사절차 내에서 충돌하는 여러 가지 법익들을 고려하여 그 범위와 내용을 입법으로 정해주면서 비로소 그 모습을 갖추게 되는 것이기 때문이다. 따라서 헌법재판소는

입법을 기다렸어야한다고 본다.[56)]

그러나 백번 양보하여 변호인의 신문참여권이나 수사기록 열람·등사권이 헌법에 이미 내포되고 있는 헌법적 차원의 권리로서 이것을 입법화하지 않는 것 자체가 위헌 또는 입법재량의 남용이었다고 인정하는 헌법재판소의 결정이 타당하다고 인정하더라도 이 결정들에서 논하고 있는 내재적 한계론에서 보여주는 법해석에 있어서의 존재론적 접근방법은 같은 변호인의 조력을 받을 권리의 하나로써 접견교통권에도 적용되어 논리의 일관성을 가질 필요가 있다고 할 것이다. 같은 권리에 대한 접근방법에 있어 적용하는 논리가 그때그때 다르고 그 달라져야 하는 근거를 납득할 수 없다면 국가의 최고규범을 해석하고 선언하는 헌법재판소의 권위에 손상이 올 우려도 있을 것이다. 헌법재판소의 결정의 권위에 손상이 올 우려도 있을 것이다. 나아가 만에 하나라도 헌법재판소 결정에 오류가 있다면 큰 문제이기 때문에 더욱 중요하다. 대법원의 법률해석상 오류는 입법으로 시정할 수 있겠지만 헌법재판소의 헌법해석은 헌법을 바꾸지 않는 한 시정할 수 없기 때문이다.

56) 피의자신문제도의 성질과 이에 따른 변호인 신문참여권의 법적 성질에 대한 상세한 논의는 졸고, "변호인의 피의자신문참여권의 법적 성질," 형사법의 신동향, 2006. 12, 32쪽 이하 참조.

제 81 회 발표회 지정토론문

조 국*

1.

발표자의 논지의 핵심은 다음과 같은 같이 요약될 수 있다.

① 구체적 입법이 없음에도 불구하고 일반 규정인 헌법조항에 따라 열람·등사권이나 변호인 신문참여권과 같은 개별적 권리를 도출한다면, 헌법해석의 명목하에 입법의 권한을 행사하는 것이다. 헌법재판소나 대법원 등 재판기관이 헌법의 해석으로 이와 같이 입법행위와 등가의 행위를 하는 경우 국민주권주의하의 민주적 정당성과 충돌한다.

② 변호인의 조력을 받을 권리를 규정한 제12조 제 4 항은 적법한 절차에 관한 일반조항인 제 1 항을 구체화한 규정으로서, 법률에 의한 구체화가 필요한 권리이다. 재판기관이 법이 없는 상황에서 법으로 규정하여야 할 쟁점사항들에 대하여 말을 하는 순간 이는 입법을 하는 것인데, 이는 입법권은 헌법재판기관이 해석한 가이드라인 안에서만 입법재량을 가진다고 말하는 것인바 타당하지 않다.

2.

이러한 논지는 과거 여러 재판에서 피의자신문시 변호인참여권과 수사기록열람등사청구권의 인정을 거부해온 검찰입장과 동일하다. 사실 검찰은 피의자·피고인의 절차적 권리를 강화하려는 입법은 물론 이를 위한 대법원과 헌법재판소의 적극적 해석에 대해서도 줄곧 반대해왔다.

사실 "입법적 해석은 발못"이라는 검찰의 입장은 헌법재판소 재판관의 반대의견에서도 발견된다. 예컨대, 신체구속되지 않은 피의자신문시 변호인참여권을 인정한 헌법재판소 2004. 9. 23. 선고, 2000헌마138 결정[1])에서 제출된 김영일 재판관의 반대의견과 송인준, 주선회 재판관의 반대의견이 있다. 김 재판관은 변호인

---

* 서울대학교 법과대학 교수.

1) 이에 대한 토론자의 평석은 졸고, "신체구속되지 않은 피의자신문시 변호인참여권의 확대인정," 형사판례연구회, 「형사판례연구」 제12호(박영사, 2005)를 참조하라.

참여요구권이 불구속피의자에게도 헌법상의 권리로 인정되려면 그에 관한 명문의 규정이 있다든가 명문의 규정이 없더라도 그 관련 조항들의 유추에 의하여 그러한 권리가 인정된다는 해석이 가능해야 하는데, 두 경우 모두 불가능하다고 주장하였다. 그러면서 김 재판관은 자신의 법해석철학을 다음과 같이 간명히 밝힌 바 있다. "명문규정을 보아 규정에 없는 것은 없는 것으로 그쳐야 한다."

송인준, 주선회 재판관 역시 "불구속피의자의 피의자신문시 변호인 참여요구권은 '어떠한 경우에 어느 정도로 보장되는지'에 관한 입법자의 구체적인 결정이 없이는 그 내용이 정해질 수 없는 절차적 기본권"으로 파악하고, 이 "청구권이 법적으로 관철될 수 있는 개인의 주관적 권리로서 보장되기 위해서는 무엇을 청구할 수 있는가 하는 것이 그 내용과 범위에 있어서 확정되어야 하는데, 청구의 대상은 헌법 차원에서 스스로 정의될 수 있는 것이 아니라 입법자에 의한 구체적 형성을 필요로 하는 것"이라고 주장하였다. 그리고 두 재판관은 입법자는 피의자신문시 변호인의 참여와 관련하여 형사소송법 제243조에서 피의자신문시 참여할 수 있는 자에 변호인을 포함시키지 않았고, 그 외 달리 변호인의 참여를 보장하거나 허용하는 규정을 두고 있지 않은 바, "입법자는 피의자의 구속여부를 불구하고 피의자신문시 변호인을 참여하게 해야 할 수사기관의 의무를 규정하고 있지 않다"고 강조한 바 있다.

한편 발표자의 논지는 공소제기후 증거제출전 검사가 보관하고 있는 관계서류와 증거물에 대해서도 열람·등사가 허용된다고 본 1997년 헌법재판소 결정[2]에서 제출된 김용준 재판관과 신창언 재판관의 반대의견과도 같은 맥락에 위치해있다. 김 재판관은 형사소송법의 규정을 강조하면서 검사가 보관하고 있는 수사기록을 모두 열람·등사하게 하여달라고 하는 청구권이 헌법 제27조 제1항·제3항과 제12조 제4항이 보장하고 있는 신속하고 공정한 재판을 받을 권리나 변호인의 조력을 받을 권리 등의 기본권으로부터 바로 도출된다고 보기는 어렵다고 보았다. 그리고 신 재판관도 "형사소송법상 명문의 규정이 없음에도 불구하고 다수의견이 헌법상 기본권을 근거로 바로 피고인 또는 변호인에게 수사기록에 대한 열람·등사 청구권을 인정하는 것은 무리한 이론구성"이라고 비판한 바 있다.

이러한 해석론은 미국 헌법학계의 '원의(原意)주의'(originalism) 논자의 주장과도 동일하다. '원의주의'는 1960년대 미국 워렌 대법원장이 이끄는 연방대법원의 사법적극주의를 비판하면서 시작한 헌법해석방법론으로, 이는 연방헌법의 문언(text) 또는 헌법의 기초자들(the Framers)의 의도에 구속적 권위를 부여하는 헌법해

2) 헌법재판소 1997. 11. 27, 선고 94헌마60 결정.

석방법론이다. 이는 현 미국 연방대법원의 스칼리아 대법관, 예일 로스쿨의 아킬 아마르 교수의 입장 등 보수적 헌법해석이론가들의 주된 이론적 논거가 되고 있다. 이 입장에 선 논자들은 민주적으로 선출되지 않은 대법관의 개인적 견해에 따라 헌법이 해석되는 것은 민주적이지 못하다는 입장을 견지하고 있다.[3] 그리고 형사피의자·피고인의 권리 보호가 확대되는 것을 반대한다. 예컨대, 이들은 헌법수정 4조의 문언에서 위법수집증거배제의 근거를 발견할 수 없고 수정 4조는 범죄인이 자신들의 범죄의 대가로 처벌받지 않는 권리까지 갖도록 의도된 것은 아니라고 주장하면서, 위법수집증거배제가 아니라 민사배상이 헌법의 기초자들의 의도였기에 위법수집증거배제법칙에 반대한다.[4]

3.

먼저 이상과 같은 입장은 전형적인 '법률적 형사소송'적 해석론임을 지적해야 한다. '6월 민주항쟁'의 산물로 성취된 1987년 헌법은 형사절차상의 인권보장과 관련하여 중대한 의미를 갖는데, '적정절차'의 이념을 헌법에 명시하고 형사절차상의 인권보장을 위한 세세한 규정을 설정하였을 뿐만 아니라 헌법재판소를 설치함으로써 헌법규범이 바로 형사절차의 재판규범이 되도록 만들고 있다. 사실 헌법재판소의 창설 자체가 입법권에 대한 제약을 의미하며, 헌법재판소에 의한 민주주의의 교정을 전제하고 있다.

이러한 맥락에서 우리 형사소송법은 '법률적 형사소송' 단계를 벗어나 '헌법적 형사소송'(constitutional criminal procedure)의 단계로 접어들어 섰다고 할 수 있다.[5] 이러한 조건에서—고 강구진 교수의 말을 빌자면—"형사소송의 모든 문제는 헌법으로부터 출발한다는 하강과정적 방법에 의하여 해결을 꾀할 것이지, 하위규범인 소송법과 그 운용의 현실로부터 역으로 헌법의 내용을 논정한다고 하는 상승과정적 방법에 의할 것은 아니다."[6] 요컨대, 헌법적 기본권으로 규정된 여러 형사절차상의 권리는 별도의 하위 법률규정이 없더라도 효력을 발휘하는 직접적 효력규정이라는 것이 헌법제정권자의 요청이라고 보아야 한다. 예컨대, 변호인의

---

3) Herman Belz, *A Living Constitution or Fundamental Law?: American Constitutionalism in Historical Perspective* 228(1998).

4) Richard A. Posner, "Rethinking the Fourth Amendment," 1981 *Sup. Ct. Rev.* 49, 51-52; Akhil Reed Amar, "Fourth Amendment First Principles," 107 *Harv. L. Rev.* 757, 761, 771-72, 785-87 (1994).

5) 신동운, 「형사소송법」(1993), 6면.

6) 강구진, 「형사소송법원론」(1982), 28면.

조력을 받을 권리가 바로 이러한 기본권으로 이는 형사소송법 규정이 없다고 할지라도 헌법에 의하여 당연히 보장되는 자유권이지, 별도의 입법이 있어야만 피의자·피고인이 국가에 청구할 수 있는 청구권적 기본권은 아니다.

둘째, 변호인참여권이나 수사기록에 대한 열람·등사 청구권을 해석론으로 인정할 수 없다는 입장은 현대 민주주의국가에서 사법부나 헌법재판소의 역할을 잘못 이해하고 있다. 입법부가 결단을 내리지 않은 법적 사안에 대하여 '민주적 정당성'이 없는 대법원이나 헌법재판소는 자제해야 한다는 주장은 '형식적 권력분립'의 논리이며, '민주주의'(democracy)와 '입헌주의'(constitutionalism) 간의 대립을 전자의 일방적 우위로 해소하려는 논리이다.

현대 민주주의는 '다수지배'와 함께 '소수의 보호'를 중요한 이념으로 삼고 있다. 입법부와 행정부는 그 형성과 존립이 국민 다수의 의사에 의존한다는 점에서 "다수파 기관"(majoritarian institution)이기에, 소수자의 의사와 이익은 무시되기 쉽다. 그리하여 소수자를 보호하는 역할을 사법부나 헌법재판소가 맡게 되며, 이 기관은 소수의 보호를 위한 적극적·창조적 법해석을 행함으로써 민주주의에 기여하는 것이다.7) 법철학적으로 말하자면, 우리 사회에 필요한 것은 "최소수혜자들의 목소리를 경청하는 민주주의와 법치주의"이다.8) 일반적 정치문제나 정책적 사안의 경우는 법원에 민주적 정치과정을 존중해야 하겠지만, 그리고 그 소수가 적으면 적을수록, 그 소수의 고통과 필요가 크면 클수록 소수의 권익보호를 위한 사법부의 개입은 더더욱 크게 요청된다.9)

물론 우리 사회의 소수자 중 형사피의자·피고인이 외면되고 차별받는 소수자의 대표집단이라고는 할 수 없지만, 다수 일반 대중의 감성과 '표'에 즉자적으로 부응하려고 노력하는 정치인이 형사피의자·피고인의 권리보장을 위해 앞장설 것으로 보기는 어려운 것도 사실이다. 변호인의 조력을 받을 권리와 관련된 지도적 판결이 내려졌던 사건에서 피고인이 누구였던가를 생각해보면 이 문제는 더 쉽게 이해가 될 것이다. 정부의 허가 없이 방북한 국회의원 서경원 씨,10) 반미반정부 그림을 그린 화가 홍성담 씨,11) 정부의 허가 없이 방북한 임수경 씨,12) 조선

7) 임지봉, 「사법적극주의와 사법권 독립」(2004), 134, 139면.

8) 정태욱, "민주주의와 법치주의의 관계에 대한 한 시론: 미국의 노예제 폐지의 헌정사를 중심으로," 「서울대학교 법학」 제49권 제3호(2008), 149면.

9) Jesse H. Chopper, *Judicial Review and the National Political Process: A Functional Reconsideration of the Role of the Supreme Court* 69(1980).

10) 대법원 1990. 8. 24. 선고, 90도1285 판결.

11) 대법원 1990. 9. 25. 선고, 90도1586 판결.

12) 대법원 1990. 9. 25. 선고, 90도1613 판결.

노동당 정치국 후보위원으로 지목된 송두율 교수[13] 등이 그 예이다.

이러한 맥락에서 명시적인 법률규정이 없었던 피의자신문시 변호인참여권과 수사기록열람등사청구권 등에 대하여 재판기관이 개입을 하는 것은 국회를 헌법재판소에 종속시키는 것, 나아가 입법권을 빼앗는 것이라는 주장은 정확하지 않고 또한 과장된 것이다.

먼저 발표자가 비판하는 여러 결정이 나오게 된 배경을 살펴보자. 당시 "변호인의 조력을 받을 권리"나 "소송계속"의 의미를 적정절차의 이념을 고양하는 방향으로 입법적으로 명료화하는 것은 필요했다. 그런데 다수파 기관인 입법부는 그러한 역할을 장기간 방기해왔고 검찰은 그러한 방향의 입법화를 집요하게 반대하고 있었던 바, 피의자·피고인의 절차적 인권은 제대로 보장될 수 없었으며 '무기불평등' 상태는 고착되어 있었다. 예컨대, 변호인의 조력을 받을 권리가 가장 필요한 시기는 다름 아닌 피의자가 신문을 받는 시기이다. 특히 검찰작성 피의자신문조서에 부여되는 강력한 증거능력을 고려할 때 이 시기에 변호인의 조력을 받지 못한다는 것은 현저한 '무기불평등'이 아닐 수 없었다. 그런데 최근까지 피의자신문시 변호인의 조력을 받을 권리는 인정되지 못한 상태로 방치되어 있었다. 이러한 상황에서 헌법재판소나 대법원이 '조력'을 받는다는 의미가 단지 피의자신문 외의 시간에 변호인을 접견할 수 있다는 것에 국한되지 않고, 피의자신문 과정에서 변호인의 조력을 받는다는 의미로 해석하여 입법의 공백상태를 보충한 것은 필연적이고 필요한 일이었다.

발표자는 이러한 행위를 '입법' 또는 '입법권의 찬탈'이라고 비판하며 이를 그만 두라고 요구한다. 그러나 헌법재판소는 헌법적 기본권에 대한 입법의 공백을 결정을 통하여 보충하고, 이를 통하여 입법을 촉구하는 역할을 하는 바 이는 애초에 헌법이 예정한 것이다. 이러한 헌법재판소의 해석을 '입법보충적 해석' 또는 '입법지도적 해석'이라고 할 수 있겠지만, 이를 '입법권의 찬탈'이라고 규정할 수는 없다.[14] 이러한 해석으로 인하여 입법부가 법제정시 제약을 받는 것은 사실이겠지만 그러한 제약 역시 헌법이 예정한 제약이며, 그 제약이야말로 권력분립과 견제의 원리가 관철되는 방식이나 민주주의와 입헌주의가 소통하는 방식이다. 그

13) 대법원 2003. 11. 11. 선고, 2003모402 결정. 이에 대한 토론자의 평석은 졸고, "변호인참여권 소고—2003년 '송두율 교수 사건' 관련 대법원 결정의 의의와 향후 과제," 한국형사정책연구원, 「형사정책연구」 제14권 제 4 호(2003. 12)를 참조하라.

14) 만약 이러한 헌법재판소의 결정을 입법권 침해라고 말한다면, 형사소송법 개정 이전에 수사기록에 대한 열람·등사의 요건을 규정한 검찰사무규칙, 대검예규나 2002년 서울지검 특별조사실에서의 피의자 사망사건을 계기로 법무부가 만든 '인권보호수사준칙'과 '변호인의 피의자신문 참여운영지침' 등도 말할 것도 없이 입법권 침해가 될 것이다.

리고 헌법재판소의 재판관 또는 대법원의 대법관이 직선으로 선출되지 않는다는 의미에서 '민주적 정당성'이 없다고 하는 것은 타당한 말이지만, 그렇다고 하여 이들이 해석을 통하여 국회를 견제할 수 없다고 말하는 것은 잘못이다.

셋째, 피의자신문시 변호인참여권이나 수사기록의 열람·등사권의 인정은 영미법계에서 시작되었으나 이후 법계(法系)를 막론하고 형사절차상의 핵심적 권리로 인정되고 있다. 그런데 이 권리는 상기 결정이 내려질 당시 실정 법률에 구체화되어 있지는 못하였다. 이러한 입법적 미비에 대한 검찰의 접근은 "법률에서 의하여 허용되지 않는 것은 금지 된다"는 것이었다.

그러나 이러한 입법적 불비상황에서는 "법에 의하여 금지되지 않은 것은 어떤 일이라도 방해되지 않는다"(Tout ce qui n'est pas défendu par la loi ne peut être empêché, et nul ne peut être contraint à faire ce qu'elle n'ordonne pas)는 1789년 프랑스 혁명의 "인간과 시민의 권리 선언"(Declaration des droits de l'homme et de Citoyen) 제 5 조의 정신이 적용되어야 한다. 민주주의 사회에서 해석의 메타 원칙은 "의심스러울 때 법률의 이익 쪽으로"(in dubio pro lege)가 아니라 "의심스러울 때는 자유의 이익 쪽으로"(in dubio pro libertate)가 되어야 하기 때문이다.

예컨대, 헌법재판소 결정 당시 수사기록의 열람·등사청구와 관련된 형사소송법 제35조의 규정은 매우 모호하였다. 그리고 우리 형사소송법에 당사자주의적 요소가 들어 있고 공소장일본주의를 채택되어 있음도 사실이다. 그러나 이러한 점을 수사기록의 열람·등사를 불허하는 논거로 사용하는 것은 '실질적' 당사자주의의 정신에 반하는 것이다. 그리고 형사소송법 제35조의 "소송계속"의 의미를 유추해석하는 것은 헌법정신에 부합하는 피고인에게 유리한 해석으로 허용된다. 또한 형사소송법상 접견교통권의 구성부분이 신문참여권이 명시적으로 규정되어 있지 않았던 것은 사실이다. 그러나 형사소송법 제89조 및 제209조를 유추적용하여 변호인의 피의자신문 참여권을 인정하는 것은 가능하며, 또한 바람직한 것이었다.

마지막으로 미국에서도 "원의주의"는 "동태적 헌법해석주의"(constitutional dynamism)[15]에 의해 비판받고 있다. 이는 "헌법해석은 각 역사적 시대의 요구에 적응하기 위하여 변화하며 또 변화해야만 한다는 원칙"[16]으로서, "헌법의 기초자들의 총괄적인 목적을 그들 시대의 특정한 관행이 아니라 현 사회의 현실과 연결시키

15) Morton J. Horwitz, *The Supreme Court, 1992 Term-Foreword : the Constitution of Change : Legal Fundamentality Without Fundamentalism*, 107 Harv. L. Rev. 32, 32-41, 98-117(1993). 브레넌 대법관의 이하의 글은 이 입장을 잘 정리하고 있다. William J. Brennan, Jr., *Constitutional Adjudication*, 40 Notre Dame L. Rev. 559, 563, 568-69(1965).

16) Carol S. Steiker, "Second Though About First Principles," 107 *Harv. L. Rev.* 820, 825-26(1994).

는 해석방법"[17]이다. 이 입장은 "원의주의"가 현재를 200년 전의 과거에 묶는 우를 범하고 있다고 비판하면서 현재의 문제와 현재의 필요를 해결하는 헌법원리의 해석이 필요하다고 강조하는 바, 이는 우리에게도 시사하는 바가 있다.

이러한 관점에서 볼 때 피의자신문시 변호인참여권을 헌법상 변호인의 조력을 받을 권리에서 막 바로 도출하거나 또는 형사소송법 제34조를 유추적용하여 인정하였던 2003년 대법원 결정[18]과 2004년 헌법재판소의 결정,[19] 그리고 공소제기후 증거제출전 검사가 보관하고 있는 관계서류와 증거물에 대해서도 열람·등사가 허용된다고 본 1997년 헌법재판소 결정[20]과 기소 이전인 구속적부심사 단계에서 고소장과 피의자신문조서에 대한 변호인의 열람·등사권도 인정한 2003년 헌법재판소 결정[21]은 타당하다. 또한 최근 2007년 대법원은 피의자신문에 참여한 변호인이 피의자가 먼저 요청을 하지 않을 경우에도 수사기관의 신문방법이나 내용에 대하여 이의를 제기하거나 진술거부권 행사를 조언할 수 있다고 결정하였던 바, 같은 맥락에서 타당하다.[22]

그리고 이러한 '입법보충적 해석' 또는 '입법지도적 해석'은 앞으로도 계속되어야 한다. 예컨대 피의자신문 도중 피의자가 진술거부권 행사의 표시를 한 경우 신문은 중단되어야 하는지, 아니면 피의자는 계속 신문을 수인해야 하는지에 대해서는 여전히 입법적 공백이 있는 바, 이에 대한 헌법재판소의 개입이 필요하다.[23]

---

17) Tracey Maclin, "When the Cure for the Fourth Amendment Is Worse than the Disease," 68 *S. Cal. L. Rev.* 1, 46-48(1994).

18) 대법원 2003. 11. 11. 선고, 2003모402 결정.

19) 헌법재판소 2004. 9. 23. 선고, 2000헌마138 결정.

20) 헌법재판소 1997. 11. 27. 선고, 94헌마60 결정.

21) 헌법재판소 2003. 3. 27. 선고, 2000헌마474 결정. 이에 대한 토론자의 평석은 졸고, "기소전 체포구속적부심 단계에서의 수사기록 열람등사청구권," 형사판례연구회, 「형사판례연구」 제12호(박영사, 2004)를 참조하라.

22) 대법원 2007. 11. 30. 선고, 2007모26 결정.

23) 예컨대 '미란다 규칙'은 형사피의자가 묵비권을 행사하겠다고 의사를 표시하거나 또는 변호인접견을 요구하는 경우 그 즉시 모든 신문은 중단되어야 함을 그 핵심내용으로 하고 있다[Miranda v. Arizona, 384 U.S. 436, 444-445(1966)]. 미국 연방대법원의 1986년 'Michigan v. Jackson 판결'[475 U.S. 625 (1986)]도 이 점을 재확인한 바 있다. 미란다 판결에 대해서는 졸고, "미란다 규칙의 실천적 함의에 관한 소고—미국 연방대법원의 입장변화를 중심으로," 한국형사법학회간, 「형사법연구」 제10호(1998)를 참조하라.

4.

마지막으로 발표자가 제기한 몇 가지 개별적 쟁점에 대하여 살펴보기로 하자. 먼저 변호인접견권과 변호인참여권의 관계를 간략히 보자. 헌법재판소는 신체구속된 피의자·피고인의 "변호인과의 자유로운 접견"은 "절대적으로" 보장된다라고 함을 수차례 강조해왔고,[24] 대법원은 변호인의 신체구속된 피의자·피고인과의 접견교통권은—법률로는 제한가능하지만—"수사기관의 처분은 물론 법원의 결정으로도 이를 제한할 수 없는 것"[25]임을 반복적으로 확인해왔다. 그리고 대법원은 피의자신문시 변호인참여권이 변호인의 조력을 받을 권리의 내용임을 확인하는 동시에 참여가 허용되지 않는 사유를 변호인에 의한 신문방해하거나 수사기밀 누설 등에 엄격히 제한하는 결정을 내렸고,[26] 헌법재판소는 피의자신문시 변호인참여권은 체포·구속되지 않은 피의자에게도 인정되는 것임을 명시적으로 밝혔다.[27]

그런데 발표자는 체포·구속된 피의자·피고인의 변호인과의 자유로운 접견교통권은 "절대적으로" 보장되어야 한다는 헌법재판소의 결정[28]에 불만을 표한다. 그리고 이 접견교통권에도 피의자신문시 변호인참여권에서와 같은 일정한 예외를 인정해야 한다는 주장을 편다.

그러나 우리 사회에서 권위주의 체제 아래 만연하였던 변호인과의 접견교통권에 대한 침해관행이 여전히 사라지지 않고 있다는 점을 고려할 때, 변호인과의 자유로운 접견교통권을 절대적으로 보장하는 우리 판례의 태도는 계속 견지되어야 한다. 보다 근본적으로 필자는 피의자·피고인의 변호인 접견의 일시, 장소, 시간에 대한 제약은 변호인의 조력을 받을 권리의 본질적 내용을 침해하는 것이라고 생각한다. 향후 매우 엄격한 조건 하에서 변호인접견권에 제한을 가하는 입법

24) 헌법재판소 1992. 1. 28. 선고, 91헌마111 결정; 헌법재판소 1995. 7. 21. 선고, 92헌마144 결정. "변호인과의 자유로운 접견은 신체구속을 당한 사람에게 보장된 변호인의 조력을 받을 권리의 가장 중요한 내용이어서 국가안전보장, 질서유지, 공공복리 등 어떠한 명분으로도 제한될 수 있는 성질의 것이 아니다."

25) 대법원 1991. 3. 28. 선고, 91모24 결정; 대법원 1990. 2. 13, 89모37 결정; 대법원 1990. 9. 25. 선고, 90도1586 결정 등. 그런데 법률로라도 변호인의 피의자·피고인과의 접견교통권을 제한하면 피구속자의 변호인과의 접견교통권은 제한되는 것은 필연적이다. 따라서 체포·구속된 피의자·피고인의 변호인과의 접견교통은 절대적으로 보장되어야 한다는 상기 1992년 헌법재판소의 결정의 취지를 존중해야 하며, 변호인의 피의자·피고인과의 접견교통권을 제한하는 법률도 위헌 소지가 있다.

26) 대법원 2003. 11. 11. 선고, 2003모402 결정.

27) 헌법재판소 2004. 9. 23. 선고, 2000마138 결정.

28) 헌법재판소 1992. 1. 28. 선고, 91헌마111 결정; 헌법재판소 1995. 7. 21. 선고, 92헌마144 결정.

이 시도될 수도 있겠지만,[29] 그 제한이 일본식의 "접견지정"[30]이나 검찰에서 특히 관심을 갖고 있는 긴급체포후 48시간의 구속영장 청구시한 동안 일률적인 변호인 접견 제한이라면 바로 위헌을 면하지 못할 것이다.

다음으로 발표자는 신문실 구조, 변호인의 좌석 배치 등 다섯 가지 정도의 예를 들며 헌법재판소가 그러한 방식의 입법지침을 내릴 수 있겠느냐고 반문하고 있다. 그러나 발표자가 열거하는 정도의 세목은 애초에 국회의 몫이며, 헌법재판소는 그 예에서 제시하는 지침을 미리 내릴 생각을 가지고 있지 않다고 본다. 그러나 발표자가 제안하는 피의자와 변호인 사이를 유리벽으로 가로막는 입법, 긴급체포후 48시간의 구속영장 청구시한 동안 변호인의 접견에 제한을 가하는 입법 등이 만들어진다면 헌법재판소가 개입하여 위헌결정을 내릴 가능성이 높다고 예상한다.

29) 독일의 경우는 테러범죄와 관련해서는 변호인과의 접견교통권이 제한될 수 있다. 독일 형사소송법 제148조 제2항; 법원조직법시행령(EGGVG) 제31-38조.

30) 일본 형사소송법 제 39조 제3항. 이 조항은 변호인접견권이 피고인에게만 인정되고 접견시 간수가 참여하였던 戰前 체제의 개정을 둘러싼 미군 최고사령부와 일본 정부의 타협의 산물인데, 최고재판소는 접견지정이 예외적으로 이루어져야 함을 지적하지만 이 제도 자체의 합법성은 승인하고 있다(最高裁 1978. 7. 10. 刑集 32卷 5号 820頁). 접견지정제도에 대해서는 山中俊夫, "被疑者と弁護人の接見交通,"「刑事訴訟法の爭點」(新版, 1991)을 참조하라.

제 81 회 발표회 지정토론문

신 광 렬*

헌법재판소는 원래 변호인의 조력을 받을 권리는 구속·불구속을 불문하고 피고인·피의자 모두에게 인정되는 헌법상의 기본권이고, 헌법 제12조 제4항은 특히 신체구속을 당한 사람에 대하여 변호인의 조력을 받을 권리의 중요성을 강조하기 위하여 별도로 명시하고 있는 것이라고 하고 있습니다(헌법재판소 2004. 9. 23. 선고, 2000헌마138 결정). 헌법재판소는 나아가 구속, 불구속을 묻지 않고 모든 피의자는 변호인의 조력을 받을 헌법상의 기본권을 가지며 그 기본권의 핵심적인 부분 중 하나가 수사 및 재판 과정에서 변호인을 참여하도록 요구할 수 있는 권리라고 보고 있고(헌법재판소 2004. 9. 23. 선고, 2000헌마138 결정), 대법원도 구속피의자가 피의자신문 도중 변호인과 접견교통하는 것을 제한하는 것은 위법하므로 구속피의자는 피의자신문에 변호인의 참여를 요구할 수 있다고 보고 있습니다(대법원 2003. 11. 11. 자, 2003모402 결정).

한편, 대법원은 2007. 11. 30. 자, 2007모26 결정에서, "신체 구속을 당한 피의자의 변호인이 가지는 피의자신문에 참여할 수 있는 권리도 신문을 방해하거나 수사기밀을 누설하는 등의 염려가 있다고 의심할 만한 상당한 이유가 있는 특별한 사정이 있음이 객관적으로 명백하여 변호인의 참여를 제한하여야 할 필요가 있다고 인정되는 경우에는 제한할 수 있는 것이기는 하나, 피의자신문에 참여한 변호인의 피의자가 조력을 먼저 요청하지 않는 경우에도 그 의사에 반하지 않는 한 스스로의 판단에 따라 능동적으로 수사기관의 신문 방법이나 내용에 대하여 적절한 방법으로 상당한 범위 내에서 이의를 제기하거나 피의자에게 진술거부권 행사를 조언할 수 있는 것이 원칙이라 할 것이니, 변호인의 이러한 행위를 두고 신문을 방해하는 행위라고 평가할 수는 없다 할 것이고, 이는 수사기관의 신문이 위법 또는 부당하지 않은 경우에도 마찬가지라 할 것이다"라고 판시하고 있습니다.

우리 대법원과 헌법재판소의 이와 같은 태도는 신체의 자유의 한 부분으로서 변호인의 조력을 받을 권리는 헌법상 기본권으로 법률에 그 명시적인 근거가 없더라도 기본권의 효력으로 당연히 인정되는 것이고, 기본권에 내재한 제한이 아닌

* 사법연수원 교수.

한 그 제한은 법률에 명시적인 근거규정이 있어야만 가능하다는 입장을 취한 것으로 해석됩니다.

발표자께서는 이에 대하여, 기본권 보장을 위한 구체적 입법의 형태를 기본권제한적 법률유보와 기본권형성적 법률유보로 나누면서, 변호인의 조력을 받을 권리를 구체화하는 입법은 기본권형성적 성격을 갖고 있다고 하고 있습니다. 즉 변호인의 조력을 받을 권리는 신체적 자유권을 보장하기 위한 절차적 장치 중 하나로써 그 절차적 보장은 법률에 의한 절차에 의해 구체화되는 것이라고 하고 있습니다. 나아가 헌법 제12조 제1항의 '적법한 절차'는 법률에 의하여 형성될 수밖에 없고, 변호인의 조력을 받을 권리에서 그 조력을 위하여 어떤 행위가 허용되는지 자체가 명확하지 않으며 이에 따라 허용되는 행위 자체에 대하여 형성적인 입법이 필요하다고 하고 있습니다.

그러나 변호인의 조력을 받을 권리 자체는 신체의 자유와 밀접한 관련이 있는 기본권으로, 피의자가 변호인으로부터 조언을 받고 상담할 수 있는 권리는 변호인의 조력을 받을 권리의 핵심적 내용을 이루는 것으로 구체적 입법형성 행위가 없는 경우에도 헌법상 변호인의 조력을 받을 권리에서 막바로 도출된다고 보아야 합니다. 이를 제한하기 위해서는 법률에 구체적인 규정이 있고, 그 내용이 변호사의 조력을 받을 권리의 본질적인 부분을 침해하지 않아야 합니다. 헌법재판소 2004. 9. 23. 선고, 2000헌마138 결정의 별개의견이 적절하게 지적하는 바와 같이, 변호인의 조력을 받을 권리는 신체의 자유와 밀접한 관련이 있는 기본권으로 더 이상 국가의 시혜적인 절차 형성에 달려 있는 권리가 아니라 헌법상의 기본권으로 국가권력에 대한 관계에 있어서 최대한 보장되어야 할 권리이기 때문입니다.

한편 발표자께서 적시하고 있는 바와 같이 미국, 영국 등 선진국에서는 모두 변호인의 피의자신문절차에서의 참여를 인정하고 있습니다. 독일 형사소송법이 비록 경찰의 피의자신문에의 변호인 참여는 명시적으로 규정하고 있지 않고, 변호인은 경찰의 피의자신문절차에 참여할 권리가 없다는 취지의 하급심판결[1]이 있기는 합니다만, 그 경우에도 피의자가 변호인의 참여를 요구하고 변호인의 참여 하에서만 진술하겠다는 뜻을 분명히 하는 경우에는 사법경찰관은 피의자 신문과정에 변호인을 참여시킬 수 있고, 더 나아가 변호인의 참여를 허용할 것이 권장되고 있다는 점에 유념할 필요가 있습니다.[2]

1) OLG Schleswig OLGSt. § 163a S. 11; Meyer-Goßner, Lutz, Strafprozessordnung(46. Aufl, 2003) Rn. 7.

2) Meyer-Goßner, StPO 47 Aufl., 2004, § 163 Rn. 16; Wache, StPO-Karlsruher Kommentar 5. Aufl., 2003, § 163a Rn. 28.

개정 형사소송법은 수사절차상 피의자신문에의 변호인참여권(개정법 제243조의 2)을 규정하였습니다. 그런데 개정법 제243조의 2는 제 3 항에서 변호인은 신문후 의견을 진술할 수 있고 부당한 신문방법에 대하여 이의를 제기할 수 있다고 규정하고 있으나, 조문 어디에도 피의자가 변호인과 상담하고 변호인에게 조언을 요구할 수 있는지, 변호인이 언제든 피의자에게 조언할 수 있는지, 참여한 변호인은 의견을 진술하는 외에 어떠한 변론행위를 할 수 있는지 등 변호인의 조력을 받을 권리의 본질적인 부분에 관해서는 아무런 규정을 두고 있지 않습니다.

개정법 제243조의 2는 피의자신문과정에서의 변호인 참여에 관한 법률상 근거규정을 마련하였다는 데에는 나름의 의미가 있을 것이나, 그 주요한 내용은 결국 피의자신문과정에서의 변호인 참여의 제한에 다름 아니라고 할 것입니다. 개정법 하에서도 피의자신문에의 변호인 참여와 관련한 많은 논란이 예상되고, 그 당부에 관한 판단에 있어서는 결국 헌법상 기본권으로서의 변호인의 조력을 받을 권리의 내용과 범위가 그 기준이 될 수밖에 없습니다. 개정법 하에서도 기존의 대법원 판례나 헌법재판소의 결정례가 모두 유효하다고 볼 수밖에 없는 이유입니다.

마지막으로, 발표자께서는 현행법 아래에서 변호인이 검사가 보관하고 있는 수사기록에 대한 열람·등사권에 관한 규정이 없음에도 불구하고 헌법재판소가 헌법에서 수사기록에 대한 열람·등사권을 막바로 끌어낸 것을 비판하고 있습니다. 하지만, 학계에서는 이미 현행법 아래에서도 변호인이 검사가 보관하고 있는 수사기록에 대한 열람·등사권이 있다는 점에 대해서는 이견이 없고, 불허설이라는 것은 검찰 일부의 주장에 불과한 것이 아닌가 생각합니다.[3] 더구나 "우리나라도 비준한 '시민적 및 정치적 권리에 관한 국제 협약' 제14조 제 3 항은 피고인의 권리에 대한 최소한의 보장으로서, '범죄 혐의의 성질과 이유에 관하여 신속하고도 상세하게 통고를 받을 권리' 및 '방어의 준비를 위하여 충분한 시간과 편의를 가질 수 있는 권리'를 규정하고 있는바, 이에 따라 검찰이 피고인에게 범죄혐의와 관련된 증거를 개시할 의무를 부담하는 것은 법의 일반 원칙으로까지 승화된 당연한 강제규범(jus cogens)이 되었다고 할 수 있고, 한 나라의 사법부에서 공정한 재판이 이루어지고 있는지 여부를 보여주는 표징의 하나라고 할 수 있다"[4]는 유고국제전범재판소(ICTY) 권오곤 재판관의 견해를 상기할 필요가 있다고 봅니다. 따라서 수사기록에 대한 열람·등사권에 관한 개정 형사소송법은 해석상 당연하게 받아들여지던 것을 명문화한 것에 불과하다고 판단됩니다.

---

3) 발표논문 각주 37, 38 참조.

4) 2006. 12. 7.자 법률신문 제14면 '[헤이그통신] (3) 공소장일본주의의 실상과 허구.'

제 81 회 발표회 지정토론문

김 진 한*

1. 형성적 법률유보와 헌법상 기본권의 실체

발표문을 읽고 이해한 바에 따라 발표자의 견해를 나름대로 정리해 보겠습니다.

① 변호인의 조력을 받을 권리를 정하는 입법의 성격이 기본권 형성적 법률유보라는 견해를 갖고 있다. 그 이유는 변호인의 조력을 받을 권리는 신체적 자유권을 보장하기 위한 절차적 장치 중 하나로써 그 절차적 보장은 법률에 의한 절차에 의해 구체화 되는 것이기 때문이다(발표문 137면).

② 변호인의 조력을 받을 권리를 구체화하는 입법이 형성적 법률유보이므로 입법이 있기 전에 헌법재판소가 그 권리의 내용을 구체화하는 것은 바람직하지 않다(발표문 136면).

③ 형성적 법률유보이므로 입법자는 넓은 범위의 입법재량 갖고 있으며 다만, 입법이 변호인의 조력을 받을 권리의 본질적 내용을 침해하는 경우에는 입법재량을 일탈한 것으로 허용될 수 없다(발표문 137면).

결국, 발표자의 견해는 변호인의 조력을 받을 권리를 정하는 입법의 성격이 기본권 형성적 법률유보라고 하는 전제에서 기본권인 변호인의 조력을 받을 권리의 성질, 광범위한 입법재량, 헌법재판소의 심판범위를 논증하는 방식을 취하고 있다고 할 수 있는데, 이와 같은 논증 방식에 의문이 있습니다.

형성적 법률유보와 제한적 법률유보는 특정한 '법률조항'이 헌법상의 기본권과 어떤 관련을 갖고 있는가에 따른 '법률의 성질'에 관한 분류입니다. 즉, 이 분류는 어떤 법률조항이 헌법상의 특정 기본권을 실현하고 구체화하기 위한 법률조항으로서의 성질을 갖고 있는가, 아니면 기본권을 공익 등의 사유로 제한하기 위한 법률조항인가에 관한 구분으로서 '법률조항'을 이해하기 위한 분류일 뿐 기본권의 본질에 관한 분류방식이라고 할 수는 없는 것입니다.

법률의 성질에 따라 관련 기본권의 성질을 이해하는 방식은 기본권의 가치를 오해하거나, 기본권과 법률의 우선순위를 오해한 이해방식이라고 할 것입니다. 또한 하나의 기본권과 관련을 가지고 있는 법률조항들 가운데에는 그 내용에 따라

* 헌법재판소 헌법연구관.

그 기본권을 구체화하는 것도 있을 수 있고, 제한하는 것도 있을 수 있기 때문에 혼란을 부를 수도 있습니다. 가령 같은 재산권에 관한 법률조항이라고 하여도 재산권의 수용, 사용, 제한을 규정한 법률조항들은 재산권 제한적 법률유보의 성격을 강하게 갖고 있는 법률조항이고, 재산권의 시효·상린관계 등과 같은 법률조항은 재산권의 내용을 구체적으로 형성하는 법률조항으로서의 성질을 강하게 갖는다고 할 것입니다. 그렇다면, 이와 같은 법률의 성질에 따른 분류방식은 기본권의 실체를 파악하기 위한 도구로서는 적절하다고 보기 어렵다고 생각합니다. 따라서 그와 같은 분류방법을 전제로 하여 변호인의 조력을 받을 권리를 구체화하는 입법에 대하여 비교적 넓은 범위의 입법재량을 인정할 수 있다고 하는 결론에는 동의하기 어렵습니다.

2. 변호인의 조력을 받을 권리는 청구권적 기본권인가

가. 전통적으로 기본권의 분류에 관하여는 자유권적 기본권, 청구권적 기본권, 사회적 기본권 등으로 구분하는 분류방식을 사용하고 있습니다. 이와 같은 분류가 모든 기본권의 성격을 파악하기에는 한계가 있다고 할 것이지만, 법률의 성질에 따른 분류방식에 비하여 상대적으로 유용한 도구를 제공한다고 생각합니다. 따라서 전통적인 분류에 따라 발표자의 견해를 이해해 보도록 하겠습니다.

발표자가 변호인의 조력을 받을 권리는 신체적 자유권을 보장하기 위한 '절차적 장치' 중 하나로써 그 절차적 보장은 법률에 의한 절차에 의해 구체화 되는 것이라는 설명에 착안하여 보면 발표자는 변호인의 조력을 받을 권리의 성격을 전통적인 기본권 분류 가운데 청구권적 기본권 유사의 권리로 파악하고 있는 것으로 이해됩니다. 그렇다면 과연 변호인의 조력을 받을 권리를 청구권적 기본권 내지 그와 유사한 권리로 분류하는 것이 타당한지에 관하여 살펴보기로 하겠습니다.

나. 청구권적 기본권이란 국가로부터의 자유를 의미하는 자유권적 기본권과 달리, 국민이 국가에 대하여 일정한 행위를 적극적으로 청구할 수 있는 주관적 공권을 말합니다. 그런데 청구권적 기본권의 실현을 위하여 구체적인 입법이 필요하다고 하는 것이 일반적인 견해인데, 재판청구권 등 사법절차적 기본권 등이 그 대표적인 예에 해당합니다.

그런데 변호인의 조력을 받을 권리는 비록 형사사법절차상 문제되는 기본권이지만 전형적인 청구권적 기본권이라고 보기 어려운 측면을 가지고 있습니다. 헌법은 신체의 자유를 기본권으로서 보장하는 이외에 형사사법절차에서 신체의 자유가 부당하게 제한되지 않도록 다양한 기본권을 보장하고 있습니다. 즉, 헌법 제12조 제1항의 법률과 적법한 절차에 의하지 아니하고 압수, 수색을 받지 아니할 권리, 제2항의 고문을 받지 않을 권리와 자기에게 불리한 진술을 강요받지 않을 권리, 그리고 헌법 제27조 제4항의 무죄추정의 원칙 등이 그것입니다.

그런데 이들 기본권들은 비록 형사사법절차에서 문제되는 사법절차상의 기본권이라고 하겠으나, 헌법직접적인 효력을 가지는 권리들로서 별도의 입법이 필요하지 않은 점, 신체의 자유와의 직접적 연관성을 가지는 권리들인 점, 그와 같은 권리를 행사하는 것을 국가가 방해하지 않을 것을 요구하는 권리로서의 특징을 지니는 점에서 자유권적인 성질을 강하게 가지는 기본권이라고 생각합니다. 그렇다면 '신체적 자유권을 보장하기 위한 절차적 장치'라는 점은 입법재량의 여지가 넓은 청구권적 기본권 또는 그 유사의 권리라고 분류하기에 충분한 징표라고 하기 어렵다고 할 것입니다.

다. 변호인의 조력을 받을 권리는 위에서 살펴본 형사사법절차상의 기본권과 함께 피의자 및 피고인의 신체의 자유를 보장하기 위한 기본권 가운데 가장 중요한 기본권 중의 하나라고 할 것입니다. 그리하여 헌법 제12조 제4항은 '누구든지 체포 또는 구속을 당한 때에는 즉시 변호인의 조력을 받을 권리를 가진다'고 규정하고 있습니다. 그런데 헌법은 이와 같이 구속된 자에 대한 변호인의 조력을 받을 권리를 명문의 규정으로 인정하면서 법률유보의 문구를 삽입하지 않았습니다. 이는 법률유보 문구를 삽입한 재판청구권의 규정방식 또는 여타의 청구권적 기본권의 규정방식과는 상이한 규정방식이라고 하겠습니다. 헌법상 법률유보의 문언이 없이 보장하는 구속피고인에 대한 변호인의 조력을 받을 권리를 청구권적 기본권으로 해석하여 입법자의 입법이 없이는 보장되기 어려운 권리로 해석하기 어렵습니다.

헌법상 명문으로 보장되어 있는 변호인의 조력을 받을 권리는 구속되어 있는 사람이 국가의 부당한 방해를 받지 않고 자유로이 변호인의 조력을 받을 권리를 보장하고 있는 자유권적 기본권으로서의 성질을 인정하여야 한다고 생각합니다.

라. 구속되지 않은 피의자의 변호인의 조력을 받을 권리, 그 가운데 특히 변호인의 신문참여권에 관하여 보겠습니다. 구속되지 않은 피의자의 변호인의 조력을 받을 권리는 헌법에 명문으로 규정되어 있지 않습니다.

불구속피의자는 형사유죄판결의 위험을 부담하고 있는 점, 비법률전문가로서 국가의 형사소추권에 대응해야 한다는 점 등에서 구속피의자와 동일한 운명에 처해져 있는 사람입니다. 비록 수사의 주체인 검사가 공익의 대표자로서 피의자의 인권을 보장하여야 할 의무를 가지고 있다고 하여도 검사가 실체진실의 발견과 소추를 위한 다양한 전문지식, 정보, 인력을 확보하고 있는 상황에서 변호인의 조력이 없는 피의자는 수사의 객체에 불과합니다.

변호인의 조력은 단순히 법적 지식을 제공하는 것이 아닙니다. 극히 이례적인 사례라고 할 것이지만 중죄의 혐의를 받고 장시간 신문의 대상이 되었던 피의자가 검찰의 피의자신문 이후에 자신의 사무실에서 투신하여 목숨을 끊는 사례가 있었습니다. 변호인이 피의자신문에 참여함으로써 피의자가 변호인의 정신적 보호하에 신문을 받았다면 과연 그와 같은 누구도 의도하지 않았던 결과가 나타날 수 있었을 것인지 의문입니다. 불구속 상태이므로 피의자신문 이전과 이후에 변호인의 조력을 받을 수 있다고 하여 충분한 조력을 받을 수 있다고 보기 어려운 이유입니다.

이와 같이 피의자신문절차에서 변호인의 조력을 받을 권리를 인정하는 것은 공정한 형사절차 및 형사재판의 결정적인 부분을 형성하는 것일 뿐 아니라 피의자 인권을 위하여 반드시 필요한 기본권이라고 할 수 있습니다. 그리하여 헌법재판소는 비록 명문의 규정은 없으나 변호인의 조력을 받을 권리를 적법절차의 원칙, 법치국가원리로부터 도출하여 불구속피의자의 기본권으로 인정하고 있는 것입니다.[1)]

불구속피의자는 유죄의 확정판결을 받지 아니한 사람으로서 무죄 추정의 이익을 받는 상태일 뿐 아니라, 구속피의자와 달리 신체의 자유 등 기본권을 온전히

1) 참고적으로 살펴보면 미국 연방대법원은 변호인의 조력을 받을 권리를 광범위하게 인정하게 된 분수령인 Powell v. Alabama 사건에서 변호사의 조력을 받을 권리는 근본적인(fundamental) 권리라고 하며, 수정헌법 제14조의 적법절차의 원칙으로부터 변호인의 조력을 받을 권리를 도출하였다. 연방대법원은 이 사건에서 나이 어린 문맹의 피고인 소년들이 사형을 언도할 만한 중요한 사건에서 변호사를 선임할 형편에 있지 않다면 법원은 신청을 불문하고 변호사를 선임하여 주어야 하며, 변호사를 선임하여 주지 않음으로써 변호사의 조력을 받지 못하게 한 것은 적법절차 원칙의 위반이라고 판시하며 주 대법원의 판결을 파기하였다.

미국 수정헌법 제6조는 변호사의 조력을 받을 권리 일반을 보장하고 있다. 그런데 연방대법원이 이 사건에서 수정헌법 제6조를 적용하지 않고 수정헌법 제14조의 적법절차원칙에 기하여 판단한 것은 이 사건 연방대법원 판결 당시(1932년) 수정헌법 제6조는 아직 주법으로 수용(incorporated)되지 않았었기 때문이다. 즉, 연방대법원은 헌법상의 변호인의 조력을 받을 권리에 관한 조항과 무관하게 적법절차 조항으로부터 도출한 변호인의 조력을 받을 권리를 기본권으로 인정한 것이다.

법정의견을 집필한 Sutherland 대법관은 적법절차원칙으로부터 변호사의 조력을 받을 권리를 도출하면서 다음과 같이 설시하였다. 알라바마주 헌법은 모든 형사절차에서 피의자는 변호인의 도움을 받을 권리가 있다고 보장하고 있다. 주 법률은 법정형이 사형에 이르는 사건의 경우 피고인이 변호인을 선임할 수 없는 경우 변호인을 지정해 주어야 한다고 규정하고 있다. 그런데 주대법원은 (사실심에서 피고인들이 변호인이 선임되지 않은 상태에서 사형선고를 받았음에도 불구하고) 헌법 및 법률조항의 위반이 없다고 판단하였다. 여기서 우리의 권한과 임무는 과연 변호인의 조력을 받을 권리가 적법절차에 위반되는지를 판단하는 것이다(287 U.S. 45, 59–60).

보유하고 있는 법적 지위를 갖고 있습니다. 따라서 불구속피의자에 대한 검사의 피의자신문절차는 피의자의 자유의사에 기한 동의에 따른 임의수사로서의 성질을 지니고 있습니다. 이와 같은 법적 지위를 갖는 피의자가 수사 중 수사에 불법적 방해를 가하지 않는 범위에서 변호인과 상의할 수 있는 자유는 피의자가 국가에 청구하여 비로소 보장받는 청구권적 기본권으로서의 성질 보다는 본래 지니고 있는 자유권적 기본권으로서의 성질을 강하게 갖는다고 생각합니다.

결국, 변호인의 조력을 받을 권리는 헌법상 명문으로 인정되는 구속피고인의 경우나 불구속피고인의 경우나 청구권적 기본권 내지 그와 유사한 성질을 가진 권리라고 하기 보다는 자유권적 기본권에 보다 더 가까운 기본권이라고 할 것이고, 그렇다면 변호인의 조력을 받을 권리를 입법에 의해서만 보장될 수 있는 권리 내지 입법재량이 광범위한 권리로 이해하는 견해에는 동의하기 어렵습니다.

3. 헌법재판소 91헌마111 결정(면접교섭권 결정)에 관한 이해

발표자는 헌법재판소 91헌마111 결정은 변호인의 조력을 받을 권리 가운데 면접교섭권에 대하여 국가안전보장 등 어떠한 명분으로도 제한할 수 없는 성질의 것이라고 판단하였다고 보면서, 이와 같은 헌법재판소의 판단은 공익을 위하여 특별히 필요한 경우에 그 시간, 장소, 횟수 등을 제한하는 외국의 입법례에 비추어 보아도 현실적 타당성이 없다고 비판하고 있습니다(발제문 149면, 150-152면).

91헌마111 사건은 국가보안법 위반 등 피의사건으로 국가안전기획부(현 국가정보원)에 의하여 구속되어 있던 피의자가 국가안전기획부 면회실에서 그의 변호인과 접견을 하던 당시 국가안전기획부 직원(수사관) 5인이 접견에 참여하여 가까이서 그들의 대화내용을 듣고, 기록하고, 사진을 촬영을 하였던 것이 문제된 사건입니다.

이 사건의 쟁점은 구속피의자가 변호인을 접견할 때 수사관 등이 참여하여 대화내용을 듣거나 기록할 수 있는지 여부이었으며, 결정의 주문도 다음과 같이 사건의 쟁점에 초점을 맞추고 있습니다.

청구인이 1991. 6. 14. 17시부터 그날 18시경까지 국가안전기획부 면회실에서, 그의 변호인과 접견할 때 피청구인 소속직원(수사관)이 참여하여 대화내용을 듣거나 기록한 것은 헌법 제12조 제4항이 규정한 변호인의 조력을 받을 권리를 침해한 것으로서 위헌임을 확인한다.

재판부는 결정의 이유에서 "변호인과의 자유로운 접견은 신체구속을 당한 사람에게 보장된 변호인의 조력을 받을 권리의 가장 중요한 내용이어서 국가안전보장 · 질서유지 · 공공복리 등 어떠한 명분으로도 제한될 수 있는 성질의 것이 아니다"라고 판시하였습니다. 그러나 그와 같은 설시의 전후문맥은 피의자가 변호인과 접견을 하는 동안 법집행 공무원이 대담내용을 듣고 기록하는 등 자유로운 접견을 방해해서는 안 된다는 점에 있습니다.[2)]

그렇다면 헌법재판소 결정의 취지는 발표자가 지적한 바와 같이 접견교통권 일반을 제한할 수 없는 권리 내지 절대적 권리라고 인정한 것이라고 하기 보다는 국가권력 내지 법집행공무원이 피의자와 변호인의 대화내용을 듣는 등 접견내용의 비밀을 침해함으로써 자유로운 접견을 방해해서는 안 된다는 취지이고, 이 부분은 국가안보 등 어떠한 공익을 위하여도 제한될 수 없다는 점을 지적한 것이라고 할 것입니다.[3)]

2) 헌법재판소의 판단 가운데 문제되는 부분을 전후 관련부분과 함께 살펴보면 다음과 같다.
신체구속을 당한 사람에 대하여 변호인의 충분한 조력을 받게 하기 위하여서는 무엇보다도 먼저 신체구속을 당한 사람이 변호인과 충분한 상담을 할 수 있도록 해 주어야만 할 것이므로 변호인의 조력을 받을 권리의 필수적 내용은 신체구속을 당한 사람과 변호인과의 접견교통일 것이다. 변호인은 접견을 통하여 구속된 피의자, 피고인의 상태를 파악하여 그에 따른 적절한 대응책을 강구하고, 피의사실이나 공소사실의 의미를 설명해 주고 그에 관한 피의자 · 피고인의 의견을 듣고 대책을 의논하며, 피의자나 피고인 진술의 방법, 정도, 시기, 내용 등에 대하여 변호인으로서의 의견을 말하고 지도도 하고, 진술거부권이나 서명날인거부권의 중요성과 유효적절한 행사방법을 가르치고 그것들의 유효적절한 행사에 의하여 억울한 죄를 면할 수 있다는 것을 인식시켜야 하며, 수사기관에 의한 자백강요, 사술(詐術), 유도(誘導), 고문 등이 있을 수 있다는 것을 알려 이에 대한 대응방법을 가르쳐 허위자백을 하지 않도록 권고하고, 피의자로부터 수사관의 부당한 조사(유도, 협박, 이익공여, 폭력 등) 유무를 수시로 확인해야 하며, 피의자나 피고인의 불안, 절망, 고민, 허세 등을 발견하면 그 감정의 동요에 따라 격려하여 용기를 주거나 위문하거나 충고하여야 할 것이다. 그런데 이러한 일은 구속된 자와 변호인의 대화내용에 대하여 비밀이 완전히 보장되고 어떠한 제한, 영향, 압력 또는 부당한 간섭 없이 자유롭게 대화할 수 있는 접견을 통하여서만 가능하고 이러한 자유로운 접견은 구속된 자와 변호인의 접견에 교도관이나 수사관 등 관계공무원의 참여가 없어야 가능할 것이다. 만약 관계공무원이 가까이서 감시하면서 대화내용을 듣거나 녹취하거나 또는 사진을 찍는 등 불안한 분위기를 조성한다면 변호인의 이러한 활동은 방해될 수밖에 없고 이는 변호인의 조력을 받을 권리나 진술거부권을 기본권으로 보장한 헌법정신에 크게 반하는 일이다.
공소제기를 잘못하거나 오판 등에 의한 원죄(寃罪)는 구속된 피의자, 피고인과 변호인의 자유로운 접견교통에 의하여 사전에 예방될 수 있을 것이다.
이상과 같이 변호인과의 자유로운 접견은 신체구속을 당한 사람에게 보장된 변호인의 조력을 받을 권리의 가장 중요한 내용이어서 국가안전보장 · 질서유지 · 공공복리 등 어떠한 명분으로도 제한될 수 있는 성질의 것이 아니다. 그리고 구속된 사람을 계호(戒護)함에 있어서도 1988. 12. 9. 제43차 유엔총회에서 채택된 "모든 형태의 구금 또는 수감상태에 있는 모든 사람들을 보호하기 위한 원칙" 제18조 제4항이 "피구금자 또는 피수감자와 그의 변호인 사이의 대담은 법 집행 공무원의 가시거리(可視距離) 내에서 행하여 질 수는 있으나 가청거리(可聽距離) 내에서 행하여져서는 아니 된다"라고 적절하게 표현하고 있듯이 관계공무원은 구속된 자와 변호인의 대담내용을 들을 수 있거나 녹음이 가능한 거리에 있어서는 아니 되며 계호나 그 밖의 구실아래 대화장면의 사진을 찍는 등 불안한 분위기를 조성하여 자유로운 접견에 지장을 주어서도 아니 될 것이다(헌재 1992. 1. 28, 91헌마111, 판례집 제4권, 51, 59-62).

3) 헌법재판소 2000헌마138 결정이 발표자가 지적하는 부분을 인용한 이유도 접견교통권의 절대적 권리성을 선언한 것이라기보다는 접견교통권의 중요성을 강조하기 위한 취지라고 이해된다. 2000헌마138 결정의 쟁점은 구속피고인의 접견교통권이 아닌 불구속피의자의 변호인의 조력을 받을 권

개인적으로 구속 피의자의 접견교통권에 대하여는 급박한 공익을 위하여 법률유보에 따른 일정한 제한이 가능한 것으로 생각하므로 그 점을 지적하는 발표자의 견해에 동의합니다. 발표자가 제시한 외국의 입법례 그리고 제시하신 다양한 가상적 사례에도 접견의 비밀에 관한 자유를 제한한 경우는 없는 것으로 보아 발표자의 견해도 위 91헌마111 결정의 취지와 상호충돌되지 않는 것으로 생각합니다.

결국, 91헌마111 결정에 관한 발표자의 우려는 결정의 전체 취지에 대한 오해에 기인한 것으로 생각합니다.

4. 기본권의 내용 확정인가, 입법권의 침해인가

발표자는 헌법재판소가 변호인의 조력을 받을 권리의 한 내용으로서 피의자 신문참여권과 기록 열람 및 등사권을 인정하면서 해당 권리의 한계 내지 제한 가능성을 판단한 부분이 헌법재판소가 입법자의 역할을 담당한 것이라고 우려하고 있습니다(발표문 149면).

어떤 권리의 내용을 파악하는 방법으로는 권리를 채우는 내용을 살피는 적극적 이해 방법과 권리의 내용으로서 포함될 수 있는 부분과 그 범위를 초과하는 부분의 경계를 살피는 소극적 이해방법이 있을 수 있습니다. 헌법재판소가 변호인 조력을 받을 권리의 내용을 적극적으로 파악하는 동시에 그 권리의 한계로서 인정될 수 없는 부분 및 제한 가능성이 있는 영역을 설시한 것은 소극적 방식으로 권리의 내용을 파악한 것이라고 하겠습니다.

그런데 이와 같이 기본권의 내용을 확인하고, 그 범위를 설정하는 것은 입법자가 아닌 헌법재판소가 담당해야할 역할이라고 할 것입니다. 헌법상의 기본권의 내용과 한계를 발견하는 것은 헌법의 해석의 문제라고 할 것이고, 그렇다면 이는 헌법을 최종적으로 해석할 권한을 가진 헌법재판소의 역할이라고 할 것이기 때문입니다.

모든 헌법기관 및 국가기관은 권력분립의 원칙에 따라 그 권한이 분배되어 있다고 하여도 국민의 기본권 보장이라는 공통된 임무를 공유하고 있습니다. 헌법재판소가 기본권의 내용을 궁구하여 해당 기본권의 공익에 따른 제한가능성과 그 한계를 발견하였다면, 장래에 그에 관한 입법을 담당하여야 할 입법자를 위하여 판결의 이유를 통하여 그 내용을 공유하는 것이 기본권의 실현이라는 양 기관의 공통임무를 위한 협조라고 생각합니다.

리에 관한 것이었기 때문이다(헌재 2004. 9. 23, 2000헌마138, 판례집 16-2(상), 543, 556 참조).

이와 같은 협조의 중요성은 헌법재판소가 기본권의 적극적, 소극적 내용을 결정의 이유에 밝히지 않는 경우를 가정하여 보면 자명해집니다. 헌법재판소가 어떤 법률조항에 대하여 기본권 침해를 이유로 위헌판단을 하면서 기본권의 내용을 명확히 하지 않는다면, 입법자는 헌법재판소가 확정한 기본권의 범위에 대하여 아무런 참고자료가 없는 채 새로운 입법을 하여 헌법재판소의 새로운 판단을 기다려야 하는 것이고, 이와 같은 사태는 입법부가 헌법재판소가 인식한 기본권의 범위와 일치하는 순간까지 계속 반복될 것입니다. 이와 같은 사태가 바람직하지 않다는 점은 명백하다고 하겠습니다.

결국, 헌법재판소가 결정이유에서 밝힌 기본권 내용의 범위가 입법자를 강제하는 것이 아니라 입법의 참고요소로서 작용하는 한 헌법재판소가 입법의 역할을 담당하였다거나 입법권을 침해한 것이라고 보기는 어렵다고 생각합니다.

5. 헌법상의 기본권과 입법자의 민주적 정당성

민주적 정당성을 갖고 있는 입법권을 존중할 필요성에 관한 발표자의 지적에는 전적으로 동의합니다. 입법자에게 더 큰 민주적 정당성이 있음에도 헌법재판소가 입법을 통제할 수 있는 권한을 갖고 있는 것은 헌법을 공부하는 사람으로서 간직하여야 할 숙명적인 화두라고 생각합니다.

그러나 적어도 기본권, 특히 소수자의 기본권에 관련된 입법에 대한 통제부분에 관하여는 좀 더 명확한 대답이 있다고 생각합니다. 그 근거는 입법자의 기본권 실현을 무한정 신뢰하기 보다는 실효적인 헌법재판제도를 두는 것이 기본권을 보장할 가능성이 더 많다는 인류 역사의 경험이라고 할 것입니다. 각국의 헌법제정권자 및 헌법개정권자가 헌법재판소 등 사법기관에 헌법재판권을 부여하여 입법부를 통제하도록 한 것은 헌법학자의 머릿속에서 창조된 논리가 아닌 역사적 생생한 경험에 따른 결과라고 생각하는 것입니다.

민주적 정당성은 민주주의 다수결 원리를 그 핵심적 내용으로 하고 있습니다. 그런데 바로 그 민주주의의 다수결에 의해 쉽게 침해될 가능성이 있는 것이 바로 소수자의 기본권이며 이는 외국의 예를 살펴볼 필요도 없는 우리의 생생한 체험입니다.

변호사의 조력을 받을 권리는 전형적인 고립된 소수자의 권리라고 보기는 어려운 측면이 있습니다. 하지만 다수의 대중이 변호인의 조력을 받아야 할 형사피의자 내지 피고인의 권리에 깊은 관심을 가질 것을 기대하기는 어려운 측면이 있습니다.

위 각주 1에서 적법절차조항을 통하여 변호인의 조력을 받을 권리를 인정한 미국 연방대법원의 사례인 Powell v. Alabama 사건의 사실관계는 대중의 여론이 피의자의 권리에 얼마나 비우호적일 수 있는지, 그와 같은 여론이 국가권력에 어떠한 영향을 줄 수 있는지를 여실히 보여주는 사례입니다. 사례는 주법원의 판단에 관한 것이지만 입법기관은 그 구성원리상 다수의 여론에 더욱 취약한 구조를 가지고 있다고 할 것입니다.

사건의 발단은 일군의 흑인소년들과 백인소년들의 싸움에서 시작되었다. 화물기차를 타고 있던 소년들은 알라바마주를 통과하던 기차 안에서 인근 Scottsboro 시에 거주하는 백인소년, 소녀들 그룹(7명의 백인소년들과 2명의 소녀)들과 마주치게 되었다. 백인소년들은 검둥이들은 기차에서 내리라고 모욕을 주었고, 이에 싸움이 벌어졌다. 그 후 흑인소년들은 백인소년들을 기차 밖으로 던지고, 2명의 백인소녀들을 윤간하였다는 혐의로 체포되었다. 체포된 흑인소년들이 Scottsboro에 도착하기 이전에 이미 소식은 알려져 분노한 군중들이 이들을 기다리고 있었다. 군중들이 폭도로 변할 태세를 보이자 보안관은 주방위군의 출동을 요청하였다. 주민들의 분노는 계속되었으며 주방위군은 재판절차동안 법정과 흑인소년들의 신변을 구금하였으며, 신변보호를 위하여 인근도시 Gadsdend로 이동시키고, 형사절차가 진행되는 동안 법정이 있는 Scottsboro시와 Gadsdend시로 이동시키기를 반복하여야 했다. 아리조나주법원은 흑인소년들에 대하여 변호인을 선임하여 주는 대신, 한 변호사로 하여금 재판절차를 참관하게 하였다. 소년들은 모두 일주일 안에 기소되었고, 사실심 법원은 소년들을 별개의 절차에서 재판하였는데 각 절차는 모두 하루에 마쳐졌다. 배심원들은 소년들에게 사형을 언도하였고 주 대법원은 이 판결을 유지하였다.

기본권의 실현은 민주적 정당성의 원리만으로 실현되기는 어렵다고 할 것이고 기본권의 실현을 위해서는 입법자에 대한 헌법과 기본권에 기초한 적절한 견제와 감시가 불가결하다고 생각하며, 그것이 바로 헌법이 헌법재판소에 헌법재판권을 부여한 취지라고 생각합니다.

제 81 회 발표회 토론요지

사 회 자 : 김선택(교수)

토론참여자 : 조국(교수), 신광렬(판사), 김진한(헌법연구관), 이상원(판사), 김시철(판사), 정종섭(교수), 황치연(헌법연구관), 장석조(헌법연구관), 최창호(검사)

간 사 : 헌법실무연구회 간사 손인혁 연구관입니다.

이른 시간인데도 많이 참석해 주셔서 감사합니다.

오늘은 헌법재판소 헌법연구위원으로 재직중이신 김선택 교수님의 사회로 대검찰청 이완규 검사님께서 발제해 주시겠습니다.

그리고 오늘 이 행사는 법원의 헌법연구회 및 검찰의 공법연구회와 공동으로 진행됩니다.

그리고 아울러 송년모임도 겸하고 있습니다.

끝까지 참석해 주시기 바랍니다.

지금부터는 김선택 교수님께서 진행해 주시겠습니다.

사 회 자 : 이렇게 와서 보니까 오늘 마치 헌법재판소에 근무했던 식구들이 다 총집합하는 날 같습니다.

여기 대법원 헌법연구회분들 그리고 대검찰청 공법연구회 참석하신 분들도 다 헌재에서 연구를 많이 했던 토대를 가지고 자기 친정으로 돌아가서도 역시 잊지 않고 계속해서 헌법에 기여를 해 주시는 것 같이 보여서 매우 기쁜 모임이라고 생각이 됩니다.

우선 발제에 앞서서 우리 헌법실무연구회 회장님이신 이공현 재판관님을 일단 모셔서 환영사 겸 인사말을 잠깐 듣기로 하겠습니다.

부탁드립니다.

회 장 : 원래 저희들이 연말행사에 우리가 외부 연구회나 이렇게 모시고 같이 헌법재판소 헌법실무연구회가 공동으로 이렇게 진행하면서 이렇게 특정주제에 대해서 저희들이 간단히 발표를 하고 또 연말에 푸닥거리 겸해서 송년회를 간단히 이렇게 조촐한 음식을 가지고 저희들이 개최해 왔습니다.

특히 오늘은 또 우리 대법원 헌법연구회 또 대검찰청 공법연구회 이렇게 같이 진행하게 되어서 정말 마음이 뿌듯합니다.

저희들 이렇게 각 법조직역 또 학계에서 이렇게 헌법재판 발전 내지 또 서로의 입장에 대해서 얘기하고 토론의 장을 마련한다는 것만으로도 저희들은 정말 이것이 얼마나 바람직하고 여기서 나온 결과가 우리나라 헌법재판제도 발전에 얼마나 큰 기여를 해 왔는가는 회원님 여러분들이 다 아시니까요.

오늘 많이들 오셔서 많이 드시고 또 많은 얘기 나누시기를 새해에도 바랍니다.

감사합니다.

사 회 자 : 감사합니다.

특히 이번 발표회는 우리 이공현 재판관님이 헌법실무연구회 회장님으로서는 마지막 정기발표회입니다. 그래서 간단한 이취임식이 송년모임에서 있을 예정이니까 다들 참석하셔서 자리를 빛내주시면 감사합니다.

그리고 예정에는 또 없었다고 하실까봐 걱정이지만 그래도 빠뜨릴 수 없는 순서가 있습니다.

이강국 소장님의 축사를 부탁드리겠습니다.

헌법재판소장 : 오늘 여기 와서 이런 여러, 대법원 또 검찰 또 교수님들 이렇게 뵈니까 정말 반갑습니다.

제가 자주 드리는 말씀이지만 우리나라같이 인력풀이 얇은 이런 나라에서는 뜻을 같이 하고 또 관심대상을 같이 하는 전문가들이 서로 모여서 정보도 교환하고 토론도 하고 자료도 교환하는 것이야말로 선진국과의 문화의 갭을 좁힐 수 있는 가장 빠른 길이라고 제가 누차 강조해 왔습니다마는, 우리 법조계는 실무계하고 학계가 그저 소가 닭 보듯 이렇게 그냥 별 상관없이 그렇게 제 갈 길을 가는 그런 식으로 생활하여 왔습니다마는, 이제는 주변상황이 그렇게 태평스럽지가 않습니다.

때는 늦었지만 우리 실무가들 또 학계분들 이런 모든 분들이 서로 자주 모이고 자주 정보와 자료를 교환하고 또 치열한 논쟁을 거듭하고 이럼으로써 우리들의 힘을 합칠 수 있고 그러한 힘이, 합쳐진 힘이 우리 법률문화의 향상에 크게 기여하리라고 저는 확신하고 있습니다.

앞으로도 이런 모임이 좀더 강화되고 좀더 활발하게 진행이 되어서 특히 우리 공법분야에 조금, 민사법이나 형사법에는 좀 뒤떨어져 있다고 생각되는 우리 공법분야에서 큰 발전을 이룰 수 있는 계기가 되었으면 하는 마음 간절합니다.

이런 모임이 앞으로 쭉 더욱 적극적으로 그리고 활발하게 진행될 수 있도록 저로서는 물심양면에 모든 노력을 다할 것이고 또한 여러분들을 지원할 것입니다.

여러분들의 더 큰 협력과 또 참여를 간절히 부탁드립니다.

감사합니다.

사 회 자 : 소장님 말씀만 들어도 힘이 나는 것 같습니다.

오늘 굉장히 바쁜 일도 많으시고 힘드실 텐데도 여기 참석해 주신 우리 조대현 재판관님 또 목영준 재판관님 또 하철용 사무처장님 그리고 우리 대법원측에서 온 서기석 부장님, 여러분들 정말 감사드리고, 이제 발제 토론순서로 들어가도록 하겠습니다.

간단하게 먼저 발제자하고 토론자를 소개말씀 올리고 발제를 듣도록 하겠습니다.

먼저 제 옆에 앉아 계신 우리 이완규 검사님, 서울대 법대를 졸업하시고 작년에 법학박사학위를 취득하셨습니다. 서울지검 등 각급 검찰청 검사를 역임하고 현재는 대검찰청에 검찰연구관으로 재직중에 계십니다.

박수로 환영해 주시면 감사하겠습니다.

지정토론자 세분을 소개해 올리겠습니다.

먼저 조국 교수님, 서울대 법대를 졸업하시고 동대학원 법학과 박사과정을 수료한 후에 미국 버클리 로스쿨에서 LLM과 JSD를 취득하셨습니다. 현재 서울대 법과대학에서 형사법을 담당하는 교수님이십니다.

박수 한번 쳐주시기 바랍니다.

그 다음에 신광렬 판사님, 서울대 법대 졸업하시고 서울지방법원 등 각급법원 판사를 역임하고 현재 사법연수원에 계십니다.

박수로 환영해 주시면 감사하겠습니다.

세 번째 토론자로 수고해 주실 분은 우리 헌법재판소 식구입니다.

고려대 법대를 졸업하셨고 미국 노트르담 로스쿨에서 LLM학위를 받으셨고 현재 헌법재판소에 헌법연구관으로 재직하고 계십니다.

박수 부탁합니다.

오늘 제가 여기 들어오면서 조금 놀랐는데요, 지금 발제문도 그렇고 토론문도 별개의 발제문 같은 양식으로 되어 있어서 제가 이거를 시간 내에 효율적으로 운영을 할 수 있을지 걱정이 앞섭니다.

그래서 간곡히 부탁을 드리는데 잘 협력을 해 주시면 감사하겠습니다.

일단 발제는 통상 20분 내외로 해왔기 때문에 그렇게 맞춰주시면 감사드리겠고, 지정토론자분은 5분에서 10분 사이 이렇게 되어 있는데 가능할지는 모르겠습니다마는 최대한 하여튼 10분정도 이내에 끝내주시면 감사하겠습니다.

그러면 우선 이완규 검사님 발제를 듣도록 하겠습니다.

부탁드립니다.

< 주제발표자 발표 >

사 회 자 : 감사합니다.

발제문 받으신 것 가운데 131페이지와 135페이지가 누락되어 있는 것 같습니다.

죄송하게 생각합니다.

밖에 테이블에 비치를 할 예정이니까 그거 가져가시기 바랍니다.

지금 아주 이완규 검사님께서 실무적인 어려움 그게 좀 있으신 것 같아요. 여기 헌법재판소인데 헌법재판소가 헌법해석, 유권적인 최종적 헌법해석기관에 와서 해석방법에 대담하게 이의를 제기하셨는데, 한번 토론도 들어보고 우리가 판단해 보도록 하겠습니다.

조국 교수님 부탁드립니다.

< 지정토론자(조국) 발표 >

사 회 자 : 감사합니다.

우리 신광렬 판사님 토론 듣겠습니다.

< 지정토론자(신광렬) 발표 >

사 회 자 : 감사합니다.

마지막으로 김진한 연구관께서 마지막 지정토론을 하시겠습니다.

10분 시간입니다.

〈 지정토론자(김진한) 발표 〉

사 회 자 : 토론 아주 잘 들었습니다.

저희가 발제, 토론을 진행하는 도중에 우리나라 한국 공법학자들의 모임인 공법학회 회장님이 오셨습니다.

환영하는 뜻으로 우리 김해룡 회장님께 박수 한번 쳐주십시오.

듣고 보니까 아주 헌법의 아주 기본적인 문제들이 거의 다 나오는 것 같습니다.

이제 이 문제들에 관한 우리들의 토론의 장을 열어보도록 하겠습니다.

먼저 발제자이신 이 검사님께서 토론중에 나온 질문이라든가 문제점에 대한 간단한 답변을 하시고, 그 다음에 토론자라든가 플로어의 의견을 듣도록 하겠습니다.

부탁합니다.

발 표 자 : 여러분 다 들으셨겠지만 제가 지금 거의 일방적으로 공격을 당하고 있지 않습니까? 그런데 뭐 이거에 대해서 제가 답변을 드린다는 것은 결국 견해의 차이입니다. 그렇지요? 이 변호인의 조력을 받을 권리라는 이 권리의 성질을 어떻게 볼 것이냐에 대한 견해의 차이, 또 하나는 우리 김 연구관께서 말씀하셨듯이 저도 초두에 말씀드렸습니다만 헌법재판이라는 것이 도입되어서 갖고 있는 고유의 기능이 있거든요. 이 기능이 있기 때문에 지금 말씀하신대로 민주적 정당성을 갖는 국회에서 제정된 입법에 대해서는 관여하지 말라는 것이 아니고 어차피 헌법재판소라는 것이 거기에 관여하도록 만들어진 기관이니까요. 그런데 얼마만큼 어떻게 관여해야 되는가라고 하는 굉장히 철학적이고 정책적인 문제에 있어서 견해가 좀 다른 것입니다. 저하고, 세 분하고 계속 그렇게 부딪히는데요. 몇 가지만 토론하신 분들에 대해서 말씀드리면, 그렇다고 방향이 옳다? 물론 제가 지금 변호인신문참여권이 도입된 방향이나 또는 수사기록 열람·등사에 관해서 입법이 되었는데 그 방향에 대해서 그르다고 하는 것은 아닙니다.

그 방향이 옳은 방향이었고 아까도 말씀드렸지만 그것이 선진국에서 특히 적정절차원리를 구현하기 위해서 여러 가지로 입법되고 있는 추세니까요, 방향이 옳단 말이지요. 그런데 그 방향이 옳다는 것과 그것이 헌법적 수준이냐는 다르지 않느냐? 제가 질문 드리는 것입니다. 그것이.

그것이 헌법적 수준이 아니라면 헌법재판소에서는 기다려야 되는게 아니냐 입법될 때까지, 또는 굳이 헌법적 수준이라고 헌법재판소에서 판단하더라도 이 입법이 없는 것이 입법의 부작위가 위헌이다라는 정도, 그래서 구체적으로 입법해라, 이런 정도면 되는 것이지, 이거를 당장 지금 인정해라 그러면서 이렇게 이렇게까지 인정해라, 이렇게 말하는 것은 좀 맞지 않지 않냐 제가 그런 얘기고요.

그 다음에 또 마찬가지로 아까 피의자신문참여에 관해서 지금 법이 제정되었음에도 불구하고 우리 신 부장판사님께서 이 법도 굉장히 부족하다. 그래서 해석으로 많이 메꾸어 줘야 되는데 그래서 헌법재판소나 법원에서 자꾸 적극적으로 해석을 해야된다라고 하는데 그럴 때, 우리 지금 변호인신문참여에 관한 규정이 참여한 변호인이 부당한 신문방법에 대한 이의제기를 할 수 있고, 신문이 끝난 후에 의견진술하도록 되어 있습니다. 의견진술권과 이의제기권이 있어요.

그리고 이의제기의 경우에는 원칙적으로 신문이 끝난 후에 할 수 있는데 신문도중에도 수사기관의 허가와 승인을 받아서 신문도중에도 의견을 진술할 수 있습니다. 이런 구체적인 문제가 있는데, 여기서 만약에 법에 이렇게 정하고 있는데 지금 해석으로 또, 해석으로 끌어들여서 부당한 신문뿐만 아니라 내용에 대해서도 이의를 제기할 수 있고, 또 부당하지 않아도 무조건, 부당한 신문방법이나 이것도 아니어도 이의제기를 할 수 있다, 이렇게 법해석을 한단 말입니다.

그 다음에 소위 조언과 상담, 적극적 조언도 할 수 있다. 이렇게 해석을 해요.

그러면 이 법하고 해석은 도대체 뭐냐는 거지요. 그러면 이 입법이 왜 있냐는 겁니다. 그런 식으로 해석할 것 같으면 입법은 왜 하는 거지요? 입법이라는 것은 그냥 변호인이 참여할 수 있다, 피의자신문에 변호인이 참여할 수 있다, 변호인참여권이 인정된다, 이렇게만 입법해 놓고 다 해석으로 해결해 버리면 되는 것이지 왜 그러면 입법자가 거기다가 이의제기를 할 수 있다, 의견진술을 할 수 있다. 이거는 도대체 무슨 의미냐? 그런 의문이 저는 드는 겁니다.

더 나아가서 예를 들면 이 피의자신문과 달리 구속전 신문제도라는 절차가 있지 않습니까? 이 구속전 신문에 있어서 변호인참여라는 것도 같은 내용입니다.

제가 아까 피의자신문에 변호인이 참여하는 것은 접견교통권으로 저는 안봅니다. 그거는 접견교통권의 일부가 아니라 절차참여권이에요. 우리나라는 신문이라고 하는 어떤 절차가 있는 것입니다. 소송절차가 있는데 그 절차에 변호인이 참여해서 조력을 하는 그런 권리입니다. 그것은 피의자신문에 변호인이 참여해서 조력을 하는 거나 또는 구속전 신문에 변호인이 참여해서 조력을 하는 거나 공판절차에서 피고인 신문할 때 변호인이 참여해서 거기서 조력을 하는 거나 마찬가지 원리거든요.

그런데 구속전 신문제도의 경우에 우리 형사소송법이 뭐라고 되어 있냐하면 "판사의 신문이 끝난 후에 변호인이 의견진술할 수 있다" 이렇게 규정이 되어 있어요. 그러면 구속전 신문절차에 참여한 변호인은 뭘 할 수 있습니까? 구속전 신문절차에 참여한 변호인이 거기서 어떤 행위를 할 수 있나? 그러면 피의자신문참여권에 관해서 그렇게 해석하시는 분들, 법규정에도 불구하고 이렇게이렇게 해석해서 이 원리가 다 인정된다, 이렇게 해석하는 분들은 분명히 마찬가지 논리로 구속전 신문에 참여한 변호인도 옆에서 조언상담도 다할 수 있고, 또 의견진술도 할 수 있고, 질문도 할 수 있고, 나중에는 이의제기도 할 수 있고 이래야 되는 거 아니냐고 해석해야 맞습니다. 그렇죠? 그게 바로 논리일관된 논리가 아니겠습니까?

그런데 한번 제가, 공판절차에서 피고인신문이 이루어질 때, 예를 들면 법관이 피고인에게 묻습니다. 이렇게 물을 때 과연 변호인이 "왜 그렇게 묻습니까? 오브젝션" 이렇게 하는 것이 과연 맞습니까? 그런 논리라면 피의자신문의 경우는 그러면 어떻게 되느냐는 문제도 생기는 것이지요. 피의자신문에서도 만약에 부당한 신문방법에 대한 이의제기, 공판정에서는 예를 들면 미국 영화를 보면 검사가 증인신문이나 할 때 변호인이 오브젝션하면서 이의제기를 합니다. 그 오브젝션은 가능해요. 그것은 타당한, 그게 돌아갈 수 있지요 실무적으로. 왜냐하면 그 오브젝션이 옳은지 그른지 인정하는지 마는지를 재판장이 가려주거든요. 그렇게 가려주면서 신문이 진행될 수 있단 말이지요. 오브젝션 하면 맞습니다, 아닙니다, 계속하세요, 이렇게 하면 신문이 진행되는 것이지요. 그런데 피의자신문의 경우에 검사 또는 사법경찰관이 피의자를 신문하는 일방적인 이런 신문절차에서 변호인이 그 때그때마다 이의제기를 하면 그거 어떻게 누가 가려줍니까? 나중에 다툼이 있으면 그거 어떻게 가리지요? 그러면 신문은 어떻게 해야 되는 것인지? 그렇다고 해서 만약에 검사나 사법경찰관이 "아니 그거는 이의제기 자체가 부당하니까 나는 진행합니다." 그러고 나면 나중에 부당했는지 안했는지에 대해서 다퉈가지고 증거능력 배제하겠다 이런 다툼이 또 생길거란 말이에요. 이 혼란을 그러면 어떻게 할 것인지? 이런 문제들이 있는데, 그런 거를 법에 규정되지 않은데도 불구하고 이 권리라는 것은 이렇게 정해져있는 거니까, 제가 아까 자꾸 실체론적 접근방법이라고 하는 건데, 그 접근방법은 이 권리는 이미 정해져 있어, 입법자가 입법하기 전 이미 이런 실체가 있어서 이 실체가 있으니까 니가 뭐라고 입법하든 말든 상관없이 이거는 이거다, 이렇게 해석하는 논리가 과연 맞냐? 저는 자꾸 그런 의문이 드는 것입니다.

그리고 수사기록 열람·등사권의 경우도 마찬가지지요. 수사기록 열람·등사권의 경우도 마찬가지로 무조건 다 보여줘라, 그러면 보여 주는 것도 여러 가지 단계가 있지 않습니까? 수사단계에서 보여줘야 되는 것인지, 공소제기한 후에 1회 공판기일이 두 달쯤 있다 열리게 되는데 지금 보여 줘야 되는지, 아니면 1회 공판기일 직전에 보여 줘도 되는 것인지, 이런 여러 가지 복잡한 문제들이 있는데 그런 문제들에 대해서 과연 우리가 헌법조문을 그냥, 변호인의 조력을 받을 권리라고 하는 그 권리를 갖다가 그냥 바로 끌어들여서 법규정이 있든 없든 상관없이 다 해석해서 해결할 수 있다, 이런 접근방법이 맞는 것인지? 제가 갖고 있는 의문입니다.

그런데 이 의문은 결국은 견해차이예요. 어쨌든 변호인의 조력을 받을 권리를 어떻게 볼 것인지, 헌법재판소가 어떤 역할을 할 것인지, 또 법해석방법론, 입법과 법을 해석함에 있어서 어디까지 할 수 있는 것인지에 대한 굉장히 큰 철학적인 문제입니다. 그점에서 어쨌든 저는 종전에 통설 또는 대법원 판례나 헌법재판소의 다수의견과 다른 의견을 일단 말씀을 드렸습니다마는 그 부분에 대해서는 토론과정에서 한번 의견을 제시해 주시기 바랍니다.

사 회 자 : 바로 발제자의 이 답변에 대해서 지정토론 하신 분 가운데 재반론 하고 싶은 분이 있을 것 같습니다. 제 생각에. 먼저 기회를 드리겠습니다.

조 국 : 먼저 이완규 검사님이 말씀하시는게 수사에서의 각종 애로가 얼마나 있는가에 대해서 십분 공감이 됩니다.

그런데 첫째 말씀드리고 싶은 거는 아까 피의자신문과 구속전신문 그 다음에 피고인신문을 계속 같은 급에서 비유하시고 있는데 그거는 아니라는 거지요.

구속전신문이라든가 피고인신문은 기본적으로 법정에서 판사 앞에서 하는 것이고 그 다음에 피의자신문은 당직 검사가 주도해서 하는 것이기 때문에 성격을 양자에서, 피의자신문에는 왜 이의제기를 할 수 있는데 피고인신문에서는 왜 이의제기를 못하느냐? 이거 비교할 수 없다고 생각됩니다.

두 번째, 현행 개정법 243조의2의 제3항에 보게 되면 신문 후 의견진술, 부당한 신문방법에 대한 이의제기라고만 되어 있기 때문에 지금 말씀하셨던 거는 조언이 들어가냐 안 들어가냐, 조언이 안 들어간다라고 해석하실 것 같습니다. 이완규 검사님 같은 경우는. 그 신문의 순간에 조언할 수 없다. 왜냐하면 243조의2에 보게 되면 조언이라는 말이 어디에 있느냐라고 하시는 거지요.

그런데 그 해석방법 같은 경우에 있어서도 입법자가 이 부당한 신문, 예를 들어서 신문 후 의견은 뭐 이견이 없을 것 같고요, 부당한 신문방법에 대해서 이의제기한다는 이 이의제기의 의미 아래서, 이의제기는 뭐냐? 오브젝션입니다 라고 말하는 거냐? 그말 하고 가만있어야 되는 거냐? 이의제기의 내용이 뭔가에 대해서 밝혀지지 않거든요. 부당하다, 부당한 내용도 물론 정해져 있지 않습니다마는 부당한 신문을 검사가 하면 '이의있습니다'란 말만하는 것이 이의제기냐? 아니겠지요. 이의제기하고 멈추라고 그러고 옆에 있는 피의자에게 이렇게 행동해라라고 말하는 것이 이의제기라고 저는 이해를 합니다. 그렇게 이해를 하는 것이 실제 전혀 없던 조문, 개정전에는 피의자신문에서의 변호인참여권이라는게 없다가 이 조문을 왜 갑자기 이 권리를 넣었는가에 대한 취지를 생각한다면, 목적의 입법의 취지를 생각한다면 이 이의제기, 부당한 신문방법에 대한 이의제기를 어떻게 이해하는 것이 헌법을 떠나서 개정 243조의2를 해석하는 올바른 방법이 아닌가 생각합니다.

이상입니다.

사 회 자 : 지금 이 논의가 너무 구체적으로 피의자신문에 변호인의 참여 그것이 실무적으로 어떤 문제를 안고 있는지로 국한되면 안 된다고 생각합니다.

발제자의 문제제기는 헌법재판소가 헌법의 해석을 통해서 입법자에게 남아있는 결정의 여지를 갖다가 뺏어간다, 과연 그럴 수 있는가, 입법의 여지는 입법자에게 유보해 두어야 한다, 이 취지를 강력하게 주장하고 있는 것 같습니다.

이 부분에 관해서 말씀하실 분 있으면.

예, 이상원 판사님.

이 상 원 : 대법원 재판연구관 이상원 판사입니다.

제가 먼저 말씀드릴 군번은 아니지만 논의의 편의상 먼저 말씀드리겠습니다.

항상 이완규 검사님의 열정과 톡톡튀는 아이디어는 제가 만날 때마다 깜짝깜짝 놀라게 하는데 오늘도 역시 깜짝 놀랄 말씀을 하셨습니다.

그런데 이완규 검사님의 논리를 제가 이해를 나름대로 해보자니까 이완규 검사님도 모든 기본권에 관해서 입법이 있어야 비로소 인정되는 것이다 이런 논리는 아니신 것 같고, '변호인의 조력을 받을 권리' 이것은 어떠한 특수성이 있어서 이 권리에 관해서만은 입법이 뭔가 형성하는 그런 한도에서 권리가 있는 것인데 입법이 형성하기도 전에 헌법재판소나 법원에서 헌법해석이라는 미명하에 어떤 권리를 구체적으로 부여하는 것은 부당하다 이런 취지로 이해를 했습니다.

그러면 변호인의 조력을 받을 권리가 어떠한 특성이 있기 때문에 그렇게 해석할 권리로 해석을 할 수 있는가에 대해서 제가 이해하기로는 두 가지를 제시하신 것 같은데, 하나는 변호인의 조력을 받을 권리는 절차적 기본권이다라는게 하나의 큰 논거가 될 수 있고요. 또 하나는 변호인의 조력을 받을 권리는 명확한 것이 아니다 그 범위가, 그래서 절차적 기본권이라는 논거가 명확성 때문에 그 특성을 제기하신 것으로 이해되는데, 우선 첫째 절차적 기본권이라는 것에 관해서 보면 절차적 기본권을 헌법적으로 말하면 청구권적 기본권이라고도 말을 하는데요. 청구권적 기본권은 이완규 검사님 이해하신 것으로 추정되듯이 법률형성적 기본권이어서 구체적으로 법률이 형성했을 때 구체적 기본권이 생긴다는 기본이론은 맞습니다. 맞는데 과연 이제 변호인의 조력을 받을 권리가 거기서 말하는 그러한 청구권적 기본권인가를 생각해 보면 청구권적 기본권이라는 것은 국민이 국가에 대해서 뭔가 액션을 취해 달라고 요구할 수 있는 그러한 권리, 예컨대 재판청구권 같은 것은 재판을 해 주십시오라고 청구할 수 있는, 국가에 대해서, 사법기관이나 뭐 이런 재판기관에 대해서 청구할 수 있는 권리를 청구권적 기본권이라고 하는데, 변호인의 조력을 받을 권리는 국가한테 변호사를 붙여달라고 청구하는 것도 아니고 국가한테 변호사가 되어서 나를 도와달라고 청구하는 것도 아니고 내가 선임하는 변호사가 나를 도와주는 것을 국가가 방해하지 말아주십시오라고 하는 권리라고 이해할 수가 있을 것 같습니다.

그렇다면 이것은 법률이 어떤 구체적인 권리를 형성하는 그러한 의미의 절차적 기본권이라고 이해하기는 좀 어렵고 오히려 자유권적 측면이 좀 있지 않는가, 이런 측면에서 절차적 기본권이라는 논거로 법률형성이 필요하다고 하는 그러한 논리는 좀 이해가 하기가 어려운 쪽으로 돌아가고요.

두 번째 논리는 명확하지 않다 이런 이유로 얘기하셨는데, 제가 과문한 탓인지 모르지만 명확하지 않기 때문에 법률형성이 필요하다. 그전까지는 헌법적 기본권으로 인정하지 않는다는 논리는 잘 들어보지 않은 것 같고, 명확하지 않은 것은 역시 아까 지정토론자들께서도 말씀하셨지만 자유권에 관해서도 명확하지 않은 것은 많습니다. 기본권이라는 것은 명확한 것이 하나도 없다고 생각하면 맞을 것 같습니다. 그래서 명확하지 않다는 이유로 역시 법률형성이 필요하다는 것도 이해하기가 좀 어렵고, 오히려 우리 헌법 12조 4항에 보면 구속피의자의 경우와 피고인, 구속·불구속피고인에 관해서는 명문으로 변호인의 조력을 받을 권리를 규정하고 있습니다.

그러니까 그것은 헌법이 이미 그 사람들에게는 명문으로 변호인조력권을 인정했다고 볼 수 있지요, 기본권으로서.

그리고 헌재결정에서 있었던 반대의견, 김영일 재판관님 의견에 있었던 건데, 그 견해의 논지는 뭐냐 하면 불구속피의자에 대해서는 헌법에서 뭐라고 명문으로 명시되어 있지는 않습니다. 거기서 다수의견과 소수의견이 나누어졌던 것으로 기억하는데, 김영일 재판관님같이 명문의 헌법이 없으니까 다른 규정으로 도출할 수 없다, 이거는 제가 어느 정도 설득이 되는데, 다수의견처럼 다른 적법절차의 원칙이든지 다른 이유로 일단 불구속피의자의 경우에도 변호인조력권이 인정된다고까지 논리가 나아간다면 그 다음에 변호인 조력권은 이미 헌법적으로 인정되는 권리이고 그 다음에 구체적으로 변호인조력권을 제한하려면 오히려 제한하는 내용을 법률로 규정해야 되는게 아니냐, 기본적 형성적 법률유보가 아니라 기본권 제한적 법률유보쪽으로 이해하는 것이 어떤가 하는 그런 생각을 해봤습니다.

더 나아가서 헌법재판소가 구체적으로 변호인을 옆에 앉아라 이런 거를 제시하는 것은 제가 이해하기로는 변호인이 꼭 피의자 옆에 앉으라는 취지라기보다는 옆에 앉아도 좋고 조금 뒤에 앉아도 좋고 앞에 앉아도 좋고 위에 앉아도 상관없는데 변호인의 조력을 자유롭게 받을 수 있는 그런 분위기에서 신문하라 이런 취지가 아닌가 싶고, 그러면 구체적으로 옆에 앉을지 오른쪽에 앉을지 왼쪽에 앉을지 이런 것들은 그거는 법률입법사항도 아니고 어떻게 보면 검찰규칙으로 하든지 그렇게 하면 될 것 같고요. 그래서 입법자에게 재량을 준 부분은 그러한 세세한 부분에 있어서는 입법의 재량을 줬지만, 예컨대 헌재에서의 결정이나 대법원에서 문제된 것처럼 아예 변호인의 참여권 자체를 배제한다랄지 열람·등사 자체를 배제하는 이런 것은 헌법이 명시적으로 하지는 않았지만 해석상 헌법이 금지하는 것이다. 그래서 만약에 어떠한 법률이 변호인참여권을 100% 배제하는 법률을 만들었다면 그 법률은 곧 위헌이 되는 것이고, 따라서 법률이 아무런 말이 없었다면 헌법해석상 당연하게 그러한 참여권을 인정해 줘야 되는 거고, 따라서 참여권을 배제한 그 구체적인 사안에서 문제되었던 그 피의자신문은 위헌적인 것이다, 이렇게 판단하는 것이 헌법재판소의 입장이 아닌가 이렇게 생각이 됩니다.

이에 대한 의견을 좀 듣고 싶습니다.

발 표 자: 제가 아까 말씀드렸지 않습니까?

헌법재판소 의견이라는 거는 저도 다 알고 있고 그런 논리에 의해서 헌법재판소 결정이 나온 것을 저도 다 알고 있는데, 그것과 저는 견해가 다른 것이지요.

지금 말씀하시는 것처럼 그러니까 지금 이 부장님께서 저는 청구권적 기본권적 성격이 있다, 청구권적 기본권이라는 것은 절차적 기본권이다, 그러니까 이것은 순수한 자유권적 기본권은 아니지 않느냐, 그러면 우리가 다른 자유권적 기본권과 이 변호인의 조력을 받을 권리라고 하는 것은 성질이 좀 다르다, 그 성질이 다른게 어떻게 달라야 되는지 그거는 제가 아주 치밀한 논증은 안했습니다마는 이 부장님께서는 그것은 자유권적 기본권적 성질이 아주 강한 것이다라고 그렇게 보시는 것이고.

저는 그게 아니라 자유권적 기본권적 성격이 아니라 이거는 절차를 보장하는 것이다. 마치 우리 헌법에도 적법절차조항이 있지 않습니까? 법률에 정한 절차에 따라서, 그 구체화라고 저는 생각하거든요. 그것이 기본조항이고 그 뒤에 있는 2항, 3항에서 영장주의니 변호인의 조력을 받을 권리 이런 것들은 그 적정절차의 원리를 실현하기 위한 구체적인 그런 내용이지요. 그러니까 말씀하셨듯이 변호인의 조력을 받을 권리라는 것이 우리 헌법에 명문으로 되어 있는데, 당연히 명문으로 되어 있으니까 그것을 보장해야지요. 그렇지 않습니까? 그게 명문에 없다고 해서 그러면, 명문으로 그렇게 변호인의 조력을 받을 권리가 규정되어 있는데도 불구하고 법률이 없으면 안 된다 이렇게 주장하는게 아니지 않습니까? 명문이 있으니 그 명문에 따라서 어떤 법률은 만들어야 될 의무가 있는 것이지요, 국가가.

그런데 거기서 조력을 받을 권리라는 범위를 어떻게 정할 거냐라는 측면에서 자꾸 반복되지만 이 부장님 같은 경우는 이미 변호인신문참여권 같은 것도 다 헌법에 변호인의 조력을 받을 권리가 다 들어가 있는 것이지요. 자유권으로 다 들어가 있는 것이니까 입법자가 정하지 않으면 헌법에서 당연히 끌고 나와서 해석하면 된다라고 하시는 것이고, 저는 그게 아니라 변호인의 조력을 받을 권리중에서 지금 입법으로 되어 있는 것은 변호인접견, 변호인의 조력을 받을 권리가 접견교통권으로도 충분히 보장해 주겠다는 것이 입법자의 의사라면, 그렇지 않습니까? 예를 들면 피의자신문을 할 때 피의자가 변호인이 밖에 있어요. 바로 옆에 있지는 않아도, 제가 투명한 유리 예시를 했습니다마는 피의자신문하는 과정을 다 유리로 해놔요. 다 그래서 신문장소 밖에서 다 들여다 볼 수 있습니다. 그리고 피의자도 이렇게 보면 다 변호인이 옆에 있어요 유리창 밖에. 그래서 다 보고하면서 신문을 받다가 피의자가 '아, 잠깐만 나 상담 좀 하겠소' 그래 가지고 '들어오세요' 상담하고 이렇게, 이렇게 보장하면 그게 위헌이냐 그거지요. 그러니까 입법자가 그 정도로 변호인의 조력을 받을 권리를 보장하는 입법을 했을 때 그러면 그거는 안 되냐 그거예요?

김 시 철 : 대법원 연구관으로 근무하는 김시철 판사입니다.

첫 번째 논지에 대해서는 이완규 부장님과 견해를 같이 하는 측면에서 먼저 말씀을 드리는 것이, 저는 기본적으로 변호인의 조력을 받을 권리라고 하는게 굳이 실체적 권리냐 아니면 절차적 권리냐를 봤을 때는 절차적 권리쪽이 맞다고 생각을 합니다. 기본출발은.

그래서 거기에 대해서 아까 김진한 연구관께서 말씀하신 그 논거는 뭐냐 하면, 절차적 청구권의 기본적인 유형은 재판청구권 같은 형태 아니냐, 그런데 그거는 법률유보로 되어 있지 않느냐 하는 얘긴데 그거 맞습니다마는, 헌법 제12조 6항을 보면 체포·구속에 관한 적부심청구권이 있거든요. 그것도 법률유보규정이 없는데 생각을 해 보시면 법률이, 지금 현재 이번에 입법화가 되었지만, 법률이 아무 것도 없는데 어떤 사람이 갑자기 내가 체포가 되었으니까 대리인을 통해서 법원에다 적부심심사청구를 낸단 말이지요. 그러니까 요는 이 재판청구권이나 체포·구속적부심같은 것은 절차를 개시하는 어떤 전형적인 청구권적 기본권의 성격이 있기 때문에 그것은 법률유보적 형성이 강하다는 얘기는 될 수가 있고, 그렇지만 여기에 법률유보가 없기 때문에 절차적인 성격이 아니다, 이렇게 가기에는 조금 논리적으로 비약이 있는 거 아니냐 하는 생각은 듭니다.

그렇지만 전제가 어떤 형사절차를 전제로 해서 그 안에서 움직인다는 것에 대해서는 절차적 청구권이라는게 맞는데 그 과정에서 그러면 어떻게 봐야 되느냐 하는 부분은 다시 좀 다른 얘기가 될 수 있지 않느냐는 생각이 들고요.

그 다음에 여기서 지금 논의가 나오는 경우에서도 오늘 지정토론이나 여기서도 가끔 그게 나오는데, 저도 이것 때문에 고민하는 부분도 많이 있어서 그러는데 예를 들면 이게 굉장히 따져봐야 되는 문제가 생깁니다.

피의자 또는 피고인의 변호인의 조력을 받을 권리와 변호인이 피의자, 피고인을 조력할 권리가 항상 같으냐? 그거를 따져보니까 항상 같지는 않다는 결론이 나오더라고요. 그러니까 1대1이면 같이 나오는데요, 피의자 하나인데 변호인이 다수란 말이지요. 다수인 경우에는 한 사람한테는 보장을 하는데 나머지는 그거하다. 이게 지금 예를 들면 형사소송법상 대표변호인이나 이런 제도가 있습니다. 그렇게 되면 그 내용을 잘 따져봐야 되는 문제가 생긴다, 그랬을 때 문제는 아까, 결론은 약간은 이상원 부장님이랑 맥을 같이 하는데, 피고인에게 절대적으로 모든 유형의 변호인의 조력을 못 받게 하는, 그러니까 모든 변호사를 차단을 하게 되면 결국 그게 피고인한테 당사자의 권리를 직접 차단하는 그 반면이 되지만, 그렇지 않은 경우하고 그거를 같이 볼 수 있느냐 ?

오늘 나와 있는 얘기중에서도 예컨대 등사하는 경우에 피고인 하나가 있는데 10명이 달려와서 이 사람도 복사하고 저 사람도 복사하고 그거 그러면 막을 수 없느냐? 이런 논의같은게 혼재가 되면 개념적으로 흔들린다는 겁니다. 그러니까 그 부분을 정리를 해야 되지 않을까하는 생각이 들고요.

다만 이완규 부장님에 대해서 조금, 이 부분은 그러면 헌법해석에서 명문의 규정이 있을 때 헌법재판소에서 나올 수 있는 얘기는 사실은 입법에 대해서 최소한도의 지침을 준 것이다. 이른바 그것이 표현에 따라서는 내재적 한계에 대한 얘기를 건드리면서 최소한 주는 수도 있고 본질적인 부분을 주는 것도 있지만, 그것보다 더 주는 것에 대해서는 헌법재판소가 건드리는 것이 아니라는 거지요. 그런 측면에서 말씀을 드리면 아까 조국 교수님께서 대검찰청예규같은 것이 입법권을 침해하냐? 그거는 아닌게 나타나는 것이 뭐냐 하면 더 주는 거니까, 그렇지만 미니멈은 줘야 되지 않느냐, 그러니까 이런 것도 아주 디테일한 부분을 따져봐야지 나타나는 거지 이거는 되고 안 되고 이렇게 가면 조금 혼란이 생길 수 있지 않은가 하는 얘기고. 제가 사실은 조금 아쉬웠던 부분같은 경우에는 아까 신광렬 부장님 지적하셨던 그 부분인데, 헌법해석쪽으로만 너무 끌고 오다보니까 지금 시민에 관련된 조약같은 거는 우리 헌법체계상은 분명하여 법률적 수준의 그거인데요, 그거는 법률해석차원에서 나올 수 있는 얘기가 나오니까 법률해석의 가능한 부분은 거기서 정리를 하고 난 다음에 헌법으로 넘어가야지 맞는 내용인 것 같은데, 그 부분에 대한 것이 형사소송법이나 우리나라 국내입법쪽에만 너무 몰입이 되어 있는 것 아닌가? 그러다 보니까 그 부분에 대해서 법률적 차원에서 해석할 수 있는 부분에 대한 그거를 정리하고 그 다음에 헌법으로 나가는게 온당한 순서가 아닌가 하는 생각이 들어서 그런 측면을 조금 더 앞으로 연구검토를 같이 하면 좋지 않을까하는 생각입니다.

사 회 자 : 감사합니다.

죄송한데 지금 시간이 별로 많지 않아서 사회자로서의 권한행사를 좀하겠습니다.

제가 이런 모임에 오면 모시기 어려운 분들이 많이들 오시는데 말씀도 한번 못 들어보고 보내드리는 그런 실례가 많아서, 지금 그렇지 않아도 정종섭 교수 손을 들어주셨는데 그렇지 않아도 시킬려고 했습니다.

정 교수님 애기를 한번 들어보도록 하겠습니다.

다른 교수님들도 말씀하실 기회를 드릴테니까 준비 좀 하시기 바랍니다.

정 종 섭 : 시간이 많이 가서 제가 간단하게 말씀드리면, 우리 이완규 연구관님이 제기한 이 문제의 중요성에 비추어 봤을 때 토론자들이 과연 거기에 적합한 토론이 충분한가? 저는 그렇지 않다라고 생각을 합니다.

그래서 지금 이완규 연구관님이 제시한 문제는 상당히 중요한 문제인데 토론은 지금 오히려 곁가지에서 계속 토론이 진행되고 있기 때문에 이거는 좀 정리해 둘 필요가 있다. 물론 거기에는 우리 이 연구관님의 발표문중에 이 문제가 별로 실익이 없는 문제들 자꾸 제기를 했으니까 토론자도 마찬가지로 거기에 대해서 답변을 해야 될 필요성이 있어서 제기가 되었다고 보는데, 우선은 이 논의는 말이지요 피의자신문에서 변호인참여가 필요하냐 안하냐 또는 그 제도의 정당성이 문제와는 완전히 구별되는 문제이기 때문에 거기에 대해서는 논의할 필요가 없다고 보는 것이고.

그 다음에는 이 연구관님이 지금 제시한 내용중에 두 가지를 확신을 가지고 말씀하셨는데, 하나는 뭔고 하면 이 문제는 견해의 차이다, 그러니까 각자 견해 어디를 선택하느냐에 따라서 달라진다 이렇게 제기하시는 거는 좀, 이 문제가 안고 있는 중요성에 비추어서 잘못 던지시는게 아닌가 하는 그런 생각이고, 그러면 상대방도 마찬가지로 나는 입장차이다, 이렇게 가버리면 이거는 좀 곤란하다 이렇게 보고.

그 다음에 이 문제를 논의를 하면서 이제는 헌법해석방법론을 가지고 오셨는데, 이것도 저는 이 헌법해석방법론에 있어서의 방법의 선택의 문제냐? 그거는 저는 아니라고 봐요. 만약에 그 문제를 제기하시면 당연히 우리 조국 교수님 지적대로 아, 그거는 미국에서 '원의주의' originalism에서 실수를 했던 그런 오류를 또 범하는 것 아니냐 하는 이른바 헌법해석방법론으로 가고, 또 토론자로서는 그렇다면 나는 헌법해석방법론중에 뭐를 선택하기 때문에 당신하고는 다르다 이런 식으로 가버리면 이거는 문제가, 원래 제기할려고 했던 그 문제에 비추어서 옆길로 빠진다고 저는 봅니다. 그래서 그 문제도 저는 아니라고 보고요.

그 다음에 이 기본권이 청구권이냐 아니면 절차적 권리냐, 자유권이냐 하는 이 문제도 과연 이 문제하고 이 주제가 가지고 있는 본질적인 문제하고 얼마나 연관성이 있을까? 저는 그것도 관련성이 별로 없다고 봅니다.

그러면 결국은 우리 이 연구관님이 제시한 얘기중에 하나가 예를 들어서 발표문에 141페이지 보시면, 조력을 받을 권리중에 변호인선임권, 접견교통권 이렇게 쭉 있는데 각종 절차에 참여권 이런게 있다, 그래서 이런 권리도 도대체 그렇다면 헌법상의 권리냐? 이런 질문을 던지거든요. 이게 바로 지금 말씀하시는 오늘 주제문중에 대단히 중요한 지점이다 저는 이렇게 보는데, 여기에 있는 권리들을 다 헌법상의 권리다, 기본권이다 이렇게 가기는 어려운 부분이 있단 말이지요.

그렇다면 이 연구관님의 문제제기는 뭐냐 하면 그중에 그렇다면 어느 것이 기본권이고 어느 것이 기본권이 아닌지 구별해 봐라, 지금 이 문제를 던지기 때문에 우리는 바로 이 지점에 저는 초점을 맞추어야 된다 이렇게 봅니다.

이것은 그동안에 헌법학계에서도 사실은 헌법학계가 문제가 많지요. 문제가 많은데 이 헌법학계의 기본권이론들이 이게 저는 봤을 때 별 실익이 없는 쪽으로 허송세월했다 이런 관점에서 보는데, 가장 중요한 것은 기본권이 무엇이냐? 이 문제에 대해서 우리 헌법학계가 제대로 된 연구의 답변을 못 내놨다. 그래서 바로 지금 이 연구관이 던지는 이 문제가 바로 그 지점에 문제를 던지는 것이다, 저는 이렇게 보는 것이고. 따라서 기본권이라고 하는 것이 헌법상에 보장되어 있다 이렇게 했을 때 헌법상에 보장되어 있다는 그 말이 뭐겠느냐? 이런 얘기거든요. 그러면 헌법상에 보장되어 있는 어떤 권리를 무한정으로 만약에 확대해 가지고 결과에서는 가령 우리가 무엇이 좋은 결과를 가져왔다 하더라도 그것을 헌법상의 권리라는 것으로 해서 그 결과를 가져와야되느냐 이 문제는 다른 문제다 이런 얘기입니다.

그러니까 이 연구관님이 계속 질문던지는게 그런 문제지요.

그래서 만약에 우리가 어떤 권리를 계속적으로 헌법상의 권리라고 계속 집어넣기 시작하면 이른바 재판에 대한 헌법소원도 대단히 이거는 문제가 복잡해진다. 만약에 기본권의 문제로 확장시켜 나가서 그 범위를 사정거리를 정하지 않고 그 범위를 확장시켜 나가면 재판에 대한 헌법소원이야말로 그야말로 4심이 되기 때문에 이런 재판이 이 세상에 어디있냐 하는 문제에 딱 부딪히게 됩니다.

따라서 이 재판에 대한 헌법소원을 논의할 때 항상 대전제가 되는 것이 뭔가 하면 '무엇이 헌법상의 권리이고 무엇이 법률상의 권리냐' 이게 굉장히 중요한 지점이거든요. 그래서 그 지점을 구별하지 않으면 우리가 이제, 그거는 뭐 미국식 개념입니다마는, 이른바 컨스티튜셔널리즘하고 데모크라시 이 문제로 혼동하게 되는 대단히 복잡한 이론에 빠지게 됩니다.

그래서 이 핵심의 문제는 피의자의 신문에 변호인을 참여시키게 하는 것이 그것이 예를 들어서 명확하지, 헌법에 명확하지 않기 때문에 이거는 기본권이다 이렇게 증명할 수도 없고, 결국은 모든 기본권이 그거는 굉장히 불명확한 부분을 헌법재판소가 해석을 해내는데, 문제는 헌법재판소가 그 내용이 변호인조력권에 들어 있다는 것이고 그것은 입법자가 선택할 수는 없다, 반드시 변호인이 조력할 권리를 받는다면 이 내용은 필히 그쪽으로 논리필연적으로 헌법적 레벨에서 정해져야 된다 이것을 사실은 논증을 해야 되는 거지요. 그런데 헌법재판소의 판례에 보면 그런 논증이 상당히 취약한 것은 사실입니다.

저는 그래서 그것이 그 동안에 예를 들어서 우리사회에서 인권이 침해된 부분을 보완해 주는 그런 역할로서는 잘하고 있지만 그러나 입법의 기능과 민주주의적 정당성이 강한 민주주의 문제와 헌법재판소가 가지고 있는 이 컨스티튜셔널리즘의 문제에서는 이거는 상당히 조심을 해야 될 부분이다. 그런데 이제 헌법재판소도 그런 하나의 판례에서 볼 수 있듯이, 예를 들어서 지방자치에 있어서 주민투표권 등과 같은 것은 이것은 법률상의 권리이지 헌법상의 권리가 아니다하는 그런 판례를 내면서 비로소 기본권의 개념에 대해서 상당부분 정돈을 해 들어가는데, 저는 오늘 이 논의가 헌법해석론방법도 아니고 결국은 변호인의 조력을 받을 권리속에서 피의자의 신문에서 변호인을 참여시키게 하는 것이 이게 과연 헌법해석을 통해서 나올 수 있는 지점이냐? 다시 말해서 헌법에서 인정하고 있는 사정거리 안에 들어가는 건지 그렇지 않으면 사정거리 안에는 들어가지 않고 이것은 이 제도는 필요할지 몰라도 결국은 이것은 민주주의 문제다, 입법자가 선택할 여러 가지 수단중에 민주주의 문제다, 이것을 저는 논증을 해야 된다, 그런 지점에서는 저는 헌법재판소가 이 문제를 논증을 하는데, 결론이 맞고 틀리고의 문제와는 달리 논증을 하는데 상당부분 허점이 있다라는 것이고, 그런 지점에서는 이 연구관님의 문제제기는 적진에 와서 외롭게 싸우고 있지만 저는 이것이 대단히 중요한 문제고 문제제기가 잘되었다고 저는 생각합니다.

사 회 자 : 지금 정종섭 교수님 얘기는 이겁니다.

기본권의 보호범위를 결정할 수 있는 권한이 입헌주의적 정당성을 가진 헌재에게 있는가 아니면 민주주의적 정당성을 가지고 있는 국회에게 있는가? 그랬을 때 이 결정을 할 수 있는 권한을 어느 쪽에 주냐? 그 기준이 뭐냐? 과연 헌법재판소는 그 기준을 논증하고 한 것인가? 이런 어떤 이야기를 했습니다.

헌재쪽에서 누가?

예, 황치연 연구관님이 한번 답변하십시오.

황 치 연 : 미국 헌법에는 '피고인은 변호인의 조력을 받을 권리가 있다' 이렇게 되어 있지요. 그런데 미국 연방대법원은 피고인뿐만 아니라 구속된 피의자 또 구속되지 않은 피의자까지 변호인의 조력을 갖는다라고 … 하고 있습니다, 근본적인 권리를, 더 나아가서 불구속피의자, 구속된 피의자까지도 국선변호인의 선임요구권이 인정되어야 된다, 이런 것까지 확대되어 가는 겁니다.

우리가 입법과 '법발견'이라고 하는 재판관에 의한 법형성을 잘 구별을 해야 되는데, 형식적 입법과정에 의해서 헌법의 내용을 보충하는 입법기능이 있고 그와 별도로 구체적인 사안에 입각해서 헌법의 내용을 해석해서 헌법 발견하는 내용이 있는 겁니다.

만약에 판례헌법국가인 경우에는 어떤 경우로 이게 입법으로 될 사항이지 어떻게 미국연방대법원의 판례로 형성된 내용이 있을 수가 있나? 이런 논리가 성립되는 것이거든요. 그래서 재판관에 의한 법형성기능과 입법자의 입법기능과의 근본적인 구별을 해야 할 필요가 있고, 헌법재판권능의 정당성은 간접적인 민주적 정당성뿐만 아니라 헌법제정권력자가 헌법에서 내린 것이기 때문에 근원적으로 국민에 의해서 만든 헌법, 헌법제정권력자에 의한 헌법재판권능의 정당성을 확보하는 겁니다.

그래서 근원적인 그런 문제점에 대해서 파악을 좀 해야 되지 않을까 이런 생각이 듭니다.

사 회 자 : 헌법재판소 연구관 가운데 이거 조금 더 보충하실 분 있어요?

장석조 부장님.

장 석 조 : 시간이 없다 그러셔 가지고 그냥 조용히 있으려고 그랬는데 굳이 찾으시니까 말씀을 하자면, 이 사건의 결정이 형성될 때 같이 관여를 해 가지고 경위를 조금 알고 있습니다.

초기에 논의되었을 때는 절차적 기본권으로 보았고, 절차적 기본권이기 때문에 발제자께서 말씀하신 것처럼 형성유보대상이 아닌가에서 출발을 했었습니다.

그리고 그 부분에 대해서는 큰 의문이 없는게 발제문 앞부분에 보면 자연권, 실정권 말씀을 하시는데 청구권이냐 자유권이냐 구분하는 중요한 징표 중에 하나는 그게 제도가 만들어 준 기본권이냐, 자연법적으로 구성된 기본권이냐라는게 많은 영향을 미칩니다.

그런데 이 경우에는 지금 변호인의 조력을 받을 권리는 변호사제도를 전제로 하고 있는 기본권이고 형사절차상의 권리이기 때문에 자연권 또는 자유권으로 구성하는데는 다소 어려움이 좀 있는 그런 기본권으로 보여집니다.

그래서 초기에는 형성유보라고 하는데 지금 이 사건, 이 판례가 낳은 사건의 특수성은 뭐냐 하면 입법을 심사하는 사건이 아니고 검사가 한 피의자신문과정에서 이루어진 조치에 대해서 검사가 제약을 했는데 그것이 기본권을 침해하느냐가 쟁점이 된 것이었습니다.

그래서 그 경우에 결국 변호인의 조력을 받을 권리에 관한 구체화된 입법이 없었기 때문에 그러면 변호인의 조력을 받을 권리가 인정되느냐라는 문제와, 그 다음에 인정된다면 이 기본권이 법적 형성 없이 직접 적용되느냐라는 것이 문제가 된 것입니다. 그래서 그 부분에 대해서 원칙적으로는 지금 형성유보로 보고 있습니다.

147페이지에 보시면 판시에 나타난 것이 원칙적으로는 구체적 입법형성을 요하는 기본권으로 보고 있지요. 보고 있는데, 다만 그 중에서 어떤 핵심적인 내용 그러니까 변호인의 조력을 받을 권리의 핵심적인 내용은 입법적 형성을 요하지 않고 직접 적용된다라는 것이 이 판시의 기본취지입니다.

그래서 무엇이 기본권이냐라는 근본적인 문제를 정종섭 교수님께서 제기를 해 주셨는데, 지금 우리 헌법에 있어서는 결국 유추적 판단으로 갈 수밖에 없는 것입니다. 그러니까 어떠한 기본권보호가 문제되는 상황과 상황이 있을 때 그 상황 사이에 등가치성이 인정되느냐라는 유추적 판단으로 가야 되는데, 헌법재판소는 그 점에 대해서 우선 구속피의자에 대해서 변호인의 조력을 받을 권리가 헌법상 인정되고 있다. 그리고 불구속피의자의 경우에도 인신구속여부에 관한 상황은 다르지만 기본적으로 변호인의 조력을 받을 권리가 인정되어야 되는 필요성에 있어서는 헌법적 등가치성이 인정이 된다라는 논증 아래 변호인의 조력을 받을 권리를 불구속피의자에게 확대를 한 것이고요. 그 다음에 그 확대를 한 다음에 제기된 문제가 형성유보냐라는 문제에 관해서는 원칙적으로 형성유보의 대상이지만 그중에 중요한 부분은 직접 적용되는 부분이 있다라고 한 것입니다.

그래서 직접 적용되기 때문에 이것이 재판규범이 된다, 재판규범이 되기 때문에 검사의 조치가 위헌이라고 판단할 수 있다라는게 논리인데, 그러면 거기에 대해서 발제자께서 의문을 제시하는 것은 그런 식으로 직접 적용되는 영역을 헌법재판소가 설정할 수 있느냐라는 거는 문제를 삼을 수가 있습니다.

그래서 이점에 관해서는 유사한 케이스가 대법원하고 헌재가 비슷한 시기에 선고된게 있는데, 대법원 판결은 다른 논증방법을 선택을 했습니다. 지금 헌법재판소는 직접 적용되는 기본권이다, 그리고 기본권침해다라고 해서 조치를 취소했는데, 대법원의 경우에는 법률에 이러이러한 권리가 있는데 불구속피의자의 경우에도 이러이러한 보호를 줄 필요성이 있다라는 유추의 방법을 취했습니다. 그러니까 대법원은 직접 적용되는 기본권에 관해 언급하지 않고 결과적으로 피의자를 보호하는 쪽으로 갔고, 헌법재판소는 직접 적용되는 기본권을 인정한 그런 논리적 방법을 선택을 했는데요, 그러면 헌법재판소의 그러한 논증이 과연 이러한 사건에서 특별히 하늘에서 떨어진 예외적인 법리를 형성한 것이냐가 결국은 정당성을 판가름하는 그런 근거가 될 것인데, 많은 청구권적 기본권이라고 하는 절차적 기본권에 있어서 독일이나 그런 어떤 절차법에 관한 이론을 깊이 들어가게 되면 그 영역에서도 직접 적용되는 영역을 인정을 하고 있습니다.

그러니까 이런 인권과 관련되는 형사절차뿐만 아니라 민사소송에 있어서도 가령 청문의 권리같은 경우에 송달받을 권리같은 경우에는 권리침해의 전제로서 절차가 진행되는데 송달받을 권리를 법률이 안 정했다라고 한다면 그 경우에는 독일에는 재판소원이 인정되니까 그 경우에 법원이 송달이나 통지를 게을리하고 권리침해적 재판을 했다면 그거는 기본권침해로 보는 것입니다.

그러니까 입법의 미비로 송달규정이 흠결되었다 하더라도 그 경우에는 헌법의 청문청구권을 적용해서 바로 위헌판단이 가능하다는 것이거든요. 그렇게 본다면 지금 우리 헌법재판소의 논증이 결국은 형성유보의 대상인 청구권적 기본권에서도 직접 적용되는 영역이 있다라고 판시한 것은 일반적 헌법이론 수준에서 보더라도 그렇게 무리한 것은 아니라고 보여 집니다.

그 다음에 이제 굉장히 발제자께서 조금 분노를 하시는 부분은 뭐냐 하면, 헌법재판소가 모든 거를 정해 주느냐라는 질문에 대한 답변은, 헌법재판소는 직접 적용되는 기본권의 영역을 확인을 했지만 그 기본권 역시 제한가능한 기본권인 것입니다.

그러기 때문에 얼마든지 입법자가 37조 2항이라든지 일정한 어떤 기본권제한의 준칙을 준수를 한다면 그 직접 적용되는 기본권영역에 관해서도 제한이 가능한 것이고, 제한의 형태로 합리적인 그런 절차를 형성할 가능성은 여전히 남아있는 것입니다.

따라서 이부분에 있어서는 굳이 탓을 하지만 조국 교수님께서 언급을 하셨던가요? 이러한 지금 어떤 직접 적용되는 기본권영역이 있는데 합리적 절차구성을 위해서는 검찰이나 입법자가 나서가지고 일정한 기본권제한을 통해서 합리적 절차를 구성해야 되는데 그거를 게을리 했다, 또는 그거를 방해를 해 가지고 도리어 더 일을 키웠다라고 볼 수 있는 점이 아닌가 싶습니다.

그래서 여러 가지 지금 논의가 이루어지는데, 제가 이 판례가 형성되는 과정에 조금 관여를 했고 그 경위나 이론적 배경을 좀 알기 때문에 참고로 말씀을 드리겠습니다.

사 회 자 : 정말 감사합니다.

그런데 시간이, 최 검사님 한 말씀하시고, 짧게 좀 해 주시면 감사하겠습니다.

최 창 호 : 장 부장님 말씀하신 거를 들어보고 평소에 교과서를 보면 항상 이해가 안 되는 부분이 있어서, 우리 결정중에 변호인과의 자유로운 접견교통은 변호인의 조력을 받을 권리중에 가장 중요한 것이어서 어떠한 명분으로도 제한할 수 없는 것이다, 우리가 설시가 이렇게 나갔는데 과연 이것이 맞는 설시인지 항상 궁금하게 여겼습니다. 그래서 예를 들어서 긴급체포에서 48시간이내에 조사를 해서 결정을 해야 되는데 신병을, 변호인이 천 명 정도 와서 30분씩 계속 접견을 하겠다라고 하면 이게 현실적으로 문제가 될 수 있는데, 변호인의 조력을 받을 권리에 대한 한계 그것이 과연 무엇인가?

그리고 우리 설시에 따르면 어떠한 명분으로도 제한할 수 있는 것이 아니다라고 했는데 그러면 조금 전에 언급대로 헌법 37조 2항에 따라서 법률을 제정해서 그거를 제한하면 그것은 위헌적인 것이 되는 것인지? 우리가 형소법 개정하면서 변호인을 대표변호사를 포함해서 10명이 있으면 1명만 대표변호사를 선임해서 할 수 있도록 했는데 과연 그것은 잘못 입법이 위헌, 우리 설시에 따르면 위헌적인 그러한 입법이 되는 것이기 때문에 그것도 문제가 되고, 또 계엄이 선포되면 법원의 어떤 권한에 대해서도 조치가 가능한데 그러면 변호인의 조력을 받을 권리 이것은 제한을 못하는 것인지에 관해서 저는 항상 궁금하게 여겼는데 발표자나 토론자 누구라도 대답을 좀 해 주시면 감사하겠습니다.

사 회 자 : 이어서 발제자인 이완규 선생님이 하실 말씀 있다하시니까 해보시지요.

발 표 자 : 아까 정종섭 교수님께서 제가 제기하고자 하는 문제가 이거다라고 말씀해 주셨는데, 정말 감사합니다. 제가 바로 그 얘기를 하고 싶었어요.

뭐냐하면 변호인참여, 조금 전에 헌법재판소에서 얘기를 했습니다만 이 절차적 기본권 이거 청구권적 기본권이든 뭐든 성질을 어떻게 하든 간에, 비록 청구권적 기본권이라 하더라도 직접 적용되는 영역이 있다, 맞지요. 더더군다나 헌법조문이 딱 정해져 있지 않습니까? 변호인의 조력을 받을 권리라고 딱. 직접 적용될 수 있다라는 거지요, 그거 뭐. 그리고 헌법재판소가 이것은 직접 적용된다라고 말할 수 있는 권한도 있는 것이지요.

그런데 제가 자꾸 계속해서 묻는 것은 헌법재판소가 이것은 직접 적용되는 영역이다라고 이렇게 말한 거, 그러니까 우리가 형사소송법의 접견교통권이다라고 하고 있는 이 권한을 인정한 것 이외에 거기에 더해서 변호인의 피의자신문참여권도 이렇게 직접 적용되는 영역이다. 그러니까 지금 헌법재판소가 파악한 대로 본질적이다. 이것은 변호인의 조력을 받을 권리 본질적이기 때문에 이것은 입법이고 자시고 다 상관없이 이거는 직접 적용되는 보호영역이다라고 헌법적으로, 헌법적 수준으로 판단해야 되는 영역이냐 그거를 계속해서 제가 문제제기를 하는 건데, 지금 말씀하신대로 헌법재판소에서는 그거를 논증하기 위해서, 그거를 논증하는 그러니까 이것이 직접 적용되는 영역이다라는 것을 논증하기 위해서 어떤 논리를 펴내느냐 하면 접견교통권의 원리를 끌어들입니다.

그러니까 변호인의 조력을 받을 권리중에서 가장 본질적인 부분, 그러니까 입법에 상관없이 어쨌든 본질적으로 직접 적용되는 부분이 조언과 상담, 변호인과 만나서 조언과 상담하는 권리다, 이것이 변호인의 접견교통권, 이거는 뭐 입법에 상관없이 어쨌든 직접적으로 적용되는 그런 부분이다라고 전제를 하고.

그 다음에 피의자신문참여권, 그러면 변호인을 만나서 조언과 상담을 하는 권리는 '아, 변호인이 사무실에 있어 가지고 잠깐 기다리세요. 잠깐 스톱 나 변호인하고 상담하고 오겠어요' 하고 사무실에 갔다 와서 이렇게 대답하는 거나, 피의자신문이 이루어지고 있는 바로 옆에 있는 거나 뭐 상관있냐? 그거 똑같은 거다. 그러니까 밖에 나가서 상담하고 오든 옆에서 상담하든 그것은 접견교통권의 큰 테두리 내에서는 피의자신문참여에서 이렇게 옆에서 조언상담하는 것도 큰 테두리 내의 접견교통권과 같은 성질이니까 결국 접견교통권이라는 것이 본질적으로 바로 직접 적용되는 것이니까 피의자신문참여 직접 적용되어야 된다 이렇게 판단하시는 것이지요, 그 논증을.

그런데 그 부분에 대해서 또 저는 이의제기를 하는 것입니다.

왜냐하면 피의자신문참여라는 것은 접견교통권하고 다르다는 거예요.

제가 계속해서 그런 얘기를 하는데요. 피의자신문참여라고 하는 것은 피의자신문이라고 하는 어떤 절차가 있습니다. 절차가 있어서 그 절차에 변호인이 들어와서 조언을 할 수 있는 이 차원의 문제라는 것이지요. 그러니까 예를 들면 헌법재판소에서 말하는 접견교통권으로 끌고 들어오는 권리중에서 이거 본질적이다고 말하는 것은 조언과 상담을 받을 권리다라고 말합니다.

그 조언과 상담을 받을 권리를 입법자가 보장함에 있어서 접견교통권쪽으로 해서 보장하는 것은 그러면 틀리냐는 것이지요. 그것이 제가 아까 계속해서 문제 제기했던 것입니다.

입법자가 조언과 상담을 받을 권리를 보장받는 그 범위를 피의자신문절차에 참여시키지 않고 제가 말씀드린 대로 옆에, 극단적으로 말하면 이것도 상상입니다. 제가 유리 이렇게 다 보이게 변호인도 들여다볼 수 있고 피의자도 들여다볼 수 있어, 그렇지만 신문하는 과정에서는 신문은 그냥 여기서 이루어지고, 그리고 피의자가 신문을 받다가 내가 변호인에게 상담할 필요가 있다 싶어서 '잠깐 스톱나 상담하고 오겠다' 이렇게 받는 것으로 입법자가 정할 자유는 없었는지 그거를 제가 묻는 겁니다.

그리고 이제 그런 측면에서 보자면 여러 가지 절차참여권의 문제로 접근하면 이것은 접견교통권의 문제로 바로 끌고 들어오는, 그러니까 접견교통권의 범위에 들어간다 이렇게 논증하는 것 자체가 안 맞다는 생각이 들고요.

그다음에 둘째, 말씀하셨다시피 헌법재판소의 논리와 대법원의 논리가 다릅니다. 변호인의 피의자신문참여권 인정하는데 있어서.

대법원은 이거를 접견교통권으로 해서 끌고 들어오지 않아요. 그러니까 제가 보기에는 대법원이 제 얘기한 것과 같습니다. 그러니까 대법원은 이것을 접견교통권으로 끌고 들어 올 수가 없으니까 접견교통권을 유추적용하는 것입니다. 그러니까 대법원의 입장은 이것이 절차참여권이라는 것이지요.

마치 제가 아까 말씀드렸듯이 압수적 절차가 있을 때 거기에 변호인이 참여해서 조력하고 검증절차 변호인이 같이 가서 조력하는 것처럼 신문이라고 하는 어떤 절차가 있는데 그 절차에 참여해서 조력을 하라는 거예요. 그러면 이 절차에 참여해서 조력하는 권리를 변호인의 접견교통권에서 바로 끌 수가 없으니까 대법원은 이것을 접견교통권이라는 조항이 있는데 이 조항하고 이 조항을 유추적용한다는 논리로 된단 말입니다.

그런데 제 입장에서는 대법원의 논리가 맞다, 유추적용이라는게 틀렸다, 이거 헌법적 차원이 아니기 때문에 유추적용이 곤란하다는 입장이니까, 그러면 대법원과 같은 접견교통권의 논리가 아니라 다른 권리라고 한다면 헌법재판소에서 이거 접견교통권에서 바로 끌고 들어오는 논리에 대해서도 제가 자꾸 의심을 품는 것이지요.

그 다음에 지금 제가 문제제기하는 것은 헌법재판소가 헌법이 부여한 권능이 있지요. 헌법 해석할 권능이 있어요. 그래서 헌법에 의해서 보호받는 범위가 어느 영역이냐? 보호범위를 해석할 수 있는 권능이 헌법에 의해서 주어져 있습니다.

그래서 헌법재판소에서 이것이 보호법익이다. 이렇게 판단을 했어요.

그런데 여기에 대해서 제 주장은 이 헌법재판소의 판단이 옳으냐? 헌법재판소가 그런 권능을 올바로 행사했느냐라고 묻습니다. 그 권능행사가 올바르냐고 이렇게 묻고 있는데, 여기에 대해서 헌법재판소가 헌법에 의해서 그런 관행을 가졌으니까 그렇게 다 행사하는 거다, 이렇게 말씀하시는 대답은 그거는 좀 곤란하지 않을까?

그거는 내 권한이니까 내가 이렇게 해석하는데 뭐 딴말 많으냐, 이런 논리가 되지 않겠습니까?

사 회 자 : 조국 교수님. 간단하게 좀.

조 국 : 우리 헌법재판소도 이게 피의자, 피고인의 권리이지 변호인의 기본권은 아니지 않습니까? 두 개는 다른 거지요 성격이. 완전 다른 겁니다.

변호인의 접견교통권은 제한 가능하지만 피의자, 피고인의 변호인의 조력을 받을 권리는 성격이 다른 거다는 거지요. 헌법적 권리이고 하나는 법률적 권리이기 때문에 다 다른 것이고요. 그래서 두 개를 똑같이 해서 왜 10명중에서 어떤 A 변호사가 못 맡는다고 해서 헌법재판소 올 수 있냐? 못 오는 거지요. 그거는 비유가 다르다고 생각이 들고요.

두 번째, 우리 헌법은 변호인의 조력을 받을 권리를 규정하고 있지 변호인접견교통권을 헌법적 기본권으로 보고 있지 않습니다. 헌법문언은 변호인의 조력을 받을 권리인거지요. 변호인의 조력을 받을 권리 안에 접견교통권과 신문참여권 등등이 있을 수 있는 겁니다. 개념적으로 보더라도. 조력의 의미가 훨씬 넓다는 거를 분명히 해야 될 것 같고요.

물론 제가 헌법학자는 아니기 때문에 헌법문제에서 말씀드리기는 곤란합니다마는 그점에서 우리나라에서 형사절차에서 피의자, 피고인의 운명이 어디서 결판나느냐? 특히 피신조서의 막강한 증거능력 최근까지만 하더라도, 생각 했을 때 피의자신문에서 결정이 나는 거지요. 맨 처음. 특히 변호인 참여가 없는.

그렇다면 피의자신문 당시에 변호인참여가 변호인의 조력을 받을 권리의 핵심적 본질적 요소라고 해석하는 것이 저는 자연스럽다고 생각됩니다. 그렇고요.

그 다음에 아까 논의가 너무 소송법적인 얘기가 되어서 그렇습니다마는 우리 연구관님께서 말씀하셨던 것처럼 그러면 헌법재판소가 어디까지 할 수 있느냐? '헌법재판소도 개입할 수 있다' 그거는 부정하시는 것은 아니니까요. 어디까지 할 수 있느냐에 대해서 저는 본질적 영역에 대해서는 개입할 수 있다고 얘기하는 것입니다.

그러면 참여문제가 어느 문제냐? 한국형사소송에 있어서 피의자신문에 있어서 피의자가 고립무원상태에서 검사 앞에 있을 때 그 처지가 어떠한가를 생각했을 때 변호인의 참여를 통해서 변호인의 조력을 받는 것이 핵심적이고 본질적이기 때문에 개입할 수 있다, 이런 논지였습니다.

사 회 자 : 지금 벌써 7시가 넘었는데 7시에 우리 송년회하기로 되어있는데, 이러다 2007년을 못 보내고 우리가 2007년에 묶여있을 수 있는데 잘못하면, 그래서 이런 자리가 아니면 의견을 전혀 들어볼 수가 없는데, 우리 헌법재판관님 세 분이 참석하셨는데, 이 헌법해석을 하다보면 이것까지 해도 되나? 이거 국회에서 뭐라고 하지 않나? 국회가 자기들 권한 다 뺏어간다고 하지 않을까? 걱정이 많으실 텐데, 세 분중에 한 분만 대표로 좀 소회만, 재판의 기밀을 말씀하실 거는 없고요, 소회만 간단하게 좀.

조 대 현 : 사실 어려운 문제지요. 과연 그 헌법해석으로부터 바로 어디까지 기본권으로 규정할 것이냐? 이게 상당히 어려운 문제 … 엉뚱한 생각을 좀 … 하면서도 엉뚱한 의견을 많이….

피의자, 피고인은 국가가 형벌권을 행사하는 대상자고, 물론 국가가 형벌권을 행사하는 것은 사회질서를 유지하거나 타인의 침해된 기본권을 보호하기 위해서 하는 측면이 있지만, 그 피의자, 피고인의 입장에서 봐서는 국가가 자신의 기본권을 공격하고 있는 측면을 가지고 있기 때문에 그 피의자, 피고인에게는 자신의 기본권을 방어하기 위한 권리가 있었야 되는게 아니냐. 그래서 그 피의자, 피고인의 방어권 그 자체를 기본권으로 보고 거기에서부터 변호인의 조력을 받을 권리가 우러나오는게 아니냐, 그래서 그런 관점에서 과연 변호인의 조력을 받을 권리가 피의자, 피고인의 방어권을 위해서 어느 정도 인정해 줘야 될거냐? 헌법 전체의 관점에서 봐서 판단해야 되는게 아닌가 그런 생각을 해봤습니다.

사 회 자 : 감사합니다.

하실 말씀도 많고 생각이 복잡하실 것 같습니다.

그런데 한없이 할 수는 없는 거고 우리가 또 별도로 자리를 마련해 놓았으니까 거기 가셔서도 계속 이야기를 이어갈 수 있도록 했으면 좋겠습니다.

끝까지 이렇게 세 분 재판관님 참석해 주셔서 감사드리고, 이공현 재판관님은 내려가셔서 한말씀 더 하실 기회를 가지시도록 하고, 그러면 이것으로 마치겠습니다. 감사합니다.

제 82 회(2008. 3. 7) 발표회 지정토론문

헌법재판에서 심판의 기준
(Prüfungsmassstap vor dem Koreanischen Verfassungsgericht)

김 경 제*

Ⅰ. 들어가기

헌법재판소가 도입되어 그 활동을 시작한 이래 활발하게 활동하였다는 것은 그간 헌법재판소가 행하여 온 사건처리현황[1]을 보면 자명해진다. 단순 설명만 하여도 우리 헌법재판소는 거의 매년 700건 이상의 사건을 다루었다고 말할 수 있다. 헌법재판에 대한 국민의 기대가 그만큼 크다는 것을 보이는 예라고 말할 수도 있을 것이다. 또한 이렇게 된 것은 그간의 우리 법 현실이 헌법에 따라 이루어지지 않았다고 국민들은 생각했기 때문일 것이다. 그리고 국민들이 우리의 헌법 현실을 이렇게 받아들이는 것은 헌법이나 법률을 운용하는 사람 모두가 우리의 법을 정확히 확립하지 않았고 그리고 이것을 정확하게 시행하지 않았다고 생각하기 때문일 것이다. 만약 헌법이나 법의 내용이 분명하고 그리고 그 시행이 헌법이나 법률에 엄격하게 구속되어 법의 운용을 적용대상자인 국민이 명확하게 예측할 수 있었다면 헌법이나 법률을 적용받는 각자는 자신의 행위에 대한 결과를 확실하게 예측할 수 있어서 경우에 따라서 자기에게 고통스럽게 느껴지는 결과라 하더라도 그런 결과가 합법에 의하여 합헌이라고 생각하게 된다면 소송을 제기하거나 헌법재판소에 오려고 하지 않을 것이다. 이러한 결과는 우리 모두의 책임이다.

헌법재판소 역시 여기에서 벗어나 있지 않다. 많은 사건을 다루었지만 여전히 일관되지 못하고 과거 자신이 행하였었던 판례도 알지 못하였다.[2] 심판의 기

* 동국대 법대 교수.

1) 2006년 12월 31일까지 헌법재판소에 접수된 사건의 총수는 13,945건이고 이중 처리된 사건 수는 13,057건에 이른다. 헌재공보 123호, 2007. 1. 20, 14면.

2) 구체적인 예가 이 글에서 다룰 수도이전판결에서 나타나는데 당시 재판부는 앞의 판결(헌판집 1, 199, 226)에서 자신들이 주권행사방법으로 현행 헌법에 규정된 방법, 즉 대통령, 국회의원 선거권 그리고 국민투표권 및 헌법개정참여권만을 한정하였었는데 이것을 보지 못하고 수도이전판

준으로 특정된 권리를 언급하지만 그것이 어떤 헌법조항에서 나오는지 그리고 그 내용이 어디까지인지 언급하지 않았다. 아무런 논증이나 한정 없이 무조건 기본권을 나열하기만 한다.[3] 만약 재판이 그 근거를 헌법이나 법률에서 가져오지 않는다면 그것은 우리 헌법이 전제하는 재판이 아니다. 만약 법관이 재판을 하면서 법이 아닌 법 밖에서, 자신의 주관적인 생각이나 세계관 혹은 법 이외의 도덕이나 자연법칙을 잣대로 판단한다면 이런 작용은 무효이다. 헌법 제103조(헌법과 법률에 따른 심판)에 위반될 뿐만 아니라 재판에도 헌법 제1조 제1항의 민주주의 원칙이 적용되어야 하는데[4] 재판관이 만약 재판을 할 때 심판의 기준을 국민의 의사(헌법, 법률)가 아닌 자신의 세계관이나 법 밖의 사고를 기준으로 한다면 국민의 의사가 재판을 통하여 실현될 수 없기 때문에 민주주의 원칙에 반하고 그러므로 이런 재판은 헌법 제1조 제1항에 위반된다.

이하에서는 헌법재판에서 심판의 기준이라는 제목으로 헌법재판소가 헌법재판을 행할 때 심판의 기준으로 삼아야 하는 헌법을 어디까지로 한정할 것인지와 어떻게 구체적인 사건에, 심판의 기준으로 적용하여야 할 헌법 조항을 확정하여야 하는지 논의한다. 그리고 논의를 위하여 심판의 기준과 관련된 사건으로 문제가 있는, 이미 앞에서 헌법재판소가 행하였던 그리고 현재 헌법재판소에 계류되어 있는 간통죄 위헌사건과 수도이전법 위헌사건을 예로 들어 설명을 구체화한다. 논의의 순서로는 먼저 헌법재판의 전제조건을 기술하고(Ⅱ) 심판의 기준으로서 헌법이라는 부제로 헌법재판에 동원될 수 있는 헌법의 범위를 확정한다(Ⅲ). 그리고 이어서 심판의 기준인 헌법조항이라는 제목으로 개별조항을 특정하는 방법을 기술하고(Ⅳ) 마지막으로 이 글의 결론(Ⅴ)을 맺는다.

< 사례 1 >

간통죄로 공소제기 되어 처벌받게 되자 형법 제241조가 기본권을 침해한다는 이유로 헌법소원이 제기되었고 이에 대하여 헌법재판소는 헌법 제10조에서 보장

결에서는 새로이 "관습헌법형성, 제정"이라는 주권행사방법을 언급하였다(헌판집 16권 2집(하) 40면 참조).

3) 헌법재판소가 사용한 "인격권"이라는 것이 그 한 예이다. 간통죄 사건에서도 등장하지만 헌법재판관들이 그 사건을 심판하면서 왜 인격권이라는 단어가 필요하였는지 이해할 수 없다(헌판집 2권 310면 참조). 독일에서 인격권이라는 것이 언급된 것은 독일기본법 제2조에 그와 관련된 근거가 있었기 때문이다. 그런데 우리 헌법조항에는 그것을 품고 있는 근거 조항이 없다. 그 사건에서 인격권은 언급할 필요가 없었지만 언급하려면 이후의 결정을 위하여 인격권의 의미를 더 자세하게 그리고 깊이 있게 논증하였어야 한다.

4) 헌법 제1조 제1항의 민주주의의 의미에 관해서는 본인의 글, 대한민국헌법 제1조 제1항의 민주주의, 헌법학연구 13권 1호, 한국헌법학회, 2007. 3, 217면 이하 참조.

하는 개인의 인격권에는 개인의 운명결정권이 전제되는 것이고 이 자기운명결정권에는 성행위 여부 및 그 상대방을 결정할 수 있는 성적 자기결정권이 포함되어 있으며 간통행위를 처벌하는 형법 제241조의 규정이 개인의 성적 자기결정권을 제한하는 것은 틀림없다[5]고 하여 헌법 제10조를 이 사건 심판의 기준조항으로 선택하였다.[6]

< 사례 2 >

수도집중문제를 해결하는 것이 대한민국이 현재 안고 있는 모든 문제의 근원이라는 생각에 수도이전을 공약으로 내세운 대통령 후보자가 대통령으로 당선되고 이어서 국회에서 과반수의 득표로 수도이전법이 가결되고 공포되어 수도이전문제가 현실화 되자 수도권 집값 하락을 걱정한 다수인이 헌법소원을 청구하였고 헌법재판소는 이 법률이 수도는 서울이라는 관습헌법을 법률의 형식으로 변경시켰기 때문에[7] 국민의 헌법개정투표권을 침해한다는 이유로 위헌 결정하였다.[8] 그러므로 이 사건에서 심판의 기준은 헌법 제130조 2항이었다.

Ⅱ. 헌법재판의 전제조건

1. 재판의 의미

재판이란 우리말의 의미로 "옳고 그름을 살피어 판단함"[9]을 말한다. 그런데 이런 뜻의 재판이 있게 되기 위해서는 본질적으로 다음 세 가지 요소가 필요하다. 먼저 재판이란 "판단"하는 행위이기 때문에 필연적으로 판단하는 "주체, 행위자"가 필요하다. 그 다음으로 판단의 목적(물)이 되는 "판단대상"이 존재하여야 한다. 왜냐하면 판단한다는 것은 그 자체로 의미를 가지는 것이 아니라 판단하는 사람

5) 헌판집 2, 306, 310; 13-2, 480, 485면.

6) [그러나 우리 사회에서 고유의 정절관념 특히 혼인한 남녀의 정절관념은 위에서 본 바와 같이 전래적 전통윤리로서 여전히 뿌리깊게 자리잡고 있으며, 일부일처제의 유지와 부부간의 성에 대한 성실의무는 우리 사회의 도덕기준으로 정립되어 있어서, 간통은 결국 현재의 상황에서는 사회의 질서를 해치고 타인의 권리를 침해하는 경우에 해당한다고 보는 우리의 법의식은 여전히 유효하다고 아니할 수 없다]는 이유로 합헌을 선언하였다. 헌판집 13-2, 480, 486-487면.

7) 헌판집 16-2(하), 1, 50면.

8) 헌판집 16-2(하), 1, 50-51면.

9) 이희승, 국어대사전, 민중서림, 1994년판.

이 판단행위를 하는데 "판단되는 대상"이 존재하여야 비로소 하나의 완성된 행위로 의미를 가지기 때문이다. 여기서 재판으로 행해지는 "판단"은 그 대상이 "옳은지 그른지"를 가리기 위하여 하는 행위이다. 그런데 옳은지 혹은 그른지는 인간의 일정한 가치가 반영된 분별이라 여기에는 어떤 기준이 존재하여야 한다. 즉 옳음 혹은 그름을 구별하여 줄 기준이 존재하여야 한다. 이것을 판단의 "기준"이라고 한다. 그래서 만약 판단될 어떤 대상(물)이 존재하고 그리고 이것을 판단할 "기준"이 있으며 아울러 이런 기준으로 판단할 수 있는 행위자, 판단자가 있다면 이제는 재판을 할 수 있다.

재판이라는 것이 본래 이런 요소들을 가져야 기능하는 작용이지만 그러나 우리 헌법이나 법률에 "재판"이 직접 명문으로 개념 규정되지 않았다. 그러나 헌법제정자나 입법자는 재판의 그런 속성을 전제하여 여러 조항을 통하여 "재판"에 요구되는 각각의 조건들을 구비하여 두었다. 먼저 헌법제정자는 헌법 제27조를 통하여 하나의 권리로서 재판받을 권리를 기술한다. 이 조항에서 헌법제정자는 재판을 그것을 적극적으로 시행하는 국가의 입장에서 기술한 것이 아니라 거꾸로 국민들이 이용할 수 있는 국가작용의 하나로 재판을 언급한다. 이 조항에 의하면 적어도 대한민국헌법 아래에서 국민의 재판받을 권리를 충족시킬 수 있는 재판이란 "헌법과 법률이 정한 법관"이 진행하고 그리고 그 재판을 시행함에 의거할 기준은 "법률"이라는 조건을 충족하는 재판이어야 한다. 이로써 우리 헌법상 재판은 판단자가 "법관"이고 판단의 기준이 "법률"임이 선언되었다.

그러나 이 조항만으로는 아직 재판의 완전한 모습이 구체화되지 않는다. 아직 여기에는 재판이라는 국가작용이 행하는 행위의 의미와 판단의 대상이 구체화되지 않았다. 재판이라는 국가작용이 행하는 작용에 대하여 엿볼 수 있는 조항은 헌법 제109조이다. 헌법제정자는 이 조항을 통하여 (중요하여 공개대상이 되는) 재판작용을 "심리와 판결"하는 작용이라고 명명한다. 이때 심리란 법적인 의미로 재판에 필요한 사실관계 및 법률관계를 명확히 하기 위하여 법원이 조사하는 행위[10]를 말하고 판결이란 법원이 구두변론을 거쳐 그 사실관계 및 법률관계에 대한 법원의 의사를 결정하고 이것을 외부적으로 공표하는 행위를 말한다.[11] 여기서 재판행위가 사실관계를 조사하고 (그것의 합법여부를) 결정하여 외부적으로 확정하는 행위임이 밝혀진다.

그러나 심리와 판결행위(작용)는 그 자체로 기능할 수 있는 작용이 아니다.

10) 이희승, 국어대사전, 민중서림, 1994; 김민수 외, 금성판 국어대사전, 금성출판사, 1991.

11) 이시윤, 신민사소송법, 박영사, 2003, 500면; 강현중, 민사소송법, 박영사, 2004, 633면.

이 심리와 판결은 어떤 대상에 대한 심리와 판결이다. 그러므로 재판의 완전한 모습을 보려면 심리와 판결이 이루어지는 그 대상, 재판의 대상을 확정하여야 한다. 재판의 대상이 되는 한 모습으로 헌법에서 볼 수 있는 것은 헌법 제109조 제2항이다. 이 조항에서 헌법제정자는 명령이나 규칙 또는 처분이 "헌법이나 법률에 위반되는 여부"에 대하여 대법원에게 최종적으로 심사하고 결정할 수 있는 권한을 부여한다. 이 조항을 통하여 재판의 대상은 명령이나 규칙 또는 처분의 위헌여부가 그 하나라는 것을 알 수 있다.

재판의 대상을 전반적으로 규정한 조항은 법원조직법 제2조이다. 이 조항을 통하여 입법자는 법원의 심판 대상이 되는 것은 "일체의 법률상의 쟁송"이라고 선언한다. 이때 "법률상"이라 함은 법률의 해석이나 적용에 의하여 해결할 수 있는 권리·의무나 법률관계에 관한 것[12]을 말하고 쟁송이란 당사자가 서로 다투는 것, 즉 사건성이 있는 것[13]을 말한다. 그러므로 재판의 대상이 되는 것은 법률을 적용하여 해결할 수 있는 구체적인 권리·의무의 존부에 관한 것[14]이어야 한다.

그래서 우리 헌법상 재판이란 다음의 세 가지 요소를 지닌 국가작용을 말한다. 즉 첫 번째가 법관이 판단주체일 것, 둘째 판단의 기준은 법률일 것, 셋째 판단의 대상은 법률상의 다툼일 것이 그것이다. 이런 요건을 충족한 국가작용을 정의하여 보면 재판이란 국가가 운영하는 법원에 속한 법관이 법률을 심판의 기준으로 법률상의 다툼을 해결하는 작용이라고 말할 수 있다.[15]

2. 헌법재판에서 세 가지 전제조건

헌법재판도 재판의 한 종류임으로 재판에서 요구하는 3가지의 전제조건을 충족하여야 비로소 본래의 기능을 행할 수 있다. 헌법재판이란 헌법에 관한 분쟁이 발생한 경우 헌법에 의하여 권한을 부여받은 기관이 헌법문제를 해결함으로써 헌법에 대한 분쟁을 종식시키는 국가작용을 말한다.[16] 그러므로 헌법재판을 이와 같이 정의할 때 헌법재판이 기능하기 위해서는 심판기관으로 헌법재판소나 혹은 특별히 권한을 부여받은 기관, 심판의 대상으로 헌법에 관한 분쟁 그리고 심판의

12) 강현중, 전게서, 312면; 이시윤, 전게서, 186면 참조.

13) 강현중, 민사소송법, 박영사, 2004, 3면.

14) 이에 관한 판결로 대판 1997. 11. 28, 95다43594; 대판 1997. 4. 25, 95다19591 참조.

15) 그리고 여기에 헌법 제109조가 인정하는 위헌법률심사제청행위와 대법원의 위헌명령·규칙·처분심사행위가 포함된다.

16) 헌법재판에 관한 개념정의에 관해서는 김상겸, "법과 정치관계에 있어서 헌법재판," 공법학연구, 1999. 3., 132면 주 10 참고.

기준으로 헌법에 관한 분쟁을 해결하기 위한 "헌법" 이 세 가지가 헌법재판의 본질적인 요소이다.

헌법재판을 재판을 행하는 기관에 초점을 맞추어 헌법재판을 위하여 특별하게 구성된 재판소에서 행하는 모든 재판을 헌법재판이라고 말하는 경우도 있다.[17] 이렇게 정의할 때 헌법재판을 위하여 필요한 전제조건은 재판을 담당할 특별한 기관의 존재는 본질적인 문제이지만 이 기관이 어떤 대상을 심판대상으로 결정할지, 즉 헌법문제만인지 아니면 법률문제도 포함하는지 그리고 심판의 기준이 "헌법"만인지 아니면 "법률" 등 그 밖의 규범도 심판의 기준으로 사용할 수 있는지는 그 재판제도를 가지고 있는 그 국가의 헌법과 법률에 따라서 결정된다. 우리 헌법재판소의 경우에는 탄핵심판과 권한쟁의심판의 경우 "헌법기관의 법률에 의하여 부여받은 권한의 존부"[18]나 혹은 헌법기관의 직무집행행위가 "법률을 위배"하였는지 여부[19]가 다투어질 수 있음으로 그 한도 안에서 법률도 이 경우 심판의 기준이 될 수 있다.

물론 우리 헌법상 헌법재판이 일반법원과 구별되는 헌법재판소에 의하여 이루어지고 그리고 재판의 대상이 법관과는 다른 방식으로 구성되는 헌법재판관에 의하여 심리되고 결정된다는 점에서 헌법재판과 일반재판은 구별될 수 있다. 그러나 이 두 기관은 법관의 자격을 가진 자라는 공통점이 인정된다는 점에서 자격과 관련된 동질성이 인정된다. 또한 위에서 언급한 바와 같이 헌법재판에서도 법률이 심판의 기준으로 작용하는 경우, 즉 권한쟁의심판[20]이나 탄핵심판[21]의 경우 헌법재판과 일반재판의 구별이 무의미해지는 경우도 있다. 그래서 이 경우는 이들 심판을 행하는 결정주체가 헌법재판소라는 점과 그 결정이 향하는 주체가 헌법기관이라는 점에만 차이가 존재한다.[22]

그러나 헌법재판의 특징은 일반재판과 관련하여 헌법문제에 대한 분쟁을 해결하는 과정에서 두드러진다. 헌법재판이 일반재판과 구별되게 하는 요소는 헌법

17) 김상겸, 전게논문, 133면.

18) 헌법재판소법 제61조 제 2 항.

19) 헌법재판소법 제48조.

20) 헌법재판소법 제61조 제 2 항.

21) 헌법재판소법 제48조.

22) 헌법재판기관이 행하는 모든 재판을 헌법재판이라고 하면 헌법재판과 일반재판의 관계가 설정되어야 한다. 우리 헌법제정자는 헌법을 통하여 관할사건을 구분하는 방법과 법원에 의한 위헌법률심사제청이라는 방법으로 양자를 관계를 조정한다. 그래서 이에 따르면 헌법재판소 관할사건은 위헌법률심판, 탄핵심판, 정당해산심판, 권한쟁의심판 그리고 헌법소원심판만이고 특히 헌법소원심판과 관련하여서는 보충성의 원칙과 법원판결 배제의 원칙이 헌법재판소법에 의하여 규정되어 있다. 헌법재판소법 제68조 제 1 항 참조.

재판을 일반법원과 다른 기관에서 행한다는 사실도 아니고 헌법재판관들이 일반법관과 다른 방식으로 임용된다는 점도 아니다. 오히려 우리의 헌정사를 보면 헌법재판기능은 3공화국의 경우 대법원에서 담당한 경우가 있고 또 현재 미국의 경우는 연방대법원에서 헌법재판의 중요한 한가지인 위헌법률심사를 행한다. 헌법재판을 일반재판과 다르게 만드는 본질적인 것은 오히려 재판의 기준 혹은 심판의 기준이 "헌법"이라는 점에 있다. 헌법재판은 헌법에 대한 분쟁을 해결하기 위하여 마련된 재판작용임으로 여기에는 헌법이 심판의 기준으로 작용한다.

Ⅲ. 심판의 기준으로서 헌법

1. 헌법의 존재

헌법재판에서는 심판의 기준이 "헌법"임으로 만약 한 국가에 헌법이 존재하지 않는다면 그 나라에서는 헌법재판이라는 재판을 행할 수 없다. 왜냐하면 헌법재판도 하나의 재판이므로 재판이 이루어지기 위하여 3가지 요소, 즉 판단자, 판단의 대상, 판단의 기준이 존재하여야 하는데 헌법이 존재하지 않는다면 이들 요소 중 판단의 기준이 없기 때문이다. 그리고 여기서 헌법이 존재한다는 의미는 그 국가의 다른 규범과 구별되는 하나의 법규범인 "헌법"이 존재하여야 한다는 의미이다. 왜냐하면 우리나라의 사법(司法)적 용어의 쓰임새로 재판이라는 작용은 그 단어 앞에 일정한 법 영역을 특정하여 그 재판이 기능하는 영역을 한정하고 그 단어로 이 재판에서 심판의 기준을 예시하는데 "헌법재판"이란 이런 사법의 용례에 의하면 헌법이라는 법규범이 존재하여 그 법규범이 규율하는 영역에서 발생하는 문제를 헌법이라는 기준으로 심판하는 재판절차를 말하기 때문이다. 예컨대 형사재판은 "형사"라는 단어를 통하여 "형사문제를 규율하는 법"이 존재하고 이 법이 규율하는 영역에서 발생하는 사건을 그 형사법을 기준으로 재판하는 작용이라는 것을 예시하고 특허재판은 특허사항을 규율하는 법이 존재하고 그것을 기준으로 심판하는 재판을 말하는 것으로 사용하고 있기 때문이다. 그러므로 헌법재판을 행하기 위해서는 반드시 "헌법"의 기능을 행하는 법규범이 존재하여야 한다.

헌법재판에 사용될 법규범인 "헌법"은 반드시 "헌법"이라는 글자가 들어가 있어야 하는가. 그럴 필요가 없다. 독일의 예를 보더라도 독일에서 헌법재판을 행하는 법원을 연방헌법재판소, Das Bundesverfassungsgericht라고 칭하지만 이 법원에서 심판의 기준은 기본법, Das Grundgesetz이고 여기에는 독일어로 헌법을 칭하는 "Verfassung"이나 "Verfassungsrecht"라는 말은 들어있지 않다. 아니 독일에는 헌법을 칭하는 "Verfassung"이라는 단어가 들어간 주 헌법들이 있다.[23] 그렇지만 이런 헌법이란 글자가 들어있는 법은 독일 연방헌법재판소에서 심판의 기준으로 받아들이지 않는다. 독일 헌법재판소법은 관할사건에 따른 심판의 기준을 규정하고 그것을 기본법(Das Grundgesetz)에서 찾는다.[24] 이 헌법이라는 글자가 들어있지 않는 Das Grundgesetz가 독일 연방헌법재판소가 헌법소원(재판)을 할 때 심판의 기준으로 사용하는, 독일에서 헌법으로 기능하는, 헌법에 해당한다.

그러나 그 법규범은 적어도 이름은 어떻든 "헌법재판"을 할 수 있는 법규범이어야 하고 그리고 헌법재판을 하기 위해서는 반드시 이것이 존재하여야 한다. 그리고 어떤 법규범이 헌법재판을 할 수 있는 법규범인지는 헌법재판을 운영하는 국가가 어떤 모양과 효력을 가지는 헌법재판을 운영하려고 하는지에 따라서 결정된다. 그리하여 만약 위헌법률심판을 헌법재판으로 인정하고 그리고 심판대상이 된 법률이 헌법재판에서 심판의 기준으로 사용되는 헌법에 위반하는 이유로 그 법률을 폐기하려고 한다면 적어도 이때 심판의 기준으로 작용하는 헌법은 법률보다 상위의 효력을 가지는 법규범이어야 한다.[25] 또한 헌법소원이라는 헌법재판을 운영하려고 한다면 기본권을 담고 있는 헌법규정은 적어도 모든 국가권력에 우월하는 효력을 가지는 규범이어야 한다.[26]

2. 헌법의 범위

(1) 헌법재판에 적합한 헌법의 조건

헌법재판을 운영하는 국가에서 헌법재판에 심판의 기준으로 사용하는 법규범이 반드시 "헌법"이라는 이름을 가지지 않은 경우라고 하더라도 이 때 그 법규범은 적어도 각각의 헌법재판에서 얻고자 하는 효력을 이끌어 내기에 적합한 효력을 가지고 존재하여야 한다. 아니 거꾸로 한 나라에서 위헌법률심판을 헌법재판의

---

23) 예컨대 노트라인-베스트팔렌주 헌법(Verfassung des Landes Nordrhein-Westfalen).

24) 예컨대 독일에서의 헌법소원과 관련하여 연방헌법재판소법 제90조 참조.

25) 이에 관해서는 본인의 글 "위헌법률심판에서 심판의 기준," 헌법학연구 12권 2호, 한국헌법학회, 2006. 6., 363면 이하 참조.

26) 이에 관해서는 본인의 글 "헌법소원에 적합한 심판의 기준," 공법연구 34집 4호 1권, 한국공법학회, 2006. 6., 123면 이하 참조.

한 형식으로 인정하고 있다면 적어도 이 나라에서는 심판의 기준인 헌법으로 기능하는 법규범과 그 심판의 대상이 된 법규범은 효력상의 차이가 있다는 것이 전제된다.[27] 왜냐하면 위헌법률심판에 따라 헌법재판소에서 위헌결정이 내려지게 되면 심판의 대상이 되었던 그 법률은 효력을 상실하게 되는데[28] 헌법재판소의 위헌결정에 이런 효력이 주어지는 것은 심판의 대상인 법률이 심판의 기준이었던 헌법보다 법적 효력이 약하기 때문이다. 거꾸로 법률이 심판의 기준인 헌법보다 강한 효력을 가졌다면 이제는 헌법이 법률에 따라 의미내용이 바뀌거나 헌법이 폐지되어야 한다. 그러나 우리 헌법 제109조 제1항이나 헌법재판소법 제41조의 규정형식은 이와 반대이다. 위헌결정으로 헌법의 의미가 변경되거나 폐지되는 것이 아니라 법률이 실효된다.

상상으로는 그리고 방법적으로는 헌법재판소의 결정에 법률을 실효시키거나 혹은 다른 국가작용을 통제할 수 있는 효력을 갖게 하는 것을 심판의 기준인 헌법에서 찾지 않고 헌법재판관의 권위를 통하여 이끌어낼 수도 있다. 즉 헌법재판관에 특별한 권위나 정당성을 인정하여 이들이 행하는 재판에서 심판의 기준이 무엇이든 간에 —자연적 정의든 아니면 헌법재판관의 개인적인 세계관이든— 헌법재판관의 결정에 법률을 폐기하거나 혹은 국가작용을 통제하는 효력을 부여할 수 있다. 이런 경우는 그 사회에 헌법이라는 이름의 법규범이 존재한다고 하여도 법률과 효력상의 차이가 있게 할 필요가 없다. 아니 헌법재판관의 결정이라는 요건만 존재한다면 거기에 예정된 모든 효력이 주어진다. 그런데 이런 결과는 민주주의의 전제조건을 충족할 수 없다.

국민의 지배(die Herrschaft des Volkes)로 이야기하는 민주주의는 먼저 국민의 의사에 의한 지배의 형태로 나타난다.[29] 그런데 현대 간접민주주의 국가에서 국민은 "헌법이나 법률"의 형태로 자신들의 의사를 구체화한다. 그러므로 현대 민주주의 국가에서 대의기관은 헌법이나 법률에 따라 자신의 권한을 행사했을 때만 민주주의, 국민의 지배를 실현할 수 있다. 국민의 의사가 헌법이나 법률의 형식으로 존재함으로 그것에 따르는 것이 국민의 의사를 따르는 것이다. 그런데 만약 헌법재판관(대의기관)이 헌법이나 법률을 벗어나 재판관 개인의 세계관이나 자연적 정의에 따라 자신의 권한(심판권한)을 행사하고 여기에 국민의 의사인 법률을 폐기할 수 있도록 하거나 혹은 국민의 의사에 바탕을 둔 국가작용을 통제하도록 한

27) 이에 관해서는 본인의 글, 헌법학연구 12권 2호, 351-352면 참조.

28) 헌법재판소법 제47조 제2항 참조.

29) 민주주의와 관련하여서는 본인의 글 "대한민국헌법 제1조 제1항의 민주주의," 헌법학연구 13권 1호, 2007. 3., 217면 이하 참조.

다면 이런 권한행사는 국민의 의사에 따른 지배가 아니다. 이것은 국민의 의사와 단절된 헌법재판관(대의기관)의 의사에 의한 지배이기 때문에 민주주의 요건을 충족할 수 없다. 이런 지배는 우리 헌법 제1조 제1항에 위반한다. 따라서 헌법재판관 개인에게 권위를 인정하여 헌법재판관으로부터 헌법재판소 결정의 효력을 이끌어내는 사고는 현대 민주주의원리에 합치될 수 없다.

헌법에 위반되는 법률이 헌법재판소의 위헌확인 결정에 따라 실효되거나[30] 그리고 헌법에 위반하는 국가작용이 헌법재판소의 결정에 따라 새로운 처분을 하여야[31]하는 이유는 이런 결정을 내리는 헌법재판소나 혹은 헌법재판관에게 권위가 주어져서가 아니다. 오로지 그들이 심판을 행할 때 심판의 기준으로 삼았던 "헌법"이라는 법규범이 심판의 대상이 되었던 법률이나 혹은 국가작용보다 효력이 강하기 때문이다. 그러므로 헌법재판을 반드시 헌법재판소에서 헌법재판관에 의하여 행하지 않더라도 헌법재판소의 결정에 그런 효력을 부여할 수 있다. 그래서 우리 제3공화국이나 미국의 경우 대법원에서 헌법재판인 위헌법률심판을 행하였고 그리고 그 결정에 법률실효의 효력이 인정되었다.

헌법재판소의 결정에서 법률을 실효시키고 국가운영을 통제할 수 있는 효력이 나오는 근거가 헌법재판관의 권위가 아니라 헌법에 있음으로 이런 헌법은 그와 같은 효과를 만들어 내기 위한 전제조건을 충족하는 헌법, 즉 일반법률 보다 그리고 모든 국가작용보다 우월한 효력을 가지는 헌법이어야 한다.

(2) 헌법적 효력부여 방법

그러면 국민은 하나의 사실(Sein)에 어떻게 법규범적 효력을 부여하는가? 동일한 효력을 가지는 법이 다수 존재한다면 구성원들은 각각 법규범을 만들면서 신법이 구법보다 더 우월한 효력을 가짐을 선언하거나 혹은 반대의 방법으로 그 법규범에 합당한 효력을 부여할 수 있다. 이런 방법이 아니라면 구성원들이 효력을 달리하는 법규범의 여러 형식을 먼저 정하여 놓고 각각의 형식에 맞는 법규범의 제정과정을 거쳐서 하나의 법규범을 만들면 그 형식으로 예정된 법규범의 효력을 얻을 수 있다. 이 방법을 취한다면 하나의 법규범을 제정할 때 먼저 법규범 정립자는 만들고자 하는 법규범에 어떤 효력을 갖게 할 것인지를 선택하고 그런 효력을 갖게하기 위하여 예정된 법형식을 찾아서 그 법형식에 맞는 제정과정을 거쳐 하나의 사실을 법규범으로 만들면 그 법규범은 원래 의도하였던 효력을 가

30) 헌법재판소법 제47조 제2항 참조.

31) 예컨대 헌법재판소법 제75조 제4항 참조.

지게 된다. 이 두 가지 방법 중 어떤 방식으로든 한 국가의 법규범에 요구되는 "통일성"은 확보될 수 있다.[32)]

우리의 전체 법제정방법은 위의 두 가지 방법 중 후자를 선택하고 있다. 우리 법체계에서 제정가능한 법규범의 종류를 헌법에 명시하여 두고 각각 다른 절차를 거쳐 성립하게 함으로써 각각의 절차를 거쳐서 성립한 법규범은 그 법규범이 성립과정에서 거친 절차에 따라 법적 효력이 부여되게 하였다. 그래서 헌법이라는 형식으로 하나의 사실이 규범화과정을 거치면 그것은 헌법으로 효력을 가지게 되고 법률이나 명령의 형식을 빌어 규범화되면 법률이나 명령의 효력을 그 사실(Sein)은 가진다.[33)]

이런 일련의 입법방법을 현대 헌법국가에서는 "헌법"을 통하여 구체화한다.[34)] 헌법을 통하여 구성원간에 먼저 어떤 종류의 법규범이 존재하는지와 각각의 법규범이 어떤 효력을 가지는지 그리고 각각의 효력을 가지는 법규범은—그런 효력을 부여하기 위하여—어떤 방식으로 만들어져야 하는지 확정한다. 이렇게 합의가 성립되면 이제 구성원이 스스로 구체적인 법규범을 정립하고자 할 때 자신들이 헌법을 통하여 약속하였던 그 방법을 거치면 의도했던 효력이 자동적으로 발생한다. 그래서 현대 헌법국가에서는 법규범을 제정하면서 그때그때 제정된 법규범이 어떤 효력을 가지는지 선언하는 것이 아니라 거꾸로 법규범을 헌법에 규정된 특정의 방법을 거쳐 제정함으로써 자동적으로 하나의 법규범에 제정자가 의도하였던 효력이 부여되게 하는 방법을 따른다. 그리고 이런 방법은 헌법을 통하여 국가의 구성원인 국민의 동의를 받았음으로 이런 방법을 통하여 성립된 법규범에 국민은 복종한다.

그러므로 이제 하나의 사실(Sein)에 헌법의 효력(Sollen)을 갖게 하려고 한다면 그 사실(Sein)이 헌법(규범, Sollen)이 되게 하는 방법을 거치도록 하면 된다. 즉 우리 헌법에 따라 설명하면 그 사실(Sein)에 대하여 발의권자가 헌법의 효력을 부여하고자 하는 뜻을 정하고 안(案, 헌법의 형식, 조문의 형식)을 갖추어[35)] 국회에 제출하여 3분의 2 이상 찬성으로 의결되고, 이것이 국민투표를 거쳐 과반수 유권자

32) 국가의 성립요소의 하나인 주권 혹은 통치권력 존재여부는 그 공동체가 자신들의 의사를 하나로 결집할 수 있는 상태로 지배질서가 확립된 상태를 말한다. Siehe dazu Isensee, Staat und Verfassung, in: Isensee/Kirchhof, Handbuch des Staatsrecht, Bd. I, Heidelberg, 1987, Rn. 62 ff.

33) 예컨대 헌법으로 효력을 부여하고자 한다면 헌법 제128조 이하의 절차를 거쳐 규범화되어야 하고 법률로 효력을 갖게 하려면 헌법 제40조 이하의 절차를 밟아 규범화되어야 한다.

34) Badura, Die Parlamentarische Demokratie, in: Isensee/Kirchhof, Handbuch des Staatsrecht, Bd. I, Heidelberg, 1987, Rn. 2; Isensee, Staat und Verfassung, Rn. 10, 69.

35) 국회법 제79조 제 2 항 참조.

의 찬성을 얻으면 그 사실은 헌법으로의 효력을 갖게 된다.

"오로지" 이 방법으로만 하나의 사실은 대한민국헌법으로 헌법의 효력이 인정된다. 대한민국헌법의 제정자가 스스로 모든 것을 할 수 있었던 상황에서[36] 헌법규정을 통하여 특히 헌법제정방식을 특정한 방식으로 지정하였다는 의미는 그 외의 방법으로는 헌법을 만들지 않겠다는 결의를 표현한 것이다. 이것이 당연한 이유는 만약 한 국가의 헌법이 그 헌법에 정한 방식 이외의 방식으로 제정될 수 있다면 이제는 어떤 내용이 헌법으로 효력을 갖는지 혹은 어떤 내용에 헌법적 효력을 부여하고자 할 때 어떤 방식을 거쳐야 하는지 그 구성원들은 알 수가 없다. 헌법의 범위와 헌법규범화 방법을 둘러싸고 구성원간에 극단적인 혼란이 일어날 것이다. 이렇게 된다면 당초 헌법을 통하여 헌정생활의 평화를 추구하였던 헌법제정의 의미가 사라진다.

(3) 다양한 헌법개념

1) 실질적 의미의 헌법

헌법재판에서 주의할 점은 실정법적 의미의 헌법과 학문적 혹은 강학적으로 이야기되는 그 밖의 헌법개념과 혼동하지 말아야 한다는 점이다. 위에서 본 바와 같이 헌법재판을 하기 위하여 심판의 기준으로 요구되는 "헌법"이라는 것은 그것에 기하여 내려진 헌법재판소의 결정에 따라 혹은 국민의 의사(법률)를 실효시키는 방법으로 또는 국가기관의 권한행사를 취소시키는 방법으로 구체적으로 국민에게 영향을 끼치는 그런 것이다. 그리고 국민들은 그 결정을 수용하여야 한다. 자신들이 구체적인 행위로, 즉 헌법을 제정하는 과정에 관여하는 방법으로 그 헌법에 따른 지배를 받기로 동의를 보냈기 때문이다. 헌법재판에서 심판의 기준으로 작용하는 헌법이란 이런 영향력을 가질 것으로 국민이 동의한 법규범이다. 이런 법규범은 대한민국에서는 오로지 "대한민국헌법"이라는 이름으로 존재한다.

이와는 달리 학문적으로 헌법을 "내용"을 기준으로 그 범위를 정하는 실질적 의미의 헌법이라는 개념이 있다. 이 시각에 의하면 헌법이라는 것은 효력이나 성립방법에 따라 그 범위가 확정되는 것이 아니라 어떤 규범이 가진 내용이 소위 "헌법으로 규율할 내용"인 경우 이를 헌법개념에 포함시킨다.[37] 그리고 이때 "헌법으로 규율할 내용"이라는 것은 "국가의 조직 · 기본규범 · 통치형태 · 정치권력의

36) 국가를 창설할 때 초기의 헌법제정자는 자신을 구속할 어떤 전제가 존재하지 않음으로 어떤 방식으로든 그리고 무슨 내용이든 스스로 정할 수 있다.

37) 예컨대 이에 관해서는 성낙인, 헌법학, 법문사, 2007, 17면 참조.

부여와 그 제한 및 관계, 기본권 보장에 관한 사항"[38]등이 그것이라고 한다. 그래서 선거법이나 의회법 혹은 정당법도 헌법에 포함될 수 있다고 한다.[39]

그러나 여기서 주의할 점은 이런 주장은 모두가 학문적으로 헌법을 바라보는 입장이라는 것이다. "학문적"이라는 말은 연구의 대상으로 헌법을 볼 때 헌법으로서의 성격을 가진 대상이 넓혀질 수 있다는 의미이지 하나의 대상이 학문적으로 헌법의 성격을 갖는다면 그것에 "헌법규범"이 가지는 효력을 부여하도록 기능하는 것이 아니라는 의미이다. 학문적인 헌법개념과 규범적 효력을 갖는 실정법적인 의미의 헌법은 구별된다. 하나의 법규범이 효력을 가지는 것은 앞에서 본 바와 같이 그 법규범의 적용대상자들이 그 법규범의 성립에 "합의하였던 방식으로" 동의를 표하였기 때문이다. 권력의 원천인 국민은 자신이 약속한 방법으로 동의하지 않은 어떤 것에도 복종하지 않는다. 아니 복종을 강제할 수 없다. 실질적 의미의 헌법으로 분류되는 내용 중에서 헌법의 효력을 가지도록 성립된 규범만이 헌법재판에서 심판의 기준으로 사용될 수 있다. 실질적 의미의 헌법이라고 분류되는 각각의 내용이 어떤 효력을 가지는지는 그 내용이 규범으로 성립할 때 거친 방식에 따라 결정된다.[40]

2) 소위 관습헌법

다음으로 수도이전결정과 관련하여 문제되었던 관습헌법이라는 것은 헌법재판에서 심판의 기준이 될 수 있는가. 당시 헌법재판관들에 의하여 소위 관습헌법이라는 것은 특별한 성립요건을 거쳐서 만들어지는 것이라고 한다. 즉 그들의 견해에 의하면 관습헌법이라는 것은 "핵심적인 헌법사항"이 "관습법"의 성립에서 요구되는 일반적 성립요건, 즉 ① 관행 내지 관례가 존재해야 하고, ② 충분한 기간 반복·계속되며, ③ 반대되는 관행이 이루어져서는 아니 되고, ④ 관행은 명확하여야 하며, ⑤ 이러한 관행이 헌법관습으로 국민의 승인 내지 확신을 얻어야 한다[41]고 한다. 그리고 잘못된 논증의 결과였지만 당시 다수의견 헌법재판관들은 수도 서울이 이 요건을 충족한다고 보았다.[42]

그러나 우리 헌법질서 안에서 관습헌법이라는 것은 우선 "법규범"이 아니다. 법률도 아니다. 앞에서 보았듯이 하나의 사실(Sein)에 규범적 효력을 부여하려면

---

38) Maurice Hauriou, Précis de droit constitutionnel, Sirey, 1929, 성낙인, 전게서, 17면에서 재인용.

39) 성낙인, 헌법학, 법문사, 2007, 17면; Brun-Otto Bryde, in: v Münch/Kunig GG, 3. Aulf., München, 1996, Art. 79. Rn. 2.

40) Vgl. Brun-Otto Bryde, in: v Münch/Kunig GG, 3. Aulf., München, 1996, Art. 79. Rn. 2.

41) 헌판집 16-2(하), 1, 40면.

42) 헌판집 16-2(하), 1, 47-48면.

그 사실이 구성원들간에 "법규범"으로 효력을 부여하기 위하여 약속하여 둔 방법을 거쳐야 한다. 그런데 우리의 약속을 규율한 최고의 문서인 대한민국헌법에는 "관습헌법"이라는 법규범을 정립하는 방법이 규정되어 있지 않다. 더군다나 헌법재판관들이 인정하였던 소위 "관습법"의 성립요건에 따라 하나의 "법률"을 만드는 방법도 존재하지 않는다. 아니 이런 방법이 인정된다면 그 방법은 헌법 제40조에 위반된다. 왜냐하면 대한민국에서 모든 "법률"이라는 이름으로 만들어지는 법규범은 헌법 제40조에 따라 국회의 의결을 통하여 만들어져야 하는데 헌법재판관들이 인정한 소위 관습법이라는 것은 국회의 의결을 거치지 않고 성립되는 것이기 때문이다.

그래서 관습헌법은 "대한민국헌법"이 아니다. 아니 헌법이라고 할 수 있다. 만약 하나의 단어에 "헌법"이라는 글자가 들어 있을 때 그것을 헌법으로 본다는 시각에 따르면 관습헌법도 헌법일 수 있다. 이런 입장이 수도이전판결에서 다수의견 헌법재판관의 생각이었다. 당시 다수의견은 결정문 (4) '수도 서울'의 관습헌법 폐지를 위한 헌법적 절차, (나)에서 [그러나 우리 헌법의 경우 헌법 제10장 128조 내지 130조는 … 헌법개정절차의 대상을 단지 '헌법'이라고만 하고 있다. 따라서 관습헌법도 헌법에 해당하는 이상 여기서 말하는 헌법개정의 대상인 헌법에 포함된다고 보아야 한다][43)]라고 한다.

실정법적인 의미의 헌법을 이해하지 못한 전형적인 경우이다. 통치의 방법으로 실정법을 사용하는 국가에서 통치의 수단이 되는 법규범이라는 것은 통치의 대상이 되는 구성원의 동의를 얻은 것이어야 한다. 그리고 이때의 동의는 구성원들이 합의한 일정한 형식(선거나 투표)을 통한 동의이다. 당연한 것이 예컨대 헌법이나 법률은 경우에 따라서 구성원의 권리를 제한하도록 허용하기도 하고[44)] 또 국가기관에게 구성원이 행하여야 할 여러 작용들을 대신 하도록 하기도 하는데 이런 내용들이 국민 속에서 실현되기 위해서는 구성원이 그 내용을 받아들이도록 하는 어떤 계기가 존재하여야 한다. 그 계기로 작용하는 것이 구성원이 합의한 일정한 형식을 통한 동의이다. 헌법을 국민이 동의하였기 때문에 혹은 경우에 따라서는 스스로 내용을 수용하고 제정하였기 때문에 이제는 그 헌법에 복종한다. 그래서 실정법적 의미에서 헌법은 국민이 합의한 방식으로 행한 동의(국민투표)를 얻은 헌법만을 말한다.

그런데 이때 구성원이 헌법에 동의하는 것은 헌법이 가진 단순한 내용뿐 아

43) 헌판집 16-2(하), 1, 40-41면.

44) 헌법 제37조 제2항 참조.

니라 자신들이 제정한 헌법의 효력에 대하여도 동의를 보낸다. 한 나라에 효력을 달리하는 여러 법규범이 존재한다면 더욱더 동의의 이런 개별적인 구별은 의미가 있다. 이것을 우리 헌법은 구성원에게 헌법으로 동의하려면 헌법을 제정하는 방식으로 헌법을 제정하도록 요구하고 법률로 동의를 보내려면 법률을 제정하는 방식을 따르도록 달리 규정함으로써 각각의 법규범에 필요한 동의를 규정한다. 그래서 헌법제정자나 입법자가 하나의 조항으로 특정의 법규범 형식을 예시하였다면[45] 그 예시된 법규범은 예시된 형식으로 성립한 법규범만을 말한다. 그래서 헌법 제128조 이하에서 언급한 "헌법"이라는 것도 대한민국에서 헌법의 형식으로 성립한 헌법, 즉 "대한민국헌법"이라는 이름으로 존재하는 그 법규범만을 말한 것이다. 아니 이런 논증도 필요 없이 헌법 제128조 이하는 "대한민국헌법"이라는 이름의 법규범 아래에 속한 조항인데 이 법규범 안에서 자신을 언급하면서 대한민국이라는 단어를 계속하여 사용하는 것은 입법기술상 불필요하다. 따라서 헌법 제128조 이하의 적용을 받는 헌법은 "헌법"이라는 글자가 들어가는 모든 헌법이 아니라 오로지 대한민국헌법만이다.

그런데 관습헌법은 그런 것이 있다고 하여도 혹은 수도 서울은 국민이 그것을 "헌법적 효력을 가지는 것"으로 동의하지 않았다. 국민이 그것을 헌법적 효력을 가지는 것으로 동의하려고 하였다면 그것을 당초에 헌법적 효력을 부여하는 방법으로 합의하였던 헌법 제128조 이하의 절차를 거쳐 동의하여야 했었다. 그런데 헌법재판관들이 인정하였던 방법은 헌법 제128조 이하의 방법이 아니었다. 따라서 관습헌법은 혹은 수도 서울이라는 사실은 헌법적 효력을 가지지 못한다. 그러므로 당연히 이것을 근거로 헌법재판을 할 수 없다.

3) 불문헌법이라는 것

오해를 일으키기 쉬운 헌법용례 가운데 불문헌법이라는 것이 사용된다. 그리고 불문헌법에 대한 설명으로 한편으로는 '관습헌법이라고도 일컬어지는데, 그 이유는 헌법이 성문헌법처럼 일정한 헌법제정절차에 따라 헌법전의 법형식으로 존재하는 것이 아니고, 오랜 시일에 결쳐 확립된 헌법사항에 대한 국가적 관행이 불문헌법의 법형식으로 굳어진 때문이다'[46]라고 한다. 그리고 이어서 영국과 뉴질랜드 그리고 이스라엘은 '불문헌법을 가지는 나라'[47]라고 한다. 그런데 불문헌법의 특이한 점은 이들 나라에서는 '의회제정법률에 대한 법원의 위헌심사권이 보장되

45) 구체적인 예로 헌법 제37조 제2항에서 자유와 권리는 "법률"로써 제한할 수 있다고 규정하는 경우.

46) 허영, 헌법이론과 헌법, 박영사, 2006, 42면 참조.

47) 허영, 같은 면.

지 않고 특별한 헌법개정절차가 인정되지 않는다는 점'[48]을 들고 있다.

물론 "헌법"이라는 법률을 제정하여 두었어도 특별히 위헌법률심판제도를 인정하지 않을 수 있다. 그리고 헌법이라는 이름의 법에 국가조직에 관한 사항을 규정하고 그리고 그 효력을 일반법률과 같은 방식으로 제정하고 개정할 수 있도록 할 수도 있다. 헌법이라는 이름의 법규범이 반드시 다른 법률보다 더 효력이 강해야 할 필연적인 이유가 없다. 헌법의 효력을 다른 법과 같이 설정한다고 하여도 그 국가의 법적 통일성을 확보할 수 있으면 그 국가의 법질서는 확립될 수 있다. 이런 경우를 위하여 신법우선의 원칙이나 특별법우선의 원칙이 존재한다. 이들 원칙으로 혹시 그 나라의 헌법과 다른 법률이 충돌한다면 그런 갈등은 얼마든지 해결할 수 있다.

그런데 여기서 논하는 헌법은 위헌법률심판으로 두드러진 헌법재판을 하기에 적합한 헌법을 이야기하는 것이다. 만약 한 나라에서 위헌법률심판이 존재한다면 그리고 그 심판으로 헌법에 반하는 법률의 효력이 실효된다면 이미 그 나라는 헌법과 법률이 효력상으로 차이가 있다는 점을 인정하고 있는 것이다. 그리고 그 국가에서 구성원들의 복종을 이끌어 내기 위하여 특별한 절차를 통하여 성립한 법률을 헌법재판을 통하여 실효화시킬 수 있기 위해서는 그 헌법이 법률보다도 더 강한 민주적 정당성을 가지고 성립한 것이어야 한다.[49] 이런 경우 헌법이 법률보다 더 강한 효력을 발휘하게 됨으로 국민들이 헌법(의 성립이나 운영)에 더 많은 영향력을 끼칠 수 있어야 한다. 이것을 제도적으로는 헌법성립시에 국민이 헌법제정에 직접이나 간접으로 더 많이 관여할 수 있도록 보장하는 방법으로 실현한다. 그리고 헌법의 성립과 내용이 구성원간에 명확하여야 한다.[50] 그런데 불문헌법이라는 것은 장기간에 이루어진 국가적 관행임으로 그 성립과 내용이 불명확하다. 언제부터 그것이 국가적 관행으로 되었는지, 관행으로 되었다고 하더라도 헌법으로 되었는지 명확하지 않다.

---

48) 허영, 같은 면 참조.

49) 국가권력행사의 민주적 정당성이란 국가적 지배에 국민이 그 지배내용을 결정할 수 있고 또 통제할 수 있음을 말한다. 이를 보장하기 위하여 기능적, 제도적, 조직적, 인적, 사항적, 내용적 방법들이 동원된다. 이에 관해서는 Böckenförde, Staat, Verfassung, Demokratie: 번역본, 김효전·정태호, 헌법과 민주주의, 법문사, 2003, 216면 이하 참조.

50) 왜냐하면 만약 그 내용이 명확하지 않으면 구성원인 국민은 먼저 어떤 내용이 헌법인지 그리고 그것이 어떻게 헌법으로 성립되었는지 알 수 없기 때문이다. 그리고 헌법의 내용과 성립이 분명하지 않으면 당시 권력을 담당하는 세력은 자신을 위하여 어떤 내용을 헌법으로 주장하고 일방적으로 그 내용으로 자신의 의도에 반하는, 이미 성립된 법률을 무효화시키려고 할 것이다. 헌법재판이라는 합법적인 절차를 통하여 국민의 의사가 아닌 지배자의 의사를 실현한 경우이다. 이렇게 되면 민주주의가 깨어진다.

그러므로 불문헌법이라는 것이 있다면 그것을 가지고 위헌법률심판을 할 수 없다. 헌법으로 성립되었는지 자체가 불명확하기 때문이다. 아니 그 이전에 불문헌법이라는 것은 법의 한 존재형식으로 "헌법"이 아니다. 헌법사항에 대한 관행은 그저 관행일 뿐이다. 여기에는 어떤 강제력도 주어지지 않는다. 스스로 지켜나가는 것과 국가에 의하여 실현이 강제되는 것과는 구별된다. 법의 한 형식이 될 수 없는 이유이다. 스스로 지키는 것은 하나의 사실(Sein)을 헌법으로 만들 때 요구되는 동의형식이 아니다. 또한 불문헌법은 법의 한 존재형식이 아니기 때문에 이런 것을 "가질"수 없다. 불문헌법을 "가진" 나라라는 문장을 사용하니 혼란스럽다. 읽는 사람에게 성문헌법과 같은 하나의 법형식으로 "불문헌법"이라는 것이 있는가 하는 착오를 생기게 한다. 불문헌법은 처음부터 존재하지 않는 것이라 성문헌법을 가진 나라와 헌법이라는 법규범을 제정하지 않은 나라로 구분하여야 한다.

3. 심판의 기준이 헌법이라는 의미

헌법재판도 재판의 한 유형임으로 그 궁극의 목적은 분쟁해결에 있다. 그러나 분쟁이 해결되는 것은 그 분쟁이 단지 재판을 거쳤기 때문이 아니라 당사자가 그 결정된 내용을 받아들이기 때문이다. 그러면 어떻게 하면 분쟁당사자는 재판의 결과를 받아들이는가. 아니 왜 재판 당사자들은 재판의 결과에 복종하여야 하는가.

현대 국민주권국가는 국가의 구성원인 모두가 평등하다는 전제에서 출발한다.[51] 개개의 모든 구성원이 스스로 존엄과 가치를 가지고 인격의 주체로서 자신의 결정에 따라 자신의 삶을 영위한다. 그리고 국가는 국민의 자유와 권리를 실현하여 줄 의무를 진다.[52] 모든 구성원이 평등함으로 국가기관으로서 재판관 개인의 의사는 당사자보다 더 우월하지 않다. 거꾸로 당사자들의 주장을 재판관은 실현되도록 하는 방향으로 자신의 직무를 수행하여야 한다. 모든 생각이 평등함으로 재판관 개인이 가진 생각으로 재판을 한다면 그 결과에 대해서는 당사자가 받아들이려 하지 않을 것이다. 재판관 개인에게는 권위가 주어지지 않는다.

재판관 개인에게 권위가 주어지지 않음으로 재판관은 재판을 할 때 이제는 자신의 밖에서 재판의 기준을 찾아야 한다. 그리고 그 기준이 당사자들이 복종하기로 동의하였던 것이라면 그 기준에 의한 재판에 당사자들은 복종할 것이다. 평

51) 우리헌법 제10조 및 제11조 참조. 또한 이에 관하여 Böckenförde, Staat, Verfassung, Demokratie,: 번역본, 김효전·정태호, 헌법과 민주주의, 법문사, 2003, 245면 이하 참조.

52) 우리헌법 제10조 제2문 참조.

등하고 존엄하며 가치의 주체인 개인은 스스로의 행위의 의미를 알고 그 결과를 예측할 수 있는 능력이 있어 분쟁해결을 위하여 어떤 기준을 만들어 두었었다면 당연히 그에 따른 결과를 받아들여야 한다는 것을 당사자들은 안다. 현대 법치국가에서 구성원들은 자신들에게서 발생할 수 있는 분쟁을 해결하기 위하여 헌법이나 법률의 형식으로 스스로 이후 발생할 분쟁을 해결하도록 기준을 설정한다. 이렇게 당사자간에 동의된 합의(헌법이나 법률)가 존재함으로 이것을 기준으로 분쟁을 해결하면 이제는 당사자가 그 결과를 받아들일 것이다. 바로 여기에 재판관이 그리고 법관이 헌법이나 법률에 구속되어 재판하여야 할 이유가 존재한다. 우리 헌법의 제정자는 헌법 제103조를 통하여 그리고 입법자는 헌법재판소법 제4조를 통하여 이를 확인한다.

그러므로 이제 법관은 그리고 헌법재판관은 시종일관 자신의 결정이 헌법과 법률에 따라서 내려진 것임을 당사자에게 보여야 한다. 만약 분쟁당사자들이 분쟁을 해결하기 위하여 합의하여 두었던 기준이 아니라 그것과 다른 법관이나 재판관의 생각에서 결론이 내려졌다면 그 결과로 불리한 입장에 처한 당사자는 그 결과를 받아들이려 하지 않을 것이기 때문이다. 그리고 이것은 설사 그 사건에 동원되었던 기준이 절대적으로 옳은 것이든 아니든 관계없다. 설사 옳지 않은 기준이 적용되었더라도 그런 것을 알고 당사자들이 합의하였었다면 이제는 그 기준의 부당성을 주장할 수 없다. 당초의 합의와 모순되기 때문이다. 그 기준이 옳지 않다고 생각하였다면 거꾸로 심판이 끝난 후가 아니라 합의할 당시 이의를 제기했어야 한다. 옳지 않은 기준을 적용하면 그 결과는 옳지 않을 수 있지만 그 기준을 적용한 재판은 당사자들의 의사에 따른 것이므로 수용되고 분쟁은 종식된다.

재판관이 헌법과 법률에 따라 재판하였음을 재판관들은 다음의 두 가지 방법으로 당사자에게 보인다. 그 한 방법은 재판관이 내린 결론이 청구인들이 구체적으로 합의한 기준, 즉 헌법과 법률에 따라 내려졌음을 결정문에 기술하는 방법이고, 그리고 다른 한 방법은 철저히 재판관 개인의 견해를 그 결정문에서 제거하는 방법이다. 재판관의 결론이 당사자들이 합의한 내용, 즉 헌법이나 법률에 따라 내려졌음을 재판관은 구체적인 분쟁을 분석하여 그것이 구체적인 헌법이나 법률조항에서 예정하였던 사실관계와 일치함을 보이고 두 대상이 일치한 경우 그 헌법이나 법률조항에 규정된 법률효과를 그대로 그 사실관계에 실현함으로써 행한다. 그리고 철저하게 재판관 개인의 견해를 제거하는 방법은 먼저 판단의 주체가 재판관 개인이 아님을 결정문에 재판관을 주어로 쓰지 않는 방법으로[53) 기술하고 그리고 사건해결에 재판관의 개인적 신념이 들어나지 않도록 중립적이고 객관적이며 감성적이지 않은 명확한 단어[54)를 사용하여 문장을 작성한다.[55) 그리고 이렇게 되었을 때만, 즉 재판관이 헌법이나 법률에 구속되고 자신의 개인적인 신념을 드러내지 않게 함으로 궁극적으로 국민의 의사가 실현된다. 그리고 오로지 이 방법으로만 우리 헌법 제 1 조 제 1 항의 민주주의원칙이 재판절차에서도 실현될 수 있다.

Ⅳ. 심판의 기준인 헌법조항

1. 헌법재판을 할 수 있기 위한 헌법재판관의 전제조건

헌법재판을 청구하는 청구인은 헌법문제에 대한 의문을 품고 자신의 문제를 해결하기 위하여 헌법재판소를 찾는다. 그리고 청구인이 이렇게 헌법재판소를 찾는 이유는 다음의 두 가지 전제에 대한 믿음 때문이다. 즉 청구인과 그 상대방이 먼저 분쟁을 예상하여 그것을 해결할 수 있는 어떤 판단기준, 여기서는 헌법이라는 것을 제정하여 두었다는 점과 헌법재판관은 청구인과 상대방이 동의했던 헌법에 대하여 전문적인 지식이 있어서 헌법재판소에서 결정이 내려지면 이 결정은 자신들이 동의한 기준에 따라 합당하게 내려진 결론임으로 이제는 자신을 포함한 분쟁당사자가 그 결과를 받아들일 것이라는 믿음이다. 그래서 먼저 헌법재판을 할 수 있기 위해서는 헌법재판을 할 수 있는, 청구인을 포함한 상대방이 동의한, 헌법이라는 것이 존재하여야 한다. 그런 헌법을 우리는 "대한민국헌법"이라는 이름으로 가지고 있다.

청구인이나 상대방이 헌법재판소의 결정을 받아들이는 것은 그 결정이 자신들이 —그 분쟁을 해결하기 위하여 분쟁이 일어나기 전에— 정하여 두었던 기준에

53) 그러므로 결정문의 주어는 헌법은 혹은 법 제 몇 조는 하는 방법으로 시작한다.

54) 법 정립과정에서의 이런 언어사용방법에 관해서는 Schneider, Gesetzgebung, 3. Aufl., Heidelberg, 2002, S. 436 ff.

55) 헌법재판소 결정에 재판관 개인의 신념이 들어간 구체적인 예로는 수도이전후속대책법 결정에서 결정문 Ⅳ. 여론 부분을 들 수 있다. 이 부분에서 당시 소수의견은 한편으로 수도분열의 결과를 염려하거나 혹은 국가의 장래를 걱정한다. 재판관 개인이 가진 감정(심정)을 드러낸 것이다. 그러나 이런 우려나 걱정은 헌법재판에서 할 것이 아니고 당시의 법제정자가 그 법 제정과정에서나 할 우려와 염려이다. 헌법재판관은 오로지 당시 존재하는 헌법과 법률에 따라 심판의 대상을 판단하는 기관이다.

따라 내려졌기 때문이다. 주의할 점이 청구인이나 상대방이 재판의 결과를 수용하는 것은 그 결과가 헌법재판관의 생각에 따라서 내려진 것이기 때문이나 도덕관념이나 혹은 정의관념에 합치하기 때문이 아니라, 물론 그래서 수용하는 경우도 있겠지만, 자신들이 동의한 내용에 따라 결과가 나왔기 때문이다. 재판관이 개인적으로 가진 세계관이나 정의관에 따라 혹은 도덕률에 따라 결정을 행한 것이 아니라 당사자가 동의한 기준, 헌법이나 법률에 따라 재판하였음을 재판관들은 판결문에 적용 법률조항을 명시하는 방법으로 행한다.[56)]

또한 재판을 하기 위해서 재판관은 심판의 기준에 대한 정확한 지식이 있어야 한다. 만약 재판관이 당해 사건을 판단할 심판의 기준을 정확히 이해하지 못하고 있다면 설사 청구인과 상대방이 분쟁해결을 위하여 어떤 약속을 하여 두었었다고 하더라도 당초 약속한 바대로 결과를 낼 수 없다. 이 기준에 대한 정확한 지식이 없이 결정을 하였다면 그 결과는 청구인이나 상대방 중 누군가가 당초에 예상할 수 있었던 바를 달성할 수 없게 된다는 것을 의미한다. 이렇게 된다면 청구인이나 상대방은 그 결과에 승복하지 않을 것이다. 이런 결과는 청구인과 그 상대방이 먼저 행하였던 합의내용이 재판을 통하여 왜곡되었다는 것을 의미하며 이로써 분쟁은 해결되지 못한다. 그래서 헌법재판관은 특히 헌법에 대한 충분한 지식이 요구된다. 오로지 이런 지식을 가지고 헌법재판을 하는 경우만 헌법재판관은 헌법 제 1 조 제 1 항의 민주주의 이념을 재판과정에서 실현할 수 있다.

그러나 헌법재판관들에게는 헌법 지식뿐만 아니라 그 밖의 법률에 대한 전제지식도 가지고 있어야 한다. 위헌법률심판절차에서는 법률의 위헌성이 심판되고 그리고 권한쟁의심판절차에서는 헌법기관이 행사하는 법률상의 권한도 심판의 대상으로 되기 때문이다. 우리 헌법의 제정자는 이런 실력을 담보하기 위하여 헌법재판관에게 "법관"의 자격을 갖출 것을 요구하고, 그리고 입법자는 헌법재판관에 임명되기 위하여 15년 이상의 법조경력을 요구한다.

2. 적용헌법조항의 특정

(1) 사실관계의 분석

헌법재판도 재판이므로 재판이 가지는 본질적인 특성, 즉 청구인의 헌법재판청구로 절차가 개시되고[57)] 그리고 청구의 대상과 범위도 헌법재판을 개시하고자

56) Vogel, Juristische Methodik, Göttingen, 1998, S. 36.

57) 헌법재판소법 제26조 참조.

하는 청구인에 의하여 특정되고 한정된다. 이것을 헌법재판소법 제26조는 청구인이 심사사항별로 정하여진 청구서를 헌법재판소에 제출함으로써 하도록 한다. 그리고 이때 필요한 증거서류나 참고자료를 제출한다.[58]

헌법재판청구인이 헌법재판소를 찾는 이유는 청구인이 헌법과 관련된 생활에서 자신이 의식하는 방향으로 자신의 의도를 실현할 수 없었기 때문이다. 즉 청구인은 자신이 인식하고 있는 사고 안에서 구체적인 행위나 상황이 헌법에 의하여 허용되어야 하는데 현실에서는 그것이 좌절되었기 때문이다. 그래서 청구인은 헌법재판소를 통하여 자신이 이해하는 것이 헌법의 의사이므로 자신의 의도가 헌법재판소의 결정으로 관철되길 원한다. 이것이 아니면 자신이 알고 있는 헌법이해 안에서는 상대방의 혹은 국가의 자기에 향한 "구체적인 행위"가 금지되어야 하는데 자신의 예상과는 달리 그것이 허용되고 있기 때문이다. 그래서 청구인은 헌법재판소의 결정으로 자신의 의도대로 국가작용을 멈추게 하려고 한다. 그리고 이렇게 청구인이 헌법재판을 청구할 수 있는 것은 자신과 헌법재판소 그리고 상대방도 그 헌법에 복종할 것이라는 것이 전제되기 때문이다.[59]

그러므로 청구인은 청구서로 자신이 헌법재판소의 결정을 필요로 하는 이유를 밝혀야 한다. 예컨대 헌법소원심판청구인은 기본권으로 보호되는 특정행위가 국가작용에 의하여 방해되어 더 이상 그 권리를 실현할 수 없음을 밝혀야 하고 위헌법률심판청구법원은 자신이 당해 사건의 심판법원임과 헌법재판소의 결정에 따라 다른 재판을 하게 된다는 점을 밝혀야 한다. 그리고 이러한 과정은 기본권이 침해된 구체적인 사실관계나 헌법재판소의 결정에 따라 다른 재판을 하게 될 상황을 청구서에 기재하는 방법으로 이루어진다.

청구인이 심판청구서에 자신의 입장을 밝히는 방법은 먼저 자신이 이해하고 있는 헌법(조항)의 의미를 알고 자신의 행위가 그 조항에 의하여 보호받아야 됨을 기술하는 방법으로 행한다. 그리고 이때 청구인은 자신이 신청할 헌법재판청구가 "헌법"을 심판의 기준으로 판단될 것임을 알고 있음으로 가능한 한 자신의 문제상황을 구체적인 헌법조항이 예정하고 있는 상황과 일치함을 설명하여 그 조항이 규정하고 있는 효과를 자신이 얻어야 한다는 점을 밝힌다.[60] 그래서 만약 어떤 헌법조항이 그 조항이 규정하고 있는 법적 효과를 발하기 위하여 여러 가지 의미요소를 요구한다면 자신의 행위가 그 헌법에서 규정하고 있는 각각의 요소를 충

58) 헌법재판소법 제26조 제 2 항.

59) 재판제도가 운영되는 것은 구성원들 모구가 법에 복종한다는 것이 전제되기 때문이다. Degenhart, Staatsrecht I, 18. Aufl., Heidelberg, 2002, Rn. 699.

60) Vgl. Larenz · Canaris, Methodenlehre der Rechtswissenschaft, S. 99 ff.

족하고 있음을 개별적으로 비교하면서 기술한다. 현실에서 발생한 행위나 상황이 헌법조항이 예정하고 있는 행위나 상황과 일치함을 기술할수록 자신의 입장은 헌법재판에서 더 받아들여지게 될 것이다.

(2) 적용 헌법조항의 선택

헌법재판소가 스스로 기능하는 것이 아니라 청구인의 청구에 답하는 기능을 한다는 점에서 먼저 헌법재판관은 청구인이 제출한 청구서에 따라 청구인의 주장을 분석하여야 한다. 그리고 이 청구서에는 앞에서 지적하였듯이 청구인이 자신의 행위나 입장이 헌법에 의하여 보호되어야 함을 청구인의 지식범위 안에서 요건에 맞게 기술되어져 있으므로 헌법재판관은 청구서에 나타난 사실관계 속에서 법적으로 의미 있는 사항을 추출하여 낼 수 있다. 헌법재판을 할 수 있는 충분한 헌법지식이 전제되는 헌법재판관의 입장에서 의미 있는 사항을 끌어내는 것이다.

헌법제정자가 헌법을 제정할 때에는 구성원간에 다음과 같은 의식의 흐름을 거친다. 먼저 필요에 의하여 헌법으로 규범화할 상황을 인식하고 그리고 그 상황을 규율하는 방향을 정한다. 이런 것이 결정되었다면 이제는 이런 일련의 사고를 법으로 문장화한다. 이때 헌법제정자는 그리고 입법자도 같지만 법조문을 구성할 때는 기본적인 원칙, 즉 일정한 조건(구성요건)이 충족되면 구체적인 법적 효과가 발생한다는 소위 “Wenn–dann”공식을 사용한다.61) 이때 일정한 조건은 그 법조항이 적용되기 위한 조건, 즉 헌법제정자나 입법자가 그 조항을 통하여 규율하려고 하였던 상황, 혹은 행위를 설명한 부분이고62) 법적 효과란 그런 상황이나 행위가 발생하였을 때 헌법제정자나 입법자가 법원이나 관청에게 어떻게 평가하고 그 문제를 해결해야 하는지 그리고 개인에게는 어떻게 행동하여야 하는지에 관하여 내렸던 일정한 행위명령이다.63) 그러므로 이 조건부분을 이해하게 되면 그 헌법이나 법 조항이 적용될 상황이나 행위가 구체화된다. 그리고 이 조건부분에서는 헌법제정자나 입법자가 향후 이 조항이 자기가 아닌 헌법운용자에게 오해 없이 적용될 수 있도록 명확하게 상황이나 행위를 특정할 수 있는 단어64)를 통하여 의미

61) Schwache, Juristische Methodik, S. 18.

62) Schwache, Juristische Methodik, S. 20.

63) Schwache, Juristische Methodik, S. 20.

64) 헌법제정자는 헌법을 제정할 때 헌법의 의사를 구성원이 알 수 있도록, 그리고 그 헌법을 이후 시행할 때 그 내용이 변질되지 않도록 조항을 통하여 그리고 내용적으로 정확한 의미를 가진 단어를 통하여 내용을 확정한다. 입법과정에서 입법자의 이런 시도에 관해서는 Schwacke, Juristische Methodik, 4. Aufl., Stuttgart, 2003, S. 37 ff.; Schneider, Gesetzgebung, Heidelberg, 2002, Rn. 436 ff.

가 분명하게 되도록 구성한다.[65)]

청구서에서 의미 있는 사항이란 그러므로 각 헌법조항이 예정하고 있는 상황이나 행위에 문제된 상황이나 행위가 포섭되게 매개해줄 수 있는 사항이다. 헌법이나 법률은 일반성-추상성의 조건을 충족하여야 하기 때문에 헌법제정자나 입법자는 조문을 형성할 때에는 같게 평가하여야 할 행위들을 일괄적으로 포섭할 수 있는 의미가 함축된 단어를 사용하거나[66)] 혹은 법 조항으로 특정한 상황을 한정하기도 한다.[67)] 그러므로 이때 의미 있는 사항은 청구서로 특정되는 행위나 상황이 헌법조항에 사용된 단어가 함축하고 있는 행위에 포섭되게 하는 사항이다. 이것을 헌법 제15조의 직업의 자유로 예를 들어보자. "직업"이란 단어로 헌법제정자는 "삶의 수요 획득에 기여하는 행위"[68)]를 예상하였다. 그런데 철거대상 포장마차 주인이 자신은 포장마차 운영으로 먹고산다는 주장을 한다. 이 주장에서 포장마차 운영으로 "먹고산다"는 삶에 기여하는 속성, 수단성이 포장마차운영을 직업행위로 보게 하는 의미 있는 요소가 된다. 이 요소가 있음으로 포장마차 운영행위는 직업행위에 해당될 수 있고 그러므로 이후 헌법 제15조가 예정하고 있는 법적 효과, 즉 "보장된다"는 효과를 이것에 반하는 국가작용에 발할 수 있다. 혹은 언론의 자유에서 언어의 형식이든 상징적인 행위나 혹은 주변의 정황을 통하여 알 수 있는 표명된 내용 중에 "의사", 가치판단의 요소를 끌어낼 수 있는 경우 이것이 그 (주장)행위가 헌법 제21조와 연결 짓게 하는 요소로 작용한다.

3. 법적 효과 부여

문제는 헌법조항이 혹은 법률조항이 여러 사항들을 규율할 수 있도록 추상적-일반적으로 규정되어 있어서 구체적인 하나의 행위가 특정 헌법조항에 의하여 포섭되는 행위인지 해석이 필요하다는 점이다. 해석의 원칙으로는 문언적 해석을 바탕으로 여기에 체계적, 목적적, 역사적 해석이 덧붙여진다. 그리고 문언적 해석을 바탕으로 한다는 의미는 해석은 법률조항의 문언적 의미를 밝히는 것으로부터 시작하여[69)] 그 문언으로 포함할 수 있는 사항까지가 그 조항이 적용될

65) Vgl. Schwacke, Juristische Methodik, S. 36 ff.; Larenz · Canaris, Methodenlehre der Rechtswissenschaft, 3. Aufl., Berlin, 1995, S. 149 ff.; Wank, Die Auslegung von Gesetzen, 3. Aufl., Berlin, 2005, S. 44.; Schneider, Gesetzgebung, Rn. 438.

66) 예컨대 헌법 제15조 "직업."

67) 예컨대 헌법 제76조 및 77조의 긴급사태에 대한 한정.

68) Jarass, in: Jarass/Pieroth GG, 5. Aufl., Müchen, 2000, Art. 12 Rn. 4.

69) Larenz · Canaris, Methodenlehre der Rechtswissenschaft, S. 141.

수 있는 한계라는 의미이다.70)

일단 하나의 사실관계가 특정 헌법조항이 효력을 발하기 위하여 요구하는 전제조건을 모두 충족한다는 점이 확인되었다면 이제 헌법재판관의 남은 일은 그 사실관계에 그 조항이 가지고 있는 법적 효과를 부여하는 것이다. 그리고 그 방법은 헌법재판소법에 규정된 방식으로 행한다. 헌법 당해 조항이 예정하고 있는 효과만을 부여하여야지 그 밖의 다른 효과 혹은 재판관의 개인적 입장을 반영하여서는 안 된다. 만약 사실관계를 분석하여 특정 헌법 조항이 여기에 적용됨을 논증을 거쳐 얻었으면서 여기에 그 조항이 예정하고 있는 명령대로 법적 효과를 부여하지 않으면 그 조항을 통하여 실현하고자 하였던 헌법제정자 그리고 그 뒤의 국가 구성원들의 의사는 실현될 수 없다. 헌법 제1조 제1항의 민주주의가 실현될 수 없다는 것을 의미하며 나아가서 재판관이 새로운 규범을 제정한 것과 같은 결과를 만들었다는 것을 의미한다. 헌법재판소법에 의하면 구체적으로는 위헌을 확인하거나 정당해산을 명하기도 하고 고위공직자를 파면하는 결정을 선고한다.71)

4. 사례에 적용된 헌법조항선택에 대한 비판

< 사례 1 >

사례에서 문제가 된 점은 간통행위를 처벌하는 형법 제241조가 헌법에 위반하는지 여부이다. 그리고 그 주장의 흐름은 간통이라고 불리는 성교행위가 헌법상, 특히 기본권으로 보호되는 행위인데 이것을 형법이 금하고 있어 형법 제241조가 상위법인 헌법(특정조항)에 충돌하여 형법을 무효화시키고자 하는 것이 청구인의 의도이다. 그러므로 청구인의 이 의도가 실현되기 위해서는 먼저 성교행위가 기본권으로 보호되는 행위라는 점이 입증되어야 한다. 그런데 헌법 기본권조항에는 "성교행위"를 이름 그대로 규정하여 보호한다는 명문규정이 없다. 그러나 주지하는 바와 같이 헌법이나 법률은 일반성-추상성을 갖게 규정되어 있으므로 설사 헌법조항에 "성교행위"를 언급한 조항은 없어도 성교행위를 포섭할 수 있는 헌법조항을 찾으면 그 조항을 통하여 성교행위가 보호된다는 점을 말할 수 있다.72)

70) BVerfGE 71, 108, 115; 92, 1, 12; 90, 265, 269.

71) 헌법재판소법 제53조 제1항.

72) 물론 여기서 간통행위가 어떤 헌법조항의 적용영역에 해당한다고 하더라도 그것이 곧 형법 제241조가 헌법에 위반한다는 것은 아니다. 다시 기본권을 제한하는 법률이나 국가작용은 그 정당화요건을 충족하지 못한 경우만 헌법에 충돌하여 위헌결정을 받게 된다.

여기서 간통행위란 배우자 있는 자가 혹은 배우자 있는 자와 성교를 하는 행위이다. 일단 성교를 하는 것이 헌법조항에 전제된 조항이 있다면 헌법 제36조 제1항이다. 이 조항은 혼인조항인데 이 조항에서 가족관계가 형성된다는 점에서 성교행위가 이루어질 것이 전제될 수 있다. 그러나 이 조항의 적용을 받기 위해서는 성교행위의 시기와 관계없이 혼인을 형성하고자 하는 의사가 있어야 한다.[73] 그러나 형법적 의미에서 간통은 혼인을 하겠다는 의사가 없는 성교행위를 의미한다. 문제된 사례에서 청구인은 혼인관계를 설정할 의사가 없이 성교를 하였다. 그러므로 이 사건에서 간통이라는 이름의 성교행위는 가족관계를 성립시키려는 의도가 없는 성교행위이므로 헌법 제36조 제1항에 속하지 않는 행위이다. 따라서 형법 제241조가 금지하는 행위는 헌법 제36조 제1항으로 보호되는 행위가 아니다.

성교행위는 직업행위로 행해질 수 있다. 성교행위가 삶을 유지하기 위한 수단으로 이루어진 경우가 이 경우이다. 금전을 대가로 행해지는 경우가 여기에 속한다. 게다가 성매매금지법은 성교가 매매, 직업행위(금전획득에 적합한 행위)로 이루어질 수 있음을 전제한다. 그러므로 간통으로 행해지는 성교행위는 헌법 제15조에 의하여 규율되는 행위일 수 있다. 그런데 만약 간통으로 행한 성교행위가 삶을 유지하기 위한 수단으로 행한 것이 아니라 단지 일시적이든 혹은 지속적이든 성을 통한 즐거움을 찾아 행하여졌다면 여기에는 생계유지에 적합한, 혹은 생계유지를 위한 조건이 없어진다. 그러므로 헌법 제15조가 적용될 수 없다.

간통행위로 행해지는 성교행위는 행위자가 자신의 쾌락이나 혹은 사랑의 감정을 실현하기 위하여 행하는 행위이다. 다만 그 상대방이나 혹은 자신이 배우자가 있기 때문에 성교행위가 다르게 평가된다. 성교행위를 할 때 국가가 관련되지 않는다. 또 외부적으로 노출되지 않고 극히 가려진 자리에서 공개되지 않고 이루어진다.

그런데 헌법제정자는 헌법 제17조에서 사생활이란 단어로 다른 헌법조항이 규율하지 않는 공적으로 관련되지 않는 개인의 모든 행위(개인의 사사로운 생활[74])를 포섭하려고 한다. 간통으로 행해지는 성교행위는 위에서 본 바와 같이 다른 헌법조항으로 규율되지 않는 행위이다. 또한 그 행위를 함에 있어서 직접 국가의 작용이나 의사결정과 관련을 갖지 않는다. 국가기관의 자격으로 행하는 행위도 아니고 국가를 위하여 어떤 의미를 부여하기 위하여 행하여지는 행위도 아니다. 한 개인이 자신이 가진 성적 욕구를 실현하기 위하여 행하는 자기만에 의미가 주어지

73) Pieroth, in: Jarass/Pieroth, GG, Art. 6 Rn. 2.
74) 민중국어사전 참조.

는 행위이다. 따라서 간통이라는 이름으로 행해지는 성교행위는 하나의 사생활에 속하는 행위이다. 그러므로 이 행위는 헌법 제17조가 규율하는 행위이다. 간통행위는 헌법 제17조가 규율하는 행위이므로 이 행위는 헌법 제17조에 규정되어 있는 헌법적 효과가 부여된다. 즉 간통행위에 가해지는 부정적인 국가작용은 헌법 제17조에 따라서 그 정당성이 심판되어야 한다.

다수의견은 이전 사건에서[75] 간통죄 규정이 헌법 제10조에 포함된 개인의 자기운명결정권에 포함되는 성적 자기결정권을 제한한다[76]고 하여 헌법 제10조를 심판의 기준으로 하였다. 그런데 이것은 너무 거창하다. 간통행위가 헌법재판관들의 말대로 존엄과 가치의 내용인 자기운명결정권이라는 것에 의하여 보장될 정도로 중요하고 그리고 자기운명결정권이 헌법 제10조에서 나온다면 인간의 존엄과 가치에 중요한 내용이므로 그것을 제한하는 어떤 국가작용도 허용되어서는 안 된다. 존엄과 가치는 모든 기본권 보장의 종국적 목적(기본이념)[77]이므로 존엄과 가치의 내용을 이루는 성적 자기결정권은 보호되어야 한다. 이것이 억제되면 기본권의 종국적인 목적이 달성되지 못하기 때문이다. 그런데도 헌법재판관들은 결론에서는 제한이 가능하다고 결론을 내린다. 사고가 논리적이지 못하거나 아니면 판단자가 자신이 가진 개인적인 세계관이나 신념이 법에 규정된 요구보다 강할 때 이런 결과가 발생한다. 판단자는 입증된 대로만 기술하여야 한다. 당시 다수의견이 간통행위를 존엄과 관련된 행위로 보고 그래서 간통행위를 (잘못되었지만) 헌법 제10조에 따라 판단할 사항으로 보았다면 형법 제241조는 헌법에 위반한다고 기술하였어야 한다. 그리고 그것을 제한할 수 있다고 보았다면 적어도 헌법 제10조는 거론하지 말았어야 한다.

인격권의 일종으로 성적 자기결정권이 보장하는 행위는 당시 다수의견의 기술에 따르면 인격적으로 '성행위 여부 및 그 상대방을 결정할 수 있는 성적 자기결정행위'[78]이다. 이 행위를 풀어서 기술하면 먼저 간통하려는 자가 인격적으로 성행위라는 것 그 자체를 할 것인지 말 것인지를 결정하는 행위이고 그리고 성행위를 하기로 결정하였다면 누구와 성행위를 할 것인지를 결정하는 행위라는 말이다. 이것은 다시 설명하면 이때의 결정이란 성행위라는 것을 행위자가 할 수 있는 행위로 인격적으로 받아들일 것인지 아니면 해서는 안 될 것으로 받아들일 것인지(옳은지 그른지 마음가짐), 그리고 해도 되는 것이라고 생각하였다면 그 상대방은

75) 헌재결 89헌마82사건, 헌판집 2, 308면 이하; 2000헌바60사건, 헌판집 13-2, 480면 이하.
76) 헌판집 2, 308, 310면; 13-2, 480, 485면.
77) 헌판집 2, 308, 310면.
78) 헌판집 2, 308, 310면; 13-2, 480, 485면.

누구로 해야 하는지를 인격적으로 생각하는 행위이다. 인격권의 일종으로 성적자기결정권은 이에 따르면 아직까지 구체적인 행위로 나오지 않은, 인격적으로 이루어지는 성교에 대한 일련의 마음가짐을 말한다. 그런데 이런 행위는 형법 제241조가 관장하는 행위가 아니다. 형법 제241조는 간통행위 그 자체를 할 것인지 혹은 누구와 간통행위를 할 것인지, 간통행위 그 자체가 옳은지 그른지 그런 "마음가짐"을 원인으로 처벌하는 조항이 아니다. 형법 제241조는 이런 마음가짐에 향해 있지 않다. 형법 제241조는 오로지 배우자 있는 자가 구체적인 "성교행위"를 하는 것만 금지한다. 인격권으로서 성적 자기결정권과 형법 제241조는 서로 규율하는 영역이 다르다. 다수의견이 전제하는 성적 자기결정권이라는 것은 만약 있다면 그것은 오히려 내심의 작용으로 헌법 제19조가 양심의 자유로 관장할 사항이다. 양심의 자유는 자신의 정신세계를 자신의 의도대로 설계하는 것 혹은 어떻게 행동하는 것이 옳은 것인지에 대하여 판단[79]할 수 있는 마음가짐을 보장하는 자유이기 때문이다.

< 사례 2 >

사례 2에서 당시 다수의견 헌법재판관들의 생각은 헌법사항에 속하는 "수도 서울"이라는 사실은 관습법의 성립요건을 충족함으로 관습헌법인데 수도이전법이 법률의 형식으로 수도 서울이라는 관습헌법을 단순법률의 형태로 변경한 것임으로 헌법에 위반되고[80] 그러므로 이렇게 헌법내용이 변경되는데 국민의 관여가 배제되었음으로 이 법률이 헌법 제130조 제2항의 국민투표권을 침해한다는 것이다. 이것을 헌법재판의 도식으로 다시 정리하면 수도이전법률을 헌법 제130조 제2항을 심판의 기준으로 판단하였다는 것이다.

이런 사고가 옳기 위해서는 수도이전법률에서 규율하는 사항을 헌법 제130조 제2항이 공통으로 규율한다는 점이 밝혀져야 한다. 수도이전법률은 그 핵심적인 내용이 대한민국의 수도를 현재 서울 이외의 지역으로 옮긴다는 것이다. 이를 위하여 이전 대상기관을 정하고 당시 정부에게 이전에 필요한 일정한 행위를 명한다. 궁극적으로 이 법률이 요구하는 명령은 수도의 위치변경이다. 그러므로 헌법에 수도의 위치에 관한 조항이 있거나 혹은 수도의 위치를 변경시키는 내용의 조항이 있다면 그 조항이 이 법률과 같은 사항을 규율하는 헌법조항이 된다. 따라서 이 조항이 수도이전법률의 합헌성을 판단하는데 심판의 기준이 될 것이다. 그런데 현행 대한민국

79) 허영, 헌법이론과 헌법, 박영사, 2006, 513면 참조.
80) 헌판집 16-2(하), 1, 50면.

헌법에는 "수도의 위치, 서울" 혹은 수도의 위치를 정하는 내용의 헌법조항이 존재하지 않는다. 대한민국헌법에 수도 서울을 규정한 조항이 존재하지 않음으로 수도이전이라는 명령에 대한 심판기준이 존재하지 않는다. 헌법재판을 할 수 없다. 따라서 청구 각하한다.

한편 헌법 제130조 제2항의 개헌국민투표권리는 헌법내용결정에 국민이 관여하는 것을 보장한다. 이 조항이 존재함으로 국민은 구체적인 하나의 사실[Sein]을 대한민국헌법[Sollen]으로 규범화할지 말지를 선택할 수 있다. 그러나 헌법 제130조 제2항의 개헌국민투표권은 국민 스스로가 구체적인 내용을 선택하여 그것을 헌법으로 결정하는 모양을 가진 권리가 아니라 국가기관인 대통령이나 재적과반수 국회의원이 구체적인 사실[Sein]을 헌법으로 발의하고 국회에서 의결이 된 경우에만 비로소, 그것도 그 의결된 내용을 전체적으로 받아들일 것인지 말지만을 선택할 수 있는 그런 모양의 기본권이다. 이 기본권이 관련될 수 있기 위해서는 국가기관이 특정 내용을 헌법으로 발의하고 국회에서 의결되어 구체적으로 국민에게 결정이 내려지게 되는 상황과 시점이 되어야 한다. 이때부터 비로소 이 권리는 행사할 수 있는 기본권이 되고 따라서 침해될 수 있는 상황이 된다.

이렇게 분석해 놓고 보니 두 규범은 서로 아무런 관계가 없다. 수도이전법률이 헌법 제130조 제2항의 적용을 받기 위하여 "대한민국헌법"이라는 이름으로 발의된 법규범도 아니고 "대한민국헌법"이라는 이름으로 국회에서 의결되지도 않았다. 처음부터 법률의 형식으로 발의되고 의결되었다. 법률이 성립할 때 국민투표가 요구되지 않는다. 이 법률은 헌법 제130조 제2항이 적용되기 위한 어떤 연관성이 존재하지 않는다.[81] 심판의 대상과 심판의 기준이 아무런 관련성이 없다. 잘못 선택된 기준이다.

그러면 수도 서울이 관습헌법이라면 당시 다수의견의 입장은 논리적인가? 당시 논증이 잘못되었음은 접어두고 만약 수도 서울이 관습헌법이라고 인정하였으면 그리고 관습헌법도 헌법재판에서 심판의 기준으로 사용할 수 있다면 관습헌법 수도 서울이 수도이전법과 마찬가지로 "수도의 위치"를 규율하고 있음으로 이때는 심판의 기준이 관습헌법 수도 서울이다. 그래서 이때에는 수도이전법은 관습헌법 수도 서울에 위반된다라고 결정하였어야 한다.

관습헌법 수도 서울을 논증하는 과정에서 보인 여러 관점은 비판받을 사항이

81) 이것을 연관 짓기 위하여 "헌법사항"이라는 단어를 사용하나 이 헌법사항이라는 말은 기존하는 헌법을 분석하여 우연히 그 안에 공통으로 보이는 사항을 말하는 단어이지 거꾸로 이 단어가, 어떤 사항은 헌법사항이므로 (그것은 반드시 헌법으로 규범화하여야 한다고 하거나 혹은 헌법사항이므로) 거기에 헌법적 효력이 주어진다는 점을 말하기 위한 단어로 사용되지 않는다.

많다. 먼저 수도가 서울인 점을 역사적으로 주장하기 위하여 대한민국과 법통이 다른 조선시대와 일제시대를 언급한다. 대한민국헌법은 임시정부까지만의 시적 연원을 가진다. 왜 관습헌법은 헌법사항에 대하여 관습"법"의 성립요건[82]을 거치도록 요구했는지도 의문이다. 또한 국민의 승인이나 확신을 관습법의 성립에 요구된다고 하면서 국민들이 수도이전 공약의 후보자를 대통령으로 당선시키고 재적의원 과반수이상의 찬성으로 수도이전법이 가결되었을 때 더 이상 국민의 승인이나 확신이 존재하지 않음을 알지 못했는가. 아울러 대한민국헌법이 헌법 제128조 이하의 규정에도 불구하고 어떻게 다른 방법으로 성립될 수 있다고 보았는지 이해할 수 없다.

V. 마 무 리

이상을 종합하면 헌법재판에 적합한 심판의 기준으로 헌법이란 우리의 경우 헌법의 효력을 갖추기 위하여 마련된 절차를 거쳐 성립한, 조문형식으로 존재하는 법규범만을 말한다. 그리고 이런 절차를 거쳐 성립한 내용은 "대한민국헌법"이라는 이름으로 공포된다. 이것만이 대한민국헌법 제128조 이하의 조항에서 말한 "헌법"이고 이것만이 일반 법률이나 국가작용보다 더 많은 민주적 정당성에 근거하여 성립하였음으로 성문의 법률보다 우월한 효력을 갖는다. 따라서 이와 충돌하는 성문법률은 헌법재판소의 결정으로 효력이 소멸된다. 따라서 이런 절차를 거치지 않고 성립한 관습헌법이나 불문헌법 혹은 대한민국헌법 이외의 실질적 의미의 헌법이라는 것은 헌법재판을 하기 위한 헌법의 조건을 갖추지 못하여 —즉 구성원이 합의한 방법에 따라 "대한민국헌법"으로 민주적 정당성을 갖추고 성립한 것이 아니기 때문에— 헌법재판에서 심판의 기준인 헌법이 될 수 없다.

또한 헌법에 의하여 보호되는 사항은 구체적인 헌법조항으로 포섭될 수 있는 사항까지만이다. 헌법제정자는 헌법이 이후 통용될 수 있도록 구성원이 공유할 수 있는 문자를 통하여 구체적인 규율내용을 구성하고 이것을 헌법으로 공고하여 구성원들로부터 구체적인 동의를 얻는데 헌법조문을 작성할 때에는 의미 요소를 포함한 단어를 사용하여 헌법의 내용을 확정한다. 따라서 헌법의 조항을 통하여 수용할 수 없는 사항은 공고된 적이 없어 그 내용을 국민이 알 수 없고 그래서 이런 내용에 대하여 구성원이 동의하지 않았기 때문이다.

82) 헌판집 16-2(하), 1, 40면.

나아가서 결론에 이르게 된 논지의 흐름을 더 분명하게 밝혀야 한다. 청구된 사건에 적용될 헌법조항과 그 사건과의 관련성을 더 분명하게 기술하여야 한다. 왜 당해 사건에 특정 헌법조항이 적용되어야 하는지를 그 조항이 가진 단어나 전체 문장 그리고 다른 조항과의 관계와 그 조항의 정립목적과 역사를 통하여 더 정확히 구체적으로 논증하여야 한다. 막무가내로 특정한 내용이 헌법이라고 선언하는 것이 헌법재판관의 역할이 아니라 거꾸로 헌법의 내용을 명확하게 밝혀서 본래 그 헌법조항이 문제된 사안을 포함하고 있었음을 보이는 것이 헌법재판관의 역할이다. 헌법재판은 헌법재판관의 개인적인 생각을 국가제도를 통하여 관철할 수 있게 하기 위하여 마련된 제도가 아니라 헌법재판관의 입을 빌어 헌법으로 모양을 만들었던 국민의 의사가 실현되게 하기 위하여 마련된 제도이다.

참 고 서 적

강현중, 민사소송법, 박영사, 2004.

김경제, "대한민국헌법 제 1 조 제 1 항의 민주주의," 헌법학연구 13권 1호, 한국헌법학회, 2007. 3.

______, "위헌법률심판에서 심판의 기준," 헌법학연구 12권 2호, 한국헌법학회, 2006. 6.

______, "헌법소원에 적합한 심판의 기준," 공법연구 34집 4호 1권, 한국공법학회, 2006. 6.

김민수 외, 금성판 국어대사전, 금성출판사, 1991.

김상겸, "법과 정치관계에 있어서 헌법재판," 공법학연구, 1999. 3.

김효전 · 정태호, 헌법과 민주주의, 법문사, 2003.

성낙인, 헌법학, 법문사, 2007.

이시윤, 신민사소송법, 박영사, 2003.

이희승, 국어대사전, 민중서림, 1994.

허영, 헌법이론과 헌법, 박영사, 2006.

Badura, Peter, Die Parlamentarische Demokratie, in: Isensee/Kirchhof, Handbuch des Staatsrecht, Bd. I, Heidelberg, 1987.

Bryde, Brun–Otto, Art. 79, in: v. Münch/Kunig GG, 3. Aufl., Müchen, 1996.

Degenhart, Christoph, Staatsrecht I, 18. Aufl, Heidelberg, 2002.

Isensee, Josef, Staat und Verfassung, in: Isensee/Kirchhof, Handbuch des Staatsrecht, Bd. I, Heidelberg, 1987.

Jarass, Hans, in: Jarass/Pieroth GG, 5. Aufl., Müchen, 2000.

Larenz, Karl/Cararis, Claus-Wilhelm, Methodenlehre der Rechtswissenschaft, 3. Aufl., Berlin, 1995.

Schmeider, Hans, Gesetzgebung, 3. Aufl., Heidelberg, 2002.

Schwache, Peter, Juristische Methodik, 4. Aufl., Stuttgart, 2003.

Vogel, Joachim, Juristische Methodik, Berlin, 1998.

Wank, Rolf, Die Auslegung von Gesetzen, 3. Aufl., Berlin, 2005.

제 82 회 발표회 지정토론문

이 인 호*

발표논문의 주제를 처음 들었을 때 머리 속에 떠올랐던 내용과는 달리, 발표논문은 전통적인 법철학적 주제를 다루고 있는 것으로 보인다. 또한 간단치 않은 헌법해석방법론의 문제를 던지고 있다.

입법 당시에 법은 확정되어 있는 것인가? 법은 객관적이고 중립적인가? 법은 탈정치적인 것인가? 법관은 법을 창조할 수 없는가? 법관의 기능적 한계는 어디까지인가?

이 물음에 대한 대답은 화자의 법철학적 입장에 따라 매우 다양한 스펙트럼을 보인다. 한 쪽 끝에는 19세기 독일의 개념법학이 자리하고 있고, 또 다른 한 쪽 끝에는 1980년대 한 때 미국 법학계를 풍미했던 비판법학(Critical Legal Studies)이 있다.

물론 전통적인 자유주의 법담론에 있어서 법은 객관적이고 중립적이며 탈정치적인 것으로 간주되어 왔다. 법관의 기능도 주어진 법을 적용하는 소극적인 것으로 이해되었다. 법관의 소극적 기능은 이미 몽테스키외의 3권분립론에서 말하는 "사법"의 의미에 내재되어 있었다.

몽테스키외에게 있어서 법관은 의지작용(an act of will)을 행하는 것이 아니라 단지 인식작용(an act of recognition)만을 수행할 따름이다. 즉, 그의 이론에 의하면, 법관의 기능이란 법을 새로이 창조하는(create) 것이 아니라 이미 설정된 일반적 규범을 단순히 선언하는(declare) 것에 지나지 않는다. 그는 「법의 정신」에서 "국가의 재판관은 … 법조문을 선언하는 입의 역할밖에 하지 못한다. 말하자면 그 힘도 엄격함도 조절하지 못하는 무생물이다"고 설파하였다. 모리스 코헨(Morris R. Cohen)은 몽테스키외의 이 같은 재판관념을 마치 축음기가 음을 그대로 재생해 내는 것에 비유하여 그의 이론을 "축음기 이론"(phonograph theory)이라고 불렀다. 이 이론에 있어서 법은 모순과 결함이 없는 완결되고 자족적인 것으로 취급되어진다.[1)]

---

* 중앙대학교 법과대학 부교수 · 헌법학.

1) 몽테스키외적 재판관념은 실제로 프랑스혁명 과정에서 소위 "입법조회"(léféré legislatif)라는 극단적인 형태로 현실화된 적이 있다. 1790년 8월 16일과 24일의 칙령은 법관의 법해석 행위를 금지시켰던 것이다. 만약 법관이 의회 제정법의 해석 여부를 놓고 의문을 가지는 경우 그는 입

그러나 이러한 자유주의 법담론에 문제제기를 하고 나선 것은 1920년대 미국의 법현실주의(legal realism)였다. 20세기 초, 특히 경제규제입법을 둘러싼 실체적 적법절차(substantive due process)에 관한 사법심사이론을 계기로 이른바 법적 사유에 있어서의 형식주의(formalism)가 법현실주의에 의해 비판되기 시작하였다. 법현실주의자들은, 법과 헌법의 해석이란 조문 속에 정하여진 준칙(rule)을 가치중립적으로 발견해내는 것이 아니라, 여기에는 정책적·가치적 선택이 작용하고 있다는 점을 지적하기 시작하였다. 다시 말해서, 종래 판결을 三段論法에 의한 연역적 귀결로 보는 형식주의적 법적 사고에 의문을 제기하면서, 法規는 결코 법원이 특정한 사건에서 특정한 결론을 내는데 지침이 되어 주지 못한다는 점을 강조하고, 재판에 미치는 여러 사회적 힘을 인식하여야 한다고 주장하기 시작하였던 것이다.2) 그 이후, 미국의 법학은 대체로 이 법현실주의의 주장을 어느 정도 긍정하면서도, 그러나 재판 또는 법해석이란 완전히 정책판단·가치결정이 아니라 어느 의미에서는 解釋이며 法的 推論이라는 점을 확보하고자 노력하여 왔다. 법현실주의자들은 재판 또는 법해석의 주관성과 가치결정성을 강조하긴 하였지만, 법원이 어떻게 헌법을 해석하여야 할 것인지에 대해서는 그 해답을 주지 못하였기 때문이었다. 그리하여 법현실주의는 그 대안을 제시하지 못한 가운데 미국법학의 주류를 형성하지는 못하였다.

1980년대에 이르면 미국에서는 예일 법과대학원의 David Trubek 교수와 하바드 법과대학원의 Duncan Kennedy, Morton Horwitz, Roberto Unger 교수 등이 주축이 된 비판법학운동이 펼쳐지게 된다. 이들 비판법학자들은 법현실주의자들보다 한 걸음 더 나아가 법 및 법적 추론의 확정성, 중립성, 객관성, 그리고 탈정치성을 부정한다. 이들은 법이라고 불리어지는 것이 무언가 확고한 답을 내려준다고 믿는 전통적인 법형식주의(legal formalism)에 정면으로 반대하는 것이다. 비판법학자들은 언어와 의미에 관한 새로운 이론(비트겐슈타인의 언어철학 등)에 기초하여, 법은 항상 불확정적인 것일 수밖에 없다고 주장한다. 왜냐하면 언어란 의미를 지시하지도 규정하지도 않기 때문이다. 즉 얼핏 보기에는 명확하고 일의적인 규정일지라도 실은 전혀 불확정적인 것이라는 주장이다. 그리하여, "사법적 결정이란 궁극적으로

법부에 도움을 요청해야만 했다.

2) 법현실주의 운동은 동일한 학문적 신조나 통일된 이론적 전망을 가진 사람들로 이루어진 것은 아니었다. 따라서 고전적인 형식주의적 법적 사유를 비판하는 점에서는 공통되지만, 이에 기초하여 제시되는 구체적인 견해에 있어서는 각기 다양한 입장의 전개를 보이고 있다. 법현실주의 운동의 대표적 인물로는 Karl Llewellyn과 Jerome Frank를 들 수 있는 바, 전자는 우파로, 후자는 좌파로 분류되기도 한다.

는 특정의 개개 재판관마다 서로 상이한 가치와 우선순위에 대한 판단에 의존하고 있으며, 사회적·정치적·제도적·경제적 및 개인적 제요소의 복합적 결과이다"라고 주장한다.

또한 비판법학자들은 법과 정치를 구별하고 법적 추론을 정치적 논의와 엄격히 구별하는 전통적인 법학담론을 명백히 거부한다. 즉 그들은 법과 정치의 구별 자체가 사회를 보는 일정한 시각에 의존하고 있고 그 자체가 곧 정치적이라고 주장한다. 극단적으로 말하면, 법이라고 하는 것은 객관적으로 존재하지 않는다는 것이다.

제 82 회 발표회 지정토론문

이 규 홍*

1. 우선 헌법재판의 심사기준에 관하여 심도있는 발제를 하여주신 김경제 교수님께 감사드리오며, 지정토론을 준비하면서 많은 것을 배울 수 있었음을 말씀드립니다.

2. 일반적으로 개념상 위헌심사의 척도는 헌법이 될 것이고, 헌법을 어느 정도로 위반했을 때 '위헌 무효 혹은 폐지'가 될 수 있는지의 문제는 위헌심사의 강도(밀도)라고 개념화 할 수 있으며, 흔히 이들을 아우르는 위헌심사기준이라는 용어가 사용된다고 합니다. 발제하신 내용은 심사의 척도(침해되는 기본권의 논증문제)문제라고 생각되는데, 심사 실무상 가장 먼저 고민하는 문제이자 많은 경우 '무슨 기본권이 침해되었는지'에 대하여 깊은 고민을 요하는 중요문제라고 생각합니다.

3. 우선 발제자께서 재판의 의미를 헌법 등에 비추어 구체적으로 설명하고, 헌법재판이 일반재판과 다른 본질적 특징은 심사기준이 헌법이라는 점에 있다고 지적한 점은 적절하다고 생각합니다. 그리고 재판관들의 권위에 의한 재판이 아니라 헌법과 법률에 의한 재판이 이루어져야 한다는 지적 또한 당연한 것이라고 봅니다.

발제자는 법원과 헌법재판소는 법관의 자격을 가진 재판관으로 이루어진다는 공통점이 인정되는데, 헌법과 법률에 따라 재판하였음을 당사자에게 보이기 위하여는 철저하게 재판관 개인의 견해를 제거하는 것이 필요하다고 주장[1]하고 이렇게 되었을 때만, 궁극적으로 국민의 의사가 실현된다고 하며, 오로지 이 방법으로만 우리 헌법 제 1 조 제 1 항의 민주주의 원칙이 재판절차에서도 실현될 수 있다고 주장합니다.

그런데 이 점과 관련하여 헌법 제103조는 '법관은 헌법과 법률에 의하여 그 양심에 따라 독립하여 심판한다'라고 규정하여 헌법과 법률 이외에도 '(법관의 직

* 헌법재판소 헌법연구관.

1) 그 방법으로 판단의 주체가 재판관 개인이 아님을 결정문에 재판관을 주어로 쓰지 않는 점(결정문의 주어는 헌법은 혹은 법 제 몇 조는 하는 방법으로 시작하여야 한다) 등을 제시한다.

업수행상의) 양심에 따른 기속'을 인정하고 있습니다. 그렇다면 헌법 및 법률의 해석이라는 법인식작용과 사실관계의 포섭과정이라는 필수불가결한 과정을 거쳐야 하는 재판에서 발제자의 주장대로라면 다수의견과 소수의견으로 분기된 경우 재판관들이 양심에 따른 기속을 받았음은 어떻게 표시하여야 하는지 의문입니다. 특히 정치형성재판이라는 특징을 가지는 헌법재판의 경우 더욱 그러하고, 나아가 헌법해석에 관하여는 헌법의 불확정성과 구조적 개방성 때문에 헌법조문의 내용을 일의적으로 밝혀줄 제정권자의 주관적 의사가 있다고 보기 어렵고, 규정 자체만으로 고정적 객관적인 의사가 있다고도 보기 어려우므로 충전적·보충적 해석(구체화)이 필요하다고 평가되어, 전통적인 법률해석방법과도 질적인 구별이 필요하다고 하는 견해도 주장되는 점에 비추어 보면 이러한 특성을 지닌 헌법해석과정에서 철저하게 재판관 개인의 견해를 제거하는 것이 가능한지가 우선 의문이고 그 필요성 또한 의문입니다.

4. 간통죄의 심사의 척도와 관련하여, 발제자는 우선 형법 제241조가 금지하는 행위는 헌법 제36조 제1항으로 보호되는 행위는 아니라고 하는바 그 결론에는 동의합니다. 그러나 위 조항의 해석에 있어서 가족관계는 성교를 전제하고, 간통은 가족관계를 형성할 의사가 없는 것이라고 하나, 현실에서 간통죄가 문제되는 많은 경우는 사실상 혼인관계가 파탄되어 다른 혼인관계를 가지려 하는데 기존의 배우자가 간통을 문제삼는 때로, 간통죄를 범한 사람은 자신은 이미 종료된 기존의 가족관계가 아닌 출산을 전제로 한 새로운 가족관계 형성을 희망하는 경우가 있고, 이때 위 조항이 적용될 가능성도 있지 않을까 생각합니다.[2)]

또한 헌법 제15조가 적용될 수 없는 이유에 관하여 삶의 수단으로 성교행위를 하였다 하여도 그러한 행위는 직업의 자유 중 헌법상 보호를 받는 직업은 공공무해성이 있어야 한다는 요건에 해당하지 아니하므로 기본권의 보호영역 밖의 행위라고 생각됩니다.

그리고 헌법 제10조에 대하여 발제자는 첫째 이는 너무 거창하고, 제10조가 근거라면 그것을 제한하는 어떠한 국가작용도 허용되어서는 안 되므로 위헌으로 결론이 내려졌어야 하며, 둘째 '성적 자기결정권'은 순수한 내심의 행위로 형법 제241조가 관장하는 행위가 아니라며 규율하는 영역이 다르다고 주장합니다.

그런데 우선 헌법 제10조가 정하고 있는 인간의 존엄과 가치 자체가 어떠한 경우에도 제한될 수 없는 것은 맞으나, 그로부터 도출되는 성적 자기결정권 등 개별적 기본권은 헌법 제37조 제2항에 의하여 제한이 가능하다는 것이 일

2) 실제로 2000헌바60에서 청구인이 주장한 바 있다.

반론인 것으로 알고 있으며, 다음 성적 자기결정권을 '내심의 영역'에 한정하는 것에 의문으로,[3] 특히 양심의 자유에는 양심실현의 자유도 함께 포함된다고 보는 입장[4]에서 보면 성적 자기결정권은 형법 제241조와 규율영역이 반드시 다르다고 보기 어렵지 않나 생각합니다.

(또한 발제자께서 비판한 헌법재판소가 사용한 "인격권" 개념에 대하여 보건대, 일반적으로 (일반적)인격권에 대하여는 헌재처럼 제10조만을 그 근거규정으로 이해하는 견해,[5] 제10조와 제37조 제 1 항의 상호관계에서 나온 것이라는 견해[6]등이 있는 등 최소한 제10조가 근거규정 중의 하나인 것으로 보이므로 기본적인 논증은 되어있다고 보이되, 발제자의 주장처럼 독일기본법 제 2 조와 같은 규정이 없으므로 추가논증의 필요성은 논의가 필요하다고 생각합니다.)

한편 발표자가 적합한 근거규범으로 주장하시는 헌법 제17조에 대하여는 사생활의 자유의 불가침이라는 측면에서 개인의 성적 영역과 같은 내밀한 부분에의 보호도 포함하므로, 위 제10조와 함께 성적 자기결정권의 근거로 파악함이 좋을 것으로 생각합니다. 헌재 2002. 10. 31. 선고, 99헌바40등 사건에서도 "헌법 제10조에서 보장하는 인격권 및 행복추구권, 헌법 제17조에서 보장하는 사생활의 비밀과 자유는 타인의 간섭을 받지 아니하고 누구나 자기운명을 스스로 결정할 수 있는 권리를 전제로 하는 것이다. 이러한 권리내용 중에 성적 자기결정권이 포함되는 것은 물론이다"라고 판시한바 있습니다.[7]

5. 수도이전사건에 관하여 발제자는 "대한민국헌법에는 수도 서울을 규정한 조항이 없으므로 심판기준이 존재하지 아니하여 각하한다"(226면)고 하는데, 당해 사건의 청구인들은 헌법 제72조의 국민투표권, 제37조 제 1 항의 권리 중 하나로 납세자의 권리, 국민의 청문권, 공무담임권과 직업수행의 자유, 평등권, 수도권주민의 직업선택의 자유와 거주이전의 자유, 행복추구권을 주장하고 있습니다. 그렇다면 이 사건에서 발표자가 생각하는 심사척도가 되는 헌법조항이 존재하는지, 존재한다면 어떤 것이 가능할지 궁금합니다.

6. 마지막으로 발표자께서 언급은 아니한 것이지만, 가장 중요한 논의과제 중 하나인 심사기준(제37조 제 2 항에 기한 과잉금지원칙 적용의 문제점—특히 피해의 최소

3) 어차피 이러한 부분은 국가권력의 영향권 밖일 것이다.

4) 헌재 1998. 7. 16, 96헌바35, 판례집 10-2, 159, 166면.

5) 정종섭, 한국헌법론, 356면.

6) 허영, 한국헌법론, 325면.

7) 사생활의 비밀도 일반적 인격권의 내용에 포함되지만, 헌법은 제17조에서 따로 명시하고 있으므로 제10조에서 도출되는 일반적 인격권에는 포함되지 아니한다. 정종섭, 한국헌법론, 354면.

성 등과 관련하여 너무 엄격한 것이 아닌가 또 너무 일률적으로 같은 잣대를 들이대는 것이 아닌가, 기본권의 보호범위로 해결하여야 할 부분도 일단 제한으로 보고 심사하는 것이 타당한가, 자의성심사와의 적용기준의 차이는 무엇인가)에 대하여 고견이 있으시면 듣고 싶습니다.

제 82 회 발표회 토론요지

사 회 자 : 김성수(교수)

토론참여자 : 이인호(교수), 이규홍(헌법연구관), 배보윤(헌법연구관), 황치연(헌법연구관), 남복현(교수), 전해정(서울대 BK사업단 연구원), 김성진(헌법연구관)

간 사 : 올해 첫 번째 모임인 제82회 정기발표회를 시작하도록 하겠습니다.

올해는 헌법재판의 위헌심사기준이라는 연구테마를 정했습니다.

그래서 이번 발표회부터 하나하나씩 관련주제들을 점검해 나가도록 하겠습니다.

오늘 발표회는 연세대 법대 김성수 교수님의 사회로 김경제 교수님께서 맡아 주셨습니다.

토론은 이인호 교수님과 이규홍 연구관님께서 맡아주셨습니다.

지금부터 김성수 교수님께서 진행해 주시겠습니다.

사 회 자 : 여러분 반갑습니다.

존경하는 우리 이강국 소장님과 조대현 재판관님을 모시고 오늘 이런 기회를 갖게 된 것을 제 개인적으로 몹시 고맙고 또 영광으로 생각합니다.

오늘 날씨가 굉장히 따뜻하고 좋았습니다.

만약에 우리가 이런 세미나를 낮에 했다면 기회비용이 너무 커서 억울했을 텐데, 다행히 해가 지고 차분한 마음으로 이 세미나를 하게 되어서 조금은 덜 억울한 생각이 듭니다.

오늘 주제는 지금 손인혁 연구관께서 말씀하셨습니다마는 '헌법재판에 있어서의 심판의 기준,' 말하자면 심사척도에 관한 문제입니다.

저도 몇 년 전에 이 세미나에서 발표를 한번 했는데 그때도 문제가 되었던 주제였다고 생각합니다.

오늘 발제는 동국대학교 법과대학의 김경제 교수님께서 해 주시겠습니다.

김 교수님의 약력을 간단히 소개해 드리면, 한국외국어대학에서 법학학사를 취득하시고 부산대학에서 헌법학 석사 및 박사학위를 취득하신 다음에 다시 독일로 가셔서 독일의 본대학교에서 헌법학 석사 및 박사학위를 취득하셨습니다.

석사학위도 두 개 박사학위도 두 개네요. 오늘 좋은 발표가 기대됩니다.

그러면 발제자인 김경제 교수님에게 발제를 부탁드리겠습니다.

< 주제발표자 발표 >

사 회 자 : 예, 감사합니다.

김경제 교수님 발제시간도 성함에 걸맞게 경제적으로 잘 써주셨습니다.

고맙습니다.

김경제 교수님 발제문을 여러분 다 들으셨겠습니다마는 철저하게 헌법재판의 심사기준은 대한민국 헌법전이 되어야 된다는 말씀을 하시고, 헌법전 이외의 어떤 다른 법관에 의한 헌법형성작용을 이른바 유사헌법으로 삼아서 그것에 따라서 헌법재판이 이루어지는 경우에는 국민이 동의하지 않은 그런 형식의 재판이 되기 때문에 그 정당성을 인정하기가 어렵고 또 결과적으로 헌법상의 국민주권주의라든지 또는 민주주의원리에 반한다라는 말씀을 하셨습니다.

토론시간에도 얘기가 되겠습니다마는 그런 부분도 있겠지만 또 법관에 의한 법형성작용 이런 부분은 또 어떻게 볼 것인지 상당히 토론의 여지가 있는 부분 같습니다.

제가 사회를 보면서 이런 생각을 했습니다.

사회의 역할은 뭔가? 기계적으로 그저 사회만 보는 것인가 아니면 때로는 세미나의 논쟁이 좀 치열해 지도록 유도하는 기능, 분위기를 업 시키는 그런 역할은 없는 것인가? 김경제 교수님의 견해에 따를 것 같으면 좀 주눅이 드는데요. 어쨌든 법관에 의한 법형성작용에 대한 제가 발제문과 더불어서 토론문을 잠깐 봤습니다마는 상당히 논란이 될 것이라고 보여지고요.

그 다음에 두 가지 사례를 드셨습니다.

그래서 간통죄가 지금 현안이 되어 있기는 합니다마는 적용되는 헌법규정을 좀 잘못 선택한거 아니냐? 17조의 문제로 봐야 된다라고 하셨는데, 인격권이라고 하는 것, 성적 자기결정권이라는 것이 인간의 내면에 머무르는 그런 권리에 불과한 것인지 아니면 나름대로 실행이라는 것도 그 보호범위에 넣을 수 있는 것인지 여기에 대해서도 상당한 논란이 있을 수 있다고 생각합니다.

마지막으로 수도 위헌결정, 우리가 많이 논의한 사건이기는 합니다마는 김경제 교수님은 그것이 역시 대한민국헌법에 '서울이 수도다' 이런 규정이 없기 때문에 헌법개정절차를 거친다든지 국민투표를 거쳐야 된다는 헌재의 논리가 문제가 있다라는 점을 지적을 해 주셨습니다.

오늘 지정토론으로는 두 분이 오셨는데요.

한 분은 오시고 한 분은 여기 계신 분이니까.

사실은 우리 이인호 교수님도 이전에 헌재 식구셨던 것으로 제가 알고 있습니다마는 이인호 교수님께서 첫 번째 지정토론 해 주시겠습니다.

여러분 소개를 안 드려도 너무 잘 아시겠지요.

그 동안에 또 몇 년의 시간이 흘렀기 때문에 이인호 교수님에 대해서 잠깐 설명을 드리면 중앙대학교 법과대학에서 학사, 석사, 박사를 취득하신 중앙맨입니다.

과거에 헌법연구원과 연구관보를 역임하시고 요즘에는 보면 방송법도 열심히 하시고 언론법도 많이 하시고 하여튼 여러 분야에 다양한 활동을 하고 계십니다.

이인호 교수님께서 지정토론 해 주시겠습니다.

< 지정토론자(이인호) 발표 >

사 회 자 : 감사합니다.

이 교수님께서는 법해석방법론이라는게 굉장히 다양한 스펙트럼이라는 것이 있을 수 있겠는데 우리 발제자께서 너무 법실증주의적인 어떤 해석방법론에 입각하고 있는 것 아니냐? 헌법전에 있는 것만 헌법이라고 볼 수는 없고, 현실적으로 헌법재판을 하면서도 판례법이나 또는 관습법의 존재도 나타날 수 있는 것이고, 또 우리 헌법 자체가 헌법에 열거되지 않은 기본권도 존중하라는 의미를 또 명시적으로 규정하고 있고, 이런 말씀을 해 주셨습니다.

또 마지막으로 간통죄와 관련해서 저도 사실 그게 좀 의문이기는 한데요. 간통죄라고 하는 것이 인간의 존엄과 가치를 정면으로 부인하기 때문에 위헌이라고 헌재가 선언을 반드시 했었어야 하는가? 여기에 대해서는 상당한 의문의 여지가 있다고 보여 집니다. 여기에 대한 답변은 있다가 지정토론 끝나고 나서.

발 표 자 : 지금….

사 회 자 : 지금 하면 좀 길어질 것 같아요. 모았다가 두 번째 지정토론자 끝난 다음에 해 주시면 감사하겠습니다.

사회자가 월권해서 미안합니다.

두 번째로 이규홍 연구관께서 지정토론 해 주시겠습니다.

이규홍 연구관께서는 연세대학교 법대에서 학사, 석사를 하셨고 미국 프랭클린 피어스 로 센터에서 연수를 받으셨고, 서울고등법원 판사 등을 역임하셨습니다.

부탁드리겠습니다.

< 지정토론자(이규홍) 발표 >

사 회 자 : 김 교수님 답변하시지요.

발 표 자 : 좋은 지적 감사드립니다.

첫째로 이인호 교수님 말씀하신 바와 같이 저는 철저하게 법에 기속되는 그런 생각을 사실 가지고 있습니다.

어떤 식으로 생각해도 가능합니다마는 두 가지 한계가 있다고 봅니다.

먼저 인간을 규율하는 절대적인 가치는 절대로 없고, 그리고 여기 나와 있는 이런 방식대로 생각했을 때 더 국민들에게 도움이 되는지 라는 부분, 두 가지 관념을 가지고 설명을 드려보겠습니다.

사실 저의 생각의 출발점은 우리 개인들이 가진 정신세계에서의 가치는 모두가 동등하다는 겁니다. 그리고 우리 정신세계에서 누가 옳은지 그른지도 없고.

다만 옳은지 그른지가 비로소 나오는 것은 우리 구성원들의 동의에 의해가지고 기준을 만들었을 때 그때부터 적어도 어떤 대상이 옳은지 그른지가 판단이 가능합니다. 적어도 대한민국은 그래서 이제는 가능합니다. 왜냐하면 우리나라에 이미 헌법이라는 아니면 법체계, 옳다 그르다, 우리가 행동에서 규율될 수 있는 어떤 척도가 존재하기 때문에 이제는 가능합니다.

헌법에서 이렇게 썼습니다. "우리 헌법제정자가 스스로 결정한 것은 절대로 옳습니다. 왜냐하면 주권자는 절대로 실수하는 것이 없고 실수하면 책임져야 되고, 헌법 제1조 1항에 대한민국은 민주주의다. 구성원들의 의사에 의해서 이끌어나가는 국가다." 거꾸로 "지배자가 아니면 권력을 가진 자가 이끌어가는 나라가 아니다"라고 선언을 합니다. 이게 옳은지 그른지는 모르겠어요. 그런데 우리 주권자가 그렇게 결정했습니다. 이 명제는 절대적으로 옳다는 거. 그리고 만약 그것이 옳지 않다면 아니면 새로운 것으로 바꿀려면 우리가 바꿀 수 있습니다. 그러면 바뀌진게 다시 옳은 것이 될 겁니다만 여기서도 민주주의는 다시 제한한계규정 이렇게 우리가 설명을 합니다.

해서 기본적인 시각이 여기 나와 있는 자유주의 그리고 실증주의 이런 관념에서 출발할 부분이 그거예요. 우리 주권자가 어떤 식으로 우리 법을 만들었고 법운영자에게 어떤 식으로 운영하도록 요구했나? 요구한 것은 법관이 아니고 대통령이 아니고 재판관이 아니고 국민의 의사를 가지고 가라, 이것이 헌법 제1조 1항에 있다고 보기 때문에 이렇게 법에 귀속되는게 더 옳고요.

두 번째는 만약 법을 운영하는 주체가 여기서 예컨대 법관이 스스로 법을 창조하고 혹은 어떤 법내용이 아무런 의미가 없고 확정할 수도 없고, 이렇게 한다면 기존에 어떤 법질서를 다 무시하는 것밖에는 결론이 안 나오고 그 결과가 과연

구성원들의 이해관계를 더 실현시켜 줄 수 있느냐라는 부분입니다.

민주주의의 장점은 저의 생각으로는 구성원들이 공동체의 의사결정에 모두 참여할 기회가 있었기 때문에 그 과정에서 구성원들의 의사가 모두 반영되기 때문에 이 제도가 다른 어떤 제도보다 더 우월합니다. 이런 과정을 거쳐 나온 것이 법이고 그래서 만약 이 법 내용이 운영주체에 의해서 왜곡되거나 이것이 없다면 그러면 구성원들의 이해는 어쨌든 있는 것보다는 실현이 덜 될 겁니다. 그래서 특히 여기 법현실주의, 그 법현실주의는 우리 헌법형식에는 맞지 않는다라고 제가 사실은 봤습니다. 이런 시각은 상당히 의미가 있습니다.

그런데 우리 국민들은 적어도 그렇게 운영자의 어떤 새로운 독자적인 그렇게 하도록 한게 아니고 거꾸로 거기에 귀속되라는 것 이런 식으로 했고, 또 사실은 이렇게 헌법이라든가 아니면 법관에 의해서 새로운 내용이 창조되는 것은 그 부분에 대해서 입법자가 해야 될 부분들을 뺏는 겁니다. 그러기 때문에 다시 권력분립원칙에 다시 문제가 돼요. 그래서 법조항에 절대적으로 귀속되는 것이 우리 구성원들의 요구였고 그리고 그것이 더 구성원들에게 권익을 쇄신시켜 주는 것이고.

그리고 또 하나는 우리가 입법학에서 사실은 법조항이 여기 나와 있는 것과 같습니다. 확정되지 않고 또 확정시키지 않고 법을 만듭니다. 왜냐하면 법은 구체적인 한 행동을 위해서 만드는 것이 아니고 그것을 포함한 그러니까 구체적인 행동 하나가 아닌 여러 행동이 공통으로 적용될 수 있도록 행동에서 특성화되는 어떤 내용들을 그 내용들을 중점으로 해서 하나의 사실관계를 전체로 엮어 나갑니다.

그래서 우리가 법을 만들 때도 처음부터 법은 열어놓고 다만 입법자가 법을 만들 때 상정했던 세계관이 있습니다. 그래서 이 법조항은 어떠어떠한 생활관계에 적용하겠다라는 말을 문장의 구성이나 아니면 그런 사실관계를 포함할 수 있는 구체적인 단어를 사용해서 법조항을 만듭니다.

다시 말씀드리면 법을 만들 때 이미 법관이나 아니면 그 법을 운영할 사람들이 이 법을 가지고 어떻게 운영할지 그 결과는 어떤지가 사실은 입법학에서 검토가 됩니다. 그래서 그런 과정에서 만들어진 법은 사실은 입법자가 오해할 여지가 적은 또 오해할 여지가 있다면 그 법은 잘못 만들어진, 그래서 법 만들 때 항상 입법학에서는 위헌법률심사과정을 다시 한번 검토해 봅니다. 그래서 그 법이 과연 헌법체계라든가 아니면 명확성원칙이라든가 이런 거에 맞는지 맞지 않는지. 해서 오히려 법조항은 충분히 운영자에 의해서 한정적으로 적용될 수 있고 또 그런 의미에서 법 내용은 의미 없는 것도 아니고 상당히 객관화시킬 수 있다라고 생각하고, 현대언어 구조에서 이런 부분은 많이 해결이 되었다고 저는 사실은 보고 있습니다.

그리고 쓰여진 것만 헌법이냐라는 부분을 말씀하셨고 불문헌법의 존재를 말씀하셨습니다. 이 의미가 불문헌법이라는 것이 조직이라든가 헌법이 규율한다고 하는 사안들에 대해서 법이 없을 때 운영되는 그런 사실관계를 보시고 거기에서 불문헌법이라는 말씀을 하시는지 아니면 위헌법률심사라든가 이런 것을 할 수 있고 이런 것에 적용될 수 있는 헌법을 이 불문헌법이라는 말씀으로 하셨는지 명확하지는 않습니다.

우리가 불문헌법이라는 말과 헌법이라는 말을 구별할 때 가장 구별해야 될 부분은 뭐냐 하면 실정법적 의미에서 어떤 것이 국민들의 의사를 억누르고 때로는, 그리고 이미 만들어진 의사를 꺾을 수 있는 그런 것이냐라는 부분입니다.

예컨대 불문헌법이 있을 수 있습니다만 여기에 민주적 정당성이라든가 국민들의 어떤 관여가 없는데 이거를 근거로 국가가 구성원들에게 어떤 원치 않는 바라든가 이런 거를 할 수 있나? 적어도 헌법 제1조 2항 국민주권의 원칙에 의해가지고 동의하지 않은 이런 부분에 대해서는 구성원들은 받아들이려고 하지 않을 것이고, 또 만약 이런 부분들이 동의하지 않은 것이 헌법이라고 강제된다면 그런 부분은 독재가 아니겠나라는 생각을 해 봤습니다.

또 하나 열거되지 않은 권리가 있기 때문에 우리가 헌법내용을 포괄적으로 가지고 갈 수 있다라고 말씀하셨습니다. 충분히 그럴 수 있을 겁니다.

그런데 여기서 한 가지 제가 염려하는 부분은 헌법에 기본권의 한 조항을 한 내용을 구성하는 거는 우리 헌법 128조 이하의 헌법제정자의 몫입니다.

거꾸로 헌법재판관이 열거되지 않은 권리의 구체적인 내용을 넣는다면 적어도 헌법 128조 이하의 헌법제정자의 권한이 침해되게 됩니다. 왜냐하면 헌법에다가 기존에 헌법이 수용하지 못하는 어떤 내용을 만약에 넣는다면 그런 내용은 헌법제정자의 권리인데 헌법제정자가 그런 경우 헌법재판관이라든가 아니면 법관들이 이런 새로운 내용을 넣을 때 기여하지 못했습니다. 그래서 저는 개인적으로 열거되지 않은 권리에서는 아무런 권리도 적어도 나올 수 없고, 여기에 어떤 내용을 넣을 수 있는 것은 헌법제정자다라고 저는 그렇게 생각을 했습니다. 그런데 해석하기를 헌법 제37조 1항에 열거되지 않은 권리는 우리 국가의 어떤 헌법제정자의 기본권보장의 어떤 그런 의지를 넣은 것이라고 저는 해석을 하고 있습니다.

그리고 사생활하고 헌법 제17조 일반적 행동의 자유권이라는 말씀을 하셨는데, 우리 헌법재판소가 이미 그렇게 말합니다. '행복추구권이라는 것은 보충적 기본권이고' 이 말은 다시 말하면 만약 다른 구체적인 기본권에 의해가지고 이 내용이 어떤 내용인지 규율된다면 행복추구권에는 오지 않는다는 관념입니다.

그래서 앞에서 논증한 바와 같이 간통행위라는 성교행위에 대해서 이미 사생활이라는 헌법 17조의 적용을 받는다면 헌법 10조 행복추구권이라는 부분은 적어도 그 사실관계에 적용되지 않아야 된다는 것이 저의, 그리고 헌법재판소에서 당시 행복추구권을 그렇게 보충적으로 봤을 때의 그런 시각과 같다고 봅니다.

그리고 기본적으로 이렇게 출발을 해야 됩니다. 우리 헌법제정자가 기본권조항을 10조부터 해 가지고 35조까지 여러 가지 조항을 언급합니다.

이 의도는 뭐냐 하면 구성원들의 어떤 행위, 기본권으로 보호되는 행위들은 그 조항을 통해서 다 포함할 수 있다는 전제에서 그렇게 그렇게 나누는 겁니다.

다시 말하면 17조가 적용이 된다면 다른 조항은 적용되지 말아야 되고 아니면 이렇게 이런 식으로 해서 헌법개별조항들만의 어떤 그런 영역이 고유하게 존재하고 경우에 따라서는 하나의 사건이 두 개의 기본권이 적용되는 경우가 물론 있습니다마는 이것은 기본권의 개별화부분의 문제가 아니고 그 하나의 행위가 그렇게 여러 기본권에 적용될 수 있는 그런 의미를 가졌다는 그런 거라고 저는 봅니다.

그리고 또 하나 헌법 10조를 언급하게 되면 기본권은 제한할 수 없다라는 부분은 우리 헌법재판관 결정뿐만 아니라 헌법책에도 헌법 10조 존엄과 가치는 헌법의 핵심이라고 그래요. 다시 말하면 헌법 제10조에서 보호되는 그런 행위들은 핵심이기 때문에 절대로 건드리지 말아야 된다는 보장되어야 된다는 그런 사고입니다 그 사고가. 제한의 한계규정이다라든가 이렇게 이런 단어를 썼던 이유는.

그러기 때문에 여기서 성적 자기결정행위 누가 성교하든지 이렇게 하든 이것이 만약 그런 작용이 만약 10조에서 나온다면, 즉 존엄과 가치를 실현하기 위한 그런 핵심적인 내용이라면 그런 것은 적어도 지켜져야 된다는 것이 그동안 헌법재판소 그리고 학계에서의 일반적인 얘기였습니다.

정말로 중요하고 의미있다고 한쪽에서는 얘기해 놓고 아니면 그 다른 쪽에서는 제한해도 된다고 하는 것은 차라리 다른 기본권, 이 사건처럼 17조가 이미 존엄과 가치의 한 구현형태이겠지만 17조가 있어서 이 행위이기 때문에 다시 37조 2항 '제한할 수 있다' 이런 논리로 가는 것이 그동안 우리가 헌법 10조의 존엄과 가치에 대해서 가졌던, 이야기해 왔던 일반적인 사고와 저는 맞는다고 보았습니다.

그리고 이규홍 연구관님에 대해서, 심사의 척도라는 부분은 사실은 우리나라 헌법체계에서는 이 부분은 거의 없고 그리고 이 부분은 오히려 미국의 판례에서 이런 부분이 많이 나옵니다. 엄격심사 뭐 어쩌고 하고, 특히 헌법 제11조 평등원칙에 가서 엄격심사 거기에 규정되어 언급되어 있는 것은 엄격하게 심사해서 결론을 내야 되고 이렇게 분류를 합니다만, 그 판례들을 쭉 검토해 보면 경우에 따라서 엄격심사라고 갔던 부분들이 합헌이고 아니면 거꾸로 완화된 심사기준을 가지고 간 것이 위헌이고 이런 식의 결론이 나옵니다.

그렇게 되는 것이 첫째는 이 심사의 척도라는 이 관념에 대해서 우리가 의미를 두지 말아야 될 부분에 대해서 의미를 두는 것이 아닌가라는 생각을 합니다.

구체적으로 미국의 연방대법원의 입장은 사실 우리처럼 헌법이 구체적인 적용영역이라든가 이런 부분이 확정되지 않기 때문에, 그리고 그 나라의 법전통 때문에 재판관의 권위가 많이 부여되는, 말 그대로 헌법재판관이 헌법이다라는 말을 쓰는 나라입니다. 그 나라에서 그들이 경우에 따라서 결론에 대해서 자기들이 이끌기 위해서 갖다댔던 일관되지 않은 그런 기준들을 우리나라에서 언급하는 것은 사실은, 그렇게 안 해도 문제를 해결할 수 있는데 너무 많은 어떤 고민이라든가 이런 것이 아닌가라는 부분을 한번 생각해 보았습니다.

그리고 헌법 103조 양심에 따라서 독립하여 심판한다라는 부분은 두 가지 측면에서 이 부분이 오히려 저의 견해와 같다는 결론에 이르렀습니다.

어떤 부분이냐 하면 첫째 이 양심에 따라서 독립하여 심판하라는 부분은 당해 적용 법조항선택문제가 아닙니다. 당해 법조항선택은 양심에 따라서 할 것이 아니고 그 사실관계에 적용될 법조항은 분명히 그렇되, 일치하는 법조항을 의무적으로 해야 되지만 경우에 따라서는 혹시 양형이라든가 사실관계 혹은 이런 부분에 대해서 본인의 어떤 그런 양심이라든가 이런 것이 작용할 여지가 있지 않나라는 부분이고.

또 하나 이 글자가 들어온 이유는 사실은 그동안 법관의 어떤 판결에서 외부의 영향력을 배제하기 위한 그런 수단으로 도입됩니다. 거꾸로 양심의 자유가 법관에게 어떤 자기의 세계관이라든가 생각을 사실관계에 적용시키라는 이것을 보장하기 위한 것이 아니라.

그래서 예컨대 독일의 헌법도 이 양심이라는 부분을 언급하지 않습니다. 그냥 헌법과 법률에 기속된다라고만 언급하고 있는데 우리가 이거 쓴 것은 거꾸로 법관들이 외부영향력 혹은 다른 권력에 영향 받지 않고 자기의 전문적인, 법조적 전문적인 양심가지고 하라는 그런 취지에서 나왔고요.

이 헌법의 불확정성, 구조적 개방성이라는 부분을 많이 씁니다. 우리 헌법책에서도 많이 등장하는데 이것뿐만 아니라, 물론 현대입법에서 하나의 법조항영역을 입법학에서 상당히 구체화시키기도 합니다마는, 경우에 따라서는 입법자가 개방적으로 넓게 이후의 사실관계를 규율하기 위해서 처음부터 선택을 넓게 합니다.

해서 예컨대 직업 해가지고 성매매뿐만 아니라 마약장사라든가 이런 것까지도 다 포함하는 이런 식으로 모든 것을 직업이라는 금전을 벌어들이는데 기여할 수 있는 행위 이런 식으로 의도적으로 개방해 놓습니다. 그래서 헌법의 열린 구조 이런 것이 헌법해석에 어려움을 주는게 아니라 거꾸로 헌법재판관들은 과거에 헌법제정자가 이러이러한 사고를 가지고 이 법조항에서 의도했었다, 실제 그랬는지는 모릅니다. 현재에 와가지고, 그러나 어떤 하나의 헌법조항에 나와 있는 그 말이 이미 그 당시도 아니면 현재의 어법으로 봤을 때 이런 사실관계를 당연히 포함한다 해서 과거의 헌법제정자 아니면 현재의 헌법조문의 의사를 이런 넓은 개방구조를 통해서 헌법운영자가 보충해 간다는 거, 그래서 이 개방적 구조라든가 이런 부분이 저의 견해에 엄격히 기속되어야 된다는 이 부분과는 다르지 않고요.

이 36조 1항에서 특히 이 연구관님이 그런 말씀을 하십니다. 예컨대 혼인관계가 종료되지 않고 다른 분하고 간통을 하면서 가족형성하려는 의사가 있어 하는 경우 혼인의 자유로 보장받을 수 있냐라고 질문하셨는데, 여기는 관점에 따라서 구별해야 됩니다. 예컨대 현재 헌법 36조 1항은 세 가지 행동, 배우자선택 그리고 혼인의 지속상황 그리고 혼인관계의 종료라는 이 세 가지 유형을 보호하는데, 결혼이라는 것은 제도적 보장으로 그 내용이 민법규정에 의해서 구체화되는데 특히 민법상 혼인관계가 성립되기 위해서는 진의 그리고 법률등기, 호적, 가족부에 등기합니다. 이 두 가지 조건이 혼인관계 성립을 말하는 건데. 그래서 우리나라 가족법상 중혼이 금지되기 때문에 혼인관계에 있는 사람은 새로운 혼인관계를 청구할 수 있는, 새로운 배우자를 청구할 수 없는 기본권주체성이 탈락됩니다. 아니면 주장할 수 없거나. 그래서 만약 현재의 혼인관계를 종료하지 않고 혼인의 의사로 다른 사람과 간통할 때 제가 생각하는 이론, 제 논지구조에 의하면 그는 36조 1항의 혼인의 권리를 주장할 수 없다라고 봅니다.

그런데 여기서도 만약 혼인관계가 본인의 진의에 따라서 성립된 것이고 그리고 우리 법에도 그거를 확인한 경우가 있는데, 진의가 없어진 그 순간에 혼인관계가 끝난 것이고 그러면 이 시점에서 전혼과 벗어나기 때문에 거기서 새로운 배우자를 찾는 거, 헌법 36조 1항의 어떤 적용주체가 된다라고 권리주체가 된다라고 논리구성은 가능합니다마는, 저 자신은 전자, 혼인관계가 청산되지 않은 상태에서는 기본권을 주장할 수 없다라는 생각을 가지고 있고요.

헌법 15조 공공무해라는 부분은 사실 직업이라는 부분에 공공무해라는 부분이 많이 이야기됩니다만 여기에서 항상 지적됩니다. 그렇다면 공공으로 유해한 그런 직업행위가 처음부터 이렇게 직업이라는 부분에 포함될 수 없게 된다. 그렇게 되면 공공무해성을 규정하고 있는 법이 헌법의 내용을 결정하게 된다라는 식으로 해 가지고 논리를 풀어 가는데, 저 같은 입장, 공공무해성이라는 부분을 적용영역이라는 부분에서 해석하지 않고 이 부분을 똑같은 결론을 얻을 수가 있습니다. 예컨대 정당화과정에서 공공무해성으로 규정했던 그런 법내용들의 해악성이라든가 이런 부분을 충분히 이끌어가도 같은 결론을 얻을 수 있습니다. 그래서 저는 이 공공무해성은 예컨대 보호영역, 적용영역의 문제라고 보지는 않습니다.

성적 자기결정권의 내심행위라고 썼어요. 왜냐하면 인격권이기 때문에.

그리고 경우에 따라서 인격권에서 다시 실행할 권리를 보장한다라고 했는데, 양심의 자유가 사실은 그렇습니다. 그래서 인격이라는 말자체가 처음부터 양심이라는 얘기하고 사실은 같은 얘기인데 인격하고 양심하고 사실 다른 부분이 있다면, 특히 독일 헌법 2조에서 페르쥬에니시카이트라는 그 단어가 마음의 형성이라는 것보다는 마음내부에 머물 아주 사적이고 감추어지는 그런 부분에서 구별이 사실 되기는 되는데, 우리 헌법제정권자가 기술한 바에 의하면 성적 자기결정권은 순수하게 마음의 작용입니다. 마음의 작용이기 때문에 거기서 만약 실현의 자유까지도 보장한다고 생각했다면 이런 경우는 19조로 가는 것이 더 옳다고 봅니다.

그리고 수도이전사건에서 여러 가지 조항을 얘기하는데, 여기서 예컨대 72조 국민투표권은 적용이 안 됩니다. 왜냐하면 국민투표권은 대통령이 비로소 구성원들에게 투표를 회부했을 때부터 기본권이라는 것이 열리기 시작하고요.

납세자의 권리는 사실은 없습니다. 이게 주권자의 권리인데, 주권자의 권리라는 것은 만약 있다면 국민이 선거기간이라든가 아니면 이런 쪽으로 이거를 권한으로 봐야지 납세자의 권리라든가 이런 거는 없고, 만약 있다면 그것이 구체적인 헌법조항에 나와 있는 기본권이고.

국민의 청문권이라는 부분은 만약 이게 기능한다면 어쨌든 재결의미밖에 없기 때문에 여기 사건에서는 중요하지 않을 것 같고요.

5번입니다. 행복추구권은 아까 말씀드린대로 17조가 이미 적용되기 때문에 여기에는 기준으로 보지 않습니다.

과잉금지원칙에 대해서는 제가 과거에 2004년 글에다 발표한 적이 있습니다.

시간이 없어 가지고 여기서 이만 마치겠습니다.

감사합니다.

사 회 자 : 지정토론자도 반론이 있으시겠습니다마는 시간관계상 나중에 혹시 좀 남으면 그때 다시 기회를 드리기로 하고 플로어에서 질문을 받겠습니다.

배 보 윤 : 발표자께서는 본인 스스로 엄격하게 문언을 해석해서 문언에 충실

한 그런 입장이라고 말씀을 하셨습니다.

그런 관점에서 보면 우리 지난번 간통죄에서 이야기한 성적 자기결정권을 인격권의 범주에서 풀어낸 연유를 잠깐 말씀드리면, 그 연유보다는 그 근거로 보면 우리 헌법구조상으로 보면 오히려 지금 말씀하시는 원전에 오히려 충실한 입장에서 근거가 있을 수 있거든요, 거꾸로 보면.

어떤 면에서 그러냐하면, 우리 헌법 10조에 보면 인간의, 물론 독일 헌법 2조하고는 똑같은 규정은 아닙니다마는 그러나 이 10조라는 것이 우리 헌법에서는 제일 기본권의 핵심적인 규정이자 총합적인 규정으로 일응은 지금 헌법재판소가 해석해 왔습니다. 그래서 10조에는 보면 내용상으로 봐도 "모든 국민은 인간으로서의 존엄과 가치를 가지며"라고 해서 아주 핵심적인 거를 넣고 있지만 한편으로는 행복을 추구할 권리를 가진다해서 이 후문, 앞에 것이 핵심적이고 후문에 행복을 추구할 권리가 총체적인 권리이면서 예외적인, 11조 이하의 문언에 없는 권리, 명시 않은 권리도 여기에 귀속시킬 수 있다고 지금까지 풀어왔습니다.

예컨대 계약의 자유, 일반적인 행동의 자유권에서 계약의 자유 같은 것도 다른 11조 이하에서 어디 살펴볼 수가 없습니다. 그런데 계약의 자유를 여기 행복추구권의 범주에 포함시켜 왔습니다. 그게 하나의 예고요.

그 다음에 다음 후문에 보면 "국가는 개인이 가지는 불가침의 기본적 인권을 확인하고 이를 보장할 의무를 진다." 이렇게 해서 국가의 기본권보장의무를 선언하고 있습니다. 그러니까 이게 핵심적이자 총론적인 규정이라고 보지 않을 수가 없지요, 이게 기본적으로.

그런데 37조를 한번 보십시오. 제한을 하는 규정을 보면, 37조 1항을 보면 "국민의 자유와 권리는 헌법에 열거되지 아니한 이유로 경시되지 않는다"라고 하고 2항에서 "제한사유와 목적과 제한 필요하고 제한의 한계 본질적 내용침해" 이렇게 되어 있습니다. 2항이 제한하는데 있어서 법리를 규정하고 있는 것이거든요 심사규정, 소위 말하는.

그런데 1항을 왜 두었느냐? 1항을 보면 2조가 한계에 관한 법률을 규정하면서 1항은 다른 여기에 규정하지 않았다 하더라도 경시되지 않는다고 규정함으로써 단지 다른 기본권을 여기에서 도출하기는 체계상 맞지 않는 거지요. 열거되는 기본권을 상정을 했고 그러한 것이 경시되지 않는다, 10조에 보장해야 되고, 그와 같은 헌법에 열거되지 않는 자유도 2항의 법리에 따라서 제한의 한계를 규정해야 된다, 이렇게 읽는 것이 지금 우리 헌법재판소의 과거의 체계입니다.

그런데 이제 간통죄로 돌아가서 간통죄는 17조에 보면 "모든 국민은 사생활의 비밀의 자유와 침해를 받지 않는다" 이런 조항이 있지 않습니까? 그러면 간통이라는 것은 사생활의 자유, 언뜻 보기에 문언상으로 보면 사생활의 자유의 하나가 아니겠느냐? 개인의 성적인 생활이니까 사생활자유가 아니겠느냐? 이거야말로 아니겠느냐? 이렇게 볼 수 있지요 언뜻 문언상으로, 말씀하시는 취지는 거기에 초점이 있다고 보입니다마는.

그런데 헌법재판소는 그 당시에 어떻게 해석을 했느냐 하면 17조가, 지금 왜 발표자 입장의 원전주의하고 오히려 그점에서도 헌법재판소는 당시에 우리 헌법의 입법의 연혁이라든지 이 조항의 근거로 들어가는 배경을 보면 이 사생활의 비밀과 자유의 보장의 경우에는 개인의 내밀한 영역을 표시하는 밖으로 표출하는 것을 초상권이라든지 이런 관점에서 연혁적으로 규정한 것이다. 그래서 어떤 의미에서 사생활의 비밀과 자유를 좁게 본거지요.

그런데 미국은 프라이버시라는 조항이 구체적으로 헌법에 없습니다마는 프라이버시조항을 확대시켰지요. 예컨대 낙태죄 같은 경우에도 개인이 여성이 자기 자신의 태아를 가질 수도 있고 양육할 수도 있고 그와 같은 것을 권리로 포괄적으로 해석했지 않습니까?

그런데 우리는 그렇게 보지 않고 훨씬 더 축소해서 보는 겁니다. 왜냐하면 원래 헌법의 연혁이유를 봐서 본거지요. 그러니까 오히려 어떤 측면에서는 오리지널리스트라든지 펀드멘탈 과거의 입법연혁적인 것을 고려하는 것이지요, 거꾸로.

그러면 찾을 것이 조항이 자기결정권이라는 인격권 그러니까 상대방을 선택하는 것에 이 조항은 아니다, 이 조항으로만은 불충분하다. 과거의 그것으로 봐서, 그러니까 그러면 10조로 가야 되지 않느냐, 그래서 간 것이거든요.

그렇다고 하면 오히려 과거 헌법재판소의 취지나 이것으로 보면 발표자가 입장하시는 그거하고 말씀하시는 취지하고 보면 그것이 오히려 더 옹호를 하셔야 되는 거꾸로 그런 것은 아닌지? 혹시 어떤 취지로서 그렇게 말씀하셨는지 그 점을 여쭙고 싶습니다.

발 표 자 : 말씀 잘 들었습니다. 그런 부분을 말씀 들으니까 참 좋습니다.

그런데 만약 우리가 아까도 말씀드렸지만 우리 헌법의 기본적인 체계가 헌법기본권조항이 몇 개가 있습니다, 그죠? 그런데 이렇게 인간의 행동을 여러 개의 조항으로 나누어 놓았던 취지가 기본적으로 인간의 개별적인 행위가 구별될 수 있다는 전제에서 출발합니다. 그리고 제일 먼저 존엄과 가치를 두었던 것이 행복추구권을 선언한 것이 최고조항으로 거기서 다른 조항과 달리, 예컨대 '직업선택의 자유가 있다' 이런 식이 아니고 '행복추구권을 가진다' 이런 식으로 선언적으로 규정합니다.

그래서 여기에서 나오고 그 내용들을, 이제 그렇기 때문에 이 조항 하나만 가지고도 사실은 모든 기본권을 다 보호해 줄 수가 있을 겁니다.

그런데 헌법제정자가 그렇게 조항을 만들어 놓고 그래도 충분한데 구체적으로 다른 행동을 또 해요. 개별적인 기본권을 또 언급합니다. 이런 헌법제정자의 행동을 보면 어떤 식의 추론을 할 수 있냐 하면 그것은 선언규정이고 그리고 구체적인 개별적인 행동, 혹시 그런 것들이 개별적인 조항에 포함되면 그런 조항을 통해서 실현해라라는 이런 당시의 입법자의 어떤 그런 의도를 추론할 수 있습니다.

그래서 그런 식에 의하면 10조는 만약 다른 기본권이 이미 포섭하고 있다면 10조는 오지 않는다는 생각입니다.

그리고 또 하나는 지금 말씀하신 과정에서 헌법재판소가 그랬다고 말씀하시지요, 그죠? 헌법재판소는 그렇게 행동했다고 그렇게 말씀하십니다. 헌법재판소가 그랬다는 얘기지요, 그죠? 헌법제정자가 그런게 아니고. 그리고 우리는 이 자리에서 헌법제정자가 만든 그리고 헌법조항의 의미를 찾는 자리고. 그래서 사실은 그 두 가지로 예컨대 헌법재판소가 그동안에 그 조항을 저는 오해했다, 그리고 엄격하게 제가 더 그렇게 문언에 귀속된다면 10조로 가야된다고 말씀하셨는데 그게 아니고 사생활이라는 부분, 사생활의 비밀과 자유 그리고 사생활이라는 부분은 사실은 생활이라는 말로 생활이라는 그런 행동 여러 가지를 포함하는 단어입니다. 그러다 보니까 사생활이라는 단어 속에서 사생활, 성교행위 아니면 등산 뭐 이런 거 그런 거를 다 포함한 개념이에요 사생활이라는 것이, 그리고 그거를 우리가 사생활이라고 얘기하고.

그래서 이런 구체적인 조항이 있으면 그러면 그 조항으로 가야지요. 그리고 이거로 포함 못할 때 그럼에도 불구하고 어떤 기본권을 보호할 여지가 있다면 이런 조항으로 안 됨에도 불구하고, 그러면 그때 이제 가가지고 헌법 10조로 가는, 그리고 이미 행복추구권에 대해서는 헌법재판소가 보충적 성격을 갖는다고 선언을 했습니다.

그 얘기는 아까도 말씀드렸지만 이미 개별기본권조항이 어떤 사실관계에 적용되면 10조는 안가겠다는 얘기예요, 우리 헌법재판소도.

그래서 저의 견해처럼, 제가 그렇게 헌법체계라는게 그렇다는 것, 그래 가지고 문언에 더 귀속해도 그럴수록 더 17조가 적어도 간통행위에는 더 적용법조항으로 나와야 되고 10조는 안 나와도 충분히 문제가 해결된다라는 시각에서 저는 이렇게 논지를 전개했습니다.

사 회 자: 또 의문이나 코멘트 있으신 분?

황치연 연구관님.

황 치 연: 저는 발표자께서 수미일관한 논리전개를 하고 있으니까 서로 다른 관점에 관해서는 얘기할 수가 없고, 제 개인적으로 커멘트할 사항이 하나 있어서 하겠습니다. 나중에 발표자께서 관심 있으시면 저의 견해는 어떻게 생각하는지 말씀해 주시면 고맙겠습니다.

저는 기본적으로 헌법이라는 것이 통치질서에 관한 법이고, 통치질서는 지배와 복종관계를 설정하는 거라고 봅니다.

그러면 성문헌법이 있다는 것은 이런 지배복종관계라는 엄청난 관계를 설정하는 것이기 때문에 이미 불문헌법이나 관습헌법은 개념상 배제된거다 이렇게 생각을 합니다.

그러니까 헌법이 제정되고 난 이후부터의 헌법적 관행 그러니까 constitutional custom law 또는 Verfassungsgewohnheitsrecht 이런 것을 생각할 수 있지만, 그 헌법 제정 이전에 우리 상황에서는 왕정과 그 다음에 대한제국, 헌법적으로 생각해 볼 수 있는 것은 홍범14조, 대한제국 이런 것들이 있는데, 조선시대 경국대전까지 가서 관습헌법적 요소를 끌어들이는 것은 문제가 있지 않느냐? 그러니까 우리 정치공동체에서 말한 것은 헌법전문에서 대한민국임시정부의 법통까지만 인정을 하고 있습니다. 그러니까 역사성으로 만약에 헌법을 이야기를 할 때 단군헌법부터 시작해서 고려율, 경국대전 이런 식으로부터 소급한다거나, 수도가 옛날 고조선부터 시작해서 수많은 수도가 있어 왔는데 조선시대에 있었던 수도를 우리 헌법적 상황에서 그거를 헌법사항이다 이렇게 얘기하는 것은 헌법재판권자와 헌법제정권자의 관계를 우리가 한번 살펴볼 필요가 있지 않는가 이렇게 생각을 합니다.

물론 위헌적 관행을 우리가 헌법으로 정당화할 수는 없지 않나 이런 측면에서 성문헌법이 의미가 있다고 생각했는데, 예컨대 국무총리서리라는 개념을 헌법에 없는 개념을 인정을 할 때 이게 계속 누적되어 왔으니까 이게 관습헌법은 아니지만 헌법관습법으로 인정할 수 있는가? 그러니까 관행적으로 성립되었을지라도 실정헌법에서 허용되는 한도내에서 헌법관습법이 성립되지, 실정헌법에서 배제되는 내용을 헌법관습법으로 채택할 수는 없지 않겠는가 이런 생각을 가지고 있습니다.

사 회 자: 또 말씀하실 분.

남복현 교수님.

남 복 현: 남복현입니다.

아까 법형성 말씀하셨는데, 법형성과 관련해가지고 우리가 보통 세 가지 얘기합니다.

규범내재적인 법형성하고 외부적인 법형성, 그리고 규범상충적인 법형성 얘기하는데, 사실은 이 법률이라든가 법률보다 하위규범의 경우에는 그야말로 규범상충적인 법형성도 가능한 것으로 그렇게 이야기를 합니다. 왜냐하면 헌법적인 틀 속에서 이야기되기 때문에 그렇습니다.

그런데 이 헌법을 형성한다고 하는 그런 측면에서 똑같은 논리체계를 적용할 수 있을 것이냐? 어떤 헌법규범의 경우에는 추상성을 전제로 하고 있기 때문에 구체화되어 있지 않기 때문에 사실 헌법재판을 통해서 굉장히 구체화될 수밖에 없습니다. 그리고 그러던 과정에서 형성되었는데, 그래서 어떤 규범내부적인 헌법규범내부에서 구체화하거나 흠결보충하는 형태는 가능할지 몰라도 그렇다고 해가지고 헌법 밖으로 나가 가지고 헌법의 새로운 내용을 끌어들여 가지고 만드는 것까지 이뤄지는 거는 아니지 않느냐, 즉 기존에 헌법전에 상충되는 그런 내용을 집어넣어 가지고 그것이 법형성의 틀 속에서 이루어졌다 그렇게 주장하는 거는 헌법의 파괴라고 봅니다. 그게.

뭐 저기도 사실은 어떻게 보면 누구야 저기 탱크가지고 국회의사당 점거하나 이거나 똑같은 거 아닙니까, 헌법잣대가지고? 사실상의 문서로 그렇게 관철시키는 거 아니냐? 사실 그게 바로 규범상충적인 법형성 아니냐 그렇게 보여집니다.

그 다음에 간통죄 관련해 가지고 저는 한번 이런 거 생각을 해봤습니다.

민법과 관련해가지고 우리가 얘기하는 자기책임의 원칙이라든가 사적자치의 원칙이라든가 그런가 하면 자기의사결정권 내지는 자기결정권을 얘기하는데 이런 것들의 헌법적 근거는 어디서 찾을 것이냐? 찾는다면 헌법 제10조에서 찾을 수밖에 없지 않을까 싶습니다. 사실 자기운명결정권이라고 그래 가지고 안전벨트와 관련해 가지고도 아마 결정이 있었던 것으로 알고 있는데 바로 이런 것들 측면에서 꼭 인격권과 결부시키지 않더라도 헌법 제10조 그쪽에서 찾아낼 수 있는 건 아닌지 그런 거 한번 말씀드리고 싶고요.

그 다음에 조금 여기에서 핵심적인 얘기가 아니기 때문에, 그래도 한 말씀 드리고 싶은 거는 뭐냐 하면 위헌무효 내지 폐지문제에 있어서 어느 정도까지 할 것이냐? 사실 전부 다 질병을 갖다가 우리가 다리가 부러졌건 소화가 안 되건 전부 다 질병이라고 얘기를 합니다.

다시 말하면 헌법의 틀에 벗어난 거는 다 똑같이 위헌입니다. 일응 그런데 왜 위헌인지, 어떤 효과를 지향하는지는 전부 다 다릅니다. 바로 그 지향하는 내용들이 다 다른데 전부 다 단순위헌이라든가 헌법불합치 이 두 가지로 묶어가지고 전부 매듭을 지으려고 그럽니다. 사실은 그 두 가지 매듭가지고는 워낙 다양한, 질병의 유형이 다양하고 그에 따라서 처방도 다양해야 되는데 그 두 가지 틀로 다 묶어가지고 해결하려고 하는 것 같습니다.

바로 그런 부분을 좀 여기 관련해가지고 언뜻 위헌심사기준 관련해 가지고 이규홍 연구관님 말씀 있으시길래 그냥 보충적으로 말씀드립니다.

이상입니다.

발 표 자: 지금 우리가 여기서 분명히 해야 될 부분이요, 그리고 그동안 우리가 틀렸고, 어떤 부분이냐 하면 자기결정권이라는 부분입니다. 이렇게 가면 힘들어요. 우리 헌법, 분명히 그렇게 내심적인 부분은 존엄과 가치의 내용이 될 겁니다. 혹은 양심으로 가고.

그런데 기본권에서 보호하는 대상은 그 마음가짐이라는 부분은 헌법 10조라든가 19조뿐입니다. 나머지는 구체적인 우리의 행동이에요, 행위.

그러니까 예컨대 헌법 21조에서 언론집회의 자유에서 내가 어디서 결정할지 무슨 물건 쓸지 이런 거를 보장한다라는 의미가 내심으로 어떤게 보장되냐라는게 아니라 이런 것이 밖으로 나와서 예컨대 내가 확성기를 쓸거다, 그리고 이것이 헌법 21조에서 보장되는 거다라는 얘기입니다. 그러니까 우리가 결정할 수 있는 자기결정권, 이 얘기가 마음속에 그게 아니고 구체적인 행동으로 나와야 기본권개별조항으로 포섭이 돼요. 이거를 그렇게 않고 내심으로 가게 되면 지금 교수님 말씀하신대로 헌법 10조를 갖고 보게 됩니다. 그런데 우리 기본권체계는 그렇게 내심적인 그런게 아니고 이런 것이 밖으로 나오는 행동을 적용대상으로 그러니까 행동으로 이거로 주로 보게 되고 그 행동을 나누어 가지고 기본권조항을 이렇게 편제를 했습니다. 그래서 자꾸 무슨 뭐 이렇게 성적 자기결정할지 이렇게 보시는게 옳지 않고 그동안 우리가 잘못했던 부분은 바꾸어야 된다고 보고요.

또 하나는 예컨대 합헌, 위헌 두 가지 중에 하나밖에 없다라고 하는 것 중에 제일 좋은 예가 과거에 전직대통령의 탄핵사건 부분이었습니다.

우리 헌법재판소법에 탄핵에서 실정법위반이라면 한 가지 주문밖에는 선택 못하게 해요. 예컨대 파면하라, 이게 주권자의 명령입니다.

당시 재판부가 어떤 식의 논증을 하냐하면 분명히 당시 대통령이 실정법위반이라는 결론을 내립니다. 그런데 계속 보위를 시켜요. 입법자는 분명히 실정법위반을 확인했으면 자동적으로 그냥 위헌이다라는 결론을 내라고 요구했는데 바꿉니다. 이유가 사소한 이유, 중대한 것이 아니라고 보는데 사실 그 부분도 문제가 있어요.

예컨대 선거법위반, 선거법은 제가 아까도 지적했지만 실질적 의미의 헌법입니다.

절대로 중요한게 왜냐하면 민주주의가 성립되기 위한 첫 번째 조건 기관구성 권리와 관련이 돼요. 그러니까 선거법이라는 것은 그 문구 하나만 어겨도 사실은 민주주의에 상당한 지장을 줍니다. 사소한 법이 아니라 중대한 법이었어요. 그런데 그거 위반되었다는 사실을 확인함에도 불구하고 왜 그랬는지 모르지만 합헌의견을 냅니다. 아니 파면하지 않습니다. 이런 식으로 결론이 나오는 것을 교수님이 말씀을 하시는 것 같은데, 저는 그렇게 생각해요. 뭐냐 하면 과거에 우리가 박정희 대통령이 처음 죽었을 때 사실은 비상을 선포했습니다. 그런데 그 뒤에 노무현 대통령이 탄핵되어서 권력을 행사할 수 없을 때 그때는 아무도 긴장하지 않았어요. 무슨 말씀이냐 하면 우리가 지금 입법자의 요구대로 그대로 행동해도 우리사회는 절대로 아무런 문제가 없이 굴러간다는 겁니다.

또 하나 아까도 이인호 교수님이 말씀하셨지만, 이런 사고를 우리가 버려야 됩니다.

법은 절대로 모든 거를 규율하지 않습니다. 딱 규율한 것만 법은 규율해요. 그리고 규율하지 않은 부분을 우리는 이미 그 문제를 어떻게 해결할지를 다 가지고 있습니다.

예컨대 민법 같은 경우는 만약 입법자가 규율하지 않았으면 청구인은 권리를 주장할 수가 없습니다. 그죠? 왜냐하면 법적 분쟁에서 법적인 근거가 없으니까 원고패소판결을 내려요. 행정법에서 만약 근거조항이 없으면 청구할 수 없습니다. 다시 말하면 실정법에 어떤 흠결이 있어서 사유가 규율 안 되는게 아니고 거꾸로 우리가 규율한 대상만 가지고 그 한도 안에서 우리가 심판을 합니다.

이 문제를 해결하기 위해서 또 하나 우리가 법조항을 해석할 때 기본권이라든가 이런 부분은 때로는 넓게 그리고 국가권력자 특히 집행부, 대통령이라든가 이런 부분들에 대한 권한행사 또한 넓게 이렇게 권한을 인정합니다. 그래서 대통령의 어떤 관직에서 나오는 그런 구체적인 명령이 설사 구체적인 입법조항에서는 없더라도 그 사안이 만약 대통령의 권한의 포괄적인 부분에서 그 사안이 수용될 수 있으면 그런 규칙이라든가 이런 명령제정이 타당하게 됩니다.

그래서 우리가 이 법조항을 하여튼 완결되지 않고도 충분히 우리는 법을 운영할 수 있는 체계를 이미 갖추고 있다는 그 생각을 우리가 먼저 갖는게 중요하다고 생각을 합니다.

사 회 자 : 또 말씀하실게 있으시면, 우측에서만 자꾸 질문이 나오는 것 같아요. 왼쪽에서도….

전 해 정 : 어떤 견해의 차이이기 때문에 이런 질문을 드리기가 참 애매한데요.

왜냐하면 앞에 말씀하신 것처럼 그렇게 엄격한 자유주의, 실증주의입장에서나 아니면 법현실주의나 씨엘에스같은 구분들이 법을 어떻게 보느냐, 현상을 어떻게 이해하느냐에 따라서 다르게 볼 수 있기 때문에 완전히 견해가 다르기 때문에 말씀을 드려도 어떤 소통이 가능할까라는 의문이 들기는 하는데요.

기본적으로 아까 말씀하신 것 중에서 아시겠지만 말을 좀 잘못하신 것 같아요. 뭐냐면 미국 같은 경우는 헌법재판소는 없지요. 대법원에서 그런 거를 관리하는건데 헌법재판소가 없고요. 재판관의 권위가 많다라고 했는데 그거는 저희가 아는 한에서는 삼권 그러니까 무슨 헌법소극주의든지 적극주의든지 이런 거는 있을 수 있지만, … 발란스가 견해와 균형하에서 입법 · 행정 · 사법이 같이 이렇게 삼권분립이 나가는 것이기 때문에 그 문제에 대해서는 좀 문제 나가는데 그거 조금 시정을 하고 싶었고요.

다른 거는 뭐였냐 하면 법을 굉장히, 현재에 있는 법이 참 안전하다고 말씀하시지만 시대가 이렇게 변화할 적에 지금 말씀하신 것처럼 가령 전자상거래나 컴퓨터나 이런 거를 했을 때 가령 문서를 할때 문서를 어떻게 정의할 것인가? 너무나 다양한 예전에 기억하지 못했던 것들이 많이 있잖아요? 헌법제정권자의 입장에서 많이 봐야 된다, 헌법재판소의 입장이지 않냐, 이렇게 말씀하시는 것에는 조금 의문이 드는 것이 어떤 관련하지 못했던 것들이 있을 경우에 현실상황, 가령 법률추론을 한다고 하면 사실을 인정하고 그 사실에 대해서 법률규정이 있는지 보고, 입법권자의 제정의도가 뭔지를 보고 또 현 상황과 이런 거를 관련하면서 봐야 되잖아요. 그런데 그거를 해야 되는 입법권자가 예상치 못한 현실이 있기 때문에 해석이라는 것이 나오고 법형성이라는 작용이 나오는 거잖아요. 그런데 그런 문제에 대해서는 어떻게 거의, 굉장히 소극적으로 생각하고 있으니까 그거에 대해서는 여러 개방되어 있는 입장에서 아무리 법이 완전하다 하더라도 형성과 법해석에 대해서는 열려진 자세로 이 문제를 풀어나가야 되지 않을까? 그게 결국은 입법자의 의도를 넘어서는 것이기는 하지만 현실적으로 법을 적용하는 면에 있어서는 필요한 작용이 아닌가 그런 생각이 들거든요. 기초적인 문제지만 그런 생각에 대해서 한번 언급을 해보고 싶었습니다.

발 표 자 : 말씀 잘 들었습니다.

미국에 대해서 언급한 부분에 대해서는 제가 사실은 많이 자신이 없었습니다.

그리고 지금 우리가 생각하는 바가 법제도에 대해서 옳은지 그른지를 판단하기 위해서 가장 기본이 되는 것은 우리의 생각이 아니고 우리 헌법제정자, 입법자가 어떻게 우리한테 요구했느냐는 겁니다. 그리고 그 명제는 절대적으로 옳고.

그런데 우리 입법자는 이렇게 말했어요. 법을 제정하는 것은 헌법제정자는 입법자인 국회가 해라, 그리고 법원은 정해준 그거 가지고 심판만 해라, 혹은 새로운 흠결이 있으면 헌법재판소에다가 법률을 청원해라라는 조항도 있지요? 있습니다. 그러니 거꾸로 여기서 만들지 말라는 거예요. 다시 말하면 이게 가장 합리적이고 빠른 방법은 그 문제를 집행하거나 아니면 법관이 현장에서 법을 제정하는 방법이 제일 문제해결에는 쉬울 겁니다. 그런데 우리 헌법전에는 그렇게 규율하지 않고 그렇다고 하더라도 꾹 참았다가 입법자에게 그런 내용의 흠결이 있으니까 이 부분에 대해서 제정을 해 주세요 하고 그때까지 기다리라는 것이거든요.

그리고 또 하나, 그래서 입법자가 사실은 처음부터 추상적·일반적인 단어를 씁니다. 미래의 상황을 예측 못하니까. 해서 이부분에까지도 이렇게 여러 사실관계에 적용될 수 있는 그런 거를 공통으로 꿰는 그런 단어를 사용해서 문구를 만들면 이후에 어떤 법적용자가 구체적인 사실관계가 이 위에 추상적인 구성요건이 넓으니까 들어가는지 들어가지 않는지, 어디 한계가 언어적인 용법의 범위 안에서 아까 교수님 말씀하신대로 그렇게 갑니다. 그래서 언어적으로 수용할 수 있는 범위 안에서는 허용되고, 다시 말해서 원래 그거 입법자가 썼던 그 단어에 포함되는 그런 사실관계였었고, 안 들어가면 그거는 새로 포함시키면 새로운 입법을 만드는 것이고, 이렇게 되면.

그리고 설사 안 들어갔다 하더라도 두려워하지 말라는 거예요. 왜냐하면 우리는 지금 항상 움직이는 입법자가 있습니다. 입법자가 기능을 안 해 가지고 법이 2, 3년 간다 하더라도 적어도 법원에서 이거를 염려할 부분이 아니예요. 왜냐하면 그것을 염려할 사람들은 일반구성원들인 국민입니다. 물론 계기가 헌법재판소가 이런 부분의 입법이 흠결되었다고 정보는 줄 수 있는데.

그래서 이렇게 국민들이 스스로 책임지는 그래 가지고 다시 입법을 만들어 내는 이런 식으로 문제를 해결해야 되는 것이 우리 헌법제정자의 의도라고 제가 생각을 합니다.

그래서 제가 아까와 같은 그런 식의 생각에 이르게 된 거예요.

사 회 자 : 황 연구관이 아까 말씀하셨으니까, 저기….

김 성 진 : 국민 스스로가 문제를 해결할 수 있으면 가장 바람직하기는 할 텐데, 그 안에서 또 정치적으로 소외된 사람들이 있을 것이고 그들 기본권이 침해당

하는 그러한 상황들이 발생한다라고 하면 국민들의 어떤 신뢰를 통해 가지고 그 것이 어떻게 과연 치유될 수 있는 방향을 찾아 모색할 수 있을 것인가? 헌법재판의 기능이라고 하는 것이 그런 것에서부터 온 것이 아닌가, 역설적으로.

왜 우리가 헌법재판이라는 것을 통해 가지고 다수에 의해서 만들어진 법률에 대해서 무효로 선언할 수 있는 권한을 갖게 된 것인가? 그것은 어떻게 보면 정치적 다수자에 의한 횡포를 그것을 통한 소수자의 어떤 기본권의 침해라든지 그런 문제점들을 보호하기 위한 장치로서 기능하는 것이 아닌가 헌법재판소라고 하는 것이.

따라서 어떤 기능적인 면에서 봤을 때 민주주의에 대한 기본적인 어떤 불신이 이러한 기능을 필요로 했던 것이 아닌가라는 생각이 있어서 그런 부분에 있어서 의견이 좀 다른 것 같아서 말씀드렸습니다.

발 표 자 : 그 부분에서 우리가 기본적으로 가져야 될 관념이 사실은 현재 나한테 오는 법이 경우에 따라서 내가 소외자고 혹은 약자인 경우 어떻게 생각하느냐라는 부분입니다.

사실 미국에서도 그렇겠지만 이미 나온 책에서도 법은 절대로 소수를 보호하지 않습니다. 특히 미국의 헌법사를 보게 되면 미국 헌법 만든 것이 55명이고 모두다 부자고 그래서 법은 절대로 강자편이지 약자편이 아니고, 물론 그런 기본적인 전제는 다 있는데, 다만 우리가 헌법적으로 당시 구성원들이 어떤 내용을 협약해 두었느냐에서 어떤 구체적인 작용이 추진되어야 되는지 아니면 배제되어야 되는지 그런 시각에서 생각해야 됩니다. 그래서 민주주의라는 이론가지고는 사실 사회적인 약자를 원조하는 이런 방법은 없습니다.

우리가 이성적으로 그런 부분에 접근해서 예컨대 최저임금을 올리거나 이렇게 하는 거는 별문제지만 우리가 순수하게 민주주의라는 거 다수결원리를 견지한다면 그런 부분은 사실은 법적으로, 순전히 제도적으로는 해결할 수 없는 부분이라고 생각을 합니다.

사 회 자 : 예, 짧게 말씀하시지요.

황 치 연 : 제가 발표자의 논리가 수미일관하다고 하지만 저는 관점을 전혀 달리하기 때문에, 그런데 아무 말도 안하면 정말로 한 견해만 일방적으로 있는 것 같아서 한마디만 하겠습니다.

그러니까 우리 헌법 1조만 얘기를 하고 있는데, 우리 헌법이 정당성의 체계라고 봤을 때 민주적 정당성도 있지만 헌법재정권자가 헌법을 만듭니다. 헌법제정권자가 헌법을 만들면서 헌법재판소를 만들었어요. 그리고 헌법재판소 재판관에게 국회의 다수라는 이름으로 만든 법률을 위헌판단할 수 있는 권한을 부여했어요.

그러면 헌법제정권자가 국민 아닙니까? 국민이 헌법재판소 재판관에게 위탁을 한 거지요. 그러니까 민주적 정당성이란 관점에서 보더라도 헌법제정권자에 의해서 헌법적 정당성을 가지고 있기 때문에 헌법재판권자가 헌법을 발견하는 거, 무엇이 이 상황에서 여러 가지 시간과 공간이 제약된 현재의 조건하에서 무엇을 헌법이라고 말할 수 있는가? 이것은 민주적 정당성과 헌법적 정당성에 의해서 이미 실정헌법에 의해서 건져진 내용이다 이거예요. 그러기 때문에 헌법재판관의 헌법발견과정이라든지 법형성과정을 전혀 도외시한다면 이거는 우리 헌법체계 자체를 너무나 실증주의라는 표피로 이해하는 거 아닌가 이렇게 생각을 할 수도 있다는 겁니다.

발 표 자: 아니 그렇게 생각하시는 부분에 대해서 우리 헌법재판소법 4조하고 헌법 103조 헌법재판관은 헌법과 법률에 기속되어야 된다는 조항하고는 해석하기가 좀 어렵지, 일치하기가 어렵지 않겠냐 싶습니다.

왜냐하면 그 조항은 먼저 헌법이라는 것이 선제하고 법률이라는 것이 먼저 판결하기 전에 선제하고라는 시각에서 그 조항이 만들어졌거든요.

다시 말하면 헌법재판관이 먼저 존재하는게 아니고 오히려 거꾸로 헌법이라는게 존재하고 그 다음에 재판관이 있고 그러기 때문에 문장구조가 그렇습니다.

그래서 그렇다면 오히려 저와 같은 견해가 더.

사 회 자: 우리 헌법실무연구회의 발표시간은 몇 시인가요? 9시정도로 되어 있는가요 일단은?

혹시 꼭 해야 될 말씀이 있으시면 한 분정도만 더.

없으신 것으로 보고요.

사실은 세미나 시작하기 전에 조대현 재판관님 방에서 차를 마시면서 이런 얘기를 나누었습니다.

재판관님께서 사실은 오늘 김경제 교수님께서 헌법재판의 심사척도를 발제를 부탁드리셨는데 발제문을 보니까 조금 그거는 아닌 것 같다 이런 말씀을 하셨는데, 사실 우리가 예전에 연애할 때 보면 데이트하면서 만두먹자 저녁때 그랬는데 어떻게 갑자기 기회가 바뀌어서 냉면을 먹으면서 냉면 팬이 될 수 있듯이 인간의 경험이라는게 예상하지 못한 것을 통해서 풍요로워지는 측면도 있다고 생각합니다.

그래서 오늘 오랜 동안 우리가 앉아있었는데요, 마지막으로 회장님께서 약간의 정리를 좀 해 주시겠습니다.

부탁드리겠습니다.

조 대 현 : 제가 말할 처지는 아니고요. 하여튼 바쁘신 데도 이렇게 장문의 원고도 써주시고 발표해 주신 김경제 교수님 그리고 훌륭하게 … 감사드립니다.

지정토론과 일반토론에 참여한 여러분께도 감사를 드립니다.

이 헌법실무연구회가 활성화돼야 우리 헌법재판을 올바른 방향으로 지도할 수 있고 이끌어갈 수 있다고 생각이 됩니다. 앞으로도 더욱더 도와주시기 바라고.

저도 사실 이 관습헌법이론에 대해서는 좀 이상하게 생각하는데요. 재판관들은 구체적인 사건을 가지고 재판을 할 때 과연 어떻게 하는 것이 국민들의 행복을 증진시키는 길인가? 어떻게 하는 것이 나라를 발전시키는 길인가? 그 길을 찾다보니까 서울이 수도라는 것은 관습헌법이다 이런 이론까지 끄집어낸게 아닌가, 그래서 그 당시에는 하여튼 국민들이 대다수 여론이 반대하고 있었기 때문에 이것이 국민을 행복하게 하는 길인가보다, 그렇게 해서 하여튼 고심했다고 좋게 평가해 주실 수는 없을까? 저는 개인적으로는 반대합니다만, 하여튼 그런 차원에서 그런 이론까지도 끄집어낸게 아닌가 그런 말씀을 드리고 싶습니다.

앞으로도 많이 지도해 주시기 바랍니다.

감사합니다.

사 회 자 : 여러분들 장시간 앉아 계시느라 고생하셨고 오늘 다시 한번 발제를 맡아주신 김경제 교수님하고 토론해 주신 두 분한테 감사를 드리고 또 플로어에 앉아서 장시간 경청해 주신 여러분에게 모두 감사드리겠습니다.

고맙습니다.

제 83 회(2008. 4. 4) 발표문

평등권 심사 기준과 방법의 구조화*

—일반적 평등원칙을 중심으로—

김 주 환**

Ⅰ. 머 리 말

헌법재판소는 기본권을 '구체화'한다. 여기에서 '구체화'는 '창조'를 의미한다. 따라서 헌법재판소는 '기본권 창조'라는 '법 창조' 기능을 수행한다. 법 창조는 실체법적 차원과 절차법적 차원에서 동시에 이뤄진다. 즉, 헌법소원심판, 위헌법률심판 등 헌법재판절차에서 기본권을 해석·적용하여 구체적 사건을 해결하는 과정 전체가 '기본권 창조' 과정인 것이다.

그러나 기본권 창조는 헌법재판소가 자의적으로 수행할 수 있는 과제가 아니다. 헌법재판소는 법치국가적 합리성의 요청들을 준수하며 이 과제를 수행해야 한다. 헌법해석의 과제는 단순히 헌법적으로 '올바른' 결론을 찾아냄으로써 해결되는 것이 아니라, 이 결론을 합리적이고 상호주관적으로 통제 가능한 절차 속에서 찾아내고 또 이를 합리적으로 통제 가능한 방식으로 논증함으로써 법적 확실성과 예측가능성 및 추수(追隨)가능성을 마련하는 데서 해결될 수 있기 때문이다.[1]

평등권과 관련, 헌법재판소는 1999년 12월 23일 '제대군인 가산점' 결정 이후 일련의 결정을 통해 평등권 해석론의 발전적 전개를 주도함으로써 위와 같은 과제를 수행해 왔다. 놀라운 것은 그 해석론이 학계에서 통설로 정립되기도 전에 헌법재판소의 결정을 통해 전개되었다는 것이다. 특히 헌법재판소 판례에서 발견되는 평등권 심사 모형의 세분화·구조화 컨셉트는 이제 헌법해석학의 과제가 '영역적 해석론'(Bereichsdogmatik)의 전개에 있다는 것을 시사한다는 점에서 중요한 의미를 갖는다. 문제는 그 과감한 시도와 세분화 작업이 전술한 바와 같은 법치국가

---

* 이 글은 김주환, "일반적 평등원칙의 심사 기준과 방법의 합리화 방안," 공법학연구 제9권 제3호(2008), 201쪽 이하의 기초가 되었음.

** 홍익대학교 법과대학 법학과 부교수·법학박사.

1) 계희열, 헌법학(상), 2001, 67쪽.

적 합리성의 요청들을 충족시킬 수 있는가 하는 것이다.

이런 이유에서, 여기에서는 헌법재판소가 제시하고 있는 평등원칙, 특히 일반적 평등원칙의 해석론 및 그에 따른 심사 기준과 방법을 검토하고 이를 더욱 합리화·체계화할 수 있는 방안을 모색하고자 한다.

Ⅱ. 평등권 심사 기준과 방법의 세분화 전략

1. 규범텍스트에 따른 세분화 가능성 : 일반적 평등원칙과 개별적 평등원칙

헌법엔 다양한 평등권 규정들이 있지만, 이 규정들은 일반적 평등원칙(제11조 제1항 제1문)과 개별적 평등원칙으로 대별될 수 있다. 개별적 평등원칙으로서 헌법 제11조 제1항 제2문은 성별·종교 또는 사회적 신분에 의한 차별을 금지하고 있다. 그러나 성차별과 관련, 제32조 제4항은 고용·임금 및 근로조건에서의 성차별을 금지하고 있으며, 제36조 제1항은 혼인과 가족생활에서의 양성평등을 보장하고 있다. 제11조 제2항은 사회적 특수계급 제도의 창설을 금지하고 있고, 제11조 제3항은 영전일대의 원칙과 특권 금지를 규정하고 있다. 제24조 및 제41조 제1항, 제67조 제1항은 선거권의 평등을 규정하고 있다. 제8조 제1항 및 제11조 제1항 제1문은 정당의 기회균등을, 제31조 제1항은 능력에 따라 균등하게 교육을 받을 권리를 보장하고 있다.

일반적 평등원칙과 개별적 평등원칙의 구별은 다음과 같은 점에서 의미가 있다.

첫째, 일반적 평등원칙은 평등권 보장에 있어 일반조항의 성격을 띤다. 따라서 그 적용영역이 매우 광범위하기 때문에 그 효력내용과 보호강도에 따라 심사 기준과 방법이 달라질 수 있음을 충분히 고려해야 한다.

둘째, 일반적 평등원칙의 위와 같은 성격과 달리 개별적 평등원칙은 일정한 차별금지 사유와 영역, 또는 일정한 기준과 영역에서의 평등대우명령을 명시하고 있기 때문에 그 적용영역이 제한되어 있다. 이런 영역적 특수성으로 인해, 일반적 평등원칙의 심사 기준과 방법을 개별적 평등원칙의 심사 기준과 방법으로 그대로 전용하는 것은 개별적 평등원칙의 효력내용 및 보호강도와 합치될 수 없다.

셋째, 위와 같은 이유로 개별적 평등원칙의 심사 기준과 방법은 그 영역적 특수성을 고려해 그 효력영역 내부에서 독립적으로 개발·적용되어야 한다. 이것은 개별적 평등원칙의 효력영역 내부에서도 심사 기준과 방법이 일반적 평등원칙의 경우처럼 세분화·구조화될 수 있고 또 그렇게 되어야 한다는 것을 의미한다.

2. 규범프로그램에 따른 세분화 가능성

(1) '법적용의 평등'과 '법제정의 평등'

헌법 제11조 제1항 제1문이 "법 앞에 평등"을 규정하고 있지만, 이것이 집행과 사법을 구속하는 '법적용의 평등'뿐만 아니라, 입법을 구속하는 '법제정의 평등'까지 의미한다는 점에 대해서는 판례와 학설이 일치하고 있다. 이것은 일반적 평등원칙의 경우에만 해당하는 것이 아니라, 개별적 평등원칙의 경우에도 마찬가지다. 즉, 일반적 평등원칙은 물론 개별적 평등원칙의 효력영역 내부에서도 입법자에 대한 구속이 중요한 문제로 등장하며, 그 보호강도에 따라 심사 기준과 방법이 달라질 수 있다는 것이다.

(2) 차별의 금지·허용·명령

평등원칙은 본질적으로 같은 것을 서로 다르게 대우하거나 본질적으로 다른 것을 서로 같게 대우하는 것을 금지할 뿐, 본질적으로 같은 것을 서로 같게 대우하거나 본질적으로 다른 것을 그 특성에 따라 서로 불평등 대우하는 것을 금지하지는 않는다.[2] 따라서 평등권은 그 규범프로그램에 따라 공권력에 의한 차별을 금지하는 절대적 차별금지와 일정한 요건하에서만 차별을 허용하는 상대적 차별금지, 그리고 서로 다른 것들은 그 특성에 따라 각각 다르게 취급해야 한다는 차별명령으로 유형화될 수 있다. 평등권 사건에서 문제가 되는 것은 주로 차별금지다. 이와 같은 유형화는 규범프로그램의 유형에 따라 평등보호의 강도 및 그에 상응하는 통제의 강도가 달라질 수 있다는 점에서 중요한 의미를 갖는다. 즉 평등권의 규범프로그램의 유형에 따라서도 심사 기준과 방법이 달라질 수 있다는 것이다.

---

2) 헌재 1996. 12. 26, 96헌가18, 헌법재판소판례집 8-2, 680(701) 참조.

Ⅲ. 평등권 심사 모델의 구조화

1. 평등권 심사 모델

자유권 심사 모델에서는 (a) 우선 당해 자유권을 통해 잠재적으로 보호되는 일정한 자유활동들의 집합, 즉 보호영역(Schutzbereich)이 있고, (b) 여기에서 기본권주체의 의사에 반해 이뤄지는 기본권적 보호법익에 대한 국가적 제한(Eingriff)이 확인되면, (c) 이 제한이 헌법적으로 정당화될 수 있는지를 심사하는 과정이 진행된다.[3] 이것은 자유권 심사 모델이 '제한 및 한계 사고'에 그 근거를 두고 있다는 것을 의미한다.

반면 평등권 심사 모델은 자유권 심사 모델과 같은 3단계 심사모델(보호영역—제한—헌법적 정당화)이 아니라, 2단계 심사모델(차별/무차별—헌법적 정당화)로 구조화된다고 보는 견해가 일반적이다. 이에 따르면 평등권의 경우엔 보호영역이 없기 때문에 그에 대한 제한도 있을 수 없다고 한다. 따라서 평등권 심사 모델은 (a) 차별/무차별을 확인하고 (b) 그 헌법적 정당성 여부를 심사하는 2단계 과정으로 이뤄진다고 한다.[4]

생각건대, 평등권은 정치・경제・사회・문화적 생활의 모든 영역에서 각 개인이 일정한 비교의 관점에서 타인과 공통점을 갖고 있을 때 비교대상을 이루는 타인이 국가로부터 인정받는 지위와 동일한 지위를 누릴 수 있는, 상대적 또는 관계적 지위(status relativus)의 기본권이다.[5] 그러나 차별/무차별을 통해 평등권이 침해되었는지를 판단하기 위해서는 차별/무차별 여부를 확인하기 전에 먼저 비교집단 사이에 헌법적으로 중요한 공통점/차이점이 있는지를 심사해야 한다. 따라서 평등권 심사 모델은 사건 유형에 따라 다음과 같이 3단계 과정으로 구조화될 수 있을 것이다.[6]

---

3) 이에 대해서는 *J. Isensee*, Das Grundrecht als Abwehrrecht und als staatliche Schutzpflicht, in: J. Isensee/Kirchhof (Hrsg.), Handbuch des Staatsrechts der Bundesrepublik Deutschland, Bd. Ⅴ, 1992, § 111 Rn. 37 ff. 참조.

4) 이에 대해서는 *B. Pieroth/Schlink* (정태호 역), 독일기본권개론, 헌법재판소 2000, § 1 단락번호 10, § 11 단락번호 430 참조.

5) *P. Kirchhof*, Der allgemeine Gleichheitssatz, in: J. Isensee/Kirchhof (Hrsg.), Handbuch des Staatsrechts der Bundesrepublik Deutschland, Bd. Ⅴ, 1992, § 124 Rn. 276; *L. Osterloh*, Art. 3, in: M. Sachs (Hrsg.), Grundgesetz. Kommentar, 1996, Rn. 40 ff. 이러한 의미에서 옐리네크식(式)으로 상대적 내지 관계적 지위(status relativus)라는 새로운 범주를 인정해야 한다는 견해로는 *H. D. Jarass*, Bausteine einer umfassenden Grundrechtsdogmatik, in: AöR 120 (1995), S. 345 ff. (356 f.) 참조.

6) 이에 대해서는 *F. Müller/Christensen*, Juristische Methodik, Bd. Ⅰ, 8. Aufl., 2002, Rn. 491 ff. 참조.

〈사건 유형 1: 차별 사건>

(a) 구성요건적 사실들 간에 헌법적으로 중요한 공통점이 있는가?
(이 문제에 '예'라고 대답할 수 있는 경우에만 다음 문제로 넘어간다. 비교집단 사이에 헌법적으로 중요한 공통점이 있는지의 판단 기준은 헌법이다.)[7]

(b) 이렇게 서로 같은 사실들이 국가기관에 의해 헌법적으로 중요하게 서로 다른 것으로 다뤄지고 있는가?
(이 문제에 '예'라고 대답할 수 있는 경우에만 다음 문제로 넘어간다.)

(c) 서로 같은 사실들을 이렇게 서로 달리 취급해야 할 정당한 이유가 있는가?
(이 문제에 '아니오'라고 대답할 수 있는 경우에만 평등권이 침해되었다고 판단할 수 있다.)[8]

〈사건 유형 2: 무차별 사건>

(a) 구성요건적 사실들 간에 헌법적으로 중요한 차이점이 있는가?
(이 문제에 '예'라고 대답할 수 있는 경우에만 다음 문제로 넘어간다.)

(b) 이렇게 서로 다른 사실들이 국가기관에 의해 헌법적으로 중요하게 서로 같은 것으로 다뤄지고 있는가?
(이 문제에 '예'라고 대답할 수 있는 경우에만 다음 문제로 넘어간다.)

(c) 서로 다른 사실들을 이렇게 서로 같이 취급해야 할 정당한 이유가 있는가?
(이 문제에 '아니오'라고 대답할 수 있는 경우에만 평등권이 침해되었다고 판단할 수 있다.)

2. 평등권 심사 모델의 적용

위 심사 모델은 일반적 평등원칙과 개별적 평등원칙에 모두 적용될 수 있지만, 개별적 평등원칙의 규범프로그램에 따라 개별적·구체적인 모델로 특성화될 수 있다. 차별금지원칙의 심사 모델이 성차별금지원칙의 심사 모델로 특성화되는 것이 그 예다.

심사 모델을 적용할 때는 우선 일반적 평등원칙과 개별적 평등원칙이 일반법

7) 이에 대해서는 *F. Müller/Christensen* (주 6), Rn. 492 참조.

8) '정당한 이유'가 있는지 여부의 심사 방법에 대해서는 계희열, 헌법학(중), 223쪽 이하; 김주환, "입법자의 평등에의 구속과 그에 대한 통제," 헌법논총 제11집 (2000), 431쪽 이하 (463쪽 이하, 471쪽 이하) 참조.

과 특별법의 관계에 있는지를 확인한다. 헌법 제11조 제1항 제2문, 제32조 제4항, 제36조 제1항의 성차별금지원칙은 제11조 제1항 제1문의 일반적 평등원칙보다 우선하여 적용되는 특별규정이다. 따라서 성차별금지원칙이 적용되는 경우에는 일반적 평등원칙의 적용이 배제되기 때문에 일반적 평등원칙을 언급할 필요 없이 개별적 평등원칙만 언급하면 된다. 이것은 일반적 평등원칙의 구조적 개방성으로부터 나오는 자의금지원칙이 성차별금지원칙의 심사 기준으로 적용되지 않는다는 것을 의미한다.[9]

그러나 개별적 평등원칙이 적용된다고 해서 일반적 평등원칙의 적용이 항상 배제되는 것은 아니다. 일반적 평등원칙과 개별적 평등원칙 사이에 일반법과 특별법의 관계가 성립하지 않는 경우에는 양자가 병행 적용되기 때문이다. 예컨대 여성의 연령에 따른 선거권 제한의 경우 남성과의 관계에서는 헌법 제41조 제1항이나 제67조 제1항의 보통선거원칙과 제11조 제1항 제2문의 성차별금지원칙이 동시에 적용되지만, 연령이 다른 여성들과의 관계에서는 제11조 제1항 제1문의 일반적 평등원칙이 적용된다(사례 : 제대군인가산점 사건에서 여성비제대군인 vs 남성제대군인, 여성비제대군인 vs 여성제대군인).

성차별이 다른 기본권의 보호영역에 해당하는 경우에도 마찬가지다. 예컨대 성별에 의한 공무담임권 제한은 제11조 제1항 제2문의 성차별금지원칙과 제25조의 공무담임권 보장을 동시에 침해한다(사례 : 제대군인가산점 사건에서 여성비제대군인의 평등권, 공무담임권).

개별적 평등원칙의 적용영역에 해당하지 않거나 개별적 평등원칙에 위반되지 않는 경우에는 일반적 평등원칙이 적용된다(사례 : 제대군인가산점 사건에서 남성장애인의 평등권 : 남성장애인 vs 남성제대군인).

(예) 제대군인 가산점 사건에서 비교집단은?

— 간접적 성차별로 보는 경우 : 남성 vs 여성. 제11조 제1항 제2문이 적용됨. 이 경우 남성장애인 청구인의 평등권 침해 문제는? 일반적 평등원칙.

— 직접적 차별로 보는 경우 : 제대군인 vs 비제대군인. 일반적 평등원칙이 적용됨. 남성장애인 청구인의 평등권 침해 문제가 함께 해결됨.

문제는 제3단계 과정에서 차별/무차별의 헌법적 정당성 여부를 심사할 때 적용할 수 있는 기준과 방법을 평등권의 보호강도 및 통제강도에 맞춰 어떻게 다시 세분화·구조화할 것인가 하는 데 있다. 이것은 평등권 심사 모델의 법치국가적 합리성을 확보하려 할 때 필연적으로 제기되는 문제다. 일반적 평등원칙과 개

9) 김주환, "양성평등원칙의 구체화," 공법학연구 제8권 제3호(2007), 193쪽 이하(201쪽) 참조.

별적 평등원칙이 각각 독자적인 심사 기준과 방법에 의해 구체화되기 때문에 이하에서는 일반적 평등원칙을 중심으로 그 해법을 모색해 보기로 한다.

Ⅳ. 일반적 평등원칙의 심사 기준과 방법의 세분화 · 구조화

1. 일반적 평등원칙의 심사 기준과 방법

(1) 판 례

평등권 심사와 관련, 헌법재판소는 1999년 12월 23일 '제대군인 가산점' 결정에서 다음과 같은 심사기준을 제시한 바 있다.

> "평등위반 여부를 심사함에 있어 엄격한 심사척도에 의할 것인지, 완화된 심사척도에 의할 것인지는 입법자에게 인정되는 입법형성권의 정도에 따라 달라지게 될 것이다. 먼저 헌법에서 특별히 평등을 요구하고 있는 경우 엄격한 심사척도가 적용될 수 있다. 헌법이 스스로 차별의 근거로 삼아서는 아니 되는 기준을 제시하거나 차별을 특히 금지하고 있는 영역을 제시하고 있다면 그러한 기준을 근거로 한 차별이나 그러한 영역에서의 차별에 대하여 엄격하게 심사하는 것이 정당화된다. 다음으로 차별적 취급으로 인하여 관련 기본권에 대한 중대한 제한을 초래하게 된다면 입법형성권은 축소되어 보다 엄격한 심사척도가 적용되어야 할 것이다."[10]

이에 따르면 평등권의 심사 기준은 엄격한 심사척도와 완화된 심사척도로 구별된다. 심사척도의 선택 기준은 입법자에게 인정되는 입법형성권의 정도라고 한다. 즉, 입법형성권의 폭이 좁은 경우에는 엄격한 심사척도를 적용하고, 그 폭이 넓은 경우에는 완화된 심사척도를 적용한다는 것이다. 각 심사 기준에 따른 심사방법은 다음과 같다.

> "엄격한 심사를 한다는 것은 자의금지원칙에 따른 심사, 즉 합리적 이유의 유무를 심사하는 것에 그치지 아니하고 비례성원칙에 따른 심사, 즉 차별취급의 목적과 수단 간에 엄격한 비례관계가 성립하는지를 기준으로 한 심사를 행함을 의미한다."[11]

이를 통해 알 수 있듯, 엄격한 심사는 비례의 원칙에 따른 심사(이하 "비례성 심사")로서 차별취급의 목적과 수단 간에 엄격한 비례관계가 성립하는지를 심사하

10) 헌재 1999. 12. 23, 98헌마363, 판례집 11-2, 770(787).
11) 헌재 1999. 12. 23, 98헌마363, 판례집 11-2, 770(787 이하).

는 것이고, 완화된 심사는 자의금지원칙에 따른 심사(이하 "자의성 심사")로서 차별 취급에 합리적 이유가 있는지 여부만을 심사하는 것이다.

(2) 학 설

일반적 평등원칙의 심사 기준과 방법에 대해서는 다양한 견해가 제시되고 있다.

— 판례와 일치하는 견해,

— 자의성 심사로 통일하자는 견해,

— 비례성 심사로 통일하자는 견해,

— 미국식 심사 기준과 방법을 채택하자는 견해 등.

(3) 판례의 문제점

일반적 평등원칙의 심사 모델과 관련, 심사 기준과 방법의 합리화 방안을 모색하기 전에 먼저 위 판례의 문제점을 지적해 보면 다음과 같다.

첫째, 가장 결정적인 문제는 헌법재판소가 일반적 평등원칙의 효력영역 내부에서 심사척도의 이원화를 추구하고 있는지, 헌법상의 평등권 보장 체계에서 이를 추구하고 있는지 불명확하다는 것이다. 이것은 "평등위반 여부를 심사함에 있어" 라는 문구에서 표현되는 심사척도의 이원화 영역과 비례성 심사가 이뤄지는 영역의 불명확성에서 비롯된다. 즉, 일반적 평등원칙 위반 여부를 심사하는 경우에만 심사척도가 이원화된다는 것인지, 아니면 개별적 평등원칙 위반 여부를 심사하는 경우에도 그렇다는 것인지 불명확하다는 것이다. 게다가 "헌법에서 특별히 평등을 요구하고 있는 경우"와 "헌법이 스스로 차별의 근거로 삼아서는 아니 되는 기준을 제시하거나(예 : 제11조 제1항 제2문) 차별을 특히 금지하고 있는 영역을 제시하고 있는 경우(예 : 제32조 제4항)"는 개별적 평등원칙의 적용영역을 의미한다. 그 규범프로그램의 특수성을 고려할 때 이 영역에서 비례성 심사가 행해져야 하는 것은 당연하다. 그렇다면 일반적 평등원칙의 효력영역 내부에서 비례성 심사가 이뤄지는 사건 유형은 "차별적 취급으로 인하여 관련 기본권에 중대한 제한이 초래되는 경우"로 제한될 것이다.

둘째, '엄격한 심사'와 '완화된 심사'를 각각 비례성 심사와 자의성 심사의 의미로 사용하는 것이 과연 옳은지 의문이다. 비례성 심사가 이뤄지는 경우에도 엄격한 (비례성)심사와 완화된 (비례성)심사가 있을 수 있기 때문이다(예 : 2001년 2월 22일자 '국가유공자 가산점 결정'). 따라서 이 결정에서 의미하는 '엄격한 심사'는 '비례성 심사'로, '완화된 심사'는 '자의성 심사'로 그 표현을 변경하고, '엄격한 심사'는 엄격한 비례성 심사의 의미로, '완화된 심사'는 완화된 비례성 심사의 의미로 사용하는 것이 좋을 것 같다.

셋째, 비례성 심사를 "차별취급의 목적과 수단 간에 엄격한 비례관계가 성립하는지를 기준으로 한 심사"로 이해할 때 이것이 자유권 심사에 적용되는 비례의 원칙에 따른 심사와 동일한 것인지도 불명확하다.

넷째, 비례성 심사가 이뤄지는 경우에도 (예컨대 직업의 자유에서 단계이론에 따라 비례성 심사의 강도가 달라지는 것처럼) 헌법재판소의 통제 강도에 강약의 차이가 있을 수 있는지, 있을 수 있다면 강약의 차이를 결정하는 기준이 무엇인지, 그리고 강약의 차이에 따른 심사 방법이 무엇인지 불명확하다(사례 : 2001년 2월 22일자 '국가유공자 가산점' 결정).

다섯째, 자의성 심사와 비례성 심사의 관계도 불명확하다. 양자가 택일관계에 있는 것인지, 병행될 수 있는 것인지, 병행될 수 있다면 양자 사이에 적용순서가 있는지 불명확하다(예 : 자의성 심사 후 비례성 심사?).

2. 심사 기준과 방법의 합리화 방안

(1) 출발점 : 독일 연방헌법재판소의 '최신공식'

판례의 위와 같은 문제점들을 해소하고 일반적 평등원칙의 심사 모델을 세분화 · 구조화하기 위해서는 독일 연방헌법재판소의 '최신공식'을 검토해 볼 필요가 있다. 독일 연방헌법재판소 제 1 재판부는 1993년 1월 26일 제 2 차 '성전환자(Transsexuelle)' 결정에서[12] 일반적 평등원칙의 심사 기준과 방법을 다음과 같이 엄밀하게 세분화하고 있다.

> "일반적 평등원칙으로부터는 규율대상과 차별기준에 따라 각각 단순한 자의금지로부터 비례성 요청에의 엄격한 구속에 이르기까지 입법자에 대한 다양한 한계가 도출된다. 이와 같은 요청들의 단계화는 기본법 제 3 조 제 1 항의 문구와 의미, 그리고 동 조항과 다른 헌법규범들과의 관계로부터 나온다.
> 모든 인간은 법률 앞에 평등하다는 원칙은 무엇보다 정당하지 못한 인적 차별을 금지한다 할 것이므로, 입법자는 인적 집단을 불평등대우함에 있어 원칙적으로 엄격한 구속을 받는다(…). 이와 같은 구속은 인적 표지들이 기본법 제 3 조 제 3 항에 언급된 표지들에 수렴하면 할수록, 따라서 이에 근거한 불평등대우가 소수자의 차별로 이르게 될 위험성이 크면 클수록 그만큼 더 강해진다. 그러나 보다 강한 구속은 인적 차별에 국한되지 않는다. 그것은 사태의 불평등대우가 간접적으로 인적 집단의 불평등대우를

12) BVerfGE 88, 87 ff.

초래하는 경우에도 적용된다. 단지 행위 관련 차별의 경우에는 당사자가 자신의 행동을 통해 그 차별표지의 실현에 어느 정도로 영향을 미칠 수 있는가에 따라 그 주속의 정도가 달라진다(…). 더 나아가 사람이나 사태의 불평등대우가 기본권에 의해 보호된 자유의 행사에 불리한 영향을 미칠 수 있는 정도가 크면 클수록, 입법자의 형성의 여지에는 그만큼 더 좁은 한계가 설정된다(…).
입법자의 형성의 여지의 폭이 다양함에 따라 헌법재판소의 심사에서 통제의 강도도 단계화된다. 심사기준으로서 자의금지만이 고려된다면, 기본법 제3조 제1항의 위반은 차별의 비객관성(Unsachlichkeit)이 명백할 때에만 확인될 수 있다(…). 이에 반해 인적 집단을 차별대우하거나 기본권행사에 불리한 영향을 미치는 규정들의 경우에 연방헌법재판소는 그 규정된 차별과 관련하여 불평등한 법적 효과를 정당화할 수 있을 정도의 속성과 비중을 지니는 근거들이 존재하는가 여부를 구체적으로 심사한다(…)."[13]

(2) 심사 기준과 방법의 합리화 방안

(a) 심사 기준의 다양성

위 최신공식을 우리 헌법에 맞게 재구성하면 다음과 같다.

일반적 평등원칙은 입법자의 입법형성권에 한계를 설정한다. 입법자가 이 한계를 준수하였는지 여부를 통제함에 있어 헌법재판소는 규율대상과 차별기준에 따라 단순한 자의성 심사로부터 엄격한 비례성 심사에 이르기까지 다양한 심사 기준과 방법을 적용한다. 이와 같은 다단계 심사 기준과 방법은 헌법 제11조 제1항 제1문의 문구와 의미, 그리고 동 조항과 여타 헌법규범들과의 관계로부터 나온다.
"모든 국민은 법 앞에 평등하다"는 원칙은 무엇보다 인적 차별을 금지하는 것이므로 입법자가 인적 집단을 차별할 때에는 원칙적으로 엄격한 구속을 받는다. 입법자에 대한 구속은 인적 차별 기준이 헌법 제11조 제1항 제2문에 규정된 차별기준들과 밀접한 관계를 가질수록, 또한 그 차별이 소수자의 차별을 초래할 위험이 클수록 더욱더 강해진다. 입법자에 대한 엄격한 구속은 인적 차별에 국한되지 않는다. 물적 차별이 간접적으로 인적 집단의 차별을 초래하는 경우에도 입법자는 엄격한 구속을 받는다. 다만 행위 관련 차별의 경우에는 행위자(예: 헌법소원심판 청구인) 자신의 행동이 차별기준 해당성에 얼마나 영향을 미치는가에 따라 입법자에 대한 구속의 강도가 달라진다. 나아가 인적 또는 물적 차별이 기본권에 의해 보호되는 자유의 행사에 불리한 영향을 미칠수록 입법자에 대한 구속은 더욱 더 강해진다.
입법자에 대한 구속의 강도가 다양해짐에 따라 헌법재판소에 의한 통제의 강도도 단계화된다. 자의성 심사에 있어 일반적 평등원칙 위반은 차별의 비객관성 내지 비합리성이 명백할 때에만 인정된다. 반면 인적 집단을 차별하거나 기본권행사에 불리한 영향을 미치는 법률규정들에 대해서는 그 차별을 정당화할 수 있을 정도의 속성과 비중을 지니는 사유가 있는지, 구체적으로 심사를 하여야 한다.

---

13) BVerfGE 88, 87 (96 f.) — 괄호 안의 생략은 필자에 의한 것임.

이 공식에 따르면 일반적 평등원칙의 심사 기준과 방법은 규범영역, 즉 규율대상과 차별기준의 특성에 따라 결정되는 것이지, 미국 연방대법원 판례의 무비판적 수용을 통해 단계화되거나 추상적 기본권이론의 독단에 의해 획일적으로 결정되는 것이 아니다.

(b) 자의성 심사와 그 적용영역

자의성 심사는 명백성 통제로서, 차별의 비객관성 내지 비합리성이 명백할 때에만 일반적 평등원칙 위반이 인정된다. 즉, 차별규정과 차별영역 사이에 또는 차별기준과 비교집단 사이에 내적 관련성이 없음이 객관적으로 명백할 때 자의성이 인정된다.14)

자의성 심사가 적용되는 영역은 다음과 같다

—인적 차별을 초래하지 않는 물적 차별,
—행위 관련 차별이지만, 행위자가 자신의 행위조종을 통해 차별의 불이익을 피할 수 있었음에도 불구하고 자신의 귀책사유로 인해 차별의 불이익을 받고 있는 경우,
—인적 또는 물적 차별이 기본권에 의해 보호되는 자유의 행사에 영향을 미치지만 그 영향이 지극히 경미해 기본권제한을 인정할 수 없는 경우(예: 자유권 심사에서 기본권제한의 강도가 지극히 경미해 부적법 각하되는 경우),
—(재판소원이 허용되는 경우) 재판의 법적 근거가 무엇인지 알 수 없는 법적용 사건,15) 즉 오판 사건.16)

(c) 비례성 심사와 그 적용영역

비례성 심사는 비교집단 사이에 차별을 정당화할 수 있을 정도의 속성과 비중을 지니는 사유(차이점)가 있는지 구체적으로 심사하는 것이다. 비례성 심사는 비례의 원칙에 따라 심사하는 것이 일반적이다. 단, 자유권 심사에서는 기본권제한의 목적과 제한 사이의 비례성이 문제되지만, 평등권 심사에서는 차별의 목적과 차별 사이의 비례성이 문제된다. 특히 좁은 의미의 비례성 심사 단계에서는 비교집단 간 차이의 중대성과 차별의 중대성 사이에서 형량이 이뤄진다. 즉, 비교집단 간 사실상의 차이의 정도·비중과 차별의 정도·비중 사이에 상당한 비례관계가 성립하거나, 차별목적의 정도·비중과 차별의 정도·비중 사이에 상당한 비례관계

14) BVerfGE 1, 14(52) 참조.
15) BVerfGE 86, 59(63).
16) BVerfGE 89, 1(14).

가 성립해야 한다.

비례성 심사가 적용되는 영역은 다음과 같다

— 입법자가 인적 차별 기준에 의해 인적 집단을 차별하는 경우(인적 차별 기준이 헌법 제11조 제1항 제2문 등에 규정된 차별기준들과 밀접한 관계를 가질수록, 또한 인적 차별 기준에 근거한 차별이 소수자의 차별을 초래할 위험성이 클수록 엄격한 비례성 심사가 행해진다),
— 물적 차별이지만 간접적으로 인적 집단의 차별을 초래하는 경우,
— 행위 관련 차별이지만 당사자가 자신의 행위조종을 통해 차별의 불이익을 피할 수 없는 경우,
— 인적 또는 물적 차별이 기본권에 의해 보호되는 자유의 행사에 불리한 영향을 미치는 경우.

(d) 비례성 심사의 강도

비례성 심사 기준이 적용되는 경우에도 그 심사가 엄격한 비례성 심사인지 완화된 비례성 심사인지에 따라 심사강도에 차이가 있다. 독일 연방헌법재판소도 그 구체적인 심사 강도와 방법을 명확하게 제시하고 있지 않기 때문에, 엄격한 비례성 심사와 완화된 비례성 심사를 정확하게 구별·구현하는 방법의 문제에 대해서는 향후 논란이 예상된다. 비례성 심사의 강도에 대해서는 다양한 견해가 제시될 수 있다.

— 직업의 자유에 특수하게 적용되는 단계이론의 심사방식을 응용하자는 견해,
— 기능법적 통제 기준과 방법을 적용하자는 견해,
— 미국 연방대법원의 다단계 심사 기준과 방법을 적용하자는 견해,
— 심사 강도와 방법의 차이를 부정하는 견해 등.

생각건대, 비례성 심사가 비례의 원칙에 따라 행해진다는 점을 고려할 때 아무리 완화된 비례성 심사라 하더라도 비례의 원칙을 구성하는 개별원칙들은 모두 적용된다고 보아야 할 것이다. 그렇다면 엄격한 비례성 심사는 단계이론의 심사방식을 응용하는 방식으로 행해지거나, 기능법적 통제 기준과 방법을 적용하는 방식으로 행해져야 할 것이다.

(e) 자의성 심사와 비례성 심사의 관계

자의성 심사 기준만 적용되는 사건에서는 자의성 심사만 행해지고 비례성 심사는 행해지지 않는다. 문제는 비례성 심사 기준이 적용되는 사건에서도 자의성

심사가 행해지는지, 행해진다면 심사기준의 적용 순서가 어떻게 되는가 하는 것이다. 자의금지원칙은 입법자에게 광범위한 입법형성권이 인정되는 경우에도 입법자가 절대로 벗어날 수 없는 최후의 한계선으로 작용한다. 즉, 차별이 자의성 심사기준에 위반하면 더 이상 비례성 심사를 거칠 필요도 없이 이미 그 자체로서 일반적 평등원칙 위반이다. 따라서 비례성 심사 기준이 적용되는 경우에도 자의성 심사가 먼저 행해지고, 이어서 비례성 심사가 행해져야 한다.[17]

V. 맺 음 말

— 일반적 평등원칙의 심사 기준 및 방법과 관련, 헌법재판소는 1999년 12월 23일 '제대군인 가산점' 결정에서 제시한 심사 모델의 문제점을 해소하고 일반적 평등원칙의 심사 모델을 세분화·구조화해야 한다.

— 위 결정에서 의미하는 '엄격한 심사'는 '비례성 심사'로, '완화된 심사'는 '자의성 심사'로 그 표현을 변경하고, '엄격한 심사'는 엄격한 비례성 심사의 의미로, '완화된 심사'는 완화된 비례성 심사의 의미로 사용하는 것이 좋을 것 같다.

— 자의성 심사의 영역과 비례성 심사의 영역을 명확히 구별할 필요가 있다. 특히, 행위 관련 차별이지만, 당사자가 자신의 행위조종을 통해 차별의 불이익을 피할 수 있었음에도 불구하고 자신의 귀책사유로 인해 차별의 불이익을 받고 있는 사건인지, 당사자가 자신의 행위조종을 통해 차별의 불이익을 피할 수 없는 사건인지 구별할 필요가 있다.

— 자의성 심사 기준만 적용되는 사건에서는 자의성 심사만 행해지고 비례성 심사는 행해지지 않는다.

— 차별이 자의성 심사 기준에 위반하면 더 이상 비례성 심사를 거칠 필요도 없이 이미 그 자체로서 일반적 평등원칙 위반이다. 따라서 비례성 심사 기준이 적용되는 경우에도 자의성 심사가 먼저 행해지고, 이어서 비례성 심사가 행해져야 한다.

— 비례성 심사 기준이 적용되는 경우에도 그 심사가 엄격한 비례성 심사인지 완화된 비례성 심사인지에 따라 심사강도에 차이가 있다. 그러나 그 구체적인 심사 강도와 방법이 명확하지 않기 때문에 엄격한 비례성 심사와 완

17) *G. Manssen*, Grundrechte, 2000, Rn. 739 참조

화된 비례성 심사를 정확하게 구별·구현하는 방법을 찾아야 한다.

<첨 부>

1. 비교집단의 설정과 관련한 현안사건에 대한 발제자의 검토의견
2. 비교집단과 관련한 요약검토(김상우 연구관)에 대한 발제자의 검토의견

<첨부 1>

비교집단의 설정과 관련한 현안사건에 대한 발제자의 검토의견

사　　건　　200*헌바*　우체국예금 · 보험에관한법률 제45조 위헌소원
청 구 인　　서울특별시

1. 사건의 개요와 심판의 대상

가. 사건의 개요

청구외 노승렬은 2005. 2. 22. 현재 청구인에게 납부하여야 할 주민세, 종합토지세 등 지방세 25,168,210원을 체납하였다. 이에 청구인은 위 같은 날 지방세법 제28조 제1항 제1호에 따라 위 노승렬이 대한민국(소관 : 정보통신부 우정사업본부)에 대하여 가지는 보험금청구채권[① 다보장보험 3 형(증서번호 : 93220282410), ② 체신건강보험(증서번호 : 96517455 410)]을 압류 · 추심하기 위하여 2005. 2. 28. 정보통신부에 채권압류 및 추심요청 공문을 발송하였고 2005. 3. 4. 동 공문이 접수되었다.

정보통신부 우정사업본부장은 2005. 3. 4. 청구인에게 위 각 보험금청구채권이 우체국예금 · 보험에관한법률에 의한 보험급여로서 동법 제45조에 의하여 압류가 금지되어 있어 청구인의 채권압류 및 추심요청에 응할 수 없다고 통보하였다.

이에 청구인은 대한민국을 상대로 추심금의 지급을 구하는 소(서울중앙지방법원 2005가단196341)를 제기하고 그 재판계속 중 우체국예금 · 보험에관한법률 제45조의 위헌여부가 위 재판의 전제가 된다고 하여 위헌법률심판제청신청(같은 법원 2005카기8173)을 하였고, 위 청구소송과 위헌법률심판제청신청이 기각되자, 위 법률조항이 우체국보험 가입자에 비하여 일반 보험상품 가입자를 합리적인 이유 없이 차별대우하는 것으로 헌법에 위반된다고 하여 그 위헌확인을 구하는 이 사건 헌법소원심판을 청구하였다.

나. 심판의 대상

이 사건의 심판대상은 우체국예금 · 보험에관한법률(이하 '법'이라 한다) 제45

조(이하 '이 사건 법률조항'이라 한다)의 위헌여부이다.

[심판대상 법률조항]

법 제45조(수급권의 보호) 보험금 또는 제38조의 규정에 의한 환급금을 지급받을 권리는 이를 양도하거나 압류할 수 없다.

[검토의견]

1. 일반적 평등원칙의 문제인지(+)

이 위헌소원(헌바) 사건의 청구인은 서울특별시, 즉 지방자치단체다. 이 사건이 권리구제형 헌법소원(헌마) 사건이라면, 지방자치단체는 청구인능력이 없으므로 청구인의 심판청구는 부적법하여 각하되어야 할 것이다. 그러나 규범통제형 헌법소원심판의 기능은 기본권 침해 여부를 판단하는 것이 아니라, 재판의 전제가 되는 법률규정의 위헌여부를 판단하는 것이다. 즉, 주관적 권리 보호를 추구하는 것이 아니라, 객관적 헌법보호를 추구하는 것이다. 따라서 이 사건에서 문제가 되는 것은 우체국예금·보험에관한법률(이하 법) 제45조가 "본질적으로 같은 것은 같게, 본질적으로 다른 것은 각각 그 특성에 따라 다르게" 규율하라는 객관적 원칙규범으로서의 일반적 평등원칙에 위반되는지 여부를 판단하는 것이다.

2. 우체국 보험 가입자와 일반 인보험 가입자를 비교집단으로 설정할 수 있는가?—선택가능한 대안이 존재한다는 점에서 평등권 침해가 애당초 아닌 것인지(—)

(1) 비교집단을 설정하기 위해서는 우선 차별을 받고 있는 자가 누구인지를 확인해야 한다. 법 제45조는 우체국보험 가입자의 수급권을 보호하기 위하여 일반 인보험 가입자의 수급권과 달리 이를 압류대상에서 제외하고 있다. 그러나 "압류할 수 없다"는 규정은 성질상 우체국보험 가입자의 채권자를 수범자로 한다. 따라서 법 제45조의 수급권 보호 규정은 우체국보험 가입자의 수급권 보호라는 형식을 통해 간접적으로 일반 인보험 가입자의 채권자에 비해 우체국보험 가입자의 채권자를 차별하는 인적 차별을 초래하고 있다. 그렇다면, 이 사건에서 비교집단은 '우체국보험 가입자의 채권자'와 '일반 인보험 가입자의 채권자'가 된다.
반면 법 제45조의 "양도(할 수 없다)"가 문제될 때는 우체국보험 가입자가 일반 인보험 가입자에 비해 차별을 받는 것이 된다.
(2) 우체국보험에 가입할 것인지 일반 인보험에 가입할 것인지는 어디까지나 가입자 자신이 자유롭게 판단하고 결정할 사항이지, 가입자의 채권자가 일방적으로 결정할 수

있는 문제가 아니다. 우체국보험 가입 여부가 전적으로 가입자의 선택에 의해 결정될 뿐 아니라 입법자에 의해 압류 가능성 여부가 일방적으로 결정되기 때문에, 이 사건 청구인은 자신의 행위지배를 통해 '우체국보험 수급권의 압류 금지'라는 차별의 불이익을 피할 수 있는 지위에 있지 않다. 규범영역의 이와 같은 특성을 고려해 볼 때 이 사건에서 법 제45조의 차별이 헌법적으로 정당화될 수 있는지 여부는 엄격한 비례성 심사 기준에 의거해 판단해야 할 것이다.

3. 우체국 보험 가입자의 채권자와 일반 인보험 가입자의 채권자를 비교집단으로 삼을 수 있을 것인지(+)

위 2. (1)에서 이미 언급한 바와 같이 법 제45조에 의해 차별의 불이익을 받는 자는 청구인이다. 청구인에 비해 상대적으로 이익을 얻고 있는 자는 일반 인보험 가입자의 채권자이다. 비교집단을 이루는 '우체국보험 가입자의 채권자'와 '일반 인보험 가입자의 채권자'는 '보험가입자의 채권자'라는 공통점을 가지고 있는 반면, 차이점은 오로지 그 채무자가 가입한 보험이 우체국보험인가 일반 인보험인가에 있을 뿐이다. 따라서 비교집단의 차이점은 보험가입자의 지위나 자격이 변수로 작용하지 않는 한 우체국보험과 일반 인보험의 차이점으로 귀결된다.

그렇다면 이제 문제가 되는 것은 법 제45조(수급권의 보호)의 차별목적이 무엇인지(예: 우체국보험 가입자의 생활의 안정성 보장, 우체국보험상품의 거래의 안전 도모 등), 법 제45조의 차별을 통해 이 목적을 달성할 수 있는지, 법 제45조의 차별이 이 목적을 달성할 수 있는 많은 수단들 중에서 청구인에게 가장 경미한 불이익을 주는 수단인지, 비교집단 사이에 존재하는 차이점이 법 제45조의 차별을 정당화할 수 있을 정도의 속성과 비중을 가지고 있는지, 차별목적이 법 제45조의 차별을 정당화할 수 있을 정도로 중대한 의미와 비중을 가지고 있는지를 심사해 보아야 한다.

<첨부 2>

비교집단과 관련한 요약검토에 대한 발제자의 검토의견

—평등원칙 적용시 비교집단의 분류—

1. 우리 재판소의 평등원칙 비교기준

"평등의 원칙은 입법자에게 본질적으로 같은 것을 자의적으로 다르게, 본질적으로 다른 것을 자의적으로 같게 취급하는 것을 금하고 있다. 그러므로 비교의 대상을 이루는 두 개의 사실관계 사이에 서로 상이한 취급을 정당화할 수 있을 정도의 차이가 없음에도 불구하고 두 사실관계를 서로 다르게 취급한다면, 입법자는 이로써 평등권을 침해하게 된다. 그러나 서로 비교될 수 있는 사실관계가 모든 관점에서 완전히 동일한 것이 아니라 단지 일정 요소에 있어서만 동일한 경우에, 비교되는 두 사실관계를 법적으로 동일한 것으로 볼 것인지 아니면 다른 것으로 볼 것인지를 판단하기 위하여는 어떠한 요소가 결정적인 기준이 되는가가 문제된다. 두 개의 사실관계가 본질적으로 동일한가의 판단은 일반적으로 당해 법률조항의 의미와 목적에 달려있다(헌재 1996. 12. 26, 96헌가18, 판례집 8-2, 680, 701; 헌재 2001. 11. 29, 99헌마494, 판례집 13-2, 714, 727-728)."

평등은 늘 두 개의 비교집단을 전제로 하는 것이다. 다른 처우를 한다는 것은 반드시 다른 하나의 집단에 비하여 못한 처우를 받는 집단이 필연적으로 있기 마련이다.

[검토의견]

비교집단을 이루는 사실(관계)들이 본질적으로 같은 것들인지, 다른 것들인지를 판단할 때 그 기준이 되는 것은 '헌법'이다.[18]

이 사건에서 비교집단을 이루는 것은 '우체국보험 가입자의 채권자'와 '일반 인보험 가입자의 채권자'다. 이들이 본질적으로 같은 자들인지 다른 자들인지를 판단함에 있어 '당해 법률조항의 의미와 목적', 즉 법 제45조의 의미와 목적을 기준으로 판단하면, 우체국보험 가입자의 수급권 보호를 규정하고 있는 법 제45조가 이미 이들이 본질적으로 다르다는 점에서 출발하고 있기 때문에 입법자의 유형화 기술에 현혹되어 이들

18) 김주환, "평등권의 다차원적 성격," 인권과 정의, 2004. 6, 122쪽 이하(127쪽).

이 본질적으로 같은지 다른지를 올바르게 판단할 수 없다.

그러나 헌법을 판단기준으로 삼게 되면, 이들이 본질적으로 다르다는 점에서 출발하여 이들의 차별을 명하고 있는 규정이 그 어디에도 없을 뿐만 아니라, 헌법 제11조 제1항 제1문은 "모든 국민은 법 앞에 평등하다"고 규정하고 있기 때문에 이 비교집단이 본질적으로 같다는 점에서 출발해야 함을 알 수 있다. 또한, 그렇기 때문에 차별이 문제됨을 알 수 있다.

2. 차등분류란 무엇인가[19]

평등보호의 분석은 항상 정부가 어떻게 사람들 사이를 구별하고 있는가를 확인하는 데서부터 시작하여야 한다. 때로는 이것이 명백한 경우도 있고, 때로는 그것이 소송의 초점이 될 경우도 있다.

차등분류를 확정하는 데에는 두 가지 기본적인 방법이 있다. 하나는 차등분류가 법의 문면상으로 존재하는 경우이다. 문언 자체가 어떤 특별한 특징에 기하여 사람들 사이를 구분하고 있는 경우이다. 예를 들면, 흑인이 배심원이 되는 것을 금지하는 법률은 명백한 문언상 인종차별이고, 16세 이상만이 운전면허를 취득할 수 있다는 법률은 명백히 연령 기준의 차등분류이다.

한편 문언상으로는 중립적인 법률이지만, 그 법률에 차별적 영향이 있거나 그 집행으로부터 차별적 효과가 있는 경우이다. 예를 들면, 모든 경찰관은 5피트 10인치 이상의 신장과 150파운드 이상의 체중을 가져야 한다고 규정한 법률은 문면상으로는 단지 신장과 체중의 분류일 뿐이다. 그러나 통계적으로 볼 때 남자의 40%는 이 요건을 충족시키지만 여자는 2%만이 이 요건을 충족시킬 수 있다. 결과적으로 그 법률은 경찰관의 채용에 있어서 여성에 대하여 차별적인 영향을 갖게 된다. 이와 같은 경우에 미국 연방대법원은 차별적 영향만으로는 인종적·성적 차별을 입증하는 데 충분치 않다는 점을 분명히 하여 그 법의 배후에 차별적 목적이 있다는 점을 입증하여야 한다고 판시하였다.

결국 차등분류의 존재를 증명하는 데에는 두 개의 선택적 방법이 있다. 즉 그 차등분류가 법의 문면상으로 존재함을 제시하거나 혹은 문면상 중립적인 법률이라도 차별적 영향과 차별적 목적이 있음을 제시하는 것이다.

19) 미국헌법연구회(역), 헌법 원칙과 정책(하), 헌법재판소, 2006. 9, 932쪽 이하 참조.

[검토의견]

위 "차등분류"는 '차별'의 의미로 이해된다. 차별의 유형으로 직접차별과 간접차별이 설명되고 있다. 문제는 간접차별을 인정할 것인가 하는 데 있다.

최근에는 특히 개별적 평등원칙과 관련, 간접차별을 인정하는 경향이 강하다. 개별적 평등원칙으로서의 차별금지원칙(예 : 성차별금지원칙)은 성질상 매우 엄격한 차별금지를 규정하고 있기 때문에 가급적 그 효력을 강화하기 위하여 간접차별을 인정, 이를 그 적용영역에 포함시켜 엄격히 금지하기 위해서다. 따라서 차별을 인정함에 있어 과거에는 '차별의 목적성(Finalität)'이 요구되었으나, 이제는 당해 법률규정과 차별효과 사이에 '인과관계'가 성립하면 충분한 것으로 보고 있다. 그 결과, 과거에는 차별의 목적성의 입증책임을 간접차별의 피해자에게 부과하였으나, 이제는 간접차별의 가해자에게 인과관계 부정의 입증책임을 부과하고 있다.

그러나 일반적 평등원칙의 경우에도 간접차별을 인정할 실익이 있는지는 의문이다. 직접차별로 보든 간접차별로 보든, 결국 적용되는 헌법규정은 일반적 평등원칙이기 때문이다. 일반적 평등원칙의 심사 기준과 방법이 다양하다는 점을 고려해 볼 때, 일반적 평등원칙에서 문제가 되는 것은 오히려 직접적인 '물적' 차별을 간접적인 '인적' 차별로 파악하고 이에 맞춰 자의성 심사 기준 대신에 엄격한 비례성 심사 기준을 적용하는 것이다.

3. 사물의 차별과 사람의 차별[20]

① 인적 요소를 직접적인 기준으로 하여 서로 다른 처우를 하는 경우

헌법 제11조 제1항 후문에서 규정하는 "누구든지 성별·종교 또는 사회적 신분에 의하여 … 차별을 받지 아니 한다"에서 들고 있는 요소들을 구별의 기준으로 하는 경우이다.

② 사물의 속성을 기준으로 하되 그 속성이 사람에게 결합되어 있는 경우

사물의 속성을 기준으로 한 다른 대우지만, 그 속성이 사람에게 부착되어 있는 경우라면 이는 아래에서 보는 세 번째의 경우에 해당하지 아니한다. 헌법재판소에서 평등권침해로 다루어지는 대부분의 경우가 여기에 속할 것이고, 여기에 대해서는 자의성심사로 족하다 할 것이다.

20) 정주백, 절대적 평등론, 2006년 가을세미나자료 참조.

[검토의견]

간접적인 인적 차별이 있는 경우에는 원칙적으로 비례성 심사 기준이 적용된다. 그러나 그 차별이 기본권에 의해 보호되는 자유의 행사에 영향을 미치지만 그 영향이 지극히 경미해 기본권제한을 인정할 수 없는 경우에는 자의성 심사 기준이 적용된다. 따라서 간접적인 인적 차별이 있다고 해서 곧바로 비례성 심사 기준을 적용해서는 안 된다.

예를 들어 보자. 고급오락장용 건축물에 대하여 재산세를 중과하는 것이 그 소유자의 평등권을 침해하는가?[21] 먼저 이를 규정한 법률조항은 사람의 속성을 기준으로 다른 처우를 하는 것이 아니다. 사물인 건축물이 고급오락장용에 해당하는가, 그렇지 아니한가를 따져 고급오락장용 건축물에 해당하는 경우 재산세를 중과하도록 하고 있다. 사람이 고급오락장용 건축물을 소유하고 안 하고는 자유에 속하는 것이므로 평등의 문제가 생기지 않는다고 말할 수 있을까? 만일 그리 본다면 이 경우는 아래 세 번째의 경우에 해당하게 될 것이나, 이 경우는 사물의 속성이 사람에게 결합되어 있다고 봄이 옳을 것이다. 즉 어떤 사람이 고급오락장용 건축물을 소유할 것인가 아니할 것인가는 그 사람의 경제적 자유에 해당하는 것이고, 어떤 세부담의 문제만으로 그 선택이 이루어지는 것이 아니다. 그렇다면 이는 평등심사에 나아감이 상당하고, 그 기준은 자의성 심사로 족하다. 대부분의 평등문제는 여기에 속할 것이다.

[검토의견]

이 사건에서는 일반적 평등원칙으로부터 나오는 조세평등의 원칙이 적용된다. 조세의 종목과 세율을 정하는 것은 입법자의 사항이기 때문에 이 영역에서 입법자는 비교적 광범위한 입법형성권을 갖는다. 그러나 이 사건에서는 중과세라는 차별효과로 인하여 당사자가 고급오락장용 건축물을 매도해야 할 만큼 차별이 기본권에 의해 보호되는 자유의 행사에 중대한 영향을 미치고 있는지 여부가 문제된다. 헌법상의 재산권 보장은 재산 그 자체의 존속을 보장하는 것이 아니라, 재산권의 존속을 보장하는 것이기 때문에 중과세가 재산권 행사에 불리한 영향을 미치는지 여부는 중과세의 속성과 비중에 의해 결정된다고 볼 것이다. 따라서 이 사건에서는 차별기준과 비교집단들 사이에 내적 관련성이 있는지, 비교집단 간 차이점이 중과세를 정당화할 수 있을 정도의 속성과 비중을 가지고 있는지, 중과세의 속성과 비중이 차별목적과의 관계에서 좁은 의미의 비례성을 유지하고 있는지를 심사하는 완화된 심사가 행해지게 될 것이다.

---

21) 헌재 2003. 12. 18, 2002헌바16, 판례집 15-2, 487쪽 이하 참조.

③ 완전히 사물의 속성을 기준으로 하고 각 사물에 대한 선택은 사람에게 개방되어 있는 경우

사람이 선택할 수 있는 사물들 간의 차별문제는 평등의 문제를 야기하지 아니한다. 우리는 사람이 평등해지기를 바라는 것이지 사물의 평등을 바라는 것이 아니다. 어떤 사람이 a를 선택하면 A라는 법적 효과가 주어지고, b를 선택하면 B라는 법적 효과가 주어지는데, a를 선택하고 나서 왜 b를 선택한 사람과 차별하느냐고 묻는 것이다. 이는 평등과 무관하다. 아래 우리 재판소의 선례가 이에 해당한다.

[검토의견]

위 설명은 행위 관련 차별이 있지만 당사자가 자신의 행위 지배를 통해 차별의 불이익을 피할 수 있는 사건에 관한 것이다. 이 경우에는 당사자의 평등권 보호 강도가 약하기 때문에, 차별기준과 비교집단들 사이에 내적 관련성이 있는지를 심사하는 자의성 심사로 족하다.

4. 우리 재판소에서 차별로 보지 않은 선례

"우리 헌법이 예정하고 있는 인간상은 자기결정권을 지닌 창의적이고 성숙한 개체로서의 국민이다. 그는 자신이 스스로 선택한 인생관·사회관을 바탕으로 사회공동체 안에서 각자의 생활을 자신의 책임 하에 스스로 결정하고 형성하는 민주시민이다(헌재 1998. 5. 28, 96헌가5, 판례집 10-1, 541, 555). 임대주택사업을 할 것인지, 임대주택업을 하더라도 임대주택법상의 임대사업자로 등록할 것인지(임대주택법 제6조 참조), 임대주택에 대한 소유권을 취득할 것인지 여부의 선택은 모두 청구인에게 개방되어 있다. 그렇다면, 청구인은 각 선택대안의 장단점을 따져 보고 여러 가지 상황을 검토하여 자신에게 가장 유리한 대안을 선택해야 할 것이고 그 선택에 대하여는 책임을 지는 것이 우리 헌법이 예정하고 있는 민주시민의 모습이다. 그와 같은 맥락에서 우리 재판소는 이미, 선택가능한 대안들 사이에 어떤 차이가 있다고 하여 이를 차별이라 할 수 없다는 점을 밝힌 바 있다(헌재 2004. 9. 23, 2003헌바24, 판례집 16-2, 525; 2006. 2. 23, 2004헌바80, 판례집 18-1 상, 208, 222-222 참조)."

[검토의견] 위 사건유형 ③에 해당함.

5. 200*헌바* 사건 연구보고서 검토

가. 우체국 보험 가입자와 일반 인보험 가입자를 비교집단으로 삼을 수 있는가

이 경우는 위 비교집단 사이의 차별은 선택가능한 대안들 사이에 차이가 있는 경우로 차별이라고 할 수 없을 것이다. 우리 재판소의 위 선례와 같은 경우이다.

나. 우체국 보험 가입자의 채권자와 일반 인보험 가입자의 채권자를 비교집단으로 삼을 수 있는가

이 사건 법률조항의 내용을 보면, "보험금 또는 제38조의 규정에 의한 환급금을 지급받을 권리는 이를 양도하거나 압류할 수 없다"라고 규정하고 있어서 그 문언상으로도 우체국 보험 가입자의 채권자와 일반 인보험 가입자의 채권자를 차등분류하고 있는 것으로 볼 수 있어서 유의미한 비교집단으로 볼 수 있다고 판단된다.

다. 우리 재판소의 선례

"이 사건 법률조항은 채무자인 공무원이 받는 법상의 급여수급권 전액에 대하여 압류를 금지하고 있으므로 퇴직공무원에 대한 채권자인 청구인들의 재산권을 제한하고 있다고 할 수 있다. 그리고 민사소송법 제579조 제4호가 공무원 이외의 일반퇴직금, 퇴직연금 등 급여채권에 대하여는 2분의1 상당액까지 압류를 허용하고 있는 데에 반하여, 이 사건 법률조항이 퇴직공무원의 급여수급권에 대하여는 압류를 전액 금지하고 있으므로, 일반 퇴직급여수급권자의 채권자에 비하여 법상 퇴직급여수급자인 퇴직공무원의 채권자를 차별한다고 할 수 있고, 또한 이 사건 법률조항의 단서가 법상의 연금수급권에 대하여는 국세징수법 등 법률에 의한 체납처분의 대상으로 할 수 있도록 허용하고 있는 데에 반하여, 이 사건 법률조항이 사법상 청구권의 실현을 위한 강제집행을 전면 금지하고 있으므로, 국가 또는 지방자치단체에 비하여 사법상 채권자를 차별한다고 할 수 있다(헌재 2000. 3. 30, 98헌마401, 공보 제44호, 322, 325-325)."

[검토의견] 위에 대해서는 <첨부 1> 검토의견 참조

제 83 회 발표회 지정토론문

이 준 일*

I. 전 제

1. 상대적 평등을 내용으로 하는 평등원칙을 둘러싼 논증의 구조는 비교대상에 대한 비교(평가)의 과정이다. 이러한 비교의 과정은 비교대상을 같은 것으로 보아 평등대우를 해야 한다는 주장/논거와 비교대상을 다른 것으로 보아 차별(불평등)대우를 해야 한다는 주장/논거 사이에 벌어지는 합리성(논거의 질, quality)에 관한 논증게임으로 재구성해 볼 수 있다.[1])

2. '합리성에 관한 논증게임'이라는 평등에 관한 논증의 구조적 특성은 좁은 의미의 비례성과 관련된 논증구조(문제가 된 기본권의 우월성을 주장하는 논거와 그 기본권과 충돌하는 기본권이나 법익의 우월성을 주장하는 논거의 논증게임)[2])와 유사하다는 점에서 평등심사에서 비례성원칙의 적용이 문제된다.[3]) 하지만 평등에 관한 논증구조는 비교를 둘러싼 합리성/논증게임인 반면에 자유(및 권리, 다만 평등권은 제외)에 관한 논증구조는 구성요건(보호영역)과 제약행위(Eingriff)를 둘러싼 합리성/논증게임이라는 점에서 근본적인 차이가 존재한다. 그리고 평등원칙의 주관적 측면인 평등권의 관점에서도 평등권은 보호법익이 없고, 따라서 제약행위가 존재할 수 없다. 따라서 자유에 관한 논증에서 요구되는 비례성요청을 평등에 관한 논증에 그대로 적용할 수는 없다.

3. 평등을 둘러싸고 다양한 논거들을 주고받는 논증게임의 밀도를 조율하는 것은 헌법재판소의 몫이다. 예를 들어 기본권제한과 관련된 논증게임의 밀도를 조절하기 위한 기준으로 제시되는 ① '명백성통제,' ② '주장가능성통제,' ③ '강화된 내용통제'를 평등과 관련된 논증게임에도 적용해 볼 수 있다. 이에 따르면 평등에

---

* 고려대학교 법과대학 교수.

1) 논증게임으로서 상대적 평등의 논증구조에 대한 자세한 설명은 이준일, 「차별금지법」(2007), 31면 이하 참조.

2) 좁은 의미의 비례성원칙을 포함한 비례성심사의 구조에 대해서 이준일, 「헌법학강의」(제 2 판, 2007), 382면 이하 참조.

3) 그밖에 평등원칙의 적용과 관련하여 비례성원칙이 적용되어야 하는 것처럼 보이는 이유에 대해서는 이준일, 「헌법학강의」, 470면 이하 참조.

관한 논증게임에서 심판의 역할을 맡는 헌법재판소는 ① '자의성(비객관성)심사,' ② '완화된 비례성심사,' ③ '엄격한 비례성심사' 등으로 세분화하여 합리성에 관한 논증게임의 밀도를 조절할 수 있다. 이러한 논증게임의 밀도조절은 헌법에 의하여 직접적으로 평등대우/차별대우가 명령되거나 금지되지 않는 한 원칙적으로 문제가 된 기본권, 민주적 입법자의 형성의 자유 등의 비중을 고려하여 헌법재판소가 합리적인 범위 안에서 자율적으로 판단할 수 있다. 중요한 것은 논증게임의 밀도는 양적(정도) 차이일 뿐이지 질적 차이가 아니라는 점이다. 이런 의미에서 종래의 자의금지원칙은 비례성원칙에 포함될 수 있다.

Ⅱ. 질 문

위에서 언급한 기본전제 위에서 발표문의 내용을 인용하면서 몇 가지 질문의 요지를 정리해보기로 한다.

1. "그러나 차별/무차별을 통해 평등권이 침해되었는지를 판단하기 위해서는 차별/무차별 여부를 확인하기 전에 먼저 비교집단 사이에 헌법적으로 중요한 공통점/차이점이 있는지를 심사해야 한다. 따라서 평등권 심사 모델은 사건 유형에 따라 다음과 같이 3단계 과정으로 구조화될 수 있을 것이다."(발표문 262면)

요지 : 비교대상(A/B)에 대한 비교를 통해 공통점(같음)과 차이점(다름)을 확인하는 과정은 순수하게 경험적인 인식의 과정이 아니라 이미 그 과정에 규범적인 평가가 개입되는 것은 아닌지? 따라서 비교대상에 대한 공통점 또는 차이점을 확인하는 과정에서 비교대상에 대한 평등대우(x)와 차별(불평등)대우(y)가 결정이 동시에 진행되는 것은 아닌지? 결론적으로 평등심사는 3단계 심사 [① 공통점/차이점 → ② 평등/차별 → ③ 정당/부당]가 아니라 2단계 심사 [① 공통점 · 평등대우/차이점 · 차별대우 → ② 정당/부당]가 아닌지?

2. "비례성 심사는 비례의 원칙(=과잉금지원칙)에 따라 심사하는 것이 일반적이다. 단, 자유권 심사에서는 기본권제한의 목적과 제한 사이의 비례성이 문제되지만, 평등권 심사에서는 차별의 목적과 차별 사이의 비례성이 문제된다. 특히 좁은 의미의 비례성 심사 단계에서는 비교집단 간 차이의 중대성과 차별의 중대성 사이에서 형량이 이뤄진다."(발표문 269면)

요지 : 자유권 문제에 대한 비례성심사와 평등권 문제에 대한 비례성심사를 구분하고 있는 것으로 보이지만 평등권에 관한 비례성심사를 사실상 기본권제한의 목적과 일치하는 차별의 목적과 기본권제한과 일치하는 차별의 비례성에 관한 심사로 이해하여 양자를 실질적으로 동일하게 봄으로써 평등권 문제를 자유권 문제로 환원하는 것은 아닌지? 결국 "차별적 취급으로 인하여 관련 기본권에 대한 중대한 제한을 초래"하는 경우에 엄격한 심사인 비례성심사를 해야 한다는 헌법재판소(또는 독일 연방헌법재판소)의 견해와 동일한 결과에 이르는 것은 아닌지?

3. "자의성 심사는 명백성 통제로서, 차별의 비객관성 내지 비합리성이 명백할 때에만 일반적 평등원칙 위반이 인정된다."(발표문 269면) "비례성 심사 기준이 적용되는 경우에도 그 심사가 엄격한 비례성 심사인지 완화된 비례성 심사인지에 따라 그 강도에 차이가 있다." "차별이 자의성 심사 기준에 위반하면 더 이상 비례성 심사를 거칠 필요도 없이 이미 그 자체로서 일반적 평등원칙 위반이다. 따라서 비례성 심사 기준이 적용되는 경우에도 자의성 심사가 먼저 행해지고, 이어서 비례성 심사가 행해져야 한다."(이상 발표문 269면)

요지 : 자의성심사와 비례성심사, 완화된 비례성심사와 엄격한 비례성심사를 구분하여 단계화하면서 전자는 질적 차이로, 후자는 양적(정도 또는 강도) 차이로 이해하고 있는데 양자 모두 양적 차이는 아닌지? 결국 평등심사는 비례성심사로 일원화되어야 하는 것은 아닌지? 그렇다면 그 전제가 되는 "인적 차별"과 "물적 차별"의 구분은 무의미한 것은 아닌지?(사실 인적 차별과 물적 차별의 구분이 가능한 것인지도 문제될 수 있으나 직접적 인적 차별과 간접적 인적 차별로 재구성할 수 있다는 점에서 여기서는 문제를 제기하지 않음)

Ⅲ. 구체적 사안의 경우

1. 문제가 된 사안에서 비교대상은 ① 우체국보험과 일반 인보험, ② 우체국보험 가입자와 일반 인보험 가입자, ③ 우체국보험 가입자의 채권자와 일반 인보험 가입자의 채권자로 구분해 볼 수 있다. 이러한 구분에 공통적으로 기초가 되는 기준은 보험금청구채권의 압류금지다. 다시 말해 우체국보험의 경우에만 보험금청구채권의 압류금지를 권리의 내용으로 부가함으로써 이 권리에 대해서만 특별한 우대(유리한 차별)를 하고 있다는 점이 구분의 기준이다.

2. 비교대상의 범위를 좁게 해석해야 할 이유는 없으므로 우체국보험과 일반 인보험은 모두 보험의 범주에 포함될 수 있다는 점에서 비교대상이 될 수 있

다. 따라서 이러한 구분에 기초하고 있는 우체국보험 가입자와 일반 인보험 가입자 및 우체국보험 가입자의 채권자와 일반 인보험 가입자의 채권자도 비교대상이 된다.

3. 우체국보험과 일반 인보험의 구분하는 객관적인 기준은 운영주체(국가 또는 사기업)에 있는 것으로 보인다. 하지만 양자를 구분하는 더 중요한 기준은 구분의 근거가 되는 입법목적[4]이다. 문제는 차별의 근거로서 이러한 입법목적의 합리성을 어느 정도의 밀도에서 심사할 것인지 하는 점이다. 이러한 밀도는 문제가 되는 기본권이 무엇인지, 민주적 입법자의 형성의 자유가 어느 정도 인정되는지를 고려해서 결정되어야 한다.

4. 우체국보험금채권의 압류금지는 직접적으로 우체국보험 가입자의 보험금채권에 대한 우대를 제공하는 반면에 간접적으로 우체국보험 가입자의 채권자가 우체국보험 가입자에 대해서 가지는 재산권을 제약한다. 그리고 우체국보험금채권의 압류금지는 보험사업시장의 활성화라는 경제(금융)정책적 목적(가치)에 따라 입법자가 결정할 수 있는 영역에 속하므로 민주적 입법자의 형성의 자유가 폭넓게 인정된다고 볼 수 있다.

5. 보험의 구분기준에 관한 합리성에 대해서 헌법재판소는 문제가 된 제한되는 기본권의 간접적 관련성이나 민주적 입법자의 광범한 형성의 자유를 고려하여 낮은 정도의 밀도에서 심사하는 것이 필요하다고 본다.

---

4) 우체국예금·보험에 관한 법률 제1조 : 이 법은 체신관서로 하여금 간편하고 신용있는 예금·보험사업을 운영하게 함으로써 금융의 대중화를 통하여 국민의 저축의욕을 고취하고, 보험의 보편화를 통하여 재해의 위험에 공동으로 대처하게 함으로써 국민의 경제생활의 안정과 공공복리의 증진에 기여함을 목적으로 한다.

제 83 회 발표회 지정토론문

김 현 철*

1. 평등권 심사의 단계구조와 비교집단의 선정

김주환 교수님의 발표문에서는 우선 일반적 평등원칙(헌법 제11조 제1항 제1문)과 개별적 평등원칙(제11조 제1항 제2문, 제2항, 제3항, 제8조 제1항 및 제11조 제1항 제1문, 제24조 및 제41조 제1항, 제31조 제1항, 제32조 제4항, 제36조 제1항 등)을 구분하고, 또한 한편으로 차별금지와 차별허용, 그리고 차별명령을 구분하여 이러한 평등권 규범 프로그램의 유형에 따라서 심사기준과 방법이 달라질 수 있음을 논하고 있습니다.

나아가 평등문제에 있어 본질적으로 같은 대상을 다르게 대우하는 '차별 사건'과 본질적으로 다른 대상을 같게 대우하는 '무차별 사건'을 구분하면서, (통설과는 다르게) 평등권 심사에서도 자유권 심사와 마찬가지로 3단계의 심사 모델을 제시하고 있습니다. 즉, "차별/무차별 대우의 확인"과 "그러한 대우의 헌법적 정당화"라는 기존의 논의 이외에, 그 전 단계에서 "비교집단 사이에 헌법적으로 중요한 공통점/차이점이 있는가?" 하는 점을 살펴보아야 한다는 주장입니다.

그러나 이와 같은 전통적인 2단계 심사론과 발제자께서 제시하신 3단계 심사론은 사실은 같은 내용이라고 할 수 있습니다. 왜냐하면 2단계 심사론도 3단계 심사론에서의 첫 번째 단계 심사를 이미 전제하고 있기 때문입니다. 그럼에도 불구하고 이 첫 번째 단계 심사는 실무에서 매우 중요한 부분을 차지합니다. 실무에서는 소위 비교집단의 설정, 특히 "의미 있는" 비교집단의 설정이 중요하기 때문입니다.

청구인들은 헌법재판 절차에서 평등권 침해 또는 평등원칙 위반을 주장하면서 가능한 많은 비교집단을 설정하여 자신의 주장을 관철하려 합니다. 심지어는 자신이 속해 있는 집단(A그룹)과 비교대상 집단(B그룹)과의 차별/무차별 대우를 논하는 외에 전혀 다른 집단인 C그룹과 D그룹 간의 차별/무차별 대우를 논하기도 합니다. 그리고 이는 헌법재판소의 판례에서도 나타납니다.

예컨대 헌재 1996. 12. 26, 96헌가18(자도소주 구입명령제) 사건에서 제청신청인

---

* 헌법재판소 헌법연구관.

은 주류판매업자였는데, 헌법재판소는 "소주판매업자(A그룹)와 다른 상품의 판매업자(B그룹)"를 비교대상으로 하는 외에 "소주제조업자(C그룹)와 다른 상품의 제조업자(D그룹)"도 비교집단으로 설정하여 판단을 하고 있습니다. 이에 대한 전제로 헌법재판소는 "헌법재판소는 헌법 제107조 제1항, 제111조 제1항 제1호에 의한 위헌법률심판절차에 있어서 규범의 위헌성을 제청법원이나 제청신청인이 주장하는 법적 관점에서만이 아니라 심판대상규범의 법적 효과를 고려하여 모든 헌법적인 관점에서 심사한다. 법원의 위헌제청을 통하여 제한되는 것은 오로지 심판의 대상인 법률조항이지 위헌심사의 기준이 아니다"라고 설시하였습니다(판례집 8-2, 680, 690-691). 이러한 헌법재판소의 견해에 따를 때, 헌법재판소는 청구인이 속한 그룹이 아니더라도 가능한 모든 비교집단을 찾아내어 그들 사이의 평등권침해 여부도 심사하여야 하는 부담을 안게 되는데, 이에 대한 발제자의 의견을 듣고 싶습니다.

2. 평등권 심사강도의 다양화

발제자는 평등권 심사의 강도 문제에 있어 종래의 자의성 심사와 독일 연방헌법재판소의 새로운 공식(die neue Formel)과 최신의 공식(die neueste Formel)을 소개하면서 우리 헌법재판소의 평등권 심사 모델에서도 종래의 자의성 심사 이외에 비례성 심사를 새롭게 도입한 것은 바람직하지만, 비례성 심사는 다시 엄격한 비례성 심사와 완화된 비례성 심사로 다시 나눌 수 있다고 제시하고 있습니다.

그러나 완화된 비례성 심사의 예로 들고 있는 헌재 2001. 2. 22, 2000헌마25(국가유공자 가산점) 사건의 경우 헌법 제11조 제1항 제1문의 일반적 평등원칙 규정과 제32조 제6항의 차별대우(우대) 명령이 상호 규범적으로 충돌하는 지점에 있는 경우이기 때문에, 이를 규범조화적으로 해석해야 하고 이 경우에는 완화된 비례성 심사가 아니라 (결과적으로) 자의금지 심사를 해야 하는 사안이 아닌가 하는 생각인데, 이에 대한 발제자의 의견을 듣고 싶습니다.

아울러 독일 연방헌법재판소의 최신의 공식에 의하면, 평등권 심사에 있어서 그 심사강도가 위 3가지의 경우로만 상정한 것이 아니고, 차별이 미치는 기본권제한의 효과의 정도와 차별의 대상이 된 인적 집단의 성격에 따라 여러 가지 유형의 심사강도의 필요성도 제기한 것 같은데,[1] 그렇다면 평등권심사에 있어서 독자

1) 이는 미국연방대법원의 Thurgood Marshall 재판관이 Dandridge v. Williams, 397 U.S. 471 (1970) 판결과 San Antonio School Distric v. Rodriguez, 411 U.S. 1(1973) 판결의 반대의견에

적인 심사기준 내지 심사강도의 설정이 무의미해지는 것은 아닌지 이에 대한 발제자의 의견은 어떠하신지요?

3. 결론을 대신하여

발제자께서는 평등권침해를 주장하는 사건에서 비례성 심사를 하는 경우에 먼저 자의성 심사를 한 후에 이를 통과하면 그 후에 비례성 심사를 하는 것이 옳다는 의견을 제시하셨습니다. 그러나 이론적인 타당성 여부를 떠나 실제에서는 자의성 심사에서 위헌성이 확인되면 비례성 심사를 할 필요가 없을 것이라는 점에서는 동의하나 이 경우에는 처음부터 비례성 심사를 하더라도 위헌판단을 받을 것이기 때문에 실익이 없고, 자의성 심사를 통과한 후 비례성 심사에서 위헌성이 확인되는 경우가 있을지 의문이며, 자의성 심사와 비례성 심사를 모두 한 후에도 합헌이라고 판단될 경우가 있을 수 있는데 그렇다면 이때의 자의성 심사는 무의미한 절차이기 때문입니다.

헌법재판소의 실무례에서는 현실적으로 평등권 심사의 강도 문제보다는 비교집단의 설정문제, 평등권으로 보호하고자 하는 차별금지 또는 허용/명령의 영역이 예컨대 기본권 영역에 한정되는지, 법적 권리 내지 이익의 영역까지도 포함하는지, 아니면 사실적 이익이나 경제적 기회의 영역에까지도 미치는지 하는 부분인데, —오늘 발표문에는 이에 대한 부분은 없지만— 이에 대한 발제자의 의견을 물으면서 지정토론을 대신하고자 합니다. 감사합니다.

서 주장한 **Sliding Scale Approach**와 유사한데, 이러한 심사기준은 예측가능성이 없다고 하여 미국 연방대법원에서 소수의견으로 남아 있다.

第83회 발표회 토론요지

사 회 자 : 황도수(교수)

토론참여자 : 이준일(교수), 김현철(헌법연구관), 김상우(헌법연구관), 배보윤(헌법연구관), 전상현(헌법연구관), 황치연(헌법연구관), 이명웅(헌법연구관), 이인호(교수), 김선택(교수), 하명호(교수)

간 사 : 발표회를 갖겠습니다.

오늘 사회부터 발제, 지정토론자 모두 우리나라에서 평등권에 대해서는 다 대가들이십니다. 그래서 사회자께도 당연히 저희들이 발제를 부탁드려야 했는데, 그중 제일 오래 전에 박사학위 논문을 쓰셔서 아무래도 사회를 시키는 것이 맞겠다 그런 생각에서 부득이 사회로 저희들이 돌리게 되었습니다.

오늘은 김주환 교수님께서 발제를 맡아주시겠고, 그 다음 이준일 교수님과 김현철 연구관님께서 지정토론을 해 주시겠습니다.

그리고 황도수 교수님께서 사회를 맡아주시겠습니다.

마이크를 넘기도록 하겠습니다.

사 회 자 : 안녕하십니까? 건국대 법대의 황도수 교수입니다.

오늘 사회를 맡게 되어서 큰 영광으로 생각합니다.

오늘 논제도 쉬운 논제는 아니고 그래서 토론도 많이 있을 것 같고 여러 가지 의문사항도 많이 있을 것 같습니다.

여러분들이 관심을 가지고 토론하실 텐데요, 일단 순서에 따라서 발표를 하시고 그 다음에 지정토론자분들의 토론을 듣고 그 뒤에 플로어에 계신 분들도 같이 자유롭게 토론하는 방식으로 진행하도록 하겠습니다.

먼저 발표에 앞서서 발표자분을 소개해 드리겠습니다.

오늘 발표는 홍익대학교 법과대학에 계신 김주환 교수님이십니다.

김 교수님은 고려대학교 법과대학을 졸업하시고 동 대학원 석사를 하셨고 뮌헨대학에서 법학박사를 하셨는데, 학위논문이 독일기본법 제3조 1항 '일반적 평등원칙의 구체화'에 대해서입니다.

그리고 헌법재판소에서 연구원으로 계셨었고 그 다음에 광운대 교수도 역임하셨고, 현재는 홍익대학에서 교수로 근무하고 계십니다.

다음에 아예 토론자분들도 소개를 한꺼번에 해 드리도록 하겠습니다.

먼저 고려대 법대에 계시는 이준일 교수님을 먼저 소개해 드리겠습니다.

이 교수님께서는 고려대 법대를 나오셨고 그 다음에 동대학원에서 석사를 하셨고, 독일의 쾰른대학교에서 박사를 하셨습니다.

또 역시 마찬가지로 평등원칙에 관해서 글들을 많이 쓰셨는데, '평등원칙' 또 '법적 평등과 사실적 평등' 또 '소수자와 평등원칙' 등 평등에 관해서 많은 글을 쓰고 계십니다.

다음에 또 다른 토론자로서 김현철 헌법연구관님을 소개하도록 하겠습니다.

김 연구관님은 서울대학교 법과대학을 졸업하시고 연세대학교에서 법학박사를 하셨습니다.

역시 학위논문이 '미국헌법상 평등보호와 엄격심사기준에 관한 연구'로 되어 있습니다.

오늘 발표와 토론이 특히 평등에 관한 것이기 때문에 좋은 발표와 토론이 이어질 것으로 생각됩니다.

그러면 발표를 한 30분정도 부탁드리도록 하겠습니다.

< 주제발표자 발표 >

사 회 자 : 수고 많으셨습니다.

우리 김 교수님께서 평등권심사기준과 방법에 관해서 종래 우리 헌법재판소 판례의 문제점을 지적하시고 그 다음에 그 합리화 방안으로서 독일 연방헌재의 최신공식을 소개하면서 다단계심사를 적극적으로 옹호하셨습니다.

그래서 인적 차별, 물적 차별 또 행위관련차별의 기본권영향정도를 고려해서 영역별로 나누어서 자의성심사 또 엄격한 비례성심사 또 완화된 비례성심사로서 심사하는 것이 어떻겠느냐는 의견을 제시해 주셨습니다.

이와 관련해 가지고 토론이 있도록 하겠습니다.

먼저 고려대 이준일 교수님께서 간단히 한 10여분정도 해 주시면 좋겠습니다.

< 지정토론자(이준일) 발표 >

사 회 자 : 다른 분 토론을 같이 듣고서 함께 답변하시는게 어떤가 생각되는데요.

우리 김현철 연구관님께서 또 토론을 이어서 해 주시겠습니다.

< 지정토론자(김현철) 발표 >

사 회 자: 이제 토론자들의 질문, 토론에 대해서 발표자의 답변을 듣도록 하겠습니다.

발 표 자: 순서대로 이준일 교수님의 질문에 대해서 제가 답변을 하고 그 다음에 김현철 연구관님의 질문에 대해서 답변하도록 하겠습니다.

우선 첫 번째 이준일 교수님의 주장은 평등권심사라고 하는 것이 기본적으로 합리성심사가 아니겠는가 하는 점이고요. 합리성심사를 하는데 이 합리성이 자의성으로 표현되는지 아니면 비례성으로 표현되는지 그 차이에 불과하고, 합리성심사하에서의 자의성심사를 하든 비례성심사를 하든 결국은 모두 양적인 차이에서 구별되는 것이지 질적인 어떤 차이가 있는 것은 아니지 않느냐 이런 주장을 하셨습니다.

제가 이해하는게 맞지요?

우선 저는 그 점에 관해서는 기본적으로 그렇다면 자의금지의 원칙이라고 하는 것과 그 다음에 비례의 원칙이라고 하는 것 자체가 과연 질적인 내용 차이가 없이 단지 양적인 어떤 차이에 불과한 그런 헌법원칙인지 되묻고 싶고요.

자의금지의 원칙이 가지고 있는 독자적인 의미 이런 것들이 완전히 해체되어야 한다는 그런 뜻으로도 이해할 수 있고 그 반대로도 이해할 수 있습니다 거꾸로. 다시 말해서 자의금지의 원칙에 따라서 심사를 하면서 비례성심사를 할 수도 있는 겁니다. 자의성이라는 말을 어떻게 표현하느냐에 따라서 달라질 뿐이지요.

그래서 그런 합리성심사 이거는 뭐 당연히 합리성 심사, 우리가 추구하는게 합리성을 따져보는 거니까 그런 측면도 있겠지만 그렇게 본다면 결국은 합리성 심사라는 표현보다도 헌법적 정당성을 심사하는 거겠지요. 헌법적 정당성을 심사하는데 그 정당성이라고 하는게 자의가 있다고 할 때는 정당성을 인정할 수 없고 또 비례성을 상실한 경우에는 정당성을 인정할 수 없다는 그런 뜻은 아닌지 저는 거꾸로 그렇게 이해를 하고 싶습니다.

그래서 그런 측면에서 본다면 이 정당성을 심사하는 여러 가지 방법들 또는 기준들 이런 것들이 제시가 되겠지만, 지금까지의 연구성과에 의해서 자의금지의 원칙이라고 하는 것과 비례의 원칙이라고 하는 것이 규범적인 내용에서 그 다음에 방법에서 이미 다르다고 한다면 그에 입각한 심사방법도 다르지 이것 자체가 양적인 차이에 불과한 것처럼 어떤 하나의 원칙만 가지고 또 다른 원칙을 마치 흡수해 가지고 다 그 안에서 녹여낼 수 있는 것처럼 그렇게 표현하는 것은 헌법의 규범적인 내용의 윤곽 자체를 흐리는게 아닌가 오히려 그런 생각이 들고요.

설사 그렇게 비례성심사라고 하는 하나의 기준가지고 자의성심사도 그 안에서 같이 하고 그 다음에 완화된 비례성심사도 같이 하고 또 엄격한 심사도 같이 하고 단지 강약의 차이만 있을 뿐이라고 하면 그렇다면 그런 상황에서 하나의 기준가지고 그렇게 3단계에 걸치는 그런 사고를 할 때에도 역시 그 안에서는 내부적으로 관념적인 일정한 기준이 있어야 그게 가능하지 않겠는가라는 겁니다. 강약을 어느 정도로 맞출 것인가는 역시 기준이 필요하다는 것이지요. 명백성통제를 할 것인지 납득가능성통제를 할 것인지 엄밀한 내용통제를 할 것인지 기준이 있어야 될 겁니다 이때에도. 그러면 이 기준을 어디에서 찾겠다는 것인지 역시 한번 되묻고 싶습니다. 그에 대해서는.

그래서 우리가 심사기준으로 이렇게 제시한 것들은 나름대로 그 독자적인 의미가 있다는 것을 인정하고 가급적이면 그것을 합리적으로 사용할 수 있는 어떤 표지들 이런 것들을 개발하는게 오히려 법치국가적 합리성이라고 하는 요청을 강화하는데 더 도움이 되지 않을까 그런 생각이 듭니다.

그 다음에 공통점, 차이점 이 문제는 김현철 연구관님께서도 지적을 해 주셨는데요.

물론 2단계 모델을 취할지 아니면 3단계 모델을 취할지 그거는 선택의 문제일 수 있고 또 4단계 모델을 취하면 또 어떻고 5단계 모델을 취하면 또 어떻겠습니까? 여기서 중요한 것은 논증과정을 가급적이면 좀 나누어서 매 절차를 거칠 때마다 서로 간에 상호 통제할 수 있는 구조로 만들자는 취지에서 제가 말씀드린 거고, 사실 이 3단계 모델은 2단계 모델을 평면적으로 다시 해체한 것에 불과합니다. 왜냐하면 2단계 모델을 취한다 하더라도 첫 번째 단계에서는 공통점이 있는지 비교집단이 되는지 그 다음에 그에 대한 차별이 있는지 이 과정을 거치게 되어 있습니다. 그래서 저는 이거 자체를 하나씩 독자적으로 따로 떼어놔서 좀더 유의미하게 활용하자는 뜻으로 3단계 모델을 제시한 것에 불과하고, 우리 김현철 연구관님께서는 실질적인 핵심은 2단계, 1단계 내지 1, 2단계에 있지 않겠느냐라고 말씀하셨는데, 저는 오히려 이 3단계 과정에서 결국은 법적 결론이 차이가 나지 않는가 하는 그런 생각도 듭니다.

물론 1단계부터 비교집단설정을 서로 달리 취했다면 전혀 다른 결론이 나올 수가 있겠지요. 하지만 1단계, 2단계를 다 똑같은 과정을 거쳤다 하더라도 3단계에서 어떤 식의 심사기준과 방법을 동원하느냐에 따라서는 결론이 충분히 달라질 수 있다고 봅니다.

그런 측면에서 이 모델에 관해서 다시 한번 보면 이준일 교수님께서 말씀하시기를 공통점이 있느냐 차이점이 있느냐 이거를 따지는 이부분이 어떻게 보면 규범적인 평가 아니면 판단자 자신의 가치평가가 개입이 돼서 올바르게 따질 수 없는 그런 상태가 초래되지도 않겠느냐라고 말씀을 하시는데, 공통점이 있는지 공통점이 없는지를 따지는 거는 어디까지나 헌법을 기준으로 해서 판단해야 된다고 생각합니다.

이 문제는 제가 좀 있다가 우리 우체국보험사건을 예로 들어서 설명을 하겠고요. 일단은 비교집단을 설정하는 단계에서는 차별을 포함하고 있는 법률조항을 근거로 해서 비교집단을 설정해야 된다고 생각하고, 기본적으로 저는 그렇습니다. 이 비교집단사이에 공통점이 있는지 차이점이 있는지, 즉 같은 것으로 볼 것인지 다른 것으로 볼 것인지는 헌법에 의해서 판단해야 된다고 생각합니다. 그리고 난 다음에 그 차별의 정당성을 따져봐야 되는데 그러니까 그런 식이지요. 예를 들어서 지금 미리 말씀을 드린다면 우체국보험가입자하고 그 다음에 일반 인보험가입자가 있다 그러면 "같습니까? 다릅니까?" 이렇게 물어보면 뭘 기준으로 할 거냐라고 할 때 단순히 보험에 가입했다는 사실 하나만가지고 같다 다르다라고 말할 수 있을까요? 사실측면에서도 우체국과 우체국이 아닌 일반보험사가 다를 수가 있습니다. 역시 이 자체도 주관적인 평가가 될 수밖에 없는데 반대로 이것을 헌법이라고 하는 측면에서 본다면 우리 헌법자체가 우체국보험 가입자하고 일반 인보험가입자를 구별하는 개념이 없습니다. 오히려 헌법 11조 1항 1문에 의하면 모든 국민은 법앞에 평등하다라고 하고 있기 때문에 일단은 이 사람들이 비록 관련된 우체국보험사건에서 당해 심판대상조항에 의해서는 차별을 받고 있지만 기본적으로 헌법자체로 볼 때는 일단은 같은 집단으로 봐야지 차별이 문제가 되는 거지 그렇지 않고 이것을 사실관계의 근거 아니면 사실적인 표지 이런 거를 가지고 판단한다라고 할 때는 할 수가 없고 더군다나 그 당해 조항만가지고 판단한다하더라도 할 수가 없습니다.

왜냐하면 우체국보험법의 관련조항은 이미 그 두 집단을 차별하고 서로 다르다고 보고 있거든요. 그래서 그 논리에 말릴 수 있기 때문에 이거는 헌법을 기준으로 판단해야 되고, 이거는 제 생각이 아니라 이미 독일에서 확립되어 있는 공통점의 기본적인 판단방법입니다. 그래서 이준일 교수님의 공통점, 차이점을 판단하는 이 과정자체가 좀 불합리할 수 있다라고 하는 점에 대해서 제가 다시 반박을 하겠습니다.

그 다음에 중요한 것은 결국 제가 비례성심사라고 하는 것을 다시 엄격한 비례성심사하고 완화된 비례성심사를 이렇게 나눈다고 할 때 이 비례성심사의 방식으로 자유권의 비례성심사방식에 준해서 할 수 있다라고 한 것을 이유로 결국은 헌법재판소의 비례성심사방식을 비판하면서 자유권에서의 비례성심사와 평등권에서의 비례성심사방식이 서로 다른 거를 무시하고 있는 거 아니냐? 이런 뜻으로 말씀하고 계신 데 기본적으로 평등권에서 비례성을 심사하는 방식은 두 가지입니다.

하나는 차별이라고 하는 이 행위와 그 다음에 비교집단사이에 공통점 또는 차이점이 비례성을 띠고 있는지? 이거는 내재적인 관계에서의 비례성입니다. 이것이 확인되는 경우라면 쉽게 이 비례성을 찾아볼 수가 있겠지만 예를 들어서 이런 경우를 들 수 있겠지요. 아, 예는 나중에 저기로 하겠습니다.

그 다음에 만약에 이 두 대상 간에 어떤 사실적인 특성 이거를 찾아내지 못하는 경우에는 그러면 어떻게 할 것인가 이런 문제가 제기되는데, 이런 경우에 사용하기 위해서 끌고 들어온게 바로 자유권에서 사용했던 비례의 원칙입니다. 그리고 이때의 비례성심사는 외재적인 목적과의 비례성심사라고 해서 외재적 관계에서의 비례성심사로 표현하고 있고, 이 두 가지 판단방법에 의하면 평등권심사에서 나타나는 비례성심사는 이 두 가지 방식으로 서로 각각 번갈아가면서 나타난다고 볼 수가 있습니다. 그래서 기본적으로는 내재적인 어떤 차이점 거기서 발견되는 비례성 이거를 찾는게 첫 번째 방법이고 그래도 안 되면 결국은 차별의 목적이 무엇인지, 또 그 차별행위를 통해서 그 목적을 달성할 수 있는 것인지, 이때 이 목적이라고 하는 것을 자유권심사에서 비례의 원칙에 따른 심사를 하는 거를 연상해서 기본권제한의 목적을 달성한다라고 생각하면 평등권에도 헌법 제37조 제2항이 어김없이 들어가게 될 것이고 그렇게 되면 전부 자유권에서 적용되고 있는 이 비례의 원칙이 획일적으로 적용될 수밖에 없습니다. 그런데 그런 것이 아니라 이미 입법행위라고 하는 것 그 자체는 아무리 그 제한의 목적이 없다 하더라도 일정한 입법목적을 추구해서 법률의 구성요건을 짜는 그 순간 유형화가 생기고 이 유형화를 통해서 차별이 발생하게 되어 있습니다. 그래서 이 헌법상의 평등원칙이라고 하는 것은 이러한 유형화에 따른 차별에 대해서 어느 정도 이거를 허용하고 그 한계를 그어줄 것인지 그거를 탐구하는 과정이기 때문에 비례성심사를 한다 하더라도 자유권처럼 기본권제한의 목적과 수단 이 관계로 이게 상하수직관계로 해소되는게 아니고 여기에서는 차별의 목적이라고 오히려 입법목적이라고 봐야 되겠지요. 입법목적으로서 추구되는 공익과 그 다음에 이로 인해서 발생되는 차별의 불이익의 관계가 어느 정도 비례관계를 이루는지 이것을 형량하겠다는 겁니다. 그래서 역시 평등권심사에서 비례의 원칙을 끌어들인다라고 할 때도 그 독자적인 차이점은 있는 것이다라고 제가 말씀드리겠고요.

그 다음에 김현철 박사님께서 질문하신 내용으로 넘어가겠습니다.

오히려 좀 어려운 질문을 하셨는데요 제가 대답하기가.

일단 심사단계 이거를 2단계로 짜느냐 3단계로 짜느냐라고 하는 점에 대해서는 제가 이미 말씀을 드렸기 때문에 더 이상 말씀드리지는 않고요.

토론문 260쪽에서 위헌심사의 기준으로 평등권을 적용하는 경우 이때 헌법재판소가 역시 위헌심사라고 하는 것 그 자체 규범통제라고 하는 것 그 자체가 객관적 헌법보호를 목적으로 하는 것이니까 당사자가 주장하는 그 관점을 넘어서서 폭넓은 관점에서 심사를 해야 되는데 결국 그렇게 되면 수많은 비교집단을 다 설정을 해야 되고 이에 대해서 일일이 판단해야 되는 그런 부담을 안게 되지는 않느냐 이렇게 말씀하셨는데, 사실은 그렇지요. 그렇기 때문에 평등권문제가 어렵다고 저는 생각하고요. 그리고 비교의 기준이 무엇인지 그 다음에 집단이 무엇인지를 가급적이면 간명하게 설정하는게 가장 좋다고 생각합니다.

우리 국가유공자가산점결정에서 보면 그것을 제대군인 대 비제대군인의 차별의 문제를 남성 대 여성의 차별문제로 끌고 들어가서 결국에는 그 논증에는 장애인이 사라져버렸다든가 이런 문제가 생겼습니다. 그래서 오히려 장애인의 인권을 소홀히 한 그런 논증방식이 되지 않았는가 생각이 되는데 불필요하게 이것을 간접차별의 문제로 끌고 왔기 때문에 발생한 문제라고 생각하고 그럴수록 논증은 더 많이 거쳐야 되는 그런 부담을 헌재 스스로가 안게 됩니다. 하지만 그 결정에서 아예 처음부터 제대군인 대 비제대군인으로 딱 설정을 했으면 명쾌하게 그 논증이 비례성심사에 의해서 이루어질 수 있었는데 굉장히 좀 복잡하게 논증이 진행된 것으로 그렇게 보고 있습니다. 그래서 김현철 박사님께서 질문하신 그 내용은 결국은 어떻게 하면 최대한 간명하게 비교기준과 비교집단을 설정하느냐 하는 문제인데 역시 그게 우리의 과제가 아닌가 저도 동감하고 있습니다.

그 다음에 261쪽에 보면 평등권심사강도의 다양성과 관련해서 국가유공자결정을 언급하시면서 우선적인 근로기회를 부여받은 집단하고 그렇지 않은 집단은 근로라고 하는 문제에서는 적어도 헌법 자체가 다르다고 보고 있습니다. 이 집단을. 그래서 이 다른 거를 다르게 대우한다면 결국은 자의금지원칙에 따라서 심사하는게 올바른 방법이 아니냐라는 그런 취지로도 해석이 되는데요. 그런 경우라 하더라도 그로 인해서 발생하는, 아까 우리가 봤던 것처럼 관련기본권에 대해서 중대한 제한이 초래가 된다면 그렇다면 아무리 헌법이 차별을 명하고 있다 하더라도 가급적이면 그 차별을 줄이는 방식으로 심사방식이 진행이 되어야 규범조화적 해석 내지 실제적 조화가 달성되지 않을까 그런 뜻에서 이 문제는 여전히 논란의 대상이 될 수 있다고 생각합니다. 저는 기본적으로는 비례성심사방식이 유지되어야 한다고 생각을 합니다.

그 다음에 이 최신공식에 의하면 평등권심사에서 독자적인 심사기준 내지 심사강도 설정이 무의미해 지는 것은 아닌가 하는 질문을 하셨는데요. 아마 최신공식을 통해서 인상을 받으시기를 거기에서 계속 뭐뭐하면 할수록 강해진다 또 어떠하다 이렇게 뭐 보호의 강도가 높아진다, 통제의 강도도 따라서 높아진다 이렇게 되니까 이것 자체가 아주 윤곽이 없이 흔들리고 있는 것처럼 유동적인 것처럼 그런 인상을 누구나가 받을 수 있을 텐데 물론 그렇습니다. 그렇기는 하지만 적어도 우리가 어떤 의미라고 하는 거, 소리 이런 것도 사실은 소리의 음파라고 하는 데시벨의 크기도 계속되는 어떤 연속선상에 있을 텐데 그중에 어느 거를 잘라서 거기에 대해서 의미를 부여하고 또 규제를 하기도하고 그러지 않습니까? 마찬가지로 여기에서도 아무리 이 스펙트럼이 물 흐르듯이 끊을 수 없는 그런 스펙트럼이라 하더라도 여기에 대해서는 일정한 우리가 지금까지 개발해 왔던 그런 심사기준들을 적용할 수 있는 단계로는 어느 정도 단계화설정을 좀 해야 우리가 그동안 사용해 왔던 헌법원칙들을 계속 합리적으로 사용할 수 있는 것이지 그렇다고 해서 이거 자체를 완전히 다 없애버리면 이 안에서도 보이지 않는 단계 단계 단계라고 하는 것들을 앞으로 어떻게 일관성 있게 해결해 나갈 것인지 그런 의문이 듭니다.

그래서 비록 심사강도 설정이라고 하는게 어떻게 말로, 관념적으로 이렇게 할 수 있다 뿐이지만 적어도 그러한 관념의 차이가 실제로 헌법재판을 하는 과정에서는 심지어 결론의 차이로 까지 연결된다고 생각을 합니다. 그런 의미에서 여전히 최신공식에서 제시되고 있는 그런 심사기준과 방법들은 우리가 사용해 볼 수 있는 방법이 아닌가 이렇게 생각하고요.

그 다음에 결론에 대신해서 말씀하시기를 자의성심사를 하고 난 뒤에 이것을 통과하면 그 후에 비례성심사를 하는 것이 옳다 이렇게 제가 말씀을 드린게, 과연 자의성심사를 통과한 다음에 비례성심사에서 위헌성이 확인되는 경우가 있을 것인지 의문을 제기하셨습니다. 하지만 분명히 있다고 봐야 됩니다.

왜냐하면 그렇기 때문에 비례성심사가 개발이 된 것이고 자의성심사만 가지고는 계속해서 심판대상 법률자체가 합헌으로 나갈 우려가 있기 때문에 이것을 막기 위해서 비례성심사가 들어 왔기 때문에 자의성심사에서 위헌이 아니라는 합헌이라는 결론이 나와도 비례성심사에서는 위헌이라는 결론이 얼마든지 나올 수 있다고 생각하고요.

그 다음에 자의성심사와 비례성심사를 모두 한 후에도 합헌이라고 판단될 경우가 있을 수 있는데 이때 자의성심사는 무의미한 절차가 아니냐, 하지만 따져볼 수 있는 법적인 논증절차는 다 거쳐야 하는게 헌법재판소의 의무라고 생각합니다.

경우에 따라서는 중요한 어떤 논증의 관점 아니면 절차 하나를 생략하면서 결론에서도 상당히 다른 결론들이 나올 수 있기 때문에 최소한 거쳐야하는 그러한 단계들은 전부 헌법재판소가 거치는 것이 합리적인 법적 논증이고 헌법재판소의 책무가 거기에 있다고 생각합니다.

다음 사실적, 경제적인 이익에 대해서도 역시 평등권이 적용되는 그런 문제는 왜 언급을 안했냐고 그렇게 말씀하시는데 짧은 기간동안에 제가 이 모든 문제를 다 다룰 수 있는 것도 아니고 그런 문제들에 대해서는 그때그때마다 제기되는 문제를 갖고 논의를 해보는게 더 나을 것 같습니다.

이상으로 제가 토론자분들의 질문에 대해서 두서없이 답변 드렸고요, 답변을 이것으로 마치겠습니다.

사 회 자 : 수고 많으셨고요.

토론내용을 정리해 보면 논점이 크게 둘로 나누어지는 것 같습니다.

하나는 심사과정 3단계냐 2단계냐, 심사를 어떻게 하겠느냐, 그런 어떤 절차나 우리 생각의 프로세스를 어떻게 할 것이냐에 관한 생각들이 논의가 좀 있었던 것 같고요.

그 다음에 그 과정에서 심사의 강도를 어떻게 할 것인가에 관해서 심사기준을 어떤 심사기준을 제시할 것이고 그들 상호간에 관계는 또 어떻게 가져갈 것이냐, 이들 상호간의 관계가 질적인 차이냐 양적인 차이냐 이런 논의들이 있었던 것 같습니다.

이런 논의들을 비롯해서 여러 가지 논의들이 우리 청취자들 가운데 의견이 많을 텐데요, 일단 논의의 심도를 조금 높이기 위해서 이미 헌법재판소에서 최근에 사건이 현재 들어와 있는 사건 중에서 논의되는 사건이 좀 있었던 것 같고요. 우체국예금보험에 관한 법률 제45조가 문제가 되었던 것 같고, 이 부분과 관련해서 우리 김상우 연구관님께서 관련자료를 가지고 준비해 주셨는데 일반토론에 앞서서 이에 관해서 의견을 말씀해 주시고 같이 토론에 임하는게 훨씬 나을 것 같습니다.

연구관님 좀 부탁드립니다.

김 상 우 : 김상우 연구관입니다.

제가 헌법재판소에 온지 얼마 안 되어서 지식도 일천해서 이 자리에서 자세히 말씀드리기는 그렇고 일단 간단하게 우체국예금보험에 관한 사건내용을 간단하게 설명을 드리고요. 그 다음에 제가 이 문건을 만들었는데 그냥 간단하게 만든 문건이었는데 이렇게 오늘 이 자리까지 오게 되었습니다.

일단 이 사건은 어떤 사건이냐 하면 서울특별시가 청구인인 헌바 사건입니다.

서울특별시가 자기의 조세채무자에 대해서 조세채무를 체납하고 있으니까 그 조세채무가 가지고 있는 우체국보험청구채권에 대해서 압류를 했습니다. 압류추심통지서를 발송을 하니까 정보통신부 우정사업본부쪽에서는 이 우체국보험청구채권이 우체국예금보험에 관한 법률 45조에 따라서 압류가 금지된 채권이라는 이유로 추심요청에 응할 수 없다고 통보를 했습니다. 그래서 서울시측에서 대한민국을 상대로 추징금지급청구소송을 제기를 하면서 이 우체국 법률 45조에 대해서 헌법상 평등원칙에 위배된다고 위헌심판제청을 했다가 기각당하자 저희 헌법재판소에 헌법소원심판을 청구한 사건입니다.

제가 의문을 갖는 주된 내용은 평등의 원칙이 과연 어떤 범위에서 적용되느냐? 평등원칙을 주장하는 청구인이 평등원칙에 위배된다는 주장만 하면 그 부분에 대해서 다 판단을 해 주어야 되느냐? 특히 이 사건 같은 경우에 있어서 우체국보험청구권을 압류할 수 없다라고 되어 있어 가지고 채권자의 권리를 제한하는 그런 내용인데 이 채권자가 과연 다른 채권자가 다른 채무자의 다른 채권을 가진 것과 비교를 해서 이게 평등원칙에 반한다라고까지 주장을 할 수 있느냐? 평등의 원칙이 그런 데에도 적용이 되어야 되느냐 라는 의문을 제기를 하셔가지고 제가 간단하게 문건을 만들었었는데요.

문건내용은 보시면 그냥 저희 기존에 헌법재판소 결정례들하고 그 다음에 저희들 헌재 내의 미국 헌법에서 차등분류와 관련해서 번역한 자료하고 그 다음에 종전에 정주백 헌법연구관께서 가을세미나자료 발표하신 부분하고 언급을 하면서 이게 이제 비교집단분류의 문제에 있어서 과연 의미 있는 비교집단분류를 어떻게 잡아야 될 것인가? 청구인이 무조건 주장만 하면 우리는 그 주장하는 비교집단 사이의 평등원칙을 심사를 해야 되는가? 아니면 김현철 연구관님께서 말씀하신바와 같이 청구인이 의미 있는 비교집단을 주장하지 않더라도 우리 재판소 내에서는 과연 그 법률조항과 관련된 의미 있는 비교집단을 모두 찾아내어가지고 평등원칙 내지는 평등권위배주장에 대해서 판단을 해 주어야 되느냐라는 그런 의문에서 이렇게 되었던 것이고요. 그 사항과 관련해서는 발제자분이나 토론자분들께서 각기 의견을 제시하고 계시니까 그 부분 이야기 들으면 되겠습니다.

사 회 자 : 우체국예금보험에 관한 법률 45조의 사건개요를 말씀하시면서 이 사건의 문제점에 관해서 간략히 말씀해 주신 것 같습니다.

나중에 한꺼번에 질문 들어올 때 같이 답변해 주시기 바랍니다.

이제는 참석하신 분들께서 자유롭게 오늘 발제와 관련해서 또 내지는 토론과 관련해서 질문하고 또 자신의 견해를 말씀해 주시면 좋겠습니다.

예, 배보윤 연구관님.

배 보 윤 : 평등원칙과 관련해서 지금 발제자께서 설정한 공식이 최근에 독일 연방헌재에서 한 최근 공식도 소개해 주시면서 분류를 해 주셨는데 우선 근본적으로 우리 헌법조항 37조 2항의 기본권제한에 관해서는 "국민의 모든 자유와 권리는 국가안전보장 등 공공복리를 위하여 필요한 경우에 한하여 법률로써 제한할 수 있으며 제한하는 경우에도 본질적 내용을 침해할 수 없다." 이렇게 규정이 되어 있지 않습니까? 그래서 어쨌든 우리가 심사기준을 설정을 하고 어떤 기본권침해여부를 논할 때는 평등권과 관련하면 평등권 원칙조항은 11조에 있지 않겠습니까? 11조에 있는데 어쨌든 이 37조 2항의 자유와 권리라고 되어 있어서 이거는 일견 보면 모든 자유권과 평등권, 권리니까 평등권도 일응은 포함되는 것 같이 외견상 볼 수 있는데, 과연 이런 우리 헌법조항에 필요한 경우에 한하여 법률로써 제한할 수 있다라는 그 문구하고 본질적 내용침해조항하고 이 문구하고 이 평등원칙의 심사기준, 과거에 우리가 설정해 놓은 판례에 인용한 것도 좋습니다마는 현재 지금 김주환 교수님께서 설정하신 이 심사기준이 어떠한 근거에서 우리 헌법조항과 어떻게 매치될 수 있을까? 근본적으로 어떤 근거에서 이런 도출이 나올 수 있을까? 이거는 독일에서 판례로 형성한 것인데요. 기본적으로, 과연 우리 헌법조항에서 어떻게 이거를 적용할 수 있을까? 원용할 수 있을까 싶은데, 원용하고 적용한다면 어떤 근거에서 어떤 연결고리로 할 수 있을까? 그래야 이제 무슨 심사기준에 따라서 비례성이냐 자의성이냐에 따라서 위헌여부가 왔다 갔다 할 정도로 될 수가 있는데 그래야 그게 설득력 인정되는 논증이 될 수 있지 않겠는가? 그래서 그 점에 대해서 이거를 만드시면서 어떠한 관련성을 가지고 하셨는지 한번 여쭙고 싶고요.

두 번째로는 아까 김현철 연구관님도 잠깐 미국 심사의 다양한 방식과 관련해서 잠깐 문제를 제기하셨습니다마는 여기 비례성심사라고 하실 때에 가장 핵심 중에 하나가 보기에는 기본권의 불이익이 미치는 정도에 따라서 기본권영향정도에 따라서 평등권심사를 할 때 달라질 수 있다 엄격심사 뭐 이런 하나의 형식을 설정해 놓으셨는데요. 과연 그러면 우리가 심사기준할 때 뭐가 주기본권이냐, 우리가 위헌여부청구가 들어왔을 때 뭐가 심사 주기본권이냐, 심사대상으로 할 것이냐, 평등권을 기준으로 할 것이냐, 자유권을 기준으로 할 것이냐, 두 개 다 할 것이냐, 이게 지금 기본적으로는 심사기준을 할 때 실무상으로는 문제가 됩니다.

그런데 오히려 어떤 측면에서는 과연 이게 이런 도식이 순수한 의미의 평등권심사방식일 것인가? 일부 자유권의 그것도 영향을 고려한다는 것은 오히려 자유권측면에서 심사를 하면 되는데 그것을 합쳐서 그냥 평등권심사방식으로 전이하다보니까 오히려 이런 형식으로 가서 이것이 마치 평등권심사하고 자유권심사에서 비례의 원칙하고 이게 혼동될 여지도 있을 수 있고, 그것이 오히려 합해서는 안 될 부분을 오히려 합치다가 오히려 문제점을 더 야기시키는 점은 없는지 그 점이 평소에 의문이었습니다. 그래서 그 두 가지에 대해서 생각해 보신 것에 대해서 말씀해 주시면 좋겠습니다.

사 회 자 : 질문을 여러 가지 받고서 모아서 한꺼번에 답변하시는게 어떤가 생각됩니다.

또 다른 분들 질문 있으시면 내지는 토론하실 분 있으면 하시면 좋겠습니다.

전 상 현 : 전상현 연구관입니다.

토론을, 구체적 사항을 조금 제가 부각을 시켜서 말씀드리고 싶은데요. 물론 평등원칙심사기준에 대한 일반론에 대한 그런 추상적 논의가 한 축이 있고 지금 구체적 사건과 관련해서 논의가 있는 것 같은데, 구체적 사건과 관련해서 이렇게 질문을 드리고 싶은 거는 아까 김상우 판사님 말씀하신 그런 문제의식인데요. 그러니까 지금 평등권의 비교집단을 이렇게 삼는 것이 타당한가의 문제를 자꾸 제기하는 이유는 평등권을 심사하는게 타당한가 이런 문제를 제기한 이유는 제가 생각할 때는 모든 규정이 사실은 다 차별문제를 가져옵니다. 그래서 입법을 하는 순간 그 규정에 해당하는 자와 해당하지 않는 자의 차별문제는 생깁니다. 그래서 이거를 모든 규정을 평등권을 주장하면 사실은 논리적으로 평등심사를 안할 방법은 없습니다. 그런데 이러한 식의 어떤 판단이 지금까지 통설·판례가 계속 받아오고 있고 한데요. 과연 적정한 심사인가 하는 문제에서 출발하는 것 같습니다.

그래서 그런 규정들, 어떤 규정에 해당하는 자와 규정에 해당하지 않는 자의 차별은 여기서는 바로 아까 발제자 교수님께서 말씀하셨지만 규정이 이렇게 수범자로 딱 되어 있지 않느냐 압류할 수 없다. 그러면 당연히 규정에 해당하는 자니까 차별집단이 성립한다. 이렇게 볼 수는 있지만 실체판단에 들어가면 그 집단과 집단을 우리가 비교해서 차별하는게 아니고 이 채권자와 이 채권자 그거를 심사하는게 아니라 결국 우체국보험과 일반보험은 뭐가 다르냐 이거를 심사할 수밖에 없습니다.

그래서 평등으로 가게 되면 그런 문제가 생기기 때문에 사실상 우리가 비교집단은 우체국보험에 가입한 자의 채권자집단과 일반보험에 가입한 자의 채권자집단으로 설정은 해 놓고 실체심사본안에 들어가서는 그 채권자 집단간의 차별을 사실은 만들어 내기가 어렵기 때문에, 그 이유는 뭐냐 하면 그 사람들은 전혀 그 상황에 개입할 수가 없기 때문입니다. 왜냐하면 채무자가 무슨 보험을 들지를 자기는 통제할 수가 전혀 없기 때문이지요. 그야말로 우연적인 사정입니다. 그래서 그런 집단과 집단을 구별하기가 어려우니까 결국 본안에 들어가면 우체국보험과 그냥 보험이 뭐가 다르냐 이렇게 갈 수밖에 없습니다.

그렇다면 이거를 평등권으로 갈게 아니고 채권자의 채권이 일부 제한된다 실행이, 강제집행이 제한되는 범위가 우체국보험 이 경우다. 그러면 이거는 채권자의 재산권제한문제로 그대로 심사하면 충분한 문제가 아닌가, 이런 문제에서 오늘 논의한 실무적인 문제제기를 한 거고요. 아까 김상우 판사님께서 말씀하신 일종의 그런 문제제기가 있어서 이런 논의가 있었다라고 하는 배경을 말씀드린 건데요. 제가 평등의 대가분들 앞에서 제가 뭐라고 확정적인 말씀을 드리기는 어려운데 하여튼 그런 문제점에서 바라본다면 우리가 평등을 무조건 이렇게 심사하는 것이 과연 맞는지 하는 그런 의문이 있다는 겁니다. 그래서 이 사안도 그런 관점에서 검토했을 때 비교집단을 그냥 청구인 주장대로 그렇게 할 것이 아니고 다르게 볼 수 있지 않겠는가.

마지막으로 헌법소송법적인 문제하고 연관시켜서 조금만 더 말씀드리면요, 이게 헌바 사건입니다. 그래서 사실은 헌바 사건이기 때문에 구체적인 기본권으로 굳이 꼭 그 당해청구인의 기본권만으로 심사를 할 필요도 없는 사건입니다.

그래서 그렇다면 굳이 청구인의 입장이 그런 채권자의 입장에 처해 있다고 하더라도 굳이 그 사람의 기본권 그중에서 평등권을 가지고 우리가 이거를 심사하는 것이 이것이 과연 적정한, 이 실체에 대한 적정한 접근방법인가? 거기에 대해서는 의문이 있다 이런 말씀입니다.

사 회 자 : 한 두어 가지 질문 더 받고서 하지요. 또 다른 질문이 있거나 저기 하시면.

예, 황치연 연구관님.

황 치 연 : 저는 제 개인적인 의견을 피력하는 것으로 하겠습니다.

저는 일단 평등원칙과 비례의 원칙과의 관계에 있어서 이거는 모두 우리 헌법상의 원칙이다. 37조 2항에 의해서 획일적으로 다 포섭되는게 아니다. 그러니까 헌법 11조 1항에 의한 평등원칙이 있고 37조 2항에 의한 비례의 원칙이 있다 이렇게 생각을 합니다. 그러니까 주기본권과 평등권과의 문제가 되었을 때 주기본권에 대한 어떤 심사에서 비례의 원칙심사에서 위헌결정이 나면 평등권심사는 불필요하고 주기본권심사에서 비례원칙심사가 통과되었을 때 다시 또 평등권 심사할 필요가 그때 존재한다 이렇게 생각을 합니다.

그리고 평등권과 평등원칙과의 관계에 있어서 평등권이라는게 지금 우리헌법상 또는 미국이나 독일상 있는 거냐? 이랬을 때 다 법 앞에 평등하다 이렇게만 얘기하는데, 왜 '권'이라는 말을 쓰는지 이해가 안 된다 이렇게 생각할 수가 있는데, 평등요구권이라는 것은 존재할 수가 없지만 불합리한 차별을 받지 아니할 권리 이것은 존재할 수가 있기 때문에 부수적인 평등권 침해여부가 문제될 수 있지만 원칙적으로 평등원칙이라고 봐야 된다, 이렇게 생각을 해서 결국 평등원칙위배여부 이거를 심사하는 거지 평등권을 침해하는 여부를 심사하는 것이 드물다. 왜냐하면 주기본권침해여부가 있기 때문에 순수하게 평등원칙심사 또는 평등권침해여부가 문제되는 경우는 기본권이 아니라 기본의무를 형성하는 경우나 또는 순수하게 수혜적인 급부조치를 할 경우에만 평등권 또는 평등원칙심사가 있을 수 있지 않겠는가 이렇게 생각을 합니다.

그리고 자의금지의 원칙과 비례성심사원칙과의 관계에 있어서는 자의금지의 원칙은 자의의 유무 이것을 판단하는 건데 본질적으로 같은 것을 다르게 하거나 본질적으로 다른 것을 같게 하는 경우 이것은 자의의 배제논리로서 대두되는 거고 그 다음에 차별이 존재할 때 그 차별의 정도의 문제를 우리가 판단하기 어려울 때 그 합리성유무에 관해서 판단하기 어려울 때 결국 비례성심사가 관련되는 것이다. 그리고 비교집단의 설정문제는 이러한 자의의 유무판단, 차별의 정도판단 이전에 공통성, 차이점 이런 것의 차별의 존재를 확정하는데 작용하는 원리가 비교집단의 설정의 원리다 저는 이렇게 생각을 하고 있습니다. 이상입니다.

사 회 자 : 황치연 연구관님이 견해를 잘 피력해 주셔서 토론할 때 좋은 사례가 될 것 같습니다.

상당히 까다로운 문제들이 많이 나왔어요. 평등의 어떤 본질에 관한 문제 또 자유권하고 평등과의 관계 또 비교집단설정문제 해 가지고 쉬운 문제 같지 않습니다. 또 재산권에 관한 질문도 있었고요. 답변을 중간에서 한번 하시고 가시는게 어떠신가 생각됩니다.

발 표 자 : 지금까지 한 다섯 가지 질문이 나온 것 같습니다.

우선 첫째 우리 헌법 제37조 제2항의 문제인데요. 독일의 경우에는 기본권에 관한 법률유보가 개별적 법률유보방식이고 우리처럼 37조 2항에 의해서 하나의 일반적 법률조항을 통해서 기본권을 제한하는 그런 규정을 두고 있지 않습니다.

그래서 각 기본권 기본권마다 별도의 기본권이론들이 발달할 수밖에 없는 그런 조문구조를 취하고 있는데 이에 반해서 우리는 37조 2항이 있어서 거의 대부분의 기본권들이 37조 2항의 적용을 받는 것으로 이해가 되고 있고, 또 37조 2항의 비례의 원칙이 포함되어 있는 것으로 본다면 과잉금지의 원칙이 포함되어 있는 것으로 본다면 더군다나 이 평등권도 37조 2항의 적용을 받을 때에는 과잉금지의 원칙이 평등권의 영역으로도 들어오는 것 아니겠느냐, 실제로 이런 생각을 할 수가 있고 또 주장하시는 분들도 계십니다.

그런데 그 차이점이 뭐냐 하면 37조 2항이 전제로 하고 있는 것은 일단은 자유권이라고 봐야 되겠지요. 일단은 자유권인데 이 자유권은 각 조항마다 임의의 자유의 영역을 폭넓게 보장하고 있습니다. 그래서 기본적으로 과거에 근대사회 이전에 국가 대 개인의 관계가 국가권력이 무제한했고 개인이 그에 종속되는 제한된 행동영역을 가졌다면 혁명이라고 하는 것은 이 구조를 뒤바꿔놓는 구조였거든요. 그래서 애당초에 개인이 타고 나는 개인이 갖게 되는 활동의 영역은 무제한한 거고 거꾸로 이거 자체가 신이 부여하거나 하늘이 부여하거나 한 것으로 보고, 반대로 국가가 활동할 수 있는 활동 범위는 과거에 개인의 활동이 제약되었던 것처럼 국가가 이번에는 제약된다고 봤습니다. 그래서 이런 사고의 결과가 연장되어서 나타난게 37조 2항과 같은 일반적 법률유보조항인데 여기에서는 자유권 자체라고 하는 자유 자체를 그대로 그냥 놔둔다면 무한정 계속 이게 발현이 되고 이거를 통해서 사회적 관계에서는 다른 법익과의 충돌이 불가피하게 나타날 수밖에 없는데 이를 위해서는 국가자체가 일정한 국가안전보장이라든가 질서유지, 질서유지가 특히 대표적인 예가 되겠지요, 그 다음에 이제 공공복리 이런 목적을 위해서 이거를 제한하지 않으면 안 되는 그런 문제가 생깁니다. 그래서 이 제한을 한다 하더라도 다시 이 제한에 한계를 그어야겠다는 그런 취지에서 37조 2항이 의미를 갖는 건데, 평등권이라고 하는 것 자체는 그런 것보다는 아예 애당초에 사물의 본성상 일정한 사물과 사물, 개인과 개인 이 관계에서는 어떤 점을 기준으로 해서 보느냐에 따라서 같고 다르고가 결정이 되기 때문에 무제한한 어떤 영역이 있거나 따로 어떤 특별한 평등권의 특수한 어떤 종교의 자유나 예술의 자유처럼 특수한 어떤 평등권의 영역이 보호되고 있는 것처럼 이렇게 생각할 수 없다는 것이지요. 그렇기 때문에 37조 2항과 같은 규정을 통해서 근거로 해 가지고 평등권을 다시 제한한다는 그런 현상은 있을 수 없다는 것입니다. 아예 이런 차별의 의식 어떤 차별의 목적을 갖고서 차별을 하지 않는다 하더라도 이미 국가가 뭔가 활동을 할 때에는 공적인 과제를 수행하기 위해서 국가가 입법활동을 할 때에는 입법활동 그 자체만으로 이미 평등권문제가 발생한다는 겁니다. 그렇기 때문에 37조 2항은 자유권과 평등권의 법적 성격 자체가 다르기 때문에 자유권에 대해서는 적용될 수 있을지 몰라도 평등권에는 적용될 수 없는 것이고 그렇게 본다면 국가입법활동의 한계 즉 입법형성권의 한계를 그러면 어느 정도에서 그 한계를 그어줘야할 것인가 이런 문제가 생길 텐데 37조 2항을 적용하지 않는 그런 상황이라면 독자적으로 각각의 평등권과 관련해서 개발을 해야 되겠지요.

그래서 성차별금지원칙이다라고 한다면 생물학적인 성차이가 있는지 이것만 가지고 판단을 한다든가 아니면 그밖에 다른 뭐 신분에 의한 차별하면 신분이 어떠한 것들이 있는지 그거를 파악해서 한다든가 이런 식으로 평등권의 경우에는 결국은 각각의 평등권에 특수한 입법형성권의 한계들이 그때그때마다 개발되어야 한다는 그런 문제점이 있습니다. 이것 자체가 평등권의 특성이기 때문에 그런 작업들이 계속 이루어지다보면 결국은 입법형성권의 한계를 설정하는 많은 관점들이 형성이 될 텐데 그 관점을 모을 때 최신의 공식에서 볼 수 있는 것과 같은 그런 관점들이 몇 가지 유형적으로 나타날 수 있다는 것이지요. 그래서 그 최신의 공식이라고 하는 거를 우리 수학공식처럼 생각해서 이것에만 의거하면 모든 평등권사건이 해결된다라는 그런 취지가 아니라 적어도 이 안에는 많은 평등권사건을 해결할 수 있는 유용한 관점들이 있으니까 활용을 하고 그것으로도 부족하면 미국 연방대법원이 하는 것처럼 케이스 바이 케이스로 계속 그 유형의 표지들을 찾아내서 더 추가하자라는 겁니다. 제가 말씀드리는 바는, 그리고 최신공식은 바로 여기에 의미가 있다는 것이지요. 첫 번째 질문은 제가 이렇게 대답을 해 드리겠고.

그 다음 둘째, 심사과정에서 주 기본권 예를 들어서 자유권하고 평등권이 동시에 침해되었다고 청구인이 주장하는 경우에는 어떻게 해야 되느냐 이런 문제가 생기는데 아까 제가 발표를 하면서 기본권 경합문제가 반드시 이 평등권에서는 나타날 수밖에 없다고 말씀을 드렸는데, 맞습니다. 그래서 이 자유권을 제한하든 자유권 제한이 없든간에 평등권문제는 아니면 평등원칙문제는 반드시 뒤따르게 되어 있습니다.

왜냐하면 법률의 위헌여부를 따지게 되면 결국은 법률의 구성요건 그 자체가 일종의 차별을 의미할 수 있기 때문에 항상 뒤따르게 되어 있습니다. 그래서 중요한 거는 이때 무엇을 기본적인 심판대상으로 삼고 헌법재판소가 평등권위반 내지 평등원칙 위반문제를 어디까지 다루어야 하는지 그 선이 문제가 될 텐데, 기본적으로 자유권하고 이 평등권이 경합하는 경우에는 원칙적으로는 자유권을 우선해서 판단하는게 원칙입니다.

그런데 경우에 따라서는 제대군인가산점결정을 보듯이 물론 이것도 공무담임권침해문제로 파악할 수도 있겠지만 누가 보더라도 일의적으로 비제대군인과 제대군인의 차별이 있기 때문에 이때에는 이렇게 일의적으로 차별을 느끼게 될 때에는 인식할 때에는 기본적으로 평등권을 먼저 다루는게 또 순서입니다. 그래서 자유권하고 평등권이 경합하는 경우에는 일의적으로 제 1 차적으로 문제되는 기본권이 무엇인가를 먼저 설정을 하게 된다는 것이지요.

그런데 문제는 뭐냐 하면 여기에서 평등권문제가 제 1 차적으로 부각이 되더라. 그래서 이 평등권문제를 따지다보면 어떤 문제가 생기냐하면 지금처럼 이 심사강도 자체를 계속 강화해 오고 있지 않습니까 우리 헌법재판소가, 독일이 취하고 있는 방식도 그렇고요. 그런데 과거처럼 단순히 차별기준하고 비교집단사이에 어떤 내적인 관련성이 있는가 없는가 이것만 갖고 이렇게 따져보게 되면 평등권심사는 하나마나가 되고 나중에 자유권심사에서 결국은 위헌이라고 하는 결론을 자꾸 내게 되는 그런 현상이 발생했습니다.

그래서 취한게 뭐냐 하면 이 최신공식을 비롯한 이런 비례성 심사방법이 평등권에 들어오게 된 이유가 뭐냐 하면 어차피 자유권에서 또다시 비례성심사를 할 거라면 애당초에 평등권심사를 하는 과정에서 같이 비례성심사를 하자는 겁니다.

그래서 지금 우리 질문하신 분께서는 이렇게 자유권과 평등권심사가 동시에 이루어지는 경우에는 혹시 자유심사와 평등심사가 이게 혼동됨으로써 어떤 문제점이 발생하지는 않겠느냐 이렇게 말씀하셨는데, 논증이 중복되는 현상이 발생한다고 봐야 되겠지요. 평등권심사를 할 때 비례성심사가 이루어지고 나서 또다시 자유권심사를 하게 되면 이때 또 비례의 원칙을 동원하지 않습니까? 그래서 결국은 이 정당성심사에서는 논증이 매우 중복되는 그런 모습을 보이게 됩니다. 그래서 이 중복되는 현상을 어떻게 깔끔하게 결정문에서 처리할 것인지 논증 이 절차를 그래서 그 부분은 기술적으로 좀 다듬어야 될 부분이라고 생각하는데요. 논증중복의 문제 이거는 반드시 발생한다고 말씀드리겠습니다.

그 다음에 세 번째로 수용보상과 관련해서 개발이익환수제한 그런 말씀하셨는데 죄송하지만 저는 그쪽에 그 문제에 대해서 대답을 할 수 있는 지위가 아니기 때문에 전문가가 아니라서요, 제가 답변을 다른 분께 넘기도록 하겠습니다.

그 다음에 네 번째로 우리 검토사건으로 이 문제를 비교집단을 여러 가지로 설정을 할 수 있는데 일단은 채권자 대 채권자로 이렇게 해서 설정을 할 수도 있고 그 다음에 또 이거를 가입자와 가입자집단으로도 볼 수가 있고 아니면 아예 이거를 다 빼버리고 우체국보험이라고 하는 객관적인 사항과 기타 인보험이라고 하는 객관적인 사항 이 자체를 비교집단으로 볼 수 있는 거 아니냐 이렇게 말씀하셨고, 그런 측면에서 본다면 그 다음에 또 다른 문제는 이렇게 보면 결국은 객관적인 사태들을 비교하게 되는데 이 과정에서 결국은 자유권 기타 기본권심사로 환원되는게 아니겠느냐 통일될 수도 있지 않느냐 그렇게 말씀하신 것 같습니다.

그래서 그 문제에 대해서 말씀드리면, 기본적으로 이 비교집단을 설정할 때 제1차적인 설정의 출발점은 차별을 받고 있는 사람이 누구냐라는 겁니다. 차별을 받고 있는 대상자가. 그렇다면 우리 우체국보험법 45조에서 그에 의해서 차별을 받고 있는 사람은 압류를 할 수 없는 사람이겠지요. 그렇다면 채권자가 일단은 그 비교집단의 출발점이 됩니다. 설정의. 그래서 그 우체국보험가입자의 채권자와 그 다음에 기타 보험가입자의 채권자 이 두 집단이 비교집단이 되어 버리는데 수학에서 공통되는 것들은 소거하지 않습니까? 마찬가지로 환원방식이 가능합니다. 소거절차가. 그래서 채권자 채권자가 똑같다면 채권자사이에 어떤 특수한 사정이 있어야 채권자가 구별되어야 한다면 몰라도 그렇지 않다면 공통되는 문제는 특별히 논할 필요가 없겠지요. 그래서 이거는 빠져버릴 겁니다.

그다음 가입자. 가입자 나오는데 역시 마찬가지로 우체국보험에 가입할 수 있는 사람의 자격이 제한되어 있다든가 특수한 어떤 신분상의 지위상의 어떤 특징이 있다거나 그것 때문에 이것을 압류를 금지하는 것은 아닌지 그런 요소로 작용할 수 있기 때문에 그런 것들을 살펴봐야 되는데 역시 그것도 없고 누구나가 우체국보험을 공무원이든 민간이든 다 들 수 있고 마찬가지로 일반 인보험도 공무원이든 일반인이든 누구나 들 수 있다라고 한다면 차이가 없기 때문에 이것도 소거해 버려도 문제가 안 됩니다. 그렇다면 결국은 마지막에 남는 비교집단이 되는 사항은 우체국보험과 일반 인보험을 비교하는 일이겠지요. 그래서 결국은 같은가 다른가 하는 특수성이 여기에서 도출될 수밖에 없습니다. 그래서 그 소거절차를 거치는 과정에서 특수성이 있는지 없는지 이것을 좀 잘 판단해 보면 비교집단을 설정할 때 좀 간명하게 할 수 있는지 아니면 복잡하더라도 다 해야 되는지 그게 결정된다고 말할 수 있겠습니다.

그다음 이 사건을 재산권제한문제로 돌려서 이해할 수 있는 거는 아니냐? 그렇게 이해한다면 상당히 쉽고 충분히 그럴 가능성도 있습니다. 하지만 이 문제는 이 사건에서는 청구인이 지방자치단체입니다. 서울특별시라고 하는 지방자치단체

이기 때문에 기본권문제로 주관적 공권으로서의 재산권제한문제로 들어갈 수가 없습니다.

우리 헌법재판소가 제 생각으로는 2년 전인가요 결정하기를 국가나 지방자치단체는 헌법상의 재산권의 주체가 될 수 없다라고 판시한 거를 제가 본적이 있는데 지방자치단체 자체가 재산권의 주체가 될 수 없기 때문에 이 헌바사건에서 이것을 재산권제한의 문제로 환원시킬 수는 없다고 생각하고, 그렇다면 결국 이 사건에서는 주관적 공권으로서의 평등권 내지 재산권 이런 문제보다도 역시 평등원칙의 문제로 다루어야 되는 거 아닌가 이렇게 생각이 됩니다.

그 다음 이 사건에서는 문제될 수 있는게 지방자치단체 이렇게 되면 기본권에 어떤 미치는 불리한 영향 이런게 사라져 버리지 않느냐, 그래서 자의심사를 해야 되는 거 아니냐 이런 측면도 있지만, 그 지방자치단체가 채권자가 되는 경우라 하더라도 가입자에 의해서 아니면 입법자에 의해서 압류를 할 수 있는지 없는지 자체가 일방적으로 결정되고 이 채권자의 지방자치단체의 스스로의 행위에 의해서는 차별의 불이익 자체를 피할 수 없는 단계이기 때문에 역시 좀 엄격한 심사로 들어 갈 것이고 그 다음에 이 압류금지의 적용대상은 지방자치단체뿐만 아니라 일반채권자도 대상이 되겠지요, 그죠? 그래서 폭넓게 이해한다면 이거는 일반채권자하고는 관계에서는 역시 또 기본권침해문제가 다시 대두되기 때문에 이 사건에서는 엄격한 심사로 들어가는게 필연적인 결론이 아닌가 그렇게 생각이 됩니다.

그 다음 다섯 번째 주기본권 심사문제인데요. 황치연 박사님께서 말씀하시기를 평등권심사에서 이 평등권이라고 하는게 여러 가지 의미로 사용될 수가 있는데 특히 위헌법률심판과 같은 이런 실질적인 위헌심사에서는 규범통제에서는 평등권이라는 말보다는 평등원칙이라는 용어를 사용하는게 좋지 않겠느냐 말씀하셨는데, 규범통제의 목적자체가 객관적 헌법보호에 있다면 그렇다면 평등원칙이라고 쓰는게 오히려 더 이해하기가 쉽겠지요. 그 다음에 헌법소원같은 경우는 그 목적이 주관적 권리보호에 있기 때문에 평등권침해가 있느냐 없느냐 이렇게 용어를 쓰는 것도 괜찮은 방법인데 어차피 어떤 기본권이든지 이중적 성격이 다 인정되고 있기 때문에 문맥에 따라서 충분히 이해될 수 있는 문제라고 생각합니다.

그 다음 비례성심사는 자의가 있는지 없는지를 판단할 때에는 어떤 특별한 기술이 필요한게 아니고 또 미묘하게 그런 차이가 있는지 없는지 정당화사유가 있는지 없는지를 찾아내는게 헷갈리는 그런 상황은 별로 없이 있느냐 없느냐 그냥 합리성이 있다 없다 바로 판단할 수 있지만 그렇게 판단할 수 없는 그런 문제들이 있기 때문에 비례성심사가 도입되는 거 아니냐라는 취지로 말씀하셨는데 그렇기 때문에 비례성심사가 나오는 거지요 실제로. 그래서 그점에 대해서는 그렇다고 제가 말씀드리겠습니다.

이상으로 지금까지 나온 질문에 대해서 제가 답변을 드렸고요.

사 회 자 : 수고 많으셨습니다.

지금 이 많은 질문에 대해서 아주 성실하게 답해 주셔서 고맙고요. 지금 시간이 좀 많이 지나갔습니다. 지나갔는데 대충 발표자의 의견도 평등의 어떤 본질 등등에 관해서 다 들었고 그 다음에 심사기준도 그러니까 대충 보니까 논제가 한 세 가지쯤 되는 것 같습니다.

첫 번째 평등의 어떤 비교집단설정, 평등이 언제 적용되느냐 문제하고 그 다음에 평등심사의 어떤 프로세스 과정하고 1단계냐 2단계냐 이런 얘기가 나오지요. 그 다음에 심사기준문제가 나오는데 이 셋을 나누어가지고 자유롭게 자신들의 견해를 얘기할 수 있는 시간을 구분해서 한번 가져보는 거는 어떤가 생각이 됩니다.

먼저 평등의 적용범위, 비교집단의 설정이라든지 또 자유권과의 관계, 주기본권과의 관계에 관해서 이쪽에 관한 의견을 자유롭게 한번 토론해 보는 시간이 있으면 좋겠습니다. 이거는 굳이 답변 준비 안하셔도 되고요.

간단간단하게 좀 하셔가지고 생각을 한번 정리해 보는 시간은 어떤가 생각됩니다.

예, 이명웅 연구관님.

이 명 웅 : 세 가지가 이렇게 나누어지지 않고 좀 겹칠 것 같은데요.

우선 궁금한게 사회자 말씀하신 거하고 약간 떨어질지도 모르겠는데, 발제자께서 제대군인사건은 좀 비판적으로 검토를 하셨는데 국가유공자사건은 별로 거기에 대한 평가라든가 분석이 안 이루어진 상태에서 완화된 비례성심사라는 개념을 하나의 어떤 판례적인 거를 존중한다는 의미에서 전제해 가지고 세 단계 부분으로 나누셨는데요. 그 사건에 대해서 발제문의 입장에서 좀 검토가 필요할 것 같아요.

왜 거기서 완화된 비례성심사라는 개념을 썼냐하면 기본적으로 평등원칙에서 엄격심사를 할 때 비례성심사라는 개념을 쓰고 있기 때문에 그 비례성은 쉽게 자유권에 대한 비례성심사로 이렇게 치환을 해서 생각하는 거지요. 물론 구조자체가 자유권과 평등권이 틀리기 때문에 심사하는 형태는 틀리겠지만 기본적으로 비례성심사하면 저희 실무가들 입장에서는 어떤 네 가지 하부원칙이라든가 이런 어떤 엄격한 사고방식을 갖고 있기 때문에 그거보다도 완화된 형태로, 말하자면 협의의 비례성심사에서 공익과 사익의 어떤 법익의 균형성의 측면에서만 평등심사를 한다라는 것을 완화된 심사라고 이렇게 전제했을 수가 있다는 것이지요.

그런데 지금 발제자께서는 평등권에 있어서의 엄격한 심사라는 것은 결국은 협의의 비례성심사와 비슷한 결국 피해의 최소성이라는 그런 개념보다는 협의의 비례성심사 위주의 심사가 되어야 되고 그것까지 하는 점에서 자의성심사와 차이점이 있다 이렇게 보셨는데, 그렇다면 완화된 비례성심사와 엄격한 비례성심사를 구분하는 것이 발제자께서 생각하시는 평등심사의 비례성에서의 어떤 본질적인 요소의 관점에서 어떤 차이가 있는지 좀 궁금할 수밖에 없고요.

그것과 관련해서 결국 이제 기본권경합문제에 있어서 문제는 기본권마다 심사기준이 달랐을 때 기본권경합문제가 더 어려워진다는 거지요. 예를 들면 평등권심사와 자유권심사가 경합이 되었다 그랬을 때 어느 하나로 끝을 낼려고 하면 두 가지 어떤 그 사안에서 심사의 어떤 강도, 밀도가 비슷해야 되는데 그것이 이제 자유권에 대해서 엄격심사를 했을 때보다도 평등심사에서 사안에서 엄격심사를 하면서도 어떤 협의의 비례성심사 위주로 해서 약화되었을 때는 굉장히 문제가 생기고, 자유권에서도 마찬가지지요. 우리가 직업수행의 자유를 3단계 중에 마지막 단계, 낮은 단계심사를 하면서 결국 재산권과 직업수행의 자유가 어떤 경합이 있다고 합시다. 그러면 직업수행의 자유를 하면서 낮은 단계의 심사를 하면서 결국은 재산권보다도 심사기준이 더 심사밀도가 더 낮추어지는 그런 상태로 심사가 끝나버린다면 기본권경합문제에 있어서 그 심사기준과의 관계에서 서로 좀 발런스가 안 맞는 경우가 생기거든요. 그래서 일단 그런 어떤 가산점사건에 있어서의 완화된 비례성심사라는 기준점을 평등원칙에 있어서 엄격한 심사를 할 때에 그 기준의 관점에서 반드시 유지를 해야 되는 것인지 그거 좀 말씀해 주시고요.

그리고 아까 그 사안에서 서울시가 청구했기 때문에 재산권의 어떤 주체는 되지 않는다. 마찬가지로 우리 판례는 아직 좀 혼선이 있는데요. 공직자들이 평등권을 주장을 할 때 가령 지방자치단체장이 국회의원과 나는 뭐 어떤 점에서 선거절차에서 틀리냐라고 할 때도 결국 그거 이제 기본권주체성의 관점에서 보면 자유권과 큰 문제는 없지 않는가. 어떤 국가질서를 담당하는 사람들은 기본적으로 기본권을 보호해야 되는 주체고 거기서 나온 어떤 여러 가지 형태, 모든 형태의 유형적인 차별이라는 것은 어떤 법을 만들 때 이미 어떤 각 제도에 따른 그게 전제되어 있기 때문에 자유권에서 국가기관이 원칙적으로 기본권주체성이 없다면 공직자나 지방자치단체입장에서도 마찬가지로 평등권을 주장한다할 수 있겠는가 이런 문제에 대해서 어떻게 생각하시는지? 좀 길어져서 죄송합니다.

사 회 자: 그러면 이왕 저기 나온 거, 이인호 박사님.

이 인 호 : 중앙대학교 이인호입니다.

사회자께서 자유롭게 토론하라고 그래서 몰라도 토론해도 된다는 취지로 읽고 좀 자유롭게 코멘트 평소에 제가 생각했던 것을 좀 말씀드릴까 합니다.

발표와 토론 아주 의미 있는 내용이 담겨있어서 많이 배웠습니다.

먼저 발표자께서 평등심사와 자유권심사는 다르다라고 말씀하셨는데 저도 다르다고 생각됩니다, 그 부분은.

다만 자유권심사라는 것이 아니라 기본권 제한심사라고 하시는 것이 적정하지 않은가. 예를 들면 사회적 기본권 그러니까 정부가 지원을 해줄 때 그 지원을 차별적으로 만약에 하는 경우에 평등문제가 발생할 수 있거든요. 그거는 자유권의 문제가 아니지만 평등문제가 생기고요. 그 다음에 특히 자유권이 아닌 선거권과 같은 중요한 기본권은 그에 대해서 차별했다고 그러면 그거는 아주 엄격심사를 해야 될 겁니다. 그러기 때문에 자유권심사가 아니라 기본권 제한심사와 평등심사는 다른 것이고 저도 본질적으로 다르다고 생각이 됩니다.

다만 평등심사를 할 때 이준일 교수님께서 아주 의미 있는 지적을 했다고 생각되는데요. 지금까지 이런 지적은 없었던 것이 아닌가? 제가 과문하지만. 그것이 뭐냐 하면 평등심사에 있어서 자의성심사와 비례성심사는 본질적으로 같은 것이다라는 지적을 하셨습니다. 저도 그 점에 대해서 동의합니다.

제가 이해하는 자의성심사는 사실상 비례성판단을 할 때 목적의 정당성과 수단의 적합성까지만 심사하는 것입니다. 그게 합리적인 조그만한 이유라도 있다는 것이거든요. 그래서 적합성 그러니까 차별목적달성에 필요한 정도만큼 차별했다고 하면 그래서 그런 수단을 썼다면 그래서 기여를 어느 정도 한다면 적합성이 있는 것이고 그 정도면 차별이 합리적 근거가 있는 것이고 그게 자의심사입니다.

그런 근거마저도 없다면 그거는 자의성심사에서 위반되는 것이죠. 그래서 자의성심사와 비례성심사는 본질적으로 동일한 것인데 다만 심사의 강도가 다를 뿐입니다.

제대군인가산점사건에서 그 말이 어떤 의미인지 정확하지는 않습니다마는 이전에 자의성심사를 해오다가 제대군인가산점사건에서 처음으로 비례성심사를 표현을 합니다. 그럴 경우에 두 가지 경우에 헌법이 특별히 차별을 금지하고 있거나 또는 관련기본권에 중대한 제한이 있는 경우에 엄격심사, 비례성심사를 한다라고 제시하면서 그런 경우에 그 두 가지 경우에는 "엄격한 비례성심사를 하여야 한다"이렇게 표현을 써놨습니다. "엄격한." 그러면 그전에 자의성심사는 엄격하지 않은 비례성심사다라는 취지로도 읽을 수 있습니다.

물론 그때 어떤 기본베이스에서 썼는지는 정확하게 모르지만 제 생각하고 오히려 일치할 수도 있겠다. 그러니까 본질적으로 같은 것이다 두개는, 하는 것이 아닌가 하는, 거기에 대해서 코멘트를 좀 구하고 싶고요.

그게 저는 미국의 연방대법원이 평등심사를 하는 기준이나 방식을 보면 그 점은 분명히 드러난다고 생각이 됩니다. 미국의 엄격심사, 준엄격심사, 합리성심사는 기본적으로 같은 비례성심사입니다. 그것을 어느 정도 엄격하게 보느냐에 따라서 목적과 수단의 관계를 얼마나 엄밀히 따지느냐의 차이일 뿐이지 자의성심사와 비례성심사가 본질적으로 다른 것이다라고 볼 수는 없는 것이고요.

그 다음에 유의미한 비교대상에 관한 문제인데 이 문제는 종래까지는 특별히 헌법재판소가 주의 깊게 읽지 않았습니다. 그런데 자도소주구입명령사건에서 처음으로 제가 알기로는 본질적으로 유사한가 동일한가라는 개념을 써서 독일의 연방헌재판례를 인용해서 한 것인데, 그 본질적으로 동일한가가 유의미한 비교집단이 되는가를 제시를 합니다. 그래서 그때 처음부터 유의미한 집단인지를 어떻게 판단할 거냐? 입법목적을 봐야 된다는 겁니다. 그러면서 그 이후에, 사실은 자도소주구입명령사건은 김현철 연구관께서 의문 가졌던 것처럼 그렇게 입법목적을 비추어서 유의미한 집단인지의 여부를 따졌어야 되는데 오히려 그 사건에서는 정작에 유의미하지 않은 집단을 비교를 해 가지고 평등심사를 했다고 저는 보고요. 그 점에서 저는 비판이 될 수 있다는 것인데, 그 이후에는 한 번도 헌법재판소가 유의미한 비교집단에 대해서 언급을 하지 않다가 최근에 들어서 확인했는데요. 그중에 하나가 제가 알기로 회사정리법상의 부실경영주주 주식 강제소각하는 사건이 있습니다.

그 사건에서 헌법재판소는 화의절차상의 부실경영주주는 주식을 소각하지 않는 데 회사정리절차상에서 부실경영주주는 주식을 강제로 소각하는 규정이 있었습니다. 그 사건에서 헌법재판소는 비교의 대상이 안 된다라고 해서 청구인은 왜 화의절차상의 차별아니냐라고 주장했지만 헌법재판소는 사실은 각하, 그 주장은 기각을 해버렸는데요, 비교대상 자체가 안 된다고 그랬습니다. 그러면서 입법목적을 따졌습니다.

지금 이 사례와 관련해서 지금 예를 들었던 사안 중에 하나와 관련해서는 제가 보기에 채권자가 우연한 기회로 어떤 채권자가 됐다 안됐다 우체국보험이나 뭐 이렇게, 그것은 어떻게 보면 저는 비교집단에서 제외시키는 논거로는 적정하지 않은 거 아닌가라는 생각이 들고요. 다만 그 입법목적이 무엇이었느냐를 좀 면밀하게 따져서 판단을 할 수 있지 않을까 생각이 되고, 차라리 거기에 대해서는 깊이 있는 생각을 못했습니다. 다만 유의미한 비교집단이냐 아니냐는 어떻게 보면 실무에서는 덜 중요할 수도 있다라는 생각입니다.

설령 유의미한 비교집단으로 평등심사의 대상을 삼았다 하더라도 그냥 합리성심사를 통해서 기각할 수도 있지 않을까하는 생각입니다.

사 회 자 : 또 다른 의견 있으면 말씀을 하시지요.

김 상 우 : 잠깐만, 방금 말씀하신 이인호 교수님 말씀과 관련해서 발제자께서 발제하신 것 중에 보면 소위 헌재결정에 보면 그게 두개의 사실관계가 본질적으로 동일한가의 판단은 일반적으로 당해법률조항의 의미와 목적에 달려있다라는 결정례가 있는데요. 이게 확고하게 계속 인용이 되고 있는 그런 사안이고 방금 이 교수님도 인용을 한 사안인데, 저는 이거를 읽을 때 두 사실 관계의 비교집단은 일단 어떡하든지 간에 정해진 사항에서 그 두 비교집단의 동일성여부를 판단할 때 당해법률조항의 의미와 목적을 가지고 판단을 하는 것으로 읽었었는데 지금 평등원칙 3단계로 나누었을 때 1단계, 2단계, 3단계로 나누었을 때 그 2단계 속에 1, 2단계가 포함되는 것으로 본다면 오히려 이 하나의 법률조항의 의미와 목적에 따라서 동일성도 판단하고 또 의미 있는 비교집단의 선정도 가능하지 않느냐라는 그런 생각을 방금하게 되었는데요. 그런데 발제자께서 발제한 내용을 보면 이 사항과 관련한 코멘트에서 보면 "기준이 되는 것은 헌법이다" 이렇게 말씀을 하시고, 조금 전에 예를 드실 때도 "헌법에서 보면 이게 분명하게 채권자들은 같다" 그렇게 말씀을 하시면서 말씀을 하셨거든요. 기존에 저희 결정례 하고 이 교수님 말씀하신 그런 내용하고 또 발제자께서 기준이 되는 것은 헌법이다하는 것은 명확하게 관점의 차이가 좀 있는 것 같은데 그 부분에 대해서 명확하게 말씀을 해주시면 좋겠습니다.

사 회 자 : 또 다른 토론 있으면 하시지요.

김 선 택 : 굉장히 재미있는 이야기가 많이 나왔는데요. 이런 생각이 좀 드는데 평등권심사 지금 할 때 자유권심사하고 모델을 어떻게 나누느냐는 문제가 있는데, 왜 단계화를 하는가 하는 생각을 해 보면 이 단계를 나누면서 심사상에 어떤 실익이 있을 것 아닙니까? 그래서 단계를 나누어서 심사를 좀 효율적으로 진행할 수 있다 거나 전 단계에서 좀 주장을 배척할 수 있으면 그 단계를 나누는 실익이 있게 된다는 생각이 듭니다.

예컨대 지금 비교집단설정문제는 2단계 모델에서도 당연히 전제하는 거예요. 그런데 그런 비교집단설정을 별도로 할 필요가 있냐 없냐? 당연히 할 필요가 있는 거고 그래야 차별취급여부를 우리가 결정할 수 있으니까 그리고 그 단계에서 이미 배척이 될 수 있으니까 일부주장이, 실익은 나름대로 있다고 볼 것 같고.

그 다음에 지금 여기 보니까 아까 그런 얘기했는데 자의성심사하고 비례성심사를 단계적으로 진행할 수 있다고 얘기하는데 이거 이런 겁니다.

그물이 아주 촘촘한 채로 거르는 거를 비례성심사라고 하면 성긴 채로 거르는게 자의성심사인데 이 두 개를 겹쳤다고 한번 생각해 보세요. 그러면 성긴 채로 굳이 할 필요가 있겠는가? 그러면 이거를 성긴 채로 하고서 그거를 빠져나간 거를 더 촘촘한 채로 거르면 이거를 할 수 있다. 그러니까 어떤 실익이 있을 것처럼 보이는데 여기 이런 문제가 발생합니다. 성긴 채로 심사하는 합리성심사가 있고 아주 촘촘한 채로 심사하는 비례성심사가 있다고 하면 어떤 심사를 받게 하느냐 하는 것은 우리가 그 심사대상입법에 대한 헌법적 평가가 선행하는 거예요. 그러니까 이거를 자의성심사를 하고 비례성심사 나간다는 거는 문제가 좀 있습니다. 이점은 좀 고려를 안 하신 것 같고.

그 다음에 제가 중요한 얘기를 하나 하고 싶은데, 배보윤 연구관님 어디 갔어요? 굉장히 중요한 얘기를 할까하는데. 오늘 재미난 얘기가 나왔어요. 뭐냐 하면 우리 김주환 교수님 발표의 내용을 보면 결국 입법을 하게 되면 어차피 차별이 발생한다. 입법은 유형화이기 때문에 어차피 차별이 발생한다. 굉장히 중요한 말입니다.

우리가 차별입법도 결국 자유권이라는 기본권에 영향을 미치는 그런 차별취급을 발생시킬 수 있어요. 이 경우에 자유권심사를 할거냐 평등권심사를 할거냐 이런 문제가 발생하는데, 지금 우리 이 사례를 놓고 보면 이런 생각이 듭니다. 이게 일반채권자였으면 어땠을까? 지금 지방자치단체가 딱 되어 버리니까 이게 재산권주체가 안 된다 말이에요. 이러면 얘기가 어렵게 되는데 일반채권자 같은 경우에는 자기채권을 추심하는 그러니까 자기재산권을 실행하는 어떤 방법에 제약이 있는 것이 아닐까 따지자면. 그러니까 그런 재산권제약에 대한 어떤 정당화를 한번 심사를 해보면 그렇게 풀릴 수도 있지 않을까 간단하게 어쩌면, 그런 부분이 있고.

그런데 이거는 좀 문제가 달라져가지고 지금 지방세를 부과징수할 권한을 가진 지방자치단체의 경우입니다. 지금 이게 압류나 추심하는 거는 징수방법의 일환인데… 인보험가입자든 채권자사이에 차별을 왜 문제삼는가 우리가. 좀 이상하지 않느냐 이 얘기입니다. 그러니까 그렇게 보지 않는다 하더라도 이 문제 해결할 수 있다는 거예요. 그러니까 지금 지방세부과징수권자인 지방자치단체의 경우에 징수방법을 실행함에 있어서 이것을 막는 장애를 유발하는 특별한 채권자보호입법형성이 되어 있기 때문에 이것이 과연 합리적인 것이냐? 다시 말해서 우체국보험이라고 하는 제도를 형성함에 있어서 입법자가 합리적이었냐 합리적이지 못했느냐 이거를 판단하면 될 겁니다. 이 판단할 때 여기 지금 우체국보험청구채권이 일반 채권하고 왜 달라졌느냐? 이 차별은 분명히 있어요. 그러니까 이것은 채권자에 대한 차별의 문제가 아니고 채권 가운데 일반적인 인보험채권하고 우체국보험채권이 특별히 가까우니까 구조적으로 이 두 개를 비교하는게 제일 맞다 이거지. 이거를 가지고서 우체국보험청구채권에 대한 압류금지라고 하는 것 그것이 가지는 입법목적이 뭐겠는가? 왜 이런 식으로 이렇게 되어 있었는가? 이거를 쭉 찾아보면 합리적인지 여부를 우리가 심사할 수 있을 겁니다. 그래서 판단하면 되는 것이 아닌가, 이런 생각을 좀 해봤습니다.

사 회 자 : 시간이 지금 9시가 넘었어요. 딱 한 분만 받겠습니다.

하 명 호 : 저는 헌법전공자가 아니니까 그냥 무식을 다시 한번 확인해 보겠습니다.

아까 보험사건에서 그 차별이 과연 입법자의 입법행위라는 공권력행사에 의해서 차별이 생겼는지 아니면 재수 없게 그 사람을 만난 운명에 의해서 차별이 생긴 건지 이거는 구별을 해줘야 될 것 같거든요. 그런데 항상 이런 문제가 생기면 좀 헷갈리기는 하는데 이 사건에서는 입법자가 누구를 특별히 차별하려고 입법을 한 거는 아니고 그냥 남편 잘못만나서 잘못 산게 되는 그런 운명의 문제에 불과한 거 아닌가 이런 생각을 한번 우스꽝스럽게 해봤습니다.

사 회 자 : 근본적인 문제를 정확히 지적하셨고요.

그 다음에 전반적으로 우리 발제자님께서 간략하게 정리하시고 그 다음에 우리 회장님께서 마지막 정리해 주시면 고맙겠습니다.

발 표 자 : 질문이 너무 많아가지고 듣다가 까먹고 까먹고.

우선 이명웅 연구관님께서 질문하신 건데요. 완화된 비례성심사에 대해서 특별한 언급이 없었다고 이점에 대해서 엄격한 비례성심사와 완화된 비례성심사의 차이가 무엇인지, 아니면 차이가 있다면 제가 어떻게 생각하는지 그에 대해서 입장을 좀 밝혀 달라고 하셨는데, 국가유공자결정 제1차 결정에서 나타나는 비례성심사의 차이는 기본적으로 최소침해성을 심사하면서 강하게 심사하느냐 약하게 심사하느냐에 따라서 달라졌다고 생각을 하고요. 이런 식으로 비례의 원칙을 구성하는 여러 개별요소들 중에서 어느 부분에 대해서 어느 부분적인 어떤 개별요소들은 좀 약하게 그러니까 개별요소를 강약을 달리해서 적용하는 방법이 있을 수가 있겠고요.

그 다음에 똑같이 다 같은 강도로 적용을 하되 이거 자체에서 정당성이 없다는게 명백한 경우에만 이거를 바로 위헌의 근거로 뽑아드릴 것인지 아니면 좀더 깊이 있게 자꾸 따져가면서 들어갈 것인지? 실제로 이 강약의 차이가 나오는 거는 뭐냐 하면 기본적으로 원래 가장 설득력이 가장 강한 거는 합리성심사가 가장 강한 겁니다. 왜냐하면 이 명백성통제라고 하는 것은 압도적인 다수에 의해서 결론이 뒷받침이 되거든요. 그런데 그렇지 않은 경우에 더 깊이 파고들면서 위헌성의 요소들을 발견하기 위해서 자꾸 들어가는 건데 그렇게 들어갈 때마다 꼭 좀더 엄밀한 통제를 해야 될 필요가 있다라는 등 해가면서 들어가게 되어 있습니다.

그런데 명백성통제를 하는 입장에서 그렇게 엄밀한 심사를 하겠다고 하면서 명백한 논거를 제시하지는 않거든요. 명백성통제에서 그게 발견되지 않으니까 자꾸 깊이 있게 들어가는 건데 유공자결정에서는 헌법 자체가 차별을 명령하고 있기 때문에 어느 정도 기본권제한, 중대한 기본권문제가 초래된다 하더라도 그로 인해서 발생하는 피해가 수인할 수 있는 정도라면 굳이 이게 최소한의 침해를 야기하는 것인지 아닌지까지 깊이 있게 따지지 않겠다는 취지에서 국가유공자결정이 나온 거라고 생각합니다.

그래서 이것 자체도 역시 명백하냐 아니냐라고 하는 그런 측면에서 강도문제로 볼 수도 있겠지만 또 달리 보면 비례성심사의 개별요소들의 강약을 달리하는 방법으로도 볼 수 있기 때문에 이게 앞으로 계속 해명이 되고 통일적으로 정립되어야 되는 문제라고 생각을 하고요. 아무튼 그래서 제가 말씀을 안드렸습니다.

그 다음에 직업의 자유 대 재산권문제 또는 자유권 대 평등권이 있겠고, 경합하는 이런 현상들이 있을 때 통제의 강도를 달리하게 되면 그러면 예를 들어서 직업의 자유침해는 인정이 되는데 재산권이 침해되었다는 것은 인정되지 않는다는 서로 다른 결론이 나올 수도 있지 않겠느냐라고 말씀하셨고, 마치 이것이 잘못된 것처럼 생각하시는 것 같아요. 그런데 얼마든지 여러 개의 기본권이 경합된다 하더라도 개별기본권마다 각각 심사를 하기 때문에 그렇기 때문에 꼭 경합되는 기본권이 전부 다 침해되었다는 결론이 나올 이유도 없고 또 어느 기본권도 침해되지 않았다는 결론이 나올 이유도 없다고 생각합니다. 그래서 결론은 각각 개별기본권 기본권마다 다르다고 생각합니다.

그 다음 자의성심사하고 비례성심사라고 하는게 결국은 똑같은 비례성심사인데 심사강도만 다르다 이렇게 말씀을 하셨는데, 물론 이 심사강도라고 하는 말은 이 비례성이라고 하는 말속에 이미 들어가 있습니다. 그런데 이 비례성심사를 하기 전에 이 자의성심사에서는 법익의 어떤 의미, 무게, 비중을 서로 이렇게 견주어 본다든가 하는 이거는 없었습니다. 그냥 특별히 이것이 뒷받침할 수 있는 명백한 어떤 논거가 있는지 이런 거를 찾는 입장이었지 이거를 자꾸 따져가면서 이 무게중심이 이게 좀 한쪽으로 기울었다라든가 이거를 이유로 해서 위헌을 선언한다든가 하는 그런 저기는 없었습니다. 그렇기 때문에 오히려 이 자의성심사하고 비례성심사가 비례성이라고 하는 의미를 어떻게 이해하느냐의 차이인데, 우리 이 교수님께서 생각하시는 비례성이라고 하는 거는 규범조화적 해석이라든가 또는 실제적 조화가 추구하는 비례성을 의미하는게 아닌가 그렇게 제가 이해가 되고요. 비례성심사에서 말하는 그 비례성하고는 약간 뉘앙스가 다르다고 생각합니다.

그 다음에 많은 문제가 있었는데 본질적으로 같으냐 다르냐라고 하는 것을 판단할 때 '본질적'이라고 하는 그 말이 어떤 의미를 갖느냐라고 하는 건데, 이 문제는 일단은 공통점과 차이점을 판단할 때 거기에서 각각의 사물들이 갖고 있는 어떤 속성, 비중 이런 것을 공통점의 측면에서 많이 찾아내느냐 그렇지 않고 차이점에 비중을 많이 두느냐 여부에 따라 달라지는 문제라고 생각하고요.

그리고 이 비중을 어디에 두느냐 하는 근본적인 출발점은 제가 분명히 말씀드렸지만 헌법에서 출발을 해야 이게 같은지 다른지가 이게 처음부터 비교집단 설정단계에서부터 같은 집단 다른 집단이라고 설정될 수 있는 거지 법률의 차원에 입각해 가지고 법률의 입법목적에 부합하게끔 하게 되면 처음부터 아예 우체국보험과 일반 인보험은 다르다라고 하는 생각부터 하게 되기 때문에 합리적인 어떤 결론을 도출하는 데는 오히려 그게 방해가 될 수 있다고 생각합니다.

다른, 김선택 교수님께서 많은 말씀들을 하셨는데 그 점에 대해서는 특별히 제가 코멘트 할 내용은 없을 것 같습니다.

이상으로 답변을 마치겠습니다.

사 회 자 : 마지막으로 재판관님께서 코멘트를 간단히 해 주시면 고맙겠습니다.

조 대 현 : 기본권에 관해서 많이 배웠습니다. 배웠고 깊이 있는 이론과 심사기준 그리고 다양한 의견들을 발표해 주시고 토론해 주셔서 감사합니다.

특히 헌법재판소에서 지금 심판중인 사건에 관해서도 언급을 해 주셔서 많은 도움이 되었습니다.

이 자리에서 못다 한 토론은 뒤풀이에서 다시 계속되니까 많이들 참석해 주시기 바랍니다.

감사합니다.

사 회 자 : 아쉽습니다.

사실은 내용들이 너무 많아가지고 그리고 견해들이 다양하기 때문에 조금 얘기가 더 진행되었으면 하는 아쉬움이 있습니다.

이상으로 마치겠습니다.

제 84 회(2008. 5. 9) 발표문

미국 연방대법원의 위헌심사기준으로서의 '이중 기준(二重 基準)(Double Standard)'

이 우 영*

Ⅰ. 序

오늘날 미국의 위헌법률심판 기제를 설명하기 위한 핵심적 요소이자 특징은 심사의 강도에 차등을 둔 '이중 기준(double standard approach)'의 개념, 그리고 이를 세분화한 다중 기준의 체계(multi-level system of scrutiny)이다.[1)][2)] 즉, 최소한의 심사기준인 합리성 심사기준(rationality review; rational-basis scrutiny), 강화된 심사기준인 엄격 심사기준(strict scrutiny), 그리고 그 중간 강도의 중간 심사기준(intermediate scrutiny)으로 분류되는, 심사의 강도에 따라 차별화된 위헌심사기준의 정립의 역사와 적용의 실제를 이해하는 것은 오늘날 미국의 위헌심사기준 그리고 나아가 미국 헌법상의 기본권 보장을 이해하기 위해 필수적이다.

이러한 이중 기준 체계는 1930년대 미국 대공황기의 Franklin D. Roosevelt 대통령의 New Deal 정책과 당시의 미연방대법원간의 충돌에 기원을 두고 있으므로, 상대적으로 근래에 도입되고 정립된 것이다.[3)] 대공황기 New Deal 입법에 대해 미

---

* 서울대학교 법과대학 부교수, 공법(헌법).

1) 이에 대한 일반적인 설명으로는 Kathleen M. Sullivan, Gerald Gunther 공저, CONSTITUTIONAL LAW(16th edition)(Foundation Press, 2007), 601면 이하, 특히 601면-637면; Gerald Gunther, "The Supreme Court, 1971 Term-Foreword: In Search of Evolving Doctrine on a Changing Court: A Model for a Newer Equal Protection," 86 Harvard Law Review 1, 8면 (1972); 이상윤, 「영미법」(개정판)(박영사, 2003) 199면-200면 등 참조.

2) 이하 이 글에서는 이중 기준 체계와 이를 기본으로 하여 이후 중간 심사기준을 더한 다중 기준 체계를 통칭하여 '이중 기준 체계'라고 한다.

3) 미국의 위헌심사기준으로서의 '이중 기준'의 역사적 기원과 정립 배경에 관한 일반적인 설명으로서는 Laurence Tribe, AMERICAN CONSTITUTIONAL LAW 450면-455면(1978) 참조. 당시 미연방대법원은 대공황 타개의 의도로 제정된 일련의 New Deal 입법을 위헌으로 판시함으로써 다방면에서 공격을 받아, 그 정치적 위상이 약화되어 있었다. A. Sutherland, CONSTITUTIONALISM IN AMERICA 481면-501면(1965). Roosevelt 대통령은 대법원의 구성과 조직 자체를 변화시키려는 소위 "Court-packing plan"을 제시하며 미연방대법원의 위헌심판권한의 정당성 자체를 공격하고 있었다. L. Pfeffer, THIS HONORABLE COURT 312면-321면(1965). 이러한 공격 속에서

연방대법원은 일련의 위헌판결을 하였고, 이에는 다방면으로부터의 비판과 공세가 따랐다. 이러한 맥락에서 위헌법률심사권의 정당성에 대한 공격에 직면하게 되자 미연방대법원은 입법부와 행정부의 결정과 행위에 대해 '존중적인(a posture of extreme deference)' 입장을 취하기 시작하였고,[4] 이에 위헌법률심판에서 법률의 합헌성 추정을 깨기 위해서는 입법이 명백하게 비합리적임을("clearly irrational or unreasonable") 보일 것이 요구되게 되었다.[5] 이러한 기준은 주지하는 바와 같이 이후 원칙이 되는 위헌심사기준으로서 최소한의 심사기준(minimal scrutiny) 또는 '합리성 심사기준(rational-basis scrutiny; rationality review)'이라고 불리게 되었다.[6]

이 시기 이전에도 미연방대법원은 위헌심판에서 '합리성'을 심사의 기준으로 사용해 왔다. 즉, 법률의 합헌성을 추정하는 것을 위헌법률심판에서 '합리성'을 심사기준으로 삼는 것으로 이해한다면, 적어도 이러한 표현은 미연방대법원 초기의 판례에도 때때로 등장한 바 있다.[7] 다만 New Deal 시기 이전에는 미연방대법원의 위헌법률심판의 논리전개과정에서 법률의 합헌성 추정이라는 개념이 사용된 경우에도 실질적인 판단 원리로서 사용되었다기보다는 수사적인 차원에서 거론되었을 뿐이다.[8] 이에 비해 New Deal 시기를 거친 후에는 미연방대법원의 위헌법률심판에서 법률의 합헌성 추정이 훨씬 빈번하게 거론되었을 뿐 아니라, 단순한 수사에 머무르지 않고 실질적인 심사기준으로 사용되기 시작하였다.[9]

미연방대법원은 New Deal 입법에 대해 위헌 입장인 대법관의 비율이 5/9에서 4/9로 바뀌면서 ("switch in time that saved nine") 위헌심판권의 정당성 자체에 대한 공격을 피하게 되었다. L. Pfeffer, THIS HONORABLE COURT 317면-320면(1965) 참조.

4) 예를 들어, Williamson v. Lee Optical Co., 348 U.S. 483(1955); Dennis v. United States, 341 U.S. 494(1951) 참조.

5) 이는 곧 법률의 위헌성을 주장하는 자는 당해 입법이 정부의 어떠한 정당한 목적과도 전혀 무관함을 입증해야 하는 책임을 부담하게 되었음을 의미한다. 이 시기의 연방대법원의 위헌심사기준을 상세히 설명한 것으로 Jeffrey M. Shaman, "The Rule of Reasonableness in Constitutional Adjudication: Toward the End of Irresponsible Judicial Review and the Establishment of a Viable Theory of the Equal Protection Clause," 2 Hastings Constitutional Law Quarterly 153, 163면-166면(1975) 등 참조.

6) 최소한의 낮은 위헌심사기준으로서의 합리성 심사기준의 정립과정에 관한 일반적 설명으로서는 Kathleen M. Sullivan, Gerald Gunther 공저, CONSTITUTIONAL LAW(16th edition)(Foundation Press, 2007), 472면-479면; Gerald Gunther, "The Supreme Court, 1971 Term- Foreword: In Search of Evolving Doctrine on a Changing Court: A Model for a Newer Equal Protection," 86 Harvard Law Review 1, 8면(1972) 등 참조.

7) 예를 들어, 19세기 초의 Fletcher v. Peck, 10 U.S.(6 Cranch.) 87, 128면(1810)에도 이러한 표현이 등장한다.

8) Hurst, "Review and the Distribution of National Powers," (SUPREME COURT AND SUPREME LAW 140이하에 게재), 156면(E. Cahn ed. 1954).

9) Laurence Tribe, AMERICAN CONSTITUTIONAL LAW 450면-455면(West Publishing Company, 1999).

위헌성 심사의 실질적 기준으로서의 '합헌성의 추정'은 곧 입법부와 행정부의 행위에 대한 '높은 정도의 헌법적 존중'을 의미하며, 따라서 이를 극복하기는 상당히 어렵다. 오래지 않아 미연방대법원은 이렇듯 높은 헌법적 존중이 모든 상황과 모든 사안에 적합한 것은 아니라는 문제의식에 직면하였고, 이러한 낮은 심사기준이 특히 일정 영역에서는 기본권의 최대한 보장에 미흡하다는 결론에 이르게 되었다. 이러한 영역의 예에는 표현의 자유를 포함한 헌법에 명시적으로 열거된 기본권,[10] 사생활의 비밀과 자유와 같이 헌법에 명시되지는 않았으나 중요한 기본권,[11] 인종과 같이 위헌의 개연성이 현저한 분류기준(invidious suspect classification)에 기초한 정부의 행위[12] 등이 포함된다. 미연방대법원은 이러한 상황에서는 입법 등 문제된 정부행위의 위헌성을 심사함에 있어 보다 높은 혹은 보다 엄격한 심사기준을 적용하기 시작하여 오늘에 이르고 있다. 이러한 '엄격심사(strict scrutiny)'에서는 정부의 행위를 합헌으로 추정하지 않으며, 당해 행위가 중대한 국가이익("compelling state interest")과 필수적으로 관련되어 있음이("necessarily related") 입증되지 않는 한 합헌으로 판정을 받을 수 없다.[13]

Warren Court(1953-1969) 시기에는 합리성 심사와 엄격심사가 현격하게 구별되었다. 즉, 엄격심사기준의 적용은 곧 당해 위헌심판에서 위헌의 결론을, 합헌성 심사기준의 적용은 곧 당해 위헌심판에서 심사의 부재 즉 합헌의 결론을 의미했다.[14] 이후 Warren Court를 승계한 Burger Court(1969-1986)는 엄격 심사기준의 완화된 형태로서 합리성 심사기준과 엄격 심사기준의 중간 강도의 심사기준인 제3의 심사기준을 도입한다.[15] 이러한 중간 심사기준(intermediate scrutiny)하에서는, 심사대상인 정부의 행위가 중요한 정부의 이익("important governmental interest")에 실질적으로 관련되어 있으면("substantially related") 이를 합헌으로 판단한다.[16] 이러한

10) 예를 들어, West Virginia State Board of Education v. Barnette, 319 U.S. 624(1943); Schneider v. State, 308 U.S. 147(1939) 참조.

11) 예를 들어, Roe v. Wade, 410 U.S. 113(1971); Griswold v. Connecticut, 381 U.S. 479(1965); Skinner v. Oklahoma, 316 U.S. 535(1942) 참조.

12) 예를 들어, Loving v. Virginia, 388 U.S. 1(1967); Brown v. Board of Education, 347 U.S. 483 (1954) 참조.

13) Laurence Tribe, AMERICAN CONSTITUTIONAL LAW 1000면-1002면(West Publishing Company, 1999).

14) Gerald Gunther, "The Supreme Court, 1971 Term-Foreword: In Search of Evolving Doctrine on a Changing Court: A Model for a Newer Equal Protection," 86 Harvard Law Review 1, 8면 (1972).

15) 예를 들어, Central Hudson Gas v. Public Service Commission, 447 U.S. 557(1980); Reed v. Reed, 404 U.S. 71(1971) 참조.

16) 위 각주15번의 Central Hudson Gas v. Public Service Commission, 447 U.S. 557(1980); Reed v.

중간 심사기준은 평등권을 제한하는 입법에서 입법부가 사용한 분류의 기준을 평가하기 위해 고안되어, 성(性)차별과 적서차별에서처럼[17] 위헌의 개연성이 있는 기준(suspect classification)과 유사한 특징을 갖는 기준이 분류의 기준으로 사용된 경우 당해 정부의 행위(입법)의 합헌성을 판단하는 데 사용되어 왔다.[18] 중간 심사기준은 근래에는 특히 보통재와 같은 성격에 의해 다른 형태의 표현에 비해 보호의 필요성이 상대적으로 낮다고 보는 상업적 언론(commercial speech)의 경우,[19] 또는 표현에 대한 제한이 사상과 이념의 내용과 무관한 경우의 표현의 자유 관련 사안 등에서 사용되고 있다.[20]

즉, 미국의 위헌법률심판에서는 각각 정해진 영역에서 작동하는 세 종류 혹은 세 단계의 심사 기준이 적용된다. 이와 같이 이중 기준 및 이에 기초한 다중적 위헌심사기준 체계가 가장 정교하게 발달되고 사용되어 온 영역은 평등 보호 조항의 영역이다.[21] 미연방대법원은 특히 1950년대에서 1980년대에 걸쳐 평등 보호 조항의 영역에서 지속적으로 이중 기준 체계에 기초한 3개 등급의 위헌심사기준을 정교하게 가다듬었다.[22] 이러한 일련의 과정을 통해 이중 기준에 기초한 다중적 위헌심사기준 체계가 정교하게 정립되었으며, 동시에 다른 한편으로는 체계의 정립과 함께 위헌심사기준으로서의 한계 내지 결함을 보이게 되었다. 이중 기준 체계의 정교화가 정점에 이른 1980년대 이후 오늘날에 이르기까지 미연방대법원 이하 미국의 각급 법원은 위헌심사의 기준에 있어 이중 기준에 기초한 다중적 심사기준 체계를 변형하여 적용하거나 우회하거나 그 대안을 제시하는 등 이에서 벗어나기 위한 다양한 시도를 해 왔으며, 위헌심사기준으로서의 이중 기준 체계의 근본적 문제점도 학계와 법원에서 계속해서 지적되고 논의되어 왔다.

Reed, 404 U.S. 71(1971) 참조.

17) 예를 들어, Craig v. Boren, 429 U.S. 190(1976); Reed v. Reed, 404 U.S. 71(1971) 참조.

18) 아래 각주 89번-96번과 이에 상응하는 본문 참조.

19) 예를 들어, Central Hudson Gas v. Public Service Commission, 447 U.S. 557(1980); Ohralik v. Ohio State Bar Association, 436 U.S. 447(1978) 참조.

20) 예를 들어, Heffron v. International Society for Krishna Consciousness, Inc., 452 U.S. 640(1981) 참조.

21) Kathleen M. Sullivan, Gerald Gunther 공저, CONSTITUTIONAL LAW(16th edition)(Foundation Press, 2007), 601면-862면; Laurence Tribe, AMERICAN CONSTITUTIONAL LAW 1000면 (West Publishing Company, 1999); Gerald Gunther, "The Supreme Court, 1971 Term-Foreword: In Search of Evolving Doctrine on a Changing Court: A Model for a Newer Equal Protection," 86 Harvard Law Review 1, 8면(1972) 참조.

22) Gerald Gunther, "The Supreme Court, 1971 Term-Foreword: In Search of Evolving Doctrine on a Changing Court: A Model for a Newer Equal Protection," 86 Harvard Law Review 1, 8면-10면 (1972).

이하 이 글의 본문에서는 미국의 위헌심판에서의 위헌심사의 기준으로서의 이중 기준(double standard) 그리고 이를 정교화한 다중적 심사기준(multi-level scrutiny of review)의 정립과정과 제도적 결함, 나아가 이에 대해 제시된 위헌심사기준의 대안을 분석함으로써, 미국의 위헌심사기준을 체계적으로 이해하고 우리에게 주는 시사점을 생각해 본다.

Ⅱ. 미국 연방대법원의 위헌심사기준으로서의 '이중 기준 체계(Double Standard Approach)'의 이해: 정립과 변화의 역사

1. 미연방대법원의 위헌심판에 적용된 '이중 기준 체계 (Double Standard Approach)'의 역사

1950년대에 들어서면서 미연방대법원은 위헌심판에서 경제적 기본권("property rights")과 경제적 기본권 이외의 정신적 기본권에 각각 다른 심사기준을 적용한다는 의미에서 위헌심사의 기준으로서 이중의 기준(double standard)을 적용하기 시작했다. 위헌심판의 구체적 사안에서 심판대상인 정부의 행위가 재산권 기타 경제적 기본권에만 영향을 미치는 경우 그 합헌성을 심사함에 있어 미연방대법원은 상당히 완화된(즉, 낮은 강도의) 합리성 심사기준을 적용하였다.[23] 이와는 대조적으로, 심판대상인 정부의 행위가 경제적 기본권 이외의 정신적 기본권에 영향을 미치는 경우에는 이에 비해 강화된(즉, 높은 강도의) 심사기준을 적용하였다.[24] 이후 1960년대를 거쳐 1970년대에 이르기까지 미연방대법원은 이러한 이중의 심사기준을 점점 더 정치하게 발전시켜 갔다.

1970년대 후반에서 1980년대 초반에 걸쳐 이중 기준 혹은 이에 기초한 다중적 심사기준은 그 활용과 정교화에 있어 정점에 이르렀으며, 그 후에는 이중 기준 방식에 대한 미연방대법원의 신념이 약화되고 위헌심사기준으로서의 결함이 부각

---

23) 예를 들어, Williamson v. Lee Optical Co., 348 U.S. 483, 487-488(1955) 참조.

24) 예를 들어, Skinner v. Oklahoma, 316 U.S. 535, 541면(1942)("As the Oklahoma statute involves one of the basic civil rights of man, strict scrutiny of the classification which a State makes in a sterilization law is essential, lest unwittingly, or otherwise, invidious discriminations are made against groups or types of individuals in violation of the constitutional guaranty of just and equal laws.") 참조.

되기 시작하면서 위헌심사기준으로서의 이중 기준 체계의 근본적 문제점에 대한 비판과 대안 제시와 함께 오늘에 이르고 있다. 특히 1986년의 Rehnquist의 대법원장 취임 이후 오늘날에 이르는 동안에는 미연방대법원이 이중 기준 방식을 벗어나 위헌심사의 기준으로서 단일한 합리성 심사기준("unified rationality review")을 사용하려는 추세가 드러나고 있다.[25] 이러한 경향은 특히 종교의 자유,[26] 표현의 자유,[27] 실체적 적법절차[28] 영역에서 분명하게 나타나고 있으며, 미약하기는 하나 평등 보호의 영역에서도[29] 역시 이러한 추세가 진행되고 있다. 즉, 위에 제시한 각 영역에서, 경제적 기본권 이외의 정신적 기본권이 관련된 사안에서, 이전 같으면 사용하였을 강화된 심사기준 대신, 오늘날의 미연방대법원은 점차 합리성 심사기준을 적용하려는 추세를 보이고 있다.[30]

a. "Lochner Era"(1900년–1935년)

1880년대 이전에는 미연방대법원은 실체적 적법절차 개념을 배척하였으며, 미연방헌법 개정 5조와 개정 14조의 적법절차조항에 의한 보호는 절차적 권리에만 미친다고 해석하였다.[31] 1880년대에 이르러 실체적 적법절차에 대한 미연방대법원의 입장은 변화하기 시작하였고, 미연방대법원은 1887년의 Mugler v. Kansas[32] 판결에서, 적합한 경우에는 미연방헌법 개정14조의 적법절차조항下에 주(州) 법률의 실체적 합리성을 심사할 수 있다고 판시하였다.[33] 나아가 미연방대법원은

25) 이 글의 II–2와 III–2 참조.

26) 이 글의 II–1–c의 해당부분 참조.

27) 이 글의 II–1–c의 해당부분 참조.

28) 이 글의 II–1–c의 해당부분 참조.

29) 이 글의 II–1–c의 해당부분 참조.

30) 이 글의 II–2와 III–2 참조.

31) 예를 들어, Davidson v. New Orleans, 96 U.S. 97, 105(1877) ("[A] party has not been deprived of his property without due process of law if he has a fair trial in a court of justice."); Munn v. Illinois, 94 U.S. 113, 134(1877) ("[A]lthough rights of property cannot be taken away without due process of law, the legislature may change the law, and, for protection against abuses by legislatures, the people must resort to the polls, not to the courts.") 참조.

32) 123 U.S. 623(1887).

33) Mugler v. Kansas, 123 U.S. 623, 661(1887)(Justice Harlan이 집필한 다수의견에서는, 심사대상인 주법(州法)을 합헌판정하면서 다음과 같이 판시하여, 입법의 실체적 공정성을 심사하려는 의도를 보였다: "The courts are not bound by mere forms, nor are they to be misled by mere pretenses. They are at liberty–indeed, are under a solemn duty– to look at the substance of things, whenever they enter upon the inquiry whether the legislature has transcended the limits of its authority. If, therefore, a statute purporting to have been enacted to protect the public health, the public morals, or the public safety, has no real or substantial relation to those objects, or is a palpable invasion of rights secured by the fundamental law, it is the duty of the courts to so adjudge, and thereby give effect to the Constitution").

1897년의 Allgeyer v. Louisiana[34] 판결과 1905년의 Lochner v. New York,[35] 판결에서, 미연방헌법 개정14조의 적법절차조항이 정부의 정당하지 못한 제한으로부터 실체적 권리를 보호하며, 이 때 이러한 권리는 헌법상 명문규정에 명시되어 있을 것을 요하지 않는다고 판시하였다.[36]

위에서 언급한 Allgeyer v. Louisiana, Lochner v. New York 및 이후 같은 취지로 판시한 일련의 판결에서 미연방대법원은 실체적 적법절차의 개념을 주로 비합리적인 정부의 규제로부터 경제적 기본권을 보호하기 위해 사용했다.[37] 즉, 20세기 초반에 미연방대법원이 헌법적 보장을 천명한 '헌법에 명시적으로 열거되지 않은 실체적 기본권'들은 거의 전적으로 경제적 기본권이었다.

이와 같이 20세기 초에 미연방대법원은 주로 경제적 기본권을 보장하기 위해 위헌심사에서 실체적 적법절차 개념을 사용했으나, 동시에 경제적 기본권 이외의 기본권의 보호를 위해서도 실체적 적법절차 개념을 사용하기 시작하였다. 1923년의 Meyer v. Nebraska[38] 판결과 1925년의 Pierce v. Society of Sisters[39] 판결은 그 대표적 예이다. 위의 두 판결에서 미연방대법원은 미연방헌법 개정14조의 "자유(liberty)"라는 용어를 광의로 해석하여,[40] 명시적으로 열거되지 않은 정신적 기본

34) 165 U.S. 578(1897).

35) 198 U.S. 45(1905).

36) Allgeyer and Lochner의 두 판결에서 미연방대법원은 심사대상인 주(州)법률을 실체적 적법절차에 근거하여 위헌판정했다. Allgeyer, 165 U.S. at 588("[T]he right to contract is itself guaranteed by the Fourteenth Amendment."); Lochner v. New York, 198 U.S. 45, 53(1905)("The general right to make a contract in relation to his business is part of the liberty of the individual protected by the 14th Amendment of the Federal Constitution.")(citing Allgeyer, 165 U.S. 578, 591-592(1897)).

37) 예를 들어, Adkins v. Children's Hospital, 261 U.S. 525, 558-559(1923)(여성의 근로에 대해 최저임금을 보장하는 District of Columbia의 법률을 미연방헌법 개정 5 조의 적법절차조항을 적용하여 위헌으로 판시함); Morehead v. New York ex rel. Tipaldo, 298 U.S. 587, 611(1936)(여성의 근로에 대해 최저임금을 보장하는 New York주의 법률을 미연방헌법 개정14조의 적법절차조항을 적용하여 위헌으로 판시함). 이 시기 미연방대법원은 경제적 기본권 영역에서 실체적 적법절차조항을 근거로 계약자유를 제한하는 많은 주(州)법률과 연방법률을 위헌판단했다. 예를 들어, Lochner v. New York, 198 U.S. 45, 64(1905); Allgeyer, 165 U.S. 578, 592-593(1897); New State Ice Co. v. Liebmann, 285 U.S. 262, 278-279(1932); Morehead v. New York ex rel. Tipaldo, 298 U.S. 587, 611(1936); Williams v. Standard Oil Co., 278 U.S. 235, 239(1929) 등 참조.

38) 262 U.S. 390(1923).

39) 268 U.S. 510(1925).

40) 예를 들어, Pierce v. Society of Sisters, 268 U.S. 510, 534-535("The fundamental theory of liberty allows parents and guardians to direct the upbringing and education of children under their control … [and] excludes any general power of the State to standardize its children by forcing them to accept instruction from public teachers only."); Meyer v. Nebraska, 262 U.S. 390, 399-400("Liberty denotes not merely freedom from bodily restraint but also the right of the individual to contract, to engage in any of the common occupations of life, to acquire useful knowledge, to

권 중 적어도 일부는 미연방헌법의 적법절차조항이 정부의 정당하지 못한 침해로부터 보호하고자 하는 자유의 개념에 포섭된다고 판시하였다.[41]

이러한 Lochner 시기에 미연방대법원은 스스로가 실체적 적법절차 사안에서 적용한 위헌성 심사의 기준을 "합리성 심사기준(rational basis scrutiny)"이라고 지칭했다.[42] 학자들은 이 시기 미연방대법원이 적용한 합리성 심사기준은 오늘날의 3개 등급 체계 하에서 미연방대법원이 사용하는 합리성 심사기준에 비하면 더 엄격한 기준이었다고 평가하고 있다.[43] 중요한 점은, Lochner 시기 미연방대법원은 위헌심판의 사안에서 관련된 기본권이 경제적 기본권이든 그렇지 않든 모든 실체적 적법절차 사안에서 동일한 하나의 심사기준을 사용했다는 점이다. 예를 들어, 실체적 적법절차 조항 하에서 경제적 기본권 이외의 자유권을 심사 대상으로 한 Meyer v. Nebraska 판결과 Pierce v. Society of Sisters 판결에서, 미연방대법원은 심판대상인 정부의 행위를 경제적 기본권 사안에서와 동일한 강도의 합리성 심사기준을 적용하여 그 위헌성을 판단했다.[44]

미연방대법원이 Lochner 시기에 위헌심사의 기준으로서 '이중 기준' 방식을 취하지 않았다는 점은(미연방헌법 개정14조의 적법절차 조항을 통해 주(州)에 적용되는 바의) 미연방헌법 개정 1 조의 표현의 자유 사안에서 보다 분명히 나타난다. 예를 들어, 1925년의 Gitlow v. New York[45] 판결에서, 미연방대법원은 심판대상인 주(州)법률을 합헌이라고 판시하면서, 이 법률이 "주(州) 경찰권의 자의적이거나 비합리적인 행사로서 이러한 법률에 의한 언론과 출판의 자유의 제한이 정당화될

---

marry, establish a home and bring up children, to worship God according to the dictates of his own conscience, and generally to enjoy those privileges long recognized at common law as essential to the orderly pursuit of happiness by free men.") 참조.

41) 위 각주 40번 참조.

42) Lochner 판결에서 미연방대법원은 아래와 같은 질문을 한다: "Is this [law] a fair, reasonable, and appropriate exercise of the police power ··· or is it an unreasonable, unnecessary, and arbitrary interference with the right of the individual to his personal liberty, or to enter into those contracts in relation to labor which may seem to him appropriate or necessary for the support of himself and his family?" Lochner v. New York, 198 U.S. 45, 56(1905). 이 시기 경제적 기본권에 대한 정부 규제의 위헌성을 심사한 다른 판결에서도 유사한 표현이 등장한다. 예를 들면: Coppage v. Kansas, 236 U.S. 1, 14(1915)("An interference with [the] liberty [to contract] so serious as that now under consideration, and so disturbing of equality of right, must be deemed to be arbitrary, unless it be supportable as a reasonable exercise of the police power of the State"), Id.

43) 예를 들면, Kathleen M. Sullivan, Gerald Gunther 공저, CONSTITUTIONAL LAW(16th edition)(Foundation Press, 2007), 448면 참조.

44) Meyer v. Nebraska, 262 U.S. 390, 399(1923)("The problem for our determination is whether the statute as construed and applied unreasonably infringes the liberty guaranteed to the plaintiff in error by the Fourteenth Amendment").

45) 268 U.S. 652(1925).

수 없다고 할 수 없으므로" 합헌이라고 판시하였다.46) 미연방대법원의 1920년대의 표현의 자유 사안에는 위헌심사의 기준에 관해 이와 유사한 언급이 담겨 있다.47) 이렇듯 Lochner 시기 미연방대법원은 경제적 기본권 이외의 기본권에 관해서도 경제적 기본권 사안에 비해 심사강도의 면에서 차등적인 위헌심사기준을 적용하지 않았으며, 이 점은 개정 1 조의 표현의 자유와 같이 연방헌법상 명시되어 있는 기본권의 경우에도 마찬가지였다.

주지하다시피, 합리성 심사기준을 적용할 때 미연방대법원은 다음과 같은 2단계 분석을 한다. 제 1 단계에서는 정부가 입법을 통해 추구하는 목적을 분석하고, 제 2 단계에서는 정부의 목적과 그러한 목적을 달성하기 위해 정부가 선택한 특정 수단 사이의 관계를 분석한다. 위에서 언급한 바와 같이 Locher 시기 미연방대법원은 합리성 심사기준을 적용함에 있어서 오늘날의 합리성 심사기준에 비해 위 2단계 분석의 각 단계별로 보다 강화된 기준으로 심사를 했다.48) 즉, 20세기 초반의 합리성 심사기준下에서는 오늘날에 비해 입법목적의 '중요성(importance)'도, 목적과 수단간 관계의 '실질적 중요성(substantiality)'도, 오늘날의 합리성 심사기준下에서보다 각각 더 높은 정도로 요구되었다.49) 중요한 점은, Lochner 시기 미연방대법원은 합리성 심사기준을 사용함에 있어서, 위헌심판에서 심사의 강도와 관련된 기본권의 성격 내지 유형에 따라 달리하지 않았다는 점이다. 즉, 20세기 초까지 미연방대법원은 위헌심사의 기준으로서 심사강도를 달리하는 이중적 기준의 체계를 적용하지 않았으며,50) 1930년대의 '사법혁명'에 이르러 비로소 위헌심사기준으로서 '이중 기준'의 개념이 등장하였다.

b. 1935년-1960년51)

1934년의 Nebbia v. New York52) 판결과 1937년의 West Coast Hotel Co. v.

---

46) Gitlow v. New York, 268 U.S. 652, 670(1925) ("[W]e cannot hold that the present statute is an arbitrary or unreasonable exercise of the police power of the State unwarrantably infringing the freedom of speech or press; and we must and do sustain its constitutionality.").

47) 예를 들어, Fiske v. Kansas, 274 U.S. 380, 387 (1927); Whitney v. California, 274 U.S. 357, 372(1927) 참조.

48) 위 각주 43번 참조.

49) Gerald Gunther, "Foreword: A Model for a Newer Equal Protection," 86 Harvard Law Review 1, 42면(1976).

50) Kathleen M. Sullivan, Gerald Gunther 공저, CONSTITUTIONAL LAW(16th edition)(Foundation Press, 2007), 444면-453면.

51) 이 시기 미연방대법원의 위헌심사기준에 관한 심층적 논의에 관해서는 David P. Currie, "The Constitution in the Supreme Court: The Preferred-Position Debate, 1941-1946," 37 Catholic University Law Review 39(1987) 참조.

52) 291 U.S. 502(1934).

Parrish[53] 판결 이후 미연방대법원은 경제적 기본권에 대한 실체적 적법절차下에서의 적극적 사법심사 기조에서 후퇴하였다.[54] 위의 두 사안에서 미연방대법원은 각각 가격과 임금이라는 계약관계에서의 가장 기본적인 요소들을 규제하는 주(州) 법률을 합헌으로 판시했다. 이 두 사안에서 미연방대법원은 경제적 기본권을 제한하는 정부의 행위에 대해 합리성 심사기준을 지속적으로 적용한다고 표명했으나 그 실제 심사의 강도는 현저하게 약화되어, 입법의 목적과 수단 양자 모두에 관해 입법부의 결정과 선택을 존중하는 방향으로 입장을 전환하였음을 볼 수 있다.[55]

이후 1940년대와 1950년대에 걸쳐 경제적 기본권 영역에서의 입법에 대한 미연방대법원의 위헌심사는 거의 심사의 부재로 일컬어질 만큼 그 기준이 완화되었다. 이러한 경향을 명확히 보여주는 1941년의 Olsen v. Nebraska[56] 판결과 1955년의 Lee Optical Co.[57] 판결에서 미연방대법원은 정부가 추구하는 합리적 목적과 목적-수단간 합리적 관계 양자 모두를 추론을 통해 가정해 낸 후,[58] 나아가 심사대상이 된 정부의 행위에 의해 제한되는 기본권의 중요성을 평가절하했다.[59] 이렇듯 완화된 심사기준은 곧 심사대상인 입법이 거의 전적으로 합헌 판정을 받음을 의미한다. 실제 1937년 이후 경제적 기본권에 대한 정부의 규제 입법이 실체적 적법절차를 근거로 위헌 결정된 사례는 없다.[60)]

---

53) 300 U.S. 379(1937).

54) West Coast Hotel v. Parrish("In {this} case the violation alleged by those attacking minimum wage regulation for women is deprivation of freedom of contract. What is this freedom? The Constitution does not speak of freedom of contract. It speaks of liberty and prohibits the deprivation of liberty without due process of law. In prohibiting that deprivation the Constitution does not recognize an absolute and uncontrollable liberty … [T]he liberty safeguarded is liberty in a social organization which requires the protection of law against the evils which menace the health, safety, morals and welfare of the people. Liberty under the Constitution is thus necessarily subject to the restraints of due process, and regulation which is reasonable ni relation to its subject and is adopted in the interests of the community is due process.").

55) 아래 각주 58번 참조.

56) 313 U.S. 236(1941).

57) 348 U.S. 483(1955).

58) Williamson v. Lee Optical Co., 348 U.S. 483(1955), 판결에서의 미연방대법원의 다수의견은 완화된 (혹은 낮은 강도의) 위헌심사기준으로서의 합리성 심사기준의 전형을 보여준다. 입법 목적의 정당성을 논하는 과정에서 "[t]he legislature might have concluded"라든지 "the legislature may have concluded" 등의 표현이 등장하며 (Id., 487면), 목적-수단간의 합리적 상관관계를 논하는 과정에서는 "It is enough that there is an evil at hand for correction, and that it might be thought that the particular legislative measure was a rational way to correct it"(Id., 488면)이라고 판시한다.

59) 예를 들어, Lincoln Federal Labor Union v. Northwestern Iron & Metal Co., 335 U.S. 525, 536–537(1949) 참조.

60) Kathleen M. Sullivan, Gerald Gunther 공저, CONSTITUTIONAL LAW(16th edition)(Foundation Press, 2007), 462면.

이와 같이 경제적 기본권에 대한 규제에 있어 위헌심사의 기준을 완화시켜 감과 동시에, 미연방대법원은 경제적 기본권 이외의 기본권에 대한 위헌심사의 기준은 강화시켜갔다. 이러한 경향을 보여주는 대표적인 판례로서 미연방대법원의 1938년의 United States v. Carolene Products Co.[61] 판결을 들 수 있으며, 특히 판결문 중 Stone 대법관의 각주 4번은 이 점을 분명하게 보여준다. 각주 4번에서 Stone 대법관은 일반론으로서 "통상적인 상업적 거래를 규제하는 입법은, 입증된 사실 혹은 이에 준하는 사실에 비추어 볼 때 당해 입법이 입법자의 지식과 경험에 의해 합리적 근거를 가진다는 추정이 배제되지 않는 한, 위헌이 아니다"라고 서술한 후,[62] 이에 이어, 다만 입법이 헌법이 금지하는 특정의 사항에 관련된 경우에는 그러한 법률의 합헌성은 엄격한 잣대 하에서만 추정되며, 그러한 입법의 예로서 미연방헌법 개정 1 조-개정10조가 보장하는 기본권을 제한하는 입법, 바람직하지 못한 법률을 개정할 통상의 정치과정 자체를 억압하는 입법, 그리고 특정 종교 혹은 소수 인종 등을 대상으로 이러한 소수자의 권리를 편파적으로 제한하고 소수자 보호를 위해 작동해야 할 통상의 정치과정의 운용을 심각하게 제한하는 입법을 제시하고, 이러한 입법에 대해서는 위헌심사에 있어 보다 높은 심사의 기준을 적용해야 한다고 하였다.[63]

이와 같이 Carolene Products 판결에서의 Stone 대법관의 판결문, 그리고 특히 각주 4번은, "통상적인 상업적 거래를 규제하는 입법"에 대해서는 완화된 심사기준을,[64] 그리고 Bill of Rights에서 보장하는 기본권,[65] 정치과정에의 접근에 관한

---

61) 304 U.S. 144(1938).

62) 304 U.S. 144, 15(1938)("[R]egulatory legislation affecting ordinary commercial transactions is not to be pronounced unconstitutional unless in the light of the facts made known or generally assumed it is of such a character as to preclude the assumption that it rests upon some rational basis within the knowledge and experience of the legislators.").

63) Id., 152면-153면("There may be narrower scope for operation of the presumption of constitutionality when legislation appears on its face to be within a specific prohibition of the Constitution, such as those of the first ten amendments, which are deemed equally specific when held to be embraced within the Fourteenth Amendment ··· It is unnecessary to consider now whether legislation which restricts those political processes which can ordinarily be expected to bring about repeal of undesirable legislation, is to be subjected to more exacting judicial scrutiny under the general prohibitions of the Fourteenth Amendment than are most other types of legislation ··· Nor need we enquire whether similar considerations enter into the review of statutes directed at particular religions,··· or national, ···or racial minorities ··· whether prejudice against discrete and insular minorities may be a special condition, which tends seriously to curtail the operation of those political processes ordinarily to be relied upon to protect minorities, and which may call for a correspondingly more searching judicial inquiry").

64) 304 U.S. 144, 152(1938).

65) 여기에는 미연방헌법 개정 1 조-개정10조에 열거된 기본권 뿐 아니라 열거되지 않은 기본권도

기본권, 연방헌법 개정14조의 평등보호조항[66] 및 개정 5 조와 개정14조의 적법절차조항이[67] 보장하는 부당한 차별을 받지 않을 권리에 대해서는 보다 강화된 혹은 보다 높은("more exacting" 또는 "more searching")[68] 심사기준을 적용한다는 '이중 기준' 개념의 등장을 생생하게 보여준다. 미연방대법원이 특정의 정신적 기본권을 경제적 기본권에 비해 더 중요한("more precious") 혹은 더 근본적인("more fundamental") 것으로 이해한다는 것은 Carolene Products 판결보다 1년 앞선 1937년의 Palko v. Connecticut[69] 판결에 나타난 바 있다. 1937년의 Palko v. Connecticut 판결에서 Cardozo대법관은 연방헌법의 Bill of Rights가 보장하는 기본권 중 어떠한 기본권이 그 중요성으로 인해 개정14조에 "흡수(absorption)"되어 개정14조에 의해 개별 주(州)에도 적용될 것인가를[70] 논하는 과정에서, 표현의 자유를 제한하는 입법에 대해서는 당시 미연방대법원이 경제적 기본권을 규제하는 입법에 적용하던 심사기준보다는 보다 강화된 심사기준을 적용해야 함을 주장한 바 있다.

이러한 배경하에 1953년 Earl Warren의 대법원장 취임 이후에는, 미연방대법원은 위헌심사의 '이중 기준'을 확고하게 정립해 갔다. 즉, 특정의 분류 기준을 사용하는 차별적 입법 또는 특정의 정신적 기본권을 제한하는 입법의 경우에는 강화된 심사기준(heightened scrutiny)을, 그리고 이외의 입법에 대해서는 입법부의 결정과 선택을 존중하는 완화된 심사기준으로서의 합리성 심사기준(rational-basis scrutiny)을 적용하였다. 1960년대와 1970년대 초에 걸쳐 Warren Court와 Burger Court는 이러한 이중 기준을 공고히 정립하였고, 이 시기에 이중 기준의 정교화 작업도 최고조에 이르렀으며,[71] 이에 이중 기준은 이 시기 및 그 이후 미국 위헌법률심사의

해당된다.

66) 미연방헌법 개정14조 제 1 항.

67) 미연방헌법 개정 5 조, 개정14조 제 1 항.

68) 304 U.S. 144, 152-153(1938).

69) 302 U.S. 319(1937).

70) 20세기 중반 미연방대법원이 위헌심판에서 '이중 기준' 체계를 정립해 가는 과정은 1942년의 Skinner v. Oklahoma, 316 U.S. 535(1942), 판결과 1944년의 Korematsu v. United States, 323 U.S. 214(1944) 판결에서 잘 볼 수 있다.

71) 예를 들어, (ㄱ) 표현의 자유의 영역에서는 Tinker v. Des Moines Independent Community School District, 393 U.S. 503, 511(1969)("Freedom of speech is a fundamental right that the state may not regulate without a specific reason."); Brown v. Louisiana, 383 U.S. 131, 142(1966)("A statute may not punish a citizen for exercising a constitutional right."); (ㄴ) 종교의 자유의 영역에서는 Wisconsin v. Yoder, 406 U.S. 205, 233-234(1972)("More than a reasonable relationship to some purpose must be offered by the state when a statute attempts to regulate religion."); Sherbert v. Verner, 374 U.S. 398, 403(1963)("Only a compelling state interest will justify a regulation that burdens one's freedom of religion"); (ㄷ) 실체적 적법절차의 영역에서는 Roe v. Wade, 410 U.S. 113, 162-166(1973)("A state's interest in a fetus is only compelling after viability"); Griswold v.

핵심적 요소이자 특징이 되었다.

c. 1980년대와 1990년대를 거쳐 오늘날에 이르기까지 : 미연방대법원의 이중 기준 방식 탈피의 움직임

1970년대 후반 이후 1980년대 초에 걸쳐 미연방대법원의 이중 기준 방식에 대해 법원 내외에서 비판이 제기되기 시작했으며, 이후 오늘날에 이르기까지 미연방대법원은 단일한 합리성 심사기준(unified rational–basis test)으로 회귀하려는 움직임을 보이고 있다.[72] 이하에서는 이러한 경향을 종교의 자유, 표현의 자유, 평등보호, 실체적 적법절차의 각 영역별로 분석해 본다.

– 종교의 자유

1961년을 시초로 하여 미연방대법원은 일련의 사안에서 '종교적 믿음에 기초한 행위에 부담을 주는' 입법의 위헌성을 심사하게 되었다.[73] 이러한 사안에서 위헌심사기준의 문제, 즉 어떠한 강도의 심사기준을 적용할 것인지의 문제에 직면하여, Warren Court는 1963년의 Shebert v. Verner[74] 판결을 필두로 향후 20년 동안 모든 사안에서, 정부가 입법을 통해 추구하는 목적이 심대한[75] 것일 것("compelling governmental interest")을 요구하여, '엄격 심사기준(strict scrutiny)'을 적용했다.[76]

Connecticut, 381 U.S. 479, 485(1965)("A fundamental constitutional guarantee protects the zone of privacy"); ㈃ 평등보호("new equal protection") 영역에서는 Kramer v. Union Free School District No. 15, 395 U.S. 621, 626–627(1969)("An infringement on voting rights is to receive close scrutiny"); Shapiro v. Thompson, 394 U.S. 618, 634(1969)("A compelling governmental interest must exist to restrict the right of a party to move their residence") 참조.

72) 예를 들어, ㈀ 표현의 자유의 영역에서는 United States v. Kokinda, 497 U.S. 720, 727(1990) ("Regulation of speech activity where the government has not dedicated its property to First Amendment activity is examined only for reasonableness."); Cornelius v. NAACP Legal Defense & Education Fund, Inc., 473 U.S. 788, 808(1985)("[T]he government's decision to restrict access to a nonpublic forum need only be reasonable."); ㈁ 종교의 자유의 영역에서는 Employment Division v. Smith, 494 U.S. 872, 885–887(1990)("The compelling interest test will not be applied to all religious based constitutional challenges."); ㈂ 실체적 적법절차의 영역에서는 Planned Parenthood v. Casey, 112 S.Ct. 2791, 2820–2821(1992)("[A] state measure designed to encourage childbirth will be upheld if reasonably related to a state goal."); Bowers v. Hardwick, 478 U.S. 186, 191–192(1986)("[H]omosexual sodomy is not a fundamental right qualifying for heightened scrutiny.") 참조. ㈃ 평등보호 영역에서는 이러한 추세가 가장 덜 분명하지만, 엄격 심사기준의 확장을 지양하려는 움직임은 Lindsey v. Normet, 405 U.S. 56, 73–74(1972)("[T]he right to adequate housing is not subject to strict scrutiny."); Dandridge v. Williams, 397 U.S. 471, 485(1970)("[C]lassifications in the area of economic and social welfare programs must only have some 'reasonable basis.' ") 에서 볼 수 있다.

73) 예를 들어, Wisconsin v. Yoder, 406 U.S. 205, 207(1972) 참조.

74) 374 U.S. 398(1963).

75) 이상윤, 「영미법」(개정판)(박영사, 2003) 200면 등에서는 이를 '절실성'으로 번역하고 있다.

76) 예를 들어, Bob Jones University v. United States, 461 U.S. 574, 603(1983) 참조.

이후 1980년대 중반에 들어 Burger Court(1969-1986)와 Rehnquist Court(1986-2005)는 종교의 자유 영역에서 엄격 심사기준에서 일보 후퇴하여, 이 시기 이전의 엄격 심사기준보다는 상대적으로 완화된 심사기준을 적용해오고 있다. 즉, 개인의 종교적 신념에 반하는 행위를 직접적 또는 간접적으로 강요하는 입법의 위헌성 심사에 있어서는 오늘날에 이르기까지 지속적으로 Sherbert[77] 판결에서 정립된 엄격 심사기준을 적용해 오고 있으나, 정부의 조건부 시혜적 행위에 관해서는 그 요구되는 조건이 적용에 있어 중립적이고 동일하며 정당한 공공의 이익을 증진시키기 위한 합리적 수단임을 정부가 보이는 한 그러한 입법은 위헌이 아니라는 것이 오늘날 미연방대법원의 입장이다.[78]

– **표현의 자유**

미연방대법원의 위헌심사에서 이중 기준 체계의 확장과 축소 또는 부침의 경향은 종교의 자유의 영역에서처럼 분명한 것은 아니더라도 표현의 자유의 영역에서도 볼 수 있다. 1960년대와 1970년대 초 미연방대법원은 표현의 자유 사안에서 제기되는 복잡다기한 쟁점들을 논하기 위한 개념적 틀을 마련하기 위해 분투했다.[79] 이러한 과정에서 '유형화' 혹은 '범주 구별'의 방식(categorization approach)이 대두되어, 표현의 내용에 따라 특정 유형 혹은 범주에 속하는 표현은 미연방헌법 개정 1 조에 의해 보호되는 표현에서 배제하거나("unprotected speech") 헌법적 보호의 정도가 약하다는("less protected or not wholly protected speech") 법리가 정립되었다. 이에 따라, 위헌심판에서는, 어떤 유형의 표현이 "개정 1 조의 헌법적 보호의 영역 밖"의 표현으로 범주화되면 미연방대법원은 그러한 유형의 표현을 규제하는 입법의 위헌성 심사에서는 합리성 심사기준을 적용하고, "헌법적 보호의 정도가 약한" 표현의 범주에 속하는 표현을 규제하는 입법의 위헌성 심사에서는 중간 강도의 심사기준을 적용한다는 것이다.[80]

이러한 이론구성에 따르면 미연방헌법 개정 1 조의 보호를 받지 못하는 표현

77) 374 U.S. 398(1963).

78) 예를 들어, Bowen v. Roy, 476 U.S. 693, 708(1986) 참조.

79) 이 점에 관한 심층적인 설명으로서는 G. Sidney Buchanan, "Toward a Unified Theory of Governmental Power to Regulate Protected Speech," 18 Connecticut Law Review 531(1986)(특히 532면의 각주 3번) 참조.

80) 미연방헌법 개정 1 조의 헌법적 보호의 보호영역 밖에 있는 것으로 유형화된 표현("unprotected speech")으로서는 음란물(obscenity)이 있다. Miller v. California, 413 U.S. 15, 23-24(1975) 참조. 그 헌법적 보호의 정도에서 "partially unprotected" 또는 "not wholly protected"인 표현으로 유형화된 표현으로서는 명예훼손(libel)이 있다. Gertz v. Robert Welch, Inc., 418 U.S. 323, 341-343 (1974); New York Times v. Sullivan, 376 U.S. 254, 279-280(1964) 참조.

으로 범주화된 표현은 '의사표현이 아닌 행위'와 동일한 강도의 심사기준의 적용을 받게 되어, 이러한 표현의 규제에 대해서는 개정 1 조에 근거하여 위헌성을 공격할 수 없게 된다. 따라서 미연방대법원이 개정 1 조의 보호를 받지 못하는 표현의 유형을 확대해 간다면 이중 기준 체계下에서 개정 1 조에 근거하여 강화된 심사기준의 보호를 받는 표현은 그만큼 줄어들게 되며, 이는 곧 이중 기준 체계가 그만큼 잠식됨을 의미한다. 그러나 개정 1 조의 보호를 받지 못하는 표현으로 분류된 표현의 종류는 1982년의 New York v. Ferber[81] 판결에서 미성년자 음란물(child pornography)이 추가된 이후 더 증가하지 않고 유지되고 있다. 앞으로도 개정 1 조의 보호를 받지 못하는 유형의 표현이 급작하게 확대될 가능성은 대단히 낮다. 표현의 자유 영역에서 향후 이중 기준 체계가 잠식되거나 회피된다면 이는 오히려 아래에서 설명하는 '포럼(forum) 법리'에 의할 가능성이 높다.[82]

미연방대법원은 1939년의 Hague v. CIO[83] 판결에서 "전통적 공적 포럼(traditional public forum)"의 개념을 최초로 사용한 이후 표현에 대한 정부 규제의 합헌성을 판단함에 있어 표현행위가 행해지는 장소 혹은 시설이 핵심적 요소가 된다는 법리를 취하고 있다. 1960년대와 1970년대의 포럼 법리(forum analysis)하에서는 공적 포럼(public forum)에서의 표현행위(즉, 표현행위를 위한 공적 포럼에의 접근성)를 제한하는 입법에 대해 어떠한 강도의 기준이 적용되는지가 명확하지 않았으며, 이 시기 미연방대법원의 표현의 자유 영역에서의 위헌심사 기준은 이중 기준 체계에 큰 영향을 주지는 않았다. 1970년대 중반을 지나 1980년대와 1990년대를 거치면서 미연방대법원은 공적 포럼 법리(public forum analysis)를 정교하게 가다듬어, 오늘날 미연방대법원은 공적 포럼(public forum)을 "전통적 공적 포럼(traditional public forum)", "정부에 의해 지정된 공적 포럼(designated public forum; public forum created by government designation)," 그리고 "비(非)포럼(nonpublic forum; public non-forum)"으로 세분하여,[84] 표현의 자유를 중시하는 입장에서 개인의 표현행위를 위해 그 장소 또는 시설의 성질에 따라 사용가능성 여부를 법리적으로 정해 국가기관의 자의적인 사용 금지를 견제하는 입장에 있다.

이러한 오늘날의 포럼 법리(forum analysis)하에서는, 포럼(forum)의 유형 지정이 곧 당해 포럼(forum)에서의 표현행위를 제한하는 입법의 위헌성 심사에서 적용

81) 458 U.S. 747(1982).

82) 미국 판례법상 forum의 법리에 관한 상세한 설명으로는 박용상, 「표현의 자유」(현암사, 2003) 204면-220면 참조. 이하 이 글에서 forum 법리에 관한 용어의 번역은 대체로 이 책의 번역을 따랐다.

83) 397 U.S. 496(1939).

84) Cornelius v. NAACP Legal Defense & Education Fund, 473 U.S. 788, 805(1985).

되는 기준을 결정한다. 일반적으로, 전통적 공적 포럼(traditional public forum)에서의 표현행위에 대한 규제에는 강화된 심사기준이 적용되어, 내용에 근거한 제한일 때에는 엄격 심사기준(strict scrutiny)이,[85] 내용중립적인 제한일 때에는 중간 심사기준(intermediate scrutiny)이 적용된다.[86] 반면 비(非)포럼(nonpublic forum; public non-forum)에서의 표현행위에 대한 규제에는 원칙적으로 합리성 심사기준(rational-basis scrutiny)이 적용된다.[87] 마지막으로, 지정된 공적 포럼(designated public forum)에서의 표현행위에 대한 규제에는, 관점에 의한 차별적 제한(viewpoint discrimination)의 예외를 제외하면, 전통적 공적 포럼(traditional public forum)에서와 동일한 심사기준이 적용된다.[88]

표현의 자유의 영역에서 위헌심사 기준으로서의 이중 기준 또는 이에 기초한 다중적 기준에서 벗어나 일원화된 합리성 심사기준을 적용하고자 한다면, 미연방대법원이 사용할 수 있는 방법은 아래와 같은 세 가지가 있을 수 있다. 즉, 첫째는 전통적 공적 포럼(traditional public forum)의 범위를 축소하는 방법, 둘째는 전통적 공적 포럼(traditional public forum) 및 지정된 공적 포럼(designated public forum)에서의 표현행위를 제한하는 입법에 대해 높은 심사기준을 적용하면서도 실질적으로 각 단계별 심사의 강도를 완화하는 방법, 그리고 셋째는 지정된 공적 포럼(designated public forum)의 범위를 축소하는 방법이다. 미연방대법원은 1980년대와 1990년대에 걸쳐 이 세 가지 방법을 모두 사용해 왔다. 그 결과 이제 비(非)포럼(nonpublic forum; public non-forum)으로 분류된 공간에서는 내용에 근거하여 표현을 제한하는 입법이 합리성 심사기준에 의해 합헌으로 판시될 여지가 있으며, 이로써 표현의 자유 영역에서 이중 기준 체계는 상당한 정도 손상되었다. 오늘날에도 표현의 자유 영역에서 위헌심사의 이중 기준은 원칙으로서 유지되고 있으나, 위와 같은 미연방대법원의 움직임으로 인해 구조적 안정성이 상당히 약화된 것을 알 수 있다.

— 평등보호

이 글에서 검토하는 종교의 자유, 표현의 자유, 평등보호와 실체적 적법절차의 각 개별 영역을 비교할 때 이중 기준 체계가 가장 손상 없이 원형대로 유지되

85) 예를 들어, Boos v. Barry, 485 U.S. 312, 321-322(1988) 참조.

86) 예를 들어, Perry Educational Association v. Perry Local Educators' Association, 460 U.S. 37 (1983) 참조.

87) 예를 들어, Cornelius v. NAACP Legal Defense & Education Fund, 473 U.S. 788(1985) 참조.

88) Perry Educational Association v. Perry Local Educators' Association, 460 U.S. 37, 46(1983).

고 있는 영역은 평등보호의 영역이다. 1960년대와 1970년대 초에 미연방대법원은 일련의 평등보호 사안에서 위헌심사의 기준을 강화시켰다.89) 그 결과 두 유형의 사안에서 강화된(즉, 높은 강도의) 심사기준이 적용되게 되었으며, 그러한 사안의 유형은 첫째, 정부가 위헌의 개연성이 있는 분류기준("suspect or quasi–suspect classification")을 사용한 경우 그리고 둘째, 정부의 행위가(suspect classification의 사용 여부와 무관하게) 특정의 본질적 기본권("fundamental right or interest")을 심각하게 침해한 경우이다.90)

첫째, 미연방대법원은 Warren Court와 Burger Court를 거치면서 평등보호 영역에서의 입법에서 사용한 분류의 기준에 따라 강화된 심사기준을 적용하는 법리를 정립하였는데, 강화된 심사기준의 적용을 요하는 분류기준으로 판시한 것으로는 인종(race),91) 국적(national origin)92) 그리고 일정한 경우 이민 혹은 귀화여부(alienage)가93) 있다. 즉, 이러한 기준에 의해 분류하여 차등적 처우를 하는 입법의 경우 그 합헌성의 심사에는 엄격 심사기준(strict scrutiny)이 적용되어, 정부가 입법목적의 심대성(compelling interest)과 목적–수단의 필수적 상관관계(necessity)를 입증하지 못하는 한 그러한 입법은 위헌이다.94) Burger Court는 강화된 심사기준의 적용을 요하는 위헌의 개연성이 있는 분류기준에 준하는 분류기준을 선별하여 정립하였는데, 성별(gender)과95) 적서구별(illegitimacy)이96) 그 예이다. 이러한 기준에 의해 분류하여 차등적 처우를 하는 입법의 경우 그 합헌성의 심사에는 중간심사기준(intermediate level of scrutiny)이 적용되어, 정부가 입법목적의 중요성(important interest)과 목적–수단간의 실질적으로 상당한 상관관계(substantial relation)를 입증하지 못하는 한 그러한 입법은 위헌이다.

한편, 같은 시기 미연방대법원은 평등보호의 영역에서 제한되는 기본권이 특정의 본질적 기본권("fundamental right or interest")인 경우 강화된 심사기준을 적용하는 법리를 정립하였다.97) 1960년대에 Warren Court는 이러한 소위 신(新)평등보호

89) 이 점에 관해서는 Kathleen M. Sullivan, Gerald Gunther 공저, CONSTITUTIONAL LAW(16th edition)(Foundation Press, 2007), 601면–608면 참조.

90) Id.

91) 예를 들어, Loving v. Virginia, 388 U.S. 1, 11(1967) 참조.

92) 예를 들어, Graham v. Richardson, 403 U.S. 365, 371–372(1971) 참조.

93) Id., 372면.

94) 예를 들어, Loving v. Virginia, 388 U.S. 1, 11(1967) 참조.

95) 예를 들어, Califano v. Webster, 430 U.S. 313, 316–317(1977) 참조.

96) 예를 들어, Mathews v. Lucas, 427 U.S. 495(1976) 참조.

97) Kathleen M. Sullivan, Gerald Gunther 공저, CONSTITUTIONAL LAW(16th edition)(Foundation Press, 2007), 603면–604면.

("new equal protection") 법리 하에 주간(州間) 이동의 자유,[98] 정치과정에의 평등한 접근권,[99] 그리고 형사사건에서 사법절차에의 평등한 접근권을[100] 강화된 심사기준(strict scrutiny)의 적용을 요하는 본질적 기본권으로 적시하였다. 이후 Burger Court와 Rehnquist Court는 평등보호 영역에서 엄격 심사를 요하는 Warren Court의 리스트에 새로운 분류기준 혹은 새로운 기본권을 추가하지는 않았으며, 평등보호 영역에서의 강화된 심사기준 법리는 대체로 1970년대 중반 이후 오늘날까지 큰 변동 없이 유지되고 있다.

평등보호 영역에서의 합리성 심사기준에 관해서는, 근래 들어 미연방대법원은 법리상 혼선을 보이고 있다. 실체적 적법절차상 경제적 기본권에 관해서는, 일정 기준에 따라 분류를 하여 경제활동에의 진입이나 직업의 선택과 같은 경제적 기본권에 관한 차등적 처우를 하는 입법에 대해서는 미연방대법원은 평등보호조항下에 합리성 심사기준을 적용했다.[101] 또한 일정 기준에 의한 분류와 이에 따른 차등적 처우를 하는 입법이 식당에서의 식품 공급이나 교통의 흐름과 같은 건강, 안전, 공공복리 등에 영향을 미치는 경우의 평등보호 사안에서는 이러한 입법을 심사함에 있어 미연방대법원은 역시 합리성 기준을 적용했다.[102] 그런가 하면 오늘날 미연방대법원은 일정 경우 평등보호 영역에서 합리성 심사기준을 적용하면서도 어느 정도 강화된 합리성 심사기준을 적용하기도 하여, 합리성 심사기준을 적용하는 사안 내에서도 심사기준을 차등화하는 경향을 보이고 있다.[103] 적어도 평등보호 영역에서의 합리성 심사기준에 관해서는 현재의 미연방대법원의 입장을 명확히 설명하기는 어렵다.

– **실체적 적법절차**(substantive due process)

실체적 적법절차의 영역에서는 일원화된 합리성 심사기준을 적용하려고 하는

98) 예를 들어, Shapiro v. Thompson, 394 U.S. 618, 638(1969) 참조.

99) 예를 들어, Kramer v. Union Free School District, 395 U.S. 621, 626-627(1969) 참조.

100) 예를 들어, Douglas v. California, 372 U.S. 353, 355-358(1963) 참조.

101) 예를 들어, Williamson v. Lee Optical Inc., 348 U.S. 483(1955) 참조.

102) 예를 들어, City of New Orleans v. Dukes, 427 U.S. 297, 298(1976); Massachusetts Board of Retirement v. Murgia, 427 U.S. 307, 314-318(1976) 참조.

103) 입법부에 대해 높은 정도의 존중을 보이는 예로서 FCC v. Beach Communications, Inc., 113 S.Ct. 2096(1993); United States Railroad Retirement Board v. Fritz, 449 U.S. 166(1980) 참조. 한편, "rational-basis scrutiny with bite"로 일컬어지는 다소 강화된 합리성 심사기준을 적용한 예로서 City of Mesquite v. Aladdin's Castel, Inc., 455 U.S. 283(1982)("[G]overnment's rational goal must be identified, and the means used by government must, at least in some instances, bear a fair and substantial relation to the goal pursued.") 판결이 있다.

미연방대법원의 움직임이 가장 분명하게 나타나고 있다. 이러한 움직임은 미연방대법원이 Griswold v. Connecticut[104] 판결과 Roe v. Wade[105] 판결을 통해 인정한 프라이버시權과 관련하여 가장 뚜렷이 나타난다. Rehnquist Court는 프라이버시권의 확대를 지양하였을 뿐 아니라[106] 1960년대와 1970년대에 Warren Court와 Burger Court가 정의한 바의 프라이버시권의 범위를 축소시켰다.[107] 현재의 미연방대법원은 프라이버시권에 관해서는 위헌심사기준에 있어 일관된 명확한 입장을 보이고 있지는 않으나,[108] 대체로 Rehnquist Court의 추세를 따라가고 있다. 이러한 추세는 이중 기준에 대한 미연방대법원 스스로의 비판과 이 영역에서의 이중 기준 체계 적용의 회피를 통해 엄격한 심사기준을 지양하고 일원화된 합리성 심사기준을 지향하는 현재의 미연방대법원의 움직임을 잘 보여주고 있다.

2. 이중 기준 체계에 대한 비판과 미연방대법원의 이중 기준 체계 극복의 노력

(1) 이중 기준(Double Standard) 및 이에 기초한 다중 기준 체계 (Multi-Level System of Judicial Review)에 대한 비판

이중 기준(Double Standard) 및 이에 기초한 다중적 위헌심사기준 체계(Multi-Level System of Judicial Scrutiny)(이 글에서는 대체로 "이중 기준"으로 통칭함)에 대해서

104) 381 U.S. 479(1965).

105) 410 U.S. 113(1973).

106) 예를 들어, Bowers v. Hardwick, 478 U.S. 186, 190-191(1986) 참조. 이 점에 관한 심층적 논의는 G. Sidney Buchanan, "The Right of Privacy: Past, Present, and Future," 16 Ohio N. U. L. Rev. 403, 422-446(1989) 등 참조.

107) 예를 들어, Planned Parenthood v. Casey, 112 S.Ct. 2791(1992), 판결에서, Rehnquist Court는 낙태의 문제를 프라이버시권이 아닌 자유권("liberty")으로서 논증을 하며, 이러한 자유권은 관련된 공익과 비교형량되어야 한다고 한다. Id., 2881면. 이 점에 있어 Cruzan v. Director, Missouri Department of Health, 497 U.S. 261, 278(1990)("[A] competent person has a constitutionally protected liberty interest in refusing unwanted medical treatment") 판결도 참조할 것.

108) Cruzan v. Director, Missouri Department of Health, 497 U.S. 261, 281-282(1990)("[T]he choice between life and death is deeply personal decision of obvious and overwhelming finality, … and … Missouri may legitimately seek to safeguard the personal element of this choice through the imposition of heightened evidentiary requirements"; "Missouri has permissibly sought to advance these interests through the adoption of a 'clear and convincing' standard of proof to govern termination of life support proceedings"). 이는 "rational-basis scrutiny with a stronger bite"의 예이다. 또 다른 프라이버시권 사안인 Moore v. City of East Cleveland, 431 U.S. 494, 499(1977) ("[The Court] must examine carefully the importance of the governmental interests advanced and the extent to which they are served by the challenged regulation.") 판결을 보면, 미연방대법원이 위헌법률심판에서의 심사기준으로서 "rational-basis review with a bite"와 중간심사기준(intermediate scrutiny)간을 오가고 있음을 알 수 있다.

는 그 개념과 체계의 정립 초기부터 법원 내외에서 비판이 있어 왔으며, 미연방대법원의 대법관 중 일부도 공개적으로 비판의 입장을 취한 바 있다. 그 중 Marshall 대법관은 중간 심사기준(intermediate scrutiny)의 도입 이전부터 1970년대의 일련의 판례에서 반대의견을 통해 이중 기준 방식에 대한 비판을 제기해 왔다.[109] Marshall 대법관은 이중 기준 체계는 위헌심사의 논증과 판단의 과정을 지나치게 단순화한 것으로서 실제의 위헌심사에서의 논증과 판단을 정확하게 반영하지 못한다고 주장하였다.[110] Marshall 대법관은 미연방대법원의 선례상 위헌법률심판에 적용된 심사기준을 분석하면 위헌심사의 기준 혹은 심사의 강도는 "sliding scale"로서 단계별로 연속선을 형성하며,[111] 따라서 이를 두 등급 혹은 세 등급으로 나누는 것은 지나친 단순화라고 하였다.[112]

나아가 Marshall 대법관은 이중 기준 체계는 경직된("rigidified") 체계이며,[113] 아래의 두 가지 점에서 위헌심사에서의 적절한 헌법적 분석을 저해한다고 하였다. 첫째, 이중 기준 체계는 심사기준의 등급이라는, 구체적 사안의 본안과는 직접 관련되지 않은 추상적 대상에 질문의 초점을 맞춤으로써, 구체적 위헌심판 사안에서의 헌법적 논증과 분석의 방향을 오도한다. 둘째, 이중 기준 체계는 적용될 심사기준을 작동시키기 위해 "본질적 기본권(fundamental right)" 또는 "위헌의 개연성이 있는 분류기준(suspect classification)" 등 사전적으로 유형화된 개념정의(a prior definitions)를 사용함으로써, 구체적 위헌심판 사안에서 직접적이고 실질적인 헌법적 논의와 분석을 불가능하게 한다. 이러한 Marshall 대법관의 비판은 중간 심사기준(intermediate scrutiny)의 도입 이전에 미연방대법원의 위헌심사기준이 엄격 심사기준(strict scrutiny)과 합리성 심사기준(rationality review)의 두 단계로 구성되어

109) 예를 들어, Massachusetts Board of Retirement v. Murgia, 427 U.S. 307, 318-321(1976)(Marshall, J., dissenting); San Antonio Independent School District v. Rodriguez, 411 U.S. 1, 98-99(1974) (Marshall, J., dissenting) 등 참조.

110) Massachusetts Board of Retirement v. Murgia, 427 U.S. 307, 318-321(1976)(Marshall, J., dissenting); San Antonio Independent School District v. Rodriguez, 411 U.S. 1, 98-99(1974) (Marshall, J., dissenting).

111) 이러한 개념하에서는 개별 사안에 적용되는 심사의 강도 혹은 심사기준은 심사대상인 정부의 행위 혹은 입법의 권리 제한의 심각성(invidiousness)의 정도, 그리고 정부의 행위 혹은 입법에 의해 영향을 받는 개인의 권리와 공익간의 상대적 중요성에 따라 구체적 사안에서의 위헌심사의 기준 혹은 강도가 결정된다.

112) San Antonio Independent School District v. Rodriguez, 411 U.S. 1, 98-99(1974)(Marshall, J., dissenting).

113) Massachusetts Board of Retirement v. Murgia, 427 U.S. 307, 318-321(1976)(Marshall, J., dissenting); San Antonio Independent School District v. Rodriguez, 411 U.S. 1, 98-99(1974) (Marshall, J., dissenting) 참조.

있을 때 제기된 것이다.114) 이후 이중 기준 체계의 결함을 수정・보완하기 위해 제3의 심사기준으로서 위 두 단계의 중간 강도의 중간 심사기준(intermediate scrutiny)이 도입되었으나, 이로써 Marshall 대법관이 지적한 이중 기준 체계의 문제점이 해결되지는 않으며, 따라서 Marshall 대법관은 이후에도 일련의 반대의견과 개별의견을 통해 동일한 근거에서 지속적으로 이중 기준 체계에 비판적 입장을 취하였다.115)

미연방대법원이 위헌심사기준으로서 중간 심사기준을 도입한 직후인 1972년에 Marshall 대법관은 Chicago Police Department v. Mosley116) 판결의 다수의견을 집필했는데, 이 판결에서 Marshall 대법관은 이중 기준 체계를 대체할 대안으로서 일원화된 심사기준의 도입을 제안하였다. Marshall 대법관은 Mosley 다수의견에서 모든 평등보호 사안에 공통되는 핵심적 질문은 심사대상이 된 정부의 행위에 의해 적절하게 증진되는 타당한 공익이 있는지의 여부라고 적시했다.117) 이 질문은 모든 위헌심사 사안에서 필요한 논의의 핵심을 망라하는 것으로서, 이중 기준 체계에서의 각 단계 혹은 강도의 심사기준을 통합하는 질문이기도 하다.

그러나 Mosley 기준의 사용은 단기간에 그쳤으며, 미연방대법원의 다수는 위헌심사기준을 일원화하는 것보다 중간 심사기준을 정교화하는 방법을 선호했다. 그러나 중간 심사기준의 진화에도 불구하고 미연방대법원 내에서도 이중 기준에 대한 비판은 증대되어 갔으며, 중간 심사기준의 정확한 내용이 최초로 서술되었다고 할 수 있는 1976년의 Craig v. Boren118) 판결에서도 Rehnquist 대법관과 Stevens 대법관은 이중 기준에 대한 반대의 입장을 표명했다. 즉, Rehnquist 대법관은 반대의견에서 우선 문리해석에 충실한 입장에서 평등보호조항이 중간 심사기준의 용어를 담고 있지 않음을 지적하였고,119) 나아가 보다 현실적인 차원에서 미연방대법원은 중간 심사기준 도입 이전의 두 단계 기준 하에서도 이미 난항을 겪었으며 또 하나의 새로운 기준이 도입되면 어려움은 오히려 증가할 것이라고 지적했

---

114) Dandridge v. Williams, 397 U.S. 471, 519(1970)(Marshall, J., dissenting); Richardson v. Belcher, 404 U.S. 78, 90–91(1971)(Marshall, J., dissenting).

115) Plyler v. Doe, 457 U.S. 202, 231(1982)(Marshall, J., concurring); Massachusetts Board of Retirement v. Murgia, 427 U.S. 307, 318–321(1976)(Marshall, J., dissenting); San Antonio Independent School District v. Rodriguez, 411 U.S. 1, 98–99(1974)(Marshall, J., dissenting).

116) 408 U.S. 92(1972).

117) Chicago Police Department v. Mosley, 408 U.S. 92, 95("[T]he crucial question in all equal protection cases is whether there is an appropriate governmental interest suitably furthered by the government regulation in question.").

118) 429 U.S. 190, 197(1976).

119) Id., 220면(Rehnquist, J., dissenting).

다.[120] 그런가 하면 Stevens 대법관은 개별의견에서 위헌심사의 이중 기준은 하나의 평등보호조항이 존재하는 것과 양립될 수 없으며, 평등보호조항은 하나로서, 법원으로 하여금 일부 사안에서는 어떤 한 심사기준을 적용하고 다른 일부의 사안에서는 다른 심사기준을 적용할 것을 명한다고 볼 수 없다고 하였다.[121] 나아가 Stevens 대법관은 Marshall 대법관의 입장과 같이, 이중 기준 체계가 일원화된 위헌심사의 기준에 비해 실제 위헌심사 사안에서 오히려 혼란을 가져온다고 경계하였다.[122]

(2) 미연방대법원의 위헌심사기준으로서의 '이중 기준 방식 (Double Standard Approach)'의 현주소: 다양한 개선의 노력

이와 같이 위헌심사의 이중 기준 체계에 대해서는 미연방대법원 내부에서부터도 상당한 비판이 제기되어 왔으며, 근래 실제의 위헌심판에서 미연방대법원은 많은 경우 이중 기준 체계로부터 벗어나거나 이중 기준 체계하의 각 기준을 변형 적용하는 시도를 빈번히 보여 왔다. 우선 중간 심사기준(intermediate scrutiny)의 도입 자체가 이중 기준 체계 보완 노력의 일환에서 이루어진 구조적인 변화였으며, 2개 등급의 심사기준 체계로부터의 일탈이었으나, 중간 심사기준을 도입함으로써 이중 기준 체계를 보완·개선하여 이중 기준 체계의 배척을 막는다는 목적은 도입 직후의 단기간을 제외하면 달성되었다고 할 수 없다. 즉, 중간 심사기준의 도입 이후에도 이중 기준 체계로부터의 탈피 혹은 이중 기준 체계下 개별 기준의 변형 적용은 점점 증가되었다. 그 대표적인 예로서 적극적 평등실현조치를 합헌결정한 1980년의 Fullilove v. Klutznick[123] 판결을 들 수 있는데, Burger 대법원장이 집필한 다수의견(plurality)에서는 당해 위헌심사 사안의 본안 판단에서 이중 기준 체계하의 어떤 심사기준도 적용하지 않았다.[124]

Rehnquist 대법관이 집필한 1981년의 Rostker v. Goldberg[125] 판결의 다수의견도 이중 기준 체계하의 위헌심사기준의 적용을 배척한 예이다. 이 판결에서는 남성에게만 징집을 위한 등록의 의무를 부과한 연방법률의 합헌성을 심사하였다.[126] 이 사안에서 미연방대법원은 군사 관련 사항을 내용으로 하는 연방 법률은 최소

120) Id., 220면-221면(Rehnquist, J., dissenting).
121) Id., 211면-212면(Stevens, J., concurring).
122) Id.
123) 448 U.S. 448(1980).
124) Id., 492면.
125) 453 U.S. 57(1981).
126) Id., 59면.

한의 합리성 심사기준의 적용을 받는 반면 동시에 성별을 분류기준으로 하여 차등적 처우를 하는 입법은 중간 심사기준의 적용을 받게 되는 난관에 봉착했다.[127] 미연방대법원은 이 문제를 해결하는 대신 이중 기준 체계를 더 이상 정교하게 정립하고 적용할 필요가 없다는 근거하에 이 문제의 해결을 피하였다.[128] 다수의견은 이 사안에서, 이중 기준 체계하에서의 각 심사 기준이 결론을 사후적으로 정당화하기 위해 이용되는 추상적 개념이라고 비판했다.[129] 이 점은 Marshall 대법관이 지적했던 이중 기준 체계의 문제점이기도 하다.

또한 미연방대법원이 이중 기준에 대한 Marshall 대법관의 비판을 수용한 듯한 양상을 보인 사안으로서는 Plyler v. Doe[130] 사안을 예로 들 수 있다. 이 사안에서 미연방대법원은 이중 기준 체계하에서의 사전적으로 정형화된 심사기준(a priori categories) 대신 유연하고 포괄적인 기준을 적용했다.[131] 불법체류자의 자녀에 대한 무상공교육을 금한 주(州) 법률을 위헌으로 판시한 이 판결의 다수의견은 Brennan 대법관이 집필했는데, 심판대상인 주(州) 법률은 선판례상 엄격 심사기준 또는 중간 심사기준의 강화된 심사기준이 적용되는 유형에 해당되지 않지만, 미연방대법원은 이 경우 중간 심사기준에 준하는 강도의 심사기준이 적합한 심사기준이라고 판시했다.[132] 그러한 결론에 이르는 과정에서 다수의견은, Marshall 대법관이 과거 주창했던 것처럼, 당해 입법에서 사용된 분류기준의 위헌의 개연성, 그리고 관련된 개인의 기본권과 공익의 상대적 중요성에 따라 당해 입법의 위헌성을 심사했다.[133]

위에서 언급한 Plyler v. Doe, Rostker v. Goldberg, 그리고 Fullilove v. Klutznick 판결들은 이중 기준 체계에서 벗어나려는 미연방대법원의 움직임을 잘 보여주고 있는 예이다. 이외에도 보다 덜 급진적인 이중 기준 탈피의 방법으로서는 (ㄱ) 합리성 심사기준을 강화하는 방식(upgrading minimal scrutiny), (ㄴ) 중간 심사기준을 완화하는 방식(downgrading intermediate scrutiny), 그리고 (ㄷ) 엄격 심사기준의 적용의 예외를 확대시키는 방식(carving out exceptions to strict scrutiny) 등의 다양한 방식이 존재한다. 이하에서는 이러한 각각의 방식을 실제 판결의 예를 통해 분석해 보도록 한다.

127) Id., 64면-69면.
128) Id., 69면-70면.
129) Id.
130) 457 U.S. 202(1982).
131) Id., 218면-224면.
132) Id., 224면.
133) 위 각주 115번과 이에 상응하는 본문 참조.

a. 합리성 심사기준의 강화(upgrading minimal scrutiny)

이중 기준 체계 하에서 가장 심사강도가 낮은 심사기준인 합리성 심사기준을 강화하는 방법은 정부가 입법을 통해 추구하는 목적에 대해 통상 부여하는 존중(deference)의 정도를 축소하는 것이다. 실제 미연방대법원은 1973년의 United States Department of Agriculture v. Moreno[134] 판결에서 이러한 기술을 사용했는데, 이 판결은 미연방대법원이 합리성 심사기준의 적용을 표방하면서도 위헌판결을 한 대단히 드문 예 중 하나이다.[135] 이 사안에서 심사대상이었던 법률은 수급권자의 동거인이더라도 일정 범위 내 친족이 아닌 자에게는 식권수급자의 자격을 부여하지 않는 취지의 개정 법률(Food Stamp Act)이었다.[136] 미연방대법원은 입법사(立法史) 혹은 입법과정상의 기록을 통해 본 입법의 취지가 친족 아닌 자들의 동거를 지양하기 위함이며 이러한 입법목적은 정당한 입법목적이 될 수 없다고 판시하였다.[137] 이는 미연방대법원이 합리성 심사기준하에서 대체로 입법 동기를 심사함이 없이 추론을 통해 입법 목적을 가정하고 그 정당성을 인정하던 것과는 대조적이다.[138] 정부가 입법을 통해 달성하려는 목적 즉 입법목적을 보다 비판적인 관점에서 실질적으로 심사함으로써 이 사안에서 미연방대법원은 합리성 심사기준의 심사강도를 높인 바 있다.

이외에도 합리성 심사기준을 강화하는 또 다른 방법은 입법목적을 달성하기 위해 채택한 수단에 대한 존중의 정도를 통상보다 낮추는 것이다. 일반적으로 미연방대법원이 합리성 심사기준을 적용함에 있어서는 입법목적의 달성을 위해 채택된 입법적 수단이 지나치게 광범위한 것이든(overinclusive) 지나치게 배제적인 것이든(underinclusive) 이를 수인하여 목적-수단간의 합리적 연관성을 인정한다.[139] 그러나 1980년대 이후의 일련의 판결에서 미연방대법원은 합리성 심사기준하에서 목적-수단간의 합리적 연관성을 심사함에 있어 지나치게 광범위한 수단과 지나치게 배제적인 수단의 합리적 상관성을 제한함으로써, 합리성 심사기준의 심사강도를 높였다.[140]

위의 사례들은 합리성 심사기준을 적용하더라도 심사대상인 정부의 행위의 목적 또는 수단 어느 하나에 대해 통상 부여되는 것보다 존중의 정도를 줄임으

134) 413 U.S. 528(1973).

135) Zobel v. Williams, 457 U.S. 55(1982)도 참조할 것.

136) 413 U.S. 528, 529(1973).

137) Id., 534면-535면.

138) 예를 들어, Minnesota v. Clover Leaf Creamery Co., 449 U.S. 456(1981) 참조.

139) Id.

140) Logan v. Zimmerman Brush Co., 455 U.S. 422(1982).

로써 합리성 심사기준의 심사강도를 강화할 수 있음을 보여준다. 이와 같은 합리성 심사기준의 강화 움직임을 통해 합리성 심사기준은 심사의 강도의 측면에서 종래 이중 기준 체계 초기의 합리성 심사기준의 모습으로 돌아가고 있다. 이에 관해서는, 합리성 심사기준의 심사강도가 이중 기준 체계의 도입 이후 지속적으로 이와 같이 유지되었더라면 중간 심사기준의 도입이 불필요했을 것이라는 점에 주목할 만하다. 즉, 위헌심사기준으로서의 이중 기준 체계의 정립 초기에 미연방대법원은 합리성 심사기준이 입법부와 행정부의 행위에 대해 상당하지만 절대적이지는 않은 정도의 존중을 부여한다고 인식하였으나,[141] 이는 곧 전적인 존중으로 변질되어 실질적 분석하에서는 정당한 목적에 합리적으로 연관되어 있다고 보기 어려운 정부의 행위도 합헌으로 판시되었고,[142] 이에 엄격 심사기준과 합리성 심사기준간의 간극이 벌어지게 된 바 있다.[143] 이 문제를 해결하기 위한 중간 심사기준은 합리성 심사기준이 원래의 심사강도를 유지했더라면 도입될 필요가 없었을 것이다.

b. 중간 심사기준의 완화(downgrading intermediate scrutiny)

위와 같은 합리성 심사기준의 변질로 인해 중간 심사기준이 현실적으로 필요하게 된 상황에서도 미연방대법원은 1981년의 Michael M. v. Superior Court[144] 사안에서 중간 심사기준의 심사강도를 완화하려는 시도를 했다. 이 사안에서 미연방대법원은 남성만을 처벌하는 주(州)의 의제강간(statutory rape) 법률이 사용한 성별기준 분류(gender-based classification)의 합헌성을 심사했다.[145] 이 사안에서 다수의견(plurality)은 중간 심사기준을 적용하였으나, 핵심적 쟁점이었던 성별 기준 분류와 미성년자 임신 방지라는 입법목적 사이의 상관관계의 분석에 직면하여 심사기준의 날이 무뎌졌다. 이 사안에서 심사대상 입법의 위헌성을 주장하는 측에서는 성(性)중립적인 의제강간 처벌 입법도 입법목적인 미성년자 임신 방지에 마찬가지로 효과적인 수단이 되므로 심사대상 입법인 여성을 처벌하지 않는 의제강간 조항은 지나치게 배제적이라고 주장하였다.[146] 이 사안의 다수(plurality)는 중간 심사

141) United States v. Carolene Products Co., 304 U.S. 144, 153-154(1938).

142) 예를 들어, Williamson v. Lee Optical Co., 348 U.S. 483(1955); Dennis v. United States, 341 U.S. 494(1951); Minersville School District v. Gobitis, 310 U.S. 586(1940) 참조.

143) Gerald Gunther, "The Supreme Court, 1971 Term-Foreword: In Search of Evolving Doctrine on a Changing Court: A Model for A Newer Equal Protection," 86 Harvard Law Review 1, 17면 (1972).

144) 450 U.S. 464(1981).

145) Id., 466면.

146) Id., 473면.

기준에서 통상 수인하는 배제적 입법보다 더 배제적인 입법을 허용함으로써[147] 중간 심사기준을 완화하는 효과를 가져왔다.

c. 엄격 심사기준 적용의 예외의 확대(carving out exceptions to strict scrutiny)

엄격 심사기준이 적용되는 대상에 예외를 더 많이 인정하게 되면 엄격 심사기준으로부터 그만큼 더 벗어날 수 있게 된다. 주간(州間) 이동을 할 수 있는 권리(the right of interstate travel)가 그러한 예외의 한 예이다. 1969년의 Shapiro v. Thompson[148] 판결을 필두로 하여 미연방대법원은 주간(州間) 이동의 권리는 미연방헌법이 묵시적으로 보장하는 기본권의 하나라는 입장을 취해 왔다.[149] 따라서 이러한 권리를 제한하는 주내(州內) 거주기간 요건의 합헌성은 엄격 심사기준을 적용하여 심사해야 하며, 이러한 수단이 심대한 정부 이익(compelling state interest)에 필수적 상관성(necessarily related)을 가짐이 입증되지 않는 한 이는 위헌이다.[150] 이와 같은 엄격 심사기준하에 미연방대법원은 일련의 사안에서 사회보장혜택 수급자격,[151] 투표권[152] 또는 무상의료서비스 수급자격을[153] 제한하는 주내(州內) 거주기간 요건을 위헌으로 판시했다. 그런가 하면 동시에 미연방대법원은 주립대학이 당해 주(州)의 주민(州民)이 아닌 자에게 주민(州民)보다 높은 액수의 등록금을 부과하는 것은 위헌이 아니라고 판시했으며,[154] 나아가 Memorial Hospital v. Maricopa County[155] 판결에서는 미연방대법원은 주간(州間) 이동을 형사적으로 제한하지 않는 주내(州內) 거주기간 요건은 엄격 심사기준의 적용 대상이 아니라고 판시하였다.[156] 즉, 이와 같이 미연방대법원은 주내(州內) 거주 요건에 대한 엄격 심사기준의 적용에 대해 상당한 예외를 인정할 여지를 보이고 있다.

Maricopa 판결 이후 미연방대법원은 주간(州間) 이동권을 제한하는 주(州)법률의 위헌성을 심사함에 있어 엄격 심사기준을 적용하지 않을 또 다른 방법을 찾아냈다. 이러한 일련의 판결 중 첫 번째 판결이 1975년의 Sosna v. Iowa[157] 판결로서, 이 사안에서 미연방대법원은 주민(州民)이 비(非)주민(州民)을 대상으로 이

147) Id.
148) 394 U.S. 618(1969).
149) Memorial Hospital v. Maricopa County, 415 U.S. 250(1974).
150) Id.
151) Shapiro v. Thompson, 394 U.S. 618(1969).
152) Dunn v. Blumstein, 405 U.S. 330(1972).
153) Memorial Hospital v. Maricopa County, 415 U.S. 250(1974).
154) Starns v. Malkerson, 401 U.S. 985(1971).
155) 415 U.S. 250(1974).
156) Id., 258면-259면.
157) 419 U.S. 393(1975).

혼소송을 제기하기 위해서는 주(州)내에 1년 이상을 거주할 것을 요하는 주법(州法)을 합헌이라고 판시하였다. 이러한 주내(州內) 거주 요건이 혼인할 수 있는 권리와 주간(州間) 이동 권리의 두 기본권에 영향을 미침에도 불구하고, 이 판결에서 다수의견은 친족에 관한 법리는 전통적으로 주(州) 정부의 고유 권한에 속하는 것이므로 합리성 심사기준을 적용해야 한다고 판시했다.[158]

이후 미연방대법원은 엄격 심사기준의 적용의 예외를 또 다른 차원에서 창설하였는데, 그 한 예로서 부양자녀를 고의로 유기한 부모를 형사처벌하는 주(州)법률의 합헌성을 심사한 1981년의 Jones v. Helms[159] 판결을 들 수 있다. 이 사안에서 심사대상이었던 주법(州法)은 부모가 부양자녀를 유기한 경우 주(州) 경계를 벗어나지 않는 한 그 행위를 경죄(misdemeanor)로 규정하였으며, 반면 부모가 부양자녀를 유기한 후 주(州) 경계를 벗어난 경우에는 그 행위를 중죄(felony)로 규정하였다.[160] 당해 주법(州法)이 친족에 관련된 사항을 규정하고 있는 것은 명백하였으나, 미연방대법원은 Sosna 법리를 따르지 않고 엄격 심사기준의 적용에 대한 또 다른 예외를 정립시켰다. 즉, 미연방대법원은, 주(州) 경계를 넘어 여행을 할 수 있는 권리는 미연방헌법이 보장하는 기본권의 하나이나 절대적인 기본권은 아니며 당해 사안에서와 같이 범행에 의해 소멸될 수 있다고 판시하면서,[161] 따라서 당해 사안에서 심사대상인 주(州)법률은 '헌법상의 기본권으로서의 주간(州間) 이동의 권리'의 행사를 형사적으로 제한하는 입법이 아니므로 그 위헌성의 심사에 엄격 심사기준이 적용되지 않는다고 판시하였다.[162] Jones 판결의 전제는 주간(州間)이동의 권리는 '헌법상 보장되는 기본권일 때에만 기본권'이라는 동어반복적 순환논리로서 이에는 비판의 여지가 많다. 이러한 문제는 엄격 심사기준을 적용하고 엄격 심사기준 하에서 주간(州間)이동의 기본권이 피부양자녀의 보호라는 심대한 주(州)의 이익에 비교형량된다는 논지를 전개함으로써 피할 수 있었으나, 미연방대법원은 이러한 논리전개 대신 엄격 심사기준의 적용에 새로운 예외를 고안하는 방법을 택하였음을 알 수 있다. 즉, Jones 판결은 미연방대법원이 엄격 심사기준 적용대상의 예외 혹은 엄격 심사기준이 적용되는 경우의 예외를 찾아내고 이러한 예외를 확대해 감으로써 엄격 심사기준 나아가 이중 기준 체계에서 탈피하고자 하는 움직임을 보여주는 또 다른 예임을 알 수 있다.

158) 419 U.S. 393, 404(1975).
159) 452 U.S. 412(1981).
160) Id., 413면.
161) Id., 420면.
162) Id., 426면.

Ⅲ. 미연방대법원의 위헌심사기준으로서의 '이중 기준(Double Standard Approach)'에 대한 분석

이상에서 적시한 근래의 판결에서 나타나고 있듯이 오늘날의 미연방대법원은 위헌심사 기준으로서의 '이중 기준(Double Standard Approach)' 체계에 대해 비판적·회의적인 입장을 보이고 있으며, 경직된 이중 기준 체계에서 벗어나 보다 일관되고 유연한 위헌심사의 기준의 정립을 모색하기 위해 다양한 방법으로 노력해 가고 있다. 일부 대법관의 경우 이중 기준 체계의 문제점을 반대의견 등을 통해 명시적으로 비판해 왔으며,[163] 이중 기준 방식으로부터 벗어난 판결례가 근래 점차 증가하고 있다.[164] 즉, 현재 미국의 위헌심사의 기준은 합리성 심사기준, 엄격 심사기준, 중간 심사기준의 구조를 기본으로 하고 있으되, 이중 기준 체계로부터의 이탈 혹은 이중 기준 체계하의 개별 심사기준의 변형적 적용은 점차 증가하는 추세이며, 이러한 경향은 각 단계의 심사기준별로 모두 진행되고 있다. 위에서 본 것처럼 이중 기준하의 각 단계 심사기준마다 이를 벗어나거나 우회할 수 있는 방법은 다양하며, 그 결과 구체적인 위헌심판의 사안에서 원칙에 따라 특정 강도의 심사기준이 원형대로 적용될지를 예측할 수 없는 경우가 허다하다. 이러한 추세를 볼 때, 이중 기준 방식의 근본적인 문제점 내지 결함으로 지적되어 온 점들을 분석하는 것이 이중 기준의 이해에 필수적일 것이다.

1. 이중 기준 체계의 결함

이중 기준 체계하의 각 단계 심사기준에 대해 지적되었던 문제점 또는 결함은 이중 기준 체계 자체의 문제점 내지 결함에 기인한다. 이하에서는 보다 일반론적인 관점에서 이중 기준 체계 자체의 문제점 내지 결함을 분석해 보도록 한다.

(1) 경 직 성

이중 기준 체계의 가장 분명한 문제점은 이러한 체계가 갖는 경직성이다.[165]

163) 위 Ⅱ-2-(1)과 Ⅱ-2-(2) 참조.

164) 위 Ⅱ-2-(2) 참조.

165) Gerald Gunther, "The Supreme Court, 1971 Term-Foreword: In Search of Evolving Doctrine on a Changing Court: A Model for A Newer Equal Protection," 86 Harvard Law Review 1, 8면-12면(1972).

이중 기준 체계하에서의 법률의 위헌성 판단은 당해 사안의 구체적 사실관계와 관련법에서 출발한 실질적 분석의 이전에 '합헌성'의 저울 위에 '사전적으로 미리 정해진 세 위치' 중 어느 한 곳이 지정되고 이 지점에서 분석이 시작된다는 경직성을 갖는다. 즉, 한 마디로, 심사대상인 정부의 행위 혹은 입법의 합헌성이 당해 사안에 적용되는 심사기준의 종류에 의해 이미 결정되는 결과를 초래한다. 합리성 심사기준이 적용되면 심사대상인 법률은 거의 자동적으로 합헌 판정을 받게 되며, 엄격심사기준이 적용되면 심사대상인 법률은 거의 자동적으로 위헌 판정을 받게 된다. 이러한 경직성으로 인해 미연방대법원은 논리전개상 설득력이 부족한 판결을 내놓기도 하고 이를 회피하기 위해 이중 기준 체계로부터 일탈하기도 함은 위에서 본 바와 같다.

이중 기준 체계의 경직성의 문제점은 가장 낮은 강도의 심사기준인 합리성 심사기준에서 가장 잘 나타난다. 합리성 심사기준은 실질적으로 심사의 부재를 의미하므로, 미연방대법원은 비합리적인 입법을 합헌으로 판단하거나 또는 합리성 심사기준을 변형하여 그러한 입법을 위헌으로 판단할 수밖에 없다. 이중 기준 체계상 합리성 심사기준이 적용되는 대다수의 사안에서 미연방대법원은 전자의 선택을 한다. 미연방대법원이 일부의 사안에서 후자의 선택을 한 경우에는 이 글의 앞부분에서 보았듯이[166] 합리성 심사기준을 보다 강화하여 변형시켜 적용하게 된다. 이중 기준 체계가 이와 같은 경직성을 갖지 않고 합리성 심사기준 하에서 선택 가능한 대안이 이와 같이 제한적이지 않다면 미연방대법원이 중간 심사기준을 고안하여 도입할 필요 자체가 없었을 것이다. 중간 심사기준의 도입으로 인해 일부 유형의 사안들이 경직된 합리성 심사기준으로부터 벗어나게 되었다고 할지라도 이러한 중간 심사기준의 도입이 여전히 합리성 심사기준의 적용을 받는 사안들에 있어 유연성을 부여한 것은 아니다. 또한 합리성 심사기준에 어느 정도의 유연성이 부여되더라도 이로써 미연방대법원이 이중 기준 체계하에서 유연성과 선택의 여지를 부여받는 것은 아니다. 앞에서 보았듯 심사기준의 변형 적용 및 심사기준으로부터의 탈피 현상은 합리성 심사기준하에서 뿐 아니라 각 단계의 모든 심사기준 하에서 나타나고 있으며,[167] 이는 합리성 심사기준 뿐 아닌 이중 기준 체계 전반의 경직성을 보여주는 것이다.

---

166) 위 II-2-(1)과 II-2-(2) 참조.

167) 위 II-2-(2) 참조.

(2) 법원의 위헌심사에서의 실질적이고 직접적인 (헌)법적 분석을 저해함

이중 기준 체계의 또 다른 결함이자 문제점은 이러한 체계가 질문의 초점을 구체적 사안의 본안과는 거리가 먼 추상화된 단계에 맞춤으로써 위헌심사에 필요한 직접적이고 실질적인 (헌)법적 분석을 저해한다는 점이다. 이중 기준 체계 하에서는 심사에서의 초점이 적용될 심사기준의 선택에 필요한 분류기준, 이익, 심사의 강도 등의 일반화된 추상적 개념에 맞추어지기 때문에, 구체적 사안에서의 구체적 사실관계와 분쟁의 내용, 법적 쟁점에 대한 분석이 상대적으로 경시된다.

더욱이 이중 기준 체계는 헌법적 이익형량 과정에 유형화된 범주(categorization) 개념의 도입을 강요함으로써 (헌)법적 분석을 심각하게 저해하게 된다. 모든 헌법재판에서는 그 구체적인 실현 구조와 무관하게 공익과 사익간의 형량(balancing) 혹은 상대적 평가(comparative evaluation)가 필수적이다.[168] 즉, 모든 헌법재판 사안에서 핵심이 되는 쟁점은 정부가 규제를 통해 추구하는 이익이 그로 인해 제한되는 사인의 이익을 능가할 만큼 충분히 중요한가라는 것이다. 이러한 헌법적 이익형량은 사법심사 혹은 위헌심판의 제도가 존재하는 한 이러한 헌법재판에서 필수적인 요소이자 과정이며, 이중 기준 체계 하에서도 이러한 헌법적 이익형량은 당연한 요소이자 과정이다. 그러나 이중 기준 체계 하에서는 각각의 기준이 '핵심적 기본권', '위헌의 개연성이 있는 분류기준'과 같은 추상적 개념에 의존하고 있어서, 이러한 헌법적 이익형량에서 이익의 분석과 평가가 사전적으로 유형화된 범주(a priori categories)를 통해 걸러진다. 따라서 범주화된 이익형량(categorial or definitional balancing)이라는 결과가 초래된다.

이중 기준 체계를 작동시키는 '사전적으로 유형화된 범주'들은 일반화된 추상적 개념들이다. 따라서 이러한 사전적 유형별 범주 개념의 사용은 구체적 사안에서의 본안에 대한 직접적이고 실질적인 헌법적 분석을 희석시킨다. 예를 들면, 평등보호의 맥락에서 특정 기준에 의한 분류(classifications)는 suspect, almost suspect, non-suspect의 셋 중 하나로 구별되고, 정부가 추구하는 목적은 compelling, important, valid 또는 invalid 중 하나로 판단되며, 이러한 목적을 달성하기 위해 정부가 선택한 수단은 necessary, substantial, rational 또는 irrational 중 하나이다. 이와 같은 범주화된 사고(categorical thinking)는 구체적 사안에 관련된 이익의 분석을 당

168) Karst, "Legislative Facts in Constitutional Litigation," 1960 Sup. Ct. Rev. 75, 75-80; Miller & Howell, "The Myth of Neutrality in Constitutional Adjudication," 27 University of Chicago Law Review 661(1960); Jeffrey M. Shaman, "The Constitution, the Supreme Court, and Creativity," 9 Hastings Constitutional Law Quarterly 257(1982).

해 사안 이전에 미리 유형화된 범주의 구별에 따라 그 중 하나에 해당시키도록 강요하게 되며, 사전적으로 정해진 범주 이외의 변형을 허용하지 않는다. 이러한 '범주화된 이익형량'은 헌법재판을 통해 제기되는 복잡다양한 이익을 평가하기에 적합하고 충분한 기준 혹은 눈금을 제시해줄 수 없다. 범주화된 이익형량은 이중 기준 체계 하에서 적용되는 심사기준의 종류에 따라 구체적 사안에서의 결론이 사전적으로 결정되어버리는 성향을 더욱 증폭시킴으로써 이중 기준 체계의 경직성을 더욱 악화시킨다. 정부와 사인의 이익을 일반화된 추상적 범주별로 구분함으로써 구체적 사안에서의 구체적 이익의 성격과 의의가 사전적으로 결정되어, 이에 대한 직접적 · 실질적 분석이 희석되고 무의미해지는 결과가 초래된다.

(3) 내적 일관성의 결여

더욱이 이중 기준 체계 하에서 사용되는 사전적으로 유형화된 범주들은 전체로서의 이중 기준 체계에 내적 안정성 내지 일관성을 제공하지 못하고 있다. 우선 "suspect classification"의 예를 보면, 이중 기준 체계 정립의 초기에 미연방대법원은 "suspect classification"을 "discrete and insular minorit[y]"를 차별하는 분류로 정의하였으나,169) 이후 일련의 판결에서는 "suspect classification"은 "those subjected to such a history of purposeful unequal treatment, or relegated to such a position of political powerlessness as to command extraordinary protection from the majoritarian political process"에 대한 차별적 분류라고170) 정의하였다. 이후의 판례에서는 "suspect classification"을 "a badge or stigma of inferiority"라고 판시하기도 하였으며,171) 생래적이고 선천적인 성향과 조건에 기초하는 경우가 많다고도 판시하였다.172) 이러한 정의하에 미연방대법원은 인종(race),173) 국적(national origin),174) 이민 혹은 귀화의 신분(alienage)175) 등에 의한 분류를 "suspect classification"이라고 판시하였다.

그러나 이러한 분류기준 이외에, 미연방대법원 스스로가 내린 "suspect classification"의 정의에 부합하는데도 불구하고 미연방대법원이 "suspect classification"으

169) United States v. Carolene Products Co., 304 U.S. 144, 153면 각주 4번(1938).

170) 예를 들면, Massachusetts Board of Retirement v. Murgia, 427 U.S. 307, 313(1976) 참조.

171) Brown v. Board of Education, 347 U.S. 483, 494(1954) 참조.

172) Frontiero v. Richardson, 411 U.S. 677, 686(1973) 참조.

173) 예를 들면, Loving v. Virginia, 388 U.S. 1(1969); Brown v. Board of Education, 347 U.S. 483 (1954) 참조.

174) Korematsu v. United States, 323 U.S. 214(1944) 참조.

175) Nyquist v. Mauclet, 432 U.S. 1(1977); In re Griffiths, 413 U.S. 717(1973) 참조.

로 취급하지 않는 경우도 있다. 예를 들면 Frontiero v. Richardson[176] 판결의 다수의견(plurality)의 분석상 성별(gender)은 미연방대법원이 이전의 판례들을 통해 정의한 "suspect classification"의 정의에 부합함에도 불구하고,[177] 이 판결의 plurality는 5/9의 과반을 설득하지 못했고, 다른 한편 정신병력(mental illness)에 기초한 분류의 경우에는[178] "suspect classification"으로의 분석과 판단의 기회 자체를 회피하여, 이에 대해서는 가장 낮은 강도의 심사인 합리성 심사기준이 적용되고 있다. 이러한 판례들은 이중 기준 체계의 내적 일관성의 결여를 보여준다.

이중 기준 체계의 내적 일관성의 결여를 보여주는 또 다른 예는 이중 기준 체계 하에서의 "근본적 혹은 핵심적 이익(fundamental interest)"의 개념이다. 이중 기준 체계의 정립 초기에는 미연방대법원은 법원이 그 사회적 중요성이 대단히 크다고 판단한 바의 이익을 "근본적 혹은 핵심적 이익"이라고 보았다.[179] 이러한 입장에 대해서는 미연방대법원이 헌법적 사항을 판단함에 있어 자연법적 입장으로 회귀한다는 비판이 가해졌다.[180] 오늘날에 이르기까지 미연방대법원의 "근본적 혹은 핵심적 이익"의 판단은 주관성을 띠고 있으며 따라서 일관성이 결여된 측면이 있다. 단적인 예로, 미연방대법원은 프라이버시권을 근본적이고 핵심적인 권리라고 판시하고 있으나,[181] 재산권은 그렇게 보고 있지 않다.[182] 헌법재판에서 궁극적 가치판단은 불가피한 것이라고 할지라도, 미연방대법원 내에서도 이러한 주관성에 대해 문제의식이 꾸준히 제기되어 왔다.

어쨌든 1973년 미연방대법원은 이러한 "근본적 혹은 핵심적 권리 또는 이익"의 개념을 제한하여, 미연방헌법 본문에 의해 명시적 혹은 묵시적으로 보장된 권리와 이익만이 근본적 혹은 핵심적 권리 또는 이익이라는 입장을 취했다.[183] 이러한 정의는 이전의 정의에 비해 상대적으로 더 객관적이기는 하지만 주관성이 전적으로 배제된 정의는 아니다. 왜냐하면 헌법이 어떠한 권리 또는 이익을 묵시적

176) 411 U.S. 677(1973).

177) 위 각주 169번-172번과 이에 상응하는 본문 참조.

178) Schweiker v. Wilson, 450 U.S. 221(1981) 참조.

179) Kramer v. Union Free School District No. 15, 395 U.S. 621(1969); Harpaer v. Virginia Board of Election, 383 U.S. 663(1966); Griswold v. Connecticut, 381 U.S. 479(1965); Douglas v. California, 372 U.S. 353(1963); Griffin v. Illinois, 351 U.S. 12(1956); Skinner v. Oklahoma, 316 U.S. 535 (1942) 등 참조.

180) Karst, "Invidious Discrimination: Justice Douglas and the Return of the 'Natural-Law-Due-Process Formula,'" 16 UCLA Law Review 716(1969).

181) Griswold v. Connecticut, 381 U.S. 479(1965); Skinner v. Oklahoma, 316 U.S. 535(1942) 참조.

182) Flemming v. Nestor, 363 U.S. 603(1960) 참조.

183) San Antonio Independent School District v. Rodriquez, 411 U.S. 1, 33-34(1973) 참조.

으로 보장하는지는, 그리고 심지어 때로는 헌법이 어떠한 권리 또는 이익을 명시적으로 보장하는지도, 불변의 사항이 아니라 가변적 해석과 판단의 여지가 있는 개념이기 때문이다. 따라서 미연방대법원의 근본적 혹은 핵심적 권리 또는 이익의 정의는 여전히 일관성이 결여되어 있다. 예를 들어, 주(州)의 공직선거에서의 투표권,[184] 주간(州間) 이동의 권리,[185] 낙태를 할 권리[186] 및 확대가족을 이루어 살 권리[187] 등은 미연방대법원의 개념정의상 이러한 근본적 혹은 핵심적 권리 또는 이익에 해당하지만, 교육을 받을 권리,[188] 주거를 보장받을 권리,[189] 생계를 유지할 수 있을 권리[190] 등은 이러한 근본적 혹은 핵심적 권리 또는 이익에 해당한다고 판시된 바 없다.

위에서 지적한 바와 같이 미국의 위헌심사기준 체계로서의 이중 기준 체계는 내적 일관성의 결여, 직접적·실질적 분석의 제약, 그리고 경직성이라는 문제점을 내포하고 있다. 위헌심사기준 체계로서의 이중 기준 체계에 대한 오늘날의 미연방대법원의 비판적 태도와 증가 추세에 있는 변형적용 및 일탈의 현상은 이중 기준 체계가 가진 이러한 기본적 결함에서 비롯된 것이다. 이에 이 글의 마지막 부분에서는 이러한 문제에 직면한 미국연방대법원이 위헌심판에서의 위헌심사기준을 어떻게 (재)구성할 수 있을 것인가의 문제를 생각해 보고자 한다.

2. 이중 기준 체계의 재구성과 이중 기준 체계에 대한 대안의 제시

위헌심판의 이중 기준 체계에 대한 대안으로서는 Marshall 대법관이 주창했던 일원화된 심사기준을 생각할 수 있다.[191] 즉, 이는 이중 기준 체계 하에서의 각각의 심사기준을, Marshall 대법관이 Mosley 판결에서 제시했던 바와 같이, 모든 경우의 위헌심사에서 '심사대상이 된 정부의 행위에 의해 적절하게 증진되는 타당한 공익이 있는지의 여부'를 묻는 포괄적인 기준으로 일원화함을 말한

184) Kusper v. Pontikes, 414 U.S. 51(1973); Harper v. Virginia Board of Elections, 383 U.S. 663 (1966) 참조.

185) Memorial Hospital v. Maricopa County, 415 U.S. 250(1974); Shapiro v. Thompson, 394 U.S. 618(1969) 참조.

186) City of Akron v. Akron Center for Reproductive Health, Inc., 103 S.Cr. 2481(1983); Roe v. Wade, 410 U.S. 113(1973) 참조.

187) Moore v. City of East Cleveland, 431 U.S. 494(1977) 참조.

188) San Antonio Independent School District v. Rodriguez, 411 U.S. 1, 28(1973) 참조.

189) Lindsey v. Normet, 405 U.S. 56(1972) 참조.

190) Dandridge v. Williams, 397 U.S. 471, 519-521(1970)(Marshall, J., dissenting) 참조.

191) 위 Ⅱ-2-(1) 참조.

다.[192] 이중 기준 방식이 그러하듯이, 일원화된 심사기준 체계도 관련된 공익과 사익의 판단과 상대적 평가를 위한 틀을 제시한다. 그러나 일원화된 심사기준 체계는 이중 기준 체계와 여러 면에서 차이가 있으며, 이를 보다 구체적으로 살펴보면 아래와 같다.

첫째, 일원화된 심사기준 체계는 현행의 이중 기준 체계가 갖는 경직성을 극복할 수 있다. 심사기준에서 심사강도에 따른 등급의 개념을 제거하고 나면 특정 정부 행위의 합헌성 판단이 특정 사안에 적용된 심사기준의 유형에 따라 결정되는 경직성은 소거된다. 그렇다면 오늘날의 미연방대법원처럼 이중 기준 체계를 유지하면서도 합당한 결론을 얻기 위해 원칙과 선례를 변형시키거나 우회할 필요가 없어지게 된다. 즉, 심사기준의 심사강도별 등급 구별이 없어진다면 Fullilove v. Klutznick[193] 판결이나 Rostker v. Goldberg[194] 판결에서처럼 미연방대법원이 이중 기준 체계하의 특정 등급의 심사기준의 적용을 거부하거나 다른 일련의 판결에서처럼 심사기준을 변형적용할 동기가 없게 될 것이다. 오늘날 미연방대법원이 이중 기준을 표방하면서도 각 단계에서 심사기준을 변형하여 적용하거나 이중 기준 체계하의 정형화된 심사기준의 적용을 회피하는 현상은 증가 추세에 있다. 위헌심사의 기준을 일원화하게 되면 이중 기준 체계의 경직성을 극복함으로써 이중 기준 체계하의 각 심사기준으로부터의 일탈에서 비롯되는 일관성의 결여와 법리의 혼선이 극복될 수 있을 것이다.

둘째, 일원화된 위헌성 심사기준은 공익과 사익의 판단과 평가에 있어 정확성을 제고할 수 있다. 위헌성 심사기준을 일원화하게 되면 현재의 이중 기준하에서와 같이 위헌심사에서의 논의의 초점이 사전적으로 유형화된 추상적 단계의 개념에 맞추어지지 않고 실제 사안의 본안에서의 구체적 사실과 법에 맞추어질 수 있기 때문이다. 심사강도에 따라 구별된 심사기준의 선택과 적용이라는 개념을 제거하면 어느 기준을 적용할 것인가에 관련된 추상적 차원의 질문이 무의미해지므로, 위헌성 심사에서 당해 사안의 본안에 분석을 집중할 수 있게 된다. 동시에 위헌성 심사기준을 일원화하는 것은 현행 이중 기준하에서의 위헌심사에서 이루어지는 범주화된 사고를 불식시킬 수 있다. 사전적으로 유형화된 범주의 개념을 제거하고 나면 미연방대법원은 실제의 사안에 관련된 공익과 사익의 분석에 초점을 맞출 수 있고, 그럼으로써 실제 관련된 공익과 사익의 분석과 평가를 보다 정확하

192) 위 II-2-(1) 참조.

193) 448 U.S. 448(1980).

194) 453 U.S. 57(1981).

게 할 수 있을 것이다. 이로써 더욱 직접적이고 현실적이며 세부적인 위헌심사가 가능해질 것이다.

일원적 위헌심사 기준과 이중 기준간의 핵심적 차이점은 Plyler v. Doe[195] 판결의 다수의견과 반대의견을 비교해보면 뚜렷이 나타난다. 앞서 언급된[196] Plyler 사안에서 미연방대법원은 불법체류자의 자녀에게 무상공교육 제공을 금하는 주(州)법률의 합헌성을 심사했는데, Burger 대법원장이 집필한 반대의견은 이중 기준 방식의 전형을 보여주는 예로서, 사전적 개념 구별에 따를 때 이 사안은 "invidious classification"이나 "fundamental right" 사안이 아니므로,[197] 당해 사안에서의 불법체류자의 자녀라는 신분이 "discrete and powerless minority"로서 스스로의 불법체류 신분을 통제할 수 있는 위치에 있지 않으므로 당사자들에게 그 책임을 물을 수 없음에도 불구하고, 이 사안에서의 분류는 'invidious classification'이 아니라고 하였다.[198] 또한 Burger 대법원장 스스로도 교육의 중요성은 논할 여지가 없다고 기술하면서도,[199] 결국 교육을 받을 권리는 엄격 심사기준이 적용되는 기본권이라고 하지 못했다.[200] 즉, 반대의견은, 최소한의 심사기준인 합리성 심사기준을 적용하여, 정부가 불법체류자의 자녀에게 합법적 체류자의 자녀와 같은 정도와 방식으로 교육을 제공할 의무가 없다는 입장을 선택한 것은 비합리적이라고 할 수 없으므로, 따라서 심사대상인 법률은 위헌이 아니라고 하였다.[201] [202]

이에 반해 Brennan 대법관이 집필한 Plyler 판결의 다수의견은 실질적으로 앞서 제시한 일원화된 심사기준과 같은 위헌심사기준을 채택하여, 심사대상인 법률을 실질적으로 분석하였다. 다수의견은 심사대상인 주(州)법률이 선례상 엄격 심사기준의 적용을 요하는 유형에는 해당되지 않음을 우선 적시한 후, 그러나 당해 법률의 위헌성 심사는 추상적 차원에서 당해 법률이 "suspect class"를 차별하거나 "fundamental right"를 침해하는지를 심사하는 것 이상이어야 한다고 판시하였

195) 457 U.S. 202(1982).

196) 위 II-2-(1)의 해당부분 참조.

197) 457 U.S. 202, 244-248(1982).

198) Id., 244면-246면.

199) Id., 247면("[T]he importance of education is beyond dispute.").

200) Id., 247면-248면.

201) Id., 250면.

202) 한편, 반대의견에서는 반대의견의 초반부에서 심사대상인 당해 법률을 비상식적("senseless") 입법이라고 표현하였다. Id., 242면. 이중 기준 체계하에서 합리성 심사기준이 적용된 사안에서는 이와 같이 입법부에 대한 절대적 존중의 입장에서 비상식적인 법률도 비합리적이지는 않다는 자기모순적인 논리전개가 이루어지는 것을 종종 볼 수 있다.

다.[203] 이와 같이 다수의견은 이중 기준 체계하에서의 범주화된 사고에서 벗어나 당해 주(州)법률을 보다 실질적·심층적으로 분석하였다. 즉, 다수의견은 당해 법률이 불법체류자의 자녀로서 스스로의 그러한 신분에 대해 책임이 없는 소수자를 분류해내어[204] 이들에게 기본적 공교육의 기회를 박탈함으로써, 이들로부터 미국의 사회 및 문화 공동체에 편입될 수 있는 능력과 국가의 발전에 기여할 수 있는 기회를 현실적으로 박탈한다고 적시하였다.[205] 주(州)정부는 심사대상인 법률이 불법이민의 대규모 유입을 방지하여 주(州)의 재정을 보호하고[206] 주(州)가 양질의 교육을 제공함에 장애가 되는 부담을 덜어준다는[207] 주장을 하였으나, 다수의견은 이러한 주장을 각각 분석하여 입법목적의 정당성 결여와 채택된 수단의 부적절성을 보여 주(州)의 주장을 배척하였고, 앞서의 논지에 근거하여 심사대상인 법률을 위헌으로 판시하였다. 다수의견이 사용한 표현은 이중 기준 체계에서의 중간 심사기준의 용어에 준하는 것이었다.[208] 즉, 소수의견에서는 범주화된 사고과정을 통해 합리성 심사기준을 적용하여 당해 법률을 위헌이 아니라고 한 데 비해, 다수의견은 사전적으로 범주화된 논증방식을 벗어나 당해 사안의 심사대상을 구체적·실질적으로 분석함으로써 보다 엄격한 기준에 따른 위헌성 심사를 통해 당해 법률을 위헌으로 판시하였다.

Plyler 판결은, 특히 다수의견과 반대의견의 논리전개과정을 비교해볼 때, 이중 기준 체계를 유지하는 것과 심사기준을 등급별로 유형화하지 않고 일원화하는 것에 따라 위헌심사의 결과가 달라질 수 있음을 보여주는 예이다. 이중 기준과 일원화된 기준에 따라 모든 사안에서 위헌심사의 결과가 달라지는 것은 아니지만, 특히 이중 기준 체계하에서 최소 강도의 심사기준인 합리성 심사기준이 적용되는 경우에는 일부 사안에서 이러한 결과의 차이가 있을 수 있다. 적어도 일원화된 기준하에서는, 현재와 같은 이중 기준 체계하에서처럼 사전적 유형화 혹은 범주 구별에 따라 합리성 심사기준이 적용되면 심사대상인 법률은 거의 자동으로 합헌으로 판정되고 엄격 심사기준이 적용되면 심사대상인 법률은 거의 자동으로 위헌으로 판정되는 경직된 상태보다는 구체적 사안의 심사대상인 법률에 대한 보다 유연하고 실질적인 심사가 가능할 것이다. 이러한 위헌성 심사가 가능할 때 헌법상

---

203) 457 U.S. 202, 223(1982).
204) Id.
205) Id.
206) Id., 228면.
207) Id., 229면.
208) Id., 224면.

의 권력분립 구도하에서 위헌법률심판권을 갖는 사법부의 입법부에 대한 존중(deference)이 더욱 본래의 취지에 부합하는 의미를 가질 것이며, 미연방대법원을 포함하여 사법부가 이중 기준 체계하의 경직된 각각의 기준을 유지하면서 합리성 심사기준을 상승 조정·변형하는 등의 불필요한 노력에서[209] 벗어날 수 있을 것이다.

이는 이중 기준 체계 하에서의 가장 강도 높은 심사기준인 엄격 심사기준 관련 법리에서도 마찬가지이다. 일원화된 심사기준을 채택하게 되면 오늘날 미연방대법원이 하듯이 사전적 유형 구별에 따라 엄격 심사기준을 적용하되 합헌 판정을 위해 엄격 심사기준에 대한 인위적인 예외를 창설해 낼 필요가 없어진다.[210] 예를 들어, 앞서 논의한 Jones v. Helms[211] 판결에서와 같은 주간(州間)이동의 권리에 관해서도, 일원화된 심사기준 하에서는 일단 엄격 심사기준을 적용하면서도 예외의 창설을 통해 특정 유형의 주내(州內) 거주기간의 요건에 관한 예외를 인정해야 할 필요성이 없어지므로, 보다 유연하고 실질적인 심사가 가능해진다. 즉, 이중 기준 체계가 아닌 일원화된 심사기준을 적용한다면, 미연방대법원이 Jones[212] 판결에서 판시한 것처럼 심사대상인 법률이 주간(州間) 이동의 권리를 형사적으로 제한하지 않는다는 무리한 논리를 구성할 필요가 없이, 당해 법률이 주간(州間) 이동의 권리를 형사적으로 제한하더라도 이러한 제한이 피부양자녀의 보호라는 심대한 공익을 위해 정당화된다는 논리를 전개할 수 있다. 즉, 이 경우 Jones 판결의 결론은 바뀌지 않더라도, 일원화된 심사기준 하에서는 (혹은 위헌심사기준을 일원화하면) 관련된 이익을 사전적으로 구분해 놓은 유형에 맞추어 분석하는 대신 관련된 이익을 보다 정확하게 비교형량하여 위헌심사에서 보다 직접적이고 실질적인 논리전개를 통해 결론을 도출할 수 있게 된다.

3. 맺음말 ─ 위헌심사의 기준에 관한 미국의 경험과 위헌심사기준의 의의

현 시점에서 미국의 위헌심사기준의 체계로서의 이중 기준 체계는 체계의 완성도와 정교화의 면에서 정점을 지나 변형·우회와 탈피의 시도가 지속적으로 전개되어 가고 있으며, 이제 그 시대적 사명을 다 한 것으로 평가되기도 한다. New

209) 위 Ⅱ-2 참조.

210) 위 Ⅱ-2-(2)-c 참조.

211) 452 U.S. 412(1981).

212) 위 Ⅱ-2-(2)-c의 해당부분 참조.

Deal 시기의 긴급한 정치상황에서 비롯된 이중 기준 방식의 위헌심사기준 체계는[213] 시대적 필요성에 부응하는 방법론적·전략적 가치를 발휘하였다고 하겠으나, 거시적 관점에서 볼 때 그 정점기에도 헌법재판에 설득력 있는 이론적 틀을 제공한 적은 없었다. 위헌법률심사의 기준으로서 이중 기준 체계는 언제나 그 구조적 경직성으로 인해 구체적 사안의 심사대상에 대한 직접적·실질적 심사 대신 분석과 논리의 전개를 사전적·선험적으로 유형화된 경로에 따라 구성하게 함으로써 헌법적 분석과 논증을 희석시킨다. 이중 기준 체계의 등장 이래 이제까지 중간 심사기준(intermediate scrutiny)의 도입을 포함하여 끊임없이 이중 기준 체계 내에서의 구조적 변화를 추구하고 개별 심사기준을 변형시키는 시도가 있었음에도, 이러한 시도는 이중 기준 체계가 갖는 근본적인 문제점 내지 결함을 해결하지 못했고, 근래 특히 1980년대 이후 줄곧 우회 내지 일탈의 경향이 지속되고 있다.[214]

이러한 근본적인 문제점 또는 결함으로 인해 미연방대법원은 대단히 문제 있는 입법을 합헌 판정하거나 또는 그러한 결론을 피하기 위해서는 선례에서 일탈하거나 그 논지를 왜곡하여야 하는 경우도 있었으며, 이중 기준 체계는 이와 같이 미연방대법원의 위헌심사의 일관성과 체계성을 손상하여, 나아가 미연방대법원의 일관성 있고 체계적인 헌법적 이론구성 및 법리제시의 능력을 제약해 왔다. 이중 기준 체계의 근본적인 문제점은 시간의 경과 혹은 미연방대법원의 인적 구성의 변화로 해결 혹은 치유될 수 있는 성질의 것은 아니다. 위헌심판에서 미연방대법원의 위헌심사의 분석과 논증의 방법론 자체의 변화만이 이러한 결함을 치유할 수 있다. 미국의 위헌심사기준이 이중 기준 체계에서 보다 일원화된 심사기준 체계로 전환되어야 할 것인가의 논의는 거시적 관점에서의 권력분립의 구도와 헌법재판의 의의와 기능에 대한 이해를 바탕으로 하여 헌법과 헌법논리의 일관성과 안정성을 실현할 수 있는 방향으로 전개되어야 할 것이다.

참 고 문 헌

권영성, 「헌법학원론」(개정판-2008년판)(법문사, 2008).

김형남, "최근 미국 사법심사기준의 변화와 경향," 경성법학 제15집 제2호(2006), 13면 이하.

213) 위 각주 3번-6번과 이에 상응하는 본문 참조.

214) 위 II-1-c와 II-2 참조.

______, "미국 사법심사제도의 재조명," 경성법학 제12호(2003), 145면 이하.

______, "미국 연방대법원의 사법심사 기준," 미국헌법연구 제12호(2001), 225면 이하.

______, "미국 법원에서의 사법심사절차에 관한 분석," 공법연구 제27집 제 3 호(1999), 307면 이하.

나달숙, "미국헌법상 평등보호를 위한 사법심사," 법학연구 제20권(2005), 181면 이하.

석인선, "미국의 의회 입법권과 위헌법률심사제의 상호관계," 헌법학연구 제10권 제 3 호(2004), 511면 이하.

성낙인, 「헌법학」(제 8 판)(법문사, 2008).

양건, "위헌법률심사와 '최소한의 합리성'의 기준—미국 연방대법원 판례를 중심으로—," 고시계(1990. 7.), 66면 이하.

윤명선, "사법심사제와 다수결주의—Ely의 '과정'이론에 대한 비판적 접근—," 공법연구 제18집(1990), 115면 이하.

이명구, "미국 헌법상 위헌법률심사제에 관한 연구—미국의 위헌법률심사가 우리에게 미친 영향을 중심으로—," 헌법학연구 제 5 권 제 2 호(1999), 449면 이하.

이명웅, "미국과 한국의 위헌심사제 비교—헌법적 근거, 심사기준, 결정의 효력을 중심으로—," 인권과 정의 357호(2006. 5.), 29면 이하.

이발래, "미합중국헌법상의 사법심사," 건국대학교 대학원 논문집(제42집)(1995), 279면 이하.

이상윤, 「영미법」(개정판)(박영사, 2003).

정종섭, 「헌법소송법」(제 5 판)(박영사, 2008).

한상희, "미국에서의 사법심사의 준거—헌법의 해석학을 중심으로—," 미국헌법연구 제 9 집(1998), 173면 이하.

David P. Currie, "The Constitution in the Supreme Court : The Preferred-Position Debate, 1941-1946," 37 Catholic University Law Review 39(1987).

Erwin Chemerinsky, 「CONSTITUTIONAL LAW: PRINCIPLES AND POLICIES」(2nd edition)(Aspen Publishers, 2002).

Gerald Gunther, "The Supreme Court, 1971 Term-Foreword : In Search of Evolving Doctrine on a Changing Court : A Model for a Newer Equal Protection," 86 Harvard Law Review 1(1972).

Kathleen M. Sullivan, Gerald Gunther 공저, 「CONSTITUTIONAL LAW」(16th edition)(Foundation Press, 2007).

16A American Jurisprudence(2nd edition)(2008) Constitutional Law의 각 해당 부분.

第84回 발표회 지정토론문

차 진 아*

1. 일반적으로 이중 기준의 원칙은 정신적 자유의 경제적 자유에 대한 우월적 지위를 전제로, 정신적 자유의 제한에 대해서는 경제적 자유의 제한보다 엄격한 기준에 따라 합헌성을 심사하여야 하는 원칙으로 이해되고 있다.[1] 그런데 발표자는 이중 기준의 원칙을 이러한 일반적인 용어사용례와는 다른 의미로 쓰고 있는 것으로 보인다. 발표자는 이중기준의 원칙이라는 용어를 미연방대법원의 (일반적인) 위헌심사기준이라는 의미로, 즉 모든 기본권 제한에 대한 심사기준의 의미로 쓰고 있는 것인가?

2. 발표문 350쪽 이하의 일원화된 심사기준은 우리 헌법재판소에서 말하는 과잉금지원칙 내지 비례성원칙과 같은 의미인가?

3. 발표자는 평등에 대한 심사기준을 다른 기본권에도 적용되는 일반적인 심사기준으로 보는 것인가?

4. 평등심사에서 엄격한 심사와 완화된 심사를 나눌 때에는 각 경우에 심사대상에 따라 심사기준을 달리 정한다는 의미이다. 그런데 발제자가 의미하는 바와 같은 일원화된 심사기준에 따르면, 심사대상을 나누는 것이 불필요한 것인가?

5. 평등심사 기준에 있어서 우리나라에서는 엄격한 심사와 완화된 심사의 이분적 기준,[2] 미국의 경우 중간심사까지 포함하는 삼단계 심사, 독일의 경우 최신의 공식에 따라 세분화하는 경향이 있다. 발표자는 평등권제한 입법에 대한 합헌성 심사에 있어서 엄격한 심사와 완화된 심사 등으로 심사기준을 세분화하는 것이 잘못되었다는 견해인가?

6. 평등권은 다른 기본권과는 다른 실현구조상의 특성을 가지고 있다. 그러한

---

* 서울시립대학교 법학부 조교수.

1) 헌재 1990. 6. 25, 89헌가98 결정; 권영성, 헌법학원론, 2008, 315, 513쪽; 성낙인, 헌법학, 2008, 509쪽.

2) 다만, 헌재 2001. 2. 22, 2000헌마25 결정은 "…차별적 취급으로 인하여 관련 기본권에 대한 중대한 제한을 초래하게 되는 경우에 해당하여 원칙적으로 비례심사를 하여야 할 것이나, 구체적인 비례심사의 과정에서는 헌법 제32조 제6항이 근로의 기회에 있어서 국가유공자 등을 우대할 것을 명령하고 있는 점을 고려하여 보다 완화된 기준을 적용하여야 할 것이다"라고 판시하여 헌법재판소가 이른바 중간단계의 심사기준을 채택한 것이 아닌가 하는 논란을 낳았다.

실현구조상의 특성 때문에 평등권에 대해서는 한 때 입법비구속설이 통설이기도 했었다. 오늘날에는 헌법재판의 발달과 더불어 입법구속설이 정립되었지만, 평등의 구조적 특성 때문에 평등문제와 관련하여서는 입법자에게 보다 넓은 입법형성권을 인정하는 것이 일반적이다. 그리고 이러한 특수성이 평등심사기준의 차별화로 나타나게 된 것이고, 결국 평등심사기준은 다른 기본권에 대한 심사기준과는 달리 취급되고 있는 것으로 알고 있다.[3)]

발표문에 따르면 평등권 제한 입법에 대한 심사기준과 다른 기본권의 제한에 대한 심사기준을 구별하고 있지 않는 것으로 보이는데, 어떠한 근거에서 양자의 구별을 불필요한 것으로 보는지 설명해 주기 바란다.

7. 오늘날 기본권과 관련된 심사기준은 기본권의 경중과 침해상황 및 유형을 고려하여 점차 세분화되는 것이 일반적인 추세인 것으로 알고 있다. 그런데 발표자는 이른바 일원화된 심사기준으로 모든 기본권 제한에 대한 합헌성 심사기준을 통일하는 것이 바람직하다는 의견인가? 발표문에서 "단일한 합리성 심사기준으로 회귀하려는 움직임"(발표문 329쪽)의 대표적인 예로 든 종교의 자유, 표현의 자유의 경우에도 오히려 심사기준이 종래의 엄격 심사기준과—정부의 조건부 시혜적 행위에 의한 종교의 자유의 제한에 대해서는—일종의 완화된 심사기준으로 세분화되는 경향을 보여주는 것은 아닌가(발표문 329-332쪽)?[4)]

8. 중간단계의 심사로서 일반적으로 논의되고 있는 내용과 발표자가 일원화된 심사기준으로 설명하고 있는 내용이 발표자도 인정하는 바와 같이 유사한 것이라면(발표문 353쪽), 과연 과거 합리성 심사기준으로 포섭하기도 곤란하고 엄격 심사기준으로 포섭하기도 곤란한 문제들에 대해 적용하기 위해 개발된 기준이 모든 기본권에 대해 적용될 수 있는가?

---

3) 다른 기본권에 대한 제한에 있어서는 비례성원칙에 따른 심사를 하며, 문제되는 기본권의 성질과 침해 상황 및 유형에 따라 비례성원칙을 보다 엄격 혹은 완화되게 적용하거나 직업의 자유에 대한 제한에 있어서 단계이론이 보여주는 바와 같이 보다 세분화하고 있다.

4) 종교의 자유, 표현의 자유와 같은 정신적 기본권에 대한 제한에 대해서도 엄격 심사기준과 합리성 심사기준으로 심사기준이 세분화된다는 의미에서 일반적인 용어례에서의 이중 기준의 원칙의 수정을 얘기할 수는 있지만, 그것이 곧 심사기준의 일원화로 이해될 수 있는가?

제 84 회 발표회 지정토론문

김 소 연*

1. 시작하면서

위헌법률 심사시의 판단기준에 관하여는 이 제도를 운용하고 있는 각 국에서 뜨거운 쟁점이 되고 있는바, 미국에서 발전한 이중 기준(이에 기초한 다중적 기준 포함)에 관한 상세한 연구발표에 감사드립니다. 우리 헌법재판소의 위헌심사 법리와 실무의 발전에도 큰 도움이 될 수 있을 것으로 생각합니다. 글을 읽으면서 생각하였던 몇 가지 사항에 관하여만 간단히 말씀드리고자 합니다.

2. 일원화된 심사기준의 허와 실

논문에서는 미국연방대법원이 취해온 이중기준에 대하여 여러 비판을 가하면서 그 대안으로 일찍이 Marshall 대법관이 1972년에 Chicago Police Department v. Mosley에서 주창하였던 일원적인 방식을 제시하고 있습니다. 제 생각으로도 기본권과 그 제한방식을 도그마틱하게 구성하는 이중 기준 방식의 원형은 상당한 문제점을 내포하고 있다고 생각합니다. 그러나 발표 중에 언급된 것처럼 미연방대법원의 다수가 위헌심사기준을 일원화하는 것보다 중간심사기준을 정교화하는 방법을 선호했고 지금까지 30여년이 흐르는 동안 일원적인 접근법이 극히 예외적으로만 활용된 데에는 나름의 이유가 있을 것으로 추측해 봅니다.

기존 심사기준에 대한 비판의 핵심은 이 방식이 도식화되어 있고, 지나치게 경직되어 있다는 것입니다. 이를 뒤집어 설명하면 위헌심사에 있어서 어느 정도의 예측가능성 및 안정성을 담보하고 있다는 것이 됩니다. 대체적으로 동일한 기본권이 문제되는 사항에는 동일한 잣대를 적용하는 것이 되기 때문에, 입법자 뿐 아니라 (법률전문가의 지원을 받는) 수범자들도 어느 정도 심사의 향방을 예측할 수 있는 면이 있습니다. 적어도 논문에서 언급한 "유연하고 실질적이며", "관련된 이익을 비교형량"하는 방식에 의하는 일원적 심사기준보다는 예측가능할 여지가 많습니다. 만약 이러한 막연한 비교형량에 대한 우려로 인해 비교형량의 구체적 기준

* 헌법재판소 헌법연구관.

을 설정한다면, 실제로 기존 방식과 큰 차이가 없게 될 가능성도 있습니다. 마지막으로, 이렇듯 심사대상이 된 정부의 행위에 의해 적절하게 증진되는 타당한 공익이 있는지 여부를 유일하고 포괄적인 기준으로 제시하는 경우, 과연 논문이 설명하듯이 "헌법상의 권력분립 구도하에서 위헌법률심판권을 갖는 사법부의 입법부에 대한 존중이 더욱 본래의 취지에 부합하는 의미"를 가지게 될 것인지에 관하여도 다소 의문이 있습니다. 오히려 연방대법원의 재량의 폭이 넓어져서 위 의도와는 달리 운영될 여지도 있지 않을까 싶습니다. 이러한 점에 관한 교수님의 의견을 듣고 싶습니다.

3. 개선가능성

수십년간 내려온 위헌심사기준의 근본을 교체하는 것은 자제해야 한다는 보수적인 입장에서 볼 때, 혹시 기존 이중기준을 수정, 보완하는 방향으로 개선할 여지는 없는지 여쭙고 싶습니다. 비록 이중기준이 정치하게 발전되어 오기는 하였지만, 'legitimate', 'substantial', 'necessary' 등 아직도 상당수 불확정 개념과 재량의 폭을 포함하고 있다고 생각됩니다. 이러한 불확정 개념과 재량을 활용하기에 따라서는 기존 기준도 개선여지가 있지 않을까 생각합니다. 물론 논문에서 지적한대로 일부 사안의 경우 억지로 기존의 틀에 끼워맞추는 경우 대단히 어색한 결론이 나오는 경우도 있을 수 있으나, 그렇다 하더라도 틀 자체를 바꾸는데 따르는 사회적 비용과 일부 불확정 개념을 탄력적으로 해석하는데 따르는 (예외적인 경우의 안정성 희생으로 인한) 사회적 비용을 비교할 필요가 있다고 생각합니다. 이렇듯 기존 위헌심사기준의 혁명적(?) 전환에 따르는 사회적 비용 관점에서 교수님의 생각은 어떠신지 듣고 싶습니다.

4. 우리나라에의 시사점

논문 중 "헌법적 이익형량은 사법심사 또는 위헌심판의 제도가 존재하는 한 이러한 헌법재판에서 필수적인 요소이자 과정"이라는 말씀에 적극 공감합니다. 우리 헌법재판소는 기본권 제한과 관련하여 과잉금지의 원칙하에 목적의 정당성, 방법의 적절성, 피해의 최소성, 법익의 균형성을 제시하고 있고 그 중 법익의 균형성은 "그 입법에 의하여 보호하려는 공익과 침해되는 사익을 비교형량할 때 보호되는 공익이 더 커야 한다"는 이론으로 설명되고 있습니다. 다른 요건에서도 헌법적 이익형량이 중요할 수 있겠지만, 특히 법익의 균형성 여부를 따질 때에 이익형량 문제가 극명하게 나타나는 것 같습니다. 이 논문이 제안한 일원적 심사기준이 실무상 법익 형량('법익의 균형성' 측면에서)과 관련하여 어떠한 지표를 제시해 줄 수 있는지, 또한 우리 헌법재판에서도 장차 위 네 가지 세분된 요건보다는 이익형량 또는 법익의 균형성에 초점을 맞추는 것이 "실질적이고 직접적인 헌법적 분석에 도움이 될 것인지"에 관하여 교수님의 견해를 듣고 싶습니다.

제 84 회 발표회 토론요지

사 회 자 : 박종보(교수)
토론참여자 : 차진아(교수), 김소연(헌법연구관), 손형섭(교수), 이덕연(교수),
이명웅(헌법연구관), 황치연(헌법연구관), 장순욱(헌법연구관)

간 사 : 지금부터 제84회 실무연구회 정기발표회를 시작하겠습니다.

오늘은 서울대 이우영 교수님께서 '이중 심사기준'이라는 주제로 발제를 해 주시겠습니다.

그리고 진행은 한양대 법대 박종보 교수님이십니다.

사 회 자 : 안녕하십니까? 한양대 박종보입니다.

제가 시작할 때 오늘 이 모임의 주제에 관해서 오프닝 멘트할 그런 입장도 아니고 그럴 필요도 없을 것 같습니다.

바로 발표자 소개를 드리고 발표를 부탁드리도록 하겠습니다.

오늘 '미국연방대법원의 위헌심사기준으로서의 이중 기준'이라는 주제로 주제발표를 해 주실 분은 이우영 교수님이십니다.

이 교수님은 서울대 법대와 대학원을 졸업하셨고, 미국 하버드 로스쿨에서 LLM학위를, 그리고 스텐포드 로스쿨에서 JSD학위를 취득하셨습니다. 그리고 현재 서울대학교 법과대학 교수로 재직하고 계십니다.

바로 부탁을 드리겠습니다.

발표가 너무 짧으면 청취자들이 이해하는데 약간 방해가 될 거고 또 너무 길면 토론시간이 좀 줄어들거고 한데요, 관행상 한 20분정도 해서 발표를 했던 것 같습니다. 그래서 지금 준비된 논문이 상당히 방대한 분량인데, 이 교수님 워낙 의사전달 능력이 뛰어나셔서 20분정도 드려도 충분히 해 주실 거라고 믿고 일단 20분정도에 주제요지를 강조해서 말씀해 주시도록 부탁드려보겠습니다.

< 주제발표자 발표 >

사 회 자 : 이우영 교수님, 수고 많으셨습니다.

준비도 굉장히 방대하게 해오셨고 발표도 상당히 논지를 자세하게 설명해 주신 것 같습니다.

우리가 다른 나라의 제도가 되었든 이론이 되었든 공부하는 이유는 결국은 우리 문제 해결하는데 시사점을 얻으려고 하는 것일 텐데요. 저도 뭐 잠깐 짧은 기간동안 미국에도 가보고 독일에도 가보고 해서 공부 좀 해 보니까 참 어려운 것이 우리한테 필요한 거 몇 가지 얻으려고 하니까 일단 미국과 영국 사람들의 문법을 알아야 되니까 그죠. 그리고 이들의 시스템을 먼저 이해를 하고 이들의 헌법구조를 이해를 하고 그 다음에 이 구조하에서 이들이 이렇게 했구나 하고 그거 딱 파악하고 나서 그 다음에 우리한테 건질 것 좀 찾을려니까 한 20개쯤 고생한 것 같은데 건질 거는 한 2~3개밖에 없고 그런 경험이 있었습니다.

결국, 미국은 이렇다 치고, 그래서 뭐 'So what' 미국사람들 하는 말로, 그래서 어쨌단 말이냐 말이지요. 이게 우리한테 필요한데, 그 문제는 이제 토론자들께서 말씀해 주시면 질의와 답변을 통해서 좀 부각이 될 것 같습니다.

시간이 많이 경과했는데요. 지정토론자 두 분께 연속으로 먼저 토론을 부탁드리고 그다음에 발표자께 답변을 하실 기회를 드린 다음에 다시 일반참가자들께 기회를 드리겠습니다.

오늘 토론자 두 분 중에 먼저 해 주실 분은 차진아 교수님이십니다.

차 교수님은 고려대 법대와 대학원을 졸업하셨고, 독일 자르브리켄대학에서 법학박사학위를 취득하셨으며, 1997년에는 39회 사법시험도 합격하셨습니다. 지금 서울시립대학 법대교수로 계십니다.

먼저 차 교수님께 지정토론 부탁드리겠습니다.

< 지정토론자(차진아) 발표 >

사 회 자 : 고맙습니다.

이어서 김소연 헌법연구관께서 토론해 주시겠습니다.

다 아시다시피 김연구관님은 서울대학교 법대와 대학원을 졸업하셨고, 지금 박사과정 수료하신 상태입니다. 그리고 하버드 로스쿨에서 LLM학위를 취득하셨습니다.

부탁드리겠습니다.

< 지정토론자(김소연) 발표 >

사 회 자 : 김소연 연구관님, 토론말씀 고맙습니다.

바로 이어서 이우영 교수님께 답변할 순서를 드리겠습니다.

발 표 자 : 답변을 한다기 보다는 두 분 말씀에 제가 스스로 공감을 하고 있

기 때문에 딱히 그래서 이렇다라고 제가 답을 제시할 수 있는 입장은 아니라고 생각을 합니다.

오늘 주제 자체가 기준은 이렇게이렇게 정립이 되어 왔고 이런 배경하에서 이런 필요성에 따라서 이렇게 해왔다, 이것에 대한 문제점으로 지적된 것이 이러한 것이고 그래서 이러한 대안이 제시되고 비판이 제시된다는 것이라서 이것에 대해서 제가 옹호하고 싶은 바가 있는 것이 아니기 때문에 답변이라고 할 것은 아니겠습니다마는, 토론자들께서 말씀해 주신 것 중심으로 해서, 결국 차진아 교수님께서 말씀하신 크게 보아 두 가지를 말씀을 드리자고 하면, 일원화라고 해서 unified라는 표현을 쓰고 있지요. 쓰고 있고, 그래서 이렇게 해보면 어떻겠느냐라고 하는 노력은 결국은 한마디로 이런 영역에는 이 기준이, 이러한 상황에서는 이러한 기준이 적용이 되어야 한다는 것인데, 그래서 그 기준이 적용될 때에는 합리성심사기준이 적용되면 그러면 합헌이고 엄격 심사기준이 적용될 때에는 위헌이다라는 자동적인 결론이 나오는 것의 경직성의 문제를 삼는 것이고, 어떤 기준이 적용될 상황인가라고 하는 데 초점이 맞춰지게 되면, 그렇지 않습니까? 그래서 그러한 것에 오히려 노력과 비용이 들어가는 것은 바람직하지 않지 않느냐라고 하는 것에서 일원화라고 하는 표현을 쓰면서 비판이 나온 것이고요. 그렇게 된다고 할 때에 결국은 1930년 이후로 이런 식의 단계가 생겨나기 이전부터도 미연방대법원이 꾸준하게 원칙으로 사용하고 있던 것은 결국은 이 입법이라고 하는 공권력의 행위가 그 목적이 정당하고 그 수단이라고 하는 것이 그 목적을 달성하는데 있어서 적합할 것이냐라고 하는 것이 가장 일관된 질문이고, 결국은 이 3등급이라고 하는 것도 이것을 각각 다른 표현으로 달리 등급을 조정한 것뿐이기 때문에 전체로서 하나의 질문이라고 하는 것은 목적이 정당하고 그 목적을 달성하는 데에 구체적으로 입법자가 취한 수단이 적합한 관계에 놓여있느냐 하는 것이라서 이거는 일원화라고 하게 될 때에는 결국 그냥 이 큰 질문 하나를 던지자는 것이고, 오히려 권력분립구도 속에서 미국 같으면 독립된 헌법재판소가 없으니까요, 연방대법원측에다가 그쪽에서 이 큰 질문하에서 알아서 판단하라고 하는 쪽이 될 것입니다.

그래서 결국은 우리 헌법재판소에서 말하는 과잉금지원칙 내지 비례성원칙과 같은 의미냐? 목적이 정당하고 그 목적을 달성하는데 있어서 이 수단이 적합한 것이냐는 질문에 대해서는…(녹음 안 됨). 때문에 그냥 하나의 큰 질문으로 포섭하고 헌법적인 논증을 통해서 그것을 설득하라는 과제를 좀더 크게 주는 것이지, 이게 과연 과잉금지원칙 내지는 비례성원칙 우리 헌재가 말하는 것과 똑같은 의미냐라고 하는데 대해서는 답할 수가 없을 것 같습니다.

그냥 하나의 질문으로 포괄해서 하자라고 하는 것이고, 그렇게 된다면 가정컨대 적어도 지금 미국 연방대법원이 3개로 나누어놓은 등급하에서 이게 왜 엄격심사기준이 적용되어야 되는 이런 경우에 해당하는지에 대해서 거기에다 논증을 하는 것 말고 그냥 열려있는 상태에서 하게 되는 정도, 그래서 많은 사람들이 표현하듯이 슬라이딩 스케일이라고 하잖아요. 저울을 딱 줬을 때 저울에 눈금을 3개를 표시해 놓고 이중에 하나를 골라라. 거기서 시작해라라는 것이 아니라 '그냥 풀자'라고 하는 그런 형태가 되는 것이겠지요.

그렇게 되는 것이고, 6번에서 말씀하신 어떤 평등권이라고 하는 것의 특수성의 말씀 하셨는데, 저는 그 특수성 때문에 이렇게 해야 된다는 것에 대해서는 저는 솔직히 제가 이해하고 있다고 생각하지는 않습니다. 그러니까 특수성 때문에 다르게 봐서 그래서 구체적으로 어떻다는 것인지를 모르겠는데요. 여기에서 평등권이라고 하는 개념은 적어도 미국 연방대법원, 제가 질문의 취지를 정확하게 이해했다고 생각이 되지 않아서 제가 여기에 대해서 어떻게 답을 할지 정확한 답이 되지 않을 거라는 말씀을 드리는 것이고, 미국 연방대법원이 이점에 대해서 취하고 있는 입장에 대해서 제가 이해한 바를 말씀드리자고 하면, 평등이라고 하는 문제는 특히나 위헌법률심판이라는 넓은 관점에서 본 제도 자체에 핵심적인 특수성을 가지는 것은 당연하지 않습니까? 헌법이라고 하는 것이 최고법이고 여기에서 보장하고 있는 기본권이라고 하는 것은 대의제 민주주의하에서 대표원리로 선출이 된 민주적 정당성을 대변하는 대표가 만든 입법 그것이 이 상위법인 최고법인 헌법에서 보장하는 이것에는 어긋나면 안 된다는 그 개념자체의 핵심이 되는 것은 소수자의 권리를 포함한 기본권, 기본권주체는 소수자도 포함된다, 이 사람들의 기본권도 당연히 보장이 되어야 하는 것이기 때문에 그래서 다수결기재로 작동하고 있는 그 입법과정이라는 것에 대해서 어떤 의심의 여지가 있다는 것이 위헌법률심판제도라는 그 자체의 정당성에 굉장히 중요한 문제이기 때문에 소수자보호라고 하는 차원에서 접근하게 되면 평등이라고 하는 것은 특수성을 가질 수밖에 없다고 생각하고요.

구체적으로 나타나고 있는 미국 연방대법원의 태도를 보면 엄격 심사기준을 적용한다라고 해서 내놓은 그 유형들을 보시게 될 때에 suspect classification이라고 하는 어떤 특정한 것이 하나 있기도 하지만, 두 페이지짜리 드린 것에 뒷부분에 있는 것처럼 통상적이면 미국 연방헌법이 이것이 기본권이다라고 보장하고 있다고는 판시되고 있지 않은 권리에 대해서도 평등보호의 맥락에서는 그 평등한 접근성이라고 하는데 있어서는 엄격 심사기준을 적용해 왔고요. 이런 데 있어서 필요한 것이라는 것이고, 또 Carolene Products처럼 엄격심사기준이라고 하는 그 개념이 생겨나게 된 그 Carolene Products에서의 논지 각주 4번에서 얘기하고 있는 것을 보면, 거기에서 핵심적으로 생각하고 있는 것이 평등권이라고 하는 개념이 들어가 있는 것이기 때문에 그러한 의미에서 대단히 중요한 위험에 있다고는 생각하지만, 이 이중기준이라고 하는 그 개념 자체 통상적으로 이 정도의 기준을 가지고서 위헌성을 심사하지만 이보다 특정영역에서는 더 높은 기준이 필요하겠다라고 하는 데 있어서는 평등권만이 그러하다고는, 적어도 미연방대법원의 입장은 그렇지는 않다고 생각을 합니다. 답이 안 되죠?

김소연 연구관께서 말씀해 주신 것에 대해서는 저 스스로가 공감을 하고 있기 때문에 제가 답변을 한다기 보다는 제가 다시 한번 강조를 하고 싶은 부분들입니다.

그래서 우리가 심사기준이라고 하는 것을 정교하게 하고 체계화하자라고 하게 될 때에는 심사강도의 면에서 좀더 엄격하게 볼 필요가 있지 않느냐라는 것이 당연하게 등장하게 된다고 생각합니다.

역시 원점으로 돌아와서 위헌법률심판제도라는 것 자체가 입법자가 입법적인 판단을 한 것에 대해서 그런 대표성을 가지고 있지 않은 다른 헌법기관이 그 최고법에 비추어 보았을 때의 위헌성을 심판할 수 있느냐? 그래서 입법자가 개정한 것과 같은 효과를 주느냐라고 하는 그런 제도적인 선택을 한 것이니까 그 점에 있어서는 엄격심사라고 해서 강도를 높인다라고 하는 것이 굉장히 중요한 의미를 가지는 것이 사실이고요. 이 과정에서 도그마틱하게 구성을 하게 되어서 어떤 사전적으로 '이 유형에는 저렇게'하는 것이 되어서 유연하게 할 수 없다라고 하는 것은 문제점을 가질 수는 있지만, 김소연 연구관께서 지적을 하신 것처럼 이러한 경우에는 이러한 심사기준이 적용되어서 이런 결론이 나올 수 있고, 이런 유형이라면 이런 강도의 기준이 적용되어서 그래서 따라서 결론은 이러하다라고 된다고 하면 예측가능성을 주는 것이 사실이고, 잘 활용될 수 있다면 안정성과 일관성을 줄 수 있는 것은 사실이라고 생각을 합니다.

그래서 어떻게 보면 하나의 질문으로서 그래서 이 심사대상이 된 입법에 의해서 적절하게 증진이 되는 타당한 공익이 있냐? 즉 목적, 수단간의 관계에 있어서 목적은 정당하고 이 수단이 그 정당한 목적을 달성하는데 있어서 적합한 수단이냐라고 하는 큰 하나의 질문을 제시하게 된다면 사실은 입법부에 대한 존중면에 있어서는 관점에 따라서는 미국 같으면 사법부쪽에다가 더 많은, 어떻게 보면 재량의 여지이고 판단의 여지, 더 많은 권한을 실어주는 것이 아니냐? 그러한 비판이 있을 수 있다고 생각을 합니다.

오늘 이렇게 심사강도에 따라서 등급을 나누어놓은 위헌심판기준의 체계에 대한 비판에 대해서 알아본 것은 우리가 위헌심판을 한다라고 할 때에 일반화해 놓은 그러한 어떤 유형, 그래서 어떤 기준이 적용될 것인가에 대해서 거기에다가 논증의 초점을 맞춰버리고 그리고 나서 그것에 따라서 결론이 정해지게 될 때에는 이익형량이라고 하게 될 때에도 카테고리컬 밸런싱이라는 말을 쓰고 있는 것처럼 이익형량이라고 하는 것의 그 본질에 가지 못하는 경우가 발생할 수 있기 때문에 조심해야 할 점이라고는 생각하지만, 김소연 연구관께서 지적하신 것처럼 과연 그러면 이렇게 사법부쪽에다가 '큰 하나의 질문하에서 판단을 하시오'라고 하였을 때에 안정성이라든지 일관성이라든지 체계성면에서 더 나아질 것이냐 하는데 대해서는 답할 수 없겠지요. 그렇게 채택하였을 때에 실제로 결론이 어떻게 나오는지를 보고 그것이 누적된 다음에 판단할 수 있는 문제라고 생각을 합니다.

사 회 자 : 고맙습니다.

결국 오늘 우리 주제가 이런 거로 바꾸어 말할 수 있는게 아닌가 하는 생각을 해봤는데요. 결국 위헌심사를 할 때 우리가 범주화를 미리 해 놓으면 상당한 예측가능성이 확보되고 그래서 위헌이다 합헌이다고 결론내릴 때 왜 그런지 설명하는데 상당히 편리할 것 같은 생각이 듭니다.

그 반면에 그렇게 해 놓으면 구체적인 경우에 그러한 형식적인 틀을 벗어나서 판단을 할 필요가 있을 때, 분명히 형식적으로 엄격심사를 적용해야 될 사안인데 이거는 합헌으로 해야 될 것 같다, 이럴 때 그것을 논증하는 부담이 상당히 많아질 것 같은 그런 거죠.

결국은 우리가 위헌심사를 할 때 예측가능성과 또 상황에 따른 유연성 이것 중에 어느 쪽을 더 추구할 거냐하는 문제일 것 같고, 아마 이것이 미국의 경우가 우리에게 시사하는 점을 찾는다면 우리하고 비교해서 저쪽은 좀 분류가 세분화되어 있으니까 예측가능성을 미리 두는데 하는 거겠죠.

그런데 오늘 발표하신 것이 만약에 우리나라에서 이런 논의가 별로 없었다면 상당히 의미가 있다고 저는 생각하는게, 우리는 독일이든 미국이든 거기에서 어떻게 한다 그러면 그거 그냥 배워서 올 생각부터 먼저 하고 그런데, 미국 내에서도 보니까 3단계에 대해서 자체적인 비판이 상당히 많더라는 거 그거를 오늘 이 교수님께서 자세히 소개해 주신 것만 해도 꽤 의미가 있을 것 같습니다.

자, 이제 일반참가자께 논평 또는 질문하실 기회를 드리겠습니다.

오늘 이 모임은 현재 내부에 계신 분들은 서로 잘 아시지만 많지는 않더라도 외부사람도 있고 하기 때문에 발언하시기 전에 본인의 성함을 먼저 말씀해 주시면 좋겠습니다.

손 형 섭 : 중앙대학교에서 강의하고 있는 손형섭이라고 합니다.

일단은 아주 방만한 내용을 잘 정리 받아서 감사드리고요. 기본적으로 어떤 쪽이 바르다라는 주장을 하시기보다는 논리전개를 저희에게 밝혀주셨다고 생각을 하는데, 그래도 기본적으로 일원화된 심사기준에 어느 정도 강도를 주심으로써 법원에서는 아주 반가운 그러한 의견, 논조를 주시지 않았나 생각됩니다.

개인적으로는 이중 심사기준은 나름대로 상당히 사회적인 가치가 있다고 생각하는 입장인데요. 기본적으로는 기본권, 인권의 아주 본질적인 문제를 보호한다든가 특히 소수자를 보호하는 면에서 충분히 중요한 의의가 있다고 생각합니다.

왜냐하면 의회에서도 투표를 통해서 선호에 의해서 이른바 중간자를 결정을 하게 되는 과정속에서 법원도 평의과정에서 유사한 과정을 겪지 않습니까? 그래서 그런 과정을 통해서 소수자보호에 어느 정도 강도를 줄 수 있는가에 의문점이 있을 수 있는데 이중심사기준은 그런 면에서는 소수자보호에 좀더 비중을 두고 있는 그런 점이 있고.

또 하나 개인적으로 생각하는 거는 일원화 심사기준을 하다보면 심사기준을 잘 해서 분석을 했는데 결론만은 사전에 직관적으로 관념적으로 이미 결정된 다른 결론을 찾아가는, 그러니까 예컨대 다수설과 반대, 법원의 입장을 보면 논리전개는 똑같은데 정답만 다른 그런 약간 모순적인 그런 결론을 가는 경우가 있기 때문에 나름대로 이중심사기준이 참고가치가 있지 않나 생각되고, 일본에서는 특히 변호인들이 어떤 자기네들 인권침해를 더 강하게 주장하기 위해서 이런 주장을 많이 하고 따라서 법원에서 그에 대해 간략하게 답변을 해 주는 그런 경향이 좀 있는 것 같습니다. 그래서 개인적으로 그 가치를 조금 생각을 잠깐 말씀드렸고요.

질문을 좀 하자면, 그러면 일원화된 심사기준을 얘기를 하셨는데, 그게 어떤 건지는 사실 잘 머리에 떠오르지 않습니다. 그래서 구체적으로 심사기준의 어떤 바로미터로 생각할 수 있는 입증책임문제에서 그러면 일원화 심사기준에서는 입증책임을 어떻게 분배하고 있는지 그거에 대해서 한번 질문을 하고 싶고요.

그리고 또 두 번째 질문은, 그러니까 이중 심사기준을 하면 카테고리화해서 결국은 굉장히 구속적이고 자유롭지 못하다는 그런 비판을 하셨는데, 물론 장점은 예측가능성이 높다는 장점이 있고 구속적이라서 판결하는데 자유롭지 못하다는 비판이 있으신데, 반대로 생각하면 심사기준이 두 개도 아니고 심지어는 세 개까지, 사실은 구체적인 판결내용에서 보면 구체적인 사안에 구체적 타당성을 찾기 위해서 여러 가지 심사기준을 하게 되니까 알고 보면 구속적인 것 같지만 내부적으로는 상당히 자유를 누리고 있는 것이 아닌가? 개인적으로 그런 생각에 대해서는 어떻게 생각하시는지? 결국은 프로세서의 차이일 수도 있습니다. 그런 두 가지 질문을 하고 싶습니다. 감사합니다.

발 표 자 : 손 교수님께서 앞부분에 말씀하신 것에 대해서는 저도 완전히 공감을 합니다. 그리고 질문이라고 하셨는데, 입증책임이라고 하게 된다면 그러니까 원칙으로 돌아가게 될 테니까 지금 현재도 이중 기준, 삼중, 다중 어떻게 부르든지 간에 그 원칙이라고 하는 것은 합리성심사기준이지요. 그리고 그것이 완화되었다고 우리가 부르고 있는 이유는 이후에 사후적으로 엄격한 더 높은 기준이 등장하였으니까 상대적으로 완화되었다고 부르고 있는 것이고요. 그래서 결국은 미국에서의 소송에서의 가장 기본이 되는 원칙으로서 공격하는 사람이 입증책임을 진다가 원칙이 되어야 된다고 생각을 합니다. 그래서 지금 현재로서도 원칙으로서의 합리성심사기준에서는 그 위헌성을 공격하는 측이라고 되어 있는 것처럼 그 하나라고 된다면 그래야 되겠지요.

그리고 두 번째 말씀하신 부분에 대해서는 저도 그 부분에 대해서 공감을 합니다. 그러니까 그 기준이라고 하는 것이 이렇게 강도에 따라서 세계되어 있다. 그 속에서 자유로울 수 있다라고 하는데, 어떻게 보면 사실은 3단계든 2단계든 등급이 나누어져 있는 상태하에서도 결론을 미리 도출해내고 거기에다가 맞출 수 있는 여지는 어떻게 되든지 간에 있기 때문에 그 기준을 풀어놓는 것처럼 보이든 많이 엄격하게 체계화해서 나누어놓는 것처럼 보이든 간에 결국은 그 결론이 내놓았을 때의 그 논증의 설득력을 가지고서 경쟁을 하게 된 것이고, 그리고 이익형량이라고 하는 이름에서도 입법부가 한 이익형량을 사법적으로 판단할 것이냐 아니면 사법부가 새로운 이익형량을 하는 것이냐, 이쪽에 오히려 초점을 두고서 우리가 어떤 식의 판단을 해야 될, 큰 맥락에서는 그렇게 판단해야 될 것이라고 생각하기 때문에 기준이 형식적으로 두 개, 세 개가 되어 있든 아니면 하나의 큰 질문을 던지든지 간에 그 논증이라고 하는 것이 과연 자유로울 것이냐는 그러한 관점에서 보는 것보다는 그래서 정말 헌법적 논증으로서 설득력이 있느냐로 보게 된다면 형식적인 기준이 이렇게 세 개로 되어 있는지 아닌지는 별 의미가 없을 것 같습니다.

어떻게든지 간에 결론을 내놓고서 보려는 입장에서는 맞출 수 있는 여지는 언제든지 있다고 생각합니다. 실제로 비판도 그러하고요.

사 회 자 : 예, 고맙습니다.

토 론 자 : (녹음 안 됨)

발 표 자 : 훌륭한 질문에 대해서 우답을 하게 될 것 같은데요.

대운하가 문제되면 재판관님들께서 해결해 주실 연구관님과 하실 것이고, 글쎄요, 기본적으로 제가 갖고 있는 생각, 미국에서의 권리라고 하는 개념이 헌법적인 권리라고 하는 그 자체의 개념이 어떤 식으로 발전되어 왔는가 하는 것에 대해서까지 논할 수 있는 역량이 있는지를 모르겠습니다. 제가.

그러나 적어도 헌법재판이라고 하는 것에 대해서는 우리가 가치판단으로부터 자유로울 수 있다라고 할 수 없을 것이고, 그리고 제가 좋아하는 정종섭 교수님의 표현입니다마는, 결국 그 시대의 문제를 해결하기 위해서 얼마나 설득력 있는 그러한 논증을 할 수 있었느냐가 헌법재판에서의 가장 정답이 아니겠습니까? 기본적으로 그런 생각을 갖고 있었고. 그래서 그 시대에 부합하는 설득력의 경쟁이라고 하는 것이 결국 소명일거라고 생각을 하는데요. 그래서 말씀하신 것처럼 정확하게 지적하신 것처럼 권리라고 하는 그 개념 자체가 이런 식으로 어느 정도 엄격하게 보아져왔었다가 아니었었다가, 또 공익을 위한 것이라든지 순수한 개인적인 것이라든지 다르게 보아온다든지 변화하는 것은 얼마든지 그러할 거라고 생각을 합니다.

그 시대의 요청에 따라서 얼마나 설득력 있는 답을 내놓을 수 있는가? 그러한 것이 중요하기 때문에 그야말로 헌법재판소의 구성의 방식과 절차가 중요한 것이고 그런 문제가 제시된다고 생각을 하고요.

대운하에 대해서 글쎄요, 역시 연구관님과 재판관님들께서 잘 해결해 주실 것으로.

사 회 자 : 학술토론을 하다보면 발표한 것 때문에 연상이 되어 가지고 다른 얘기도 할 수 있습니다마는, 그 문제는 아마 오늘 발표하신 분께서 대답할 준비를 하는 주어진 주제를 좀 벗어나는 것 같습니다. 그 정도로 하시지요.

계속, 질문도 놓고 논평도 좋습니다.

말씀해 주시되 성명을 먼저 좀 밝혀 주시기 바랍니다.

발 표 자 : 저로서는 사실 여기 계신 분들의 말씀을 많이 듣고 싶습니다.

이 덕 연 : 연세대학교의 이덕연입니다.

좋은 발표 잘 들었습니다.

아까 박종보 교수님이 결국은 우리 얘기하자는 거 아니냐. 그런 말씀을 하셨고, 지금 대운하 연결해서 우리 땅 얘기가 뭐 좀 민감하지만 나와 가지고 한 두가지만 좀, 여러 가지 여쭙고 싶은게 많은 데 시간이 제한이 되어서 여쭙고 싶은 거는 생략을 하고요. 한 가지 그래도 꼭 여쭈면서 제 말씀을 연결하고 싶은 그 대목이 결국 이중기준이 되었든 삼중기준이 되었든 일원화한 것이 예컨대 소위 사법소극주의 또는 적극주의 이 관점에서 꼭 중립적인 것인가? 결국 제가 이해하기로는 소위 이니파잉한 것 자체가 대법원이 좀 가치판단을 하겠다. 소위 입증책임이라고 하는 기술적인 어떻게 보면 좀 중립적인 기준에 의해서 단순한 어떤 좁은 의미의 어떤 심판자역할에 그치는게 아니고 우리가 가치판단을 하겠다는 건데, 그 가치판단을 하겠다고 하는 어떤 주장, 그거에 따른 어떤 심사의 기준이 예컨대 소극주의 또는 적극주의로 편향되는 결과로 이어지게 되는 것은 혹시 아닌지? 결국 가치판단을 한다는 것 자체가 예컨대 rational basis test로 본다면 그 부분을 조금 더 줄이자고 하는 방향으로 결과가 이어지는 건지 아니면 엄격심사 그 부분을 좀 줄이게 된다고 하는 방향으로 결과적으로는 이어지게 되는 건지 그거를 좀 여쭙고 싶고요.

그러면서 그냥 우리 얘기하고 관련해서 아까 토론자가 말씀하셨는데, 답을 제가 들으면서 그냥 제 나름대로 아까 과잉금지의 원칙하고 이중 심사 이거 구별 또는 이동점이 뭐냐? 이거를 물어보신 것 같은데, 제 생각으로는 이중 심사기준이든 과잉금지심사기준이든 소위 말하는 소위 합리화된 어떤 결정 또는 통제체계다. 소위 저비용고효율의 하나의 심사틀이라는 점에서는 똑같은 것인데, 아마도 제가 언뜻 생각을 좀 정리해본 바에 따르면, 뭐 우리가 그렇고 독일이 그렇고 소위 과잉금지심사틀이라고 하는 거는 하나의 소위 선영의 전혀 범주화된 어떤 사전기준 없이 모든 심사대상들을 그야말로 제일 나쁜 결정부터 우리가 가장 적은 비용으로 소위 목적이 정당하냐부터 적합성심사 이런 것이 가장 적은 비용으로 일단 아주 the worst부터 우리가 배제해나가는 그런 하나의 심사틀이라고 한다면, 저비용고효율의 그 전략을 이중심사기준이라고 하는 거는 누차 강조해서 발표하셨듯이 하나의 어떤 그룹핑을 먼저 사전에 해서 접근을 하는, 어떻게 보면 과잉금지심사의 대상에 대해서 소위 우리가 헌법소원을 사전심사 하듯이 그렇게 해서 접근을 해 들어가면, 그러니까 말하자면 과잉금지심사 같으면 어떤 선영의 모든 아이템들을 똑같이 적용을 하되 단계별로 효율을 추구하는 것이고, 이중 심사기준이라는 거는 말 그대로 '그룹핑을 사전에 해서 효율을 좀 높이자' 뭐 그런 어떤 차이가 있는 것이 아닌가 그렇게 생각이 되는데요. 그런 전제하에 좀 전에 설득력 경쟁 또는 이런 저런 논증 그런 말씀을 하셨는데, 너무 근본적인 문제를 제기하는 건지 모르겠습니다마는 아마 그 선영 이중 기준심사에 관한 어떤 비판·토론 그런 거를 소개하시면서 소위 헌법적 분석과 논증이 희석된다 뭐 이런 어떤 비판을 얘기를 하고, 결과적으로는 직접적이고 실질적인 논리전개, 논증 뭐 이런 것이 좀 필요한거 아니냐 이런 말씀을 하셨는데, 결국은 헌법적 논증이 뭐냐라고 하는, 헌법적 논증의 설득력이 결국 뭐를 근거로 해서 우리가 주장을 할 수 있고 결국 설득력경쟁에서 이길 수 있는가? 그야말로 큰 차원에서 얘기하면 우리가 흔히 '로 앤 에식스'이나 '로 앤 메타피직'이나 '로 앤 팔러시브' 이런 관점에서 볼 때 아마 상당히 적지 않은 많은 경우에는 솔직히 헌법논증을 해 가지고 어떤 법률에 대해서 어떤 정책에 대해서 위헌인지 여부에 대해서 판단을 할 수 있는 유력한 논거가 사실은 찾기가 힘든 점이 있거든요. 보는 눈에 따라서 다르겠지만 정책적인 어떤 효율성 어떤 타당성의 관점에서는 그야말로 정책학, 경제학이든지 행정학이든 등등 정책론 주장하는 사람들이 훨씬 설득력 있는 주장을 할 수 있고, 또는 윤리학이 되었든 철학이 되었든 경우에 따라서는 어떤 정신과학적인 그런 측면에서 얘기할 수 있고, 그럼에도 불구하고 우리 헌법재판소가 또는 헌법이 또는 헌법학자가 헌법적 논증을 통해서 뭔가 제시를 그러니까 말 그대로 설득력, 경쟁에서 이기면서 또 나름대로 어떤 최소한의 예측가능성 또는 아까 말씀하신 위헌성 이런 거를 내세울 수 있는 어떤 그런 기준들이 뭐겠는가? 아마 그런 맥락에서 잘은 모르겠습니다마는 아마 미국쪽에서도 주로 소위 제도론적인 차원에서 헌법해석자 또는 헌법재판관들의 어떤 지적인 능력이나 교육적인 어떤 여러 가지 상황이나 또는 더 넓게 본다면 대의구조, 대의입법자의 어떤 수준이랄지 결정의 체계나 환경 뭐 이런 어떤 제도론적인 그런 측면에서 한번 접근해 볼 수밖에 없지 않느냐 이런 얘기가 진행되는 것 같은데, 결국 그래서 제가 한번 마지막으로 정리해서 여쭙고 싶은 거는 그런 저비용 고효율의 하나의 전략적인 차원에서 이중 기준이라고 하는게 지금 우리 헌법재판소가 활용할 수 있는 하나의 어떤 전술적인 또는 전략적인 어떤 대안으로서 어떤 장점들이 있을 것인가? 또는 좀더 세분화한다면 뭐 오늘도 청계천에 사람들 많이 모여 있다고 그러는데요. 단기, 중기차원에서는 또 상대적으로 장점이 더, 이중 기준이라고 하는 수단이 더 있을 수 있는지? 아니면 장기적으로는 미국식의 어떤 이런 이중 심사기준쪽의 방향으로 좀 가야 되는 건지, 아니면 지금 아까 말씀드린 어떤 선영의 소위 통합한 어떤 과잉금지심사틀이 말 그대로 어떤 경쟁력을 갖고 있는지? 또는 아까 토론자도 물어보셨지만 소위 평등권, 자유권 저도 솔직히 잘 모르겠는데 그런 어떤 기본권 범주별로 장단점이 교차되는 건지? 어쨌든 그런 것들이 숙제로 남아 있는게 아닌가 싶은데요.

결국 결론은 좀 유보하셨지만 이중 심사기준 또는 이니파잉된 그런 어떤 대안들이 어느 정도까지 우리가 받아들여서 이 과잉금지심사틀과 아주 멋있는 조화 또는 절충을 시킬 수 있는 효용이 얼마나 있는 건지 그런 거에 대해서 한번 의견을 주시면 고맙겠습니다.

발 표 자: 우선 말씀 감사하게 잘 들었고요. 사법적극주의와 소극주의에 관해서는 우선 이 단계별 구별, 심사강도에 따라서 단계를 구별하겠다, 등급을 구별하겠다라고 하는 그 개념 자체가 나오게 된 배경자체는 뉴딜입법에 대해서 사법적극주의라고 포장할 수 있을 그러한 모습을 보였다가 약간 후퇴하는 모습을 보였다고 생각합니다. 처음에 합리성이라고 하는 것을 심사기준으로 삼는다고 하면서 법률의 합헌성추정 그리고 이것을 깨기는 굉장히 어렵다는 그런 입장을 취했을 때에는 우리가 구별을 한다면 사법소극주의쪽 이었겠지요. 그리고 지금 말씀하신 것처럼 엄격 심사기준이 등장하게 되었을 때는 이 부분에 대해서는 뭔가 우리가 특별한 취급을 하고 그리고 그러할 위치에 있다라고 한 것이 좀더 큰 의미가 있을 텐데요. 그러한 차원에서는 엄격심사기준이라고 하는 거를 도입했다고 하는 것 자체는 사법소극주의냐 적극주의냐를 그 속에서 구별하자면 좀더 적극적인 자세로 나온 것이 아닌가? 결국은 이 심사기준의 강도라고 하는 것은 미국 연방대법원이 즉 사법부가 입법부에 대해서 그 입법부의 입법에 대한 그 합헌성을 어떤 강도로 심사하겠느냐라고 하는 것이 가장 기본이 되는 구조이니까요. 완화된 기준에 비해서 상대적으로 높은 기준이라고 하는 개념을 도입한 것 자체는 보다 적극적으로 나아갔다고 볼 수 있을 것이고요. 적어도 가치판단이라고 하는 것을 회피하지 않겠다. 이러한 요소가 있다는 것을 인정해나가면서 입법부보다 사법부가 좀더 잘 판단할 수 있는 위치에 있고 정당한 입장에서 이것을 판단할 수 있다는 입장을 취했다고 그렇게 판단해야 한다고 봅니다.

두 번째로서는 글쎄요, 이렇게 저비용 고효율이라고 하는 말씀을 하시고요, 그러한 관점에서 어떻게 볼 수 있을까? 그 점에 대해서 제가 개인적으로 갖고 있는 생각은 심사강도에 따라서 차등을 둔다라고 하는 그 개념 자체는 우리에게도 주는 시사점이 크고 그 점은 필요하지 않을까 그런 생각은 합니다.

즉 심사의 강도가 통상보다 높은 그러한 엄격한 기준으로 입법의 합헌성을 심사할 수 있고 그 가능성 자체가 있다는 그것만으로도 그렇다면 입법의 재량이 더 줄어들어야 하는, 작다고 보는 영역이 있다라고 하는 그 개념 자체는 큰 도움이 될 수도 있지 않을까 그렇게 보는 것이고, 다만 경계해야 할 점은 이렇게 미리 유형화를 하는 그래서 이 유형에 해당이 될 때에는 엄격심사, 그렇게 나아가게 될 때에는 그 점은 경계해야 될 것이 아닌가 하는 것이고, 우리에게 유용할 수 있는 것은 그 개념 자체라고 생각을 합니다. 그러니까 통상 입법재량과 법률의 합헌성

추정, 입법자의 입법재량이 이 정도이다라고 하는 것에서 위헌법률심판제도를 우리가 채택하고 있는데 그 속에서도 보다 엄격한 기준으로 심사할 수 있다는 그 개념자체는 유용할 수 있지 않을까 그 정도 생각을 가지고 있습니다.

사 회 자 : 고맙습니다.

질문하시면 바로 답변을 하시기 때문에 오늘 사회자가 별로 할 일이 없습니다. 농담입니다.

오늘 저는 발표자도 아니고 토론자도 아니어서 잘 진행만하면 되는데, 이덕연 교수님 말씀하신 것 중에 약간 답변이 안 된 것도 있고 그리고 저도 좀 궁금한 점도 있고 해서 조금 보충을 하자면, 결국은 이 얘기가 우리한테 어떤 도움이 될 거냐 하는 거 아니겠습니까? 질문하신 취지는 아마 이 범주화하는 거를 지금 현재 헌법재판소가 적용하는 과잉금지원칙이라고 하는 거는 사실은 이론대로 하면 가장 엄격한 거지요. 최소침해성을 항상 요구해야 돼, 입법자가 이것까지 다 계산해 가지고 입법을 완벽하게 하라는 얘긴데, 현실적으로는 그게 안 되지 않습니까? 이것이 틀은 과잉금지원칙인데 현실적으로 적용할 때는 어떤 때는 완화되고 어떤 때는 엄격하고 이렇게 될 수밖에 없는 건데 그거를 미국식으로 범주화하는 거를 좀 도입하면 우리 헌법재판실무에 어떤 도움이 될까 이런 질문도 하신 것 같아요.

이런 변용이 가능할지는 모르겠습니다.

사실은 뭐 독일 교수들 만나서 얘기하면 독일책 읽어보면 항상 법치주의개념 우리 수백년 된 개념이라고 다 적혀있고 헌법재판논의 19세기부터 구상했다가 20세기 초부터 해 왔다고 그러는데 사실은 미국 영향을 굉장히 많이 받은 것이고, 따로 만나서 이야기해 보면 “구체적 규범통제 그거 원래 독일에 없던 전통인데 우리 어디서 배웠겠니? 다 거기서 배운거라고” 그렇게 얘기합디다. 친해지니까.

하여간 과잉금지원칙이라는 이 이중기준, 삼중기준 이거의 영향을 좀 받았지 않나 하는 혐의를 저는 갖고 있는데, 만약에 아주 이거를 갖다가 우리가 거칠게 얘기하면 미국사람들이 rational basis test라고 하는 거는 우리 과잉금지원칙 네 가지 중에서 두 개까지만 심사하는 거다 말이지요. 결국은 목적과 수단가지고 분석하는 거는 지표는 똑같은데 그거를 어떻게 할 거냐 하는데, “합리적인 목적 달성하는데 도움되는 수단이냐 까지만 우리가 심사하고 더 이상 안 한다” 그렇게 되는 거고, 엄격심사는 거기서 덜 제한적인 다른 수단이 있는지 없는지 까지 끝까지 한번 추궁해 보겠다하는 그 차이이니까 결국은 우리 과잉금지원칙으로 따지면 2단계에서 끝낼 거냐 3단계까지 갈 거냐 뭐 이런 문제일 것 같고, 그러면 우리 기본권 분류할 때 대충 뭐 예를 들면 형벌의 법정형의 적정성은 우리는 두 개 까지만 한다 이거는 입법자의 재량문제니까, 다만 이러이러이러한 예외적인 경우에는 엄격심사한다 이런 식으로 분류를 하면 모르겠습니다, 최소한 예측가능성은 좀더 정교하게 주어지지 않을까 하는 생각이 드는데요. 죄송합니다. 제가 논평을 해 버렸네요. 질문을 좀 드릴려고 했는데. 오늘 말씀을 듣다보니까 그런 생각이 좀 들었습니다. 그래서 사실은 저도 한번 여쭤보고 싶어요.

발표자가 자꾸 도로 여쭙고 싶다니까, 우리 현재 헌법재판에서 지금 현재보다도 좀더 범주화를 좀더 진행시키고 심사기준을 좀더 세분화하는게 더 나은 방향인지 아니면 그냥 과잉금지원칙 하나가지고 구체적인 사실관계 기타 등등 또 그런 거를 논거로 해서 위헌성 또는 합헌성을 논증하는게 더 나은 건지? 사실은 발표자가 그거를 여쭤보고 싶은 모양입니다.

발 표 자: 한 말씀씩 해 주시지요.

사 회 자: 소장님하고 재판관님들은 나중에 논평하실 거고.

발 표 자: 지금 좀 해 주시지요. 사실 일선에 계신 분들께 꼭 듣고 싶은 그런 것이라. 한 말씀씩 좀 해 주시지요. 사회자가 지적하는…

사 회 자: 그 화두하고는 상관없이 원래 발표주제에 대해서 논평 내지 질문해 주시면 좋겠습니다.

이 명 웅: (마이크 미사용으로 녹음상태 불량) …예를 드신 … 판결의 다수의견을 ….

교육이라든지 그 자녀들의 인상에 있어서 굉장히….

중간심사의 … 혹은 중간심사에 해당하는 심사를 하는 것 같거든요. 그렇다면 그 플라이어판결에서도 결국은 다단계 있는 기존 틀을 ….

발 표 자: 이명웅 연구관님께서 말씀하신 것처럼 그렇게 보면 오히려 플라이어에서의 소수의견은 그러면 어떻게 평가할 것인가? 다수의견과 소수의견의 입장을 비교해서 평가를 하게 될 텐데요. 다수의견을 지금처럼 평가하시면 소수의견은 그러면 어떻게 평가해야 되는가 그런 문제가 남습니다.

지금 지적하신 것처럼 그 다수의견도 어떻게 보면 그 이전에 서스펙트 클라스피케이션이라고 하는 것을 정의한 일련의 정의들이 있는데 그냥 그 정의에, 이제까지 선례는 없었지만 그 정의에 부합하는 속성을 가지고 있으니까 엄격 심사가 적용될 것이니까 이렇게 하자라고 본 것으로 치면 이전에 기준에 그대로 맞는다고 볼 수도 있지 않느냐, 그렇게 볼 여지가 충분히 있다고 생각하는데요. 지금 그런 것에 대해서 비판을 하고 있는 입장에서는 일원화라고 하는 것을 할 때 그냥 이렇게 풀어서 쓰자, 박 교수님께서 말씀하신거와 같은 그런 입장입니다.

그래서 보다 엄격하게 심사할 만한 대상은 존재한다. 그 개념 자체를 없애자는 것은 아니지요. 풀어놓는다고 하여서 더 엄격하게 볼 수 있는 여지가 없다고는 할 수 없지 않겠습니까? 답이 안 되는 것 같죠?

또 그러한 더블 스텐다드에 대해서 비판이 어느 정도로 받아들여졌거나 숙성이 되어 있느냐? 그 점에 대해서는 법원 내에서는 많이 목소리를 높였던 사람은 소개를 한 것처럼 마셜 대법관이라고 하겠고요. 이외에 학자들 중에서는 그러한 이야기를 하고 있는 사람들도 많이 있고요. 그러나 맨 앞부분에 말씀드린 것처럼 오늘날까지도 미국의 위헌심사기준은 어떠하냐라고 설명을 한다면 그 특징은 완화된, 통상의 원칙이 되는 합리성심사기준이 있는 것이고 그리고 엄격 심사기준이 있는 것이고, 거기에서 조금 변형이 되어 있는 중간 심사기준이 있는 것이고, 이것이 원형이고요. 비판이 꾸준히 제기되고 있는데 몇 명이 어느 정도로, 그거는 아니나 상당히 설득력 있게 비판은 제기되고 있다. 그렇게 밖에 말씀드리지 못하겠습니다.

앞에 말씀하신 점에 대해서는 저도 그렇게 볼 수 있는 것도 타당하다고 생각합니다. 소수의견에서는 이전의 3등급에서 여기 해당 안되니까 그래서 합리성으로 갔다. 이점이 오히려 비판을 받을 것이고 이 3등급을 그대로 원형대로 적용을 하더라도 조금만 유연성을 부여한다면 이전의 서스펙트 클라스피케이션의 정의에 그 속성으로 본다면 거기에 해당이 될 수 있으니까 그래서 중간심사정도에 해당하는 강화된 심사기준을 적용한 것 아니냐? 그렇게 보면 반드시 3등급 이것을 벗어날려고 한 것은 아니다. 이렇게 볼 여지도 있지요.

황 치 연 : 황치연 연구관입니다.

제가 질문 던지는 거는 좀 적절치 않은 것 같고, 간단히 코멘트하는 것으로 마치겠습니다.

미국 헌법의 체계하고 또는 미국 헌법의 어떠한 구조적 특수성 그리고 미국 헌법재판사를 이렇게 고찰해 볼 때 일단 '더블 스텐다드' 이 이중 기준이란 말의 어떠한 역사적 연원은 경제적 자유에 관해서 이거 미국 헌법상의 헌법규정은 없는데 그러한 기본권이, 이것을 실체적 적법절차에 의해서 위헌선언을 하니까 이 경제적 자유에 대해서 그렇게 까지 할 수 있느냐? 이런 측면에서 더블 스텐다드 그 기준이 규율하는 영역은 역시 경제적 자유에 관한 규율영역이고 발표자께서는 이 이중 기준의 원리에 많은 것을 녹여들여 놓고 있는데, 예컨대 평등심사에서의 세 가지 기준 또 표현의 자유영역에서의 수많은 어떠한 심사기준 그리고 또 나중에는 어떤 유니파이드 된 기준이라고 해 가지고 결국 거기서 말하는 것은 또 밸런싱 테스트를 얘기를 하고 있어요. 그래서 제가 봤을 때는 이중기준의 어떠한 역사적 맥락과 그것이 실제적으로 기능하는 영역 이것과 미국 연방헌법재판소가 각 영역별로 심사기준을 개별적으로 하는 것 이거를 좀 구별해야 하지 않겠는가? 특히 평등심사에서 하는 것을 3단계로 나누는 미국적인 특수성이 있다. 왜냐하면 미국은 우리와 같이 '빌 오브 라이츠'를 이렇게 잘 카탈로그를 가지고 있지 않습니다. 10개의 '빌 오브 라이츠' 규정이 있었고, 그 다음에 '이콜 프락테스너블 로' 이 규정이 있어요. 그러니까 결국 항상 헌법상에 없는 기본권들 이런 것들을 평등심사 그걸로 귀결시켜서 얘기를 하게 됩니다. 그러니까 그런 세분화된 평등심사의 기준을 끌어오고 있지요. 그러니까 지금 결국 이중 기준의 법리 내에 모든 미국 헌법재판의 심사기준을 끌어오니까 이게 좀 컨퓨즈드 된 그런 감이 없지 않다 이렇게 말하고.

그 다음에 '일원화된 심사기준' 이것은 결국 형량이론을 얘기를 하는데, 형량이론이라는 것을 동원하는데 아까 입증책임론에서 가장 원론적으로 들어간다면 그거는 또 문제가 있지 않겠는가? 왜냐하면 엄격책임 할 경우에 입증책임의 전환이 되는 경우는 형량을 좀더 많은 것을 고려를 해서 법익의 균형성 같은 것을 따져보겠다는 건데 그것을 입증책임을 원론적으로 환원시켜서 말할 수 있었겠는가? 이러한 많은 여러 가지 생각들을 가졌습니다.

사 회 자: 질문은 아니신 것 같아서 발표자께서 답변은 특별히 안하셔도 될 것 같습니다.

시간도 상당히 많이 경과했는데요. 꼭 말씀하실 분이 있으면 한 분만 더 말씀 듣지요.

장 순 욱: 장순욱 연구관입니다.

헌법연구업무에 종사한지가 이제 80일쯤 되는 것 같습니다. 말씀을 먼저 드리는 거는 혹시 질문의 수준이 고품격이 아니더라도 이해해 주십사하는 취지입니다.

아까 이중 기준의 역사를 설명하시면서 워렌코트때 이게 좀 강한 경향성을 보였다할까요 좀 경직되게 적용되었다할까 그것들이 적용하는 심사기준에 따라서 결론이 예측되는 그런 강한 경향성을 보였다는 말씀을 하셨는데, 제 생각에는 이게 논리적으로 필연적으로 그럴 필요는 없을 것 같거든요.

우리 재판소에서도 주로 평등이 문제되는 영역에서 엄격한 심사기준을 적용했지만 합헌으로 결론이 난 경우도 있고 그 반대되는 경우도 있는 것으로 알고 있습니다.

논리적인 필연성이 없다면 워렌코트때 미국 대법원이 이런 거를 보인 거는 혹시 다른 맥락이 있는 거는 아닌지? 아까 말씀하셨던 이 시기로 보면 그 시대가

요구했던 문제를 해결하는 수단으로 혹시 이런게 원용된 거는 아닌지 그런 생각이 드네요. 어떻게 생각하시는지?

발 표 자: 예, 저도 그렇게 생각을 합니다.

그러니까 꼭 제가 개인적으로 그렇게 생각한다기 보다 그렇게 평가를 받고 있는 점이 있는 것이 워렌 대법원장이었던 그 시기는 63년에서 69년에 걸친 시기로서 그 시점에 미국 연방헌법을 통해서, 미국 연방헌법 구체적으로 개정14조라고 하는 것의 적법절차조항을 통해서 연방과 주간의 관계에 그 14조를 이용하면서 연방헌법이 보장하고 있는 기본권이라고 하는 그 개념을 전 주까지도 퍼뜨려가고 있는 그러한 시기였었고, 지금 말씀하신 것처럼 엄격 심사기준이라고 하는 개념이 존재한다고 해서 엄격 심사기준을 적용하게 되면 무조건 위헌이라는 결론이 나와야 된다는 것은 논리적인, 반드시 그래야 한다는 논리적 연결이 있는 것은 아니지요. 아님에도 불구하고 이 시기에 왜 완화된 심사기준과, 그러니까 일반적인 기준과 엄격심사기준 간에 간격이 멀어졌다고 보느냐라고 하는 이유는 38년의 Carolene Products에서 달리 볼 수 있다, 엄격한 심사기준이 존재할 수 있다라고 하는 가능성을 제시한 후 그러한 것들이 실제로 정립되기 시작한 시기가 그때가 이제 얼 워렌이 대법원장이었던 시기라서 엄격 심사기준이라고 하는 것이 정립이 된 시기고, 어떻게 보면 그것에 대한 반동으로서 통상의 원칙적인 기준이었던 합리성심사기준이 이전에 비해서도 굉장히 완화되는 식으로 실제에서 그냥 그렇게 적용되었다는 것이지요. 그래야만 한다는 것이 아니라 그랬던 시기가 바로 이 시기였었고, 그러면서 개념구별이 그렇게 되면서 엄격 심사기준을 정하게 된 데서는 결론적으로 자동으로 위헌, 합리성심사기준을 정한 데에서는 자동적으로 결론이 그래서 합헌이다, 이러한 식의 움직임이 가다가 그 반동으로 이제 나중에 가서 워렌버그가 대법원장이 된 그 후의 시기에 중간 심사기준이 그래서 등장하게 된 것이 기도하고, 지금 지적하신 것이 타당하다고 생각합니다.

그시기에 어떤 특수성, 필요성이 있었고 그것에 따라서 부응하면서 논리를 발전시켜간 것이고 그래서 그런 특징을 띤 것이고, 저도 그렇게 생각합니다.

사 회 자: 사회자가 전혀 예측가능성을 무시하고 그냥 한 명만 더 받겠다고 선언해 버렸는데요. 나는 꼭 오늘 이 말씀을 하셔야 되겠다고 생각하시는 분?

사 회 자: 간단히 논평하시겠습니까?

발 표 자: 딱 한 가지만 더 붙인다면 헌법재판에서의 논증이 설득력을 가져야한다. 특히 바깥에서 보았을 때 신뢰할 수 있는 것이어야 하고 설득력을 가져야 된다. 그점에 있어서는 제가 기준면에서 가지고 있는 개인적인 생각은 미국에서의

논의가 어떻든지 간에 우리가 위헌법률심판이라는 제도를 채택한 이유, 제도의 존재의의를 생각한다면 거기에서는 보다 엄격한 기준으로 심사할 수 있다는 그 개념 자체는 유용하다고 생각합니다. 우리나라에서도 유용하다고 생각하고요.

다만 일관성이라든지 설득력의 면에서 그쪽이 더 그런 개념을 명시적으로 논증단계에서 사용한 것과 사용하지 않은 것 간에 비교했을 때 상대적으로 어느 시점에 있어서 어느 사안에 있어서 더 설득력을 가지느냐에 자동적으로, 그런 개념을 사용했기 때문에 더 설득력을 가진다고는 생각하지는 않습니다.

바깥에서 보았을 때 신뢰라는 말을 쓰셨으니까 한 가지를 더한다면 오히려 제도적인 차원에서는 우리가 위헌법률심판제도를 왜 두느냐? 왜 헌법재판소가 이렇게 할 수 있느냐? 이런 헌법적인 선택에 있어서는 제도적인 차원에서는 정말 많이 논의되고 어떻게 보면 식상할 만큼 논의가 있는 것이지만 헌법재판소 구성 어떻게 할 것이냐? 그런데에서 오는 신뢰라고 하는 것이 더 기본적인 것이지, 우리가 위헌법률심판제도라고 하는 그런 현행의 제도를 갖고 있는 이상 논증의 과정에 있어서 완전히 풀어져있는 상태에서 이렇게 논증을 하였을 때 그게 설득력을 더 가지느냐 기준을 세밀하게 하고서 우리는 이렇기 때문에 이 상황에서는 이 기준을 적용했으니까 이런 결론에 이르렀다고 하는 것, 뭐 양자간에 자동적으로 후자가 더 설득력을 가지는지? 그렇게 생각하지는 않습니다.

그렇지만 저도 더 엄격하게 심사할 수 있다, 그 점에서는 입법재량이 줄어들어있는 부분은 존재한다, 이것은 가치가 있다고는 생각을 합니다.

사 회 자 : 이것으로서 오늘 우리가 이 주제를 가지고 얻으려고 했던 것은 상당히 얻은 것 같습니다.

사회자로서 발표자님, 지정토론자님 그리고 토론에 참가해 주시고 경청해 주신 나머지 분들께 감사인사를 드리겠습니다.

이제 우리 연구회의 회장이신 조대현 재판관님께 마무리 말씀을 부탁드리겠습니다.

회　　장 : 오늘 여러 가지 좋은 말씀 가르쳐 주셔서 감사합니다.

간　　사 : 수고 하셨습니다.

이것으로 모두 마치겠습니다.

제 85 회(2008. 6. 13) 발표문

형성적 법률유보를 가지는 기본권에서 과잉금지원칙의 적용여부

—헌법재판소결정에서 드러난 과잉금지원칙 적용의 문제점을 중심으로—

한 수 웅*

I. 머 리 말

과잉금지원칙은 원래 19세기 말에 독일 행정법의 영역에서 개인의 재산과 자유에 대한 경찰법상의 침해를 제한하는 법원리로서 형성되었다.1) 그러나 1949년 독일의 기본법이 제정되면서, 연방헌법재판소가 판례를 통하여 원래 행정법의 영역에서 형성된 과잉금지원칙을 헌법의 영역으로 확대하여 헌법적 원칙으로 정착시켰는데,2) 이는 1945년 이후 독일 공법학의 최대의 성과로 간주되고 있다. 또한 비교법적 관점에서도 독일 공법학은 과잉금지원칙의 발상지라 할 수 있다. 오늘날 비례의 원칙은 독일법뿐만 아니라 오스트리아, 스위스, 프랑스, 이태리, 영국 등 다른 유럽국가, 나아가 유럽공동체법을 비롯한 국제법에서도 인정되고 있다.3) 우리 헌법재판소도 이미 초기의 판례부터 독일 공법학의 과잉금지원칙을 받아들여 법률의 위헌성을 심사하는 가장 중요한 기준으로 삼고 있다. 독일 기본법과는 달리, 우리 헌법은 제37조 제2항에서 과잉금지원칙의 의미로 이해될 수 있는 표현("필요한 경우에 한하여")을 담고 있으므로, 헌법재판소는 과잉금지원칙을 적용함에 있어서 헌법 제37조 제2항을 함께 언급하고 있다.

학계의 다수견해와 헌법재판소의 일련의 판례는 '기본권의 보호범위, 그에 대

* 중앙대학교 부교수.

1) 독일에서 과잉금지원칙의 형성과정에 관하여 Stern, Staatsrecht III/2, S. 765 ff.; H. Schneider, Zur Verhältnismäßigkeitskontrolle insbesondere bei Gesetzen, Bundesverfassungsgericht und Grundgesetz II, 1976, S. 393 ff.

2) Vgl. Maurer, Staatsrecht, 1999, S. 234; Kluth, Das Übermaßverbot, JA 1999, S. 606; 연방헌법재판소는 1968년의 BVerfGE 23, 127, 133 결정에서 과잉금지원칙을 모든 국가행위에 있어서 준수해야 하는 원칙이자 법치국가원리에서 도출되는 헌법적 지위를 가지는 원칙으로 선언하였다.

3) Vgl. Stern, Staatsrecht III/2, 1994, S. 768 f.

한 제한, 제한의 정당성'이란 자유권에 고유한 심사구조를 청구권적 기본권이나 선거권과 같은 다른 성격의 기본권에도 그대로 적용하고 있는데, 자유권을 제한하는 공권력행위의 심사기준인 과잉금지원칙을 자유권 외의 기본권에도 그대로 적용하는 것이 과연 타당한지의 의문이 제기된다. 헌법 제37조 제2항의 과잉금지원칙이 기본권제한적 법률유보에만 적용되는지 아니면 기본권형성적 법률유보에도 적용되는지 즉, 과잉금지원칙이 자유권에만 적용되는지 아니면 청구권적 기본권, 사회적 기본권, 참정권과 같이 입법에 의하여 그 내용이 비로소 구체화되는 기본권에도 적용되는 것인지의 문제가 밝혀져야 한다.[4)]

이 글에서는 우선, 과잉금지원칙의 의미와 구조를 간략하게 서술하고(아래 II.), 이어서 헌법 제37조 제2항의 해석가능성 및 자유권과 그 외 기본권 사이의 본질적 차이와 헌법상 규정형식의 차이 등을 통하여 과잉금지원칙의 적용범위를 일반적으로 살펴본 후(아래 III.), 과잉금지원칙을 선거권, 재판청구권, 사회적 기본권과 같이 형성적 법률유보를 가지는 기본권에도 적용할 수 있는지(아래 IV.)에 관하여 각 기본권유형별로 하나씩 구체적으로 헌법재판소의 결정을 예로 들어 살펴보기로 한다.

II. 과잉금지원칙의 의미와 구조

1. 자유보장의 기술로서 과잉금지원칙

헌법은 자유권의 보장과 관련하여 입법기술적으로 다음과 같은 방법을 취하고 있다.[5)] 자유권조항은 개인에게 국가로부터 자유로운 영역을 보장한다. 그러나 이러한 자유의 헌법적 보장은 입법자가 법률로써 공익을 실현하고 자유권의 한계를 확정할 수 있는 가능성을 가지고 있다는 유보 하에 있다. 즉, 자유권은 개인의 자유를 보호하는 것이고, 이에 대하여 법률유보는 공익의 실현을 확보하고자 하는 것이다. 헌법은 개인의 자유와 이에 상충하는 법익의 관계를 원칙적으로 스스로 설정하지 아니하고 이를 입법자에게 위임하여, 입법자로 하여금 개인의 이익과 공

4) 이에 관하여, 한수웅, "헌법 제37조 제2항의 과잉금지원칙의 의미와 적용범위," 저스티스, 2006. 12(통권 제95호), 5면 이하 참조.

5) Vgl. Grabitz, Der Grundsatz der Verhältnismäßkeit in der Rechtsprechung des Bundesverfassungsgerichts, AöR 98(1973), S. 570, 586 ff.; Schnapp, Die Verhältnismäßigkeit des Grundrechtseingriffs, JuS 1983, S. 853.

동체의 이익을 균형과 조화의 상태로 형성하도록 하고 있다. 그런데 입법자는 공익이 요구하는 범위 내에서만, 즉 공익의 실현을 위하여 필요한 경우에 한하여 개인의 자유를 제한할 수 있다.

과잉금지원칙은 공익의 실현을 위하여 적합하고 필요하며 비례성이 유지되는 경우에만 개인의 자유에 대한 제한을 허용함으로써, 자유제한의 조건을 규정하고, 이로써 자유를 제한하는 국가권력을 다시금 제한하고 있다. 따라서 과잉금지원칙은 '자유를 제한하는 국가공권력에 대한 제한원리'이며, '기본권제한의 한계'라고 할 수 있다. 바로 여기에 자유권보장의 기술로서 과잉금지원칙의 핵심적 의미가 있는 것이다. 과잉금지원칙은 국가에 의하여 사용된 수단에 대한 통제로서, 개인의 자유를 가장 적게 제한하는 수단을 선택해야 할 의무를 국가권력에 부과하고자 하는 것이다.[6] 이에 따라 과잉금지원칙에 부합하는 수단을 선택해야 할 국가의 의무가 나온다.

2. 과잉금지원칙의 구조

과잉금지원칙은 그 구조상 법익의 충돌('개인의 자유'와 '공공복리'의 충돌) 및 수단과 목적의 관계('공공복리'를 위하여 '개인의 자유를 제한')를 전제로 하고 있다. 개인의 자유와 공익[7]이 충돌한 경우 상충하는 법익이 적정한 균형과 조화를 이룰 것을, 즉 공익의 실현을 이유로 개인의 자유가 과도하게 제한되어서는 안 될 것을 요구한다. 따라서 국가가 개인의 자유와 공익이라는 양 법익을 동시에 완전히 실현할 수 없기 때문에, 상충하는 법익간의 조화와 균형을 이루어야 하는 경우, 과잉금지원칙은 자유권과 그를 제한하는 공익사이의 조정과 경계설정의 원칙으로서 적용된다.

과잉금지원칙은 다음의 두 가지 적용단계로 나누어 볼 수 있다. 첫 번째 단계는 국가의 침해행위를 통하여 달성하고자 하는 목적을 발견하고 확정하는 작업이다. 입법자는 입법을 통하여 달성하고자 하는 입법목적을 설정하고, 이를 실현하기 위하여 수단을 선택하게 된다. 추구하는 목적이 확정되지 않는 한, 목적과 수단 사이의 관계를 판단하는 과잉금지원칙의 적용은 불가능하다. 따라서 침해행위를 통하여 추구하는 목적이 무엇인지, 추구하는 목적이 헌법적으로 정당한 것인지, 즉

6) Vgl. Kluth, Das Übermaßverbot, JA 1999, S. 609.

7) 공익에는 사인의 기본권보호도 포함된다. 명예의 보호나 태아의 생명권보호를 위하여 표현의 자유나 낙태의 자유를 제한하는 법률을 제정하는 경우가 바로 국가의 보호의무이행을 위하여 기본권을 제한하는 입법을 하는 경우이다.

허용되는 것인지를 판단해야 한다. 이에 대하여, 여기서 '수단'이란 심판의 대상이 되는 국가행위이므로, 수단에 관한 한 별도로 판단할 필요가 없이 명백하다.

이어서 두 번째 단계에서는 수단의 적합성 및 수단의 최소침해성, 법익균형성을 판단하게 된다. 즉, 입법자가 선택한 수단이 추구하는 목적을 달성하고 촉진시키기에 적합해야 하고(수단의 적합성), 목적을 달성하기에 똑같이 효과적인 수단 중에서 가장 기본권을 적게 침해하는 수단을 사용해야 하며(수단의 최소침해성), 침해의 정도와 공익의 비중을 전반적으로 비교형량하였을 때 양자 사이에 적정한 비례관계가 성립해야 한다(협의의 비례성 또는 법익균형성).

Ⅲ. 헌법 제37조 제2항의 과잉금지원칙의 적용범위에 관한 일반적 고찰

헌법 제37조 제2항은 "국민의 모든 자유와 권리"는 법률로써 필요한 경우에 한하여 제한될 수 있다고 규정하고 있다. 여기서 '모든' 기본권이 헌법 제37조 제2항의 의미에서의 '제한'의 대상이 되는 것인지, 이로써 일반적 법률유보조항과 과잉금지원칙의 적용을 받는 것인지의 문제가 제기된다. 학계의 다수견해는 자유권뿐만 아니라 청구권적 기본권, 참정권, 사회적 기본권도 헌법 제37조 제2항에 의하여 제한의 대상이 되는 기본권으로 보고 있다.[8] 아래에서는 헌법 제37조 제2항의 '법률로써 제한될 수 있는 국민의 자유와 권리'가 무엇을 의미하는지에 관하여 살펴보기로 한다.

1. 헌법 제37조 제2항의 해석가능성

헌법 제37조 제2항은 '국민의 모든 자유와 권리는 법률로써 제한될 수 있다'고 규정함으로써, 한편으로는 위 조항의 앞에 위치하는 모든 유형의 기본권, 즉 헌법 제10조 내지 제36조의 모든 기본권에 대하여 적용되는 것으로 해석할 수 있는 여지를 부여하고 있다. 그러나 다른 한편으로는 위 조항은 "필요한 경우에 한

8) 예컨대 김철수, 헌법학개론, 2006, 343면. 만약 헌법 제37조 제2항이 자유권 이외의 기본권에 적용되지 않는다면, 이러한 기본권들은 필요한 경우라도 제한할 수 없거나 필요한 경우가 아니라도 제한할 수 있는 부당한 결과에 이른다고 한다; 성낙인, 헌법학, 2006, 283면. 자유권만이 제한의 대상이 된다는 견해는 헌법의 정확한 문맥과 상통하지 않으며, 자유권 이외의 기본권에 대한 제한이 설정되지 아니할 우려가 있다고 한다; 또한 권영성, 헌법학원론, 2006, 348면.

하여 제한될 수 있다"고 함으로써 기본권의 보호범위, 보호범위에 대한 제한, 기본권제한의 헌법적 정당화의 3단계에 의한 심사구조를 전제로 하는 자유권만을 그 대상으로 하고 있다고 볼 수 있다. 기본권의 '제한'이란 기본권의 '보호범위에 대한 제한'을 의미하고 헌법 이전에 존재하는 보호범위를 가지는 기본권만이 제한의 대상이 될 수 있으므로, 위 조항은 기본권 중에서 특정한 보호범위를 가진 기본권, 즉 자유권을 염두에 두고 있음을 말해준다. 뿐만 아니라, 같은 조 제2항에서 언급하는 '본질적 내용의 침해금지'와의 연관관계에서 볼 때 헌법 제37조 제2항의 "자유와 권리"가 단지 자유권적 기본권만을 의미하는 것으로 해석할 수 있다.

따라서 특정한 보호범위가 없이 법률에 의하여 비로소 구체적 내용이 형성되는 기본권의 경우에는, 즉 구체적인 보호대상이 법질서에 의하여 비로소 형성되는 청구권적 기본권, 사회적 기본권, 참정권의 경우에는 '보호범위에 대한 제한'과 '그 제한의 헌법적 정당화'의 문제가 아니므로, 헌법 제37조 제2항의 적용을 받는지의 문제가 제기된다.

2. 자유권과 그 외의 기본권의 本質的 差異 및 헌법상 規定形式의 차이

가. 본질적 차이

자유권의 보장내용은 '국가의 간섭을 받지 않고…할 자유'로서 일반적으로 입법자의 형성행위와 관계없이 이미 존재하는 것이며, 입법자의 입법에 의하여 그 보장내용이 제한될 뿐이다. 따라서 개인은 자유권을 행사하기 위하여 입법자의 조력을 필요로 하지 않으며, 입법자의 입법은 개인의 자유와 다른 법익의 경계를 설정함으로써 오히려 자유권을 제한하는 기능을 가진다. 이에 대하여 선거권, 청구권 및 사회적 기본권의 경우, 개인이 구체적인 권리로서 행사하기 위하여 입법자에 의한 입법행위를 필요로 한다.

입법자에 의한 구체적인 형성을 필요로 하지 않는 자유권의 경우에는, 보호영역에 대한 제한이 과잉금지원칙에 부합하는지의 심사이다. 이에 대하여, 입법자에 의한 구체적인 형성을 필요로 하는 기본권의 경우, 자유권과는 달리 보호범위가 존재하지 아니하고, 이에 따라 입법자의 입법은 보호범위에 대한 제한의 문제가 아니다.[9] 자유권 외의 기본권의 경우 제기되는 헌법적 문제는 '입법자에 의한

9) 이와 유사한 견해로 vgl. Lerche, Übermaß und Verfassungsrecht, 2. Aufl., 1999, S. 106 ff., 그는 자유권을 '그 보호내용이 헌법적으로 정해진 기본권'과 '입법자가 입법을 통하여 보호내용을 비로소 확정하는 기본권'을 구분하여, 기본권에 대한 제한은 첫 번째 범주의 기본권의 경우에만 가

규율이 과잉제한인지'의 문제가 아니라 '입법자가 입법형성권을 제대로 행사했는지'의 문제, 입법자에 의한 구체적인 형성이 헌법상 부여된 형성권의 범위를 일탈하였는지에 관한 문제이다. 즉, 헌법이 기본권을 보장한 정신과 이와 상충하는 법익과의 법익교량의 문제, 실제적 조화의 문제인 것이다. 이러한 기본권의 경우, 한편으로는 입법자가 헌법규범인 기본권의 구속을 받고 다른 한편으로는 입법자가 기본권의 구체적 내용을 형성한다는 점에서, 여기서 제기되는 핵심적인 문제는 입법자가 기본권에 의하여 어떠한 구속을 받는지의 문제이다.[10)]

나. 헌법상 규정형식의 차이

우리 헌법도 기본권을 규정함에 있어서 규정형식에 차이를 둠으로써 자유권과 그 외의 기본권 사이에 존재하는 이와 같은 근본적인 차이를 명시적으로 표현하고 있다. 자유권의 경우 입법자의 입법을 필요로 함이 없이 그 존재 자체로서 국가의 부당한 행위를 배제하는 주관적 공권으로서 완전한 기능을 하기 때문에, 헌법은 자유권의 규정형식으로서 단지 "모든 국민은 … 자유를 가진다"(헌법 제12조, 제14조, 제15조, 제19조, 제20조, 제21조, 제22조) 또는 "모든 국민은 … 자유를 침해받지 아니한다"(헌법 제16조, 제17조, 제18조), "… 보장된다"(헌법 제23조)는 표현을 사용하고 있다.[11)]

이에 대하여 헌법은 참정권(헌법 제24조, 제25조), 청구권(제26조, 제27조, 제28조, 제29조, 제30조), 사회적 기본권(제31조 내지 제36조)의 경우에는 규정형식으로 "법률이 정하는 바에 의하여", "법률이 정하는" 또는 "법률에 의한" 등의 표현을 사용함으로써 자유권과는 달리 입법자에 의한 구체적 형성을 필요로 한다는 것을 분명히 밝히고 있다.

능하며, 두 번째 범주의 기본권의 경우에는 입법자의 입법활동은 기본권형성적 성격을 가지기 때문에 기본권에 대한 제한이 논리필연적으로 불가능하다고 서술하고 있다.

10) "자유권 이외의 기본권에 적용되지 않는다면, 이러한 기본권들은 필요한 경우라도 제한할 수 없는 부당한 결과에 이른다"는 학계의 일부 견해(위 주 8 참조)는 '기본권형성적 법률유보를 가진 기본권'의 경우에도 마찬가지로 입법자가 기본권의 구속을 받는다는 것을 전혀 인식하지 못하고 있다.

11) 자유권은 일정 생활영역에서 자기결정에 기초한 행위가능성(표현·종교·직업·양심·예술의 자유 등)을 보장하고자 하는 자유권과 인간의 존엄, 생명이나 신체불훼손권, 주거나 통신의 비밀, 사생활영역과 같은 객관적 실체를 가지고 '불가침성'을 보장하는 자유권으로 크게 나누어 볼 수 있는데, 우리 헌법은 행위가능성을 보호하는 기본권에 대하여 "… 자유를 가진다"는 표현을 사용하여 규정하면서, 불가침성을 보장하는 기본권에 대해서는 "… 침해받지 아니 한다"는 표현을 사용하여 규정하고 있다(헌법 제16조, 제17조, 제18조). 자유권의 보호법익에 따른 구분에 관하여 자세하게, 한수웅, "자유권의 보호범위," 헌법학연구, 제12권 제5호, 2006. 12, 41-81면 참조.

다. 입법자를 구속하는 성질의 차이

입법자가 기본권의 구속을 받는다는 것은, 입법자는 입법작용에 있어서 기본권을 존중하고 준수해야 한다는 것을 의미한다. 입법자는 법률로써 자유권을 제한하는 경우, 그 제한은 과잉금지원칙이나 본질적 내용의 침해금지와 같은 기본권제한에 관한 헌법적 원칙을 준수해야 한다. 나아가, 입법자가 법률로써 사회적 기본권이나 참정권, 청구권적 기본권을 실현하고 구체화하는 경우에는 기본권의 보장내용을 존중해야 하고 그에 위배되어서는 안 된다.

기본권의 법적 성격에 따라 기본권이 입법자를 구속하는 성질과 구속의 정도가 다르다. 자유권의 방어권적 성격이 문제되는 경우, 입법자의 구속은 입법자에 대한 소극적 금지, 즉 헌법적으로 정당화되지 않는 이상 자유권에 의하여 보호되는 자유영역을 부당하게 침해하는 것에 대한 금지로 나타난다. 입법자의 법률이 자유권의 이러한 금지요청에 위반되어 개인의 자유영역을 과도하게 침해하는 경우, 그러한 법률은 헌법재판소의 위헌결정을 통하여 무효로 선언됨으로써 법질서에서 제거된다.

이에 대하여 자유권으로부터 도출되는 개인의 보호청구권, 사회적 기본권이나 청구권적 기본권은 입법자에 대하여 적극적인 행위를 요청하고 있다. 이러한 기본권의 경우, 입법자의 기본권기속성은 기본권의 객관적 보장내용을 입법을 통하여 실현해야 한다는 적극적인 행위명령으로 나타난다. 보호의무의 이행이나 사회적 기본권의 보장의무에 관한 한, 기본권규정의 내용적 불명확성으로 인하여 입법자가 추상적인 기본권의 요청을 법률로써 실현하고 구체화해야 할 의무를 진다. 입법자가 이러한 의무를 제대로 이행하지 않은 경우 입법자는 부작위를 통하여 기본권에 위반된다.

3. 형성적 법률유보와 제한적 법률유보의 관계

가. 형성적 법률유보와 제한적 법률유보의 차이

기본권이 입법을 통하여 비로소 그 내용이 형성되거나 또는 기본권의 현실적인 행사가 가능한 경우, 이와 같은 기본권들은 법률에 의한 구체적인 형성을 필요로 하는데, 헌법이 이와 같은 권한을 입법자에게 부여하는 것을 기본권형성적 법률유보라 한다. 이에 대하여 기본권제한유보란, 헌법이 입법자에게 기본권을 제한할 수 있는 권한을 부여함으로써 법률로써 기본권의 제한이 가능한 경우

를 말한다.[12)]

우리 헌법은 자유권과 그 외 기본권 사이의 본질적인 차이를 인식하여 이러한 차이를 헌법의 법문을 통하여 표현하고 있다. 즉, 자유권의 경우 자유권을 규정하는 개별 헌법규범에서는 입법자에 의한 제한가능성을 언급하지 아니하고, 대신 헌법 제37조 제2항에서 모든 자유권에 대하여 일괄적으로 그에 대한 제한가능성을 규정하고 있다. 이에 대하여, 참정권, 청구권, 사회적 기본권의 경우에는 이를 규정하는 각 개별 헌법규범에서 스스로 "법률이 정하는 바에 의하여", "법률이 정하는", "법률에 의한" 등의 표현을 통하여 입법자에게 기본권을 구체적으로 형성할 권한을 부여하고 있다.

나. 기본권형성유보에 의한 헌법 제37조 제2항의 적용 배제

이러한 관점에서 볼 때, 헌법 제24조 내지 제36조의 규정들은 각 규정마다 개별적으로 독자적인 기본권형성적 법률유보조항을 두고 있기 때문에 기본권형성유보를 가지고 있는 기본권에 부가적으로 헌법 제37조 제2항의 일반적 법률유보조항을 적용하는 것이 불필요할 뿐만 아니라, 나아가 기본권제한유보와 기본권형성유보는 그 성격이 전혀 다른 것으로 상호배제의 관계에 있다는 점에서, 독자적인 기본권형성유보를 가지는 기본권들은 기본권제한유보규정의 적용을 배제하고 있다고 보아야 한다. 기본권의 제한이란 기본권의 보호범위에 대한 제한을 의미하며 '이미 존재하는 것'만이 제한될 수 있다. 그러나 법질서에 의하여 비로소 형성되고 생성되는 것은 법률로써 제한될 수 없으며, 이러한 법률을 기본권에 대한 제한으로 이해할 수 없다.

따라서 헌법 제37조 제2항을 자유권 외의 기본권에 적용하는 것은 이미 이러한 이유로 타당하지 않은 것으로 보인다.[13)] '헌법 제37조 제2항에서 "국민의 모든 자유와 권리"라고 규정하고 있기 때문에[14)] 위 조항은 모든 기본권에 대하여

12) 학계에서는 법률유보를 보다 다양하게 구분하고자 하는 시도도 있으나, 그 구분의 의도와 기능이 불분명하다. 법률유보는 그 기능에 따라 크게 제한적 법률유보와 형성적 법률유보로 구분하는 것이 타당한 것으로 보인다. 법률유보에 관한 학계의 견해에서 특히 주목해야 할 것은 자유권의 범주 내에서만 법률유보의 성격을 구분할 뿐(예컨대, 재산권의 경우 기본권형성적 법률유보), 자유권 이외의 기본권의 경우에는 법률유보의 성격에 대한 언급이 없다는 점이다. 다만, 허영, 한국헌법론, 2006, 287면 이하는 모든 기본권을 제한적 법률유보와 형성적 법률유보로 분류하고 있다.

13) Vgl. Lerche, Übermaß und Verfassungsrecht, 2. Aufl., 1999, S. 140 ff. 그는 자유권을 규율하는 법규범을 기본권제한적 규범과 기본권형성적 규범으로 구분하여, 기본권형성적 규범에 대해서는 과잉금지원칙의 적용을 부인하고 있다.

14) 우리 헌법이 기본권을 규정한 형식을 보면, 자유권의 경우에는 "… 자유를 가진다"고 하여 '자유'로 표현하고 있으며, 이에 대하여 참정권(선거권, 공무담임권), 청구권(청원할 권리, 재판을 받

적용되어야 한다'는 주장은 '자유권 외의 기본권의 경우에는 제한의 문제가 아니며 헌법 제24조 내지 제36조의 기본권이 각 독자적인 기본권형성적 법률유보조항을 가지고 있다'는 것을 간과하고 있다.

다. 학계의 다수견해에 대한 비판

학계의 다수견해가 법률유보를 기본권제한적 법률유보와 기본권형성적 법률유보로 구분하여 양자 간의 성격과 기능이 본질적으로 상이하다는 것을 인정하면서도, 한편으로는 형성적 법률유보를 가지는 기본권까지도 헌법 제37조 제2항의 기본권제한적 법률유보조항의 적용을 받게 하는 것은 그 자체로서 모순이라 할 수 있다. 헌법은 자유권에 대하여 개별적 법률유보조항을 두지 아니하고 제37조 제2항에서 일괄적으로 일반적 법률유보조항을 두는 반면, 형성적 법률유보를 가지는 참정권, 청구권, 사회적 기본권의 경우에는 각 기본권마다 독자적인 법률유보조항을 두고 있기 때문에, 자유권 이외의 기본권은 기본권제한적 법률유보조항의 적용을 받지 않는다는 것을 다수견해는 간과하고 있다. 학계의 다수견해는 헌법 제37조 제2항의 "국민의 모든 자유와 권리"라는 법문과 기본권체계 내에서의 위 조항의 규정장소에 근거하여, 모든 기본권이 일반적 법률유보조항의 적용을 받아야 한다고 주장하나, 평등권의 경우에는 자유권과 근본적으로 상이한 기능과 구조로 말미암아 원칙적으로 헌법 제37조 제2항의 과잉금지원칙이 아니라 독자적인 기준이 자의금지원칙이 적용된다는 것은 이미 주지의 사실이다.

헌법 제37조 제2항의 규정장소에 관하여 보자면, 위 헌법규정이 자유권에만 적용된다는 점에서 헌법 제2장의 자유권규정에 이어서, 예컨대 헌법 제23조의 규정에 이어서 자유권에 대한 일반적 법률유보조항을 두는 것도 생각해 볼 수 있으나, 헌법 제24조 내지 제36조의 기본권 중에는 헌법 제33조의 근로3권,[15] 헌법 제36조 제1항의 혼인과 가족생활에 관한 기본권[16] 등 본질적으로 자유권적 성격을 가지고 있는 기본권도 일부 있으므로, 헌법 제37조 제2항이 이러한 기본권도

을 권리 등), 사회적 기본권(교육을 받을 권리, 근로의 권리 등)의 경우에는 '권리'로 표현하고 있다.

15) 근로3권은 '사회적 보호기능을 가진 자유권' 또는 '사회적 기본권의 성격을 가진 자유권'으로서 본질적으로 자유권이다, 이에 관하여 한수웅, "근로삼권의 법적 성격과 한계," 한수웅, 1997, "법과 인간의 존엄," 정경식 박사 화갑기념논문집, 216면-237면 참조; 또한 헌재 1998. 2. 27, 94헌바13등; 같은 취지로 홍성방, 헌법학, 2003, 565면; 이에 대하여 김철수, 헌법학개론, 2006, 343면은 사회적 기본권인 근로3권도 헌법 제37조 제2항의 적용을 받는다고 주장하나, 이는 근로3권이 사회적 기본권이기 때문이 아니라 자유권이기 때문에 헌법 제37조 제2항의 적용을 받는다는 점을 근본적으로 오해하고 있다.

16) 헌법 제36조 제1항은 자유권(혼인의 자유)으로서 대국가적 방어권이자, 제도보장 및 객관적 가치결정으로서의 성격을 가지고 있다.

함께 규율하기 위하여 모든 기본권규정 뒤에 위치한 것은 체계상으로도 타당하다. 따라서 '헌법 제37조 제2항이 자유권에만 적용된다면, 헌법은 자유권에만 적용되는 법률유보조항을 체계상 자유권규정 바로 뒤에 위치하게끔 하였을 것이라는 주장' 또는 '헌법 제37조 제2항이 기본권의 체계 내에서 모든 기본권 뒤에 위치한다는 이유만으로 과잉금지원칙은 모든 기본권에 적용되어야 한다는 주장'은 설득력이 없다.

4. 과잉금지원칙의 '헌법적 근거'와 '적용범위'의 관계

과잉금지원칙의 적용범위는 헌법적 근거와 밀접한 연관관계에 있고, 결정적으로 헌법적 근거가 무엇인지에 달려있다. 따라서 과잉금지원칙의 헌법적 근거를 확인함으로써 그 적용범위를 판단하는 중요한 관점을 얻을 수 있다.

가. 과잉금지원칙의 헌법적 근거로서 자유권 및 법치국가원리

(1) 과잉금지원칙은 명시적 헌법규범의 존부와 관계없이, 그 헌법적 근거를 일차적으로 자유권의 본질에 두고 있다.[17] 공권력행사에 대한 심사기준으로서 과잉금지원칙은 '자유권에 대한 특정한 이해'를 그 전제로 한다. 우리 헌법의 자유권은 자연법적 기본권사상에 따라 개인의 자유는 원칙적으로 무제한적인 반면, 국가권력은 원칙적으로 제한적이라는 사고에 기초하고 있다.[18] 따라서 자유에 대한 모든 국가권력의 침해는 원칙적으로 제한적이기에, 그 침해를 위한 합리적인 근거가 있어야 하며, 특별한 정당성을 필요로 한다. 개인에 의한 자유의 행사는 국가에 대하여 정당화할 필요성이 없는 반면, 국가는 자유의 제한을 언제나 정당화해야 하는 것이다.[19] 자유권의 이러한 이해로부터, 개인의 자유에 대한 제한은 공익실현이라는 합리적인 이유로 정당화되어야 하며, 그러한 경우에도 꼭 필요한 정도에 그쳐야 한다는 요청, 즉 과잉금지원칙이 당연한 귀결로서 도출된다.

따라서 과잉금지원칙은 자유권이 그의 자유보장기능을 이행하기 위하여 필수적인 헌법적 요청으로서, 이미 자유권의 본질에 내재하는 것이다. 그러므로 헌법

17) Vgl. BVerfGE 19, 342, 348 f.; Alexy, Theorie der Grundrechte, 1996, S. 100 f; Kunig, Das Rechtsstaatsprinzip, 1986, S. 350 ff.; Schnapp, JuS 1983, S. 852 f.; Arnauld, JZ 2000, S. 278.

18) Vgl. Isensee, Das Grundrecht als Abwehrrecht und als staatliche Schutzpflicht, HdbStR V, 1992, § 111 Rz. 44 f.; Bethge, Der Grundrechtseingriff, VVDStRL 57(1998), S. 11; C. Schmitt, Verfassungslehre, 1957, S. 126.

19) Vgl. Pieroth/Schlink, Grundrechte Staatsrecht Ⅱ, 2000, Rn. 44.

이 과잉금지원칙을 명문으로 규정하는지의 여부와 관계없이, 자유권의 본질로부터 국가권력의 한계로서 과잉금지원칙이 도출된다. 헌법이 입법자에게 자유권을 제한할 수 있는 권한을 부여하는 모든 법률유보조항에 내재하는 불문법적 헌법상의 원칙이 바로 과잉금지원칙이다.

(2) 또한, 과잉금지원칙은 국가권력을 제한하려는 법치국가원리에 그 이론적 바탕을 두고 있다. 독일 연방헌법재판소는 이미 초기의 판례에서 과잉금지원칙을 법치국가원리로부터 도출하였고,[20] 이는 아직도 독일 학계의 지배적 견해 중의 하나이다. 우리 헌법재판소도 과잉금지원칙을 법치국가원리로부터 파생하는 헌법적 원칙으로 판시하고 있다.[21] 여기서 법치국가원리란 국가행위의 예측성·지속성을 그 주된 내용으로 하는 형식적 법치국가원리가 아니라, 정의의 이념을 실현해야 하는 실질적 법치국가원리를 의미한다.[22] 과잉금지원칙은 자의금지원칙과 더불어 '정의'의 본질적 구성부분이자, 법치국가원리에 내재한 정의 이념의 구체적 표현이라 할 수 있다.[23] 법치국가원리가 지향하는 정의의 이념으로부터 '국가행위에 대한 기준'으로서, '목적에 비추어 적정한 국가행위'에 대한 요청인 과잉금지원칙이 도출된다.

(3) 자유권 또는 법치국가원리에서 도출되는 헌법적 원칙으로서 과잉금지원칙은 입법자뿐만 아니라 법적용기관 등 모든 국가권력을 구속하는 포괄적인 헌법원칙으로서, 자유를 제한하는 모든 국가공권력에 대하여 적용되는 원리이다. 이에 대하여 헌법 제37조 제2항에서 구체화된 과잉금지원칙은 단지 입법자에 대한 요청으로서 기본권 제한입법의 한계규정이다. 헌법은 제37조 제2항에서 모든 법률유보에 내재한 헌법적 요청, 즉 입법자에 대한 요청을 명문으로 규정한 것이다. 헌법 제37조 제2항에 규정된 과잉금지원칙은 단지 법치국가적 과잉금지원칙의 일부분에 해당하는 것으로, 단지 입법자와의 관계에서 헌법적 근거를 제공할 뿐이다.

나. 과잉금지원칙의 적용조건으로서 '원칙과 예외의 관계'

과잉금지원칙을 자유권의 자유보장기능을 이행하기 위한 필수적 헌법적 요청

20) BVerfGE 23, 127, 133.

21) 헌재 1992. 12. 24, 92헌가8, 판례집 4, 853, 878, "과잉금지원칙이라 함은… 법치국가의 원리에서 당연히 파생하는 헌법상의 기본원리의 하나인 비례의 원칙을 말하는 것이다."

22) Vgl. Grabitz, Der Grundsatz der Verhältnismäßigkeit in der Rechtsprechung des Bundesverfassungsgerichts, AöR 98(1973), S. 584; Stern, Staatsrecht III/2, S. 772.

23) Vgl. H. Schneider, Zur Verhältnismäßigkeitskontrolle insbesondere bei Gesetzen, Bundesverfassungsgericht und Grundgesetz II, 1976, S. 393 f.

으로서 무엇보다도 자유권의 본질과 법치국가원리로부터 도출한다면, 과잉금지원칙의 적용범위도 원칙적으로 자유권 또는 적어도 자유권과 근본적으로 유사한 '원칙과 예외의 관계'에 제한되어야 한다. 즉, 과잉금지원칙의 적용은 '국가행위의 정당성차원에서 원칙과 예외의 관계'를 전제로 하는 것이다.[24] 따라서 과잉금지원칙을 적용하기 위해서는 헌법규범으로부터 자유권의 경우와 유사한 '원칙과 예외의 관계'를 도출할 수 있어야 한다.

자유권의 경우, 그 본질과 헌법의 규정형식에 비추어 개인의 자유가 원칙이고 그에 대한 제한이 예외라는 원칙과 예외의 관계가 형성된다. 우리 헌법은 제10조에서 인간의 존엄과 가치 및 행복추구권을 천명하고 불가침의 기본적 인권을 확인하고 보장해야 할 국가의 의무를 규정함으로써 국가가 개인의 자유에 대한 경계를 설정하는 경우 개인의 자유가 국가에 대하여 선재하는 것으로 원칙과 예외의 관계를 확립하고 있으며, 규정형식에 있어서도 "법률에 정하는 바에 의하여" 보장되는 것이 아니라 "자유를 가진다", "침해받지 아니한다"고 하여 원칙적으로 보장하면서 다만 '필요한 경우에 한하여 제한될 수 있다'고 규정함으로써 '원칙과 예외의 관계'를 강조하고 있다.

이에 대하여 헌법이 "법률이 정하는 바에 의하여" 보장하는 기본권의 경우, 위와 같은 성격의 '원칙과 예외의 관계'가 성립하지 않는다. 따라서 원칙과 예외의 관계가 성립하지 않는 '형성적 법률유보를 가지는 기본권'의 경우에는 헌법 제37조 제2항의 과잉금지원칙이 적용되지 않는다.

Ⅳ. 형성적 법률유보를 가지는 기본권에서 과잉금지원칙의 적용여부

아래에서는 형성적 법률유보를 가지는 자유권, 선거권, 청구권적 기본권, 사회적 기본권을 각 기본권별로 그 특성과 과잉금지원칙의 적용여부에 관하여 보다 상세하게 살펴보기로 한다.

---

24) Vgl. Arnauld, Die normtheoretische Begründung des Verhältnismäßigkeitsgrundsatzes, JZ 2000, S. 279; Alexy, Theorie der Grundrechte, 1996, S. 100 ff.; Stern, Staatsrecht Ⅲ 2, 1994, S. 794 f.

1. 형성적 법률유보를 가진 자유권

가. 자유권 제한적 법률유보와 자유권 형성적 법률유보의 구분

자유권은 원칙적으로 입법자에 의한 구체적 형성을 필요로 함이 없이 직접 실현될 수 있는 권리로서, 대부분의 입법은 자유권에 대한 제한을 의미한다. 그러나 자유권의 영역에서 모든 입법이 자유권을 제한하는 성격을 가지고 있는 것은 아니다. 입법자는 경우에 따라 자유권에 우호적인 입법을 할 수 있다. 자유권에 따라서는 법률에 의하여 기본권의 보호대상이 구체적으로 형성됨으로써, 개인이 입법자에 의한 입법을 통하여 비로소 기본권을 행사할 수 있는 경우가 있다. 예컨대, 법질서에 의하여 재산의 소유가 비로소 '재산권'이 되고, 여성과 남성의 생활공동체가 '혼인'이 된다. 이 경우, 입법자는 자유권의 보호범위에 포함되는 개인의 행위를 막고자 하는 것이 아니라, 개인이 자유권을 행사할 수 있도록 행위가능성을 개방하고 확대하는 것이다. 이 경우, 국가행위가 기본권제한적 효과를 가지고 있지 않으므로 자유권의 방어권적 기능과 관련된 기본권제한의 문제가 아니다.

따라서 입법자가 자유권에 의하여 보호되는 자유영역을 규율하는 경우는 자유영역을 공익상의 목적을 위하여 제한하는 경우(소위 '기본권제한적 법률유보')와 자유권의 보호대상을 입법을 통하여 구체적으로 형성하거나 기본권적 자유를 행사하기 위한 조건을 형성하는 경우(소위 '기본권형성적 법률유보')로 나누어 볼 수 있다.[25] 아래에서는 자유권을 형성하는 법률유보의 대표적인 예인 재산권보장을 살펴보기로 한다.

나. 헌법 제23조의 재산권보장

(1) 헌법 제23조 제1항은 전문에서 "모든 국민의 재산권은 보장된다"고 하면서 이어서 후문에서 "그 내용과 한계는 법률로 정한다"고 하여 일견(一見) 서로 모순되는 내용을 규정하고 있다. 입법자가 스스로 재산권의 내용을 정한다면, 법률에 의하여 그 내용이 결정되는 기본권이 어떻게 입법자를 구속할 수 있는지 하는 의문을 제기한다. 이러한 의문은 곧, 입법자가 '헌법상 보장된 기본권으로서

25) 자유권과 관련한 기본권형성유보에 관하여 계희열, 헌법학(중), 2004, 146면; Lerche, Grundrechtlicher Schutzbereich, Grundrechtsprägung und Grundrechtseingriff, HdbStR Bd. V, 1992, § 121 Rz. 37 ff.; Bethge, Grundrechtseingriff, VVDStRL 1998, S. 28 f.; Sachs, Verfassungsrecht Ⅱ, S. 104 f.; Pieroth/Schlink, Grundrechte Staatsrecht Ⅱ, 2001, Rz. 226 ff.; Isensee, Das Grundrecht als Abwehrrecht und als staatliche Schutzpflicht, HdbStR V, 1992, § 111 Rz. 51; Nierhaus, Grundrechte aus der Hand des Gesetzgebers?, AöR 116(1991), S. 72, 82 ff., 90 ff.

재산권보장'의 구속을 받는다면, 입법자는 헌법적으로 어떠한 내용의 구속을 받는지, 입법자가 재산권의 내용을 정한다면, 어떠한 기준으로 입법자가 형성한 법률의 위헌성을 판단할 수 있는지 하는 또 다른 의문으로 이어진다. 결국, '헌법'과 '입법자'의 관계, 즉 '재산권보장'과 '입법형성권'의 관계는 재산권의 핵심적인 헌법적 문제이다.

(2) 자유권에 따라서는 그 보호대상이 이미 사전에 정해진 것이 아니라 구체적 보호대상이 법질서에 의하여 비로소 형성되는 것이 있는데, 그 대표적인 것이 바로 재산권이다. 재산권의 내용과 한계는 입법자가 법률로써 정하게 된다(헌법 제23조 제1항 후문). 입법자는 법률로써 '무엇이 헌법상 재산권보장의 의미에서의 재산권에 해당하는지'를 정함으로써, 재산권의 보호대상이 비로소 입법자에 의하여 형성된다. 이러한 입법자의 형성행위는 그 자체로서는 재산권에 대한 제한이 아닌 것이다.[26]

그러나 입법자의 형성권이 무제한적인 것은 아니다. 헌법 제23조 제1항에서 말하는 "재산권은 보장된다"의 의미는, 법률로 형성되어 개인에게 귀속된 구체적인 재산권을 기본권으로 보장한다는 주관적 보장의 의미를 넘어서, 재산권을 구체적으로 형성하는 입법자에 대한 객관적인 보장을 의미하고 있다. 재산권보장은 헌법 제23조 제1항의 사유재산권에 관한 헌법적 결정을 존중하여 재산권을 입법적으로 형성할 것을 요청함으로써, 입법자가 법률로써 재산권을 위헌적으로 형성하는 것에 대하여 객관적인 보호를 제공한다.

입법자는 헌법 제23조의 재산권보장의 구속을 받으므로, 입법을 통하여 사유재산권을 존중하고 실현해야 할 의무를 진다. 재산권보장의 구속을 받는 입법자가 스스로 재산권의 내용을 확정한다는 외견상의 모순은 입법자가 사유재산권을 보장하는 헌법 제23조의 기본정신에 구속을 받음으로써 해소된다. 입법자는 재산권의 보호대상을 구체적으로 형성함에 있어서 사유재산에 관한 헌법의 기본결정, 즉 '원칙적으로 재산적 가치를 사적으로 유용하게 사용할 수 있고 처분할 수 있도록 개인에게 귀속시켜야 한다는 요청'과 '재산권의 사회적 기속성'(헌법 제23조 제2항)을 함께 고려해야 한다.[27] 입법자가 일방적으로 사회적 기속성을 강조하여 법

26) 헌재 1993. 7. 29, 92헌바20, 판례집 5-2, 36, "우리 헌법상의 재산권에 관한 규정은 다른 기본권규정과는 달리 그 내용과 한계가 법률에 의해 구체적으로 형성되는 기본권형성적 법률유보의 형태를 띠고 있으므로, 재산권의 구체적 모습은 재산권의 내용과 한계를 정하는 법률에 의하여 형성되고, 그 법률은 재산권을 제한한다는 의미가 아니라 재산권을 형성한다는 의미를 갖는다"고 판시하고 있다.

27) 이에 관하여 상세하게 한수웅, "재산권의 내용을 새로이 형성하는 법규정의 헌법적 문제," 저스티스, 1999. 6, 39면 이하 참조.

익형량을 잘못한 경우, 재산권의 내용과 한계를 정하는 규정은 사유재산권을 보장하는 헌법 제23조의 가치결정에 위반되어 재산권을 침해하게 된다.[28]

물론, 재산권을 형성하는 대부분의 법률이 동시에 재산권을 제한할 수 있다. 재산권의 내용과 한계를 정하는 법률이 재산권을 새로이 형성함으로써 과거에 구법에 의하여 형성된 재산권의 행사가능성을 축소하거나 폐지하는 경우, 재산권을 새로이 형성하는 법률이 동시에 기득재산권을 제한하는 효과를 가진다. 예컨대, 저작권의 보호기간을 30년에서 15년으로 축소하는 법률은 장래에 있어서 저작권의 내용을 새롭게 형성하는 규정이자, 동시에 구법 하에서 적법하게 취득한 기득저작권을 제한하는 규정이다. 따라서 재산권제한의 2가지 형태는 '재산권을 형성하는 내용규정에 의한 기득재산권의 제한'과 '공용침해'이다.[29]

(3) 재산권을 민법상의 소유권과 같이 '무제한적이고 절대적인 권리'로 이해하는 경우에만 이러한 권리에 대한 제한을 과잉금지원칙에 따라 수단의 적합성과 최소침해성 및 법익균형성을 판단하는 것이 정당화된다. 그러나 재산권이 입법자에 의하여 비로소 형성된다는 관점에서 본다면, 재산권을 형성하는 법률의 위헌성을 심사하는 기준으로서 과잉금지원칙이 적용될 수 있는지에 대해서는 의문이 제기된다.[30]

입법자가 재산권의 내용을 법률로써 구체적으로 형성함에 있어서 형성의 자유의 한계를 넘었는지를 판단하는 기준은 수단의 적합성과 최소침해성 및 법익균형성을 그 요소로 하는 과잉금지원칙이 아니라, 상충하는 법익을 서로 비교형량하여 양 법익이 조화와 균형을 이룰 것을 요청하는 실제적 조화의 원칙 또는 협의의 비례원칙(법익균형성원칙)이다.

입법자는 사적 유용성과 원칙적인 처분권을 그 본질로 하는 헌법상의 재산권보장(제23조 제1항 제1문)과 재산권의 제한을 요청하는 공익 등 재산권의 사회적 기속성(제23조 제2항)을 함께 고려하고 조정하여 양 법익이 조화와 균형을 이루도록 하여야 한다.[31] 이는 사유재산권의 보장에 의하여 원칙적으로 인정된 재산권

28) 예컨대, 입법자는 창작활동이나 발명의 결과에 대한 '재산적 가치'를 법률을 통하여 구체적인 재산권으로 형성함에 있어서, 창작물이나 발명의 재산적 가치가 저작자나 발명자에게 원칙적으로 귀속되도록 형성할 것을 요청하는 헌법상 재산권보장의 구속을 받을 뿐 아니라, 한편으로는 창작물이나 발명이 국민일반에 대하여 가지는 사회적 의미를 동시에 고려하여 양 법익을 조화와 균형의 상태에 이르도록 형성해야 하다. 따라서 입법자가 지적재산권의 보호범위, 내용, 보호기간 등을 정함에 있어서 헌법상의 재산권보장 또는 재산권의 사회적 의무성을 일방적으로 고려한다면, 이러한 법규정은 위헌일 수 있다.

29) Vgl. Pieroth/Schlink, Grundrechte Staatsrecht Ⅱ, Rz. 920, 899.

30) 이러한 논의에 관하여 Bryde, in: Münch/Kunig, GGK, 2000, Art. 14, Rn. 63.

31) BVerfGE 52, 1, 29; 58, 300, 338.

자의 (추상적)이익, 특히 당해 재산권이 재산권자의 개인적 자유에 대하여 가지는 의미와 공익, 즉 당해 재산권에 관한 국민 일반의 이익을 비교형량하는 결과를 가져온다. 장래를 향하여 재산권을 형성하는 법규정에서 재산권의 사회적 의무성(공익)과 교량되어야 하는 법익이란, 개인의 구체적인 권리로서의 재산권이 아니라 헌법상 재산권을 구성하는 '추상적 내용'으로서의 재산권이다.

물론, 재산권의 내용을 새롭게 형성하는 법률은 일반적으로 재산권을 형성하는 법률이자 동시에 구법 하에서 형성된 구체적 재산권을 제한하는 법률이므로, 이러한 경우에는 기득재산권의 제한과 관련하여 과잉금지원칙이 적용될 수 있다.[32] 그러나 재산권을 최초로 형성하는 법률의 위헌성을 심사하는 기준으로는 과잉금지원칙이 아니라 단지 법익형량의 요청, 즉 협의의 비례원칙이 적용될 수 있을 뿐이다.

2. 선 거 권

가. 선거권의 특성

헌법은 제24조에서 "모든 국민은 법률이 정하는 바에 의하여 선거권을 가진다"고 하여 선거권의 구체적 내용을 입법을 통하여 형성하도록 입법자에게 위임하고 있다.[33] 헌법 제24조는 "법률이 정하는 바에 의하여"란 표현에서 뚜렷하게 드러나듯이, 선거권을 제한하는 권한을 입법자에게 부여하는 규정이 아니라 입법자에 의한 구체적 형성을 요구하고 있는 것이다.[34] 그러나 입법자의 형성권은 무

32) 헌법재판소는 "입법자가 헌법 제23조 제1항 및 제2항에 의하여 재산권의 내용을 구체적으로 형성함에 있어서는, 헌법상의 재산권 보장의 원칙과 재산권의 제한을 요청하는 공익 등 재산권의 사회적 제약성을 비교형량하여, 양 법익이 조화와 균형을 이루도록 하여야 한다. 입법자가 형성의 자유의 한계를 넘었는가 하는 것은 비례의 원칙에 의하여 판단하게 된다. 공익을 실현하기 위하여 입법자가 적용한 구체적 수단이 비례의 원칙에 합치된다고 하기 위해서는, 우선 그 입법목적이 정당하여야 하고, 입법자가 선택한 수단이 의도하는 입법목적을 달성하고 촉진하기에 적정하여야 하며, 입법목적을 달성하는 데 있어서 효율적인 여러 수단 중에서 가장 기본권을 존중하고 적게 침해하는 수단을 사용하여야 하고, 법률에 의하여 기본권이 침해되는 정도와 법률에 의하여 실현되는 공익의 비중을 전반적으로 비교형량하였을 때 양자 사이의 적정한 비례관계가 성립하여야 한다"고 하여 과잉금지원칙을 적용하고 있다(헌재 1998. 12. 24, 89헌마214등, 판례집 10-2, 927, 948; 헌재 1999. 4. 29, 94헌바37, 판례집 11-1, 289, 310 참조).

33) 헌법 제25조에서는 "모든 국민은 법률이 정하는 바에 의하여 공무담임권을 가진다"고 하여 피선거권의 구체적 형성을 입법자에 위임하고 있다.

34) "자세한 것은 연방법률로 정한다"고 규정하는 독일 기본법 제38조 제3항의 법적 성격이 기본권제한적 법률유보가 아니라 선거원칙을 절차적으로 형성할 권한을 부여하고 있다는 것에 관하여 v. Münch, GGK Ⅱ, 1983, Art. 38 Rn. 67; Kunig, Fragen zu den Wahlrechtsgrundsätzen, Jura 1994, S. 555; Sachs, Verfassungsrecht Ⅱ Grundrechte, 2000, S. 123, 516; Pieroth/Schlink, Grundrechte Staatsrecht Ⅱ, 2000, Rz. 1037, 1055.

제한적인 것이 아니라, 선거권을 보장한 기본정신, 특히 민주주의원리를 비롯한 헌법규범에 의하여 제한된다. 헌법은 무엇보다도 제41조 제1항 및 제67조 제1항에서 보통·평등·직접·비밀선거의 일반적 선거원칙을 규정함으로써 입법자가 준수해야 할 지침을 제시하고 있다. 그러므로 입법자는 선거관련입법을 통하여 국민의 선거권을 구체적으로 형성함에 있어서 헌법규범, 특히 헌법상의 선거원칙을 존중하고 실현해야 한다. 입법자의 구체적 형성이 헌법상 선거원칙에 위반되는 경우, 입법자는 헌법 제24조의 선거권을 침해하게 된다.

국가의사형성에 적극적으로 참여할 국민의 권리인 선거권은 입법에 의하여 비로소 구체적 권리로 형성되는 것으로, '국민 누구나가 아무런 제한 없이 마음대로 선거할 수 있는 권리'란 존재할 수도 없고, 상정할 수도 없다. 그러므로 자유권과 같이 '원칙적으로 자연적으로 존재하는 생활영역'을 보호범위로 설정하고 입법자의 법률을 이에 대한 제한으로 볼 수 없다.

나. 선거권과 과잉금지원칙

(1) 학계의 다수견해는 과잉금지원칙의 적용가능성에 관한 아무런 별도의 검토 없이, 선거권에 대해서도 헌법 제37조 제2항의 기본권제한적 법률유보조항을 자동적으로 적용하고 있다.[35] 일부 학자는 선거권의 경우 기본권제한적 법률유보가 아니라 형성적 법률유보에 관한 것임을 인식하면서도 기본권제한에 관한 일반원리에 따라 제한될 수 있다는 견해를 피력하고 있다.[36]

그러나 선거권을 제한하는 법률에 대하여 헌법 제37조 제2항의 과잉금지원칙에 따라 입법목적과 입법수단의 상관관계를 입법목적의 정당성, 수단의 적합성, 수단의 최소침해성 및 법익균형성의 단계별로 판단하는 것은, 헌법상 선거원칙의 실체적 요청을 전혀 고려할 수 없다는 근본적인 문제를 안고 있다. 선거권을 제한하는 선거법의 경우, 입법자가 특정 입법목적을 달성하기 위하여 선거법(선거권의 제한)이란 입법수단을 선택한 것이 아니라, 국민의 선거권을 헌법의 지침에 따라 구체적으로 형성하면서 선거원칙에 대한 예외를 요청하는 법익을 고려한 결과가 선거법이기 때문이다.

---

35) 권영성, 헌법학원론, 2006, 586면; 허영, 한국헌법론, 2006, 534면; 김철수, 헌법학개론, 2006, 980면; 성낙인, 헌법학, 2006, 556면.

36) 예컨대 허영, 한국헌법론, 2006, 530면에서 '헌법에 규정된 이 같은 선거권형성적 법률유보는 선거권을 실현하고 보장하기 위한 것이지 선거권을 제한하기 위한 것이 아니기 때문에, 입법권자가 그의 입법형성권에 의해서 선거법을 제정하는 경우에는 헌법에 명시된 선거원칙을 존중해야 한다'고 하면서, 한편으로는 534면에서 '국민의 참정권은 기본권제한입법의 한계조항(헌법 제37조 제2항)의 범위 내에서 제한될 수 있다'고 한다.

따라서 선거권을 제한하는 법률의 위헌여부는 '달성하려는 목적에 비추어 투입된 수단이 과잉인지'의 관점이 아니라 '법률이 헌법상 선거원칙에 위반되는지'의 관점에 의하여 판단되어야 한다. 선거권과 관련된 헌법재판소의 결정에서 문제되는 것은, 입법자가 선거권을 과잉으로 제한하였는지의 문제가 아니라 '헌법상 선거원칙의 요청'과 '선거원칙에 대한 예외를 요청하는 다른 법익' 간의 형량의 결과, 선거원칙에 대한 예외가 합리적인 사유로 정당화되는지의 문제인 것이다. 더욱이, 보통선거원칙과 평등선거원칙은 '선거의 영역에서 평등원칙이 구체화된 헌법적 표현'이라는 점에서 근본적으로 자유권의 문제가 아니라 평등의 문제이므로, 그 본질상 자유권에 대한 제한을 전제로 그 제한의 정당성여부를 판단하는 과잉금지원칙을 선거권에 적용하는 것은 처음부터 해결될 수 없는 문제를 안고 있다.

선거법의 경우 입법목적과 수단의 관계를 과잉금지원칙에 따라 기계적으로 판단한다면, 자칫하면 위헌성심사에서 헌법상의 지침인 선거원칙을 시야에서 잃어버릴 위험이 있다. 예컨대, 선거연령을 20세로 제한한 선거법규정의 위헌여부를 판단함에 있어서 가령 입법목적(정치적 판단능력의 고려)의 정당성, 수단(선거연령규정)의 적합성, 수단의 최소침해성, 법익균형성(선거권제한의 효과와 제한을 정당화하는 법익인 정치적 판단능력의 법익형량)을 심사한다면, '국가권력의 지배를 받는 모든 국민은 원칙적으로 선거권을 가져야 한다'는 헌법상 선거원칙인 보통선거원칙에 비추어 입법자가 선거법을 형성하였는지를 판단할 여지가 없게 된다.

(2) 헌법재판소의 판례를 살펴보더라도, 과잉금지원칙을 적용하여 '입법목적의 정당성', '수단의 적합성', '수단의 최소침해성' 및 '법익균형성'의 단계에 따라 판단한 경우는 찾아보기 어렵다. 헌법재판소는 선거관련입법의 선거권 위반여부를 판단한 대부분의 결정에서 헌법 제37조 제2항이나 과잉금지원칙을 심사기준으로 언급조차 하지 아니하고 단지 '입법자가 헌법상 선거원칙을 존중하여 입법형성권을 제대로 행사했는지'를 심사하고 있다.

예컨대, 선거연령과 관련하여, 헌법재판소는 과잉금지원칙의 3단계에 따른 심사를 한 것이 아니라 미성년자에 대한 선거권의 배제는 헌법상 보통선거원칙에 대한 예외임을 확인한 후 보통선거원칙에 대한 예외를 허용하는 합리적 사유가 있는지의 여부를 판단하였다.[37] 또한, 선거구획정과 관련해서도 헌법재판소는 투표가치의 평등을 요청하는 헌법상 평등선거원칙에 비추어 선거구인구의 편차가 합리적 사유에 의하여 정당화되는지의 여부를 판단하였다.[38] 마찬가지로 1인1표

37) 헌재 1997. 6. 26, 96헌마89 참조.

38) 헌재 1995. 12. 27, 95헌마224; 헌재 2001. 10. 25, 2000헌마92 참조.

국회의원선거제와 관련해서도, 헌법재판소는 지역구선거에서 표출된 유권자의 의사를 그대로 정당에 대한 지지의사로 의제하여 비례대표의석을 배분하는 것이 직접선거원칙 및 평등선거원칙에 위반되는지, 이로써 유권자의 선거권을 침해하는지의 여부를 판단하였다.39)

다만, 일부 소수의 판례에서 과잉금지원칙에 따른 단계별 심사를 불완전하나마 시도하였는데, 아래에서는 선거권에 과잉금지원칙을 적용한 헌법재판소 결정을 예로 삼아 그 문제점을 살펴보고자 한다.

다. 선거권에 관한 헌법재판소의 판례

(1) 헌재 1999. 1. 28, 97헌마253등(재외국민 선거권 사건 I)

(가) 결정의 요지

재외국민에 대하여 선거권을 부여하지 아니하는 공직선거및선거부정방지법 제37조 제1항의 위헌여부가 문제된 위 결정에서 헌법재판소는 다음과 같이 판시하였다.

"보통선거의 원칙은 선거권자의 능력, 재산, 사회적 지위 등의 실질적인 요소를 배제하고 성년자이면 누구라도 당연히 선거권을 갖는 것을 요구한다. 선거권자의 국적이나 선거인의 의사능력 등 선거권 및 선거제도의 본질상 요청되는 사유에 의한 내재적 제한을 제외하고 보통선거의 원칙에 위배되는 선거권 제한 입법을 하기 위해서는 기본권 제한 입법에 관한 헌법 제37조 제2항의 규정에 따라야 한다. 따라서 기본권을 제한하는 입법을 함에 있어서는 입법목적의 정당성과 그 목적달성을 위한 방법의 적정성, 피해의 최소성, 그리고 그 입법에 의해 보호하려는 공공의 필요와 침해되는 기본권 사이의 균형성을 모두 갖추어야 하며 이를 준수하지 않은 법률 내지 법률조항은 기본권 제한의 입법적 한계를 벗어난 것으로 헌법에 위반된다"고 판시함으로써 '선거권을 포함한 기본권 제한 입법의 기본원칙'이 과잉금지원칙임을 확인하고, ([판시사항] 1.)이어서 "선거권에 관하여 거주요건을 둠으로써 재외국민에 대하여 선거권을 인정하지 아니하는 공직선거및선거부정방지법 제37조 제1항은, 국토가 분단된 우리나라의 현실, 선거의 공정성 확보상의 문제점, 선거기술상의 문제점 및 납세의무 등 국민의 의무와 선거권과의 관계 등을 고려하면, 그 입법목적에 있어서 정당할 뿐 아니라 그 입법에 의하여 보호하려는 공공의 필요와 침해되는 기본권 사이의 균형성을 갖추었고 그 목적달성을 위하여 적절한 방법을 취하고 있다고 할 것이다."라고 판단하였다([판시사항] 2.)

39) 헌재 2001. 7. 19, 2000헌마91 참조.

(나) 평 가

1) 위 결정에서 헌법재판소는 '과잉금지원칙은 선거권을 포함한 모든 기본권 제한의 기본원칙'이라고 판시함으로써 선거권에 관한 잘못된 전제에서 출발하고 있다. 그 결과, "보통선거의 원칙에 위배되는[40] 선거권 제한 입법을 하기 위해서는 기본권 제한 입법에 관한 헌법 제37조 제2항의 규정에 따라야 한다."고 하여, 선거법규정이 입법목적과 입법수단의 상관관계를 판단하는 과잉금지원칙에 부합한다면, 이는 곧 보통선거원칙에 부합하는 것이라고 이해하고 있다. 이는 '과잉금지원칙에 의한 심사'와 '보통선거원칙에 의한 심사'를 동일시하는 것인데, 이미 위에서 서술한 바와 같이, 과잉금지원칙에 의한 심사는 보통선거원칙의 헌법적 요청을 반영할 수 없다.

2) 그 결과, 헌법재판소는 심판대상조항의 위헌성을 과잉금지원칙에 따라 형식적으로 심사함으로써[41] '심판대상조항이 보통선거원칙에 부합하는지'에 관한 실체적 판단을 하지 아니하였다. 이로써, 헌법재판소는 선거권위반여부를 판단하는 가장 중요한 심사기준인 선거원칙을 위헌성심사에서 고려하지 않는 오류를 범하였다.

또한, 헌법재판소는 위 결정이유에서 '수단의 최소침해성'의 판단을 하지 않았는데, 이는 선거권의 경우 '최소침해성의 심사'가 불가능하고 무의미하다는 것을 헌법재판소 스스로 인식한 것에 기인하는 것으로 보인다. 뿐만 아니라, 법익균형성의 단계에서도 '입법에 의하여 보호하려는 공공의 필요와 침해되는 기본권 사이의 균형성을 갖추었다'고 언급함으로써, 법익균형성을 판단하는 것이 아니라 단지 선언하는 것에 그치고 있다. 무엇보다도, 보통선거원칙을 내용적 지침으로 삼지 않고 단지 수단과 목적간의 상관관계를 판단하는 이러한 형식적 심사는 '선거권의 제한을 정당화하는 공익'(선거의 공정성확보, 선거기술상의 문제)과 '선거권제한의 효과'(선거권의 박탈) 사이의 법익균형성을 일반적으로 폭넓게 인정하는 결과에 이르게 됨으로써, '가능하면 모든 국민에게 원칙적으로 선거권을 인정할 것'을 요청하는 헌법상 보통선거원칙의 엄격한 기준을 무력하게 하고 상대화하는 위험

40) "보통선거원칙에 위배되는"의 표현은 아마도 "보통선거원칙의 예외에 해당하는"을 의미하는 것으로 보인다.

41) 헌법재판소는 위 결정에서 과잉금지원칙의 단계에 따른 별도의 심사를 한 것이 아니라, '입법목적이 정당하고 수단이 적합하며 법익균형성도 갖추었다'고 하여 단지 형식적 심사에 그치고 있다. 더욱이, 위와 같은 형식적 심사에 이어서 "재외국민에 대하여 선거권을 인정하지 아니하는 것이 비록 바람직하지 아니하다고 하더라도 앞에서 본 바와 같이 합리적인 이유가 있다고 한다면 이를 두고 지나친 기본권의 제한이라고는 할 수 없다"고 언급함으로써, 과잉금지원칙은 결국 '선거권제한을 정당화하는 합리적인 이유의 존부'를 판단하기 위한 수단임을 자인하고 있다.

이 있다.

결국, 헌법상 선거원칙을 내용적으로 반영할 수 없는 과잉금지원칙을 적용하는 경우 입법자의 형성권을 제한하는 헌법상의 요청을 고려할 수 없기 때문에, 선거법규정에 대한 위헌심사가 단지 형식적인 심사에 그칠 수 있다는 것을, 위 결정은 대표적으로 보여주고 있다.

(2) 헌재 2007. 6. 28, 2004헌마644등 결정(재외국민 선거권 사건 II)

위 결정에서 문제되는 것은, 주민등록을 요건으로 재외국민의 국정선거권을 제한하는 공직선거법 제37조 제1항이 재외국민의 선거권을 침해하고 보통선거원칙을 위반하는지 여부이다.

(가) 결정의 요지

1) 선거권 제한의 한계42)

헌법 제24조는 모든 국민은 '법률이 정하는 바에 의하여' 선거권을 가진다고 규정함으로써 법률유보의 형식을 취하고 있지만, 이것은 국민의 선거권이 '법률이 정하는 바에 따라서만 인정될 수 있다'는 포괄적인 입법권의 유보하에 있음을 의미하는 것이 아니다. 국민의 기본권을 법률에 의하여 구체화하라는 뜻이며 선거권을 법률을 통해 구체적으로 실현하라는 의미이다.

이러한 법률유보는 선거권을 실현하고 보장하기 위한 것이지 제한하기 위한 것이 아니므로, 선거권의 내용과 절차를 법률로 규정하는 경우에도 국민주권을 선언하고 있는 헌법 제1조, 평등권에 관한 헌법 제11조, 국회의원선거와 대통령선거에 있어서 보통·평등·직접·비밀선거를 보장하는 헌법 제41조 및 제67조의 취지에 부합하도록 하여야 한다. 그리고 민주주의 국가에서 국민주권과 대의제 민주주의의 실현수단으로서 선거권이 갖는 이 같은 중요성으로 인해 한편으로 입법자는 선거권을 최대한 보장하는 방향으로 입법을 하여야 하며, 또 다른 한편에서 선거권을 제한하는 법률의 합헌성을 심사하는 경우에는 그 심사의 강도도 엄격하여야 하는 것이다.

따라서 선거권을 제한하는 입법은 위 헌법 제24조에 의해서 곧바로 정당화될 수는 없고, 헌법 제37조 제2항의 규정에 따라 국가안전보장·질서유지 또는 공공복리를 위하여 필요하고 불가피한 예외적인 경우에만 그 제한이 정당화될 수 있으며, 그 경우에도 선거권의 본질적인 내용을 침해할 수 없다. 더욱이 보통선거의 원칙은 선거권자의 능력, 재산, 사회적 지위 등의 실질적인 요소를 배제하고 성년자이면 누구라도 당연히 선거권을 갖는 것을 요구하므로 보통선거의 원

42) 공보 제129호(85), 769-770면에서 발췌하여 그대로 인용하였음.

칙에 반하는 선거권 제한의 입법을 하기 위해서는 헌법 제37조 제2항의 규정에 따른 한계가 한층 엄격히 지켜져야 한다(헌재 1999. 1. 28, 97헌마253등, 판례집 11-1, 54, 60 참조).

2) 종전 헌법재판소결정의 재검토[43]

국민이면 누구나 그가 어디에 거주하든지 간에 주권자로서 평등한 선거권을 향유하여야 하고, 국가는 국민의 이러한 평등한 선거권의 실현을 위해 최대한의 노력을 기울여야 할 의무를 진다는 것은 국민주권과 민주주의의 원리에 따른 헌법적 요청이다. 입법자는 국민의 선거권 행사를 제한함에 있어서 주권자로서의 국민이 갖는 선거권의 의의를 최대한 존중하여야만 하고, 선거권 행사를 제한하는 법률이 헌법 제37조 제2항의 과잉금지원칙을 준수하고 있는지 여부를 심사함에 있어서는 특별히 엄격한 심사가 행해져야 한다.

따라서 선거권의 제한은 그 제한을 불가피하게 요청하는 개별적, 구체적 사유가 존재함이 명백할 경우에만 정당화될 수 있으며, 막연하고 추상적 위험이라든지 국가의 노력에 의해 극복될 수 있는 기술상의 어려움이나 장애 등의 사유로는 그 제한이 정당화될 수 없다. 북한주민이나 조총련계 재일동포가 선거에 영향을 미칠 가능성, 선거의 공정성, 선거기술적 이유 등은 재외국민등록제도나 재외국민거소신고제도, 해외에서의 선거운동방법에 대한 제한이나 투표자 신분확인제도, 정보기술의 활용 등을 통해 극복할 수 있으며, 나아가 납세나 국방의무와 선거권 간의 필연적 견련관계도 인정되지 않는다는 점 등에 비추어 볼 때, 단지 주민등록이 되어 있는지 여부에 따라 선거인명부에 오를 자격을 결정하여 그에 따라 선거권 행사 여부가 결정되도록 함으로써, 엄연히 대한민국의 국민임에도 불구하고 주민등록법상 주민등록을 할 수 없는 재외국민의 선거권 행사를 전면적으로 부정하고 있는 공직선거법 제37조 제1항은 어떠한 정당한 목적도 찾기 어렵다.

그러므로 공직선거법 제37조 제1항은 헌법 제37조 제2항에 위반하여 재외국민의 선거권과 평등권을 침해하고 헌법 제41조 제1항 및 제67조 제1항이 규정한 보통선거원칙에도 위반된다.

(나) 위 결정의 의미와 문제점

1) 법률유보의 법적 성격에 관한 언급

헌법재판소는 '헌법 제24조의 법률유보가 국민의 기본권을 법률에 의하여 구체화하라는 뜻이며 선거권을 법률을 통하여 구체적으로 실현하라는 의미이며, 이

43) 공보 제129호(85), 772면에서 주로 발췌하여 인용하면서, 부분적으로 '[결정요지] 다.' 부분을 고려하여 보완하였음.

러한 법률유보는 선거권을 실현하고 보장하기 위한 것이지 제한하기 위한 것이 아니다'라고 하여, 선거권의 법률유보가 기본권제한적 법률유보가 아니라 기본권 형성적 법률유보임을 충분히 인식하고 있다. 헌법재판소는 이러한 전제에서 출발하여, '선거권의 내용과 절차를 법률로 규정하는 경우에는 국민주권주의, 평등권 및 선거원칙을 규정하는 헌법 제41조 및 제67조의 취지에 부합하도록 해야 한다'는 타당한 결과에 이르고 있다.

2) 선거권을 제한하는 법률의 위헌판단의 경우 엄격한 심사의 요청

헌법재판소는 '국민이면 누구나 평등한 선거권을 향유해야 한다는 것은 국민주권과 민주주의의 요청이므로, 선거권을 제한하는 법률이 헌법 제37조 제2항의 과잉금지원칙을 준수하고 있는지 여부를 심사함에 있어서 특별히 엄격한 심사가 행해져야 한다. 따라서 선거권의 제한은 그 제한을 불가피하게 요청하는 개별적, 구체적 사유가 존재함이 명백한 경우에만 정당화될 수 있다'고 판시함으로써 선거권의 제한에 대하여 '제한을 불가피하게 요청하는 구체적 사유'라는 엄격한 요청을 하고 있다.

과거 선거권의 제한에 대하여 단지 제한을 정당화하는 합리적인 사유만을 요청한 종래의 판례와 비교할 때, 위 결정에서 취한 헌법재판소의 입장은 보통선거원칙과 평등선거원칙이 비록 선거의 영역에서 평등원칙의 구체화된 표현이기는 하나, 차별대우에 대하여 단지 이를 정당화하는 '합리적인 이유'만을 요구하는 상대적 평등 또는 자의금지원칙을 넘어서 원칙적인 형식적이고 기계적인 평등을 요청한다는 것에 기초하고 있다고 판단된다. 이로써 헌법재판소는 보통선거원칙에 대한 예외를 인정하기 위해서는 '예외를 정당화하는 불가피한 사유'를 요구함으로써 선거권을 규율하는 입법자의 형성권을 보다 축소하고 이에 상응하여 자신의 심사권한을 확대하고 있다.

3) 심사기준으로 과잉금지원칙을 적용한 심사구조의 문제점

헌법재판소가 위 결정에서 헌법 제24조의 형성적 법률유보의 의미를 인식하였고 나아가 선거권제한에 대하여 보다 엄격한 요청을 해야 한다는 '판례의 긍정적인 전환'에도 불구하고, 위헌성여부를 판단하는 구조에 있어서는 상당한 문제를 노출하고 있다. 우선, 법리의 타당성을 떠나 단지 결정이유의 외형만을 살펴보자면, 헌법 제24조의 '법률유보는 선거권을 실현하기 위한 것이지 제한하기 위한 것이 아니다'라는 관점에서 출발하면서, 곧 '헌법 제37조 제2항에 따라 불가피한 예외적인 경우에 한하여 그 제한이 정당화될 수 있다'고 하여 표현상의 모순을 보이고 있다.

가) 헌법재판소가 스스로 밝히고 있는 바와 같이, 헌법 제24조의 법률유보가 선거권을 제한하는 것이 아니라 이를 실현하고 구체화하는 것이며, 입법자가 선거권의 내용과 절차를 법률로써 규정하는 경우에는 입법권을 임의로 행사할 수 있는 것이 아니라 민주주의요청과 헌법상의 선거원칙을 입법의 지침으로 삼아야 한다면, 선거관련입법의 위헌여부도 '법률이 선거권을 과도하게 제한하고 있는지'의 관점이 아니라 '입법자가 선거권을 헌법의 지침에 부합하게 제대로 실현하고 구체화하였는지'의 관점에서 판단해야 한다. 선거관련입법의 위헌여부는 보호법익이나 보호범위에 대한 과잉제한의 문제가 아니라 입법형성권행사의 타당성의 문제인 것이다. 즉, 입법자가 보통선거원칙과 같이 입법자를 구속하는 헌법상의 요청을 입법의 지침으로 삼았음에도 이러한 요청을 이행할 수 없게 만드는 불가피한 사유를 인정할 수 있는지의 문제인 것이다.

따라서 헌법재판소는 국민이라면 누구나 원칙적으로 선거권을 가져야 한다는 '보통선거원칙의 요청'과 '이에 대한 예외를 요청하는 법익'을 대립시키고, 보통선거원칙에 대한 예외를 정당화할 수 있는 사유가 존재하는지를 판단해야 한다. 헌법재판소는 이 과정에서 형식적이고 엄격한 평등을 요구하는 보통선거원칙의 요청에 비추어, 예외를 정당화하는 사유란 단지 합리적 사유가 아니라 불가피한 사유임을 밝혔어야 한다.

나) 그런데 헌법재판소는 선거권을 제한하는 법률이 과잉금지원칙을 준수해야 한다고 함으로써 보통선거원칙의 요청과 과잉금지원칙을 심사기준으로 함께 언급하고 있으나, 입법자의 선거권 형성에 대하여 실체적 요청을 하고 있는 '보통선거원칙'이 아무런 실체적 요청의 제시 없이 단지 수단과 목적의 상관관계만을 파악하는 절차적 기준인 '과잉금지원칙'의 범주 내에서 어떻게 고려될 수 있는지의 문제가 제기된다. 보통선거원칙과 과잉금지원칙은 그 본질상 서로 결합될 수 없다는 속성을 가지고 있으므로, 결정이유에서 양자는 서로 분리된 채 상호 어떠한 관계에 있는지 의문을 자아내고 있다.

뿐만 아니라, 헌법재판소는 과잉금지원칙을 심사기준으로 들고 있으나, 선거관련입법의 위헌여부를 판단하는 기준으로서 과잉금지원칙이 사실상 적용될 수 없기 때문에, 단지 과잉금지원칙의 적용을 선언만 할 뿐 단계별로 구체적인 적용을 하지 아니하고, 보통선거원칙에 대한 예외를 정당화하는 어떠한 목적도 발견할 수 없다는 확인에 그치고 있다. 헌법재판소가 과잉금지원칙을 단계별로 구체적으로 적용하지 않은 것은 적용 그 자체가 불가능하며 무의미하다는 것을 자인하는 것이다.

결국, 헌법재판소는 외형적으로는 과잉금지원칙을 심사기준으로 언급하였으나, 사실상의 심사에 있어서는 보통선거원칙의 헌법적 정신과 이에 대한 예외를 요청하는 법익 사이의 형량을 통하여 예외를 정당화하는 불가피한 사유를 인정할 수 있는지의 여부를 판단함으로써 실질적으로 다른 기준에 의한 심사(입법형성권의 일탈여부)를 하고 있는 것이다.

다) 헌법재판소는 '공직선거법 제37조 제1항은 과잉금지원칙에 위반되어 재외국민의 선거권과 평등권을 침해하고 보통선거원칙에도 위반된다'고 결론을 내리고 있는데, 선거권과 평등권 및 보통선거원칙이 서로 어떠한 관계에 있는지에 관해서도 불명확하다. '평등권과 보통선거원칙의 관계'에 관하여 보자면, 보통선거원칙은 선거영역에서 평등권이 구체화된 특별조항으로서 평등권을 별도로 언급하는 것은 일반 · 특별의 관계에서 타당하지 않으며, 입법자가 보통선거원칙에 위반되어 선거권을 형성하였으므로 그 결과 심판대상조항이 선거권을 침해하는 것으로 '선거권과 보통선거원칙의 관계'를 이해해야 한다고 본다.

3. 청구권적 기본권

'청구권'이란, '개인이 사실적 급부, 법률의 제정(입법행위) 등 국가로부터 적극적인 행위를 요구할 수 있는 권리'로서, 재판청구권과 같은 '협의의 청구권'뿐만 아니라 제3자에 의한 기본권침해에 대하여 국가의 '보호'를 요구할 권리(보호청구권), '사회적 기본권' 등을 모두 포함하는 광의의 개념이다.[44] 국가로부터 일정한 행위나 급부를 요구하는 청구권은 단지 내용적으로 확정된 범위 내에서만 보장될 수 있으므로, 청구권이 법적으로 관철될 수 있는 개인의 주관적 권리로서 보장되기 위해서는 '무엇을 청구할 수 있는가'하는 것이 그 내용과 범위에 있어서 확정되어야 한다.[45] 따라서 청구권은 그 본질상 입법자에 의한 구체적인 형성을 필요로 한다. 즉, 개인이 청구권을 행사하기 위해서는 입법자에 의한 사전적 형성을 필요로 하는 것이다.

아래에서는 우리 헌법상 대표적인 청구권적 기본권이자 헌법실무에서 가장 중요한 비중을 차지하는 청구권인 재판청구권의 예를 통하여 과잉금지원칙의 적용가능성에 관하여 살펴보기로 한다.

---

44) Vgl. Alexy, Theorie der Grundrechte, 1994, S. 402 ff.; v. Heinegg, Grundrechte als Leistungsansprüche des Bürgers gegenüber dem Staat, JA 1995, S. 335 ff.

45) Vgl. Murswiek, Grundrechte als Teilhaberechte, soziale Grundrechte, in: HdbStR Bd. 5, § 112 Rn. 4.

가. 재판청구권의 특성[46)]

(1) 헌법 제27조 제1항은 "모든 국민은 헌법과 법률이 정한 법관에 의하여 법률에 의한 재판을 받을 권리를 가진다"고 하여 "법률에 의한" 재판청구권을 보장하고 있다. 헌법은 "법률에 의한"이란 표현을 통하여 재판청구권을 법률로써 실현하고 구체화해야 하는 의무와 과제를 입법자에게 부과하고 있다.

개인이 재판청구권을 행사하기 위해서는, 즉 권리구제절차를 밟고 권리보호를 구할 수 있기 위해서는, 그 전에 법원이 설립되고 재판관할과 재판절차가 확정되어야 한다. 즉, 재판청구권은 법원조직법이나 절차법과 같은 입법자의 구체적인 형성을 전제로 한다. 이로써 "법률에 의한" 재판청구권은 원칙적으로 입법자에 의하여 형성된 현행소송법의 범주 내에서 권리구제절차를 보장한다는 것을 밝히고 있다.[47)] 재판청구권의 실현이 법원의 조직과 절차에 관한 입법에 의존하고 있기 때문에 입법자에 의한 재판청구권의 구체적 형성은 불가피하며, 따라서 당사자능력, 소송능력, 변호사강제, 제소기간, 인지첨부 등의 소송법적 규정에 의하여 침해될 수 있는 자연법적 권리는 존재하지 않는다. 그러므로 입법자는 청구기간이나 제소기간과 같은 일정한 기간의 준수, 소송대리, 변호사 강제제도, 소송수수료규정 등을 통하여 원칙적으로 소송법에 규정된 형식적 요건을 충족시켜야 비로소 법원에 제소할 수 있도록, 소송의 주체, 방식, 절차, 시기, 비용 등에 관하여 규율할 수 있다.

그러나 헌법 제27조 제1항은 권리구제절차에 관한 구체적 형성을 완전히 입법자의 형성권에 맡기지는 않는다. 입법자가 단지 법원에 제소할 수 있는 형식적인 권리나 이론적인 가능성만을 제공할 뿐 권리구제의 실효성이 보장되지 않는다면 권리구제절차의 개설은 사실상 무의미할 수 있다. 그러므로 재판청구권은 법적 분쟁의 해결을 가능하게 하는 적어도 한 번의 권리구제절차가 개설될 것을 요청

---

46) 재판청구권에 관하여 자세하게 한수웅, "헌법 제27조의 재판청구권," 헌법논총 제10집, 1999, 349면 이하.

47) 일부 학자는 '입법권은 헌법상 청구권적 기본권의 구속을 받으며, 입법자가 법률로써 헌법상 청구권의 부여 여부를 결정할 수 없기 때문에, 청구권적 기본권을 규율하는 법률은 기본권형성적 유보가 아니다'라고 주장한다(가령 김철수, 헌법학개론, 2006, 901면, 이를 따라 성낙인, 헌법학, 2006, 620면). 그러나 이러한 견해는, '기본권형성적 법률유보의 경우 입법자는 마음대로 기본권을 형성할 수 있으며, 기본권의 구속을 받지 않는다'는 잘못된 인식에 기인하는 것이다. 기본권형성유보란 단지 당해 기본권의 구체적 내용이 입법자에 의하여 비로소 형성된다는 것을 의미할 뿐, 입법자가 기본권의 구속을 받지 않는다는 것을 의미하지는 않는다. 입법자는 헌법의 구속을 받고, 이로써 모든 기본권의 구속을 받는다는 것은 지극히 당연한 것이다. 재판청구권의 경우 입법자가 어떠한 헌법적 구속을 받는지에 관하여 아래 본문 참조할 것.

할 뿐만 아니라, 그를 넘어서 소송절차의 형성에 있어서 실효성 있는 권리보호를 제공하기 위하여 그에 필요한 절차적 요건을 갖출 것을 요청한다. '효과적인 권리보호의 요청'은 권리구제절차를 입법자가 구체적으로 형성함에 있어서 중요한 기준이자 동시에 입법형성권의 한계를 의미하며, 또한 재판청구권에 내재된 본질적인 요소로서 그의 존재의미이자 헌법적 목적이다.[48]

(2) 헌법이 재판청구권을 규정한 목적은 효과적인 권리보호를 보장하고자 하는 것이므로, 재판청구권은 재판절차의 개설 및 개설된 재판절차에 용이하게 접근하는 것을 보장할 뿐만 아니라, 그를 넘어 법원절차에서 효과적인 권리보호를 보장하기 위한 일련의 개별적 요청을 포함한다. 이에 따라, 재판청구권은 재판절차에의 접근을 통한 권리보호(국민에게 법원절차가 열려있는지의 문제) 및 계속중인 법원절차에서의 권리보호(사법절차가 효과적인 권리보호를 제공하기 위하여 어떻게 형성되어야 하는지의 사법절차의 형성에 관한 문제)를 포함한다. 즉, 재판청구권은 효과적인 권리보호의 관점에서, 법원에의 접근을 법적이나 사실적으로 불가능하게 하거나 아니면 현저하게 곤란하게 하는 것을 금지하는 것 외에도 신속한 재판을 받을 권리, 청문청구권, 공정한 재판을 받을 권리와 같은 재판절차상의 기본권을 포함하는 것이다.

요컨대, 재판청구권이 효과적인 권리보호를 제공하기 위해서는, 첫째 권리구제절차가 개설되어야 하고, 둘째 개설된 권리구제절차에의 접근이 용이해야 하며, 셋째 사법절차가 공정하고도 신속한 권리구제를 보장하도록 형성되어야 한다. 바로 이러한 다양한 요청이 재판청구권의 보장내용이다.

나. 재판청구권과 과잉금지원칙

(1) 학계의 다수견해는 재판청구권도 헌법 제37조 제2항에 따라 제한 될 수 있다고 한다.[49]

그러나 재판청구권은 자유권과 같이 일정한 보호영역을 국가의 침해로부터 방어하고자 하는 부작위청구권이 아니라, 실체적 권리의 구제를 위하여 국가로부터 적극적인 행위를 요구하는 기본권이다. 재판청구권은 입법자에 의한 구체적 형성을 필요로 하는 기본권으로서, 국가로부터 효과적인 권리구제절차의 제공을 요

48) Vgl. Lorenz, Der grundrechtliche Anspruch auf effektiven Rechtsschutz, AöR 105(1980), S. 633ff.; Papier, Justizgewähranspruch, in: Isensee/Kirchhof, Handbuch des Staatsrechts, Bd. VI, 1989, § 153, Rn. 15.

49) 가령 권영성, 헌법학원론, 2006, 602면; 김철수 헌법학개론, 2006, 935면; 성낙인, 헌법학, 2004, 544면 참조.

구할 권리, 즉 효과적인 권리보호를 위한 구제절차의 형성을 요구할 권리이다. 재판청구권에서 문제되는 것은, 국민이 재판청구권을 근거로 하여 '국가로부터 특정한 내용의 권리구제절차를 요구할 수 있는지'에 관한 것이다. 국민이 국가로부터 어느 정도로 권리구제절차를 요구할 수 있는지의 문제는 '효과적인 권리보호를 요청하는 재판청구권의 정신'과 '이에 대립하는 다른 법익'과의 형량과정을 통하여 결정된다.

가령, 국민이 3심급의 권리구제절차, 소송비용을 지불하지 않는 권리구제절차 또는 변호사의 대리를 필요로 하지 않는 권리구제절차, 어느 정도로 신속하고 공정한 권리구제절차를 요구할 수 있는지에 관한 것이다. 여기서 문제되는 것은, 국가에 의한 과잉제한의 여부가 아니라 '국민이 적극적으로 요구할 수 있는 국가행위의 범위'에 관한 것이다. 예컨대, 국가가 인지제도를 규정한다면, 여기서 문제되는 것은, 인지제도가 '소송비용 없이 자유롭게 재판받을 권리'를 과잉으로 제한하는지의 여부가 아니라, 효과적인 권리구제절차를 보장하는 재판청구권의 요청(개설된 권리구제절차에 용이하게 접근할 수 있어야 한다는 요청)과 소송비용의 도입을 요청하는 반대법익(가령, 제한된 사법자원의 남용 방지)을 함께 고려할 때 '국민이 어느 정도로 소송비용의 부담 없는 권리구제절차를 요구할 수 있는지'의 문제인 것이다.[50)]

따라서 국민이 마음대로(예컨대 제소기간이나 소송수수료의 제한을 받음이 없이) 모든 심급(예컨대 3심제 또는 4심제) 또는 모든 형태의 재판(예컨대 배심제나 참심제)을 받을 권리로서 재판청구권은 존재하지도 않고 상정할 수도 없다. 재판청구권의 침해여부는 보호범위에 대한 제한이 과잉인지의 문제가 아니라, 입법자가 헌법상 부여된 형성권의 범위를 일탈하였는지의 문제이다. 구체적으로, 입법자가 재판청구권을 소송법 등 입법을 통하여 구체적으로 형성함에 있어서 한편으로는 재판청구권의 헌법적 요청인 '효과적인 권리보호의 요청'이란 법익과 다른 한편으로는 이에 대립하는 법익(가령, '원할한 사법기능'이나 '법적 안정성,' 재판의 신속성, 재판의 공정성 등)을 비교형량을 통하여 조화와 균형을 이루는 문제인 것이다.[51)] 결국, 재

50) 마찬가지로, 신속한 재판이 문제된다면, '당장 재판받을 권리'에 대한 과잉제한인지의 여부가 아니라 신속한 재판과 공정한 재판의 법익을 교량하여 조화를 이루는 문제이며, 심급의 문제가 제기된다면, '3심급이나 무제한 심급의 재판을 받을 권리'에 대한 과잉제한의 문제가 아니라 재판청구권을 근거로 어느 정도로 심급을 요구할 수 있는지의 문제이며, 청구기간이 문제가 되는 경우, '제소기간의 제한 없이 언제나 재판받을 권리'에 대한 과잉제한의 문제가 아니라 법률관계의 조속한 확정을 요구하는 법적 안정성의 관점과 법원절차에의 용이한 접근을 요구하는 재판청구권의 요청을 조화시키는 문제이다.

51) 예컨대, 헌법재판소는 헌법소원청구와 심판수행에 있어서 변호사강제주의를 취하고 있는 헌법재판소법 제25조 제 3 항에 대하여 제기된 헌법소원심판사건에서, 변호사강제주의가 실현하려는

판청구권과 관련하여 기본권보장의 문제가 제기된다면, 이는 '과잉제한의 문제'가 아니라, 오히려 입법자가 구체적으로 형성한 절차법이 재판청구권의 정신을 제대로 보장하지 못하고 있는지의 판단을 구하는 '과소보장의 문제'인 것이다.

(2) 설사 '효과적인 권리보호'의 요청을 재판청구권의 '보호범위'로 의제하고, 심급의 제한이나 법원절차에의 접근을 어렵게 하는 소송수수료나 제소기간 등 소송법규정 등을 이에 대한 '제한'으로 본다 하더라도, 제한의 정당성을 심사하는 기준으로 과잉금지원칙을 적용하기에는 근본적인 어려움이 있다.

재판청구권에 내재한 '효과적인 권리보호'의 요청은 '절차법규정은 재판청구권이 효과적으로 실현되도록 형성되어야 한다'는 요청을 의미할 뿐, '무엇이 효과적인 권리보호인지'에 관하여는 아무런 내용적 지침을 제시할 수 없다. 재판청구권 스스로가 실체적 기본권을 관철하려는 절차적 기본권으로서 내용적 기준을 결여하고 있기 때문에, 재판청구권에 내재한 효과적인 권리보호의 요청으로부터 소송비용, 기간규정 등 절차법규정의 형성에 관한 구체적인 지침이나 기준을 얻는 것은 불가능하다.

재판청구권은 특정한 생활영역이나 법익을 '실체적' 보호범위로 하는 자유권과는 본질적으로 다른 '형식적' 보장내용('효과적인 권리보호')을 가지고 있기 때문에, 법익형량을 하기 위하여 필요한 실체적 근거를 제공하지 아니한다. 과잉금지원칙을 적용하여 절차법규정의 위헌성을 판단하더라도, 재판청구권이 절차적 기본권으로서 실체적인 보장내용을 지니고 있지 않기 때문에, '재판청구권의 제한이 기본권주체에게 어느 정도로 중대한 효과를 초래하는지'의 관점을 판단할 수 있는 아무런 실체적 근거를 제시하지 아니한다. 이러한 이유에서, 기본권제한 효과의 판단을 전제로 하여 '기본권제한의 효과'와 '공익의 비중'을 교량하는 '법익균형성'의 심사는 사실상 불가능하며, 보다 기본권을 적게 제한하는 대안을 찾는 '수단의 최소침해성'의 심사도 형식적인 심사에 그칠 수밖에 없다. 이로써 과잉금지원칙에 의한 심사는 사실상 '목적의 정당성' 및 '수단의 적합성'에 관한 심사에 제한되는 최소한의 합리성심사를 의미하는데,[52] 이는 바로 재판청구권의 제한을 정당화하는 반대법익을 확인하는 작업에 해당한다.

결국, '절차법규정이 재판청구권에 위반되는지'의 판단은 '제소를 곤란하게

공익상의 법익(소송의 질적 향상, 사법의 원활한 운영, 재판심리의 부담경감 등)과 국민의 재판청구권을 비교형량하여 공익에 우위를 부여함으로써 합헌결정을 하였다(헌재 1990. 9. 3, 89헌마120 등). 또한 유사한 취지로 헌재 2001. 9. 27, 2001헌마152, 판례집 13-2, 447, 452-453 참조.

52) 수단의 적합성이란 국가행위에 대한 일반적 합리성의 요청으로서 실질적 효과에 있어서는 자의금지원칙과 유사하다고 할 수 있다. vgl. Kluth, Das Übermaßverbot, JA 1999, S. 609.

하는 절차법규정이 합리적인 이유로 정당화될 수 있는지'의 여부에 달려있다.[53] 이러한 판단기준은 과잉금지원칙과 유사한 것이 아니라, 자의금지원칙의 의미에서 합리적인 행위를 해야 할 국가의무에 오히려 접근한다고 볼 수 있다. 바로 여기에, 재판청구권의 위반여부를 합리적인 또는 비합리적인 제한인지의 관점에 따라 판단하여 현저하게 불합리한 절차법규정이 아닌 한, 재판청구권에 대한 위반이 부정될 수밖에 없는 이유가 있고, 결과적으로 자유권과 비교할 때 보다 광범위한 입법형성권이 인정되는 이유가 있다.

다. 재판청구권에 관한 헌법재판소 판례

헌법재판소는 재판청구권의 위반여부를 판단함에 있어서 일련의 결정에서 과잉금지원칙 또는 헌법 제37조 제2항을 언급하고 있으나, 위와 같은 이유에서 과잉금지원칙에 따라 입법목적과 수단의 상관관계를 단계별로 판단한 경우는 거의 찾아 볼 수 없다. 재판청구권이 다양한 보장내용을 담고 있으므로, 아래에서는 재판청구권의 보장내용에 따라, 권리구제절차가 개설되어야 한다는 요청, 개설된 권리구제절차에의 접근이 용이해야 한다는 요청, 권리구제절차가 공정하고 신속해야 한다는 요청으로 나누어 살펴보기로 한다.

(1) 헌재 1997. 10. 30, 97헌바37 결정(상고심절차에관한특례법 제4조 위헌소원 등)

(가) 결정요지

헌법이 대법원을 최고법원으로 규정하였다고 하여 대법원이 곧바로 모든 사건을 상고심으로서 관할하여야 한다는 결론이 당연히 도출되는 것은 아니며, "헌법과 법률이 정하는 법관에 의하여 법률에 의한 재판을 받을 권리"가 사건의 경중을 가리지 않고 모든 사건에 대하여 대법원을 구성하는 법관에 의한 균등한 재판을 받을 권리를 의미한다거나 또는 상고심 재판을 받을 권리를 의미하는 것이라고 할 수는 없다. 또한 심급제도는 사법에 의한 권리보호에 관한 한정된 법 발견 자원의 합리적인 분배의 문제인 동시에 재판의 적정과 신속이라는 서로 상반되는 두 가지의 요청을 어떻게 조화시키느냐의 문제로 돌아가므로 원칙적으로 입

53) 헌법재판소 스스로도 이를 인식하여 다음과 같이 판시하고 있다(헌재 2001. 6. 28, 2000헌바77, 판례집 13-1, 1358, 1372 참조). 헌법 제27조 제1항이 규정하는 "법률에 의한" 재판청구권을 보장하기 위해서는 입법자에 의한 재판청구권의 구체적 형성이 불가피하므로 입법자의 광범위한 입법재량이 인정되기는 하나(헌재 1996. 8. 29, 93헌바57, 판례집 8-2, 46, 60 참조), 그러한 입법을 함에 있어서는 비록 완화된 의미에서일지언정 헌법 제37조 제2항의 비례의 원칙은 준수되어야 한다. 특히, 당해 입법이 단지 법원에 제소할 수 있는 형식적인 권리나 이론적인 가능성만을 허용하는 것이어서는 아니 되고, 상당한 정도로 권리구제의 실효성이 보장되도록 하는 것이어야 할 것이다.

법자의 형성의 자유에 속하는 사항이다. 그러므로 상고심절차에관한특례법 제4조 제1항 및 제3항과 제5조 제1항 및 제2항은 비록 국민의 재판청구권을 제약하고 있기는 하지만 위 심급제도와 대법원의 기능에 비추어 볼 때 헌법이 요구하는 대법원의 최고법원성을 존중하면서 민사, 가사, 행정 등 소송사건에 있어서 상고심 재판을 받을 수 있는 객관적인 기준을 정함에 있어 개별적 사건에서의 권리구제보다 법령해석의 통일을 더 우위에 둔 규정으로서 그 합리성이 있다고 할 것이므로 헌법에 위반되지 아니한다.

(나) 평 가

위 결정은 재판청구권의 보장내용 중 권리구제절차의 개설 여부 또는 상소나 심급의 제한에 관한 것이다.[54] 여기서 문제되는 것은, 개인이 재판청구권을 근거로 하여 특정 심급제도나 상소의 가능성을 요구할 수 있는지에 관한 것이다.

헌법재판소는 심리불속행 제도를 규정하고 있는 상고심절차에관한특례법 제4조의 위헌여부를 판단함에 있어서, 심급제도는 사법에 의한 권리보호에 관하여 한정된 법 발견차원의 합리적인 분배의 문제인 동시에 재판의 적정과 신속이라는 서로 상반되는 두 가지의 요청을 조화시키는 문제로 원칙적으로 입법자에게 광범위한 형성의 자유가 인정되며, 이 사건 법률조항이 비록 국민의 재판청구권을 제약하고 있기는 하지만 그 합리성을 인정할 수 있으므로 헌법에 어긋나는 것이라고 할 수 없다고 하여, 심급을 제한하는 심급제도의 형성이 합리적인 이유에 의하여 정당화되는지의 여부를 판단하였다. 사법절차의 개설에 관한 한, 재판청구권은 입법자의 형성권을 전제로 하는 '사법절차의 제도적 보장'을 의미하므로, 적어도 한 번의 재판을 받을 권리를 보장한다는 점에서, 과잉금지원칙이 적용될 여지가 없다. 이러한 이유에서, 심급이나 상소가능성을 제한하는 절차법규정의 위헌성을 판단함에 있어서 과잉금지원칙을 적용한 결정은 없는 것으로 보인다.

(2) 헌재 1994. 2. 24, 93헌바10 결정(민사소송등인지법 제3조 위헌소원)

(가) 결정요지

민사소송법에 의하여 인정되는 상소제도에 따라 항소 또는 상고를 제기하고자 하는 자에 대하여 특별한 제한요건을 가하는 법규정을 따로 두는 경우에 그 특별한 제한요건이 객관적인 정당성이 없는 방법으로 항소 또는 상고의 제기가 어렵도록 하는 것이라면 그러한 제한요건은 국민의 실체적 권리의 실현을 위한 기본권인 재판청구권을 규정한 헌법 제27조 제1항에 위반되게 될 수 있다. 인지대를 납부할 자력이 부족한 당사자에 대하여도 항소 또는 상고를 제기함에 있어

54) 위 결정 외에도 재판절차의 개설에 관한 결정으로 헌재 1995. 9. 28, 92헌가11(특허법결정) 참조.

미리 법 제3조에 의하여 소가에 따라 고액화하는 인지를 붙일 것을 언제나 예외 없이 요구하고 인지를 붙이지 아니할 경우 항소장 또는 상고장을 각하하도록 한다면, 그러한 규정은 자력이 부족한 당사자에 대하여는 항소 또는 상고의 기회를 형식적으로 보장하고 있을 뿐 실질적으로는 그 기회를 이용하기 심히 어렵게 되어 결국 자력이 부족한 당사자에게 불합리하게 상소권을 제한하는 결과에 이르게 하는 문제가 생길 수 있다 할 것이다.

그러나 자력이 부족한 자에 대한 소송구조의 제도가 마련되어 있어 법 제3조는 자력이 부족한 당사자에 대하여 항소 또는 상고의 기회를 제대로 이용할 수 없을 정도로 어렵게 하거나 차단하는 규정이라고는 볼 수 없으므로 그들의 재판청구권을 침해한다고는 할 수 없다.

(나) 평　가

1) 위 결정은 재판청구권의 보장내용 중 '권리구제절차가 단지 개설되는 것에 그쳐서는 아니 되고 개설될 권리구제절차에의 접근이 용이해야 한다는 요청'에 관한 것이다. 여기서 문제되는 것은, 개인이 재판청구권을 근거로 하여 어느 정도로 '소송비용의 부담 없는 권리구제절차를 요구할 수 있는지'에 관한 것이다.

상소시에는 1심소장 인지액보다 두 배 또는 세 배의 인지를 붙이도록 되어 있는 민사소송등인지법 제3조가 재판청구권을 침해하는지의 여부가 문제된 위 결정에서, 헌법재판소는 과잉금지원칙을 언급조차 하지 아니하고 재판청구권의 위반여부를 판단하였다. 마찬가지로 인지제도가 문제된 또 다른 후속결정(헌재 1996. 8. 29, 93헌바57)에서도 '그 규정방식이 지극히 불합리하거나 인지액이 지극히 다액이어서 국민의 재판청구권을 침해할 정도에 이르지 아니하는 한, 입법자의 광범위한 재량영역에 속하는 것이다. 이 사건 법률조항이 소송의 기회를 제대로 이용할 수 없을 정도로 어렵게 하거나 차단하는 규정이라고 볼 수 없다'는 이유로 과잉금지원칙을 적용하지 아니하고 재판청구권의 침해를 부정하였다. 이러한 판시내용은, '재판청구권의 형성에 관하여 광범위하게 인정되는 입법자의 형성권을 전제로, 심판대상조항인 절차법규정이 합리적인 법익에 의하여 정당화되는지를 판단해야 한다'는 기본입장을 반영한 것으로 이해된다.

2) 그러나 헌재 1996. 10. 4, 95헌가1 결정(민사소송등인지법 제2조 제1항 등 위헌소원)에서는, "인지제도의 목적은 불필요하고 성공가능성이 없는 소송을 방지하고 남소에 따른 법원의 과중한 업무부담에서 오는 법원업무의 양질성과 효율성 저하를 방지하는 데에 있는 것인바, 현행 민사소송인지법은 인지액 산정비율을 통일, 일원화하였고(1천분의 5) 종전에 적용되던 비율 중 가장 낮은 비율을 채택하여

국민의 부담을 경감시키고 있으며, 법원이 소송비용을 지출할 자력이 부족한 자에 대하여는 소송상의 구조를 할 수 있게 하고 있을 뿐만 아니라 이 사건 법률조항에 의하여 제한되는 재판청구권과 그에 의하여 추구되는 공익 사이에는 상당한 비례관계가 있다고 할 것이므로 이 사건 법률조항이 재판청구권을 과잉금지의 원칙에 반하여 과도하게 제한하고 있는 것이라고 할 수 없다"고 하여, 과잉금지원칙을 적용하고 있다.

위 결정에서 비록 과잉금지원칙을 적용하고 있으나, 최소침해성 및 법익균형성의 심사는 단지 형식적인 판단에 그치고 있음을 확인할 수 있다. 최소침해성의 단계에서, 기본권을 보다 적게 침해하는 다른 대안과의 비교를 통하여 입법자가 선택한 수단의 최소침해성 여부를 판단하는 것이 아니라, 당사자의 불이익을 완화시키는 효과가 있는 다른 법률조항이나 요소 등(가령, 소송상의 구조 가능성)을 고려하여 최소침해성을 논하고 있는데, 이러한 논거들은 최소침해성의 여부를 판단하기 위한 논거에 해당하지 않는다. 또한, 인지액 산정비율에 있어서 '과거에 적용되던' 비율 중 가장 낮은 비율을 채택하였다는 것도 최소침해성의 논거로는 단지 형식적이고 무의미하다.

또한 법익균형성의 단계에서도, 기본권제한의 효과와 공익의 비중 사이의 균형여부를 확인하는 실질적인 법익형량과정을 생략한 채, '제한되는 재판청구권과 그에 의하여 추구되는 공익 사이에는 상당한 비례관계가 있다'는 일방적인 확인에 그치고 있다. 이는 무엇보다도 재판청구권이 실체적 내용을 가지고 있지 않기 때문에 당사자들이 입는 불이익의 효과(제소권의 제약)를 서술할 수 없다는 점에 기인하는 것으로 판단된다.

(3) 헌재 1998. 7. 16, 97헌바22(소송촉진등에관한특례법 제23조의 궐석재판제도)

(가) 결정요지

헌법재판소는 피고인의 소재를 확인할 수 없는 때 피고인의 진술 없이 재판할 수 있도록 제1심 공판의 특례를 규정한 소송촉진등에관한특례법 제23조가 재판청구권에 관한 헌법 제27조 제1항에서 보장하는 공정한 재판을 받을 권리를 침해하는지 여부가 문제된 사건에서, '이 사건 법률조항의 입법목적이 피고인 불출석으로 인한 재판절차의 정지와 국가형벌권행사의 불가능을 방지하여 형벌권의 신속하고도 적정한 행사를 도모하려는 것'이라고 하여 '재판절차의 신속성 및 국가형벌권의 행사'를 입법목적으로 확인한 후, "만일, 피고인의 공판기일출석권을 제한하고 있는 법률조항이 피고인의 방어권이 전혀 행사될 수 없는 상태에서 재판이 진행되어 사형이나 무기와 같은 중형선고가 가능하도록 규정하고 있다면, 이는 그 법률조항이 비록 위에서 본 바와 같은 정당한 입법목적을 지닌 것이라고 할지라도 그 목적 달성에 필요한 최소한의 범위를 넘어서 피고인의 공정한 재판을 받을 권리를 과도하게 침해하는 것이다"라고 전제 한 다음, 과잉금지원칙의 단계별 심사를 함이 없이, 단지 "이 사건 법률조항은 피고인 불출석 상태에서 중형이 선고될 수도 있는 가능성을 배제하고 있지 아니할 뿐만 아니라 그 적용대상이 너무 광범위하므로, 비록 정당한 입법목적 아래 마련된 조항이라 할지라도 헌법 제37조 제2항의 과잉금지의 원칙에 위배되어 피고인의 공정한 재판을 받을 권리를 침해하는 것이다"라고 판시하고 있다.

(나) 평 가

여기서 문제되는 것은, 개인이 재판청구권을 근거로 하여 '어느 정도로 공정한 구제절차 또는 신속한 구제절차를 요구할 수 있는지'에 관한 것이다. 재판청구권은 재판절차에의 용이한 접근을 넘어서, 재판절차 자체가 효과적인 권리보호를 제공할 수 있는 공정하고 신속한 재판일 것을 요청한다.

헌법재판소는 위 결정에서 비록 형식적으로는 과잉금지원칙에 의존하고 있으나, 실질적으로는 과잉금지원칙을 적용한 것이 아니라, 입법목적의 확인을 통하여 '공정한 재판의 요청'과 충돌하는 반대법익으로 '신속한 재판의 요청 및 국가형벌권의 정당한 행사'의 법익을 확인한 후, 공정한 재판에 대한 제약이 반대법익에 의하여 정당화되는지, 반대법익의 실현을 위하여 공정한 재판의 요청을 그 정도로 제약하는 것이 합리적인지를 판단하였다. 결국, 국가형벌권의 행사와 신속한 형사절차에 관한 법익을 일방적으로 강조하여 공정한 재판의 요청을 지나치게 제약하는 규정이므로, 재판청구권에 위반된다는 확인에 이르고 있는 것이다.

그렇다면, 헌법재판소가 위 결정에서 판시내용을 통하여 의도하는 바는, '공정한 재판'의 이익과 '신속한 재판의 요청 및 국가형벌권의 정당한 행사'의 이익을 비교형량하여 입법자가 실제적 조화를 이루는 과정에서 입법형성권을 제대로 행사했는지를 심사하고자 하는 것이다. 따라서 위 사건에서 헌법재판소는 과잉금지원칙에 종속되어 무의미한 심사를 하는 것보다는, '공정한 재판을 제약하는 심판대상조항이 합리적인 이유로 정당화될 수 있는지'의 여부를 판단하는 것이 보다 바람직한 것으로 보인다.

4. 사회적 기본권

가. 사회적 기본권의 특성[55)]

사회적 기본권은 그 본질상 구체적 권리가 되기 위하여 사전에 입법에 의한 구체적 형성을 필요로 한다. 그러므로 사회적 기본권에서 원칙적으로 사법적으로 소구할 수 있는 개인의 주관적인 권리가 나오지 않는다. 사회적 기본권의 본질적인 의미는 국가로 하여금 사회적 기본권에 담겨져 있는 객관적 내용, 즉 국가의 과제나 의무를 실현하도록 헌법적으로 구속하는데 있다. 사회적 기본권은 그 내용이 실현되기 위해서는 국가의 적극적인 행위, 즉 입법과 행정의 조치를 요구하기 때문에 입법자에의 의존성에 그 특징이 있다. 따라서 사회적 기본권은 입법에 의하여 제한되는 것이 아니라, 비로소 구체적 권리로서 형성된다. 사회적 기본권의 실현이 입법자의 형성행위에 의존하고 있으므로, 사회적 기본권의 객관적 내용은 입법자의 활동에 의하여 비로소 구체화되고 실현된다.

나. 사회적 기본권과 과잉금지원칙

(1) 사회적 기본권의 법적 성격을 '주관적 권리'로 파악하는 소위 '구체적 권리설'의 입장에서는 헌법 제37조 제2항의 일반적 법률유보조항이 또한 사회적 기본권에도 적용된다고 주장한다.[56)] 즉 사회적 기본권이 국가안전보장, 질서유지 또는 공공복리를 위하여 필요한 경우에 법률로써 제한될 수 있다는 것이다. 그러나 이러한 견해는 사회적 기본권과 자유권의 근본적인 구조적 차이를 간과하고 있다.[57)]

첫째, 사회적 기본권은 법률에 의하여 제한되는 것이 아니라, 비로소 구체적 권리로서 형성되는 것이다. 아직 입법에 의하여 구체적 권리로 형성되지 않은 헌법상의 사회적 기본권이 어떻게 국가안전보장이나 질서유지, 공공복리의 이유로 법률로써 제한될 수 있는지 납득할 수 없다.[58)]

---

55) 사회적 기본권에 관하여 자세하게 한수웅, "헌법소송을 통한 사회적 기본권 실현의 한계—법적 권리설로부터의 결별—," 인권과 정의, 1997. 1., 70-90면 참조.

56) 예컨대, 권영성, 헌법학 원론, 2006, 639면; 성낙인, 헌법학, 2006, 572면(인간다운 생활을 할 권리와 관련하여); 한편, 홍성방, 헌법학, 2003, 577면(인간다운 생활을 할 권리와 관련하여)은 사회적 기본권을 본질적으로 객관적 의무로 파악하면서도, 한편으로는 과잉금지원칙의 적용을 인정하고 있다.

57) 같은 취지로 한태연, 헌법학, 1983, 905면 참조.

58) 물론, 사회적 기본권이 일단 입법에 의하여 주관적 권리로 형성된 경우 국가로부터 일정 급부

둘째, 사회적 기본권의 본질적 내용이 정의로운 사회질서를 형성하기 위한 국가의 과제라는 점에서, 사회적 기본권은 '공공복리'에 의하여 제한되는 것이 아니라 역으로 '공공복리'를 실현하고자 하는 것이며,[59] 그 실현수단은 일반적으로 자유권에 대한 제한으로 나타난다. 입법자가 개인의 자유권을 제한하는 경우 공익상의 사유로 정당화되어야 하는데, 사회적 기본권에 담겨진 국가의 헌법상 의무와 과제는 '자유권의 제한을 정당화하는 헌법적 근거'로서 기능함으로써 스스로 헌법 제37조 제2항의 의미에서의 '공공복리'의 일부를 구성하는 것이다.

셋째, 사회적 기본권에 헌법 제37조 제2항의 규정을 적용할 수 없다는 것을 지지하는 또 다른 헌법적 근거는, 만일 사회적 기본권에 일반적 법률유보조항을 적용한다면 이와 불가분의 관계에 있는 '본질적 내용의 침해금지조항'이 함께 적용된다는 점이다. 그러나 '기본권의 본질적 내용'의 사고란 이미 존재하는 것을 전제로 하여 그 핵심에 대한 침해를 금지하는 것으로 전국가적, 자연권적 기본권 사상에 기초하고 있다는 점에서, 사회적 기본권과 같이 국가의 입법에 의하여 '비로소 구체적으로 형성되는 것'에는 관련될 수 없다.

(2) 사회적 기본권은 사회국가원칙의 구체화된 헌법적 표현으로서, 기본권의 형식으로 표현된 국가목표를 적합한 조치를 통하여 실현하여야 할 국가기관, 무엇보다도 입법자의 의무를 뜻한다.[60] 이로써 사회적 기본권의 효력은 입법자에게 입법과정에서 고려하여야 할 구속력 있는 국가목표를 부과하고, 입법자에 의한 부작위나 명백한 의무의 해태는 헌법적으로 허용되지 않는데 있다. 따라서 사회적 기본권과 관련하여 입법자의 법률에 대하여 제기되는 문제는, 법률이 사회적 기본권을 과잉으로 제한하는지의 문제가 아니라 사회적 기본권의 객관적 내용을 충분히 고려하는 입법에 해당하는지의 여부, 즉 입법형성권의 일탈의 여부이다. 자유권의 경우 제기되는 문제가 '과잉제한'의 여부라면, 사회적 기본권의 경우 제기되는 문제는 '과소보장'의 여부이다.

따라서 사회적 기본권의 위반여부를 판단하는 헌법적 기준은 과잉금지원칙이

를 요구하는 구체적 권리가 국가의 재정능력이나 다른 공공복리의 목적으로 다시 법률로써 축소·제한될 수 있다. 그러나 헌법상의 사회적 기본권은 그 본질상 법률유보조항으로 제한될 수 없는 성질의 것이다.

59) 권영성, 헌법학원론, 2006, 350면은 '공공복리는 자유권에 대해서는 제한의 사유가 되지만, 사회적 기본권에 대해서는 실천목표가 된다'고 하면서, 한편으로는 사회적 기본권도 헌법 제37조 제2항에 의하여 공공복리를 위하여 제한될 수 있다고 하여, 모순을 보이고 있다.

60) Vgl. Badura, Das Prinzip der sozialen Grundrechte und seine Verwirklichung im Recht der Bundesrepublik Deutschland, Der Staat 1975, S. 34; Lücke, Soziale Grundrechte als Staatszielbestimmung und Gesetzgebungsaufträge, AöR 107(1982), S. 21 ff.; Böckenförde, Die sozialen Grundrechte im Verfassungsgefüge, in: Böckenförde/Jekewitz, Soziale Grundrechte, 1981, S. 14.

아니라 과소금지원칙이다. 과잉금지원칙은 개인의 자유를 존중해야 할 '국가의 부작위의무'가 인정되는 경우 국가의 조치가 과잉이어서는 안 된다는 원칙인 반면, 과소금지원칙은 '국가의 행위의무'가 인정되는 경우, 국가의 조치가 과소해서는 안 된다는 원칙을 말한다. 과소금지원칙은 국가에게 '기본권의 보호의무'나 '사회적 기본권의 실현의무'와 같은 행위의무가 인정되는 경우 행위의무를 이행하기 위한 최소한의 행위를 해야 한다는 원칙을 말한다. 과잉금지원칙이 '국가가 활동해도 되는지'에 관한 것이라면, 과소금지원칙은 '국가가 활동해야만 하는지'에 관한 것이다.

다. 사회적 기본권에 관한 헌법재판소 판례('1994년 생계보호기준' 사건)

(1) 보건복지부장관이 고시한 생활보호사업지침상의 "94년 생계보호기준"이 인간다운 생활을 할 권리를 침해하는 것인지의 여부가 문제된 결정(헌재 1997. 5. 29, 94헌마33)에서, "국가가 행하는 생계보호의 수준이 그 재량의 범위를 명백히 일탈하였는지의 여부, 즉 인간다운 생활을 보장하기 위한 객관적 내용의 최소한을 보장하고 있는지의 여부는 생활보호법에 의한 생계보호급여만을 가지고 판단하여서는 아니 되고 그 외의 법령에 의거하여 국가가 생계보호를 위하여 지급하는 각종 급여나 각종 부담의 감면 등을 총괄한 수준을 가지고 판단하여야 하는바, 1994년도를 기준으로 생활보호대상자에 대한 생계보호급여와 그 밖의 각종 급여 및 각종 부담감면의 액수를 고려할 때, 이 사건 생계보호기준이 청구인들의 인간다운 생활을 보장하기 위하여 국가가 실현해야 할 객관적 내용의 최소한도의 보장에도 이르지 못하였다거나 헌법상 용인될 수 있는 재량의 범위를 명백히 일탈하였다고는 보기 어렵고, 따라서 비록 위와 같은 생계보호의 수준이 일반 최저생계비에 못 미친다고 하더라도 그 사실만으로 곧 그것이 헌법에 위반된다거나 청구인들의 행복추구권이나 인간다운 생활을 할 권리를 침해한 것이라고는 볼 수 없다"고 판시하였다.

(2) 헌법재판소는 위 결정에서 입법자의 입법이 사회적 기본권에 부합하는지의 여부는 과잉금지원칙이 아니라, 국가가 사회적 기본권의 실현을 위하여 적어도 적절하고 효율적인 최소한의 조치를 취하여야 할 국가의 기본의무를 이행하였는지의 소위 '과소(보장)금지원칙'에 따라 판단해야 한다고 판시하고 있다.

V. 맺는 말

법률의 위헌성 판단은 구체적인 사건에서 적용되는 기본권의 성격에 따라 그 구조를 달리한다. 자유권이 적용되는 경우에는 자유권의 제한이 헌법적으로 정당화되는지에 관한 것이므로, 자유권을 제한하는 법률의 위헌성심사는 '보호범위', '그에 대한 제한', '제한의 정당성'의 3단계의 심사로 이루어진다. 여기서 위헌성심사는, 보호영역에 대한 제한이 과잉금지원칙에 부합하는지의 심사이다. 평등권이 적용되는 경우에는 보호영역에 대한 제한이 아니라 국가에 의한 불평등취급이 문제되기 때문에, 차별대우가 존재하는지, 차별대우가 헌법적으로 정당화되는지의 2단계심사로 그치게 된다. 이에 대하여, 광의의 청구권(보호청구권, 사회적 기본권, 청구권적 기본권)이 적용되는 경우에는 개인이 자유의 제한이나 차별취급을 문제삼는 것이 아니라, '일정한 입법행위가 청구권에 근거하여 요구될 수 있는지'의 여부를 묻게 되므로, 법률의 위헌심사는 '입법자가 기본권보장의 정신에 부합하게 구체적으로 형성하였는지'를 판단하는 단일 단계의 심사로 이루어진다. 따라서 여기서 기본권위반의 심사는 기본권보장의 기본정신과 이와 상충하는 다른 법익(공익 및 제3자의 법익)과의 법익형량의 문제로 귀결된다. 여기서 제기되는 헌법적 문제는 입법자에 의한 제한이 과잉제한인지의 문제가 아니라 입법자에 의한 구체적인 형성이 헌법상 부여된 형성권의 범위를 일탈하였는지의 여부이다. 이는 형성적 법률유보를 가진 선거권이 적용되는 경우에도 마찬가지이다.

기본권형성적 법률유보를 가진 기본권에 기본권제한적 법률유보조항을 적용하는 것은 기본권의 제한과 형성 사이에 존재하는 본질적인 차이를 극복할 수 없기 때문에, 헌법재판소의 일부 판례에서 드러나는 바와 같이, 과잉금지원칙에 의한 위헌심사는 때로는 과잉금지원칙의 외형에 맞춘 형식적인 심사, 때로는 아무런 내용도 없는 무의미한 심사의 형태를 띠게 될 것이다. 특히, 선거권의 위반여부가 문제되는 사건에서 과잉금지원칙에 따라 형식적으로 심사하는 것은, 입법자가 선거권을 구체적으로 형성함에 있어서 지침으로 삼아야 하는 헌법상의 실체적 내용을 심판대상조항의 위헌성심사에서 제대로 고려하지 못하는 치명적인 단점을 안고 있다.

헌법재판소결정의 생명이 궁극적으로 결정내용의 타당성과 일관된 논리성, 설득력에 있다면, 헌법재판소결정의 설득력을 높이기 위해서도 논리의 일관성을 확보해야 할 필요가 있다. 가령, 결정이유에서 심판대상조항이 기본권을 제한하는 것이 아니라 형성하는 것이라고 확인하고는 그 위헌성판단에 있어서는 다시 기본권의 제한을 언급하고 기본권제한의 정당성을 묻는 과잉금지원칙을 적용하는 것은 스스로 논리적 모순을 자초하는 것이며, 결정내용의 설득력을 손상시키는 것이다. 따라서 기본권형성적 법률유보를 가진 기본권의 경우, 제한적 법률유보에 맞추어진 과잉금지원칙을 기계적으로 적용할 것이 아니라, 그러한 기본권의 본질과 구조에 적합한 심사기준을 채택해야 할 것이다.

제 85 회 발표회 지정토론문

방 승 주*

Ⅰ. 발제문의 기본취지에 대한 이해

오늘 발표주제는 형성적 법률유보를 가지는 기본권의 경우 그 침해여부와 관련하여 헌법 제37조 제 2 항의 과잉금지원칙을 적용해도 될 것인지의 문제이다.

이 문제와 관련하여 발제자는 우리 헌법상 기본권을 대체로 자유권과 그 밖의 기본권(참정권, 사회적 기본권, 청구권적 기본권)으로 크게 대별하여 후자의 경우 대체로 "법률이 정하는 바에 의하여" 등과 같은 법률유보가 붙어 있으나 이는 형성적 법률유보로서, 이러한 기본권은 대체로 입법자에 의하여 구체적으로 형성되어야 하는 기본권으로서, 그러한 형성입법은 제한입법이 아니기 때문에 제한입법에만 적용될 수 있는 과잉금지의 원칙의 적용은 적합하지 않다고 하는 기본적인 입장에 서 있다고 할 수 있다.

이러한 문제의식은 일단 원론적으로 생각할 때, 일응 형성유보와 제한유보는 구별이 필요하고, 또한 입법자의 형성의 자유가 인정될 수 있다고 하면서도 헌법재판소가 과잉금지원칙을 적용하는 경우에는 결국 입법자의 형성의 자유를 말로만 또는 수사적으로만 인정하는 결과가 되기 때문에, 한편으로 입법자의 형성의 자유가 인정되어 완화된 심사만 해야 하는 경우와, 다른 한편으로 기본권제한이 중대하여 과잉금지의 원칙심사를 통한 엄격심사를 해야 하는 경우를 구분해야 할 필요성이 있다고 하는 점에 대해서는 토론자 역시 평소에도 느껴왔기 때문에 좋은 문제제기이며 또한 가능한 구분방법이 될 수도 있을 것이라고 하는 생각이 든다.

그러나 발제자가 주장하는 자유와 권리에 대한 법적 성격의 구분, 그리고 제한유보와 형성유보의 구분, 헌법 제37조 제 2 항의 적용여부의 구분과 관련해서는 기본권에 대한 일정한 이론적 배경이 깔려 있으며, 그러한 이론적 배경에 영향을 받아 우리 헌법을 해석하고 있기 때문에, 오히려 그와 반대되는 이론적 배경을 가지고 접근할 경우에는 다른 결론이 나올 수도 있다는 점에서, 원론적인 기본권이

* 한양대학교 법과대학 부교수.

론적 언급을 하지 않을 수 없다.

Ⅱ. 기본권이론적 성찰

발제자가 취하고 있는 기본권이론적 배경은 대체로 독일의 Carl Schmitt적 기본권이론이거나 그에 영향을 받은 것이 아닌가 추측된다.

가령 "우리 헌법의 자유권은 자연법적 기본권사상에 따라 개인의 자유는 원칙적으로 무제한적인 반면, 국가권력은 원칙적으로 제한적이라는 사고에 기초하고 있다"(p. 388)고 하면서 독일 문헌들을 언급하고 있는데, 이러한 입장의 주창자라고 할 수 있는 사람이 바로 Carl Schmitt이기 때문이다.

칼 슈미트적 사고에 의하면 전국가적 초국가적 천부인권이라고 할 수 있는 자유권적 기본권의 경우는 원칙적으로 불가침적 성격을 가지는 데 반하여, 나머지 국가에 의해서 비로소 창설될 수밖에 없는 여러 가지 참정권이나 청구권적 기본권, 그리고 사회적 기본권은 처음부터 국가의 형성을 전제로 하는 것이고, 이러한 권리들은 국가의 처분하에 있는 것이기 때문에 무제한적으로 보장될 수 있는 것이 아니며, 오히려 국가권력이 원칙적으로 무제한적일 수 있다고 이해할 수 있다.

오늘날 과잉금지의 원칙이나 본질내용침해금지의 법리는 이러한 칼 슈미트적 기본권이론으로부터 영향을 받은바 크다고 할 수 있다.

그러나 오늘날 민주주의의 이념과 사회국가이념 그리고 법치국가이념이 확립된 현대 민주주의 국가에 있어서 기본권을 과연 이와 같이 이분법적으로만 생각할 수 있을 것인가 하는 근본적인 문제가 제기된다.

왜냐하면 오늘날 어떤 사람도 국가에 의하여 잘 정비된 자유와 권리의 체계 속에서 기본권을 보장받지 않으면, 그가 날 때부터 가지고 태어났다고 볼 수 있는 순수한 자유라고 하는 것의 의미는 별반 없을 수도 있기 때문이다.

가령 몇 가지 예를 든다면, 언론·출판의 자유의 경우도, 단순히 자연인으로서 말할 수 있는 자유보다는 국가에 의하여 잘 정비되고 보장된 신문, 방송 등 언론제도를 통한 자유의 보장이 제대로 되지 않으면 언론출판의 자유는 유명무실할 수 있다고 하는 점이라든가, 재산권의 경우도 처음부터 국가에 의하여 잘 보장된 재산권보장입법이 아니면 자연적 권리로서의 재산권의 의미는 찾기 힘들다든가, 집회·결사의 자유의 경우도 이러한 자유가 제도적으로 잘 뒷받침되지 않으면 제대로 보장될 수 없다든가, 학문과 예술의 자유 역시 대학 등과 같은 학문기관을 통한 제도적 뒷받침이 없이는 제대로 보장될 수 없다든가 하는 점이 그것이다. 국가에 의하여 구체화될 수밖에 없는 사회적 기본권이나 청구권적 기본권 그리고 참정권의 경우는 더 말할 나위 없다.

그렇다면 오늘날 국민의 기본권은 국가의 제도적 보장을 통하여 그것이 제대로 실현될 수 있는 것이지, 국가가 침해하지 않으면 그것으로 잘 보장될 수 있는 기본권은 거의 찾기 힘들어졌다고 보아도 과언이 아니다.

그렇다면 이제 자유라고 하는 것은 전국가적 초국가적 천부인권이 아니라, 결국 국가적으로 잘 정비된 제도적 틀 가운데서의 자유라고 하는 것이 더 현실적으로 맞다고 할 수 있고, 그러한 의미라면 '자유=제도'라고 본 Peter Häberle의 제도적 기본권이론을 굳이 인용하지 않는다 하더라도, 자유권적 기본권과 나머지 사회적 기본권이나 청구권적 기본권의 법적 성격의 차이는 그만큼 상대화될 수밖에 없다.

더구나 오늘날 자유권적 기본권의 경우에도 제3자에 의한 기본권침해에 대하여 국가가 적극적으로 그 침해나 침해의 위험을 보호해야 하는 보호의무를 진다고 하는 점을 고려해 볼 때, 단순히 국가적 침해를 금해야 하는 것만 가지고서는 오늘날의 자유권 역시 제대로 보장되기 힘들다.

이러한 여러 가지 점들을 생각해 볼 때, 과연 과잉금지의 원칙이 오로지 자유권적 기본권에만 적용될 수 있는 원리에 지나지 않는 것으로 본 발제자의 견해에는 찬성하기 어렵다.

Ⅲ. 기본권제한에 관한 실정헌법의 해석론

우리 헌법 제37조 제2항은 "국민의 모든 자유와 권리는 국가안전보장·질서유지 또는 공공복리를 위하여 필요한 경우에 한하여 법률로써 제한할 수 있으며, 제한하는 경우에도 자유와 권리의 본질적인 내용을 침해할 수 없다"고 규정하고 있다.

이 규정은 일반적인 법률유보조항으로서 앞에서 보장하고 있는 모든 국민의 자유와 권리는 필요한 경우에 한하여 법률로써 제한할 수 있음을 확인하고 있는 것이다. 물론 이 규정이 없다 하더라도, 그리고 아무런 법률유보가 없는 기본권이라 하더라도 그와 충돌하는 다른 헌법적 법익이 존재할 경우에는 그러한 헌법적 법익에 의하여 그 제한을 정당화할 수 있다고 하는 점에서 이 조항은 기본권의 내재적 한계의 확인 규정이라고 할 수 있을 것이다.

이 조항은 자유와 권리의 구분을 두고 있지 아니하다. 여기에서 말하는 권리는 일단 권리의 명칭이 들어가 있는 그러한 기본권들이라고 할 수 있다. 가령 재산권, 인간다운생활권, 교육을 받을 권리, 근로의 권리, 노동3권, 환경권 등등. 이러한 권리들의 경우도 국가안전보장·질서유지 또는 공공복리를 위하여 필요한 경우에 한하여 제한될 수 있다는 것이다.

여기에서 말하는 "필요한 경우에 한하여"라고 하는 요건이 바로 과잉금지원칙의 정신을 말해준다고 하는 것은 이론의 여지가 없다.

그러므로 헌법 제37조 제2항의 해석론으로부터 볼 때에도 국가에 의해서 비로소 형성될 수 있는 기본권이라 하더라도 그 제한의 경우에는 과잉금지의 원칙이 적용될 수 있는 것이다.

Ⅳ. 제한입법과 형성입법의 구분

기본권의 개별적 유보가 제한유보이든 형성유보이든 입법자는 일단 헌법상의 기본권을 실현하기 위하여 여러 가지 법제도를 마련할 수 있다. 다만 기본권을 제한하기 위한 입법은 제한입법이고, 기본권의 내용과 행사방법 및 절차 등을 위한 것들이라면 일단 형성입법이라고 할 수 있을 것이다.

하지만 헌법을 처음 제정할 당시가 아니라 이미 헌법생활이 수십년간 계속되어서 헌법상의 기본권들이 법제도에 의하여 상당히 구체화된 시점에서는(시간적 관점의 고려), 형성유보에 의하여 구체화된 그러한 기본권들에 대하여 입법자가 다시 그 내용을 제한하거나 축소 또는 변경할 수도 있기 때문에 그러한 권리들의 경우도 얼마든지 제한은 가능하다.

물론 새로운 권리의 창설의 경우는 형성입법이라고 할 수 있겠지만 기존의 권리를 변경시키는 경우에는 그러한 권리의 제한이 얼마든지 가능한 것이다. 따라서 이 경우에는 마치 헌법이 보호영역을 구체화하는 기본권에 대한 제한의 경우와 마찬가지로, 과잉하게 제한해서는 안 된다고 하는 소위 과잉금지원칙이 적용될 수 있을 것이라고 본다.

가령 재산권의 경우도 재산권의 내용과 한계를 처음 형성할 당시에는 그것이 형성입법이므로, 잠재적인 개인적 법익과 공익을 실제적 조화의 원리에 맞추어서 잘 형량하면 되겠지만, 그간 보장되어 오던 재산권의 내용이나 그 한계를 축소하거나 또는 제한하는 경우에는 역시 제한문제가 등장하는 것이다.

따라서 형성입법이면서 동시에 제한입법일 수 있는 것이다. 이러한 경우에는 역시 과잉금지의 원칙이 동원될 수 있을 것이고 우리 헌재도 마찬가지 입장이다 (가령 도시계획법 제21조 그린벨트 결정).

선거권의 경우도 마찬가지이다. 우리 헌법 제24조가 법률이 정하는 바에 의하여 선거권을 가진다고 규정하였다고 해서 그것이 그대로 형성유보이며, 형성유보 하에 놓인 선거권의 침해여부는 과잉금지원칙의 적용이 적절하지 않다고 보는 것은, 민주주의에서 선거권이 가지고 있는 중요성이나 의의를 간과한 견해라고 보인다. 다시 말해서, 우리 헌법 제41조 제1항이나 제67조 제1항, 그리고 제118조에는 대통령과 국회의원 그리고 지방자치단체의회의원 등에 대한 선거제도를 이미 보장해 놓고 있으며, 이러한 기관들을 구성함에 있어서 가능한 한 모든 국민이 선거를 할 수 있어야 한다고 하는 것은 민주주의원리에서부터 나오는 당연한 요청이다. 그리고 위 헌법조항들은 선거의 원칙을 구체화하고 있다. 이러한 객관적인 원칙들은 주관적으로 볼 때에는 국민의 권리이기도 하다. 이러한 권리들은 공익상의 요청에 따라 예외적으로 제한될 수 있기도 하다. 그러한 경우에도 필요한 경우에 한하여야 한다고 하는 헌법 제37조 제2항이 적용되지 못할 이유가 없다. 이 경우에 전형적으로 발제자가 주장하는 바와 같은 원칙과 예외의 관계가 형성되기 때문에 자유권제한의 경우와 비교하여 다를 바 없다. 특히 보통선거의 원칙 위반의 경우 선거권행사의 방법이나 내용의 차별이 아니라 선거권 행사 자체의 박탈을 초래하는 것이기 때문에 그것을 정당화할 수 있는 불가피한 사유가 존재하지 않으면 안 된다. 그러한 의미에서 과잉금지의 원칙의 적용은 타당하다고 생각된다.

다음으로 사회적 기본권의 문제이다. 발제자는 사회적 기본권 역시 "법률이 정하는 바에 의하여" 보장되는 것으로 규정되어 있는 것과 같이 주장하고 있으나, 가령 교육을 받을 권리(헌법 제31조 제1항), 근로의 권리(제32조 제2항), 노동3권(제33조 제1항), 인간다운 생활을 할 권리(제34조 제1항), 환경권(제35조), 혼인과 가족생활기본권(제36조 제1항) 어디에도 "법률이 정하는 바에 의하여" 보장된다고 하는 구절은 없다.

우리 헌법상 사회적 기본권의 경우 그 앞에서 보장되고 있는 자유권적 기본권의 조문구조와 별반 다르지 않다고 하는 점은 다소 놀랄 만한 일이다.[1] 사회적 기본권은 원칙적으로 입법자가 구체화해야 하는 기본권이라고 하는 점에는 이론

1) 방승주, 헌법 제10조, 법제처, 헌법주석서 I (총강 및 기본권 부분), 249-363(346)면.

의 여지가 없다. 그렇다 하더라도 입법자가 사회적 기본권실현을 위해서 아무런 입법을 하지 않는 예외적인 경우에는 헌법상의 구체적인 기본권을 근거로 그 위헌을 확인할 수 있다는 의미에서, 구체적인 기본권으로서의 성격을 잃지 않는다.

사회적 기본권의 경우에도 결국 이미 형성된 권리를 입법자가 재정이나 그 밖의 사정에 따라서 변경 또는 축소하는 경우에는 역시 제한의 문제가 제기된다. 사회적 기본권의 실현은 원칙적으로 과소금지의 원칙이 적용되어야 하겠지만, 이러한 권리의 제한 축소의 경우 기존에 형성된 권리를 비례의 원칙에 맞지 않게 과잉하게 제한한 것은 아닌지의 관점에서 헌법 제37조 제2항의 과잉금지의 원칙의 적용도 가능하다고 볼 수 있을 것이다.

V. 기본권의 경합문제

이론적으로 볼 때에는 기본권의 성격에 따른 구분과 그에 대한 심사기준의 구분이 어느 정도는 가능할지 몰라도, 구체적인 사건으로 들어가 보면 하나의 공권력의 행사(법률)에 의해서 여러 가지 기본권이 제한되는 경우가 적지 않다. 그러할 경우에 서로 성질이 다른 기본권이 중첩될 수 있는데, 이때에 단순히 형성유보가 있는가 없는가에 따라서 과잉금지원칙의 적용여부를 결정할 수는 없을 것이다.

가령 재판청구권과 같은 경우에도 가령 상속회복청구권과 관련하여 제소기간을 10년으로 제한한 데 대하여 헌법재판소가 위헌결정을 한 사례[2]가 보여주듯이, 일정한 사안과 일정한 부류의 사람에 대해서만 재판청구권의 행사를 제한하는 경우에는 재판청구권 자체도 제한되지만 비교집단간의 차별을 야기하기도 하며, 동시에 재산권침해를 야기할 수도 있다. 평등원칙이나 재산권의 경우에는 일정한 경우에 비례의 원칙에 입각한 엄격심사(평등원칙의 경우에 개인적 생각으로는 주로 좁은 의미의 비례성 즉 법익균형성 심사가 되어야 할 것이다)를 할 수 있기 때문에, 이러한 경우에는 재판청구권의 조문구조가 형성유보를 가지고 있다고 하여 과잉금지의 원칙이 무조건 배제된다거나 아니면 완화된 심사만을 하여야 한다고 단정할 수는 없을 것이다.

2) 헌재 2001. 7. 19, 99헌바9 등, 민법 제999조 제2항 위헌소원.

Ⅵ. 맺 으 며

법률이 과연 기본권을 침해하였는지의 심사에 있어서 가장 중요한 것은 어떠한 경우에 입법자의 형성의 자유를 인정하여 완화된 심사를 할 것이며, 어떠한 경우에는 엄격한 심사를 할 것인가의 구별문제일 것이다.

헌법재판소는 지금까지 입법자의 형성의 자유가 넓게 인정된다고 하면서도 또 이어서 과잉금지원칙을 조목조목 심사하고 있는 경우가 왕왕 눈에 띤다. 그러나 만일 입법자의 형성의 자유가 인정된다고 한다면 그러한 범위 내에서 완화된 심사로 가는 것이 자연스럽다. 이러한 의미에서 형성유보를 가진 기본권의 경우 일단 입법자의 형성의 자유가 넓게 인정될 수 있다고 하는 의미에서 발제자의 의견에 원론적으로는 찬성한다.

하지만 구체적인 사건으로 들어가 보면 입법자의 형성의 자유를 제한하는 다른 헌법적 법익들이나, 기본권제한의 중대성 등과 같이 구체적 개별적으로 고려해야 하는 다른 많은 관점들이 있을 수 있기 때문에, 기본권의 조문구조 하나만으로 일률적으로 판단할 수 있는 문제는 아니라고 생각된다.

그리고 헌법재판소가 과잉금지원칙을 사용한다고 해서 항상 엄격한 심사를 적용하는 것은 아닌 것으로 보인다. 때로는 과잉금지의 원칙의 세부적인 항목으로 들어가서(가령 침해의 최소성) 엄격심사를 할 것인지 아니면 완화된 심사를 할 것인지를 개별적으로 검토하는 판례도 있다. 이러한 점들을 고려해 볼 때 과잉금지의 원칙이라고 하는 심사기준의 사용 여부 보다는 실질적으로 어떠한 경우에 엄격심사를 해야 하고 어떠한 경우에 완화된 심사를 할 것인지의 구체적인 기준을 정립하는 것이 더 시급한 과제가 아닌가 생각된다.

제 85 회 발표회 지정토론문

이　명　웅*

1. 발제자의 기본적 문제의식은 과잉금지원칙 심사는 기본적으로 보호영역이 설정되어 있는 자유권의 '제한'에 대한 것이고, 청구권이나 사회적 기본권과 같이 입법자의 '형성'이 필요한 기본권에 대해서는 기본적으로 법익의 비교형량만 문제된다는 것이다. 과잉금지원칙의 연혁이나 제한목적과 수단 간의 비례성 심사구조를 볼 때 전자의 관점은 상당부분 수긍할만한 것이고, 이러한 문제의식을 명쾌하게 논리적으로 전개한 발제자의 연구는 국내에서 과잉금지원칙에 관한 연구의 새로운 지평을 연 것으로서 높이 평가하지 않을 수 없다.

그런데 한편 발제문은 '자유권과 청구권(사회권)', '제한과 형성'에 대한 엄격한 이분법적 접근으로 인하여, 여러 가지 문제점도 지니고 있다고 생각된다. 먼저 논문의 기본전제에 관하여 언급하고자 한다.

2. 기본전제에 관한 의문점

(1) 기본권의 성격에 관하여 자연권설과 실정권설이 대립되고 있는바, 발제문은 '자연권으로서의 자유권'이라는 용어를 사용함으로써 자연권적 기본권(자유권)관에 입각해 있다고 보여진다. 그런데 자연권도 오늘날 실정 헌법으로 확인되고 정립됨으로써 기본권으로서 대국가적 효력과 실효성을 가질 수 있다는 점에서 양자의 구분은 상대적인 것이다. 나아가 자유권과 기타 기본권 간 구분이 상대화되거나 복합적 성격을 지닌 기본권이 증가하고 있는 것은 주지의 사실이다. 청구권과 사회적 기본권도 그것이 우리 헌법상 받아들여진 '권리'라는 점에서 자유권과 차이는 상대적이며(Carl Schmitt가 자유권만 강조한 것은 격세지감이 있음),[1] 후술하듯이 '제한'과 '형성'이라는 이분법도 실제로는 일관성을 유지하기가 쉽지 않다. 헌법 제23조의 재산권, 제24조의 선거권, 제25조의 공무담임권, 제26조의 청원권, 제27조의 재판청구권은 모두 이미 헌법에 의하여 기본권으로서 확정되고 있으며,

* 헌법재판소 헌법연구관.

1) UN 사회위원회는 자유권과 사회권을 'indivisible'(분리불가능)이라고 지속적으로 표현하고 있다.

'법률이 정하는 바에 의하여'라는 내용은 이미 확정적으로 '형성된' 기본권을 구체화하라는 의미이며(다만 재산권의 구체적 내용과 한계는 법률로 정한다), 법률이 그 기본권의 존재 여부를 좌우할 수 없다. 사회적 기본권 역시 마찬가지이다. 추상적 차원의 기본권성은 이미 헌법에 의하여 부여되고 있으며, 다만 구체적인 모습이 입법자에 의하여 형성될 따름이다. 그러므로 입법자가 불충분하게 형성한다면 그것은 동시에 헌법상 성립된 기본권의 제한이 될 수 있다.

예) 재외국민의 선거권 부인의 경우, 헌법상 보장된 선거권을 입법자가 형성하면서 재외국민을 선거권자의 대상에서 배제하였다. 이것은 단지 불충분한 형성인가, 아니면 제한을 내포하는가(보통선거의 원칙에서 접근할 수 있지만 별론으로 함). 여기서 아무런 제한이 없다고 평가하는 것은 부적절하다.

(2) 헌법의 해석방법에 대해서 예를 들어, 미국에서는 originalism과 non-originalism이 대립되고 있다. 전자는 헌법의 문리적·연혁적 해석을 강조하며, 후자는 해석자(법관)에 의한 가치보충적 해석을 지지한다. 발제자의 해석은 헌법의 문리적 규정을 뛰어 넘고 있다는 점에서 후자에 가깝다. 헌법 제37조 제2항은 "국민의 모든 자유와 권리는"이라고 되어 있지만 발제자는 이 조항은 '자유권'에만 적용되는 것이라고 보고 있다. 그러한 관점은 헌법에 근거한 것이 아니라 말하자면 과잉금지원칙이 지니는 사물의 본성에 입각하고 있다. 한편 우리 헌법이 많은 사회적 기본권을 명문으로 규정하고 있지만 그 해석은 그러한 규정이 없는 독일에서의 해석과 아무런 차이를 두고 있지 않다. 재판청구권 역시 우리는 헌법상 인정되지만 독일의 경우 직접적 규정이 없는데, 어떤 해석상 차이가 있는지 밝혀지지 않고 있다. 적어도 헌법해석방법론의 입장에서, 발제자의 태도는 결함이 있거나 충분한 정당화가 행해지지 않고 있는 것이다.

3. 제한과 형성의 구분의 어려움

무엇이 제한이고 무엇이 형성인지는 헌법이 명문으로 기본권 자체를 인정하고 있는 법체제하에서는 쉬운 일이 아니다. 헌법이 이미 기본권의 추상적 내용을 인정하고 있다고 본다면 입법자의 불충분한 형성은 동시에 제한으로도 인식될 수 있다.

예) 어려운 예 중의 하나가 재산권이다. 발표자는 기존의 재산권을 제한하는 입법형성일 경우에는 '제한'으로 보고, 새로운 재산권의 내용을 정하는 법률은 '형성'으로 본다. 그러나 실무상 하나의 재산권 규정이 제한인가 형성인가는 구분이 쉬운 것이 아니다. 기존의 재산권에 변화를 가져오는 규정도 새로운 형성을 동반할 수 있으며, 새로운 형성이라 해도 헌법이 제23조 제1항 1문에서 인정한 재산권(자연권적 근거를 지닌 것으로 본다) 내지 사유재산제도를 침해하는 것이라면 재산권의 제한이 아니라 하기 어렵다.

예) 재판청구권도 마찬가지이다. 인지대나 상소제한 등의 규정이 재판청구권의 행사조건을 형성한 것이기는 하지만, 헌법이 이미 재판청구권을 인정하고 있으며 입법자에 의한 박탈이 불가능하므로, 그러한 입법은 재판청구권의 행사를 제한하는 것이라고 보는 관점 역시 가능하다.

예) 공무담임권의 경우 특정집단에 유리한 가산점을 두어 일반인에게 진입장벽을 설정하는 것이라면 공무담임권의 제한이 아니라고 단정할 수 없다. 다만 이러한 경우 반드시 엄격한 형태의 과잉금지심사가 있어야 하는지는 별론으로 한다(후술).

예) 사회적 기본권의 경우에도, 판례는 이미 추상적인 성격으로 사회적 기본권을 인정하고 있으며 국가가 입법으로서 그 구체적 내용을 형성하도록 한 것으로 보고 있다. 입법이 사회적 기본권에 대하여 입법을 전혀 하지 않거나 최소한의 보호조치를 행하지 않는다면, 이는 명백히 해당 사회적 기본권의 침해이다. 달리 말해 이는 헌법이 규정한 사회적 기본권을 지나치게 제한적으로 형성한 것이라고 볼 여지가 있다.

4. 형성에 대한 심사기준 문제

한편 발제자의 관점에 따른 형성적 법률유보의 경우라고 해서 반드시 법익형량 심사 혹은 완화된 심사를 하여야 하는 것이라 볼 수 없다. 오늘날 기본권의 객관적 가치질서, 국가의 보호의무 등 기본권의 중요성을 고려할 때, 기본권의 형성은 최소한의 형성이 아니라 최대한의 형성이라고 보아야 할 것이다. 그러므로 형성에 있어서도 최대한의 보장이 이루어질 수 있는 심사기준이 필요하며, 그것이 자의금지에 머물 수는 없고, (엄격한 형태가 아닌) 법익형량에 그칠 수도 없다.[2] 다만 사회적 기본권의 경우 특별한 취급이 필요하다.

예) 선거권의 유무에 대한 입법의 경우 입법자는 매우 중대한 공익적 필요가 있는 불가피한 경우에만 선거권을 배제할 수 있고, 선거기술상이나 행정상의 필요성만으로는 선거권을 배제할 수 없다(재외국민 선거권 사건). 이러한 심사는 보통선거 원칙에 의하여 강화되지만, 그 원칙과 무관하게 우리 헌법체계에서 선거권이 지니는 위상에 비추어 적용될 수 있는 것이다.

---

2) 한편 기본권의 형성에 있어서도 형성유보 대상 기본권을 가능한 한 최대로 보호해야 하므로, 목적의 정당성이나 수단의 적합성이 존재해야 하며, 기본권을 형성하는 여러 수단들 중에서 기본권을 덜 제한하고 더 많이 보호하는 수단을 선택해야 하며, 법익균형성에도 어긋나서는 안 된다는 견해도 존재한다.

5. 제한에 대한 심사기준 문제

한편 자유권의 제한에 대한 심사기준도 항상 과잉금지원칙이 될 수는 없다. 기본적으로 과잉금지원칙이 매우 엄격한 심사기준이라고 본다면(이견 있음), 기본권의 제한이라도 그 목적과 정도가 차이가 있고, 입법자의 형성권이 존중될 필요가 있으므로 엄격한 과잉금지심사를 할 수는 없다고 생각된다.3)

예) 발제자가 말하는 재산권의 '제한'에 대해서도 헌법이 이미 입법자의 형성재량과 사회적 기속을 전제하고 있는 이상 엄격하게 과잉금지심사를 하기는 어렵다.4)

6. 판례의 입장

발제문에 따르면 기본권의 제한이 아니라 형성에 해당되는 입법에 대하여 과잉금지심사를 한 헌법재판소의 종전 판례는 모두 잘못된 것이다. 그러나 판례는 비록 형성이라 하더라도 그것이 제한의 의미를 내포하고 있다고 본 것이다. 이는 헌법이 이미 기본권을 인정하고 있다는 지평에 선 것이다. 입법자의 형성은 많은 경우 기본권의 '제한'으로 포착될 수 있으며, 그러한 관점에서 과잉금지심사를 한 것이다. 다만 사회적 기본권의 경우 국가의 재정적 급부에 의존하는 바가 크므로 그것에 대해서는 제한보다는 형성이라는 용어가 사용되어 왔고 과소금지원칙의 관점에서 심사를 해왔다.

7. 헌법 제37조 제2항의 '필요한 경우'와 과잉금지원칙(토론자의 대안)

헌법재판소는 위 조항이 과잉금지원칙을 의미한다고 초기부터 판시하여 왔다. 이러한 판시는 기본권보장의 수준을 매우 높였지만 문제점은 동 조항이 말하는 '필요한 경우에 한하여'가 다양한 기본권 제한에 융통성 있게 해석할 수 있는 여지를 두지 않았다는 것이다. 왜 '필요한 경우에 한하여'가 항상 '달리 덜 제약적인 대안이 없을 것'(피해의 최소성)에 한정되어야 하는지 실무상 어려움이 나타난다.5)

---

3) 평등권의 경우 엄격한 심사기준에 의하더라도 이는 과잉금지원칙과 동일한 것은 아닌바, 헌법 제11조가 평등원칙 규정이며, 평등권에 대해서는 '제한'이란 개념이 성립하기 어려우므로, 별도의 심사가 행해지는 것이라 할 수 있다.

4) 다만 판례는 엄격한 심사를 한 경우도 있고 법익균형성 위주로 완화된 심사를 한 경우도 있다. 拙稿, "재산권의 위헌심사기준—판례의 검토," 인권과 정의, 2007. 6.

5) 발제문은 일단 제37조 제2항이 과잉금지원칙을 선언한 것이라는 판례의 취지를 인정하고 있으며, 제37조 제2항에서 다른 심사기준이 도출될 수 있는 여지에 대하여는 언급하고 있지 않

예) 재판청구권, 공무담임권, 재산권, 직업행사의 자유 등에 대한 심사에서 항상 피해의 최소성 심사를 하는 것은 입법형성권을 지닌 입법자의 의사를 헌법재판소가 지나치게 제약하는 것이고, 발제문에 지적되었듯이 논리적으로 과잉금지심사를 하는 것 자체가 부적절한 측면이 있는 것이다.

위와 같은 실무상 어려움은 공무담임권, 재판청구권 등 사건에서 '완화된 심사'라는 실무례를 낳게 되었는데,6) 법리적으로는 제37조 제2항의 '필요한 경우에 한하여'를 기본권의 제한양태와 범위에 따라 탄력적으로 적용하는 것이 가능하다고 생각된다. 어차피 과잉금지원칙은 법치국가원칙과 기본권보장 자체에서 도출될 수 있으며 위 조항만이 과잉금지원칙의 근거는 아니며, 한편 위 조항이 과잉금지원칙만의 근거라고 단정할 필요도 없다.

그러므로 제한과 형성의 구분의 어려움과 청구권 등에 대한 입법형성의 측면이 강한 점을 고려하면, 설사 제한이라고 보더라도, 과잉금지원칙 심사 외에 다른 심사(대개 법익형량과 유사)를 제37조 제2항에 따른 심사로서 해당 사안에서 적용하는 것이 바람직하다. 나아가 전형적인 자유권 영역이라도, 예를 들어 수용자들의 기본권과 행형목적, 정치적 의사표시 없는 상업적 언론광고, 직업수행의 자유 제한, 조세에 의한 재산권 제한 등 많은 분야에서 과잉금지원칙을 순수하게 적용하는 것은 부적절한 측면이 있는 것으로 보인다. 이 경우 과잉금지원칙을 기계적으로 적용하지 않고(그러한 용어도 사용하지 않고), 예를 들어, 입법목적과 침해되는 법익의 균형성의 관점에서 헌법 제37조 제2항에 위배되지 않는다고 판단할 수 있을 것이다.

마지막으로 기본권제한과 형성을 엄격히 구분하고 과잉금지원칙을 전자의 경우에만 한정하는 발제자의 관점은 독일의 학설과 판례에서는 어떤 위치에 있는지 궁금하다.

오늘 매우 중요한 논의의 틀을 마련해준 발제자께 감사드린다.

다. 그러나 '모든 국민의 자유와 권리는…'으로 시작하는 동 조항의 일관성 있는 해석을 위해서는 그런 여지가 모색될 필요가 있는 것이다.

6) 물론 과잉금지심사 자체가 형식적 심사로서 그 자체로서는 항상 엄격한 것이 아니라는 관점도 있으며, 이 관점에서는 '완화된 과잉금지심사'라는 표현이 애초부터 부적절하다고 보게 된다.

제 85 회 발표회 토론요지

사 회 자 : 황치연(헌법연구관)

토론참여자 : 방승주(교수), 이명웅(헌법연구관), 박진영(헌법연구관), 이황희(헌법연구관), 장순욱(헌법연구관), 김정중(헌법연구관), 김선택(교수)

간 사 : 안녕하세요. 지성수 연구관입니다.

지금 여기 간사를 맡고 계신 손인혁 연구관께서 출장중이신 관계로 저와 저기 있는 김주경 연구관이 지금 임시간사를 맡고 있습니다.

그러면 지금부터 제85회 헌법실무연구회를 시작하겠습니다.

오늘의 주제는 형성적 법률유보를 가지는 기본권에서 과잉금지원칙의 적용여부입니다.

발표는 중앙대학교 법과대학에 재직중이신 한수웅 교수님께서 맡아주시겠고, 지정토론은 한양대 법대 재직중이신 방승주 교수님과 여기 헌법재판소 부장연구관님이신 이명웅 연구관님께서 맡아주시겠습니다.

그리고 오늘의 사회는 헌법재판소 연구관이신 황치연 연구관께서 해 주시겠습니다.

이후의 진행은 황치연 연구관께서 해 주시겠습니다.

사 회 자 : 안녕하십니까? 황치연 연구관입니다.

본회의 회장이신 조대현 재판관님을 모시고 이렇게 사회를 진행하게 됨을 영광으로 생각합니다.

… 회장님의 탁월하신 기획아래 올해의 실무연구회 큰 주제는 헌법재판의 심사기준을 검토하는 것입니다.

그런데 오늘은 또 아주 특별히 과잉금지원칙에 대해서 중앙대에 계시는 한수웅 박사님께서 전 연구팀의 멤버였었는데 다시 이렇게 발표해 주시는 것에 대해서 감사드립니다.

지정토론을 맡고 있는 방승주 교수님도 우리 전 연구팀의 멤버였습니다.

그리고 또 이명웅 부장연구관께서 특별히 지정토론을 맡아주신 것에 대해서 감사드립니다.

먼저 발표하실 분을 잠깐 소개해 드리면, 한수웅 박사님은 독일 프라이브르

크대학에서 박사학위를 받으시고 헌법재판소 연구부에 계시다가 지금 중앙대학교 교수로 재직하고 계십니다.

먼저 발표를 부탁드리겠습니다.

< 주제 발표자 발표 >

사 회 자: 좋은 발제문을 발표해 주신 것에 대해서 감사드립니다.

이 세상에는 독재자가 두 가지가 있다고 그럽니다.

첫 번째는 시간이라는 거고, 모든 사람은 주어진 시간밖에 살 수 없고 시간의 굴레에서 벗어날 수 없으니까 첫 번째가 시간이고, 두 번째가 이 주어진 컨퍼런스에서 그 시간을 통제하는 사회자라고 합니다. 그러니까 사회자의 역할상 시간을 통제할 수밖에 없고, 사회자의 두 번째 역할은 주제 밖의 논제로 확대시키는 것을 제어하는 거라고 하는데 지정토론은 좀 시간을 엄수해 주셨으면 좋겠습니다.

방승주 교수님을 소개해 드리면, 방승주 교수님은 독일 하노버대학에서 박사학위를 받으시고 우리 헌법재판소 연구부에 계셨으며, 지금 한양대학교 법과대학 교수로 계십니다.

요점별로 간단하게 좀 해 주십시오.

< 지정토론자(방승주) 발표 >

사 회 자: 예리하고 열정적인 지정토론에 대해서 감사드립니다.

다음은 이명웅 부장연구관님께서 지정토론을 해 주시겠는데요. 이명웅 연구관은 사법시험을 합격하시고 헌법재판소에 관심과 애정이 깊어서 다른 법조계를 거치지 않고 바로 헌법재판소 연구관으로 재직을 했고 지금 서울대학교에서 헌법학으로 박사학위를 받았습니다.

방승주 교수님께서 지정토론하신 것과 중복되지 않는 범위 내에서 발표자께서 말씀하시는 기본권제한적 법률유보와 형성적 법률유보 이에 대한 근본적인 그런 주안점에서 좀 말씀해 주시면 고맙겠습니다.

< 지정토론자(이명웅) 발표 >

사 회 자: 간결하고 핵심적인 문제의식을 가진 지정토론에 대해서 감사드립니다.

한 박사님 두 지정토론에 대해서 디펜스를 해야 할 것 같은데 쟁점을 잘, 혼란될 수도 있으니까, 방 박사님 가장 핵심적인 쟁점은 1단계 심사를 하는데 그게 법익형량으로 한다는 것은 과잉금지원칙의 한 내용이지 않느냐, 이런 내용인 것 같고.

우리 이명웅 연구관님의 핵심적인 쟁점은 형성에는 제한이 필수적으로 수반되는 것 아니냐, 이 관점에서 많이 답변을 해 주시면 고맙겠습니다.

발 표 자 : 방 교수님의 토론문에 관해서 제가 이거를 잘 읽어보지를 못했습니다. 사실은. 제가 오면서 잠깐 봤는데, 지금 말씀하신 내용을 들으니까 대강 이해를 할 것 같습니다.

우선 다른 기본권의 경우에 제가 심사기준으로 적용해야 한다고 하는 그 법익형량의 요청이라고 하는 것이 원칙이라고 하는 것이 결국 과잉금지원칙에서 얘기하는, 과잉금지 3단계, 4단계 어떻게 나오든 간에 결국 마지막 단계 법익균형성의 원칙을 얘기하는 것이 아니냐? 그렇다고 하면 무슨 차이가 있느냐하는 말씀을 하셨어요.

우선 일단 차이가 있습니다. 일단은 3단계나 4단계가 아니라 1단계라는 차이이고.

그 다음에 최소침해에 의한, 목적의 정당성은 항상 법익형량을 하는 경우에도 반대법익을 찾아야 되기 때문에 반대법익을 찾는 작업이 바로 입법목적을 찾는 작업입니다. 그리고 반대법익에 수단의 적합성도 어느 정도 포함될 수 있기 때문에 결국은 최소침해성의 단계에서 불필요한 심사, 형식적인 심사를 보통 많이 하게 됩니다. 형성의 경우에 제한의 법리를 적용해서 과잉금지의 원칙을 그대로 적용한다고 하면. 우선 그러한 차이가 있고.

근본적인 차이는 이거예요. 우선 과잉금지원칙의 한 단계로서 법익균형성의 원칙 이것은 수단과 목적이 전제가 된 법익균형성의 원칙입니다.

기본권제한이라고 하는 수단을 투입해서 입법목적을 달성하고자 합니다. 그래서 수단과 목적 간에 투입된 목적, 기본권제한의 효과와 달성하고자 하는 입법목적의 비중을 형량하고자 하는 수단과 목적이 전제가 된 것입니다. 하지만 수단과 목적이 전제가 되었기 때문에 수단과 목적 간에 상관관계를 형식적으로 심사하기 때문에 헌법의 정신이 들어갈 여지가 없습니다. 자유권이라고 하는 것은 헌법의 정신이라고 하는 것은 '원칙적 무제한적인 자유' 이것이 헌법의 정신입니다. 그리고 개별기본권적인 보호범위가 헌법의 정신을 구체화하고 있습니다. 다른 성격의 기본권의 경우와는 달리. 하지만 다른 기본권의 경우에서는 문제된 법익형량이 성격이 달라집니다. 선거권이면 선거권, 재판청구권이 헌법 내에서 차지하고 있는 의미나 비중이 무엇인가, 공유하는 기능이 무엇인가 하는 것이지요.

결국 재판청구권의 경우에 헌법의 정신, 재판청구권이 보장하는 헌법의 정신, 효과적인 권리보호의 요청 이것하고 반대법익을 지게 됩니다.

아니면 무슨 선거권의 경우에 헌법이 민주주의 체계안에서 선거권을 규정한 선거권의 의미 그것하고 결국 그것이 민주주의의 원리가 결국은 선거원칙을 통해 구체화됩니다. 이러한 원칙과 그리고 이에 대해서 예외를 요청하는 그러한 반대법익을 비교형량하게 됩니다.

그렇기 때문에 법익형량의 관점에서 본다고 하면 과잉금지원칙에서 얘기하는 마지막 단계 그것과 유사합니다. 하지만 근본적인 차이는 수단과 목적의 존재에 대해서 형식적인 수단과 목적간에 상관관계, 목적을 달성하기 위해 너무 과잉이 아닌가 수단이? 하는 그것이 아니라 이것은 다른 기본권의 경우에는 다른 기본권을 보장한 그런 헌법의 정신과 이에 대한 반대법익을 비교형량한다는 점에서 차이가 있다고 봅니다.

그리고 칼 슈미트 말씀하신 것 같아요.

저보고 자꾸.

그리고 칼 슈미트는, 제가 잠깐 말씀드릴께요.

왜 이것을 저는 잘 상관관계를 잘 모르겠어요. 제 취지를 제대로 파악을 못하신 것 같아요.

자꾸 독일적이라는 것을 언급을 하시는데 제가 마치 독일 사람인 것처럼…. 그런데 왜 이거를 써놓았느냐? 사실 이런 것 같아요. 제가 얘기를 하고자 하는, 사실 맞습니다. 칼 슈미트 생각에서 나온 거예요. 하지만 오늘날 독일에서도 그렇고 우리도 그렇고 과잉금지원칙이나, 지금 본인이 스스로 여기 써놓으셨어요. 방 박사님 419면에 보면 “오늘날 과잉금지의 원칙이나 본질내용침해금지의 법리는 이러한 칼 슈미트적 기본권이론으로부터 영향을 받은바 크다고 할 수 있다.” 본인도 자인하고 있습니다.

자, 저는 이 칼 슈미트의 생각이 무슨 다른 기본권의 경우에도 그대로 적용된다고 하는 뭐 사회적 기본권이나 참정권의 경우에 적용된다고 하는게 아니지요. 우선 과잉금지원칙의 헌법적 근거를 밝히기 위해서 과잉금지원칙이 자유권으로부터 그 본질로부터 솟아나온다고 하면 어떤 상호과정을 거쳐서 나오는 것이다는 것을 밝히기 위해서 제가 이러한 독일의 기본적인 사상을 끌어다 쓴 겁니다.

이거 우리가 일상적으로 하고 있는 작업이에요. 방 박사님 저 보다 더합니다. 이거 독일적인 거는.

사 회 자 : 사회자의 직권으로…, 효율적으로 답변을 해 주시면 좋겠습니다.

발 표 자 : 죄송합니다.

저는 그래서 그것이 칼 슈미트의 어떤 특정의 사고라고 한다고 하면 그것은 과잉금지원칙과의 관계에서 끌어들인 것이지 마치 무슨 다른 기본권은 중요하지 않다 이렇게 꼭 자유권만을 강조하고, 지금 여기 보시면 순수한 자유라고 하는 것이 별 의미가 없고 사회적 기본권이나 청구권적 기본권의 법적 성격의 차이 자유권하고, 그만큼 상대화될 수밖에 없다라고 말씀하고 계세요.

아마 여기 취지는 법적인 자유나 평등도 중요하지만 못지않게 중요한 것이 실질적인 자유와 평등이다. 자유를 실제로 행사할 수 있는 그러한 조건을 국가가 형성해 주는 것이다. 그 중요성을 강조하고 계신 것 같아요. 그 중요성 부인하는 사람 여기 아무도 없습니다.

지금 그거의 문제가 아니예요. 개인이 정말 자유롭기 위해서 자유를 실행하기 위해서 법적인 자유뿐만 아니라 자유를 행사할 수 있는 실질적 조건도 국가가 갖추어 줘야한다. 결국 그래야만 인간의 존엄성이 실현될 수 있고 인격을 자유롭게 반영할 수 있는 그런 바탕이 열린다하는 것에 대해서 아무도 의문을 제기하지 않습니다.

그렇기 때문에 국가로부터의 자유도 중요하지만 국가기관 자유도 똑같이 중요합니다.

하지만 이러한 사고가 모든 기본권을 구분할 필요도 없고 본질적인 차이나 법적 성격을 규명할 필요가 없다고 하는 생각으로 이어질 수는 없다고 봅니다. 왜? 헌법재판소에 계시면 구체적으로 사건을 해결해야 돼요. 학자는 이렇게 얘기할 수 있을지 모르지만. 안 그러면 사건이 안 풀립니다. 왜요? 법적 성격을 규명하고 여기에 무엇을 맞추어서 적용해야 될지 심사기준을 그것을 우리가 찾아내야 되기 때문이에요. 그래서 모든 것이 상대화될 수밖에 없고 그러기 위해서 결국은 같고 그렇기 때문에 37조 2항 다 적용해도 무방하다고 하는 생각에 저는 결코 동의할 수 없습니다.

그렇기 때문에 제가 오늘 쓴 겁니다.

그래서 저는 기본권이론적인 것에서 어떤, 독일의 기본권이론을 갖다가 인용하는 누구의 생각을 거기에 근거지어서 판단하는 것 오히려 그것이 더 위험하다고 생각합니다.

우리가 지금 사용하고 있는 여러 가지 생각들, 도구들 독일로부터 많은 영향을 받은 것입니다. 그것이 슈미트의 생각일 수도 있고 스멘트의 생각, 헤벨레적인 요소가 다 들어있습니다. 융합이 되어 있어요. 현명하게 적절하게 우리가 취해서 쓰는 겁니다.

자유권의 경우에는 이거를 부인할 수 없어요. 우리가 자유권을 정말 과잉금지원칙의 근원이라고 한다고 하면.

과잉금지원칙이 나온 이유는 바로 스멘트적 사고에서 나온 것입니다. 그렇지 않고서는 과잉금지원칙을 설명할 수가 없죠. 국가권력이 왜 정당해야 합니까? 자기행위를? 기본권의 제한을? 그것은 원칙적으로 무제한하기 때문에, 내꺼를 왜 니가 갖고가. 니가 신뢰를 하면 나한테 소명하고 정당화해야지 하는 생각입니다. 그게 과잉금지원칙이에요. 쉽게 얘기하면.

그리고 사회적 기본권의 경우에는 형성적 법률유보가 없지 않는가 하는 말씀하셨어요. 저는 그렇게 생각하실 수도 있구나 하는 생각을 오늘 했어요.

방 승 주 : 생각이 아니라 거기 적혀 있습니다.

발 표 자 : 자, 그렇다고 하면 결국 사회적 기본권의 경우에도 과잉금지의 원칙을 적용해도 무방하다고 생각하시고 있는 것 같아요. 그렇게 쓰고 계십니다.

"사회적 기본권의 경우에도 자유권과 마찬가지로 똑같이 과잉금지원칙을 적용해도 문제가 없다." 자, 여러분 다음 보세요. 31조부터 소위 사회적 기본권에 귀속시킬 수 있는 그러한 규정들이 들어있습니다. 물론 복합적인 기본권도 있을 수 있겠지요.

보면은 근로의 권리나 모두 다 마찬가지로 지금 말씀하신대로 맞습니다. "모든 국민은 근로의 권리를 가진다"로 시작하고 있습니다. 사회적 기본권을 개인의 기본권의 형식으로 보장하고 있어요.

하지만 사회적 기본권이 의도하는 바가 무엇인가? 구체적인 내용은? 소위 국가의 과제나 의무는, 그 다음에 정말 실체가 거기 들어 있습니다. 근로의 권리를 가진다하면 국가는 이러이러한 방법을 보장해야 되고 법률이 정한 바에 의해서 최저임금제를 한다, 다 법률로 정한다, 보장한다를 법률로 정한다, 이게 바로 형성적 법률유보, 이렇게 많은 형성적인 법률유보가 어디 있어요?

물론 32조의 처음에 모든 국민은 법률이 정하는 바에 따라 근로의 권리를 가진다고 할 수도 있겠지요. 하지만 그렇게 하지 않았어요. '근로의 권리를 가진다' 그리고 구체적으로 국가의 의무를 규정하고 있습니다. 이것은 무엇을 의미하냐하면 국가가 바로 과제, 사회적 기본권의 단계에 있는 과제를 법률을 통해서 실현하고 구체화하듯 그렇게 의무를 부과하고 있는 것입니다. 32조 맨 처음 그 자체가 써있지는 않아요. 하지만 이거는 당연히, 사회적 기본권이 형성적 법률유보가 아니라고 하는 얘기를 제가 오늘 처음 들어 봅니다. 정말요.

그리고 헌법재판소도 여기에 있어서는 예외적으로 형성적 법률유보로 당연히 봤고 그래서 과잉금지의 원칙이 도저히 적용이 안 된다. 과잉금지원칙 연구관이 당장 적용하면 이거 문제가 풀리지가 않습니다. 형성의 문제이기 때문에. 사회적 기본권의 경우에는 제한의 문제가 아니거든요.

사회적 기본권은 공공복리를 실현하고자 하는 것이지 공공복리에 의해서 제한될 수 있는 성격의 것이 아닙니다. 사회적 기본권이 법률로써 구체화된 다음에는 구체화된 일반법상 권리는 법률로써 축소되거나 제한될 수 있겠지요. 하지만 사회적 기본권 이 자체는 헌법적 차원에서는 절대로 제한이 될 수 없는 것입니다. 이것은 실행하기 위해서 형성되기 위해서 구체화되기 위해서 있는 것입니다.

사 회 자 : 이제 그만하시죠. 모든 질문사항에 한정된 시간에 일일이 다 답변하실려고 하면 그거를 다 할 수가 없으니까 주요쟁점만 하신 것으로도 충분하다고 생각됩니다.

제가 재반론의 기회를 드릴려고 했는데 시간상 불필요하게 여겨지고, 또한 두 분이 학자시라 좀 냉각적인 시간도 필요한 것 같기도 하고 그래서 이제 플로어의 토론을 들어보고자 합니다.

원리나 원칙은 아주 소박한 것에서 출발합니다.

예컨대 이 과잉금지의 원칙이라는 것도 동양적인 시각에서 보면 어떤 중용의 미덕이라든지 독일적인 간단한 명구로서는 '참새를 잡기 위해서 대포를 쏘지 말라' 또는 영국의 한 대법관 같은 경우는 '호두를 까는데 증기해머를 사용하지 마라'이런 표현 속에 다 그 과잉금지사고가 내재되어 있습니다.

그것을 헌법적인 재판의 심사기준으로 어떻게 그거를 세밀하게 만들어 내느냐? 이게 중요한 건데, 오늘의 핵심쟁점은 기본권형성적 법률유보에서도 과잉금지원칙이 적용될 수 있는지? 적용될려면 어떻게 적용되는 것인지? 이게 핵심적인 쟁점입니다.

물론 전제적 고찰로서 기본권의 본질이라든가 기본권이론이 필요하기는 하지만 여기에서는 좀 부수적인 문제니까 제가 말씀드린 그 핵심적 쟁점에 관련해서 과잉금지원칙의 어떤 근거라든지 또는 우리 헌법 37조 2항의 성격이라든지 과잉금지원칙의 내용에는 일반적으로 인식된 내용이 있는데 그거와 별도의 다른 견해를 가지고 있다든지 또는 제한적 기본권법률유보와 기본권형성적 법률유보 얘기하는데 제한과 형성의 의미와 차이가 무엇인지? 그 구별기준이 무엇인지? 또 한 박사님이 제시한 법익형량의 심사기준이 실체가 무엇인지 이런 관점에서 플로어에서 관심 있는 분들은 소속과 이름을 발표하시고 토론을 진행해 주시면 고맙겠습니다.

박 진 영 : 안녕하세요. 헌재에 올해부터 근무하게 된 박진영 연구관입니다.

교수님 논문은 아주 흥미롭게 잘 읽었고요. 평소에 입법형성권을 얘기하다가 갑자기 또 기본권제한의 얘기가 나오게 되니까 이게 뭔가 앞뒤가 맞지 않는게 아닌가 이런 생각 했던 거에 대해서 의문을 어느 정도 해소할 수 있게 된 측면이 있고요.

이 논의가 어떻게 귀결되든지 간에 일단 이런 논의를 본거는 상당히 신선하고 여러 가지 생각할 거리를 주시는 것 같아서 감사하게 생각합니다.

평소에 제가, 저희 공동부가 1, 2, 3부로 나누어져 있는데 2부는 참 좋겠다. 그냥 과잉금지원칙만 적용하면 될 텐데, 1부랑 3부는 왠지 어렵다하고 생각했던 것이 바로 이것과 맞닿아 있는게 아닌가 이런 생각을 한편으로 또 해보고요.

그리고 제가 지금 관심을 갖고 있는 조항이 헌법 33조입니다.

제가 지금 연구보고서를 쓰고 있는 사건이라서 그거하고 관련해서 질문을 드리겠습니다.

얘기하신 거에 보면 23조부터 36조까지는 일반적인 자유권과는 다르다. 이렇게 쭉 쓰고 계시면서 한편으로는 9페이지에 각주15번 그쪽을 보면 “근로 3 권에 대해서 사회적 기본권도 37조 2항의 적용을 받는다는 견해가 있는데 이거는 잘못되었다. 근로 3 권이 기본적으로는 자유권으로서의 성격을 갖고 있기 때문에 37조 2항이 적용되는 것이지 이게 사회권적 기본권임에도 불구하고 37조 2항이 적용되는 논거가 될 수는 없다.” 이렇게 식으로 쓰고 계셔서, 결국 이 근로 3 권에 관해서도 자유권적 측면과 사회권적 측면을 다 가지고 있다는 거를 인정하시는 것 같고요. 헌법재판소도 그게 뭐 기본권적으로는 사회권적 기본권이라고 보다가 지금은 자유권적 측면이 오히려 큰 그러면서 사회권적 기본권을 가미한 그런 것으로 파악하고 있는데, 그러면 33조 1항에 대해서는 37조 2항에 의한 심사를 하는게 맞다. 이렇게 결국 보시는 것으로 생각이 되는데, 일단 첫 번째 질문은요, 이렇게 사회권적인 성격과 자유권적인 성격을 다 가지고 있는 기본권의 경우 그러면 두 가지 심사를 다 해야 옳다고 생각하시는지 아니면 두 가지 중에 어느 권리의 성격이 더 강하냐를 가려서 그중에 자유권적 측면이 강하다면 37조 2항을 적용하고 사회권적 기본권의 성격이 강하다면 그 독자적인 법익형량의 원칙을 정해야 된다고 생각하시는지 그게 한 가지의 질문이고요.

발 표 자 : 제가 잊어버리거든요 ….

제 경험으로는 하나의 사건에서 두 가지 문제가 동시에 제기되는 경우는 여지껏 제가 만나지 못했습니다. 보통은 대부분의 경우에 자유권 침해가 문제되는 경우입니다. 국가가 노동자의 사단자치를 제한한다든지 규약을 제한한다든지 단결권 제한한다든지 하는 식으로 자유롭게, 국가의 간섭에도 방해 없이 자유롭게 결성하고 활동할 그런 자유에 대한 제약적 측면이 항상 문제가 되어 왔습니다.

만일에 사회권적 측면이 문제가 된다고 하면 사회권적 측면이라고 하면 결국 이런 거겠지요. 근로 3 권을 실제로 행사하기 위해서 국가가 최소한의 법적 제도를 제공을 해야 되는데 이러한 법적 제도가 미비한 경우에 그러한 경우에 문제가 될 겁니다.

이러한 경우에는 만일 그것이 문제가 된다고 하면 분리해서 구체적으로 제한의 성격, 문제되는 영역의 성격에 따라서 판단할 수밖에 없지요. 만일 하나의 사건에서 동시에 발생한다고 하면 제한적인 측면이 있다고 하면 자유권적 측면에 대해서는 과잉금지의 원칙을 적용해야 될 것이고 사회권적 측면에서 뭔가 입법자가 어떤 형성을 해야 되는데 형성이 부족하다든지 하는 것은 적극적인 행위를 요청하는 측면에서는 당연히 다른 그러한 과소보장의 원칙이라든지 하는 그런 기준이 적용되지 않을까 생각합니다.

저는 실제로 양측면의 문제가 되고 있는지 구체적인 사건에 있어서, 사회권적 측면이 제가 어떠한 관점에서 구체화될 수 있건 상당히 개연성이 좀 낮다고 보는데요, 어떤 관점에서 문제가 된 건지 제가 반대로 질문드리고 싶네요.

박 진 영 : 기본권.

사 회 자 : 잠깐만요. 시간의 효율적 배분상 한 박사님께서 일일이 다 개별적으로 답변하실려면 좀 힘들 것이니까 모든 질문을 받은 다음에 그 질문이 발표자께서 답변하시는 것이 적절한지 지정토론자께서 답변하는 것이 적절한지 그거를 제가 판단해서 답변을 하도록 하겠습니다.

질문을 계속 하시지요.

박 진 영 : 한 가지만 더 여쭤보겠습니다.

그러니까 기본권 자체를 놓고 자유권적 성격이 강하냐 사회권적 성격이 강하냐 그거를 따질 문제는 아니고 구체적인 사안에서 문제가 된 측면이 어느 거냐 그거를 보고 적용하라는 취지로 이해하고요.

그 다음 33조 2항을 보면 “공무원인 근로자는 법률이 정하는 자에 한하여 근로 3 권을 가진다.” 이렇게 되어 있거든요. 그래서 이거하고 관련해서 헌법재판소는 이 공무원인 근로자에 대한 근로 3 권 제한에 관해서는 37조 2항의 적용이 배제되고 33조 2항에 의해서 그러니까 입법형성권을 행사함에 있어서 법익형량의 원칙이나 이거를 따져서 심사를 하라는게 다수의견이 아니었나 이렇게 보여지는데, 이 33조 2항은 우리 헌법에만 있는 다소 기형적인 조문인 것 같기는 한데요.

얼핏 생각해서 "1항이 문제되면 37조 2항에 의한 심사를 하고 2항이 문제가 되면 그거 자체의 입법형성권행사의 측면에 있어서의 법익형량의 원칙에 따른 심사를 해라" 이런 얘기 같아서 조금, 물론 조문 자체가 이상해서 나오는 문제이기도 합니다마는 어쨌든 해석은 매끄럽게 가능한 한 이루어져야 되기 때문에 이 33조 1항과 2항의 관계에 대해서 어떻게 생각하시는지 간단히 좀 듣고 싶습니다.

사 회 자 : 질문해 주셔서 고맙습니다.

다른 분 또 플로어에서 질문을 받도록 하겠습니다.

이황희 연구관.

이 황 희 : 길지 않은 질문인데요. 저는 개인적으로 발표를 들으면서 평소에 궁금하게 생각했던 내용들이 다 들어있어서 굉장히 감명 깊게 발제를 들었습니다.

그런데 제가 참 궁금하게 생각했던 내용이 이명웅 부장님의 논평에 나와서 제가 그 질문에 대한 한 박사님의 답변을 굉장히 듣고 싶었는데 아까 전에 시간 관계상 이부장님의 논평에 대한 답변을 건너뛰신 것 같아 가지고 그 점에 대해서 다시 한번 부탁드립니다.

발 표 자 : 이거 전부 다요? 아니면 어떤 거를 꼭 집어서요? 전반적으로 말씀하신 거죠?

이 황 희 : 특히 이명웅 부장님께서 논평하신 것 중에서 헌법이 이미 기본권의 추상적인 내용을 인정하고 있다면 입법자의 불충분한 형성은….

발 표 자 : 죄송하지만 몇 면이지요?

이 황 희 : … 381면에서 그 예로 쭉 설시되는 내용들에 관해서 어떻게 생각하시는지 궁금합니다.

발 표 자 : ….

사 회 자 : 답변할 시간을 갖도록 하기 위해서 다른 질문을 더 받도록 하겠습니다.

장순욱 연구관님 특별히 질문할 내용 없습니까?

장 순 욱 : 궁금한 거는 많은 데 막상 질문으로 잘 정리가 안 되네요.

한 말씀만 드리면 잘 맥락이 연결되지는 않는 데, 사회적 기본권에 한정해서 말씀을 드리면 이게 입법에 의해서 형성되는 영역이라는 점은 분명한 것 같은데요. 입법에 의해서 구체적인 권리가 입법이 되면 그 법률에 구체화된 그 권리는 헌법상의 사회적 기본권하고 관계가 어떻게 되는지?

발 표 자 : 아무 관계없지요.

장 순 욱 : 아무 관계없다는 것이?

발 표 자 : 입법자에 의한 사회적 기본권이 구체적 형성의 결과물이지요.

장 순 욱 : 그러면 나중에 구체적으로 형성된 그 권리가 다시 제한되거나 축소되거나 그럴 경우에?

발 표 자 : 아, 그거는 제한될 수 있지요. 그것이 허용되느냐? 그것은 결국 신뢰보호의 문제는 발생할 수 있습니다. 하지만 사회국가원리의 위반이라고는 생각할 수 없지요.

장 순 욱 : 이 경우에도 사회적 기본권의 침해로는 보시지 않는다는?

발 표 자 : 아니죠. 만일 사회적 기본권 침해로 보일려고 하면 사회국가원리라고 하는 것이 국가가 일단 제공한 어떤 수준의 사회국가적 급부를 유지해야 할 의무가 있다는게 전제가 되어야만 그게 가능하겠지요. 하지만 국가는 그게 없습니다.

왜냐하면 사회국가라고 하는 것은 사회적 경제상황에 의존하고 있고 상황에 따라서 급부가 축소될 수도 있고 하는 것이거든요. 그래서 사회국가라고 하는 것은 변화하는 사회상황에 적정하게 대처해야 될 의무가 있기 때문에 일단 벌려놓은 급부도 걷어 들일 수가 있는 것입니다. 그렇기 때문에 사회국가원리의 위반의 점은 물론 생각할 수 있습니다. 그래서 우리 헌재결정에서 한번 나올 수 있지요.

하지만 거기서 부정해야 할 것이고, 문제가 되는 것은 결국은 신뢰보호의 문제가 발생하게 되지요. 내가 이것을 신뢰하고 있었는데 아무런 유예기간 없이 급부를 걷어들이느냐, 유예기간이 짧다 하는 그런 측면에서 저는 문제가 제기될 수 있을 것 같습니다.

사 회 자 : 김정중 연구관님 질문할 내용 없습니까?

김 정 중 : 저도 경험이 일천해서 궁금한 점은 있으되 말로 표현하기가 좀 궁해서 듣고자만 했습니다. 사회자님께서 지적을 하시니까 억지로 한번 꺼내보겠습니다.

이황희 연구관께서 지적한 내용이나 이명웅 부장님께서 지적한 내용과 좀 유사한 질문인데요. 저도 드는 생각이 재판청구권이나 선거권 그런 것들이 구체적으로 권리를 실현할려면 법률에 의해서 기본권형성적인 어떤 법률이 이루어져서 기본권이 구체화되는데 헌법자체에서 그 기본권들 그러니까 선거권이나 재판청구권의 핵심적인 내용들은 담겨져 있는게 아닌가? 애초부터 전혀 없는게 아니라 법률에 의해서 완전히 형성될 영역이 아니라 헌법 자체에서 선거권이나 그러니까 보통·평등·비밀·직접 그런 선거권의 보장의 기본내용 그 다음에 재판청구권이 있으면 재판에 접근할 권리 그 다음에 신속하고 공정하고 그러한 재판을 절차적으로 받을 그러한 권리 그런 것들이 헌법 자체에 내재되어 있는게 아닌가? 그렇다면 그런 내재되어 있는 것을 구체적으로 형성하는 과정에서 헌법에 내재되어 있는 것을 제한할 때 이것은 이제 형성의 측면도 있지만 헌법 자체에 담겨져 있는 그러한 기본권의 내용이 제한되는 요소가 같이 담겨져 있지 않겠는가? 그렇다면 그런 제한의 측면을 심사를 할 때 과잉금지원칙으로도 심사기준을 삼을 수 있지 않겠는가 하는 그런 생각이….

발 표 자: 그럼요. 그래서 우리가 여지껏 적지 않은 경우에 그렇게 해 오지 않았습니까? 바로 그런 생각이에요.

지금 뭔가 있지 않느냐? 뭔가 확실히 모르지만 확정되지 않은 실체, 형성에 의해서 구체적으로는 구형화 되겠지만 좌우지간 뭔가 헌법이 요구하는 뭐가 있지 않느냐? 보호하는 뭐가 있지 않느냐? 그런 생각을 갖고, 그게 전제가 되지 않으면 과잉금지의 원칙 적용할 수가 없지요.

그런데 문제는 확정되지 않은 실체, 그거는 결국 입법에 의해서 구체화되는 것이거든요. 확정되지 않은 실체라는 거는 다른 말로 바꾼다고 하면 재판청구권 소원권이 헌법의 기본정신입니다. 결국 지금 말씀하시는게.

김 정 중: 교수님께서 기본권형성적 법률에 대한 어떤 심사에서 그러니까 기본권을 형성하는 그 원리와 그것을 제한시키는 다른 법익간에 어떤 균형, 형량을 해야 된다는 그런 말씀을 하셨는데, 기본권을 형성하는 원리는 헌법 내에서 찾아진다고 말씀을 하셨잖아요? 그 자체에 이미 아까 제가 말씀드린 법에 의해서 만들어지는게 아니라 헌법에 의해서 발견하는 그런 원리가 이미 전제되어 있는게 아닌가 하는 생각이 듭니다.

발 표 자: 우선 생각을 같이 하는 거는 뭐냐 하면 입법자가 형성을 하지만 형성하는데 입법자가 마음대로 할 수 없다고 하는 것이지요. 헌법구속을 받는다고 하는 거에 생각을 같이 하고 계시잖아요. 그런데 그게 주관적 권리형태로 구속을 받는 것이 아니라 헌법원칙으로서 지침으로서 입법자가 형성함에 있어서 헌법이 지침을 제시하고 있는 것이지요.

지금 말씀하신 무슨, 아까도 뭔가 보통선거원칙 무슨 평등선거원칙에 의해서 확정될 수 있는 뭔가 주관적 권리형태에 있지 않겠느냐 하시는 생각을 하셨는데, 결국 같은 얘기나 마찬가지예요. 그게 저는 객관적인 것이다. 객관적 지침으로 구속을 받는다고 하는 것이지요. 그래요. 이거 뭐 그렇게 생각할 수 있습니다.

김 정 중: 그러면 그런 생각이 가능하다면 여러 가지 기본권제한이나 형성과정에서의 심사 그 기준을 가능하면.

발 표 자: 가능하지만 저는 동의하지 못하지요. 그거는 사람에 따라서는 그렇게 생각할 수 있다는 것이지, 두 가지 대안이 주어진다고 하면 뭐가 더 타당한가

는 물론 각자가 선택할 문제고.

김 정 중 : 그래서 저는 계속 말이 나오니까 죄송합니다마는 드는 생각이 어떤 심사기준, 다양화는 결국은 심사기준에 충실화라는 측면에서 긍정적이기는 하지만 다양화는 불안정이거든요. 어떤 심사기준을 어떻게 선택해서 적용할 것인가? 그런 부분에 대한 판단자의 주관이라든가 사정에 따라 여러 가지 선택가능하게 되면 안정성이 없을 수가 있다. 그런 불안정성의 하나가 있고.

그 다음에 과잉금지원칙의 심사원리는 기본권제한에 대해서 엄격심사원리로서 상당히 충실화된 심사원리인 것 같아요. 기본적으로는 서너 단계 심사구조가 있듯이.

그런데 그런 충실한 심사기준원리를 가지고 있는데 그 기준으로도 심사가 가능하다고 하는데 아까 말한 법익균형이라는 한 가지 기준으로 대체하는 것은 기본권심사에 있어서의 어떤 충실성 그런 부분을 좀 포기하는게 아닌가 하는 그런 측면도 듭니다.

사 회 자 : 김선택 연구위원님께서 한 말씀 해 주시면 고맙겠습니다.

김 선 택 : 한 말씀 아니라 서너 말씀했으면 좋겠는데 괜찮겠습니까?

우리 여기 같이 저도 연구에 참여해서 하다보니까 느끼는 건데 첫 번째 이 말씀만 먼저 드립시다.

우리가 심사기준을 하나, 두 개, 세 개, 이 숫자가 그렇게 중요해요? 심사기준으로 쓰일 수 있는 것의 숫자가 적으면 적을수록 우리가 예측가능성이나 법적안정성이 확보됩니까? 오히려 거꾸로 아닐까 그죠? 자꾸 모호해지는 거 아닙니까?

예를 들어 이런 거 아니겠어요? 예컨대 민주주의나 법치국가나 권력분립을 생각하면 우리 사법입장에서야 합리성심사를 하는게 맞는 거 아니겠어요? 그 하나면 족할 텐데, 합리성심사로 하면 통제가 안 되니까 엄격성심사를 끌어들여온단 말이에요. 두개가 되지요. 둘로 하다보니까 합리성하면 합헌이 되고 엄격성하면 위헌이 되어 버리니까 안 되겠으니까 자기네가 좀 해 보고 싶으니까 중간심사를 갖고 와요. 그렇게 하다보니까 또 문제가 생긴단 말이에요. 그러니까 중간에 하나씩 더 집어넣어, 합리성하고 중간을 하나 넣고 중간하고 엄격성을 또 하나 다섯 개가 됩니다. 또 하나씩 들어오면 아홉 개가 돼요. 그런데 이거 많아지면 왜 안 되는 거지요? 심사기준이 이렇게 복잡하게 단계화되면 될 수록 더 예측가능성이 높아질 겁니다. 그거를 먼저 하고.

그러면 심사기준을 이렇게 다단계화 할 수 있는 근거가 뭐냐? 우리 헌법 37조 2항에 보면 그거뿐이 없어요. '필요한 경우에 한하여', 도대체 이 '필요한 경우에 한하여'가 왜 엄격심사일까? 왜 우리가 우리 심사할 수 있는 권한을 축소시킵니까? 그럴 이유가 없지요. 그 '필요한 경우에 한하여'를 여러 가지로 저는 할 수 있다고 생각해요. 합리성심사건 비례성심사건 중간심사건간에 그거를 우리가 어떻게 논증하느냐의 문제입니다. 우리가 얼마나 이거를 심사기준을 잘 논증을 해서 사후적으로 다시 밟아갈 수 있게 만드느냐, 이것이 예측가능성을 담보하는데 더 유리하다 이렇게 생각이 되고.

그 다음에 아까 재미난 말씀하셨는데, 사회적 기본권이 입법에 의해서 형성되었을 때 그게 법률로 구체화되었을 때 그거를 개정하면 어떻게 되느냐? 그거야 뭐 개정이 되건 폐지가 되건 똑같은 문제가 되겠지요. 왜냐하면 사회적 기본권이라 하더라도 헌법에 어떻게 형성되느냐가 문제예요. 그러니까 헌법이, 이렇게 말씀드릴 수가 있는데, 우리가 원을 세 개 한번 그려봐요 머릿속에다가. 제일 가운데 안에 있는 원은 이겁니다. 헌법이 스스로 보장하고 있는 내용이에요. 헌법이 스스로.

다시 말하면 헌법재판소가 해석을 통해서 확정할 수 있는 내용입니다. 그 내용을 건드려버리면 이거 당장 심사할 수 있는 거예요 우리가. 그런데 바깥 원을 하나 그려놓고 입법의무가 부과되는 거죠. 마지막 원은 입법재량이 넓게 형성되는 영역이 있을 수 있어요. 이렇게 나눠보면 다 달라질 겁니다. 예컨대 법률로 구체화된 사회적 기본권으로서의 내용, 그 입법이 예컨대 폐지되었을 때 입법의무위반이 될 수 있습니다, 그죠? 입법부작위가 되어 버릴거고. 위헌확인하면 될 거고. 그 조문이 내용이 바뀌어서 불충분입법이 될 수 있어요 그죠? 그러면 위헌확인하면 됩니다. 그냥 입법재량의 범위 내에서 움직인거라면 상관없는 거예요 하등. 일반론적인 예라고 생각이 되고. 문제는 뭐냐 하면 37조 2항의 본질내용침해금지가 문제겠지. 아니 도대체 사회적 기본권의 본질내용이 뭐고 이 부분은 어떻게 이런 굉장히 어려운 문제가 남기는 해요.

우리가 아까 심사기준도 몇 개에 국한해야 되느냐 이런 말씀 드렸지만, 왜 헌법상의 기본권도 고정적으로 이해하려고 그러지요? 사실 아까 복합적 기본권, 아까 이명웅 연구관님 토론에 보니까 기본권이라는게 이렇습니다. '인간의 존엄과 가치를 보장한다' 자유권 같지요? 그런데 그 안에 사회적 내용도 있을 수 있어요. 인간다운 생활을 할 권리를 보면 완전히 사회적 기본권 같지요. 그런데 자유권적 내용이 있을 수 있어요. 이게 무슨 얘기냐 하면 헌법상의 기본권 조항 안에서 그 기본권적인 효력을 부여해서 보장되고 있는 내용은 다층적이고 다차원적일 수도 있다 이겁니다. 우리가 할 일은 뭐냐 하면 개별적인 기본권조항에서 어떠한 보장내용을 도출할 수 있는가 하는 문제예요. 그래서 그 각 내용이, 여기 우리 한수웅 교수님 내용도 그런게 많이 나와 있습니다. 어떤 내용이 나오느냐? 우리가 자유권적으로 포착하고 있는 기본권 안에서도 여러 가지 내용이 나올 수 있습니다. 그러면 각각의 그 보장내용이 법적 성질에 따라서 각각 다른 심사기준을 적용할 수밖에 없어요. 다른 방법은 하나도 없을 겁니다. 그런 문제가 있기 때문에 우리가….

이 문제는 이렇게 봐요. 제가 결론적으로 말씀드리면, 얼마나 우리가 헌법을 해석할 때 좀 섬세하게 이거를 잘 나누어서 거기에 각각 맞는 심사기준을 개발해 나가느냐. 그래서 이것을 논리적으로 언제든지 다시 이거를 구성할 수 있게끔 하면 그러면 그것으로 우리 사법판결의 정당성이랄까 이거를 확보할 수 있지 않을까 이런 생각이 듭니다.

사 회 자 : 두 분 연구관님의 아주 참신한 질문과 연구위원님의 커멘트에 감사드립니다.

아까 지정토론하신 분 두 분의 답변을 못 들어봤는데 지금까지 나온 모든 질문이나 커멘트 또 발표자의 어떠한 답변에 대해서 재답변이나 또 커멘트 할 내용이 있으면 한번 해 주십시오.

방 승 주 : 기본권 이론쪽 이렇게 통제를 좀 하셨는데, 그 부분은 제가 볼 때는 중요한 문제 같습니다. 왜 그러냐 하면 우리가 실무적인 것은 다 그 이론에 밑받침을 두고서 이루어지는 것이니까요. 제가 뭐 우리 한 교수님 독일 거를 갖다가 영향 받았다. 그거를 공격하기 위한 목적이었던 것이 아니고, 맞습니다, 저도 독일 거 많이 배우고. 그런데 요즘은 탈 독일화 될려고 제가 노력을 많이 하고 있어요. 자세히 보다보니까 너무 틀린 것들이 많더라고요. 그래서 그런 것이고.

그런데 지금 전반을 칼 슈미트적인 사고가 흐른다라고 하는 말씀을 드린 것은 사실인 것 같습니다. 거기에 대비를 시켜 드리면, 제가 독일 기본권이론이 전부다라고 할 수는 없겠지만 자유라고 하는 것은 아까 말씀하셨듯이 국가가 잘 정비하고 그렇게 해서 제대로 정비된 속에서 자유를 누릴 때 그 자유가 진정한 자유가 될 수 있겠다. 사람이 태어나가지고서 정말 자유를 누린다라고 하는 것은 언론·출판의 자유 뭐 자유 다 가지고 있다라고 해봐야 뭐겠습니까? 그 의미가 별로 없어요. 그런데 그것은 제도적으로 잘 정비가 될 때 의미를 갖는다라고 하는 것이지요.

그러면 그렇게 본다라고 할 것 같으면 특별히 원래부터 천부인권적인 자유다라고 하는 그 자유하고 그 다음에 제도적으로 형성된 선거권, 참정권, 그밖에 어떤 청구권적 기본권들에 이와 같은 기본권들의 속성상의 차이는 상당히 상대화되는 것이 사실입니다. 그런다라고 생각했을 때에 이미 우리가 헌정사 벌써 이미 60년이 넘어가지 않습니까? 그러는데 헌법을 제정한 이후에 막 법률로 입법자들이 제정해야 될 시점이다라고 할 것 같으면 이런 문제들이 더욱 많이 발생을 할 거예요. 예를 들어서 제한적 입법이냐 아니면 형성적 입법이냐? 그런데 이 헌정생활한 5, 60년 동안 이것을 거의 다 확립을 해 놓고 재판청구권도 다 확립해 놨고 그 다음에 대통령선거 있지요, 국회의원선거 있지요, 그 선거 있는데 여기서 어떤 사람이 배제가 되었다라고 했을 때 그거는 형성이다, 과연 이렇게 얘기할 수 있을까? 그 사람을 배제한 거, 그것은 그 사람의 선거의 자유를 참여하지 못하기 때문에 그것은 제한으로 다가오고 따라서 원칙과 예외의 관계, 한 교수님이 주장하시는 그 자유권에 대한 심사에 있어서의 특징이라고 할 수 있는 원칙과 예외의 관계가 역시 형성이 됩니다. 그럴 경우에는 당연히 과잉금지의 원칙이 적용이 될 수 있는 여지가 생기게 된다. 그래서 상당히 상대화가 된다. 그러나 커다랗게 봤을 때 결론적으로 심사기준을 갖다가 좀 정치화시켜서, 아까 김선택 교수님도 말씀하셨듯이, 그런 것들을 좀 정치화시켜서 하나하나 적합한 것들을 찾아나가는 노력 이것은 매우 중요하다라고 생각이 듭니다. 감사합니다.

사 회 자 : 대륙법적인 사고의 틀로서 과잉금지의 원칙이 알렉시의 책이 영어로 번역되고 또 베아티라는 사람이 더 얼티미티브 오브 로 이걸로 해서 영미법에서도 이 과잉금지원칙에 대해서도 잘 인식하고 있습니다.

작년 그리스 아테네에서 있었던 세계헌법학자대회에서는 한 세션으로 이 과잉금지원칙이 주요 타픽이었고, 실제로 캐나다 연방의 대법원에서는 우리와 비슷한 논리구조로 과잉금지원칙 심사기준을 채택하고 있습니다.

그러나 오늘은 두 분이 다 독일, 지정토론하신분도 그렇고 또 발제하신분도 그렇고 독일적인 사고의 틀에서 과잉금지의 원칙을 생각하고 있는 것 같습니다.

그러나 독일은 선거권에 관해서 명문의 규정이 없습니다. 또 헌법에서 “18세 이상은 선거권을 가진다” 이렇게 규정하고 있습니다. 또 재판청구권도 독일은 가지고 있지 않습니다. 103조에서 “법적 청문권을 가진다” 이런 규정만 가지고. 또 사회적 기본권에 대해서도 독일은 사회국가원리라고 하는데 그 사회국가원리라는 것도 하나의 형용사로부터 비롯됩니다. 독일관련 헌법규정에 사회적 법치국가의 결합어에서 사회국가원리는 사회적 법치국가 상황에서는 이 사회적 기본권이 최소한의 보장, 이거를 생각할 겁니다.

그러나 우리는 그런 거 아닙니다. 구체적인 개별기본권이 헌법상 기본권 카탈로그상에 있습니다. 그러니까 적어도 어떠한 실체가 있는 기본권들이라는 거지요. 그러면 그것을 형성한다? 이게 만약에 형성하는 과정에서 어떤 배제나 제한이 따를 수가 있고 또 기존에 제한도 이거 공익과의 조화로운 형성 아니냐, 이렇게도 또 볼 수가 있는 겁니다.

항상 사회를 볼 때는 예측불허의 상황이 있을 수가 있기 때문에 그런 거를 감안해 주시고, 발표내용에 충실해도 좋지만 시간의 효율적 이용 또 매너도 상당한 의미를 갖는 것 같습니다. 그런 의미에서 오늘은 좋은 의견교환이 있었던 것 같고.

마지막으로 이런 흥미로운 토론에 대해서 우리 헌법실무연구회의 회장이신 조대현 재판관님의 의견을 한번 들어보도록 하겠습니다.

조 대 현 : 헌재에서 맨날 고민하는 문제에 관해서 좋은 가르침을 받았습니다.

발표해 주시고 토론해 주신 여러분들께 진심으로 감사드립니다.

그런데 여기 보니까 오늘 연수생도 나오시고 중앙대학, 고려대학에서 학생들 많이 나오신 것 같은데 이렇게 많이 나와주셔서 감사합니다.

제 86 회(2008. 7. 11) 발표문

보통·평등선거권의 심사구조와 심사기준에 관한 관견

—자유권 심사구조 및 심사기준의 보통·평등선거권심사에의 응용 가능성—

정 태 호*

Ⅰ. 문제의 제기

헌법재판소는 2007년 6월 28일 2004헌마644등 결정[1]을 통해 "민주주의 국가에서 국민주권과 대의제 민주주의의 실현수단으로서 선거권이 갖는 중요성으로 인해 한편으로 입법자는 선거권을 최대한 보장하는 방향으로 입법을 하여야 하며, 또 다른 한편에서 선거권을 제한하는 법률의 합헌성을 심사하는 경우에는 그 심사의 강도도 엄격하여야 한다. 선거권을 제한하는 입법은 헌법 제24조에 의해서 곧바로 정당화될 수는 없고, 헌법 제37조 제2항의 규정에 따라 국가안전보장·질서유지 또는 공공복리를 위하여 필요하고 불가피한 예외적인 경우에만 그 제한이 정당화될 수 있으며, 그 경우에도 선거권의 본질적인 내용을 침해할 수 없다. 더욱이 … 보통선거의 원칙에 반하는 선거권 제한의 입법을 하기 위해서는 헌법 제37조 제2항의 규정에 따른 한계가 한층 엄격히 지켜져야 한다", "선거권의 제한은 불가피하게 요청되는 개별적·구체적 사유가 존재함이 명백할 경우에만 정당화될 수 있고, 막연하고 추상적인 위험이나 국가의 노력에 의해 극복될 수 있는 기술상의 어려움이나 장애 등을 사유로 그 제한이 정당화될 수 없다"고 하여 선거권제한의 정당성 심사에서 종전 판례에서 볼 수 없었던 매우 엄격한 심사기준을 제시하면서 자신의 종전 판례[2]를 변경하였다.

헌법재판소는 이와 같은 심사기준을 잣대로 주민등록을 기준으로 선거권부여 여부를 결정함으로써 해외에서 영주하고 있거나 해외에서 영주권을 취득하여 거주하면서 국내에도 거소를 두고 활동하고 있는 재외국민에게 선거권을 박탈하는

* 경희대 법대 교수, 헌법학.

1) 판례집 19-1, 859, 860 요지 2, 3 참조.

2) 헌재 1999. 1. 28, 97헌마253, 판례집 11-1, 54, 63(재외국민의 선거권 부정); 1999. 3. 25, 97헌마99, 판례집 11-1, 218, 229-230: "비록 해외거주자들에 대하여 국내거주자들과 달리 부재자투표를 인정하지 아니하는 차별을 한다고 할지라도 결코 합리적인 이유가 없는 것은 아니라 할 것."

공직선거법 규정의 해당 부분, 국내에 주소를 두고 있으나 일시적으로 해외에 체류하고 있는 국민들에게 부재자투표권을 인정하고 있지 아니한 공직선거법 규정의 해당 부분, 같은 이유로 재외국민에게 국민투표권을 인정하지 않고 있는 국민투표법상의 관련 규정들의 해당 부분 등에 대하여 헌법불합치결정을 하였다. 헌법재판소는 같은 날 유사한 논거에 의하여 해상에 장기 기거하는 선원들에 대하여 부재자투표의 가능성을 보장하고 있지 아니한 공직선거법상의 규정[3]에 대하여도 헌법불합치결정을 하였다.

헌법재판소의 위의 결정들은 그 결정의 현실정치적 함의 못지않게 매우 엄격한 심사기준을 제시하고 있기 때문에 우리의 관심을 모으고 있다. 이 판례는 선거권을 비롯한 참정권에 대한 제한의 정당성 심사에서 들쑥날쑥한 잣대를 들이대어왔던 실무[4]가 향후 가야할 길을 안내하는 이정표가 될 수도 있기 때문이다. 그밖에도 이 판례의 논증 속에 파묻혀 있는 미해결의 난제들, 헌법 제41조 제1항, 제67조 제1항이 객관적인 선거법원칙만을 포함하고 있는지 여부, 헌법 제11조 제1항, 제24조, 제41조 제1항, 제67조 제1항은 상호 어떠한 관계에 있는지, '선거권제한을 불가피하게 요구하는 사유'라는 공식의 정체는 무엇인지, 특별평등권인 보통선거권심사에 자유권심사에 적용되어 오던 과잉금지원칙을 적용한 것이 타당한 것인지 등 다수의 문제들이 우리의 해명을 기다리고 있다.

본고는 모두에서 언급한 헌법재판소 판례들에 대하여 전반적인 평석을 가하

3) 헌재 2007. 6. 28, 2005헌마772, 판례집 19-1, 899 이하.

4) — 입법자에게 폭넓은 입법형성권을 인정하고 있는 것으로는 위의 주 2에서 언급한 판례 이외에도 헌재 1997. 6. 26, 96헌마89, 판례집 9-1, 674, 680; 헌재 2001. 6. 28, 2000헌마111, 판례집 13-1, 1418; 2002. 4. 25, 2001헌마851(선거권부여연령 하한규정); 1997. 10. 30, 96헌마94, 판례집 9-2, 523, 528(정당의 추천을 받은 후보자들에게만 2 이상의 선거구 등에 걸쳐 공동연설회를 개최할 수 있도록 한 것 등); 1998. 8. 27, 97헌마372; 1999. 3. 25, 97헌마99, 판례집 제10권 2집, 461, 461(공영방송 텔레비전을 이용한 후보자 대담·토론회에 참석할 후보자의 선정기준); 1999. 1. 28, 98헌마172, 판례집 11-1, 84, 93(후보자 등이 다른 정당이나 후보자를 위한 선거운동을 할 수 없도록 금지하면서 같은 정당이나 같은 정당의 추천후보자를 지원하는 등의 경우의 예외 인정); 2003. 1. 30, 2001헌가4, 판례집 15-1, 7, 20(기초의회의원선거의 경우에만 그 후보자의 정당표방금지); 2005. 2. 3, 2004헌마216, 판례집 17-1, 184, 195(예비후보자의 후원회 설립 기간) 등.

— 형식적으로는 자의금지심사를 하였으면서도 실질적으로 엄격심사를 하고 있는 예로는 헌재 2003. 9. 25, 2003헌마106, 판례집 15-2(상), 516, 532(지방자치단체의 장이 국회의원선거에 입후보하려는 경우 180일 전 사퇴 강제)

— 과잉금지원칙을 심사기준으로 적용한 헌재 1999. 1. 28, 97헌마253, 판례집 11-1, 54, 63(재외국민의 선거권 부정).

— 애매한 입장을 취하고 있는 것으로는 헌재 2004. 3. 25, 2002헌마411, 판례집 16-1, 468, 469(선거사범에 대한 선거권제한). 이 판례는 과잉금지원칙을 심사기준으로 적용하면서도 입법자가 선거법을 제정하는 경우에 헌법에 명시된 선거제도의 원칙을 존중하는 가운데 구체적으로 어떠한 입법목적의 달성을 위하여 어떠한 방법을 선택할 것인가는 그것이 현저하게 불합리하고 불공정한 것이 아닌 한 입법자의 재량영역에 속한다고 판시하였다.

는 것을 목적으로 삼지 않는다. 다만, 그 판례들에서 나타난 보통·평등선거권(이하 '선거평등권'으로 약칭) 침해여부 심사와 관련한 해석론적인 문제점들을 구명하고, 이를 통해 특별평등권심사에 자유권의 심사구조와 심사기준을 적용할 수 있는지를 검증하는 것을 목표로 삼는다. 이를 위해서 이하에서는 먼저 민주주의, 국민주권과 선거와의 밀접한 관련성과 이로부터 추론되는 선거평등권의 규범적 특성을 구명하고(Ⅱ), 이어 선거평등권 제한시 발생하는 기본권경합문제를 살펴보고(Ⅲ), 유보 없이 보장된 선거평등권에 대한 제한가능성과 그 법리를 검토한 뒤(Ⅳ), 선거평등권 침해여부를 과잉금지원칙을 적용하여 심사하되 선거평등의 규범적 특성을 살릴 수 있는 심사구조와 심사기준을 제시하면서 이해를 돕기 위하여 헌법재판소 판례의 논증을 부분적으로 검증해 본다(Ⅴ).

Ⅱ. 민주주의, 선거, 국민주권

1. 경쟁민주주의 및 국민주권의 실현을 위한 수단으로서의 민주적 선거의 원칙

헌법은 다당제를 보장하는(제8조 제1항) 한편, 복수의 후보자들 및 정당명부들이 경쟁할 수 있도록 함으로써 경쟁적 민주주의(Wettbewerbsdemokratie)[5]를 구조화하고 있다. 이와 같은 경쟁민주주의를 규율하고 있는 선거법은 "정치영역에서의 불공정방지법"[6]의 역할을 수행하여야 한다. 선거의 원칙들은 이로부터 논리적으로 추론된다.[7] 공개적인 경쟁기회의 보장은 보통선거의 원칙을 통해서 보장된다. 즉 보통선거의 원칙은 국민들 사이에 존재하는 다양한 차이에도 불구하고 원칙적으로 모든 국민들에게 선거권 및 피선거권을 보장함으로써 정치적 경쟁의 개방성을 유지한다. 정치권력을 획득하기 위한 경쟁기회의 균등, 즉 경쟁의 공정성은 평등선거의 원칙에 의해 확보된다. 즉 모든 국민들이 주권의 주체인 국민(Staatsvolk)이라는 정치적 운명공동체의 일원이기 때문에 국민들 사이에 존재하는 사회적 차이에도 불구하고 모든 국민들은 원칙으로 선거에서 평등한 대우를 받고 평등한 권리를 부여받아야 한다.

5) BVerfGE 85, 264, 285; 111, 382, 404; M. Morlok, in: H. Dreier(Hrsg.), GG, 2. Aufl,, 2006, Art. 21 Rn. 26.

6) M. Morlok, in: H. Dreier(Hrsg.) GG, Art. 38 Rn. 54.

7) M. Morlok, in: H. Dreier(Hrsg.), GG, Art. 38 Rn. 55.

민주적 선거의 원칙들은 선거가 본래의 목적을 달성할 수 있도록 보장한다. 이 원칙들은 대의기관들이 온전하게 민주적 정당성을 획득하도록 하는 한편, 대의기관들이 국민의 의사를 존중하도록 보장한다. 국민주권의 이념은 정치적 지배권의 행사로 인해 영향을 받는 모든 사람들이 이 지배권의 결정과 정당화 과정에 참여하여야 한다는 것이다. 즉 국민 전체(보통선거의 원칙)가 스스로(직접선거의 원칙) 현실적으로 존재하는 구체적인 차이에도 불구하고 평등하게(평등선거의 원칙) 정치적 결정권을 자유롭게, 즉 국가권력이나 다른 세력의 강요나 간섭을 받지 않고(자유선거의 원칙) 또 비밀리에(비밀선거의 원칙) 행사할 수 있어야 한다. 그렇기 때문에 선거의 원칙들은 국민주권이념의 구체적 실현수단이다.[8)]

2. 선거평등의 이념적 기초와 규범적 특성

민주주의는 상술한 바와 같이 평등과 불가분적 관계를 맺고 있다. 민주주의에서는 소수의 국민이 아닌 국민을 구성하고 있는 모든 사람들이 국가권력, 따라서 정치적 지배권의 정당성의 원천이어야 한다(헌법 제1조 제2항 후단 참조). 그러므로 정치적 권리를 모든 국민에게 평등하게 보장하는 것은 민주주의의 불가결적 요소이다. 즉 공동체질서 형성에 참여할 수 있는 자유는 모든 국민에게 평등하게 인정되어야 한다. 요컨대, 국민주권원리 및 민주주의원리의 이념적 토대가 되고 있는 국민의 자유와 자결은 모든 사람을 위한 평등한 자유와 자결이어야 한다.

민주주의는 국민이 정치의사결정 과정에 평등하게 참여할 것을 요구한다. 정치영역에서의 평등(정치적 평등)은 인간이면 누구나 향유하는 권리, 즉 인권의 성격을 갖는 일반적 법적 평등과는 다른 의미를 갖는다. 정치적 평등은 정치적 의사형성과 지배권의 행사에 대한 참여를 위한 평등을 의미할 뿐이고, 다른 사항이나 생활영역에서의 평등, 가령 남성과 여성의 구직에 있어서나 가족관계에서의 평등을 요구하지 않는다. 그 문제에 대해서는 일반적 평등권(제11조 제1항 제1문)이나 관련 특별한 평등권들이 적용된다. 민주체제에서 정치적 평등은 엄격한 (도식적) 평등이며, 일반적 평등과 대비되는 특별한 평등[9)]이다. 이 영역에

8) M. Morlok, in: H. Dreier(Hrsg.), GG, Art. 38 Rn. 55.

9) 여기서 특별하다(spezifisch)는 것은, 모든 인간을 보호대상으로 하는 것이 아니라 특정 정치적 공동체에의 소속을 전제로 하고 있다는 것을 의미한다. 또 엄격하다(streng)는 것은, 정치영역에서의 차별을 정당화하려면 일반적 평등권과는 달리 합리적 근거로는 부족하고 불가피한 사유(zwingende Gründe)가 있어야 한다는 것을 의미한다. 또 형식적(formal)이라는 것은 민주적 평등권의 주체성은 실질적인 기준이 아니라 전적으로 국적의 보유여부를 기준으로 결정된다는 것을 의미한다. 끝으로 도식적(schematisch) 또는 산술적(rechnerisch), 절대적(absolutisch)이라는 것은 정

서 평등의 준거(비교의 관점)는 국민의 지위, 즉 국민이라는 정치적 운명공동체에의 소속여부이다. 이 지위를 보유하고 있는지를 결정하는 것은 국적의 보유여부이다.

선거영역에서의 평등(선거평등)도 마찬가지이다. 즉 선거평등은 국적보유여부에 의한 차별을 알 뿐 품위, 공적, 경험, 교육, 업적, 납세실적에 따른 단계화나 차별을 알지 못한다. 민주주의는 공동체 구성원들에 대하여 구속력 있는 결정을 내리는 데 참여하는 국민들의 현실적 비중이나 그들이 행사한 투표의 비중을 잴 수도 없고 재려 하지도 않으며, 단지 이를 산술적으로 셈할 수 있고 또 셈하려 할 뿐이다.[10] 절대적인 선거평등의 요구는 민주적 기본질서가 이처럼 모든 국민들을 무조건적으로 평등하게 다루고 있다는 데 기초하고 있다.[11] 그렇기 때문에 민주주의에서의 정치적 참여권의 평등, 따라서 선거의 평등은 형량적·비례적 평등이 아닌 형식적 성격을 갖는[12] 엄격한 도식적 평등이다.[13]

상대적 평등의 이념이 플라톤 및 아리스토텔레스의 정의관에 토대를 둔 고대 아테네 민주주의에 그 역사적 뿌리를 두고 있다면,[14] 절대적·형식적 평등의 이념은 계몽철학, 특히 루소의 이론에서 연원한다.[15] 루소의 사회계약론은 모든 계약당사자들이 법적으로 절대적으로 평등하며 이러한 상태는 사회계약 성립 이후에도 지속된다는 사상에서 출발하고 있다.[16] 모든 국민들의 절대적 평등은 법률의 효력이 일부 국민이 아닌 모든 국민에게 미칠 것을 요구하는 법률의 일반성으로, 그리고 일반의사의 표현인 법률의 제정에 모든 국민이 평등하게 참여하여야

치적 참여권을 질적, 평가적 요소와 결부시켜 차등 부여하지 않는다는 것을 의미한다.

10) U. K. Jakobs, "Man soll Stimmen wägen und nicht zählen—über fragwürdige Begrenzungen des Mehrheitsprizips," NJW 1989, S. 3205 ff.

11) M. Morlok, Demokratie und Wahlen, FS für 50 Jahre BVerfG Ⅱ, 2001, S. 559(594, 608).

12) 형식적 평등이라는 용어는 법적용의 평등이라는 의미로도 사용되고 있다. 이러한 의미의 형식적 평등은 법제정의 평등을 요구하는 실질적 평등과 대립하는 개념이다. 이에 대해서는 계희열, 헌법학(중), 2007, 233쪽 이하 및 그곳에서 인용된 문헌 참조.

13) 독일에서는 바이마르 시대 라이히재판소의 판례부터 선거권의 평등이 가지는 이와 같은 특성을 부각시켰다. 즉 선거권이 민주주의국가에 대하여 가지는 의의를 근거로 선거권의 평등을 평가에서 벗어난 절대적(산술적) 평등이라고 파악하였다. 이에 대하여는 H.-J. Rinck, Herkunft und Entfaltung der Allgemeinheit und Gleichheit der Wahl, FS Zeidler Ⅱ, 1987, S. 1119(1122). 연방헌법재판소는 확립된 판례에서 이를 고수하고 있다. 무엇보다도 BVerfGE 6, 84, 91; 11, 266, 272; 82, 322, 337; 95, 335, 353; 95, 408, 417. 이는 독일의 통설이기도 하다.

14) St. Huster, Rechte und Ziele. Zur Dogmatik des allgemeinen Gleichheitssatzes, 1993, S. 36 ff.

15) W. Hill, Gleichheit und Artgleichheit, 1966, S. 44, 67.

16) J. J. Rousseau, Gesellschaftsvertrag oder Grundlagen des Staatsrechts(übersetzt von F. Roepke), 1953, 1. Buch, 9 Kapitel: "기본계약은 자연상태의 평등을 결코 파괴하지 않으며, 오히려 자연적·육체적 불평등을 법적·윤리적인 평등으로 대체한다. 기본계약은 인간이 힘과 재능의 측면에서 불평등할지라도, 계약상 그리고 법적으로 평등하게 되도록 한다."

한다는 요구로 구체화된다.[17] 그에 따라 사실상 평등한 경우에 평등을 인정하는 아리스토텔레스적 의미의 평등과는 달리 루소의 이론에서는 인간의 자연적인 차이들은 완전히 무시된다. 그에 따라 개인은 그 자연적인 불평등에서 해방되는 한편, 전래의 구속으로부터도 해방된다. 루소의 이론체계에서 입법 참여에 대한 이와 같은 절대적 평등은 자유보장을 위한 필요조건이다.[18]

3. 선거의 기능

헌법 제24조의 선거권 및 입법자가 이 선거권을 형성할 때 준수하여야 하는 헌법 제41조 제1항 및 제67조 제1항의 선거의 원칙들은 헌법이 선거에 부여한 다양한 기능들을 수행하는 것을 보장하는 것을 목표로 하고 있다. 민주국가에서 대의기관의 선거는 다양한 기능을 수행한다.

먼저 국민의 정치적 선호를 대의기관의 구성, 즉 정당국가적 현실에서 정당에 기반을 두고 있는 대통령의 선출이나 의회의 구성에 반영하는 기능을 수행한다. 즉 선거는 유권자의 정치적 선호를 제도화된 정치권력으로 변형하는 기능을 수행한다.

선거는 나아가 국가의사를 결정하고 실현할 국가기관을 구성하고, 이들에 대하여 민주적 정당성을 부여함[19]과 동시에 이른바 국민의 대표(Repräsentation)를 창출하는 한편,[20] 다양하고 또 때로는 대립적이기까지 한 국민들을 정치적으로 통합[21]하는 기능을 수행한다. 선거를 통한 통합은 모든 의미 있는 정치세력들과 주요 정치적 관심사가 선출된 자들을 통해서 대변되어야 한다는 것을 의미한다.[22]

정기적으로 실시되는 선거는 임기를 가진 대의기관 구성원들을 국민에게 의존하도록 만들어 국가권력을 통제하고, 대의기관 구성원들의 정치적 책임성을 확보하며, 정체세력들 사이에 정치권력의 획득을 둘러싼 경쟁을 유발하여 국가권력의 남용을 억제하는 기능을 수행한다.[23]

---

17) J. J. Rousseau, Gesellschaftsvertrag, 2. Buch, 4 Kapitel.

18) W. Hill, Gleichheit, S. 44, S. 67.

19) E.-W. Böckenförde, Demokratie als Verfassungsprinzip, in: HStR I, 1987, § 22 Rn. 11 ff.

20) 회의적 견해로는 H. Kelsen, Wesen der Demokratie, S. 30 ff. 이하. 그는 대표를 의제할 뿐이라고 보는 것 같다.

21) BVerfGE 95, 408, 420; P. Badura. BK, GG, Anhang zu Art. 38: BVerfG Rn. 2.

22) M. Heintzen, Bundestagswahl als Integrationsvorgang, Besprechung des Grundmandatsurteils, DVBl. 1997, S. 746.

23) 계희열, 헌법학(상), 2005, 241쪽.

4. 선거권의 특성과 기본권체계상의 좌표

1) 고도의 인격적 권리

선거권은 고도의 인격성을 띠는 권리이기 때문에 포기할 수 없고 또 양도할 수 없다는 것이 통설이다. 물론 소수의 학자들은 아동의 선거권을 법정대리인이 행사하도록 하는 이른바 가족투표안을 제안하면서 그 논거의 하나로 선거권의 인격성을 어떤 선거의 원칙으로부터도 도출할 수 없다고 주장하기도 한다.[24] 그러나 대리투표제도는 남용의 위험은 별론으로 하더라도 개인의 정치적 자결을 실현하기 위한 수단인 선거권의 본질에 반한다.

2) 국민의 권리

선거권이 인간이라는 속성과 결부되어 있는 인권의 하나인지에 대하여는 견해가 갈린다.[25] 인권의 표지 중의 하나를 그 권리의 생래성 내지 前國家性에서 찾는 자유주의적 기본권이론에 따르면, 선거권은 조직된 국가를 전제로 한다는 점에서 인권으로 분류되기 어렵다. 뿐만 아니라 선거권을 인권으로 파악하는 동시에 인권과 민주주의의 불가분성을 주장하고 그럼으로써 다시 민주주의를 인권의 필수요소로 파악하게 되면, 오히려 인권의 보편적 효력을 약화시킬 위험성도 지적되고 있다.[26] 그러한 주장에는 민주주의가 보편성을 띤다는 테제가 전제되어 있지만, 국가적·정치적 지배의 현실적인 조직형식으로서의 민주주의가 실현되려면 다양한 사회적·문화적·정치적 전제조건들이 충족되어야 한다는 사실이 그러한 전제의 기반을 약화시킨다.[27] 결과적으로 선거권과 같은 민주적 참여형식의 보편적 타당성을 주장한다면, 민주주의의 토대가 부실한 국가에서는 인권의 무조건성, 보

---

24) H. Hattenhauer, Über das Minderjährigenwahlrecht, JZ 1996, S. 6(9); K. Löw, Kinder und Wahlrecht, ZRP 2002, S. 448(449).

25) 긍정설로는 인권의 속성으로 보편성, 도덕적 타당성, 근본성, 우월성(실정법 내용의 판단 척도), 추상성으로 제시하고 있는 R. Alexy, in: S. Gosepath/G. Lohmann, Die Institutionalisierung der Menschenrechte im demokratischen Verfassungsstaat, in: Philisophie der Menschenrechte, 1998, S. 244(250 f.). 부정설로는 H. Hofmann, Grundrechtpflichten und Grundrechte, in: J. Isensee/P. Kirchhof(Hrsg.), HStR V, 1992, § 114 Rn. 32; H. D. Jarass/B. Pieroth, GG, 6. Aufl., 2001, Art. 1 Rn. 17.

26) 이에 대해서는 E. W. Böckenförde, Staat, Nation, Europa. Studien zur Staatslehre, Verfassungstheorie und Rechtsphilosophie, 2. Aufl., 2000, 246(254); 뵈켄푀르데(저)/김효전-정태호(옮김), 헌법과 민주주의 —헌법이론과 헌법에 관한 연구—, 2003, 308-309쪽 참조.

27) 이에 대해서 상세한 것은 E. W. Böckenförde, Staat, Verfassung, Demokratie, 2. Aufl., 1992, S. 344 ff.; 뵈켄푀르데(저)/김효전-정태호(옮김), 헌법과 민주주의, 263쪽 이하 참조.

편성에 대해서도 부정적인 반작용을 유발할 것이다. 그렇기 때문에 선거권은 생래적인 인권이 아니라 특정 국가의 국적 보유 여부에 의하여 좌우되는 국민의 권리라고 보아야 한다.

3) 선거권의 기본권체계상의 좌표

헌법상의 기본권체계에서 선거권에 어떠한 좌표를 부여할 수 있는가? 다시 말해 선거권을 체계적으로 어떻게 분류할 수 있는가? 이 문제와 관련하여 다양한 시도가 행해졌지만,[28] 선거권을 그 특성에 맞게 설득력 있게 체계적으로 분류하는 데 여전히 어려움을 겪고 있다. 선거권은 기본권들 중에서 다소 특이한 지위를 갖는다거나[29] 비전형적인, 분류하기 어려운 기본권(irgendwie untypisches, verirrtes Grundrechte)[30]이라는 루만(N. Luhmann)의 평가가 이와 같은 이론적 현황을 적절하게 묘사하고 있다. 부분적으로는 한계가 있는 시도들이기는 하지만, 각 시도는 나름대로 선거권의 특성의 일단을 드러내주고 있기 때문에 그 중 특히 의미 있는 체계화 시도를 살펴본다.

전통적으로 선거권을 옐리네크의 지위론에 의거하여 능동적 지위에 속하는 권리의 하나로 분류하여 왔다. 능동적 지위[31]는 국민 개개인에게 '자연적 자유에 내재해 있지 아니한 능력,'[32] 즉 공적인 문제에 대한 결정에 참여할 수 있는 권리, 즉 국가에로의 권리(Recht auf Staat)를 매개하여 줌으로써 개인의 영역을 확장해 준다. 능동적 지위에서는 선거권, 피선거권, 공무담임권처럼 개인이 국가권력에 참여하도록 해주는 기본권들이 발원하는 것으로 이해되어 왔다. 그런데 옐리네크의 기본권체계에서 국가의 강제력으로부터 자유로운 상태, 즉 소극적 지위에 속하는 권리로 분류되는 개인의 고전적인 자유권들, 특히 언론·출판·집회·결사의 자유도 개인들이 정치의사 내지 국가의사의 형성 과정에 다양한 방식으로 참여할 수 있도록 보장한다는 것(기본권의 정치적 기능)이 인식되고 승인되기에 이르렀다.[33] 그에 따라 옐리네크 지위론의 한계도 드러나게 되었다.[34]

28) 가령 기본권을 인간의 권리와 국민의 권리로 구분하거나 사적 권리(bürgerliche Rechte)와 공민권(staatsbürgerliche Rechte)으로 구분하면서 선거권을 각기 후자에 속하는 권리의 하나로 보거나 옐리네크의 지위이론처럼 기본권을 소극적 지위, 적극적 지위, 능동적 지위에 속하는 권리로 분류하면서 선거권을 능동적 지위에 속하는 권리로 보는 등 다양한 시도가 있다.

29) N. Luhmann, Grundrechte als Institution. 4. Aufl., 1999, S. 136.

30) N. Luhmann, a.a.O., S. 137.

31) 이에 대해서 상세한 것은 N. Luhmann, Grundrechte als Institution. 4. Aufl., 1999, S. 86 ff. 참조.

32) G. Jellinek, a.a.O., 138쪽.

33) 계희열, 헌법학(중), 2007, 41쪽 이하; M. Sachs, in: K. Stern, Staatsrecht III/1, 1988, S. 467.

34) 그밖에도 옐리네크 지위론의 문제점에 대해서는 계희열, 기본권(중), 2007, 29쪽 참조.

한편, 작스(M. Sachs)는 기본권을 각 기본권으로부터 발생할 수 있는 법적 지위의 구조적 특성을 중심으로 방어권(부정적·소극적 청구권), 급부권(광의의 국가급부 청구권), 형성권(Bewirkungsrechte; 행위를 통해 의도적으로 법적 상태의 변화를 법적으로 구속력 있게 유발할 수 있는 권리)으로 분류하는 방법을 제시하였다.[35] 그는 또한 정치적 기본권을 국가기관으로서의 국민을 구성하는 개개의 국민들이 선거나 투표에 참여할 수 있는 권리인 민주적 기본권과 국가기관 구성과 관련된 권리(협의의 정치적 기본권; 가령 피선거권, 기타의 공무담임권, 군복무자격, 기타 국가권력행사와 결부된 직무상의 권한)로 구분하고 있다. 그에 따르면 정치적 기본권은 국가권력에 대한 참여를 또 그에 따라 국가조직의 변화를 목표로 하는 권리이기 때문에 형성권의 일종으로 분류할 수 있다고 한다. 그 중 민주적 기본권은 국가의사형성의 특정한 일부 영역에서 정치의사를 국가의사로 법적으로 구속력 있게 전환시키는 기능을 하기 때문에 독자성을 갖는다고 한다.[36]

Ⅲ. 선거평등권심사와 기본권경합문제의 해결

헌법재판소는 모두에서 인용한 사건에서 헌법 제24조의 선거권 규정을 기본권심사의 판단기준으로 삼으면서 그 사건과 관련이 있는 헌법 제41조 제 1 항, 제67조 제 1 항을 심사기준 강화를 위한 논거로 사용하고 있다. 그런데 주민등록이 되어 있지 아니한 재외국민에 대한 선거권 박탈이나 해외일시체류자에 대한 부재자투표권 박탈의 본질은, 해당 집단의 구성원을 선거권을 행사할 수 있는 다른 국민들에 비하여 차별하는 것이고, 이는 헌법 제41조 제 1 항, 제67조 제 1 항의 보통선거원칙에 대한 예외의 설정을 의미한다. 그러므로 그와 같은 선거권이나 부재자투표권의 박탈은 헌법 제24조만이 아니라, 헌법 제11조의 평등권, 제41조 제 1 항, 제67조 제 1 항의 보통선거원칙의 침해문제도 제기한다. 실제로 헌법재판소는 모두에서 인용한 판례에서 이 모든 규정들에 대한 침해나 위반을 인정하였다.[37] 그렇다면 이처럼 경합하는 헌법규정들은 상호 어떤 법적 관계에 있는 것인지 그리고 어떤 헌법규정을 중심으로 기본권침해 여부에 대한 심사가 이루어져야 하는지에 대한 검토를 선행하는 것이 방법론적으로 바람직했을 것이다.

35) M. Sachs, in: Stern, Staatsrecht Ⅲ/1, S. 568 ff. 참조.

36) W. Höfling, Demokratische Grundrechte —zu Bedeutungsgehalt und Erklärungswert einer dogmatischen Kategorie, Der Staat 33(1994), S. 493(501).

37) 헌재 2007. 6. 28, 2004헌마644, 판례집 19-1, 859, 860-861 요지 3, 4 참조.

이 문제를 해결하기 위해서는 먼저 헌법 제41조 제1항, 제67조 제1항의 선거의 원칙들이 단순한 객관법적 원칙에 불과한 것인지 아니면 개인의 주관적 공권을 포함하고 있는 규정인지를 검토하여야 한다.

1. 제41조 제1항 및 제67조 제1항의 개인의 주관적 공권 포함여부

"국회는 국민의 보통·평등·직접·비밀선거에 의하여 선출된 국회의원으로 구성된다", "대통령은 국민의 보통·평등·직접·비밀선거에 의하여 선출한다"는 헌법 제41조 제1항 및 제67조 제1항은 국민의 주관적 공권을 포함하고 있는가(권리포함설), 아니면 객관적 헌법규범만을 포함하고 있는가(객관규범설)?

객관규범설은 위 두 규정의 문구가 권리보장의 형식이 아니라 선거를 통한 기관구성의 객관적 법원칙을 명시하는 형태라는 점, 선거권은 헌법 제24조에 주관적 공권의 형태로 보장되어 있기 때문에 선거와 관련하여 그와는 별도의 특별한 주관적 공권을 인정할 필요가 없다는 점, 이 규정이 헌법 제2장 국민의 권리와 의무 밖에 위치하고 있다는 점 등을 그 논거로 할 수 있을 것이다. 그밖에도 위 규정들을 객관적 헌법규범으로만 해석한다면 헌법 제37조 제2항의 기본권제한적 법률유보에 의거하여 제한되지 않기 때문에 주관적 공권을 포함하고 있는 것으로 해석하는 견해에 비하여 참정권을 두텁게 보호할 수 있다는 것을 논거로 활용할 수도 있을 수 있다. 종전의 판례의 학설은 이렇다 할 논거의 제시 없이 사실상 객관규범설을 취해 왔다고 할 수 있을 것이다.[38]

그렇지만 권리포함설도 우리의 헌법에서 얼마든지 튼실한 근거를 확보할 수 있다고 본다. 첫째, 헌법 제41조 제1항, 제67조 제1항이 국민을 국회의원 및 대통령선거의 주체로 명시하고 있기 때문에 그 법문에서 얼마든지 개인의 주관적 공권을 읽어낼 수 있다. 위 규정들에 주관적 공권이 포함되어 있다고 보더라도 헌법 제24조의 선거권은 국회의원 및 대통령선거 이외의 공직선거, 가령 교육감선거처럼 법률에 기하여 실시되는 공직선거 등에 참여할 수 있는 권리의 근거가 될 수 있기 때문에 헌법 제24조가 무의미해지는 것은 아니다. 헌법 제24조에 제한적인 구성요건이 설정되어 있지 않기 때문에 헌법재판소의 판례처럼[39] 헌법 제24조

38) 가령 헌재 1989. 9. 8, 88헌가6, 판례집 1, 199, 211; 1997. 6. 26, 96헌마89, 판례집 9-1, 674, 683; 2004. 3. 25, 2002헌마411, 판례집 제16권 1집, 468, 478-478(헌법에 명시된 선거제도의 원칙); 헌재 2007. 6. 28, 2004헌마644, 판례집 19-1, 859, 860-862의 요지도 참조.

39) 그렇기 때문에 헌법 제24조가 지방자치단체의 장 선거에는 적용되지 않고, 다만 지방자치단체의 장 선거의 참여에 관한 차별이 있는 경우에는 평등권 침해의 문제가 제기될 뿐이라고 보는

의 적용영역을 비좁게 한정할 필연적 이유가 없다고 본다. 둘째, 판례는 정당의 활동과 설립의 자유[40]를 기본권의 하나로 봄으로써 헌법 제2장 밖에도 개인의 기본권이 헌법적으로 보장될 수도 있음을 인정하고 있다. 그렇기 때문에 선거권 및 피선거권의 내용을 헌법 제24, 25조에 비하여 훨씬 구체적으로 규정하고 있는 헌법 제41조 제1항, 제67조 제1항을 선거에 관한 객관적 법원칙들을 규정하고 있는 것으로만 새기면서 헌법 제24조를 형성하는 입법자의 형성권에 한계를 설정하는 지침만을 포함하고 있는 것으로 새겨야 할 필연적 이유가 없다. 셋째, 소송법적으로도 이러한 해석을 가로막는 장애는 존재하지 않는다. 우리 헌법이나 헌법재판소법은 헌법소원의 기초가 될 수 있는 기본권을 헌법 제2장에 열거되어 있는 권리로 한정하고 있지 않기 때문이다. 넷째, 헌법 제41조 제1항, 제67조 제1항에 개인의 주관적 공권이 포함되어 있다는 설을 따를 경우 객관규범설에 비하여 선거권의 보호수준이 저하될 것이라는 주장도 설득력이 없다. 헌법 제37조 제2항의 기본권제한적 법률유보의 적용범위를 헌법 제2장에 포함되어 있는 기본권에 한정할 수도 있고, 설사 제2장 밖의 기본권도 헌법 제37조 제2항에 의하여 제한된다고 보는 견해를 따를 지라도 국민주권 및 민주주의의 실현에 대하여 헌법 제41조 제1항 및 제67조 제1항의 권리들이 갖는 본질적인 의미를 감안할 때 그 제한을 정당화할 수 있는 정도의 비중과 의의를 가지는 법익을 쉽게 인정할 수 없기 때문이다.

그렇다면 헌법 제41조 제1항, 제67조 제1항은 객관적 헌법규범일 뿐만 아니라 개인의 주관적 공권, 즉 기본권을 포함하고 있다고 해석하는 것이 타당하다고 본다.

2. 헌법 제41조 제1항 및 제67조 제1항과 헌법 제24조의 관계

위에서 논증한 것처럼 헌법 제41조 제1항 및 제67조 제1항이 주관적 공권을 포함하고 있다면, 그 규정들은 헌법 제24조의 선거권과 어떠한 관계에 있는가?

헌법재판소의 판례(헌재 2007. 6. 28, 2004헌마644등, 공보 129, 763, 773)에는 동의하기 어렵다. 헌법 제24조와 같은 규정이 없는 미국에서는 우리 판례처럼 해석할 필요가 있으나(A. Ides/C. N. May, Constitutional Law. Individual Rights, 2001, p. 255–256 참조), 헌법 제24조가 있기 때문에 다른 이론구성이 가능하다고 본다.

40) 판례는 정당설립의 자유(헌법 제8조 제1항; 헌재 2006. 3. 30, 2004헌마246, 판례집 18-1상, 402, 411), 헌법개정안에 대한 국민투표권(헌법 제130조; 헌재 2004. 10. 21, 2004헌마554, 판례집 16-2하, 1, 33-34)는 물론 명문의 규정이 없는 영토권(헌재 2001. 3. 21, 99헌마139등, 판례집 131, 676, 694-695)까지도 헌법소원을 통해서 다툴 수 있는 기본권으로 인정한 바 있다.

헌법 제24조의 선거권은 공직선거 일반에 대한 모든 국민의 참여를 보장하는 포괄적인 근거규정이고, 헌법 제41조 제1항 및 제67조 제1항은 국회의원선거 및 대통령선거에 관한 자유롭고 평등한 참여를 보장하는 특별규정이다. 그러므로 헌법 제41조 제1항 및 제67조 제1항의 보호작용이 미치는 범위에서는 일반규정인 헌법 제24조은 적용되지 않는다.

결국 헌법 제24조는 국회의원선거와 대통령선거 이외의 선거, 가령 지방의회의원, 지방자치단체장, 교육감을 비롯한 여타의 공직선거에만 보충적으로 적용되게 된다.

3. 헌법 제41조 제1항 및 제67조 제1항이 보장하는 선거평등권과 헌법 제11조 제1항의 평등권의 관계

1) 독자적인 특별평등권으로서의 선거평등권

헌법 제41조 제1항, 제67조 제1항이 개인의 주관적 공권을 보장하고 있다는 관점에서 보면, 그 규정들은 보통 · 평등선거의 원칙을 통해서 원칙적으로 '모든' 국민이 '평등'하게 선거에 참여하여 대의기관 구성에 관한 자신의 의사를 표시할 수 있는 권리를 보장하고 있다. 그렇다면 헌법 제41조 제1항, 제67조 제1항의 선거평등권은 헌법 제11조 제1항의 일반적 평등권과 어떠한 관계에 있다고 보아야 하는가?

먼저 선거평등권을 헌법 제11조 제1항의 일반적 평등권의 한 적용 사례로 보는 견해가 있을 수 있다. 독일 연방헌법재판소도[41] 오랫동안 연방의회선거에 적용되는 원칙들을 명시하고 있는 독일 기본법 제38조 제1항을 기본법 제3조 제1항에 의해 보장된 일반적 평등권에 대한 "특별한 권리"가 아니라 일반적 평등권을 적용한 사례의 하나로 보았다.[42] 즉 선거평등권 규정은 일반적 평등권을 선거분야에서 상세하게 규정한 것에 불과하다는 것이다. 이 해석모델은, 법률유보 없이 보장되어 절대적 평등을 보장하는 것으로 이해된 보통 · 평등 선거권에 대한 예외의 정당성을 논증하기 위해 고안된 것인 동시에[43] 주와 지방자치단체 차원의

41) 이에 대하여 상세한 것은 N. Nahrgang, Der Grundsatz allgemeiner Wahl gem. Art. 38 Abs. 1 S. 1 GG als Prinzip staatsbürgerlicher Egalität, 2003, S. 113 ff. 및 그곳에서 인용된 문헌 참조.

42) 독일 연방헌법재판소의 최근까지의 확립된 판례: BVerfGE 1, 208, 242; 71, 81, 94; 78, 350, 357 참조.

43) G. Leibholz가 바이마르시대에 창안한 것으로 알려져 있다. 이에 대해서는 C. Tietje, Die Wahlgleichheit im Verfassungsprozeßrecht, JuS 1999, S. 957(958).

선거권문제를 연방의 헌법소원으로 다툴 수 있도록 헌법소원의 기초를 확대하는 역할[44])을 수행하였다. 상대적 평등을 보장하는 일반적 평등권이, 형식적·절대적 평등을 보장하는 선거평등권에 대한 예외를 정당화시킬 수 있는 기반을 제공함으로써 전자에게 후자에 대한 "우월적·규제적"[45]) 역할이 부여되고 있다. 이처럼 일반적 평등권과 선거평등권 사이의 내적 연관성을 긍정함으로써 보통·평등 선거권의 침해여부를 자의금지원칙에 의거하여 해석하고 그 형식성과 도식성에도 불구하고 선거평등에 대한 예외를 인정할 수 있게 되었다. 이와 같은 논리형식이 선거평등원칙의 불합리한 약화를 초래할 위험은, "특히 불가피한 사유(besonders zwingende Gründe)"가 있는 경우에만 그 예외가 정당화될 수 있다는 공식[46])을 통해서 억제되고 있다.

그러나 이 해석모델에 대해서는 보통·평등선거권으로 구체화된 일반적 평등권이 이제 이 구체화를 제거 내지 제한하는 기능을 수행하는 것은 "법리적 모순",[47]) "황당한 논리"[48])라는 비판이 제기되었다. 내적 모순을 내포하고 있었던 이 해석모델은 마침내 1998년 선거평등권을 일반적 평등권에 대한 특별규정으로 보는 새로운 판례[49])에 의해 폐기되었다. 따라서 우리 헌법해석에 법리적으로 문제가 있는 위와 같은 해석모델을 수용할 필요가 없다고 본다. 후술하는 것처럼 이 권리들이 헌법 제37조 제 2 항에 의거하여 법률로 제한할 수 있는 권리가 아니라고 보더라도, 다른 법리에 의하여 그에 대한 예외를 인정할 수 있기 때문이다. 그러므로 헌법 제41조 제 1 항, 제67조 제 1 항이 개인의 주관적 공권을 포함하고 있는 것으로 해석하는 한, 그 규정들은 선거에 관한 헌법 제11조 제 1 항에 대한 특별규정으로 보아야 한다.[50]) 경합이론의 관점에서 볼 때 일반과 특별의 관계가 형성되는 경우 특별규정은 명확성 확보 기능을 수행하거나 특정 영역을 완결적으로 규율함으로써 일반규정을 배제하는 기능 등을 수행한다.[51]) 선거권 문제와 관련해

44) H. Meyer, Wahlgrundsätze und Wahlverfahren, in: HStR Ⅱ, 2. Aufl., 1998, § 38 Rn. 23 참조.

45) BVerfGE 4, 375, 382; 13, 243, 247.

46) 이에 대하여 상세한 것은 아래에서 설명한다.

47) H. Meyer, Wahlsystem und Verfassungsordnung—Bedeutung und Grenzen wahlsystematischer Gestaltung nach dem Grundgesetz, 1973, S. 148.

48) H. Meyer, HStR Ⅱ, § 38 Rn. 24.

49) BVerfGE 99, 1, 9.

50) 독일에서도 이 설이 판례에 의해 채택된 후 학계에서 폭넓은 지지를 모으고 있다. C. Tietje, JuS 1999, S. 960; M. Breuer, Verfassungsrechtliche Anforderungen an das Wahlrecht der Auslandsdeutschen, 2001, S. 156; C. Lenz, Das BVerfG zwischen Selbstentlastung und Selbstbelastung. Zum Ausschluß der Verfassungsbeschwerde bei Länderwahlen, NJW 1999, S. 34-35; N. Nahrgang, S. 117 ff. 등 참조.

51) R. Heß, Grundrechtskonkurrenzen. Zugleich ein Beitrag zur Normstruktur der Freiheitsrechte,

서는 특별규정인 헌법 제41조 제 1 항, 제67조 제 1 항은 후자의 기능, 즉 일반적 평등권을 배제하는 기능을 수행한다.[52][53]

2) 선거평등권의 적용범위

선거평등을 보장하는 원칙들은 선거절차 전체에 적용됨은 물론 선거직을 둘러싼 경쟁과 직접적인 관련성이 있는 행태, 즉 정치의사형성의 전 단계까지도 미친다.[54]

물론 선거평등의 원칙이 정당들 사이에 전개되는 정권획득을 위한 경쟁 전반에 적용되는 것은 아니며 선거와의 직접적 연관성이 있는 경우에만 적용된다. 그 밖의 영역에서 정당의 기회균등권의 헌법적 근거는, 헌법 제 1 조 등으로부터 추론되는 민주주의원리, 헌법 제 8 조 제 1 항, 헌법 제11조 제 1 항 제 1 문의 일반적 평등권이 공동으로 그 근거가 된다고 본다.[55] 즉 정당들 사이의 민주적 경쟁의 기능적인 맥락 속에서 헌법 제11조 제 1 항 제 1 문의 일반적 평등권이 헌법 제 8 조 제 1 항 전단에 의하여 수정된다고 보아야 한다.[56] 이렇게 해석하여야 하는 이유는, 먼저 평등선거의 원칙이나 선거운동의 기회균등을 명시하고 있는 헌법규정들은 모두 정당의 활동과 관련하여 중요하기는 하지만 특별한 문제들만을 대상으로 하고 있어서 정당활동의 포괄적 기회균등권을 근거지우기 어렵고, 일반적 평등권만을 그 근거로 제시하는 것은 일반적 평등권이 보통의 경우 자의금지원칙으로 이해되기 때문에 정당의 기회균등을 충분히 보장하기 어려우며, 제 8 조 제 1 항 전단만을 근거로 할 경우 정당의 기회균등에 관한 실질적인 정보를 충분히 제시하기 어렵기 때문이다. 한편, 정당의 기회균등권의 규범구조와 관련하여 유의할 필요가 있다. 정당의 활동과 관련해서는 엄격한 형식적 평등의 요청이 관철되어야 한다. 그러나 TV토론회, 국고보조금처럼 정당에 주어지는 기회나 국가의 급부와 관련해서는 정당의 관점이 아니라 각 정당을 지지하는 유권자들을 기준으로 삼는

2000, S. 36 참조.

52) M. Sachs, Besondere Gleichheitsgarantieen, HStR V, 1992, § 126 Rn. 16; G. Roth, Zur Durchsetzung der Wahlrechtsgrundsätze vor dem Bundesverfassungsgericht, DVBl. 1998, S. 214(216); N. Nahrgang, a.a.O., S. 119 참조.

53) 그러나 헌법재판소는 헌재 2007. 6. 28, 2004헌마644, 판례집 19-1, 859, 860-861 요지 3, 4에서 선거권, 평등권, 보통선거원칙을 나란히 열거하고 있다.

54) BVerfGE 69, 92, 107; M. Morlok, in: H. Dreier(Hrsg.), GG, Art. 38 Rn. 95.

55) 이에 대해서는 정태호, "지구당의 강제적 폐지의 위헌성 —헌재 2004. 12. 16, 2004헌마456, 판례집 16-2, 618 결정에 대한 평석—," 헌법실무연구 제 7 권, 2006, 203(217쪽 이하).

56) 독일에서 이러한 견해를 취하는 이로는 H. C. Jülich, Chacengleichheit der Parteien, 1967, S. 70 ff.; Henke, BK, Art. 21 Rn. 218.

형식적 평등57)이 적용되어야 한다.

선거평등원칙은 선거권(헌법 제24조)은 물론 피선거권(제25조)의 보장에도 적용된다. 그러므로 선거평등권의 주체는 유권자(제24조, 제41조 제1항, 제67조 제1항), 입후보자격이 있는 자(제25조, 제41조 제1항, 제67조 제1항) 및 비례대표후보자 명부를 제출할 수 있는 정당이다.

Ⅳ. 선거평등권에 대한 제한의 가능성과 그 법리

헌법 제41조 제1항, 제67조 제1항에서 명시적으로 보장된 특별평등권인 선거평등권이 헌법 제37조 제2항의 일반적 기본권제한적 법률유보에 따르는가, 이를 따르지 않는다면 형식적·절대적으로 이해된 선거평등의 예외를 인정할 수 있는 것인지, 또 그렇다면 그 헌법적 근거는 무엇인가? 동일한 문제는 헌법 제41조 제1항, 제67조 제1항이 객관적 선거의 원칙만을 포함하고 있다고 보는 경우에도 제기된다. 그러한 선거의 원칙들도 유보 없이 보장되고 있기 때문이다.

1. 헌법 제41조 제1항 및 제67조 제1항과 헌법 제37조 제2항의 기본권제한적 법률유보

헌법 제41조 제1항, 제67조 제1항에 포함된 권리는 헌법 제37조 제2항의 기본권제한적 법률유보 하에 있는가?

국민의 "모든 자유와 권리"를 기본권제한적 법률유보 하에 두고 있는 헌법 제37조 제2항의 문구는 헌법 제41조 제1항, 제67조 제1항에 포함된 권리들을 입법자가 법률로 제한할 수 있다는 설을 뒷받침하는 유력한 논거가 될 수도 있다.

그러나 헌법 제37조 제2항의 문구는 제2장에 열거되어 있거나 그곳에 명시되어 있지는 않더라도 그곳에서 간접적으로 헌법적 근거를 찾을 수 있는 권리들을 가리키는 것으로 제한적으로 해석할 수 있다. 헌법이 명시한 선거의 원칙들이 국민주권 및 민주주의의 실현에 대하여 가지고 있는 본질적인 의미 때문에 그 권리들을 제2장 밖에서 보장하여 일반적 기본권제한유보에 따르지 않도록 했다는

57) 뵈켄푀르데(저)/김효전-정태호(옮김), 헌법과 민주주의, 248-249쪽 참조; 이것을 단계화된 기회균등(abgestufte Chancengleichheit) 원칙으로 지칭하는 이도 있다. M. Morlock, in: Dreier, GG, Art. 38 Rn. 99 참조.

분석도 가능하다.[58] 만일 헌법 제41조 제1항, 제67조 제1항에 포함된 선거평등권에 대한 예외를 입법자가 법률로 용이하게 도입할 수 있다고 해석한다면, 선거영역의 평등이 일반적 평등권에 대하여 가지는 독자성, 즉 그 도식성, 형식성, 그에 따른 절대성에 대한 인식이 흐려질 우려가 크기 때문이다. 또 이러한 해석에 의하면, 헌법이 선거를 통해 구성할 것을 명시하지 아니한 공직을 선출직으로 할지 여부, 선출직으로 할 경우 선거권 및 피선거권을 가진 자의 범위와 관련해서는 입법자에게 해당 공직의 종류와 의미에 따라 폭넓은 형성권이 부여되어 있는 반면(상대적 선거권), 헌법 제41조 제1항 및 제67조 제1항이 명시한 국회의원선거와 대통령선거의 경우는 '절대적 선거권'으로서 입법자의 입법형성의 여지는 매우 제한되어 있다는 것을 비교적 쉽게 논증할 수 있다.

그러므로 헌법 제41조 제1항, 제67조 제1항에 내포된 원칙들에 대한 예외를 입법자가 헌법 제37조 제2항에 의거하여 설정할 수 없다고 보아야 한다고 본다. 이와 같은 해석에 의할 경우 헌법 제41조 제1항 및 제67조 제1항에 내포된 원칙들은 절대성을 띠는가, 아니면 다른 법리에 의하여 제한이 가능한가? 이 문제에 답하려면 먼저 이 규정들의 규범적 성격을 구명하는 것이 필요하기 때문에 항을 나누어 별도로 설명하기로 한다.

2. 형식적·도식적 선거평등에 대한 예외의 규범이론적 가능성

선거평등이 형식성, 절대성을 띰에도 불구하고 그 예외가 인정되는 것을 규범이론적으로는 어떻게 설명할 수 있을 것인가? 알렉시(R. Alexy)의 규범이론[59]이 이 문제에 대한 해답을 줄 수 있다고 본다. 선거평등권은 그의 규칙-원리(Regel-Prinzipien) 모델에서 말하는 원리(Prinzip)의 속성을 가지고 있다. 선거평등권은 국가에 대하여 선거에서 모든 국민의 평등성을 사실적 그리고 법적 가능성에 비추어 가능한 한 최대한 실현할 것을 요구하는 최적화명령(Optimierungsgebot)

58) 민주적 선거의 원칙들이 법률유보 없이 보장되었다는 지적을 하고 있는, 헌재 2004. 3. 25, 2002헌마411, 판례집 16-1, 468, 479-482에 수록된 김영일 재판관의 반대의견. 김영일 재판관은 헌법 제41조 제1항과 제67조 제1항은 선거제도의 기본원칙으로 보통·평등·직접·비밀선거의 원칙을 규정하면서 헌법 제24조의 선거권 규정과는 달리 별도의 법률유보문언을 두지 않음으로써 선거제도의 기본원칙의 준수 여부를 입법자의 재량사항이 될 수 없게 만들었다고 주장하고 있다. 그러나 그는 선거제도의 기본원칙에 어긋나는 선거권제한입법을 위해서는 헌법 제37조 제2항의 과잉금지원칙을 엄격히 준수하여야 한다고 주장함으로써 법률유보 없이 보장된 선거원칙이 입법자에 의해 제한될 수 있는 이유와 헌법적 근거를 제시하지 않고 있다.

59) R. Alexy, Theorie der Grundrechte, 2. Aufl., S. 71 ff. 및 이 책의 한국어판(이준일 역)인 기본권이론, 2007, 111쪽 이하 참조.

이다.[60] 선거평등권은 이처럼 규칙, 즉 확정적 권리가 아니고 일응의 권리(prima-facie-Grundrecht)이기 때문에 다른 원리들과 충돌할 경우에는 다른 원리들과의 형량을 거쳐 후퇴할 수도 있다. 즉 선거평등권은 유보 없이 보장되기는 하였으나 절대적으로 관철될 수 있는 권리(규칙)이 아니고, 구체적인 경우에 다른 상충하는 원리들과 형량을 거쳐 가능한 한 최대한도로 실현될 것을 요구할 뿐이다.

선거평등권은 이처럼 다른 원리들과 충돌할 경우 그 구체적인 충돌상황에 비추어 효력을 발휘한다. 그런데 선거평등권이 현실에서 실효성 있게 행사되려면 입법자에 의하여 구체적으로 형성되어야 한다. 입법자가 이 권리를 형성할 때 그에게는 상충하는 원리를 고려할 여지가 주어진다.

3. 선거평등권 제한의 실정헌법적 근거와 헌법내재적 한계론의 응용

이로써 선거평등권도 규칙이 아니라 원리이기 때문에 상충하는 다른 원리에 의해서 그에 대한 예외가 인정될 수 있는 규범이론적 가능성을 확인하였다. 실정법적으로는 선거평등권처럼 기본권제한적 법률유보가 없는 기본권과 관련하여 입법자는 원칙적으로 해석을 통해 그 기본권의 개념적 한계를 확인하여 이를 명확히 하는 일만 할 수 있을 뿐이다. 그렇다면 헌법에 의하여 유보 없이 보장되었음에도 불구하고 선거평등에 대한 예외를 설정할 수 있는 '실정 헌법적 근거'는 무엇인가?

위에서 선거평등권을 헌법 제11조 제1항의 일반적 평등권의 한 응용례로 보고 일반적 법률유보하에 있는 일반적 평등권에 선거평등권에 대한 규제기능을 수행하도록 하는 해석론을 따를 수 없다는 것을 이미 확인한 바 있다. 그렇다고 선거평등의 형식성, 절대성을 포기할 수도 없다. 왜냐하면 선거평등의 그와 같은 특성은 민주주의원리의 내재적 특성인 수평성 내지 무차별성(Egalität)의 발현이기 때문이다. 그밖에도 헌법 제24조의 "법률이 정하는 바에 의하여"라는 법문도 헌법재판소가 적절하게 지적하고 있는 것처럼 선거평등에 대한 파격을 뒷받침할 수 있는 헌법적 근거가 될 수도 없다. 물론 그 법문만을 떼어서 보면, 그 규정은 입법에 의한 선거권제한의 근거규정으로도 해석될 수 있다. 그러나 선거권은 가령 신체의 자유나 언론의 자유처럼 입법자의 특별한 가공이 없더라도 개인의 인간으로서의 개체성이나 사회성이 자연스럽게 발로됨으로써 의미 있게 행사될 수 있는 기본권이 아니다. 오히려 선거권이 의미 있게 행사되려면, 입법자가 먼저 행사주

---

60) M. Morlok, in: H. Dreier(Hrsg.), Art. 38 Rn. 98; N. Nahrgang, a.a.O., S. 149 ff.

체, 행사시기, 행사방법 및 절차, 행사장소, 입후보 방법·절차, 선거구, 당선자 결정방법 등을 구체적으로 법적으로 확정하지 않으면 안 된다. 이러한 사정 때문에 가령 제12조, 제21조와는 달리 제24, 25조 등에 "법률이 정하는 바에 의하여"라는 법문이 추가된 것이다. 법문의 형식이 제12조 제1항의 개별적 기본권제한적 법률유보의 형식이나 제23조 제1항 제2문의 이른바 규율유보(재산권의 내용과 한계는 법률로 정한다)와 다른 것도 그 때문이라고 본다. 따라서 헌법은 제24조의 "법률이 정하는 바에 의하여"라는 법문을 통해서 입법자에게 선거권이 현실에서 의미 있게 행사될 수 있도록 구체적으로 형성할 수 있는 권한만을 부여하였다고 해석하여야 한다.

그렇다면 남아 있는 길은, 독일에서 유보 없이 보장된 자유권제한의 가능성을 논증하기 위하여 개발되고 또 현재 통설이 된 "헌법내재적 한계론"[61)]을 선거평등권에 응용하는 것이다. 이 이론에 의하면[62)] 유보 없이 보장된 자유권도 헌법의 통일성의 견지에서 그와 상충하는 헌법적 법익(제3자의 기본권이나 기타 헌법적 지위를 부여받은 법적 가치)에 의해서 한계가 설정될 수 있으며, 그러한 자유권에 대한 제한은 그것을 통해서 자유권과 상충하는 관련 헌법적 법익들을 실제적 조화의 원리에 의하여 비례적으로 정서한 것으로 볼 수 있는 경우에 정당화된다고 한다. 그런데 이 이론은 자유권 제한의 정당화론으로 개발되었고, 따라서 보호영역, 제한, 정당화라는 전통적인 3단계 심사구조에 입각하고 있다. 이 때문에 그 이론을 선거평등권에 전용하는 것에 문제가 없는 것은 아니다. 그러나 헌법내재적 한계론이 헌법의 통일성에 그 이론적 기반을 두고 있고, 후술하는 것처럼 특별평등권도 자유권처럼 보호영역의 존재를 관념할 수 있기 때문에 한계적 사고를 바탕으로 한 자유권의 심사구조를 선거평등권심사에 전용하는 것이 가능하다고 본다.[63)]

4. 선거평등권 제한의 불가피한 사유의 실체: 헌법적 지위를 갖는 상충하는 원리

헌법재판소는 모두에서 인용한 판례에서 선거권을 제한하는 법률의 합헌성을 심사할 때 그 심사강도를 높여야 한다고 판시하였다. 그리하여 선거권제한은 그

61) BVerfGE 28, 243, 261; 84, 212, 228; H. Dreier, ders.(Hrsg.), Grundgesetz Ⅰ, Vorb. Rn. 88 f. 등 참조.

62) 계희열, 헌법학(중), 2007, 135쪽은 이를 헌법의 통일성의 관점에서 나오는 '사리적 제한'으로 지칭하고 있다.

63) N. Nahrgang, a.a.O., S. 158–159; M. Morlok, in: H. Dreier(Hrsg.), Art. 38 Rn. 98 참조.

제한을 '불가피하게 요청하는 구체적 사유가 명백하게 존재'할 때에만 가능하다고 판시하였다.

그러나 과연 어떤 사유가 '선거권의 제한을 불가피하게 요청하는 구체적 사유'가 될 수 있는지는 분명하지 않다. 독일의 판례도 유사한 공식에 의해서 선거평등에 대한 예외 설정의 정당성여부를 평가하고 있는바, 독일의 논의[64]를 통해서 그 실체를 구명해 보기로 한다.

1) "불가피한 사유"에 관한 독일의 판례

독일 연방헌법재판소의 확립된 판례에 의하면 형식성, 절대성을 띠는 선거평등에 대한 예외는 특히 불가피한 사유(besonders zwingende Gründe)[65]가 존재할 경우에만 인정될 수 있다. '불가피한 사유'라는 공식은 선거평등에 관한 독일의 판례를 이해하기 위한 핵심개념이다.[66] 동 재판소는 그러한 사유로 헌법적 차원의 가치를 실현하기 위하여 불가피하게 요청되는 경우(즉 다른 선거원칙이나 기본권을 실현하기 위하여 요청되는 경우)[67]나 "헌법에 의해서 정당화되고 또 선거평등에 견줄 수 있는 비중을 가진" 사유[68]를 들고 있다. 그에 따라 "대의기관선거라는 사항의 특성에서 기인하거나", "국가정책적인" 사유[69]도 불가피한 사유가 될 수 있다. 어쨌든 '불가피한 사유'라는 요건을 통해서 일반적 평등권이 적용되는 경우에 차별의 정당화 사유로 원칙적으로 요구되는 '합리적 근거'에 비하여 차별의 정당화요건은 훨씬 강화되고 있다.

2) "불가피한 사유"의 실체에 관한 독일 학계의 논의

독일 학계에서도 불가피한 사유라는 요건은, 일부의 비판[70]이 없는 것은 아

---

64) 이에 대하여 보다 상세한 것은 N. Nahrgang, a.a.O., S. 123 ff. 참조.

65) BVerfGE 1, 208, 225; 95, 335, 376f.; 95, 408, 417 f. 등 확립된 판례.

66) E. G. Mahrenholz, Über den Satz vom zwingenden Grund, in: FG für Kartin Graßhof, G. Pfeiffer(Hg.), 1998, S. 69 ―선거권의 평등을 이해하기 위한 키워드.

67) BVerfGE 14, 121, 133 및 136 f; 59, 119, 125 참조.

68) BVerfGE 95, 408, 418.

69) BVerfGE 1, 208, 248. BVerfGE 30, 227, 249는 "질서정연한 선거절차를 위해 거부할 수 없는 기술적인 요청, 선거법과 관련한 중요한 정책적인 고려, 선거체계적인 고려 또는 헌법정책적인 고려를 불가피한 사유로 든 바 있다.

70) 가령 H. Meyer, HStR Ⅱ, § 38 Rn. 24 ―"개별적인 사건에서 극히 상이한 평가들을 은폐하는데 사용될 수 있는 방패막"; M. Morlok, in: H. Dreier(Hrsg.), Grundgesetz, 2. Aufl., 2006, Art. 38 Rn. 98 ―"윤곽이 뚜렷하지 않은 공식"; ders., FS BVerfG Ⅱ, S. 559(680)― "적용영역의 지나친 확대로 인해 윤곽 상실"; J. Lege, Überhangmandate und Grundmandatsklausel, Jura 1998, S. 462 (469)는 불가피하다고 볼 수 없는 사유가 포함되고 있다는 것을 이유로 이 공식의 폐기를 주장한다.

니나 대체적으로 지지를 받고 있다.[71] 어떤 사유가 불가피한 사유로 평가될 수 있는지에 대해서는 견해가 뚜렷하게 갈린다. 다수설[72]은 보통선거권 및 평등선거권이 법률유보 없이 보장되었다는 것을 이유로 헌법적 지위를 갖는 사유만을 불가피한 사유로 본다. 그러나 선거의 성격과 사유필연적으로 결부되어 있는 모든 사유이면 충분하다고 보는 설도 없지는 않다.[73]

이 공식의 적용영역도 그 발상지인 보통선거권 및 평등선거권의 보호영역을 넘어서 비밀선거의 원칙,[74] 자유선거의 원칙 내지 모든 선거원칙들[75]의 적용영역에까지 확장하여야 한다는 견해도 주장되고 있다.

3) 선거평등권의 헌법내재적 한계와 불가피한 사유

불가피한 사유라는 공식이 내용적인 측면에서 모호하기는 하지만, 그것을 수용해야 할 이유는 충분하다고 본다. 그 공식이 단순한 합리적인 사유와 불가피한 사유를 구분하는 평등권해석론에 맞추어 정당화기준을 분류하는 것을 가능하게 하고, 선거의 원칙들에 대한 파격을 도입할 때 더 많은 주의를 기울이도록 입법자에게 경고를 보낼 수 있기 때문이다. 남은 일은, 다분히 백지개념성을 띠는 이 공식에 대하여 보다 뚜렷한 내용적 윤곽을 부여함으로써 그 공식 운용의 합리성, 예측가능성을 제고하는 것이라고 본다.

생각건대, 선거평등권이 헌법에 의하여 유보 없이 보장되었기 때문에 헌법적 지위를 갖는 상충하는 법익만이 선거평등권에 대한 제한을 정당화할 수 있다는 점, 선거평등권의 민주주의 및 국민주권의 실현에 대한 불가결적 의미를 감안할 때 실체적인 견지에서도 소수의 헌법적 지위를 갖는 법익만이 선거평등권의 후퇴를 정당화할 수 있을 것이라는 점 등을 고려하면, 헌법재판소가 제시한 '불가피한 사유'는 헌법적 지위를 갖는 법익과의 실제적 조화를 위하여 선거평등권의 후퇴를 강요하는 사유로 국한하여야 한다. 이렇게 헌법재판소가 제시한 공식을 해석할 때 '불가피한 사유'라는 공식은 보다 뚜렷한 윤곽을 얻을 수 있다고 본다.

---

71) 이에 대해서 많은 것 대신에 N. Nahrgang, a.a.O., S. 129 주 837의 문헌고증 참조.
72) M. Morlok, in: H. Dreier(Hrsg.), Art. 38 Rn. 98.
73) H. Meyer, HStR Ⅱ, § 38 Rn. 22.
74) S. Magiera, in: Sachs(Hrsg.), GG, 3. Aufl., 2003, Art. 38 Rn. 98.
75) M. Morlok, in: H. Dreier(Hrsg.), Art. 38 Rn. 61.

4) 불가피한 사유와 "국가의 노력에 의해 극복될 수 있는 기술상의 어려움"

헌법재판소는 모두에서 언급한 판례에서 "선거권의 제한은 불가피하게 요청되는 개별적·구체적 사유가 존재함이 명백할 경우에만 정당화될 수 있고, 막연하고 추상적인 위험이나 국가의 노력에 의해 극복될 수 있는 기술상의 어려움이나 장애 등을 사유로 그 제한이 정당화될 수 없다"고 부연하여 설시하고 있다. 그러나 이 설시 중 '국가의 노력에 의해 극복될 수 있는 기술상의 어려움이나 장애 등'을 이유로 한 제한이 정당화될 수 없다는 언급은 유권자가 사실상의 장애를 극복하고 선거권을 행사할 수 있도록 해주어야 할 의무가 국가에게 있는 것처럼 오해할 소지가 크다고 본다.

헌법재판소도 불가피한 사유를 그렇게 이해하고 있는 것처럼 보인다. 그와 같은 오해는 특히 외항선원들에 대한 부재자투표권 불인정에 대한 헌법불합치 결정에서 두드러지게 나타난다. 해외에서 영주하는 재외국민이나 해외일시체류자는 물론 외항선원들이 선거권을 행사하도록 할 수 있는 기술적 가능성(우편선거, 팩스선거)은 존재한다. 전철역, 철도역, 고속버스터미널 등에 전자적인 방식으로 선거를 할 수 있는 투표소를 설치함으로써 가급적 많은 유권자가 선거권을 행사할 수 있도록 할 수 있는 가능성도 존재한다. 아예 가정에서 클릭 한 번으로 선거권을 행사할 수 있는 전자투표의 가능성도 존재한다. 다만, 이러한 기술적 수단들은 비밀선거, 직접선거, 자유선거와 충돌할 수 있고, 또 그렇기 때문에 선거결과의 신뢰성에 타격을 줄 수 있기 때문에 입법자가 그 수단의 채택을 주저해 왔던 것이다. 현재 국내부재자들에게 순수한 우편선거를 허용하지 않고 부재자투표소에서만 투표를 하도록 하는 것도 이와 같은 이유 때문일 것이다. 향후 재외국민이나 해외일시체류자들에게 우편선거를 허용하면서 국내부재자에게는 부재자투표소에서만 투표할 수 있도록 할 경우에는 이들의 평등권 침해 문제를 야기하게 될 것이다.

그러므로 헌법재판소의 부연 설시는 "다른 선거의 원칙들과 충돌하지 않는 범위에서 국가의 노력으로 극복할 수 없는 사실상의 장애로 선거권을 제한할 수 없다"고 제한적으로 이해하여야 한다고 본다.

V. 선거평등권의 심사구조 및 심사기준

헌법재판소는 보통선거원칙에 대한 예외 설정의 합헌성이 문제되고 있는, 모두에서 인용한 사건에서 과잉금지원칙을 적용하여[76] 공직선거법의 관련 규정들의 위헌성을 확인하였다. 헌법재판소의 판례상으로는 선거평등권과 자유권의 심사구조가 일원화되었다. 그렇다면, 본래 자유권심사에서 자유권에 대한 '제한의 한계' 체계를 구성하는 요건들의 하나로 발전해온 과잉금지원칙을 이처럼 특별평등권인 보통선거권 심사에 적용한 것은 타당한 것인가?

1. 선거평등권 심사에서의 자유권 심사구조 및 심사기준의 응용가능성

1) 일반적 평등권에서의 심사구조 및 심사기준의 변화

자유권이 전통적으로 보호영역의 확정, 제한의 존부 확정, 이 제한의 정당성 심사로 이루어지는 3단계 심사 모델에 의거하여 이루어져 왔다. 이에 비하여 평등권침해여부는 헌법적 의미 있는 차별의 존부 확정, 이 차별의 정당성심사로 이루어지는 2단계 심사 모델에 의거하여 진행되어왔다. 평등권이 제한될 수 있는 실질적 보호법익 내지 보호영역을 가지고 있지 않다는 것, 다시 말하면 평등권에서는 자유권에 전형적으로 나타나는 보호영역과 실제적 보장영역의 구분이 가능하지 않다는 것이 위와 같은 심사구조 분화의 결정적인 이유이다.[77] 그에 따라 평등규정은 전통적으로 통상적인 기본권제한 개념이 뜻하는 제한이 가능하지 않다는 설[78]이 유력하게 받아들여졌다.

그렇지만, 우리[79]나 독일[80]의 판례가 과거와는 달리 차별의 정도와 의미에

76) 헌재는 이미 헌재 1999. 1. 28, 97헌마253, 판례집 11-1, 54, 63에서도 과잉금지원칙을 적용하여 선거권 침해여부를 심사하였다. 그러나 결론은 모두에서 인용한 사건과 정반대로 나왔다.

77) G. Lübbe-Wolff, Grundrechte als Eingriffsabwehrechte, 1988, S. 258.

78) M. Kloepfer, Gleichheit als Verfassungsfrage, 1980, S. 54.

79) 헌재 1999. 12. 23, 98헌마363; 2001. 3. 15, 2001헌가1 이래의 확립된 판례. 동일한 사상은 이미 헌재 1996. 8. 29, 93헌바57, 판례집 8-2, 46, 56; 1997. 1. 16, 90헌마110 결정에 대한 김진우 재판관 등 3인의 위헌의견(판례집 9-1, 90, 132-133); 1995. 5. 25, 92헌마269 결정에 대한 김진우 재판관의 반대의견(판례집 7-1, 768, 785-786). 또한 이영모 재판관도 헌재 1997. 6. 26, 96헌마89, 판례집 9-1, 674; 1997. 7. 16, 95헌가6등, 판례집 9-2, 1; 1997. 8. 21, 94헌바2, 판례집 9-2, 223의 소수의견에서 심사기준을 분화하는 시도를 이미 한 바 있다. 이에 대해서는 "소수와의 동행 그 소리에 귀를 열고," 2001에 수록된 이인호의 평론 「재판관 이영모의 헌법정신에 대한 탐구」 28-31쪽도 참조.

80) 이에 대해서 상세한 것은 계희열, 헌법학(중), 2007, 239쪽 이하; 김주환, "입법자의 평등에의

따라 자의금지원칙만이 아니라 비례성심사기준도 적용함으로써 평등권침해심사도 자유권침해심사 구조 및 심사기준에 근접하고 있다. 헌법재판소는 예외적인 경우이기는 하지만 아예 평등권침해여부를 과잉금지원칙에 의거하여 심사한 경우도 있다.[81] 최근 독일 학자들에 의해 평등권침해심사에 자유권, 특히 방어권침해심사 모델을 응용하려는 다양한 시도들이 행해지고 있다.

가령 평등권을 특정 양식의 국가활동을 방어하는 양태적 방어권(modales Abwehrrecht)[82]의 일종으로 파악하면서 방어권침해심사모델을 적용하려는 시도가 있다.[83] 그에 따르면 평등권은 "불평등한 방식으로" 행해지는 국가활동의 부작위 청구권 내지 불평등조치의 방어권이며,[84] 평등권의 실질적 내용은 불평등 처우의 부작위 또는 제거라고 한다.[85] 평등권은 제한대상이 될 수 있는 실질적인 보호법익을 가지고 있지 않지만, 양태적 방어권처럼 평등권에 내포된 규범적 명령을 어길 가능성은 존재하고, 따라서 평등권도 자유권처럼 제한되는 것으로 볼 수 있다고 한다.[86]

평등권을 통설과는 달리 상대적 평등이 아닌 절대적 평등, 즉 인격, 행태, 여타의 상황과 관련하여 사실상 존재하는 차이에도 불구하고 모든 사람을 동등하게 다루라는 공권력에 대한 명령으로 이해하는 한편, 입법시 불가피하게 제기되는 세분화 내지 차별의 요청과 독일 기본법상 법률유보 없이 보장된 평등권 사이에 발

구속과 그에 대한 통제," 「헌법논총」 제11집(2000), 431, 445 이하 참조.

81) 가령 헌재 1991. 6. 3, 89헌마204; 1992. 6. 26, 91헌가8등; 1990. 6. 25, 89헌가98등 —금융기관의 연체대출금에 관한 특별조치법 제 7 조의 3. 이에 대해서는 정태호, "헌법재판의 한계에 관한 고찰—입법형성의 여지를 규정하는 요인들에 대한 분석을 중심으로—," 공법연구 제30집 제 1 호, 2001, 223(232쪽 이하) 참조.

82) 이 개념은 원래 J. Schwabe, Probleme der Grundrechtsdogmatik, 1977, S. 23에서 발원한다.

83) M. Sachs, Zur dogmatischen Struktur der Gleichheite als Abwehrrechte, DÖV 1984, S. 411 ff.; M. Kloepfer, a.a.O., S. 54.

84) M. Sachs, DÖV 1984, S. 411(416).

85) M. Sachs, DÖV 1984, S. 411(416).

86) 구체적인 논거나 논증의 방식은 다르지만 유사한 결론에 이르고 있는 것으로는 M. Kloepfer, Gleichheit als Verfassungsfrage, 1980. 그는 평등규정 위반 여부의 심사가 매우 불투명하게 이루어지고 있다는 문제의식을 가지고 자유권의 심사구조를 평등권에 전용하면서, 결국 자의금지와 과잉금지가 별개의 심사기준이지만 공통점을 가지고 있음을 논증하고 있다; H. H. Jarass, Bausteinde einer umfassenden Grundrechtsdogmatik, AöR 120(1995), S. 345 ff. 그는 모든 종류의 기본권에 적용되는 통일적인 심사구조를 개발하는 것을 목표로 설정하고, 자유권심사모델에서 그 가능성을 모색하고 있다; S. Huster, Rechte und Ziele, Zur Dogmatik des allgemeinen Gleichheitssatzes, 1993. 그는 이른바 내재적 차별목표(가령 응능과세의 원칙처럼 비교대상인 인적 집단들 사이에 존재하는 차이의 구현)의 경우에는 자의금지를, 외재적 차별목표(비교대상 인적 집단에 내재하는 차이에 기초를 둔 것이 아니라 공익을 위하여 인적 집단 사이의 차별 시도)의 경우에는 비례성심사를 한다고 보는 한편, 평등권의 보호영역을 평등대우 및 불평등대우의 보장으로 이해한다면 자유권심사의 모델을 평등권심사에 응용할 수 있다고 본다.

생할 수밖에 없는 충돌을, 평등권을 목적론적으로 축소해석 하면서 불문의 법률유보하에 있다고 봄으로써 해소하려는 견해도 있다.[87] 그는 이렇게 이해된 평등권의 침해여부심사도 자유권심사와 같은 구조로 이뤄질 수 있다고 본다. 즉 일반적 평등권은 포괄적인 평등대우라는 보호영역을 가지고 있고, 모든 차별은 일반적인 평등권에 대한 제한을 의미하며, 불문의 법률유보가 입법자에게 차별적 규율을 할 수 있는 권한을 부여한다고 한다. 그는 차별의 정당성을 우리 판례나 독일 판례처럼 자의금지와 비례성심사로 분화하지 않고 전적으로 과잉금지 원칙에 의하여 심사할 수 있다고 본다.[88]

물론 이와 같은 시도들이 아직까지 전폭적인 동의를 이끌어내고 있는 것은 아니다. 그러나 그러한 해석론이 활발하게 시도되고 있는 것은 평등권해석론에서 일고 있는 동요를 극명하게 보여주고 있는 것이다. 전통적인 기본권해석론이 평등권과 자유권 사이에 존재하는 규범구조적 차이에 주목하였다면, 최근에는 양자 사이에 존재하는 공통점에 주목하면서 자유권심사구조 및 그 심사기준을 평등권에 응용함으로써 평등권심사를 보다 합리화하려는 시도들이 눈에 띄고 있다. 이는 선거평등권과 같은 특별평등권의 해석론에도 영향을 미칠 수밖에 없다.

2) 선거평등권심사에의 과잉금지원칙의 적용가능성

상술한 바와 같이 최근의 판례와 기본권해석론의 발전 추세에 비추어 볼 때 자유권과 평등권 사이에 존재하는 규범구조적 차이나 과잉금지(Übermaß)와 차별금지(Gleichmaß) 사이에 존재하는 심사구조의 차이가 자유권심사구조, 따라서 과잉금지원칙을 평등심사에 전용하는 데 이제 극복할 수 없는 장애요인이 아니다. 특히 특별평등권인 선거평등권의 규범구조는 자의금지가 원칙적 심사기준으로 적용되어 온 일반적 평등권과는 달리 자유권의 규범구조와 매우 유사하다.[89] 선거평등권의 경우 보호영역은 물론 그에 대한 제한을 분명히 관념할 수 있고, 따라서 한계적 사고에 바탕을 둔 자유권심사구조를 적용하는 데 무리가 없다. 즉 선거평등권의 경우에는 일반적 평등권에서와는 달리 자유권에서처럼 원칙과 예외의 관계가 선명하게 형성된다.[90] 이 영역에서는 원칙적으로 차별은 금지되고, 예외적으로

87) P. Martini, Art. 3 Abs. 1 GG als Prinzip absoluter Rechtsgleichheit, 1997 참조.

88) P. Martini, a.a.O., S. 275.

89) M. Breuer, Verassungsrechtliche Anforderungen an das Wahlrecht der Auslandsdeutschen, 2001, S. 166; N. Nahrgang, a.a.O., S. 165 참조.

90) B.-O. Bryde/R. Kleindiek, Der allgemeiner Gleichgrundsatz, Jura 1999, S. 36(38)는 일반적 평등권에 과잉금지원칙을 적용하기 위한 전제로서 자유권처럼 원칙과 예외의 관계가 형성되어 있을 것을 요구하고 있다.

만 차별이 정당화될 수 있기 때문이다.

과잉금지와 평등심사의 기능적 차이도 과잉금지를 평등권심사에 전용하는 것을 방해하는 요인으로 지적되고 있다.[91] 일반적으로 과잉금지원칙이 과도한 부담부과를 통제하는 데 비하여 평등원칙은 차별적인 혜택부여도 통제한다. 그렇지만 이와 같은 기능적 차이도 선거평등권에서는 나타날 여지가 없다. 이 영역에서는 모든 차별은 부담부과를 의미하기 때문이다.

일반적 평등권에서와는 달리 선거평등권에서는 과잉금지원칙의 적용으로 심사기준이 너무 강화됨으로써 입법자의 형성권한이 너무 축소된다는 비판이 들어설 여지도 없다. 선거평등권은 형식적, 도식적, 절대적 평등을 의미하고, 그에 대한 예외 인정은 매우 엄격한 조건을 충족한 경우에만 정당화될 수 있기 때문이다. 오히려 과잉금지를 선거평등권의 심사에 적용할 경우 임의의 입법목적 추구를 가능하게 함으로써 '불가피한 사유'라는 공식을 통해 고양된 심사기준을 끌어내리고, 또 그에 따라 입법자에게 선거영역에서 부당하게 광범위한 형성권을 부여하게 된다는 우려가 제기될 수 있다. 과잉금지는 원래 입법자가 추구하는 임의의 목적과 그 때문에 부분적으로 후퇴하여야 하는 자유권 사이의 비례성을 통제하는 원칙이기 때문이다. 그러나 직업의 자유 영역에서 '단계이론'을 통해 과잉금지원칙의 적용을 보다 정치하게 구조화하는 것이 가능했던 것처럼,[92] 선거평등권 영역에서도 '불가피한 사유'라는 공식을 통해 이 영역에서 적용되는 과잉금지원칙에 따른 심사를 보다 정교하게 구조화할 수 있다. 즉 '불가피한 사유'라는 공식만에 의하여 차별의 정당성여부를 심사하는 것보다 훨씬 신빙성 있는 구조화된 심사를 하는 것이 가능하다.

과잉금지원칙이 헌법 제37조 제2항에 일반적 기본권제한적 법률유보조항과 더불어 "필요한 경우에 한하여"라는 법문에서 그 근거를 발견할 수 있다는 사정도 선거평등권에 과잉금지원칙의 적용을 배제하는 것은 아니다. 과잉금지원칙은 헌법에 명시되어 있지 않더라도 법치국가원리로부터 추론이 가능하기 때문이다. 즉 헌법의 관련 규정은 이 원칙을 헌법원칙으로 창설한 것이 아니라 확인적 의미만을 갖기 때문이다.

---

91) J. Ipsen, Staatsrecht Ⅱ, Grundrecht, 5. Aufl., 2002, § 19 Rn. 775 참조.

92) 이에 대해서는 정태호, "헌법 제15조의 직업의 자유 ―단계이론의 정치화를 중심으로," 법학과 행정학의 현대적 과제(유소 이방기 교수 정년기념논문집), 2000, 297(311쪽 이하) 참조.

2. 과잉금지원칙의 적용에 따른 선거평등권심사[93)]

1) 보호영역

선거평등권은 대의기관선거와 관련된 선거권과 피선거권에 미친다. 선거평등권의 보호영역은 대한민국 국적을 가진 모든 사람들 내지 그들이 결성한 정치단체, 특히 정당의 공직선거에의 참여 및 당선을 둘러싼 경쟁의 기회와 관련된 무차별적인 대우이다.

2) 선거평등권에 대한 제한

공직선거의 참여 내지 당선을 둘러싼 경쟁의 기회와 관련된 모든 차별은 선거평등권에 대한 제한으로서 헌법에 의거하여 정당화되어야 한다.

3) 선거평등권제한의 헌법적 정당성

먼저, 이 권리에 대한 제한의 헌법적 근거는, 헌법 제37조 제2항의 일반적 기본권제한적 법률유보가 아니라 헌법내재적 한계론에 따라 헌법적 지위를 갖는 상충하는 법익이다.

다음으로 그와 같은 법익에 기초를 둔 선거평등권에 대한 제한이 과잉금지원칙을 충족하여야 한다. 이를 위해서는 차별적 수단이 추구하는 차별목적이 정당하여야 하고, 이 목적을 달성하기에 적합하고, 필요하며, 그 목적과 상당한 비례관계에 있어야 한다.

이 요건들을 개별적으로 간략히 부연하면 다음과 같다.

(1) 목적의 정당성

목적의 정당성 요건은, 입법자가 추구하는 목적이 헌법으로부터 추론해 낼 수 있는 객관적인 목적들에 토대를 두고 있을 것을 요구한다. 그런데 선거평등권이 유보 없이 보장되었기 때문에 입법자가 추구할 수 있는 목적은, 상술한 바와 같이 헌법적 지위를 갖는 법적 가치들, 즉 제3자의 기본권이나 기타 헌법적 가치들의 실현이어야 한다. 선거평등권이 민주주의 및 국민주권에 대하여 가지는 본질적인 의미를 고려하면, 모든 헌법적 가치들이 선거평등권의 제한을 정당화할 수 있는 목적을 뒷받침할 수는 없으며, 그러한 소수의 헌법적 가치만이 선거평등권

93) 이 심사구조에 대해서 상세한 것은 N. Nahrgang, a.a.O., S. 179 ff. 참조.

제한을 정당화할 수 있는 목적이 될 수 있다고 보아야 한다.94)

선거평등원칙은 다른 선거의 원칙들과 충돌할 수 있으며, 이러한 원칙들에 의하여 제한될 수도 있다. 선거와 관련한 입법자에게 부여된 형성의 여지는 매우 비좁지만, 헌법상의 선거원칙들 사이의 충돌을 해소하기 위한 입법에서는 상대적으로 그 여지가 어느 정도 넓어질 수밖에 없다고 본다.95) 재외국민에게 선거권을 부여할 경우 채택될 가능성이 높은 우편선거방식은 선거권의 고도의 인격성, 비밀선거원칙, 선거의 동시성이라는 헌법적 가치와 충돌한다.96) 입법자는 다른 선거원칙에 내포되어 있는 이와 같은 헌법적 가치들을 비롯하여 우편제도의 신뢰성 및 선거관련 공무원들의 신뢰성과 결부되어 있는 선거결과의 공신력, 선거의 동시성, 재외국민의 국내상황에 대한 친숙도 등과 보통선거원칙을 형량하여 우편선거의 도입여부를 결정할 수 있으며, 우편선거채택은 물론 그 거부도 모두 합헌적인 입법형성권의 행사라고 보아야 한다.97) 해상에서 장기 기거하는 선원들을 위한 팩시밀리에 의한 부재자투표권 인정문제도 마찬가지이다.98) 선거의 원칙들이 충돌할 때 어떤 원칙들을 어느 정도 실현시킬 것인지를 결정하는 것은, 국민으로부터 직접 조직적·인적·민주적 정당성을 부여받고 민주적인 방식으로 정치적 책임을 부담하는 입법자의 임무이지 간접적인 조직적·인적·민주적 정당성만을 획득하고 또 정치적으로 책임을 지지 않는 헌법재판소의 임무가 아니다. 그렇기 때문에 헌법재판소가 재외국민의 선거권 박탈 및 해외일시체류자 및 외항선원들에 대한 부재자투표권 박탈을 위헌으로 본 것에 대해서는 선거의 원칙들 사이의 충돌을 일방적으로 보통선거권에 우위를 인정하는 방향으로 해소할 것을 요구함으로써 입법형성권을 침해하였다는 비판을 받을 수도 있다고 본다.

(2) 적합성요건

이 요건은 차별성을 띠는 수단이 입법목적을 달성하기에 적합할 것을 요구한다. 선거평등권 제한의 목적이 그 자체 특별한 조건과 결부되어 있는 구체적인 수단에 의해 실현될 수 있어야 한다.99) 물론 그 목적이 전적으로 문제가 된 수단만

94) B. Pieroth/B. Schlink, Staatsrecht Ⅱ, Grundrechte, 18. Aufl., 2002, § 6 Rn. 334.

95) M. Morlock, in: Dreier, Art. 38 Rn. 63. BVerfGE 59, 119, 124 f.는 이 경우 형성의 여지가 넓다고 판시하고 있다.

96) H. Meyer, Wahlgrundsätze und Wahlverfahren, in: HStR Ⅱ, 2. Aufl., 1998, § 38 Rn. 9.

97) H. Meyer, a.a.O.,는 보통선거원칙이 입법자에게 우편선거를 채택할 헌법적 의무를 부과하는 것은 아니라고 한다; M. Morlock, in: Dreier, Art. 38 Rn. 66. 보통선거원칙이 선거권행사의 사실상의 장애를 제거할 의무를 입법자에게 부과하는 것은 아니라고 본다.

98) 그러나 헌법재판소는 헌재 2007. 6. 28, 2005헌마772, 판례집 19-1, 899에서 일방적으로 보통선거원칙의 우위를 선언하고 있다.

99) 그러나 헌법재판소의 일부 판례는 적합성요건을 적정성요건으로 칭하면서 정체성이 모호한 요

에 의해 그리고 100% 달성되어야 하는 것은 아니다.[100] 헌법재판소는 이 요건을 통해서 수단의 합목적성에 대한 통제를 해서는 안 된다. 즉 헌법재판소는 입법자가 선택한 수단이 전적으로 부적합한지 여부만을 통제하여야 하고, 목적을 더 효과적으로 달성할 수 있는 수단이 있는지, 법정책적으로 볼 때 더 바람직한 수단이 있는지를 통제해서는 안 된다.[101]

선거평등권의 비중과 의미를 감안할 때 이 요건의 충족여부와 관련하여 매우 강도 높은 통제가 가해져야 한다.[102] 따라서 선거평등권 제한의 목적이 달성될 확률이 상당히 높다는 것으로는 부족하고 압도적으로 높아야 한다.

가령 선거권부여요건으로 국내거주(즉 주민등록)를 요구하고, 이를 통해 주민등록이 되어 있지 아니한 재외국민에게 선거권을 부여하지 않는 것의 목적은 대의기관 구성원과 유권자 사이의 정치적 의사소통의 토대를 충분히 확보하려는 것이다.[103] 국내거주라는 수단은 그와 같은 목적의 달성을 촉진한다고 평가하여야 한다. 국내에 거주하면서 생활의 중심을 국내에 두고 있는 한국인은 대의기관 구성원 내지 그 잠재적인 구성원(후보자)과 가령 선거운동 등을 통해 직접적인 접촉을 함으로써 정치에 참여할 수 있는 가능성이 열려 있고, 나아가 현대 대중민주주의에 매우 중요한 의미가 있는 대중매체에 아무런 제한 없이 접근[104]할 수 있기 때문이다. 그러므로 국내거주요건에 의하여 해외거주자의 선거권 박탈의 목적, 즉 대의기관 구성원과 유권자 사이의 충분한 의사소통의 토대확보라는 목적이 달성될 수 있는 개연성이 매우 높다고 할 것이다.

(3) 필요성요건

이 요건은 선거평등권에 대한 제한이 목적의 달성을 위해 꼭 필요한 것을 초과하지 말 것을 요구한다. 즉 선거평등권에 대한 제한을 초래하지 않거나 덜 제한

건으로 만들고 있다. 이에 대해서 상세한 비판은 정태호, "지구당의 강제적 폐지의 위헌성," 헌법실무연구 제5집, 2005, 203(243쪽 이하) 참조.

100) 이에 대하여 상세한 것은 정태호, "미국과 독일의 규범통제에서의 심사도구 비교," 헌법실무연구 제2권, 2001, 463(475-476쪽).

101) BVerfGE 95, 335, 377 참조.

102) B. Pieroth/B. Schlink, Staatsrecht Ⅱ, § 11 Rn. 463.

103) 독일 판례도 같은 취지이다. BVerfGE 67, 157, 173; 81, 156, 192; 90, 145, 172.

104) 인터넷과 같은 새로운 의사소통수단의 발전은 국내거주자와 해외거주자 사이의 정보취득가능성과 관련한 차이를 많이 희석시키고 있음을 부인할 수는 없다. 이 때문에 의사소통 기술의 발전에 따라 국내에서 일정기간 이상의 거주할 것을 선거권을 부여하는 요건의 필요성을 부정하는 목소리가 커지고 있다. 가령 M. Breuer, a.a.O., S. 263; H. Mayer, HStR Ⅱ, § 38 Rn. 2의 주 7 등 참조. 그렇지만 생활의 중심이 외국에 있는 사람에게는 인터넷이 열려 있다고 하더라도 사람에 따라 차이는 있을 수 있으나 국내의 매체들이 의사소통을 위한 중심적 정보원이 되기는 어려운 것도 또한 사실이다.

하는 다른 수단을 통해서는 입법목적을 달성할 수 없어야 한다. 적합성이 인정되는 수단들 중에서 가장 온건한 수단을 선택할 것을 요구한다.

가령 해외에서 영주권을 취득하여 국내에 주민등록이 되어 있지 아니하지만 국내에 상당 기간 체류하고 있어서 국내에 주민등록이 되어 있는 자와 유사한 정도로 대의기관 구성원들과의 정치적 의사소통의 토대를 확보하고 있고 또 선거권의 고도의 인격성, 비밀선거원칙 및 자유선거원칙에 담긴 가치를 해치지 않고도 선거권을 인정할 수 있는 자에게까지 선거권을 박탈하는 것은, 목적의 달성에 필요한 정도를 넘어서 재외국민의 선거평등권을 제한하는 것으로서 위헌이라고 보아야 한다.[105] 재외국민의 선거권 박탈에 대한 헌법재판소의 판단은 이러한 범위에서는 정당하다.

적합성요건과 필요성요건의 충족여부와 관련해서는 선거평등권의 비중과 의미에 비추어 볼 때 매우 제한적이기는 하지만 입법자에게 어느 정도의 입법의 기초사실에 대한 평가나 미래예측과 관련한 여지[106]가 인정되며, 그러한 범위에서는 입법자의 평가 및 예측에 우선권이 인정된다.

(4) 협의의 비례성요건(법익균형성요건)

이 요건은, 평등선거권에 대한 제한이 그 제한을 초래하는 수단을 통해 추구하는 목적과 적정한 비례관계에 있을 것을 요구한다. 이 요건은 선거평등권과 이 권리의 제한을 통해서 추구하는 이익을 보호하여야 할 필요성과의 법익형량을 요구한다. 그에 따라 상충하는 법익들의 비중과 의의를 평가하고 상호 비교하여야 함으로써 그 법익들을 실제적으로 조화시키는 어려운 작업이 수행되어야 한다.

이 작업은 2단계로 진행된다.[107] 제 1 단계에서는 상충하는 법익들의 기본적인 의미를 중심으로 추상적으로 평가하여야 한다. 제 2 단계에서는 구체적인 사건에서 선거평등권에 대한 제한의 강도와 이 제한을 통해 추구되는 입법목적의 비중을 구체적으로 조사하고 평가하여야 한다. 추구되는 목적의 비중을 잴 때는 그것이 실현되지 못했을 때의 결과를 감안하여야 한다. 가령 재외국민 선거권 박탈사건의 경우, 선거권이 박탈되는 재외국민의 수와 그와 같은 차별이 재외국민에 대하여 미치는 구체적인 불이익의 정도,[108] 그와 같은 차별을 통해서 얻어지는 공

105) 헌재 2007. 6. 28, 2004헌마644, 판례집 19-1, 859, 861 요지 5 참조.

106) 입법사실의 확인, 평가, 예측의 헌법적 문제와 관련해서는 정태호, "규범통제에서의 사실확인과 법률의 실제효과예상 —미국 연방대법원 및 독일연방헌법재판소의 실무에 대한 비교를 중심으로—," 전남대학교 법률행정논총 제21집 제 1 호, 2001, 133쪽 이하 참조.

107) N. Nahrgang, a.a.O., S. 197.

108) 관련 개인의 주관적인 민감도가 아니라 같은 상황에 처해 있는 평균인의 입장에서 그 불이익의 정도를 평가하여야 한다. 어쨌든 이를 합리적으로 평가하는 것은 결코 용이한 일이 아니다.

익(선거권의 고도의 인격성 확보 정도, 선거의 비밀 및 자유가 구체적으로 확보되는 정도, 선거관리의 편의성과 비용의 절약, 남북분단상황에서의 유권자 구분의 곤란성,[109] 선거의 동시성 실현, 유권자와 대의기관구성원 간의 정치적 의사소통의 기반확보 정도 등) 등을 계산에 넣어야 한다. 끝으로 이렇게 조사된 관련 법익들에 대한 구체적인 효과를 그 법익들의 추상적인 비중과 의미를 고려하여 상호 형량하여야 한다. 선거평등권에 대한 제한의 정도가 그 제한을 통해 추구되는 법익의 비중에 비해 더 무겁다면, 이 요건은 충족되지 않는다.

유의할 것은 이와 같은 법익의 무게재기와 가치형량에는 형량주체의 주관이 개입될 가능성이 매우 높다는 사실이다. 각 법익의 비중을 객관적으로 측정해 주는 척도를 확보하기 어려울 뿐 아니라, 그러한 상황에서 관련 법익의 무게를 적절하게 평가하기 어렵기 때문이다. 그렇기 때문에 대체로 협의의 비례성요건을 부조리통제(입법자의 형량이 명백히 부조리한 것인지에 국한된 통제)로 축소하는 것이 타당하다.[110] 그러므로 헌법재판소가 입법자가 과연 최적의 법익형량을 했는지, 그의 해결책이 가장 정의로운 것인지를 통제하지 말아야 하는 것이 원칙이다.[111] 그렇다고 기본권의 본질적 내용침해금지에 의하여 절대적으로 보호되어야 할 기본권의 본질을 제외하고는 기본권심사에서 법익형량 내지 법익균형성심사를 완전히 부정하는 견해[112]의 타당성을 인정하는 것은 아니다. 그에 따르면 기본권은 기본권제한조치가 적합하고 필요한 이상 기본권의 본질적인 핵심 이외에는 보호받을 수 없게 되어 기본권의 보호수준이 현저하게 저하될 것이기 때문이다. 또한 법익균형성 심사의 심사강도를 항상 명백성통제로 국한해야 한다고 주장하는 것도 아니다. 중대한 의미를 가지는 기본권에 대한 심각한 제한의 경우에는 헌법재판소가 기본권의 수호자로서 입법자의 법익형량에 대하여 강도 높은 심사를 할 수 있다고 본다.

그렇다면, 재외국민의 선거권을 부정하는 기존의 법률조항이, 그들에게 선거권을 부여하는 방법들이 내포하고 있는 다른 선거의 원칙들과의 충돌이라는 문제점들을 고려할 때 국내에도 거소를 두고 있는 재외국민을 제외한다면, 과연 부조리한 법익형량을 토대로 하여 제정된 것인지는 의문이다.

---

109) 독일에서 재외독일인의 선거권 부여 요건으로 서독에서의 일정기간의 거주를 요구한 이유도 동서독이 모두 같은 기준으로 해위 독일인을 자국민으로 간주함에 따라 양독에 의하여 독일국민으로 인정받는 집단이 생성되었기 때문이라고 한다. 이에 대해서는 W. Schreiber, Handbuch des Wahlrechts zum deutschen Bundestag, 7. Aufl., 2002, § 12 Rn. 4의 주 11 참조.

110) 이에 대해서는 B. Pieroth/B. Schlink, Staatsrecht Ⅱ, § 6 Rn. 294 참조.

111) N. Nahrgang, a.a.O., S. 198; St. Huster, a.a.O., S. 113, 117 등 참조.

112) Schlink, EuGRZ 1984, S. 462.

참 고 문 헌

〈 국내문헌 〉

계희열, 헌법학(중), 2007

김주환, 입법자의 평등에의 구속과 그에 대한 통제, 「헌법논총」 제11집(2000), 431쪽 이하

뵈켄푀르데(저)/김효전·정태호(옮김), 헌법과 민주주의 —헌법이론과 헌법에 관한 연구 —, 2003

알렉시(저)/이준일(역), 기본권이론, 2007

이인호, "재판관 이영모의 헌법정신에 대한 탐구," 이영모 재판관 정년기념논문집, 「소수와의 동행 그 소리에 귀를 열고」, 2001, 28쪽 이하

정태호, "지구당의 강제적 폐지의 위헌성," 헌법실무연구(2006), 203쪽 이하

_____, "미국과 독일의 규범통제에서의 심사도구 비교," 헌법실무연구 제2권(2001), 463쪽 이하

_____, "규범통제에서의 사실확인과 법률의 실제효과예상 —미국 연방대법원 및 독일 연방헌법재판소의 실무에 대한 비교를 중심으로—," 전남대학교 법률행정논총 제21집 제1호(2001), 133쪽 이하

_____, "헌법재판의 한계에 관한 고찰 —입법형성의 여지를 규정하는 요인들에 대한 분석을 중심으로—," 공법연구 제30집 제1호(2001), 223쪽 이하

_____, "헌법 제15조의 직업의 자유 —단계이론의 정치화를 중심으로," 법학과 행정학의 현대적 과제(유소 이방기 교수 정년기념논문집), 2000, 297쪽 이하

〈 외국문헌 〉

Alexy, R. : Theorie der Grundrechte, 2. Aufl., 1985

Böckenförde, E. W. : Staat, Nation, Europa. Studien zur Staatslehre, Verfassungstheorie und Rechtsphilosophie, 2. Aufl., 2000

_____ : Demokratie als Verfassungsprinzip, in: HStR Ⅰ, 1987, § 22

Hattenhauer, H. : Über das Minderjährigenwahlrecht, JZ 1996, S. 6 ff.

Hill, W. : Gleichheit und Artgleichheit, 1966

Höfling, W. : Demokratische Grundrechte —zu Bedeutungsgehalt und Erklärungswert einer dogmatischen Kategorie, Der Staat 33(1994), S. 493 ff.

Hofmann, H. : Grundrechtpflichten und Grundrechte, in: J. Isensee/P. Kirchhof(Hrsg.), HStR Ⅴ, 1992, §114

Huster, St. : Rechte und Ziele. Zur Dogmatik des allgemeinen Gleichheitssatzes, 1993

Ides, A./May, C. N. : Constitutional Law. Individual Rights, 2001

Ipsen, J. : Staatsrecht Ⅱ, Grundrecht, 5. Aufl., 2002

Jakobs, K. : "Man soll Stimmen wägen und nicht zählen—über fragwürdige Begrenzungen des Mehrheitsprizips," NJW 1989, S. 3205 ff.

Jarass, H.H. : Bausteine einer umfassenden Grundrechtsdogmatik, AöR 120(1995), S. 345 ff.

Kloepfer, M. : Gleichheit als Verfassungsfrage, 1980

Lege, J. : Überhangmandate und Grundmandatsklausel, Jura 1998, S. 462 ff.

Löw, K. : Kinder und Wahlrecht, ZRP 2002, S. 448 ff.

Lübbe-Wolff, G. : Grundrechte als Eingriffsabwehrechte, 1988

Magiera, S. : in: Sachs(Hrsg.), GG, 3. Aufl., 2003, Art. 38

Martini, P. : Art. 3 Abs. 1 GG als Prinzip absoluter Rechtsgleichheit, 1997

Meyer, H. : Wahlgrundsätze und Wahlverfahren, in: HStR Ⅱ, 2. Aufl., 1998, §38

Morlock, M. : in: H. Dreier(Hrsg.), Kommentar zum Grundgesetz 2. Aufl,, 2006, Art. 21

______ : Demokratie und Wahlen, FS für 50 Jahre BVerfG Ⅱ, 2001, S. 559 ff.

Nahrgang, N. : Der Grundsatz allgemeiner Wahl gem. Art. 38 Abs. 1 S. 1 GG als Prinzip staatsbürgerlicher Egalität, 2003

Pieroth, B./Schlink, B. : Staatsrecht Ⅱ. Grundrechte, 18. Aufl., 2002

Rinck, H.-J.: Herkunft und Entfaltung der Allgemeinheit und Gleichheit der Wahl, FS Zeidler Ⅱ, 1987, S. 1119 ff.

Sachs, M. : Besondere Gleichheitsgarantien, HStR Ⅴ, 1992, §126

______ : Zur dogmatischen Struktur der Gleichheite als Abwehrrechte, DÖV 1984, S. 411 ff.

Schreiber, W. : Handbuch des Wahlrechts zum deutschen Bundestag, 7. Aufl., 2002, §12

제 86 회 발표회 지정토론문

음　　선　　필*

Ⅰ. 논　　점

발제문은 헌법재판소 판례에 나타난 보통·평등선거권(선거평등권)의 침해여부 심사와 관련한 해석론적 문제점을 구명하고, 이를 통해 특별평등권인 선거평등권 심사에 자유권의 심사구조와 심사기준을 적용할 수 있는지를 검증하고자 한다.

이와 관련하여 2007. 6. 28, 2004헌마644등의 결정을 주로 검토하고 있다.

Ⅱ. 전반적인 共感 : 선거권 및 선거의 기본원칙에 대한 先理解(Vorverständnis)

1. 민주주의 내지 국민주권의 실현 수단으로서의 민주적 선거의 원칙

선거의 기본원칙은 민주주의 내지 국민주권원리 하에서 선거의 본질, 기능에 따라 도출된 개념이다. 민주주의는 본질적 평등(intrinsic equality)을 전제로 한다. 따라서 선거 참여자들은 정치적으로 평등한 존재(political equals)로 간주된다. 이 정치적 평등은 엄격한 도식적(schematisch) 평등이다.

2. 보통·평등선거의 원칙

발제문의 검토대상이 되는 보통·평등선거권의 내용은 선거의 기본원칙(보통·평등선거의 원칙)에 의하여 결정된다. 이를 간단히 살펴본다.

1) 보통·평등선거의 원칙

보통·평등선거의 원칙은 일반적 평등의 원칙보다 더 강하게 보호되어야 한

* 홍익대 법과대학 교수, eumsp@hongik.ac.kr.

다. 그 이유는 보통·평등선거의 원칙이 민주주의의 전제인 본질적 평등에 기초한다는 사상적 기초와 이를 주창하였던 역사적 배경에 기인한다.

이념적으로는 개인의 인격의 존엄성과 평등을 기초로 하는 개인인격대표주의에 근거를 둔 보통선거의 원칙은 주로 노동계급이 기존의 유산시민계급에 의하여 독점되었던 참정권을 획득하기 위한 투쟁과정에서 형성되었다. 일반적 평등원칙이 봉건적 신분차별에 대한 근대시민계급의 부정으로 형성된 반면에, 보통선거의 원칙은 19세기 이후 지속된 노동계급의 성장과 그 정치적 권리의 신장의 산물로서 확립되었다. 선거권의 확대는 주로 노동자정당을 등장시켰고, 이와 함께 도입된 비례대표선거제는 선거권의 보편성을 현실적인 것으로 만들었다. 보통선거의 원칙의 확립과 비례대표선거제의 도입이 비슷한 시기에 이루어졌음을 주목할 필요가 있다. 보통선거의 원칙은 비례대표선거제의 도입으로 말미암아 평등선거의 원칙과 밀접한 연관성을 갖게 되었다. 선거의 보통성(Allgemeinheit)과 평등성(Gleichheit)의 개념은 실제로는 함께 전체의 일부를 이루는 것이며, 선거의 보통성의 명령에는 다름 아니라 일정한 방향으로 구체화된 형식적 선거권평등의 요구가 담겨져 있다. 왜냐하면 사회적으로 허용될 수 없는 동기에 의하여 특정한 주민계층에게 선거권을 주지 않는 것이나 그 계층의 투표가치에 대한 과소평가에 의하여 그를 다른 계층보다 열등하게 취급하는 것은 실질적으로 구별할 필요성이 없기 때문이다.

평등선거의 원칙이 본질적인 정치적 평등의 실현형태임은 보통선거의 원칙과 같으나, 보통선거의 원칙이 선거권의 「귀속」에 대한 차별을 금지하는 것이라면, 평등선거의 원칙은 선거권의 「가치」에 대한 차별을 금지하는 것이다. 평등선거의 원칙은 각각의 표가 다른 표와 동등한 능력(gleiche Kraft) 또는 동등한 영향력(gleichen Einfluß)을 가질 것을 요구한다.

역사적으로 보아 보통선거의 원칙이 반드시 평등선거의 원칙과 병행한 것은 아니었지만 평등 개념의 급진화에 따라 마침내 차등선거가 극복되기에 이르렀다.

2) 평등선거의 원칙과 일반적 평등원칙의 개념적 관계

평등선거의 원칙과 일반적 평등원칙과의 관계를 어떻게 볼 것인가에 관하여는 여러 가지로 논의되어왔다. 이에 관하여는 역사적 발전과정과 사상적 기초의 차이에 따라 양자를 구별하여 평등선거의 원칙에 대한 제한은 일반적 평등원칙에서 도출되는 것이 아니라 그 자체의 특성에서 구해야 한다는 견해와, 평등선거의 원칙을 기본적으로는 일반적 평등원칙의 특별한 적용으로 이해하면서 그 제한 내지 선거평등성의 차별은 「특별한, 정당한, 불가피한 사유(ein besonderer, rechtfertiger, zwingender Grund)」의 경우에만 허용된다고 보는 견해가 있다.

생각건대 일반적 평등원칙과 평등선거의 원칙의 역사적 확립과정은 다르더라도 현대자유민주국가에서 보통선거의 원칙이 확립되고 또한 평등의 원칙이 정치를 포함한 모든 영역에서 규범력을 갖기 때문에 평등선거의 원칙은 일반적 평등원칙의 구체적 적용형태라고 볼 것이다. 그러나 평등선거의 원칙이 본질적으로 민주주의사상과 결부되어 있기 때문에 모든 선거권자가 국가권력의 형성권으로서의 선거권을 평등하게 행사할 수 있도록 선거의 평등성이 보다 엄격히 보장되지 않으면 안 된다. 그러한 점에서 평등선거의 원칙은 일반적 평등원칙에 비하여 절대적 평등 내지 형식적 평등을 강조한다. 즉 일반적 평등원칙이 합리성 또는 자의금지에 기초한 상대적 평등 내지 실질적 평등을 의미하는 데 반해, 평등선거의 원칙은 국민 각자에 존재하는 사실상의 차이—학력, 재산정도, 정치적 능력 등—에 관계없는 절대적 평등 내지 형식적 평등을 의미한다. 이와 같은 형식적 성격(formaler Charakter)으로 말미암아 평등선거의 원칙은 일반적 평등원칙과 구별된다. 따라서 평등선거의 원칙을 제한하려면 보다 엄격한 사유 즉 「특히 정당하고도 불가피한 사유」가 있어야만 할 것이다. 또한 이러한 구속으로 인하여 선거관련입법자에게도 「특히 제한된 범위에서의」, 「판단여지가 좁은」 입법재량만이 인정된다.

3) 평등선거의 원칙과 일반적 평등원칙의 적용

이와 같이 상호 연관되어 있으면서도 구별되는 평등선거의 원칙과 일반적 평등원칙은 구체적으로 어떻게 조화 있게 적용되어야 할 것인가? 간단히 말하자면, 헌법상 규범력 있는 해석기준으로서 형식화된 평등선거의 원칙이 전체 선거과정에서 「원칙」으로서 적용되고, 좁게 한정된 특정한 경우에 이를 뛰어넘는 「예외」로서 일반적 평등원칙이 적용된다고 하겠다. 일반적으로 말하자면, 절대적·형식적 평등 개념에 따라서 전체 선거과정이 운용되어야 하지만, 예외적인 경우에는 일정한 가치판단과 관련한 상대적 평등 개념이 적용될 것이다.[1] 이러한 상대적 평등

1) 선거과정은 후보자와 정당에 대한 선거권자의 정치적 평가의 구체화과정이라 할 수 있다. 여기서의 정치적 평가라 함은 후보자나 정당이 대표자로서의 역할이나 헌법상 부여된 임무를 얼마나 수행할 수 있느냐에 대한 기대와 신뢰를 의미한다. 선거과정에서의 평등은 이러한 평가와 관련하여 이해되어야 한다고 생각한다. 구체적으로 말하면, 선거권자의 평가가 아직 나타나지 않은 선거구 규모의 결정·선거구의 획정·입후보·선거운동·투표 단계에서는 후보자 및 정당과 선거권자에 대한 균등한 취급이 강조되어야 하나, 선거권자의 평가가 구체적으로 표출된 의석배분 단계에서는 일정한 기준에 의한 상대적 취급이 허용될 수 있다고 본다. 선거과정에서의 평등을 이렇게 이해하게 되면 기회균등의 보장과 선거권자의 정치적 평가에 따른 합리적 차별이 상호 공존할 수 있는 개념임을 알 수 있다. 그리고 이러한 합리적 차별은 반드시 선거권자의 정치적 평가에 따른 것이어야지 기존 정당간의 합의에 의한 것이 아님을 알 수 있다. 또한 선거권자의

개념이 적용되어야 할 경우는 결국 입법자의 판단에 따라 결정될 것이다.

Ⅲ. 의 문

1. 헌법 제41조 제1항 및 제67조 제1항이 개인의 주관적 공권을 포함한다?

1) 발제자의 견해처럼, 동 조항들이 주관적 공권을 포함한다면, "제24조의 선거권은 공직 선거 일반에 대한 모든 국민의 참여를 보장하는 포괄적인 근거규정이고, 제41조 제1항 및 제67조 제1항은 국회의원선거 및 대통령선거에 관한 자유롭고 평등한 참여를 보장하는 특별규정"이 된다. 그리하여 헌법 제41조 제1항 및 제67조 제1항의 보호작용이 미치는 범위에서는 일반규정인 제24조는 적용되지 않게 된다.

2) 헌법 제41조 제1항 및 제67조 제1항이 국회의원선거 및 대통령선거에 관한 선거권을 포함하고 있다고 해석하는 것의 실익은 무엇인가? 헌법 제41조 제1항 및 제67조 제1항에 의하여 인정된 선거권(선거평등권)이 헌법 제37조 제2항의 일반적 기본권제한적 법률유보에 따르지 않도록 하기 위한 것으로 보인다(456면). 발제자는 "헌법 제41조 제1항, 제67조 제1항에 내포된 원칙들에 대한 예외를 입법자가 헌법 제37조 제2항에 의거하여 설정할 수 없다고 보아야 한다고 본다"(457면).

3) 그러나 이러한 주장은 무리라고 본다. 첫째, 이미 제24조에서 주관적 공권으로서 선거권을 규정하고 있기 때문에 별도의 주관적 공권의 형태를 인정할 필요가 없다. 예컨대 독일과 같이 선거권을 주관적 공권의 형태로 규정하지 않고 연방의회나 주 기타 지방자치단체에 관한 헌법규정에서 선거원칙을 규정하는 입법례에서는 이러한 원칙규정에서 선거권이라는 주관적 공권을 인정할 실익이 있을 것이다.

둘째, 헌법 제24조의 선거권의 내용은 헌법 제41조 제1항 및 제67조 제1항과 분리되어 설명될 수 없다. 제24조는 선거권의 형성을 단지 입법자에게 위임하

정치적 평가는 원칙적으로 이번 선거에서 나타난 것이어야지 이전 선거에 기초를 둔 것이어서는 안 된다고 본다. 따라서 이전 선거의 결과만을 기초로, 예컨대 입후보단계에서 차별적인 입후보요건을 요구하는 것은 문제가 있다고 본다.

는 조항이 아니라, 헌법 제41조 제1항 및 제67조 제1항과 결부되어 보통·평등·직접·비밀선거권을 국민에게 보장하는 것으로 보아야 할 것이다. 이러한 보통·평등·직접·비밀선거권은 '법률이 정하는 바에 의하여' 지방선거나 교육감선거 등에도 적용된다. 헌법 제118조 제2항의 지방의회의원선거에 관하여 명문으로 보통·평등·직접·비밀선거의 원칙이 규정되어 있지 않다고 하더라도 헌법 제41조 제1항, 제67조 제1항에 명시하고 있는 민주적 선거의 기본원칙이 당연히 적용된다(지방자치법 제31조). 종래 선출직이 아니었던 지방자치단체의 장도 '법률이 정하는 바에 의하여' 국민으로부터 선거의 대상이 된다면 당연히 민주적 선거의 기본원칙이 적용된다(지방자치법 제94조). 만약, 제24조를 헌법 제41조 제1항 및 제67조 제1항와 연결하지 아니하고 분리하여 이해한다면, 제24조의 선거권의 내용은 공허한 것이 되고 만다.

셋째, 헌법 제41조 제1항 및 제67조 제1항은 주관적 공권 이상으로 선거과정 전반에 걸쳐 적용되는 원칙으로 보는 것이 더 정확하다. 물론 제24조와 결합되어 보통·평등·직접·비밀선거권을 형성하고 제25조와 결합하여 피선거권의 내용을 형성하는 것은 사실이나, 그 이상으로 선거제도를 전반적으로 구성하는 지침으로 작용한다고 보아야 할 것이다.

요컨대, 국민은 제24조, 헌법 제41조 제1항 및 제67조 제1항에 의하여, 보다 자세히 말하면, 헌법 제41조 제1항 및 제67조 제1항의 선거의 기본원칙을 구체화한 제24조에 의하여 보통선거권, 평등선거권 등을 갖게 된다고 볼 것이다.

2. 선거평등권은 헌법 제37조 제2항의 기본권 제한적 법률유보하에 있지 않다?

1) 발제자는 헌법 제41조 제1항 및 제67조 제1항에 포함된 권리는 헌법 제37조 제2항의 기본권제한적 법률유보하에 있지 않다고 본다. 그 이유로, ① 제37조 제2항의 문구는 헌법 제2장에 열거되어 있거나 이곳에 간접적으로 헌법적 근거를 찾을 수 있는 권리들로 제한적으로 해석될 수 있다는 점, ② 헌법 제41조 제1항 및 제67조 제1항에 포함된 선거평등권에 대한 예외를 입법자가 법률로 용이하게 도입할 수 있게 된다면, 선거영역의 평등이 일반적 평등권에 대하여 가지는 독자성에 대한 인식을 흐려질 우려가 크다는 점 등을 들고 있다(456면). 이외에도, 헌법 제24조의 "법률이 정하는 바에 의하여"라는 법문은 선거권이 현실에서 의미 있게 행사될 수 있도록 입법자에게 구체적으로 형성하는 권한만을 부여

하였다고 해석하여야 하기 때문에, 선거권은 기본권제한적 법률유보 대상이 되지 않음을 주장하는 것으로 보인다(464면).

2) 물론 헌법 제24조의 법문은, 헌법재판소도 판단한 것처럼, 국민의 선거권을 법률을 통해 구체적으로 실현하라는 의미이다(기본권 형성적·구체화적 법률유보). 그렇다고 해서, 제24조의 선거권이 법률에 의하여 제한되어서는 안 된다고 말할 수는 없다. 예컨대, 선거인명부제도는 선거권이 있는 자를 확인하여 명부를 작성하고 선거권을 1회에 한하여 행사하도록 관리하기 위한 것으로서, 공정한 선거관리를 위해서 필요한 제도이다. 이 선거인명부에 등재되지 아니하면 투표할 수 없기 때문에(공직선거법 제156조 제1항), 선거인명부는 관점에 따라서는 선거권의 행사를 제약하는 수단이 된다. 이러한 선거권 행사의 제약은 부득이하게 필요하다. 그런데 이러한 기본권 제약적 법률유보는 결국 제37조 제2항에서 찾을 수밖에 없다. 이외에도 투표시간의 제한, 저지조항 등도 이러한 제한에 해당한다.

또한 헌법 제37조 제2항이 기본권 제한을 유보한 것만이 아니라 기본권 제한의 한계를 아울러 규정하고 있음을 상기한다면, 동 조항이 단지 헌법 제2장에 열거되거나 간접적으로 근거를 갖는 권리에만 국한한다고 해석하는 것이 과연 합당한지 의문스럽다. 또한 제37조 제2항이 과잉금지원칙을 담고 있음을 상기한다면, 선거평등권이 동조항의 법률유보하에 있다고 하여서 반드시 입법자가 선거평등권에 대한 예외를 법률로 용이하게 도입할 수 있다고 해석하게 되는 것인지도 의문스럽다. 선거의 기본원칙과 결부된 헌법 제24조의 선거권은 일반적 평등권보다 강하게 보호되는 것으로 해석되기 때문이다.

요컨대 헌법 제41조 제1항 및 제67조 제1항과 결부된 제24조의 선거권은 선거원칙의 예외로서 또는 헌법적 가치가 있는 정당한 목적을 위하여 헌법 제37조 제2항에 의하여 제한될 수 있다고 할 것이다. 그러나 그러한 제한은 어디까지나 원칙에 대한 예외임을 주의하여야 한다. 왜냐하면 선거가 민주주의에서 차지하는 기능과 비중으로 인하여 선거권의 제한의 정도나 방식이 엄격하게 규제되어야 하기 때문이다.

이와 같이 선거권에서는 선거의 기본원칙에 의하여 보호되어야 할 영역과 그렇지 않은 영역이 원칙과 예외의 관계로 선명히 드러난다. 이러한 특색은 선거권의 제한에 대한 심사기준이 과잉금지원칙이 될 수 있음을 보여준다.

Ⅳ. 또 하나의 管見 : 과잉금지원칙에 따른 보통선거권 제한의 심사

1. 보통선거권

보통선거의 원칙은 성년이 된 정치적 공동체의 구성원에게 선거권을 부여하여야 한다는 원칙이다. 여기서 정치적 공동체는 선거를 통하여 대표관계가 형성되고 그로 인한 통치의 대상이 되는 자들의 공동체를 의미한다. 이러한 정치적 공동체는 역사적으로 국가를 의미하였다. 그러나 오늘날에는 지방자치단체도 이에 해당한다. 따라서 국적의 보유자인 국민, 일정한 지역적 관련성을 갖는 주민이 성년이 될 경우에는 당연히 선거권을 보유하게 된다. 그런데 국제화시대를 맞이하여 이러한 전통적인 개념에 변화가 생겨나게 되었다. 특히 지방자치단체의 경우에는 외국인일지라도 일정한 지역적 관련성을 가질 때에는 선거권을 부여하고 있다.

이러한 원칙에 의거하여 보통선거권은 선거할 수 있는 자격과 피선될 수 있는 자격과 관련하여 차별받지 않는 권리를 말한다.

2. 보통선거권 제한의 심사기준으로서 과잉금지원칙

보통선거권은 자유권과 같이 보호영역의 확정—제한 존부 확인—제한의 정당화의 3단계 심사가 될 수 있는 구조를 가지고 있기 때문에, '제한의 한계'를 중점적으로 다루는 과잉금지원칙이 유용한 심사구조가 될 수 있다. 그리하여 헌법재판소는 과잉금지원칙에 의하여 보통선거권에 대한 제한을 심사하고 있다.

3. 논증방식에 대한 평가

단지 주민등록이 되어 있는지 여부에 따라 선거인명부에 오를 자격을 결정하여 그에 따라 선거권 행사여부가 결정되도록 함으로써 주민등록을 할 수 없는 재외국민의 선거권 행사를 전면적으로 부정하는 것과, 선거인명부에 오를 자격이 있는 국내거주자에 대해서만 부재자신고를 허용함으로써 재외국민과 단기해외체류자 등 국외거주자 전부의 국정선거권을 부인하는 것은 모두 선거권 행사의 제한을 통하여 사실상 선거권의 배제를 초래하고 있다. 이와 같은 사실상의 선거권의 배제는 보통선거의 원칙에 의하여 그 정당성을 검토하여야 한다.

그런데 헌법재판소는 이를 헌법 제37조 제 2 항의 과잉금지원칙에 따라 심사하겠다고 하였으나, 단계별로 구체화하지 않고 보통선거원칙에 대한 예외를 정당화하는 어떠한 목적도 발견할 수 없다는 방식을 취하였다. 즉 외형적으로는 과잉금지원칙을 심사기준으로 언급하였으나, 사실상으로는 보통선거원칙의 헌법적 정신과 이에 대한 예외를 요청하는 법익 사이의 형량을 통하여 예외를 정당화하는 불가피한 사유가 인정되는가의 여부를 판단하고 말았다.

한편, 국내거주 재외국민이 국내에 주소를 두고 있어서 지역적 연관성을 갖추고 있음에도 불구하고 주민등록이 되어 있지 않음을 이유로 지방의회의원선거권을 부여받지 못한 것은 무엇보다도 보통선거의 원칙에 위배된다.

피선거권 부여의 자격을 주민등록만을 기준으로 하여, 지방자치단체와 밀접한 연관성을 갖고 있으나 사실상 주민등록이 불가능한 재외국민의 지방선거 피선거권을 부인하는 것은 보통선거의 원칙에 위배된다.

이러한 경우의 국내거주 재외국민의 선거권·피선거권의 제한의 위헌성은 보통선거의 원칙에 대한 예외의 정당성의 유무를 따지는 방식으로 심사되어야 할 것이다.

제 86 회 발표회 지정토론문

최 희 수*

먼저 발제자인 정태호 교수님께서 선거평등권의 헌법 내 위상과 기본권 유보체계에 대한 새로운 이해를 시도하고 그 결과를 재외국민 선거권 사건(2004헌마644) 등에 적용함으로써 비판적 고찰의 기회를 제공해 주신 것에 감사드립니다.

발제문의 내용에 대해 다음과 같이 몇 가지 의문을 제기해 봅니다.

Ⅰ. 헌법 제41조 제1항과 제67조 제1항의 법적 성격과 관련하여

(1) 발제문은, 1) 헌법 제41조 제1항, 제67조 제1항은 객관적 헌법규범일 뿐만 아니라 개인의 주관적 공권이기도 하며(기본권 포함), 2) 양 규정은 국회의원선거 및 대통령선거에 관한 자유롭고 평등한 참여를 보장하는 특별규정으로서 그 보호작용이 미치는 범위에서는 일반규정인 헌법 제24조는 적용되지 않는다고 본다.1)

나아가 헌법 제41조 제1항과 제67조 제1항은 특별평등권인 선거평등권을 보장한 것으로서 헌법 제37조 제2항의 일반적 기본권제한 법률유보를 따르지 않는 기본권, 요컨대 '유보 없는 기본권'에 해당한다는 것이다.

(2) 독일 기본법상의 기본권 유보체계로의 전환?

독일 기본법의 경우에 우리 헌법 제37조 제2항과 같은 일반적 법률유보 조항이 없고, 각 개별기본권 마다 '개별적 법률유보'를 설정하고 있다. 다만 개별적 법률유보 조차 존재하지 아니하는 소위 절대적 기본권(예컨대 기본법 제4조의 양심의 자유 등)이 존재하고 있고, 이러한 기본권들에 대한 제한원리로서 헌법내재적

* 헌법재판소 헌법연구관.

1) 결국 헌법 제24조는 국회의원선거와 대통령선거 이외의 선거, 가령 지방의회의원, 지방자치단체장, 교육감을 비롯한 여타의 공직선거에만 보충적으로 적용되는 것으로 본다.

한계론이 개발되어 있다.

발제문은 이상과 같은 독일 기본법상의 해석원리를 그대로 따르고 있다. 그런데 그와 같은 독일식 해석을 유보체계가 상이한 우리 헌법에 그대로 적용할 수 있을 것인지는 의문이다. 국내의 통설은 헌법 제37조 제2항을 일반적 법률유보로 공히 인정하고 있고, 이때 '일반적'이라는 의미는 '모든 기본권'에 적용된다는 것을 의미한다. 우리 헌법은 외형적으로 모든 기본권의 제한에 적용되는 법률유보로서 헌법 제37조 제2항을 예정하고 있는 것이며, 동 조항의 법문언도 그렇게 되어 있다. 따라서 발제문과 같이 이해하는 것은 기존의 입장과 배치되고, 헌법상 기본권 유보체계를 뒤흔드는 것으로 과연 그렇게까지 '독일식'으로 해석하여야 할 필요성 내지 당위성이 있는지 의문이다.

물론 헌법상 기본권이 반드시 헌법 제2장 '국민의 권리와 의무'편에서만 나오는 것은 아니지만, 그렇다고 헌법 제37조 제2항이 '헌법 제2장의 국민의 자유와 권리'를 제한하는데 한정되어 적용되는 것으로 규정되어 있지도 않으므로, 동 조항은 헌법 전편에 걸쳐 적용되는 것으로 보아야 한다. 따라서 설사 발제문과 같이 선거평등권을 원칙이 아닌 권리로 볼 수 있다고 할지라도 헌법 제37조 제2항의 적용을 피할 수 없다고 본다.

(3) 헌법 제41조 제1항과 제67조 제1항의 독자적 권리성?

헌법 제24조와 헌법 제41조 제1항과 제67조 제1항의 관계를 규명함에 있어, 발제문은 양자를 통일적으로 해석하는 것을 포기하고 '분리 내지 배제적 관계'에 있는 것으로 보고 있다.

그러나 양자를 통일적으로 해석하는 것도 불가능하지는 않다. 헌법 제24조는 선거권을 국민의 참정권(기본권)으로 선언하고, 그 중에서 국회의원 및 대통령선거에서 국민이 헌법 제24조의 선거권을 행사함에 있어 준수되어야 할 선거의 기본원칙으로 헌법 제41조 제1항과 제67조 제1항을 명시하고 있는 것이다. 따라서 헌법 제41조 제1항과 제67조 제1항의 선거의 기본원칙들을 준수하지 않는 것은 당해 선거원칙들을 선언한 헌법규정에 위반되는 것임은 물론 그와 동시에 헌법 제24조가 보장한 국민의 선거권을 위헌적으로 침해한다는 혐의를 받게 되는 것이다. 다만 그 경우에도 헌법 제37조 제2항이 적용됨으로써 국민의 선거권 제한(선거원칙 제한)이 정당화되는 경우도 있을 수 있다. 그러나 그 경우에도 다른 기본권과는 달리 헌법이 특별히 국민의 선거권 행사시에 준수되어야 할 원칙들을 명시하고 있으므로 위헌심사기준은 보다 엄격해질 것이다.

이상과 같이 우리 헌법의 선거권관련 규정체계들을 합리적으로 해석할 수 있다 할 것이므로, 발제문과 같이 우리 헌법체계에 낯선 '유보 없는 기본권'으로서 특별평등권(선거평등권)이라는 독자적 권리를 기본권으로 구성할 필요는 없다고 생각된다. 무엇보다 헌법 제24조가 존재하고 있고 또 청구인들을 포함한 일정한 범위의 국민들이 선거권을 박탈당하고 있는 한, 이를 단순히 헌법 제41조 제1항과 제67조 제1항의 문제로만 보고, 헌법 제24조의 선거권이 문제되는 것은 아니라고 보는 것에는 동의하기 어렵다.

Ⅱ. 심사기준과 관련하여

(1) 발제문은, 1) 선거평등권을 Alexy의 '규칙-원리'이론에 따라 원리로 보고, 국가에 대하여 선거에서 모든 국민의 평등성을 사실적 그리고 법적 가능성에 비추어 가능한 한 최대한 실현할 것을 요구하는 이른바 최적화명령으로 이해하면서, 2) 이와 같이 불확정적 원리로서의 선거평등권을 제한할 수 있는 이론적 도구로서 기본권의 내재적 한계이론을 동원하고, 그 경우 대립적 형량가치(헌법가치)로서 "특히 불가피한 사유"를 상정하고 있으며, 3) 구체적인 위헌여부를 검토하는 단계에서는 다시 과잉금지원칙에 따른 심사를 진행하고 있다.

(2) 그런데 발제자가 헌법 제41조 제1항 및 제67조 제1항을 헌법 제24조와 분리시킴으로써 전자를 특별평등권(선거평등권)으로 관념하면서도 그 심사기준으로 자유권 심사구조에 전형적인 과잉금지원칙을 적용하고자 시도한 것은, 이를 통해서 '형식적, 절대적, 도식적 성격'을 가지는 헌법 제41조 제1항 및 제67조 제1항의 최대한의 실현을 확보하는 것이 가능하다고 보았기 때문이라 짐작된다. 하지만 오늘날 통상의 평등권이 문제되더라도 '헌법이 스스로 차별을 특히 금지하고 있는 영역을 제시'하고 있거나 '차별적 취급으로 인하여 관련 기본권에 대한 중대한 제한을 초래'하는 경우에는 과잉금지심사가 가능하다.[2] 헌법은 제11조에서 정

2) 평등위반 여부를 심사함에 있어 엄격한 심사척도에 의할 것인지, 완화된 심사척도에 의할 것인지는 입법자에게 인정되는 입법형성권의 정도에 따라 달라지게 될 것이다. 먼저 헌법에서 특별히 평등을 요구하고 있는 경우 엄격한 심사척도가 적용될 수 있다. 헌법이 스스로 차별의 근거로 삼아서는 아니 되는 기준을 제시하거나 차별을 특히 금지하고 있는 영역을 제시하고 있다면 그러한 기준을 근거로 한 차별이나 그러한 영역에서의 차별에 대하여 엄격하게 심사하는 것이 정당화된다. 다음으로 차별적 취급으로 인하여 관련 기본권에 대한 중대한 제한을 초래하게 된다면 입법형성권은 축소되어 보다 엄격한 심사척도가 적용되어야 할 것이다. 1999. 12. 23, 98헌마363(제대군인가산점제 사건).

치적 생활영역에서의 차별을 금지하고 있고, 헌법 제41조 제1항 및 제67조 제1항과 헌법 제24조를 통일적으로 해석하면 전자의 규정에 대한 위반은 동시에 헌법 제24조 선거권의 침해도 수반하므로 굳이 특별평등권을 상정하지 않더라도 과잉금지원칙에 따른 심사가 가능하다.

(3) 발제문에 따를 때, 선거평등권 제한의 헌법적 근거는 헌법 제37조 제2항의 일반적 기본권제한 법률유보가 아니라 헌법내재적 한계론에 따라 헌법적 지위를 갖는 상충하는 법익이므로, 그와 같은 법익에 기초를 둔 선거평등권에 대한 제한이 과잉금지원칙을 충족하여야 한다고 할지라도, 이 때 적용되는 과잉금지원칙은 헌법 제37조 제2항의 것이 아니라 법치국가원리로부터 도출되는 불문의 것이라고 한다.

이와 같은 독특한 논리구조를 취하는 것은 결국 헌법 제41조 제1항 및 제67조 제1항과 헌법 제24조의 관계를 배척적으로 이해한 결과라고 할 것이다. 하지만 헌법 제37조 제2항의 문언("국민의 모든 자유와 권리는…")에 충실하게 해석한다면, 위와 같은 결론에는 동의하기 어렵다. 헌법해석의 제1원칙은 헌법조문의 존중이라고 생각되므로, 내용상 동일한 두 개의 과잉금지원칙이 존재하는 것으로 보는 발제자의 견해에는 의문이 있다.

Ⅲ. 결론에 관하여

(1) 발제자는 결론적으로 국내거주 재외국민의 선거권을 박탈하는 것에 한정해 위헌으로 보면서, 국외거주 재외국민에 대한 선거권박탈과 해외일시체류자 및 외항선원들에 대해 부재자투표권을 박탈하는 것에 대해서는 합헌으로 이해하고 있다. 나아가 선거의 원칙들이 충돌할 때 어떤 원칙들을 어느 정도 실현시킬 것인지를 결정하는 것은, 국민으로부터 직접 조직적·인적 민주적 정당성을 부여받고 민주적인 방식으로 정치적 책임을 부담하는 입법자의 임무이지 간접적인 조직적·인적 민주적 정당성만을 획득하고 또 정치적으로 책임을 지지 않는 헌법재판소의 임무가 아니라고 한다.

(2) 그런데 발제자의 의견(위 Ⅱ. (1))처럼, 헌법 제47조 제1항과 제67조 제1항이 최적화명령이라면, 과잉금지심사를 진행함에 있어서도 그러한 요청은 최대한 존중되어야 한다. 그럴 경우 발제문이 언급하고 있는 헌재 결정례들이 과연 합헌으로 귀결될 것인지 의문이다. 토론자가 보기에, 헌법재판소의 결정례들은 재외국

민 등에게 선거권을 전면적, 획일적으로 부정하는 것이 위헌이라는 것을 확인하는 것이며, 그러한 확인은 최적화명령의 관점에서도 정당화될 수 있다고 본다.

(3) 발제자가 들고 있는 여러 가치들(선거권의 고도의 인격성, 비밀선거원칙, 선거의 동시성, 우편제도의 신뢰성, 선거관련 공무원들의 신뢰성과 결부되어 있는 선거결과의 공신력, 재외국민의 국내 상황에 대한 친숙도 등)이 과연 민주주의의 핵심적 권리인 선거권을 제한하는 헌법적 가치로 인정될 수 있을 것인지? 인정될 수 있다 할지라도 특정한 범위의 국민들로부터 전면적, 획일적으로 선거권을 박탈할 수 있을 정도로 비중 있는 가치들인지? 왜 '긴밀한 의사소통'이라는 점 때문만으로 특정 국민의 선거권을 박탈할 수 있는지? … 등에 대해서도 의문이 있다.

第86회 발표회 토론요지

사 회 자 : 전학선(교수)

토론참여자 : 음선필(교수), 최희수(헌법연구관), 이황희(헌법연구관), 손형섭(헌법연구원), 정재황(교수)

간 사 : 2008년 상반기 마지막 발표회입니다.

8월달은 관례대로 발표회를 하지 않습니다. 그래서 다음 발표회는 9월초에 있게 되겠습니다.

오늘은 보통선거권의 제한과 관련해서 경희대 법대 정태호 교수님께서 발제해 주시겠습니다.

그리고 사회는 한국외대 전학선 교수님께서 수고해 주시겠습니다.

지금부터 전학선 교수님께서 진행해 주시겠습니다.

사 회 자 : 안녕하십니까? 한국외대 전학선입니다.

헌법실무연구회 제86회 월례발표회를 시작하도록 하겠습니다.

먼저 관례대로 회장님 인사말씀을 한 말씀 부탁드리도록 하겠습니다.

회 장 : 관례가 없는데. 그냥 시작하시지요.

사 회 자 : 조금 아까 소개해드린 바와 같이 오늘은 '보통 · 평등선거권의 심사구조와 심사기준에 관한 관견'이라는 주제로 경희대학교 정태호 교수님께서 발표해 주시도록 하겠습니다.

날씨가 워낙 더워가지고 아마 많이 참석 못하신 것 같은데 참석인원이 많고 적음을 떠나서 오히려 적은 만큼 화기애애하게 형식에 얽매이지 않고 궁금하신 것이라든가 견해가 다른 것이 있다든가 그러면 거침없이 말씀을 해 주시기 바랍니다. 그러면 아마 더 알차고 흥미진진한 발표회가 되지 않을까 생각이 됩니다.

그러면 먼저 발표를 맡아주실 정태호 교수님을 소개해 드리도록 하겠습니다.

고려대학교 대학원에서 법학석사학위를 취득하시고, 독일 뢰겐스브르그대학에서 법학박사학위를 취득하셨습니다. 그리고 여기 헌법재판소에서 연구원으로 지내셨고 그 다음에 전남대학교를 거쳐 지금은 경희대학교 법과대학 교수로 재직중이십니다.

그리고 오늘 토론을 맡아주실 두 분을 소개해 드리도록 하겠습니다.

첫 번째 음선필 교수님께서 토론을 해 주시겠는데, 서울대학교 대학원에서 법학석사와 법학박사학위를 취득하셨고, 순천향대학교 법학과를 거쳐서 현재는 홍익대학교 법과대학 교수로 재직중이십니다.

두 번째 최희수 연구관님은 아마 잘 아실테니까요, 고려대학교 대학원에서 석·박사학위를 취득하셨고, 현재 여기 헌법재판소 헌법연구관으로 재직중이십니다.

그러면 정태호 교수님께서 발표를 해 주실텐데 발표시간은 한 3, 40분정도, 잘 보셔 가지고요 날씨가 더워서 지루해 하신다 그러면 좀 짧게 해 주시기 바랍니다.

그리고 토론은 한 분당 15분 내지 20분 정도씩 해 주시고 끝나면 전체토론을 하도록 하겠습니다.

발표 부탁드리겠습니다.

< 주제발표자 발표 >

사 회 자: 발표 잘 들었습니다. 감사합니다.

선거권과 관련 되서 평등권 해 가지고 선거권 심사할 때 과잉금지원칙을 적용을 하자 하면서 그거를 또 직업의 자유와 관련되어서 단계이론을 적용하듯이 이거를 또 정교하게 구체화할 필요가 있지 않겠느냐, 이런 내용과 더불어서 또 기존에 외항선원에게 선거권을 부여하지 않는 것에 대해서 위헌선언을 한 것과 또 재외국민선거권 부여하지 않은 위헌선고결정에 대해서도 같이 언급을 해 주셨습니다.

이 발표에 대해서 먼저 음선필 교수님께서 15분정도로 토론을 해 주시기 바랍니다.

< 지정토론자(음선필) 발표 >

사 회 자: 토론 감사합니다.

크게 두 가지, 질문보다는 정태호 교수님의 발표에 대한 반론을 제시해 주신 것이라고 생각되는데, 41조하고 67조에서 보통·평등·직접·비밀선거로 선출하도록 되어 있는 국회의원과 대통령선거에 대해서 거기에 과연 주관적 공권이 포함되어 있느냐? 여기에 대해서 정태호 교수님은 '거기서 도출될 수 있다' 이렇게 하셨는데, 거기에 대한 반론으로 '그것이 무의미하지 않겠느냐' 이런 반론을 제기해 주셨고.

그 다음에 선거평등권 같은 경우에 37조 2항, 일반적 법률유보조항인 37조 2

항이 적용되겠느냐? 여기에 대해서 또 정태호 교수님과는 다른 의견을 제시해 주셨습니다. 이거에 대해서 바로 발표자의 의견을 듣기 보다는 최희수 박사님의 토론도 함께 들은 다음에 두 분의 질문이라든가 의견에 대해서 반론을 발표자께 듣도록 하겠습니다.

그러면 최희수 박사님 토론 부탁드립니다.

< 지정토론자(최희수) 발표 >

사 회 자 : 감사합니다.

오늘 아마 이 내용 자체가 이론적이고 심사척도와 관련되기도 하고 해서 그런지 발표하시거나 특히 토론하시는 분들이 시간을 줄이기가 굉장히 어려운 것 같습니다.

시간을 맞춰달라고 요구를 했었는데도 어쨌든 두 분의 토론을 다 들었고 이거에 대해서 지금 바로 발표하신 정태호 교수님께서 반론이라든가 또 의견제시가 있으면 그거를 듣고서 그다음에 다른 플로어에서 의견이 있으신 분들의 의견을 듣도록 하겠습니다.

정태호 교수님.

발 표 자 : 많은 질문들이 포함이 되어 있는 것 같습니다. 제가 일일이 이거를 다 답을 할 수 있을지 모르겠는데요. 먼저 오해가 있는 부분부터 해명을 해야 될 것 같습니다. 그리고 또 우리 최 박사님 지적한 것에 비추어보면 제가 이 발제문을 잘못 썼다, 충분히 이해가 되지 않게 이렇게 쓴게 아닌가, 이런 생각도 해 봅니다.

오해가 있는 부분은 제가 이 과잉금지원칙은 헌법 제37조 2항의 것이 아니라 법치국가원리로부터 도출되는 불문의 것이다. 그러니까 별도의 과잉금지원칙을 설정을 하고 있다. 이렇게 말씀을 하시는데 사실은 이거 노파심에서 제가 언급을 한 건데, 이 과잉금지원칙이 헌법 37조 2항의 이게 일반적 법률유보조항하고 결합이 되어서 언급이 되고 있습니다. 그러다 보니까 혹시 “야, 너는 일반적 법률유보에는 따르지 않으면서 어떻게 이 과잉금지를 심사기준으로 이렇게 설정을 하느냐?” 이런 어떤 이의가 혹시 있을 수 있겠다 해서 사실은 저는 거기에 과잉금지원칙이 명시되어 있다 하더라도 그거를 유보 없이 보장된 기본권제한문제와 관련해서 적용이 가능하다라고 생각하는데, 그 이유는 뭐냐 하면 거기 ‘필요한 경우에 한하여’ 이 문구를 통해서 헌법제정자가 과잉금지원칙의 존재를 분명히 드러내고는 있습니다만 이게 명시되어 있지 않더라도 얼마든지 법치국가원리나 혹은 기본권이나 이런 것으로부터 추론이 가능하다는 겁니다. 그래서 저는 그것은 창설적인 규정이 아니라 확인적·선언적 의미를 갖는다, 그런 취지로 얘기를 한 겁니다.

그리고 혹시 최적화명령 이게 사실은 제가 불필요한 거를 언급을 하다보니까 이런 비판을 받을 수도 있다고 봅니다. 사실 보통·평등선거권의 규범적인 성격이 뭐냐? 원리다. 알렉시의 이론이 통설이냐? 통설인지는 모르겠습니다마는 최근에 상당히 많이 애용되고 있는 것은 사실인 것 같아요. 독일에서도 주석서라든가 이런데서 그의 규범이론을 많이 차용해서 설명을 하고 있습니다.

다만 제가 지금 후회를 하는 부분은 우리 최 박사님께서 상당히 날카롭게 지적을 하셨는데, 알렉시 이론의 문제점 중에 하나가 이른바 최적화명령으로 볼 경우에 법익이 충돌될 때 답이 하나 있는게 아닌가? 충돌의 해소와 관련해서 헌법재판소가 그 유일한 답 하나를 입법자가 제대로 발견했는지 이거를 헌재가 심사할 수 있는 거 아니냐, 이런 비판을 받습니다. 그러니까 알렉시 이론에 따라서 기본권을 이해하게 되고 그렇게 되면 헌법재판의 지나친 비례, 헌법재판소가 결국은 모든 것을 결정하고 입법자의 어떤 형성의 여지는 현저하게 줄어들 수도 있다고 하는 그래서 이른바 사법국가화의 어떤 위험성이 있다, 이런 지적을 받기도 합니다. 그런 점에서 사실은 이거는 제가 좀 유식한척 하느냐고 끌어들였다고 볼 수도 있는데 좀 오해의 여지가 있다. 저는 그렇게 생각을 합니다. 제가 말씀드리고자 하는 것은 우리 헌법에서 후퇴하지 않는 것은 헌법상의 최고의 가치인 '인간의 존엄권' 그것만이 후퇴, 절대적으로 관철되어야 하고 관철되도록 해석해야 된다고 이렇게 생각을 합니다. 만일 그렇지 않다면 그거를 우리 헌법의 최고가치로 이해할 수 없을 것이기 때문에.

저는 비록 이것이 유보 없이 보장이 되었다 하더라도 규범이론의 관점에서는 이해가 가능하고, 다만 알렉시의 견해를 갖다가 끝까지 따라갈 때 제기되는 문제점, 사법국가의 위험성을 저는 피할 필요가 있다. 그러니까 그거를 얘기하기 위해서 자꾸 제가 형성의 여지, 특히 원칙적으로 이 분야에서 형성의 여지는 굉장히 좁은데 다만 그래도 입법자의 형성권이 인정되어야 될 부분은 이런 헌법상의 가치들이 충돌하는 경우가 아니겠느냐? 그런 각도에서 제가 아까 우리 헌재 결론에 대해서 좀 의문을 제기를 해본 겁니다.

사실 제가 이 부분에 대해서 이미 이제 헌재 결정이 내려졌고 그러기 때문에 어차피 재외국민은 투표권을 부여받게 될 텐데 제가 지금 와서 이런 얘기를 해봐야 실천적으로는 별 의미가 없는 얘기입니다. 다만 정치적인 관점에서 보면 이런 저런 얘기를 할 수 있는 것 같아요. 여기 헌재 이유에도 나와 있지만 세금도 안내는데 군대도 안 가는데 등등 이런 사람한테 선거권을 부여하는게 타당하냐? 이런 관점에서 접근하면 정말 이거는 끝이 없는 논쟁거리가 될 수 있다고 봅니다. 그렇지만 과연 그런 가치충돌과 관련해서 최종적인 결정을 누가 내려야 되느냐? 이런 고민을 해 봤고, 그것은 헌재가 아니라 입법자가 해야 될 일이 아니겠는가? 저는 입법자가 재외국민에게 투표권을 인정해 주기 위해서 우편선거제도를 도입해도 되고 그것도 합헌이고 도입하지 않아도 합헌이라고 봅니다. 그 이유는 아까 말씀을 드렸고요.

그리고 나머지 또 오해가 있는 부분 우리 음 교수님 지적사항과 관련해서 견해 차이가 있는 것은 여기서 해소될 것 같지는 않습니다. 그러니까 저 스스로도 발제문을 통해서 이런 견해도 있을 수 있고 저런 견해도 있을 수 있다는 그 가능성을 인정을 했기 때문에. 다만 우리 음 교수님께서 형성의 문제하고, 선거권이 형성을 필요로 하기 때문에 법률유보하에 있을 수밖에 없다, 37조 2항에 의해 제한될 수밖에 없다라고 하신 부분, 아마 토론문으로 484쪽 하단부인 것 같습니다. 그 부분에서 사실 형성과 제한을 구분한다고 하는 것이 그렇게 쉬운 문제는 분명히 아닐 겁니다. 그런데 저는 예를 들면 선거인명부제도 그 제도 자체는 기본적으로 형성권의 범위에 속해 있다고 봅니다. 다만 형성을 잘못하는 경우에 제한의 문제로 넘어갈 수 있고 그래서 이제 위헌의 문제를 야기할 수도 있다고 봅니다.

거기에 예를 들면 선거를 무한히 할 수 있는 것은 아니죠. 그러니까 시간제한도 필요한 것이고 그러니까 선거의 목적을 달성하기 위해서는 불가피하게 어떤 시간설정은 해야 될 겁니다. 그런데 거기 보면 또 저지조항 같은 거 아마 3% 저지조항이라든가 이런 거, 이거는 형성의 문제가 아니라 차별의 문제거든요. 그러니까 이거는 선거평등권의 제한의 문제라고 봅니다. 물론 우리 법이 한편으로는 기본권형성유보조항을 두고 있고 동시에 37조 2항에서 일반적 법률유보하에 이 권리를 갖다가 배치시켰기 때문에 형성과 제한을 과연 구분할 실익이 있느냐? 이런 의문을 가질 수도 있습니다. 그러나 제가 볼 때는 의미가 있다고 봅니다.

그러니까 형성이라고 하는 것은 뭐냐 하면 예를 들어 어떤 권리를 행사하는데 입법자가 제시한 방법대로만 행사하라, 선거권행사의 유일한 궤도거든요. 다른 방법으로는 행사할 수가 없습니다. 그런데 그게 불합리할 수도 있지요. 그때는 제한의 문제로 넘어가는 것이고 정당성문제 판단을 해야 되는데, 그러니까 그런 궤도를 제시하는데 있어서 입법자는 선거권에 국한시켜서 얘기하는게 아니라 일반적으로 얘기한다면 원칙적으로 넓은 형성의 여지를 가질 수 있다는 겁니다. 그런 점에서 형성과 제한은 구분하는 실익이 우리 헌법하에서도 존재하는게 아닌가? 그렇게 생각을 합니다.

사 회 자 : 혹시 그거에 대해서 다시 또 반론이 있으시더라도 다른 분들한테

기회를 드리는게 더 옳을 것 같아 가지고, 혹시 질문이라든가 의견을 제시하실 분이 있으시면 해 주시기 바랍니다.

질문하실 때는 소속하고 성함을 밝혀 주시고 질문을 해 주시기 바랍니다.

이 황 희 : 헌법재판소 근무하는 이황희 연구관이라고 합니다.

발표 잘 들었는데요. 제가 제대로 이해했는지 일단 의문이 들어서 한 가지 여쭤볼게 있어서 질문 드리겠습니다.

제가 이해하기로 알렉시가 원리로서 그러니까 영미계통에서 하트 와드 워킹의 개념을 가지고 와서 자기 기본법을 설명을 하는 거는 사실은 그 하트의 규칙이론은 올 오어 나씽 택일관계지 않습니까? 규범 충돌할 때 신법우선의 원칙이라든가 특별법우선원칙처럼 해서 택일하는 거고, 그 대신 그런 반면에 원리로 보면 그 충돌하는 게 있을 때 밸런싱을 하는 거지 않습니까? 그런데 우리 법 37조 2항과 같이 일반적 유보가 없는 독일법에서 그 각각의 충돌하는 법익을 규칙으로 봐버리면 굉장히 설명하기가 힘들어지는 거지요. 그래 가지고 결국 원리로 볼 때 무슨 권리가 있고 원칙이 있을 때 그게 특별한 유보조항이 없어도 제한이 가능하다라고 설명이 되는데, 그렇게 보면 아까 최희수 박사님께서 굳이 그렇게 독일의 논의를 우리나라에 가지고 올 필요가 딱히 있어 보이지 않는다라고 하셨는데, 저도 사실 굉장히 비슷한 생각을 하는데 그렇다고 봤을 때 교수님께서 이런 굉장히 나름의 독특한 논리를 취하셨을 때에 지금 우리 법에서 실무상 택하고 있는 해설과 달리 얻을 수 있는 논리적인 실익이 도대체 어떤 것인지 제가 아직 잘 이해를 못해서 여쭤보고 싶습니다.

사 회 자 : 질문을 좀 받고 대답을 한꺼번에 하는게 효율적일 것 같습니다. 왜냐하면 연관되서 대답을 하면 시간이 절약될 수 있으니까.

혹시 또 질문 있으신 분 있습니까?

손 형 섭 : 손형섭 연구원입니다.

독일적인 내용을 잘 몰라서 간단히 여쭤보겠습니다.

일단은 선거권에 관련해서 지금 기본권, 이점에 대해서는 아마 기본권내재적 한계이론으로 제한을 하는 그런 식으로 이해를 하시고, 예컨대 헌법유보 같은 그런 얘기가 지금 나오고 있는 것 같은데요. 그런 기본권내재적 한계이론이 나온다면 그 속에서 과잉금지라는 원칙에 의해서 제한을 할 수 있는지 그것에 대해서 여쭤보고 싶습니다. 그러니까 그게 일반 법률유보조항에서의 과잉금지로 제한하는 거 하고 어떻게 달라지는 건지 그것을 간단히 여쭙고 싶습니다.

사 회 자 : 또 다른 분 질문 있으십니까?

없으시면 말씀하시지요.

발 표 자: 실익이, 제가 이러한 심사구조 및 심사기준을 제시하는 실익이 과연 뭐냐? 이런 질문에 대해서 사실은 구체적인 사례를 놓고 얘기를 해야 실감이 나는데 사실은 제가 이 작업을 여기서 그치는게 아니라 선거자유권 이런 문제까지 저는 같이 논리를 확장할 생각이거든요. 그런 문제의식을 갖는 것은 우리 헌법재판소가 평등문제에 대해서는 그래도 상당히 제가 볼 때는 굉장히 엄격한 심사기준을 이렇게 적용을 했는데, 선거자유문제와 관련해서는 가공의 위험, 사실 감수해도 될 만한 위험들을 가지고 어떤 선거자유권에 대한 많은 제한, 중대한 제한을 다 합헌으로 이렇게 만들어 버리고 있거든요. 그래서 그런 어떤 실무에서 좀 벗어날려면 또 실무에 경종을 울릴려면 지금과 같은 막연한 과잉금지원칙에 의한 심사보다는 좀더 이거를 섬세하게 구조할 필요가 있다고 생각을 합니다.

그래서 일차적인 작업으로 이거를 한 것이고, 그래서 평등선거권의 경우에도 사실은 헌재 이 판례를 보면 정당이나 기존 이른바 기성정치인에게 일방적으로 유리한 그런 규정들이 상당히 많은 데 이런 것이 과연 정당화될 수 있는 것인지 상당히 의문을 저는 가지고 있습니다.

그런데 실무하시는 분들한테 저의 이런 어떤 논증구조가 굉장히 불필요하게 혼란스러울 수 있고 복잡할 수도 있지만 나름대로 지금 입법의 어떤 자유권, 특히 선거자유, 정치영역에서의 자유에 대한 과잉제한에 대해서 좀 의미 있는 대응을 하기 위해서 이런 시도를 했다, 이렇게 좀 이해를 해 주시면 고맙겠고요.

두 번째 기본권내재적 한계와 헌법내재적 한계 이 양자가 지금 혼동이 되고 있는 것 같습니다. 기본권내재적 한계는 우리 판례도 부분적으로, 특히 초기판례에서는 사용을 한 개념입니다. 그리고 일부 교과서에 이 기본권내재적 한계라는 용어가 아직도 사용이 되고 있고, 원래 독일에서의 기본권내재적 한계는 유보 없이, 물론 유보 없이 보장된 기본권의 제한가능성과 관련해서 주장이 되었습니다.

그런데 기본권내재적 한계는 보호영역 자체를 축소함으로써 이른바 충돌을 아예 없는 것으로 만들어 버리는 그런 방식이고요. 그래서 이거는 독일에서 이미 극복이 되었습니다. 이거는 어떤 법적 안정성을 크게 해한다. 예를 들면 타인의 권리나 혹은 도덕률 이런 거 가지고 그게 이제 다 기본권의 내재적 한계를 설정한다고 보게 되면 도대체 각 개별 기본권들이 어디까지 그 보호작용을 미치는지 자체가 불분명해 지거든요. 그래서 그거는 이미 폐기된 이론이고, 우리 경우에는 또 그런 기본권내재적 한계론을 원용할 필요가 없지요. 지금 두 분이 강조하신 것처럼 모든 기본권이 법률유보하에 있는데 더더군다나 그 이론을 갖다 쓸 필요는 없는 것이고, 헌법내재적 한계는 그 대안으로 제시된 이론입니다. 그러니까 여기는 이 보호영역은 이미 고정이 되어 있습니다. 물론 보호영역을 확정하는 것도 해석과정에서 이루어지는 어떤 평가를 통해서 이루어질 수밖에 없지만 여기는 보호영역 자체는 변함없이 고정이 되어 있는데 이 보호영역 안에 있는 어떤 법익들에 대한 제한의 근거가 뭐가 되느냐 하면 충돌하는 헌법적 차원의 법익, 이것에 의해서 유보 없이 보장된 기본권에 대한 제한이 비록 명문의 규정이 없지만 가능하다, 이것을 설명하기 위해서 대안으로 등장한 이론입니다.

현재 독일에서 판례도 이 헌법내재적 한계론에 입각해서 확립된 판례를 형성하고 있고, 학계에서도 역시 압도적인 찬성을 받고 있는 그런 이론입니다.

다만 우리나라에 과연 이거를 가지고 들어오는게 무슨 의미가 있겠느냐? 괜히 쓸데없이 머리만 복잡하게 하는 것이 아니냐? 실천적인 이익은 사실 사건을 통해서 우리가 검증해 볼 수밖에 없는 것 아닌가? 사실 막연한 과잉금지원칙에 의해서 아까도 말씀드렸지만 사실 어떤 경우 위헌으로 선언되어야 될 것이 합헌으로 그냥 선언되고 만다든가 또 지금 오늘 사건 같은 경우는 저는 우리 최 박사님하고 우선 판례에 대한 해석부터가 다른데 우리 현재 판례가 과연 재외국민에게 선거권부여범위와 관련해서 과연 그렇게 폭넓은 입법재량의 여지를 남기고 있는지 저는 상당히 의문입니다.

그리고 특히나 외항선원에 대한 부재자투표권 같은 경우는 나머지 극단적으로 나가지 않았는가? 과연 선박에서 선장의 어떤 권한이랄까? 그리고 선장과 선원의 종속관계 뭐 이런 것을 감안했을 때 과연 선원들이 아무런 제한 없이 자기 양심껏 부재자 투표권을 행사할 수 있을지? 팩스로 보낸다고 그러는데 팩스를 받는 공무원이 그거를 받아서 처리해야 되고, 이러면 남들이 자기가 누구한테 투표했는지를 아는 이런 상황에서 과연 제대로 선거를 할 수 있을 것인지? 저는 특히 외항선 선원문제는 너무 나간 것이 아닌가? 저는 그런 생각이 듭니다.

사 회 자 : 그거에 관해서 뒷풀이 가서 자세한 얘기는 나누시기 바랍니다.

또 다른 분들 질문 있으시면 해 주시기 바랍니다.

정재황 교수님, 한 말씀하시지요.

정 재 황 : 시간이 너무 늦었는데, 저는 이 발제문에 대해서 독일에서 새로이 일어나는 경향 같은 것은 상당히 의미가 있지 않느냐. 토론은 벌써 다 두 분이 잘 해 주셨는데. 말하자면 평등심사에서 합리성이 뭐냐라는게 굉장히 고민스러운 문제지요. 사실은 우리가 상식적으로 생각해도 합리적이다라는 말속에는 사실은 최소한이고 적절하다는 말이 들어가는데 그거를 과연 완화심사, 엄격심사로 나누어야 되는 건지라는 문제부터 해 가지고, 그게 이제 독일에서 지금 새롭게 문제가

제기되어서 논의가 되고 있다라는 그런 것은 오늘 발제문에서 굉장히 좋은 소개라고 생각이 되고요. 그점 많이 배웠고요.

헌법내재적 한계는 역시 어려운 문제인 것 같습니다. 프랑스의 경우에도 헌법적 목표라고 이야기를 해서 서로 간에 헌법적인 차원의 높은 가치들이 충돌할 때 어떻게 하나? 그래서 최적화 얘기를 하는데 이거를 최적화에서 우리가 재판소가 가지는 부담은 굉장히 많겠죠. 뭔가 하나를 택일해야 된다는 이런 문제가 있을 텐데. 그러나 적절히 조정한다면 최적화의 명령은 과잉금지원칙을 통해서도 그거는 찾을 수도 있는 거니까 굳이 그거를 나쁘다고 볼 것이냐 이런 생각이 들고. 이 헌법내재적인 한계를 얘기하다보면 자칫하면 헌법적 가치에 대한 주관성이 많이 개입될 것 같으니까 그렇게 하다보면 결국 우리 재판소에게 다시 또 부담을 지우는게 올수는 있겠지요. 그러면서 헌법가치 속에는 기본권가치적인 것들이 들어간다면 그러면 과연 헌법내재적인 것하고 기본권내재적인 것하고 어떤 차이가 있는지도 의문이고, 그리고 헌법내재적인 제약이 과연 법률에 의하지 않고도 된다면 아무리 헌법 가치라도 헌법 41조, 67조라는 통치구조쪽에서 잡아낸 선거권도 결국은 권리고 기본권이기 때문에 결국은 기본권의 제한한계문제가 나오게 되고 거기에 가서 생각을 하면 우리의 경우에는 37조 2항이 결국은 적용이 되어야 되지 않겠느냐. 그러면 결국은 법률에 의한 제한이 되어야 되는데 내재적인 한계로 가버리면 법률에 의한 제한에 의하지 않고도 자가조절 된다는 결론에 도달할 수 있지 않겠느냐는 우려가 또한 있고, 그 점에서 결국은 독일적인 논의가 우리 헌법조문 자체하고 얼마나 맞는 건지 그거를 근본적으로 다시 한번 생각을 해봐주는 그런 계기가 된 것 같습니다.

그리고 정 교수님이야 뭐 학계에서 자주 뵙게 되니까 독일 논의는 오늘 많이 들었고 우리나라에 어떻게 접목시키느냐 이런 고민을 좀더 해 보고, 우리의 평등심사기준을 자꾸 만들어 가는게 좋은 데, 저의 근본적인 생각은 합리성 그 다음에 엄격심사 이렇게 구분을 하는 것이 좋을 것인지에 대해서는 여전히 의문이 많습니다.

감사합니다.

사 회 자 : 혹시 거기에 대해서 말씀하실 것 있으면 뒤풀이 가서 말씀하시는 것으로.

발 표 자 : 의문이 제기되었으니까. 헌법내재적 한계를 인정한다. 그래서 어떤 법률에 근거가 없다고 하더라도 평등권을 제한할 수 있다. 이런 의미는 아닙니다.

제가 말씀드리는 거는 어차피 선거권은 입법자에 의해서 형성되지 않으면 현실적으로 의미 있게 행사가 되기 어렵거든요. 그런데 입법자가 형성권을 행사했는데 그 형성권의 내용이 사실은 항상 진짜 문자 그대로 형성이 아니라 제한으로 넘어가는데 또 제한이 필요한 경우가 있고요. 아까 우리 살펴봤듯이.

그런데 '니가 수권도 받지 않았는데 왜 제한을 하느냐?' 그러니까 이럴 때 도움을 줄 수 있는 이론이라는 것이지요. 그러니까 '있다' 헌법에 근거가 있다, 37조 2항의 법률에 의해서 제한할 수 있다, 이 규정은 아니나 다른 헌법적 가치에 의해서 제한이 가능하다라는 그것을 논증하기 위한 것이고요.

또 제가 오늘 나온 여러 주장들 혹은 반론 중에 이른바 결합설이라고 두 분이, 저는 그렇게 이름을 붙이고 싶은데 41조 1항, 67조 1항 그리고 24조를 결합해가지고 보는게 간명하고 이해하기 쉽지 않느냐, 결국 그런 것 같습니다. 그런데 이 설의 약점은 자! 그렇게 하면 아까 우리 음 교수님께서 예를 들면 지방선거라든가 이런 경우에도 보통선거원칙 적용이 된다, 이렇게 말씀하셨거든요. 그런데 지방선거나 이런 경우에는 어떻게 그게 결합이 가능한 것인지? 분명히 헌법 67조 1항이나 41조 1항 같은 경우는 대통령선거, 국회의원선거 이것만을 언급을 하고 있거든요. 그러니까 이 선거권 규정의 의미를 부여하기 위해서 내용을 충전시키기 위해서 꼭 결합을 해야 되는 거는 아니라고 저는 봅니다.

그러니까 아까도 말씀드렸다시피 그러면 어디서 끄집어낼 수 있느냐? 그거는 지방자치법상에 그런 명문의 규정이 있기 때문이 아니라 저는 헌법에서 끄집어낼 수 있는데 그거는 뭐냐? 결국은 국민주권원리하고 민주주의원리 이것에 비추어서 24조를 해석하면 추론이 가능한 것이 아니냐, 저는 그렇게 생각을 합니다.

그러니까 이거는 결국은 결론은 같은데 그 과정, 어떻게 논증을 하느냐 그 차이거든요. 만일 결합설을 취하면 그런데서 약점을 드러내지 않겠느냐 저는 그런 생각을 좀 해봤습니다.

사 회 자 : 다른 분들 혹시 또 질문 있으시면 먼저 하고서….

그러면 음 교수님 간략하게 짧게 해 주십시오.

음 선 필 : 헌법에 그런 선거의 기본원칙이 명문으로 나와 있지 않다하더라도 여러 나라의 입법례가 다 같지 않습니다. 그렇지만 모두가 선거의 특히 민주적 선거의 기본원칙이라면 다 인정을 하고 있거든요. 그런데 우리는 이제 그거를 명문으로 아까 말한 41조, 67조 밝혔기 때문에 종합적 해석상 그것과 24조 연결해서 하자는 거고, 그거 없더라도 우리는 이제 선거의 기본원칙에 따라 선거권이 이렇게… 하게 간다는 거를 다 인정하고 있으니까요. 그러니까 그게 41조와 67조는 꼭 대통령 선거, 국회의원선거만이 해당된다는 거는 아니고요. 그거야 어디까지나 명

시했기 때문에 우리가 가져오는 해석론상으로 나타난 거지만, 만약 없다 하더라도 우리 민주적 선거의, 지난번 선거에 우리가 특히 민주주의의 본질적 평등에 따라서 한다. 특히 그런 평등에 보통선거, 평등선거 등등 그들이 인용이 가능하니까. 그래서 그런 거를 따른다면 우리가 헌법에 명시되어 있지 않는 지방선거 그리고 요즘 인정되는 교육감선거 조차도 24조에 따라 법률이 정하는 바에 의하여 선거권을 갖는다할 때는 그 속에 명시되었던 대통령, 국회의원선거만이 아니라 법률에 정해지는 바에 따라서 다 선거의 기본원칙은 반영된다고 하는게 오히려 이해가 되고요. 그런데 이거를 두 가지 결부한다면….

사 회 자: … 거기에 대해서도 계속 얘기가 많이 길어질 것 같습니다.

얘기 끝날려면 한도 끝도 없을 것 같고, 계속 반론이 있고 이럴 테니까 이거는 일단 여기서 접고 혹시 또 다른 논의가 있으시면 그거를 이어가도록 하겠습니다.

시간이 많이 지나 가지고, 혹시 이거 질문을 안 하면 아니면 의견제시를 안 하면 마지막 한 분해 주시기 바랍니다.

김하열 교수님, 뭐 없으세요? 여태까지는 여기 내부회원이었다가 이제 외부회원자격으로 참석하셨는데.

신동승 부장님, 한 말씀 하시겠습니까?

그러면 정리하는 차원에서 회장님께 마지막 코멘트 부탁드리도록 하겠습니다.

조 대 현: 잘 배웠습니다.

앞으로 헌재에서 연구하고 재판할 때 좀더 여러 가지를 많이 생각해야 될 것 같네요. 하여튼 오늘 발표해 주시고 토론해 주신 분들 그리고 원만하게 사회 이끌어 주신 여러분께 감사드립니다.

감사합니다.

사 회 자: 오늘 발표해 주신 정태호 교수님과 토론해 주신 음선필 교수님, 최희수 박사님께 감사드리면서 이것으로 헌법실무연구회 월례발표회를 마치도록 하겠습니다.

감사합니다.

제 87 회(2008. 9. 19) 발표문

미국의 사전제재(prior restraint) 법리와 2002년 불온통신규제결정의 재발견

박 경 신*

미국의 사전제재(prior restraint) 법리는 한국의 사전검열 법리와 뿌리는 똑같지만 적용범위가 더욱 넓은 것은 공지의 사실이다. 한국의 사전검열 법리는 표현물을 그 표현물의 발화 이전에 검열기관에 의무적으로 제출해야 하는 경우에만1) 적용되지만 미국의 사전제재 법리는 사전제출의무가 없는 사후심의라고 할지라도 심의의 결과물로서 장래효를 가지는 명령, 또는 행정기관의 경우에는 명령이 아닌 권고적 성격의 행위마저도 위헌적인 사전제재로 평가하는 것이 보통이다.2) 가장 대표적으로 1931년의 Near대Minnesota사건3)에서 미연방대법원은 사법기관에 의한 사후심의의 경우에도 사후심의의 구제책으로서 장래효를 가진 명령을 내리는 것은 위헌적인 사전제재라고 판시하였다. 또 1963년의 Bantam Books대Sullivan

* 고려대학교 법과대학 교수.

1) 헌법재판소는 검열을 다음과 같이 4개 내지 6개의 요건을 매개로 정의하고 있다. 첫째, 허가를 받기 위한 표현물의 제출의무(헌재결 2001. 5. 31, 2000헌바43, 52(병합) 합헌), 둘째, 행정권이 주체가 된 사전심사절차(헌재결 2001. 8. 30, 2000헌바36 합헌), 셋째, 허가를 받지 아니한 의사표현의 금지(헌재결 1996. 10. 4, 전원재판부, 93헌가13, 91헌바10(병합)), 넷째, 심사절차를 관철할 수 있는 강제수단(헌재결 1995. 10. 4, 93헌가12, 91헌바10(병합)) 등이다. 다섯째, 위 네 가지 요건 외에 명시적으로 요구하지는 않지만, 헌법재판소는 표현물의 발표를 완전히 금지하지 않고 표현물의 청소년유해성 등급에 따라 부분적으로 제한하는 '등급제'는 검열이 아닌 것으로 해석하고 있다(헌재결 2001. 8. 30, 2000헌가9 위헌). 그리고 여섯째, 사전심사가 내용적인 심사일 경우에만 '검열'의 범위에 포함되며 시간, 장소, 방법에 대한 심사를 위한 사전심사는 해당되지 않는다(헌재결 1998. 2. 27, 96헌바2 옥외광고물등관리법 제 3 조 합헌, 헌재결 1997. 8. 21, 93헌바51 정기간행물의등록등에관한법률 제 7 조 제 1 항).

2) 이와 같은 많은 연방법원 및 주법원 판례들에 대해서는 박경신, "사전검열 법리와 정보통신윤리위원회의 활동 : 법과학적 방법으로," 인권과정의 2002년 8월호. 이 논문에서 필자는 미국의 사전제재 법리의 발전을 Near판결까지 포함하는 1930년대 이전, 1930-60년대, 1960년대 이후의 3단계로 나누고 제 1 기에서는 표현의 자유에 대한 보호보다는 형평법상의 구제인 법원명령에 대한 회피경향이 Near대Minnesota판결에서 처음으로 표현의 자유 보호 원칙으로서의 사전제재금지원칙으로 나타났고 제 2 기에서는 표현의 자유와 관련된 다양한 행정기관들이 등장하여 위헌판정을 받게 되었으며 제 3 기에는 법원명령과 행정명령에 대한 사법적 태도가 분화하면서 전자에 대해서는 다양한 예외 및 완화원칙이 진화된 반면 행정명령에 대해서는 방송 분야를 제외하고는 계속해서 거의 절대적인 금지원칙이 유지되어 왔다고 주장하였다.

3) 283 U.S. 697 (1931).

사건[4]에서는 미연방대법원은 행정기관에 의한 사후적인 위법성 판단에 대해 위헌적인 사전제재라고 판단하였다. 이 사건 전후로 여러 연방법원들과 주법원들이 행정기관에 의한 사후심의를 위헌적인 사전제재라 하여 위헌결정을 하였다.[5]

그럼에도 불구하고 사전제재 법리의 논거에 대한 정교한 검증은 아직 이루어지고 있지 않다.[6] 사전제재의 위헌성에 대한 추정의 근거는 사전제출의무가 있는 사전제재에 대해서는 Thomas I. Emerson의 말로 가장 명쾌하게 표현되지만[7] 사전제출의무가 없는 사전제재의 경우 정확히 무엇이 사전제재인지 무엇에 대한 "사전"인지 그리고 사전제재가 보호하려는 가치가 무엇인지에 관한 확정적인 논의가 아직 이루어지지 않은 상황이다. 특히 Near판결의 경우 "왜 사법적 사후심의의 결과물인 법원명령까지도 사전제재에 포함되는가?"라는 질문이 우리의 머리를 아프

4) 372 U.S. 58 (1963).

5) *Bantam Books v. Melko,* 25 N. J. Super. 292; 96 A. 2d 47; 1953 N. J. Super. LEXIS 534 (1953) 1950년 여름 뉴저지주의 미들섹스카운티(County)의 검찰은 카운티 내에 유통되고 있던 서적들에 대한 불온서적위원회(Committee on Objectionable Literature)라는 민간단체의 심의결과를 받아들여 그 단체로부터 불온하다(objectionable)는 판정을 받은 서적들의 목록을 작성하여 서적 유통업체들에게 전달하였고 이와 함께 검찰은 "다음 서적들에 대하여 objectionable하다고 생각하는데 귀하는 이에 대하여 어떻게 배려해주시겠습니까?"라는 내용의 서한을 전달하였다. 거의 모든 서적유통업체들은 진심어린 협조에 감사한다며 관련 서적들의 판매를 중단하였다. 원고는 Chinese Room이라는 단행본의 발행인이며 위 서적들의 목록에 포함되어 있다.

뉴저지 챈서리법원은 위와 같은 서한이 강제력 있는 명령이 아니었다는 검찰의 주장을, '위 서한이 발송된 후 미들섹스카운티에서 단 한 권의 Chinese Room도 판매되지 않았다'며, 일축하고, 검찰의 행위가 사전제재임을 다음과 같이 논증하였다:

검찰은 발행인이나 유통인에 대하여 적법한 방법으로 사법처리할 수 있었다. 그렇게 했다면 형사소송의 모든 절차들, 즉 고소, 구속, 기소, 그리고 배심원 앞에서의 재판 등이 이루어졌을 것이고, 피고는 유죄 평결을 받기 전에는 아무런 불이익을 받지 않았을 것이다(역자 밑줄). 또, 유통인에 대하여 시법원을 매개로 한 음란물 압수 및 수색절차를 밟을 수도 있었지만 검찰은 이 재산법상의 절차도 선택하지 않았다. … 관련 법률은 법집행자들에게 공중도덕을 보전하고 보호할 효율적인 방법들을 마련해놓고 있지만 절대로 법집행자들에게 상황을 미리 판단하고 지금과 같이 그 판단에 맞추어 행동할 권한을 주지 않는다.

6) Vincent Blasi, Toward a Theory of Prior Restraint: The Central Linkage, 66 Minn. L. Rev. 11 (1981); John Calvin Jeffries, Jr., Rethinking Prior Restraint, 92 Yale L. J. 409 (1983); William T. Mayton, Toward a Theory of First Amendment Process: Injunctions of Speech, Subsequent Punishment, andthe Costs of the Prior Restraint Doctrine, 67 Cornell L. Rev. 245 (1982); Martin H. Redish, The Proper Role of the Prior Restraint Doctrine in First Amendment Theory, 70 Va. L. Rev. 53 (1984).

7) Thomas I. Emerson, The Doctrine of Prior Restraint, 20 Law & Contemp. Probs. 648, 657 (1955). "사후적인 제재시스템 하에서는 의사가 정부가 조치를 취하기 전에 시장에 이미 전달되어 높든 낮든 사상의 자유시장 내에 일정한 위치를 차지하게 된다. 그러나 사전제재 시스템 하에서는 사상의 자유시장에 도달하지 못한다(The underlying rationale behind the presumption of unconstitutionality of a prior restraint of speech is that [u]nder a system of subsequent punishment, the communication has already been made before the government takes action; it thus takes its place, for whatever it may be worth, in the market place of ideas. Under a system of prior restraint, the communication, if banned, never reaches the market place at all)."

게 하고 있다.

이와 같은 상황에서 1973년의 Pittsburg Press대Pittsburg Human Relations Commission[8]에서는 연방대법원은 행정기관에 의한 사후심의와 이에 따른 금지명령을 사전제재로 규정하지 않았다. 또 1978년의 미연방대법원의 FCC대Pacifica Foundation 사건[9]과 1996년의 DC지구연방항소법원의 Act for Children's Television대FCC 사건[10]에서는 각각 라디오방송에 대한 연방통신위원회(Federal Communication Commission)의 사후심의 및 이에 따른 경고조치와 과징금부과조치 역시 사전제재로 규정하지 않았다. 즉 Bantam Books대Sullivan을 사전제재금지법리가 행정적 사후심의에 일반적으로 적용된다는 취지로 해석할 수 없게 된 것이다. 더욱 사태를 복잡하게 만드는 것은 일찍이 1965년 Freedman대Maryland 사건에서 미연방대법원은 사전제출의무가 있는 사전제재에 대해서조차 몇 가지 안전장치만 보완된다면 합헌이라고 판시한 것이다.[11] 즉 전통적인 금지대상으로 여겨졌던 사전제출의무가 있는 사전제재에 대해서도 예외가 존재하는 것처럼 읽히는 것이다. 결론적으로, 확실한 것은 하나도 없는 상황이 된 것이다. 미국의 사전제재 법리에 내재하는 이론적 혼돈은 소위 "더욱 진보적인" 미국의 법리가 한국의 사전검열 법리 연구에 대한 온전한 비교대상으로서의 역할을 하는 것을 막고 있다.

이 논문에서는 미국의 사전제재 법리의 원천으로 돌아가서 사전제재의 근본적인 논리를 다시 살펴보고자 한다. 제 1 장과 제 2 장에서는 미국의 사전제재 법리의 원류가 되었던 Near대Minnesota 판결과 Bantam Books대Sullivan 판결을 자세히 살펴 각 판결이 (1) 사법적 사후심의와 (2) 행정적 사후심의에 대해 각각 수립한 원칙들의 형식 논리적 타당성을 점검해보고자 한다. 더불어서 Freedman대Maryland 판결의 의미도 되새겨보고자 한다. 제 3 장에서는 이 원칙들이 Pittsburg Press 판결과 Pacifica Foundation 판결/Act for Children's Television 판결과 어떻게 화합하는지를 조사하여 이 판결들을 정당화하는 일반적인 원칙을 도출해보고자 한다. 이 3장의 결론을 미리 말하자면 사전제재 법리는 3권분립, 매체의 특수성, 그리고 명확성의 원칙에 대한 고려가 포함되어 작용하는 것으로 보아야 한다는 것이다. 더욱 용기있게 말하자면 미국의 사전제재금지 법리의 현대적 해석에서 '사전' 보다 더욱 중요한 것은 사법부의 역할, 제재기준의 명확성(이를 통한 행정권 재량의 통제), 그리고 매체가 가지고 있는 특수성이라는 것이다.

8) 413 U.S. 376 (1973).
9) 438 U.S. 726 (1978).
10) 59 F.3d 1249 (D.C. Cir. 1995).
11) 380 U.S. 51 (1965).

그리고 제4장에서는 결론을 대신하여 위와 같이 재정립된 미국의 사전제재 법리를 이용하여 2002년 불온통신규제 결정[12]을 재평가해보고자 한다. 황성기는 불온통신규제 위헌결정이 매체의 특수성에 대한 숙고 끝에 '불온통신'이라는 모호한 규제기준을 무효화하였다는 점에서 매체의 특수성에 비례하여 심사척도를 달리하여 '저속성'이라는 규제기준을 무효화한 Reno대ACLU 결정[13]에 버금가는 결정이라고 평하였지만[14] 필자는 이 결정이 이를 넘어서서 Bantam Books대Sullivan(3권분립에서의 행정명령의 의미), Reno대ACLU 또는 Pacifica Foundation(매체의 특수성),[15] Near대Minnesota 판결(명확성의 원칙)이 대표하는 각각의 원리(괄호안)를 흡수한 결정으로 보아야한다고 생각한다.

사전제출의무가 없는 표현의 자유에 대한 제약의 위헌성과 관련하여 법원명령의 위헌성과 행정명령의 위헌성 중에서 우리나라에서는 후자에 대한 관심이 높다. 그 이유는 첫째 우리나라에서는 형평법과 일반법이 구분되어 일반법 상의 소급효적 구제(예를 들어 손해배상)가 형평법 상의 장래효적 구제(예를 들어 법원명령)에 비해 선호되는 전통이 없는 상황에서 우리 법조계에서는 위법성의 판단만 절차적으로 올바르다면 위법한 표현을 사전에 억제할 수 있다는 확신이 존재한다.[16] 둘째 대륙법적 경향이 강하여 행정기관이 공익의 보호를 위해 표현의 자유를 제약해야 하는 상황이 빈번한 우리나라에서는 행정기관의 개입의 위헌성에 대한 논의가 항상 문제가 되기 때문이다.[17] 그러므로 여기서는 행정기관의 사후심의의 위헌성 여부에 대해 치중하여 논의하기로 한다. 사실 아래에 나오겠지만 현재 우

12) 헌재 2002. 6. 27, 99헌마480, 전기통신사업법 제53조 등 위헌확인.

13) 521 U.S. 844 (1997).

14) 황성기, "헌재 2002. 6. 27, 99헌마480, 전기통신사업법 제53조 등 위헌확인사건의 평석과 개정 전기통신사업법 제53조에 대한 분석," 한양법학 __호 __쪽.

15) 미국의 Reno대ACLU사건에서는 사전제재에 대한 판시가 포함되지 않았는데 그 이유는 행정기관에 의한 표현에 대한 규제가 없었기 때문이다.

16) 헌재결 2001. 8. 30, 2000헌바36(합헌). 법원이 사인들 사이의 법정공방에 대한 심리에 대한 구제절차로서 방영금지가처분을 허용한 민사소송법 제714조 제2항이 합헌이라고 본 사례로서 헌법재판소는 "검열금지의 원칙은 모든 형태의 사전적인 규제를 금지하는 것이 아니고, 단지 의사표현의 발표 여부가 오로지 행정권의 허가에 달려있는 사전심사만을 금지하는 것을 뜻한다 할 것이다. … 방영금지가처분은 비록 제작 또는 방영되기 이전, 즉 사전에 그 내용을 심사하여 금지하는 것이기는 하나, 이는 행정권에 의한 사전심사나 금지처분이 아니라 개별 당사자간의 분쟁에 관하여 사법부가 사법절차에 의하여 심리, 결정하는 것이므로, 헌법에서 금지하는 사전검열에 해당하지 아니한다"라고 하였다(밑줄 필자).

17) 황성기, "사이버스페이스와 불온통신규제," 사이버스페이스에서의 기본권, 한국헌법학회 제12회 헌법학술발표회 발표집, 2000. 5. 27; 이인호, "표현의 자유와 검열금지의 원칙— 헌법 제21조 제2항의 새로운 해석론," 법과 사회 제15호 (1997), 261면; 황승흠, "사이버 포르노그래피에 관한 법적 통제의 문제점— 전기통신법 제48조의 2를 중심으로," 정보와 법 연구 창간호, 국민대학교 정보와 법 연구소, 길안사 (1999).

리나라 헌법재판소가 사법적 사후심의를 사전검열의 범주에서 제외하는 것은 미국법리상의 사전제재금지법리의 범주와도 부합하는 것이므로 이 비교법적 논문의 목표를 벗어나는 것이다.

1. Near 대 Minnesota의 상식적인 해석

Near대Minnesota판결은 사후심의를 그것도 법원에 의해 이루어진 사후심의의 결과물로서 내려진 명령을 사전제재원리 하에 위헌이라고 판단하였다는 점에서 매우 이론적으로 접근하기 어려운 판결이었다. 필자는 이 판결의 세심한 해독은 이 판결이 매우 상식적임을 밝혀준다고 보며 그 상식은 바로 "법원이 심의하여 위법하다고 판단한 대상은 그것이 행위가 아닌 표현이라고 할지라도 영구적으로 금지처분될 수 있지만 금지처분의 대상이 행위가 아닌 표현의 경우에는 그 처분은 위법판단을 받은 표현물에만 한정되어야 하며 금지되는 표현물과 그렇지 않은 표현물 사이의 경계는 명확해야 한다"는 것이다.

가. 판결의 개요

1931년 Near대Minnesota사건에서 미연방대법원은 악의적이고, 비방적이고, 명예훼손적인(malicious, scandalous, and defamatory) 신문, 잡지 및 정기간행물을 정기적으로 제작 배포하는 행위를 일종의 경범죄로 규정하여 그와 같은 행위를 금지하는 법원명령(injunction, enjoin)을 내릴 것을 허용한 미네소타주의 법률을 사전제재로 규정하며 위헌이라고 판결하였다.[18] 그리고 해당 법률에 따라 내려진 미네소타주 법원의 명령 역시 파기되었다.[19]

해당 법률조문의 제1조는 '악의적이고 비방적이고 명예훼손적인 신문, 잡지 또는 정기간행물'의 배포를 공해(nuisance)로 규정하고 이 공해는 법원명령에 의해 금지될 수 있다고 하였다. 제2조는 해당 지역의 검사나 일반시민이 이 공해의 중지를 명하는 법원명령을 청구할 수 있다고 하였다. 제3조는 위의 중지명령을 위반하는 자는 미화 1,000불 또는 12개월 이하의 자유형에 처할 수 있다고 하였다.

당시 발행인은 Saturday Press라는 주간신문을 통해 매우 저급한 언어를 동원하여 유태인계열의 갱단이 존재한다고 주장하며 공직자들이 이 갱단들에 매수되어 범죄소탕을 게을리 하고 있다는 의혹을 제기하는 기사를 9번에 걸쳐 게재하였

18) Near v. Minnesota, 283 U.S. 697 (1931).

19)

고 이에 대해 해당지역 검사는 관련 법률에 따라 법원에 금지명령을 신청하였고 그 신청은 인용되었다. 해당 법원은 "악의적이고, 비방적이고, 명예훼손적인 신문의 출판을 중단하라"는 내용의 금지명령을 발부하였다.

이에 대해 미연방대법원은 "신문이나 정기간행물이 법원에 의해 '악의적이고, 비방적이고, 명예훼손적'인 것으로 판단되어 그 출판에 금지명령이 내려질 경우, 출판을 재개하는 것은 법정모독을 저지른 것이 되어 벌금이나 구금으로 처벌 받는다. 그러므로 신문이나 정기간행물이 공직자들에 대한 비판 기사 때문에 위 발행이 금지된 후에 그와 같은 비판기사를 다시 게재하는 것은 다시 법정모독이 될 것이다. 즉, 명령은 발행인에게 영구적인 제재로 남게 되며 발행인은 새로운 발행물의 성격에 대해 법원을 만족시켜야 그 제재로부터 벗어날 수 있게 된다. 발행인이 같은 또는 다른 공직자들에게 비판적인 기사를 게재할 수 있는가의 여부가 법원의 결정에 의해 달려있게 된다"[20] 결국, 발행인은 명시적으로 사전제출의무가 없더라도 아직 출판되지 않은 내용에 대해 자발적으로 법원에 사전제출을 하여 승인을 얻으려 할 수 밖에 없을 것이다. 이렇기 때문에 미연방대법원은 "위 명령이 불법신문 및 정기간행물을 억제하는 작용만을 하는 것이 아니라 발행인을 실질적인 검열 하에 두게 된다"라고 하는 것이다.[21]

위 판결은 그 이후 사전제재에 대한 가장 권위적인 법원(法源)으로 남게 되어 상당수의 법원명령(injunction)들의 위헌성이 Near판결의 중력장 속에서 다투어지게 된다.

나. 주류이론 : 우회항변금지원칙에 의한 발화의 지연

사법부가 적법절차에 따라 이미 게시된 특정 표현물을 위법하다고 판단한 후에 이 표현물의 계속된 게시를 금지하는 것이 어떻게 위헌이 될 수 있을까? 현재 미국 법학계에서 이 질문에 가장 적절한 답변으로 알려진 이론은 우회항변금지

20) 283 U.S. at 712. 영어원문은 다음과 같다. "When a newspaper or periodical is found to be 'malicious, scandalous and defamatory,' and is suppressed as such, resumption of publication is punishable as a contempt of court by fine or imprisonment. Thus, where a newspaper or periodical has been suppressed because of the circulation of charges against public officers of official misconduct, it would seem to be clear that the renewal of the publication of such charges would constitute a contempt, and that the judgment would lay a permanent restraint upon the publisher, to escape which he must satisfy the court as to the character of a new publication. Whether he would be permitted again to publish matter deemed to be derogatory to the same or other public officers would depend upon the court's ruling."

21) 283 U.S. at 712. 영어원문은 다음과 같다. "The statute not only operates to suppress the offending newspaper or periodical, but to put the publisher under an effective censorship."

(collateral bar)원칙을 중심으로 설명하는 이론이다.[22] 즉 행정기관이나 사법기관이 내린 명령은 그 자체로 형식적인 문제가 없다면 반드시 지켜져야 하며 추후에 명령이 위헌이라고 밝혀졌다고 할지라도 명령을 지키지 않은 것에 대한 처벌은 감수해야 한다는 원칙을 말한다.[23] 이 원칙 때문에 표현의 발화자는 자신의 표현이 합법적인 표현이라고 확신한다고 할지라도 그리고 그 확신이 추후 상급법원에서 옳다고 판명된다고 할지라도 법원의 금지명령을 준수해야 한다. 즉 상급법원의 판단이 있기 전까지는 법원의 금지명령에 의해 표현의 발화가 지연되어야 한다. 위 사건에서도 법원의 금지명령이 위헌일 수도 있지만 이 금지명령을 어기면 법정모독죄를 범한 것이 되고 이에 따른 별도의 처벌을 받게 되어 발행인은 어쩔 수 없이 금지명령을 따라야 한다. 만약 이 금지명령이 위헌인 것으로 나중에 판명될 때까지 발행인은 위법판단을 받은 기사를 사용할 수 없게 된다. 실제로 위 사건에서 발행인은 4년 동안을 출판을 중단하였었다. 혹자는 우회항변금지원칙은 표현의 자유에 대해서만 적용되는 것은 아니라고 말할 것이다. 실제로 특정 표현을 금지하는 것이 아니라 특정 행위를 금지하는 명령도 있을 수 있고 이 명령 역시 추후에 위법하다고 판단된다고 할지라도 그 명령을 준수하지 않는 행위는 별도로 처벌될 수 있다. 표현은 행위와 다르며 표현의 발화가 지연되는 것은 행위가 지연되는 것과는 달리 헌법적 피해이다. 사전제재 법리는 이와 같은 지연을 방지하는 것이다.[24]

그러나 우회항변금지원칙(collateral bar)을 중심으로 법원명령의 사전제재적 성격을 설명하는 것은 필자가 보기에는 일정한 순환논리가 존재한다. 만약 표현의 발화를 지연시키는 것이 헌법적인 해악이라면 표현의 자유를 제약하는 법원명령에 대해서는 상급법원인 미연방대법원이 우회항변금지원칙 자체를 적용하지 않으면 그뿐 아닌가? 물론 법적 안정성과 표현의 자유가 경합하는 경우 어떤 가치에 더욱 비중을 둘 것인가에 대한 논의도 필요하겠으나 이와 같은 이익형량이 불가능할 정도로 우회항변금지원칙이 헌법상 위계가 높지는 않을 것이다. 뿐만 아니라 법원명령과 관련하여 사전제재 법리가 보호하는 가치가 '불법적일 수 있는 표현

22) Barnett, "The Puzzle of Prior Restraint," 29 Stan. L. Rev. 539, 552 (1978).

23) 실제로 미연방대법원은 Walker대City of Birmingham, 388 U.S. 307 (1967)에서 주법원이 흑인 목사 8명이 시청의 허가를 얻지 않고 가두시위를 감행하지 않도록 가처분명령을 내렸음에도 불구하고 이들이 명령을 어긴 것에 대해 주법원이 법정모독죄를 적용하였을 때 가처분명령의 위헌성에 관계없이 가처분명령을 어긴 것에 대해서는 유죄가 인정된다고 한 바 있다.

24) 비판적인 이론으로는 Jeffries, "Rethinking Prior Restraint," 92 Yale L. J. 409 (1983).
참고로 우회항변금지원칙을 중심으로 행정명령에 대한 사전제재이론을 설명하는 입장에 대한 필자의 평가는 완전히 다르다. 그 이유는 아래에서 설명하겠지만 행정부의 형식적으로 온전한 명령을 따르지 않은 것에 대해 사법부가 쉽게 우회항변금지원칙의 적용을 포기하는 것은 3권분립의 원칙에 어긋난다.

발화의 지연을 방지하는 것'이라면 상급법원들이 더욱 신속하게 심의를 하거나 또는 Freedman대Maryland 판결이 요구하였던 안전장치를 요구하면 되는 일이 아닐지. 이 논문에서는 우회항변금지원칙을 중심으로 법원명령에 대한 사전제재이론을 설명하는 입장에 대해서는 더욱 깊게 다루지 않겠다. 그러나 사전제재금지원리를 설명하기 위해 우회항변금지원칙을 동원하고 다시 이를 통해 사전제재금지법리가 보호하는 가치를 '불법적일 수 있는 표현발화의 지연을 방지하는 것'이라고 정하여 다시 이 가치를 통해 법원명령의 위헌성을 주장하는 것에는 문제가 있다. 특히 법치주의국가에서 법원에서 일단 불법이라고 판단하였다면 항소심에서 번복되기 전에는 더 이상의 불법판단은 없다고 보아야 한다는 의구심을 떨쳐버릴 수 없다.

Near판결은 이외에도 형평법과 일반법의 이원성으로부터 도출되는 법원명령에 대한 회피경향에 상당히 의지하고 있음을 Near판결이 인용하고 있는 판결[25]들

---

25) *Mitchell et al. v. Grand Lodge, Free and Accepted Masons of Texas, 56 Tex.* Civ. App. 306. 1909년에 텍사스항소법원은 흑인종족의 부흥을 목표로 하여 합법적으로 설립된 흑인 메이슨(Mason)그룹에 대해 '의혹스러운(spurious) 단체'라는 내용을 담은 홍보물의 출판을 금지하는 하급법원의 명령을 파기하였다. '손해배상이 적절한 보상이 되지 않을 때만 법원명령을 발부할 수 있다'는 형평법원의 일반법칙으로부터 도출 될 수 있다고 하였다. 그리고 텍사스주의 표현의 자유 보호조항을 인용하며 명예훼손에 대하여는 금지명령을 내릴 수 없다고 판시하였다.

Citizens's Light, Heat & Power Co. v. Montgomery Light & Water Power Co., 171 F. 553; 1909 U.S. App. LEXIS 5620 (Circuit Court, M.D. Alabama, N.D.; July 22, 1909) 1909년에 미연방 앨러배마 북부지원은 전력 회사들 간의 상호 비방 선전물에 대해 금지명령을 신청할 수 있는가를 판단하며, 적어도 초기 판례들 중에서는 매우 균형있고 정직한 이유를 제시하며 금지명령신청을 기각한다. 앨러배마 법원은 금지명령이 모든 상황에서 금지된다고 생각하지는 않았다. 동 법원은 명예훼손에 의한 피해가 '재산상 피해'를 넘어서지 않는다면 금지명령이 허용되지 않는다는 포머로이의 Equity Jurisprudence, 630을 인용한 후, 여기에는 비밀정보의 공개도 없고 동등한 라이벌의 그것 이외에는 특별한 관계도 개입되어 있지 않다. … 고객들이나 고객들의 재산에 폭력의 위협이 존재하는 것도 아니다. … 고객은 자신의 판단을 세우고 자신의 선호를 이행하는 데에 자유롭다. 고객이 속았을지 모르지만 위협 받거나 강제된 것은 아니다.

Howell v. Bee Publishing Company, 100 Neb. 39, 42; 158 N. W. 358 (1914)에서 네브라스카 대법원은 선거 2달 전에 주지사 선거에 나오지 않겠다고 한 말을 번복하고 주지사 선거에 출마한 원고가 위의 불출마선언에 대해 보도하려는 신문사를 상대로 낸 금지명령(injunction) 청구소송에서 하급심이 발부한 금지명령에 대하여 위헌을 선언하고 원심을 파기하였다. 역사에 비추어볼 때, 헌법의 언어를 통해 밝혀지는 그 주요한 의도들을 오해해서는 안 될 것이다. 전과 같은 정치적인 간행물에 대한 검열의 권한은 없어졌다. "형평법원을 통해 이루어지는 검열은 정부의 다른 부처에서 이루어지는 검열보다 덜 부당한 것이 아니다"라고 하면서도 네브라스카 대법원은 형평법원이 부당한 출판물로부터 사법제도, 재산, 계약, 개인적, 또는 주헌법이나 연방헌법에 의해 보장되는 다른 권리들을 보호할 권한에 대한 논의는 제시되지 않았고 결정하지도 않는다며 애매모호한 여운을 남겨 금지명령(injunction)의 사용을 원칙적으로 금하지는 않았다.

Willis v. O'Connell, 231 F. 1004; 1916 U.S. Dist. LEXIS 1767 (District Court, S.D. Alabama, S.D., at Mobile; April 24, 1916)에서 1916년 미연방 앨러배마 남부지원은 특정약품의 효능 및 그 약품을 추천한 사람들의 인격을 모독하는 내용을 출판하려는 신문사에 대한 금지명령신청을 기각하였다. 동 법원은 금지명령기각의 근거에 대해 자신감을 보이고 있다. 동 법원은 신청인이 출판물에 대해 금지명령이 허용된 판례들을 제시한 것에 대하여, 제시된 판례들을 다음의 세가지 예외적인 사유에 따라 분류하고, 동 사건은 예외에 해당되지 않는다고 하였다: (1) 특허권이

로부터 알 수 있다. 물론 이것은 표현의 자유와 관련된 것만은 확실하지만 형평법원과 일반법원이 통합되어 있는 상황에서 이와 같은 보편적 회피경향이 사전제재원칙을 대체할 수는 없다.

다. 상식적인 이해 : 정기간행물로서의 특성

하지만 Near대Minnesota판결을 다시 한번 살펴보면 우회항변금지원칙을 동원하는 고도의 논의가 필요 없는 매우 상식적인 그러나 사전제재금지법리의 고전적 이상에 충실한 판결임이 밝혀진다. 여기서 사전제재금지법리의 고전적 이상이라 함은 사전제출의무가 있는 검열제도에 대한 절대적 거부를 의미하며 Near대Minnesota 판결은 법적으로 사전제출의무는 없지만 사법부의 명령이 명확성이 너무 떨어져 실질적으로 사전제출을 강요하는 제도에 대한 거부로 읽을 수 있다는 것이다.

Near대Minnesota 판결의 참뜻은 그 사실관계를 조금 더 세밀히 살펴보면 그 실마리를 찾을 수 있다. 발행인은 위 금지명령을 미네소타주 대법원에 상고하였다가 금지명령이 그대로 인용되자 미연방대법원에 상고하였는데 이때 발행인은 자신의 신문이 악의적이고 비방적이고 명예훼손적이라는 점을 인정하지는 않았지만 상고의 취지는 해당 법률 자체가 위헌이라는 것이었으며[26] 발행인은 상고에서는 해당 기사의 합법성에 대해서는 전혀 다투지를 않았다. 검찰이 위 기사에 대해 명예훼손에 대한 형사처벌을 하려는 것도 아니었고 명예훼손의 피해자들이 손해배상을 청구한 것도 아니었기 때문이다. 물론 기 게재된 기사의 합법성을 증명한다면 위 금지명령의 위법성을 다툴 수도 있었을 것이다. 하지만 발행인은 그렇게 하지 않고 법률 자체의 위헌성을 다투었다. 왜 그랬을까?

발행인 입장에서는 Saturday Press는 정기간행물이었고 실제로 '악의적이고 비방적이고 명예훼손적'이라는 판단을 받는 기사들은 이미 지난 호를 통해 배포 및 판매가 되어 발행인의 소기의 목적은 이미 달성된 후였으므로 이 기사들을 다시 게재할 이유는 없었다. 또 판결문의 소수의견이 첨부한 Saturday Press의 기사들을 볼 때 당시의 그다지 엄격하지 않았던 명예훼손의 기준으로 볼 때 발행인은 명예훼손이 아니었음을 증명하기 어려웠을 수도 있다. 종국적으로 발행인에게 더욱 중요한 것은 앞으로 나올 기사들을 발행할 권리를 확보하는 것이었고 그렇기 때문

침해될 때; (2) 불법적인 폭력의 위협이 가해지고 그 폭력의 행사가 임박할 때; 그리고 (3) 상업상의 경쟁자들 사이에 불공정하고 불법적인 방법이 사용될 때. 동 법원은 단 *Emack v. Kane*만은 이 예외로서도 설명되지 않음을 인정하지만 그 사건을 선판례로 인정하고 따른 사건들이 많지 않다고 하였다.

26) Near, 709.

에 법률 자체의 위헌성을 근거로 상고를 하는 대신 기발행된 기사들의 위법여부에 대해서는 상고를 하지 않은 것이다. 결국 발행인이 위 상고를 통해 확보하고자 하는 것은 추후의 신문발행을 할 권리이었던 것이다. 즉 상고에서의 심의대상은 이미 위법으로 판단받은 과거의 기사들에 대해 내려진 영구금지명령이 아니라 아직 그와 같은 판단을 받지 못한—아직 작성되지도 않았기 때문에—기사들에 대해 위 명령이 미칠 영향이었던 것이다. 하지만 미네소타주 대법원은 이미 "금지명령은… 피고가 신문을 공익에 조화롭게 운영하지 못하도록 억제하지는 않는다"[27]고 판시하였었다. 즉 금지명령은 단지 "피고가 악의적이고 비방적이고 명예훼손적인 신문을 발행하는 것을 금지한다"고 하였을 뿐이므로 앞으로 게재될 기사들이 악의적이고 비방적이고 명예훼손적이지만 않다면 피고는 신문발행을 계속할 수 있었다는 것이다. 실제로 Near대Minnesota 판결에 대한 강력한 소수의견에서 Butler 대법관은 "법률의 어디에도 공해로 판정되지 않은 기사를 금지할 것을 허용하는 내용은 없다"고 지적하였다.[28]

이에 대한 미연방대법원의 공식판결문의 대답은 무엇일까? 미연방대법원은 "법률은 무엇이 '비방적이고 명예훼손적인'이라는 문구 외에는 (위법성의) 정의를 내리지 않는데 공직자 비리에 대한 기사들이 그 종류에 포함되는 것으로 보인다. …(주대법원의 판결로부터) 명백히 유추할 수 있는 것은 공직자 비리에 대한 새로운 기사들은 법원이 공익과 조화롭다고 생각하는 내용이 아니라면… 법정모독으로 처벌될 것이라는 점이다(강조-편집자)."[29]

위 문구에서 다음과 같은 점을 발견할 수 있다. 첫째 미연방대법원의 관심사는 위법성이 확정된 기사들이 사후적으로 억제되거나 그 (재)발화가 지연되는 것이 아니라 아직 위법성이 확정되지 않은 새로운 기사들에 대해 위 금지명령이 미치는 사전적인 영향임이 엿보인다. 즉 미연방대법원은 이미 발행된 기사에 대해 법원이 판단을 내렸을 때 그 판단이 우회항변금지원칙에 힘입어 그 기사의 계속적인 표출을 억제하는 효과에 대한 관심보다는 우회항변금지원칙에 관련 없이 발행인이 새로이 발행하려 하는 추후의 표현물의 표출에 미치는 영향에 대해 관심

27) Near, 707.

28) Near, 737.

29) 영어원문. "The law gives no definition except that covered by the words 'scandalous and defamatory,' and publications charging official misconduct are of the class … the manifest inference is that, at least with respect to a new publication directed against official misconduct, the defendant would be held, under penalty of punishment for contempt as provided in the statute, to a manner of publication which the court considered to be 'usual and legitimate' and consistent with the public welfare."

을 가지고 있는 것이다.

둘째 미연방대법원은 위법성이 확정되지 않은 새로운 기사들에 대한 주법원의 판단에 대해 관심을 보이면서 주법원의 판단이 자의적일 수 있다는 면에서 매우 깊은 의구심을 보이고 있다. 그러나 모든 판사의 판단은 자의적일 수 있는 위험이 상존한다. 그렇다고 해서 모든 경우에 판사에게 판단을 내리는 그 자체를 위헌이라고 규정하지는 않는다. 그렇다면 왜 여기서는 자의가능성을 이유로 하여 판사가 장래의 기사들에 대해 판단을 내리지 못하도록 하는 것일까?[30)]

라. 명확성의 원칙과 Near판결

바로 판사의 판단기준을 명시한 법률의 내용이 명확하지 않았기 때문이다. 즉 Near판결에서 법률 자체가 위헌결정되었던 이유는 법원이 X라는 기 게재 기사에 대해 출판금지명령을 내리도록 해서가 아니라 법원이 '악의적, 비방적, 명예훼손적'이라는 매우 추상적인 내용의 금지명령을 내리도록 하여 Y, Z 등의 미 게재 기사의 게재에 영향을 주기 때문이었다. 이와 같이 추상적인 기준이 제시되면서 이론적으로는 아직 출판하지 않은 기사들 전체를 억제하는 것과 비슷한 효과를 내게 되었다. 왜냐하면 발행인은 아무리 주관적으로는 결백하다고 믿는 기사라 할지라도 위와 같이 폭넓은 기준에 저촉될지 여부에 대해서는 확신을 가지고 판단할 수밖에 없고 자신의 판단이 잘못된 경우에는 법정모독죄를 저지른 것과 마찬가지가 되므로 대부분의 기사들의 게재를 포기하거나 법원에 자발적인 사전제출을 할 수밖에 없게 된다. 이와 같은 과정에서 '악의적, 비방적, 명예훼손적'이 아닌 기사들마저도 게재를 포기하거나 법원에 사전에 의사타진을 하게 되는 상황이 발생하게 된다. 즉 전형적인 허가제 방식의 사전검열과 비슷한 효과를 내거나 똑같은 효과를 내게 되는 것이다.

대부분의 민사상 법원명령들은 정의되지 않은 표현물에 대한 것이 아니라 이미 정의된 표현물에 관한 것이다. 예를 들어 저작권침해소송에서 특정 저작물이 타인의 저작권을 침해하는 것으로 적법절차를 통한 판단이 이루어져 있을 경우 그 특정 저작물의 복제 배포를 금지하는 명령과 같은 것이다. 위의 Near판결의 기

30) Near판결이 내려질 당시에는 미국의 법치주의가 아직 완성되지 않은 시기여서 판사들에 대한 의심이 충만해 있었고 형평법과 일반법의 이원성에 따라 나타나는 법원명령에 대한 회피현상과 접목되어 이미 명예훼손을 금지하는 법원명령에 대한 경계심이 존재하고 있었다는 입장에 대해서는 Meyerson, "The Neglected History of the Prior Restraint Doctrine: Rediscovering the Link between the First Amendment and the Separation of Powers," 34 Indiana L. Rev. 295 (2001).

준을 이용하자면 이는 사전제재가 아니다.[31] 왜냐하면 이미 적법절차에 따라 위법여부가 가려진 표현물에 대해서만 적용되기 때문이다. 다시 말하지만 법적인 절차에 따라 그 표현물이 위법한 것이라는 사법적인 판단이 내려졌다면 그와 같은 판단이 내려진 표현물에 대한 금지명령은 합헌이 된다.

그런데 법률은 '악의적이고 비방적이고 명예훼손적인 정기간행물'의 발행을 금지할 수 있다고 하였는데 그렇다면 법이 그 위법의 범위에 대해 조금 더 명확히 정의하였다면 위와 같은 억제효과가 없어지게 될까? 필자는 그러했을 것이라고 생각한다. 실제로 Near판결 이후에 여러 사법기관에 의한 법원명령이 합헌적인 것으로 인정될 때는 위법의 범위가 명백히 정해져 있을 때로 한정되어 있다.[32] 결국 Near판결의 상식적인 해석이란 법원이 적법절차를 통해 위법하다고 판단한 표현물은 당연히 사후적으로 금지될 수 있는 것이지만 금지의 범위가 불명확하여 새로운 표현물이 금지된 표현물에 포함되는지를 확인하기 위해 실질적으로 법원의 눈치를 보아야 하는 정도가 된다면 이는 새로운 표현물에 대한 고전적 의미에서의 사전제재가 된다는 것이다.

물론 금지명령의 대상이 명백히 정해진 경우라 할지라도 대상표현물이 전혀 표출된 적이 없기 때문에 금지명령이 순수하게 사전적인 의미로 작용하는 경우에는 금지명령은 위헌처분을 받을 수도 있다. 그러나 이와 같은 경우는 고전적인 사전제재법리가 경계하던 '사상의 자유시장'에 도달하지 못하는 상황의 하나라고 볼 수 있다. 예를 들어 New York Times대U.S. 사건[33]에서 Pentagon Papers라는 베트남관련 자료의 보도에 대한 금지명령의 발부를 거부하였다. 또 미연방대법원은 Nebraska Press Association대Stuart 사건[34]에서 어느 주형사법원의 판사가 "피고를 범죄에 연루시키는" 보도를 하지 못하도록 하는 명령을 내린 것에 대해 위헌처분

31) 이 주장에 대해 이규홍 판사는 Rosemont Enterprise v. Random House, 366 F. 2d 303 (1966) 판결을 찾아볼 것을 권유하였다. 이 저작권침해소송에서 제2항소법원은 하급심의 저작권침해금지가처분명령(preliminary injunction)을 파기하며 (1) 피고의 저작물이 공정사용(fair use)원칙에 의해 보호될 가능성이 없다는 이유를 제시하고 있고, 동의의견에서만 2명의 판사가 (2) 법원명령이 헌법 제1수정조항 상의 이유로 기피되어야 한다는 이유를 부가하고 있다. 필자는 이 판결은 (2)보다는 (1)에 더욱 크게 영향을 받았다고 생각한다. 이 60년대의 판결 이후에 미국의 법원들은 저작권침해소송에서 Near판결에 전혀 구애받지 않고 자유롭게 가처분명령 또는 영구처분명령을 내리고 있다.

32) *U.S. v. Noriega*, 917 F. 2d 1543 (11th Cir., 1990) cert.den.sub nom. *CNN, Inc. v. Noriega*, 498 U.S. 976 (1990)(이상, 재판상비밀유지금지명령 관련). *The Martin Luther King, Jr., Center for Social Change, Inc. v. American Heritage Productions*, 250 Ga. 135, 296 S.E. 2d 697 (1982); *Bi-Rite Enters, Inc. v. Bruce Miner Co.*, 757 F. 2d 440, 441 (1st Cir. 1985)(이상, 초상권침해금지명령 관련); *Carpenter v. United States*, 484 U.S. 19, 25 (1987)(이상, 영업비밀침해금지명령).

33) 403 U.S. 713 (1971).

34) 427 U.S. 539 (1976).

을 하였는데 이 역시 특정 사실들이 사상의 자유시장에 접근하지 못하도록 하는 사전적 효과 때문인 것으로 보아야 한다. 즉 우리의 머리를 아프게 했던 "왜 사법적 사후심의의 결과물인 법원명령까지도 사전제재에 포함되는가?"라는 질문과는 관련이 없는 것이다.

이와 같이 Near판결을 상식적으로 해석하면 많은 학자들이 다루기를 곤혹스러워하는 Near판결이 스스로 인정한 사전제재금지원칙의 예외들도 용이하게 설명될 수 있다. "사전제재로부터의 보호는 물론 무한하지 않다. 그러나 그 한계는 예외적인 상황에서만 인정되었다. 전쟁중 … 에 정부는 당연히 징병에 대한 실제 방해나 군량 출항일자나 군대의 수나 위치에 대한 출판을 금지할 수 있다. 음란물에 대해서도 … 집행될 수 있다. 폭력행위나 국가전복의 선동 등도 적법한 정부행위로서 금지될 수 있다 … [35]"라고 하였다. 이 설시는 문제를 야기하였는데 1960년대의 판결들은 사전제재(예를 들어 영화상영허가제)가 음란물에 대한 제재방법으로서도 부적절함을 밝혔다는 것이다.[36] 여기서 법원은 특정 표현물을 음란물로 규정한 후에 그 표현물만의 출판을 금지하는 상황 또는 특정 표현물이 국가적 폭력을 발생시킬 명백하고 현존하는 위험이 있음을 판시하고 그 표현물만의 출판을 금지하는 상황을 언급하고 있는 것으로 이해된다.

마. 소 결

정리하자면 Near판결의 기준을 따르더라도 법원이 적법절차를 통해 위법하다고 판단한 행위나 표현을 금지하는 명령은 사전제재가 아니다.[37] 법원명령이 사전제재가 되는 경우는 그 명령의 범위가 불분명하여 법원이 적법절차를 통해 위법성판단을 하지 않은 합법적일 수 있는 표현물에 사전적으로 적용될 수 있는 위험이 있는 경우 또는 금지명령이 명백히 적용되는 대상 자체가 아직 표출되어 있

35) 283 U.S. at 717.

36) Freedman 판결.

37) 이와 같은 이해가 현대의 표현의 자유 실무가들에게는 거의 받아들여지고 있음은 실무가들이 사용하는 웹사이트를 보면 알 수 있다. http://itlaw.wikia.com/wiki/Prior_restraint. 물론 법원의 최종결정이 아닌 가처분결정 등과 같이 최종심의가 내려지지 않은 결정에 대해서는 사전제재법리가 적용될 수 있다. Mark A. Lemley & Eugene Volokh, "Freedom of Speech and Injunctions in Intellectual Property Cases," 48 Duke L. J. 147, 169-71 (1998). 하지만 필자가 생각건대 이는 제재의 발화에 대한 사전성이 문제가 아니라 —왜냐하면 Lemley와 Volokh의 논문은 이미 발화가 된 표현물에 대한 가처분을 다루고 있기 때문에— 이 논문의 2장에서 다루게 될 제재의 종국적 사법심사에 대한 사전성이 문제이다. 즉 필자의 견해는 사법적 심의를 통해 표현물의 위법성이 판단되면 그 이후에는 가처분이든 영구처분이든 관계없이 허용될 수 있다고 보여진다. 물론 역시 제재의 발화에 대한 사전성이 문제가 되는 경우에는 고전적인 사전제재법리('사상의 자유시장'에의 접근)가 적용된다.

지 않아 이 대상에 대해 사전적인 효과를 발생할 때로 한정되어야 한다. 즉 Near 대Minnesota는 상식적으로 이해될 수 있는 것이다. 사후적인 사법적 판단에 의해 위법판정을 받은 표현물에 대한 금지명령이 헌법적으로 문제가 있는 것은 아니다.

덧붙여 여기에서 우리가 취할 교훈은 Near대Minnesota 판결을 사전제재 법리에 대한 판결이라기보다는 명확성의 원칙(vagueness)에 대한 판결로 이해하거나 최소한 사전제재 법리와 명확성의 원칙 사이의 접점을 구성하는 판결로 이해할 수 있다는 점이다. 즉 금지명령의 범위가 불명확함으로 인하여 아직 표출이 되지 않은 표현물까지 명령의 범위에 포함됨으로써 보통의 상황에서는 이미 법원이 위법성을 적법하게 판단한 표현물에 대한 합법적인 사후제재로 인정되었을 금지명령이 위헌판단을 받은 상황으로 한정하여 이해할 수 있다는 것이다.

2. Bantam Books 대 Sullivan[38])의 재발견

가. 판결의 개요

1956년에 미국 로드아일랜드주의회는 청소년도덕함양위원회(Commission to Encourage Morality in Youth)를 설립하고 그 위원회에 음란하거나(obscene) 저속하거나(indecent) 불순하거나(impure) 청소년을 타락시킬 것이 명백한 내용을 담고 있는 서적들에 대해 일반인들을 계도하고 그와 같은 서적들에 대한 처벌을 권고할 수 있는 권한을 부여하였다. 이 위원회의 위원들은 5년 임기로 주지사가 임명하였다. 이 위원회는 시중에 이미 판매되고 있는 서적들을 심의하여 과반수이상의 위원들이 해당 서적을 유해물로 판단할 경우, 해당 서적을 판매하는 자에게 청소년유해판정 사실을 통보하였다. 이 판정 통지서는 '판정결과가 경찰당국에도 통보되었다'는 내용과 '위원회는 음란물의 배포에 대해 처벌을 하도록 관련당국에 권고해야 하는 의무를 가지고 있다'는 내용을 담고 있었으며, 이에 따른 판매자의 '협조'를 권고하였다.[39]) 거의 모든 서점들은 위의 통지를 받으면 즉시 관련서적의 판매

38) 372 U.S. 58(1963). 이 판결은 한상희(현재 건국대학교 법과대학 교수)에 의해 2001년 12월 13일 정보통신윤리위원회 주최 2001년 정보통신윤리학술대회의 토론에서 처음 국내에서 소개된 것으로 보인다. 이 판결은 박경신, "사전 검열 법리와 정보통신윤리위원회의 활동: 법과학적 방법으로," 인권과정의 제12호 200. 8, 71-93쪽에서 다시 소개되었고, 박선영, "가상공간에서의 표현의 자유와 청소년 보호," 헌법실무연구회 제 2 회 발표회(2002. 10. 11)에서 다시 소개되었으나 그 자세한 내용을 소개하는 것은 이번이 처음이다.

39) "This agency was established by legislative order in 1956 with the immediate charge to prevent the sale, distribution or display of indecent and obscene publications to youths and (sic) eighteen years of age." "The Commissions (sic) have reviewed the following publications and by majority vote have declared they are completely objectionable for sale, distribution or display for youths

를 중단하였다. 이와 같은 상황에 대하여 위의 위원회에 의해 위법하다고 판명된 서적의 출판사들이 위와 같은 권고제도가 위헌적이라며 소송을 제기하였다. 로드 아일랜드주대법원은 위의 권고제도가 위헌적이지도 않다고 하였다.

이에 대해 미연방대법원은 다음과 같이 판시하였다.

> 위원회의 활동은 주정부의 형사상 음란규제와는 별도로 부과되어 그 국가규제를 불필요하게 만든다. 그러나 형사상 처벌의 필요를 피하면서 주정부는 형사절차의 안전장치들도 제거한 꼴이 되었다. 형사처벌은 형사절차의 절차적 안전장치들로 둘러싸인 형사재판을 통해 음란성 여부가 판단된 후에야 적용된다. 위원회는 이와 대조적으로 음란하지 않은 헌법적으로 보호되어야 할 표현물을 억제하지 않도록 하는 안전장치들을 전혀 제공하지 않는다. 형법에 의지할 때보다 보장되어야 할 자유에 대한 더욱 심대한 위협을 발생시키는 규제형태이다.
>
> 주정부는 간행물의 배포를 행정적 사전제재(prior administrative restraint)의 체계를 이용하여 규율하는 것이다. 위원회는 사법기구가 아니고 위원회가 특정 간행물들을 불온(objectionable)서적 목록에 올리는 결정은 그 간행물들의 규제가 합법적이라는 사법적 판단을 따르는 것이 아니다. 표현에 대한 사전제재 체계는 위헌성의 강력한 추정을 받게 된다. [Near v. State of Minnesota, 283 U.S. 697 (1931) 및 다수의 대법원판결을 보라.] 우리는 사전제재체계를 사법기구의 감독 하에서 운영되고 규제조치의 합법성에 대해 거의 즉각적인 사법적 판단이 있을 경우에만 용납하였다. [Kingsley Books, Inc. v. Brown, 354 U.S. 436] 이 사건의 체계는 그러한 구제책은 포함하지 않는다. 헌법적으로 보호되는 간행물을 억제할 수 있는 가능성은 오히려 이 법원이 위헌처분 하였던 허가제도들보다 더욱 높다. 판정문이 발행되기 전의 사법적 통제도 없고 위원회의 결정에 대한 사법심사도 정하여두고 있지 않다. 발행인과 유통인 모두 자신들이 취급하는 간행물이 불온서적 목록에 오르기 전에 아무런 통지나 변론기회도 얻지 못한다.[40]

---

under eighteen years of age. …The Chiefs of Police have been given the names of the aforementioned magazines with the order that they are not to be sold, distributed or displayed to youths and (sic) eighteen years of age. …The Attorney General will act for us in case of non-compliance. …The Commissioners trust that you will cooperate with this agency in their work. *** Another list will follow shortly. …Thanking you for your anticipated cooperation, …" 또 다른 통지문은 다음과 같은 내용을 가지고 있었다. "This list should be used as a guide in judging other similar publications not named. Your cooperation in removing the listed and other objectionable publications from your newstands (sic) will be appreciated. Cooperative action will eliminate the necessity of our recommending prosecution to the Attorney General's department."

40) The Commission's operation is a form of effective state regulation superimposed upon the State's criminal regulation of obscenity and making such regulation largely unnecessary. In thus obviating the need to employ criminal sanctions, the State has at the same time eliminated the safeguards of the criminal process. Criminal sanctions may be applied only after a determination of obscenity has been made in a criminal trial hedged about with the procedural safeguards of the criminal process. The Commission's practice is in striking contrast, in that it provides no safeguards whatever against the suppression of nonobscene, and therefore constitutionally protected, matter. It is a form of regulation that creates hazards to protected freedoms markedly greater than those

위의 문구를 읽다보면 결국 미연방대법원이 사전제재라는 표현을 쓸 때 "사전"이라 함은 표현물의 표출의 이전을 말하는 것이 아니라 사법부의 판단의 이전이나 사법부의 판단이 즉각적으로 후속적으로 따르지 않는 경우를 말하는 것임을 알 수 있다. 이와 같이 사법부의 판단에 의하지 않은 위법결정을 "사전"으로 규정하였던 경향은 Bantam Books판결이 결정되었던 시대의 다른 판결들을 보아도 알 수 있다.

나. "사전"의 의미

HMH Publishing v. Garrett[41]

1956년 헨더슨이라는 신문 및 잡지 유통업자는 특정 잡지를 배포하여 인디애나주의 음란법을 위반하였다는 혐의에 대해 유죄판결과 이에 따르는 벌금형을 받았다. 헨더슨은 차후에 이런 일을 방지하기 위하여 자신을 처벌했던 검찰에 연락하여 '어떤 잡지들이 음란물인지 알려달라'고 질의를 하였고, 이에 대하여 검찰은 원고의 잡지인 Playboy지를 포함한 24개의 잡지명을 가르쳐 주었다. 헨더슨은 Playboy지를 포함한 24개 간행물 전부에 대해 판매를 중단하였다. 이에 대하여 Playboy지의 발행인인 HMH Publishing은 검찰의 위 행위가 사전제재에 해당한다며 소송을 제기하였다.

인디애나주 연방지법은 검찰의 행동의 실질적인 효과는 Playboy지의 추후 판매를 금지하는 것이었다며 검찰의 행동은 '사법처리의 암묵적인 위협'에 이르는 것으로서 '사전제재'에 해당한다고 하였다.[42] 동 법원은 Near v. Minnesota도 사전

that attend reliance upon the criminal law.

What Rhode Island has done, in fact, has been to subject the distribution of publications to a system of prior administrative restraints, since the Commission is not a judicial body and its decisions to list particular publications as objectionable do not follow judicial determinations that such publications may lawfully be banned. Any system of prior restraints of expression comes to this Court bearing a heavy presumption against its constitutional validity. See Near v. State of Minnesota ex rel. Olson, 283 U.S. 697, 51 S.Ct. 625, 75 L.Ed. 1357; [이후 다수의 대법원 판결문 생략] We have tolerated such a system only where it operated under judicial superintendence and assured an almost immediate judicial determination of the validity of the restraint.[각주: *71Kingsley Books, Inc. v. Brown, 354 U.S. 436, 77 S.Ct. 1325, 1 L.Ed.2d 1469.] The system at bar includes no such saving features. On the contrary, its capacity for suppression of constitutionally protected**640 publications is far in excess of that of the typical licensing scheme held constitutionally invalid by this Court. There is no provision whatever for judicial superintendence before notices issue or even for judicial review of the Commission's determinations of objectionableness. The publisher or distributor is not even entitled to notice and hearing before his publications are listed by the Commission as objectionable.

41) 151 F. Supp. 903; 1957 U.S. Dist. LEXIS 3648 (1957).

42) 151 F. Supp. at 905.

제재 금지의 예외를 허용했음을 인정하면서도 그와 같은 예외에 해당되기 위해서는 제14수정조항(Fourteenth Amendment)의 절차적인 적법절차의 요건을 충족시켜야 할 것이라고 경고하였다.

그리고, 동 법원은 사실 판단에 들어가서는 다음과 같이 검찰의 행동을 꾸짖는다:

> 여기서 발행인은 중립적인 판정부 앞에서 공정한 청문회를 통해 자신의 간행물이 실정법을 위반하는 지의 여부를 가릴 기회를 갖지 못했다. 대신, 검찰이 발행인에게 반증의 기회도 주지 않은 채 "사전적인" 판단을 하였다. 검찰이 이 판단을 내리면서 어떤 법적인 기준과 입증 기준을 이용하였는지도 알 수 없다.

*Sunshine Book Company v. McCaffrey*43)

1951년에 뉴욕 경찰서장은 시내의 1,200개에 달하는 신문 및 잡지 판매인들에게 Sunshine & Health와 Sun Magazine이라는 전국적인 나체주의자들의 정기간행물을 포함한 다수의 간행물을 판매하지 말 것을 요구하는 서한을 보냈다. 이 서한은 위 요구를 따르지 않으면 위 판매인들의 면허를 취소할 것을 통고하였다. 판매인들은 즉시 서한에 나열된 간행물들의 판매를 중단하였다. 뉴욕고등법원(Supreme Court of New York)은 위에서 언급되었던 Near v. Minnesota, Bantam Books v. Melko, Kingsley Books v. Brown 등을 언급하며 뉴욕 경찰서장의 행위가 사전제재에 해당한다고 하였다. 동 법원은 Near의 '실질적인 기능과 효과' 기준을 적용한다고 하면서, 이 서한의 실제 효과는 신문 및 잡지 판매인들이 굴복시켜 원고의 잡지 장래본(future copies)들의 판매를 방지하는 것이라고 판시한다.44)

> 동 법원은 우리의 결정이 … 시당국이 적절한 절차를 통해 형사상 유죄판결을 받아내거나 법원의 금지명령45)을 받아내어 음란물의 판매나 배포를 박멸하는 것을 막는 것은 아니다. … 검사들이 형법을 열심히 집행할 때, 기소나 처벌의 위협이 음란물의 확산을 저해(deter)할 것이다. 그러나 우리는 "사전검열(advance censorship)"을 통해 의사소통을 규제하기 위해 행정권(administrative power)을 이용하는 것에 대해서는 추호의 용납도 하지 않아 왔다46)라고 하였다.

이와 같은 결론은 McTab Publishing v. Howard47)에서 확인되는데 1958년 루이지애나 시장과 경찰은 주민들로부터 외설적인 잡지들에 대한 신고를 받자 위

43) 4 A.D.2d 643; 168 N.Y.S.2d 268; 1957 N.Y. App. Div. LEXIS 3759 (1957).

44) 168 N.Y.S.2d at 273.

45) 이 대목은 위의 1장에서 제시한 Near v. Minnesota의 상식적 이해와 부합한다.

46) Id. at 274.

47) 169 F. Supp. 65; 1959 U.S. Dist. LEXIS 3811 (1959).

잡지들을 목사들로 이루어진 비공식적 심의기구인 '지역사회문학순화위원회'에 심의토록 한 후, 그 지역의 신문 및 잡지 유통자들에게 위 잡지들을 판매 금지할 것을 요청하면서 음란법에 의거한 형사처벌이 있을 것임을 밝혔다. 이에 대하여 위 잡지 발행인들은 위 시장과 경찰의 위협행위가 '사전제재'에 해당한다며 더 이상의 위법행위를 하지 못하도록 하는 금지명령[48]을 루이지애나 연방지법에 신청하였다. 이에 대하여 동 법원은 "시장과 경찰의 행위가 '사전제재'인 지에 대해서는 지금 결정할 필요가 없다라고 한다. 그 이유는 시장은 위의 첫 서한 이후에는 음란물에 대한 사법처리를 즉각 시작할 것이라고 명백히 하였다. … 시장의 앞으로의 조치는 사법처리의 위협이 아니라 사법처리의 시행이 될 것이다. … 이 사법처리 과정을 통해 피의자는 주법원에서 헌법적, 사실적 및 기타 항변을 제기함은 물론 궁극적으로 연방대법원에까지 항소를 할 수 있다.[49]" 그러면서, 동 법원은 이와 같은 사법처리는 시장과 경찰이 당연히 시행할 권한을 가지고 있으므로 이를 금지하는 명령을 발부하지 않겠다며 판결문을 끝맺는다.

New American Library of World Literature v. Allen[50]

1953년 오하이오주 영스타운시의 경찰은 스스로 108개에 달하는 단행본들을 외설물로 선정하여 그 지역의 최대 서적판매상인 블록에게 관련 서적의 판매를 중단해 줄 것을 요청하고 이를 받아들이지 않을 경우 형사 처벌을 하겠다고 위협하였다. 이에 대해 오하이오주 연방지법은 다음과 같이 사전제재금지 법리의 의의를 설명하였다:

> 경찰서장으로서 피고는 관련된 출판물들에 대해 위법의 개연성이 있는가 검사를 할 의무는 가지고 있다. 경찰서장은 관련 서적들이 음란한지 부도덕한지에 대한 최종결정을 내릴 권한은 없다. 사법처리를 진행시켰다면, 시당국은 합리적인 의심의 여지가 없도록 위법성 요건을 증명할 책임을 가지게 되며 이 때 음란성 및 부도덕성도 같이 증명되어야 한다. 권한을 가진 법원이 관련 서적을 음란하다거나 부도덕하다고 판정하기 전까지는 관련 서적의 출판 및 유통은 어떠한 형태로든 억제되어서는 안 된다.[51]

48) 1950년대에는 발행인들이나 서적유통업체들이 경찰이나 시청에서 행하는 음란물 단속에 대하여 가처분신청을 많이 신청하였는데 이 판결에서는 드물게 그 신청이 받아들여지지 않았다. 이는 당국이 계속 위협행위를 할 가능성이 거의 없고 사법처리로 즉시 이행할 것으로 보이기 때문인 듯싶다. 본문에서 설명하듯 미국사법부는 표현의 자유에 대한 처벌은 온갖 적법 절차 상의 장치들이 사용되어 피의자의 권리를 보호하는 사후처벌을 통해서 이루어질 것을 장려하고 있기 때문에 당연히 Magtab Publishing v. Howard 법원은 금지명령 발부를 거부하고 있는 것이다.

49) 169 F. Supp. at 70.

50) 114 F. Supp. 823; 1953 U.S. Dist. LEXIS 4084; 67 Ohio L. Abs. 143; 52 Ohio Op. 289 (1953).

51) 114 F. Supp. at 833-4.

다. Redish, Monaghan, 그리고 Freedman판결

실제로 Redish는 "사전제재의 합헌성은 완전하고 공정한 사법적 판단이 있기 전에 아무런 제한이 집행되지 않는 이상(理想)적인 상황에 비교되어 판단되어야 한다"고 하였다.[52] 이에 따라 Redish는 "우리가 독립적인 사법부에 대해 내리고 있는 두 개의 전제, 즉 헌법적 필요성과 충분성의 전제에 비추어볼 때 행정적 사전제재와 사법적 사전제재 사이에는 엄청난 차이가 있다"고 하였다.[53] Redish는 기본적으로 사전제재는 궁극적으로는 합법적일 수 있는 표현물이 법치주의 국가에서는 궁극적 판단을 내릴 수 없는 행정부에서 결정을 내릴 경우 그 발화가 부당하게 지연되거나 억제될 수 있다는 우려에 근거하고 있다고 믿기 때문이다.[54] 표현의 자유에 대한 제약이 사법적인 판단이 있기 이전에 이루어지지 않는 것이 중요한 것이므로 Redish에게 사전제재의 "사전"은 바로 제약되는 표현의 위법성에 대한 사법적 판단의 이전을 말하는 것이 된다.

Redish에 따르면 표현의 자유를 제약하는 행정행위에 대해 사법적 심사를 요구하는 근거는 충분하다. "표현을 제약하는 행정적 비사법적 규제기관은 규제를 위해 존재한다. 규제가 존재의 이유이다. 이 기관들은 검사와 판사의 역할을 동시에 해야 하며 무의식중에라도 어떤 표현들을 합헌적인 규제대상이라고 지목하여 자신들의 존재를 확인해야 할 의무를 느낄 수 있다."[55] 이에 비해 사법기구들은 규제목적으로부터 자유롭고 헌법적 이슈들을 판단하기에 필요한 정치적 독립성을 유지하고 있다.[56]

물론 미연방대법원 스스로도 표현의 자유에 대한 행정적 규제를 사법적으로 통제할 필요성을 더욱 명쾌하게 언급하였는데 바로 Freedman대Maryland사건[57]에서였다. 이 사건에서 미연방대법원은 매릴랜드주가 모든 영화상영자들이 영화를 주검열위원회에 사전에 제출하여 음란성 여부를 판단받도록 한 것에 대해서 잘 알려져 있는 세 가지 절차적 안전장치[58]를 부과하며 다음과 같이 판시

52) Redish, 58쪽. "The validity of a prior restraint will be measured by comparison to the ultimate ideal of no abridgment prior to a full and fair judicial hearing."

53) 전게서, "[i]n light of our accepted premises about both the constitutional necessity and sufficiency of an independent judicial forum, there is, on the whole, all the difference in the world between the two forms of prior restraint."

54) Redish, 60–61쪽.

55) Redish, 76–77쪽.

56) Note, Alec Harrell, "Who Cares about Prior Restraint? An Analysis of the FCC's Enforcement of Indecency Forfeiture Orders," 70 S.Cal.L.Rev. 239, 261 (1996).

57) 380 U.S. 51 (1965).

하였다.

> 검열자의 업무는 검열이며 자유로운 표현에 대해 국민들이 헌법상 보장받는 법익에 법원과 같이 독립적인 정부기관에 비해 적절히 대응하지 못할 위험이 있다. 사법적 판단을 받기가 시간상 또는 다른 이유로 과도하게 부담스러운 경우 검열자의 판단이 실질적으로 최종판단이 될 수도 있다.59)

Henry Monaghan은 규제를 목적으로 하는 행정기구의 판정에 대한 신속한 사법심사의 중요성과 이유에 대해 다음과 같이 말하였다.60)

> 우선 장기간의 임명기간은 대부분의 판사들을 직접적인 정치적 압력으로부터 자유롭게 한다. 사법적 격리는 공정한 판단을 도와주며 더욱 중요한 것은 법원이 이슈들에 대해 "장기적인 안목"을 갖도록 허용한다. 행정기구, 특히 주정부의 행정기관들은 그렇게 격리되어 있지 못하다. 이 기관들은 가끔은 주로 정치적 도구인 것처럼 보인다. 둘째 행정가의 역할은 공정한 판정가의 그것이 아니라 전문가의 그것이며 행정기관의 관점을 필연적으로 좁고 제한적으로 만든다. …법원들은 이와 달리 태생적인 근시안을 앓고 있지 않다. 판사들은 매일 다양한 상황들에 대처해야 하고 이는 과도한 편협성으로부터 비롯될 수 있는 단점을 많이 제거해 줄 것이다.61)

결론적으로 행정기관에 의한 위법성 판정은 Bantam Books와 같은 사후적인 조치이든 Freedman에서와 같은 사전적인 조치이든 즉각적이고 신속한 사법심사가

---

58) 세 가지 안전장치란 검열자가 특정표현물에 대해 위법하다는 판단을 한 경우에는 첫째 검열자가 사법심사를 시작할 것, 둘째 검열자가 이 사법심사를 통해 위법성을 증명할 입증책임을 가질 것, 그리고 셋째 사법심사는 최대한 신속히 이루어져야 한다는 것이다. 전게서.

여기서 최대한 신속하다는 것은 영화의 음란성 판단의 경우 1-2일 정도를 뜻하는 것으로 보인다. Universal Film Exchanges, Inc. v Chicago, 288 F Supp 286 (1968, DC Ill.).

Freedman판결은 모든 행정적 규제에 대해 사법적 안전장치의 요건을 부과하는 '진보적인' 판결로 이해되고 있다. 하지만, 위헌판단을 받은 제도는 사전제출의무가 있는 검열제도였음에도 불구하고 합헌이 될 수 있는 가능성을 열어주었다는 면에서, 고전적인 사전제재법리의 관점에서는 도리어 '모든 사전제재는 위헌이다'라는 절대금지의 입장에서 퇴보하는 것이 된다. 그러나 실제로 그 가능성은 현실이 되지는 않았다. 미국 뿐만 아니라 전세계 어디에도 사전제출의무가 있는 검열의 경우 Freedman판결이 제시한대로 신속한 후속사법절차를 구비하였다고 해서 합헌으로 받아들여지는 경우는 없다.

59) "Because the censor's business is to censor, there inheres the danger that he may well be less responsive than a court —part of an independent branch of government— to the constitutionally protected interests in free expression. And if it is made unduly onerous, by reason of delay or otherwise, to seek judicial review, the censor's determination may in practice be final. In other words, the mere possibility of future judicial review of a board's determination of indecency provides inadequate protection for speech that ultimately may be found to be non-obscene, and therefore constitutionally protected." 즉 저속성에 대한 검열위원회의 판단이 장차 사법적으로 심사될 것이라는 가능성만으로는 음란하지 않은 헌법적으로 보호되어야 하는 표현에 대한 충분한 보호가 되지 않는다는 것이다.

60) Henry P. Monaghan, First Amendment "Due Process," 83 Harv. L. Rev. 518 (1970).

61) Monaghan, 522-523.

따라주지 않는 한 사전제재로 평가받게 된다.[62)]

라. 명확성의 원칙과 행정/사법 차이

한 가지 더 유의할 점은 Bantam Books에서도 우리는 미연방대법원이 다음과 같이 명확성의 원칙과 사전제재 법리와의 접점을 확인함을 알 수 있다는 것이다. "더우기 법률상 위원회의 역할은 모호하고 유용하지 않으며 위원회는 이를 더욱 분명히 하기 위해 아무 것도 하지 않았다. 간행물들은 더 이상의 자세한 설명없이 '불온하다'고 적시된다. 유통인은 위원회의 판단이 그 간행물이 음란하다는 것인지 또는 단순히 청소년도덕에 해롭다는 것인지 알 수 없다."[63)]

William Mayton은 "행정가의 최대 관심사는 그가 수행하는 특정한 정부프로그램—예를 들면 국익을 훼손하는 문헌들의 출판을 저지하는 일—자연스럽게 표현의 자유라는 가치에 비해 그 프로그램의 수행에 비중을 둘 수밖에 없다. … 행정가가 표현의 자유라는 가치에 무감각한 경우에는 보통 모호할 수밖에 없는 기준에 무감각이 더해지면 그 해악은 폭증한다."[64)] 즉 이와 같은 상황에서는 사법가가 정치적인 기관들에 대한 감시를 수행하는 것이 더욱 중요해진다.

Michael Meyerson은 사전제재법리와 명확성의 원칙의 관계에 천착하며 거꾸로 행정기관이 사용하는 잣대가 명백하여 사법부에 의한 즉각적인 심사는 아니라고 할지라도 추후에 행정기관의 재량의 행사가 위법이었음을 판단하기가 용이한 경우에는 사전제재가 아닐 수 있다고 하였고 실제로 이와 같은 판례를 언급한다.[65)]

마. 보론 : Bantam Books의 추가적인 교훈들

이외에도 Bantam Books대Sullivan 사건은 우리에게 두 가지 추가적인 시사점

62) 행위에 대한 행정기관의 위법성 판단은 그렇다면 왜 사전적인 제재로 인정되지 않을까? 이것은 행위의 폭력성과 표현의 비폭력성의 차이로서 정당화해야 할 것으로 보인다. 예를 들어 변호사법 위반 여부에 대해 변호사협회에서 판단을 내리는 것은 Freedman식의 사법심사가 보장되지 않는다고 할지라도 위헌판단을 받지는 않는다. 이는 표현이 행위에 비해 더욱 보호되어야 할 가치가 높기 때문인 것으로 보인다.

63) Moreover, the Commission's statutory mandate is vague and uninformative, and the Commission has done nothing to make it more precise. Publications are listed as "objectionable" without further elucidation. The distributor is left to speculate whether the Commission considers this publication obscene or simply harmful to juvenile morality. For the Commission's domain is the whole of youthful morals.

64) Mayton, 250쪽.

65) 공원 사용에 대한 신청을 선착순으로 받는 시스템에 대한 합헌결정. Cox v. New Hampshire, 312 U.S. 569, 574-576 (1941).

을 던져준다. 첫째 청소년도덕함양위원회는 불온서적의 판매인들에게 통지하였지만, 이 소송의 원고인 발행인들에게는 아무런 통지를 하지 않았다는 내용이었다. 즉 발행인들은 아무런 법적 피해를 당할 이유가 없었으며 이러한 이유로 원고적격이 문제가 될 수 있었다. 이에 대해 미연방대법원은 다음과 같이 판시하였다.

> 만약 이것이 민사소송이었다면 [위원회가 위법성 판단을 통지하는 행위는] 영업관계에 대한 방해에 대한 손해배상청구가 가능하였을 것이다. …영업관계 방해가 공권력 행사의 결과물인 것은 원고적격에 영향을 미치지 못한다. …그리고 언론의 자유에 대한 헌법적 보장은 서적의 유통뿐만 아니라 서적의 출판도 보장하며 위원회의 활동의 직접적이고 명백한 목표는 원고가 출판한 책의 로드아일랜드 내에서의 유통을 제한하는 것이었다. 마지막으로 현실적인 고려를 해보면 이와 같은 사건에서 원고는 반드시 원고적격이 부여되어야 한다. 유통인이 책 몇 권을 팔지 못하게 된다고 해서 자신의 권리를 보전받기 위해 사법적 구제를 청구할 정도로 중대한 경제적 피해를 보지는 않는다. 발행인은 자신이 발행한 책에 들어간 투자금을 회수하지 못하도록 하기 때문에 경제적 지분이 더 크다. 발행인이 소송원고가 되지 못한다면 이 사건의 표현의 자유에 대한 침해는 아무런 구제를 받지 않을 가능성이 크다.

둘째, 미연방대법원은 위원회가 서적판매상들에게 그들의 법적 권리만을 고지하였을 뿐 직접 규제를 하지 않았다는 주장에 대해서는 다음과 같이 판시한다.

> 물론 상고인들의 책이 압수되거나 주정부에 의해 금서처분을 받지는 않았고 아무도 그 책의 소지나 판매를 이유로 처벌되지도 않았다. 그러나 위원회가 비공식적인 징계—법적 징계를 언급한다거나 강압, 설득 또는 공갈의 다른 방식들을 언급하는 것—에 머물러 있기는 하지만 위원회는 의도적으로 출판물들을 억제하기 위해 노력하였고 그 노력은 성공적이었다. 우리 법원은 형식을 꿰뚫어 실질을 보고 비공식적인 검열도 출판물의 유통을 충분히 방해할 수 있음을 확인하였다….66) 사람들은 공직자들이 자신들의 말을 듣지 않으면 형사절차를 개시할 것이라는 엷게 가려진 위협을 쉽게 무시하지 못한다. 이 사건에서 반박되지 않은 증거로 입증된 [유통인]의 반응은 일반원칙에서 벗어나지 않았다. 위원회의 통지서는 거의 명령과 같은 문구를 가지고 있으며 유통인들에게도 그렇게 이해되었고 항상 경찰의 방문이 뒤를 이었고 그 내재된 힘만으로 목록에 오른 서적의 유통을 중단시켰다. 불온서적목록을 법적 조언이라고 주장하는 주정부를 신뢰하기에는 이 목록은 너무 자명하게 음란법과 독립적으로 구동하는 규제의 도구로 봉사하고 있다.67)

66) We are not the first court to look through forms to the substance and recognize that informal censorship may sufficiently inhibit the circulation of publications to warrant injunctive relief. Bantam Books, __쪽.

67) People do not lightly disregard public officers' thinly veiled threats to institute criminal proceedings against them if they do not come around, and Silverstein's reaction, according to uncontroverted testimony, was no exception to this general rule. The Commission's notices, phrased

위의 두 가지 판시는 현재 우리나라의 인터넷규제가 인터넷이용자에 대한 규제가 아니라 인터넷서비스제공자에 대한 규제의 형태를 취하면서 발생하는 법률적 문제에 대한 일단의 해결책을 제시한다. 즉 방송통신심의위원회가 특정 게시물에 대한 삭제 "권고"를 인터넷서비스제공자에게 하여 그 게시물이 삭제되는 경우 과연 이용자는 방송통신심의위원회의 삭제 "권고"에 대해 위헌소송을 제기할 수 있는가의 문제 말이다. 어찌되었든 보론의 내용은 Sullivan대Bantam Books를 자세히 살펴보는 흔치않은 기회를 이용한 것 정도로만 양해해주길 바라며 본 논문의 주제와는 상관이 없다.

바. 소 결

미연방대법원은 Bantam Books판결에서 압도적인 8대1의 판결로, 사법심사로 제어되지 않는 행정기관의 행위는 사후심의의 형태로 이루어지더라도 위헌적인 사전제재(prior restraint)에 해당한다며 관련 법규 전체에 대해 위헌판결을 내렸다. 그리고 Freedman판결에서 위와 같이 행정기관의 행위를 합헌화하기에 필요한 사법심사의 요건을 절차의 개시의무, 입증책임 및 신속한 개시 등으로 명시하였다. 이후 Bantam Books판결과 Freedman판결은 사법적인 판단이 있기 전 또는 사법적인 판단이 즉각적으로 따라주지 않는 행정기관의 표현물에 대한 위법성 판단은 사전제재라는 법리를 수립하였다. 특히 Freedman판결이 사전제출의무가 있는 행정규제에 대해 적용되었음을 음미해보면 '사전성' 보다는 '사법심사의 여부'가 위헌성 판단의 더욱 중요한 기준으로 부각되었음을 알 수 있다.

3. 사전제재 원리의 현대적 변이 : 명확성의 원칙의 부각과 매체의 특수성의 중요성

Near, Bantam Books, 그리고 Freedman판결들은 결과적으로는 미국에서 이 3장에서 다루어지는 방송의 경우나 명백한 위법성기준을 이용하는 경우를 제외하고는 모든 행정기관에 의한 내용규제를 사라지게 만든다. 현재 미국에서는 공중파방송의 내용을 사후적으로 규제하는 연방통신위원회 외에는 내용규제기관은 없다.

---

virtually as orders, reasonably understood to be such by the distributor, invariably followed up by police visitations, in fact stopped the circulation of the listed publications ex proprio vigore. It would be naive to credit the State's assertion that these blacklists are in the nature of mere legal advice, when they plainly serve as instruments of regulation independent of the laws against obscenity. Bantam Books, 69쪽.

가. 명확성의 원칙

위에서 살펴보다시피 Bantam Books대Sullivan과 Near대Minnesota는 사전제재에 대한 서로 다른 법원(法源)을 구성하고 있다. 전자는 즉각적이고 신속한 사법심사가 보장되지 않은 행정권에 의한 표현물의 위법성 판단은 위헌이라는 것이고 후자는 바로 그와 같은 사법심사가 있다고 할지라도 장래효를 가진 명령이 불분명하여 표현의 발화자에게 실질적으로 사전제출의무를 부가할 경우 위헌일 수 있다는 것이다.

그러나 위의 두 법원은 명확성의 원칙에서 합류한다. 즉 Near대Minnesota는 일견 사후적인 법원명령이 사전적인 의미를 갖는 이유는 법원명령이 정한 위법의 범위가 불분명하기 때문이고, Bantam Books대Sullivan 역시 행정기관이 이용한 위법성의 기준의 모호함을 언급하고 있다.

그렇다면 명확성의 원칙을 충족시킨다면 Freedman류의 사법심사를 동반하지 않는 행정기관의 위법성 판단도 합헌이 될 수 있을까?

Pittsburg Press 대 Pittsburg Human Relations Commission[68)]

1969년까지 Pittsburg Press라는 신문은 구인광고란을 여성란과 남성란으로 구분하여 게재하였고 피츠버그인간관계위원회는 이와 같이 남녀를 구분하는 것이 고용상의 성차별을 금지하는 시조례를 위반한다고 판단하여 구인광고란을 여성란과 남성란으로 구분하지 못하도록 하는 시정명령을 내렸다. 이에 대해 Pittsburg Press는 펜실베니아주 법원에 항소하였으나 시조례가 남녀차별금지로부터 면책된다고 명시한 직업들(예를 들어, 가사노동)은 시정명령에서 제외된다는 것 외에는 모든 면에서 시정명령은 합법적이라는 판단을 받았다. Pittsburg Press는 이와 같은 시정명령을 미연방대법원에 상고하였다.

미연방대법원은 다음과 같이 판시하였다.

> 사전제재의 특별한 해악은 의사소통이 제1수정조항상 보호되어야 하는지에 대한 충분한 판단이 있기 전에 그 의사소통을 직접 또는 소통자를 과도하게 신중하게 만듦으로써 억제한다는 것이다. 이번 시정명령은 보호여부가 논란이 될 만한 언사를 제압하지 않는다. 이 시정명령은 계속해서 유지되는 반복적 행위에 대한 것이기 때문에 법원은 이 언사가 표출되었을 때의 결과에 대해서 예측할 필요가 없다. [New York Times Co. v. United States, 403 U.S. 713 (1971)] 더욱이 시정명령은 명확하고 필요 이상으로

68) 413 U.S. 376 (1973).

광범위하지 않다. 그리고 가처분(interim relief)이 신청되지 않았으므로 우리 법원이 Pittsburg Press의 행위가 헌법상 보호범위에 포함되지 않는다는 종국적인 결정을 내리기 전까지 시정명령은 집행되지 않았다.[69)]

Near대Minnesota에서 Saturday Press는 "악의적이고 비방적이고 명예훼손적인 기사를 게재하지 않을 것"을 명령받았고 Pittsburg Press는 "여성과 남성을 구분하지 말라"는 판단을 받았다. 미연방대법원은 후자의 경우 너무나 명백하여 나중의 광고물들의 위법성 판단에 있어 행정권의 재량은 제한되므로 사전제재의 법리가 적용되지 않는다고 본 것이다. 이 결정은 사실 Meyerson이 언급한 Cox대New Hampshire[70)](공원의 사용신청을 선착순으로 받겠다고 한 행정명령) 판결과도 궤를 같이 한다. 여기서는 사전제출의무가 있음에도 불구하고 행정권의 재량이 거의 제로에 가깝게 제한되기 때문에 사전제재금지법리에 해당하지 않는다고 판시하였던 것이다. 결국 행정기관의 사후심의이든 사전심의이든 명확성이 극도로 강력하여 행정기관이 검열을 할 수 있는 재량이 전혀 없다면 허용될 수 있다는 것이다.

나. 매체의 특수성

또 하나 방송이라는 매체가 전면에 등장하면서 사전제재법리에 변화가 발생하였다. 즉 방송과 같이 전파자원의 희소성이 존재하는 매체에 대해서는 행정기관의 사후심의는 허용이 되게 된 것이다.

FCC 대 Pacifica Foundation 사건[71)]

Pacifica Foundation에서 운영하는 라디오의 한 방송프로그램에서 한 풍자가가 현대사회의 언어에 대한 태도를 비평하기 위해 다양한 종류의 욕설을 12분간 반복하였고 이에 대해 연방통신위원회(Federal Communication Commission)는 기 방송된 내용을 '저속하다'는 판정을 한 후 그 내용을 통지하고 '이 판정은 면허의 갱신여

69) The special vice of a prior restraint is that communication will be suppressed, either directly or by inducing excessive caution in the speaker, before an adequate determination that it is unprotected by the First Amendment. The present order does not endanger arguably protected speech. Because the order is based on a continuing course of repetitive conduct, this is not a case in which the Court is asked to speculate as to the effect of publication. Cf.New York Times Co. v. United States, 403 U.S. 713, 91 S.Ct. 2140, 29 L.Ed.2d 822 (1971). Moreover, the order is clear and sweeps no more broadly than necessary. And because no interim relief was granted, the order will not have gone into effect before our final determination that the actions of Pittsburgh Press were unprotected.

70) 312 U.S. 569, 574–576 (1941).

71) 438 U.S. 726 (1978).

부가 판단될 때 고려될 것이며 추후에 민원이 추가로 제기될 경우 징계여부를 결정하겠다'라고 덧붙였다.

방송 당시 통신법(Communications Act) 326조는 위헌판단을 피하기 위해 검열(censorship)을 금지하는 조항을 갖추고 있었으며 미연방대법원은 위와 같은 저속함의 판단이 검열에 해당하는가에 대해 판단을 하였다. 미연방대법원은 프로그램 내용을 사전에 검토하는 것만이 검열에 해당한다고 하였다.

그리고 미연방대법원은 저속함에 대해서 판단을 할 수 있다고 결정하면서 다음과 같이 판시한다.

> 모든 의사소통의 방식 중에서 방송은 가장 한정된 표현의 자유상의 보호를 받는다. 그 이유는 그 표현방식이 우리 국민들의 일상에서 차지하는 독특한 침투성(pervasiveness)[72) 때문이다. 방송은 우리 가정의 사적공간으로 침투하며 명백히 불쾌한 내용을 피하는 것이 어려워진다. 또 방송은 특히 어린이들이 쉽게 접근할 수 있다.

위의 사건에서는 재미있게도 원고가 Bantam Books판결에 근거한 주장을 하지 않은 듯하다. 판결도 Bantam Books판결이 모든 행정적 사후심의에 Freedman방식의 사법심사를 요청하였음을 완전히 무시하고 있는 듯하다. 물론 Bantam Books 판결을 저술한 Brennan 판사 등은 강력한 소수의견을 첨부하였다.

Action for Children's Television v. FCC[73)]에서는 FCC의 과징금(forfeiture)제도의 위헌성을 구하는 소송이 제기되었다. 원고측은 Bantam Books대Sullivan에 근거하여 사법적 심사가 존재하지 않는 것에 대한 문제를 제기하였으나 DC지구 연방항소법원은 역시 위와 같은 방송의 특수성을 언급하며 합헌결정을 하였다.

물론 방송의 특수성에 대한 논의는 아이러니하게도 Reno대ACLU결정에서 미연방대법원이 거꾸로 인터넷의 상대적인 개방성과 참여증진성을 언급하며 '저속성' 판단을 할 수 없다고 함으로써 그 정점에 다다르게 되었음은 공지의 사실이다. 물론 Reno대ACLU결정은 행정기관이 개입한 적이 없기 때문에 사전검열이나 사전제재에 관한 내용은 전혀 아니다.

---

72) "Of all forms of communication, broadcasting has the most limited First Amendment protection. Among the reasons for specially treating indecent broadcasting is the uniquely pervasive presence that medium of expression occupies in the lives of our people. Broadcasts extend into the privacy of the home and it is impossible completely to avoid those that are patently offensive. Broadcasting, moreover, is uniquely accessible to children."

73) 59 F.3d 1249 (D.C. Cir. 1995).

다. 소 결

현대의 사전제재 원리는 행정권에 의한 표현의 위법성 판단은 Bantam Books 대Sullivan판결에 의해 그 즉시 위헌이거나 Freedman대Maryland판결에 의해 즉각적이고 신속한 사법심사의 요건을 부과하는 형식으로 허용될 수 있으나, 이 결과들은 (1) 방송과 같은 매체의 특수성과 (2) 행정권의 위법성 판단의 기준의 명확성에 의해 완화될 수 있다. 물론 여기서의 명확성은 극도로 높은 수준의 명확성이다. Pittsburg와 같이 "성별을 구분하고 있는가"와 같이 위법여부가 매우 명확한 경우로 한정된다.

4. 결론 및 우리나라 헌재 결정들과의 비교

미국의 사전제재금지법리를 정리하자면 다음과 같다.

(1) 사전제출의무가 있는 검열제도는 모두 위헌이다.

(2) 사전제출의무가 없는 검열제도, 즉 사후심의 역시 다음의 경우 위헌이다.

(가) 행정기관에 의해 이루어지는 경우(Bantan Books대Sullivan)

(나) 사법기관에 의해 이루어지며 그 기준이 극도로 불분명한 경우 (Near대Minnesota)

(3) 행정기관에 의한 사후심의의 경우 다음과 같은 위헌성이 완화될 수 있다.

(가) 매체가 방송과 같이 희소성이 있는 경우(FCC대Pacifica Foundation)

(나) 판단기준이 극도로 명백하여 재량의 행사여지가 없는 경우(Cox대 New Hampshire 또는 Pittsburg Press대Human Relations Commission)

(다) 즉각적이고 신속하며 규제자가 입증책임을 가지는 사법심사가 뒤따를 경우(Maryland대Freedman)

위와 같은 결론의 우리나라에서의 의미를 새겨보기 위해 이와 같은 구도를 우리나라의 헌재 결정 두 건과 비교해보고자 한다.

가. '불온통신규제' 위헌결정[74)]

위 사건에서 헌법재판소는 공공의 안녕질서 또는 미풍양속을 해하는 통신을 금하는 전기통신사업법 제53조 1항 자체는 물론 정보통신부장관이 전기통신사업자로 위와 같은 통신의 취급을 거부 · 정지 또는 제한하도록 명할 수 있도록 규정

74) 헌재 2002. 6. 27, 99헌마480, 전기통신사업법 제53조 등 위헌확인.

한 같은법 제53조 제 3 항이 위헌이라고 판시하였다. 그 이유로는 "전기통신사업법 제53조는 "공공의 안녕질서 또는 미풍양속을 해하는"이라는 불온통신의 개념을 전제로 하여 규제를 가하는 것으로서 불온통신 개념의 모호성, 추상성, 포괄성으로 말미암아 필연적으로 규제되지 않아야 할 표현까지 다함께 규제하게 되어 과잉금지원칙에 어긋난다. 즉, 헌법재판소가 명시적으로 보호받는 표현으로 분류한 바 있는 '저속한' 표현이나, 이른바 '청소년유해매체물' 중 음란물에 이르지 아니하여 성인에 의한 표현과 접근까지 금지할 이유가 없는 선정적인 표현물도 '미풍양속'에 반한다 하여 규제될 수 있고, 성(性), 혼인, 가족제도에 관한 표현들이 "미풍양속"을 해하는 것으로 규제되고 예민한 정치적, 사회적 이슈에 관한 표현들이 "공공의 안녕질서"를 해하는 것으로 규제될 가능성이 있어 표현의 자유의 본질적 기능이 훼손된다고 하였다.

또 헌법재판소는 위와 같은 결론에 노정된 설시 중에서 필자가 주목하는 것은 다음의 세가지이다. 헌법재판소는 우선 실제 위헌심사기준에 의한 심사에 들어가기 전에 다음과 같이 판시하였다.

> [1] 그리하여, 위와 같은 불온통신에 대한 정보통신부장관의 취급거부・정지・제한명령제도는 전통적인 통신수단인 유선전화 내지 무선전화를 통해 유통되는 정보뿐만 아니라, 이른바 피씨(PC)통신이나 인터넷 등 '온라인매체'를 통해서 유통되는 정보를 규제하는 주요수단으로 기능하고 있다.
> 이러한 불온통신 규제제도는 다음과 같은 구조와 특성을 지니고 있다.
> 첫째, 정보통신부장관이라는 행정권력에 의해 표현의 자유에 대한 직접적인 내용규제가 이루어진다.
> 둘째, 그 규제의 법적 구조가 정보통신부장관—전기통신사업자—전기통신이용자의 삼각구도로 짜여져 있어, 명령 및 처벌의 대상자는 전기통신사업자이지만, 그로 인하여 실질적으로 표현의 자유를 침해받는 자는 이용자가 된다. 명령 및 처벌의 객체와 표현의 자유를 제한당하는 객체가 분리될 뿐 궁극적으로는 형사처벌의 담보하에 표현의 자유에 대한 규제가 행하여진다. 한편 전기통신이용자는 규제조치의 상대방이 아닌 제 3 자로서 행정절차에의 참여, 행정소송의 제기 등 권리구제의 면에서 어려움을 겪게 된다.
> 셋째, 형식적으로는 표현의 자유에 대한 사후제한이지만, 이용자—전기통신사업자 및 전기통신사업자—정보통신부장관의 역학관계에 비추어 볼 때 전기통신사업자는 정보통신부장관의 취급거부 등 명령이 없더라도 미리 사용약관 등에 의하여 이용자의 통신내용을 규제하고 이에 따라 이용자는 스스로 조심할 수밖에 없는, 실질적으로는 상시적인, 자체 검열체계로 기능하기 쉽다(번호—편집자).

헌법재판소는 그리고 과잉금지원칙상의 심사에 있어 다음과 같은 판시도 하였다.

[2] 온라인매체상의 정보의 신속한 유통을 고려한다면 표현물 삭제와 같은 일정한 규제조치의 필요성 자체를 부인하기는 어렵다고 하더라도, 내용 그 자체로 불법성이 뚜렷하고, 사회적 유해성이 명백한 표현물—예컨대, 아동 포르노, 국가기밀 누설, 명예훼손, 저작권 침해 같은 경우가 여기에 해당할 것이다—이 아닌 한, 청소년보호를 위한 유통관리 차원의 제약을 가하는 것은 별론으로 하고, 함부로 내용을 이유로 표현물을 규제하거나 억압하여서는 아니 된다. 유해성에 대한 막연한 의심이나 유해의 가능성만으로 표현물의 내용을 광범위하게 규제하는 것은 표현의 자유와 조화될 수 없다.…
[3] 불온통신 규제의 주된 대상이 되는 매체의 하나는 인터넷이다. 인터넷은 공중파방송과 달리 "가장 참여적인 시장", "표현촉진적인 매체"이다. 공중파방송은 전파자원의 희소성, 방송의 침투성, 정보수용자측의 통제능력의 결여와 같은 특성을 가지고 있어서 그 공적 책임과 공익성이 강조되어, 인쇄매체에서는 볼 수 없는 강한 규제조치가 정당화되기도 한다. 그러나 인터넷은 위와 같은 방송의 특성이 없으며, 오히려 진입장벽이 낮고, 표현의 쌍방향성이 보장되며, 그 이용에 적극적이고 계획적인 행동이 필요하다는 특성을 지닌다. 오늘날 가장 거대하고, 주요한 표현매체의 하나로 자리를 굳힌 인터넷상의 표현에 대하여 질서위주의 사고만으로 규제하려고 할 경우 표현의 자유의 발전에 큰 장애를 초래할 수 있다. 표현매체에 관한 기술의 발달은 표현의 자유의 장을 넓히고 질적 변화를 야기하고 있으므로 계속 변화하는 이 분야에서 규제의 수단 또한 헌법의 틀 내에서 다채롭고 새롭게 강구되어야 할 것이다(번호—편집자).

황성기는 위의 결정에 다음과 같이 평가한다. "헌법재판소의 이번 위헌결정은 인터넷 등 온라인매체에 대한 내용적 규제의 한계문제를 본격적으로 다루었다는 점에서 매우 중요한 의미를 지닌다. 따라서 1997년에 판시된 미국 연방대법원의 Reno v. ACLU판결에 버금가는 의미를 지니고 있다고 볼 수 있다. 뿐만 아니라 위헌결정을 내리는 논리에 있어서도 인터넷을 비롯한 온라인매체를 '가장 참여적인 시장(the most participatory marketplace)', '표현촉진적인 매체(speech-enhancing medium)'라고 인정함으로써, 미국 법원의 논리를 많이 원용했음을 알 수 있다."

황성기의 위와 같은 평가에 전적으로 동의하지만 이는 헌법재판소 판시의 [3]에 국한된 것이다.

위의 판시 [1]을 보라. 행정권력에 의한 표현의 자유 규제에 대한 경계, 그리고 사법적 구제가 어려운 상황에 대한 경계, 그리고 표현의 발화자가 아닌 유통자에 대한 규제도 곧 발화자에 대한 규제가 된다는 통찰 등은 모두 Bantam Books 대Sullivan이 어눌하게 표현하였던 것을 더욱 체계적인 언어로 정리한 것이다.[75]

75) 황성기는 '불온통신' 결정 자체에 대한 평가보다는 일반적인 문제제기로서 다음과 같은 논평을 한다. "불법정보에 대한 궁극적인 판단권은 사법부에 있다는 점이다. 즉 문제되는 정보가 불법인지 여부에 대한 궁극적인 판단권은 법원을 비롯한 사법부에 있다. 따라서 비록 그 대상이 불법정보에 국한한다고 하더라도, 사법부에 의한 궁극적인 판단이 이루어지기 이전에 행정기관에 의

그리고 위의 판시 [2]를 보라. "온라인매체상의 정보의 신속한 유통을 고려한다면 내용 그 자체로 불법성이 뚜렷하고, 사회적 유해성이 명백한 표현물—예컨대, 아동 포르노, 국가기밀 누설, 명예훼손, 저작권 침해 같은 경우가 여기에 해당할 것이다—이 아닌 한, … 함부로 내용을 이유로 표현물을 규제하거나 억압하여서는 아니 된다"는 판시는 Near대Minnesota가 표현의 자유를 규제하는 한 사법부의 명령에도 부과되어야 한다며 들이대었던 명확성의 원칙의 재구성이다. 물론 이와 같은 유사점은 일견 표면적으로 보일 수도 있다. Near대Minnesota는 '악의적이고 비방적이고 명예훼손적인 표현은 금지한다'라는 명령을 내릴 수 있도록 허용하는 법률이 위헌이라고 판단한 것이고 '불온통신' 결정은 바로 '미풍양속' 등의 기준 자체가 위헌이라고 판단한 것이다. 그러나 위에서 설명하였듯이 법률의 기준이 명확하였다면 Near에서의 법률은 합헌판단을 받았었을 것이다. 위에서 말했듯이 Near판결에 대한 상식적 해석에 따르면 법원명령 일반에 관한 판시가 아니고 그 법원명령이 집행하고자 하는 위법기준이 모호성에 관한 판시이었기 때문이다.

한 가지 의문점은 헌법재판소가 '공공의 안녕질서' 및 '미풍양속'과 '아동포르노, 국가기밀누설, 명예훼손, 저작권 침해' 사이에는 너무나 큰 간극이 존재한다는 것이다. 위의 [2]의 판시를 자세히 읽어보면 '온라인이기 때문에' 후자와 같은 규제가 가능하다는 것처럼 읽히는데 실제로 오프라인 상으로는 예를 들어 아동포르노가 아닌 일반음란물에 대한 규제가 가능한지만 온라인상으로는 불가능하다는 것인지 확인이 필요하다. 그리고 만약 그렇다면 온라인에서는 더욱더 엄격한 명확성이 요구된다는 의미인데 그렇다면 방송과 전화 사이에서 인터넷을 전화에 더욱 가까운 참여촉진적인 매체로 규정하면서 '저속성'규제에 대해 위헌결정한 Reno대ACLU를 넘어서서 오히려 전화와 같은 오프라인 매체보다 인터넷을 더욱 규제로부터 자유롭게 하는 급진성을 보여주는 것이다.

물론 "…위헌결정… 이후 정보통신부는 새로운 입법개선안을 2002. 8. 1. 입법예고하였고, 공청회를 거치면서 의견을 수렴하여 일부 수정한 다음 국회에 제출하였다. 그리고 국회는 2002. 11. 8. 그 대상범위를 불법정보에 국한하는 형태로 정보통신부장관의 취급거부·정지·제한명령제도를 존치시키는 전기통신사업법중개정법률안을 의결하였다.[76]" 이 개정법은 당연히 '내용 그 자체로 불법성이 뚜렷하고, 사회적 유해성이 명백한 표현물—예컨대, 아동 포르노, 국가기밀 누설, 명예훼

한 규제조치가 발동되는 것이 과연 정당한가의 문제가 제기될 수 있다." 필자는 헌재의 '불온통신'결정은 이미 위와 같은 주장을 위의 [1]의 판시를 통해 상당부분 진전시키고 있다고 주장하는 것이다.

76) 황성기의 전게서(한양법학).

손, 저작권 침해 같은 경우'보다 훨씬 폭이 넓은데 이 개정법에 대한 위헌제청이 제기될 경우 어떻게 결정이 이루어질지 흥미롭다.

다시 정리하면 우리 헌재의 2002년 불온통신규제 결정은 위의 세 가지 요소를 모두 포괄하고 있다. 첫째 Bantam Books판결의 사법심사로 통제되지 않는 행정기관의 표현의 위법성 판단에 대한 경계를 배경으로 하고 둘째 Reno대ACLU가 다룬 매체의 특수성을 성실히 다루었고 셋째 "불온통신"개념을 명확성의 원칙에 따라 심사하면서 표현물의 내용만으로 명백성이 위법한 사례들을 설시하여 Near대Minnesota판결의 정신을 담아내고 있다.

[2008년 9월 19일 헌법실무연구회에서는 발표문에 방송광고사전심의 위헌결정(헌재 2008. 6. 26, 2005헌마506 방송법 제32조 제2항 등 위헌확인)에 대한 평석도 포함하였고 "상업광고에 대해서도 사전제재금지법리가 동일하게 적용되어야 한다"는 취지의 내용을 담고 있었으나 이 내용은 이 논문의 주제와도 상당히 동떨어져 있고 당시 토론에 참여하였던 김진한 연구관의 지적을 겸허히 수용하여 추가 연구를 해본 결과 저자의 의견이 상당히 바뀌게 되었기 때문에 여기서는 생략하기로 한다—저자]

第87回 발표회 지정토론문

박 진 애*

헌법실무연구회에 토론자로 참석하여 여러분들을 뵙고 많은 가르침을 얻을 수 있는 기회를 주셔서 감사드립니다.

박경신 교수님의 "미국의 사전제재법리, 3권분립 그리고 명확성의 원칙의 상관관계"라는 제목의 발표문을 통해 사전검열 법리의 원천에서부터 미국법원의 판단이 어떻게 이루어져 왔고 변화해 왔는지에 대해 잘 알 수 있었습니다. 대륙법계에 속하는 우리나라와는 달리 귀납적 사고로 법인식을 하며 구체적 사안에 터 잡은 구체적 정의실현을 통해 법원리를 발견 내지 발전시켜 나가는 미국의 판례는 우리들의 법적 사고에 새로운 영감을 주는 좋은 도구임을 다시 한 번 확인하는 바입니다. 오늘 이 자리에 참석한 토론자로서 발표자와 다른 주장을 하며 논쟁을 할 부분은 찾지 못하였고 과문한 탓에 발표문 행간의 뜻을 잘 읽어내지 못하여 가진 의문이나 우리나라나 독일의 상황과 관련하여 떠오르는 이런저런 질문들이 있어서 이를 여쭙는 것으로 토론에 갈음하려고 합니다.

1. 미국의 사전제재 법리와 한국의 사전검열 법리가 같은 뿌리를 갖는다고 언급하시며 발표문을 시작하시고 계시는 부분에서 각주 1번이 공란 처리되어 있는 까닭에 그 구체적인 내용을 밝혀주십사 부탁드립니다.

독일의 경우 19세기 출판의 자유를 위한 투쟁의 결과 검열금지의 원칙이 확립되었고 1815년에서 1848년 3월 혁명까지의 기간(Vormärz)동안 자유주의가 신장되면서 1948년 제국헌법 제143조 제2항에 명문화되었습니다. 그 후 프로이센 헌법 제27조 제2항에서 문구가 단순화되었고, 이어 바이마르 헌법 제118조 제2항에서 오늘날의 독일기본법 제5조 제1항 제3문의 문구("Eine Zensur findet nicht statt")로 이미 정착되었습니다. 출판의 자유에서 출발하여 오늘날 "독일기본법 제5조의 기본권에 의해 의도되거나 이미 행해진 행동에 대한 의사형성 및 정보의 배포에 관하여 관청이 행하는 계획적인 심사를 금지하는 것"으로 이해되고, 나아가 의사표현의 내용에 대한 통제뿐만 아니라 정보원에 대한 통제까지도 포괄하는 원칙으로 자리잡았습니다. 또한 역사적인 맥락에 따라 독일기본법 제5조 제1항 제

* 법학박사, 성균관대학교 연구교수.

3 문의 검열은 사전검열금지(Verbot der Vorzensur)로 이해되고 있습니다. 그리고 이 조문은 기본권의 제3자효가 배제되는 전적으로 국가에게만 정향되어 있고 사인간의 문제에 있어서는 사법 내지 노동법의 문제로 다루어집니다. 그러나 이 경우에도 미디어자율통제기구들이 검열기관으로 등장하는 경우 사안은 복잡해집니다. 예를 들어 영화산업 자율통제기구의 구성원 중 반 이상이 연방과 주의 업무에 관여하는 자들인 경우 영화를 통제하는 데에 국가의 목소리를 내게 되고 결국 검열금지원칙에 저촉될 수 있는 가능성이 있기 때문입니다. 이 문제점은 논쟁을 일으켜왔고 다수견해는 위헌이 되는 것은 아니라고 합니다. 독일 연방헌법재판소도 1992년 10월 20일 결정에서 이 사안에 대하여 깊이 있는 숙고를 보이고 있지 못합니다. 독일 형법 제131조 제1항 제4호(인종증오를 위한 폭력묘사와 사주 및 선동)를 위반한 영화를 공공장소에서의 청소년보호법 제6조 제3항 제5호에 따른 회사측에 의한 표시절차를 마치기 전에 회수한 것은 독일기본법 제5조 제1항 제3문에 합치하지 않는다고 선언하였습니다.[1)]

이 발표문 1장과 2장에서 미국의 사전제재 법리의 원류가 되는 두 판결을 자세히 전달하고 계시고, 그 이후 미국의 사전제재 법리의 변화를 판결문을 정리하여 설명하시고 계신데, 혹시 그 배경이 되는 역사적인 맥락 내지 사회적 변화 내지 경향성 등이 있었는지 밝혀 주시면 감사하겠습니다.

2. 각주 2번에서 우리 헌법재판소가 검열의 요건을 설시한 판례를 언급하고 계시는데, 특히 인터넷 등 뉴미디어와 관련하여 사전검열에 관한 숙고를 하고 있는 판례로 2004헌가8 판례를 보충할 수 있겠습니다.

구 음반·비디오물및게임물에관한법률 제16조 제1항 등 위헌제청 사건으로, 우리나라 헌법이 절대적으로 금지하고 있는 사전검열에 대한 판단을 하면서, 검열이 되는 요건으로 ① 허가를 받기 위한 표현물의 제출의무, ② 행정권이 주체가 된 사전심사절차, ③ 허가를 받지 아니한 의사표현의 금지, ④ 심사절차를 관철할 수 있는 강제수단, 이렇게 4가지를 명시하고 있습니다. 제청신청인은 영상물등급위원회의 수입추천을 받지 아니하고, "아마존" 등의 인터넷 사이트를 통하여 음란·선정성이나 폭력성이 삭제되지 아니한 외국영화 DVD 600점을 우송받아 외국의 비디오물을 수입하고 이를 자신이 개설한 인터넷 홈페이지를 통하여 유통하거나 유통목적으로 보관하였다는 이유로 음반·비디오물및게임물에관한법률위반혐의로 대구지법에 기소되어 500만원의 벌금형을 선고받고 항소하였으나 기각되었고 대법원에 상고하여 소송계속 중 위헌제청신청을 하여 대법원은

1) *Klaus Stern*, Das Staatsrecht der Bundesrepublik Deutschland, Bd IV, S. 1477 ff., S. 1602 ff.

위헌법률심판을 제청하였고, 이에 대해 헌법재판소는 영상물등급위원회에 의한 등급분류보류제도가 행정권이 주체가 된 사전심사절차라고 하면서, 외국비디오물을 수입할 경우 반드시 영상물등급위원회로부터 수입추천을 받도록 규정하고 있는 구 음반·비디오물및게임물에관한법률 제16조 제1항 등이 사전검열에 해당하여 위헌이라고 판단하였습니다.

이 판례에서 영상물등급위원회의 성격에 관하여 문화관광부장관은 민간기관이라는 의견을 개진하고 있는데 반하여, 헌법재판소는 검열금지에 관한 본안판단에서 우리 헌법이 언론에 대한 검열금지원칙을 명문화하고 있고, 한편 헌법이 금지하는 검열이 구체적으로 어떠한 것인지에 대하여는 규정하고 있지 않음을 적시하면서 93헌가13등에서 제시한 검열기준을 인용하고 있습니다.[2] 그리고 수입추천제도가 사전검열에 해당하는지 여부에 대하여 헌법재판소는 헌법상의 검열금지원칙은 검열이 행정권에 의하여 행하여지는 경우에 한정하여 적용되므로 외국비디오물의 수입추천기관인 영상물등급위원회가 검열과 관련하여 행정기관에 해당하는지 여부를 판단하면서 "영화에 대한 심의 및 상영등급분류업무를 담당하고 등급분류보류결정권한을 갖고 있는 영상물등급위원회의 경우에도, 비록 이전의 공연윤리위원회나 한국공연예술진흥협의회와는 달리 문화관광부장관에 대한 보고 내지 통보의무는 없다고 하더라도, 여전히 영상물등급위원회의 위원을 대통령이 위촉하고(공연법 제18조 제1항), 영상물등급위원회의 구성방법 및 절차에 관하여 필요한 사항은 대통령령으로 정하도록 하고 있으며(공연법 제18조 제2항, 공연법시행령 제22조), 국가예산의 범위 안에서 영상물등급위원회의 운영에 필요한 경비의 보

---

2) 그 내용으로: "[…] 여기서의 검열은 행정권이 주체가 되어 사상이나 의견 등이 발표되기 이전에 예방적 조치로서 그 내용을 심사, 선별하여 발표를 사전에 억제하는, 즉 허가받지 아니한 것의 발표를 금지하는 제도를 뜻한다. 이러한 검열제가 허용될 경우에는 국민의 예술활동의 독창성과 창의성을 침해하여 정신생활에 미치는 위험이 클 뿐만 아니라 행정기관이 집권자에게 불리한 내용의 표현을 사전에 억제함으로써 이른바 관제의견이나 지배자에게 무해한 여론만이 허용되는 결과를 초래할 염려가 있기 때문에 헌법이 직접 그 금지를 규정하고 있는 것이다. 그러므로 헌법 제21조 제2항이 언론·출판에 대한 검열금지를 규정한 것은 비록 헌법 제37조 제2항이 국민의 자유와 권리를 국가안전보장·질서유지 또는 공공복리를 위하여 필요한 경우에 한하여 법률로써 제한할 수 있도록 규정하고 있다고 할지라도, 언론·출판의 자유에 대하여는 검열을 수단으로 한 제한만은 법률로써도 허용되지 아니한다는 것을 밝힌 것이다. 물론 여기서 말하는 검열은 그 명칭이나 형식에 구애됨이 없이 실질적으로 위에서 밝힌 검열의 개념에 해당되는 모든 것을 그 대상으로 하는 것이다. 그러나 검열금지의 원칙은 모든 형태의 사전적인 규제를 금지하는 것이 아니고, 단지 의사표현의 발표 여부가 오로지 행정권의 허가에 달려있는 사전심사만을 금지하는 것을 뜻한다. 그러므로 검열은 일반적으로 허가를 받기 위한 표현물의 제출의무, 행정권이 주체가 된 사전심사절차, 허가를 받지 아니한 의사표현의 금지 및 심사절차를 관철할 수 있는 강제수단 등의 요건을 갖춘 경우에만 이에 해당하는 것이다"라고 검열이 되는 요건을 밝히고 있다.

조를 받을 수 있도록 하고 있는 점(공연법 제30조) 등에 비추어 볼 때, 행정권이 심의기관의 구성에 지속적인 영향을 미칠 수 있고 행정권이 주체가 되어 검열절차를 형성하고 있다고 보지 않을 수 없다. 영상물등급위원회가 비록 그의 심의 및 등급분류활동에 있어서 독립성이 보장된 기관이라 할지라도(공연법 제23조), 그것이 검열기관인가 여부를 판단하는 데 있어서 결정적인 것이라고는 할 수 없다. 심의기관의 독립성이 보장되어야 하는 것은 단지 심의절차와 그 결과의 공정성 및 객관성을 확보하기 위하여 모든 형태의 심의절차에 요구되는 당연한 전제일 뿐이기 때문이다. 국가에 의하여 검열절차가 입법의 형태로 계획되고 의도된 이상, 비록 검열기관을 민간인들로 구성하고 그 지위의 독립성을 보장한다고 해서 영화진흥법이 정한 등급분류보류제도의 법적 성격이 바뀌는 것은 아니다. 따라서 이러한 영상물등급위원회에 의한 등급분류보류제도는 '행정권이 주체가 된 사전심사절차'라는 요건도 충족시킨다"라고 설시하여, 2000헌가9 결정에서 영상물등급위원회의 성격과 관련한 판시를 인용하고 있습니다.

영상물등급위원회와 관련하여 또 다른 판례로 2004헌마36 구 음반·비디오물및게임물에관한법률 제18조 제5항 위헌소원의 경우, 청구인은 인터넷을 통해 2,500점의 외국 DVD 합계 1천만 원 상당을 영상물등급위원회의 수입 추천을 받지 아니하고 유통시켜 대구지방법원에 공소제기되어 500만원의 벌금형을 선고받고 항소하여 기각되자 대법원에 상고하여 소송 계속 중 위헌제청신청을 하였고 대법원은 등급분류를 받지 않은 비디오물의 유통 등을 금지하고 있는 동법 제18조 제5항에 대한 위헌심판제청신청을 기각하여 청구인은 헌법소원심판을 청구하였고, 헌법재판소는 등급분류를 받지 아니한 비디오물의 유통금지에 관하여 헌법에 위반되지 아니한다고 판단하였습니다. 이 판례는 비디오물의 등급분류와 사전검열 여부를 판단하고 있는데, 비디오물의 등급분류란 비디오물의 내용에 따라 시청이 가능한 연령을 정하고 그 연령에 해당하는 자에게만 유통이 되도록 사전에 비디오물의 등급을 정하는 제도로 사전제출의무를 부과하고 있고, 실질적으로 행정권 주체에 해당한다고 판단되는 영상물등급위원회에 의하여 심사가 이루어지고 심사절차를 관철할 수 있는 강제수단으로서 형사처별 등이 동원되고 등급분류를 받지 않은 비디오물의 유통을 금지함으로써 허가를 받지 아니한 의사표현의 금지라는 사전검열의 요건을 일응 충족하는 것으로 보이나 이 사건 비디오물 등급분류는 의사표현물의 공개 내지 유통을 허가할 것인가 말 것인가를 사전에 결정하는 절차가 아니라 그 발표나 유통으로 인한 실정법 위반 사태를 미연에 방지하고, 비디오물 유통으로 인해 청소년이 받게 될 악영향을 미리 차단하고자 공개나 유통에 앞서 이용 연령을 분류하는 절차에 불과하다고 보아 등급분류는 사전검열과는 다르다고 판단하고 있다. 아울러 등급분류를 받지 않은 비디오물을 유통에 두지 못하게 하는 것이 비디오물 수입업자 등의 표현의 자유를 제한하는 측면을 인정하나 제도적 목적에 따른 공익과의 법익균형성을 충족시키고 있다고 판단하였습니다.

이 두 가지 판례에 대한 발표자의 평가는 어떠하신지요?

3. 발표문에서 사전검열금지의 "사전"이라는 시간적 의미는 "현대적" 해석을 함에 있어서 사법부의 역할, 제재기준의 명확성, 매체의 특수성으로 인해 재검토되어야 함을 강조하시는 것으로 출발하시어 보편적이고 실체적인 법리로 해체되어가는 과정을 개관하시고 난 후, "과연 대상표현의 보호필요성으로까지 해체될 수 있을지에 대해서는 의구심"을 남겨두시며 마무리를 하고 계십니다. 발표자께서 전제하시는 "현대적" 해석이 뉴미디어 관련 사안에 한정하고 계시는 것인지 전반적인 사회변화에 기인한 소위 포스트모더니즘적인 원류가 해체되는 해석이 전반적인 사전검열관련 사안에 요청된다는 뜻인지 또는 앞으로 사안별, 내용별로 검토가 더 축적된 후 해석 방법이 선택되어야 한다는 것인지 밝혀 주시면 감사하겠습니다.

4. 발표문 530쪽에서 99헌마480 판례를 재분석, 재평가하고 계시는데, 비교하신 미국 판례의 각각의 원리를 우리 헌법재판소 판례에서 "흡수"한 결정이라고 쓰신 표현은 사후적으로 분석한 결과 그러하다는 뜻인지 아니면 우리 헌법재판소가 미국 판례의 각각의 원리를 채택한 것이라 보신 것인지 밝혀 주시고, 더 나아가 이러한 재분석과 재평가의 실익과 앞으로 요청되는 판단의 틀 등을 좀 더 구체적으로 밝혀 주시면 감사하겠습니다.

5. 발표문에서 "표현", "발화된 표현" 또는 "표현의 발화", "행위"를 나누어 설명하시는데 일반적으로 "표현"과 "행위"의 경계에 관한 고민을 해 온 미국 법학계의 연구는 많이 알려진 바, 이 발표문에서 표현하신 세 가지 개념의 구체적인 경계를 설명해 주시기를 부탁드립니다.

6. 뉴미디어의 발달로 시간의 경계가 모호해지고 이로 인해 사전 검열과 사후 검열의 구분 또한 쉽지 않은 규범현실에서 특히 인터넷의 경우 ISP에게 책임을 부과하려는 다양한 시도가 이루어지고 있습니다. 자율통제의 경우에도 우리가 쉽게 접할 수 있는 외국의 경우와 달리 우리나라에 있어서 자율통제는 실질에 있어서는 국가가 주도하는 경우가 많은 까닭에 그 명칭이 "자율"이라는 이유로 같은 선상에서 비교검토하기 어려운 상황입니다. 또 표현의 자유에 있어서 "위축효과"는 가장 다루기 힘든 테마 중의 하나입니다.

발표자께서는 "사전" 검열법리가 어디까지 해체될 수 있을 것이라 보시는지요? 발표문 마무리 부분에서 쓰고 계신 것처럼 "헌법이 절차적 헌법의 가장 기본원칙을 포기하고 운영될 수 없지 않는가"라고 생각하신다면 3권분립과 명확성의 원칙이 보완되어 질 수 있는 한계는 어디라고 보시는지 말씀해 주시면 감사하겠습니다.

이상으로 질문으로 갈음한 제 토론을 마칩니다.

경청해 주신 여러분께 감사드립니다.

제 87 회 발표회 지정토론문

노 희 범*

1. 표현의 자유와 사전제한의 금지

사후제한보다 사전제한을 더 무거운 제한으로 보고 원칙적으로 금지하는 근거는 다음과 같은 기능적·역사적 관점에서의 이유라고 말해지고 있습니다. 첫째, 사후제한은 일단 표현은 행하여지는데 대해 사전제한은 표현 자체를 아예 봉쇄하여 표현이 사상의 자유시장에 진입조차 못하게 막기 때문이며, 둘째, 표현의 자유의 역사는 허가제, 검열제와 같은 사전제한을 폐지하는 데서 출발하였다는 점입니다. 영국에서는 1694년 검열법이 폐지되면서 비로소 표현의 자유가 전개되었고, 1791년 미국헌법 수정 제 1 조는 "의회는 언론, 출판의 자유를… 제한하는 법률을 제정할 수 없다"고 규정되기에 이르렀습니다. 이 규정은 문언상 마치 언론, 출판의 자유가 절대적인 것처럼 되어 있지만, 헌법제정자가 의도한 것은 검열법과 같은 사전제한의 금지라고 알고 있습니다. 이처럼 역사적으로 표현의 자유란 곧 사전제한을 폐지하는 것으로 인식되었으며 이것이 각국의 헌법에 반영된 것이라고 봅니다. 오늘의 발표 주제인 미국에서의 사전제한금지의 법리(prior restraint)도 위와 같은 의의와 배경에서 형성된 것이라고 봅니다.

2. 검열(사전제한)의 개념

우리 헌법 제21조 제 2 항도 언론, 출판에 대한 허가제와 검열제, 즉 사전제한을 금지하고 있는데, 사전제한의 기능적·역사적 의미에 비추어 보면 우리 헌법상의 검열도 미국에서의 사전제한과 그 본질이 같다고 봅니다. 그런데, 미국 연방대법원이 보는 '사전제한'과 우리 헌법재판소가 보는 헌법 제21조 제 2 항의 '검열'의 개념 내지 의미에 차이가 있습니다.

헌법재판소는 1996. 공윤의 영화사전검열 사건[1]에서 헌법 제21조 제 2 항의 '검열'은 ① 행정권이 주체가 된, ② 표현 내용에 대한 심사이며, ③ 사전심사 즉, 표현

* 헌법재판소 헌법연구관.

1) 헌재 1996. 10. 4, 93헌가13등, 판례집 8-2, 212.

물의 사전제출의무가 있는 경우이어야 한다고 하여 검열의 개념을 좁게 한정하고, 그러면서 사전검열은 법률로써도 허용되지 않는 절대적으로 금지되는 것으로 정의하였습니다. 이 판례의 검열에 관한 법리는 후속사건에 계속 적용되고 있습니다.

종래 검열의 개념에 관한 구체적 논의가 없다가 헌재의 위 결정을 계기로, 검열의 주체를 행정권에 한정시키고 검열금지를 절대적인 것으로 파악하는 헌재의 입장에 대해 긍정적 평가를 내린 의견이 있는가 하면, 사전제한의 주체가 행정기관이든 법원이든 관계없이 모든 사전제한을 원칙적으로 금지하는 것이 타당하다는 비판론이 나타나고 있습니다. 이 논의는 궁극적으로 검열의 주체를 행정권으로 한정할 것인가 및 검열금지의 원칙을 절대적인 것으로 보느냐가 그 핵심이라고 봅니다. 저는 이 문제에 대해서 미국의 판례와 비교하면서 우리 헌법재판소가 보는 검열의 개념 내지 의미에 대해서 다시 생각해 보고자 합니다.

3. 검열은 오로지 행정권에 의한 심사만을 뜻하는 것인가?

헌재는 "행정권이 주체가 된 사전심사절차"만이 검열에 해당하며 이것만이 금지된다고 봅니다. 즉 국가기관에 의한 심사로서 그것이 사전적 성격을 지니더라도 검열에 해당하지 않고 따라서 법원의 가처분결정이나 압수에 의한 사전제한도 검열에 해당하지 않기 때문에 허용된다고 보게됩니다(위 헌재판례 : 명예훼손이나 저작권침해를 이유로 한 가처분, 형법상 음란, 명예훼손을 이유로 한 압수 등도 사전제한이 아니라고 판시함).

그러나 국가에 의한 사전제한의 해악이라는 결과에 있어서는 법원에 의한 사전제한이라도 본질에 있어서 다르지 않다고 봅니다. 다만, 법원에 비해 행정기관에 의한 사전심사는 그 남용의 위험성이 더 큰 것은 사실입니다. 즉, ① 행정기관에 의한 심사는 사법절차에 비해 절차적 보호장치가 미비되어 있고, ② 행정기관에 의한 심사는 그 과정이 비공식적이고 비공개적이며 ③ 행정기관인 검열자는 그 기구의 성격상 언론을 보호하기보다는 억제하려는 성향을 지닌다는 점 등입니다.

그런데 발제문에서 본 바와 같이 미국에서는 주로 사전제한이냐 사후제한이냐가 다투어 질 뿐, 검열의 주체를 행정권에 한정하지 않고 있습니다. 법원의 금지명령(injunction)을 통한 사전억제가 문제된 판례들(대표적으로 1931년의 Near판결,[2] 1971년의 국방성기밀문서판결[3] 등)의 핵심적인 쟁점은 사전제한인가 사후제한인가의

2) Near v. Minnesota, 283 U.S. 697(1931).

3) New York Times Co. v. U.S. 403 U.S. 713(1971).

구별이었으며, 사전제한의 주체가 행정기관이냐 법원이냐에 따른 구별의 문제가 쟁점으로 부각된 예는 찾아보기 힘들다는 점입니다.

사전제한에 관한 최근의 연방대법원판례로서 1993년의 Alexander v. U.S.[4] 사건에서도 핵심 쟁점은 사전제한에 관한 법원리의 적용 범위였습니다. 미국에서 사전제한이란 '어떤 의사소통이 발생되기 전에 그것을 금지하는 행정적 및 사법적 명령'을 지칭하는 것으로 사용되고 있다고 할 것입니다.

검열의 개념정의에 있어서 그 주체를 행정권에 한정시킬 것이냐, 그리고 그 결과로서 법원에 의한 사전제한은 완전하게 허용할 것이냐의 문제는, 언론·출판의 자유의 최대한 보장이라는 헌법이념에 비추어 법원을 행정기관보다 더 신뢰할 수 있느냐에 달려 있다고 할 수 있다고 봅니다. 검열의 주체를 행정권으로 한정하더라도 법원에 의한 사전제한은 적법한 절차를 통하여 통제됨으로써 헌법의 검열금지의 원칙의 의미를 살려야 한다고 봅니다.

여기서 우리가 참조할 것이 바로 미국의 Freedman v. Maryland 판결이 제시한 일정한 절차적 보호장치에 관한 법리입니다. 즉, ① 헌법상 보호받지 못하는 표현이라는 입증책임은 검열자가 진다. ② 표현금지의 최종 결정은 대립당사자주의적 절차에 따른 사법절차에 따라야 한다. ③ 검열자는 일정한 신속한 기간 내에, 허가여부를 위해 법원에 제소할 것인지를 표현행위자에게 확인시켜 주어야 한다. ④ 최종적인 사법적 결정은 신속한 것이어야 한다는 것입니다.

그런데 현행 민사집행법상 가처분[5]에 관한 절차규정(내지 행정소송법상 집행정지처분에 관한 절차규정)은 위의 요건들을 충족시키지 못하고 있습니다. 가처분신청에 대한 재판은 변론 없이 할 수 있고(필요적 변론이 아님), 입증 대신 소명으로 충분하며, 나아가 가처분의 이유를 소명하지 않고도 일정한 요건 하에 법원이 가처분을 명할 수 있는 등 절차적 보장이 매우 미흡합니다. 현행법 규정 하에서도 특

---

4) Alexander v. U.S. 113. S. Ct. 2766(1993). 상고인은 이른바 섹스숍과 성인극장의 소유주로서 음란물을 규제하는 연방법과 갈취행위를 처벌하는 특별법(Racketeer Influenced and Corrupt Organization Act) 위반으로 유죄판결을 받았다. 특히 특별법에 따라 상고인의 기업전체가 몰수되었다. 상고인은 이 몰수가 위헌적인 사전제한이라고 주장하여 상고하였다. 대법원의 다수의견은 이 몰수가 '사전제한'에 해당하지 않는다고 보았다. 3인 대법관의 소수의견은 이 몰수가 실질적으로 사전제한에 해당한다고 하였다.

5) 헌재의 위 영화검열사건 결정에서는 가처분에 의한 규제를 사후적인 규제방법으로 설명하고 있다. 그러나 가처분에 의한 의사표현의 억제에는 두 가지 경우가 있다. 하나는, 이미 일정한 표현물이 발표된 후 더 이상의 출간을 금지시키기 위한 가처분의 경우이고, 다른 하나는, 일정한 표현물의 발표가 예견되어 그 발표 이전에 이를 금지시키는 경우이다. 전자의 경우는 일단 표현이 이루어진 후에 발표를 금지시키는 것인 점에서 사후제한적 성격이 있으나, 더 이상의 발표를 억제한다는 점에서는 사전제한의 성격을 지닌다. 후자의 경우가 사전제한에 속함은 물론이다. 이처럼 가처분에 의한 의사표현의 규제는 사전제한에 속한다고 볼 것이다.

히 의사표현에 대한 사전금지를 위해 가처분신청이 있는 경우에는 앞에서 제시한 여러 요건들에 부합하는 엄격한 절차를 거치도록 법적용을 해야 할 것이며, 만일 그렇지 못한 채로 가처분결정이 내려진다면 이는 위헌이라고 보아야 할 것입니다. 그런데 문제는 위헌적인 가처분결정에 대한 구제방법이 전혀 마련되어 있지 않다는 점[6]입니다. 이러한 문제는 형법상의 압수의 경우도 마찬가지라고 할 것입니다. 현행 형사소송법과 형사소송규칙에는 표현물 압수에 적용할 엄격한 기준의 요건이 설정되어 있지 않습니다.

이 점에 대한 발표자의 고견을 듣고 싶습니다.

4. 검열금지는 절대적인가?

앞서 본 바와 같이 헌재는 검열의 개념을 좁게 한정시킨 다음 검열금지의 원칙을 절대적인 것으로 해석하고 있습니다. 이와 같은 해석은 헌법규정의 문리(文理)에 충실하고, 제한된 영역에서나마 언론·출판의 자유를 확고히 보장한다는 장점이 있습니다만, 방송이나 영상매체와 같은 강한 자극과 막강한 영향력(파급력)을 갖는 현대적인 표현매체에 의한 사회적 해악(개인의 사생활, 인격, 명예의 침해는 물론 물론 국가안전, 사회윤리나 공중도덕의 침해)의 발생을 사전에 막을 수 없다는 문제점이 있습니다.[7] 따라서 이들 현대적 매체에 대해서는 사후제한만으로는 불가능하고 사전규제의 필요성이 증가하고 있습니다. 검열과 허가의 금지는 본래 인쇄매체시대를 배경으로 형성되어 온 것이기 때문에 전파매체나 영상매체처럼 새로이 등장한 언론매체에 대해 인쇄매체시대에 형성된 법원리를 똑같이 적용하는 것은 적절하지 않다고 봅니다.[8]

개인적으로는 우리 헌법재판소가 헌법 제21조 제2항의 검열금지를 '절대적'인 것으로 해석하는 것은 문제가 있다고 봅니다. 오히려 헌법 제21조 제2항의 검열의 의미를 '사전제한'으로 넓게 해석하고 사전제한금지의 원칙에 일정한 예외를 인정하는 해석방법이 타당하다고 생각합니다. 사전제한과 사후제한을 대별하여 사

6) 가처분결정에 대한 이의신청을 하겠지만, 그 상소심 절차 역시 대립당사자변론구조에 의하지도 않을 뿐만 아니라 표현의 해악성에 대하여 검열자에게 입증책임을 부담하고 있지도 않다.

7) 영화, 비디오, UCC 등의 인터넷 매체가 주는 사회적 파급력, 즉시력, 연예·오락의 수단으로 인한 음란·폭력성으로 인한 청소년에 대한 심대한 영향력 그리고 일단 발생한 해악은 다시 회복하기 어렵다.

8) 영화검열의 합헌성을 인정했던 미국 연방대법원의 한 판례에서 다음과 같은 설시 내용을 찾아볼 수 있다. "(영화에 대해서는) 다른 특별한 표현방법에 대해 적용되는 규칙들이 똑같이 적용되는 것이 아니다." Times Film Corp. v. Chicago, 365 U.S. 43(1961).

전제한 전체에 대해서는 원칙적으로 금지하되 일정한 예외를 인정하고 무거운 위헌성을 추정하는 것이다. 이를 테면, 검열이 절대적으로 금지되는 매체(예컨대 인쇄매체)에 대한 사전제한은 문면 그 자체로 위헌이라고 할 것이지만, 일정한 예외가 인정되는 매체(예컨대, 전파매체나 영상매체)에 대한 사전제한은 무거운 위헌성을 추정하여 그 합헌임을 정부가 입증하도록 하고 불가피하게 사전제한을 하는 경우에도 적법한 절차에 따라 신속하고 공정하게 판단받도록 한다면, 검열을 금지하면서도 타인의 명예, 공중도덕과 사회윤리를 보호하고자 하는 헌법규정의 취지에 반하는 것이 아니라 오히려 이에 부합한다고 볼 수 있다고 봅니다.

이 점에 대해서 발표자의 고견을 여쭙고 싶습니다.

제 87 회 발표회 토론요지

사 회 자 : 한위수(변호사)

토론참여자 : 박진애(교수), 노희범(헌법연구관), 이대근(헌법연구관), 변지영(헌법연구원), 최창희(한나라당 중앙위원회 공익법무분과 부위원장), 김진한(헌법연구관), 김형남(교수), 박진완(교수), 이규홍(헌법연구관)

간 사 : 지금부터 제87회 헌법실무연구회 정기발표회를 시작하겠습니다.

원래 9월 첫 주 금요일에 열려야 정상인데 헌법재판소 20주년기념행사와 추석연휴문제 때문에 오늘 열리게 되었습니다.

오늘은 고려대학교에 재직하고 계시는 박경신 교수님께서 표현의 자유에 대한 사전제한과 관련해서 발제를 해 주시겠습니다.

그리고 오늘 사회는 특별히 헌법재판소에서 헌법연구부장을 역임하신 한위수 변호사님께서 맡아주셨습니다.

지금부터 한위수 변호사님께서 진행해 주시도록 하겠습니다.

사 회 자 : 방금 소개받은 한위수 변호사입니다.

제가 연구부장으로 재직하면서 연구회에 여러 번 참석은 했습니다마는 이렇게 사회를 맡게 된 것은 처음입니다.

좋은 자리에 이렇게 불러주셔서 감사드립니다.

그리고 오늘 이 연구회 모임이 조대현 재판관님을 모시고 활발하게 진행이 되어서 좋은 결실을 맺게 되기를 기원하겠습니다.

발표와 토론에 들이가기에 앞서 간단하게 오늘 발표자와 토론자를 소개하도록 하겠습니다.

'미국의 사전제재법리, 3권분립 그리고 명확성의 원칙의 상관관계'라는 제목으로 발표를 해 주실 박경신 교수님이십니다.

박경신 교수님은 하버드대학을 거쳐서 UCLA 로스쿨 JD과정을 수료하셨습니다.

미국에서 변호사로 활동하시다가 귀국하셔서 현재 고려대학교 법과대학 교수로 계십니다.

다시 한번 박수로 맞이해 주시면 감사하겠습니다.

오늘 제 1 토론자는 박진애 교수님이십니다.

박진애 교수님은 고려대학교를 거쳐 독일의 훔볼트대학 법대에서 법학박사학위를 받으시고 대법원 재판연구관을 역임하셨습니다.

현재 성균관대학교 연구교수로 계십니다.

박수로 맞이해 주시기 바랍니다.

두 번째 토론자는 노희범 헌법연구관이십니다.

노희범 연구관님은 헌법연구관으로 재직중 미국 해외연수를 다녀오시고, 현재 대법원 재판연구관으로 파견되어 있습니다.

노희범 연구관님도 박수로 맞이해 주시기 바랍니다.

그러면 이어서 바로 박경신 교수님의 발표를 듣도록 하겠습니다.

박경신 교수님은 발표할 분량이 굉장히 많은 것 같습니다마는 시간관계상 한 30분 내외로 발표를 마쳐주시면 감사하겠습니다.

발표를 부탁드리겠습니다.

< 주제발표자 발표 >

사 회 자 : 박 교수님께서 예정시간 조금 넘기기는 했습니다마는 방대한 내용을 잘 정리해서 말씀해 주셨습니다.

다음 토론 순서로 넘어가겠습니다.

일단 두 분의 토론을 듣고 그에 대한 박 교수님의 답변을 들은 다음 자유토론시간으로 넘어가도록 하겠습니다.

먼저 박진애 교수님의 토론을 듣도록 하겠습니다.

< 지정토론자(박진애) 발표 >

사 회 자 : 박 교수님께서 토론과 여러 가지 질문을 병행해서 말씀해 주셨습니다.

답변을 하시기에 앞서 두 번째 토론자이신 노희범 연구관님의 지정토론을 먼저 듣고 답변을 듣도록 하겠습니다.

노희범 연구관 부탁드리겠습니다.

< 지정토론자(노희범) 발표 >

사 회 자 : 노희범 연구관님께서 토론을 해 주셨습니다.

이어서 박 교수님의 답변을 듣고 자유토론시간으로 넘어가도록 하겠습니다.

박 교수님 부탁드리겠습니다.

발 표 자 : 우선 박진애 교수님 첫 번째 질문 미국의 사전제재 법리와 한국의

사전검열 법리가 같은 뿌리라고 하고 제가 각주를 비워놓아서 역사적인 맥락을 알려달라고 해 주셨는데, 재미있게도 사실 노희범 연구관님 토론문 첫 번째 거기서 답변을 해 주셨습니다. 그래서 그걸로 대신하겠습니다.

그리고 두 번째 질문이 보면, 영상물등급위원회의 어떤 항의를 무시하고 이거 행정권의 행사로 보고 영상등급위원회의 등급보류결정을 사전검열이라고 위헌판단 한 것에 대해서 저의 의견을 물어오셨는데, 저는 영상물등급위원회가 행정기관에 해당한다고 생각을 하고 있습니다. 실질을 보는 판결에 저는 동의할 수밖에 없고요. 그리고 영상물등급위원회가 등급보류를 한게 아니고 그냥 등급분류만 하는 경우에 그러니까 등급보류는 위헌판정이 난 이유가 계속 등급보류를 유지하면 결국에는 출시가 되지 않기 때문에 그래서 위헌결정이 났던 건데 등급을 매겨서 실제로 내보내면 합헌이 아니냐, 이런 결정에 대해서는 제 의견을 여쭤보셨으니까 제 의견은 저는 Bantam Books판결 그러니까 미국 판례를 들어서 말씀드리겠습니다. 저는 Bantam Books판결이 가지고 있는 이념이 가장 우리나라 판결에 들어오지 않은 법리라고 생각을 합니다. 즉 뭐냐 하면 3권분립 원칙이죠. 행정권과 사법권을 나누어서 행정권이 재량을 가지고 표현의 위법성을 판단하는 거 그러니까 행정기관이 표현의 위법성을 판단하는 거는 위헌이다. 이 법리가 아직 우리나라에는 들어오지 않은 것 같습니다. 행정기관이 사전검열을 통해서 이러이렇게 하면 위헌이다 이거는 있지요. 이게 이제 사전검열금지원칙인데, 사후든 사전이든 어떤 식으로 하든 행정기관이 사법권의 통제를 받지 않고 표현물의 위법성을 판단하는 것은 위헌이다. 이 법리가 아직, 뭐 꼭 들어와야 된다는 얘기를 하는 거는 아니고요, 저는 어쨌거나 그 법리가 옳다고 생각을 합니다. 왜냐하면 표현하고 행위는 구분이 되어야 되고 행위에 대해서 행정기관이 위법판단하는 것은 괜찮습니다. 예를 들어서 변호사가 변호행위를 하는데 있어서 변호사법 위반을 관련기관에서 판단을 해서 어떠한 행정조치를 한다거나 또는 보건복지부에서 의사의 의료행위에 대해서 불법적인 부분을 보고 판단을 한다거나 이런 것들은 다 허용이 되지만 표현에 대해서 행정기관이 위법성을 판단하는 것은 저는 위헌이라고 생각을 합니다. 그래서 여기서 등급을 정하는 것도 물론 아예 표현자체를 억제하는 것은 아니지만 어쨌거나 그 표현이 어떠한 범위내에서 발화될 수 있는지, 배포되고 전파될 수 있는지를 정하는 거를 행정기관이 정한다는 면에서는 저는 똑같이 위헌이라고 판단을 합니다. 그래서 헌법재판소의 결정에 동의를 하고 있지 않고요.

그리고 세 번째, 사전검열금지원칙이 결국에 사법부의 역할, 제재기준의 명확성, 매체의 특수성들로 포스트모더니즘적 해체된다고 얘기한 거 아니냐라고 물어

보셨는데 그런 거는 아닙니다. 그런 거는 아니고, 저는 사전검열금지원칙의 어떤 고전적인 이상은 계속 남아있다고 생각을 합니다. 즉 아직 발화되지 않은 표현물에 대해서 사법부든 행정부든 그것이 사상의 자유시장에 도달하지 않도록 하는 것 이것에 대해서는 어떤 절대적인 금지가 유지되어야 된다고 생각을 하고, 단지 남아있는 몇 가지 원칙들이 바로 아까 말씀드렸던 행정기관은 표현의 위법성여부를 판단하면 안 된다라는 것 그리고 제재기준이 명확해야 된다는 것 그리고 제재기준이 명확하다면 아까 인권위원회사건에서도 보듯이 행정기관의 재량이 완전히 없어질 정도로 명확하다면 합헌일 수 있다 뭐 이런 내용들, 이런 내용들로 남아있다고 생각을 합니다.

그래서 저는 이거를 해체라고 까지는 생각을 하고 있지는 않습니다.

그리고 네 번째는 이미 철회를 하셨고.

다섯 번째는 발화된 표현과 행위인데, 저는 그냥 표현하고 행위를 나누고 있습니다. 표현하고 행위를 나누고 있고, 발화된 표현이라는 거는 그냥 표현이 아직, 예를 들어서 책을 썼는데 아직 출판이 안 된 것, 공공연히 배포가 안 된 것 이런 거를 저는 이제, 배포가 되었느냐 안 되었느냐 이거를 발화의 기준점으로 삼고 있습니다.

그리고 여섯 번째가 위축효과에 대해서 이 모든 것이 위축효과에 관한 것이 아니냐? 맞습니다. 저는 사전검열금지법리의 어떤 헌법정책적인 그러니까 사전검열금지법리가 보호할려고 하는 헌법정책적인 가치는 뭐냐 하면 그러니까 보호받아야 되는 표현물인데 음란도 아니고 명예훼손도 아니고 보호받아야 되는 표현물인데 뭔가 외부적인 이유로 그것이 발화가 지연된다거나 또는 발화를 철회한다거나 이것을 막을려고 하는 것이 바로 사전검열금지법리의 어떤 헌법정책적 목표가 아닌가라고 생각을 합니다. 그래서 그렇게 봤을 때 저는 Bantam Books판결하고 Freedman판결에서 행정권이 위법성판단하면 발화전에 하든지 발화 후에 하든지 무조건 사법심사를 받아야 된다, 즉각적이고 신속한 사법심사를 받아야 된다, 저는 이게 맞다고 이게 옳다고 생각을 하는게 법치주의국가에서 어떤 그것이 행위이든 표현이든 무엇의 합법성, 위법성을 궁극적으로 누가 판단을 합니까? 사법부에서 판단을 합니다. 사법부에서 그런 판단을 하기 전에 행정부가 어떤 결정을 내리건 누가 어떤 결정을 내리건 그거는 잠정적인 결정밖에 될 수가 없습니다. 그래서 그런 잠정적인 검증되지 않은 이유로 표현의 발화가 지연되는 현상 그리고 그런 현상 때문에 사실은 합법적인 표현물도 자기 스스로 철회를 한다거나 또 합법적인 표현물도 행정기관의 잠정적인 검증되지 않은 판단 때문에 발화가 지연된다거나 규제된다거나 이런 것들은 위헌적인 상황이다, 그러니까 행위가 위축되는 것과는 다르다, 이거는 뭐 아주 기본적인 전제인데요. 표현 그러니까 행위는 폭력적이죠. 행위는 다른 사람의 도움을 필요로 하지 않습니다. 그런데 표현은 폭력적이지 않습니다. 제가 어떤 말을 하면 효과가 나타날려면 그거를 들은 사람이 제 말에 설득당하거나 제 말에 어떤 식으로든지 지적으로 반응을 해서 어떤 외부적인 행동을 해야 그래야 효과가 나타납니다. 그래서 이 표현에 대해서는 합법적인 표현이 위축되는 것은 막아야 한다. 그렇기 때문에 어떤 사법부의 통제가 중요하다라고 생각을 하고 그리고 그렇기 때문에 명확성의 원칙도 매우 중요한 겁니다. 명확성의 원칙이 지켜지면 행정부의 재량 자체가 없어져 버립니다. 예를 들어서 저작권침해에 관해서도 저작권 침해되는 어떤 책을 딱 찍고 그 책의 배포를 금지한다. 이런 거는 재량이 들어 올 틈이 없습니다. 이렇기 때문에 위축효과를 줄일 수 있기 때문에 그런 경우는 합헌적이라고 생각을 합니다.

노희범 연구관님 질문은 크게 두 가지인데요. 우선 검열은 오로지 행정권에 의한 심사만을 뜻하는가? 그래서 사법권에 의한 심사도 검열에 포함되어야 하지 않는가 라고 질문을 하셨는데, 우선 첫 번째 거기에 대해서 두 가지 답을 드리겠습니다.

하나는 어떤 고전적인 의미의 사전제재 그러니까 표현물이 아직 발화되지 않은 상태에서 그것을 발화되는 것을 막는 그런 법원의 결정은 저는 그런 것은 사전검열금지원칙이 적용될 수 있다고 봅니다. 그러니까 사법권에 의한 심사도 그런 경우에는 사법권의 심사도 발화되지 않은 표현물의 발화를 막는 상황에서는 사전검열로 인정되어 폐기될 수 있다라고 생각을 합니다.

그런데 그렇지 않은 경우 이미 발화된 표현물, 예를 들어서 저작권침해에 따른 가처분결정이 아주 대표적인 예인데요. 저작권침해 같은 경우에는 만약에 어떤 금지결정이 나면 어떤 표현물이 금지될지가 이미 정해져 있습니다. 아무런 재량이 없습니다. 그냥 책 제목을 딱 따서 '바람의 아들' 배포금지 그냥 이렇게 하면 됩니다. 그리고 이미 발화가 된 상황입니다. 이미 책이 배포가 된 상황에 그 다음에 이제 소송이 걸려있는 거죠. 이런 경우에는 법원에서 판단을 한 것을 어떤 형식으로든지 법원에서 적법한 절차를 통해서 판단을 한 것을 그거를 사전검열금지원칙으로 규제하는 것은 좀 무리한 것이 아닌가라고 생각을 합니다. 그러면 사법부는 또 누가 심사를 할 것이냐? 사법부의 결정은 그러면 헌법재판소에서 또 심사를 할 것이냐? 지금 행정권의 위법성 판단은 즉각적이고 신속한 사법심사로 통제를 하면 되는데 그러면 사법부 법원에서 그러면 가처분결정을 하면 그거는 또 누가 또 하나의 다른 통제기관이 필요한가? 저는 그렇지는, 뭐 그럴 수도 있고요. 그런데 어쨌거나 이 부분은 지금 우리나라가 헌법재판소를 별도로 두고 있는 이런 상황을 좀더 정치학적으로 검토해본 다음에 판단을 할 수 있는 내용이 아닌가 생각을 합니다.

그리고 검열금지는 절대적인가라고 해서 매체의 특수성을 고려해야 되는가라고 말씀을 해 주셨는데, 저는 매체의 특수성을 고려해야 된다고 생각을 하고 저는 매체의 특수성을 지금 우리나라 헌법재판소에서 충분히 검토를 했다고 생각을 합니다. 검토를 해서 나온게 저는 2002년 불온통신규제 위헌결정이라고 생각을 하고 있습니다. 그래서 지금 노희범 연구관님은 도리어 불온통신규제위헌결정에 대해서 인터넷과 같은 전파매체 같은 경우에는 도리어 더 규제를 허용해야 되는 것이 아닐까? 다시 말하면 사전검열금지원칙이 좀더 완화되어서 적용되어야 되는 것이 아닌가? 이런 주장을 하고 계신 것 같은데, 거기에 대해서는 반대를 합니다. 노희범 연구관님은 두 가지 질문을 해 주셨는데 거기에 대해서는 답을 했고, 저는 거꾸로 질문을 꼭 노 연구관님 뿐만 아니라 여기 계신 분들한테 드리고 싶은 것은 '사전제출의무' 이것이 절대적인 요소인가 사전검열금지원칙의? 지금 Bantam Books 판결은 사전제출의무가 없어도 사후적인 심의라고 할지라도 행정권이 사법적인 통제 없이 표현의 위법성여부를 판단하는 것은 시간적으로 사후라고 할지라도 사전제재다라고 위헌결정을 내렸는데, 그래서 그런 판결에 비추어 봤을 때 사전제출의무는 사전검열금지원칙에 절대적인 요건인가? 여기에 대해서 질문을 드리고 싶습니다.

사 회 자 : 박경신 교수님의 답변을 들었습니다.

두 토론자 분들이 좀 미흡한 부분이 있을지 모르지만 그 부분에 대해서는 다른 분들이 혹시 더 그 부분에 대해서 답변해 주실 지도 모르겠고 하니까 일단 자유토론시간으로 해서 발표자에게 질문하시거나 토론자에게 질문하셔도 좋고 또 이부분에 대해서 자신의 의견을 특별히 한번 개진해 보고자 하는 분들도 발표를 해 주시면 좋겠습니다.

발표를 하실 분은 소속과 이름을 먼저 말씀해 주시면 감사하겠습니다.

이 대 근 : 헌법재판소에 연구관보로 근무하고 있는 이대근입니다.

저는 조금 다른 생각을 해봤는데, 발제자께서 행정권하고 사법권하고 구분하는 것을 법치국가원리로 끌고 가셨는데, 지정토론자이신 노희범 연구관님께서는 사전검열의 경우에 사법권이라고 해서 달리보아야 할 이유가 있겠느냐라고 반론을 제기하셨는데요. 저는 그것이 명확성을 아까 말씀하셨는데 그 부분하고 연관이 있는게 아닌가 하는 생각이 들었습니다. 사상의 자유시장에 진입하지 못하게 하는 것을 막자라고 하는 것이 애초에 법률금지의 이유라면 지금 이 사상의 자유시장이라는 것을 행정권이 재량을 가지고 처음부터 진입을 못하게 하는 경우는 사상의 자유시장을 왜곡할 수 있는 가능성이 높기 때문에 행정권이라는 말이 등장한 것 같고, 매체가 달라질 경우에 좀 완화해서 보아야 한다는 것은 사상의 자유시장 자체를 오히려 보호하기 위한 그런 사고가 들어간 것이 아닌가? 애초에 아주 위해가 큰 특정한 어떤 표현이 사상의 시장에 들어갔을 경우에 자유시장 자체를 그거 때문에 왜곡될 수 있는 그런 것을 막기 위한 것이 아닌가 하는 생각이 좀 들었고요. 그런 면에서 사법권에서 지금 가처분하고 압수를 말씀하셨는데, 제가 생각하기에 가처분은 기본적으로 피보전권리를 전제로 하고 있기 때문에 피보전권리가 저작권이나 이런 것들이 등장을 하면 표현의 자유뿐만 아니고 다른 기본권과의 충돌문제가 생깁니다. 그래서 그것이 구체적으로 쟁송성이 생기게 되고 그렇게 되면 명확성도 더 명확하게 되고, 대립당사자구조로서의 변론이 이루어지지 않는다고 하셨는데 그렇다 하더라도 기본적으로 사법절차라는 것은 어쨌거나 이것이 가처분이 되었든 무엇이 되었든 쟁송의 성격을 가지기는 가져야, 그것이 좀 정도의 차이는 있을지 몰라도 쟁송성을 가지는 사건성을 가지니까 명확성도 더 재고가 되겠죠. 그래서 좀 달라지는 면이 있는게 아닌가 하는 생각을 해봤고요.

형법상의 압수문제도 기본적으로 압수는 영장을 필요로 해서 사법심사를 받게 되고 그 다음에 음란이나 명예훼손 같은 범죄구성요건에 기본적으로 반포·배포 또는 공연성이 들어가 있기 때문에 표현이라는 것을 즉 이미 표현이 된다라는 것을 전제로 하고 있는 문제가 아닌가? 오히려 지금 사법부에서 하는 것도 검열일 수 있냐 없냐라는 것을 볼 때는 연구관님께서 말씀하신 543페이지에 엄격한 기준요건, 표현의 경우에 엄격하게 볼 수 있는 요건이 설정되지 않아서 오히려 사법부에서 이거를 별로 생각 없이 표현자유에 대한 보호에 대한 것을 생각 없이 너무 남용하는 것을 방지하는 장치가 아직 미흡하다. 이런 쪽으로 보아야 하지 않을까하는 생각이 들었습니다.

사 회 자: 이대근 연구관이시죠? 특별히 답변을 요구하시는 것 같지는 않고요. 바로 옆에 계신 변지영 연구원님?

변 지 영: 사전제한에 대해서 이해하고 있는바 잠깐 얘기해 드리고 이런 면이 있지 않는가 좀 의견을 묻고 싶은데, 제가 이해하는 사전제한에서 ‘사전’의 의미는 퍼블릭의 그러니까 의견이 공개되기 전, 그후 이거를 나누는 거라고 보고 있거든요. 그래서 알렉산더사건에서도 그것으로 이해하고 있는 것으로 보고. 그러니

까 어떤 사상이나 표현을 시장에 그러니까 퍼블릭케이션 비포 퍼블릭케이션되기 전에 진입을 막기 때문에 그 위해성이 크므로 그렇게 위해성이 크기 때문에 프라이얼리스트레인트를 할 때는 좀 신중하게 특히 또 최소한의 원칙으로서 해야된다라고 보고 있는 것 같습니다. 그래서 가두행위 같은 경우에도 허가제를 운영하고 있는데 이것도 가두 행위가 일반시민들한테 공개되기 전에 사전에 허가를 받는 것이기 때문에 사전제한으로 보고 있고요. 그런데 이 사전제한은 어떤 시간과 장소가 명확히 규정되어 있어서 '아 이때에만 가두행위를 좀 하지 말아달라' 이렇게 딱 간단하게 적용되기 때문에 합헌적인 것으로 이해하고 있습니다. 그렇고 또 이거에 더 나아가서 보호되지 않는 표현 그리고 보호를 덜 받는 표현, 명확히 구분되어 있는데요. 불법행위를 선동한다든가 공무원의 언사라든지 명예훼손적인 언사 그리고 인종, 성차별적인 언사, 광고도 커머셜도 언프로텍티드라고 보는 사람도 있고요. 그러니까 아규어벌리 언프로텍티드 스피치라고 보는 사람도 있고 레스 프리텍티트 스피치라고 보는 사람들도 있습니다. 그래서 그런 스피치를 프라이얼 리스트레인트를 하는 것에 대해서는 좀 어느 정도 최소성의 규모가 더 커지기도 하고요. 그렇습니다.

그래서 Near판결을 봤을 때는 Near판결 이렇게 '사전'의 의미를 이 시점으로 그러니까 비포퍼블리케이션으로 이해하게 되면요 그러니까 대중에게 공개되기 전과 후로 이해하게 되면 피츠버그라든지 나머지 그런 판결들이 매체의 특수성이나 명확성이론까지 거치지 않더라도 이게 다 자연스럽게 이해되는 면이 있는데요. Near판결을 먼저 보면요, Near판결은 명확성의 원칙으로 보실 수도 있겠다고 판단 굳이 못하는 거는 아니지만 이거는 좀 프리덤오브스피치와는 다른 프리덤오브프레스의 관점에서 많이 봐서 이런 판결이 내어진 것 같습니다. 미네소타의 법률은 정확히 보시면 프레스를 언론사를 영업으로 운영하는 사업으로 하는 자가 만약에 음란한 표현 또는 스캔들러스나 명예훼손적인 표현을 자꾸 이렇게 유포했을 때에는 그 사람은 공적 불법방해행위로서 인조인드될 수 있다. 그러니까 그거를 못하게 가처분명령을 받을 수 있다. 이 법이었거든요. 그러니까 이 법으로 봤을 때는 그 언론사가 어떤 공무원에 대해서 당연히 이 사람이 이렇게 하더라, 이 사람이 방만하게 행정운영을 안하더라, 이렇게 언론사가 유포할 수 있는 건데 그것만 가지고 그 언론사 사업을 못하게 하는 행위, 그 법규는 위헌적인거다, 이렇게 본 판결이라고 보고 있거든요. 그래서 그런 언론자유의 측면에서 좀 다르게 봐야 되지 않나 싶고. 그렇게 되면 피츠버그광고 사전검열도 자연히 이해가 되는게 구인광고였지 않습니까? 구인광고였고 이런 구인광고를 계속해서 내고 있었습니다. 맨날 같은 형식으로. 그렇기 때문에 이 광고로 인해서 어떤 성차별이 계속 행해진다는 거를 당연히 알 수 있었고 그렇기 때문에 그 광고만 내지 말라고 하는 거는 사전 제한이지만 합법적이다, 이렇게 본 것입니다. 그런 식으로 이렇게 사전에 프라이얼을 비포퍼블리케이션으로 보면 조금 더 명확해 지고요. 그런 점에서 음란물도 명확해 지는데요. 미국의 음란의 개념은 커뮤니티의 판단에 좀 성적인 그런 것을 일으키는 그런 것이라고 보거든요. 밀러의 기준에 의해서. 그렇게 봤을 때 커뮤니티가 어떤 반응을 일으킬지 모르는 상태에서 아직 출판되지 않는 거를 이렇게 압수·수색하는 거는 그거는 위헌적인게 되지요. 너무 그러니까 프라이얼리스트레인트도 당연히 가능한데 보호되지 않은 그런 표현에서는, 그거를 할 때는 아주 최소한으로 해야 되고 신중하게 해야 되고 단편적으로 해야 되고 거기에 적용되는 것으로 해야 된다 그런 의미에서 보면 모든 판례가 자연스럽게 이해되지 않나 이렇게 생각을 합니다.

사 회 자: 변 연구원님께서도 특별히 질문하신 것 같지는 않고요.

최 창 희: 한나라당 중앙위원회 공익법무분과 부위원장 최창희입니다. 처음 뵙겠습니다.

제가 전문적으로 법을 연구하지 않아 가지고 여러 가지 미숙한 부분이 있을 텐데 제가 혹시 드리는 질문이라든지 제가 지금 발언하는 부분에 대해서 조금 논리적으로 맞지 않다고 생각하더라도 이해해 주시기 바랍니다.

첫 번째, 제가 생각할 때 명확성이라는 구분에 있어서 명확성을 과연 일도양단하듯이 그렇게 단순하게 개량화시킬 수 있는가에 대해서 저는 상당히 의문시가 되고요.

그리고 조금 전에 말씀하셨던 표현이라는 부분에 있어서 부작위의 개념까지 포섭을 하고 있는가? 그 부분에 대해서도 상당히 의문시되고 있고, 지금 연구관님께서 말씀하셨던 대중성에 대한 전파성? 그 전파성이라는 부분이 강조되어야 되지 않는가. 너무 대중이라는 개념을 만약에 한부분에다가 매칭을 시킨다면 예를 든다면 인터넷에 있어서 P2P라는 개념으로 접근한다면 그 부분에 있어 가지고는 그게 대중이 되는 것인가? 얼마든지 대중이 될 수가 있거든요. 개인에게 갈 수도 있는 것이지만. 그런 부분에 대해서 한번 좀 생각해 보시는게 좋지 않을까 생각합니다.

감사합니다.

발 표 자: 지금 세분 말씀하신 거 다 한꺼번에 하도록 하겠습니다.

제일 먼저 코멘트하신 분의 발언은 제가 다시 정리하지는 않겠습니다마는 전반적으로 동의하는 편인데, 아까 한 가지 말씀하신 노희범 연구관님의 의견을 평가를 하면서 어떤 표현은 사상의 자유시장에 들어가서 사상의 자유시장을 깨뜨릴 수 있기 때문에 규제하자는 입장에서 사상의 자유시장을 보호하기 위해서 이렇게 사전검열금지원칙을 폭넓게 적용하자 이런 의견을 준 것이 아니냐, 이런 식으로 평가를 하셨는데, 저는 그렇게 이해하시는 거는 사상의 자유시장원리를 오해하고 계시는 거다라고 생각을 합니다. 사상의 자유시장은 바로 어떤 표현이 되었든 시장에 들어가서 경쟁을 통해서 그 표현의 생존여부가 결정이 되는 것이 시장원리이고 그래서 시장을 보호하기 위해서 어떤 표현을 규제하자는 것 이거는 사상의 자유시장원리에 배치되는 것이고.

그리고 두 번째 질문하신 분께서 쭉 사전제재에 대해서 어떻게 생각하시는지 말씀하셨는데, 방금 말씀하신게 바로 미국 로스쿨에서 가르치고 있는 것입니다. 미국 로스쿨에서 그렇게 가르치고 있는데, 저는 그게 잘못되었다라고 말씀을 그러니까 잘못되었다라는게 아니고 다 가르치지 않고 있는 내용들이 있다는 겁니다.

예를 들어서 Bantam Books대Sullivan 이거 안가르치거든요. 지금 비포어퍼블리케이션 그러니까 '발화이전' 표현의 발화이전으로 이해하면 되지 않겠냐? 다들 처음에는 다 그렇게 이해를 하죠. 이해를 하고 있고 그것은 지금 우리나라 헌법재판소가 사전검열금지의 요건으로 해서 사전제출의무를 요건으로 하고 있는 것하고 부합합니다. 그런데 Bantam Books판결을 보게 되면 행정권의 사후심의에 대해서도 사전검열이라고 해서 위헌판단을 했거든요. 왜 했냐는 거지요. 그리고 그것과 비슷한 판례들이 쭉 나옵니다. 그리고 Freedman대Maryland같은 경우는 사전제출의무가 있는데도 불구하고 그러니까 우리나라의 엄격한 사전검열금지원칙을 적용하자면 위헌인데도 불구하고 사법적인 심사도 있다면 합헌이다 이런 결정을 하고, Freedman대Maryland도 미국 로스쿨에서 잘 가르치지 않습니다. 이게 Near대Minnesota판결을 너무 집중적으로 가르쳐서 나타나는 현상인데, 이런 다른 판결들을 보면 우선 두 단계가 있는 것 같습니다. 그러니까 비포어퍼블리케이션 표현이 발화되기 이전에 그것이 사상의 자유시장에 도달하지 못하도록 하는 것, 이것에 대해서는 그것이 행정권이 되었든 사법권이 되었든 아주 엄격하게 심사를 하고요. 그런데 이미 발화된 표현물이라고 할지라도 그것이 사법적인 통제를 받지 않고 행정권에 의해서 위법성이 판단되는 것은 이것은 역시 부당한 위축효과를 초래하는 것이고 이것은 위헌이다. 이런 판결이 있다는 거를 제가 소개를 드리고 있는 겁니다.

마지막 질문하신 거는 사실은 제가 첫 번째 답변했던 거 하고 마찬가지 말씀인데, 기본적으로 사상의 자유시장이론에 대한 오해가 있지 않은가라고 생각을 합니다.

사 회 자 : 이쪽 편에서 한번 들어보겠습니다.

김진한 연구관님.

김 진 한 : 박 교수님 말씀 잘 들었고요. 전반적으로 동의하는 입장인데, 한부분에서 좀 다른 생각을 갖고 있어서 말씀을 드리도록 하겠습니다.

그 부분은 상업적 표현에 관한 부분인데요. 미국연방대법원판례를 소개하시면서 미국연방대법원에서는 상업적 표현에 대해서 사전억제금지원칙이 적용될 것인지 여부에 대해서 한 번도 판단한바 없다고 소개를 하셨는데, 제가 알기로는 여러 차례 방론을 통해서 사전억제금지원칙이 상업적 표현에 대해서는 적용되지 않을 수 있다. '메이 낫'이라는 표현을 써서 판단했던 것으로 보이고 있고요.

그런데 우리의 사전검열금지원칙은 미국의 사전제재원칙과는 다른 특징을 가지고 있습니다. 말씀하신 것처럼 미국의 사전제재원칙은 사후적인 즉각적인 사법적 보장이라든지 또는 방송의 특수성을 고려한다든지 또는 언론의 유형을 나누어서 예를 들어 공립학교의 교내방송에 대해서는 사전심의가 허용된다든지 이런 다양한 유형화 등을 통해서 또는 예외를 통해서 절대적 금지의 원칙을 확립하지 않았고 어떻게 보면 강한 비례원칙 정도, 그 정도의 원칙으로 운영하고 있는 것으로 알고 있습니다.

그런데 우리는 절대적 검열금지의 원칙이 절대적 효과를 갖는 그런 원칙으로 운용하고 있고 그것을 여러 차례 선언해 왔습니다. 그런 상황에서 방송광고에 대해 사전제재금지원칙의 가장 강한 논거는 위축효과인데 방송광고란 대기업에서 영리를 목적으로 하는 것이기 때문에 위축효과는 거의 존재하지 않는다고 볼 수 있습니다. 위축효과라는 것은 한대 때리면 100m 물러나는 그러한 효과를 두려워하는 것이, 그러한 효과 때문에 제재를 하면 안 된다는 것인데, 방송광고 같은 경우는 한대 때리면 바로 1cm 또는 1mm뒤로 물러설 뿐이지 더 이상 물러서려고 하지 않습니다. 그러나 영리성이라는 독특한 특징을 갖고 있기 때문이죠. 그런 상황에서 그리고 또 우리 방송광고 같은 경우에 담배광고 같은 거는 절대적으로 금지가 되고 있습니다. 방송에서는 담배광고가 허용되지 않습니다. 사전심의단계까지도 가지 않고 아예 그러한 표현의 유형 자체는 절대적으로 금지가 되고 있는 거지요. 그런 상황에서 나머지 광고에 대해서는 절대적 검열금지의 원칙이 인정되어야 된다는 것은 어떤 면에서는 좀 모순적인 것이 아닌가? 그래서 그 부분에 관해서 좀 여쭤보고 싶습니다.

사 회 자: 답변하시기 전에 한 분정도 더 들어보도록 하겠습니다.

김형남 교수님이시죠?

김 형 남: 제 이름을 말씀하시니까 저는 놀래가지고, 오늘 처음 나왔는데 어떻게.

저는 부산 경성대학교에서 교수생활 9년 반 정도 하다가 작년에 단국대학으로 옮겼습니다. 대학원 석사과정 때부터 헌법재판쪽의 학위논문을 썼기 때문에 우리나라 헌법재판소가 을지로에 있을 때도 제가 관심을 가졌었고, 또 이시윤 재판관님이 후배 변호사들한테 헌법소원심판청구 좀 하라고 세일즈맨처럼 활동하셨다는 그런 소회도 제가 직접들은 바 있습니다.

또 전혀 알아주지 않는 데 작년 10월에 미국 시애틀에 있는 유니버시티 워싱턴 로스쿨에서 우리 헌법재판소를 주제로 해서 외롭게 저 혼자 발표를 했습니다. 그러나 우리 헌법재판소가 얼마나 중요한 위상을 지니고 있는지 저는 지금도 시각장애인들 안마사 분들 이렇게 1인시위하고 계신 거를 보면서 아까 들어왔었는데 정말, 그리고 또 술좌석에서 뒷좌석에 앉은 사람들이 좀 자기 일이 잘 안풀리니까 헌법소원이나 한번 제기할까 이런 이야기를 하는 것으로 봐서 지금 우리 임석해 계시는 재판관님의 노고가 얼마나 크신지 다시 한번 느끼게 됩니다.

제가 말씀드리고 싶은 것은 10년 전에 저도 미국 로스쿨에서 우리 발제자 박 교수님 너무 오늘 수고 하셨고, 저는 '아니 어떻게 인간이 이런 발제를 할 수 있겠나'할 정도로 퍼스트어멘드먼트라는 한 클래스가 있는데 그 클래스에 가르치던 백인 교수님보다 우리 박 교수님이 더 훌륭하게 강의를 하시지 않았나 생각이 됩니다. 그 정도로 3학점짜리 한과목인데 이 짧은 시간에, 저는 또 급히 기차를 타야 되서 아까부터 손을 일찍 들려고 했는데 이상하게 이쪽에 앉다보니까 또 이렇게 되었습니다. 그래서 박 교수님께 좀 공감을 얻어내고자 하는게 10년 전에 제가 학생들을 가르치면서 제가 미국 헌법논문을 발표하기 시작을 했습니다. 그거를 유일하게 알아주신 분이 저 바로 앞에 계시는 정재환 교수님이 수고한다고 격려도 해 주시고 했는데 당시에 아마 이런 논문을 발표하셨다면 거의 한사람도 읽어보지 않았을 것 같습니다. 그래서 저는 혼자 외롭게 이런 미국 헌법 관련논문을 발표를 하고 있었는데 정말 저는 그때 더 흥분해서 학생들에게 강의도 하면서 우리 한국현실에 미국의 그 멋있는 인권존중의 기본권존중의 그 문화와 판례가 정착이 되면 얼마나 좋겠느냐라는 생각으로 붕붕 떠다니면서 숲을 보지 못한 채 나무를 많이 봤습니다. 저도 Near판결이 얼마나 제가 들었던 수업시간에 해괴망측한 정말 언유쥬얼한 그런 판결로서 논의가 많이 되었다는 것 기억이 나고요. 그래서 저는 특히 이 Near판결이 판결이 되었던 해가 1931년이거든요. 그러면 미국내에서 연방대법원의 쥬디셜액티비즘이 가장 강력했던 시기입니다. 그래서 1938년 잘 아십니다마는 유나이티드스테이티드 버시스 캘롤린프로스트컴퍼니사건 그 사건의 철퇴를 맞기 이전에 가장 강력했던 그 시기에 나왔었기 때문에 프라이어리리스트레인트문제가 있습니다마는 우리가 잘 이해할 수 없는 그런 판례로 지금도 남아있지 않는가 그런 생각을 해봅니다.

그래서 우리가 이제 박 교수님이나 저나 또는 한국에 지금 미국에서 제 후배분들에 해당되는 나이가 저보다 젊으신 분들이 엄청나게 많이 쏟아져 들어오고 계시는데, 미국 나가보면 암만 영어로 좀 발표도 하고 영어 좀 하는 척해도 우리는 신토불이 한국사람이더라고요. 그래서 미국의 그런 판례들은 난삽하기 때문에 그것의 어떤 핵심적인 그 정신 정도를 우리가 잘 파악하면 되지 않을까? 이미 우리의 헌법재판소도 20년의 긴 역사를 가지고 있고 이런 사전제한이니 사후제한이니 이 문제도 저는 이제 오늘 화두를 던지고 싶은 것은 우리의 헌법 37조 2항에 근거가 있다 없다 이렇게 논의를 하고 있는 비례의 원칙이라고 하는 이 좋은 심사기준에 대해서 아직 연구가 그 중요성에 비해서 아직 미진하다고 저는 그렇게 생각합니다.

공교롭게도 제 오른쪽에 계시는 이명웅 헌법연구관님이 비례의 원칙에 대해서 아주 많은 연구를 하고 계신 데 이런 분이 저는 계속 더 늘어나야된다 그렇게 생각을 하고요. 그래서 발제자께서는 비례의 원칙과, 사전제한이라고 해서 아예 비례의 원칙은 언급을 안하시고 계신 것인지? 아니면 앞으로도 우리 비례의 원칙을 좀 활용해서 어떤 식으로 오늘 판례에서 발표하신 이 부분을 비례의 원칙과의 접목에 대해서는 어떻게 생각을 하고 계신지 말씀을 해 주시면 제가 바로 다음 주에 강의할 때 좀 활용할 수 있겠습니다.

감사합니다.

사 회 자 : 한 분만 더 듣도록 하겠습니다.

박진완 교수님.

박 진 완 : 두 개만 질문 드리겠습니다.

… 검열금지의 원칙은 절대적인 거라고 생각이 되거든요. 그래서 이거는 절대 무너져서는 안 된다. 그래서 우리 헌법에도 보면 사후에 이제 21조 4항에서 뭐 타인의 명예나 권리, 공중도덕이나 사회윤리를 침해하는 경우에 법원에 의해서 구제를 받는다. 그렇게 되어 있는데 문제는 요즘 언론매체의 특성상 TV나 이런 경우에 특종을 하기 위해서 사전에 안 알아보고 방송이 나갔을 때 사후에 생업을 갖

고 있는 사람들이 피해를 보고 이런 경우는 있지 않습니까? 그래서 그런 부분에 조정의 문제는 있지만 기본적인 틀은 사후에 어쨌거나 법원이 판단할 문제고.

그리고 두 번째 문제는 아까 노희범 연구관님 말씀하신 것처럼 사법기관이 검열권의 주체가 될 수 있냐? 이 부분과 관련해서 제 생각은 사법기관은 '사후에 재판이 성숙이 되어서' 이제 이렇게 하니까 원칙적으로 볼 때는 검열권의 주체가 안 되는데 아까 박경신 교수님 발표하신 Near사건에 있어서는 예외적으로 법원의 어떤 결정이라도 장래의 어떤 행위를 통제하니까 사실 일어나지 않은 행위에 대해서 통제하는 그런 부분에서는 사전검열의 속성이 있으니까 그런 것 같은데, 제 생각으로는 사법기관이 그렇게 되면 검열권의 주체가 된다 그런 상황은 일반적으로 볼 때는 가정할 수 없는게 아닌가 이렇게 생각이 들고요.

그래서 첫 번째 질문과 관련해서 검열금지의 원리가 절대적인 것인지 아니면 완화될 수 있는 것인지 이 부분에 대해서 한번 의견을 듣고 싶습니다.

이상입니다.

사 회 자: 답변듣도록 하겠습니다.

발 표 자: 질문하신 중에서 너무 저한테 따뜻한 말씀을 해 주셔서 감사드립니다.

우선 Near 대 Minnesota결정을 사후심의가 있은 후에 그러니까 Near대 Minnesota 결정에 대해서 사법부의 사후심의도 사전검열일 수 있다로 오해하면 안 된다라는 거를 제가 계속 말씀을 드린건데, 지금 그거를 정확하게 저하고 동의를 하고 계신 것 같아서 우선 반갑고요. 그래서 Near대Minnesota사건에서 위헌결정이 나온 거는 결정 자체가 너무 불명확하니까 결정의 내용이 뭐냐 하면 "당신 악의적이고 비방적이고 명예훼손적인 발행하지 마라" 이거를 어떻게 지킵니까? 지킬 수가 없는 명령을 내린 거거든요. 그런데 그거를 안 지키면 곧바로 법정모독죄로 구속이 될 수 있고. 그래서 결국에는 기발행된 기사들에 관한게 아니라 아직 발행되지 않은 기사들의 위축문제 때문에 위헌결정이 나온 것이기 때문에 그렇게 봤을 때 사법기관이 일반적으로 검열의 주체로 인정될 수는 없는게 아니냐라고 말씀하셨는데, 대신 그런 경우가 있죠. 아예 아직 발화되지도 않은 표현물, 그래서 아까 말씀드렸던 펜타곤페이퍼 그러니까 베트남전에 관한 보고서를 아직 발표하지 않은 상황에서 이 소송이 걸려 있었던 상황이란 말입니다. 그리고 아까 판결이름이 생각이 안납니다마는 네버레스카 어소세이션 그것도 마찬가지고. 그리고 아까 노희범 연구관님이 말씀하셨던 그 결정 알렉산더케이스도 역시 기업이 몰수된 거 자체를 본게 아니라 기업이 몰수되었기 때문에, 알렉산더에 대해서는 제가 조금 더 생각을 해보겠습니다마는 어쨌거나 아직 발화되지 않은 표현물에 대해서는 사법기관이 검열의 주체가 될 수 있다라고 생각을 합니다. 어떤 명령자체가 너무 불분명하다라거나 마치 Near대Minnesota판결에서처럼. 그래서 예를 들어서 저작권침해소송에서 원고가 이겼어요. 그런데 법원의 판결이 피고한테 "앞으로 저작권침해하지 마라"이런 결정 같은 경우에는 너무 불명확하기 때문에 결국에는 그 사람은 합법적인 표현물, 저작권침해를 하지 않는 표현물까지도 출판을 하지 못하는 그런 상황이 발생하는데 바로 그 상황, 합법적인 표현물인데도 누군가가 검증되지 않은 잣대로 위법이라고 판단할까봐 발화하지 못하는 거, 이게 바로 사전검열금지가 보호하려는 헌법정책적 가치이기 때문에 그렇다고 생각을 하고요.

그 앞에 두 가지 질문, 김진한 연구관님하고 단국대에서 오신 제가 존함을 잘 못들었습니다마는 교수님 질문은 사실은 같은 질문인데요. 그러니까 김진한 연구관님도 상업적인 표현에도 절대적인 금지원칙이 적용되어야 되냐는 거고, 왼쪽에 계신 교수님말씀 비례원칙의 적용가능성을 말씀하셨는데 결국에 비례원칙을 적용하게 되면 뭘 가지고 형량하냐 하면 침해되는 사익의 크기하고 국가가 달성하는 공익의 크기 이거가지고 형량하는 거 아니겠습니까? 그러면 이제 침해되는 사익을 볼 때 제한당하는 표현이 상업적인거냐 정치적인 거냐에 따라서 결국 형량이 나누어지는 것이기 때문에 저는 같은 질문이라고 생각을 하고 있습니다.

그러면 이 비례의 원칙이 적용될 수 없는 것이냐? 저는 비례의 원칙이 적용될 수 있다라고 생각을 하고 그리고 지금 미국 로스쿨에서는 프라이얼리스트레인 사전제재 법리에 대해서 절대금지라는 표현을 쓰지 않고 엄격심사를 한다, 그렇게 얘기를 하고 있습니다. 그런데 문제는 그러면 엄격심사를 도대체 어떻게 하는 건지에 대해서는 자세히 얘기를 해 주지 못하고 있습니다.

김진한 연구관님 말씀은 그러면 비례의 원칙 심사를 할 때 제한당하는 표현이 상업적 표현이면 그러면 사전제재가 좀더 허용될 수 있는 거냐라는 말씀인데, 거기에 대해서 제 질문은 어떤 표현이 상업적인지 아닌지는 누가 판단하냐는 거죠. 김진한 연구관님 말씀대로라면 그러면 음란물 같은 경우에는 더 사전검열을 더 허용할 수 있어야 되지 않겠습니까? 아니예요? 왜요?

김 진 한: 상업적 광고에 대해서….

발 표 자: 광고에 대해서만? 그러니까 지금 정치적 표현, 상업적 표현 그 다음에 음란물 이런 체계를 말씀하시는게 아니고 상업적 광고는 아주 특별한, 그거는 표현이 아니라고 보시는 거예요? 행위라고 보시는 거예요? 그렇게 볼 수도 있다고 보거든요.

김 진 한 : 위축효과가 존재하지 않는 특히 방송광고 같은 경우는 갖고 있는 어떤 그 고유한 특성이 위축효과를 갖고 있지 않기 때문에 그것에 대한 사전심의를 하더라도 커다란 어떤 침해가 발생하지 않을 가능성이 많다는 거죠. 비례의 원칙을 적용하면서도 사후심의를 하지 않고 사전심의를 한 것은 필요최소한의 원칙을 준수하지 않았다는 판단을 할 가능성이 많기 때문에 비례의 원칙을 엄격히 적용한다면 충분히 절대적 금지의 원칙을 적용한 효과와 동일한 효과를 달성할 수 있다는 측면이 있다고 보는 겁니다.

발 표 자 : 그런데 그렇다고 할지라도 예를 들어서 결국에 근본적인 문제로 들어가서 상업적 표현인데 보호되어야 되는 표현물인데 행정기관에서 위법하다라고 판단이 나서 결국에는 사법부에서 그거를 교정해 줄 때 까지 보호되어야 되는 상업적 표현이 제한되는 그 상황은 비례의 원칙상 그냥 인용되어야 되는 거다라고 그렇게 보시나요? 그런 헌법적 피해에 대해서는?

김 진 한 : 비례의 원칙에 의해서 금지될 수 있다는 이야기입니다.

그러니까 절대적이란 것은 늘상 어떤 예외 없이 적용되는 것이기 때문에 부작용이 많이 발생할 수 있는데 반해서 비례의 원칙은 제도 제도마다 구체적인 특징을 봐서 심의해서 사전제한에 대해서는 훨씬 더 강한 위헌성추정을 할 수 있는 것이고, 그런 측면에서 구체적인 판단을 할 수 있기 때문에 적어도 방송상업적 광고에 대해서는 그와 같은 가능성이 열려있는 거 아닌가? 그렇게 봐야 되는 것이 우리 전체적인 헌법조화의 해석 아닌가? 이렇게 보고 있습니다.

사 회 자 : 노희범 연구관님.

노 희 범 : 시간도 많이 되어서 제가 간단하게.

오늘 여러 얘기가 나왔지만 먼저 절대적이어야 되는가? 저는 좀 완화되게 해석할 필요가 있다는 그러한 취지의 주장이었고요. 미국에서 이게 강하게 표현의 자유를 보호하는 미연방대법원이 검열 자체가 위헌이라고 한 적은 없다라는 점입니다.

Freedman판결이 바로 그거예요. 영화검열이라는 자체가 위헌은 아니다. 절대적으로 보지 않는다는 점입니다. 다만 절차적 장치가 안 되어 있기 때문에 위헌이다라고 했다는 점이고요. 지금 우리 헌법상 문리해석상 검열제하고 허가제는 동렬에 있는 거고요. 사전제한의 요건인데, 방송사업에 대해서 다 허가제로 하고 있습니다. 지금. 최근에 우리 방송법이 조금 바뀌어서 등록제 유사로 하고 있지만 이 방송사업 같은 경우도 사실 허가제가 절대적으로 본다면 사전제한을 이것도 위헌이죠. 그렇지만 전 세계 각국이 방송사업의 특수성 때문에 허가제로 다 운영을 하고 있습니다. 그렇기 때문에 우리의 검열금지에 대한 개념에 대한 절대적이라는 거 이게 1996년도 우리 헌법재판소가 처음 판시를 했지만 과연 이거에 대해서 우리가 어떤 매체에 대해서 적용할 것인지는 우리가 다시 신중하게 검토를 해 봐야 되지 않느냐라는 점이고요. 제가 분석한 바로는 이 판결, 우리의 검열개념은 일본 최고재판소판결에 나오는 검열의 개념하고 아주 유사합니다. 거의 복사한 듯 한 느낌이 들 정도입니다. 그렇기 때문에 과연 그런 고민을 통해서 나왔는지를 우리가 한번 되새겨보자 그런 취지였고요.

그리고 지금 상업광고에 대해서 자꾸 얘기되는데, 우리가 언론의 범위를 얼만큼 넓혀서 헌법적으로 보호되는 언론으로 볼 것이냐의 문제입니다, 이거는 사실은. 사전검열에 관한 문제가 아니고. 지금 피츠버그판결에 대해서 사전 이거를 분석을 하셨지만 미국연방대법원에서도 '상업적 언론' 커머셜 스피치가 1976년도 버지니아 파머시판결에서 처음으로 헌법적으로 보호된다라고 명시를 했습니다. 이 피츠버그 판결은 1973년이에요. 사실 이거는 아마 이 사람이 주장을 했을 겁니다. 광고 못하게 하니까 이거 표현의 자유 침해 아니냐? 그래서 아마 거기에 대한 답변을 한 것이 아닌가 싶고, 그 이후에 헌법적으로 보호는 되는 언론이지만 완벽하게 보호되지 않는다라는 그런 점이죠. 그렇기 때문에 다른 규제, 지금 뭐 명확성 원칙이라든가 사전검열 이런 것들이 적용되지 않을 수 있다라고 분명하게 명시를 했던 거죠. 그래서 피츠버그판결을 무슨 사전제한의 어떤 굉장히 중요한 걸로 생각하시는 것은 좀 의외고요.

그 다음에 일반적 사전제출의무를 우리는 검열의 일반적 요건으로 봅니다. 저는 일반적 사전제출의무가 반드시 요건으로 볼 수 없다. 그 문제는 오늘 토론에서 제가 안넣었지만 그것도 불만입니다. 왜냐하면 일반적인 사전제출의무가 없더라도 법적으로 강제되지 않더라도 행정기관이 특정표현물에 대해서 제출하도록 강요하고 나서 그거를 제한한다면 그것도 당연히 검열의 범위에 들어가야 되는 것이 아니냐, 이렇게 보여지고요.

그 다음에 ACLU Reno사건 자꾸 말씀하시지만 이거는 사실 사전제한이 문제된 사건도 아니고 또 인터넷매체라는게 많은 사람, 쌍방향 커뮤니케이션을 보장해야 되기 때문에 참여가 많다. 그래서 일반 인쇄매체에 대해서는 영상매체에 대해서는 검열이 강화될 수 있지만 여기는 안 된다라는 그런 취지는 아닌 것 같습니다.

오히려 저속성에 대한 판단을 하기가 어렵다라는 연방대법원은 판단이지 이 판결 갖고 인터넷매체에서 흘러다니는 모든 그런 음란물, 폭력물, 국가안보를 침해할 수 있는 모든 그런 커뮤니케이션을 다 보장하겠다라고 이렇게 해석하는 것은 좀 지나 친 것이 아닌가 생각이 되고요.

원론으로 돌아가자면 사상의 자유시장이 나온 1600년 존 밀턴이 생각하는 것은 정치적 의견이 사상의 자유시장에서 발휘하도록 하는 민주주의의 원리였다는 것이죠. 그렇기 때문에 음란물이나 폭력물 뭐 일반영업적인 그런 언론이 사상의 자유시장에서 강력하게 검열이 절대적으로 금지되면서까지 보장을 해야 되는 그런 배경이 있었던 것은 아니다라는 겁니다.

마치겠습니다.

발 표 자 : 마지막 코멘트에 대해서만 제가 한 말씀드리면 프리드먼결정에서 그게 음란물 규제제도였습니다. 프리드먼결정에서 음란물 규제제도였는데 위헌결정이 난거거든요. 그래서 저는 그 부분은 노희범 연구관님하고는 동의하지 않고 김진한 연구관님하고는 동의하는 부분인데, 즉 뭐냐하면 결국에는 어떤 표현들은 사전검열로 금지해도 좋다, 이렇게 말할 수 없다는 겁니다. 그러니까 이것을 매체나 어떤 내용 외적인 것으로 이렇게 분리를 해서 이런 표현들은 사전검열로 어느 정도 금지할 수 있다라고 말할 수는 있지만 내용을 보고서는 이 내용이 별로 가치가 있는게 아니니까 사전검열 금지할 수 있다, 이렇게 갈 수는 없다는 거죠. 왜 그러냐 하면 그러면 그 내용을 누군가 봐야 되거든요. 그 내용을 누군가 보고 이것이 음란인지 아닌지 구별을 해서 '아 이거는 음란이니까 사전검열 해야 된다' 그렇게 할 때는 이미 벌써 사전검열은 다 되어 버린거죠. 미리 봐야 되니까. 그래서 그런 검열에 대해서 어떤 표현의 내용을 가지고 사전검열금지원칙의 적용여부를 판단하는 것은 계속 무리가 있다 이렇게 생각을 합니다.

사 회 자 : 토론이 진행되다보니까 시간도 많이 갔습니다.

한 분정도 더 토론을 듣고 종결할까 생각하고 있습니다.

이 규 홍 : 이규홍 연구관입니다.

약간 지엽적인 사항인데요. 계속 저작권 얘기가 나오고 해서 제가 관심이 있어 가지고 질문을 드립니다.

아까 말씀하신거 보면 저작권은 명백하게 사전검열이 안 되는 것이고 들어오면 법원은 바로 결정을 하고 발화가 됐고 이미 다, 이제 그런 식으로 굉장히 클리어하게 끝나는 문제처럼 보이지만 사실 제가 아는 바로는 저작권은 미국에서 다른 요건에 의한 사전검열은 다 표현의 자유로 컷팅이 되더라도 저작권은 지금 굉장히 자유롭게 되고 있어서 헌법학자들이 저작권은 표현의 자유에서 완전히 관계없는 것이냐? 뭐 이렇게 알고 있습니다. 그런데 사실은 저작권이라는게 그러면서도 상업적 광고와는 달리 또 위축효과도 굉장히 크다고 생각이 되고요. 그 사람들이 뭘 쓸때 저작권문제 때문에 특히 법원에서 굉장히 잘 받아주기 때문에 더더욱 위축효과가 크지 않은가 이렇게 생각을 하고 있습니다.

이런 얘기들이 제가 아는 바로는 미국에서는 5년에서 10년 사이에서 많이 나온 얘기 같은데 이런 부분에 대해서 미국에서 최근에 어떻게 뭐 규제장치라든지 법원에서 그거를 받아줄 때 내부적인 어떤 그런 규율같은게 있는지 궁금합니다.

발 표 자 : 그거는 제가 더 연구를 해봐야 되는 거고요. 제가 각주에서 찾아서 미국에서 주요논문으로 거론되고 있는 논문 서지정보를 드리도록 하겠습니다.

그런데 저는 제가 이해하는 한에서는 어쨌거나 이미 침해여부를 사법부가 그러니까 표현물의 합법성여부를 사법부가 이미 판단을 한 상황에서 바로 그 표현물 다른 표현물까지 번질 수 있는 그런 불명확한 기준을 세우지 않고 그냥 딱 그 표현물만 가처분결정하는게 그것에 사전검열금지원칙을 적용하는 것은 문제가 있지 않나. 그렇다면 정말 그거는 법치주의의 근간을 흔드는 문제가 아닌가? 저는 그렇게 생각을 하고 있어서, 그런 논의하고 있는 학자가 있는 거는 알고 있습니다. 알고 있는데 잘 동의를 하고 있지는 않은 것 같습니다.

사 회 자 : 마지막으로 혹시 박진애 교수님 추가로 보충하실 말씀 있으십니까?

박 진 애 : 짤막하게만 말씀드리면 존 밀턴의 사상의 자유시장이라는 것이 물론 민주주의를 향해 있었던 거는 사실이고 오늘날에도 그 의미가 크게 변질되지 않은 거는 사실이지만 우리가 일반적으로 표현이라고 얘기했을 때 인간이 인간으로서 성장하고 인격적으로 완성해 가는 과정에서의 표현이라는 것 아주 필수불가결한 문제이고요. 그렇기 때문에 그것이 음란적이라거나 폭력적이라거나 하니까 어쨌거나 규제를 할 그런 부분은 있을 것이다라고 막연하게 그렇게 쉽게 얘기할 수는 없지 않을까하는 생각을 잠시 했었습니다.

길게 이야기하지 않도록 하겠습니다.

사 회 자 : 여러 가지 아쉬움이 있겠지만 이 정도에서 토론을 마칠까합니다.

마지막으로 우리 조대현 재판관님 한말씀 듣도록 하겠습니다.

조 대 현 : 어려운 주제에 관해서 심도 있게 연구하셔서 발표해 주신 박경신 교수님 그리고 박진애 교수님, 노희범 연구관님께 감사를 드립니다.

사건처리하면서 이 언론에 대한 검열금지부분 이거 상당히 고민을 많이 하고 선례가 못마땅해서 지금 상당히 몸부림치고 있는데 여기 와서 애기들어 보니까 역시 또 고민이 더 커지는 것 같습니다.

사실 저는 왜 선례가 헌법에 언론·출판이라고 그랬는데 그것을 모든 표현행위를 다 포함한다고 이렇게 했을까? 거기부터 의문을 가지고 있거든요. 소설도 그렇고 음악도 그렇고 미술도 그렇고 광고도 그렇고 다 그게 언론이냐? 국어사전 찾아보면 언론은 그런 뜻은 아닌 것 같은데 왜 이거를 다 언론이라고 보느냐? 거기부터 좀 의문이 생기고요. 그렇게 언론을 넓게 잡아놓고 언론검열은 절대적으로 금지된다, 이렇게 해놓으니까 이게 뭐 옴짝달싹 못하게 되는 경우가 좀 많이 있고요. 결국 재판이라는게 구체적인 타당성이 있어야 되는데 지금 미국 재판이 우수한 점이 바로 그거지요. 구체적 타당성이 제일 우선 아니겠습니까? 그런데 이게 절대적으로 안 된다고 하니까 부당하다 이렇게 하니까 그거를 좀 벗어나기 위해서 검열개념을 아주 제한을 해놓았는데, 과연 이 검열개념을 이렇게 제한해야 되는 것이 맞느냐? 그것도 의문이 생기고요. 언론의 자유가 굉장히 중요한 기본권이라고 그러는데 그러면 다른 기본권을 침해해도 좋은 우월적인 기본권이냐? 언론의 자유가 다른 기본권을 침해할 때까지는 건드리지 못하고 침해한 뒤에만 비로소 건드릴 수 있는 것이냐? 그것도 좀 잘 모르겠고요. 하여튼 지금 의문이 많습니다.

앞으로 이 실무연구회에서 좀더 많이 연구를 해서 아주 현명한 길을 좀 가르쳐 주시기 바랍니다.

감사합니다.

간　　사 : 장시간 수고 많으셨습니다.

이것으로 이번 발표회를 모두 마치도록 하겠습니다.

제 88 회(2008. 10. 10) 발표문

조세국가의 성격 및 구조와 조세입법에 대한 합헌성 심사의 기준

—종합부동산세에 대한 합헌성 판단의 문제를 중심으로—

차 진 아*

Ⅰ. 서 : 현대 민주국가에서 조세의 의의와 정의로운 조세법 형성의 요청

조세국가(Steuerstaat)라는 용어가 시사하는 바와 같이, 근대국가의 탄생 이래 조세는 국가재정에 있어서 중심적인 역할과 비중을 차지해 왔다. 과거 조세 부담이 본질적으로 군주나 봉건영주와 같은 지배자 내지 지배권력을 위한 것으로 인식되었다면, 현대 민주국가에서 조세는 주권자인 국민이 국민 스스로를 위해 분담하는 부담으로 볼 수 있다. 오늘날 민주국가에서 국가권력 내지 국가조직은 자체목적이 아니라 주권자인 국민의 기본권 보장을 위해 존재하고 모든 국가활동은 국민의 기본권 보장과 실현을 지향하여야 하는 것으로 이해되며,1) 조세는 국가의 존립 및 활동에 필수불가결한 공공경비를 충당하기 위해 국민이 주권자로서 짊어지는 공동의 부담(Gemeinlast)인 것이다.

이러한 맥락에서 조세의 정당성의 문제는 궁극적으로 국가(활동)의 정당성의 문제와 다르지 않은 것으로 볼 수 있다.2) 더욱이 현대 국가의 과제는 근대 야경국가와는 비교할 수 없을 만큼(질적으로나 양적으로나) 확대되었으며, 그 수행을 위한 재정적 수요도 급속하게 팽창하였다. 이에 따라 국민에게 부과되는 조세부담도 과거와는 비교할 수 없을 정도로 크게 증대되었다. 그렇기 때문에 조세부담이 공평하게 분배되지 않는다면, 국민은 조세의 정당성, 나아가 국가 활동의 정당성을 인정하기 어려울 것이다.3)

---

* 서울시립대 조교수, 법학박사, 변호사.

1) 장영수, 헌법학, 2008, 431-433쪽, 444쪽, 484쪽.

2) *Dieter Birk*, Rechtfertigung der Besteuerung des Vermögens aus verfassungsrechtlicher Sicht, in: ders.(Hrsg.), Steuern auf Erbschaft und Vermögen, 1999, S. 7-24(8 f.).

뿐만 아니라 조세는 현대 국가의 가장 효과적인 유도·조정 수단의 하나이기도 하다. 예컨대 중과세 혹은 조세감면의 방법을 통하여 조세가 부동산투기억제, 국민건강보호, 친환경산업의 육성 등 다양한 목표를 추구하는데 광범위하게 활용되고 있다. 그러나 조세를 통한 개입정책이 그 정당한 범위를 벗어날 경우에는 도리어 조세평등의 원칙과 국민의 재산권 등을 침해하게 되며, 국가활동의 정당성에 대한 회의와 불신을 불러일으키게 된다. 과거 토지공개념에 대한 국민의 폭넓은 공감과 지지에 기초하여 도입되었던 토지초과이득세의 경우에도 잘못된 방식과 과도한 실현범위로 인하여 토지초과이득세법 전체가 헌법재판소에 의해 헌법불합치결정을 받았고, 그 결과 한동안 토지공개념에 대한 논의를 다시 꺼내는 것 자체가 쉽지 않은 분위기가 조성되기도 하였다.[4)]

최근 뜨거운 논란의 대상이 되고 있는 종합부동산세의 경우에도 부동산 공개념 내지 (이에 기초한) 부동산투기억제를 통한 부동산 가격의 안정 등 목적 자체의 정당성은 일반적으로 인정되고 있다.[5)] 그러나 그 구체적인 방법 및 정도에 있어서는 적지 않은 문제를 보이고 있으며, 자칫 종합부동산세가 토지초과이득세의 전철을 밟게 되는 것은 아닌가 하는 깊은 우려를 낳고 있다.[6)]

---

3) 권배근, "재산과세에 있어 누진세율 적용의 타당성 검토," 법학논총(한양대학교 법학연구소) 제24집 제 3 호(200. 8), 363-384(9)쪽; 이동식, "부동산보유세의 현황과 문제점—종합부동산세를 중심으로—," 토지공법연구 제36집(2007. 5), 19-52(33-34)쪽; 장영수, 위의 글(주 1), 1140쪽; *D. Birk*, a.a.O.(Anm. 2), S. 7; *Klaus Vogel*, Rechtfertigung der Steuern: Eine vergessene Vorfrage, Der Staat 1986, S. 481-519.

4) 토지공개념을 구현하는 3대 입법으로 토지초과이득세법, 택지소유상한에 관한 법률, 개발이익환수에 관한 법률이 제정되었으나, 헌법재판소에 의해 토지초과이득세법이 헌법불합치결정(헌재 1994. 7. 29, 92헌바49 결정)을, 택지소유상한에 관한 법률규정들이 위헌결정(헌재 1999. 4. 29, 94헌바37 결정)을 받음으로 인하여 토지공개념의 실현이 좌초하게 되었다.

5) 부동산 공개념 자체의 정당성에 대해 명시적으로 의문을 제기하는 견해(예컨대, 강현호, "종합부동산세법안의 내용과 문제점에 대한 지정토론," 토지공법연구 제25집[2005. 2], 33-39[37-38]쪽)가 있기는 하다. 그러나 오늘날 조세의 이중적 기능이 인정되고 있으며, 조세를 통해 특정한 사회·경제정책을 수행하는 것 자체가 헌법상 허용되지 않는다고 보기 어렵다. 이에 대해서는 아래의 "Ⅱ. 2. 조세국가의 탄생과 역사적 발전", "Ⅱ. 3. 현대 조세국가의 실현구조" 참조.

6) 종합부동산세법의 여러 규정들에 대해 헌법재판소에 위헌소원, 위헌법률심판 사건들이 계류중이며, 지난 2008. 9. 18. 이들 사건에 대한 공개변론이 헌법재판소에서 열렸다. 한편 정부는 2008. 9. 23. 과세기준금액 인상, 과세표준조정 및 세율인하, 1세대 1주택 고령자에 대한 세액공제, 공정시장가액 도입 등을 골자로 하는 종합부동산세제 개편안을 발표하였고, 이 개편안이 2008. 9. 30. 국무회의에서 통과됨에 따라(http://kr.news.yahoo.com/service/news/shellview.htm?linkid=10&articleid=2008093010412853101&newssetid=455[2008. 10. 2방문]), 이에 대해 격렬한 찬반 논쟁이 벌어지고 있다. 종합부동산세제와 그 개편안을 둘러싼 정치적 논란은 보수와 진보, 우파와 좌파와 같은 일종의 이데올로기적인 색채까지 가지고 있어서 더욱 심각한 양상을 띠고 있는 것으로 보인다. 2008. 9. 23. 발표된 정부의 종합부동산세제 개편안에 대해서는 http://www.mosf.go.kr/news/press_20_1.php?action=view&page=1&t_code=773&no=85678& parent_code= (2008. 9. 25. 방문) 참조.

종합부동산세는 (주택분 및 토지분) 재산세의 납부의무자 중에서 소유부동산의 가액을 (주택 및 비사업용토지의 경우) 세대별 합산한 결과 일정 금액을 초과하는 부동산소유자만을 대상으로 하여 지방세인 재산세에 추가하여 국세로서 부과되고 있다. 이러한 종합부동산세의 부과방식 때문에 종합부동산세는 이중과세 내지 중복과세로서 조세평등의 요청에 위배되는 것은 아닌가, 주택 보유수에 관계없이 1세대 1주택에 대해서도 종합부동산세를 부과하는 것이 종합부동산세의 입법목적과 배치되고 주택에 대한 재산권을 침해하는 것은 아닌가, 종합부동산세의 세대별 합산과세는 혼인과 가족생활을 불합리하게 차별하는 것으로서 위헌이 아닌가, —특히 수득세인 양도소득세 부담을 완화하지 않으면서— 보유세인 종합부동산세를 중과세하는 것은 거주·이전의 자유를 침해하고, 이른바 교살적 조세로서 위헌이 아닌가 등 그 합헌성 여부와 관련하여 다양한 문제가 날카롭게 제기되고 있는 상황이다.[7]

본 논문에서는 국가가 조세를 통해 경제질서에 개입할 수 있는 정당한 범위와 한계가 어디까지인가의 문제를 종합부동산세의 합헌성 문제에 초점을 맞추어 고찰하고자 한다. 이를 위하여 이하에서는 먼저 현대 국가에서 조세의 헌법적 의미와 요청을 조세국가원리라는 큰 틀 안에서 조망한 다음(Ⅱ), 이를 기초로 하여 조세입법자의 입법형성권과 그 한계에 대하여 고찰하고자 한다(Ⅲ). 그리고 이러한 기초 위에서 종합부동산세의 합헌성 여부에 관한 몇 가지 중요쟁점을 심층적으로 검토하는 것이 가능할 것이다(Ⅳ, Ⅴ).

Ⅱ. 조세국가의 성격과 실현구조

1. 조세국가의 개념과 기본전제

조세국가는 그 재정적 수요를 본질적으로 조세를 통하여 충당하는 국가를 말한다.[8] 조세국가, 즉 조세를 재정적 기초로 삼는 국가는 직접 영리활동에 나서는 것을 원칙적으로 포기하고, 그 대신 주로 국민이 자유로운 경제활동을 하도록

7) 종합부동산세를 국세의 형식으로 부과하는 것이 지방자치단체의 재정고권을 침해하는지 여부의 문제는 본 논문에서 다루지 않기로 한다.

8) *Josef Isensee*, Steuerstaat als Staatsform, in: Festschrift für Hans Peter Ipsen, 1977, S. 409-436 (414); *K. Vogel*, Der Finanz—und Steuerstaat, in: Josef Isensee/Paul Kirchhof(Hrsg.), Handbuch des Staatsrechts, Bd. I, 2. Aufl., 1995, § 27, S. 1151-1186(1173), Rn. 51.

보장하면서 그 성과의 일부를 조세로서 징수하는 방식으로 재정수입을 확보한다. 이는 조세국가가 국가와 경제의 상호구별을 기초로, 국가로부터 자유롭고 생산력 있는 사경제의 존재 내지 경제적 자유의 보장을 전제하고 있음을 의미한다.9)

그러므로 조세국가의 본질을 단순히 조세가 국가의 가장 중요한 수입원이라는 현상의 기술에 있는 것으로 볼 수는 없다. 조세국가성의 본질적인 강조점은 조세를 통한 경제활동의 자유의 보장에 있으며, 조세국가는 국가가 기본적으로 조세로써 그 재정적 수요를 충당하여야 한다는 규범적 요청으로 이해되어야 한다.10)

2. 조세국가의 탄생과 역사적 발전

서구 유럽에서 조세의 개념이 오늘날과 같은 모습으로 정리되고, 이에 기초하여 조세국가가 탄생하게 된 것은 중세의 봉건적 경제 및 지배체제의 붕괴, 그리고 근대국가의 형성과 맞물려 있다.11)

중세 유럽에서 봉건영주 등 지배자는 필요한 재원을 주로 장원의 운영을 통해 직접 조달하였고,12) (금전부담이라는 의미에서) 조세는 특별한 재정수요의 충당을 위해 그때그때 등족회의의 동의를 얻어 조달하는 예외적·보충적인 수입원에 지나지 않았다.13) 그런데 근대적 지배체제(상비군과 관료제)가 구축되면서 —또한

9) *J. Isensee*, a.a.O.(Anm. 8), S. 417; *Ulrich K. Preuß*, Rechtsstaat—Steuerstaat—Sozialstaat. Eine Problemskizze, in: Dieter Deiseroth/Friedhelm Hase/Karl-Heinz Ladeur(Hrsg.), Ordnungsmacht? Über das Verhältnis von Legalität, Konsens und Herrschaft, 1981, S. 46-68(49); *K. Vogel*, a.a.O.(Anm. 3), S. 516; *K. Vogel*, a.a.O.(Anm. 8), Rn. 71.

10) 차진아, "조세국가의 헌법적 근거와 한계," 공법연구 제33집 제4호(2005. 6), 307-331(312)쪽.

11) 헌재 1990. 9. 3, 89헌가95 결정: "조세가 국가재정수입의 주원천으로서 특히 중요한 의미를 갖기 시작한 것은 정치적으로는 중세의 전제군주국가가 몰락하고 근대시민사회의 형성에 따라 민주주의, 법치주의체제의 통치기구가 수립되고, 경제적으로는 사유재산제도와 자유경쟁 및 시장경제의 원리가 지배하는 자본주의 경제체제가 대두되면서부터이다"; *J. Isensee*, a.a.O.(Anm.8), S. 413; *U. K. Preuß*, a.a.O.(Anm. 9), S. 47 f.; *Ute Sacksofsky*, Umweltschutz durch nicht-steuerliche Abgaben, 2000, S. 130; *Joseph A. Schumpeter*, Die Krise des Steuerstaates, in: Zeitfragen aus dem Gebiet der Soziologie, 4. Heft 1918, jetzt in: ders., Aufsätze zur Soziologie, 1953, S. 6 ff.

12) 중세 유럽에서는 공적 영역과 사적 영역이 구별되지 않았고, 봉건 영주 등 지배자와 그 지배권력이 구별되지 않았다. 따라서 지배자는 지배를 위한 비용을 원칙적으로 장원경제의 운영을 통해 스스로 조달하여야 하는 것으로 이해되었다. 이에 대해서는 *Werner Heun*, Die Entwicklung des Steuerstaatskonzepts in theoretischer und tatsächlicher Hinsicht, in: Ute Sacksofsky/Joachim Wieland(Hrsg.), Vom Steuerstaat zum Gebührenstaat, 2000, S. 10-21(12); *U. Sacksofsky*, a.a.O. (Anm. 11), S. 132 f., 136; *K. Vogel*, a.a.O.(Anm. 3), S. 495 참조.

13) 영주는 예컨대 전쟁비용, 영주가 포로가 된 경우 그 석방 비용, 영주의 장녀의 혼인을 위한 지참금 마련 등 특별한 계기가 있을 때마다 그 재정수요의 충당을 위해 등족회의에게 조세의 제공을 부탁하였고, 등족회의의 동의권은 이러한 영주의 부탁을 수락할지 여부에 관한 것이었다(조세는 부탁을 의미하는 "Bede[von bitten]"로 불리었고, 절대왕정시기까지만 해도 조세는 그 자발성

화폐경제의 지속적인 발전에 힘입어[14]— 조세는 점차 정규적·상시적인 수입원이 되어 갔으며, 그 비중도 점점 증대되었다.[15]

그러나 조세가 오늘날과 같은 개념으로 이해되고, 국가의 중심적인 재정수입원이 된 것은 근대국가의 형성이 완성에 이를 무렵이라고 할 수 있다. 즉 공적 영역과 사적 영역이 구별되고,[16] 군주의 조세고권이 국가권력으로 편입되며, 등족회의의 조세동의권이 시민대표인 의회의 (법률의 형식을 갖는) 동의로 대체되면서[17] 조세는 특별한 재정수요의 충당을 위해 그때그때 한정된 범위의 신민이[18] 자발적으로 제공하는 도움의 성격[19]을 벗어나서, 점차 특정한 목적에 구속되지 않고 일반적인[20] 공공경비의 충당을 위해 모든 국민에게 고권적으로 부과되는 의무로 인정되었으며, 점진적으로 진행된 이러한 과정을 통해 조세가 국가의 재정적 기초로 자리 잡아 가게 되었던 것이다.[21]

조세국가의 탄생과정에 있어 결정적인 특징은 장원경제로 대표되는, 지배자 내지 국가의 직접적인 영리활동에 대한 원칙적인 거부에서 찾을 수 있다.[22] 경제활동의 자유의 보장은 조세국가의 기본전제이자 본질적인 기능인 것이다. 이와 같은 조세국가의 기본구조는 국가와 사회 내지 국가와 경제의 엄격한 이원론에 기초한 (경제적) 자유의 보장이라는 시민적·자유주의적 법치국가의 기본구조[23]와

의 성격을 벗어나지 못하였다. 이에 관하여는 *Ernst-Wolfgang Böckenförde*, Gesetz und gesetzgebende Gewalt. 2. Aufl., 1981, S. 48, 56, Fn. 13; *Karl Häuser*, Abriß der geschichtlichen Entwicklung der öffentlichen Finanzwirtschaft, in: Fritz Neumark(Hrsg.), Handbuch der Finanzwissenschaft, 3. Aufl., 1977, S. 3-51(29 ff., 36 f.); *Dietrich Pirson*, Steuerbewilligung und Steuergesetz, in: Festschrift für Walter Leisner, 1999, S. 811-823(815 f., 818); *U. K. Preuß*, a.a.O.(Anm. 9), S. 47; *U. Sacksofsky*, a.a.O.(Anm. 11), S. 131; *K. Vogel*, a.a.O.(Anm. 3), S. 486 참조.

14) *D. Pirson*, a.a.O.(Anm. 13), S. 814.

15) *J. Isensee*, a.a.O.(Anm. 8), S. 415.

16) *U. Sacksofsky*, a.a.O.(Anm. 11), S. 132 f.; *K. Vogel*, a.a.O.(Anm. 3), S. 496.

17) *E.-W. Böckenförde*, a.a.O.(Anm. 13), S. 56, Fn. 13; *K. Häuser*, a.a.O.(Anm. 13), S. 41 f.; *J, Isensee*, a.a.O.(Anm. 8), S. 415; *D. Pirson*, a.a.O.(Anm. 13), S. 812 ff.; *U. K. Preuß*, a.a.O.(Anm. 9), S. 49.

18) *E.-W. Böckenförde*, a.a.O.(Anm. 13), S. 48, 56 Fn. 13; *U. K. Preuß*, a.a.O.(Anm. 9), S. 47.

19) 이에 대해서는 앞의 주 13 참조.

20) *D. Pirson*, a.a.O.(Anm. 13), S. 814.

21) *D. Pirson*, a.a.O.(Anm. 13), S. 819 ff.

22) *K. Vogel*은 사회주의국가와 같이 스스로 생산하는 국가(der produzierende Staat)를 조세국가의 대립개념으로 사용하였다. 이에 대해서는 *K. Vogel*, a.a.O.(Anm. 8), Rn. 53.

23) 국가의 영역과 개인 내지 그 집합체로서의 사회의 영역은 엄격히 분리되었으며, 국가는 일반적 법률, 즉 시민의 대표인 의회의 동의를 통해서만 사회의 영역에 개입하는 것이 허용되었다. 자유의 평등 혹은 평등한 자유는 일반적 법률의 예외 없는 적용, 즉 법률 앞의 평등을 통해서 실현되는 것으로 이해되었다(차진아, 위의 글[주 10], 312쪽). 같은 맥락에서 국가와 경제는 엄격하게 분리되었으며, 경제영역에 관한 국가의 활동은 원칙적으로, 필요한 경우의 경찰법적인 개입과 시민의 자유로운 경제활동이 가능하기 위한 대강의 조건들(Rahmenbedingungen)의 마련에 한

맞물려 있다. 시민의 경제적 활동의 자유를 보장할 의무를 지고 있는 국가가, 재정수입 확보를 위해 스스로 영리활동에 나섬으로써 오히려 시민의 자율적인 경제활동의 영역에 부당하게 개입하여서는 안 되며, 안전의 확보, 경제적 자유의 보장 등을 위해 불가피한 공공비용은 시민이 경제활동을 통해 획득한 성과의 일부를 조세로 걷어감으로써 충당할 것이 요청되는 것이다.[24)]

이러한 의미에서 조세는 시민에게 부담이기도 하지만, 경제적 자유의 실현을 담보하는 것이기도 하다.[25)] 조세의 자유보장적 기능 속에서 조세국가와 시민적 · 자유주의적 법치국가 및 시장경제의 상호의존성을 찾을 수 있다.[26)]

시민적 · 자유주의적 법치국가 하에서는 조세의 개념과 기능이 국가재정수입의 조달에 한정되었고, 조세의 유도 · 형성적 기능은 인정될 여지가 없었다.[27)] 또한 재정목적에 한정된 조세개념의 기초 하에 국가의 과세권 행사는 재산권(Eigentum)에 대한 제한으로 이해되지 않았다. 그 이유는 한편으로는 시민의 대표인 입법자 스스로의 동의를 통해 이루어지는 과세권 행사가 도리어 시민의 재산권을 침해할 수는 없다고 생각되었기 때문이며, 다른 한편으로는 일반적 법률을 통해 부과되는 조세부담은 모든 시민에게 일반적으로 부과되는 의무이므로 보상을 야기하는 특별한 희생인 수용과 처음부터 구별되고[28)] 따라서 조세의 부과가 재산권의 보호 영역을 건드릴 수 없다고 이해되었기 때문이다.[29)]

정되어 있었다. 이에 대하여는 차진아, 위의 글(주 10), 313쪽, 각주 21도 참조.

24) *Hans Herbert von Arnim*, Besteuerung und Eigentum, in: VVDStRL 39(1981), S. 286–360(288 ff.); *Peter Badura*, Verwaltungsrecht im liberalen und im sozialen Rechtsstaat, 1966, S. 25; *Paul Kirchhof*, Besteuerungsgewalt und Grundgesetz, 1973, S. 24 ff.

25) *J. Isensee*, a.a.O.(Anm. 8), S. 417.

26) *Karl Heinrich Friauf*, Unser Steuerstaat als Rechtsstaat, Steuerberater-Jahrbuch 1977/78, S. 39–63(44); *J. Isensee*, a.a.O.(Anm. 8), S. 431 f.

27) 시민적 · 자유주의적 법치국가에서는 국가와 경제의 엄격한 분리를 전제로 국가가 조세를 통해서 재정수입의 확보 이외의 다른 행정목적을 추구하는 것은 자율적인 경제활동 내지 시장의 자기조종력에 의한 정의로운 재화배분질서에 부당하게 개입하는 것으로 간주되었다. 따라서 재정수입확보만이 조세의 정당한 목적이자—당시에는 조세의 재정적 목적이 조세개념의 본질적인 표지로 이해되었기 때문에—개념요소로 인정되었으며, 조세의 유도 · 형성적 기능 내지 조세에 의한 개입정책(Steuerinterventionismus)은 조세의 개념 내지 본질에 배치되는 것으로서—적어도 이론적인 차원에서는—인정될 여지가 없었다. 조세의 목적과 개념에 관한 독일에서의 논의에 관하여 자세한 것은 *Wolfgang Knies*, Steuerzweck und Steuerbegriff, 1976; *Peter Selmer*, Steuerinterventionismus und Verfassungsrecht, 1972 참조.

28) 이에 대해서는 *Ernst Forsthoff*, Begriff und Wesen des sozialen Rechtsstaates, VVDStRL 12(1954), S. 8–36(32); *Hans-Jürgen Papier*, Die Beeinträchtigungen der Eigentums- und Berufsfreiheit durch Steuern vom Einkommen und Vermögen, Der Staat 1972, S. 483–514(487).

29) 이와 같이 과세권이 재산권의 기본권적인 보호영역으로부터 엄격하게 분리됨에 따라 조세의 부과 및 징수가 법률에 근거해서 이루어지는 한 재산권에 의해서는 과세권에 대해 어떠한 내용적 한계도 그을 수 없으며, 그러한 한 재산권이 과세권에 무방비상태로 내맡겨지는 결과를 초래

이처럼 시민적·자유주의적 법치국가 하에서는 일반적 법률(das allgemeine Gesetz)이라는 형식에 의한 조세법률주의가 재산권과 부담의 평등(Lastengleichheit)을 충분히, 심지어 가장 확실하게 보장할 수 있는 것으로 이해되었다.[30] 이러한 맥락에서 조세국가는 시민적·자유주의적 법치국가 하에서 경제적 자유와 부담의 평등(Latengleichheit)의 실현을 위한 전제조건이었다고 할 수 있다.[31]

그러나 시민적·자유주의적 법치국가에서 사회적 법치국가로 발전되는 과정에서 조세국가는 그 의미와 실현구조에 있어서 근본적인 변화를 겪게 되었다. 먼저 국가의 재정적 기초라는 조세의 본질적인 기능이 본격적인 조명을 받게 된 것은 사실상 시민적·자유주의적 법치국가에서 사회적 법치국가로 발전하면서부터라고 할 수 있다.[32] 사회적 법치국가로의 발전은 국가의 과제에 대한 근본적인 방향전환을 의미하며,[33] 사회적 법치국가에서 국가의 과제 및 재정적 수요는 시민적·자유주의적 법치국가에서와는 비교할 수 없을 만큼 급속한 팽창을 보였다. 이러한 상황에서 공동의 부담인 조세 없이는 경제적 자유와 부담의 평등의 요청을 존중하는 동시에, 사회국가의 막대한 재정적 수요를 충족시키는 것이 가능하지 않게 된 것이다.[34] 이러한 맥락에서 조세국가는 "사회국가가 제대로 기능하기 위한 전제"[35]라고 인정되기도 한다.

나아가 사회적 법치국가로의 발전이 가져온 국가의 과제에 대한 이해의 변화 및 국가 활동방식의 변화는 과거 시민적·자유주의적 법치국가 하에서 국가재정충당 목적에 한정되었던 조세의 기능을 유도·형성적 기능으로까지 확장시켰다.[36] 오늘날 조세입법자는 조세를 통하여—국가의 재정수요를 충당함과 동시에—사회적 정의의 실현, 환경보호, 문화적 삶의 향상 등 다양한 목적을 위하여 중과세 혹은 조세감면의 방법으로—전통적인 명령이나 금지보다 훨씬 탄력적으로—사회·경제질서를 유도·형성할 수 있음이 널리 인정되고 있다(조세의 이중적 기능).[37]

했다. 이와 같이 사실상 과세권을 재산권의 구속으로부터 해방시킨 것은 당시 독일 입헌군주제 하에서의 현실적인 상황과의 타협으로 이해된다. 이에 대해서는 *K. H. Friauf*, Eigentumsgarantie und Steuerrecht, DÖV 1980, S. 480(481 f.); *P. Selmer*, a.a.O.(Anm. 27), S. 44 ff. 참조.

30) *H. H. v. Arnim*, a.a.O.(Anm. 24), S. 290 ff.; *P. Selmer*, a.a.O.(Anm. 27), S. 42 ff.

31) 차진아, 위의 글(주 10), 315쪽.

32) *E. Forsthoff*, a.a.O.(Anm. 28), S. 31 f.; *W. Heun*, a.a.O.(Anm. 12), S. 13; *K. Vogel*, a.a.O.(Anm. 8), Rn. 58.

33) 차진아, "사회국가의 이념과 그 현실적 한계," 헌법학연구 제13권 제3호(2007. 9), 167-211(169-171)쪽.

34) *J. Isensee*, a.a.O.(Anm. 8), S. 433; *W. Heun*, a.a.O.(Anm. 12), S. 18.

35) *E. Forsthoff*, a.a.O.(Anm. 28), S. 31 f.; *W. Heun*, a.a.O.(Anm. 12), S. 10 f.

36) 이에 대하여 자세한 것은 *W. Knies*, a.a.O.(Anm. 27); *P. Selmer*, a.a.O.(Anm. 27) 참조.

37) 헌재 1994. 7. 29, 92헌바49 결정; 헌재 1995. 6. 29, 94헌바39 결정; 헌재 1999. 11. 25, 98헌마

3. 현대 조세국가의 실현구조

우리 헌법은 독일 기본법과 마찬가지로 조세국가원리를 명시하는 규정은 두고 있지 않다.[38] 그러나 전술한 바와 같이 조세국가의 본질적인 요청을 경제적 자유와 부담의 평등에서 찾는다면, 특히 재산권(헌법 제23조), 직업의 자유(헌법 제15조), 평등권(헌법 제11조), 납세의 의무(헌법 제38조), 조세법률주의(헌법 제59조)에 관한 규정 등에 비추어 볼 때, 현행 헌법이 조세국가를 전제하고 있는 것으로 해석할 수 있을 것이다.[39]

---

55 결정; 헌재 2002. 8. 29, 2001헌가24 결정 등; BVerfGE 55, 274(299), 84, 239(274); 93, 123 (147); 98, 106(117 f.); 김성수, 세법, 2003, 5쪽 이하; 이창희, 세법강의, 2008, 44-45쪽; 임승순, 조세법, 2008, 6쪽 이하.

38) 독일 기본법도 우리 헌법과 마찬가지로 조세국가를 명시적으로 규정하고 있지 않다. 그러나 공과금 중에서 조세에 대해서만 규율하고 있는 재정헌법 규정(독일 기본법 제105조 이하), 재산권 보장(독일 기본법 제14조), 직업의 자유(독일 기본법 제12조), 부담의 평등(독일 기본법 제3조 제1항, 제33조 제1항)에 관한 규정 등을 통해서 독일 기본법이 조세국가를 예정하고 있다고 해석하는 것이 독일 법학계의 지배적인 견해이며 독일연방헌법재판소의 입장이기도 하다. 구체적인 문헌과 독일연방헌법재판소 판례에 대해서는 차진아, 위의 글(주 10), 319쪽 각주 48 참조.

39) 차진아, 위의 글(주 10), 319-320쪽. 헌법재판소는 국가과세권의 적극적 근거의 하나로서 "조세국가원리"를 들고 있으나(헌재 2002. 8. 29, 2001헌가24 결정), 조세국가원리의 내용을 어떻게 이해하고 있는지에 대해서는 언급하지 않고 있다. 그리고 헌법재판소는 조세국가의 탄생 및 발전에 대해 언급하고 있기는 하지만(헌재 1990. 9. 3, 89헌가95 결정), 조세국가의 규범적 의의를 다루고 있지는 않다. 헌법재판소의 몇몇 판례에서는 비록 조세국가라는 표현을 명시적으로 쓰고 있지는 않지만 비조세적 공과금에 관한 결정들에서 평등의 요청 등에 비추어 볼 때 일반적인 공공경비는 특별부담금이 아니라 조세로써 충당하여야 한다는 취지로 판시하고 있다. 즉 헌법재판소는 수질개선부담금(헌재 1998. 12. 24, 98헌가1 결정), 교통안전기금(헌재 1999. 1. 28, 97헌가8 결정), 텔레비젼방송수신료(헌재 1999. 5. 27, 98헌바70 결정), 카지노사업자부담금(헌재 1999. 10. 21, 97헌바84 결정), 과밀부담금(헌재 2001. 11. 29, 2000헌바23 결정), 학교용지부담금(헌재 2005. 3. 31, 2003헌가20 결정) 등의 법적 성격을(수질개선부담금과 학교용지부담금에 대하여는 특별부담금이라는 용어를 사용하지는 않았으나 실질적으로) 특별부담금으로 규정하였으며, 헌법재판소에 의하면 "특별부담금은 특별한 과제를 위한 재정충당을 위하여 부과된다는 점에서 일반적인 국가재정수요의 충당을 위하여 부과되는 조세와는 구분되고, 무엇보다도 특별부담금은 특정집단으로부터 징수된다는 점에서 일반국민으로부터 그 담세능력에 따라 징수되는 조세와는 다르다"(헌재 1999. 10. 21, 97헌바84 결정).

그런데 최근 헌법재판소는 수분양자가 아닌 개발사업자를 부과대상자로 하는 학교용지부담금 제도는 의무교육의 무상성에 반하지 않고, 특별부담금 부과의 요건을 모두 갖추어 평등의 원칙에 반하지 않으며, 개발사업자의 재산권 제한에 있어 비례원칙을 준수하고 있으므로 합헌이라고 판시하였다(헌재 2008. 9. 25, 2007헌가1 결정: http://www.ccourt.go.kr. 2008. 10. 10 방문). 그러나 이 결정에서 헌법재판소가 "의무교육의 무상성에 관한 헌법상 규정은 교육을 받을 권리를 보다 실효성 있게 보장하기 위해 의무교육 비용을 학령아동 보호자의 부담으로부터 공동체 전체의 부담으로 이전하라는 명령일 뿐이고 의무교육의 비용을 오로지 조세로만 해결해야 함을 의미하는 것은 아니므로, 학교용지부담금의 부과대상을 수분양자가 아닌 개발사업자로 정하고 있는 이 사건 법률조항은 헌법 제31조 제3항의 의무교육의 무상성과는 무관하다"(헌재 2008. 9. 25, 2007헌가1 결정: http://www.ccourt.go.kr. 2008. 10. 10 방문)라고 판시한 부분은 헌법재판소가 공동주택의 수분양자에게 부과하는 학교용지부담금에 대해 위헌이라고 선고하면서 "의무교육에 필요한 학교시설은 국가의 일반적 과제이고, 학교용지는 의무교육을 시행하기 위한 물적 기반으로서 필국가가 그 재정적 수요를 충당하는 방식은 국가의 과제에 대한 이해와 국가와 국민의 관계에 대한 이해를 그 바탕에 두고 있다. 조세국가는 시민적·자유주의적 법치국가에서 사회적 법치국가로 발전되는 과정에서 비롯된, 국가의 과제에 대한 이해의 변화와 국가와 사회의 상호침투(Wechseldurchdringung von Staat und Gesellschaft)[40]에 따라 ―본질적인 요청에는 변화가 없지만― 그 구조와 강조점에 있어서 커다란 변화를 겪었다.

무엇보다도 현대 국가에서 국가과제의 질적 및 양적 확대는 국가의 재정적 기초로서 조세가 차지하는 비중과 의미를 재조명시켰다. 조세는 현대국가의 (질적·양적으로) 확대된 과제수행에 필요한 막대한 재정수요를 충족시키는데 가장 적합한 수입원이다. 왜냐하면 조세는 공동의 부담으로서 부과되는 것이기 때문에 사용료, 수수료 등과는 달리 대가성이나 비용 등에 의해 그어지는 한계[41] 없이 부과될 수 있고, 조세수입은 원칙적으로 ―목적세 등의 예외가 있기는 하지만― 특정한 목적에 구속되지 않고 사용될 수 있기 때문이다.[42]

그러나 이것이 '재산권의 기본권적인 보호영역으로부터 해방된'[43] 무제한적인 징수권한을 의미하는 것은 아니다. '헌법의 우위'의 요청과 오늘날 조세부담이 시민적·자유주의적 법치국가에서와는 비교할 수 없을 만큼 국민의 재산권에 심대한 영향을 미치고 있는 점에 비추어 볼 때,[44] 조세고권과 재산권의 보호영역의 엄격한 분리가 현대 민주국가에도 타당한 것인지 문제된다.[45] 더욱이 조세국가는

수조건임은 말할 필요도 없으므로 이를 달성하기 위한 비용은 국가의 일반재정으로 충당하여야 한다. 따라서 적어도 의무교육에 관한 한 일반재정이 아닌 부담금과 같은 별도의 재정수단을 동원하여 특정한 집단으로부터 그 비용을 추가로 징수하여 충당하는 것은 의무교육의 무상성을 선언한 헌법에 반한다"라고 판시한 부분과 모순이 있는 것으로 보인다. 왜냐하면 의무교육의 무상성이 학교용지 확보 비용을 공동체 전체의 부담 내지 일반재정으로부터 충당하라는 것이라면, 이는 다름 아닌 공동의 부담인 조세로써 충당하라는 요청을 의미하기 때문이다(헌재 2008. 9. 25, 2007헌가1 결정에서 재판관 이공현, 재판관 민형기의 위헌의견 참조).

40) 이에 대해서는 *Konrad Hesse*, Bemerkungen zur heutigen Problematik und Tragweite der Unterscheidung von Staat und Gesellschaft, DÖV 1975, S. 437 ff., jetzt in: ders., Ausgewählte Schriften, 1984, S. 45-57 참조.

41) 조세는 수수료나 사용료, 사회보험료, 분담금, 특별부담금 등 비조세적 공과금과는 달리 납세의무자 개인에게 귀속 가능한 이익이나 책임과 같이 그 부과를 위한 특별한 연결점(Bezugspunkte) 내지 전제조건들(Voraussetzungen) 없이, 국가공동체의 존립 및 활동을 위한 공공경비의 분담이라는 측면에서 모든 국민에게 부과되는 공동의 부담이다. 사용료·수수료는 그 대가성의 특성(Entgeltcharakter)때문에 행정주체가 제공하는 이익과의 등가성 내지 그러한 이익의 제공을 위한 비용에 의해 그 상한이 정해진다.

42) *J. Isensee*, a.a.O.(Anm. 8), S. 416.

43) *E. Forsthoff*, a.a.O.(Anm. 28), S. 31 f.; *W. Heun*, a.a.O.(Anm. 12), S. 18.

44) 이동식, "헌법적 관점에서 바라본 부동산세제," 조세법연구 제12권 제1호(2006. 7), 73·133(103)쪽.

45) 조세기능의 변천에 따라 전술한 '조세고권과 재산권에 대한 기본권적 보호의 엄격한 분리'라는 전제가 적어도 과세의 구체적인 대상이 되는 개별적인 재산권과의 관계에서는 유지될 수 없게 되었다. 이

과도한 조세부담의 부과로 인하여 생산력 있는 사경제라는 자신의 기초를 스스로 파괴해서는 안 되는 것이다.46)

그리고 조세는 개인적으로 귀속 가능한 이익에 대한 반대급부로서가 아니라47) 오로지 국민으로서 지는 공동의 부담이기 때문에(헌법 제38조, 제59조), 후술하는 바와 같이 납세의무자의 담세능력에 따라 공평하게 배분될 때 그 정당성을 인정받을 수 있다.

다른 한편 현대 국가에서 조세는 그 재정적 기초일 뿐만 아니라, 동시에 "현대 산업사회에서 필연적으로 국가의 적극적인 경제 및 사회정책의 수행을 위한 중심적인 유도·조정의 도구"48)이기도 하다. 조세가 이렇게 유도·조정에 적합한 수단으로 기능하는 것은 조세가 공동의 부담으로서, 대가성(Entgeltscharakter) 등에 의해 그어지는 한계 없이 부과·징수되기 때문이다.49) 그러나 후술하는 바와 같이 자의적인 중과세 혹은 조세감면은 특정 (집단의) 납세의무자에 대한 차별 혹은 특혜와 다르지 않기 때문에 응능부담의 원칙을 침해하게 되며, 중과세를 통한 개입정책은 관련 당사자의 해당 기본권을 침해할 수 있는 위험도 안고 있다.

나아가 현대 국가에서 —사회국가로의 발전에서 비롯된— 국가재정수요의 급속한 팽창 및 국가활동방식의 다양화의 흐름은 조세뿐만 아니라 각종 부담금 등 비조세적 공과금의 팽창 또한 수반하였다. 비조세적 공과금, 특히 특별부담금은 사용료, 수수료, 분담금 등과는 달리 행정주체가 제공하는 반대급부로서 부과되는 것이 아니기 때문에, 공동의 부담인 조세와 명확하게 구별하기가 쉽지 않고, 그럼으로써 조세부과에 있어서의 엄격한 통제장치인 조세법률주의를 사실상 우회하는 방편으로 이용될 위험이 있는 것이다.

원래 국가의 자의적인 영리활동에 맞서 있던 조세국가는 이제 조세우회적인 공과금이라는 새로운 문제 상황에 직면하였다. 조세국가원리에 내포된 부담의 평등의 요청에 비추어 볼 때, "국가의 일반적인 재정수단을 확보하는 기능은 오로지

에 대해서는 *H. H. v. Arnim*, a.a.O.(Anm. 24), S. 293, 298; *W. Knies*, a.a.O.(Anm. 27), S. 106 f. 참조.

46) *J. Isensee*, a.a.O.(Anm. 8), S. 418; *K. Vogel*, a.a.O.(Anm. 8), Rn. 61.

47) 권영성, 헌법학원론, 2008, 892쪽; 임승순, 위의 글(주 37), 4쪽; 허영, 한국헌법론, 2008, 594쪽, 895쪽. 물론 조세는 국가가 국민의 기본권 보장을 위해 필요한 재정적 수요를 국민이 나누어 부담하는 것이기 때문에, 궁극적으로는 국민의 기본권을 보장하는 국가의 활동 전체에 대해 제공하는 급부로 이해될 수 있을 것이다. 그러나 이것이 개별적인 조세와 개별 국가활동의 대응관계를 말하는 것은 아니다. 이에 관하여는 *K. Vogel*, a.a.O.(Anm. 3), S. 516–517 참조.

48) BVerfGE 55, 274(299).

49) *J. Isensee*, a.a.O.(Anm. 8), S. 418 f. 사용료·수수료는 그 대가성의 특성 때문에 행정주체가 제공하는 이익과의 등가성 내지 그러한 이익의 제공을 위한 비용에 의해 그 상한이 정해진다. 이에 대해서는 아래의 주 58 참조.

조세에만 부여되는 것”[50]이며, 특정 집단의 납세의무자에게 특별한 재정부담을 지우는 특별부담금은 엄격한 전제조건 하에서만 허용되어야 한다.[51]

Ⅲ. 조세국가의 실현구조에 비추어 본 조세입법자의 입법형성권과 그 한계

1. 조세의 특성과 조세입법자의 입법형성권 : 조세입법의 형식과 조세법률주의

민주국가에서 입법자는 국민의 의사를 수렴하여 국가질서 형성의 방향을 정할 수 있는 위치에 있다. 그렇기 때문에 입법자에게는 광범위한 입법형성의 자유 내지 입법형성권이 인정되고 있다. 그러나 이러한 입법형성권은 어디까지나 헌법적인 테두리 내에서 인정되는 것이다.

그렇기 때문에 헌법이 입법에 대하여 어떠한 구체적 지침을 명시적 또는 묵시적으로 주고 있는지에 따라서 입법형성권의 폭이 달라질 수 있다. 특히 조세의 영역에 있어서는 납세의 의무, 조세법률주의 등에 관한 헌법규정 및 그 해석과 관련하여 조세입법에 대한 비교적 구체적이고 명시적인 지침이 헌법상 제시되고 있으며, 이를 통하여 조세입법자의 입법형성권에 일정한 한계가 그어지는 것으로 이해될 수 있다.

전술한 바와 같이 조세는 주권자인 국민이 국가의 존립 및 활동을 위해 필요한 공공경비의 마련을 위해 지는 공동의 부담이다(헌법 제38조). 그러나 조세는 납세의무자에게 금전납부의무를 부과함으로써, 그 재산을 감소시키는 침해적 성격을 가지고 있다. 그렇기 때문에 헌법 제59조는 조세법률주의를 규정하여 조세의 부과와 징수를 엄격한, 법률적 구속 하에 놓음으로써 집행부의 자의적인 과세권행사로부터 국민의 재산권을 보장하고자 하는 것이다.[52]

---

50) BVerfGE 55, 274; 82, 159(179 ff.). 헌법재판소도 학교용지부담금 사건에서 같은 취지로 판시한 바 있다(헌재 2005. 3. 31, 2003헌가20 결정).

51) 김성수, 위의 글(주 37), 13쪽 이하; *K. H. Friauf*, Öffentliche Sonderlasten und Gleichheit der Steuerbürger, in: Institut für Völkerrecht und ausländisches öffentliches Recht der Universität zu Köln(Hrsg.), Festschrift für Hermann Jahrreiß zum 80. Geburtstag, 1974, S. 45-66(50 ff.); *W. Heun*, a.a.O.(Anm. 12), S. 15, 19 ff.; *J. Isensee*, a.a.O.(Anm. 8), S. 428 ff. 특별부담금에 대한 헌법재판소의 입장에 대해서는 위의 주 39 참조.

52) 권영성, 위의 글(주 47), 558쪽, 713쪽, 성낙인, 헌법학, 2008, 912쪽; 임승순, 위의 글(주 37),

조세법률주의는 법률유보의 원칙이 조세법 영역에서 구체화된 것으로서 조세의 부과와 징수에 관하여 중요한 사항은 (일반성과 명확성을 갖는) 법률로써 정하여야 하고 행정입법에 위임할 수 없도록 하고 있다.[53] 나아가 전술한 바와 같이 일반성과 명확성을 갖는 법률에 의한 납세의무의 부과(헌법 제38조, 제59조, 제37조 제2항)가 담고 있는 (조세부담 배분에 있어서) 평등의 요청도 간과해서는 안 될 것이다.[54] 헌법재판소도 이러한 맥락에서 과세요건 법정주의와 과세요건 명확주의를 조세법률주의의 핵심적 내용으로 파악하고 있다.[55]

2. 조세부담의 공평한 분배와 응능부담의 원칙

모든 국민은 국가가 제공하는 (개인적으로 귀속 가능한) 이익의 향유에 대한 반대급부로서가 아니라, 국가공동체의 존립과 활동에 필요한 공공경비의 마련을 위한 공동의 부담으로서 납세의 의무(헌법 제38조)를 진다.[56] 그러므로 공동의 부담인 조세가 공평하게 분배되지 않는다면 국민은 조세, 나아가 국가(활동)의 정당성을 인정하기 어려울 것이다.[57]

그런데 오늘날 조세평등은 예컨대 인두세의 경우처럼 모든 납세의무자를 조세를 낼 수 있는 경제적 능력 내지 사정의 차이와는 상관없이 형식적으로 똑같이 취급하는 것으로 이해되지 않는다. 상대적·실질적 평등으로 이해된 조세평등은

30–31쪽; 허영, 위의 글(주 47), 594쪽, 895쪽.

53) 조세법률주의에 대하여 자세한 것은 장영수, "조세법에 있어서 위임입법의 한계," 한독법학 제14호(2003), 135–159쪽 참조.

54) 조세법률주의와 조세평등의 원칙의 밀접한 내적 관련성에 대하여는 *D. Birk*, Gleichheit und Gesetzmäßigkeit der Besteuerung, StuW 1989, S. 212(213) 참조.

55) 헌재 1992. 2. 25, 90헌가69 결정: "헌법 제38조는 '모든 국민은 법률이 정하는 바에 의하여 납세의 의무를 진다'라고 규정하고, 제59조는 '조세의 종목과 세율은 법률로 정한다'라고 규정하였는데 위 두 개의 규정은 조세행정에 있어서의 법치주의(조세법률주의)를 선언하는 규정이다. 조세행정에 있어서의 법치주의 적용은 조세징수로부터 국민의 재산권을 보호하고 법적 생활의 안전을 도모하려는데 그 목적이 있는 것으로서, 과세요건법정주의와 과세요건명확주의를 그 핵심적 내용으로 하는 것이지만 오늘날의 법치주의는 국민의 권리·의무에 관한 사항을 법률로써 정해야 한다는 형식적 법치주의에 그치는 것이 아니라 그 법률의 목적과 내용 또한 기본권보장의 헌법이념에 부합되어야 한다는 실질적 법치주의를 의미하며 헌법 제38조, 제59조가 선언하는 조세법률주의도 이러한 실질적 법치주의를 뜻하는 것이므로 비록 과세요건이 법률로 명확히 정해진 것일지라도 그것만으로 충분한 것이 아니고 조세법의 목적이나 내용이 기본권보장의 헌법이념과 이를 뒷받침하는 헌법상의 제원칙에 합치되지 아니하면 아니 된다."

56) 헌재 1999. 11. 25, 98헌마55 결정. 또한 앞의 주 41 참조.

57) 장영수, 위의 글(주 1), 1140쪽; *D. Birk*, a.a.O.(Anm. 2), S. 8 f. 더욱이 현대국가에서 국민 개개인이 지는 조세부담은 과거 시민적·법치국가에서와는 비교할 수 없을 만큼 증대되었다는 점을 고려할 때, 조세평등의 요청이 더욱 절실하게 대두된다.

조세부담이 납세의무자의 담세능력[58]에 상응하여, 즉 담세능력이 같은 납세의무자에게는 같게(수평적 조세평등), 담세능력이 다른 납세의무자에게는 그 차이에 상응하여 다르게 분배될 것을 요청하는 것이다(수직적 조세평등).[59] 담세능력에 따른 과세의 원칙 혹은 응능부담의 원칙은 헌법 제11조 제1항의 평등원칙이 조세법영역에서 구체화된 것으로서 조세부담의 공평한 분배를 위한 중심적 기준이라고 할 수 있다.[60]

그러나 조세입법자는 납세의무자들(내지 담세자들) 혹은 조세법적 사항들이 서로 같은지 아니면 다른지 여부를 판단할 때에 국가재정 충당이라는 목적뿐만 아니라, 이와 동시에 다른 공익을 추구할 수 있으며, 이에 따라 납세의무자의 담세능력 이외의 다른 관점들, 예컨대 부동산투기억제, 서민주택마련, 흡연억제, 친환경산업육성 등과 같이 억제하거나 장려하고자 하는 납세의무자의 행동방식 혹은 특정한 경제질서의 형성방향 등을 고려할 수 있다.[61]

이에 따라 조세에 의한 개입정책(Steuerinterventionismus)[62]에 있어서 조세입법자는 담세능력이라는 비교기준에 따라 행해진 조세부담의 일차적 분배를 조세감

---

58) 평등한지 여부의 판단은 비교기준(Vergleichsmaßstab)에 달려 있고 비교기준은 규율 목적과 규율대상인 사항영역의 특성에 본질적으로 부합되어야 한다. 그런데 납세의무자의 담세능력은 조세부담의 배분에 있어서 공동의 부담이라는 조세의 특성에 부합되는 비교기준인 것이다. 조세가 공동의 부담이기 때문에 담세능력에 따라 배분되어야 한다는 것은 예컨대 사용료나 수수료가 그 대가성의 특성 때문에, 응익성 내지 등가성의 원칙(Äquivalenzprinzip) 혹은 비용충당의 원칙(Kostendeckungsprinzip)에 따라 부과되는 것과 비교하면 더욱 분명해진다. 이에 관하여는 차진아, "사회국가적 요청과 과세," 헌법학연구 제11집 제2호(2005. 6), 457-498(474-475)쪽, 각주 38 참조. 평등의 개념과 실현구조에 관하여는 장영수, "헌법상 평등원칙과 평등권의 실현구조," 고려법학 제36호(2001), 85-118(85 이하)쪽 참조.

59) 헌재 1999. 11. 25, 98헌마55 결정; BVerfGE 82, 60(89 f.); 권영성, 위의 글(주 47), 712-713쪽; 이창희, 위의 글(주 37), 51쪽 이하. 수평적 조세평등과 수직적 조세평등에 관하여 자세한 것은 *D. Birk*, Das Leistungsfähigkeitsprinzip als Maßstab der Steuernormen 1983, S. 165 ff. 참조.

60) 헌재 1989. 7. 21, 89헌마38 결정; 헌재 1997. 10. 30, 96헌바14 결정; 헌재 1999. 11. 25, 98헌마55 결정; 헌재 2003. 4. 24, 2002헌바9 결정 등(헌법재판소도 응능부담의 원칙을 헌법 제11조 제1항의 평등원칙의 조세법적 구체화로서의 조세평등주의의 요청으로 이해하고 있다); 권영성, 위의 글(주 47), 892-893쪽; 김두형, "조세법의 해석원칙," 조세법연구 제3집(1997. 9), 331-368(332, 349-350, 352 이하)쪽; 김완석, 소득세법론, 2008, 33-34쪽; 이동식, "응능과세원칙," 공법연구 제32집 제5호(2004. 6), 615-640(621)쪽; 장영수, 위의 글(주 1), 1140-1141쪽; 차진아, 위의 글(주 10), 321쪽. 독일연방헌법재판소도 일관되게 응능부담의 원칙을 독일 기본법 제3조 제1항의 평등원칙의 조세법적 구체화로 보고 있다(BVerfGE 6, 55[70]; 43, 108[118 ff.]; 55, 274[302]; 61, 319[343 f.]; 84, 239[268 f.]; 93, 121[134 f.]). 현행 헌법과 현행 독일 기본법과는 달리, 독일 바이마르공화국헌법은 제134조에서 "모든 국민은 법률적 기준에 따라 그의 재산에 비례하여 모든 공적부담에 차별 없이 기여한다(Alle Staatsbürger ohne Unterschied tragen im Verhältnis ihrer Mittel zu allen öffentlichen Lasten nach Maßgabe der Gesetze bei)"라고 규정함으로써 제109조의 평등원칙과는 별도로 응능부담의 원칙을 명문으로 규정하고 있었다.

61) 헌재 1999. 11. 25, 98헌마55 결정.

62) 조세에 의한 개입정책(Steuerinterventionismus)의 개념과 문제상황에 대해 자세한 것은 *W. Knies*, a.a.O.(Anm. 27); *P. Selmer*, a.a.O.(Anm. 27) 참조.

면 혹은 중과세의 방법으로 의도적으로 변형하고 더욱 세분화함으로써, 납세의무자들을 동일한 담세능력에도 불구하고 중과세 혹은 조세감면을 통해 다르게 다룬다. 그렇기 때문에 조세에 의한 개입정책이 자의적으로 행해질 경우 납세의무자 상호간 부담을 전가시키는 것과 다르지 않게 된다.[63)]

그러므로 조세에 의한 개입조치의 정당성을 판단함에 있어서는 그를 통해 실현하고자 하는 목적이 공공복리로서 그 정당성이 인정된다는 것만으로 충분하지 않고, 그러한 목적달성을 위해 납세의무자들을 동일한 담세능력에도 불구하고 다르게 다루는 조치의 구체적 방식과 정도에 있어서도 응능부담의 원칙과의 정당한 형량을 통해 정당화되어야 하는 것이다.[64)] 조세에 의한 개입조치가 (조세)평등원칙에 합치되는지 여부를 판단할 때에는 자의금지보다 더 엄격한 심사기준, 즉 비례성원칙이 적용되어야 할 것이다.[65)]

3. 조세입법에 의한 (경제적) 자유의 (간접적) 제한과 그 한계

전술한 바와 같이 경제적 자유의 보장은 조세국가의 전제이자 그 지향점이다. 이러한 조세국가의 본질적 요청으로부터 그 자신의 한계도 도출할 수 있다. 즉, 조세국가는 과도한 조세부과를 통해 자유로운 경제활동 및 그 기초가 되고 있는 생산력 있는 사경제라는 자신의 기초를 스스로 파괴하면 안 되는 것이다.[66)]

과거 조세의 부과는 기본권의 제한, 특히 재산권에 대한 제한이 아니라고 인정된 바 있었다. 그러나 이러한 주장의 근저에는 당시의 입헌군주제적 현실 속에서 군주의 과세권을 인정하되, 이를 기본권에 대한 제한으로서가 아니라 의회의 동의권(조세법률주의)을 통해 통제하는 것으로 보려는 타협적 관점이 깔려 있었다. 만일 군주의 과세권이 기본권에 대한 직접적 제한으로 인정될 경우에는 법률유보의 원칙에 따라 굳이 조세법률주의를 주장할 필요도 없이 당연히 법률의 형식이 요구되었을 것이며, 이 경우에는 조세의 부과를 둘러싼 군주와 시민세력의 갈등이 매우 심각하게 전개될 가능성이 있었다. 당시의 타협은 이러한 첨예한 갈등을 피하고자 한 것으로 이해될 수 있을 것이다.

그러나 오늘날의 민주국가에서 이와 같은 과거의 관점을 그대로 답습해야 할

---

63) 헌재 1995. 6. 29, 94헌바39 결정; 헌재 1995. 10. 26, 94헌바7등 결정; 헌재 1996. 6. 26, 93헌바2 결정; *H. H. v. Arnim*, a.a.O.(Anm. 24), S. 318 f.

64) 헌재 1995. 6. 29, 94헌바39 결정.

65) 이에 대하여는 차진아, 위의 글(주 58), 475-476쪽 참조.

66) *J. Isensee*, a.a.O.(Anm. 8), S. 418; *K. Vogel*, a.a.O.(Anm. 8), Rn. 61.

이유는 없을 것이다. 조세의 부과가 국민들의 재산권에 대한 실질적 제약으로 작용한다는 점을 외면할 이유는 없으며, 다만 그것이 (즉, 조세를 재정적 기초로 하는 국가의 존재와 활동이) 국민 자신의 이익을 위해 필요한 것이기에 정당한 것으로 인정하는 것이 합리적일 것이다.

이렇게 볼 때, 조세의 부과에 대한 실질적 제약요건은 과거 군주국가와는 달리 보다 구체적인 것이 된다. 과거에는 국민의 대표기관인 의회의 동의를 얻어 법률로 그 근거를 제시하는 것만으로 충분했지만, 오늘날에는 조세의 내용 자체가 국민의 정당한 요구, 정당한 이익과 합치하지 않으면 안 되는 것이다.67) 그런 의미에서 조세입법에 의한 경제적 자유의 제한에 있어서도 그 가능성과 한계가 동시에 고찰되어야 한다.

예컨대 헌법재판소는 "조세의 부과·징수는 국민의 납세의무에 기초하는 것으로서 원칙으로 재산권의 침해가 되지 않지만 그로 인하여 납세의무자의 사유재산에 관한 이용, 수익, 처분권이 중대한 제한을 받게 되는 경우에는 그것도 재산권의 침해가 될 수 있다"68)라고 판시하여 과세권과 재산권의 보호영역의 원칙적인 분리를 전제하면서도, 과세권의 행사로 인하여 재산권에 대한 사용, 수익, 처분에 중대한 제한이 가해진 경우 재산권의 침해를 인정한 바 있다.69)

---

67) 헌재 1992. 2. 25, 90헌가69 결정: "조세행정에 있어서의 법치주의의 적용은 조세징수로부터 국민의 재산권을 보호하고 법적 생활의 안전을 도모하려는데 그 목적이 있는 것으로서, 과세요건법정주의와 과세요건명확주의를 그 핵심적 내용으로 하는 것이지만 오늘날의 법치주의는 국민의 권리·의무에 관한 사항은 법률로써 정해야 한다는 형식적 법치주의에 그치는 것이 아니라 그 법률의 목적과 내용 또한 기본권 보장의 헌법이념에 부합되어야 한다는 실질적 법치주의를 의미하며 헌법 제38조, 제59조가 선언하는 조세법률주의 이러한 실질적 법치주의를 뜻하는 것이므로 비록 과세요건이 법률로 명확히 정해진 것일지라도 그것만으로는 충분한 것이 아니고 조세법의 목적이나 내용이 기본권 보장의 헌법이념과 이를 뒷받침하는 헌법상의 제원칙에 합치되지 아니하면 아니 된다."

68) 헌재 1997. 12. 24, 96헌가19 결정. 헌재 2003. 4. 24, 2002헌바9 결정과 헌재 2003. 7. 24, 2000헌바28 결정은 앞의 96헌가19 결정에 기초한 것으로 이해될 수 있다.

69) 이러한 헌법재판소의 판시내용은 독일연방헌법재판소의 입장의 영향을 받은 것으로 보인다. 독일연방헌법재판소는 지속적인 판례에서 재산(Vermögen) 그 자체는 재산권(Eigentum)의 보호영역이 아니므로, 금전납부의무의 부과는 원칙적으로 재산권의 보호영역을 건드리는 재산권의 제한에 해당되지 않으나, 다만 금전납부의무가 당사자에게 과도하게 부과되고 그 재산상태를 근본적으로 침해하는 경우에는 예외적으로 금전납부의무의 부과가 재산권을 침해한다고 판시하였다(BVerfGE 4, 7[17]; 78, 249[277]; 82, 159[190]; 95, 267[300] 등). 그러나 이러한 독일연방헌법재판소 판시내용에 대해서는 논리적 모순, 즉 금전납부의무의 부과가 애시당초 재산권의 보호영역을 건드리는 재산권의 제한에 해당되지 않는다면, 예외적으로라도 재산권을 침해하는 것이 가능하지 않다는 점(과세권의 행사가 재산권의 보호영역으로부터 처음부터 분리되어 있다면 과도한 과세권의 행사라 하여도 재산권에 대한 침해로 이해될 수 없을 것이라는 점)이 날카롭게 지적되고 있다. 이에 대해서는 *H.-J. Papier*, a.a.O.(Anm. 28), S. 485; *Rudolf Wendt*, Die Gebühr als Lenkungsmittel, 1975, S. 92 참조. 오히려 과세권의 행사가 과도한 경우라 하더라도 그것이 재산권에 대한 제한으로 인정될 수 있기 위해서는 결국 과세 그 자체가 재산권의 보호영역에 대한

같은 맥락에서 헌법재판소는 "조세의 부과·징수로 납세의무자의 사유재산에 대한 이용·수익·처분의 권한이 중대한 제한을 받게 되는 경우 재산권의 침해가 될 수 있으므로,"70) "국가가 공익 실현을 위하여 조세를 부과·징수함에 있어서는 재산권의 본질적 내용인 사적 유용성과 처분권이 납세자에게 남아있을 한도 내에서만 조세부담을 지울 수 있으며, 짧은 기간에 사실상 토지가액 전부를 조세의 명목으로 징수하는 셈이 되어 토지재산권을 무상으로 몰수하는 효과를 초래하여서는 아니 된다"71)라고 판시하여 보유세인 종합토지세 부과의 한계를 설정한 바 있다.

그러나 많은 경우 헌법재판소는 과세권 행사와 재산권의 보호영역의 문제를 정면으로 다루고 있지 않으며, 비례의 원칙에 반하는 과세권 행사에 대해 과세의 대상이 되는 개별적인 재산권의 침해를 인정하고 있다.72)

나아가 특정한 (경제) 활동의 억제를 위한 중과세는 그 유도·조정적 기능(Lenkungsfunktion)의 측면에서 볼 때, 경제적인 압력을 통해서 해당되는 자유권의 행사를 억제하고자 한다는 점에서 직접적인 행위명령(Verhaltensbefehl)과 질적으로 다르지 않기 때문에,73) 관련 당사자의 해당 기본권에 대한 침해가 문제되는 것이다. 헌법재판소도 유도·조정적 성격의 조세에 의한 해당 기본권의 간접적 제한에 대해 비례의 원칙에 비추어 그 정당성을 판단하고 있다.74)

4. 복수조세체계와 조세부담의 한계

현대적인 조세체계는 여러 경제활동에 따라 다양하게 분화된 복수조세체계(Vielsteuersystem)를 특징으로 한다. 과거에는 담세능력을 가장 잘 표상할 수 있는 표지 하나만을 과세대상으로 하여야 한다는 단일조세체계가 주장된 바도 있다. 예컨대 근대 초에는 가장 중요하고 안정적인 수입원이던 토지의 소유가, 19세기에는

제한인 것으로 이해되어야 할 것이다.

70) 헌재 2001. 2. 22, 99헌바3 결정.

71) 헌재 2001. 2. 22, 99헌바3 결정.

72) 예컨대 헌재 1992. 2. 25, 90헌가69 결정; 헌재 1992. 12. 24, 90헌바21 결정.

73) 즉 조세에 의한 개입조치(Steuerintervention)는 당해 사항영역을 규제하는 경제조정적인 처분(wirtschaftslenkende Maßnahme) 내지는 유도·조정적인 행정행위(lenkender Verwaltungsakt)와 실질적으로 다르지 않은 것이다(*P. Badura*, a.a.O.[Anm. 24], S. 25 f.).

74) 예컨대 헌재 1994. 7. 29, 92헌바49 결정; 헌재 1999. 2. 25, 96헌바64 결정; 헌재 2005. 5. 26, 2004헌가6 결정 등. 다만 96헌바64 사건에서 헌법재판소는 골프장에 대한 취득세 중과세가 납세의무자의 직업의 자유와 재산권의 본질내용을 침해하는 것인지를 먼저 판단한 다음, 비례의 원칙의 위배여부에 대해 판단하고 있다. 이러한 헌법재판소의 판시내용은 기본권 제한의 기준인 비례의 원칙 내지 과잉금지원칙과 그 한계인 본질내용 침해금지원칙의 논리적 판단순서를 잘못 이해한 것으로 평가할 수 있을 것이다.

자산의 증가로 이해된 소득이, 20세기에는—국민경제의 모든 생산성은 결국 소비로 표출되므로—소비가 가장 이상적인 담세능력의 표지로 이해되고 이것만을 과세대상으로 하는 유일세(Alleinsteuer)가 정의로운 조세체계라고 주장되기도 하였다.75)

그러나 어느 과세대상 내지 과세물건도 완벽하지 않으며, 각기 장단점이 있는 것으로 평가되고 있기 때문에, 어느 한 종류의 조세만으로써는 현대 국가의 막대한 재정적 수요를—전술한 바와 같은 조세평등의 요청과 경제적 자유의 실현을 존중하는 동시에—충족시키는 것이 가능하지 않다. 그리하여 현대적 조세체계는 다양한 담세능력의 표지를 다양한 과세물건과 연결시켜 다양한 종류의 조세로써 국가재정수입을 조달하는 복수조세체계 내지 조세종목복수주의에 기초하고 있으며, 그 정당성이 널리 인정되고 있다.76) 납세의무자(혹은 담세자)의 담세능력을 표상하는 표지를 크게 소득과 재산의 보유 및 소비에서 찾는 것이 일반적이며, 응능부담의 원칙은 다양한 조세의 특성에 따라 상이한 방식으로 실현된다.77)

예컨대 소득세는 대표적인 인세이자 직접세로서 응능부담의 원칙을 가장 잘 구현할 수 있는 조세로 인정되고 있다. 그리하여 19세기에는 조세부담의 정의로운 분배의 요청이 소득세의 도입과 동일시되기도 하였다.78) 그러나 소득세는 직접세이기 때문에 조세회피와 조세저항이 매우 심하며, 납세의무자의 담세능력의 정확한 포착을 위해 국가에 의한 납세의무자의 사적 정보의 수집이 불가피한 문제가 있다.

예컨대 재산세와 같은 보유세의 경우,79) 재산을 보유한 사람과 그렇지 못한 사람을 비교할 때 전자가 세금을 낼 수 있는 경제적인 능력이 더 높다는 점은 인정할 수 있지만, 재산의 보유에 의해 포착되는 담세능력은, 처분가능한(disponibel) 소득을 담세능력의 표지로 포착하는 소득세와 비교할 때 현저하게 낮다고 할 수 있다.80) 또한 소득세에 있어서 소득금액의 평가와 비교할 때, 보유세에 있어서 대상 물건의 가치 평가는 기준지가 등의 방법을 통해 대강의 근사치를 측정하는 것이 불가피하기 때문에 조세평등의 요청에 부합되는 공평한 과세가 이루어지기 어렵다.81) 그렇기 때문에 보유세의 경우, 과세표준과 세율의 형성에 있어 세부담의

75) *Klaus Tipke/Joachim Lang*, Steuerrecht, 19. Aufl., 2008, § 4, Rn. 93.

76) 이에 대하여 자세한 것은 *K. Tipke/J. Lang*, a.a.O.(Anm. 75), § 4, Rn. 95 ff.

77) 이에 대해서는 *K. Tipke/J. Lang*, a.a.O.(Anm. 75), § 4, Rn. 95 ff. 참조.

78) *D. Birk*, a.a.O.(Anm. 59), S. 107.

79) 보유세의 과세대상이 미실현이득인가 아니면 재산의 보유 그 자체인가에 대해서는 다투어지고 있지만, 본 저자는 보유세의 과세대상을 재산의 보유 그 자체로 파악하는 입장을 취하고 있다. 이에 대해서는 아래의 "Ⅳ. 1. 종합부동산세법의 입법취지 및 구조와 성격", "Ⅳ. 2. 종합부동산세의 과세대상과 이중과세 논란" 참조.

80) *D. Birk*, a.a.O.(Anm. 2), S. 22.

81) *D. Birk*, a.a.O.(Anm. 2), S. 22 ff. 이와 더불어 재산의 획득 당시에 이미 소득에 대한 과세가 이

수준이 소득세의 경우보다 낮게 책정되도록 할 것이 요청된다.[82] 전술한 바와 같이 헌법재판소도 "국가가 공익 실현을 위하여 조세를 부과 · 징수함에 있어서는 재산권의 본질적 내용인 사적 유용성과 처분권이 납세자에게 남아있을 한도 내에서만 조세부담을 지울 수 있으며, 짧은 기간에 사실상 토지가액 전부를 조세의 명목으로 징수하는 셈이 되어 토지재산권을 무상으로 몰수하는 효과를 초래하여서는 아니 된다"[83]라고 판시하여 보유세인 종합토지세 부과의 한계를 설정한 바 있다.

예컨대 소비세의 경우, 소득세와 더불어서 가장 중요한 조세수입원의 비중을 차지하고 있으며, 보통 간접세로 징수되기 때문에 직접세인 소득세와 비교할 때 조세저항과 조세회피의 문제가 적다. 그러나 간접세인 소비세는 납세의무자와 담세자가 일치하지 않기 때문에 구조적으로 담세자의 담세능력을 세분화해서 고려할 수 없는 문제점도 안고 있으며, 생필품에 대한 소비세의 역진성과 가족에 대한 부담 가중의 문제가 그 해결과제로 주어져 있다.[84]

Ⅳ. 종합부동산세의 구조 및 성격과 헌법적 문제점

1. 종합부동산세법의 입법취지 및 구조와 성격

종합부동산세는 "고액의 부동산 보유자에 대하여 지방세보다 높은 세율로 국세인 종합부동산세를 과세하여 부동산보유에 대한 조세부담의 형평성을 제고하고, 부동산의 가격안정을 도모함으로써 지방재정의 균형발전과 국민경제의 건전한 발전"[85]을 기하려는 목적을 위해 2005. 1. 5. 종합부동산세법의 제정을 통해 도입되었다. 그러나 종합부동산세법의 조기 시행 등 여러 부동산정책에도 불구하고 부동산시장이 안정되지 않자 정부는 다시금 2005년 "8 · 31부동산 종합대책"의 일환으로 주택 및 비사업용 토지에 대한 종합부동산세의 과세를 강화하는 내용으로 2005.

루어졌다는 점도 재산세의 세부담 정도를 결정할 때에 고려되어야 한다고 한다. 이에 대해서는 정지선/최임수/정재현, "종합부동산세의 항구세로서의 타당성 여부," 회계연구 제13권 제 1 호(2008. 4), 205-230(213)쪽; *D. Birk*, a.a.O.(Anm. 2), S. 22 참조.

82) *D. Birk*, a.a.O.(Anm. 2), S. 22.

83) 헌재 2001. 2. 22, 99헌바3 결정.

84) 이에 대해 자세한 것은 차진아, 위의 글(주 58), 482쪽 참조.

85) 2004. 11. 18, 종합부동산세법안(김종률 의원 대표발의) http://likms.assembly.go.kr/law/jsp/Law.jsp?WORK_TYPE=LAW_BON&LAW_ID=A1936&PROM_NO=07328&PROM_DT=20050105(2008. 10. 1방문); 종합부동산세법 제 1 조.

12. 종합부동산세법을 개정하였다.

2005. 12. 이루어진 종합부동산세법 개정은 주택 및 비사업용토지에 대한 종합부동산세의 과세기준금액과 과표적용율 및 전년대비 세부담 상한의 인상, 인별합산에서 세대별 합산과세방식으로의 전환, 주택분 종합부동산에 대한 누진율 강화(종전의 3단계 누진율을 진입단계의 1단계가 추가된 4단계의 누진율로 변경 및 그에 따른 세율의 조정)를 주요내용으로 한다.[86] 그 이후 종합부동산세의 기본골격은 변함없이 유지되고 있으나,[87] 위헌적인 요소들을 중심으로 논란이 되고 있으며, 최근 정부의 종합부동산세법 개정안이 국무회의의 심의를 통과하였다.

종합부동산세는 모든 재산세 납세의무자에게 일반적으로 부과되는 것이 아니라, 과세기준 초과금액의 (부속토지와 함께 평가되는) 주택 및 토지소유자에게만 그 초과부분에 대하여 지방세인 재산세 이외에 (재산세액을 공제하고[종합부동산세법 제9조 제3항, 제14조 제3항, 제14조 제6항 등]) 국세의 형식으로서 추가적으로 부과되는 조세이다. 종합부동산세 중에서 특히 논란이 되고 있는 주택 및 비사업용토지(재산세에서 종합합산과세대상 토지)의 기본적인 구조는 아래의 표와 같다.

《표 1》 주택 및 비사업용토지에 대한 종합부동산세의 과세기준금액 및 세율

주 택						비사업용토지(나대지)					
개편안[88]		현행		제정당시		개편안[89]		현행		제정당시	
공시가격(억원) *세대별합산	세율(%)	공시가격(억원) *세대별합산	세율(%)	공시가격(억원) *인별합산	세율(%)	공시가격(억원)	세율(%)	공시가격(억원) *인별합산	세율(%)	공시가격(억원) *세대별합산	세율(%)
		6초과~9이하	1								
9초과~15이하	0.5	9초과~20이하	1.5	9초과~20이하	1	5초과~20이하	0.75	3초과~20이하	1	6초과~20이하	1
15초과~21이하	0.75	20초과~100이하	2	20초과~100이하	2	20초과~50이하	1.5	20초과~100이하	2	20초과~100이하	2
21초과~	1	100초과~	3	100초과~	3	50초과~	2	100초과~	4	100초과~	4
* 1세대 1주택 고령자에 대한 세액공제 도입											

86) 종합부동산세의 도입배경과 개편내용에 대해 자세한 것은 김남철, "8·31 부동산 종합대책에 대한 공법적 검토," 공법연구 제34집 제3호(2006. 2), 177-201(178-185)쪽; 김성수, "부동산 보유과세 개편에 대한 입법과제 —종합부동산세와 가칭 "통합재산세"를 중심으로—," 공법연구 제33집 제2호(2005. 2), 351-379(351-352)쪽; 김완석, "주택세제 관련 법제, 정책·입법평가," 토지공법연구 제35집(2007. 2), 91-120(96-100, 101-104)쪽; 박훈, "현행 종합부동산세의 내용과 그 문제점," 조세법연구 제12권 제1호(2006. 7), 35-72(37-51)쪽.

87) 재산세와는 달리 종합부동산세에 대해서는 부과주의가 아닌 신고주의 방식을 취하였으나, 종합부동산세에 대한 신고주의는 합리적인 이유 없이 과도한 행정부담을 납세의무자에게 전가시킨다는 비판을 받았다(박훈, 위의 글[주 86], 64-65쪽). 2007. 1. 11. 종합부동산세법의 개정으로 종합부동산세의 징수방식이 원칙적인 부과주의로 전환되었다(종합부동산세법 제16조 제1항-제3항).

《표 2》 주택분 재산세 및 종합합산과세대상(비사업용토지) 재산세의 구조

주택분 재산세		비사업용토지(나대지)	
공시가격(억원) *과세대상 주택별 과세	세 율	공시가격(억원) *인별합산	세 율
		0.5 이하	0.2%
0.4이하	0.15%	0.5초과~1이하	10만원+5000만원 초과금액의 0.3%
0.4초과~1이하	6만원+4,000만원 초과금액의 0.3%	1초과~	25만원+1억원 초과금액의 0.5%
1초과~	24만원+1억원 초과금액의 0.5%	100초과~	3%

종합부동산세의 위헌성 여부를 둘러싼 논란은 많은 부분 종합부동산세의 성격을 어떻게 파악하느냐의 문제와 연결되어 있다.

먼저, 종합부동산세는 그 도입목적과 부동산의 가액(공시가격의 합산액)이 과세표준을 형성한다는 점에 비추어 볼 때(종합부동산세법 제8조 제1항, 제13조), 재산세와 마찬가지로 보유세로 볼 수 있다. 보유세는—통상 그 부동산에서 나오는 수익에서 부담된다 하더라도[90]— 부동산에서 나오는 수익(Ertrag, Sollertrag)이 아니라 재산의 보유 그 자체를 담세능력의 표지로 파악하는 것이며,[91] 이러한 점에서 예컨대 토지초과이득세와 같이 미실현이득을 담세능력의 표지로 포착하는 수익세와는 구별된다.[92]

88) 2008. 9. 23. 발표되고 2008. 9. 30. 국무회의를 통과한 정부의 종합부동산세 개편방안 http://www.mosf.go.kr/news/press_20_1.php?action=view&page=1&t_code=773&no=85678&parent_code=(2008. 9. 25. 방문). 2008. 10. 2. 정부제출 종합부동산세법 개정안의 주요내용에 대해서는 http://likms.assembly.go.kr/bill/jsp/BillDetail.jsp?bill_id=ARC_G0W8Y1C0H0V2K1Y7S0F8B5O8H5P7Y0(2008. 10. 4. 방문) 참조.

89) 2008. 9. 23. 발표되고 2008. 9. 30. 국무회의를 통과한 정부의 종합부동산세 개편방안http://www.mosf.go.kr/news/press_20_1.php?action=view&page=1&t_code=773&no=85678&parent_code= (2008. 9. 25. 방문). 2008. 10. 2. 정부제출 종합부동산세법 개정안의 주요내용에 대해서는 http://likms.assembly.go.kr/bill/jsp/BillDetail.jsp?bill_id=ARC_G0W8Y1C0H0V2K1Y7S0F8B5O8H5P7Y0(2008. 10. 4. 방문) 참조.

90) *D. Birk*, a.a.O.(Anm. 2), S. 22.

91) Sondervotum Böckenförde zum Beschluß des BVerfG v. 22. 6. 1995, BVerfGE 93, 121(158 ff.); *D. Birk*, a.a.O.(Anm. 2), S. 22.

92) 헌재 1994. 7. 29, 92헌바49 결정: "종합토지세는 과다한 토지보유를 억제함으로써 지가안정과 토지소유의 저변을 확대할 목적으로 도입된 제도로서, 전국에 있는 모든 토지를 과세물건으로 하고 소유자별로 합산한 토지가액을 과세표준으로 삼는 재산세의 일종인 점에서, 토지의 보유단계에서 미실현자본이득 중 정상지가상승분을 초과하는 이득에 대하여 과세하는 토초세와는 각각 그 과세목적 또는 과세물건을 달리한다"; 이동식/이상신/박훈, "종합부동산세법의 헌법합치성에 관한 소고," 조세법연구 제13권 제2호(2007. 8), 414-440(429)쪽(설사 보유세를 미실현이득에 대한 과세로 본다 하더라도 토지초과이득세와는 달리 자산가치 자체에 대한 미실현이득이 아니라 사용가치에 대한 미실현이득으로 보아야 한다는 점에서 종합부동산세는 토지초과이득세와 성격이 다르다고 한다: 같은 곳); 차진아, "종합부동산세 세대별 합산과세에 대한 사회국가적 조명,"

다음으로, 종합부동산세는 그 입법목적과 납세의무자, 과세대상, 과세표준 및 세율의 형성과 같은 과세요건에 비추어 볼 때, 고액 및 다수의 부동산 보유에 대해 중과세함으로써 부동산투기를 억제하고 부동산가격을 안정시키려는 유도·조정적 성격을 분명히 하고 있다. 그러므로 종합부동산세는 조세를 수단으로 하는 부동산시장에 대한 개입조치(Interventionsmaßnahme)의 하나로 파악할 수 있을 것이다.[93] 종합부동산세의 유도·조정적 목적인 과도한 부동산 보유 및 부동산투기의 억제, 그리고 이를 통한 부동산시장의 안정은 부동산 공개념에 입각한 것으로서 사회국가의 실현을 위한 것이라고 볼 수 있으므로, 그 정당성을 인정할 수 있을 것이다(헌법 제122조, 제23조 제2항, 제35조 제3항).[94] 그러나 종합부동산세를 통한 개입정책은 후술하는 바와 같이 수직적 조세평등의 요청, 특히 주택에 대한 재산권, 혼인과 가족생활의 보호 등과의 관계에서 비례의 원칙에 합치될 때에만 그 정당성을 인정받을 수 있을 것이다.

2. 종합부동산세의 과세대상과 이중과세 논란

이중과세의 개념에 대해서는 논란이 많으나, 보통 단수 또는 복수의 과세주체가 동일한 과세물건을 대상으로 중복적으로 과세하는 것으로 이해된다.[95] 위헌성 여부가 논란이 되는 이중과세는 동일한 과세물건에 대해 특정 납세의무자(내지 담세자)에게만 중복적인 세부담을 지움으로써 이들을 불리하게 차별하게 되는 경

고려대학교 법학과 100주년 기념논문집(2005. 12), 41-55(45)쪽.

그러나 헌법재판소는 "종토세는 보유하는 토지에 담세력을 인정하여 과세하는 수익세적 성격을 지닌 재산세의 일종으로서"라고 판시한 바도 있다(헌재 2001. 2. 22, 99헌바3 결정). 한편 종합부동산세와 토지초과이득세를 미실현이득에 대한 보유과세라는 점에서 성격이 같으나 전자는 정상적인 과세인데 반하여 후자는 부동산투기로 인한 이익을 환수하는 일종의 수득세라는 점에서 차이가 있는 것으로 파악하는 견해로는 김남철, 위의 글(주 86), 190쪽; 김성수, 위의 글(주 86), 358쪽. 한편 독일연방헌법재판소는 독일의 재산세(Vermögensteuer)를 미실현이득에 대한 수익세(Sollertragsteuer)로 파악하고 그러한 전제 하에 재산권의 사회적 구속성에 관한 규정인 독일 기본법 제14조 제2항의 문구로부터 이른바 절반배분의 원칙을 도출한 바 있다(BVerfGE 93, 121).

93) 김남철, 위의 글(주 86), 192쪽; 김완석, 위의 글(주 86), 107-110쪽; 임승순, 위의 글(주 37), 7쪽; 정지선/최임수/정재현, 위의 글(주 81), 216쪽; 차진아, 위의 글(주 92), 47쪽.

94) "토지는 원칙적으로 생산이나 대체가 불가능하여 공급이 제한되어 있고, 우리나라의 가용토지면적은 인구에 비하여 절대적으로 부족한 반면에, 모든 국민이 생산 및 생활의 기반으로서 토지의 합리적인 이용에 의존하고 있으므로, 그 사회적 기능에 있어서나 국민경제의 측면에서 다른 재산권과 같게 다룰 수 있는 성질의 것이 아니므로 공동체의 이익이 보다 더 강하게 관철될 것이 요구된다고 할 것이다"(헌재 1999. 4. 29, 94헌바37 결정); 김남철, 위의 글(주 86), 185-189쪽; 차진아, 위의 글(주 92), 45쪽.

95) 김영우, "종합부동산세법의 입법적 문제점 및 개선방안," 세무학연구 제23권 제4호(2006. 12), 155-187(177)쪽; *K. Tipke/J. Lang*, a.a.O.(Anm. 75), § 7, Rn. 41.

우라고 할 수 있다.[96]

종합부동산세를 둘러싼 이중과세논란은 주로 두 가지 관점에서 논의된다. 하나는 종합부동산세와 양도소득세의 이중과세문제이고, 다른 하나는 종합부동산세와 재산세의 이중과세문제이다.

첫째, 종합부동산세와 양도소득세의 이중과세문제는 토지초과이득세와 양도소득세의 관계에 관한 헌법재판소의 결정 취지를 고려한 것이다. 헌법재판소는 토지초과이득세에 관한 사건에서 과세대상인 자본이득의 범위를 실현된 소득에 국한할 것인가 혹은 미실현이득을 포함시킬 것인가의 여부는 기본적으로 입법정책의 문제이나,[97] 미실현이득에 대한 과세인 토지초과이득세는 수득세의 일종으로서 양도소득세와 중복과세 내지 양도소득세의 예납적 성격을 가지므로 토지초과이득세액 전액을 양도소득세에서 공제하지 않는 것은 조세법률주의상의 실질과세의 원칙에 반한다고 판시한 바 있다.[98] 이러한 헌법재판소의 결정취지에 비추어 볼 때, 종합부동산세가 토지초과이득세와 같이 미실현이득을 과세하는 보유세로서 양도소득세와 이중과세의 관계에 있으며, 양도소득세에서 종합부동산세액을 공제하지 않는 것이 위헌이 아닌가 하는 것이 문제되고 있다.

종합부동산세를 미실현이득에 대한 과세로 파악할 경우,[99] 헌법재판소에 의

96) 이동식/이상신/박훈, 위의 글(주 92), 418쪽.

97) 그러나 담세능력에 따른 과세원칙 내지 응능부담의 원칙에서 조세부담의 분배기준인 담세능력은 잠재적인 담세능력이 아니라 현실적인 담세능력을 의미하는 것이다. 따라서 헌법재판소는 어떠한 근거에서 특히 지가상승분인 미실현이득에 대한 과세 여부를 단순한 입법정책의 문제로 본 것인지 설득력이 부족하다고 생각된다.

98) 헌재 1994. 7. 29, 92헌바49등 결정. 그런데 실질과세의 원칙은 조세법률주의의 내용이라기보다는 응능부담의 원칙의 내용으로 파악하여야 할 것으로 보인다. 이에 대해서는 김완석, 위의 글(주 60), 36쪽, 146쪽 이하 참조.

99) 재산세나 종합부동산세와 같은 보유세를 일종의 미실현이득을 과세대상으로 하는 수익세로 파악하는 견해가 많다. 이에 대해서는 예컨대 김남철, 위의 글(주 86), 190쪽; 김성수, 위의 글(주 86), 358쪽; 박훈, 위의 글(주 86), 67쪽; 이동식, 위의 글(주 44), 96쪽, 120쪽; 최명근/김상겸, 우리나라 보유세제 개편을 위한 연구 : 종합부동산세 도입정책에 대한 평가 및 정책제언을 중심으로, 2005, 154쪽 참조. 그러나 보유세를 미실현이득에 대한 과세로 파악하는 것은 조세체계가 오늘날의 복수조세체계로 정교하게 분화되기 전의 전통적인 보유세 이해와 연장선상에 있는 것으로 보인다. 즉 과거에는 토지가 가장 중요하고 확실한 소득원이었고 토지로부터 나오는 소득은 근로소득보다 더 안정적이며 더 높은 담세능력을 표상하는 것으로 이해되었다. 그렇기 때문에 (특히 토지에 대한) 재산세는 응능부담의 원칙을 가장 잘 구현할 수 있는 조세로 이해되었고, 이러한 까닭에 재산세에 대해서는 재산의 보유 그 자체가 과세대상임에도 불구하고 재산의 잠재적 소득 내지 미실현이득이 전면에 강조되었으며, 재산의 보유에 대한 과세는 재산으로부터 나오는 소득을 미리 과세(Vorbelastung des Einkommens aus Vermögen)하는 것으로 파악되었던 것이다 (이른바 자산이론[Fundustheorie], *D. Birk*, a.a.O.[Anm. 2], S. 10 ff.; *Georg Crezelius*, Steuerrecht Ⅱ. Die einzelnen Steuerarten, 1994, § 22, Rn. 1 f.). 그런데 19세기말 소득세가 응능부담의 원칙을 가장 잘 구현할 수 있는 조세로 인정받고 각국에서 보편적으로 도입되기 시작한 이래 종래의 보유세는 소득세에 대한 보충적인 수익세로 이해되었다. 보유세를 미실현이득에 대한 과세로 이해하

해 헌법불합치결정을 받은 토지초과이득세의 경우와 같이 종합부동산세와 양도소득세의 이중과세의 문제가 제기될 수 있다.[100] 그러나 전술한 바와 같이 종합부동산세는 부동산의 공시가격 자체가 과세표준을 형성하기 때문에—재산세와 마찬가지로— 재산으로부터 나오는 미실현이득이 아니라 재산의 보유 그 자체를 담세능력의 표지로 포착하는 보유세로 볼 수 있고, 이 점에서 수익세인 토지초과이득세와는 구별된다. 따라서 종합부동산세와 양도소득세는 각각 과세물건을 달리하므로 이중과세가 아니라고 생각된다.[101]

둘째, 전술한 바와 같이 종합부동산세는 재산세의 납세의무자 중에서 일정 기준금액 초과의 부동산 소유자에게 재산세의 과세대상과 동일한 과세대상에 대해 추가로 부과하는 조세이다. 그렇기 때문에 종합부동산세의 납세의무자는 동일한

게 되면 필연적으로 보유세는 재산의 획득 당시 이미 소득세에 의해 과세된 소득에 대해 다시 한번 더 보유세로써 과세하게 되는 이중과세의 문제를 야기할 수밖에 없다(*K. Tipke/J. Lang*, a.a.O.[Anm. 75], § 13, Rn. 202). 이러한 관점에 따르면 오로지 소득만이 담세능력을 표상할 수 있고, 재산의 보유와 소비는 독자적인 담세능력을 표상하지 못하는 것으로 이해하여야 할 것이며, 조세종목복수주의 내지 복수조세체계가 아닌 소득세 하나만이 존재하는 단일조세체계가 정당하다는 결론에 이르러야 할 것이다. 그러나 전술한 바와 같이 부동산에 대한 보유세는 —부동산으로부터 나오는 수익이 전혀 없다 하더라도— 부동산 보유 그 자체를 과세하는 것이며, 재산으로부터 나오는 수익이 아니라 재산의 보유 그 자체를 담세능력의 표지로 파악하는 것이다. 현행조세법상 부동산의 자산가치는 현실화된 시점에서 양도소득세에 의해 부과되고 부동산으로부터 나오는 수익, 예컨대 부동산임대소득은 소득세로, 농업소득은 농업소득세로 부과되고 있으며, 이와 같은 부동산의 자산가치 혹은 사용가치가 부동산에 대한 보유세의 담세능력을 표상하는 것은 아닌 것이다. 이와 같이 재산세를 응능부담의 원칙에 의해 합리적으로 설명하기 곤란하기 때문에, 재산세를 이른바 응익과세의 원칙(Äquivalenzprinzip)에 따라 정당화하는 것이 일반적이다. 그러나 조세는 전술한 바와 같이 개인적으로 귀속가능한 반대급부 없이 부과되는 공동의 부담이라는 성격이 그 본질적인 특성이라고 할 수 있는데, 응익과세의 원칙은 이러한 조세의 본질에 부합되지 않는다(*K. Tipke*, Steuerrechtsordnung, Bd. II, 2. Aufl., 2003, S. 918 ff.; *K. Tipke/J. Lang*, a.a.O.[Anm. 75], § 4, Rn. 88, § 13, Rn. 202). 지방자치단체의 재정수입을 안정적으로 조달하는데 있어 경기의 변화에 대해 가장 영향을 적게 받는 수입원인 재산세를 지방세의 세목으로 부과 및 징수할 필요가 인정되지만, 지방자치단체가 제공하는 행정서비스에 대한 반대급부로 지방세를 정당화하는 것은 설득력이 약하다고 생각된다.

100) 최명근/김상겸, 위의 글(주 99), 155-156쪽. 한편 부동산 가격 상승분에 대해 종합부동산세 내지 재산세와 양도소득세를 중복하여 세부담을 지운다면 이중과세라 할 수 있고, 이 경우 양도소득세에서 종합부동산세 내지 재산세를 공제해 주어야 한다고 하는 견해도 있다(박훈, 위의 글[주 86], 53쪽). 그러나 만약 부동산 가액의 평가에 있어 획득 당시의 부동산 가격을 그대로 적용하여야 한다면, 예컨대 IMF 금융위기 때와 같이 부동산 가격이 전반적으로 폭락하였을 때에는 오히려 원본을 잠식할 수 있는 문제가 있다. 그리고 우리나라와 같이 부동산 가격이 (특정지역에 집중되는 경우가 많지만) 급격하게 상승하고 물가상승률도 높은 곳에서 만약 보유 당시의 부동산 가격을 그대로 유지한다면 오히려 재산세, 종합부동산세와 같은 보유세의 실효성과 세부담의 형평이 문제될 것이다.

101) 만약 종합부동산세가 미실현이득에 대한 과세로서 양도소득세와 중복과세되는 관계에 있다면, 재산세와 양도소득세의 관계도 마찬가지로 보아야 할 것이다. 나아가 이러한 입장에 따르면 부가가치세나 개별소비세도 일단 소득세로 과세된 소득을 사용할 때에 다시 한 번 과세하는 것이므로 이중과세로서 금지되거나 소득세로 과세한 부분은 공제해야 한다고 보아야 할 것이다.

부동산의 소유에 대해 이미 재산세의 납세의무를 지는데 또다시 종합부동산세를 부과하는 것이 이중과세로서 위헌이 아닌가 하는 문제가 제기되고 있는 것이다.

그런데 종합부동산세의 세액은 과세대상 부동산에 재산세로 부과된 세액을 공제하여 산출되기 때문에(종합부동산세법 제9조 제3항, 제14조 제3항, 제14조 제6항) 입법자는 종합부동산세와 재산세의 이중과세의 문제를 의식하고 이에 대비하였다고 할 수 있다.[102] 그러므로 종합부동산세와 재산세의 관계와 관련하여서는 이중과세인가 여부 보다는 종합부동산세가 특정 재산세 납세의무자에게만 재산세보다 매우 높은 세부담으로써 추가되는 것이 (수직적) 조세평등의 원칙에 합치되는지 여부가 주로 문제된다고 할 수 있다.

3. 1세대 1주택에 대한 종합부동산세 부과의 문제점

종합부동산세제의 도입취지에서 확인할 수 있는 것처럼 종합부동산세는 과다한 부동산의 보유 내지 부동산투기로 인하여 발생하는 사회적 문제를 해소하기 위한 것이다. 따라서 종합부동산세를 통해 일정 기준 이상의 고액 부동산 소유자에 대하여 특별히 높은 세율을 적용함으로써 이를 억제하는 효과를 가져오는 것이 설사 정당하다고 하더라도, 부동산보유의 내용 및 방식을 고려하지 않은 채 이를 획일적으로 적용하는 것은 오히려 입법취지에 반하게 될 수 있다.

이와 관련하여 문제될 수 있는 대표적 예가 1세대 1주택에 대한 종합부동산세 부과이다. 현행 종합부동산세법에 따르면 모든 부동산 보유자는 그 보유의 원인이나 방식에 상관없이 일정 기준액 이상의 부동산을 보유하게 되면 종합부동산세의 부과대상이 된다. 그러나 실질적인 소득은 그대로이거나 오히려 줄어들었음에도 불구하고 장기간 보유하고 있던 주택의 가격이 단지 시세의 변동에 의하여 기준액 이상으로 상승하였다는 이유만으로 종합부동산세를 부담하게 된다는 것은 합리적이라고 보기 어려운 것이다.[103]

특히 장기간 주택을 보유하고 있는 1세대 1주택의 경우에는 일반적으로 투기의 목적으로 주택을 보유한 것으로 보기는 어려울 것이기 때문에 부동산 투기의 억제를 이유로 종합부동산세를 부과하는 것은 더욱 입법목적에 맞지 않는다. 단지 특정 지역의 부동산 가격이 폭등하는 것에 대한 대비 또는 징벌로서 고율의 부동

102) 이동식/이상신/박훈, 위의 글(주 92), 421쪽; 최명근/김상겸, 위의 글(주 99), 155쪽.

103) 김영우, "쾌적한 주거생활을 할 권리와 1세대 1주택에 대한 과세(양도소득세와 종합부동산세를 중심으로)," 조세(2007. 11), 28-48쪽.

산세를 부과할 경우에는 그것이 보유세로서의 성격에 맞는 것인지, 과연 담세능력을 고려하여 합리적으로 부과된 것인지에 대해서 신중한 검토가 필요할 것이다.[104)]

물론 1세대 1주택의 경우라 하더라도 고액의 주택에 대한 부동산세를 부담할 능력이 안 되면 이를 처분하고 낮은 가격의 주택으로 이사해야 한다고 주장할 수도 있다. 그러나 과연 그런 주장이 정당한가? 고율의 세금으로 인하여 사실상 강제적으로 이사하게 될 경우에는 거주·이전의 자유에 대한 침해여부의 문제는 접어 두더라도 재산권의 자유로운 향유에 대하여 매우 심각한 침해가 있다고 볼 수 있을 것이다. 특히 우리나라처럼 보유세의 부담을 높이고 있을 뿐만 아니라 이를 처분하고자 하여도 양도소득세를 비롯한 부동산거래 관련 세금의 부담이 커서 결국 기존의 주택을 처분하고 새로운 주택을 마련하는 것이 사실상 재산의 상당한 손실로 느껴질 경우에는 더욱 그러하다.[105)]

4. 종합부동산세의 세대별 합산과세와 그 헌법적 문제점

전술한 바와 같이 2005. 12. "8·31 부동산 종합대책"의 일환으로 행해진 종합부동산세법 개정을 통해 주택 및 비사업용토지에 대한 종합부동산세의 과세단위가 인별 합산과세에서 세대별 합산과세로 전환되었다. 세대별 합산과세방식은 "부부간, 세대원간 분산 등기를 통한 조세회피를 실질적으로 예방"[106)]하여 부동산투기억제를 위해 도입된 종합부동산세의 실효성을 확보하기 위한 것으로 볼 수 있다.

종합부동산세 세대별 합산과세는 "1세대"[107)]를 기준으로 하여 세대원이 소유

104) 김영우, 위의 글(주 103), 40-41쪽.

105) 종합부동산세의 신설 및 강화와 동시에 이루어진 양도소득세 강화에 따른 봉쇄효과에 대한 지적으로는 김완석, 위의 글(주 86), 109쪽. 헌법 제35조 제3항의 쾌적한 주거생활을 할 권리 보호의 관점에서 1세대 (특히 국민주택 규모의) 1주택에 대한 종합부동산세와 양도소득세 과세에 대해 비판하고 있는 견해로는 김영우, 위의 글(주 103) 참조. 주택에 대한 양도소득세를 강화하는 내용의 주택양도세제 개편 내용에 대해 자세한 것은 김완석, 위의 글(주 86), 94-98쪽, 104-107쪽 참조.

106) 재정경제부, 부동산제도개혁방안 세제부문에 대한 설명·문답자료(2005. 8. 31), 9쪽.

107) 종합부동산세의 과세단위로서의 1세대의 범위는 양도소득세 비과세적용대상의 기준인 1세대(소득세법 제89조 제3호, 소득세법 시행령 제154조)를 기본으로 하되, 종합부동산세의 규율 목적과 특성에 따라 변형되었다. 즉 종합부동산세의 과세단위로서의 1세대는 "주택 또는 토지의 소유자 및 그 배우자와 그들과 생계를 같이하는 가족"(종합부동산세법 제2조 제8호)을 말하며, 여기서 가족은 "주택 또는 토지의 소유자와 그 배우자의 직계존비속(그 배우자를 포함한다) 및 형제자매를 말하며, 취학, 질병의 요양, 근무상 또는 사업상의 형편으로 본래의 주소 또는 거소를 일시퇴거한 자를 포함한다."(종합부동산세법 시행령 제1조의2 제2항). 1세대는 배우자의 존재를 원칙으로 하지만 배우자가 없는 때에도 ① 30세 이상인 경우, ② 배우자가 사망하거나 이

하는 주택가격 혹은 비사업용토지가격을 모두 합산하여 과세표준을 산정하고, 과세표준에 누진율을 적용하여 세액을 산출하는 것을 말한다. 이렇게 산출된 종합부동산세의 납세의무자는 과세기준일 현재 주된 주택 혹은 비사업용토지의 소유자이며, 나머지 세대원은 자신의 주택 혹은 비사업용토지의 소유가액을 한도로 연대하여 납세의무를 지게 된다(종합부동산세법 제7조, 제12조 제1항 제1호, 제12조 제2항, 종합부동산세법 시행령 제2조의2, 제5조의2).

그러나 인별 합산과세방식에서 세대별 합산(비분할)과세방식으로 전환됨으로 인하여 종합부동산세의 부담이 실질적으로 달라지는 경우는 1세대에 속하는 둘 이상의 세대원들이 각각 하나 혹은 그 이상의 주택 혹은 비사업용토지를 소유하고 있는 경우이기 때문에, 세대별 합산과세방식으로의 전환은—독신자나 사실혼관계에 있는 부부 등과 비교할 때—혼인과 가족생활에 대한 불리한 차별을 초래한다.

이러한 차별적 효과는 크게 두 가지 경우로 나누어 볼 수 있다. 첫째, 인별 합산방식에 의할 때에는 세대원 각각의 보유 주택 내지 비사업용토지의 합산가액이 종합부동산세 과세기준금액을 넘지 않았으나 세대별 합산과세방식에 의해 세대원 보유의 주택 내지 비사업용토지를 합산한 결과 비로소 종합부동산세의 과세기준금액을 초과하게 된 경우이다. 둘째, 종합부동산세의 누진율의 세율구조 하에서 세대별 합산과세가 혼인한 부부와 그 가족에게 적용되는 과세표준을 인상시켜 보다 높은 세율을 적용받게 하는 경우이다.

그런데 헌법재판소는 "누진과세제도 하에서 혼인한 부부에게 조세부담의 증가를 초래하는 부부자산소득합산과세"는 "혼인한 부부를 비례의 원칙에 반하여 사실혼관계의 부부나 독신자에 비하여 차별하는 것으로서 헌법 제36조 제1항에 위반된다"[108]라고 판시한 바 있다.

혼한 경우, ③ 성년으로서 국민기초생활보장법상의 최저생계비 수준 이상의(소득세법 제4조상의) 소득으로써 독립된 생계를 유지할 수 있는 경우, ④ 미성년이라도 결혼, 가족의 사망 기타 기획재정부령으로 정하는 사유로 1세대의 구성이 불가피한 경우에는 1세대로 인정된다(종합부동산세법 시행령 제1조의2 제3항). 또한 혼인함으로써 1세대를 구성한 경우에는 혼인한 날부터 2년 동안(종합부동산세법 시행령 제1조의2 제4항), 60세(여자의 경우에는 55세) 이상의 직계존속을 동거봉양하기 위하여 합가함으로써 1세대를 구성하는 경우에는 합가한 날부터 2년 동안(종합부동산세법 시행령 제1조의2 제5항)은 주택 또는 토지를 소유하는 자와 그 합가한 자별로 각각 1세대로 본다.

108) 헌재 2005. 5. 26, 2004헌가6 결정. 헌재 2002. 8. 29, 2001헌바82 결정에서는 부부자산소득합산과세가 자산소득합산과세의 대상이 되는 혼인한 부부를 혼인하지 않은 부부나 독신자에 비하여 차별 취급하는 것에 중대한 합리적 근거가 없기 때문에 헌법 제36조 제1항에 위반된다고 판시하였다. 그러나 최근 헌법재판소가 생계를 같이 하면서 동거하는 배우자, 직계존·비속 등 가족간 공동사업소득금액을 그 지분 또는 손익분배의 비율이 큰 공동사업자의 소득금액으로 간주하

그렇다면 혼인한 부부와 다른 가족구성원에게 조세부담의 증가를 가져오는 종합부동산세의 세대별 합산과세도 헌법재판소에 의해 위헌 결정된 부부자산소득 합산과세의 경우와 본질적으로 같은 것으로 평가하여야 하는 것 아닌가? 과연 종합부동산세의 세대별 합산과세는 "세대별 주거현실에 기초한 것으로"[109] "형평성 차원이나 경제 현실에 부합되는 과세방식"[110]으로서 정당하며, "제도의 본질에 부합하는 과세단위는 개인이 아니라 주거단위인 세대이므로"[111] "자산소득 부부합산 위헌 결정예와 같이 취급하기는 곤란"[112]한 것인가?

5. 양도소득세 등 다른 조세와의 관계와 종합부동산세 세부담의 비례성 문제

전술한 바와 같이 부동산보유세는 부동산으로부터 나오는 수익이 전혀 없다 하더라도 부동산 보유 그 자체를 과세하는 것이며, 부동산의 보유에 의해 표상되는 납세자의 담세능력은 소득에 대한 과세에 비해 매우 낮다.[113] 그러므로 종합부동산세의 과도한 부과는 "짧은 기간에 사실상 토지가액 전부를 조세의 명목으로 징수하는 셈이 되어 토지재산권을 무상으로 몰수하는 효과를 초래"[114]할 수도 있다.[115] 뿐만 아니라 종합부동산세는 현실적인 소득이 많지 않은 납세의무자에게 그 부동산의 보유를 유지하지 못하고 매각할 수밖에 없도록 사실상 강제하는 효과를 갖고 있다.[116]

여 이루어지는 가족합산비분할과세에 대해 "이 사건 법률조항이 정한 공동사업합산과세제도는 공동사업이라는 특정한 사업형태에 대한 소득세 조세규율에 있어 조세회피방지라는 목적을 위해 특수한 관계에 있는 자들을 예외적으로 규율하는 것으로 이러한 관계 속에 배우자나 가족이 들어간다 하여도 이것이 혼인이나 가족관계를 결정적 근거로 한 차별 취급이라고 볼 수 없으며 단지 합리적인 조세제도 운용에 있어 파생된 부수적인 결과물이다"(헌재 2006. 4. 27, 2004헌가19 결정)라고 판시한 부분은 (반증을 허용하는 추정의 방식이 아닌 간주의 방식을 취한 것이 기본권 침해의 최소성 및 법익의 균형성의 요청에 합치되지 않는다고 한 결론이 타당하다고 하더라도) 설득력이 약하다고 생각된다.

109) 재정경제부, 위의 글(주 106), 8쪽.

110) 재정경제부, 위의 글(주 106), 8쪽.

111) 재정경제부, 위의 글(주 106), 10쪽.

112) 재정경제부, 위의 글(주 106), 10쪽.

113) 헌재 1994. 7. 29, 92헌바49 결정: "종합토지세는 과세대상토지로부터의 구체적인 소득발생 유무와 관계없이 모든 토지에 대하여 부과되는 재산세이어서 그 세율을 상향 책정하는 데에는 한계가 있을 수밖에 없고…."

114) 헌재 2001. 2. 22, 99헌바3 결정.

115) 종합부동산세의 경우, 보유세의 속성상 원본을 잠식한다 하더라도 위헌이 아니라는 견해도 있다(이동식/이상신/박훈, 위의 글[주 92], 425-426쪽).

116) 실제로 거주하는 유일한 주택에 대하여 종합부동산세의 부과가 초래하는 이러한 불이익이 이

전술한 바와 같이 종합부동산세의 목적이 보유부동산의 처분 및 이를 통한 부동산 공급의 확대와 부동산 가격의 안정에 있다면, 그 목적 달성을 위해서 부동산 보유세제와 부동산 거래 관련 세제간의 세부담의 조정이 뒷받침되지 않으면 안 된다. 다시 말해 보유세인 종합부동산세의 중과세를 통해 부동산 가격의 안정을 꾀하고자 한다면, 과세대상 부동산을 소유자가 처분할 수 있도록 양도소득세, 취득세, 등록세와 같은 부동산 거래 관련 세제의 완화가 뒷받침되어야 하는 것이다.[117]

그러나 지금과 같이 특히 양도소득세 중과세를 유지하는 상태에서 종합부동산세를 중과세하게 되면, 종합부동산세제의 도입취지에 부합되기 어려울 뿐만 아니라, 해당 납세의무자의 당해 부동산에 대한 재산권 등의 침해 문제를 야기할 수 있다.

V. 종합부동산세에 대한 합헌성 심사의 기준

1. 재산 보유에 대한 (재산세 이외의) 추가적 부담과 수직적 조세평등의 요청

전술한 바와 같이 종합부동산세와 재산세는 과세대상과 보유세로서의 성격이 같은 조세이다. 종합부동산세액에서 재산세액을 공제하는 종합부동산세법 규정(종합부동산세법 제9조 제3항, 제14조 제3항, 제14조 제6항)도 이러한 점을 반증하고 있다.

그러므로 종합부동산세는 예컨대 국세인 소득세와 지방세인 소득할 주민세와 같이 과세대상과 성격이 동일하나, 과세주체가 국가와 지방자치단체로 나뉘는 경우와 구조적으로 유사하다고 할 수 있다. 그러나 소득할 주민세의 경우 모든 소득세 납세의무자에 대해 소득세의 10분의 1이라는 낮은 세율(지방세법 제176조 제2항)로써 소득세에 추가하여 부과된다. 반면에, 종합부동산세는 재산세 납세의무자 중 특정한 납세의무자에 대해서만 기하급수적으로 증대된 세부담을 추가시킨다는 점에서 조세평등의 원칙의 위배여부가 심각하게 제기된다.

른바 교살적 교세로서 위헌은 아닌지도 문제될 수 있다. 이에 대해서는 아래의 "V. 2. 1세대 1주택에 대한 종합부동산세 부과와 주택에 대한 재산권의 의미" 참조.

117) 정지선/최임수/정재현, 위의 글(주 81), 213쪽.

즉, (주택 및 비사업용토지에 대한) 종합부동산세는 재산세 납세의무자 중에서 세대별 합산액이 일정금액을 초과하는 부동산소유자에게만 지방세에 추가하여 부과된다. 뿐만 아니라 주택분 재산세는 과세대상 주택별로, 비사업용토지에 대한 재산세는 인별 합산방식으로 과세되는 반면에, 종합부동산세는 세대별 합산방식으로 형성된 과세표준에 고율의 세율을 적용시킴으로써(위의 표-1과 표-2의 비교), ―전술한 바와 같이 종합부동산세와 재산세는 과세물건과 성격이 같은 조세이므로― 결과적으로 전체 부동산보유세제 안에서 누진율을 급격하게 상승시키는 것과 같은 작용을 하는 것이다.118)

재산세만 납부하는 납세의무자와 종합부동산세도 납부하는 납세의무자 사이의 담세능력에 차이가 있지만, 이들 사이의 담세능력의 차이가 종합부동산세의 과중한 세부담을 정당화할 만큼 크다고 볼 수 없을 것이다. 다시 말해 종합부동산세는 담세능력이 다른 납세의무자들은 그 차이에 상응하여 다르게 다루라는 수직적 조세평등의 요청의 구체화로 이해되기 어렵다.

종합부동산세의 심대한 부담은 응능부담의 원칙 내지 수직적 조세평등의 요청의 구체화라고 보기 어렵고, 오히려 이를 벗어나는 조세개입조치로 이해되어야 할 것이다. 따라서 종합부동산세의 (세대별 합산방식을 포함한) 과세표준 및 고율의 세율에 의한 차별은 부동산공개념이라는 목적의 정당성이 인정되는 것만으로 충분하지 않고, 그 방법과 정도에 있어서 비례성의 요청에 합치될 때에 그 헌법적 정당성을 인정받을 수 있을 것이다.

2. 1세대 1주택에 대한 종합부동산세 부과와 주택에 대한 재산권의 의미

헌법재판소는 '택지소유상한에 관한 법률 제2조 제1호 나목 등 위헌소원' 사건에서 토지공개념 및 그에 기초한 택지소유상한제도의 정당성은 인정하면서도 택지 내지 주택에 대한 재산권이 개인의 인격실현과 관련하여 갖는 특별한 의미

118) 이것은 예컨대 개별소비세에 의한 사치품에 대한 중과세가 전체 소비세제 안에서 일종의 누진율의 형성과 같은 작용을 하는 것과 유사하다고 할 수 있다. 이에 대하여는 차진아, 위의 글(주 58), 490쪽 참조. 종합부동산세 부과로 인한 (재산세 이외의) 추가적 세부담은 전술한 바와 같은 세대별 합산과세 방식 및 세율의 인상에 과표적용율의 인상 내지 현실화가 결합되어 더욱 심각한 양상을 띠고 있다. 주택분 종합부동산세의 경우 개별 주택별로 과세되는 것을 전제하는 경우에도 세율 및 과표적용율의 인상으로 인하여 2006년에서 2017년까지 연평균 실효평균세율 상승률이 8.6%, 연평균 세부담 상승률이 31.6%에 달할 것으로 추정된다고 한다. 이에 대하여 자세한 것은 이범웅, "과표현실화에 따른 부동산보유관련 조세부담 변화에 관한 연구," 감정평가연구 제16집 제2호(2006. 12), 139-162(153-158)쪽 참조.

와 보호필요성을 강조한 바 있다.119) 독일연방헌법재판소도 '가족이 거주하는 주택'이라는 재산은 납세의무자와 그 가족의 인격실현에 밀접한 관련이 있는 경제적 기초를 의미하므로 특별한 보호를 받는다고 판시한 바 있다.120)

이러한 결정취지에 비추어 볼 때, 부동산 투기 목적 없이 납세의무자가 실제 거주하고 있는 1세대 1주택의 경우, 주택 소유자의 재산권뿐만 아니라 그 세대를 구성하는 가족생활에 대한 보호의 요청도 함께 고려되어야 할 것이다.121)

이러한 맥락에서 종합부동산세의 목적 가운데 하나가 부동산 보유수에 관계없이 고액의 부동산 보유 그 자체를 억제하는 것에 있다면, 그러한 목적이 정당한 것인지의 문제도 제기될 수 있다. 만약 종합부동산세의 목적이 부동산투기억제에 있다면, 실제 거주하고 있는 1세대 1주택에 대한 중과세는 이러한 목적 달성에 적합하지 않은 수단이라고 평가할 수 있을 것이다.122) 더욱이 실제 거주하고 있는 1주택 보유자 및 그 가족의 실소득이 높지 않을 경우, 전술한 바와 같이 종합부동산세는 현실적인 소득에 대한 소득세와는 달리 표상하는 담세능력이 매우 약한 보유세이므로, 자신이 거주하고 있는 주택을 더 이상 보유하지 못하고 매각하도록

119) "…(저자에 의한 중략)… 개인마다 인생관과 경제적 능력에 따라 자유실현의 방법이 다를 수 있고 택지가 개인의 삶의 장소로서 그의 인간으로서의 존엄성과 행복추구권을 실현하는 데 있어서의 근본요소(밑줄은 저자에 의한 것임)라는 점을 고려할 때, 소유상한을 너무 낮게 책정하는 것은 개인의 자유실현의 범위를 지나치게 제한하는 것이라는 점을 인식하여야 한다. 따라서 택지를 투기용으로 보유하는 경우에는 200평 미만을 소유하고 있다고 하더라도, 국민경제의 관점에서 바람직하지 않은 것으로서 과다한 소유라고 할 수 있으나, 개인이 자신의 인격실현과 불가분적으로 연관되어 택지를 사용하는 경우에는 경우에 따라 200평 이상의 택지를 소유하고 있다고 하더라도 과다하다고 할 수 없는 경우도 있을 수 있다(밑줄은 저자에 의한 것임). …(저자에 의한 중략)… 어떠한 경우에도 어느 누구라도 660㎡를 초과하는 택지를 취득할 수 없게 한 것은, "적정한 택지공급"이라고 하는 입법목적을 달성하기 위하여 필요한 정도를 넘는 과도한 제한이라고 하지 않을 수 없다. 따라서 택지소유의 상한을 지나치게 낮게 정한 법 제7조 제1항 제1호는 헌법상의 재산권을 과도하게 침해하는 위헌적인 규정이다"(헌재 1999. 4. 29, 94헌바37 결정).

그러나 이 결정에서 헌법재판소가 "개인이 자신의 인격실현과 불가분적으로 연관되어 택지를 사용하는 경우에는 경우에 따라 200평 이상의 택지를 소유하고 있다고 하더라도 과다하다고 할 수 없는 경우도 있을 수 있다"라고 판단한 부분은 우리나라 서민들의 주거현실과 정의감정에 부합된다고 보기 어렵다.

120) BVerfGE 93, 121(140 f.). 이 결정에서 독일연방헌법재판소는 재산세(Vermögensteuer)의 성격을 미실현이득에 대한 과세(Sollertragsteuer)로 보고, 재산세 이전에 재산에 대해 이미 부과된 조세부담들(예컨대, 소득세와 각종 간접세 등)을 고려하는 가운데, 납세의무자 개인의 인격실현을 위한 경제적 기초가 되는 재산은 더 이상의 미실현이득에 대한 과세(Sollertragsteuer)로부터 차단되어야 한다고 하였다. 이러한 맥락에서 동 재판소는 가족이 거주하는 주택(Familienhäuser)은 혼인과 가족에 대한 특별한 보호의 요청(독일 기본법 제6조 제1항)에 비추어 볼 때 재산세로 과세되어서는 안 되며 조세입법자는 배우자와 가족 공동의 경제적 기초의 계속성을 존중하여야 한다고 판시하였다(BVerfGE 93, 121[140 ff.]).

121) 김성수, 위의 글(주 86), 356-357쪽.

122) 이한규, 종합부동산세법 일부개정법률안(김종률 의원 발의 : 2725호) 검토보고(2005. 11.), 21쪽.

사실상 강제될 수도 있으며, 이것이 그 당사자들에게 수인 가능한 것인지에 대해서도 신중하게 검토할 필요가 있는 것이다.[123]

헌법재판소가 "국가가 공익 실현을 위하여 조세를 부과·징수함에 있어서는 재산권의 본질적 내용인 사적 유용성과 처분권이 납세자에게 남아있을 한도 내에서만 조세부담을 지울 수 있으며, 짧은 기간에 사실상 토지가액 전부를 조세의 명목으로 징수하는 셈이 되어 토지재산권을 무상으로 몰수하는 효과를 초래하여서는 아니 된다"[124]라고 하여 종합토지세 부과에 대해 그은 한계는 특히 1세대 1주택에 대한 종합부동산세 부과에 대해서도 고려되어야 할 것이다.

3. 종합부동산세의 세부담과 거주·이전의 자유에 대한 제한

종합부동산세의 부과에 의해 직접 제한되는 기본권은 부동산에 대한 재산권이지, 여타의 다른 기본권은 아니다. 그러나 유도·조정의 수단으로 이용되는 조세는 그 유도·조정적 기능(Lenkungsfunktion)의 측면에서 볼 때, 해당 자유권에 대한 직접적인 금지와 질적으로 다르지 않다고 평가할 수 있으며, 비례에 맞지 않는 과도한 제한은 허용되어서는 안 될 것이다.

종합부동산세가 거주·이전의 자유에 대한 제한이 된다는 주장도 같은 논리에 기초하고 있다. 종합부동산세는 주택의 보유자로 하여금 자신이 거주하고 있는 주택에 계속 거주하는 것을 사실상 불가능하게 만들고, 결국 자신이 사는 집을 팔고 이사하지 않을 수 없도록 만드는 상황이 발생되기도 하는데, 이것은 종합부동산세가 거주·이전의 자유를 직접 제한하는 것은 아니라 할지라도 사실상 동일한 효과를 가져오는 것으로 볼 수 있다는 것이다. 물론 이러한 주장의 정당성 내지 거주·이전의 자유에 대한 침해의 위험성 문제에 대해서는 매우 신중하고 정밀한 접근이 필요하다.

그것은 기본권의 간접적 제한의 경우에는 직접적 제한과 질적으로 같은 것으로 평가할 수 있는 요소가 부가적으로 고려되어야 하기 때문이다. 조세는 부과되는 그 자체로써 입법자가 의도하지 않은 무수한 사실상의 부수적 효과들을 가질 수 있기 때문에, 단순히 그러한 사실상의 부수적 효과의 하나에 지나지 않는 경우에는 전술한 바와 같이 해당 자유권에 대한 간접적 제한이 문제가 되는 조세개입

123) 현실적인 소득이 높지 않으며, 실제 거주하고 있는 1세대 1주택자에 대해 종합부동산세 감면 등의 필요성과 방안에 대해 자세한 것은 김완석, 위의 글(주 86), 117-118쪽; 이한규, 위의 글(주 122), 19쪽 이하.

124) 헌재 2001. 2. 22, 99헌바3 결정.

조치라고 보기 어려운 것이다.125) 그러므로 종합동산세의 부과로 인한 거주·이전의 자유에 대한 제한이 이러한 사실상의 부수적 효과의 하나에 불과한 것인지, 아니면 입법취지, 과세표준이나 세율의 형성 등을 종합적으로 고려할 때 부동산의 가격이 높은 특정 지역에 거주하는 것을 억제하려는 입법자의 의도가 명백히 인식가능한지에 대한 판단이 전제되어야 할 것이다.

4. 세대별 합산과세의 문제와 혼인과 가족생활의 보호

혼인과 가족은 개인의 자율적인 삶의 형성을 위한 기초이자, 국가공동체의 기반이다. 그렇기 때문에 혼인과 가족생활은 인간의 존엄에 상응하는 최소한의 물질적 기초의 확보와 더불어 사회국가의 가장 기본적인 요청으로 인정되고 있다(헌법 제36조 제1항).126)

그런데 국가가 전술한 바와 같이 종합부동산세 세대별 합산과세를 통해 혼인과 가족생활에 오히려 불이익을 가하는 것이 정당한 것인가? 이 문제에 대한 답은 세대별 합산과세에 의한 혼인과 가족생활에 대한 차별을 정당화할 만한 근거가 있는가에 따라 달라지며, 그것은 두 가지 관점에서 검토될 수 있다. 하나는 '세대별 합산과세가 인별 합산과세보다 종합부동산세의 담세능력을 더 정확하게 파악하는 것으로서 응능부담의 원칙의 구체화로 볼 수 있는가'이고, 다른 하나는 '종합부동산세 세대별 합산과세가 응능부담의 원칙의 구체화가 아니라 이를 벗어나는 조세개입조치라면, 그 정당한 범위 내에 있는가'이다.

---

125) BVerfGE 93, 121(147). 이에 대해서 자세한 것은 *Jina Cha*, Sozialstaatliche Gebote und Besteuerung—Verwirklichung der sozialstaatlichen Gebote durch den Steuergesetzgeber in der Bundesrepublik Deutschland und in der Republik Korea—, Diss. Saarbrücken 2005, S. 238 참조.

126) 차진아, 위의 글(주 92), 49쪽. 혼인과 가족생활의 보호(헌법 제36조 제1항)는 사회적 기본권으로 분류되지만 자유권적 성격도 함께 갖는 것으로 이해된다. 이에 대해서는 장영수, 위의 글(주 1), 855-856쪽 참조. 헌법재판소는 "헌법 제36조 제1항은 "혼인과 가족생활은 개인의 존엄과 양성의 평등을 기초로 성립되고 유지되어야 하며, 국가는 이를 보장한다"라고 규정하고 있는데, 헌법 제36조 제1항은 혼인과 가족생활을 스스로 결정하고 형성할 수 있는 자유를 기본권으로서 보장하고, 혼인과 가족에 대한 제도를 보장한다. 그리고 헌법 제36조 제1항은 혼인과 가족에 관련되는 공법 및 사법의 모든 영역에 영향을 미치는 헌법원리 내지 원칙규범으로서의 성격도 가지는데, 이는 적극적으로는 적절한 조치를 통해서 혼인과 가족을 지원하고 제삼자에 의한 침해 앞에서 혼인과 가족을 보호해야 할 국가의 과제를 포함하며, 소극적으로는 불이익을 야기하는 제한조치를 통해서 혼인과 가족을 차별하는 것을 금지해야 할 국가의 의무를 포함한다. 이러한 헌법원리로부터 도출되는 차별금지명령은 헌법 제11조 제1항에서 보장되는 평등원칙을 혼인과 가족생활영역에서 더욱 더 구체화함으로써 혼인과 가족을 부당한 차별로부터 특별히 더 보호하려는 목적을 가진다. 이 때 특정한 법률조항이 혼인한 자를 불리하게 하는 차별취급은 중대한 합리적 근거가 존재하여 헌법상 정당화되는 경우에만 헌법 제36조 제1항에 위배되지 아니 한다"라고 판시하였다(헌재 2002. 8. 29, 2001헌바82 결정).

첫째, 과세단위는 과세표준 귀속자의 구성단위를 말하며, 단순히 입법정책상의 문제가 아니라, 담세능력을 측정하는 인적인 단위를 의미한다.[127] 그러므로 종합부동산세 세대별 합산과세가 세대별 주거현실에 부합하는 것으로서 응능부담의 원칙의 구체화이고 따라서 자산소득에 대한 부부합산과세와는 본질적으로 구별되는 것으로 평가되려면, ―대량으로 처리되어야 하는 조세행정절차의 실행가능성을 고려하여 어느 정도의 유형화가 불가피하다는 점을 감안한다고 하더라도― 부동산에 대한 사법상(私法)상의 권리·의무귀속질서 혹은 그에 기초한 경제현실과 본질적으로 부합되어야 한다.

그런데 전술한 바와 같이 헌법재판소는 부부자산소득 합산(비분할)과세에 대해 위헌결정을 내린 바 있으며,[128] 독일연방헌법재판소도 독일 소득세법상 부부합산비분할과세[129]와 자녀소득의 합산비분할과세[130]에 대해 독일 기본법 제6조 제1항이 규정하고 있는 혼인과 가족에 대한 특별한 보호의 요청에 위배된다고 판시한 바 있다.

반면에 독일 연방헌법재판소는 독일 소득세법상 선택적 (2분 2승식의) 부부합산분할과세(Ehegattensplitting)[131]에 대해서는 그것이 소득 및 소비의 공동체(Erwerbs- und Verbrauchsgemeinschaft)로서의 평균적인 부부의 현실을 유형화한 것으로서 임의로 변경 가능한 조세특권이 아니라 응능부담의 원칙의 구체화라고 판시하였다.[132] 그 이유는 소득에 대한 부부합산분할과세가 독일 가족법상의 부부재산질서인 (혼인 중) 증식재산공유제(Zugewinngemeinschaft,[133] 독일 민법[BGB] 제1363조)와

127) 김성수, 위의 글(주 37), 396쪽; 김완석, 위의 글(주 60), 64쪽.

128) 헌재 2002. 8. 29, 2001헌바82 결정; 헌재 2005. 5. 26, 2004헌가6 결정.

129) 독일 연방헌법재판소는 부부합산(비분할)과세방식이 누진세율 하에서 부부의 세부담을 가중시킴으로써 혼인한 부부를 불리하게 차별하여 독일 기본법 제6조 제1항의 혼인과 가족에 대한 특별한 보호의 요청에 위배된다고 판시하였다(BVerfGE 6, 55). 이 결정에서 동재판소는 소득세에 있어서 부부합산비분할과세의 가능한 대안으로 (당시 미국에서 시행되던) 부부합산분할과세의 도입을 제시한 바 있다.

130) 독일 연방헌법재판소는 미성년자녀의 근로소득 이외의 소득을 세대주 내지 부모의 소득과 합산(비분할)과세하도록 한 독일 소득세법 규정은 누진세율 하에서 자녀가 많은 가족일수록 세부담을 가중시킴으로써 가족을 불리하게 차별하므로 독일 기본법 제6조 제1항의 혼인과 가족에 대한 특별한 보호의 요청에 위배된다고 판시하였다(BVerfGE 18, 97[104 ff.]).

131) 이에 대해 자세한 것은 차진아, 위의 글(주 33), 187-189쪽 참조.

132) BVerfGE 61, 319.

133) 'Zugewinngemeinschaft'라는 용어는 부가이익공동제, 잉여공동제, 잉여재산분할제 등 다양하게 번역되고 있다. 이에 대해서는 김완석, 소득세 과세단위의 개선에 관한 연구, 2005, 99쪽; 배성호, "재산분할청구권의 본질에 관한 재검토(상)," 사법행정 제42권 제11호(2001. 11), 8-15(10, 각주 10)쪽 참조. 이러한 번역들은 직역에 가깝기는 하지만, 용어의 정확한 의미를 전달하는 것에는 다소 거리가 있는 것으로 생각된다. 본 논문에서는 그 의미를 보다 정확하게 전달하기 위해 'Zugewinngemeinschaft'라는 용어를 그 '(혼인 중) 증식재산공유제'로 번역하였다(차진아, 위의 글

합치되기 때문이다. 즉, (혼인 중) 증식재산공유제에 따라, 혼인 중 벌어들인 소득은 설사 한쪽 배우자만이 소득활동을 하거나 훨씬 더 많은 소득을 벌어들인다 하더라도, 양쪽 배우자가 소득 및 소비의 공동체로서 상호협력 하에 형성한 것이므로 공유자로서 똑같이 그 절반에 대해 권리를 갖는 것으로 이해되는 것이다.[134)]

독일 법학계에서는 부부합산분할과세를 확장하여 프랑스 소득세법상의 가족계수제도 내지 가족 합산분할과세(Familiensplitting)를 도입하는 문제도 논의되고 있다. 그러나 부부와는 달리 미성년의 자녀는—부모의 피부양자이지— 부모와 함께 소득 및 소비의 공동체를 이룬다고 보기 어렵기 때문에, 가족계수제도 내지 가족 합산분할과세는 응능부담의 원칙의 구체화가 아니라 조세를 통한 개입조치 내지 조세를 통한 가족장려정책의 수행으로 평가되고 있다.[135)]

그렇다면 종합부동산세의 세대별 합산과세는 부동산에 대한 현행 사법상의 재산질서 및 이에 기초한 가족의 경제현실과 부합되는가? 종합부동산세의 세대별 합산과세가 세대별 주거현실 및 이에 기초한 경제현실에 부합한다는 주장[136)]은 주택의 경우 소유명의자가 누구로 되어 있든 관계없이 세대원들이 이를 같이 사용한다는 점에 착안한 것이라고 생각된다.[137)] 그러나 현행 민법에 의하면 주택을 포함한 부동산 소유권은 등기명의인에게만 귀속되며, 원칙적인 부부재산별산제(민법 제829조 제1항, 제830조)[138)]를 취하고 있기 때문에, 종합부동산세의 세대별 합산과세는 부동산에 관한 재산법질서와 이에 기초한 가족의 주거현실 및 경제현실에

[주 33], 189쪽의 각주 77참조).

134) BVerfGE 61, 319(345 ff.).

135) 이에 대해서는 차진아, 위의 글(주 33), 196-197쪽 참조.

136) 재정경제부, 위의 글(주 106), 8쪽.

137) 세대원들이 실제 같이 거주하고 있는 주택에 대해서는 이렇게 주장할 수도 있을 것 같으나, 과연 세대원들이 같이 거주하고 있지 않는 주택 혹은 나대지인 비사업용토지에 대한 세대별 합산과세가 "세대별 주거현실"에 부합된다고 말하기는 어려울 것이다(차진아, 위의 글[주 92], 52-53쪽의 각주 33). 또한 세대원들이 실제 거주하고 있는 1세대 1주택의 경우에는 인별 합산과세에서 세대별 합산과세로 전환됨으로 인하여 종합부동산세 부담이 더 가중되는 경우에 해당되지 않는다.

138) 헌법재판소와 대법원은 이혼시 배우자의 재산분할청구권의 성격을 "본질적으로 혼인 중 쌍방의 협력으로 형성된 공동재산의 청산이라는 성격에, 경제적으로 곤궁한 상대방에 대한 부양적 성격이 보충적으로 가미된 제도"로 파악하고 있다(헌재 1997. 10. 30, 96헌바14 결정; 대법원 1991. 1. 15. 선고, 90므446판결 등). 최근 대법원은 이혼에 따른 재산분할청구권의 성격을 "혼인 중 형성한 재산의 청산적 요소와 이혼 후의 부양적 요소 외에 정신적 손해(위자료)를 배상하기 위한 급부로서의 성질까지 포함"하는 것으로 해석하는 판결들을 여러 차례 내리고 있다(대법원 2000. 10. 10. 선고, 2000다27084판결 등). 이와 같이 재산분할청구권의 성격을 본질적으로 공동재산의 청산으로 파악할 경우, 적어도 이혼시에는 혼인재산을 일종의—반드시 각 배우자가 1/2의 지분을 갖는 것으로 보기는 어렵지만— 부부공유로 보는 것과 다르지 않으며, 현행 민법상 혼인재산에 관한 부부별산제의 원칙이 이혼시에는 일관되게 적용되기 어려운 것으로 보인다.

부합된다고 보기 어렵다.[139)]

나아가 설사 부동산에 대해 등기명의인에 한정되지 않고 세대원 모두가 공유하는 것으로 민법이 개정된다고 하더라도, 혼인과 가족생활에 불이익을 주는 세대별 합산비분할과세방식이 "세대원의 주거현실 및 이에 기초한 경제현실"에 부합되는가 하는 문제가 남는다. 이 경우에는 오히려 ―독일 소득세법상의 부부합산과세의 경우와 같이― 세대원들은 과세대상 부동산들에 대하여 공유관계에 있으므로 세대원들 명의의 모든 주택의 가액을 합산한 다음 (공유지분에 상응하여) 일정한 제수로 나누는 것이 "가족의 주거현실 및 이에 기초한 경제현실"에 보다 부합되는 것 아닌가?[140)]

둘째, 전술한 바와 같이 종합부동산세의 세대별 합산과세는 응능부담의 원칙의 구체화로 보기 어렵고, 오히려 이를 벗어나는 조세개입정책(Steuerintervention)의 하나로 평가할 수 있다. 그러므로 부부와 그 밖의 가족에게 과중한 조세부담을 지우는 세대별 합산과세는 그 목적의 정당성뿐만 아니라, 그 목적과의 관계에서 비례의 원칙의 요청에 부합될 때 헌법적 정당성을 인정받을 수 있을 것이다.

종합부동산세 세대별 합산과세의 목적은 가족간 분산등기를 통한 조세회피의 방지에 있으며, 종합부동산세의 실효성 확보라는 차원에서 그 목적의 정당성을 인정할 수 있을 것이다. 그리고 세대별 합산과세가 이를 위한 적합한 수단이라는 점

139) 현행 사법상의 재산법질서 하에서 종합부동산세의 세대별 합산(비분할)과세가 가족의 주거현실 및 이에 기초한 경제현실에 부합된다는 주장은 '소득세의 경우, 생계를 같이 하는 가족의 구성원 중에 누가 소득을 벌어들이든 간에 가족구성원이 이를 함께 사용하므로 소득세를 ―개인과세주의에 의하지 않고― 생계를 같이 하는 가족별로 합산(비분할)과세하는 것이 가족의 생계현실 및 이에 기초한 경제현실에 부합된다'라고 주장하는 것과 크게 다르지 않을 것이다.

140) 종합부동산세에 대한 부부합산과세 혹은 가족합산과세 자체가 위헌이라기보다는 이로써 누진세율 하에서 부부와 가족에게 세부담을 가중시킴으로써 혼인과 가족생활에 대한 불리한 차별을 야기하는 점이 위헌이라는 점을 지적하는 견해로는 이동식, 위의 글(주 44), 101-102쪽. 예컨대 독일의 재산세(Vermögensteuer)는 ―부동산과 동산의 가액평가의 불평등으로 인해 1995. 6. 22. 독일연방헌법재판소에 의해 헌법불합치결정을 받은 뒤로 후속 입법이 없어 사실상 과세되고 있지 않으나―, 배우자와 미성년 자녀의 재산을 합산 과세하는 방식을 취하지만, 세율이 비례세(원칙적으로 1%, 농임업재산이나 영업재산 등에 대해서는 0.5%)이기 때문에 혼인과 가족생활에 불이익을 가하지 않으며, 합산과세됨으로 인하여 오히려 인적공제액이 추가되고, 예컨대 한 배우자의 채무로 인한 소극재산이 다른 배우자의 적극재산과 합산 과세되는 경우와 같이 인별 합산될 때보다 유리한 경우도 있었다고 한다. 이에 대해서는 *G. Crezelius*, a.a.O.(Anm. 99), § 22, Rn. 6 ff. 독일의 재산세는 그 세수입이 각 주(Land)에게 귀속(독일 기본법 제106조 제 1 호)되었고, 과세대상은 부동산과 동산을 모두 포괄하고 있었으며, 인세(Personensteuer)로서 인적공제와 부채의 공제가 인정되고 있었다. 반면 독일의 부동산세(Grundsteuer)는 세수입이 지방자치단체에게 귀속되고(독일 기본법 제106조 제 6 항), 과세대상은 부동산에 한정되며, 물세로서 인적 공제와 부채의 공제가 인정되지 않는다. 독일의 재산세와 부동산세에 대하여 자세한 것은 *G. Crezelius*, a.a.O.(Anm. 99), § 22, § 30; *K. Tipke/J. Lang*, a.a.O.(Anm. 75), § 13 참조. 우리나라의 재산세는 과세대상에 동산은 원칙적으로 배제되고, 인적 공제와 부채의 공제가 인정되지 않는다는 점에서 독일의 재산세보다는 독일의 부동산세에 더 가깝다고 할 수 있다.

도 원칙적으로 인정될 수 있을 것이다.

그러나 헌법재판소가 부부자산소득합산과세에 대한 위헌결정[141]에서 판시한 바와 같이 등기명의의 인위적인 분산을 통한 조세 회피의 문제는 배우자와 그 밖의 가족에게 심대한 불이익을 야기하는 세대별 합산과세를 통해서가 아니라, 예컨대 증여세의 부과나 '부동산 실권리자 명의등기에 관한 법률'상의 규제 등과 같이 혼인과 가족생활에 불이익을 가하지 않는 다른 방법을 통해 달성하여야 할 것이라고 볼 수 있다. 그러므로 종합부동산세의 세대별 합산과세는 필요성의 원칙 내지 최소침해의 원칙에 부합된다고 보기 어렵다.[142] [143]

나아가 전술한 바와 같이 종합부동산세가 기존의 지방세 납세의무자 중에서 특정의 납세의무자에게만 부가되는 추가적인 부담이고 그 세부담 또한 매우 무거운 편[144]이라는 점에 비추어 볼 때, 세대별 합산과세가 혼인 및 가족에 미치는 심대한 불이익이 등기명의의 위장분산 방지를 위해 감수되어야만 할 것이라고 판단하기는 어려울 것이다.[145]

5. 다른 조세부담과의 관계와 종합부동산세 부과의 한계

전술한 바와 같이 조세는 현대 국가의 재정적 기초이자, 동시에 효과적인 유도·조정수단의 하나이다. 그러나 조세에 의한 재정확보 혹은 (이와 동시에 이루어지는) 경제질서에 대한 개입은 국민의 재산권과 다른 기본권을 침해하지 않는 범위 내에서, 즉 비례의 원칙에 부합되는 범위 내에서 이루어져야 한다.

이러한 의미에서 전술한 바와 같이 헌법재판소가 종합토지세 부과와 관련하

141) 헌재 2002. 8. 29, 2001헌바82 결정; 헌재 2005. 5. 26, 2004헌가6 결정.

142) 실제로 등기명의의 분산을 통해 종합부동산세를 회피하고자 한 복수 주택의 보유자들은 증여세 부담을 감수하고서 등기명의를 배우자나 자녀 등에게 이전한 경우가 많다는 점도 고려해야 할 것이다. 반대 견해로는 김남철, 위의 글(주 86), 193쪽; 박훈, 위의 글(주 86), 24쪽.

143) 부동산투기억제 및 부동산 가격안정이라는 목표를 주로 종합부동산세와 같은 부동산관련세제만을 통해서 달성하려는 데에는 근본적인 한계가 있다는 점도 고려하여야 할 것이다. 이에 대해서 자세한 것은 김완석, 위의 글(주 86), 108쪽 참조.

144) 전술한 바와 같이 주택분 재산세의 경우 과세대상 주택별로 과세되고 0.15%~0.5%의 3단계 초과누진율을 택하고 있는 것에 비해, 주택분 종합부동산세는 세대별 합산과세될 뿐만 아니라 세율이 1%에서 3%까지 4단계의 누진율을 택하고 있다(앞의 표-1과 표-2 참조). 비사업용토지의 경우 재산세는 인별 합산 과세되고 0.2%~3%의 4단계 초과누진율로써 과세되는 반면에, 비사업용토지에 대한 종합부동산세는 세대별 합산 과세되고 1~4%의 3단계 누진율로써 과세되고 있다(앞의 표-1과 표-2 참조). 이와 같이 주택과 비사업용토지에 대한 종합부동산세의 경우 개별 과세 혹은 인별 합산과세에서 세대별 합산과세방식으로의 전환은 급격하게 상승된 누진율과 결합되어 매우 과중한 부담을 추가시키고 있다.

145) 김영우, 위의 글(주 95), 180-181쪽; 김완석, 위의 글(주 86), 116쪽.

여 제시한 한계, 즉 "국가가 공익 실현을 위하여 조세를 부과·징수함에 있어서는 재산권의 본질적 내용인 사적 유용성과 처분권이 납세자에게 남아있을 한도 내에서만 조세부담을 지울 수 있으며, 짧은 기간에 사실상 토지가액 전부를 조세의 명목으로 징수하는 셈이 되어 토지재산권을 무상으로 몰수하는 효과를 초래하여서는 아니 된다"[146]라는 요청은—종합토지세와 마찬가지로 보유세의 성격을 갖는—종합부동산세의 경우에도 해당될 수 있을 것이다.

같은 맥락에서 독일 연방헌법재판소도 "조세법은 교살적 효과(erdrosselnde Wirkung)를 가져서는 안 된다"라고 하면서, 국가의 과세권 행사로 인한 자유권의 제한은 "납세의무자(기본권주체)에게 경제적 영역에 있어서 그 독자적인 활동의 성과물 중 핵심적인 부분이 벌어들인 것의 원칙적인 사적 유용성과 형성된 재산적 가치 있는 법적 지위에 대한 원칙적 처분가능성이라는 형태로 남아 있는 한도 내에서만" 가능하다고 판시하였다.[147]

한편 1995. 6. 22. 독일 연방헌법재판소는 독일 기본법 제14조 제 2 항이 "재산권은 의무를 수반한다. 그 행사는 동시에 공공복리에 봉사하여야 한다"[148]라고 규정한 것과 관련하여 "재산세는 수입(Einnahmen), 공제가능한 비용 및 그 밖의 감면에 대해 유형적으로 고찰해 볼 때, 미실현이득에 대한 전체 조세부담이 사인과 공적 주체 사이에 약 절반에 가까운 정도로 배분될 때에 한하여, 소득(Ertrag)에 대한 그 밖의 조세에 더하여[149] 추가로 부과될 수 있다"[150]라고 판시하여 전체조세부담의 상한(Obergrenze der Gesamtsteuerbelastung)을 제시한 바 있다. 그러나 독일 연방헌법재판소가 과세권의 한계로 제시한 이른바 "절반배분의 원칙(Halbteilungsgrundsatz)"이 과세권의 한계로서 기능할 수 있는 것인가 하는 점에 대해서는 비판의 여지가 적지 않다.[151] [152]

---

146) 헌재 2001. 2. 22, 99헌바3 결정.

147) BVerfGE 87, 153(169); 93, 121(134 f., 137).

148) 독일 기본법 제14조 제 2 항의 번역은 *K. Hesse*(계희열 옮김), 독일헌법원론, 2001, 505쪽을 따랐다.

149) 이 결정에서 동 재판소는 재산세(Vermögensteuer)를 미실현이득에 대한 과세(Sollertragsteuer)로 보고 있다(BVerfGE 93, 121[136 ff.]). 이에 대한 비판으로는 *D. Birk*, a.a.O.(Anm. 2), S. 19 ff.; 위의 주 99 참조.

150) BVerfGE 93, 121(3.Leitsatz, 138).

151) 이에 대해서는 *D. Birk*, a.a.O.(Anm. 2), S. 19 ff.; *K. Tipke/J. Lang*, a.a.O.(Anm. 75), § 4, Rn. 223; 이동식, 앞의 글(주 44), 113쪽 이하 참조.

152) 이와 관련하여 2006. 1. 18. 독일 연방헌법재판소는 1995. 6. 22. 결정에서 과세권의 한계로서 제시한 절반배분의 원칙은 재산세가 미실현이득에 대한 과세로서 소득에 대한 그 밖의 조세에 더하여 추가로 부과되는 경우에만 관계될 뿐, 소득세와 영업세(Gewerbesteuer)가 과세대상으로 하고 있는 재산권의 추가적 획득(Hinzuerwerb von Eigentum)의 경우에는 적용될 수 없으며, 독일 기본법 제14조 제 2 항의 "동시에(zugleich)"라는 문구로부터 과세권의 절대적 한계로서 절반배분

종합부동산세의 위헌성 여부와 관련하여 앞에서 제기되었던 주요쟁점들은 결국 종합부동산세가 그 입법취지, 과세단위를 포함한 과세표준 및 세율의 형성에 있어서 비례성원칙에 합치되는가의 문제로 집약된다고 할 수 있을 것이다.153)

Ⅵ. 결 론

재산 특히 부동산 보유의 차이와 빈익빈 부익부 현상은 상호 악순환의 관계에 있으며, 우리 사회에서 IMF 체제 이후 더욱 심화되고 있는 양극화 현상의 주된 원인 중의 하나라고도 볼 수 있다. 그렇기 때문에 부동산 투기의 억제 및 그를 통한 부동산 시장의 안정은 단순히 국가가 추구할 수도 있는 정책의 문제가 아니라, 반드시 실현되어야 하는 사회적 정의의 요청의 문제라고 할 수 있다.

그러나 목적이 정당하다고 하여 이를 달성하기 위해 투입되는 수단도 무조건적으로 정당화되는 것은 결코 아니다. 종합부동산세제는 사회국가의 목표의 하나로 이해될 수 있는 "부동산 공개념"이라는 정당한 목적을 달성하고자 도입되었다. 하지만 특정 재산세 납세의무자에게만 차별적으로, 그리고 부동산 보유의 목적이나 원인에 관계없이 과세기준 금액 초과의 부동산 소유에 대해 획일적으로 과중한 부담을 지움으로써 종합부동산세는 도리어 조세평등의 원칙과 재산권 등의 기본권을 심각하게 침해할 수 있는 문제를 안고 있다. 그리고 명의등기의 위장 분산을 통한 종합부동산세 회피 방지를 위해 인별 합산과세에서 세대별 합산과세로 전환한 것은 누진율의 세율구조 하에서 혼인한 배우자와 다른 가족 구성원의 세

의 원칙이 도출될 수 없다고 판시하였다(BVerfG, 2 BvR 2194/99 vom18. 1. 2006, Absatz-Nr. 27 ff., 32 ff., http://www.bverfg.de/entscheidungen/rs20060118_2bvr219499.html.). 같은 결정에서 동재판소는 과세권의 일반적인 한계는—독일 기본법 제14조 제2항의 재산권의 사회적 구속성에 표현되어 있는 재산권보호라는 사익과 국가의 재정수요라는 공익 사이의 정당한 형량의 요청에 의해서 혹은 독일 기본법 제2조 제1항의 일반적인 행동의 자유에 대한 제한의 기준으로서—비례성의 원칙에 의해 그어진다고 하였다(BVerfG, 2 BvR 2194/99 vom 18. 1. 2006, Absatz-Nr. 43 f., http://www.bverfg.de/entscheidungen/rs20060118_2bvr219499.html).

153) 조세부담에 상한을 긋는 기준과 관련하여서는 비례성원칙 가운데서도 특히 협의의 비례성원칙이 실질적인 의미를 갖는 것으로 볼 수 있다(조세부담의 부과가 적합성과 필요성의 원칙에 위배되는 경우는 드물기 때문이다). 이에 관하여는 BVerfG, 2 BvR 2194/99 vom 18. 1. 2006, Absatz-Nr. 44, hhttp://www.bverfg.de/entscheidungen/rs20060118_2bvr219499.html; *J. Cha*, a.a.O.(Anm. 125), S. 103, Fn. 144; *Hartmut Söhn*, Verfassungsrechtliche Aspekte der Besteuerung nach der subjektiven Leistungsfähigkeit im Einkommensteuerecht: Zum persönlichen Existenzminimum, FinArch. 46(1988), S. 154(167) 참조.

부담을 급격하게 가중시킴으로서 이들을 사실혼 관계의 부부나 독신자 등에 비해 불리하게 차별하는 결과를 낳고 있다.

더욱이 정부는 종합부동산세를 통한 고액 부동산보유의 중과세와 양도세 중과세라는 서로 상반되는 정책을 그 어느 하나도 손에서 떼어 놓으려 하지 않고 동시에 추진함으로써, 극심한 조세저항과 국가정책에 대한 불신을 야기하였다.154)

사회적 정의의 실현이 무산자들이 느끼는 유산자에 대한 시기·질투를 해소시키기 위해 유산자들에게서 강제적으로 빼앗은 것을 무산자들에게 나누어 주는 것으로 잘못 이해되어서는 안 된다. 종합부동산세는 고액 부동산 소유자라는 소수의 희생 위에 다수 국민의 이익을 추구하는 것이기 때문에 당연히 정당하다는 생각은 소수 장애인의 인권을 다수 국민의 편의를 위해 무시하는 것과 똑같은 오류를 범하는 것이다.

무엇이 옳으냐 그르냐의 문제는 다수와 소수의 문제를 넘어서는 정의의 문제이고 합리적 기준의 문제이다. 사회국가는 사회적 약자에 대한 배려가 아니라 이들의 정당한 권리를 보장하기 위한 것이며, 이는 시혜가 아니라 국가의 의무인 것이다. 다만, 이러한 정당한 권리의 인정범위는 사회적 약자를 포함한 모든 국민이 자율적으로 삶을 형성할 수 있도록 하는 실질적인 조건의 마련이라는 합리적 기준과 연결되어 있는 것이며, 이것은 어디까지나 개인의 자율성과 사회의 다원성에 대한 존중을 전제하는 것이다. 이를 넘어서서 사회국가의 이름 하에서 사회적 약자에 대한 지원을 무한정 정당화시킬 수는 없는 것이다.

종합부동산세에 대하여 위헌적인 요소가 있다고 지적하는 것이 종합부동산세 자체의 폐지를 주장하거나 그 목적 및 파급효에 있어서 긍정적인 부분까지도 전면적으로 부정하는 것은 아니다. 그러나 현재와 같은 형태로 종합부동산세를 고수하고자 하는 것은 자칫 종합부동산세에 대한 전면적 부정을 야기할 우려가 적지 않다. 그러므로 차라리 위헌적인 요소들을 제거하면서 합리적인 방식으로 종합부동산세를 개편하는 것이 종합부동산세의 본래 취지를 살리는 길이 될 것이다. 이와 관련하여 토지공개념에 입각하여 도입되었으나 여러 위헌적인 요소들을 포함하고 있었기 때문에 헌법재판소에 의해 헌법불합치로 결정되었던 토지초과이득세법의 경험이 시사하는 바가 의미심장하다. 종합부동산세의 입법목적에 진정으로 동조하는 사람이라면 무리한 주장으로 종합부동산세 자체의 미래를 어둡게 하는 것보다는 합리적인 조정을 통하여 종합부동산세가 국민 속에 온전하게 뿌리내리도록 하

154) 김완석, 위의 글(주 86), 117쪽.

는 것이 바람직할 것이다. 진정으로 좋은 제도란 하나의 목표에만 극단적으로 매달리는 것이 아니라, 국민들의 여러 요구를 두루 반영하고 조정함으로써 국민들이 자연스럽게 받아들일 수 있고, 생활의 일부가 되는 제도일 것이기 때문이다.

참 고 문 헌

권배근, 재산과세에 있어 누진세율 적용의 타당성 검토, 법학논총(한양대학교 법학연구소) 제24집 제 3 호(200. 8), 363-384쪽.

권영성, 헌법학원론, 법문사, 2008.

김남철, 8·31 부동산 종합대책에 대한 공법적 검토, 공법연구 제34집 제 3 호(2006. 2), 177-201쪽.

김두형, 조세법의 해석원칙, 조세법연구 제 3 집(1997. 9), 331-368쪽.

김성수, 세법 —조세법과 공법원리—, 법문사, 2003.

_____, 부동산 보유과세 개편에 대한 입법과제 —종합부동산세와 가칭 "통합재산세"를 중심으로—, 공법연구 제33집 제 2 호(2005. 2), 351-379쪽.

김영우, 종합부동산세법의 입법적 문제점 및 개선방안, 세무학연구 제23권 제 4 호(2006. 12), 155-187쪽.

_____, 쾌적한 주거생활을 할 권리와 1세대 1주택에 대한 과세(양도소득세와 종합부동산세를 중심으로), 조세 2007. 11, 28-48쪽.

김완석, 소득세 과세단위의 개선에 관한 연구 —선택적 2분 2승제의 도입에 관한 연구—, 한국조세연구권, 2005.

_____, 소득세법론, 광교이택스, 2008.

박훈, 현행 종합부동산세의 내용과 그 문제점, 조세법연구 제12권 제 1 호(2006. 7), 35-72쪽.

성낙인, 헌법학, 법문사, 2008.

이동식, 응능과세원칙, 공법연구 제32집 제 5 호(2004. 6), 615-640(621)쪽.

_____, 헌법적 관점에서 바라본 부동산세제, 조세법연구 제12권 제 1 호(2006. 7), 73-133쪽.

_____, 부동산보유세의 현황과 문제점 —종합부동산세를 중심으로—, 토지공법연구 제36집(2007. 5), 19-52쪽.

_____/이상신/박훈, 종합부동산세법의 헌법합치성에 관한 소고, 조세법연구 제13권 제 2 호(2007. 8), 414-440쪽.

이범웅, 과표현실화에 따른 부동산보유관련 조세부담 변화에 관한 연구, 감정평가연구 제16집 제 2 호(2006. 12), 139-162쪽.

이창희, 세법강의, 박영사, 2008.
이한규, 종합부동산세법 일부개정법률안(김종률 의원 발의 : 2725호) 검토보고(2005. 11.).
임승순, 조세법, 박영사, 2008.
장영수, 헌법상 평등원칙과 평등권의 실현구조, 고려법학 제36호(2001), 85-118쪽.
______, 조세법에 있어서 위임입법의 한계, 한독법학 제14호(2003), 135-159쪽.
______, 평등의 헌법상 의의와 실현구조, 한독법학 제16호(2004. 11), 261-346쪽.
______, 헌법학, 홍문사 2008.
재정경제부, 부동산제도개혁방안 세제부문에 대한 설명 · 문답자료(2005. 8. 31).
정지선/최임수/정재현, 종합부동산세의 항구세로서의 타당성 여부, 회계연구 제13권 제 1 호(2008. 4), 205-230쪽.
차진아, 사회국가적 요청과 과세, 헌법학연구 제11집 제 2 호(2005. 6), 457-498쪽.
______, 조세국가의 헌법적 근거와 한계, 공법연구 제33집 제 4 호(2005. 6), 307-331쪽.
______, 종합부동산세 세대별 합산과세에 대한 사회국가적 조명, 고려대학교 법학과 100주년 기념논문집(2005. 12), 41-55쪽.
______, 사회국가의 이념과 그 현실적 한계 ―소득세를 통한 혼인과 가족생활의 보호에 관한 한국과 독일의 (연방)헌재 판례를 중심으로―, 헌법학연구 제13권 제 3 호(2007. 9), 167-211쪽.
최명근/김상겸, 우리나라 보유세제 개편을 위한 연구 : 종합부동산세 도입정책에 대한 평가 및 정책제언을 중심으로, 한국경제연구원, 2005.
허영, 한국헌법론, 박영사, 2008.

Birk, Dieter : Das Leistungsfähigkeitsprinzip als Maßstab der Steuernormen. Ein Beitrag zu den Grundfragen des Verhältnisses Steuerrecht und Verfassungsrecht, 1983.
______, Rechtfertigung der Besteuerung des Vermögens aus verfassungsrechtlicher Sicht, in: ders.(Hrsg.), Steuern auf Erbschaft und Vermögen(Veröffentlichung der Deutschen Steuerjuristischen Gesellschaft e.V. Bd. 22), 1999, S. 7-24.
Böckenförde, Ernst-Wolfgang : Gesetz und gesetzgebende Gewalt. Von den Anfängen der deutschen Staatsrechtslehre bis zur Höhe des staatsrechtlichen Positivismus, 2. Aufl., 1981.
Cha, Jina : Sozialstaatliche Gebote und Besteuerung ―Verwirklichung der sozialstaatlichen Gebote durch den Steuergesetzgeber in der Bundesrepublik Deutschland und in der Republik Korea―, Diss. Saarbrücken 2005.
Crezelius, Georg : Steuerrecht Ⅱ. Die einzelnen Steuerarten, 1994.
Friauf, Karl Heinrich : Öffentliche Sonderlasten und Gleichheit der Steuerbürger, in: Institut für Völkerrecht und ausländisches öffentliches Recht der Universität zu Köln(Hrsg.),

Festschrift für Hermann Jahreiß zum 80. Geburtstag, 1974, S. 45–66.

______, Unser Steuerstaat als Rechtsstaat, Steuerberater–Jahrbuch 1977/78, S.39–63.

Häuser, Karl : Abriß der geschichtlichen Entwicklung der öffentlichen Finanzwirtschaft, in: Fritz Neumark(Hrsg.), Handbuch der Finanzwissenschaft, 3. Aufl., 1977, S. 3–51.

Isensee, Josef : Steuerstaat als Staatsform, in: Rolf Stöber/Werner Thieme(Hrsg.), Hamburg · Deutschland · Europa. Beiträge zum deutschen und europäischen Verfassungs– und Verwaltungs– und Wirtschaftsrecht. Festschrift für Hans Peter Ipsen, 1977, S. 409–436.

Kirchhof, Paul : Besteuerungsgewalt und Grundgesetz, 1973.

Knies, Wolfgang : Steuerzweck und Steuerbegriff. Eine dogmengeschichtliche und kompetenzrechtliche Studie, 1976.

Pirson, Dietrich : Steuerbewilligung und Steuergesetz, in: Josef Isensee/Helmut Lecheler (Hrsg.), Freiheit und Eigentum. Festschrift für Walter Leisner, 1999, S. 811–823.

Preuß, Ulrich K. : Rechtsstaat—Steuerstaat—Sozialstaat. Eine Problemskizze, in: Dieter Deiseroth/Friedhelm Hase/Karl–Heinz Ladeur(Hrsg.), Ordnungsmacht? Über das Verhältnis von Legalität, Konsens und Herrschaft, 1981, S. 46–68.

Schumpeter, Joseph A. : Die Krise des Steuerstaates, in: Zeitfragen aus dem Gebiet der Soziologie, 4. Heft 1918, jetzt in: ders., Aufsätze zur Soziologie, 1953.

Selmer, Peter : Steuerinterventionismus und Verfassungsrecht, 1972.

Tipke, Klaus : Steuerrechtsordnung, Bd. Ⅱ, 2. Aufl., 2003.

______/*Lang, Joachim* : Steuerrecht, 19. Aufl., 2008.

Vogel, Klaus : Rechtfertigung der Steuern: Eine vergessene Vorfrage. Zugleich zur „heimlichen Steuerrevolte“ und zum Dreieck Staat/ Wirtschaft/ Gesellschaft, Der Staat 1986, S. 481–519.

______ : Der Finanz– und Steuerstaat, in: Josef Isensee/Paul Kirchhof(Hrsg.), Handbuch des Staatsrechts, Bd. Ⅰ, 2. Aufl., 1995, § 27, S. 1151–1186.

Wendt, Rudolf : Die Gebühr als Lenkungsmittel, 1975.

제88회 발표회 지정토론문

전 학 선*

최근에 종합부동산세제 개편과 관련하여 사회적으로 논란의 대상이 되고 있다. 종합부동산세는 지방자치단체가 부과하는 재산세 외에 일정기준을 초과하는 토지와 주택 소유자에 대해서 국세청이 별도로 누진세율을 적용해 국세를 부과하는 제도로 2005년도부터 시행되었다. 일명 '부자세'라 하여 일정한 수준 이상의 부동산에 대하여 세금을 부과 징수하는 것으로 시행 이전부터 많은 논란이 있었던 제도이다.

우리나라는 좁은 국토에서 많은 사람들이 살아가야 하기 때문에 절대적으로 토지가 부족하다고 볼 수 있다. 그러나 토지는 다른 재화와는 달리 임의대로 생산이 불가능하여 주어진 토지를 이용할 수밖에 없는 것이다. 국민들의 토지에 대한 애착 또는 집착이 강한 것이 우리나라의 특징이라 할 수 있는데, 이러한 토지문제와 더불어서 주택문제도 심각한 사회문제가 되었다.

인간은 누구나 의·식·주의 문제로부터 자유로울 수는 없는 것이다. 먹고, 입고, 거주하는 문제는 인간이 살아가면서 가장 근본적으로 해결해야하는 문제인 것이다. 이러한 세 가지 문제 가운데에서 주거에 해당하는 문제는 다른 두 가지의 문제와는 다른 성격을 가지고 있다. 입는 문제와 먹는 문제, 즉 식량문제는 어느 정도 기술의 발달과 과학의 발달로 해결될 수 있으나 주거문제는 제한된 공간 안에서 많은 사람들이 살아가야 하기 때문에 다른 사람들과의 관계가 문제될 수 있다. 즉 상대적으로 타인과의 관계에서 나만의 편안하고 안락한 주거를 위하여 무한대의 권리를 향유하기보다는 타인의 최소한의 인간다운 주거생활을 위하여 자신의 주거를 자의에 의해서이든 타의에 의해서이든 제한하기도 하는 경우가 발생할 수가 있는 것이다.

따라서 주거의 문제는 다른 사람들의 주거문제를 고려하여 그 해결책을 찾아야 하는데, 이러한 주거의 문제는 오늘날 과거의 전통적인 해결책으로는 만족할 수 없는 새로운 원인으로 인한 문제점을 야기하고 있다. 이러한 새로운 원인을 우리는 크게 두 가지로 살펴볼 수가 있는데, 그 하나는 인구의 급속한 증가이고, 다른 하나는 도시화의 가속화이다. 전 세계 인구는 최근 50년 동안 급속하게 증가하

* 한국외국어대학교 법과대학 교수.

였고 이에 더불어서 주택문제도 중요한 문제로 대두되었다. 출산율의 증가와 의학의 발달로 인하여 인간의 평균수명이 길어지고 이에 따라서 주택부족의 현상이 나타나게 되었던 것이다. 그리고 산업화되면서 사람들이 농촌을 떠나서 도시로 유입되고, 도시에서는 제한된 지역에서 늘어나는 주민들을 위하여 주택문제가 또한 중요한 문제로 대두되었던 것이다.

이러한 문제를 해결하기 위하여 종합부동산세를 도입하였는데, 그 도입 배경을 보면 다음과 같다.

① 보유세 부담의 불형평 문제 시정

— 보유재산가액에 상응하는 세금부담으로 수직적 형평성 고려

② 부동산 가격안정 도모

— 부동산 과다 보유자에게 높은 세율로 종합부동산세를 부과하여 과다보유를 억제

③ 지방 재정의 균형발전

— 종합부동산세는 재정이 취약한 지방자치단체에 우선배분

④ 국민경제의 건전한 발전에 이바지

— 일정요건의 장기임대주택 등에 대하여는 합산대상 주택에서 배제

우리나라에서 부동산 문제는 솔로몬의 지혜가 필요할 만큼 쉽게 해결하기 어려운 문제이다. 좁은 국토에서 많은 인구가 살아가야 하는 상황에서 인간이 살아가는데 있어서 가장 필요한 것 가운데 하나가 주택인데, 우리나라에서 주택문제는 사회적 문제라고 할 수 있다.

이러한 부동산 문제가 사회적 문제가 되는 요인은 여러 가지가 있겠지만, 우리나라의 특수한 상황에 기인하는 요인들도 있다. 좁은 국토에 많은 인구가 가장 큰 원인이겠지만, 그 이외에도 부동산을 통하여 재산증식을 하려는 이유에서 부동산 문제가 생겨나는 측면도 있다. 자신이 가지고 있는 재화를 통하여 재산을 증식시키는 것이 과연 옳지 않은 일인가 하는 점을 고려한다면 부동산 투기에 대하여 부정적인 측면만을 강조할 수는 없겠지만, 부동산의 공공성을 고려한다면 부정적인 측면도 있다고 할 수 있다. 이러한 부동산 투기가 발생하는 원인 가운데 하나가 우리나라에서 남는 여유 돈을 사용할 곳이 없다는 것도 하나의 이유일 것이다. 우리나라 국민들이 여가를 즐기는데 서구 국가보다 많은 지출을 하는 것도 아니고 또한 사회보장제도가 서구 나라보다 더 잘되어 있다고 볼 수 없으므로, 여유자금은 결국 부동산으로 몰릴 수밖에 없는 구조를 가지고 있는 것이다. 이러한 사회적 구조에서 부동산 문제를 해결하기란 쉬운 문제는 아니다.

종합부동산세 제도는 이러한 문제를 조세를 통하여 해결하고자 하는 목적으로 생겨난 것이라 할 수 있다. 조세는 국가나 지방자치단체 등 공권력의 주체가 재원조달의 목적으로 그 과세권을 발동하여 반대급부 없이 일반 국민들로부터 강제적으로 부과·징수하는 과징금이라 할 수 있다. 일반 국민들이 세금을 납부하는 것은 국민의 의무 가운데 하나로 부담하여야 하는 것인 바, 여기에는 조세평등주의, 조세법률주의(과세요건 법정주의, 과세요건 명확주의, 소급과세 금지의 원칙 등), 이중과세 금지의 원칙 등이 요구되고 있다.

조세는 개인의 재산권을 제한하는 것이고 결국 세금을 어느 정도 납부하는가 하는 것은 사회적 합의(입법)를 통하여 결정되어야 한다. 그러나 조세관련 입법도 위에서 살펴 본 제 원칙들을 준수하여야 하는 것이다.

종합부동산세법은 이와 관련하여 이중과세금지의 원칙, 조세평등의 원칙, 재산권, 혼인과 가족생활권 등에 있어서 헌법적인 논란의 대상이 되고 있다. 이는 조세관련 위헌심판에서 입법기술상의 문제(포괄위임금지의 원칙 혹은 명확성의 원칙)가 아닌 내용상의 문제를 다투는 것으로 헌법적으로 중요한 문제라 할 수 있다.

조세평등주의는 준수되어야 하는 원칙으로 응능부담의 원칙이 적용되는데, 담세능력에 따라 차등 취급하는 것이라 할 수 있다. 그렇다면 재산의 가치에 있어서 차이가 있는데, 종합부동산세 자체가 위헌인지(위헌으로 본다면 고율의 세율은 거론할 필요도 없다) 아니면 고율의 세율이 위헌인지 여부에 대하여 판단을 하여야 할 것이다.

조세제도에서 누진세를 통하여 실질적 평등을 추구하고 있다고 볼 수 있다. 그렇다면 중과세, 조세감면의 한계는 어디까지인가를 설정하여야 할 것이다.

또한 종합부동산세가 거주이전의 자유와 관련이 있다고 하였는데, 과연 거주이전의 자유를 침해한다고 생각하는지?

종합부동산세를 세대별로 부과하는 것이 가족생활권을 침해할 소지가 있다는 것에 대해서 살펴보면, 세대별로 부과하는 대상인 부동산이 가족으로서 공동생활과는 무관한 부동산인 경우에는 개별 부과하는 것이 타당하겠지만, 가족으로서 공동생활을 영위하는데 있어서 공동사용되는 경우(예를 들면 주택)에는 세대별로 부과하여도 타당하다고 볼 수는 없는지 여부에 대해서도 고려를 할 필요가 있다.

또한 1세대 1주택에 대한 종합부동산세 부과가 재산권을 침해한다고 하는데, 1세대 1주택에 종합부동산세를 부과하는 것 자체가 재산권을 침해한다고 생각하는 지 아니면 고율의 과세가 재산권을 침해한다고 생각하는지 ….

제 88 회 발표회 지정토론문

조 성 훈*

Ⅰ. 논의 전제의 타당성

현대적 조세체계는 널리 그 정당성이 인정되고 있는 복수조세체계에 기초하고 있으며 응능부담의 원칙은 다양한 조세의 특성에 따라 상이한 방식으로 실현되고,[1] 재산에 대한 보유과세인 종부세는 재산의 보유 그 자체를 담세능력의 표지로 포착한다는[2] 발제자의 전제는 매우 타당합니다.

종부세 위헌론자들은 대부분 보유세를 수익세로 파악하면서 위헌론을 전개하고 있는데, 발제자는 이러한 시도를 복수조세체계 이전의 보유세에 대한 전근대적 논의의 연장선으로 파악하여[3] 종부세와 양도세의 이중과세 논의의 무용성을 깔끔하게 정리하고[4] 있습니다.

기타 논의의 전제가 되는 조세국가의 성격과 실현구조, 조세입법자의 입법형성권과 그 한계, 조세에 의한 개입조치의 심사기준(엄격한 심사기준)에 대해서도 발제자의 주장에 기본적으로 동의합니다.

Ⅱ. 위헌성 논증에 대한 이의

1. 종부세의 과도한 세부담으로 조세평등원칙과 재산권을 침해

발제자는 종부세의 누진율로 인해 일부의 부동산소유자에 대한 세부담이 과중하여 조세평등과 재산권 등을 침해할 수 있다고 주장하나, 주장의 전제가 되는 세부담의 적정성에 대한 구체적 논증이 보충되어야 할 것 같습니다. 발제자는 헌

* 헌법재판소 조세조사관.

1) 발제문 580쪽.

2) 발제문 585쪽.

3) 발제문 585쪽 각주 94번.

4) 발제문 585쪽, 586쪽.

법재판소 결정(헌재 2001. 2. 22, 99헌바3)을 자주 인용하고,[5] '종부세는 누진율로 인해 재산세 납세의무자 중 특정한 납세의무자에 대해서만 기하급수적으로 증대된 세부담을 추가시킨다는 점에서 조세평등원칙의 위배여부의 문제가 제기된다'고 기술하고,[6] 독일연방헌법재판소의 '반액과세의 원칙'을 소개한[7] 후, 종부세의 위헌성 여부는 결국 비례성원칙에 합치되는가의 문제로 집약된다고[8] 하면서 종부세는 조세평등의 요청과 재산권 등을 침해할 수 있는 문제를 안고 있다고[9] 결론짓고 있습니다. 종부세가 평등과 재산권을 침해한다고 결론짓기 위해선 적정한 보유과세의 누진율에 대한 구체적 논증이 필요한 것 같습니다.

또 발제자가 종부세가 조세평등원칙과 재산권을 침해하고 있다 주장하는지, 침해할 가능성은 있는데 현재의 종부세가 평등과 재산권을 침해하고 있는지는 잘 모르겠다고 주장하는 것인지 모호합니다. 문맥을 보면 전자의 주장으로 이해되나, 결정적인 부분에서는 침해 문제가 제기된다거나 침해할 수 있는 문제를 안고 있다거나 하는 표현을 사용하고 있습니다.

발제자가 세부담의 과도함의 기준, 즉 비례성 심사의 기준으로 독일의 '반액과세 원칙'을 사용할 의사가 있다면, 이는 보유과세의 근거가 재산보유사실 그 자체라는 전제와 모순이 되며, 반액과세 원칙에 의하더라도 현재의 종부세는 위헌이 되기 어렵습니다. 다음의 간단한 예를 통해 설명하겠습니다.

어떤 재산의 편익이 해마다 1천만원이라 하고 현재 보유과세는 없다. 이자율(사회적 할인율)이 5%라 가정하면 이 재산의 시장가는 2억원이다.[10] 5%의 보유세가 부과되면 재산가격은 1억원으로 감소한다. 보유자는 재산으로부터의 편익 1천만원 중 절반인 5백만원(1억원의 5%)을 보유세로 납부해야 하기 때문이다. 그런데 현재의 종부세 최고세율은 주택은 3% 토지는 4%이다. 이자율이 5%인 경우 보유세가 5%를 넘지 않는다면 반액과세 원칙에 위배되지 않는다.[11]

---

5) 578쪽, 581쪽, 589쪽, 600쪽.

600쪽, "이러한 의미에서 전술한 바와 같이 헌법재판소가 종부세 부과와 관련하여 제시한 한계, 즉 '국가가 공익 실현을 위하여 조세를 부과 징수함에 있어서는 재산권의 본질적 내용인 사적 유용성과 처분권이 납세자에게 남아있을 한도 내에서만 조세부담을 지울 수 있으며, 짧은 기간에 사실상 토지가액 전부를 조세의 명목으로 징수하는 셈이 되어 토지재산권을 무상으로 몰수하는 효과를 초래하여서는 아니 된다'라는 요청은 종부세의 경우에도 해당될 수 있을 것이다."

6) 발제문 590쪽.

7) 발제문 600쪽.

8) 발제문 600쪽.

9) 발제문 600쪽.

10) 재산가격 = 1천만/(1 + 0.05) + 1천만/(1 + 0.05)2 + 1천만/(1 + 0.05)3 + 1천만/(1 + 0.05)4 + ⋯.

11) 종부세의 최고세율이 3%나 4%인데도 부동산가격이 급락하지 않은 것은 시장은 한나라당이 집권하여 종부세를 완화시키리라 예상하고 있었고, 누진세인 종부세는 다른 비례적인 보유세와

이자율이 10%라면 반액과세원칙에 의한 보유과세율의 상한은 더 올라간다. 편익이 해마다 1천만원인 재산의 시장가는 1억원이다. 10%의 보유세가 부과되면 재산가격은 5천만원으로 감소한다. 보유자는 재산으로부터의 편익 1천만원 중 절반인 5백만원(5천만원의 10%)을 보유세로 납부해야 하기 때문이다. 이자율이 10%인 경우 보유과세율의 상한이 10%까지 상승한다.

사실, 보유과세율이 100%가 아닌 한, 발제자가 우려하는 상황 즉 '보유과세를 통해 토지가액 전부를 조세의 명목으로 징수하는 것'은 불가능합니다. 보유과세를 통해 시장가격이 하락하여 보유과세의 세부담이 감소하기 때문입니다.

보유과세에 있어 어느 정도의 누진율이 평등이나 재산권을 침해하지 않는 적정한 수준인지는 헌법적 논증사항으로 보기 어렵습니다. 누진율이 시장경제와 사유재산제도를 침해하지 않는 한, 누진율은 가치판단의 문제이고 근본적으로 민주주의 내지 다수결 원칙에 따라 정할 수밖에 없어 사법적 심사의 대상이 될 수 없습니다.[12)]

2. 거주이전의 자유 등 1세대1주택자에 대한 기본권 침해

이 부분에 대한 발제자의 기술은 종부세 반대론자들의 단순한 정치적 수사와 유사한 면이 많은 것 같습니다. 1세대1주택자도 종부세 부담의 근거가 되는 재산을 보유하고 있고 발제자가 제기하는 문제들은 1세대다주택자의 경우에도 충분히 발생할 수 있는 문제들이기 때문에, 종부세가 재산보유사실 자체에 근거한 것으로 그 세부담이 정당하고 합헌이라면 발제자가 제기하는 문제들 중에서는 1세대1주택자가 쟁점이 되어야 할 근거를 찾기는 어려운 것 같습니다. 종부세 납부를 위해 주택을 매각해야 되는 문제,[13)] 주택가격이 낮은 곳으로 이사를 가야 하는 문제는 1세대다주택자라 하여 달라지지 않습니다. 주택매각시 발생하는 양도소득세는 1세대다주택자에게 더 심한 문제가 됩니다. 발제자가 제기하는 문제는 납세의무자가

는 달리 소유가 분산되면 세부담이 감소하는 특성이 있기 때문입니다.

12) 이창희, 세법강의, 2008, 박영사, p. 55.

13) 발제자는 양도소득세의 부담이 크므로 종부세가 1세대1주택자에 대한 기본권침해가 된다고 주장하고 있으나, 매각시 양도소득세의 부담은 당연하며, 1세대1주택의 장기보유자인 경우 9억원 미만은 비과세되고 9억원이 넘어 과세되는 양도차익이 발생(15억원에 양도하는 경우 양도차익의 40% = 15−9/15 가 과세됨)해도 장기보유특별공제가 80%까지 적용되어 양도소득세부담이 거의 없습니다(5억원에 사서 15억원에 판 경우 보유기간이 20년이라면 양도차익 10억원 중 4억원만 과세되고, 4억원 중 장기보유특별공제 3억2천만원이 적용되어 8천만원에 대해서만 세율 적용). 이러한 특혜는 1세대1주택비과세 비적용자의 평등권을 침해한다고 생각합니다(비적용자는 양도차익 10억원에 대해 장기보유특별공제 30%가 적용되어 7억원에 대해 세율 적용됨).

돈(즉시 사용가능한 금융자산)이 없어서 생기는 문제인데, 사회국가의 정부라도 납세자가 돈 없어 생기는 모든 문제를 해결해야 할 의무는 없습니다. 만약 돈 없어 생기는 위의 문제들로 인해 종부세가 위헌이라면 같은 논의는 재산세에도 적용되어야 합니다. 즉 종부세 부담이 위헌인가 아닌가의 문제가 진정한 쟁점이고, 1세대1주택자에 대한 종부세가 위헌인가 아닌가는 적어도 발제자가 제기하는 문제들로 인해서는 독자적인 쟁점이 되지는 않는 것으로 보입니다.

발제자의 기술을 선해하면 종부세의 세부담이 과도하여 위헌이라면, 1세대1주택자에 미치는 악영향은 더 클 수 있다는 것인데, 이러한 가정적 논의가 종부세의 위헌논의에서 필요한지는 의문입니다. 발제자는 1세대1주택자와 1세대다주택자의 구별근거로 1세대1주택자는 투기목적이 없다는 것을 제시하나, 종부세의 목적이 투기억제에 있다는 주장도 발제자의 개인적 견해에 불과하며,[14] 모든 재산의 보유는 보유자의 의도와 무관하게 그 이용의 편익과 함께 가격변동으로부터 이익을 취할 가능성을 함께 갖기 때문에 1세대1주택자라 하여 투기적 보유가 아니라 단정하는 것도 자의적인 판단일 것입니다.

3. 세대별 합산은 혼인과 가족생활을 차별

발제자는 세대별 합산은 부동산에 관한 재산법질서와 이에 기초한 가족의 주거현실 및 경제현실에 부합되지 않으며,[15] 세대별 합산이 가족간 분산등기를 통한 조세회피의 방지라는 목적에 대해 적합한 수단이지만 가족간 분산등기시 증여세가 과세되거나 '부동산 실권리자 명의 등기에 관한 법률'의 규제가 있으므로 침해의 최소성에 위반되어[16] 위헌이라 주장하고 있습니다.

발제자의 두 번째 논거는 세대별 합산과는 무관한 논의로 보입니다. 입법자

14) 종합부동산세법 제1조(목적) 이 법은 고액의 부동산 보유자에 대하여 종합부동산세를 부과하여 부동산보유에 대한 조세부담의 형평성을 제고하고, 부동산의 가격안정을 도모함으로써 지방재정의 균형발전과 국민경제의 건전한 발전에 이바지함을 목적으로 한다.

혹시 발제자가 투기 억제를 통해 부동산가격의 상승을 억제할 수 있다는 전제하에 종부세의 목적을 투기 억제라 생각했다면 이는 잘못입니다. 투기는 그 대상의 가격변동폭을 크게 할 수는 있으나 대상이 갖게 될 균형가격 자체를 변화시킬 수 없다는 것은 경제학의 상식입니다. 가장 투기적인 한국의 주식시장은 그리 고평가되지는 않고 있습니다. 네덜란드의 튤립투기가 튤립의 일시적인 가격을 폭등시켰지만 튤립의 장기적인 시장균형가격을 변화시키지는 못했습니다. 종부세의 부동산가격 억제효과는 종부세가 부과되어 재산의 편익이 줄어든다는 사실에서 기인하는 것이지, 종부세가 투기적 수요를 감소시키고 투기적 수요가 감소되어 부동산가격이 내려간다는 통속적 논리에 근거하는 것은 아닙니다.

15) 발제문 597쪽.

16) 발제문 597쪽.

의 의도는 정당하게 증여했더라도 종부세는 세대를 과세단위로 하겠다는 것입니다. 즉 세대별 합산의 취지는 세대를 과세단위로 해야 정당한 종부세가 과세된다는데 있습니다. 개인별 종부세가 타당하지만 세대구성원간 증여나 등기명의의 분산을 통한 종부세 회피가능성이 있어서 세대합산이 필요하다고 생각하는 것은 세대별 합산의 목적에 대한 발제자의 개인적 추측에 불과합니다. 만약 발제자의 추측대로 입법자의 주된 목적이 소유분산을 통한 조세회피 방지라면 종부세가 부과되기 오래 전부터 세대원간 부동산이 분산되었던 세대에는 세대별 합산을 적용하지 않는다는 특례규정이 있어야 하고, 그러한 특례규정이 없다면 그 규정이 없다는 이유만으로 위헌임을 면치 못할 것입니다. 입법자의 과세단위 선택이 위헌이라면 과세단위의 위헌성에 대해 직접 논증하여야 할 것입니다. 설사 입법자의 과세단위 선택에서 발제자가 추정하듯이 증여를 통한 종부세 회피방지라는 목적이 포함되어 있더라도 이는 부차적인 것에 불과합니다. 입법의 부수적이고 간접적인 목적에 대해서 비례원칙을 적용하는 것은 무의미합니다. 입법자는 '그것이 목적이 아닌데 나의 목적은 세대를 과세단위로 하는 것인데. 왜 나의 목적을 마음대로 추측하시는지요?' 할 것입니다.

발제자는 부부별산제를 근거로 세대별 합산은 부동산에 관한 재산법질서와 이에 기초한 가족의 주거현실 및 경제현실에 부합되지 않기 때문에 혼인과 가족생활을 차별한다고 주장합니다. 그런데 부부간에는 등기명의만으로 일방의 완전한 특유재산이 되지는 않습니다. 법원은 부부 일방의 특유재산이어도 다른 일방이 그것의 유지와 증식에 협력하였다면 재산분할의 대상으로 인정하고 있고, 헌법재판소도 이혼시 재산분할은 증여세 과세대상이 아니라 하면서 "우리의 경험칙상 혼인 중 형성되는 재산의 상당부분은 부부 쌍방의 협력에 의하여 이루어지는 것이 틀림없음에도 소유명의는 어느 일방에 귀속되어 있는 경우가 많은데, 재산분할제도는 바로 위와 같은 경우 부부의 실질적 공유재산을 청산한다는 데에 그 본질이 있다"고 합니다.[17] 즉 우리법체계에서 부부별산제는 완벽한 것이 아닙니다. 또한 부부별산제가 완벽하다고 하더라도 부부별산제니까 세대별 합산은 위헌이다라고 단순하게 결론짓기는 어렵습니다. 발제자는 부부별산제로 인해 세대별 합산이 가족의 주거현실과 경제현실과 부합하지 않는다고 주장하지만 우리 사회의 현실은 가족의 주거와 경제생활은 세대를 단위로 행해지고 있음이 보통입니다. 소득세법상의 각종 인적공제, 1세대1주택에 대한 양도소득세의 비과세도 가족의 주거와 경제생활이 개인이 아닌 세대를 단위로 행해지고 있음을 전제로 한 제도들입니다.

17) 헌법재판소 1997. 10. 30, 96헌바14.

세대가 경제생활의 단위라면 과세단위도 개인이 아닌 세대로 함이 자연스러울 것입니다.

종부세의 세대별 합산이 혼인의 자유를 침해한다면 1세대1주택 양도소득세 비과세도 마찬가지입니다.[18] 각각 집이 있는 사람이 혼인하는 경우 주택을 먼저 파는 사람은 주택의 양도시 양도소득세를 부담해야 하므로 혼인의 자유를 제한받게 됩니다.[19]

Ⅲ. 평가와 추가적인 쟁점

1) 발제자는 보유세의 근거를 재산의 보유 자체로 파악하고 있습니다. 이 점에서 이 논문은 보유세가 수익세라는 이해하기 힘든 근거를 토대로 이해하기 어려운 위헌론을 주장하는 다른 견해들에 비해 한 차원 나아간 위헌론이라 생각합니다. 이해하기 힘든 야릇한 이중과세론(결국은 세부담이 많다는 것을 길게 풀어놓은 논리들)을 가차 없이 밀쳤다는 점에서도 그렇습니다.

2) 보유세는 처분가능한 소득을 담세능력의 표지로 포착하는 수득세와 비교할 때 그 담세능력이 현저하게 낮으며 재산의 가치 평가도 대강의 근사치로 할 수밖에 없으므로 과도한 세부담은 문제라는[20] 발제자의 문제의식도 매우 타당합니다.

3) 그러나 입법형성의 재량이 큰 누진율의 정도나 과세단위의 선택에 대해선 헌법이 어떤 기준을 제시하면서 이 선을 넘으면 위헌이라고 단정짓기는 어려울 것입니다. 이 부분은 기본적으로 정치가의 몫일 것입니다.

4) 종부세는 다른 자산 외에 부동산의 보유를 제한하는 조세이므로 위헌성을 논하려면 자산배분의 자유를 검토해야 할 것입니다. 누구든지 자기의 자산을 자기가 선호하는 종류의 자산으로 보유할 자유가 있는데, 종부세는 금융자산이나 귀금속 등 비부동산자산과는 달리 유독 부동산의 보유만을 제한하고 있습니다. 이러한 차별이나 제한이 비례원칙에 반하는지를 검토한다면 더 생산적 논의가 되지 않을

18) 독신자와 혼인한 부부는 같은 것이 아니므로 세대별 합산이 독신자와 혼인한 부부를 차별하는 것이라 보기는 어려우며, 가족을 이루고 있지 않은 개인과 관련하여선 세대별 합산이 개인의 혼인의 자유를 제한하는지 여부를 검토해야 할 것입니다.

19) 물론 현재의 소득세법에는 혼인 후 2년 내 주택을 매도하면 1세대1주택 비과세의 적용을 받도록 하는 규정이 있습니다.

20) 발제문 581쪽.

까 합니다. 특히 1세대1주택자에 대해서도 다른 부동산과 동일한 누진율을 적용하는 것은 자산배분의 자유(돈 없어도 집 한 채만은 비싼 것을 보유하겠다는 사람의 자유)와 주거의 안정에 대한 사회국가의 의무 측면에서 접근할 때 위헌성의 논리적 서술이 가능할 것입니다.

제 88 회 발표회 토론요지

사 회 자 : 전광석(교수)

토론참여자 : 전학선(교수), 조성훈(조세조사관), 김형남(교수), 김동건(교수), 황치연(헌법연구관), 이황희(헌법연구관)

간 사 : 지금부터 제88회 헌법실무연구회 정기발표회를 시작하겠습니다.

오늘은 서울시립대학에 재직하시는 차진아 교수님께서 조세입법에 대한 위헌심사기준과 관련해서 발표를 해 주시겠습니다.

오늘 진행은 우리 헌법연구위원으로 재직중이신 전광석 교수님께서 수고해 주시겠습니다.

사 회 자 : 여러분 반갑습니다.

오늘 조세국가의 성격 및 구조와 조세입법에 대한 합헌성심사의 기준에 대해서 발표가 있겠습니다. 그런데 여기 부제로서 '종합부동산세에 대한 합헌성판단의 문제를 중심으로'이렇게 되어 있습니다.

그래서 아마 올해 특히 이제 하반기에 와서 우리 학계에서도 그렇고 정치권에서도 가장 큰 쟁점 중에 하나로서 논의되는 문제입니다. 더구나 이게 헌법재판소에 현재 계류중인 사건이기 때문에 헌법재판소에도 큰 관심이 있는 그런 사건이라고 생각이 됩니다. 이 문제에 대해서는 지금까지 정치권, 학계 등에서 매우 많은 분들이 많은 논의를 해왔는데요. 오늘 발표는 이에 대한 결정판 같은 성격의 발표가 되지 않을까 기대를 해 봅니다.

오늘 발표하실 차진아 교수님을 소개해 드리겠습니다.

차진아 교수님은 고려대학교 법과대학과 대학원을 졸업하시고 독일 자르브리퀸대학에서 법학박사학위를 2005년도에 취득하셨습니다. 1997년에 39회 사법시험에 합격하시고 사법연수원을 32기로 수료하시고, 현재 서울시립대학 법대교수로 재직하고 계십니다. 드물게 헌법을 하시면서 조세법에 조예가 깊으셔서 조세법과 헌법의 관계에 대해서 활발한 연구활동 그리고 발표활동을 하시는 것으로 알고 있습니다.

오늘 토론자로 두 분을 모셨습니다.

전학선 교수님하고 조성훈 조세조사관님 모셔봤습니다.

전학선 교수님은 한국외대법대 및 대학원을 졸업하시고 프랑스 파리11대학에서 법학박사학위를 취득하시고 헌법재판소 헌법연구원을 거쳐서 광운대법대 역임을 하시고 현재 한국외대법대 교수로 재직하고 계십니다.

두 번째 지정토론자는 국세청에서 헌법재판소로 파견 나와서 현재 헌법재판소에서 연구활동을 하고 계신 조성훈 조세조사관이십니다.

서울대 법과대학과 행정대학원을 졸업하시고 미국 오리곤 주립대학 대학원 경제학과를 수료하시고 행정고시 35회 합격하시고 국세청에서 근무하시다가 아까 말씀대로 현재 헌법재판소에서 근무하시고 계십니다. 아마 실무지식을 기반으로 해서 이 문제에 대해서 좋은 의견을 주시리라고 보고 있습니다.

지금부터 발표를 시작하는데, 지금 시간이 7시 5분인데요, 발표는 30분정도 발표를 해 주시고요. 발표가 끝난 다음에 토론자 한 분당 5분에서 10분정도 토론을 듣고 그에 대한 의견을 또 발표자님께 듣고 그다음에 플로어에서 질의응답을 하도록 하겠습니다.

그러면 차진아 교수님을 소개해 드립니다.

여러분 박수를 부탁드립니다.

< 주제발표자 발표 >

사 회 자 : 고맙습니다.

보시다시피 장문의 발표문인데 30분내에 효율적으로 잘 정리해 주셔서 대단히 고맙습니다.

종합부동산세에 대해서 논점은 뚜렷한 것 같습니다.

오늘 발표자가 제시해 주셨듯이 한 네 가지, 다섯 가지의 논점이 있고 그것이 뚜렷한 만큼 여기 견해도 또 상당히 많이 갈릴 가능성이 있을 것 같습니다.

곧 이어서 우선 전학선 교수님 토론해 주시기 바랍니다.

< 지정토론자(전학선) 발표 >

사 회 자 : 고맙습니다.

이어서 조성훈 조사관님.

< 지정토론자(조성훈) 발표 >

사 회 자 : 고맙습니다.

전학선 교수님 전체적인 취지는 오늘 발표하신 차진아 교수님 의견에 동의하는데 몇 가지 질문을….

먼저 발표자에게 몇 가지 질문, 다른 의견에 대한 본인의 생각 이런 것들을 들어볼 필요가 있겠습니다.

부탁합니다.

발 표 자 : 먼저 전학선 교수님께서 질문하신게, 두 분 다 질문하신게 많아가지고 제가 메모하느라고 했는데 빠뜨림 없이 할지는 모르겠습니다.

일단 첫 번째 질문이 종부세라는 세목 자체를 만든게 위헌이냐 아니면, 그러니까 종부세 자체를 폐지해야 된다고 봐야 되느냐 아니면 종부세 자체의 위헌적인 요소를 제거해 가지고 유지를 할 수 있다고 보는 것이냐, 이런 질문으로 제가 받아들여도 되겠습니까?

전 학 선 : 저는 차 교수님 논문에서 종부세 자체를 위헌으로 보시는 건지? 종부세 자체가 위헌이라면 세율이 높다는 거는 논할 필요도 없고요. 다만 종부세 자체는 합헌일 수 있는데 세율이 너무 높기 때문에 위헌이다?

발 표 자 : 세율만 문제삼은게 아니고 과세표준의 형성중의 하나인 과세단위의 문제라든지 과세표준의 형성문제라든지 이런 것에도 문제가 많다 이렇게 생각을 하는데, 일단 얻은 결론에서도 제가 말씀드렸지만 종합부동산세의 입법취지라든가 이런 것은 정당하다고 생각을 하고, 재산보유세를 강화한다는 그러한 방향에서도 필요가 있다고 생각을 합니다. 그래서 종부세 자체가 없어져야 된다, 폐지되어야 된다, 이런 입장이 아니라 종부세에 여러 가지 위헌적인 요소들이 상당히 많이 있고 이런 것에 대해 근본적인 개정이 필요하다 이런 입장입니다. 결론에서 제가 부분적으로 말씀드렸고요.

두 번째에서 어떤 조세를 통한 유도조정적인 그러니까 조세를 통한 어떤 시장질서에 대한 개입문제, 즉 조세의 수가지 기능중에서 재정적 기능뿐만 아니라 유도조정적인 기능이라고 하는게 논란이 많이 되고 있는데, 중과세를 통해서 즉 경제적인 불이익을 통해서 일정한 행동을 하는 것을 억제할려고 한다든지 아니면 조세감면을 통해서 일정한 행동을 하도록 장려한다든지 이러한 것이 문제되는데 그럴 때 그것의 한계는 어디까지냐?

그럴 때 제가 발표문에 이미 여러 군데 말씀드렸습니다마는 이 문제는 두 가지 측면에서 얘기할 수 있는데, 일단 조세의 특성이라고 하는 것은 공동의 부담이라는 것, 즉 반대급부 없이 귀속 가능한 어떤 수수료나 사용료나 이런 것하고는 달라가지고 개인적으로 눈에 보이는 어떤 제공되는 이익에 대해서 반대급부를 제공하는 그런게 조세가 아니고 전체국민으로서 의무로서 공동의 부담으로서 뺏기

다시피 해서 내는 겁니다. 그렇기 때문에 이러한 오로지 조세를 낼 수 있는 능력이라고 하는 담세능력에 따라서 조세부담을 배분하는 것 이것이 공평한 조세부담의 배분이다 이렇게 얘기할 수 있는데, 이러한 일차적으로 담세능력에 따라서 배분한 이 조세부담을 일정한 목적에 따라서 중과세 내지는 조세감면한다는 변형시키는 거를 얘기합니다. 그러니까 담세능력이 같은 자들인데도 예를 들어서 어떤 담세능력이 같은 사람들 중에서 특정한 목적을 위해서 중과세를 한다든지 조세감면을 한다든지 이렇게 되기 때문에 이것은 조세평등의 원칙에 어긋날 수 있는 가능성이 많이 있습니다. 그래서 응능부담의 원칙에 어긋날 수 있는 가능성이 많고 그래서 과도하면 안 되고 비례의 원칙에 비추어서 조세평등의 원칙과 형량을 해야 한다 그렇게 말씀드리고.

또 두 번째 측면은 특히 중과세를 통해서 어떤 활동을 억제할려고 할 때는 의도적으로 그러한 활동을 억제하기 위해서 세율을 높인다든지 과세표준을 좀더 강하게 한다든지 세부담을 강화시키는 건데 그렇게 하면 해당되는 그 경제적인 예를 들어서 경제적인 자유라고 하는 측면은 압박을 받게 되어서 못하게 되는, 직접적인 금지는 아니지만 그러한 것과 질적으로 별로 다르지 않게 됩니다. 그래서 결국은 해당되는 그러한 억압되는 자유에 대해서 비례의 원칙에 합치되게 그렇게 할 때에만 그것이 정당성을 인정받을 수 있다, 이렇게 제가 발표문에서 여러 군데서 말씀드렸고요.

그 다음에 거주이전의 자유에 대해서는 제가 발표문에서도 말씀드렸고 아까 발제할 때도 말씀드렸는데, 어떤 조세유도조정적인 성격이라고 해서 특별히 얘기를 할 때는 모든 사실적인 간접적인 침해를 다 문제 삼을 수는 없습니다. 국가의 모든 활동을 다 부수적으로 파생되는 모든 효과들을 다 얘기할 수 없기 때문에 그렇게 되면 국가가 활동 자체를 할 수 없게 될 것입니다.

그래서 특정한 목적을 달성하기 위해서 의도적으로 입법자가 이 응능부담의 원칙을 변형해 가지고 담세능력이 같은 자들 사이에서 좀더 혜택을 준다든지 아니면 좀더 중과세한다든지 이런 측면을 문제 삼아야 되고 그럴 때 그것이 직접적인 금지, 간접적인 제한이기는 하지만 직접적으로 금지하는 것과 질적으로 다르지 않다 이렇게 평가될 수 있을 것입니다.

그런데 그러한 요소가 과연 이 거주이전의 자유에 대한 제한에서 명백하게 드러나느냐? 결국 그 종부세의 입법목적이라든지 여러 가지 과세표준의 형성이라든지 세율의 형성이라든지 이런 측면에서 그러한 의도가 명백하게 드러나야 되는데 그러한 것을 찾기가 어렵다, 저는 개인적으로 그렇게 생각합니다.

그래서 거주이전의 자유에 대한 직접적인 제한은 당연히 아니고 간접적인 제한으로서도 보기 어렵지 않느냐. 세대별합산과세라든지 이런 것은 입법목적에서 분명히 나옵니다. 8·31대책의 일환으로 정부가 제출한 법률안이 통과된게 그게 세대별 합산과세가 그렇게 들어갔는데 그때 정부가 대책에서 발표하기를 위장분산을 막기 위해서 세대별 합산과세를 하는 것이 목적중에 하나다. 이렇게 분명히 밝히고 있습니다. 그렇기 때문에 그것은 분명히 드러날 수 있는데, 이 거주이전의 자유는 그런 것하고 좀 다르지 않느냐, 저는 그렇게 질적으로 직접적인 금지와 등가성을 갖는 그러한 표지가 좀 결여되어 있다 그렇게 생각합니다.

그래서 사실상의 어떤 그런 불이익일 수는 있으나 이것을 직접적인 어떤 제한이라고 보기 어렵고 간접적인 제한으로도 직접적인 제한과 등가성을 갖는 제한으로는 보기 어렵다 그렇게 생각을 하고 있습니다.

그래서 아까 제가 말씀드린 것처럼 이게 부수적으로 고려는 할 수 있지만 직접적인 어떤 위헌의 이유로 삼기에는 충분치 않다. 제 개인적인 생각은 그렇습니다.

그리고 1세대1주택에 대한 과세에서 주택이 하나뿐인데 가족이 공동으로 주거하고 있다. 그러면 이거는 세대별 합산의 과세대상이 애시당초 문제가 안 되죠. 세부담이 달라질 필요가 없습니다. 세대별 합산과세에 있어서 문제되는 것은 세대원들이 가지고 있는 부동산이 복수일 때를 얘기하는 겁니다. 그런데 하나일 경우에는 과세단위를 어떻게 하든 간에 아무런 차이가 없습니다. 그래서 이거는 문제가 되지 않고.

그 다음에 만약에 1세대1주택이 아니라 예를 들어서 세대원이 다 보유하고 있는 부동산을 합쳐가지고 여러 개가 될 때 세대별 합산과세해서 세부담이 더 가중되는 거겠죠. 그런 건데 그럴 때 예를 들어서 집이 두 채 있는 그러한 세대에서 실제로 살고 있는 집은 한집이고 다른 한집은 예를 들어서 전세를 놓고 있다 이렇게 했을 때, 그러면 같이 살고 있는 그 집에 대해서는 그러니까 가족들이 다 같이 살고 있으니까 그 집에 대해서는 같이 합산과세하는게 타당하지 않냐 이런 주장이신 것 같은데요. 그런데 그 부분에 있어서는 뭐냐 하면 그렇게 따로 생각할 수 있느냐? 그러면 같이 살고 있지 않은 집하고 따로 과세를 한다는 말인지 그것도 제가 좀 이해하기가 어렵고.

그 다음에 이러한 주장은 기본적으로 어떤 것하고 비슷하냐하면 소득에 대해서 생각해 보면 분명합니다. 그래서 소득에 있어서 만약에 가족이 5명인데 1명만 소득활동을 합니다. 그러니까 부양가족이 네 명이고 한사람이 소득을 버는데 한사람이 벌어도 결국 가족들이 다 소득을 쓰지 않습니까? 그렇게 되면 경제현실은 어떻죠? 한사람이 소득을 벌건 아니면 누가 벌든 다 같이 쓴다 그렇게 해서 세대별 합산과세 해가지고 하는 것이 더 맞다 이렇게 생각하는 거나, 한명이 소득을 벌거나 아니면 소득금액이 같다고 했을 때 한세대에서는 예를 들어서 한사람이 버는게 1억이고 그 다음에 다른 세대에서는 세 사람이 벌어서 합친게 1억이다, 이렇게 했을 때 누가 소득을 벌든 간에 그 가족은 다 같이 쓰니까 세대별 합산과세하는데 비분할과세 해야 된다, 이렇게 한다면 어떻게 되겠습니까? 그렇다면 세 사람이 1억 버는 그 가족이 오히려 불이익을 입겠죠. 그런 거하고 같습니다. 따로 개인별 과세했을 때보다도 합산과세 해 가지고 고율의 누진율을 받기 때문에 그렇게 되는 겁니다. 그래서 이게 정당하지 않은 것과 마찬가지로 이 세대별합산 비분할과세가 문제인겁니다.

과세단위를 어떻게 하느냐의 문제는 단순히 이것이 입법정책의 문제가 아니고 제가 발표문에도 적었지만 이 소득을 합산하는 단위 혹은 부동산보유의 가액을 합산하는 단위고 이것은 과세표준을 합산하는 단위이고 이것은 응능부담의 원칙을 구체화하는 것입니다. 담세능력을 포착하는 단위를 얘기하는 것이거든요. 이게 어떻게 단순히 입법자가 아무렇게도 할 수 있는 그러한 정책의 문제입니까? 그거는 아닙니다. 이것은 응능부담의 원칙에 부합되어야 되고 기본적으로, 만약 부합되지 않는다면 그 유도조정적인 성격을 가지고 있는다면 비례에 맞는 그러한 합당한 근거와 차별의 목적과 수단에 있어서 어떤 비례의 원칙에 합치되어야지 그렇지 않으면 곤란하다, 저는 그렇게 생각합니다.

그리고 양도세 감면하고 종부세 중과세의 문제였는데, 전학선 교수님께서 말씀하신 그런 우려 때문에 노무현정부에서 종부세를 중과세하면서 양도세를 감면하지 못하고, 면제하자고 말씀드린게 아니라 감면하자고 말씀드린 겁니다. 좀 감세해 주자. 이거를 하지를 못하고 종부세도 같이 중과세를 하게 되었습니다. 그렇게 되니까 어떻게 되었냐하면 팔지 말고 누구나 다 붙잡고 있었던 겁니다. 이 정책이 오래 갈 리가 없다. 이거는 너무 죽을 지경인데 팔자니 양도세가 너무 심해 가지고 팔아봤자 남는게 없고, 집이나 땅을 가지고 있자니 종부세 부담이 너무 심하고 그런데 어차피 정권 바뀌면 이거는 정상적인 조세부담이 아니기 때문에 어차피 개정을 할 거고 그때 까지만 참자 이렇게 해 가지고 오히려 부동산시장이 얼어붙었습니다.

그러니까 실거래가 없었고 그렇게 되니까 어떻게 되냐 하면 공급이 없죠. 그렇게 되니까 부동산가격이 안내려갔다, 이렇게 할 수 있습니다.

만약에 그때 당시에 양도세를 좀더 감면을 해 주었더라면 종부세를 부담하기 어려웠던 사람들이 만약에 이거를 팔기 시작했더라면 공급이 늘어날 수 있었지 않았나 이런 생각을 하는 사람도 있습니다.

그렇게 되면 오히려 종부세의 입법목적을 어느 정도 달성할 수 있었을 것이다. 부동산보유의 편중을 좀더 완화하고, 종부세 부담을 어차피 그게 부담스럽지 않은 사람은 계속 지고 있겠지만 그게 부담스러운 사람은 팔았을 것이고, 그렇게 되면 공급이 늘어났을 것이고 부동산거래가 되었을 것이다. 이렇게 생각하는 사람들도 있기 때문에 이거는 꼭 어떤 것이 꼭 그런 관점에서만 볼 수는 없지 않나 이렇게 저는 생각합니다.

그 다음에 조성훈 조사관님께서 질문하신 것에 대해서, 역시 너무 질문이 많으셨기 때문에 제가 빠뜨림 없이 할려고 노력은 했습니다마는, 일단 첫 번째 질문이 제가 조세평등이라든지 재산권이라든지 이런 것을 침해한다고 보는 것인지 아닌지 분명치 않다, 발표문에서 이런 문제가 있다, 이런 정도로 얘기를 했다고 하셨는데.

제가 발제를 하면서 위헌이다고 말씀드렸고 이것은 제가 그냥 학자로서 온건한 표현을 썼다 발표문에는, 이렇게 이해해 주시면 좋겠습니다.

왜냐하면 이것은 지금 현재 이 사건이 헌법재판소에 계류중인 사건이고 그래서 제가 단정적으로 심하게 이거는 위헌이다 이렇게 직접적으로 표현하기 보다는 조금 온건한 표현을 쓰는 것이 더 맞지 않나 그런 생각 때문에 온건한 표현을 썼을 뿐이지 제 입장이 분명하지 않은 것은 아닙니다.

그 다음에 두 번째 질문이 보유과세의 경우에 세율이 100%가 되지 않는 한 무상몰수의 문제가 발생하지 않는다 뭐 이렇게 말씀하셨는데, 그것은 꼭 그렇게 볼일은 아닌 것입니다.

왜냐 하면 우리 헌법재판소가 종합토지세 어떤 사건에서 말한 것처럼 만약에 과표적용율이 100%였다면 그거는 10년만 있으면 종합토지세 과세대상인 토지를 무상 몰수하는 효과를 가져온다라고 헌법재판소가 얘기를 했습니다. 그런데 그때 과표적용율이 매우 낮았기 때문에 그렇게 과도한 세 부담이 아니다, 이렇게 판시를 해서 합헌이라고는 얘기했었습니다.

그래서 어떤 원본잠식의 문제 내지는 교살적 조세라고 하는 것은 보유세에 있어서 조세부담을 못 이겨서 결국은 유지할 수 없고 그것을 팔도록 만드는 것 그 정도로 까지 이르게 하는 것하고 점차적으로 무상몰수에 이르도록 하는 것 이런 것들이 교살적 교세의 대표적인 예로 얘기되고 있는데, 저는 특히 후자, 길지 않은 시간내에 몰수하는 것과 똑같은 효과를 갖고 오는 것 그것이야말로 교살적 교세라고 얘기할 수 있고 그런데 몇 년이 지나야 그것이 짧은 시간이냐? 그것은 제가 확정적으로 말하기가 어려운 부분이다, 이렇게 생각을 합니다.

참고로 헌법재판소는 종합토지세사건에서 10년이라고 얘기를 했는데 정부가 이번에 종부세 개편 안에서 얘기하기로는 종합부동산세는 과표적용율을 현실화하는 거 이런 거를 다 전제하면 20년이 지나면 무상몰수와 같은 효과를 가져온다. 이렇게 분석을 해 놓은 거를 본적이 있습니다. 그래서 몇 년이 지나면 과연 그게 짧은 기간 내냐? 그것은 제가 분명하게 말씀드릴 수 있는 성질의 문제는 아니라고 생각을 하고요.

그리고 세율의 형성에 있어서 물론 토론자께서 말씀하신 것처럼 입법자는 세율을 형성을 할 때 기본적으로 넓은 입법형성권을 갖는 것은 맞습니다. 그렇지만 세율이라고 하는 것이 과연 통치행위처럼 입법자가 어떤 식으로 하든지 간에 사법심사의 대상이 되지 않는 것이냐? 그렇게는 말할 수 없습니다.

특히 우리 헌법재판소는 이미 세율이 위헌이다라고 판시한 바가 있습니다. 토지초과이득세법에서 토지초과이득세 50% 단일세율로 한 것 그것이 위헌이다라고 판시한 바도 있습니다. 그래서 세율이라고 하는 것이 넓은 입법 형성의 자유를 누리는 것은 맞지만 비례에 맞지 않을 때 과세표준과 결합해 가지고 그 세부담이 비례에 맞지 않는 과도한 부담이 될 때 그럴 때는 위헌이 될 수도 있다, 이렇게 얘기할 수 있습니다. 그래서 예를 들어서 세율이 70%, 80%가 되어도 그것이 위헌이 아니다 이렇게 말할 수 있겠습니까? 그거는 저는 아니다 이렇게 생각을 합니다, 예를 들면.

그 다음에 1세대1주택의 문제에 있어서는 어떤 특별한 문제가 아니다 이렇게 말씀을 하시지만, 이것은 특히 아까 발표할 때도 제가 소개드린바와 같이 헌법재판소도 다른 재산권과는 달리 이 주택이라고 하는 것 실제 거주하고 있는 주택에 대해서는 이것은 개인의 인격실현과 관련해서 굉장히 밀접한 의미를 갖는 그러한 특별한 의미를 갖는다, 이렇게 얘기를 하고 있습니다. 그래서 부동산공개념이 정당하고 그래서 부동산에 대해서는 다른 재산권보다는 보다 더 강한 공공적인 성격이 인정되고 그래서 보다 더 많은 사회적인 제약이 가해질 수 있다라고 헌법재판소가 판시하면서도 주택은 좀 특별히 대해야 한다, 이렇게 판시하고 있습니다. 그래서 그러한 관점에서 말씀드린 것이고.

양도소득세에 있어서도 1세대1주택은 비과세하는 것도 그 취지 자체가 실제 거주하고 있는 혹은 1세대1주택은 주택이라고 하는 것이 개인의 인격실현과 관련해서 너무 밀접한 관련을 매우 중요한 의미를 갖고 있기 때문에 특별히 취급하는 것이다, 이렇게 생각할 수 있는 것 아닌가 싶습니다.

그 다음에 세대별 합산의 목적이 위장등기 명의분산에 있는 것이 아니다, 이렇게 말씀하셨는데, 그거는 아닙니다. 객관적인 자료에 의해서 입증이 되고 있습니다.

발표문 587쪽에 각주 101에서도 보신 것처럼 8·31부동산대책을 발표하면서 정부가 이 세대별 합산과세로 전환하는 것의 이유 중에 하나가 위장등기 명의분산을 통해서 그 실효성을 확보하겠다라고 분명히 적고 있습니다. 그리고 그렇게 해 가지고 형성된 법률안이 바로 이 법률로 제정된 것입니다. 그렇기 때문에 세대별 합산과세로 전환한 것의 주된 목적 중에 하나가 이 위장등기 명의의 분산방지에 있다라고 하는 것을 부인할 수는 없다, 이렇게 생각합니다.

그리고 정당하게 증여했더라도 종부세의 과세대상으로 하겠다는게 입법자의 목적이라고 하셨는데, 그러한 입법목적이 정당한가 하는 것 자체에 저는 의문이 듭니다.

왜냐 하면 증여세를 면탈하는 것이 문제지 자기가 정당하게 증여세를 내서라도 증여세 세부담을 지겠다라고 하는 것이 그것이 탈법행위냐? 그거는 아니지 않는가? 그런 사람까지, 증여세를 내지 않겠다는게 아니라 증여세를 내겠다고 하고 증여세를 낸 사람까지 구태여 이렇게 세대별 합산과세로 묶어가지고 하는 것이 그게 정당한 것이냐? 오히려 저는 그렇게 반문하고 싶습니다.

그리고 세대별 합산과세에 대해서 부부별산제가 완벽한 것이 아니다 이렇게 말씀하셨는데, 저도 발표문에서 이미 부부별산제가 완벽하게 일관되게 적용되고 있지는 않다, 적어도 이혼시에는 그렇다, 이렇게 말씀드렸고.

다만 공동재산이 청산적인 성격을 갖고 있다고 해서 그것이 반분하는 것으로 인정은 안 되고 있는 것으로 알고 있습니다. 여러 가지 정상을 참작해 가지고 일정부분 재산을 떼어 주는 것이지 예를 들어 독일의 증식중 재산공유제처럼 반분, 1대1, 반의 권리를 갖는 것처럼 그렇게 인정은 안 되고 있고, 그리고 적어도 부부가 혼인 중에 있어서는 이러한 것이 부동산에 관해서는 전적으로 등기명의인의 배타적인 권리가 인정되고 있는 것으로 그렇게 알고 있습니다. 그렇기 때문에 그 부분에 대해서는 이렇게 말씀드린게 맞는 것 같고.

그 다음에 실생활 주거생활에, 아까 전학선 교수님이 질문하는 것에도 부분적으로 답해 드린 건데, 만약에 주택을 공유를 한다고 한다면 그래서 그거를 세대별 합산과세하는게 정당하다고 한다면, 그게 담세능력을 정확하게 포착하는 것이라고 한다면 비분할과세하는게 정확한게 아니라 공유지분에 맞게 일정한 제수로 그렇게 나누는게 그것이야말로 정말 응능부담의 원칙에 합치되는 주거현실 내지는 경제현실에 합치되는 것이다, 오히려 저는 이렇게 말씀드리고 싶습니다. 합산과세 하는 것 자체가 문제가 아니라 비분할 합산과세하는게 문제다, 저는 그렇게 말씀드리고 싶습니다.

그리고 계층간에 부동산보유 집중을 완화하는 것, 그것이 종부세의 목적이다 그렇게 했는데, 그것 자체가 투기를 억제하는 것이다 하고 표현만 다르지 본질적으로 다른 것이냐? 저는 그렇게 오히려 토론자께 반문하고 싶습니다.

그래서 계속해서 종합부동산세의 목적이 부동산투기에 있지 않다라고 계속 얘기를 하시는데, 2003년 10·29 부동산종합대책을 통해서 제정된 법이 종합부동산세법이고, 그다음에 2005년 8·31 부동산종합대책을 통해서 개정된 결과 도입된 것이 세대별 합산과세입니다.

그때도 늘 부동산투기억제라고 하는 것이 그때 그 상황이 항상 부동산시장이 굉장히 과열되어 있었고 그래서 국민들의 원성이 자자했었기 때문에 그것을 진압하기 위해서 이러한 대책들을 마련하고 그것의 일환으로 종부세가 제정되고 개정되었는데, 부동산투기억제라는 것이 종부세와 무관하다, 이렇게 말할 수 있는 것인가 과연? 그런 의문이 저는 듭니다. 오히려 그것을 토론자께 제가 반문하고 싶습니다.

사 회 자 : 쟁점이 아까 말씀드렸다시피 또 발표자가 제시하셨다시피 4개, 5개 이렇게 되는데, 제가 보기에는 아마도 이중에서 가장 첨예한 대립이 이루어지는 거는 세대별 합산과세에 대해서 과연 우리가 헌법적인 평가를 어떻게 해야 될 것이냐 하는 것이라고 생각이 됩니다.

그런데 아까 토론과정에서 좀 흥미로운 거는 우리 조성훈 조사관님께서 세대별 합산과세가 무슨 다른 목적이 있는게 아니고 종부세를 세대별로 과세해야 되기 때문에 그렇게 한 것이다 말이지. 그런데 그거를 듣기에는 어떻게 들리느냐 하면 종합부동산세에 있어서 세대별 과세의 하나의 본질적인 요소이다 선택적인 요소가 아니고, 이렇게 들렸단 말이에요.

그런데 그게 정말 그렇다면, 헌법은 기존의 법제도에 의해서 형성된 본질을 존중해야 될 과제도 있는 것인데, 그게 정말 그렇다면 우리가 좀 다른 생각을 할 수 있는 계기가 되는 것 같아요.

그런데 우리 발표자는 전혀 다른 생각을 가지고 계시는 거고요.

혹시 이 문제에 대해서 반론하실게 있으신가요?

조 성 훈 : 발표자께서 답변해 주신데 대해서 간단히 말씀드리겠습니다.

사 회 자 : 우선 이 문제하고 그 다음에.

조 성 훈 : 간단하게 제가 말씀드리겠습니다.

사 회 자 : 예, 간단하게 해 주세요.

조 성 훈 : 적정한 보유과세누진율이 비례에 맞는 않는 과도한 부담이라고 이렇게, 그게 기준이라고 하셨는데 그렇게 되면 생각하는 사람마다 과도한 부담의 기준은 다 다르게 될 것 같습니다.

그리고 원본잠식문제에 대해서도 10년 있으면 원본잠식은 위헌이고 지금 종부세는 20년인데 그렇다면 위헌이 아니다는 결론이 나와야 맞을 것 같고요.

그리고 1세대1주택 관련해서 지금 매각을 해야 되고 이사를 가야 되고 이런 문제는 돈이 없어서 생기는 문제이지 1세대1주택이어서 생기는 문제가 아니거든요. 그거를 계속 직접적인 것하고 간접적인 것을 오해하시는 것 같은데 1세대다주택자이더라도 종부세 낼 돈이 없으면 팔아서 이사가야 되는 거는 당연한 것이기 때문에 꼭 1세대1주택 그 특별한 취급을 제가 모르는게 아니라 매각이나 이사나 이런 문제는 1세대1주택자에 대해서만 적용되는 문제가 아니라는 그런 말씀이었습니다.

사 회 자 : 토론자 입장이 아니고 질문자 입장에서 끝내주십시오 이제.

조 성 훈 : 예, 그리고 세대별 합산은 종부세가 가장 직접적으로 제한시키는게 부동산을 많이 보유하는 것을 억제하는 것이기 때문에 고소득자들의 부동산의 보유를 억제해서 계층간 부동산 소유집중을 완화한다는 그런 목적이 가장 큰 것인 것 같습니다. 그래서 분할해서 과세하는 거나 이런 것은 목적에 적합하지 않고, 만약에 조세회피방지라는 그런 부수적인 것을 주된 목적으로 보면 더 논의할 필요도 없이 예외를 두지 않았기 때문에 당연히 위헌이게 되고 논의할 더 이상 가치가 없게 되는 거죠.

그리고 투기라는 것은 사고팔고 함으로써 매매차익을 얻으려는 건데 종합부동산세가 있다 하더라도 투기가 억제되거나 투기가 더 많이 일어나거나 이런 거는 전혀 아닌 거죠. 시장상황을 이용해서 투기라는 것은 사고팔고 해서 얼른 차액을 취하겠다, 아니면 계속 보유함으로써 나중에 올랐을 때 팔아야 겠다, 그런게 투기라는 말입니다. 제가 투기라고 말씀드린 거는.

사 회 자 : 이제 토론자의 토론을 마치고 참석하신 다른 분들의 질문을 받도록 하겠습니다.

아마 질문, 토론 이게 녹음이 되고 나중에 기록이 되는 것 같아요.

그래서 소속하고 성함을 말씀하시고 질문해 주시기 바랍니다.

김 형 남 : 반갑습니다.

단국대학교 법학과 김형남이라고 합니다.

우선 우리나라의 이런 세미나를 와보면 굉장히 너무 엄격한 것 같아요.

지난번에도 제가 느꼈습니다마는 좀 부드럽게 시작을 하는게 좋지 않을까 생각이 됩니다. 너무 엄격한 것 같고요.

저는 차진아 교수님 문헌으로 많이 뵈었었는데 오늘 이렇게 뵈니까 생각보다 너무 아름다우시고 너무 젊으신 교수님 같습니다. 그래서 큰 감동을 받았고요.

그 다음에 주제가 우리 공법학을 하는 사람 중에 조세문제에 대해서 이렇게 연구논문을 쓰시고 발표한다는게 굉장히 어려운 일인데, 그런 논문을 쓰시고 계신다는 거를 제가 알고서 굉장히 존경의 마음을 가졌습니다.

특히 우리 차 교수님의 발표를 미리 알고서 어제 밤 12시까지 메일이 오기를 계속 기다리고 있었는데 아마 집행부측에서 늦으셨는지는 몰라도 오늘 아침에서야 메일을, 저는 메일을 한 10분 간격으로 확인하거든요. 굉장히 바쁘셔서 그러신게 아닌가 그런 생각이 듭니다.

왜 그랬냐니까 제가 석사, 박사하고 미국 로스쿨에서 공부를 했었는데 제 공부분야가 심사기준이거든요. 특히 미국 연방대법원의 더블 스텐더드입니다.

그래서 오늘 제가 도저히 다른 부분은 텍스로, 이 분야에는 제가 전혀 공부된 바가 없어서 끼어들지 못하지만, 합헌성심사의 기준이라는 측면에서 저 외에는 본론적인 많은 토론이 있겠습니다마는 저는 심사기준이라는 거는 크게 두 가지로 컨텐츠에 따라, 그러니까 컨텐츠를 쳐다보는 기준이 있고 또 '스킬' 방법론에 대한 기준이 있다 이렇게 봐집니다. 그래서 저는 컨텐츠보다는 스킬기준쪽을 미국의 헌법해석방법론 그런 쪽으로 해서 연구를 하다보니까 어느 누구보다도 우리 헌법재판소의 판례를 한 글자 한 글자도 우리 헌재 재판관님께서 어떤 의도로 이 한 글자를 작성했는지 아주 비교적 꼼꼼히 읽어보는 편입니다. 그래서 문제는 578페이지를 다 같이 보시죠.

발제자 차 교수님께서 아마 당연히 1938년 유에스 버시스 캐롤린프렌시스컴퍼니사건에 의한 미국 연방대법원의 이중기준이라는게 있다는 건 다 아실 건데, 물론 미국과 우리가 분명히 다릅니다. 다른데 제 1 기 재판관 중에 변정수 재판관님께서 우리나라에서 최초로 이중기준이라고 하는 것을 우리 헌재 판례에서 처음으로 인용한 뒤에 최근에도 재판관 몇 분께서 인용하신 것도 있고 그래서 어느 정도 좀 일반화되어 가고 있는 그런 기준이 아닌가 저는 그렇게 생각을 해봅니다.

그래서 중간에 즉 "조세에 의한 개입조치가 조세평등원칙에 합치되는지 여부를 판단할 때에는 자의금지보다 더 엄격한 심사기준이 적용되어야 할 것이다"이렇게 본다면 이중기준의 원론이 우리가 법률이라고 하는 것은 굉장히 정치성을 담고 있기 때문에 법률을 위헌심사한다는 거 이거는 우리나라도 88년 이전에는 도저히 실질적으로 상상을 못해봤던 이야기거든요. 그렇게 본다면 아주 조심스럽게 접근을 해야 되는데 그런 차원에서 분명히 이코노믹 프리덤, 즉 경제정책, 조세정책과 관계된 입법에 대한 심사와 또 정신적 자유에 관련된 어떤 입법에 대한 합헌성심사가 두 가지 기준이 동일할 수 없다라는 아마 좋은 착상이었던 것 같습니다.

그래서 그런 원칙에 입각해서 본다면 지금 제가 읽은 부분은 조금은 저하고 견해차이가 있으신게 아닌가? "엄격한"이라고 해도 제가 충격을 좀 받는데 그 앞에다가 "더 엄격한"이라고 하셔가지고 저는 더 충격을 좀 받았습니다.

그래서 부족한 저를 좀 깨우쳐주시고.

그 다음에 제가 미리 와서 좀 읽어봤는데, 593페이지 2번에 '1세대1주택에 대한 종합부동산세 부과와 주택에 대한 재산권의 의미' 바로 그 위입니다. 위에 보면 "부동산공개념이라는 목적의 정당성이 인정되는 것만으로 충분하지 않고, 그 방법과 정도에 있어서 비례성의 요청에 합치될 때에 그 헌법적 정당성을 인정받을 수 있을 것이다" 이렇게 되어 있거든요.

그래서 이 부분만을 읽으면서는 비례성원칙이라고 하는 것이 굉장히 사실은 생각보다 복잡합니다마는 크게 세 가지로 적합성, 필요성, 상당성 이렇게 나눌 수가 있는데, 이 부분만 보면 1단계 심사에만 좀 그침으로써 엄격심사라고 하는 것을 조금은 벗어난 듯한 느낌을 주셔서 저는 잠시 착각을 했었는데, 또 600페이지에 보시면 6째줄 거기 끝부분에 보면 "필요성의 원칙 내지 최소침해의 원칙에 부합된다고 보기 어렵다"라고 또 의견을 주심으로써 분명히 이런 흔적을 남기신 것으로 봐서는 제가 항상 관심을 가지고 있는 이중기준이라는 외국의 어떤 이런 위헌심사기준하고 우리의 과잉금지원칙하고의 어떤 그런 적절한 융합이랄까요, 그리고 그런 고민들 그런 것들을 조금은 고민하신 것 같은데, 이런 이중기준과의 어떤 관련문제에서 혹시 어떤 생각을 가지고 계신지? 질문은 비교적 간단합니다. 이렇게 질문을 드리고 싶습니다.

사 회 자 : 질문 한 3개정도를 받고 한꺼번에 대답해 드리는 것으로 하고 그 다음에 또 시간 있으면 또 질문 받고 이렇게 하겠습니다.

질문 있으시면?

예, 김동건 교수님.

김 동 건 : 배제대학교에서 온 김동건입니다.

저는 앞에 사설을 좀 생략하고 말씀드리겠습니다.

우선 우리 차진아 교수님 글을 보고 굉장히 호감을 가지고 왔습니다.

우선 이쪽을 헌법적으로 다루시면서도 협의의 재정과세하고 정책과세를 구분해서 접근하고 그 본질을 또 연혁직으로 쭉 살펴오신 거에 대해서 굉장히 흥미를 가지고 왔고요. 그래서 오늘 발표를 쭉 들었는데 조금 아쉽게 생각을 합니다.

왜 그러냐하면 그 두 가지를 구분하면서 앞에 논리를 쭉 전개를 하셔서 그래서 그러한 논리의 일관성을 가지고 이거를 접근을 할 줄 알았어요.

그러니까 오늘 토론자로 오신 분은 글쎄요, 제가 이부분에 학회도 많이 들어봤고 그랬지만 정책과세임을 그동안 부정하지 않았는데 정책과세 아니라는 쪽으로 자꾸 말씀을 하신 것 같은데, 이거는 협의의 재정목적 이외에 대표적인 정책과세라고 그동안에 인정을 해 왔습니다. 발표자님도 그거 말씀을 하고 계신 것 같고요.

그래서 저는 이게 헌법적인 주제라고 그러면 이 단계에 와서는 정책과제의 본질에 대해서 한번 터치할 때가 되었겠다. 그래서 오늘 그 부분에 대해서 기대를 가지고 왔습니다.

그러니까 항상 이런 것들이 있어 오면서도 논의가 되면 첫 번째, 과연 정책과세라는 것들을 국가가 정책으로 취하는 것 자체가 가능하냐? 세금을 본래의 재정수입이외의 목적으로 사용하는게 가능하냐라는데 대한 의구심이 항상 논의가 되어 왔고요.

그 다음에 두 번째로 그것이 인정된다면 그러면 정책과세가 지켜져야 할 한계는 어디냐? 그러니까 일반재정과세가 가지고 있는 기준과 한계 이것과는 구별되는 뭔가가 있어야 되는데 그것이 독자적으로 가질 수 있는 어떤 한계는 어디까지냐? 그리고 그런 한계에 근거해서 개별적인 정책과세로서의 이 과세체제가 종합부동산세 과세체제가 그러한 부분을 어느 부분에서 넘나들고 있는지 이런 부분에 대해서 논의가 있을 거라고 사실은 생각을 했습니다.

그러니까 정책과세에 대한 본질이 논의되기 전에는 그 이후에 나오는 이것이 무슨 거주이전의 자유다 아니면 부부합산제가 문제가 된다 뭐 이런 것들은 우선 큰 틀에서 먼저 결정이 되어서 나머지 부수적으로 같이 해결되어야 될 부분이지 그 부분이 본질적으로 앞으로 튀어 나올 부분이 아니었다라고 생각을 했고요.

그 다음에 발표자 본인께서는 앞에서는 협의의 재정과세하고 정책과세를 구분을 하지만 종합부동산세에 대해서 평가를 하심에 있어서는 결국 정책과세가 어떻다라는 거에 대해서는 다 잊어버리신 것 같고, 일반적인 과세의 기본이론 가지고 이 과세의 문제점에 접근하고 계십니다. 그래서 정책과세의 특이성에 대해서는 완전히 논외가 되어 버렸다라는 부분이어서 이게 정책과세라 그러면 이거 접근자체가 잘못되었다라는 생각을 해보고요.

또 부분적인 것에 들어가서는요, 정책과세이기 때문에 어떻게 재정과세, 담세능력에 따라서 재원을 확보하는 이 기준이 정책과세에서는 좀 달라질 수도 있습니다.

왜냐하면 일반적인 과세라는 거는 소위 양출제입, 얼마 나갈 것을 생각해서 들여올 것을 계산한다 그러는데 사실은 정책과세라는 양출제입이라는 계산방법이 적용될 수가 없어요.

몇 분 더 주시겠습니까? 시간을 보시네요?

사 회 자: 다른 논점이 또 있습니까?

김 동 건: 제가 1분 내로 정리를 하겠습니다.

그래서 그런 부분들이 논의가 되었는데 응능부담 얘기할 때도 그래서 이런 부분이 좀 다른 기준으로 적용되어야 되는데, 우선 응능부담 얘기하면서 일반적인 비례의 원칙을 얘기하는 거는 응능부담의 원칙이 가지고 있는 본질의 한계가 아닙니다.

그 다음에 응능부담원칙이 과연 정책과세에도 적용될 수 있는 여부에 대해서 고찰이 없는 상황에서 일반적인 과세와 같은 논리로서 접근했다는 부분에 대해서도 조금 의구심을 제기해 봅니다.

이상입니다.

사 회 자: 근본적으로 너무 구성과 관련된 질문이 제기되었기 때문에 반응을 한번 보이셔야 될 것 같아요.

발 표 자: 일단 577쪽하고 592쪽에 대해서 문제를 제기하셨는데, 이중 기준의 원칙은 말씀하신 것처럼 누구나 다 알고 있는 원칙인데, 언론의 자유와 같은 정신적인 자유하고 경제적인 자유와의 관계에 있어서 정신적인 자유는 좀더 강한 보호를 받고 경제적인 자유는 좀더 완화된 그러한 보호를 받는다. 이런 것으로 얘기를 하고 있는데, 이 조세라고 하는 것이 기본적으로 침해적인 성격을 갖는 공권력이고 그래서 옛날부터 조세의 과세권으로부터 재산의 침해를 방어하는 것 이것이 아주 관건이었다 이렇게 볼 수 있습니다.

그래서 조세법률주의의 형성과정에서 보면 이것은 대표 없이는 조세없다라고 하는 요청이 이미 마그나 카르타에서부터 시작이 되고, 그래서 가장 먼저 보호를 요청을 한 그러한 기본권중에 하나도 재산권일 뿐만 아니라 특히 과세권의 행사와 관련해서 문제가 특히 되었습니다. 그래서 일반적인 어떤 이중 기준의 원칙이 이 과세권 행사와 관련해 가지고 적용될 수 있을 것인가? 저는 근본적으로 의문이 있습니다. 일단 그렇고.

그 다음에 이 발표문에서 제가 쓴 것처럼, 그런데 독일의 입헌군주제적인 현실하에서 이론적인 왜곡 때문에 이 조세법률주의를 법률유보로 이렇게 생각을 안 했던 것이고 그래서 과세권하고 재산권하고를 보호영역을 완전히 분리시켜가지고 이른바 재정유보 내지는 조세유보 이런 식으로 해 가지고 했었던 것인데, 그러한 왜곡을 지금도 유지할 필요는 없다, 그렇게 생각을 하고요.

그래서 그렇게 본다면 과세권행사라고 하는 것이 국민의 재산권에 대한 직접적인 침해라고 하는 것 그리고 그것도 매우 심대한 침해입니다.

왜냐하면 우리가 기속가능한 행정주체한테 어떠한 이익을 받고 그것에 대한 반대급부로서 돈을 줄 때는 사용료를 주거나 그럴 때는 뺏긴다는 느낌은 받지 않지만, 이 조세라고 하는 것은 개인적으로 특정적으로 기속 가능한 그러한 이익에 대해서 직접적으로 반대급부를 주는게 아니거든요. 그렇기 때문에 누구나 세금을 내는 사람은 뺏긴다는 느낌을 가지고 세금을 내게 되어 있습니다. 저도 소득세를 내지만 매달 월급표를 보면 굉장히 뺏긴다는 생각이 들고 사실 굉장히 아깝습니다. 이것이 모든 납세의무자의 기본적인 생각인 것입니다.

그렇기 때문에 그러한 완화된 어떤 그런 보호를 특히 과세권의 행사와 관련해 가지고, 경제정책의 문제 이런 것이 아니라 과세권의 행사와 같은 그런 대표적인 침해적인 그러한 국가공권력에 대해서 할 수 있을 것이냐? 특히 오늘날에는 법률유보의 원칙이 특히 강조되어 가지고 엄격하게 구체화된 영역이 두 가지 있다고 하지 않습니까? 그래서 죄형법정주의하고 조세법률주의를 듭니다. 그런 관점에서 저는 기본적인 의문이 있고요.

그리고 577쪽에서 말한 더 엄격한 심사기준에 따라서 해야 한다는 것은 바로 비례성원칙에 따른 심사를 해야 된다고 말하는 것입니다. 그래서 평등원칙 위배에 대한 합헌성심사기준에 있어서 자의금지원칙과 비례성원칙에 따른 심사 혹은 엄격한 심사기준과 완화된 심사기준 이렇게 들지 않습니까? 그래서 그 용어를 쓴 것입니다.

그래서 비례성원칙에 따른 심사를 해야한다라고 표현한 것을 저는 자의금지라고 썼기 때문에 자의금지보다 더 엄격한 심사기준이 적용되어야 된다고 표현한 것이고 이것은 곧 비례성원칙에 따른 심사여야 된다 이런 뜻이고, 그래서 592쪽에 보시면 비례성원칙에 따른 심사를 하고 있는 것입니다.

그래서 적합성, 필요성, 협의의 비례성 이렇게 판단하고 있는 것이고요. 그렇게 이해를 해 주시면 좋을 것 같고.

김 동 건: 대강 예상을, 답변을 했었는데 그렇게 말씀해 주시니 감사합니다.

그런데 우리 위헌심사 같은 경우는 특히 차 교수님께서 변호사자격도 가지고 계시니까, 그런데 일반적인 리걸마인드하고 좀 차원이 다른 것이 우리 헌법은 굉장히 추상적입니다. 추상적이고 인간의 존엄과 가치라고 하는 우리 헌법 10조의 첫 번째 문장을 지순지고의 최대가치로 삼고 있는데요. 그렇게 본다면 개인의 측면에서 바라보면 어떤 침해작용으로서 과세권이 굉장히 국민들에게 실질적으로 저도 소득세 납부될 때마다 굉장히 많이 떼 갔구나 이렇게 생각이 듭니다마는, 그래도 또 국민의 한사람으로서 세금을 낸다는 거는 우리가 긍정적으로 생각할 수도 있겠고요.

또 하나 국가의 차원에서 정부의 차원에서 본다면 이 과세문제는 굉장히 전문적인 문제이고 재량이 가장 많이 들어갈 수 있는 그런 영역이기 때문에 우리 위헌심사를 판단하는 기관 우리나라는 헌재인데, 헌재 같은 기관에서는 정부의 그런 재량성을 최대한 존중하지 않을 수 없거든요.

그래서 이중기준이 잘못 알려진 것은 한쪽은 엄격하게 하고 한쪽은 완화한다 이게 아니라 어느 특정사안에서 국가에 또는 정부의 입장을 일단은 존중한다는 의미가 강하지 상대적으로 뭐 완화한다 이런 거는 저는 아니라고 개인적으로 보고요. 그래서 제 견해는 이렇고.

또 하나, 또 다음에도 이럴까봐 제가 여쭙는 것은 577페이지 중간에 평등원칙이라고 하는 것이 제가 알기로는 또 다른 중요한 심사기준이거든요. 그러면 더 엄격한 심사기준이라고 하는 것을 비례성원칙이라고 말씀하셨는데, 그러면 이게 혼용된 것인지? 아주 첨예하게 대립될 수도 있는 문제라서 발제자의 간단한 답변을 듣고 싶습니다.

발 표 자: 이것은 일반적으로 이론적으로도 그렇고 헌법재판소의 판례에 의해서 이것은 확립된 입장인데, 독일 연방헌법재판소도 마찬가지고 우리 헌법재판소도 독일 연방헌법재판소의 영향을 많이 받은 것으로 알고 있습니다마는 평등원칙에 대한 어떤 입법자에 대한 심사기준, 입법자의 입법행위가 평등원칙에 위배되는지를 심사할 때에 과거에는 자의금지원칙에 따라서 즉 차별하는 것에 합리적인 이유가 있는지 없는지 여부만을 따지고 그 차별의 구체적인 정도나 이런 것은 별로 따지지 않고 합리적인 이유가 있으면 그것은 합헌이다, 평등원칙에 합치된다, 이렇게 심사를 했다가 최근에 특히 제대군인가산점사건에서 명시적으로 심사기준을 이원화해 가지고 자의금지원칙에 따른 심사 혹은 완화된 심사, 그 다음에 비례

성원칙에 따른 심사 혹은 엄격한 심사로 이렇게 이원화하고 있습니다. 그래서 그거를 얘기하는 겁니다.

사 회 자: 김동건 교수 질문에 대한 답변을.

발 표 자: 그거를 지금 하고 있는 것이거든요.

사 회 자: 두 번째 질문?

발 표 자: 두 번째 질문하신 부분에 대해서는 일단 이 테마의 성격 자체가 구체적인 종부세라는 것의 어떤 조세체계를 놓고 그것의 합헌성여부를 판단하는 것에 초점을 맞추었는데 정책과세 본질에 대해서 저도 의식을 하고 있었고 그래서 발표문을 꼼꼼히 보셨다면 발견할 수 있을 텐데, 각주 26번 제가 발표할 때도 설명을 드렸습니다.

그래서 과연 국가가 조세를 통해서 재정수입충당 이외에 그와 동시에 어떤 유도조정적인 성격 혹은 조세를 수단으로 해 가지고 경제질서에 개입하는 것이 정당한가 하는 것이 최근까지도 그러니까 20세기 이후에도 그러니까 20세기 중반까지만 해도 독일에서 상당히 이론적으로 논란이 많이 있었습니다.

그래서 그 전제는 뭐냐 하면 시민적 자유주의적 법치국가에서의 국가와 사회의 엄격한 이원론에 따라서 했을 때 국가의 영역과 경제의 영역이 엄격하게 구별이 되고 그래서 국가가 조세를 수단으로 해 가지고 경제질서에 개입하는 것은 그것은 시장의 자기조정력을 침해하는 것이다, 이렇게 생각을 했기 때문에 이론적으로 그것을 부인했습니다. 그리고 이러한 조세의 재정충당목적이라고 하는 것은 조세의 개념의 본질을 이룬다 이렇게 생각을 했기 때문에 어떤 유도조정적인 성격의 조세는 이른바 교살적 교세다 이렇게 해 가지고 조세개념에도 부합되지 않는다, 이렇게 까지 얘기를 했었습니다. 그랬는데 이것이 사회국가원리가 도입되면서 국가와 사회의 엄격한 이원론이라고 하는 것이 상당부분 붕괴되었습니다. 그래서 민주주의가 관철되고 그 다음에 사회국가원리가 헌법적으로 수용되면서 국가와 사회의 상호 침투가 정당한 것으로 받아들여지고 그래서 국가가 어떤 과제수행을 위해서 다양한 방식으로 활동하는 것이 정당하다 이렇게 인정이 되었고, 그 수단의 하나로서 조세를 쓰는 것도 그것도 정당하다라고 인정이 되었던 것입니다.

그리고 그러한 상세한 어떤 조세의 목적과 개념 혹은 조세기능에 대해서 상세한 논의는 각주 27번에 있는 Wolfgang Knies, Steuerzweck und Steuerbegriff하고 Peter Selmer의 Steuerinterventionismus und Verfassungsrecht 여기에 상세히 있고 여기서 퍼어 바이스를 했으니까 거기에 제대로 되어 있을 뿐만 아니라 그래서 그 재정목적의 어떤 조세에 대한 합헌성판단기준은 기본적으로 응능부담의 원칙입니다.

그리고 이 어떤 유도조정적인 성격의 조세에 대해서는 이 응능부담의 원칙을 아까 발표문에서 말씀드린 것처럼 변형시키는 것이기 때문에 그래서 조세평등의 원칙을 침해할 수 있는 여지가 있고 그래서 응능부담의 원칙과의 정당한 형량을 거쳐야 한다라고 요구하는 것이고, 그래서 그 응능부담의 원칙과의 관계에 있어서 비례성에 따른 보다 엄격한 심사를 해야 되겠다, 이렇게 제가 발표문에서 말씀드렸고요.

그리고 그러한 유도조정적인 성격의 합헌성심사기준으로 어떤 억압적인 성격의 경우에 억압되는 자유권과의 관계에 있어서 비례성원칙에 합치되어야 된다, 이렇게 보고 있습니다.

그래서 예를 들면 독일에서 이렇게 이원화해서 유도조정적인, 그러니까 재정목적의 어떤 그런 조세에 대해서는 응능부담의 원칙에 따라 심사를 하고 그 다음에 이러한 유도조정적인 성격의 조세에 대해서는 응능부담의 원칙과의 관계에서도 다른 한편으로는 억압되는 자유와의 관계에 있어서 비례의 원칙에 따라서 심사해야 된다, 이것이 일반적으로 정립된 견해이고, 독일연방헌법재판소의 일관된 판례이고 우리 헌법재판소도 제가 발표문에서 여러 번 소개를 드린 바 있지만 우리 헌법재판소도 기본적으로 이런 입장에 있는 판례가 많이 있습니다.

그래서 수직적 조세평등, 수평적 조세평등 얘기하면서 응능부담의 원칙에 따라서 일단 판단을 할 뿐만 아니라, 유도조정적인 성격의 조세에 대해서는 관련 자유와, 직업의 자유라든지 재산권이라든지 그런 것에 있어서 비례의 원칙에 합치되어야 한다라고 심사하고 있고 구체적인 판례번호도 이 발표문에 있습니다.

그래서 예를 들면 발표문 580쪽에 각주 74번을 보시면 92헌바49, 96헌바64, 2004헌가6 이런 사건에서 보면 관련되는 유도조정적인 성격을 확인하고 그러한 유도조정적인 성격에 의해서 억압을 받는 제한되는 자유, 직업의 자유라든지 재산권이라든지 이런 것들에 제한의 비례성원칙에 따라서 판단을 하고 있습니다.

김 동 건 : 제가 조금만 추가로 말씀을 드리겠습니다.

사 회 자 : 황치연 박사가 질문해 주시고 그 다음에 질문하시고 시간 남으면 다시 기회를 드릴께요.

황 치 연 : 부동산공개념 목적이 정당하다, 이렇게 말씀하셨잖아요? 그런데 부동산공개념이라는 실체가 있는 건지? 이게 헌법상 근거가 뭔지 의문스럽고요.

그 다음에 이중과세의 의미, 헌법상에는 이중처벌금지는 명백히 위헌이라는 헌법상 규정이 있거든요. 이중과세금지의 원칙이라고 하는데 이게 어디에서 헌법상 도출되는지? 이중과세의 의미가 뭔지? 국가간에 어떠한 조세협정을 맺어서 이중과세를 이렇게 면하게 하는 것은 많이 있지만 이중과세 금지의 원칙이 무슨 헌법상의 원칙인지?

단지 저는 과중한 세 부담을 비례성원칙을 적용할 때 그거를 하나의 고려할 수 있는 방편은 되지만 이중과세이기 때문에 바로 위헌이다, 이 논리 형식은 좀 의문이 있지 않나 이렇게 생각을 합니다.

그리고 이 종부세의 본질을 보유세로 본다면 보유 억제라는 유도적·조정적 기능이 강한건데 비례성심사를 한다면서 과중한 과세다, 이거를 어떻게 논증하는 것인지?

그래서 오히려 유도적·조정적 기능성격을 강조한다면 그 목적달성, 보유억제라는 목적달성에 이 수단이 너무 과하다 또는 적절하지 않다 이런 식으로 논증하는 것이 타당하지 않을까 이런 생각을 해봤습니다. 이상입니다.

이 황 희 : 헌법재판소 이황희 연구관이라고 합니다.

제가 잘 모르는 분야인데 좋은 강의 들어서 많이 배웠고요.

제가 문외한의 입장에서 두 가지 정도 궁금한 거 여쭙고 싶습니다.

첫 번째는 소득세 합산과세랑 재산세 합산과세는 좀 구별해야 되지 않나라는 생각을 합니다.

왜냐하면 소득세 합산과세 같은 경우는 근로의욕을 상실시킬 우려가 있고, 특히 남성에 비해 사회진출이 늦은 여성의 근로의욕을 막는 억제하는 우려가 있는 거죠. 그리고 이미 일하고 있는 여성 같은 경우는 남편의 종용같은게 있을 수 있고요. 그런 것들에 대해서 사회 전체적으로 근로의욕이 상실되는 거를 공익적으로 수용하기는 굉장히 어렵다고 생각됩니다. 하지만 재산세 합산과세같은 경우는 재산의 소유의욕이 상실되고 그로 인해서 분산될 수 있는 어떤 여지가 있고 이거는 공익적으로 수용가능할 수 있다고 저는 생각을 합니다. 이 두 개는 구분해 생각을 하셔야되는데 같이 생각하신게 아닌가라는 생각이 들었고요.

두 번째는 역사적으로 볼 필요가 있다라고 생각을 하는데, 지금 계속 세금부과의 당연한 원칙이라고 반복하셨던 응능부담의 원칙 같은 경우에 이를테면 소득세가 전형적인데, 사실 소득세는 1779년에 윌리엄피트 수상이 만들었다고 했는데 그때는 정말 조세저항이 컸고요, 금방 폐지되었습니다. 폐지되고 1800년대 또 두 번인가 세 번 만들었다고 또 폐지되고 그렇게 제정과 폐지를 겪다가 1874년 정도에 들어서 조세저항이 잦아들고 당연히 내야 되는거다 라는 생각이 형성되기 시작했습니다. 그러니까 기존에 관점으로 주류적인 관점으로 새로이 변화된 현실을 재단하려다보니까 그런 식으로 계속 조세저항과 모순이 있었던 거죠.

그러니까 지금 차 교수님의 만약에 이런 주제라면 200년전으로 돌아갔을 때

소득세도 여전히 위헌이 아닌가? 왜냐 하면 그 당시에 응능부담 같은 거는 없었고 그 당시에는 인두세 모든 사람은 똑같이 내야된다 라는 생각이 지배적이었기 때문에 그때 헌법재판소가 있었다면 소득세는 당연히 위헌 났겠죠. 실제로 1895년에 미국에서는 소득세 위헌판결이 있었습니다.

그러니까 이런 기존의 관점에 너무 얽매이다 보면 변화된 현실에 조응하는 구체적 타당성성이 결여된 판단이 나올 수 있지 않은가라는 그런 생각이 들어서 어떻게 생각하는지 여쭙고 싶습니다.

사 회 자 : 황치연 박사님의 두 번째 질문은 아마 김동건 교수님이 재기하신 거하고 같은 맥락이라고 보여져요.

발 표 자 : 그러니까 일단 부동산공개념의 헌법적 근거에 대해서 말씀하셨는데요.

황 치 연 : 실체가 있는 개념 ….

발 표 자 : 아, 실체가 있는 개념이냐?

황 치 연 : 부동산을 규제할 필요성이 많기 때문에 부동산이 가지고 있는 공적기능을 이렇게 묘사적으로 쓴 거라면 이해를 하겠는데, 어떠한 실체적 개념을 들어서 부동산공개념이라는게 뭔가 있는 것 같은 그런 ….

발 표 자 : 그러니까 부동산공개념에 의해서 구체화되고 있는게 예를 들면 종부세 같은 거고 예를 들면 재산세도 그것이 문제가 없지는 않은 데 예를 들면 재산세 같은 경우에 우리나라는 지금 부동산만 재산세 과세대상이 되지 않습니까? 동산하고 이런 것들은 과세대상이 안 되고 있거든요.

그런데 독일 같은 경우에는 예를 들어 페어헤던슈토이어라고 하는게 우리나라 재산세하고는 조금 다릅니다. 독일에는 그룬트슈토이어라고 하는 부동산세가 오히려 우리나라의 재산세하고 비슷한 건데 그런데 예를 들면 독일의 재산세는 포괄적으로 동산, 부동산 모두 다 재산의 보유에 대해서 과세를 하고 있거든요.

그런데 우리나라는 예를 들면 지금 동산에 대해서는 재산세를 부과하지 않고 부동산에 대해서만 재산세를 부과하고 있는 것도 일종의 제가 생각할 때는 이러한 부동산에 대해서 보다 강한 어떤 제한을 하고 있는 것 중에 하나다, 이렇게 생각할 수 있지 않나, 그게 정당하냐 정당하지 않느냐를 떠나서 일단 설명을 한다면 그렇게 볼 수 있다, 이렇게 할 수 있습니다.

그리고 그 실체가 뭐냐? 이렇게 말씀하신다면 제가 그 질문에 어떻게 답을 드려야 될지 모르겠는데 그래서 부동산공개념이라고 하는 것의 헌법적인 근거를 많은 사람들이 헌법 제122조를 들고 있지 않습니까? 그래서 토지에 대해서는 보다 많은 어떤 제한을 가할 수 있다 이렇게 하는 122조를 근거로 들고 있는데, 그래서 지난 정권에서는 그런 부동산공개념에 대해서 다툼이 많으니까 헌법적인 근거가 있는 거냐, 거기에 대해서 다툼이 많으니까 아예 122조의2를 신설해 가지고 그런 다툼이 없도록 하자 이런 논의까지도 아마 있었던 것으로 알고 있습니다.

그런데 어쨌든 저는 사회국가적인 관점에 있어서 모든 국민들에게 주거의 자유를 실제로 할 수 있도록 자기 집을 가질 수 있는 기회를 확대하는 것이 사회국가가 추구할 수 있는 혹은 추구해야 되는 목표의 하나라고 생각을 하고 그러한 관점에서 부동산에 대해서 동산이나 다른 재산에 비해 보다 더 많은 사회적인 제약을 가하는 그 자체는 정당하다고 생각합니다.

다만 그 방법이나 실현정도에 있어서 여러 가지 헌법적인 요청을 지켜야 된다, 그렇게 생각을 하고 있습니다.

그 다음에 이중과세금지의 원칙에 대해서는 저도 발표문에서 그렇게 말씀드리고 있는데요. 발표문 585쪽을 보시면, 그래서 이중과세의 개념이 뭐냐 하는 것에 대해서는 학자들 사이에서 통일된 개념이 없을 만큼 굉장히 논란이 많이 있는 것으로 알고 있습니다. 그래서 제가 생각할 때도 이중처벌금지의 원칙은 헌법상으로 명문화되어 있지만 이중과세금지의 원칙은 토론자분께서 말씀하신 것처럼 명문규정이 없습니다. 그래서 제가 생각할 때 문제되는 이중과세라고 하는 것은 동일한 과세물건에 대해서 동일한 납세의무자에게 중복적으로 과세함으로써 그 자체가 문제가 아니라 다른 납세의무자한테는 중복적으로 하지 않으면서 특정의 납세의무자한테만 중복적으로 세 부담을 부과시킴으로 인해 가지고 조세평등의 원칙의 문제를 야기할 수 있는 그런 경우가 문제된다. 그렇게 생각하고 그래서 그런 경우에 근거규정을 대라 이렇게 얘기한다면 특히 헌법 11조하고 헌법 38조 납세의무 이런 것을 들어야 되지 않을까 그렇게 생각을 하고 있습니다.

그래서 이중과세 그자체가 위헌이 아니지 않느냐, 그렇게 말씀하신 지적은 저도 동감합니다. 저도 그렇게 생각하기 때문에 발표문에서 문제되는 이중과세는 조세평등의 원칙에 위반되는 경우 그런 경우가 아닌가 이렇게 저도 적었습니다.

그다음에 종부세가 보유세고 그 보유세를 중과세한다는 것은 보유를 억제한다는 것을 얘기하는 것이다, 그 말씀도 맞고. 그리고 그래서 거기에 어떤 정당성의 비례성원칙을 대고 있는데 판단기준으로 비례성원칙을 대고 있는데 오히려 목적달성에 과하다 과하지 않다 이것이 더 맞지 않느냐 이렇게 말씀하셨는데, 저는 비례성원칙하고 목적달성을 하기 위해서 너무 과한 수단이 아니냐하는 것하고 뭐가 다른지 모르겠습니다.

오히려 비례성원칙 자체가 그거를 얘기하는 것 아닙니까? 목적달성을 위해서 쓰는 수단이 목적과의 관계에 있어서 합목적적이어야 하고 그래서 적합해야 되고 필요성이 있어야 될 뿐만 아니라 협의의 비례성이 있어야 된다는 것은 과도한 수단을 쓰면 안 된다는 것이고, 헌법 제37조 2항의 "필요한 경우에 한하여"라고 하는 것도 과도한 수단이어서는 안 된다라는 것으로 저는 알고 있습니다.

황 치 연 : 제가 말씀드리는 것은 유도적·조정적 기능을 가진 세금에 있어서 과도한 세 부담 이거를 이렇게 확정하는데 그 세부담 액수 이렇게 환산시켜서 하는게 좀 문제가 있지 않냐 이거죠. 예컨대 세대합산의 경우도 자산소득을 합산하는 경우는 우리가 위헌이라고 했지만 이런 아주 특정한 유도적·조정적 목적을 가진 부동산세에서 그게 그 목적을 달성하는데 다시 일반적인 재정조세차원으로 돌아와 가지고 이게 몇 년이면 원본이 잠식되고 20년이면 잠식되고 해서 위헌이다, 이거는 좀 본질파악으로부터 너무 거리가 멀어지는게 아닌가?

발 표 자 : 제가 질문의 요지를 잘못 이해한 것 같은데, 다시 설명을 드리면 유도조정적인 성격의 조세라고 해서 재정적인 목적이 없는게 아닙니다.

그러니까 이중적 기능이라고 얘기하는 것은 재정적 목적은 본질적인 기능이고 그것이 없으면 조세라고 할 수가 없습니다.

그리고 그것과 동시에 발표문에 제가 항상 '그것과 동시에'라는 문구를 넣은 것은 유도조정적인 성격은 재정적 목적과 동시에 추구할 수 있는 것입니다.

그렇기 때문에 어떤 조세든지 간에 재정적인 성격이 있고 유도조정적인 성격이 있습니다. 그래서 그 두 가지 다 판단을 해 봐야 되는 것입니다.

사 회 자 : 황치연 박사님의 질문의 취지는 그게 이제 김동건 교수님의 취지이기도 한데, 이 세금이 유도조정적 기능을 수행….

제가 보기에는.

황 치 연 : 보유억제의 목적이 있다면 그거를 더욱더 억제하면 합당한거 아닌가.

사 회 자 : 그거는 이제 발표자도 설명을 하셨는데 유도조정적 기능을 갖는 조세의 경우에는 재산권만 아니고 재산권이외의 다른 기본권이 심사의 기준된다. 그런데 그것이 본격적으로 이 발제문에 잘 나타나 있지 않다 하는게 두 분의 질문의 취지인 것 같아요.

제가 시작할 때 9시전에 끝내라는 애기를 들었습니다.

그래서 김동건 교수님 죄송하지만 질문을 많이 하셨기 때문에 나중에 개인적으로 하셔도.

발 표 자 : 한분 질문하신 거 아직 답변 안했는데요.

사 회 자 : 아직 다 안했나요?

발 표 자 : 예, 한 분 남았습니다.

사 회 자 : 그러면 그거 답변을 하시고 끝내도록 하겠습니다.

발 표 자 : 여기서 소득세 합산과세하고 재산세 합산과세가 다르지 않느냐, 이렇게 말씀하시는데 그런데 아까 말씀하신 소득세 합산과세는 분할과세인지 비분할과세인지 그 부분이 불분명, 비분할과세인 경우에는 그 자체가 위헌이라고 저는 생각을 합니다.

이 황 희 : 미국에서는 합헌판례도 있는 것으로 알고 있습니다.

발 표 자 : 그런데 그 경우에는 좀 다릅니다. 공제율이 다르거든요.

혼인한 부부하고 독신자하고 기본적으로 공제되는 액수가 다릅니다.

그렇기 때문에 단순히 우리나라처럼 공제액 다 같고 세율도 다 같고 그런데 단순히 합산하고 비분할 과세하는거 하고는 다릅니다. 세 부담이 다릅니다. 그렇기 때문이 그거랑 동일한 차원에서 얘기할 수 없습니다. 일단 그런 부분이고요.

그 다음에 응능부담의 원칙이, 그 말씀 맞습니다. 소득세가 도입된 배경이라든지 그런 것 다 맞고 맞습니다.

그래서 과거에는 재산세가 가장 응능부담의 원칙을 잘 구현할 수 있는 물세로서의 재산세를 얘기하는 것이고 그것은 각주 94번에도 있는 것인데, 문제는 뭐냐 하면 지금 여기서 우리의 정의 관념에 부합되는 것이 무엇이냐? 이것을 우리 지금 논의해야 되는 것이고, 그래서 과거의 정의관념은 그때의 정의관념에 따르면 그때는 맞겠지만 오늘날에는 맞지 않다 그렇게 얘기할 수 있지만, 마찬가지로 오늘날 우리가 우리의 이 현실에서 다른 나라도 아니고 바로 우리나라에서 독일이나 이런 나라하고 우리는 세제가 많이 다르지 않습니까?

그래서 부동산에 대한 우리의 현실 이것에 맞는 그러한 세제가 무엇이냐? 그런 관점에서 고민을 해야 되고 그럴 때 생각이 많이 다를 수 있지만 제 입장은 기본적으로 이렇다 이렇게 말씀드릴 수 있습니다.

사 회 자 : 고맙습니다.

큰 쟁점이 있는 그런 문제들이었었는데 오늘 이 기회를 통해서 그 쟁점이 더욱더 뚜렷해 졌고, 또 발표와 토론을 통해서 새로운 쟁점 새로운 생각해야 될 문제가 정리된 것 같습니다.

좋은 이런 기회를 주신 차진아 교수님한테 감사드리면서, 큰 박수로서 감사드리도록 하겠습니다.

이것으로서 오늘 헌법실무연구회를 마치겠습니다.

헌법실무연구 수록 논문색인(제 1 권 ~ 제 8 권)

권	회차	제목	발표자
제 1 권	제 1 회 발표문 (1999. 7. 2.)	택지소유상한에관한법률의 단순위헌결정 — 헌재 1999. 4. 29. 선고, 94헌바37등(병합) 결정, 판례집 11-1, 289 —	윤홍근
	제 2 회 발표문 (1999. 9. 3.)	음란물출판사등록취소사건 — 헌재 1998. 4. 31. 95헌가16, 판례집 10-1, 327 —	이인호
	제 3 회 발표문 (1999. 10. 1.)	도시계획법 제21조에 대한 위헌소원 — 헌재 1998. 12. 24. 89헌마214등, 판례집 10-2, 927 —	김문현
	제 4 회 발표문 (1999. 11. 5.)	文通事故處理特例法 제 4 조 제 1 항 및 그에 근거한 不起訴處分에 대한 憲法訴願의 適法性: 違憲決定의 遡及效 문제를 중심으로 — 헌재 1996. 12. 26. 96헌가18, 판례집 8-2, 680 —	박경신
	제 5 회 발표문 (1999. 12. 3.)	자도소주(自道燒酒)구입명령 판결에 대한 평석 — 헌재 1996. 12. 26. 96헌가18, 판례집 8-2, 680 —	박경신
	제 6 회 발표문 (2000. 1. 7.)	變形決定의 문제점	김운용
	제 7 회 발표문 (2000. 2. 11.)	구 소득세법 제60조에 대한 헌법불합치결정의 법적 성격과 그 효력 — 헌재 1999. 10. 21. 96헌마61등, 판례집 11-2, 461 —	방승주
	제 8 회 발표문 (2000. 3. 10.)	선거관계법에 대한 헌법재판소 결정의 문제점	이성환
	제 9 회 발표문 (2000. 4. 7.)	노동 3 권의 법적 성격과 노동단체법 — 헌재 1998. 2. 27. 94헌바13등, 판례집 10-1, 32 —	강희원
	제10회 발표문 (2000. 5. 12.)	위헌법률에 기한 처분의 집행력 허용여부에 관한 검토	남복현
	제11회 발표문 (2000. 6. 2.)	국회의원과 국회의장 간의 권한쟁의에 관한 헌재결정들	박승호

제 2 권	제12회 발표문 (2000. 7. 7.)	법적 안정성과 실질적 정의 — 12·12 및 5·18 사건의 경우 —	이명웅
	제13회 발표문 (2000. 10. 6.)	평등의 원초적 해석과 실질적 평등의 논리적 건재 — 제대군인가산점 위헌결정 평석 —	박경신
	제14회 발표문 (2000. 11. 10.)	민주주의의 실패와 사법적극주의 — 동성동본금혼 규정에 대한 헌법재판소 결정의 의의를 중심으로 —	임지봉
	제15회 발표문 (2001. 1. 5.)	헌법상 사립학교의 자유와 헌법재판의 동향	허종렬
	제16회 발표문 (2001. 2. 2.)	청소년보호를 위한 표현물 규제시스템의 헌법적 고찰 — 구 청소년보호법 제2조 제3호 가목 등 위헌제청사건 등에 대한 평석을 중심으로 —	황성기
	제17회 발표문 (2001. 3. 2.)	헌법소원사건 결정을 통해서 본 언론에 의한 명예훼손의 법리	박선영
	제18회 발표문 (2001. 4. 6.)	서울대 입시요강사건 — 헌재 1992. 10. 1. 92헌마68, 76(병합) —	정연주
	제19회 발표문 (2001. 5. 4.)	미국과 독일의 규범통제에서의 심사도구 비교	정태호
	제20회 발표문 (2001. 6. 8.)	사립대학교수 재임용제의 헌법적 근거와 한계 — 사립학교법 제53조의 2의 제3항에 대한 헌법소원결정을 중심으로 —	김종철
	제21회 발표문 (2001. 7. 6.)	가변적이고 예측 불가능한 상황에서의 헌법해석 — 헌재 92헌바6 결정을 중심으로 —	박진완

제3권	제22회 발표문 (2001. 9. 7.)	대통령직속기관의 설치와 직무범위 — 헌재 1994. 4. 28. 선고, 89헌마221 —	유진석
	제23회 발표문 (2001. 10. 12.)	헌법재판소와 사회적 기본권	홍성방
	제24회 발표문 (2001. 11. 2.)	과잉금지의 원칙과 적용상의 문제점	김형성
	제25회 발표문 (2001. 12. 7.)	근로자의 쟁의(행위)권의 행사와 공공복리 — 헌재 1996. 12. 26. 선고, 90헌바19 결정, 92헌바41 결정, 94헌바49 결정과 관련하여 —	강희원
	제26회 발표문 (2002. 2. 1.)	공법인의 기본권주체성 — 헌재 2000. 11. 30. 선고, 99헌마190 결정 등과 관련하여 —	함인선
	제27회 발표문 (2002. 3. 8.)	기본권의 보장과 제도적 보장의 준별론에 관한 비판적 보론 — '기본권의 최대한의 보장과 제도의 최소한의 보장'에 전제된 오해의 극복을 위하여 —	이종수
	제28회 발표문 (2002. 4. 12.)	헌법상 평등의 요청과 국가유공자 유가족에 대한 가산점의 문제점 — 헌재 2001. 2. 22. 선고, 2000헌마25 사건에 대한 평석 —	장영수
	제29회 발표문 (2002. 6. 7.)	양심의 자유의 규범구조와 보호범위 — 준법서약제를 중심으로 —	박종보
	제30회 발표문 (2002. 7. 12.)	헌법재판에서의 가처분	황치연
	제31회 발표문 (2002. 9. 6.)	전국구비례대표제의 투표방식과 의석배분방법의 위헌결정에 대한 비판적 고찰 — 헌재 2001. 7. 19. 선고, 2000헌마91 · 112 · 134(병합) —	김종철

제 4 권	제32회 발표문 (2002. 10. 11.)	가상공간에서의 표현의 자유와 청소년보호 — 99헌마480과 2001헌가27을 중심으로 —	박선영
	제33회 발표문 (2002. 11. 8.)	특별부담금의 정당화문제	김성수
	제34회 발표문 (2002. 12. 6.)	부부자산소득합산과세는 위헌인가?	이창희
	제35회 발표문 (2003. 2. 7.)	알 권리와 의사공개의 원칙 — 헌재 2000. 6. 29. 98헌마443 등 사건에 대한 평석 —	장영수
	제36회 발표문 (2003. 3. 7.)	憲法不合致決定에 관한 새로운 體系의 試圖	황도수
	제37회 발표문 (2003. 4. 4.)	노조법상 유니언숍제도(단결강제제도)의 위헌 여부	이승욱
	제38회 발표문 (2003. 6. 13.)	사회보장법과 세법의 기능적인 상관관계	전광석
	제39회 발표문 (2003. 7. 11.)	권한분쟁에 관한 헌법재판소와 법원의 관할	김하열
	제40회 발표문 (2003. 9. 19.)	우리 違憲法律審判節次 등의 審判對象(審査範圍)	김시철

제 5 권	제41회 발표문 (2003. 10. 10.)	명예, 초상, 프라이버시 그리고 표현의 자유에 관한 비교법적 분석 — 한국, 미국, 독일, 프랑스 —	박경신
	제42회 발표문 (2003. 11. 7.)	기본권의 경합	장영철
	제43회 발표문 (2004. 2. 13.)	정당국가적 대의민주제에서의 선거와 정당에 대한 헌법재판소의 결정 평석 — 국회의원선거기탁금, 국회의원의 상임위원회 강제 사임조차, 선거권 연령 기준에 과한 판례를 중심으로 —	이덕연
	제44회 발표문 (2004. 4. 9.)	부실감사죄의 헌법재판 — 헌법재판소의 변형결정의 기속력에 대한 법이론적 이해 —	이상돈
	제45회 발표문 (2004. 5. 7.)	지방자치권에 대한 헌법상의 보장 — 강남구청과 대통령 간의 권한쟁의 (2002. 10. 31. 2001헌라1) —	이광윤
	제46회 발표문 (2004. 6. 4.)	내사종결처분의 법적 성질 — 2002. 10. 31. 2002헌마369, 헌법재판소 공보 제74호(2002년), 989면 —	신동운
	제47회 발표문 (2004. 7. 2.)	가족법상의 몇 가지 헌법적 문제 — 호주제의 전통성, 자녀의 성, 이혼숙려기간 —	김상용
	제48회 발표문 (2004. 9. 3.)	헌법재판소 판례의 국제법적 분석	정인섭

제 6 권	第49회 발표문 (2004. 10. 1.)	헌법재판에서의 전통에 대한 심사	윤진수
	第50회 발표문 (2004. 11. 5.)	제법상 유형화·포괄화의 이해 —그 정당성과 한계를 중심으로—	박종수
	第51회 발표문 (2004. 12. 3.)	헌법재판소의 정치적 역할: '제한적 적극우의'를 넘어서	양 건
	第52회 발표문 (2005. 2. 18.)	탄핵심판에 있어 헌법재판소의 탄핵여부결정권	정종섭
	第53회 발표문 (2005. 3. 4.)	수도이전특별법 위헌결정에 대한 헌법이론적 검토	전광석
	第54회 발표문 (2005. 4. 1.)	행정입법과 헌법재판	유지태
	第55회 발표문 (2005. 5. 6.)	양심적 병역거부권에 대한 헌법재판소결정에 대한 검토	박진완
	第56회 발표문 (2005. 6. 3.)	입헌적 공화주의의 헌법이해	이국운
	第57회 발표문 (2005. 7. 8.)	상가건물의 업종제한약정에 대한 헌법적 평가	김성태
	第58회 발표문 (2005. 9. 9.)	원고적격의 정치경제학(Ⅱ): 대법원의 행정소송법 개정안에 나타난 객관소송관을 글감으로 하여	조홍식

제 7 권	제59회 발표문 (2005. 10. 11.)	수용자의 서신검열과 통신의 자유	박인수
	제60회 발표문 (2005.11.1.)	헌법재판소 심판사건 통계분석	송기춘
	제61회 발표문 (2005. 12. 16.)	한국에서 자유민주주의와 헌정주의	강정인
	제62회 발표문 (2006. 2. 10.)	명의신탁 증여의제규정의 개정방안	박 훈
	제63회 발표문 (2006. 3. 10.)	지구당의 강제적 폐지의 위헌성	정태호
	제64회 발표문 (2006. 4. 7.)	법적 추론에 대한 법철학적 고찰 ― 헌법의 경우 ―	김현철
	제65회 발표문 (2006. 5. 12.)	명백·현존하는 위험의 원칙과 표현의 자유	임지봉
	제66회 발표문 (2006. 6. 9.)	사법적 검토의 재검토: 헌법재판과 비지배적 상호성	곽준혁
	제67회 발표문 (2006. 7. 7.)	생명헌법(bio-constitution)과 체외인공수정 잔여배아(surplus embryo in vito fertilization)의 법적 지위	강희원
	제68회 발표문 (2006. 9. 8.)	신뢰보호원칙에 대한 헌법재판소의 태도	박경철

제 8 권	제69회 발표문 (2006. 10. 13.)	공무담임권의 보호영역에 관한 헌법재판소의 판례 비판	이인호
	제70회 발표문 (2006. 11. 1.)	헌법 제60조 제 1 항에 열거된 조약의 체결·비준에 대한 국회의 동의권	김선택
	제71회 발표문 (2005. 12. 8.)	헌법의 경제학적 이해	신도철
	제72회 발표문 (2007. 2. 2.)	자기정보통제권에 관한 판례의 평석	권건보
	제73회 발표문 (2007. 3. 9.)	과세의 재산권적 한계	방승주
	제74회 발표문 (2007. 4. 13.)	유럽법상 기본자유와 기본권의 관계	정문식
	제75회 발표문 (2007. 5. 11.)	병역의무와 성차별금지	김주환
		병역법 제 3 조 제 1 항에 관한 소고	윤진숙
	제76회 발표문 (2007. 6. 1.)	입헌주의와 민주주의 : 그 "모순적 정합성"에 관한 소고	김성호
	제77회 발표문 (2007. 7. 6.)	행정규칙과 헌법소원심판	김중권
		행정규칙의 헌법소원 대상성	정호경
	제78회 발표문 (2007. 9. 7.)	한정위헌청구의 적법성 여부	박순성
		한정위헌청구의 적법성	황도수

憲法實務硏究 제 9 권

2008年 12月 15日 初版印刷

2008年 12月 25日 初版發行

編 者 憲法實務硏究會

發行人 安 鍾 萬

發行處 博 英 社

서울特別市 鍾路區 平洞 13-31番地

電話 (733) 6771 FAX (736) 4818

登錄 1952. 11. 18. 제1-171호(倫)

www.pakyoungsa.co.kr e-mail: pys@pakyoungsa.co.kr

定 價 45,000원

ISBN 978-89-10-51524-1

ISBN 978-89-10-50790-1(세트)